(1)安徽雨润集团总部
(2)安徽雨润食品企业生产车间
(3)雨润食品享誉中外
(3)"秀水华庭"高尚住宅社区
(5)黄山五星级高尔夫大酒店

(京)新登字041号

图书在版编目（CIP）数据

安徽统计年鉴 2004/安徽省统计局编
——北京：中国统计出版社，2004.7
ISBN7—5037—4329—8
Ⅰ、安…
Ⅱ、安…
Ⅲ、统计资料-安徽省-2004-年鉴
Ⅳ、C832.54-54
中国版本图书馆CIP数据核字(2004)第031562号

安徽统计年鉴 2004

作者：安徽省统计局
责任编辑：蔡启新、吴敏、田野、翟晓琴
E-mail:year-book@stats.gov.cn
出版发行：中国统计出版社
通讯地址：北京市西城区三里河月坛南街75号　　中国统计出版社
邮编：100826
电话：(010)63262295
印刷：安徽省统计局印刷厂
经营：新华书店
开本：889×1194毫米
字数：140万字
印刷：黑白43印张　　彩色62面
印数：3000册
版别：2004年7月第1版
版次：2004年7月第一次印刷
书号：ISBN7—5037—4329—8/F.1794
定价：270.00元

本书附同版本CD—ROM一张，光盘内容以书面文字为准。

中国统计版图书，如有印装错误，本部发行社负责调换。

安徽统计年鉴

（总第１６期NO.１６）

2004 ANHUI STATISTICAL YEARBOOK

安徽省统计局·编
Compiled by Statistical Bureau of Anhui

中国统计出版社
China Statistics Press

ANHUI

数字安徽

安徽生产总值（亿元）

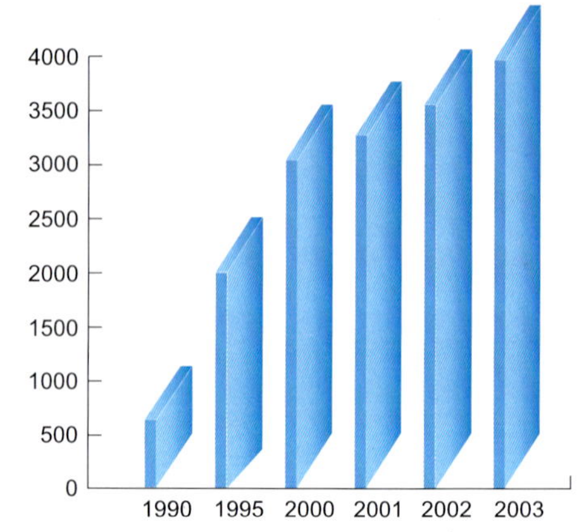

安徽人均生产总值（元）

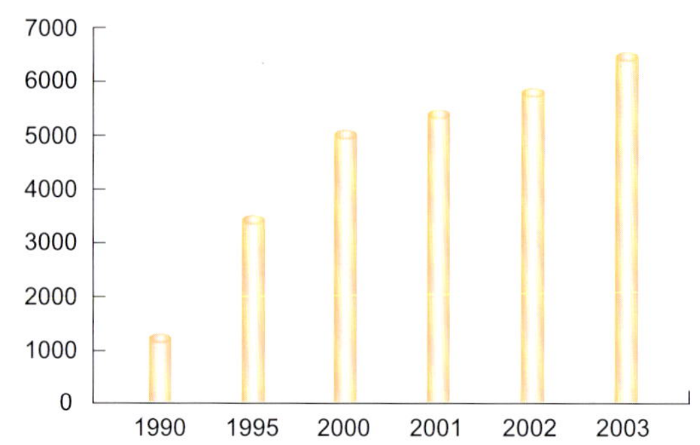

财政收入（万元）

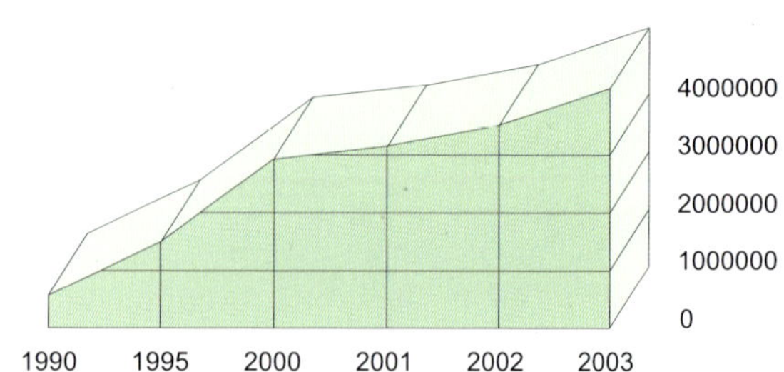

安徽生产总值构成（%）

第一产业 第二产业 第三产业

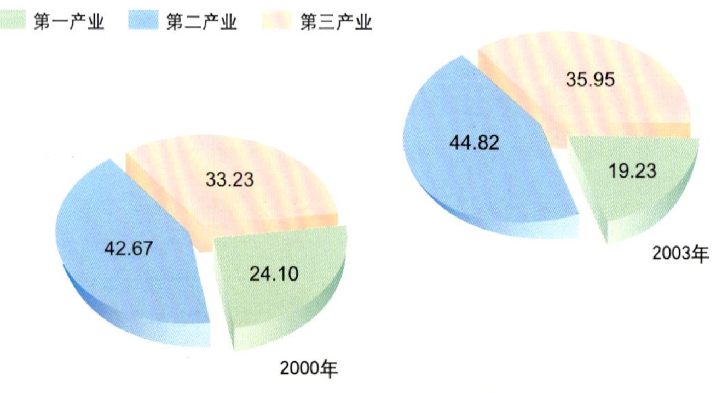

全社会固定资产投资总额（亿元）

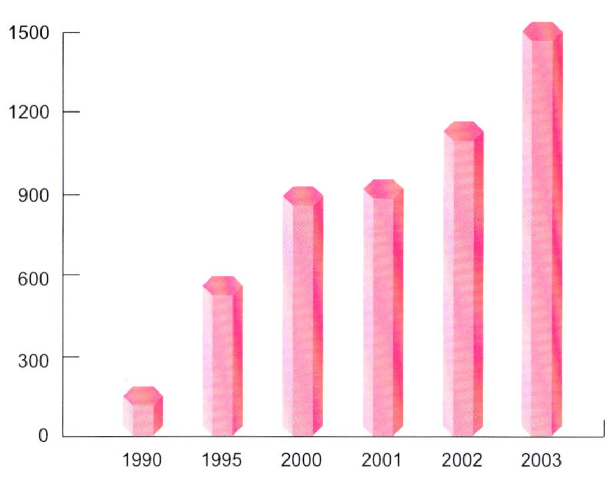

实际利用外资额（万美元）

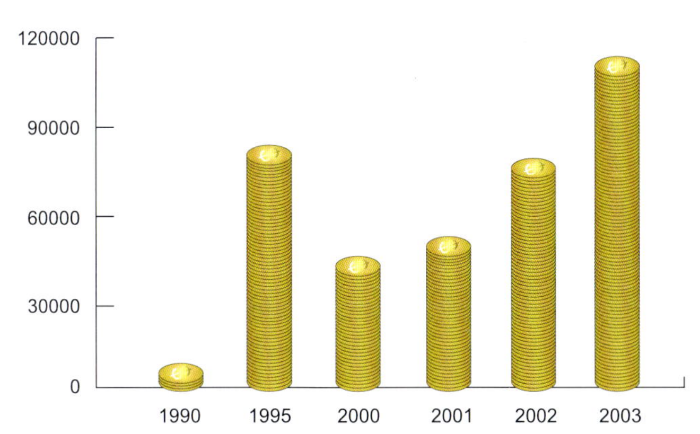

道路长度及面积

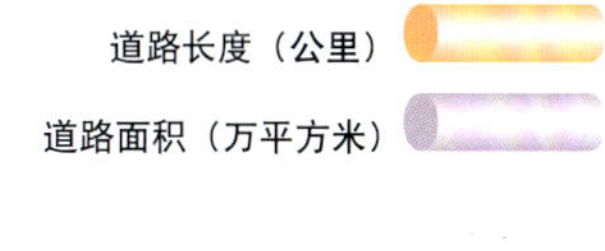

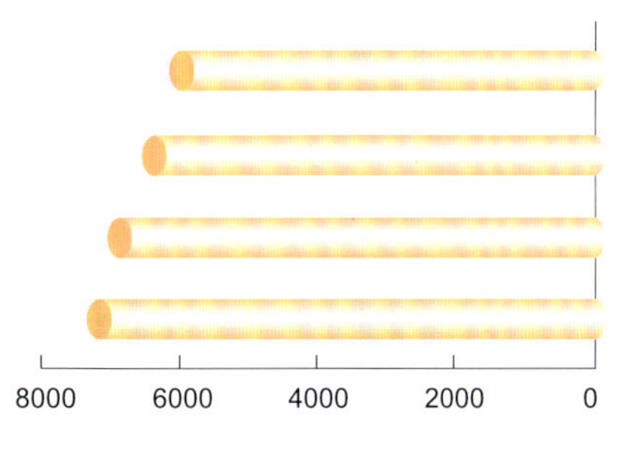

2000
2001
2002
2003

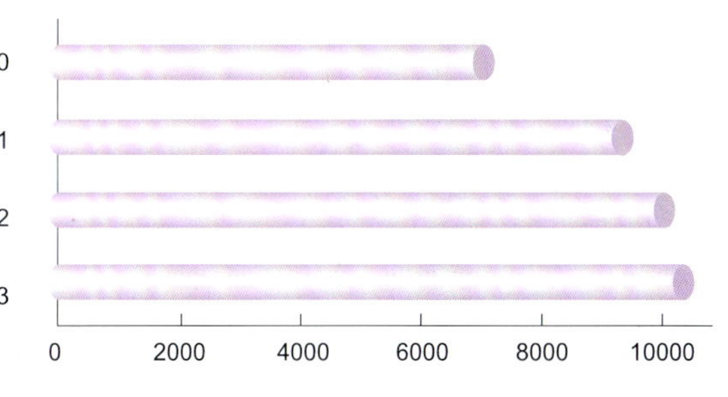

城镇及农村居民收入（元）

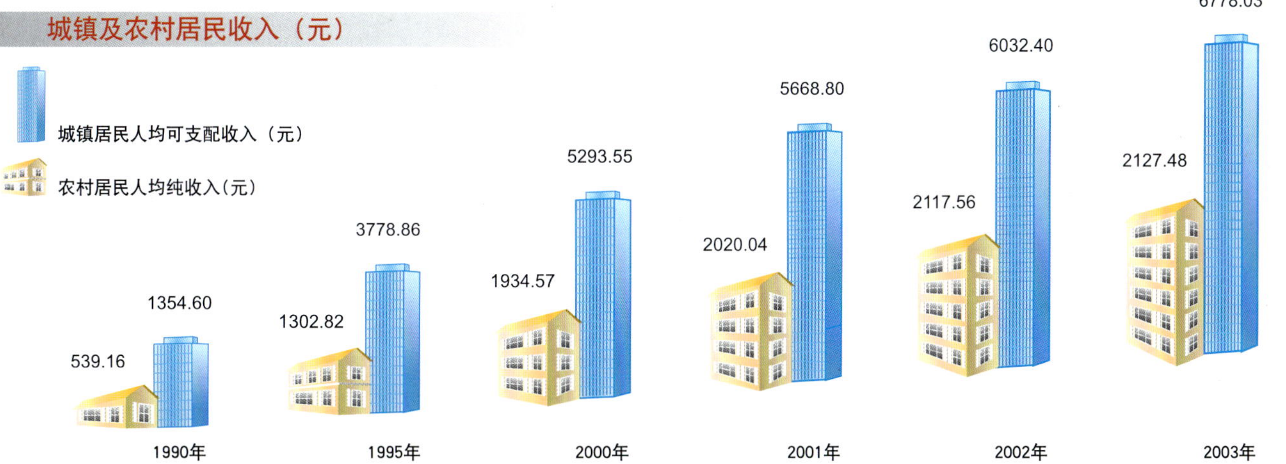

Wang Qi	China Petroleum and Natural Gas Co., Ltd. Anhui Branch
Guo Chuanyu	Anhui Guotong New-high Pipe Co., Ltd.
Li Zhongwu	Anhui University Public Security College
Shi Wanzhong	Anhui Mobile Communication Co., Ltd.
Zou Xiaoli	Anhui Television Station Advertisement Center
Meng Baolin	Anhui Liyuan Electric Power Development Co., Ltd.
Zuo Yan'an	Anhui Jianghuai Automobile Group Co., Ltd.
Wu Xiaoguo	Anhui Yurun Group Co., Ltd
Zhao Yumin	The Territory Resources Bureau of Hefei
Lin Cun'an	The Bureau of Education of Hefei
Xiang Jian'an	Hefei Monopoly Bureau of Tobacco
Wang Lujia	Hefei Iron and Steel Group Co., Ltd.
Jin Chuanying	The No. 2 Middle School of Hefei
Shi Jian'gao	The No. 5 Middle School of Hefei
Tan Nianhuai	Heifei Concretion Hospital of Traditional Chinese Medicine
Wang Hongfa	Hefei Yaohai Industrial Garden
Li Fangjun	Hefei Mandixin Medicine Co., Ltd.
Zhu Jie	China Cigarette Company Hefei Cigarette Plant
Sun Liqiang	Hefei Guangtai Share-holding Group Co., Ltd.
Xu Chongxin	Huaibei Mining Industry (Group) Co., Ltd.
Yao Zhizhong	The Administrative Office of Street Light of Chuzhou
Hu Guoying	Chuzhou Middle School
Huang Xiaohu	China Cigarette Company Chuzhou Cigarette Plant
Liu Changsheng	Chuzhou Yinhua Real Estate (Group) Co., Ltd.
Zhu Chengzhong	Anhui Langyashan Mining Industry Company
Sun Yulin	The Public Security Bureau Traffic Police Detachment of Chizhou
He Xiaoxue	Chizhou Red-cross Central Blood Station
Zhang Zeyu	Chizhou Huaguang Electricity Development Co., Ltd.
Lu Anning	China Cigarette Company Bengbu Cigarette Plant
Zhao Hui	China Cigarette Company Wuhu Cigarette Plant
Yang Junbin	Anhui Fuhuang Group
Hou Xuedong	Anhui Jianghuai Cable Group Co., Ltd.
Li Fenghua	The Materials Association of Fuyang

《安徽统计年鉴—2004》编辑部

Editorial Department

Editor-in-Chief: Zhang Guangjian

Associate Editor-in-Chief: Wu Min

Coordinators: Wu Min Tian Ye Zhai Xiaoqin

Editorial Staff: (in order of strokes of Chinese surname)

Wang Ning	Wang Dan	Wang Yongming	Wang Ailan	Wang Xiaomei
Mao Fangyou	Niu Jiwu	Feng Hui	Ji Xiaojun	Xu Wei
Xu Chengbao	Liu Gang	Liu Yanli	Shi Guojun	Guo Jingsong
Li Fangqi	Li Yi	He Wenquan	He Shenming	Wang Xin
Wu Jiguang	Chen Zhiqing	Chen Zhengbao	Yang Yajian	Zhou Yuhua
Zhang Chengmei	Zhang Shanghuang	Zhang Hui	Zhang Hui	Zhang Na
Lin Mousheng	Zheng Xinhua	Hu Yongjin	Gao Wendong	Xu Jingwen
Tao Jiong	Xia Bing	Huang Donglian	Huang Zhijian	Chu Bin

Layout and Drafting Staff: Tian Ye

English Translator: Zhou Wenwen

CD－ROM Designer: Cheng Min

Editorial Adviser: Huang Jun Wang Yifan

Distribution Staff: Wang Jian

编　辑　说　明

一、《安徽统计年鉴—2004》是一部全面反映安徽省国民经济和社会发展情况的资料性年刊。本书收录了全省及各市、县2003年经济和社会各方面大量的统计数据，反映了“九五”时期的全省主要统计数据，重点展现了“十五”时期的各年安徽人民在经济建设及社会发展方面取得的新成就。

二、《安徽统计年鉴—2004》为适应改革开放的需要，全书中英文对照和配套出版磁质光盘。为了反映安徽在实践“三个代表”重要思想取得的丰硕成果，配合和服务于本省经济发展战略要求，新增加了“皖江经济区域”、“芜马铜经济区域”，京九沿线、淮海经济区各省分市经济指标对比内容。紧跟统计方法制度改革的步伐，增加了流动人口及流向、失业原因、软件开发、妇女儿童监测、残疾人事业、农产品生产价格指数、城市基础设施建设、社会环保、公路交通量、城乡居民恩格尔系数等一系列内容。同时刊登了各部门、企业展示新成绩新风采的彩色图片。

三、全书内容共分21个篇章和附录，即：行政区划和自然资源；综合；国民经济核算；人口；从业人员和职工工资；固定资产投资；能源生产和消费；财政金融保险；物价指数；城乡人民生活；城市概况；农业；工业；建筑业；交通运输、邮电通信业；批发零售贸易和餐饮业；对外经济贸易和旅游业；教育、科学技术和文化；体育、卫生、社会福利和其他；重点企业、集团、景气调查；省级和县级主要经济指标及位次。附录部分有：贫困县监测情况；企事业单位简介。为了进一步帮助读者理解和使用有关数据，各篇章附有简要说明和主要指标解释，介绍了统计范围和统计方法。

四、按照国家要求，本年鉴执行新的国民经济行业分类标准。

五、本年鉴资料主要来自全省国民经济社会统计报表和部分抽样调查资料。

六、本年鉴中使用的度量衡单位均采用国际统一标准计量单位。

七、本年鉴中部分合计数或相对数的单位因取舍不同产生计算误差未作机械调整。

八、本年鉴符号使用说明：“…”表示该数据不足本表最小计量单位数；“空格”表示该项无统计数据；“#”表示其中的主要项。

九、本年鉴的编辑出版得到有关方面的大力支持和帮助，在此谨致谢意！

Preface

Ⅰ. Anhui Statistical Yearbook 2004 is an annual statstics publication, which covers mainly statistics in 2003 at provincial level and local levels of city and county, reflecting statistics during the period of "Ninth five-year-plan" at provincial level, therefore, shows various aspects of the new achievements that the people in Anhui made in economic construction and social development in the period of the "Tenth five-year-plan".

Ⅱ. To suit the needs of reform and opening to the outside world, all of this yearbook is compiled in Chinese-English bilingual way and magnetic CD-ROM is pulished to form a complete set. In coordination with the strategic demands of the economic development in Anhui province, to reflect the splendid results in the respect of practising the important thought of "three representatives", we newly added the contents of "Wanjiang River Economic Zone", "Wu Ma Tong Economic Zone" and comparison of main economic indicators among the provinces along the Jingjiu Railway or in Huaihai Economic Zone by city. Closely following the paces of statistical system reform, a series of content is added, including fluid population and floating direction, cause of unemployment, software development, observation and survey of women and children, undertaking of disabled persons, production price indices of agricultural products, construction of municipal infrastructure project, social environmental protection, highway traffic volume, Engle coefficient of urban and rural residents and so on. Moreover, colorful photoes are carried to show the fine style of various of departments and enterprises in the new century.

Ⅲ. The book contains the following twenty-one parts and appendix. Division of Administrative Areas and Natural Resources; General Survey; National Accounts; Population; Employment and Wages; Investment in Fixed Assets; Production and Consumption of Energy; Finance, Banking and Insurance; Price Indices; People's Livelihood; General Survey of Cities; Agriculture; Industry; Construction; Transportation, Postal and Telecommunication Services; Wholesale, Retail Sale and Catering Trade; Foreign Trade and Tourism; Education, Science and Culture; Sports, Public Health, Social Welfare and Others; Key Enterprise, Group and Business Survey; Main Economic Indicators and Their Orders of Precdence of Provinces and Counties. The appendix includs: observation and survey of poor counties and brief introduction of enterprises and institutions. To help readers further understand and make use of the data, each part is supplemented by brief introduction and explanatory note on main statistical indicators, introducing statistical coverage and statistical methods.

Ⅳ. In accordance with the demand of NBS, the new "standard national economic sector classification" was carried out in this yearbook.

Ⅴ. Data in this yearbook are mainly obtained from regular statistical reports on national economy in the province and part of sample surveys.

Ⅵ. The units of measurement used in this book are internationally standard measurement units.

Ⅶ. Statistical discrepancies due to rounding are not adjusted in this book.

Ⅷ. Notations used in this book: "…" indicates that figure is not large enough to be measured with the smallest unit in the table; " (blank)" indicates that data not available; "#" indicates the major items of the total.

Ⅸ. During the compilation of the yearbook, we have got the support from related units. We express our thanks to all of them here.

开拓创新的统计事业

——安徽省统计局

常务副省长任海深到省统计局调研

2003年省统计局认真落实国务院领导对新时期统计工作的重要指示和省委、省政府对统计工作的要求，出色地完成了各项工作。

为积极响应党的十六大提出的"形成全民学习、终身学习的学习型社会"的号召，成立了局建设学习型机关工作领导小组，制定了《安徽省统计局建设学习型机关实施意见》，取得明显成效。首次被省直文明委授予"三优"文明机关称号，标志着我局步入了省直"三优"文明机关行列。省直"三优"文明机关创建工作现场会在我局隆重召开。

全年撰写统计分析160余篇，向省委、省政府提供文字、数据资料服务近200次，《安徽省粮食补贴方式改革跟踪调查》报告经国家农调总队上报中央办公厅，温家宝总理作了重要批示。

省统计局成立五十周年庆典

统计信息发布进一步规范，我局与省委宣传部联合下发了《关于认真做好全省经济社会发展情况宣传报道的通知》，规定今后所有涉及全省经济社会发展综合性数据的稿件，必须经过省委宣传部和我局审批，统一使用我局的数据。统计制度方法改革取得新进展，工业发展速度改革步伐加快，农业发展速度改革取得成效，国民经济核算工作进一步完善。2003年全省共检查6728个单位、立案查处统计违法案件1109起、结案1108起，维护了统计法规的严肃性，基本单位普查成果丰硕，投入产出调查圆满完成。开展文化产业、农村劳动力转移、群众安全感等调查。我国第一次经济普查各项准备工作正在紧张有序地开展。大力推进统计文化建设，营造良好的拼搏进取精神。召开了新中国安徽政府统计机构成立50周年庆祝大会，国家统计局专门发来了贺电，田维谦副省长代表省政府到会祝贺并发表了重要讲话。组织出版了《安徽统计五十年》大型纪念画册和《安徽省优秀统计论文集》。

2004年我们按照全国统计局长会议的统一部署，努力推进统计体制改革有较大发展，统计数据质量有较大提高，统计优质服务有较大突破，统计工作

省直"三优"文明机关创建工作现场会在我局召开

局妇委会赴长丰县献爱心资助特困生

局长饶益刚陪同省委副书记张平春节慰问省局干部职工

安徽省人民检察院

检察长：柯汉民

2003年全省各级检察机关按照"加大工作力度,提高执法水平,确保办案质量"的总体要求,忠实履行宪法和法律赋予的法律监督职责,各项工作都取得了较好的成绩,为我省经济发展和社会稳定做出了积极贡献。

全年受理公安、安全等侦查机关提请逮捕各类刑事犯罪嫌疑人19441人,经审查批准逮捕18553人;受理公安、安全等侦查机关移送审查起诉案件22781人,经审查提起公诉20963人,法院已判决10157件14419人,有罪判决率为99.88%。有力地维护了全省社会稳定。

全年共立案侦查贪污贿赂、渎职侵权等职务犯罪案件1527件1664人,通过办案为国家挽回经济损失10623.29万元。认真贯彻《安徽省预防职务犯罪工作条例》,开展预防宣传和警示教育工作,促进了从源头上预防和治理腐败工作的开展。

全年共受理立案监督案件1760件,监督公安机关立案1658件。侦查监督和刑事审判监督。全年共对不符合逮捕条件的593人和不符合起诉条件的1056人,依法作出不批捕和不起诉决定,纠正漏捕402人,纠正漏诉355人,纠正侦查违法现象323起。依法提出抗诉122件。监所检察工作力度加大。集中开展了清理纠正超期羁押专项行动,实现了年底全省无超期羁押的目标。民行检察工作稳步发展。全年共受理民行申诉案件6235件,立案审查2043件。推行首办责任制、密码举报、实名举报反馈承诺、检察长预约接待等制度。

全年共举办各类专业培训班61个,培训干警3500人。全省检察机关全面推行了"五条禁令",省院机关实行了"六个不准"的规定。各级院层层签定了党风廉政建设责任书,聘请了新一届特约检察员和执法执纪监督员,加强了内外部监督制约。

院检委会工作会议

公诉人出庭

省检察院开展活动

召开预防职务犯罪领导小组会议

安徽省司法厅

2003年,全省各级司法行政机关认真贯彻落实省委、省政府的各项部署,积极发挥职能作用,各项工作取得了新的进展。

基层司法行政工作呈现良好的发展态势。全年各地司法所组织开展法制宣传近1.5万场次,调解处理社会矛盾纠纷近5万件,制止群体性上访和群体性械斗3000多件,有力地促进了基层社会的稳定。各地人民调解组织,调解民间纠纷近24万件,民转刑案件3162件。开展职业技能培训,引导、扶持刑释解教人员就业,取得了明显成效。

全省50名公职律师领证上岗。全年律师办理刑事诉讼辩护及代理近1.4万件,办理民事、经济、行政案件诉讼代理近5万件,公证机构办理公证事项20余万件。组织开展"为实现公平和正义——法律援助在安徽"公益活动,组织成立"安徽律师为农民工追讨拖欠工资志愿团",全年办理法律援助案件近8000件,有力地维护了贫弱者的合法权益。

组织开展了"法律进社区"、"民主法治示范村"、"送法下乡"等活动,推动了基层依法治理。成功组织实施2003年我省的国家司法考试工作。共有5626人报名参加国家司法考试,有560人达到全国统一分数线(240分),达线率位居全国前列。司法鉴定管理迈出了新的步伐。先后核准成立了6所面向社会服务的司法鉴定机构,经考核获得司法鉴定执业资格的有80人,涉及执业类别包括法医病理、法医物证、建筑工程、司法会计等8项。结合开展"公正执法树形象"活动,以实行"五条禁令"、"六不准"为突破口,加强了司法行政系统三支队伍的纪律作风建设,全系统有2个集体、4名个人受到省、部级表彰。

举办司法行政工作改革发展论坛

坡堤蓄洪,连夜冒雨将东大圩5000余名罪犯安全转移

省委副书记王昭耀慰问省女劳教所英勇抗击SARS干警

走向街头开展法律咨询服务

全系统兴起学习贯彻"三个代表"重要思想新高潮

迎客松工贸公司

法人代表、厂长：赵辉

安徽迎客松工贸公司坐落于芜湖市的东南部，占地25.93万平方米，区内碧水红廊，花木扶苏，被喻为"安徽江南一支花"。2003年跻身"中国企业500强"，总资产16.9亿元。拥有具有90年代国际先进水平的卷接包设备30余台（套）。

遵照"质量第一，服务至上，稳中求进，永续经营"的企业经营理念和"发展企业，贡献社会，为员工创造更好的环境和条件"的公司宗旨,取得了丰硕的经营成果。综合效益指数行业排名安徽第一位。近四年保持了年均19%的利润增长，2003年实现销售收入28亿元（含税），实现利润近4亿元。

2000年公司通过了中国质量协会质量保证体系的认证审核，2002年通过了中质协2000版标准换版认证审核。质量管理体系的建立、实施和不断地优化，成为企业发展的基础保证。

近年来着力加强国家级标准实验室的建设，先后投资3000余万元购进国际先进检测仪器设备，提高研发技术装备水平。

改革开放以来，企业已累计投入近8亿元进行技术改造。投资近千万元的管理信息系统一期工程于2003年8月份正式启动，工程覆盖了各个层面，提升了企业的管理理念，塑造了数字化管理。

与金蝶（中国）软件有限公司签定企业管理信息化战略合作协议

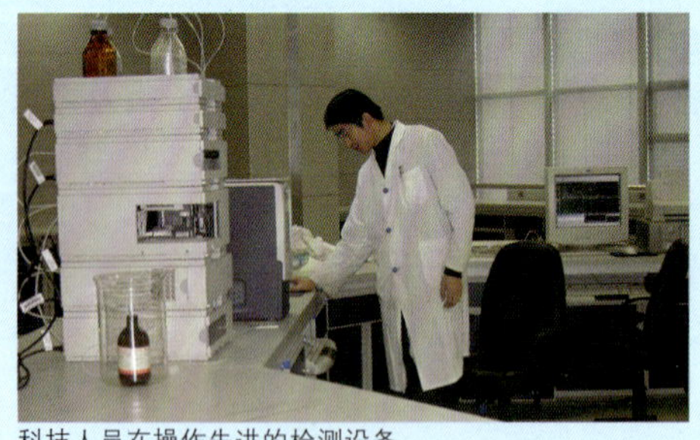
科技人员在操作先进的检测设备

二车间卷接包生产线（全国管理样板车间）

先进的包装设备

三车间卷接包生产线

安徽省审计厅

团结进取务实的领导班子

2003年，全省审计机关在省委、省政府和审计署的正确领导下，紧紧围绕党委、政府经济工作中心，坚持全面审计，突出重点，进一步加大审计执法力度，认真履行职责，审计工作取得了新的成效。全省共审计4866个单位，查处违规资金54.51亿元，审计决定应上缴财政1.33亿元，应减少财政拨款补贴521万元，应归还原渠道资金2.16亿元，向纪检监察部门和司法机关移送案件线索44件，涉案人员89人，涉案金额1882万元。

常务副省长任海深与桂建平厅长亲切交谈

桂建平厅长关切询问移民的生活状况

审计人员在现场工作

审计人员了解治淮工程进展情况

安徽省财政厅

2003年,全省各级财政部门依法强化收入征管,努力化解各种减收增支不利因素影响,全省财政总收入突破400亿元,完成412.3亿元,增长18.9%,继2001年跨上300亿元台阶之后,又一次迈上一个新台阶。

2003年,全省财政充分发挥财政对公共需要的应急保障作用,共安排非典防治支出4.75亿元,下拨抗洪救灾和灾后重建资金32.5亿元,有力地保障了抗击非典和抗洪救灾支出的需要。为此,财政厅先后被省委省政府授予全省抗击非典先进集体和全省抗洪先进单位。

2003年,我省在全国率先推行"两公开,一调整"粮食补贴方式改革,向农民直接发放粮食补贴款6.27亿元。这项改革直接惠及4600多万农民,受到了广大农民的普遍欢迎。

2003年,省财政在和县、祁门等9个县推行了乡财县管改革试点,较好地理顺了县乡财政体制,规范了乡镇收支行为,堵塞了乡镇乱收费、乱支出和乱进入、乱举债的漏洞,为从根本上解决乡镇困难创造了条件。

2003年,经省政府批准,省财政会同卫生厅、农委在铜陵、宁国等10县(市)进行了首批新型农村合作医疗试点,参保农民达365万,全省财政共补助参保农民合作医疗资金3650万元。新型农村合作医疗制度深受农民的欢迎。

朱玉明厅长深入亳州市各乡镇作粮改工作调研

项仕安副厅长现场指导阜阳市王家坝抗洪救灾工作

周春雨副厅长进行乡财县管工作调研

汪建国副厅长进行新型农村合作医疗制度改革调研

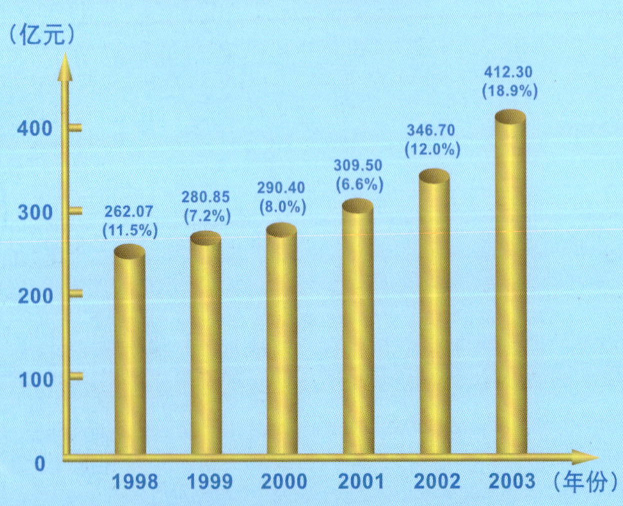

全省财政总收入增长示意图

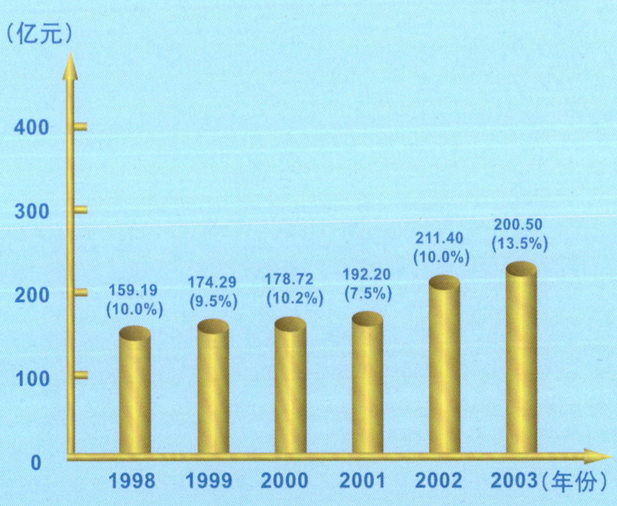

全省地方财政总收入增长示意图

安徽省国家税务局

党组书记：程伯勤

局长：胡道新

举办学习"三个代表"重要思想培训班

安徽省国税系统以"三个代表"重要思想为指导，各项工作都取得了较好成绩。税收收入逐年稳步增长，2000年至2002年年均增长11%；2003年同比增长16.6%，积极落实企业所得税、下岗再就业等税收优惠政策。90%以上的基层分局已全面推行税收执法责任制，积极推广多元化申报，完善金税工程二期建设，全面完成防伪税控系统推行任务，全省2.7户应当安装防伪税控系统的增值税一般纳税人已全部纳入系统管理。全面推行增值税"一窗式"管理，大大提高了办税效率。干部队伍素质不段增强，大学本科以上学历占18.1%，大专学历占48.8%。国税部门形象得到改善，全系统共有109个单位，64名干部受到省部级以上表彰，67个单位被命名为国家级或省级"青年文明号"，60%的基层分局被各级党委政府评为"文明单位"；482个基层分局参加了地方政府组织的"人民满意的基层站所"创建活动，有458个分局被评为"满意"等次，占95%，进一步树立了国税部门的形象。

深入开展税法宣传

为老弱病残纳税人开辟办税绿色通道

安徽省精神文明建设指导委员会

"十佳人物"在合肥参观时留影

2003年全省精神文明创建工作认真贯彻"三个代表"重要思想,以推进体制改革和机制创新为重点,社会主义思想道德建设和文化建设不断加强,全省创建工作保持着积极进取、奋发有为的态势。

努力提高公民思想道德素质。印发了《加强诚信教育与实践工作方案》。隆重纪念9.20全国第一个"公民道德宣传日",集中开展了"共铸诚信"、"创诚信机关,做诚信干部"、"百企万家讲诚信"、"讲诚信"大学生演讲比赛等活动,组织了第四届精神文明"十佳人物"评选。在抗击非典、抗洪抢险斗争中,部署开展了"三讲一树"、"改陋习,树新风"活动。

扎实推进文明城市创建活动。组织科教、文体、法律、卫生"四进社区"活动,夯实城市创建基础。狠抓交通治乱工作,规范交通秩序,畅通工程建设取得阶段性成效。推广了铜陵市文明委办公会议制度、完善领导体制经验;继续推广霍山县、桐城市、芜湖市环卫体制改革经验。省人大常委会颁发了《安徽省城市市容和环境卫生管理条例》,为加强城市市容管理提供了法律依据。

广泛开展创建文明行业工作。65个系统、行业制定了优质规范服务标准,公开接受群众、企业和投资者监督;精心组织全省第二次"万人评行风"活动。修订《安徽省文明单位创建和管理办法》,组织了第六届"省级文明单位"评选工作。召开了"改水改厕"推进会,使全省"改水改厕"普及率进一步提高;制发了《安徽省省级文明小城镇创建标准》,深入开展创建"五好文明家庭"、"十星级文明户"活动。实施"西部开发助学工程",资助家境困难、品学兼优的学生走进校门。加强城乡环境整治,加强基层文化设施建设。

2003年,省文明委举行了第四届精神文明"十佳人物"评选活动。共评出10名"十佳人物"和10名精神文明建设先进个人。2004年4月,省委、省政府隆重表彰了"十佳人物"。一年来,精神文明创建工作取得了积极成果,不少做法及成效受到中宣部、中央文明办的肯定,并在中央新闻媒体予以宣传;在中央文明办汇编的《精神文明创建新方法100例》中,我省有7篇入选;在全国第二届"四进社区"文艺展演中,我省《文明礼赞》节目荣获金奖。

"十佳人物"和社会各界人士座谈

安徽省经济贸易委员会

杨振超主任陪同黄海嵩副省长、国资委领导视察奇瑞汽车公司

杨振超主任深入企业调研

委领导班子成员

安徽省经济贸易委员会是负责全省近期经济运行宏观调控和企业工作的综合管理部门。近年来,全省经贸系统认真贯彻"三个代表"重要思想,围绕加快发展、富民强省、全面建设小康社会目标,以结构调整为主线,以改革开放和科技进步为动力,坚持以信息化带动工业化,以工业化促进信息化,走新型工业化道路,有力促进了全省国民经济持续快速健康发展。

2003年,面对"非典"疫情、洪涝灾害等复杂的经济环境,在省委、省政府的坚强领导下,全省经贸系统迎难而上,积极应对,扎实工作,工商领域经济呈现又快又好的发展态势,多项经济指标创历史新高。全省规模以上工业企业完成工业增加值834.7亿元,同比增长19.8%,为近7年最高;工业经济效益综合指数为127.88,比上年同期提高16.26个点,创统计指标以来最高值;实现利税323.77亿元,增长30.6%,其中实现利润135.57亿元,增长59.4%。围绕"品种、质量、效益、扩大出口"的标志性目标,强力推进产业结构调整和优化升级,技术改造投资完成355.2亿元,同比增长53.4%,在已建成投产项目中,技术装备水平达到国内领先的占90%,其中达到国际先进水平的占23.3%。全年开发新产品2690项,竣工投产高新技术产业化项目8项。截至2003年底,全省409户国有大中型企业,已有305户企业进行了公司制改革,基本建立了现代企业制度。全省70户重要骨干企业快速发展,支撑带动作用明显增强。在做好1204户国有中小企业改革的同时,提出1718户国有集体中小企业改革任务,截至年底,已有1150户国有、集体中小企业进行了多种形式的改革,其中工业企业进展最快,已基本完成改革任务。

为更好地谋划经济工作,省经贸委在大量调查研究的基础上,制定了《安徽省加工制造业基地建设实施方案》、《安徽省能源重化工基地建设实施方案》、《2003-2007年安徽省国有企业改革规划纲要》、《2003-2007年安徽省企业技术改造规划纲要》,有力地指导了全省企业的改革发展工作。与此同时,积极适应政府转变职能的需要,不断加强队伍建设,努力改进服务方式,提高办事效率,机关党的工作不断加强,后勤保障扎实有效,老干部工作成绩突出,党风廉政建设取得明显成效。

首届中国徽商大会在合肥举行

安徽省民政厅

王金山省长到省民政厅调研

2003年是我省战胜“非典”影响和淮河流域特大洪涝灾害的一年，也是全省民政事业取得显著成绩的一年。特大洪涝灾害造成直接经济损失255亿元。全年共下拨救灾经费5．88亿元，捐赠款物达1．6亿元，募集衣被近500万件(床)，内涝区重建倒房65．5万间，基本保障了灾民的基本生活。全年享受城市低保人数累计1268万人次，支出低保金6．3亿元，基本实现动态管理下的应保尽保目标。社区建设继续向纵深推进，省委、省政府召开了全省社区建设工作经验交流会，出台了解决社区基础建设“四有”问题的文件。农村基层民主政治建设得到进一步发展，有19个县(市、区)被命名为全省村民自治模范县(市、区)，75%以上的村村务公开比较规范。双拥优抚安置改革力度加大。有9个市、县被评为全国双拥模范城(县)，共支出抚恤、定补款2．8亿元，兑现优待金1．58亿元；退役士兵安置率达85%以上，其中自谋职业占安置数的23%。第三批星光计划建成并投入使用235个；销售福利彩票2．7亿元。区划地名、民间组织管理、五保供养、福利生产、婚姻登记、殡葬改革、流浪乞讨救助、收养登记以及慈善等事业都取得了一定的成绩。

徐立全副省长检查灾民建房情况

一方有难　八方支援

安徽省信息产业厅

厅长贺凌在“数字安徽”建设规划新闻发布会上讲话

2003年省信息产业厅认真实践"三个代表"重要思想，凝心,聚力,实干,创新,较好的完成了年度各项目标任务,为“861”行动计划的全面实施,打下了坚实的基础.全省电子信息产品制造业规模以上企业实现工业总产值突破200亿元,比上年同期增长18.7%;实现销售收入达到110亿元,比同期增长45.7%;实现利税8.5亿元,同比增长25%;主要产品产销两旺,,产销率达99%.软件业快速发展,销售收入达18亿元,同比增长20%,利润增长80.88%.科研开发能力不断增强,有两项项目分别获得国家科技进步一等奖和国家科技进步二等奖.参与“神州”载人航天首次飞行工程,受到国家部委的表彰。无线电管理得到加强，完成了全省143个地球站的清理核查,全面启动民用航空专用频率专项整顿活动，及时解决了广播电视信号对导航频率干扰的问题，排除了一些干扰源和干扰隐患，有力地保障了“两会”、“防治非典”和“防汛”等特殊时期无线通信的安全和畅通。

积极推进信息化建设，“数字安徽”建设开局良好。省政府颁布了《“数字安徽”建设五年规划纲要(2003——2007年)》，在全社会的积极参与和推动下，信息化工作呈现加速进展态势。《安徽省“十五”国民经济和社会信息化三年实施意见》中各项主要目标和任务基本完成，全省信息化水平得到较大提高。

全省信息产业实施“861”行动计划座谈会

省政府召开“数字安徽”建设工作会议

2004年全国电子信息产业经济运行工作会议在皖举行

软件十强授牌仪式

厅长贺凌与日本客商项目洽谈

安徽省劳动和

表彰外出务工（经商）先进人员

指导市县工作

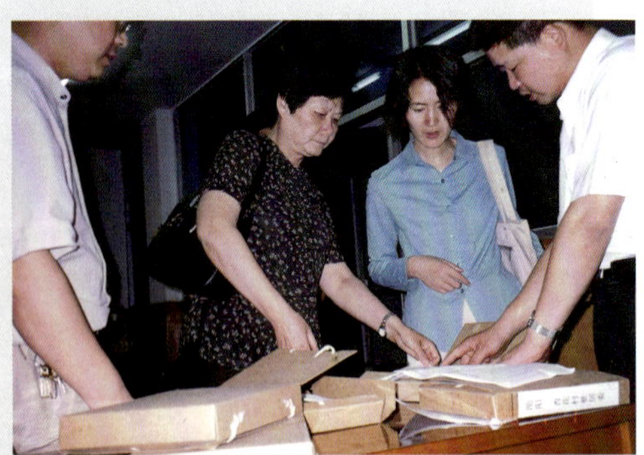
检查基础台帐

2003年，全省各级劳动保障部门克服非典疫情和洪涝灾害带来的不利影响，积极开拓进取，奋力攻坚克难，全面完成各项工作目标任务。

就业和再就业预期工作目标全面实现。全省共发放《再就业优惠证》39.93万本，做到了应发尽发；小额贷款担保机构全部建立，街道社区全部建立劳动保障工作机构，全年新增就业岗位38.03万个；下岗失业人员再就业15.11万人；下岗失业人员中"4050"人员实现再就业4.11万人；全省城镇登记失业率4.1%。

国有企业下岗职工基本生活保障工作继续得到落实。全省在中心的国企下岗职工由年初的7.07万人减少为3.15万人，全年共发放基本生活保障资金2.87亿元。全省失业保险参保人数380.8万人，享受失业保险待遇的人数已达23.4万人，失业保险已经成为下岗失业人员基本生活保障的主要形式。

企业离退休人员基本养老金继续做到按时足额发放。全省养老保险参保职工达342.2万人，参保企业退休人员110.2万人，全年共发放离退休人员养老金72.2亿元，全省企业退休人员中已实行社会化管理服务85.28万人，社会化服务率达82.2%。养老金社会化发放率保持在99%以上。

城镇职工医疗保险制度改革继续稳步推进。全省医疗保险参保人数达323.5万人。征收基本医疗保险基金16.3亿元，较上年增长了56.7%。全省有10

开展督查工作

现场解答政策问题

组织政策法规宣传

社会保障厅

个市实行了工伤保险社会统筹，5个市和部分县实行生育保险社会统筹。

职工收入分配制度改革逐步深化。积极推行年薪制、期股期权制度分配方式，建立了以岗位工资为主的基本工资制度，全省签订集体合同的企业达8700余户，全年全省共受理劳动争议案件2575件，比上年增长14.4%，结案率达91.6%。

劳动保障执法监察力度进一步加大。大力开展劳动保障年审工作，共审查用人单位1.8万多户。全省抽调1300多人组织开展了用工执法大检查，查处了一批违反劳动保障 法律法规的行为。开展农民工工资支付情况专项检查，共检查用人单位3751户，涉及农民工239.4万人，清理拖欠工资7.69亿元，有效维护了农民工的合法权益。

农村劳务输出工作取得显著成效。积极做好非典期间返乡民工防控工作，组织开展了劳务救灾活动，帮助沿淮8个受灾县地2万多名民工赴新疆开展季节性务工，举办劳务救灾对接会，18个重灾县共输出劳动力2万多名。全省常年外出务工的农村劳动力达865万人，其中跨省务工人员达714万人，全年新增劳务输出40万人。

展劳务输出协作

检查违规违纪行为

研究探讨工作

安徽省妇女联合会

主席：肖超英

2003年安徽省妇联以〝三个代表〞重要思想为指导,坚持抓发展和维权,推动〝一法〞、〝两纲〞的贯彻实施,胜利召开 安徽省妇女第十次代表大会,全省妇联工作取得新进展。

实施小额信贷连环脱贫和小额信贷科技致富资金,分别为1570万元和2亿元,帮扶贫困妇女3.8万户和18.7万户。争取香港回归扶贫等各类项目资金130万元,输出农村妇女劳动力4万人次。以帮助下岗妇女再就业为重点,组织城镇妇女开展〝巾帼建功〞活动,评选县以上〝巾帼文明示范岗〞772个。

开展《妇女法》修改立法调研和家庭暴力状况调研。推进法律援助、维权联席会议、妇联特邀陪审员三项制度。围绕贯彻妇女儿童两个纲要,开展宣传培训和示范先行工作,坚持以妇女政治参与为切入点,推动培养选拔女干部工作。坚持维护儿童受教育权利。共接受〝春蕾计划〞捐款270多万元,资助贫困女童近9000人,新办春蕾班25个。

围绕省妇联建会50周年和省妇女第十次代表大会的召开,加强妇女典型宣传,评选表彰第四届〝江淮十大女杰〞和第三届全省〝百名十佳女性〞。省妇女第十次代表大会确立了今后五年我省妇女运动目标和任务,选举产生了新一届省妇联领导班子,顺利实现了省妇联领导班子的新老交替。

扩大中外妇女的交流与合作。组团访问了澳大利亚和新西兰,接待了非洲五国妇女考察团;加强与各民主党派及工商联妇女组织的联系与合作,拓宽了国际项目合作领域,开阔了妇女工作的新视野。

安徽省妇女第十次代表大会

肖超英主席在基层调研

第四届江淮十大女杰与领导合影

安徽省卫生厅

厅长高开焰陪同省政府领导视察卫生工作

面对突如其来的非典疫情，安徽省卫生部门仅仅围绕省委、省政府提出的“防范得严、发现得早、控制得住、处理得好”的要求，紧急行动，24小时待命，随时准备处理突发疫情，救治病人。全省共组建疫情处理小分队700多个，指定非典定点收治医院123家，开设隔离病房2705间。

在抗击非典的斗争中，安徽省广大医疗卫生工作者始终把人民健康放在第一位,把人民生命安全放在第一位，忠实履行着白衣天使的神圣使命，第一时间奔赴抗击非典第一线，义无返顾地投入战斗，以实际行动实践“三个代表”的重要思想，赢得了人民群众的赞誉、尊敬和信赖。

安徽省非典防治工作基本做到了“早发现、早报告、早隔离、早治疗”。全省没有出现疫情传播和流行，没有出现二代病例，没有出现死亡病例，取得了阶段性成果。

国务院非典防治督导组来安徽省检查指导非典防治工作

卫生厅高开焰厅长在省疾控中心检查非典防治工作

省卫生厅、合肥市卫生局联合开展预防传染性非典型肺炎街头宣传活动

安徽省水利厅

王家坝开闸蓄洪

2003年，安徽省水利厅坚持以"三个代表"重要思想为指导，认真贯彻实施新时期中央治水方针，按照水利部和我省治水思路，坚持改革与发展，把防汛抗洪、抗旱减灾和治淮工程建设作为重要任务，抢抓机遇，开拓进取，圆满完成各项水利工作目标任务。

2003年夏，淮河发生了新中国成立以来仅次于1954年的大洪水，滁河、西河也发生1991年以来的大洪水。面对严峻的汛情，省防指、省水利厅坚持以人为本和科学防控，夺取了防汛抗洪斗争的重大胜利，并战胜了皖南部分地区的特大干旱。

堵口排水工作圆满完成，移民建房工作按计划稳步实施，行蓄洪区运用补偿资金已全部发放，新一轮治淮建设高潮迅速掀起。全年投资计划35亿多元。临淮岗洪水控制工程和长江堤防加固工程验收工作进展顺利；沿江排涝泵站建设紧锣密鼓开展；淠史杭、驷马山等大中型灌区的续建配套与节水改造积极进行。农村饮水工程全面完成，基本解决全省176万人农村人口饮用水困难；以农田水利基本建设为重点的农村水利水电建设全面实施。

展望未来，我们继续围绕水利部确定的新时期治水思路，坚持以人为本，树立全面、协调、可持续的科学发展观，以灾后重建和治淮建设为重点，全力加快防洪保安、抗旱减灾工程体系建设，加快依法治水进程，着力解决洪涝灾害、干旱缺水、水环境恶化等严重制约安徽经济社会发展的突出问题，为全面建设小康社会提供强有力的水利基础设施保障。

加固后的长江大堤

加固后的长江干堤

临淮岗洪水控制工程淮河截洪

安徽省安全生产监督管理局

程传如局长陪同王金山省长看望干部职工

王金山省长，黄海嵩副省长到省安监局检查指导工作

程传如局长深入一线检查危险化学品安全工作

2003年,在省委、省政府的高度重视和坚强领导下，认真贯彻《安全生产法》,促进了我省安全生产状况的稳定好转。全年发生各类事故23181起,死亡5138人,比上年分别下降21.6%和5.5%。

加强对安全生产工作的领导。省领导亲自主持召开会议，部署安全生产工作。各级党委、政府和省直各单位主要领导亲自抓，分管领导具体抓，形成了一级抓一级的安全生产管理工作新格局。

落实目标管理责任制。层层签订安全生产目标管理责任，并严格考核和奖惩。生产经营单位逐步完善岗位安全生产责任制,省政府安委会建立安全生产事故公告制度,推进了安全工作责任、措施的落实。

深化安全专项整治。持续开展矿山、道路和水上交通、危险化学品、民用爆破器材、烟花爆竹、消防、建筑施工、特种设备等领域的专项整治。组织了6次全省安全生产大检查。

强化安全生产基础工作。省财政每年安排1000万元安全专项资金,用于安全隐患整治。严格落实建设工程项目安全设施"三同时"规定，加强事故隐患及危险源监控管理，启动隐患和危险源数据库建设。

加强法制建设。省政府颁布施行了《安徽省安全生产事故调查处理及行政责任追究暂行规定》、《安徽省乡(镇)客渡船安全管理办法》和《安徽省道路交通违章行政处罚办法》。

严肃依法查处事故。按照"四不放过"原则和分级管理的规定,有关部门依法查处各类安全事故，有效遏制了安全事故的发生。

开展宣传教育和培训。广泛开展了"全国安全生产月"和《安全生产法》实施一周年宣传活动,组织"全国职工安全生产文艺汇演"活动。全省初步建设了省、市两级安全生产教育培训体系，强化了对企业主要负责人、安全管理人员、特种作业人员的培训考核工作。

新设立的省安全生产监督管理局，将以""三个代表"重要思想为指导,坚持"安全第一、预防为主"的方针，认真履行职责，加大安全监管力度，进一步促进全省安全生产形势的稳定好转。

"5.13安全生产警示日"宣誓仪式现场

安徽省机械设备成套局

局长：刘皓

安徽省机械设备成套局成立于1959年,是安徽省为国家、省重点建设项目和限上技改项目提供成套服务的专职机构,是直属省政府领导的事业单位,正厅级建制。省招标局牌子挂在省机械设备成套局。

安徽省成套局现有职工78人,各类专业技术人员占87%,拥有一批政治思想强、业务素质高、成套和招标工作经验丰富的职工队伍。是具有甲级机电设备成套资格、甲级工程咨询资格、甲级建设工程设备招标资格的单位。

随着国家经济体制改革的深化,逐步调整了服务方向,扩大了服务领域,由过去的单一成套供应设备转向成套、招标投标、工程监理、技术服务等。经营业绩稳步增长,先后代理了多个国债项目的设备采购和工程建设招标,涉及机械、汽车、电子、建材、化工、纺织、医药、冶金诸多行业,如马鞍山钢铁股份有限公司高炉煤气综合利用项目和管理信息化系统二期工程、安徽江淮汽车集团有限公司HFC6500厢式客货车,技术改造项目和企业信息化项目、安徽长江农业装备股份公司小型农田多用机技改项目等。还为机关、大专院校等代理了民用建筑施工和监理的招标,如安徽省新闻出版局出版编辑大厦工程、香格里拉花园工程、中国电子科技集团公司第三十八研究所研发综合大楼工程、安徽省委西北片危房改造工程、合肥市中市区人民政府社区服务中心工程等。在长期和大量的招标代理工作中,安徽省招标中心建立良好的信誉,受到了有关各方普遍欢迎和好评。

地址：安徽省合肥市长江中路114号 邮编：230001 电话：0551—2621232 传真：0551—2676461

安徽省农业机械管理局

水稻机插秧

2003年安徽的机械化农业生产和农机管理是在克服多种灾害和困难的情况下开展的。全体农机人认真贯彻和实践〝三个代表〞,沉着应对,精心组织,上下一心,勇于作为,使各项任务得到了较好的完成。

机械化农业生产任务圆满完成。全省完成机耕作业面积5425万亩,机收面积3402万亩,机播面积3309万亩。其中夏收期间联合收割小麦1685万亩,占机收面积的73%,比去年增加200多万亩。在非典突袭的特殊情况下,取得如此大的成绩非常不易。农机装备结构进一步提升。全省新增农机总动力114万千瓦,拖拉机6.7万台,联合收割机1.1万台,播种机11.2万台。山区机械化水平进一步提高。农机职业技能鉴定取得新的突破。防汛抗洪发挥重大作用。

百万农机大会战

国家开发银行安徽省分行

国家开发银行、马鞍山市人民政府项目贷款合同签字仪式

2003年,在安徽省委、省政府及有关部门的关怀和指导下,国家开发银行安徽省分行深入学习十六大精神,认真实践"三个代表"重要思想,坚决贯彻国家宏观经济政策,积极发挥开发性金融作用,紧紧围绕"加快发展,富民强省,全面建设小康社会"的奋斗目标,大力支持安徽经济发展和结构调整,推进"信用安徽"建设,各项工作取得了可喜成果,各项经营指标均创历史最好水平。

2003年末,国家开发银行安徽省分行各项贷款余额242.19亿元,其中人民币中长期贷款235.02亿元,约占全省中长期贷款24%,中长期贷款中基本建设贷款230.58亿元,约占全省基本建设贷款的42%。截至2003年末,该行已累计向全省基础设施、基础产业、支柱产业、技术改造和高新技术产业以及特色经济项目投放贷款448.18亿元,为全省各地提供了长期稳定的金融支持。

张集煤矿现代化煤炭生产系统

国家开发银行安徽省分行办公楼夜景

安徽省邮政局

安庆市邮政物流中心

现代化的物流中心计算机机房

大型室内仓储中心

整装待发的邮政物流专用车辆

目前开通的7条专线：

省、市	专线名称	运行时刻		运行时刻
		开运时刻	到达时刻	（小时）
安徽	芜湖－南京	20:30	23:00	2.5
	南京－芜湖	3:00	5:00	2
浙江	杭州－南京	14:30	21:00	6.5
	南京－杭州	1:30	7:30	6
上海	上海－南京	18:00	24:00	6
	南京－上海	3:00	9:00	6
山东	济南－南京	9:00	23:00	14
	南京－济南	6:30	20:30	14
河南	郑州－南京	5:00	20:00	15
	南京－郑州	5:00	19:30	14.5
江西	南昌－南京	7:00	21:00	14
	南京－南昌	6:00	20:00	14
福建	厦门－南京	21:30	次日23:00	25.5
	南京－厦门	5:00	次日6:30	25.5

省人大季昆森副主任和省政协副主席卢家丰为安徽中邮物流有限公司揭牌

华东网，即中邮物流快货，是由中邮物流倾力打造的一个华东地区精益物流品牌，以芜湖、合肥至南京分别作为安徽和华东地区的集散中心，辐射到上海、江苏、浙江、山东、江西、福建、河南等7个省、市、县市级以上区域，并且于2004年5月28日与中邮物流“北方网”、“南方网”全面连接，覆盖全国23个省市区，为您提供以上所在区域物品配送服务。辐射广——直达县城，速度快——8条专线固定班期运营。快捷、便利、安全，及时提供互寄物品的受理、运输、配送、信息上网跟踪查询等服务。

服务内容：满足物品小批量、多批次的流通需求。

服务能力：网络覆盖全国7个省、1个直辖市及所辖95个地级市，504个县城区，具有强大的干线运输和城市配送能力，提供门到门、桌到桌服务。

服务对象：医药、化妆品、食品、电子、服装、出版、烟草、汽车配件、高档用品、电子商务等企事业单位。

业务办理：拨打11185或直接与当地邮政物流公司联系。

芜湖：0553-2864567　合肥：0551-3441738　淮北：0561-3026498
宿州：0557-3035451　蚌埠：0552-3131258　阜阳：0558-2310123
淮南：0554-6660656　滁州：0550-3059907　六安：0564-3282222
安庆：0556-5349839　巢湖：0565-2312069　亳州：0558-5121028
宣城：0563-3033248　铜陵：0562-2611642　池州：0566-2044556
黄山：0559-2317019　马鞍山：0555-2473022

全国统一服务电话：11185

安徽省公安厅

安徽省公安厅副厅长范韶明

2003年，在安徽省公安厅党委的正确领导下，交警总队党委一班人以"三个代表"思想统领道路交通管理工作，牢固树立立警为公、执法为民的思想，坚决贯彻落实国务院"9.5"和"1.15"电视电话会议精神，圆满地完成了各项任务。全省广大交通民警团结一致、开拓创新、奋力拼搏，全省道路交通管理四项指数实现了十年来第一次全面下降，交警总队和淮北市交警支队被评为全国预防道路交通事故先进单位。六安市交警一大队女子中队被全国妇联和公安部授予"巾帼文明示范岗"光荣称号。交警总队在全厅机关列队会操比赛中荣获第二名。

2004年全省交通管理工作会议主席台

加强道路交通安全管理

大练兵现场

省政府副省长徐立全在崔亚东厅长的陪同下慰问执勤交通民警

交通警察总队

安徽省公安厅交通警察总队政委陈富友

2004年，道路交通安全管理任务日趋艰巨繁重。《中华人民共和国道路交通安全法》、《中华人民共和国道路交通安全法实施条例》、《道路交通安全违法行为处理程序规定》、《交通事故处理程序规定》、《机动车驾驶证申领和使用规定》、《机动车登记规定》等法律、法规施，道路交通安全管理工作步入了法制化轨道。全省交警系统认真贯彻落实国务院“五整顿三加强”的工作部署，加大道路交通事故预防工作力度，开展交通秩序和超载超限专项整治活动，提高交通管理科技水平，扎扎实实开展大练兵活动，深化交警队伍正规化建设，实现全省交通安全管理工作整体推进。

精心打造“平安畅通安徽”

省委副书记王昭耀视察合肥市交通管理工作

大副主任张春生看望开展法律咨询活动的交通民警

六安市交警一大队女子交警中队荣获全国妇联、公安部《巾帼文明示范岗》

安徽省公安边防总队

总队党委中心组织学习

检查出入境旅客证件

安徽省公安边防总队是我省边防管理的重要执法武装力量，负责保卫国家主权和安全，维护口岸正常的出入境秩序。担负着我省口岸出入境人员及交通运输工具的边防检查和监护；打击走私、偷渡、贩枪、贩毒等犯法犯罪活动的重任。广大官兵深入学习贯彻"三个代表"重要思想，坚持"立警为公，执法为民"，在部队中唱响"让党放心，让人民满意"，坚持把队伍建设摆在突出位置，全面加强部队建设，坚持从严治警，狠抓部队军事、业务训练和官兵的作风，部队正规化管理水平不断提高，造就了一支"打得赢、不变质"的威武之师、文明之师。2003年，我省各边检站共检查出入境人员63892人次，其中旅客43790人次，员工20102人次；检查出入境交通运输工具2754架艘次，其中飞机1388架艘次，船舶1366艘次。检查监护出入境货物近196.22万吨，价值24.31亿元人民币，与2002年相比分别上升21.5%、22.3%，为"加快发展，富民强省"作出了突出贡献。

全省公安边防部队正乘着党的十六大和"第二十次全国公安会议"的东风，迈步向前！

扶老携幼送爱心

官兵们观看图片资料、接受法制教育

安徽省消费者协会

王盛榜会长陪同文海英副省长视察3.15活动现场

安徽省消费者协会成立18年来,切实履行《中华人民共和国消费者权益保护法》赋予的职能,为依法治国方略在消费领域的实施,为推动我省消费者权益事业的蓬勃发展,作出了积极的贡献。

协助立法机关制订《安徽省保护消费者合法权益条例》和《安徽省消费纠纷仲裁办法》。广泛深入宣传法律法规,使《消法》和《条例》家喻户晓,人人皆知。全省消协系统共受理投诉24.3万件,解决率达90%以上,为消费者挽回经济损失1.5亿多元。依法加强对商品和服务的社会监督,净化市场环境,促进经济发展。1999年提出不产不销不买不喝捆啤,在全国引起强烈反响。2001年开展的医疗机构调查。2002年开展的水、电、气调查、手机调查,侵害儿童权益案件的曝光,赢得了广大消费者的欢迎和社会的广泛关注。2003年举办的"八个倡导、八个反对"签名活动,大造诚信舆论,弘扬传统美德。树立维权典型,受到了省领导和社会各方面的广泛赞誉。

领导重视莅临现场,共造放心消费环境

产品质量咋保证,签订协议抓落实

安徽省文物考古研究所

当涂六朝墓文物

2003年,安徽省文物考古研究所,认真贯彻执行《文物保护法》和"保护为主,抢救第一"的文物工作方针,积极开展文物考古科研工作,取得了令人瞩目的成果。

在考古发掘研究方面,遵循"既对基本建设有利,又对文物保护有利"的原则,把配合基本建设考古作为工作重点,在公路改造、高速公路和合宁铁路等重点工程上开展了一系列考古调查和抢救发掘工作。配合城市改造和开发区建设,对古墓葬进行了抢救性考古发掘。累计调查古遗址、古墓葬上百处,完成考古发掘项目26处,出土各类文物标本2000多件。考古发掘涵盖旧石器时代至明清时期,年代跨度大,文化内涵丰富,对研究地方历史、弘扬优秀传统文化具有重要的价值。

完成徽州区清园诚仁堂和显村古戏台等6处文物古建筑的维修设计方案。《凌家滩玉器》课题并获省级成果证书,争取省部级课题3项。参加了楚文化研究会第八次年会、中国东方地区古代文明化进程国际学术研讨会等各类学术会议。全年发表考古报告、论文24篇,编辑出版了《楚文化研究论集》(五)一书,在省属科研院所年度综合考评中荣获二等奖。

当涂六朝墓文物

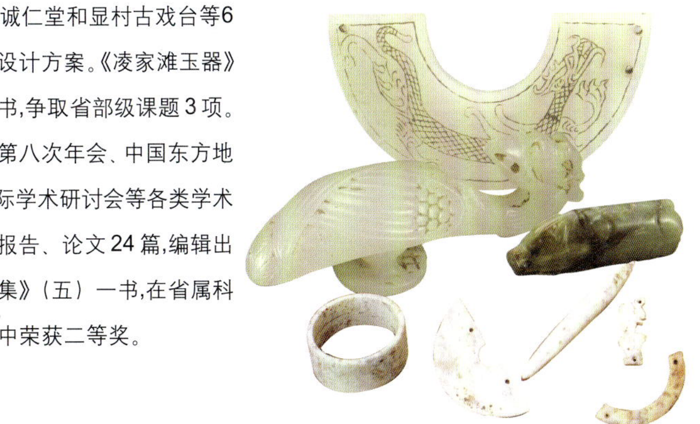
马鞍山市烟墩山遗址出土的新石器时代玉器

黄山市农业委员会

2003年黄山市农村经济总收入达108.9亿元，增幅7.9%。农民人均纯收入达2487元，增幅5.6%，居全省第四。随着农业产业化进程的逐步加快，农产品加工龙头企业实力不断加强，全市营销收入超500万元的有30余家。黄山山华集团成为首批国家级农业产业化龙头企业、华盛集团和黄山金竹人造板厂、黄山毛峰茶叶集团进入省级农业产业化龙头企业行列。2003年全市乡镇企业实现增加值3.03亿元，占全市GDP28%，比去年上升0.1%，乡镇企业从业人员15.4万人。

全市森林覆盖率达75.1%，现有茶园近80万亩，面积和产量均占全省的40%左右。已获颁证的有机茶园、绿色食品和无公害茶园面积达13.5万亩。2002年8日国家质量监督检验检疫点发布了对黄山毛峰实行原产地域保护的公告。近年来，山区自然资源得到进一步的开发利用，绿色食品，名牌产品品种逐年增多，特色产品基地逐年扩大，形成了产业优势。全市笋竹两用林、茶园、食用菌、野生蔬菜、山核桃、徽州贡菊等特色农产品基地已达200多万亩。尤其是黄山徽菇、黄山毛峰、祁门红茶、太平猴魁、徽州贡菊、水煮笋等一大批名牌产品的崛起，更提高了特色农产品的知名度，增强了市场竞争能力。目前，全市农产品优质率达到70%以上。一村一品，一乡一业规模经济快速发展。形成了一批诸如"枇杷之乡"、红茶之乡"、"贡菊之乡"、"毛竹之乡"、"养蜂第一镇"、"徽州盆景之乡"等新亮点。同时，利用底蕴深厚的徽州古文化资源和优美的自然环境，大力促进农业与旅游的结合发展，全市已开发乡村旅游景区、景点20多处，年接待游客和收入约占全市总量的40%和20%,生态农业,旅游农业正逐步成为山区农民增收的新途径。

安徽省测绘总院

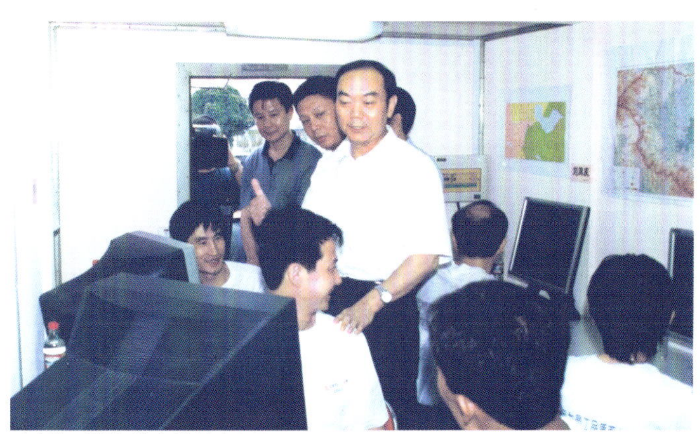
副省长田维谦看望测绘技术人员

安徽省测绘总院组建以来,先后完成中等比例尺航空摄影17.1万Km^2,大比例尺航空摄影4165Km^2;测制1.1万比例尺基础图1.1余幅;编制、印刷各种地图、图册470万幅(张、册);完成了高等级公路测量和大中城市2000多Km^2的大比例尺地形图、地籍图、房产图测量等。为安徽省国民经济和社会发展提供了及时、准确的测绘服务。

随着科技进步,测绘发展成为现代化地理信息产业。数字摄影测量和遥感技术、最新更新的1/1万、1/25万地形数据、1/5万地名库和1/5万地形图数据等基础地理信息数据已为各级政府部门的决策提供了宝贵的第一手资料。安徽省测绘总院将致力于测绘事业的发展。全力打造"数字安徽",继续承担全省基础测绘、地籍测绘、行政区域界线测绘和其他重大测绘项目的实施工作。全体职工将以饱满的工作热情,无私奉献的行业精神,以更加优异的成绩为安徽的国民经济和社会发展提供测绘保障。

测绘人员进行GPS控制测量

基础地理信息数字化生产基地

运用先进的数字摄影测量系统获取基础地理信息

安徽老年大学

沈培新、钱家荣陪同省委副书记王明方同志在老年大学调研

安徽老年大学已开办十七个年头,规模不断大,质量不断提高。有书画摄影、歌舞戏剧、保健、文史、家政等五个系,60多个教学班,在校学员3100多人。

2003年,省老年大学在认真做好防非工作的基础上,积极开展创建活动,大力推进规范化建设,收到明显成效,学校面貌发生了新的变化。省委副书记王明方、副省长徐立全兼任我校名誉校长。2003年10月王明方同志视察老年大学,充分肯定了学校工作并对今后发展提出了要求。2003年秋,学校和省委老干部局、省老年大学协会、滁州卷烟厂联合举办了全省老年大学系统"红三环杯"文艺调演。学校还承办了中国老年大学协会第六次理论研讨会,完成了中国老年大学协会的《远程老年教育现状与对策》专题调研任务。全省老年大学、老年学校已发展到2100多所(其中老年学校180多所),在校学员12万多人次。各市县都办起了老年大学,60%以上的乡镇办起了老年学校。

地址:合肥市红星路1号

电话:0551-2608647

省委副书记、名誉校长王明方参观老年大学工艺班学员作品展

"红三环"杯全省老年大学文艺调演

省委副书记、名誉校长王明方看望学员

老年大学分校专场文艺调演

省委副书记、名誉校长王明方听取省老年大学校长沈培新工作汇报

安徽大学公安学院

第一书记、院长：李忠武

安徽大学公安学院地处省会合肥市西郊,北依风景秀丽的大蜀山,东邻高新技术开发区,是安徽省唯一一所培养公安高等专门人才的公安院校。学校始建于1958年,在近半个世纪的风雨历程中,几易其名。由安徽省公安学校——安徽省政法干部学校——安徽省人民警察学校,直至经安徽省教育厅批准、安徽省公安厅与安徽大学在省警校的基础上联合组建具有独立法人资格的安徽大学公安学院。

学校总建筑面积5.4万多平方米,建有教学楼、办公楼、学生宿舍暨民警培训楼、图书馆、医务所及其他配套设施,有400米标准跑道田径运动场、篮球场和地下实弹射击靶场等。学校注重理论教学与实践相结合,建有痕检室、照相暗房、模拟犯罪现场、多媒体教室、计算机中心等基本满足教学需要的教学设施。图书馆藏书10万余册,其中公安类藏书3万余册,学校还建起了校园网。

学校现有教职工159人,其中专兼职教师82人(副高职称19人,讲师35人),大学本科及以上学历的102人。现有全日制在校生1167人,成人专科以上在校生400人,开设侦查、治安管理、道路交通管理三个公安专科专业。同时,积极开展成人学历教育和在职民警培训。40余年来,学校已为全省公安政法机关培养输送了数以万计的专门人才,大多数已成为公安政法队伍中的专业能手和业务骨干。

学校坚持以"三个代表"重要思想为指导、坚持科技强警、政治建警、政治建校,坚持以"教学为先,秩序为本"的办学思路,培养学生"自强不息,明理致用"的独立人格,全面实施素质教育;坚持教学、科研、实战相结合,办好公安特色专业;坚持立足安徽,面向公安实际,为省公安战线培养创新能力强、综合素质高的应用型人才,为实现安徽省"富民强省"战略和维护社会治安服务。

地址：安徽省合肥市环山南路1号　邮编：230031　电话：0551-5318003　传真：0551-5318003
网址：www.ahgaxy.com.cn　E-mail:gsxy@ahgaxy.com.cn

GONG AN

学校夜景

风景这边独好

——合肥第二中学

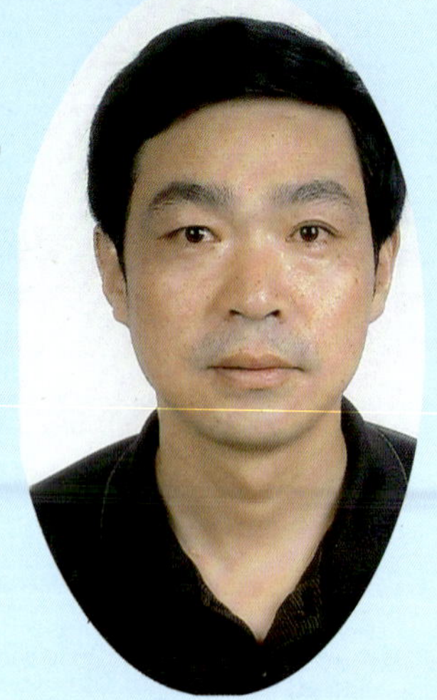

校长、党总支书记：金传应

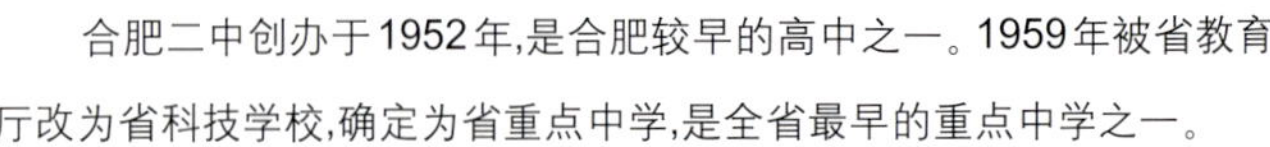

合肥二中创办于1952年,是合肥较早的高中之一。1959年被省教育厅改为省科技学校,确定为省重点中学,是全省最早的重点中学之一。

上世纪八十年代初学校开始探索音、美、外等特色教育，取得显著成绩,是“安徽省学校艺术教育先进单位”。2002年由省教育厅批准创办“合肥市外国语学校”。为“合肥市市级示范学校”、“办学水平优秀等级单位”、“合肥市艺术教育先进单位”、“合肥市德育工作先进单位”、“合肥市语言文字达标单位”。

学校现有46个教学班，学生2500余人,高、中级教师占教师总数的65%以上,有省、市级教坛新星5人,是合肥目前规模最大的一所完全中学。

合肥二中是唯一一所座落于学府路黄山路旁的完全中学,周围有中国科技大学、合肥联大、安徽医科大学、安徽大学等高校,周边文化氛围浓厚。绿化覆盖率占了可绿化面积的95%以上,是省政府命名的“花园式”学校。

学校坚持以“三个代表”为指导,明确发展思路,不断提高教育质量,树立良好的社会信誉,努力使学校成为合肥地区普教大型基地、艺术教育中心、外语培训中心、教科研实验中心。

合肥二中被誉为最具发展潜力的一所学校。

外籍教师与学生们在一起

欢迎市级示范高中专家评审组

校田径运动会

音乐班的形体课

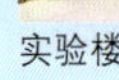

实验楼

合肥市第五中学

合肥五中为合肥市示范高中,市属完全中学,创建于1952年。现有40个教学班，在校生2000多人,有教职工200多人。其中高级教师42人（有7人被破格、选优评聘为中学高级教师）。

校长、党总支总书记：史建高

合肥五中坚持“三个一切”（一切为了学生、为了一切学生、为了学生一切）的办学宗旨。学校管理水平、办学水平、学校硬件建设、教师队伍建设、全面提高办学质量等方面都有了长足的进步,取得了显著的成绩,实现了“设备现代化、管理科学化、队伍高水平、质量争上乘、市级示范校”的办学目标。

学校先后获得省政府嘉奖、“合肥市甲级管理学校”、“档案管理省一级先进单位”、“合肥市绿色学校”、“合肥市家教名校”、“合肥市德育先进单位”、“合肥市卫生先进单位”等荣誉。被省教育厅、体育局命名为“安徽省普通级体育传统项目学校”。

教学主楼

校田径运动场

图书阅览活动

计算机教学

阜阳物资协会

负责人：李风华

负责人:李风华（中）、副会长：肖振经（左一）、孙益敏（右一）

2002年组建市物资协会。市物资协会新的一届党组重点抓了以下几项工作：一是加强市直企业领导班子建设。通过年度考核,召开民主生活会、学习等多种形式,加强对企业领导干部的教育和管理,较好地稳定了企业干部队伍。二是加强财务管理。定期向职工公布财务收支情况,防止暗箱操作,增强工作透明度,自觉接受群众监督。三是加强制度建设。先后制定岗位责任制,坚持点名考勤制度,坚持学习日制度。办事规则进一步明确,劳动纪律进一步增强,工作效率得到提高,物资系统的自身建设有了良好的开端。

2003年全市物资企业实现物资销售利润27%。取得良好的经济效益。全市各级物资企业为现有的在岗人员和下岗职工发放了工资和部分基本生活费,为在册职工上交养老保险金,医疗保险金,失业保险金等“三金”,为全市社会发展做了一定的贡献。

FWX

合肥市瑶海工业园区

合肥市瑶海工业园区位于合肥市东北部，占地面积约10平方公里。瑶海工业园区地理位置优越，从工业园区至市政府中心广场约四公里，直接通过二环路连接一环路进入市区；临近两个高速公路出入口、合肥火车新客站、货运站。园区一期3.31平方公里内建设60米宽城市快速通道2条，45米宽的主干道2条，30米、20米宽道路多条。路网建设形成区内环状通道，可连接各个加工区和企业。园区内引入光纤宽带网，把信息高速公路引入每一户企业。

瑶海工业园区融生态、居住、工业为一体，极具文化内涵，园区内有一条天然河流二十埠河，将建成休闲观光景带。工业园区管委会是综合性服务管理机构，实行一站式到位服务，进区项目可享受合肥各开发区同等甚至更优惠的政策条件。热诚欢迎有识之士来瑶海工业园区投资置业，工业园区管委会将竭诚提供优质、满意、周到的服务。

招商热线：0551-2113888　2113886

网址：http://www.yhgyy.com

电子邮件信箱：zsb@yhgyy.com

省委书记王太华来园区视察

省委常委、市委书记车俊视察入园企业生产情况

中盛鞋业现代化厂房

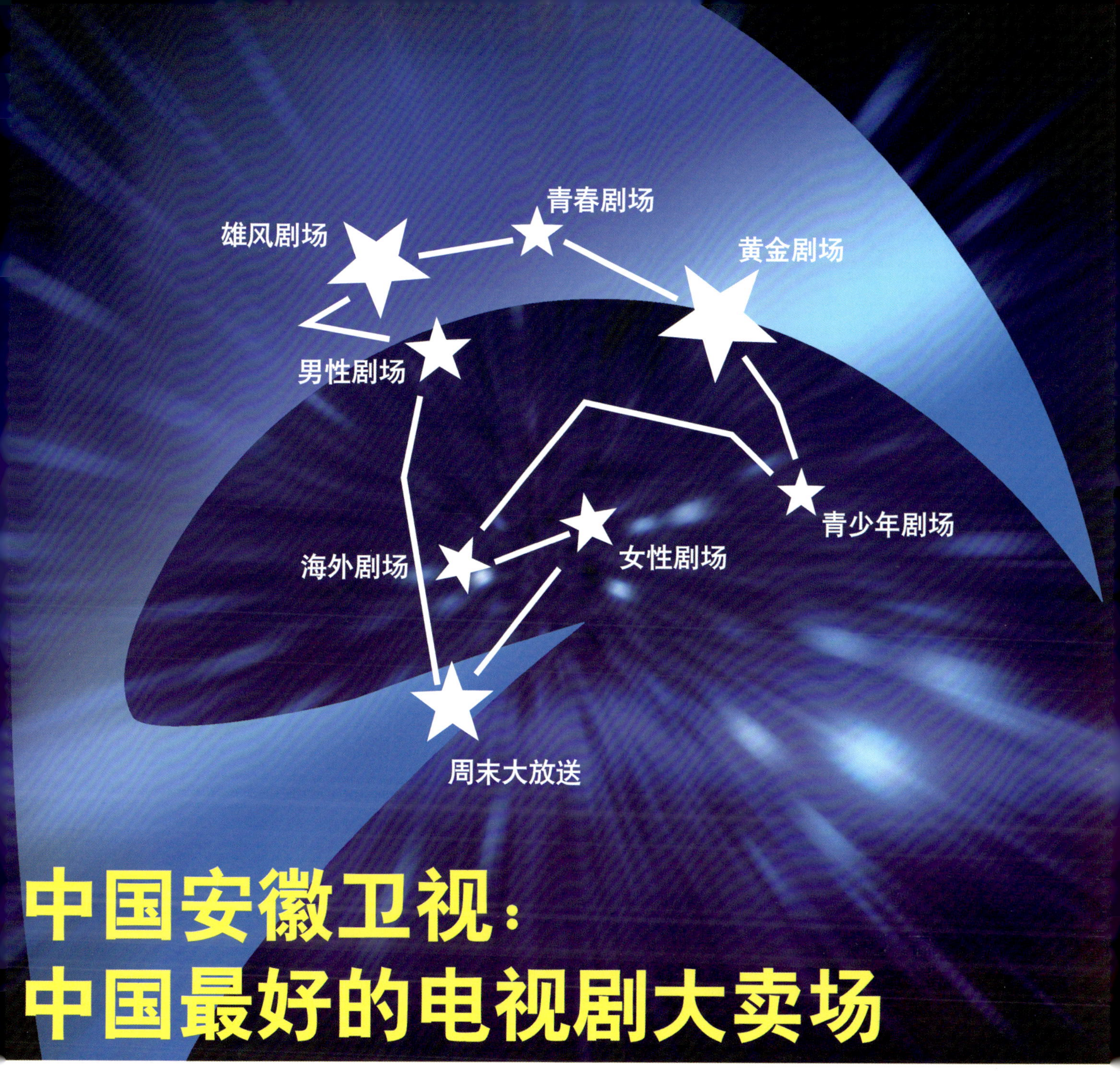

雄风剧场
青春剧场
黄金剧场
男性剧场
青少年剧场
海外剧场
女性剧场
周末大放送

中国安徽卫视：
中国最好的电视剧大卖场

★ 1997年10月6日，中国安徽电视台第一套节目上星播出，称为中国安徽卫视。

★ 2003年，中国安徽卫视确立了以电视剧为主的节目战略，立志打造中国最好的电视剧大卖场，电视剧及新剧播出量位居全国第一；中国安徽卫视的八大剧场《黄金剧场》、《雄风剧场》、《周末大放送》、《男性剧场》、《青春剧场》、《女性剧场》、《青少年剧场》、《海外剧场》收视表现长期位列全国省级卫视前茅！

★ 中国安徽卫视是唯一落地全国31个省会／直辖市的省级卫视，唯一在全国一地多网的省会／直辖市全面入网的省级卫视，省会／直辖市覆盖率位居全国省级卫视第一位，全国地级市覆盖率达到282个，入网率达到93%，总收视人口近5亿人！

——北京美兰德信息调查公司

★ 从2003年全国单个频道的市场份额来看，中国安徽卫视以其良好的竞争力排名全国卫视第二！

——央视·索福瑞媒介研究

★ 从2003年卫星频道全国竞争力报告看，中国安徽卫视频道满意度位居省级卫视前五位。

——央视市场研究

安徽省省直统建物业管理公司

经理：齐从木

物业管理公司隶属省直机关事务管理局统建房地产开发公司（又称省直机关房屋统建办公室）。

公司负责管理省直统建办公室历年来为省直机关干部职工开发建设的住宅房屋及少量的办公用房。共负责管理芜湖路升华大厦、宁国新村、曙光路省歌舞团、太湖东路省直住宅小区、花园村等其它住宅小区14.3万平方米,1500余户有近30个省直单位。

公司管理人员近70余人,其中管理人员、工程维修人员基本持有上岗证及技术职称,能够担负起整个住宅小区的各类专业技术保障任务。思想、业务、技术管理等综合素质较高。

自1998年起,在省直机关事务管理局和省直各厅局的大力支持下,开始筹建太湖东路省直机关住宅小区,总面积为95亩,建筑面积近8万平方米,近800套大小不等的套房。2004年住宅小区环境及基础设施、配套设计基本完善。入住率达80%以上。建起了三个不同形式的中心活动休闲中心,集体育、器械、健身、休闲为一体的多功能活动场所,网球场以及正在筹建中的综合服务大楼,同时有近6000平方米的超市,为省直机关部分干部职工带来了实惠。

青年小区花园村管理公司突然撤走,该小区业主委员会经过多次，多方面实地考察论证，邀请我物业公司托管。并获得业主85%的选票委支持。

目前省直统建物业管理公司将“三个代表”的精神落实在各项管理工作中，体现在为小区业主、为民服务上。

省直第三幼儿园蒙氏（双语）分园

省直家园

省直机关房屋统建办公楼

GUOTU ZIYUAN

合肥市国土资源局

局领导班子

2003年，合肥市国土资源局坚持以"公开、公平、公正"的市场机制为原则，以建立土地储备制度为基础，以实施经营性用地招标拍卖挂牌出让为重点，以规范土地市场建设为核心，大力实施城镇土地经营。一是健全土地储备交易机构。市辖三县和三个经济开发区当年先后建立土地储备交易中心，同时加强土地收购储备力度，完善政府土地储备库。二是鼓励和吸引各类资本参与城市建设。加快城市危旧房改造步伐，为企业处置土地资产做好服务。三是坚持把城市公共设施作为重要产业来开发，将公交第二保养场、三孝口中央商务区等经营性项目，通过招标拍卖和挂牌等方式，推向市场，以资产换资金，实现城市空间资源的价值转换。全市当年共储备土地逾660公顷，以公开招标拍卖挂牌等方式出让土地377宗，政府达到收益10.93亿元。

2003年,市国土资源局加强土地利用规划和计划管理，严把用地审批关。实行土地用途管制，强化基本农田保护,对建设用地，实施土地置换政策，落实建设占用耕地补偿制度，组织市辖三县结合规划建设新农村、农田基本建设、植树造林等，开展土地开发复垦整理向规模化转轨。在矿产资源管理方面，完成矿产资源总体规划编报任务，建立矿产资源储备数据库和统计数据库，推进地质工作转型，开展基础性、公益性地质调查和新能源、新矿产勘察工作，完成江淮分水岭地区地质环境调查项目可行性报告和一期蔬菜基地重金属污染调查。

2003年,市国土资源局完善与法律法规相配套的地方性政策法规，全年共查处违法案件近百起，申请法院强制执行案件１７起。完成６０个乡镇及４个市区土地利用总体规划调整。同时加强地价管理，实施新一轮基准地价和地价动态监测，全面展开对土地分等定级工作，

安徽水电学院绿色环抱志愿者在保护地球的条幅上签名

局领导及技术人员现场指导耕地开垦

执法人员解答群众热线

省人大领导在4.22地球日现场指导工作

安徽省立医院

院长：许戈良（右）　　党委书记：胡世莲（左）

安徽省立医院是一所具有105年历史,集医、教、研、预防、保健、康复、急救为一体的省级大型综合性医院。

医院年门诊量约110万人次,开放床位1200张,出院病人2.8万余人次,住院手术1.3万余人次。全院现有职工1900人,正高职称186人,副高职称260人,享受政府津贴的专家79人,博士、硕士达百余人。省第二周期临床重点学科9个,省级重点扶持学科3个。医院设有全国心脑血管病防治领导组、省立体定向神经外科研究所、安徽心脏中心等研究室,中心实验室十多个。是安徽医科大学教学医院,拥有32个硕士生培养点。是卫生部全国立体定向技术培训基地。

医院备有超导磁共振、适形调强治疗系统、螺旋CT扫描仪、CR系统（计算机X光机摄影）、ECT、DSA、直线加速器、彩色心脏多谱勒诊断仪、大型自动生化分析仪、电子显微镜、流式细胞仪等大型先进仪器设备。

我院脑外科开展的脑立体定向技术综合研究及颅脑导航手术在全国属领先地位,血液科开展各种造血干细胞移植工作，脐血移植治疗急性白血病达国内领先水平。心内科、心外科、普外科、眼科、骨科、妇产科、消化内科和呼吸内科技术省内领先。获科技成果奖100多项,发表论文3000多篇，出版专著30余部。医院拥有《立体定向和功能性神经外科》、《临床输血与检验》和《临床医学研究》等专业杂志。医院不断加强对外合作和交流,组派援助也门共和国医疗队140多人次。

医院先后获"全国卫生系统先进集体"等40余项集体荣誉,100多人次获国家级、省级个人荣誉称号。1993年被首批评定为"三级甲等医院",1994年被评为"爱婴医院",1999年荣获"全国百佳医院"称号,2002年顺利通过"三级甲等医院"复审。

地址：安徽省合肥市庐江路17号

邮编：23001

电话：0551-2283114

传真：0551-2282121

网址：www.ahslyy.com.cn

外科病房楼

多功能会议厅

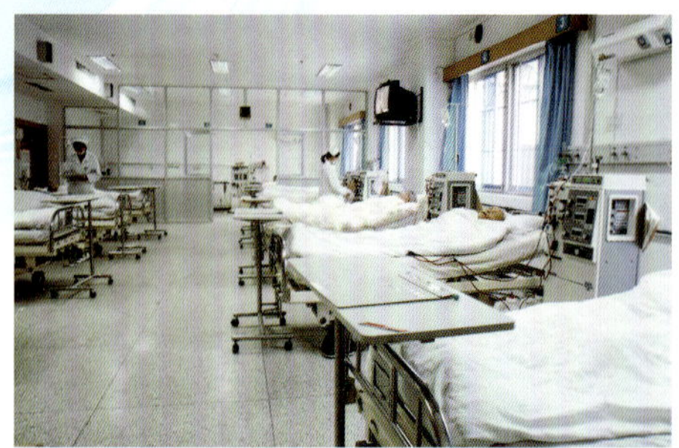
血液透析中心

合肥市教育局

林存安局长陪同省委常委、合肥市委书记车俊视察学校

合肥市首届青少年科技创新市长奖颁奖典礼

2003年合肥市教育局认真实践"三个代表"重要思想，全面推进教育改革与创新，推进素质教育，各类教育健康协调发展。

教育整体水平进一步提升。义务教育办学行为进一步规范，"两基"成果进一步巩固。改革普高招生办法，扩大高中招生规范，录取高一新生3万名，为历年之最。职业教育办学活力增强，招生规模达2.8万余名，普职比更趋合理。扶持与规范并举，促进民办教育新发展。合肥学院顺利完成三校实质性合并。高考报名人数达28850人，录取人数16351人，14万多考生报名参加高等自学考试。新创建省示范高中3所，市示范高中5所，省级一类幼儿园2所。

教育改革不断深化。有12项教科成果在全省获奖，位居全省之首。教师资格制度继续推进，面向社会认证，有5400余人获各类教师资格。又有10所中小学与韩国瑞山等地中小学结成姐妹学校。与美国、韩国等国家的友好城市进行了多层次的教育互访交流。语言文字工作向社会其他行业延伸，有4000余人接受培训、测试，226个单位接受指导，我市顺利通过国家和省语言文字工作检查评估。

办学条件得到进一步改善。农村中小学危房改造取得新成果，近43万平方米危房被消除，新增校舍25万平方米。新模式创办的合肥168中学完成二期工程建设，实现规模招生。90%的市属学校已建成校园网，90%的市区中小学实现了校校通，教育信息化稳步推进。

政风、行风建设成效明显。机关作风建设扎实推进，完善各项制度，建立领导接待日、行政例会制度，设立服务窗口、教育热线电话，印发办事指南、便民卡、方便群众，提高服务质量。义务教育办学行为进一步规范，中小学乱收费得到有效遏制，师德建设进一步加强，"走入学生家庭、走入学生心灵"活动产生很大社会反响。2004年省会合肥的教育一定会更加绚丽。

市教育局领导和机关干部接受市民咨询

合肥市烟草专卖局（分公司）

努力打造全国一流的卷烟流通企业

2003年，合肥市烟草专卖局（分公司）继续落实国家烟草专卖局"规范、改革、创新"的行业工作重点和省烟草专卖局（公司）烟草工作会议的各项工作部署。强化"服务至上、顾客至尊"的经营理念，积极实施网络建设，进一步优化业务流程。大力推行"电话订货、网上配货、电子结算、现代物流"的现代化网络运作模式。提高了网络运行效率。设立稽查中心，开设办证大厅、案件审理室。增加了证件管理的透明度和案件办理的规范化。稽查线以户籍化管理为重点，大力推行片区管理和诚信等级评价体系相结合的卷烟诚信管理。建立了全方位、立体化的网络督察体系，确保网络运行协同发展。通过三岗协作和四线运作的运营机制，不断推进卷烟网络建设稳健发展，提高了企业整体经营管理水平，促进了企业经济运行质量继续得以稳步提升。2003年，合肥市烟草分公司销售收入（不含税）较去年同期增长16.7%，实现利税较去年同期增长16%，为地方经济和行业发展做出了积极的贡献，向打造数字化烟草企业的目标迈出了坚实的一步。

合肥烟草将积极响应党中央全面建设小康社会的号召，与时俱进，开拓创新，努力实践"发展要有新思路，改革要有新突破，开创要有新局面，各项工作要有新举措"，积极建立现代化的卷烟流通企业！

国家烟草专卖局局长姜成康检查工作

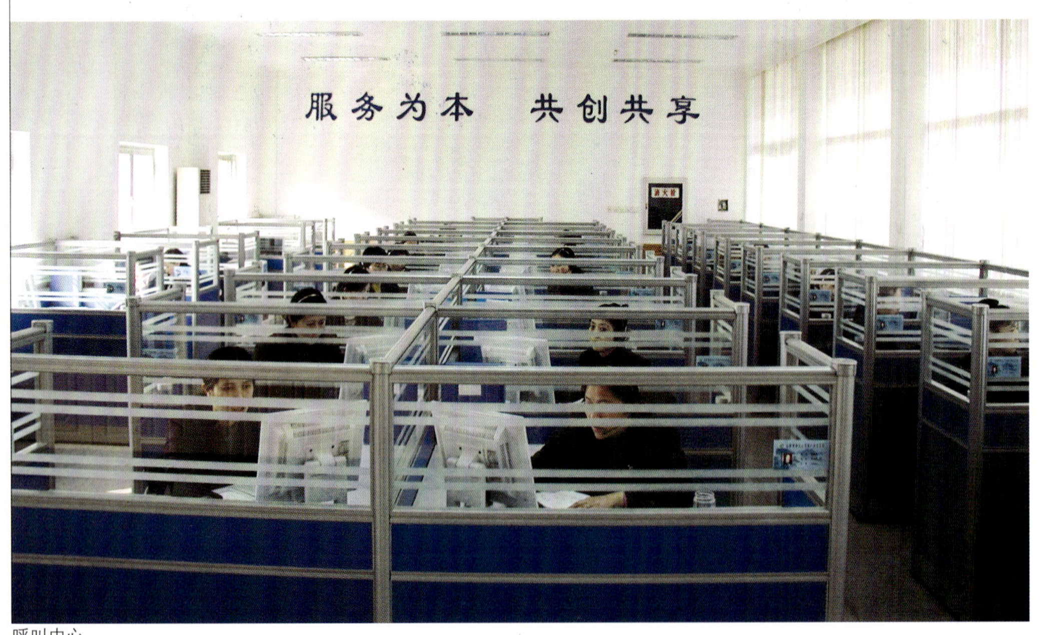

呼叫中心

合肥钢铁集团有限公司

新焦化厂全景

合肥钢铁集团有限公司是1958年建成投产的安徽地方骨干钢铁联合企业。是"中国100家最大黑色冶炼企业"和"中国500家最大工业企业"。

2003年集团公司以"实现企业快速发展"为核心，立足内部，深挖潜力，经济效益增长达到预期目标，全年产品销售收入20.6亿元，实现利税1.5亿元，利润2025万元。

2003年集团公司加大技改技措资金的投入，全年完成固定资产投资3.5亿元，比上年增长270%。利用亚行贷款的合钢二厂区污水处理系统和焦炉清洁工艺，原计划总投资8.12亿元，分两期建设。2003年11月10日，新焦炉正式投产出焦。该项目投产后，不仅为公司改善能源结构，创造较好的经济效益，而且由于采用先进的环保措施，具有很好的社会效益。

企业改革稳步推进。合钢股份公司经过一年的上市辅导工作，已顺利通过专家验收。集团公司正积极推进产权制度改革，剥离辅体，精干主体，向持续、快速、健康的发展目标迈进。

地址：安徽省合肥市瑶海区和平路1号　邮编：230011　电话：0551-4401241

市长郭万清（左二）常务副市长王林建（左一）在新焦炉施工现场

外籍专家调试吸气机

新焦化夜景

中 铁 四 局 集 团

中铁四局集团公司总经理　戴和根

中铁四局集团公司董事长　程聚生

中铁四局集团公司党委书记　张河川

中铁四局集团有限公司是具有综合施工能力的跨行业、跨国经营的国有控股大型企业，具有铁路工程总承包特级资质，公路、市政、房建、机电安装工程承包一级资质，桥梁、公路路基、公路路面、铁路铺轨架梁专业承包一级资质，城市轨道交通工程专业承包资质，环保工程甲级资质，国外承包工程资质和对外经营权，已通过ISO9002质量体系认证，并于2003年底通过了质量、环境、职业健康、安全管理体系一体化认证。资金信用被中国建设银行评定为AAA级。先后荣获“全国优秀施工企业”、“全国思想政治工作优秀企业”、“全国五一劳动奖状”称号。公司现有各类专业技术人员6000余名，其中工程技术人员3700余名（其中高、中级技术职称的有1500余名），各种专业技术工人17000余名，拥有各类先进的机械设备5400余（台）套，总功率31.4万千瓦。

中铁四局集团有限公司的经营宗旨是：遵约、守信、保质、重义。

“追求卓越管理，铸造精品工程，改进环境行为，保障健康安全”是中铁四局集团有限公司一贯坚持的质量方针。公司在铁路、高速公路、市政、汽车实验场、机场、码头、城市轨道交通、高层建筑、大型厂房、轻钢网架结构、高尔夫球场、电力、通信、信号工程等施工领域业绩辉煌，信誉卓著，获中国建筑工程鲁班奖7项、中国土木工程詹天佑大奖3项、全国用户满意工程奖4项、国家优质工程银质奖2项、省部级优质工程奖73项；获国家级科技成果奖22项、省部级科技进步奖28项。先后在18个国家和地区承建铁路、公路、房建、水坝等工程百余项，在国内外享有盛名。

中铁四局集团有限公司愿与国内外各界真诚合作、共谋发展、同创美好未来。

有 限 公 司

1. 合肥市五里墩四层互通式立交桥，共17条匝道，路桥总长10公里，荣获安徽省市政工程质量最高——银路奖和铁路部优质工程奖
2. 合肥市新图书馆，荣获全国用户满意工程奖和安徽省优质工程“黄山杯”奖
3. 解放军总装备定远汽车试车场高速环道，荣获中国建筑工程鲁班奖
4. 上海轨道交通明珠线——国内第一条轻轨铁路，荣获铁道部优质工程奖
5. 杭州湾跨海大桥全长36公里，是目前世界上在建的最长的跨海大桥。我公司施工的IX-A合同段由主桥和栈桥两部分组成。桥长9447米，是国内最长的栈桥
6. 蚌埠京沪铁路复线淮河特大桥，荣获安徽省优质工程“黄山杯”奖
7. 青藏铁路雪水河特大桥

2

3

5

6

7

HUAIBEIKUANGYE

淮北矿业集团

集团公司新区祁南煤矿

淮北矿业（集团）公司是以煤炭生产经营为主，集电力、化工、建筑材料、医药、机械制造、农林养殖、商贸旅游为一体的大型企业集团。现拥有资产110亿元，在职职工9.2万人，各类专业技术人才1.5万人，生产矿井13对，在建矿井2对，年生产能力2000万吨以上。公司多次被评为中国最佳形象"AAA"级企业，全国职工思想工作优秀企业，全国双文明建设先进单位，全国普法先进单位，煤炭工业先进单位，并获全国五一劳动奖状和煤炭行业管理金石奖等多项荣誉称号，整体通过ISO9002质量认证。

淮北矿区煤炭资源丰富，煤种齐全，煤炭保有储量67亿吨，并伴有3000多亿立方米的煤层气和近5亿吨的优质高岭土。其中，焦炭、肥煤和瘦煤为国家稀少短缺煤种，占矿区总储量的85.7%。2003年，集团公司实现销售收入61.7亿元，利润4409万元，利税5.4亿元。面对不断发展的新形势，集团公司结合矿区实际制定了"做精做强做大煤炭主业，调整巩固发展非煤产业"的发展战略，努力把集团公司建成为华东乃至全国一流，年销售收入150亿元、利润20亿元的煤焦化电基地。使集团公司成为主业突出，多元发展，跨地区、跨行业、跨所有制，具有强大市场竞争力和可持续发展的特大型企业集团。

地址：安徽淮北市孟山路1号 邮政编码：235006
电话：（0561）4951956
传真：（0561）4951959
网址：http://www.hbcoal.com

文艺活动

职工培训基地

石台选煤厂中央集中控制室

工人新村外景

安徽力源电力发展有限责任公司

总经理：孟宝林

安徽力源电力发展有限责任公司,于1995年1月19日在安徽省工商局登记注册,从事电力、热力开发生产、电量经营,高新技术咨询。董事长孙昕，总经理孟宝林。

至2003年末公司注册资本3.65亿元,资产总计5.39亿元,参股控股权益容量55万千瓦,累计发电量约180亿千瓦时。公司的经营理念为:"稳定发展、规范效益"八字方针,创建学习廉洁基建生产两个文明。

公司的发展战略为:坚持发展才是硬道理,走可持续发展之路,水火并举、协调共进。公司在建和待开工的水电有严家、相公庙、天马桥、阓滩,并开展对潜水流域综合开发的规划研究。扩建、新建热电联产机组及满足环保要求的循环硫化床机组,积极探讨投资开发一次能源的规划方案。至2010年公司目标拥有权益容量百万千瓦,进入"十二、五"计划期内联合控股公司具有独立投资建设60万千瓦级机组的实力,使之成为江淮大地上的璀璨明珠、力量之源。

公司参股25%的国投宣城发电有限公司(2X300MW+2X600MW发电机组）正式成立

公司投资的汇源#4机组（1X135MW）将于2005年6月发电

公司控股的小水电项目正在紧张的施工

公司控股的汇源电热有限责任公司

高管施工

高压悬喷基础处理

辐射井水管铺设

平顶山姚孟电厂灰坝

非开掘铺管

提身加培

安徽国通高新管业股份有限公司

党委书记、董事长：郭传余

中国口径最大的双壁波纹管模具

HDPE 大口径双壁波纹管生产线

UPVC 大口径双壁波纹管生产线

UPVC 加筋管生产线

安徽国通高新管业股份有限公司成立于1993年,位于国家级合肥经济技术开发区和国际级合肥高新技术产业开发区,是安徽省重点高新技术企业,国家标准化技术委员会PE双壁波纹管国家标准第一起草单位,中国塑料加工工业协会副理事长单位,中国最大的双壁波纹管材专业生产企业。

公司专业生产UPVC大口径双壁波纹管、HDPE大口径双壁波纹管、UPVC加筋管、HDPE天然气输送管、HDPE自来水输送管、PE-ST-PE钢塑复合管、PP-R供水管、CPVC埋地式电力电缆护套管、UPVC\PE异型多孔连体管、UPVC室内外建筑排水管、UPVC\PE系列管件。

公司所有设备与技术均从德国、意大利、奥地利、美国、英国等欧洲发达国家引进,技术水平国际一流。公司拥有独立的省级技术中心和优秀的技术人才。相继与北京化工大学、上海同济大学、安徽大学、合肥工业大学、中科院化学所等科研机构合作成立了产品创新研发中心。

主导产品是国家建设部、化工部、轻工部、建筑材料工业局、石化集团公司联合下文推荐使用的新型化学建材产品。

十年来,以郭传余董事长为核心的国通人励精图治、奋力拼搏,连续五年进行产品升级和管理创新,成功的走出一条围绕市场办工厂的发展之路。到〞十五〞期末实现管材年产量达40万吨,最终成为全国乃至亚洲最大的塑料管材生产基地。

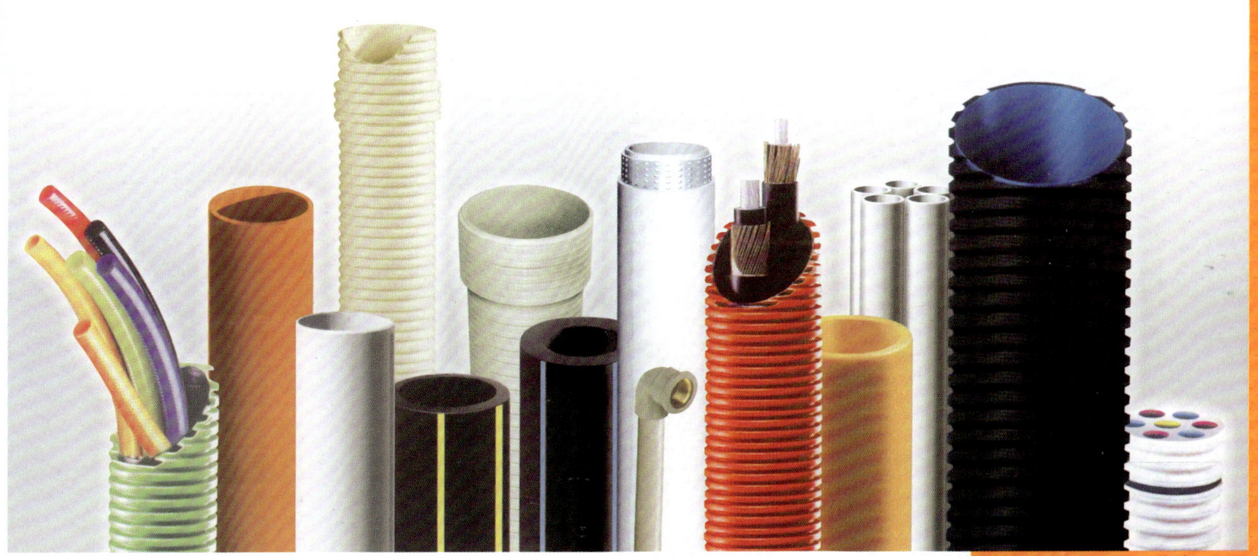
UPVC大口径双壁波纹管生产线　PP—R供水管　UPVC加筋管　埋地式PVC—R高压电力电缆护套管　HDPE大口经双壁波纹管　异型多孔UPVC\PE连体管　HDPE自来水输送管　UPVC室内外建筑排水管材、管件　HDPE天然气输送管　HDPE系列管件　PE—ST—PE钢塑复合管

安徽省交通投资集团有限

安徽省交通投资集团有限责任公司是省政府授权经营的大型国有独资公司，2001年5月28日正式挂牌成立。集团现拥有全资、控股、参股公司12家，职工约4000多人。主要从事国有资产运营、公路建设和运营管理，经营范围包括：公路项目建设，路产经营，物流配送，公路设计、监理，客运、海运等业务。

集团组建以来，强力推行三项制度改革、资产重组和产权制度改革，先后完成物流业、客运业和设计施工业的资产重组，使资源向主导产业集中，逐步形成了公路建设、路产经营、物流、客运四大主导产业。

根据安徽省政府交通投资体制改革精神，交通投资集团公司承担了高速公路建设和路产运营职能，成为安徽省交通基础设施建设的主体之一。集团已运营公路有：界阜蚌一、二期、合六路、合淮路。在建高速公路有：铜汤高速公路、汤屯高速公路、六叶高速公路、蒙蚌高速公路；2004年拟开工建设合六叶高速公路、六安—武汉高速公路，力争开工建设屯溪—婺源、屯溪—开化高速公路。2004年，交通集团计划完成投资任务21.1亿元，占全省高速公路建设任务的22%，到2007年，集团将建成高速公路550公里，完成投资200多亿元。

为适应高速公路建设和运营职能的变化，交通集团将根据发展战略规划，以高速公路建设为重点，以路产运营和资产管理为主线，深化企业改革，开展资本运营，做大做强主业，力争成为安徽省内交通企业的领导者之一，国内交通行业有竞争力、影响力的知名企业。

地址：合肥市长江东路1157号

邮编：230011

电话：0551—4292001、4292002

E—mail：ac_group@mail.hf.ah.cn

党委书记、董事长、总经理：乔传福

交通集团与省交通厅签订公路建设目标责任书

组织职工“七一”在革命圣地井冈山学习

合安高速

责任公司

龙山隧道

沪蓉公路皖境高界段

安徽省公路勘测设计院

安徽省公路勘测设计院是持有国家工程勘察综合甲级，公路行业(公路，特大桥梁，特大隧道)设计甲级，工程咨询、地形测绘、公路工程监理、招投标代理甲级证书和交通工程，公路工程质量检测，建筑设计和城市规划，咨询及工程设计乙级等证书以及公路工程施工总承包二级资质的综合性勘察设计单位.主要从事公路，工程地质项目建议书，可行性研究报告的编制、工程设计，环境污染防治工程和城市规划、工程设计，工业与民用建筑设计，公路桥梁工程的监理、检测、招投标代理，工程建设市场的有形交易，计算机软件开发、网络设计、图形制作等业务。

我院拥有GPS卫星定位系统、全站仪、超声波检测仪和高密度电法、多功能浅层地震勘探等较为先进的勘测，检测设备和各类先进的计算机软，硬件系统，初步实现了办公，经营，管理网络化.

1980年来，我院获国家、部、省级以上优秀勘测设计和科技进步等奖项达５０项，其中：获国家级优秀勘察设计银质奖1项，其他国家级奖4项，省部级奖40多项。1992年和1995年我院还分别被建设部授予"全国工程勘察先进单位"和"全国计算机应用先进集体"，1999年被安徽省劳动竞赛委员会授予"百家最优质服务单位"，2003年我院被交通部、共青团中央授予"全国青年文明号"等荣誉称号。

通立交

安徽移动通信

创无限通信世界

安徽移动通信有限责任公司是中国移动（香港）有限公司全资子公司。已于2002年7月1日在香港及海外上市,企业性质为外资企业。公司中文名称为：安徽移动通信有限责任公司,英文名称为：Anhui Mobile Communication Companylimited（简称〝AHMCC〞),公司下属17个市级分支机构、61个县级分支机构。

公司董事会由施万中、张道德、周家铣、谷道琴、聂晶和张启珑六位董事组成。公司法定代表人为施万中董事长兼总经理。

公司经营范围是在安徽省经营移动通信业务（包括话音、数据、多媒体等）；IP电话及互联网接入服务;从事移动通信、IP电话 互联网等设施的安装、工程施工和维修；经营与移动通信、IP电话和互联网业务相关的系统

宽敞明亮的营业大厅

正在建设中的合肥移动通信枢纽楼

有限责任公司

做信息社会栋梁

省委书记王太华,副书记王明方亲切会见中国移动通信集团公司总经理张立贵和安徽移动总经理施万中

董事长、总经理：施万中

集成、漫游结算、技术开发、技术服务、广告业务、设备销售等;出售、出租移动电话终端设备、IP电话设备互联网设备及其零配件,并提供售后服务。

公司拥有"全球通"、"神州行"、"移动梦网"和"M-ZONE"等著名品牌。移动电话自动漫游通达国内所有地市县,并与世界上210个运营商合作,开通了130个国家和地区的国际漫游业务。网络覆盖全省各市县及绝大部分乡镇、公路铁路沿线、旅游风景区,网络容量突破500万户,用户已达到400万户。公司除提供话音业务外,还可为客户提供中文短信息、呼叫转移、来电显示、呼叫等待、语音信箱、全球通WAP、全球通IP直通车、GPRS、MMS彩信等多项服务。

公司以争创世界一流通信企业为战略目标,以追求客户满意服务为宗旨,以创无限通信世界,做信息社会栋梁为使命,全面实施服务与业务领先战略,努力为安徽经济的腾飞服务。

团结奋进的领导班子

24小时自助营业厅为客户提供便捷服务

中国铁通芜湖分公司

公司营业厅

铁道通信信息有限责任公司芜湖分公司（简称铁通芜湖分公司）是铁道通信信息有限责任公司在安徽的分支机构。芜湖分公司现有员工671人，固定资产2.1亿元。拥有皖南五个地市的通信网络资源。

铁通芜湖分公司现已形成一定规模的长途通信网、本地交换网、数据网、互联网等通信设施，可以向社会公众提供国际、国内长途电话业务、本地电话业务、全国范围内的传真、数据传送业务，互联网业务等。公司将以一流的电信网络，优质的服务为广大企业和个人用户的通信需求提供更广阔的选择空间和最佳服务。我们愿与其他电信运管商一起，本着"真诚合作，优势互补，互相促进，共同发展"的精神，共同为中国的电信事业发展而努力，为芜湖的经济腾飞作贡献。

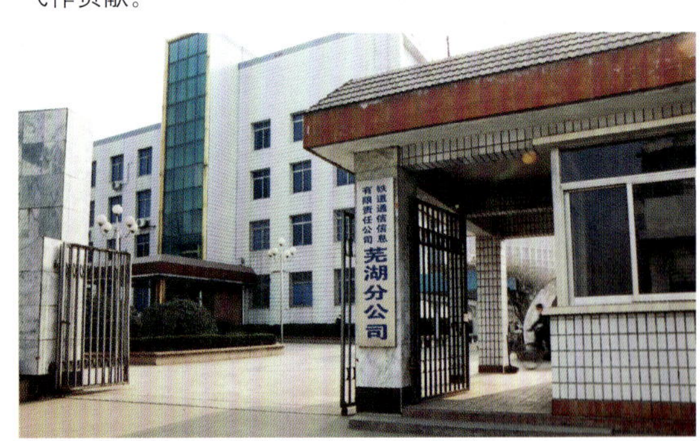

公司机关大楼

TIEDAO TONGXING

安徽省医药（集团）股份有限公司

董事长强恒秒陪同省经贸委杨振超主任现场部署防“非典”药品储备

安徽省医药（集团）股份有限公司是省政府指定的省级药品储备单位,承担着全省灾情、疫情和突发事件的医药商品的储备、供应任务。

在非典期间,省医药集团积极响应省非典防治总指挥部物资保障组号召,主动担负起安徽省医疗单位,居民市场和政府采购供应三大艰巨任务。面对突如其来的非典疫情,省医药（集团）公司沉着应对,积极组织货源,克服困难,开辟非典绿色通道，实行24小时供应制度,从采购、验收、储存到配送各个环节和岗位,以最快的速度,最高的效率,最优的服务将非典防治医药用品送到抗击非典第一线。向安徽市场提供干扰素等非典防治医药用品合计1000余万元。在非典防治医药用品供应十分紧缺的情况下,向北京捐助价值43.7万元的干扰素等防治非典医药用品;向皖南医学院附属弋矶山医院捐赠价值6.4万元非典防治药品;向合肥大招办捐赠价值2.2万元84消毒液,向省红十字会捐赠价值15万元的抗病毒药品。基本满足了非典防治医药用品的市场需求。为维护人民的生命健康安全提供了保障,取得了良好的社会效益,受到社会各界和省非典防治总指挥部等上级有关部门的好评与表扬。

人民的利益高于一切!

公司向省红十字会捐赠抗“非典”药品

公司下属单位省绿十字医药连锁有限公司员工分装抗“非典”药材

一 品 黄 山 工

厂长：卢安宁

一品黄山工贸有限公司现有员工2125人，资产总值17亿元，年销售收入30.95亿元，实现税利18.43亿元，实现利润3.63亿元。是位居全国500强的大型工业企业和全国纳税百强企业，年纳税总额连续多年雄居安徽省跨行业之首。先后荣获"全国思想政治工作优秀企业"、"全国先进集体"，"全国精神文明建设先进单位"等光荣称号并荣获"五一劳动奖状"。主要产品有"黄山"、"渡江"、"丹健"等系列卷烟，其中"黄山"系列产品连续多年被国家局评定为"全国名优卷烟"，"渡江"系列产品也连续数年荣获"全国卷烟优等品"称号，混合型产品"丹健"已经打入日本市场十五年。

经过多年的发展，"黄山"品牌已逐渐形成了以黄山万里红和一品黄山为主导产品的结构层次较为完善的产品线。产品行销32个省市自治区和计划单列市，市场覆盖率达到97.36%。黄山品牌被国家烟草专卖局确定为中国烟草迎接入世挑战的战略性品牌之一。企业把研发、采购、生产、检验、销售、市场调查等环节有机结合，形成了产品质量共保体系。1998年该厂通过了IS09002质量管理体系认证，实现了产品质量的科学管理。2000年蚌埠卷烟厂顺利地通过了IS09000 2000版的换版认证。

2002年斥资8亿元进行技术改造，2004年将竣工投产。届时，一个世界先进、全国一流的卷烟工业企业将展现在世人面前，一品黄山工贸有限公司将会以更加骄人的业绩，勇立潮头唱大风！

贸有限公司

十五技改鸟瞰图

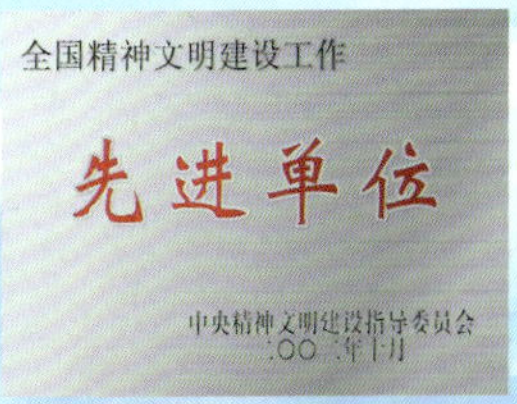

表彰会

全国精神文明建设工作

先进单位

中央精神文明建设指导委员会

热烈祝贺

“黄山”商标

被国家工商总局认定为

“中国驰名商标”

蚌埠一品黄山工贸有限责任公司

中国烟草科研

厂长、党委书记：朱杰

中国唯一的烟草科研教学实验基地，为国家大型二类企业，中国500家最大工业企业之一，占地面积23.34万平方米，现有员工1405人，固定资产原值7.0亿元，净值4.9亿元。拥有生产设备226台（套）。其产品深受消费者青睐。

随着中国加入WTO，面对国际市场国内化、国内市场国际化的严峻形势，通过三大整合（品牌整合、组织结构整合、技术整合）实现了高速度的发展：2003年销售收入增长6.3%，实现税利17%，为国家和地方税收做出了巨大贡献。

连续三年荣获全国"优质服务月先进单位"，2002年，厂顺利通过2000版质量管理体系认证审核。2003年醇和皖烟荣获综合得分第一名、感官质量第一名，这是在全国烟草工业企业综合排名第14位的基础上取得的又一巨大成就。

以朱杰同志为首的新一届领导班子锐意改革，对组织结构进行了大力调整，实行结构整合主辅分离，建立"一厂三公司"的组织架构。深化以岗位竞聘为主要内容的企业人事制度改革，全员参与，竞聘上岗，实施目标管理，开展绩效评估工作。

秉承"追求卓越，共享光明"的企业文化理念，与时俱进，开拓创新，不断增强企业的综合实力和核心竞争力，计划用三年时间做精、做强品牌，做实市场，到2005年实现年销售收入25亿，利税15亿，利润3.5亿。努力把企业各项工作推上一个新台阶，继续为国家和地方做出更大贡献！

鲜花簇拥中的办公楼

教学实验基地

现代化的中烟基地制丝线

中控室

办公楼夜景

红三环工贸公司

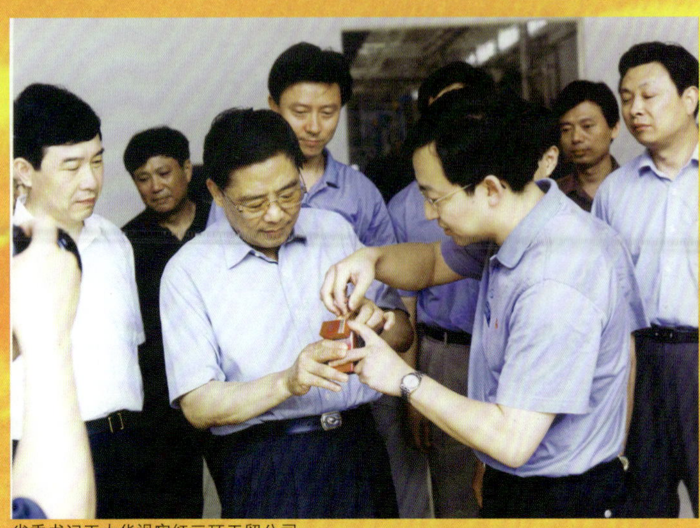

省委书记王太华视察红三环工贸公司

红三环工贸公司始建于1949年，占地面积20多万平方米，员工1000多人。

2003年，安徽烟草行业对品牌进行整合，红三环品牌因其卓越的表现，优良的品质，准确的定位，被确定为唯一规模品牌。其目标是发展成为中国最大规模品牌之一，力争3年时间生产能力达到80—100万箱。

"敬业 同心 创一流"的企业精神将永远激励红三环人始终贯彻"坚持高标准，追求零缺陷"的质量方针，全面实施国际质量认证标准，以一流的服务、一流的质量全力为消费者奉献出优质的产品，为社会作出更大的贡献。

团结奋进的领导集体

中国石油天然气股份有限公司安徽销售分公司

中国石油天然气股份有限公司安徽销售分公司（以下简称安徽分公司）是中国石油天然气股份有限公司所属的销售企业，是中国石油在安徽省的销售代表。

安徽分公司自2002年6月6日成立以来，在王琦总经理为首的领导班子带领下迅猛发展，仅用了一年多的时间打开了中国石油在安徽地区销售的新局面，树立了中国石油在安徽地区的新形象，开辟了区外销售的新战场，不仅二级分销网络得到扩展和加强，而且加油站零售网络建设也取得了重要突破，截止2003年11月底，全公司已拥有各类型加油站180余座，总库容达12万立方米，形成年销售能力达100万吨，解决安徽省两千多人再就业，上缴税费二千多万元。在全国成品油市场专项整治活动中，加油站专项整治合格率达到95%。

安徽分公司始终坚持中国石油天然气集团公司"爱国、创业、求实、奉献"的企业精神和"诚信、创新、业绩、和谐"的企业理念，深入钻研现代经营理念与革命传统的有机结合，努力发扬中国石油的光荣传统作风，营造现代化的石油营销队伍。

面对"三年放开零售，五年放开批发"的庄严承诺，面对区外激烈竞争的成品油市场，安徽分公司主动融入入世浪潮，与时俱进，坚持树立"六种观念"，强化"五种意识"，实现"两个目标"，全面提升企业综合竞争力，努力实践"三个代表"，本着造福一方水土、造福一方百姓的原则，努力实现高效利用能源与有效保护环境的和谐统一。

安徽财苑会计师事务所

安徽财苑会计师事务所于1996年2月经省财政厅批准成立，1999年12月经省财政厅批准脱钩改制为有限责任会计师事务所，本所的宗旨是依据国家法律、法规和独立审计准则，竭诚为企业、事业单位、团体、个人服务，坚持实事求是、客观公正的原则，维护国家会公共利益和投资者的合法权益。目前,已发展为安徽财苑会计师事务所，安徽财苑房地产估价事务所、安徽财苑税务师事务所,及工程造价咨询和资产评估组成中介服务组织。所长、交通集团组织职工"七一"去革命圣地井冈山学习。

董事长、中国注册会计师、高级经济师
省高级审计师评委会委员、财政学硕士　赵成龙

本所现有专职从业人员58人，注册会计师24人，待注册12人，注册资产评估师4人，注册造价工程师7人，注册房地产估价师9人，注册税务师5人，拥有中高级以上职称人员38人。

本所具有审计、资产评估、工程预(决)算审计、房地产估价、税务咨询和税务代理等资质，业务范围：验资、报表审计、资产评估、工程预(决)算审计、房地产估价、税务咨询、税务代理、财会人员培训。

同时为拓展事务所的服务市场，本所与北京信永中和会计师事务所协作对上市公司及证券相关业务进行审计。

本所在执业过程中坚持客观公正、实事求是的原则。坚持以"三个代表"的思想教育广大员工，树立起正确的人生观、价值观。同时注重对员工进行业务培训，不断提高员工的业务水平，自1996年我所成立以来，已完成各项业务近9000项，为国家和企事业单位挽回经济损失近亿元。未发生过重大工作失误和违反职业道德的行为，没有发生过重大违法违规行为，赢得了广大客户和上级主管部门的一致好评。

地址：合肥市政府广场天徽大厦C座12-A，宿州路76号宏图大厦2401　联系电话：0551-2635646、3197056、13905600682

董事长赵成龙与海螺集团负责人在工作现场

安徽财苑会计师事务所
安徽财苑房地产估价事务所有限公司
安徽财苑税务估价事务所有限公司
安徽财苑会计事务所工程造价咨询资质
安徽财会计师事务所资产评估资质

安徽财苑会计师事务所部分股东

赵成龙董事长参加安徽大学财苑奖学金颁奖典礼

合肥市中医结石病专科医院

——中国知名专科医院

合肥市中医结石病专科医院，是一所人才荟萃的中医专科医院。医师均是从事医疗科研、资深学博、经验丰富的副主任以上的专家教授。在发掘中华医药宝库、发展中医药文化做出了重要贡献，特别是在治疗各种结石病、糖尿病、肾病、妇科病等方面，取得了突破性进展，得到患者的好评，省市领导的赞扬。香港新华出版社把该院列入“中国知名专科医院”，向国外推荐。该院采用的纯中药溶石、排石系列方剂，是从中国传统有效方剂中筛选研制出来的独特高效配方，把结石溶化裂解排出。通过临床应用，专家评审，一致公认属于无创伤、无痛苦、非手术治疗。对肝内外管结石，胆囊结石，胆囊炎，肾结石、输尿管结石、膀胱结石均有疗效，有效率达98%，一般3—6天即见到结石排出。特别是对肝内胆管结石治疗取得重大突破。肝内胆管结石一直是手术治疗的一大难题，该院采用纯中药天然绿色药物养肝、柔肝、溶石排石治愈率达90%以上。不仅把结石顺利排出，而且使肝脏功能达到康复，从而消除了病因，避免了结石复发再生。一些专家教授称赞这种保护性疗法是一项重要突破。七年来为全国2万余名结石病患者排石解忧，被誉为“化石点金的良方”“妙手回春的神医”。

院长：谈念淮

药房

地址：合肥濉溪路254号华佗大厦（北一环路）乘202、124、7、14、125、137、143路公共汽车到农药厂下车即到

电话：0551-5536528

传真：0551-5531944

邮编：230041

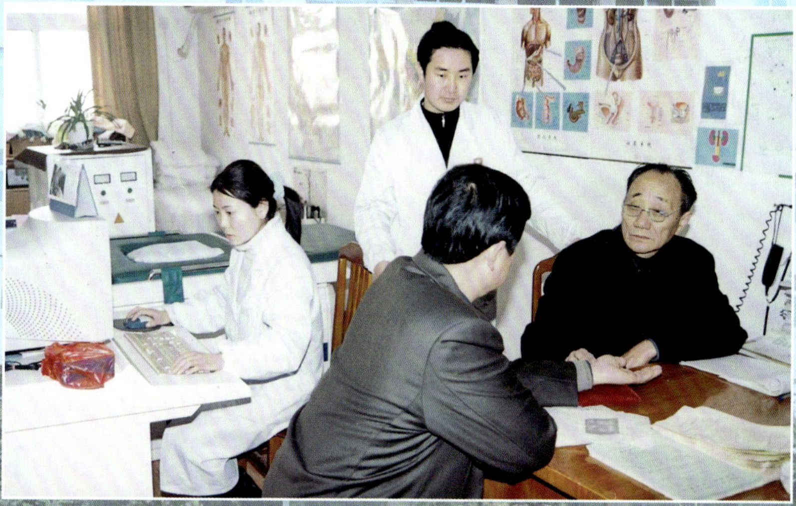

问诊

安徽省高等级公路工程监理有限公司

高（河埠）界（子墩）高速公路

安徽省高等级公路工程监理有限公司现隶属于安徽省高速公路总公司。获交通部公路工程甲级监理资质证书;获交通建设工程试验检测机构乙级资质;取得交通部交通工程监理乙级资质。公司总经理吴志昂同志系全国青年联合会委员、安徽省青年联合会常委，"安徽省青年五四奖章"获得者。

公司成立以来,除承接安徽省内的高速公路监理任务外,还积极拓展省外监理市场。在承接了安徽省第一条高速公路合（肥）宁（南京）高速公路之后承接了安徽省合（肥）巢（湖）芜（湖）高速公路、沪蓉公路皖境（河埠）界（子墩）高速公路、公司还积极参加了安徽省路网改造项目的监理工作及相关交通机电、安全设施、环保、小区建设工程的监理任务。以及新疆、山东、浙江、福建、陕西、内蒙古共30余高速公路的建设任务。

已完成的合宁高速公路获"中国十大公路工程"称号,陇西立交、沪蓉公路皖境高界高速公路工程被交通部评为"优良工程",新疆乌奎高速公路、芜湖长江大桥北岸公路接线、界阜蚌高速公路一期工程、连霍高速公路安徽段等项目也在各自省市交通行政主管部门交工验收中被评为"优良工程",安徽省高速公路联网收费系统获得省级科技进步奖，取得了良好的经济效益和社会信誉。7年来,公司承监的项目无一发生质量安全事故。

多年以来,公司始终坚持多元化发展的路子,先后组建了安徽省科达技术开发有限公司、安徽省达源公路工程科技开发有限公司、安徽省新同济建设监理有限公司、安徽省安庆高速公路混凝土有限公司等涉及公路科技开发、市政工程监理、房建工程监理、混凝土预制件生产安装、宾馆服务业、绿化、房地产等。其中，安徽省科达技术开发有限公司研制的桥梁波形伸缩缝,有效地解决了桥头跳车难题,并于日前通过交通部行业标准的验收评定。公司目前正朝着以监理主业为龙头,多种行业齐头并进的集团公司方向迈进。

2000年顺利通过了ISO9002国际质量体系认证;公司试验室拥有价值300多万元的先进的检测设备并具备一流检测技术和独立的试验检测能力。公司多次获得安徽省交通厅、安徽省高速公路总公司、安徽省高等级公路工程建设指挥部"先进单位"、"先进集体"、"优秀监理单位"等光荣称号。

新疆乌奎高速公路收费广场

漕河特大桥

合肥兴泰投资控股集团有限公司

董事长：孙立强

总裁：高同国

合肥兴泰投资控股有限公司是经合肥市国有资产管理委员会批准设立并授权经营的国有独资公司。2002 年 9 月 28 日正式挂牌运作,注册资本 8.7 亿元。主要是对授权范围内的国有资产进行经营,并从事企业策划、管理咨询、财务顾问、公司理财、产业投资等经营活动。按照“有进有退”的原则,公司将不断提高金融资本比例、国有资本收益率和国有资本控制力,全力打造兴泰金融控股公司。至 2003 年底,公司资产规模超过 180 亿元,净资产 16 亿元,全年实现利润 1.36 亿元。

为规范公司的运作与管理,控股公司依据《公司法》和建立现代企业制度的要求,完善公司法人治理结构。首家引进独立董事参与企业重大经营决策。理顺母子公司关系,落实出资人权利，根据资产、财务、股权和人事管理的需要,公司制定了《国有股权管理暂行办法》、《国有资产产权代表选派程序及报告制度暂行办法》、《公司员工岗位描述》等管理制度,为公司的发展提供了有效的制度保证。

2003 年,公司建立了自己的网站,加强了与外界的联络与沟通。本着“诚信为本、敬业遵纪、团结奋进、开拓创新”的核心价值观,兴泰控股努力树立“团结、学习、创新、超越”的公司形象,争取社会对“兴泰”品牌认同感。

公司网址：www.xtkg.com

市长郭万清为公司开业揭牌

公司董事会成员

副市长陈树隆在合作签字仪式上

公司成立揭牌典礼

合肥曼迪新药业有限责任公司

公司创立于1995年3月,位于合肥市合作化南路43号,注册资金2000万元人民币,主要经营中西药品、生物制品、医疗器械等,同时开展新药研发,医药技术咨询与服务。

在李方军董事长的领导下,公司业务得到了迅猛发展,实力不断增强。经营品种从不足20个增加到近5000多个;市场范围从最初的合肥周边地区医药零售网点、医药公司和乡镇卫生院,逐步形成覆盖全省的成熟稳定的销售网络和全国范围内的分销渠道, 并建立了一套成熟、高效的物流配送体系;公司的销售收入自1998年的不足100万元,激增至2002年突破亿元大关,2003年再次全年突破3亿元。良好的信誉、规范的操作、健康的形象和优质的服务,为曼迪新赢来了各方的信任与支持,2002年,公司被授予"中国优秀民营科技企业"称号。

董事长:李方军

商业准则:诚信为本,质量至上; 发展原则:团结务实,积极进取;

经营思路:服务是我们的最终产品; 人才理念:发展是硬道理; 追求目标:做五十年企业。

公司向金安区捐赠26万元药品

池州市公安局交通警察支队

支队长：孙玉林

池州市公安机关以"三个代表"重要思想为指导，深入贯彻落实《中共中央关于进一步加强和改进公安工作的决定》和第二十次全国公安会议精神，紧紧围绕加快发展、富民强市、全面建设小康社会的奋斗目标，坚持"严打"方针，严厉打击各种违法犯罪活动，强化治安管理，建立治安防控体系，增强人民群众的安全感，坚持对法律负责与对党负责、对人民负责的一致性，坚持公平与正义的一致性，严格公正文明执法，切实做到执法为民。进一步改革和加强公安管理工作；为经济建设和社会发展提供优质服务。以正规化建设为核心，全面加强公安队伍建设，努力带出一支"政治坚定、业务精通、作风优良、执法公正"的公安队伍，开创公安工作新局面。

道路交通管理队组建于1988年底的池州交警支队队伍不断壮大。全市有交通民警208人，交警大队8个，交警执勤中队22个。支队下设办公室、交管科、法制科、宣传科、财务科、检测中心、训考中心、车管所8个科室和城区大队、郊区大队、事故大队、公巡大队4个直属大队。

池州交警支队新的领导班子坚持"立党为公，执政为民"，带领全市广大交通民警振奋精神，扎实工作，努力开创池州公安交通管理工作的新局面。

政委：周英健

滁州市路灯管理处

滁州市路灯管理处，负责全市区10971盏路灯304.02Km路灯线路、96台路灯控制柜、37处路灯无线三遥监控点、7台路灯专用变压器等的维护及新建、大修、拓建等任务，确保路灯亮灯率在96%以上。

滁州市路灯建设因地制宜，路灯设施在短短的几年时间里旧貌换新颜。如今不同样式的路灯、庭院灯、景观灯装点着滁州市的主要干道和广场，每当华灯初上，成为夜晚滁州一道道亮丽的风景线。

滁州市路灯管理处多次被省建设厅和华东路灯情报站评为"先进单位"、"模范班组"，被市文明委评为"文明单位"，年年被市建委评为"先进单位"，主管领导姚志中同志在2002年度被市政府授予"市劳模"称号。为了适应城市的发展，路灯处开发了安徽省第一台"滁州市无线路灯监控系统"，并同步建成了滁州市路灯监控中心，方便了市民生活，减少了交通事故，扼制了犯罪分子趁黑作案，改善了滁州市的投资环境，填补了安徽省无线路灯自动控制系统的空白。

滁州银花房地产(集团)有限责任公司

省级优秀小区、省级优秀物业管理小区"银花新村"

滁州银花房地产（集团）有限责任公司成立于1992年7月，公司具有国家二级开发资质，以房地产开发为主导，兼建筑、装饰设计施工、物业管理等多元化经营。1996年，公司获"安徽省房地产开发企业三十强"称号。

银花公司先后开发有银花新村、古楼花园、紫薇新村等八处房产及小区，为滁州市民提供了各类商品住宅3800余套，计26万平方米。其中"银花新村"小区被省建设厅列为《省级试点小区》，并荣获"省级优秀住宅小区"和"省级优秀物业管理小区"称号。

"团结、勤奋、求实、高效"是银花的企业精神，公司愿本着"建设滁州、造福人民"的宗旨，为滁州人民营造美好的家园。

法人代表、董事长、总经理刘长生

银花公司开发的"梅园别墅"

银花新村鸟瞰图

安徽滁州中学

校长：胡国

滁州中学位于滁城西部，前身为“安徽省立第九师范学校”，1921年由汪树德先生（现海协会长汪道涵先生的父亲）所创办。1958年被确认为安徽省重点中学，1960年出席全国文教“群英会”，1978年恢复为安徽省首批9所省重点中学之一，2000年被命名为安徽省示范高中。

学校现有特级教师5人，高级教师52人，一级教师60人。有教学楼3座，实验楼、图书办公楼、学生公寓各1座,在建教学楼、体育馆、教学综合楼、学生生活综合楼各1座。校内设有卫星地面接受站、电视共用天线、有线电视网、多媒体教室、微机房、多媒体语音室、多功能报告厅、体育运动场等较为齐全的教学办公设施。藏书9万余册，年订报刊200余种。

滁州中学历来以重视学生品德教育和教学质量高而享誉省内外，高考本科升学率保持在75%以上，每年都有一批优秀学生被北京大学、清华大学等全国一流高校录取，有3人次获省高考理科状元。其中在国内外获博士学位的达300余人。陆元九（中国科学院院士、中国工程院院士、世界宇航学院院士）、王正国（中国工程院院士、第三军医大学野战外科研究所一级教授、博士生导师）、尚昌和（吴健雄物理奖、中国青年物理实验奖获得者）、吴军（美国计算机网络专家）、张忠军（新中国第一位经济法学博士）等是滁州中学学子中的优秀代表。

滁州中学是联合国教科文组织俱乐部成员单位、全国文教先进单位、安徽省文明单位、安徽省五四红旗团委、全国重点课题实验学校。

安徽省琅琊山矿业总公司

总经理、法人代表：朱承忠

安徽省琅琊山矿业总公司建于1958年,企业占地94万平方米，总资产1.4亿元。是以铜采选为主的多产业、多产品综合型国有企业。

公司年采选矿石30万吨，年产铜金属量3700吨，铜精砂品位28%以上；年生产铁精砂22000吨，品位65%以上。铜铁精砂因品位稳定，含有害元素少，质量处于国内同行业先进水平。粉末冶金和复合材料加工业通过ISO9002质量认证，产品在国内得到广泛应用。公司房地产开发利用毗邻风景区和便利的交通等有利条件,形成了集房地产开发、建筑安装、物业管理为一体，综合开发、服务配套的产业。

安徽省琅琊山矿业总公司多次荣获"安徽省最佳经济效益企业"、"省冶金行业管理先进单位"、"省、市先进纳税企业"、"全国安康杯竞赛先进企业",中华全国总工会授予"全国模范职工之家"、"全国职工体育先进单位"。是全国100家最大有色金属采选企业之一。

地址：安徽省滁州市三里亭路143号

邮编：239011

传真：0550——3514967

网址：http://www.almcm.com.cn

公司全景

滁州市金达石油有限公司

董事长、总经理：梁金达

滁州市金达石油有限公司系中国石油天然气股份有限公司所属的重组企业，是从事成品油批发、零售经营企业。公司在南京、上海、大连、武汉、江阴等地设立办事处，从事成品油外购外销和外采内调。

公司实施了ISO9001：2000国际质量认证体系，建立了完善的质量保证体系和高效、规范的基础管理体系。

公司坚持"务实、开拓、稳健、卓越"的经营理念。自1998年至今，先后被省、市各有关部门评为"98年度先进纳税企业"、"1999-2000年度诚信单位"、"2002-2003年度先进私营企业"、"2002-2003年文明单位"、"劳动保障信得过单位"等8项光荣称号。

"高效、规范"的管理体系，"务实、开拓"的经营理念，"热情、优质"的品牌形象，"浓郁、先进"的企业文化，构筑了金达集团规模化发展的坚实基础，金达公司将努力为中国石油市场的健康发展和国家的现代化建设做出新的贡献。

公司办公楼

加油站

安徽富煌集团

董事长：杨俊斌

总经理：雷功群

安徽富煌集团坐落在美丽的巢湖之滨，和平将军张治中的故里，巢湖市西郊——富煌工业园区。富煌人经过十五个春秋的不懈努力，使一个五万元起步的小乡镇企业，发展成为全国轻钢结构建筑前十强企业，安徽省明星企业，全国守合同重信用企业。

集团公司下辖十个分子公司，一个省级企业技术中心，一家钢结构房屋研究所，七个驻外办事处。营销辐射大江南北、长城内外、东南沿海、西北高原的21个省市自治区。集团拥有九十年代末国内最先进轻钢结构构件制造生产线全套设备，新型烟草机械刀片加工生产线，菱镁制品加工生产线，农副产品深加工和绿色食品加工生产线等。

先后与浙江大学、同济大学、合肥工业大学、安徽农业大学、沈阳金属材料研究院等大专院校，及科研院所建立了长期的"产学研"和技术合作关系。2001年通过ISO9001国际质量体系认证，轻钢结构系列被评为"国家权威检测达标产品"，"富煌"商标被认定为"安徽省著名商标"，其系列产品被评为"安徽省名牌产品"。

董事长杨俊斌，热心光彩事业，设立爱心救助教育基金。"为了平凡的追求，为了家乡的崛起，祥和奉献，奋进创新，勇争一流，永不自满"，这是富煌人的使命，这是富煌人的精神。到"十五"末集团力争达到销售收入超十亿元，利税超亿元的大型企业。

安徽江淮电缆集团有限公司

省委书记王太华来公司视察

安徽江淮电缆集团有限公司(原安徽江淮特种电缆厂)成立于1986年，是专业从事电缆设计开发、生产与服务的现代化企业，安徽省高新技术企业，ISO9001质量体系认证企业，产品3C认证企业。

公司主要产品有："江淮"牌800℃，500℃，275℃，-60℃特种电缆，耐高温氟塑料电缆,耐高温防火电缆，计算机电缆，信号电缆，电力电缆等十七大系列上千种产品，并可根据用户要求设计生产特殊用电缆,满足用户需求。

公司始终坚持"靠科技求发展,靠人才促管理，靠质量增效益，靠服务树形象"的发展方针和"诚实守信,互惠互利"的经营理念,愿与社会各界新老朋友一道，携手合作，共创辉煌。

地址：安徽省巢湖市无为县龙庵工业区　邮编：238371

电话：0565-6861468　6866328

传真：0565-6866555

网址：http://www.jhcable.com

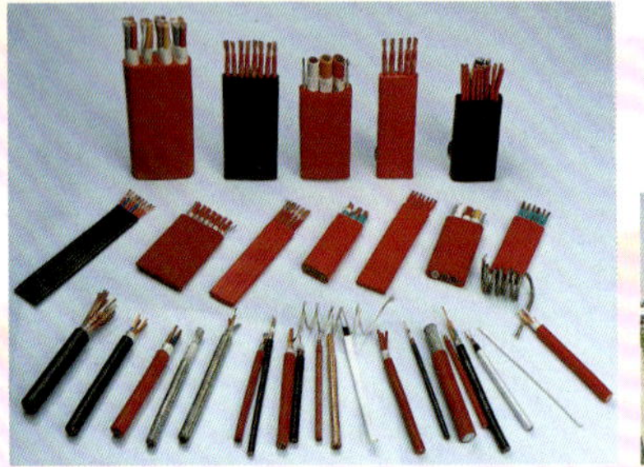
江淮电缆集团产品

江淮电缆集团厂房

董事长：后学东

池州市红十字中心血站

站长：何晓学

池州市红十字中心血站创建于1993年，前身为单采血浆站。1995年实现辖区内采供血"三统一"。服务人口100万，年采供血量200万毫升。

血站现有人员32人，专业技术人员占70%以上。拥有CS-3000血细胞分离仪、血细胞分析仪、半自动酶标仪、洗板机，超低温储血冰箱，普通储血冰箱，血小板保存仪等先进仪器设备。

《献血法》实施以后，加大了无偿献血宣传，推动无偿献血工作的力度，无偿献血占临床用血的比例逐年增加，2003年市本级无偿献血占临床用血的100%。成分输血平均达95%，初步实现了安全输血、科学输血的目标。为进一步加大保障供血，安全输血工作的力度，现正筹备开展稀有血型冰冻红细胞和血液滤去白细胞工作。

联系电话：0566-2312044

市人大、市委、市政府领导到血站视察

HONGSHIZI

市体育学校开展献血活动

池州华光电业发展有限公司

池州华光电业发展有限公司是池州市唯一一家具有三级施工资质的电力安装企业，公司注册资本825万元，资产总额5800万元，主要经营110KV及以下送、变、配电工程的勘察设计和施工安装业务，以及配电屏、柜等电气设备的加工制造，兼营餐饮住宿、旅游服务。

公司本着"诚实守信、价格公道、热情服务、客户至上"的原则，凭借雄厚的技术力量、先进的生产设备、丰富的管理经验、完善的服务体系，受到建设单位的好评。公司愿与各界朋友合作，携手共建美好的未来。

地址：安徽省池州市长江中路32号

电话：0566-2033345

法人代表：张泽宇

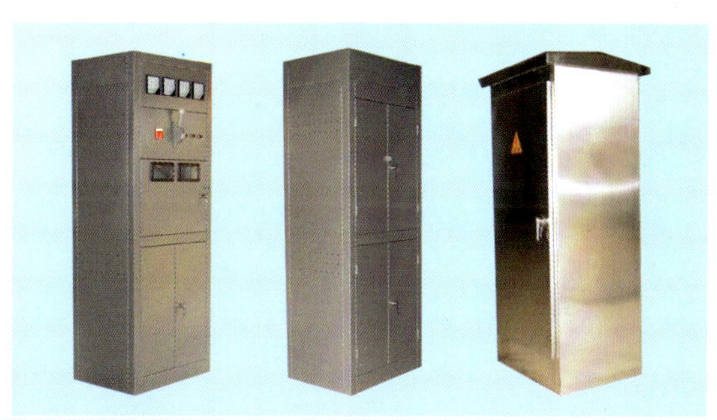

安徽华安达工艺品有限公司

董事长：潘同村

华安达工艺品有限公司是一家以生产出口产品为主的中型民营企业，隶属于霍邱县乡镇企业局。地处霍邱县临水镇105国道旁，总部占地2．2万平方米，总资产5082万元，管理人员120人，其中技术人员80人。总公司辖华安达贸易有限公司、华安达工艺总厂、华安达彩印厂和22家分厂。并在合肥、上海、深圳和北京设立办事处，在美国成立了合资公司。

总公司杞柳基地种植面积6600亩，从事编织人员一万余人，辐射带动本镇及周边乡镇6个柳编产业化企业，经营柳编产品一千多种，同时开发了草编、藤编、木编、木柳混编等工艺产品及木柳家俱，还兼营电子、园艺、文具等产品。全部产品以出口为主，畅销欧美等30多个国家和地区。

近几年来，企业的发展呈现出强劲势头，年递增速度达25%以上。2002年产值突破亿元大关，销售收入近9000万元，自营出口940万美元，名列全市第二，实现利税960万元；其中上交税金近三百万元。1999年6月顺利通过企业三项管理达标验收，2001获得ISO-9001质量体系认证。

为加速企业上规模、快发展，本公司热忱欢迎企业和个人前来投资洽谈。

产品展示

工厂一瞥

六安市飞跃进口汽车修理厂

厂长、高级工程师：霍尚本

六安市飞跃进口小汽车修理厂，位于皖西东路150号（原星光汽车厂修理厂）贯穿东西南北的交通要道上。修理厂有宽敞明亮的修理车间面积近1000平方米，设有国家标准的高级烤漆房及汽车配件仓库、业务室、办公室等。现有职工近80人，能独立操作的60人。修理厂为客户提供三个特别服务，即：上路跟踪服务，上门主动服务，全天候24小时服务。该厂是经过国家维修行业审验批准的一类汽车大修企业，各种证件齐全，内部管理规章完善，修理技术精良，建厂十几年来深受广大客户的信赖和好评。

地址：皖西东路150号

电话：0564-3311012

0564-3316455

维修车间

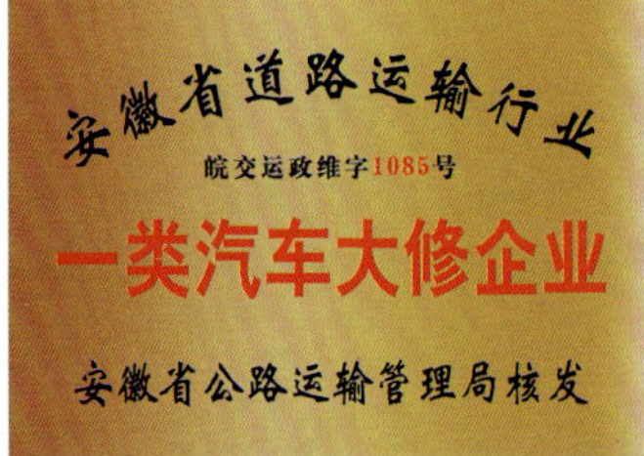

厂长霍尚本与客户交谈

品种齐全的配件房

目　　录
CONTENTS

三、国民经济核算
Chapter 3 National Accounts

四、人　口
Chapter 4 Population

五、从业人员和职工工资
Chapter 5 Employment and Wages

六、固定资产投资
Chapter 6 Investment in Fixed Assets

七、能源生产和消费
Chapter 7 Production and Consumption

八、财政、金融、保险
Chapter 8 Finance, Banking and Insurance

九、物价指数
Chapter 9 Price Indices

十、城乡人民生活
Chapter 10 Livelihood of Urban and Rural People

十一、城市概况
Chapter 11 General Survey of Cities

十二、农　　业
Chapter 12 Agriculture

十三、工　　业
Chapter 13 Industry

十四、建 筑 业
Chapter 14 Construction

十五、交通运输、邮电通信业
Chapter 15 Transportation, Postal and Telecommunication Services

十六、批发、零售贸易和餐饮业
Chapter 16 Wholesale, Retail Traded and Catering

十七、对外经济贸易和旅游业
Chapter 17 Foreign Trade and Tourism

十八、教育、科技、文化
Chapter 18 Education, Science and Culture

十九、体育、卫生、社会福利和其他
Chapter 19 Sports, Public Health, Social Welfare and Others

二十、重点企业、集团、企业景气调查
Chapter 20 Key Enterprises、Enterprise Group and Business Survey of Enterprises

二十一、省级和县级主要经济指标及位次
Chapter 21 Main Economic Indicators and Their Orders of Precedence of Province and County

附　录
Appendix

安徽省统计局关于2003年
国民经济和社会发展情况的统计公报

2003年,在省委、省政府的坚强领导下,全省人民坚持以"三个代表"重要思想为指导,认真贯彻执行党中央、国务院的各项方针政策,一手抓抗击非典和抗洪救灾,一手抓促进经济社会协调发展,开拓奋进,扎实工作,保持了国民经济较快增长的良好势头,主要经济指标增幅创近年来最好水平,经济运行质量持续提高,城乡人民生活不断改善,科技、教育等各项社会事业全面进步。

一、综　　合

国民经济持续较快增长。初步核算,全年生产总值3973.2亿元,按可比价格计算,比上年增长9.2%,增幅较上年提高0.3个百分点,是1998年以来增长最快的一年。其中,第一产业因受灾有所下降,全年实现增加值749.1亿元,下降3%;第二产业增加值1780.6亿元,增长14%;第三产业增加值1443.5亿元,增长10.2%。三次产业比例为18.9:44.8:36.3。按常住人口计算,人均生产总值为6457元,比上年增加640元。全社会劳动生产率11278元/人,按可比价格计算,增长7.8%。

物价总水平小幅上涨。全年居民消费价格总水平比上年上涨1.7%,其中城市上涨1.8%、农村上涨1.7%。分类别看,食品类价格上涨6.0%,其中鲜菜及油脂分别上涨28.7%和16.8%;娱乐教育文化用品及居住类价格微升;烟酒及用品、衣着、家庭设备用品、医疗保健用品、交通和通讯等类价格仍为下降趋势。原材料购进价格上涨6.7%,工业品出厂价格上涨3.5%,固定资产投资价格上涨3.5%。

就业规模继续扩大。年末全省从业人员3544.9万人,比上年增加44.4万人。其中,第一产业1875.2万人,减少71.1万人;第二产业680.4万人,增加59.2万人;第三产业989.3万人,增加56.3万人。年末全省在岗职工342万人,比上年减少16.7万人。城乡私营企业从业人员和个体劳动者405.1万人,减少17.7万人。全省城镇新增就业岗位38万个。年末城镇人口登记失业率为4.1%。

改革开放迈出新步伐。国有企业改革取得积极进展,企业上市融资又有新成绩。城市公用事业改革进一步深入,土地市场治理整顿工作成效明显。农村税费改革规范年活动扎实开展,农业特产税改征农业税,粮食补贴方式改革试点在全省推开。新型农村合作医疗制度试点启动实施。户籍制度改革继续深化,全省城镇化水平达到32%,比上年提高1.3个百分点。

国民经济和社会发展中存在的主要问题是,经济持续快速增长的基础不够稳固,发展速度横向比还不够快;农民增收困难,城乡发展差距有所扩大;制约经济发展的体制性障碍比较突出;就业压力仍然较大等。

二、农　　业

2003年,我省淮河、滁河流域发生的特大洪涝灾害和部分地区持续高温干旱,使全省种植业生产遭受严重影响,主要农产品减产。

粮食产量大幅回落。全年粮食总产量2214.8万吨,比上年减产550.2万吨,下降19.9%。其中,夏粮产量707.6万吨,下降6.6%;早稻120万吨,下降7.7%;秋粮1387.2万吨,下降26.1%。

经济作物除个别品种外,多数减产。全年油料产量231.5万吨,比上年下降18%。棉花产量29.5万吨,下降16.4%。茶叶产量5.1万吨,增长5%。水果产量609.1万吨,下降25.7%。烤烟产量2.1万吨,下降32.6%。蔬菜产量1513.5万吨,下降6.5%。

林业生产取得新进展,养殖业平稳发展。全年完成造林面积364.7千公顷,幼林抚育作业面积960千公顷次。全年肉类总产量358.2万吨,比上年增长4.8%;水产品产量163.4万吨,与上年基本持平。

种植业结构继续调整,农产品优质化水平进一步提高。棉花种植面积达442千公顷,比上年扩大77.7千公顷;蔬菜种植面积654.9千公顷,扩大54.7千公顷。全省稻、麦、油三大农作物综合优质率达46.2%。

农业现代化和农村基础设施建设继续得到加强。全省农业机械总动力3544.7万千瓦,比上年增长5.1%。全年化肥施用量(折纯)281.3万吨,增长4.1%。农村用电量57.5亿千瓦小时,增长11%。全省有效灌溉面积达3285千公顷,新增21.2千公顷。

三、工业和建筑业

工业增长进一步加快。全年全部工业增加值1445.6亿元,比上年增长12.2%。其中,全部国有及年产品销售收入500万元以上的非国有工业(以下简称规模以上工业)实现增加值834.7亿元,增长19.8%,增幅比上年提高4.5个百分点,为1997年以来最高增幅。在规模以上工业中,国有及国有控股企业增加值476.8亿元,增长14.3%。集体企业44.3亿元,增长6.1%;股份制企业430.5亿元,增长21.4%;外商及港澳台投资企业141.2亿元,增长31.5%。重工业增加值557.4亿元,增长20.3%;轻工业增加值277.3亿元,增长19.2%。

工业结构调整成效显著。全省规模以上工业实现新产品产值355.7亿元,比上年增长22.7%,新产品产值率为13.9%。支柱行业带动作用明显,电气机械及器材制造业增长50.9%,交通运输设备制造业增长35.2%,化学原料及化学制品制造业增长21.6%,三行业对全省工业增长的贡献率达49.3%。化学纤维制造业、橡胶制品业等继续保持较快增长,增速分别为37.6%和19.1%。主要工业产品产量中,能源原材料类产品继续保持较快增长,原煤、钢、成品钢材分别增长9.1%、8.4%和8%;发电量增长17.9%,水泥增长21.6%;日用电器类产品中电冰箱、洗衣机和房间空调器均增长较快,其中空调器增长达1.14倍。

工业企业效益继续改善。全省规模以上工业经济效益综合指数为127.9,比上年提高16.3个百分点,再创历史新高。工业企业产品销售率为98.7%,比上年提高0.2个百分点;实现销售收入2638.6亿元,增长25.5%;实现利税323.8亿元,增长30.6%,其中实现利润135.6亿元,增长59.4%。

建筑业快速增长。全年全社会建筑业完成增加值335亿元,比上年增长23.4%。四级及以上建筑企业实现利税总额28亿元,增长1.7%。施工工程个数4.9万个,房屋建筑施工面积7417万平方米,比上年增加1073万平方米;房屋竣工面积4087万平方米,增加240万平方米。

地质勘查取得新进展。全省共开展各类地质勘查项目413项,其中油气勘查项目21项,完成机械岩芯钻探工作量18万米(不含油气勘查),完成1:25万国土资源大调查11000平方公里,新发现矿产地8处,新增探明储量矿种6个。完成地质勘查货币工作量约2.45亿元。

四、固定资产投资

固定资产投资增速加快。全年全社会固定资产投资1477.6亿元,比上年增长30.4%。其中,国有及其他单位投资1178.5亿元,增长42.7%;城乡集体和居民个人投资299.1亿元,下降0.8%。基本建设投资552.8亿元,增长30.3%;更新改造投资355.2亿元,增长53.4%;房地产开发投资240.7亿元,增长64.3%。

投资结构继续改善。全年第一产业投资11.1亿元,比上年增长165.4%;第二产业投资476.5亿元,增长52.7%,其中制造业投资增长79.5%;第三产业投资690.9亿元,增长35.5%。交通运输业投资继续保持快速增长,全年完成投资128.2亿元,增长29.6%;教育投入加大,完成投资41.8亿元,增长44.8%。

重点项目建设成效显著。全年共安排省重点建设项目69项,总投资规模973亿元,当年完成投资211亿元。其中重点基本建设项目55项,当年完成投资147亿元;技术改造项目14个,完成投资64亿元。在69个重点建设项目中,合肥软件产业基地、宁西铁路合肥—西安段、合徐高速公路北段、马鞍山星马汽车、江淮瑞风商务车等14个项目已竣工投产。

小城镇建设继续得到加强。到2003年底,全省小城镇数量2939个,其中建制镇939个,农村集镇2000个。当年全省小城镇建设总投入达94亿元。全省小城镇规划编制调整完善比率为94.4%。省政府确定的200个中心镇规划编制调整完善比率达100%,镇区道路铺装率76%,总投入54亿元。

五、国内贸易

消费品市场销售较快增长。2003年,全省消费品市场运行情况良好,消费结构升级加快,消费热点比较突出。全年社会消费品零售总额实现1331.2亿元,比上年增长9.8%。其中,城市消费品零售额666.6亿元,增长12.8%;县及县以下消费品零售额664.6亿元,增长7%。分行业看,批发零售贸易业消费品零售额1143.7亿元,增长9.9%;餐饮业零售额159.4亿元,增长12.1%;其他行业零售额28.2亿元,下降3.8%。从商品类别看,全省限额以上批发零售贸易企业吃、穿、用类商品零售额全面增长,食品、饮料、烟酒类比上年增长20.7%,中西药类增长16%。通讯、汽车及其相关商品继续保持旺销势头,其中通讯类增长189.3%、汽车类增长130%。城乡集市贸易平稳发展,全年商品成交额1042亿元,比上年增长3%。

限额以上批发零售贸易企业经济效益持续好转。全省限额以上批发零售贸易企业实现商品销售收入净额753.2亿元,比上年增长23%;实现利润总额16.7亿元,增长36.5%;毛利率8.25%,下降0.27个百分点;费用率3.21%,下降0.31个百分点。

六、对外经济和旅游业

进出口快速增长。全年进出口总额59.4亿美元,比上年增长42.1%。其中,出口总额30.6亿美元,增长24.9%;进口总额28.8亿美元,增长66.6%。分贸易方式看,一般贸易出口完成26.1亿美元,增长26.8%,占全部出口总额的比重由上年的83.9%提高到85.2%;加工贸易出口完成4.4亿美元,增长14.6%。分地区看,对非洲、欧洲、大洋洲的出口增长迅速,分别增长37.4%、35.4%和33.5%,对亚洲、北美洲和拉丁美洲的出口分别增长21.7%、18.7%和8.5%。外商投资企业全年进出口额15.3亿美元,比上年增长35.8%。

利用外资增长较快。2003年,全省各地不断优化投资环境,拓宽引资渠道,发挥开发区的聚集和示范带动作用,引进外资取得新成绩。全年实际利用外资达10.95亿美元,比上年增长47.8%。其中,实际利用外商直接投资3.91亿美元,增长4.1%。当年全省新批外商投资企业431家,比上年增加93家。

对外承包工程和劳务合作稳步发展。全年共签订对外承包工程和劳务合作合同183份,新签合同金额2.1亿美元,比上年增长0.1%;完成营业额1.62亿美元,增长46.9%;当年外派劳务人员3881人,增长11.1%,年末在外人数8760人。

旅游经济受非典影响出现下降。全年旅游总收入196.5亿元,比上年下降9.1%。其中,旅游外汇收入1.1亿美元,下降29.7%;国内旅游收入187.1亿元,下降7.8%。接待海外游客28.1万人次,下降38.8%;接待国内游客3337.8万人次,下降14.1%。

七、交通和邮电

交通运输和邮电通信业继续保持较快增长。全年运输邮电业实现增加值253.8亿元,比上年增长11.7%。

各种运输方式完成货物运输周转量1355.9亿吨公里,比上年增长8.5%。其中,铁路807.8亿吨公里,增长7.9%;公路318.4亿吨公里,增长6.3%;水运229.4亿吨公里,增长13.9%;民航0.3亿吨公里,增长14.5%。完成旅客运输周转量635.8亿人公里,比上年增长3%。其中,铁路224.5亿人公里,下降2.6%;公路396.7亿人公里,增长6.9%;水运0.4亿人公里,下降40.4%;民航14.2亿人公里,下降

4.1%。

邮电部门全年完成邮电业务总量157.3亿元,比上年增长9.7%。其中,电信业务总量138.5亿元,增长9.6%;邮政业务总量18.8亿元,增长9.9%。年末本地城市电话用户381.5万户,农村电话用户517万户,移动电话用户697万户,分别比上年增长1.4%、24.3%和28.7%。电话普及率27.8%,比上年提高5.9个百分点。年末电信数据通信用户150.5万户,其中计算机互联网用户达148.6万户。

八、财政、金融和保险业

财政收入快速增长。全年实现财政收入412.3亿元,比上年增长18.9%。与经济增长密切相关的主体税种增值税、营业税增收较多,分别增长13.7%和18.1%。全年财政支出506亿元,增长10.8%。其中医疗卫生支出增长19.1%,抚恤和社会福利救济费增长50.3%。

金融机构存贷款增加较多。年末全省金融机构人民币存款余额4190.2亿元,比上年末增长21.8%。其中,企业存款1234.2亿元,增长26.2%;城乡居民储蓄存款2475.8亿元,增长20.9%。金融机构人民币贷款余额为3374.6亿元,比上年末增长14.7%。其中,短期贷款2078.2亿元,增长7.8%;中长期贷款975.2亿元,增长32.6%。

企业上市工作继续加强。全年在上海、深圳证券交易所发行新股3只(A股),增发1只(H股),可转换公司债券3只,共筹集资金30.9亿元。到2003年底全省上市公司已达36家。

保险业发展加快。全省保险系统保费收入103.9亿元,比上年增长51%,其中财产险保费收入20.5亿元,人身险保费收入83.4亿元。赔款和给付20.9亿元,增长31.5%,其中财产险业务赔款支出13.9亿元,人身险业务赔款和给付支出7亿元。

九、科学技术和教育

科技队伍稳定发展。年末全省共有各类专业技术人员107.7万人,比上年末增长3%。县以上独立研究开发机构166个,高等院校办研究与发展机构86个,大中型工业企业办技术开发机构266个。从事科技活动人员9万人,其中科学家和工程师6万人。全省民营科技企业5141家,从业人员18万人,技工贸总收入400亿元。

科技经费投入增加。当年全省科技机构、高等院校、大中型工业企业等单位用于科技活动的经费支出为65.6亿元,比上年增长24.4%。其中用于研究与发展经费29.2亿元,增长22%。

科学研究和技术开发取得新成果。全年共取得省部级以上重大科技成果436项。主要科技成果有:空气质量一氧化碳自动监测仪、中国道路交通事故防治工程技术研究及应用、复杂化学体系中重要非线性问题的研究、江淮丘陵地区棉花节本高效综合栽培技术体系研究等。当年全省安排省优秀青年科技基金26项,二期科技攻关及专项计划30项,国际科技合作计划8项,软科学计划27项,年度重点计划55项。争取国家星火、火炬、成果推广计划项目75项,总投资23.2亿元。有国家重点实验室2个,省级重点试验室16个,省部共建实验室5个,部属实验室10个。

专利申请稳定发展,技术监督与质量服务工作进一步加强。全年共受理专利申请2676件,授权专利1610件。共签订各类技术合同4082项,金额8.79亿元;其中流向本省的技术1874项,金额4.25亿元。年末全省共有县以上产品质量监督检验机构41个。

测绘事业进一步发展。全年省测绘资料档案馆为社会各界提供了各种比例尺地形图12322张,大地控制点成果3875个(含GPS点),利用档案资料268卷(盒),航空摄影底片1631张,航空航天影像数据光盘528盘。省测绘总院所属单位完成测绘服务总值1894万元。

各级各类教育全面发展。2003年末,全省共有普通高校73所,当年招生14.2万人,较上年增加2万人,在校生41万人。研究生培养单位17个,当年招收研究生5883人,在学研究生13535人。各类中等职业技术学校521所，在校生41.3万人。普通中学3820所，在校生428.3万人，其中高中在校生90万人，初中在校生338.3万人。普通小学22328所，在校生661.2万人。初中阶段适龄人口入学率为96.44%，小学学龄儿童入学率为99.09%；普通初中和小学学生辍学率分别为2.01%和0.78%。成人中等专业学校招生1.1万人，在校生2.6万人；成人技术培训学校培训学员160.7万人次。全年共扫除文盲13.6万人。

十、文化、卫生和体育

文化事业发展健康有序。2003年末，全省共有艺术表演团体93个，文化馆100个，公共图书馆84个，博物馆39个。全省各级国家档案馆124个，档案馆馆藏档案资料545万卷(件、册)，库馆总建筑面积13.6万平方米。广播电台15座，中波发射台和转播台23座，电视台17座。全省有线电视用户265万户。广播人口覆盖率95.5%，比上年增加0.1个百分点；电视人口覆盖率94.96%，比上年增加0.11个百分点。全年出版报纸101种，总印数80284万份；期刊(杂志)179种，总印数5060万册；图书3361种，总印数27091万册；电子、音像出版物1106种，出版数量941.6万盒。

卫生事业不断进步。年末全省共有卫生机构(含诊所、卫生所室、个体开业)7532个，比上年增加443个。其中医院、卫生院2947个，卫生防疫防治机构229个，妇幼卫生机构118个。医院、卫生院床位12.1万张。专业卫生技术人员16.9万人，其中医院、卫生院14万人，卫生防疫防治机构0.7万人，妇幼保健机构0.4万人。在医院、卫生院专业卫生技术人员中，有医生6.1万人，护师(士)4.3万人。农村有医疗点的村占总村数的94.5%，乡村医生和卫生员6.9万人。

体育事业取得较好成绩。全年我省运动员在国际和国内的重大比赛中共获得40枚金牌、28枚银牌和42枚铜牌。国际运动健将发展数为4人，运动健将发展数为24人，一级运动员发展数为43人；国家级裁判员发展数为19人，一级裁判员发展数为78人；社会体育指导员发展数为1658人。新建标准体育场地67个，其中体育馆4个，标准体育场12个，新建全民健身路径131条。全年共举办万人以上的体育健身活动58次，参加活动人数70多万人次。残疾人运动也取得较好成绩，残疾人运动员在国内外重大比赛中共获得16枚金牌、9枚银牌和9枚铜牌。全年在通过销售中国体育彩票筹集的资金中，有6863万元用于体育事业发展。

十一、环境保护

环境质量保持稳定。2003年末，全省环境保护系统共有职工4769人，省、市、县级环境监测站71个。空气环境质量有所改善，城市声环境质量基本稳定，已在全省17个城市中建成162个烟尘控制区，面积达761.9平方公里；在17个城市中建成了94个环境噪声达标区，面积达337.4平方公里。淮河干、支流水质有所好转，长江和新安江流域水质总体良好，巢湖流域水质出现下降。合肥、芜湖、马鞍山积极创建国家环境保护模范城市，实施了一批重点工程。环保“十五”计划实施取得进展，截止2003年底，建成和在建项目累计达到88个，完成投资90.3亿元，全省主要污染物排放总量实现了年度削减任务。

生态省建设正式启动，编制了《安徽生态省建设总体规划纲要》，并通过国家环保总局和省政府的联合评审。当年全省新增8个国家级生态示范区建设试点，总数累计已达30个。已建成自然保护区31个，其中国家级5个、省级25个、县级1个。

全年全省发生火灾事故7287起，发生交通事故21791起。

十二、人口与人民生活

人口增长得到有效控制。2003年全省人口出生率为11.15‰，比上年降低0.05个千分点；死亡率为5.20‰，比上年上升0.03个千分点；自然增长率5.95‰，比上年降低0.08个千分点。年末全省户籍人口

6410 万人,常住人口 6163 万人。

城乡居民收入继续增加。全年城镇居民人均可支配收入 6778 元,比上年增长 12.4%,考虑价格因素,实际增长 10.4%。人均消费性支出 5064 元,增长 8.5%。城镇居民家庭恩格尔系数为 44.2%,比上年上升 1 个百分点。全年农村居民人均纯收入 2127 元,比上年增长 0.4%。农村居民人均生活消费支出 1596.3 元,增长 8.2%。农村居民家庭恩格尔系数为 46%,比上年下降 1.5 个百分点。

社会保障事业进一步加强。年末全省参加基本养老保险人数为 451.4 万人。其中,职工 342.2 万人,企业离退休人员 109.2 万人。参加失业保险人数为 380.8 万人,领取失业保险金人数为 23.4 万人,比上年增加 5.9 万人。全省参加基本医疗保险人数为 323.5 万人,增加 50.1 万人。全年有 3.91 万名国有企业下岗职工出中心,其中 2.27 万人通过各种途径实现再就业。年末全省共有 104.3 万城镇居民得到政府最低生活保障救济。

社会福利事业继续发展。年末全省有各类社会福利院床位 5.1 万张,收养各类人员 4.1 万人。全省已有 62.5%的乡镇建立了农村社会保障网络。城镇建立各种社区服务设施 10177 处,其中综合性社区服务中心 505 个。全年销售社会福利彩票 2.74 亿元,筹集社会福利资金 0.96 亿元,直接接收社会捐赠款 0.81 亿元。

注：1. 公报中数字均为初步统计数。

2. 全省生产总值和各产业增加值按当年价格计算，增长幅度按可比价格计算。

Statistical Communique on National Economy and Social Development of Anhui Province in 2003 Published by Statistics Bureau of Anhui

In 2003, under the firm leadership of the Provincial Party committee and the provincial government, the people of the whole province regarding the important thought of 'Three Represents' as guidance, carried out every principles and policies of the Central Party Committee and the State Council conscientiously, paid special attention to resisting SARS and fighting flood and relieving victims on one hand, and to promoting economy and socially to develop in harmony on the other hand, opened up and advanced courageously, worked in a down-to-earth manner. The national economy kept good developing state and the economic running qualities improved further. Urban and rural residents' living standard continued improving. Science, technology, education and every social cause improved in an all-round way.

I: General Outlook

The national economy kept increasing comparatively fast. The gross product was 397.32 billion yuan, increased by 9.2% compared with the previous year at comparable price, or 0.3 percentage points higher than the figure for the previous year, being the highest increasing range since 1998. Among them, the value-added of primary industry dropped to some extent because of disasters, being 74.91 billion yuan, decreased by 3%; the value-added of the secondary industry was 178.06 billion yuan, increased by 14%; the value-added of the tertiary industry was 144.35 billion yuan, increased by 10.2%. In the gross domestic product, the structure of three industries was 18.9: 44.8: 36.3. Per capita gross domestic product was 6457 yuan, 640 yuan more than the previous year. Overall labor productivity was 11278 yuan, increased by 7.8% at comparable price.

The level of price went up slightly. Price of consumption of residents increased by 1.7%. Of which, the price of urban area increased by 1.8% and that of the rural area increased by 1.7%. Grouped by type: price of food increased by 6.0%, of which, price of fresh vegetables and oil increased by 28.7% 16.8% respectively; that of recreational, educational, cultural articles and living item increased slightly; price of tobacco and liquor, clothing, household facilities, health goods and utensils of transportation and communications still decreased. The purchasing price of energy and raw material increased by 6.7%, ex-factory price of industrial products increased by 3.5% and the price of investment in fixed assets increased by 3.5% compared with that of the previous year.

Employment continued being expanded by scale. At the end of 2003, the number of employs was 35,449 thousand, increased by 444 thousand. Of the total, the number of employs of the primary industry was 18,752 thousand, decreased by 711 thousand; the number of employs of the secondary industry was 6,804 thousand, increased by 592 thousand; the number of employs of the tertiary industry was 9,893 thousand, increased by 563 thousand. At the end of 2003, the number of staff and workers at their posts was 3,420 thousand, decreased by 167 thousand compared with that of the previous year. The number of staff and workers of private enterprises and individuals self employs was 4,051 thousand, decreased by 177 thousand. There were 380 thousand of newly increased job posts in the province. At the end of 2003, registered unemployment rate in urban areas was 4.1%.

The reform and open policy stepped out new step. The reform of state-owned enterprises made positive progress and there were new achievements of the Listed enterprises. The city public utilities reformed further thoroughly and the administration and reorganizing of land market won marked success. The activity of the "countryside tax reforming and standardizing year" developed solidly, and the reforming experiment of agricultural special product tax changing into agricultural tax and the grain subsidy way was extended in the whole province. The experiment of new rural cooperative medical service system started implementation. The reform of household register system was continuously deepen, the level of urbanization achieved 32%, up 1.3 percentage points compared to the previous year.

The main problems of the nation economy and social development are: the foundation on which the economy increased fast and continuously wasn't stable; the horizontal development speed wasn't fast enough; the peasants had difficulties to increase their income and the gap of development in urban and rural areas was expanded to some extent; the systematic obstacle that restrained economic development became more outstanding and the pressure of employment was still great, etc.

II: Agriculture

In 2003, the catastrophic floods in Huaihe River and Chuhe River valley and the continuous high-temperature and aridity of some areas seriously influenced the planting production of the whole province, main agricultural products dropped in production.

The grain yields decreased by a wide margin. The output of grain was 22,148 thousand tons, 5,502 thousand tons less than the previous year, or down 19.9%. Of which, the output of summer grain was 7,076 thousand tons, down 6.6%; the output of early rice was 1,200 thousand tons, down 7.7% and the output of autumn grain was 13,872 thousand tons, down 26.1%.

There was decrease in production of economic crops except a few crops. The output of oil bean crops was 2,315 thousand ton, down 18%. That of cotton was 295 thousand tons, down 16.4% compared with that of the previous year. The output of tea was 51 thousand tons, up 5%. That of fruits was 6,091 thousand tons, down 25.7%. The output of flue-cured tobacco was 21 thousand tons, down 32.6%. That of vegetable was 15,135 thousand tons, down 6.5%.

The forestry made new development. Stable growth was achieved in aquaculture. The year 2003 saw a completed area of 364.7 thousand hectares of afforesting and 960 thousand hectares of tending young forest. The total meat production was 3,582 thousand tons, up 4.8%, and that of aquatic products was 1,634 thousand tons, almost the same as the previous year.

The structure of crop cultivation was kept on adjusted. The standard of high-quality agricultural products was raised further. The sown area of cotton was 442 thousand hectares, 77.7 thousand hectares more than that in the previous year and that of vegetables was 654.9 thousand hectares, increased 54.7 thousand hectares. The coverage rate of high-quality rice, wheat and oil bean crops reached 46.2%.

Agricultural modernization and farmland water conservancy projects construction kept being strengthen. At the end of 2003, the total agriculture machinery power reached 35,447 thousand KW, up 5.1%. The consumption of chemical fertilizer (calculated with discount net approach) was 2,813 thousand tons, up 4.1%. The electricity consumed in rural areas was 5.75 billion KWH, up 11% and a total of 3,285 thousand hectares of effective irrigating areas were under irrigation system, newly increased 21.2 thousand hectares.

III: Industry and Construction

The industrial production kept fast growing. In 2003, the value added of industry reached 144.56 billion yuan, up 12.2%. Of which, the value added of state owned industrial enterprises and non state owned enterprises with an annual sales revenue over 5 million yuan totaled 83.47 billion yuan, up 19.8%, or 4.5 percentage points higher than the figure for the previous year, being the highest increasing range since 1997. Of the enterprises over designated size, the value added created by state owned and state holding the controlling share was 47.68 billion yuan, up 14.3%, that of collective owned enterprises was 4.43 billion yuan, up 6.1%, that of enterprises of share holding system was 43.05 billion yuan, up 21.4%, that of foreign funded enterprises or enterprises with investment from Hong Kong, Macao. Taiwan investment was 14.12 billion yuan, up 31.5%. The value added of heavy industry was 55.74 billion yuan, up 20.3% and that of light industry was 27.73 billion yuan, up 19.2%.

The industrial structure adjustment achieved remarkable success. Of the industrial enterprises over designated size, the output value of new products was 35.57 billion yuan, up 22.7% and the percentage of output value of new products was 13.9%. The promoting function of pillar industries was obvious. The production of electronic machinery and equipment manufacturing increased 50.9% compared with that of the previous year. That of facilities for communication increased 35.2%. That of chemical material and products manufacturing increased 21.6%. The contribution ratio of these three sectors to the entire industrial growth reached 49.3%. That of chemical fiber manufacturing and rubber products kept fast growth, increasing by 37.6% and 19.1% respectively. As to the output of major industrial products, the growth of energy and raw material was fast. The production of crude coal, steel and finished steel material increased by 9.1%, 8.4%, and 8% respectively. The electricity output increased by 17.9% and the production of cement increased by 21.6%. Of the daily electric apparatus, the production of refrigerators, washing machines and air conditioners all increased. Of which, the production of air conditioners increased 1.14 times compared with that of the previous year.

The benefit of industrial enterprise continued to improve. The overall efficiency index for industrial enterprises over designated size was 127.9, 16.3 percentage point higher than that in previous year, reaching the highest in these years; sales ratio of industrial enterprises was 98.7%, 0.2 percentage point higher than that in 2002; sales revenue reached 263.86 billion yuan, up 25.5%, profits and tax reached 32.38 billion yuan, up 30.6%. Of which, profits reached 13.56 billion yuan, up 59.4%.

The construction industry developed quickly. In 2003, the value added of construction enterprises was 33.5 billion yuan, up 23.4%. The total profit of construction enterprises at and above grade four was 2.8 billion yuan, up 1.7%. The total number of projects under construction was 49 thousand. Floor space of building under construction was 74.17 million square meters, increased 10.73 million square meters. Floor space of building was 40.87 million square meters, increased 2.4 million square meters.

Remarkable achievement was obtained in geological prospecting of minerals. In 2003, the geological prospecting of minerals in Anhui was 413. Of which, 21 projects were about gasoline and gas. The enterprises completed a total of 180 thousand meters of drilling (excluding gasoline and gas projects). Territory resource survey was carried to cover 11,000 square kilometers of areas, the geological features of which were illustrated on 1:250,000 scale maps. Eight minors were newly discovered or with new development and six ores were found. 245 million yuan work amount was finished in the whole year.

IV: Investment in Fixed Assets

The increase pace of investment in fixed assets was accelerated. The completed investment in fixed assets of Anhui was 147.76 billion yuan, up 30.4%. Of the total, investment of state owned and other types of units was 117.85 billion yuan, up 42.7%; investment of urban and rural collective owned units and private units was 29.91 billion yuan, down 0.8%. Capital construction investment was 55.28 billion yuan, up 30.3%. Investment in innovation was 35.52 billion yuan, up 53.4%. Investment of real estate development was 24.07 billion yuan, up 64.3%.

The investment structure continued to improve. Investment in primary industry was 1.11 billion yuan, up 165.4%. That in the secondary industry was 47.65 billion yuan, up 52.7%. Of which, the investment in manufacturing industry increased by 79.5%. Investment in the tertiary industry was 69.09 billion yuan, up 35.5%. Transportation increased quickly. Investment in this section was 12.82 billion yuan, up 29.6%. Investment of education was 4.18 billion yuan, up 44.8%.

The construction of key projects had notable effect. There were 69 provincial key projects, and the total investment reached 97.3 billion yuan and the completed investment within the year was 21.1 billion yuan. Of which, 55 were provincial key capital construction projects and the investment reached 14.7 billion yuan; 14 were technical reform projects and the investment reached 6.4 billion yuan. The year 2003 saw the completion and operation of 14 projects such as Hefei software industrial base, Hefei-Xi'an section of Ningxi Railway, the northern section of Hexu Highway, Maanshan Xingma automobile, Jianghuai Refine business automobile and so on.

The construction of small towns made notable progress. At the end of 2003, the numbers of small towns was 2,939. Of the total, the number of towns was 939, the number of rural market towns was 2,000. In 2003, total investment of small towns construction was 9.4 billion yuan. The proportion of small towns adjusted and completed was 94.4%. Of the 200 central towns, the proportion of towns adjusted and completed reached 100%; the proportion of town areas with paved roads was 76% and the total investment was 5.4 billion yuan.

V: Domestic Trade

Market sales quickly increased. In 2003, the market of Anhui province was prosperous, and the residents had steady consumer psychology. The total retail sales of consumer goods reached 133.12 billion yuan, up 9.8%. Total retail sales of consumer goods in urban area reach 66.66 billion yuan, up 12.8%, that of county grade and lower were 66.46 billion yuan, up 7%. By sectors, the total wholesale and retail sale were 114.37 billion yuan, up 9.9%. Total retail sales of catering trade was 15.94 billion yuan, up 12.1% and that of other trade was 2.82 billion yuan, down 3.8%. By classification of the goods, of the enterprises over designated size, retail sales of goods for eating, wearing and using increased all – sidedly. Total retail sales of food, beverage, cigarette and liquors increase by 20.7%. That of Chinese and western crude drugs increased by 16%. Sales of communication equipment, automobile and related goods kept brisk sale, among them that of communication equipment increased by 189.3% and that of automobile increased by 130%. Transaction of business in urban and rural market was 104.2 billion yuan, up 3%.

The economic efficiency of enterprises above designated size in wholesale and retail trade continued to change for the better. The net sales revenue of them was 75.32 billion yuan, up 23%, the profits reached 1.67 billion yuan, up 36.5%; raw profit rate was 8.25%, 0.27 percentage point lower than that of previous year. Charge rate was 3.21%, decreased 0.31 percentage point.

VI: Foreign Trade and Tourism

Quick growth was registered in import and export. The total value of import and export goods of foreign trade reached US $ 5.94 billion in the whole year, up 42.1%. Of the total, the value of export was US $ 3.06 billion, up 24.9%, and the value of import were US $ 2.88 billion, up 66.6%. Normal export value was US $ 2.61 billion, up 26.8% and the proportion to the total export increased from 83.9% to 85.2%. The export of processing trade was US $ 0.44 billion, up 14.6%. The export to Africa, Europe and Oceania increased by 37.4%, 35.4% and 33.5% respectively. The export to Asia, North America and Latin America increased by 21.7%, 18.7% and 8.5%. The total value of import and export goods of foreign funded enterprises reached US $ 1.53 billion, up 35.8%.

Progress was made in the foreign capital utilized. In 2003, the whole province unceasingly optimized the investment environment, widen the channel bringing in foreign capital, played the role of demonstration of development zones and the introduction of foreign capital obtained new result. Actually foreign capital utilized was US $ 1,095 million, up 47.8%. Of the total, amount of foreign direct investment was US $ 391 million, up 4.1%. The number of newly approved foreign funded enterprises was 431, increased 93 compared with that of the previous year.

Fast progress was made in the economic cooperation with foreign countries. The year 2003 saw 183 contracts of projects and labor services cooperation with foreign countries and the contracted value was US $ 210 million, up 0.1% over 2002, and the business revenue was US $ 162 million, up 46.9%. The year saw external assignment service personnel of 3,881 persons, up 11.1%. The outside population was 8,760 at the end of the year.

The traveling economy dropped because of the influence of SARS. The total income of tourism was 19.65 billion yuan, down 9.1% compared with that of the previous year. Of which, income of foreign exchange was US $ 110 million, down 29.7%. Income of domestic tourism was 18.71 billion yuan, down 7.8%. The number of foreign tourists was 281 thousand, down 38.8%.

The number of domestic tourists was 33.38 million, down 14.1%.

VII: Transportation, Postal and Telecommunications

Transportation, postal and telecommunication developed quickly. The value added of transportation, postal and telecommunication services was 25.38 billion yuan, up 11.7%.

The volume of freight transportation was 135.59 billions of ton-km, up 8.5%. Of which, railway: 80.78 billion ton km, up 7.9%; highway: 31.84 billion ton-km, up 6.3%; waterway: 22.94 billion ton-km, up 13.9% and civil aviation: 30 million ton-km, up 14.5%. The volume of passenger transportation was 63.58 billions of person-km, up 3%. Of which, railway: 22.45 billion person-km, down 2.6%; highway: 39.67 billion person-km, up 6.9%; waterway: 40 million person-km, down 40.4% and civil aviation: 1.42 billion person-km, down 4.1%.

The business transaction of postal and telecommunication service totaled 15.73 billion yuan, up 9.7% compared with that of previous year. Of which, the business transaction of telecommunication totaled 13.85 billion yuan, up 9.6% and that of postal services totaled 1.88 billion yuan, up 9.9%. The year saw 3.815 millions of urban telephone users, 5.17 millions of rural telephone users, and 6.97 millions of mobile telephone users, up 1.4%, 24.3% and 28.7% over 2002 respectively. The popularizing rate of telephone was 27.8%, 5.9 percentage point higher than that in the previous year. The number of data telecommunication services users reached 1,505 thousand, of which, the number of Internet users reached 1,486 thousand.

VIII: Finance, Banking and Insurance

The financial revenue increased fast. Financial revenue was 41.23 billion yuan, up 18.9% over 2002. The main taxes such as value-added tax and business tax increased by 13.7% and 18.1% respectively. Financial expenditure was 50.6 billion yuan, up 10.8%. Of the total, expenditure for health care increased by 19.1% and that of compensation and relief fund of social welfare increased by 50.3%.

Loans and deposits increased in financial institutions. At the end of 2003, deposits in various forms were 419.02 billion yuan, up 21.8% compared with that of end of previous year. Of which, the deposits of enterprises was 123.42 billion yuan, up 26.2%. The saving deposits by urban and rural residents were 247.58 billion yuan, up 20.9% compared with that of end of previous year. Loans in various forms were 337.46 billion yuan, up 14.7%. Of the total, 207.82 billions yuan was granted in the form of short term loans, up 7.8%, and 97.52 billion yuan in the form of mid term and long term loans, up 32.6%.

The listing work of enterprises continued being strengthened. In Shanghai and Shenzhen stock exchanges, three new shares (A share), one additional share (H share) and three changeable company bonds were issued, and 3.09 billion yuan was collected. The listed companies in Anhui totaled 36 at the year-end.

Fast progress was scored in insurance service. In 2003, the insurance premium totaled 10.39 billion yuan, up 51%. Of the total, the premium of property insurance was 2.05 billion yuan and that of life insurance was 8.34 billion yuan. The insurance companies paid an indemnity of 2.09 billion yuan as reparations in insurance programs, up 31.5%. Of which the indemnity of property insurance was 1.39 billion yuan, and 0.7 billion yuan was paid as reparation in life insurance programs.

IX: Science, Technology and Education

Science and technology was further strengthened. At the end of the year 2003, there were 1,077 thousand technicians, up 3% over 2002. There were 166 independent research and development institutions, science technology information and literature institutions at and above county level. 86 research institutions affiliated to institutions of higher education, and 266 technological development institutions affiliated to large and medium industrial or construction enterprises. A total of 90 thousand people were engaged in scientific and technological activities, of which there were 60 thousand of scientists and engineers. The year 2003 saw 5,141 civilian-run scientific and technological enterprises, with a total of 180 thousand employees and 40 billion yuan of revenue.

The investment in S&T increased. The expenditure for scientific and technological activities in institution, colleges and large and medium industrial enterprises totaled 6.56 billion yuan, up 24.4%. Of which, R&D expenditure totaled 2.92 billion yuan, up 22%.

Scientific research and technology development made new achievements. In 2003, some 436 key scientific and technical results were registered at and above provincial level. Here are main S&T achievement items: the air quality carbon monoxide automatically monitor instrument, the research and application of Chinese road traffic accident prevention and controlling project engineering, the research on important non-linear problem in complex chemistry system, the research on highly effective synthesis cultivation technology system of cotton in Jianghuai hilly area and so on. About 26 projects were listed as outstanding youth science and technology prize items, 30 were listed as S&T brainstorm projects and special plans of science and technology, 8 were listed as international cooperative plans, 27 were listed as soft scientific plans, 55 were listed as key plans and 75 were listed as "Spark Program", "Torch Program" and "Achievement Promotion Plan", and the total of investment was more than 2.32 billion yuan. There were 2 national key labs, 16 provincial key labs and 5 cooperation labs by the province and department and 10 labs of the departments.

Patent application stably developed and technical services were reinforced. A total of 2,676 applications to patent were received and 1,610 patents were authorized. The year 2003 saw 4,082 signed contracts of technology, involving a transaction value of 879 million yuan, of which 1,874 contracts were in this province and the transaction value was 425 million yuan. There were altogether 41 products that were responsible for the inspection and supervision of the quality of manufactured.

The undertaking of surveying and mapping was developed. The surveying and mapping center prepared 12,322 maps of various scales, 3,875 achievement (including GPS point), 268 boxes of files, 1,631 films of aviation, 528 pieces of CD with aerospace images. The units under the Surveying and Mapping bureau of Anhui province had finished survey and mapping work totaled 18.94 million yuan.

The educational undertaking developed all-sidedly. At the end of 2003, there were 73 colleges and universities in the whole province, the number of new students enrollment were 142 thousand, increased 20 thousand. The number of student enrollment was 410 thousand. There were 17 universities or institutions that offered course leading to postgraduate degrees, number of new graduates enrollment were 5,883. The number of graduate enrollment of colleges and universities was 13,535. The number of all type of secondary professional schools was 521, the number of students enrollment was 413 thousand, The number of middle schools were 3,820, the number of students enrollment was 4,283 thousand, of the total, the number of senior students was 900 thousand, the number of junior students was 3,383 thousand. There were 22,328 primary schools with 6,612 thousand of pupil enrollment. The proportion of right age children in junior middle schools was 96.44%. The proportion of school age children in primary schools was 99.09%. The leaving ratio of junior schools and primary schools were 2.01% and 0.78% respectively. The number of new student enrollment of adult specialized secondary schools was 11 thousand and that of student enrollment was 26 thousand. The number of trained students of adult technical training schools was 1,607 thousand of person-times and the illiteracy decreased 136 thousand.

X: Culture, Public Health and Sports

Cultural undertakings were healthily developed. At the end of 2003, there were 93 art-performing groups, 100 culture centers, 84 public libraries and 39 museums. There were 124 filing centers, with 5.45 millions of volumes and the areas were 136 thousand square meters. There were 15 broadcasting stations, 23 medium wave emission stations and relay stations, 17 TV stations, 2.65

millions of cable TV stations users. Radio programs covered 95.5% of the total population and TV programs covered 94.96%, up 0.1 and 0.11 percentage point respectively. Newspaper issued a total of 101 types, 80,284 copies; magazines: 179 types and 50.60 million copies; books: 3,361 types and 27,091 copies; electronic and audio-video publication: 1,106 types and 9.416 millions of copies.

Health undertakings had made unceasing improvement. At the end of 2003, the number of health institutions (including health offices and individual) was 7,352, increased by 443. Of the total, the number of hospitals and clinics were 2,947, the number of anti-epidemic clinics was 229 and the number of maternity and children care centers was 118. There were 121 thousand beds in health institutions. There were 169 thousand health workers. Of the total, the number of health workers in hospitals and institutions was 140 thousand, and that of anti epidemic clinics was 7 thousand, and that of them in maternity and children care centers was 4 thousand. Of the health workers, there were 61 thousand of doctors and 43 thousand of nurses. In countryside 94.5% of the villages had medical spots and the number of doctors and health workers in rural area totaled 69 thousand.

Development was scored in sports. In 2003, athletes from Auhui Province won 40 golden medals, 28 silver medals and 42 bronze medals at domestic and international major sports games. There were 4 new international master sportsmen, 24 new master sportsmen, 43 new first grade athletes, 19 new national grade judges, 78 new first grade judges and 1,658 social sport guides. There were 67 new standard sports fields, of which, the number of sport centers was 4 and that of stadiums was 12. The number of the new-lybuilt nationwide body-building route was 131. Nationwide body-building activities developed further, 58 times of activities with more than 10 thousand people were hold in the whole province and people joining totaled 700 thousand altogether. Disabled person sports got good achievements. In 2003, disabled athletes from Auhui Province carried off 16 gold medals, 9 silver medals and 9 bronze medals. Of the fund raised from selling China sports lottery ticket, 68.63 million yuan was used for sports cause.

XI: Environmental Protection

The environmental quality was steady. At the end of 2003, the number of staff and workers of environment protection system was 4,769 and the number of province, prefecture, and county grade environment monitor stations was 71. Air environmental quality improved to some extent and urban sound environmental quality was steady basically. By 2003, in the 17 cities of the province, 162 soot emission zones had been established, covering an area of 761.9 square kilometers. And there were another 94 zones covering 337.4 square kilometers, where the noise pollution was put under specified level. The water quality of main stream and branch stream of Huaihe River improved to some extent, that of the Yangzi River and Xin'an river basin was good overall, but the water quality of Chaohu Lake presented falling-off. The work that three cities Hefei, Maanshan and Wuhu establishing "national environmental protection modal city" entered the stage of implementing all-sidely and a batch of key projects were implemented. The "Tenth Five-Year Plan" of environmental protection made progress. By the end of 2003, the number of projects completed and under construction achieved 88, and investment was 9.03 billion Yuan. The total quantity of main pollutant discharged in the province realized the year reduction duty.

The construction of ecological province officially started. "The Overall Plan Summary of Anhui Ecological Province Construction" was established, and was adopted by National Environmental Protection Bureau and the Provincial Government's union appraisal.

By 2003, 8 new national experimental areas of ecological demonstration areas were established and the total number reached 30. The number of natural-protection region was 31, of which the number of state level, provincial level and county level natural-protection regions were five, twenty-five and one respectively.

There were 7,287 fire disasters and 21,791 traffic accidents in 2003.

XII: People's Livelihood and Employment

Population growth continues being controlled effectively. The birthrate of population of the whole province was 11.15‰, 0.05 thousandth point lower than that in the previous year; death rate was 5.20‰, 0.03 thousandth point higher and natural growth was 5.95‰, 0.08 thousandth point lower. The number of household register population in the whole province was 64.10 millions and permanent population was 61.63 millions.

The income of the town dwellers and the peasants increased steadily. In 2003, per capita disposable income of residents in urban area was 6,778 yuan, up 12.4%, discounting the factor of price, actually increased 10.4%. Per capita expenditure of consumption was 5,064 yuan, up 8.5%. Engle coefficient of urban residents was 44.2%, one percentage point higher than that of previous year. Per capita net income of rural residents was 2,127 yuan, increased 0.4%. Per capita expenditure of consumption of rural residents was 1596.3 yuan, up 8.2%. Engle coefficient was 46%, 1.5 percentage points lower than that of previous year.

The social security system developed steadily. In the whole province, 4.514 millions of persons participated in fundamental pension insurance, of which, 3.422 millions were staff and workers and 1.092 millions were retired staff and workers. The number of persons participated in unemployed insure was 3.808 million and 234 thousands of persons received relief funds, 59 thousand more than that in the previous year. The number of persons participated in medical insure was 3.235 million, 501 thousand more than that in the previous year. In the whole province, 39.1 thousand of laid-off staff and workers in state-owned units were arranged and 22.7 thousand of them reemployed by various kinds of ways. At the end of the year, the number of urban dwellers got lowest ensure money reached 1,043 thousand.

Social welfare work developed continuously. There were 51 thousand beds in social warfare institutions of various types and 41 thousand inmates. Social guarantee network facilities were established in 62.5% township. The year also saw 10,177 community service facilities in urban areas, including 505 community service centers. The sales of social welfare lottery ticket totaled 274 millions yuan, 96 millions yuan of welfare fund was raised and the direct received society donations was 81 million yuan.

Notes: 1) All figures in the communique are preliminary statistics.

2) Figures in value terms on Gross provincial product and value added of various sectors are calculated at current prices, whereas growth rates are calculated at comparable prices.

行政区划和自然资源

第一篇

Chapter

1

ADMINISTRATIVE DIVISIONS AND NATURAL RESOURCES

简要说明

一、本篇主要包括我省行政区划、自然状况以及自然资源的开发和利用情况等内容。

二、自然状况包括地域、气象状况。自然资源包括土地、气候、林木、水资源。

1. 林木资料来自省林业厅；

2. 水资源资料由省水利厅和省水产局提供；

3. 气象资料由省气象中心整理提供。

Brief Introduction

I. This chapter mainly covers Data on Annuli's divisions of administrative areas, natural conditions and the exploitation and utilization of the natural resources.

II. Natural conditions cover region and meteorological conditions. Natural resources cover land, climate, forest and water resources.

1. Data on forest are provided by the Department of Forestry of Anhui Province.

2. Data on water conservancy are provided by the Water Conservancy Department and the Marine Products Bureau of Anhui Province.

3. The meteorological data are provided by the Provincial Meteorological Center.

1—1 全省行政区划（2003年末）

Administrative Divisions in Anhui (End of 2003)

单位：个 (unit)

市名称 Name of City		市级 Number Cities	县级 Number of Counties			乡镇数 Number of Towns and Townships		
			合计 Total	县级市 Cities At County Level	县 Counties	合计 Total	镇 Towns	乡 Townships
总计	**Toatl**	**17**	**61**	**5**	**56**	**1739**	**970**	**769**
合肥市	Hefei	1	3		3	106	42	64
淮北市	Huaibei	1	1		1	32	25	7
亳州市	Bozhou	1	3		3	100	81	19
宿州市	Suzhou	1	4		4	106	69	37
蚌埠市	Bengbu	1	3		3	67	35	32
阜阳市	Fuyang	1	5	1	4	172	121	51
淮南市	Huainan	1	1		1	40	21	19
滁州市	Chuzhou	1	6	2	4	169	81	88
六安市	Luan	1	5		5	180	108	72
马鞍山市	Maanshan	1	1		1	30	16	14
巢湖市	Chaohu	1	4		4	126	83	43
芜湖市	Wuhu	1	3		3	57	39	18
宣城市	Xuancheng	1	6	1	5	111	59	52
铜陵市	Tongling	1	1		1	19	8	11
池州市	Chizhou	1	3		3	84	41	43
安庆市	Anqing	1	8	1	7	204	97	107
黄山市	Huangshan	1	4		4	136	44	92

1—2 全省县以上行政区划（2003年末）

Administrative Divisions of Counties and Above in Anhui (End of 2003)

省辖市 City Under Province Administation		所辖县（市）名称 Name of County Or City Under Administative
合肥市	Hefei	长丰县、肥东县、肥西县 Changfeng, Feidong, Feixi
淮北市	Huaibei	濉溪县 Suixi
亳州市	Bozhou	涡阳县、蒙城县、利辛县 Guoyang, Mengcheng, Lixin
宿州市	Suzhou	砀山县、萧　县、灵璧县、泗　县 Dangshan, Xiaoxian, Lingbi, Sixian
蚌埠市	Bengbu	怀远县、五河县、固镇县 Huaiyuan, Wuhe, Guzhen
阜阳市	Fuyang	界首市、临泉县、太和县、阜南县、颍上县 Jieshou, Linquan, Taihe, Funan, Yingshang
淮南市	Huainan	凤台县 Fengtai
滁州市	Chuzhou	天长市、明光市、来安县、全椒县、定远县、凤阳县 Tianchang, Mingguang, Laian, Quanjiao, Dingyuan, Fengyang
六安市	Luan	寿　县、霍邱县、舒城县、金寨县、霍山县 Shouxian, Huoqiu, Shucheng, Jinzhai, Huoshan
马鞍山市	Maanshan	当涂县 Dangtu
巢湖市	Chaohu	庐江县、无为县、含山县、和　县 Lujiang, Wuwei, Hanshan, Hexian
芜湖市	Wuhu	芜湖县、繁昌县、南陵县 Wuhu, Fanchang, Nanling
宣城市	Xuancheng	宁国市、郎溪县、广德县、泾　县、旌德县、绩溪县 Ningguo, Langxi, Guangde, Jingxian, Jingde, Jixi
铜陵市	Tongling	铜陵县 Tongling
池州市	Chizhou	东至县、石台县、青阳县 Dongzhi, Shitai, Qingyang
安庆市	Anqing	桐城市、怀宁县、枞阳县、潜山县、太湖县、宿松县、望江县、岳西县 Tongcheng, Huaining, Zongyang, Qianshan, Taihu, Susong, Wangjiang, Yuexi
黄山市	Huangshan	歙　县、休宁县、黟　县、祁门县 Shexian, Xiuning, Yixian, Qimen

1—3 自　然　资　源

Natural Resources

项　目		Item		2003
气　候		**Climate**		
年平均气温	(摄氏度)	Annual Average Temperature	(℃)	
淮北地区		Huai Bei Area		15.0
江淮地区		Jiang Huai Area		16.1
沿江地区		Along Chang Jiang River		17.0
江南地区		Lying South of Chang Jiang		16.5
年平均降水量	(mm)	Annual Average Precipitation	(mm)	
淮河以北		Lying North of Huai He		1410.7
江淮地区		Between Chang Jiang and Huai He		1487.7
沿江地区		Along Chang Jiang River		1470.3
江南地区		Lying South of Chang Jiang		1392.4
土地资源		**Land Resources**		
土地总面积	(平方公里)	Total Land Area	(sq.km)	139427
山　地		Mountain		41162
平　原		Plain		34608
丘　陵		Hills		40448
圩　区		Low-lying Paddy Fields		12097
洼　地		Low-lying Land		5256
水　面		Water Surface		5866
耕地面积	(千公顷)	Area of Cultivated Land	(1000 hectares)	4084.73
林业用地面积	(千公顷)	Area of Afforestated Land	(1000 hectares)	
造林面积		Area of Afforesded Hilly Area		194.51
果园面积		Area of Orchard		100.45
茶园面积		Area of Tea Plantations		113.11
林木资源		**Forest Resources**		
活立木总蓄积量	(亿立方米)	Total Standing Stock Volume	(100 million cu.m)	1.26
森林面积	(千公顷)	Forest Area	(1000 hectares)	4978
森林覆盖率	(%)	Forest-cover Rate	(%)	27.95
水资源		**Water Resources**		
水资源总量	(亿立方米)	Total Resources	(100 million cu.m)	1083.01
淮河流域		Drainage Area of Huaihe River		552.64
长江流域		Drainage Area of Chang Jiang River		470.31
东南诸河		South-eastern Rivers		60.06
天然年径流量	(亿立方米)	Natural Annual Flow	(100 million cu.m)	1038.06
淮河流域		Drainage Area of Huaihe River		509.27
长江流域		Drainage Area of Chang Jiang River		468.73
东南诸河		South-eastern Rivers		60.06
地下水天然补给资源量	(亿立方米)	Natural Supply of Ground Water	(100 million cu.m)	
淮河流域		Drainage Area of Huaihe River		147.36
长江流域		Drainage Area of Chang Jiang River		121.46
钱塘江流域		Drainage Area of Qiantang River		8.48
淡水面积	(千公顷)	Freshwater Area	(1000 hectares)	1054.00
#养殖面积		Cultivated Area		575.00

1—4 主要城市平均气温（2003年）

Monthly Average Temperature in Major Cities (2003)

单位：摄氏度　　　　(℃)

城　市	City	1月 Jan.	2月 Feb.	3月 Mar.	4月 Apr.	5月 May.	6月 June	7月 July	8月 Aug.	9月 Sept.	10月 Oct.	11月 Nov.	12月 Dec.	年平均 Annual Average
合 肥 市	Hefei	3.1	6.1	10.3	15.8	21.8	26.5	28.5	27.6	24.5	16.7	10.9	4.5	16.4
淮 北 市	Huaibei	1.3	4.5	9.0	15.1	20.7	26.1	26.3	25.7	22.8	16.0	9.1	2.9	15.0
亳 州 市	Bozhou	1.1	4.3	8.9	14.8	20.7	25.9	26.2	25.2	22.2	15.3	8.3	2.5	14.6
宿 州 市	Suzhou	1.4	4.5	8.8	15.1	20.7	26.1	26.8	26.2	23.4	16.2	9.6	3.4	15.2
蚌 埠 市	Bengbu	1.9	4.9	9.2	15.3	20.9	26.1	27.2	26.7	23.6	16.2	10.1	3.6	15.5
阜 阳 市	Fuyang	1.5	4.4	9.0	14.6	20.6	25.4	26.2	25.8	22.8	15.1	9.1	3.0	14.8
淮 南 市	Huainan	2.4	5.3	9.6	15.4	21.4	26.4	27.6	27.2	24.1	16.9	10.4	4.4	15.9
滁 州 市	Chuzhou	2.5	5.3	9.6	15.2	20.6	25.8	27.7	27.3	24.5	17.1	11.0	4.8	16.0
六 安 市	Luan	3.1	5.9	10.0	15.4	21.2	25.7	27.9	26.8	23.8	16.5	10.4	4.4	15.9
马鞍山市	Maanshan	3.4	6.4	10.3	15.8	21.3	25.9	29.2	28.3	25.5	17.6	11.8	5.5	16.8
巢 湖 市	Chaohu	3.3	6.4	10.3	15.8	20.8	24.5	28.9	27.8	24.5	16.3	10.1	3.9	16.1
芜 湖 市	Wuhu	3.8	6.8	10.4	15.9	21.4	26.0	30.0	29.0	25.7	17.6	11.7	5.8	17.0
宣 城 市	Xuancheng	2.8	6.7	9.8	15.5	20.8	24.9	29.6	28.5	24.9	16.5	11.0	4.5	16.3
铜 陵 市	Tongling	3.7	6.7	10.2	15.7	21.5	25.7	29.4	28.3	24.7	17.3	11.3	5.5	16.7
池 州 市	Chizhou	3.8	6.9	10.3	16.0	21.7	26.0	29.9	28.5	24.9	17.4	11.4	5.6	16.9
安 庆 市	Anqing	4.7	7.4	11.1	16.7	22.3	26.5	30.5	29.2	25.5	18.2	12.3	6.4	17.6
黄 山 市	Huangshan	3.8	7.9	10.8	16.8	21.5	24.4	30.4	29.4	25.1	17.4	11.9	5.4	17.1

1—5 主 要 城 市 降 水 量（2003年）

Monthly Precipitation in Major Cities (2003)

单位：毫米　　　　(millimeters)

城　市	City	1月 Jan.	2月 Feb.	3月 Mar.	4月 Apr.	5月 May.	6月 June	7月 July	8月 Aug.	9月 Sept.	10月 Oct.	11月 Nov.	12月 Dec.	全　年 Annual Total
合 肥 市	Hefei	39.8	67.1	135.5	146.0	66.5	148.4	382.3	127.4	53.7	93.9	115.6	28.4	1404.6
淮 北 市	Huaibei	7.1	30.1	49.2	59.7	42.7	187.8	228.6	329.4	61.3	90.6	45.7	15.0	1147.2
亳 州 市	Bozhou	10.1	36.5	45.5	96.6	57.8	188.5	223.7	321.4	204.6	128.1	47.4	18.7	1378.9
宿 州 市	Suzhou	9.9	35.6	81.8	103.5	17.1	215.4	428.9	247.2	39.8	95.0	60.2	9.6	1344.0
蚌 埠 市	Bengbu	16.4	74.3	123.7	80.9	33.9	158.6	382.2	190.8	67.4	96.6	53.4	14.4	1292.6
阜 阳 市	Fuyang	15.5	46.3	176.8	95.7	21.8	314.5	340.1	229.0	24.8	131.3	43.3	10.7	1449.8
淮 南 市	Huainan	22.6	66.4	93.0	80.5	41.6	168.9	329.0	145.8	72.2	100.8	62.2	17.9	1200.9
滁 州 市	Chuzhou	40.9	72.1	114.8	111.9	54.6	143.9	688.3	161.6	76.1	121.2	78.7	31.6	1695.7
六 安 市	Luan	44.2	71.7	123.9	134.4	70.9	245.0	338.9	178.1	54.3	112.0	105.1	27.2	1505.7
马鞍山市	Maanshan	39.7	84.9	139.2	184.1	58.6	154.1	428.2	148.3	40.2	87.1	72.8	24.4	1461.6
巢 湖 市	Chaohu	41.4	89.3	148.1	162.6	56.6	167.9	277.1	86.9	22.9	111.2	87.1	27.7	1278.8
芜 湖 市	Wuhu	43.6	98.6	154.5	164.6	86.3	252.4	304.5	72.0	35.0	90.3	69.0	30.1	1400.9
宣 城 市	Xuancheng	56.4	107.5	148.0	127.9	181.4	166.4	166.6	36.9	50.3	90.3	69.7	29.8	1231.2
铜 陵 市	Tongling	49.7	136.8	140.5	175.8	182.8	184.7	373.4	108.1	25.6	86.1	81.3	30.6	1575.4
池 州 市	Chizhou	45.5	129.0	189.2	243.6	137.2	111.5	231.0	147.1	14.8	74.1	82.4	25.5	1430.9
安 庆 市	Anqing	40.7	123.7	166.6	233.5	139.6	146.3	148.5	234.1	13.9	52.0	83.2	23.7	1405.8
黄 山 市	Huangshan	52.4	186.3	185.9	225.6	239.6	346.2	33.8	107.4	55.8	28.6	62.7	17.6	1541.9

1—6 各市水资源总量（2003年）

Water Resources by Region (2003)

单位：亿立方米

(100 million cu.m)

地 区	Region	分区天然年径流量 Natural Annual Flow by Region	山丘区地下水资源量 Ground Water Volume of Mountain and Hill Areas	山丘区河川基流量 River Flow of Mountain and Hill Areas	平原区降水入渗补给量 Permeated Precipitation Supply of Plain Areas	平原区降水入渗补给形成的河道排泄量 River Way Drainage Volume Caused by Permeated Precipitation Supply of Plain Areas	地下水资源与地表水资源不重复量 Amount of Non-repeat-calculated Water Between Ground Water and Surface Water	分区水资源总量 Total Amount of Water Resources by Region
总 计	**Total**	**1038.06**	**114.80**	**114.55**	**117.26**	**46.54**	**44.95**	**1083.01**
合 肥 市	Hefei	50.98	8.60	8.60	0.83		0.06	51.04
淮 北 市	Huaibei	14.98	0.20	0.13	5.72	2.87	2.92	17.90
亳 州 市	Bozhou	60.54			21.59	13.23	8.36	68.90
宿 州 市	Suzhou	58.75	1.07	0.89	21.60	9.78	12.00	70.75
蚌 埠 市	Bengbu	38.37	1.09	1.09	11.26	5.12	6.14	44.51
阜 阳 市	Fuyang	84.67			25.36	14.15	11.21	95.88
淮 南 市	Huainan	13.99	0.78	0.78	3.36	1.39	2.24	16.23
滁 州 市	Chuzhou	93.28	12.87	12.87	4.39		0.31	93.59
六 安 市	Luan	181.38	28.99	28.99	5.58		0.29	181.67
马鞍山市	Maanshan	9.45	0.53	0.53	1.70		0.11	9.56
巢 湖 市	Chaohu	67.85	7.77	7.77	4.44		0.33	68.18
芜 湖 市	Wuhu	19.73	1.49	1.49	2.24		0.15	19.88
宣 城 市	Xuancheng	74.53	13.56	13.56	1.27		0.14	74.67
铜 陵 市	Tongling	7.18	0.66	0.66	0.56		0.08	7.26
池 州 市	Chizhou	64.17	8.49	8.49	1.87		0.16	64.33
安 庆 市	Anqing	106.51	14.07	14.07	5.49		0.45	106.96
黄 山 市	Huangshan	91.70	14.63	14.63				91.70

1—7 流域分区水资源总量（2003年）

Water Resources by Area of Rivers (2003)

单位：亿立方米

(100 million cu.m)

流域分区 River Area	分区天然年径流量 Natural Annual Flow by Region	山丘区地下水资源量 Ground Water Volume of Mountain and Hill Areas	山丘区河川基流量 River Flow of Mountain and Hill Areas	平原区降水入渗补给量 Permeated Precipitation Supply of Plain Areas	平原区降水入渗补给形成的河道排泄量 River Way Drainage Volume Caused by Permeated Precipitation Supply of Plain Areas	地下水资源与地表水资源不重复量 Amount of Non-repeat-calculated Water Between Ground Water and Surface Water	分区水资源总量 Total Amount of Water Resources by Region
总 计 Total	**1038.06**	**114.80**	**114.55**	**117.26**	**46.54**	**44.95**	**1083.01**
淮河流域 Huaihe River Basin	509.27	38.85	38.60	97.31	46.54	43.37	552.64
淮河上游区 The Upper Reaches of Huaihe River	2.77			0.82	0.44	0.38	3.15
淮河中游区 The Middle Reaches of Huaihe River	491.97	38.58	38.33	93.16	45.86	42.36	534.33
淮河下游区 The Lower Reaches of Huaihe River	13.37	0.27	0.27	2.67		0.21	13.58
沂沭泗河 Yishusi River	1.16			0.66	0.24	0.42	1.58
长江流域 Changjiang River Basin	468.73	66.94	66.94	19.95		1.58	470.31
湖口以下干流 Main Rivers Below Hukou	441.65	61.60	61.60	19.95		1.58	443.23
鄱阳湖水系 River System of Poyang Lake	25.65	5.13	5.13				25.65
太湖水系 River System of Taihu Lake	1.43	0.21	0.21				1.43
东南诸河 South-eastern Rivers	60.06	9.01	9.01				60.06
钱塘江 Qiantang River	60.06	9.01	9.01				60.06

1—8 各市全年降水量（2003年）

Total Precipitation by Region (2003)

地区	Region	年降水量 Precipitation 毫米 0.001(m)	亿立方米 (100 million cu.m)	多年平均降水量（亿立方米）Avevage Precipitation in Many Years (100 million cu.m)	与上年比较 Compared With Last Year (±%)	与多年平均比较 Compared With The Average Precipitation of Many Years (±%)
总计	**Total**	**1460.9**	**2037.54**	**1637.40**	**15.4**	**24.4**
合肥市	Hefei	1420.9	103.24	68.93	27.4	49.8
淮北市	Huaibei	1309.7	35.69	23.00	90.4	55.2
亳州市	Bozhou	1474.6	123.48	69.12	93.0	78.6
宿州市	Suzhou	1358.0	133.80	82.61	96.4	62.0
蚌埠市	Bengbu	1384.4	83.23	52.69	53.7	58.0
阜阳市	Fuyang	1609.8	158.60	87.12	52.5	82.0
淮南市	Huainan	1393.3	29.83	18.92	43.5	57.7
滁州市	Chuzhou	1421.2	189.42	127.35	49.1	48.7
六安市	Luan	1678.9	309.66	218.00	22.1	42.0
马鞍山市	Maanshan	1270.2	21.39	17.91	6.3	19.4
巢湖市	Chaohu	1433.9	133.41	104.23	19.9	28.0
芜湖市	Wuhu	1234.9	40.96	42.41	-13.9	-3.4
宣城市	Xuancheng	1242.0	153.26	178.10	-20.4	-13.9
铜陵市	Tongling	1405.2	15.64	15.48	-5.3	1.0
池州市	Chizhou	1485.5	125.20	135.56	-14.9	-7.6
安庆市	Anqing	1444.6	223.42	215.68	-2.3	3.6
黄山市	Huangshan	1600.5	157.31	180.29	-25.3	-12.7

1—9 流域分区全年降水量（2003年）

Total Precipitation by Area of Rivers (2003)

流域分区 River Area	年降水量 Precipitation 毫米 0.001(m)	亿立方米 (100 million cu.m)	多年平均降水量（亿立方米）Avevage Precipitation in Many Years (100 million cu.m)	与上年比较 Compared With Last Year (±%)	与多年平均比较 Compared With The Average Precipitation of Many Years (±%)
总计 Total	**1460.9**	**2037.54**	**1637.40**	**15.4**	**24.4**
淮河流域 Huaihe River Basin	1497.9	998.02	628.42	49.9	58.8
淮河上游区 The Upper Reaches of Huaihe River	1510.8	5.59	3.52	22.9	58.8
淮河中游区 The Middle Reaches of Huaihe River	1501.2	960.98	602.67	49.5	59.5
淮河下游区 The Lower Reaches of Huaihe River	1435.1	27.84	20.00	64.9	39.2
沂沭泗河 Yishusi River	1203.3	3.61	2.23	107.5	61.9
长江流域 Changjiang River Basin	1411.9	937.65	892.27	-2.3	5.1
湖口以下干流 Main Rivers Below Hukou	1401.1	887.60	840.75	-1.1	5.6
鄱阳湖水系 River System of Poyang Lake	1671.0	47.34	48.89	-19.2	-3.2
太湖水系 River System of Taihu Lake	1204.4	2.71	2.63	-17.9	3.0
东南诸河 South-eastern Rivers	1581.8	101.87	116.71	-27.5	-12.7
钱塘江 Qiantang River	1581.8	101.87	116.71	-27.5	-12.7

主要统计指标解释

森林面积　指生长着乔木和竹林，郁闭度在0.3以上(不包括0.3)的林地面积，即有林地面积。它是反映森林资源总面积的重要指标。森林面积包括天然林面积和人工林面积。但不包括灌木林地和疏林地面积。

森林覆盖率　通常是指森林面积以及四旁树木的覆盖面积与土地总面积之比。森林覆盖率，是反映一个国家或地区森林资源和绿化水平的重要指标。计算公式：

森林覆盖率(%)＝森林面积/土地总面积×100%

活立林总蓄积量　指全部土地上树木蓄积的总量。包括森林蓄积、疏林蓄积、散生木蓄积和四旁树蓄积。

森林蓄积量　林面积上生长着林木树干材积总量。它是反映一个国家或地区森林资源总规模和水平的重要指标。

水资源总量　指辖区内降水形成的地表、地下水量，不包括入境水量。水资源总量=地表水资源量+地下水资源量-重复量部分。

地表水资源量　指地表水体的动态水量，即河川径流量。

地下水资源量　指与降水、地表水有直接补排关系的动态地下水量。

降水量　指降水深度，即降水平铺在地域面积上的深度。

降水总量　即降水深度(mm)×地域面积

水资源蕴藏量　指水资源总量中可以开采的水量。

Explanatory Notes for Major Statistical Indicators

Forest Area refers to the area of forest land where trees, and bamboo grow with canopy density above 0.3, including land of natural woods and planted woods but excluding bush land and thin forest land, which reflects the total ares of afforestation.

Forestry Coverage-rate refers to the ratio of area of afforested land to total area of land(measured in ercent). According to regulations of the country, when calculating Forestry Cover-rate, in addition to afforested land, bush land, forestry land inside farmland and along sides should be taken into account. This indicator reflects forestry resources and afforestation progress of a country or region. The statistics of Forestry Cover-rate in this statistical year book is calculated as follows:

Forestry Cover-rate(%)=Area of Forestry Land/Area of Total Land×100%

Total Standing Stock Volume refers to the total stock volume of trees growing in land, including trees in forest, tress in sparse forest, scattered trees and trees planted by the side of farm houses and along the roads, rivers and fields.

Stock Volume of Forest refers to total stock volume of wood growing in forest area, which shows the total size and level of forest resources of a country or a region.

Total Water Resources refers to surface water volume and shallow groand water volume by precipitation in the area, not include water from other area. Total water resouroes = Surface water volume + Shallow ground water − repeat part.

Volume of Surface Water refers to the dynamic volume of surface water body, or the volume of runoff of rivers.

Volume of Ground Water refers to ground water flow, related to precipitation and surface water.

Precipitation refers to deep of precipitation, the deep of the area by precipitation.

Total Precipitation refers to deep×area.

Total Water Resources Stock Volume refers to the water volume that can be developed.

综　合

第二篇

Chapter

2

GENERAL SURVEY

简要说明

一、本篇包括国民经济综合资料等内容。

二、国民经济综合资料中的“各部门机构数”统计口径为第二次基本单位普查后部分行业企业资料更新维护数据。

三、国民经济总量、速度、结构、比例和效益指标均取自本年鉴各篇；国民经济综合资料由省统计局综合处整理。

四、我省境内国家级旅游景点黄山、九华山风景区旅游基本情况，由所在统计部门提供。

Brief Introduction

I. This chapter covers the summary data on national economy.

II. Data on “the number of grassroots units in various sectors” are the renewed data of some trade enterprises after the second basic unit census.

III. Data on the total value, speed, structure, ratio and effects on the national economy are extracted from the concerned data in other chapters in this yearbook. The summary data on national economy are prepared by the Division of Integrated Statistics of Anhui Statistical Bureau.

IV. Data on the basic conditions of national scenic spot-Mount Huang and Mount Jiuhua are provided by the statistical department where they are.

安徽经济的发展
ECONOMIC DEVELOPMENT OF ANHUI

		1996−2003年平均增长（%） 1996-2003 Average Annual Growth Rate (%)
安徽生产总值	Gross Domestic Products	9.8
第一产业	Primary Industry	4.1
第二产业	Secondary Industry	11.3
#工　业	Industry	10.7
第三产业	Tertiary Industry	11.7
财政收入	Total Revenue	13.8
财政支出	Total Expenditures	17.9
全社会固定资产投资	Total Investment in Fixed Assets	13.6
社会消费品零售总额	Total Retail Sales of Consumer Goods	10.8
进出口总额	Total Exports and Imports	14.5
#出　口	Exports	10.4
城镇居民人均可支配收入	Per Capita Annual Disposable of Urban Households	7.6
农民人均纯收入	Per Capita Net Income of Rural Residents	6.3

安徽的一天
ONE DAY IN ANHUI

安徽生产总值	Gross Domestic Products	10.89 亿元	(100 million yuan)
第一产业	Primary Industry	2.09 亿元	(100 million yuan)
第二产业	Secondary Industry	4.88 亿元	(100 million yuan)
#工　业	Industry	3.96 亿元	(100 million yuan)
第三产业	Tertiary Industry	3.91 亿元	(100 million yuan)
财政收入	Total Revenue	11296 万元	(10000 yuan)
财政支出	Total Expenditures	13902 万元	(10000 yuan)
全社会固定资产投资	Total Investment in Fixed Assets	4.05 亿元	(100 million yuan)
社会消费品零售总额	Total Retail Sales of Consumer Goods	3.65 亿元	(100 million yuan)
进出口总额	Total Exports and Imports	1628 万美元	(USD 10000)
实际利用外资	Foreign Capital Actually Utilized	300 万美元	(USD 10000)
海外旅游人数	Number of Tourists From Abroaad	770 人次	(person)

安 徽 的 地 位
POSITION OF ANHUI IN THE COUNTRY

		居全国位次 Order of Precdence in the Country
安徽生产总值	Gross Domestic Products	14
第一产业	Primary Industry	9
第二产业	Secondary Industry	14
#工　业	Industry	17
第三产业	Tertiary Industry	14
粮食产量	Output of Grain	9
棉花产量	Output of Cotton	5
油料产量	Output of Oil-Bearing Crops	4
全社会固定资产投资	Total Investment in Fixed Assets	13
社会消费品零售总额	Total Retail Sales of Consumer Goods	15
进出口总额	Total Exports and Imports	12
#出　口	Exports	12
城镇居民人均可支配收入	Per Capita Annual Disposable of Urban Households	26
农民人均纯收入	Per Capita Net Income of Rural Residents	22

安 徽 的 人 口
POPULATION OF ANHUI

年末户籍人口	Registration Population (year-end)	6410 万人	(10000 persons)
#市镇人口	Urban	2051 万人	(10000 persons)
常住人口	Permanent Population	6163 万人	(10000 persons)
从业人员	Employment	3545 万人	(10000 persons)
#职工人数	Staff and Workers	393 万人	(10000 persons)
出生人数	Births	71.2 万人	(10000 persons)
死亡人数	Deaths	33.2 万人	(10000 persons)
结婚人数	Marriages	42.31 万对	(10000 couples)
离婚人数	Divorces	4.35 万对	(10000 couples)
人口密度	Density of Population	458 人/平方公里	(person/sq.km)

2—1 各行业机构单位数（2003年）

Number of Grass Root Units in Various Sectors (2003)

单位：个　　　　(unit)

行业类别	Industrial Category	单位数 Numbe of Units	#法人单位 Legal Units
合　计	**Total**	**286968**	**179762**
农、林、牧、渔业	**Farming, Forestry, Animal Husbandry and Fishery**	**12182**	**5374**
农　业	Farming	840	507
林　业	Forestry	2763	932
畜牧业	Animal Husbandry	815	642
渔　业	Fishery	1040	764
农、林、牧、渔服务业	Ageicultural Services	6724	2529
采掘业	**Mining and Quarrying**	**2793**	**2412**
煤炭开采和洗选业	Coal Mining and Dressing	449	326
黑色金属矿采选业	Mining and Dressing of Ferrous Metals	239	214
有色金属矿采选业	Mining and Dressing of Nonferrous Metals	270	250
非金属矿采选业	Mining and Dressing of Nonmetal Minerals	1830	1619
其他采矿业	Mining and Dressing of Other Minerals	5	3
制造业	**Manufacturing**	**41099**	**35981**
农副食品加工业	Agricultural and Non-staple Food Processing Industry	6214	5182
食品制造业	Food Production	1259	1120
饮料制造业	Beverages	1494	1168
烟草制品业	Tabacco	23	15
纺织业	Textiles	1484	1276
纺织服装、鞋、帽制造业	Textile Dress, Footwear and Headgear	753	663
皮革、毛皮、羽毛（绒）及其制品业	Leather, Furs, Feather (Down) and Related Products	309	287
木材加工及竹、藤、棕、草制品业	Timber Processing, Bamboo, Cane, Palm Fiber and Straw Products	1945	1755
家具制造业	Furniture Manufacturing	769	709
造纸及纸制品业	Papermaking and Paper Products	939	869
印刷业和记录媒介的复制	Printing and Record Medium Reproduction	1034	863
文教体育用品制造业	Cultural, Educational and Sports Goods	453	416
石油加工、炼焦及核燃料加工业	Petroleum Processing, Coking and Nuclear Fuel Processing	58	41
化学原料及化学制品制造业	Raw Chemical Materials and Chemical Products	1767	1560
医药制造业	Medical and Pharmaceutical Products	333	277
化学纤维制造业	Chemical Fiber	48	41
橡胶制品业	Rubber Products	272	246
塑料制品业	Plastic Products	1464	1378
非金属矿物制品业	Nonmetal Mineral Products	10461	9796
黑色金属冶炼及压延加工业	Smelting and Pressing of Ferrous Metals	297	249
有色金属冶炼及压延加工业	Smelting and Pressing of Nonferrous Metals	170	154
金属制品业	Metal Products	1761	1577
通用设备制造业	Equipments in Current Use	1942	1729
专用设备制造业	Equipments in Special Use	1077	876
交通运输设备制造业	Transport Equipments	1455	1086
电气机械及器材制造业	Electric Equipments and Machinery	1042	910
通信设备、计算机及其电子设备制造业	Telecommunication Equipments, Computer and Related Electronic Equipments	318	288
仪器仪表及文化、办公用机械制造业	Instruments, Meters, Cultural and Office Machinery	263	226
工艺品及其他制造业	Handiwork and Other Manufacturing	1058	912
废弃资源和废旧材料回收加工业	Recovery and Processing of Discarded Resources and Waste Materials	637	312

2—1 续表1 continued

单位：个 (unit)

行业类别	Industrial Category	单位数 Numbe of Units	#法人单位 Legal Units
电力、燃气及水的生产和供应业	**Production and Supply of Electric Power, Gas and Water**	**3399**	**914**
电力、热力的生产和供应业	Production and Supply of Electric Power and Heating Power	2612	379
燃气生产和供应业	Production and Supply of Gas	75	22
水的生产和供应业	Production and Supply of Tap Water	712	513
建筑业	**Construction**	**5398**	**3721**
房屋和土木工程建筑业	Civil Engineering Construction	3810	2504
建筑安装业	Installation	386	249
建筑装饰业	Fitting and Decoration	760	637
其他建筑业	Other Construction	442	331
交通运输、仓储和邮政业	**Transportation, Storage and Postal Services**	**7734**	**2630**
铁路运输业	Railway Transport	480	45
道路运输业	Highway Transport	3060	1245
城市公共交通业	Civic Public Transit	273	183
水上运输业	Waterway Transport	699	410
航空运输业	Air Transport	36	16
装卸搬运和其他运输服务业	Loading, Unloading, Transporting and Other Services	483	323
仓储业	Storage	724	299
邮政业	Postal Services	1979	109
信息传输、计算机服务和软件业	**Information Circulation, Computer Service and Software**	**3873**	**1328**
电信和其他信息传输服务业	Telecommunication and Other Information Circulation Services	3518	1012
计算机服务业	Computer Services	117	93
软件业	Software	238	223
批发和零售业	**Wholesale & Retail Trade**	**41761**	**19503**
批发业	Wholesale Trade	19240	10032
零售业	Retail Trade	22521	9471
住宿和餐饮业	**Accommodation and Catering Trade**	**5593**	**3295**
住宿业	Accomodation Trade	2101	1295
餐饮业	Catering Trade	3492	2000
金融业	**Banking**	**9088**	**2887**
银行业	Banking	8570	2549
中央银行	Central Bank	114	86
商业银行	Commercial Bank	7593	2129
其他银行	Other Banks	863	334
证券业	Securities	156	70
保险业	Insurance	312	233
其他金融活动	Other Financial Activities	50	35
房地产业	**Real Estate**	**3181**	**2367**
房地产开发经营	Real Estate Development and Operation	1586	1392
物业管理	Estate Management	1084	608
房地产中介服务	Intermediary Services of Real Estate	208	156
其他房地产活动	Other Real Estate Activities	303	211
租赁和商务服务业	**Leasing and Commercial Services**	**7775**	**5043**
租赁业	Leasing	169	102
商务服务业	Commercial Services	7606	4941

2—1　续表2　continued

单位：个　(unit)

行业类别	Industrial Category	单位数 Numbe of Units	#法人单位 Legal Units
科学研究、技术服务和地质勘查业	**Scientific Research, Technical Services and Geological Prospecting**	**1977**	**1486**
研究与试验发展	Research and Experimental Development	366	318
专业技术服务业	Professional and Technical Services	1115	812
科技交流和推广服务业	Exchange and Extending Services of Science and Technology	365	285
地质勘查业	Geological Prospecting	131	71
水利、环境和公共设施管理业	**Water Conservancy, Environmental and Public Facilities Management**	**5293**	**2232**
水利管理业	Water Conservancy Management	2839	926
环境管理业	Environmental Management	2010	1020
公共设施管理业	Public Facilities Management	444	286
居民服务和其他服务业	**Resident Services and Other Services**	**4578**	**3095**
居民服务业	Resident Services	2831	1727
其他服务业	Other Services	1747	1368
教　育	**Education**	**36304**	**27923**
学前教育	Education Before School	2698	2127
初等教育	Primary Education	27110	19915
中等教育	Secondary Education	5182	4746
高等教育	High Education	238	181
其他教育	Other Education	1076	954
卫生、社会保障和社会福利业	**Health Care, Social Protection and Social Welfare**	**26225**	**5870**
卫　生	Health Care	24296	5024
医　院	Hospitals	971	647
卫生院及社区医疗活动	Medical Activities in Commune Hospicals and Communities	16493	2850
门诊部医疗活动	Medical Activities in Outpatient Departments	2604	564
计划生育技术服务活动	Technical Service Activities for Family Planning	44	32
妇幼保健活动	Activities for Maternity and Child Care	166	135
专科疾病防治活动	Activities for Specialized Disease Prevention and Treatment	172	89
疾病预防控制及防疫活动	Activities for Disease Prevention and Controlling	411	154
其他卫生活动	Other Health Activities	3435	553
社会保障业	Social Protection	225	181
社会福利业	Social Welfare	1704	665
提供住宿的社会福利	Social Welfare Services With Accomodations	1389	458
不提供住宿的社会福利	Social Welfare Services Without Accomodations	315	207
文化、体育和娱乐业	**Culture, Sports and Entertainment**	**4501**	**2595**
新闻出版业	Press and Publication	156	128
广播、电视、电影和音像业	Broadcasting, TV, Film, Audio-video and Recorders	1968	895
文化艺术业	Culture and Art	1791	1157
体　育	Sports	108	70
娱乐业	Entertainment	478	345
公共管理和社会组织	**Public Management and Social Organizations**	**64152**	**51061**
中国共产党机关	Organs of Chinese Communist Party	3382	3090
国家机构	State Organs	22494	10670
人民政协和民主党派	CPPCC and Democratic Parties	235	201
群众团体、社会团体和宗教组织	Mass Organizations, Social Organizations and Religious Organizations	6017	4908
基层群众自治组织	Local Mass Autonomy Organs	32024	32192
国际组织	**International Organizations**	**62**	**45**

2—2 国民经济和社会发展总量与速度指标

指　　标		Item		总量指标 1990
人口与就业		**Population and Employment**		
人　　口		**Population**		
年底总人口	（万人）	Population at the Year-end	(10000 persons)	5661
市镇人口		Urban		1016
乡村人口		Rural		4645
男性人口		Male		2934
女性人口		Female		2727
出生人口	（万人）	Births (10000 persons)		136.3
死亡人口	（万人）	Deaths (10000 persons)		34.8
人口密度	（人/平方公里）	Density of Population (person/sq.km)		399
年末总户数	（万户）	Total Number of Households at the Year-end	(10000 households)	1445
#乡村户数		Numbers of Rural Households		1200.4
就　　业	**（万人）**	**Employment**	**(10000 persons)**	
经济活动人口		Economically Active Population		
从业人员		Employment		2807.6
#国有经济		State-owned Units		
城镇集体经济		Urban of Other Types of Ownership		
港澳台投资经济		Economic Units Funded by Entreneurs from Hong Kong Macao and Taiwan		
外商投资经济		Foreign Funded Units		
城镇私营经济		Urban Private Enteprises		
城镇个体		Urban Self-employed Individuals		
职工人数		Staff and Workers		484.8
国有经济		State-owned Units		329.4
城镇集体经济		Urban of Other Types of Ownership		154.2
其他经济合计		Units of Other Types of Ownership		1.2
城镇登记失业人数		Registered Unemployed in Urban Areas		28.7
宏观经济		**Macroeconomic Indicator**		
国民经济核算	**（亿元）**	**National Accounting**	**(100 million yuan)**	
安徽生产总值		Gross Domestic Product		658.0
第一产业		Primary Industry		246.1
第二产业		Secondary Industry		251.5
#工　　业		Industry		223.3
第三产业		Tertiary Industry		160.4
支出法安徽生产总值		Gross Domestic Expenditures		658.0
#最终消费		Total Consumption		433.8
居民消费		Resident Consumption		373.0
政府消费		Public Consumption		60.8
资本形成总额		Total Investment		204.7
固定资本形成		Fixed Assets		138.2
存货增加		Stock		66.5
固定资产投资	**（亿元）**	**Investment in Fixed Assets**	**(100 million yuan)**	
全社会固定资产投资总额		Total Investment in Fixed Assets		123.0
#国有单位		State-owned Units		65.8
集体单位		Collective-owned Units		12.2
个体经济		Individuals		45.0
固定资产投资按性质分		Grouped by Type of Construction		
基本建设		Capital Construction		38.6
更新改造		Innovation		23.1
房地产开发		Real Estate Development		
其　　他		Others		61.2
商品房屋销售额		Total Sales of Commercial Houses		
商品房屋销售面积	（万平方米）	Floor Space of Selling House	(10000 sq.m)	

Principal Aggregate Indicators On National Economic and Social Development and Their Related Indices and Growth Rates

Aggregate Date				速度指标 (%) Indices and Growth Rates						
				指 数 (2003年比以下各年) Index (2003 as Percentage of the Following Years)				平均增长速度 Average Annual Growth Rate		
1995	2000	2002	2003	1990	1995	2000	2002	1991—1995	1996—2000	1996—2003
6000	6278	6369	6410	113.2	106.8	102.1	100.6	1.2	0.9	0.8
1145	1758	1955	2051	201.9	179.1	116.7	104.9	2.4	9.0	7.6
4855	4520	4414	4359	93.8	89.8	96.4	98.8	0.9	-1.4	-1.3
3116	3258	3307	3333	113.6	107.0	102.3	100.8	1.2	0.9	0.8
2884	3020	3062	3077	112.8	106.7	101.9	100.5	1.1	0.9	0.8
96.2	81.5	67.2	71.2	52.2	74.0	87.4	106.0	-6.7	-3.3	-3.7
38.4	34.5	30.8	33.2	95.4	86.5	96.2	107.8	2.0	-2.1	-1.8
428	448	455	458	114.8	107.0	102.2	100.7	1.4	0.9	0.9
1551.0	1656.1	1709.9	1755.0	121.5	113.2	106.0	102.6	1.4	1.3	1.6
1244.3	1294.6	1310.9	1320.6	110.0	106.1	102.0	100.7	0.7	0.8	0.7
	3530.9	3555.4	3604.0			102.1	101.4			
3206.9	3450.7	3500.5	3544.9	126.3	110.5	102.7	101.3	2.7	1.5	1.3
380.1	314.8	270.5	249.7		65.7	79.3	92.3		-3.7	-5.1
126.3	91.2	67.6	57.4		45.4	62.9	84.9		-6.3	-9.4
2.8	2.3	2.4	2.7		96.4	117.4	112.5		-3.9	-0.5
3.8	3.8	4.5	5.1		134.2	134.2	113.3		平	3.7
10.1	37.6	59.7	70.8		701.0	188.3	118.6		30.1	27.6
81.9	134.8	132.5	128.9		157.4	95.6	97.3		10.5	5.8
502.8	470.0	434.8	393.1	81.1	78.2	83.6	90.4	0.7	-1.3	-3.0
363.7	307.8	270.5	240.0	72.9	66.0	78.0	88.7	2.0	-3.3	-5.1
123.1	89.1	67.6	54.9	35.6	44.6	61.6	81.2	-4.4	-6.3	-9.6
16.0	73.1	96.7	98.2	8183.3	613.8	134.3	101.6	67.9	35.5	25.5
29.9	31.6	22.2	25.1	87.5	83.9	79.4	113.1	0.8	1.1	-2.2
2003.6	3038.2	3553.6	3972.4	408.4	211.5	129.2	109.2	14.1	10.4	9.8
581.2	732.2	749.8	763.8	168.7	137.9	104.6	97.9	4.1	5.7	4.1
869.9	1296.3	1529.0	1780.6	575.1	234.8	137.8	112.6	19.6	11.2	11.3
767.3	1100.5	1267.3	1445.6	550.0	225.8	134.0	110.5	19.5	11.0	10.7
552.5	1009.7	1247.7	1428.0	535.5	242.6	135.5	111.6	17.1	12.4	11.7
2003.6	3041.2	3553.6	3973.0	408.3	211.4	129.1	109.2	14.1	10.4	9.8
1174.7	1947.8	2263.0	2520.3	351.2	215.5	127.4	117.7	10.3	11.1	10.1
996.1	1615.4	1833.2	2038.1	308.5	199.1	123.8	115.3	9.1	10.0	9.0
178.6	332.3	429.8	482.2	636.6	299.2	145.2	128.7	16.3	15.6	14.7
824.6	1095.0	1294.8	1455.2	569.6	208.2	131.7	120.8	22.3	9.6	9.6
619.1	928.1	1138.2	1362.2	731.4	230.3	140.7	128.3	26.0	10.4	11.0
205.5	166.9	156.6	93.0	175.7	96.5	70.1	66.1	12.7	6.6	-0.5
532.5	866.7	1133.3	1477.7	1201.4	277.5	170.5	130.4	34.1	10.2	13.6
266.2	431.1	513.5	562.7	855.2	211.4	130.5	109.6	32.2	10.1	9.8
96.5	124.7	138.2	130.2	1067.2	134.9	104.4	94.2	51.2	5.3	3.8
124.8	169.3	245.6	268.4	596.4	215.1	158.5	109.3	22.6	6.3	10.0
170.0	320.4	424.4	552.8	1432.1	325.2	172.5	130.3	34.5	13.5	15.9
96.4	152.8	231.6	355.2	1537.7	368.5	232.5	153.4	33.1	9.7	17.7
36.1	87.9	146.5	240.7		666.8	273.8	164.3		19.5	26.8
230.0	305.6	330.8	329.0	537.6	143.0	107.7	99.5	30.3	5.8	4.6
22.4	65.2	102.5	165.4		738.4	253.7	161.4		23.8	28.4
220.4	536.2	794.8	1093.3		496.1	203.9	137.6		19.5	22.2

2—2 续表1

指　　标	Item	总量指标 1990
财　　政　　(亿元)	**Public Finance　(100 million yuan)**	
财政收入	Total Revenue	52.9
中　央	Central Covernment	
地　方	Local Governments	52.9
#增值税	Value-added Tax	
营业税	Operation Tax	
企业所得税	Enterprises' Income Tax	
财政支出	Total Expenditures	61.6
中　央	Central Covernment	
地　方	Local Governments	61.6
#基建支出	Expenditure for Capital Construction	3.4
科技三项费用	Expenditure for Scientific and Technological Promotion	0.3
文教科卫事业费	Operating Expenses for Culture, Education Science & Health Care	17.1
物价总指数　(上年=100)	**Price Indices　(preceding year=100)**	
商品零售价格总指数	General Retail Price Index	101.9
居民消费价格总指数	General Consumer Price Index	102.7
利用外资　(万美元)	**Utilization of Foreign Capital　(USD 10000)**	
签订利用外资协议额	Amount of Foreign Capital for Utilization Through Signed Contracts or Agreements	8721
实际利用外资额	Amount of Foreign Capital Actually Utilized	5027
#外商直接投资	Foreign Direct Investments	961
能源生产与消费　(万吨标准煤)	**Production and Consumption of Energy　(10000 tons of SCE)**	
能源生产总量	Total Energy Production	2306
能源消费总量	Total Energy Consumption	
产　　业	**Industry**	
农　业	**Agriculture**	
乡村劳动力　(万人)	Number of Rural Laborers　(10000 persons)	2301.5
#农林牧渔劳动力	Number of Persons Engaged in Farming, Forestry, Animal Husbandry and Fishery	1923.2
耕地面积　(千公顷)	Cultivated Areas　(1000 hectares)	4365.5
总播种面积　(千公顷)	Total Sown Area　(1000 hectares)	8313.6
#粮食播种面积	Sown Area of Grain Crops	6246.0
农林牧渔业总产值　(亿元)	Gross Output Value of Farming, Forestry, Animal Husbandry and Fishery　(100 million yuan)	370.9
农林牧渔业总产值指数　(上年=100)	Indices of Gross Output of Farming, Forestry, Animal Husbandry and Fishery　(preceding year=100)	104.11
主要农产品产量	Output of Major Farm Products	
粮　食　(万吨)	Grain　(10000 tons)	2520.1
棉　花　(万吨)	Cotton　(10000 tons)	23.6
油　料　(万吨)	Oil-bearing Crops　(10000 tons)	129.1
黄红麻　(万吨)	Jute and Ambary Hemp　(10000 tons)	16.3
烤　烟　(万吨)	Flue-cured Tobacco　(10000 tons)	7.5
茶　叶　(万吨)	Tea　(10000 tons)	5.4
猪　肉　(万吨)	Pork　(10000 tons)	84.8
牛　肉　(万吨)	Beef　(10000 tons)	9.8
羊　肉　(万吨)	Mutton　(10000 tons)	3.0
肉猪出栏　(万头)	Number of Slaughtered Fattened Hogs　(10000 heads)	1032.7
水产品　(万吨)	Aquatic Products　(10000 tons)	29.1
农业机械总动力　(万千瓦)	Total Agricultural Machinery Power　(10000 kw)	1307.3
化肥使用量　(万吨)	Consumption of Chemical Fertilizers　(10000 tons)	144.5
有效灌溉面积　(千公顷)	Irrigated Area　(1000 hectares)	2633.0
农村用电量　(亿千瓦时)	Electricity Consumed in Rural Areas　(100 million kwh)	23.6

continued

Aggregate Date				速度指标 (%) Indices and Growth Rates						
				指 数 (2003年比以下各年) Index (2003 as Percentage of the Following Years)				平均增长速度 Average Annual Growth Rate		
1995	2000	2002	2003	1990	1995	2000	2002	1991—1995	1996—2000	1996—2003
147.0	290.4	346.7	412.3	779.4	280.5	142.0	118.9	22.7	14.6	13.8
63.2	111.7	146.5	191.6		303.2	171.5	130.8		12.1	14.9
83.8	178.7	200.2	220.7	417.2	263.4	123.5	110.2	9.6	16.4	12.9
14.7	26.3	32.5	37.0		251.7	140.7	113.8		12.3	12.2
16.1	32.0	38.9	46.0		285.7	143.8	118.3		14.7	14.0
11.3	23.4	20.7	19.0		168.1	81.2	91.8		15.7	6.7
135.9	322.5	456.9	507.4	823.7	373.4	157.3	111.1	17.1	18.9	17.9
135.9	322.5	456.9	507.4	823.7	373.4	157.3	111.1	17.1	18.9	17.9
8.3	40.1	53.8	47.4	1394.1	571.1	118.2	88.1	19.5	37.0	24.3
0.7	2.1	2.5	2.7	900.0	385.7	128.6	108.0	18.5	24.6	18.4
40.6	75.0	103.9	115.3	674.3	284.0	153.7	111.0	18.9	13.1	13.9
112.7	98.0	99.2	101.3	174.9	99.0	100.1	101.3	12.0	-0.2	-0.1
114.8	100.7	99.0	101.7	213.0	111.0	101.2	101.7	13.9	1.9	1.3
133856	75154	137623	102367	1173.8	76.5	136.2	74.4	72.7	-10.9	-3.3
76749	41521	74090	109454	2177.3	142.6	263.6	147.7	72.5	-11.6	4.5
48256	31847	37523	39051	4063.6	80.9	122.6	104.1	118.9	-8.0	-2.6
3188	3427	4458	4819	209.0	151.2	140.6	108.1	6.7	1.5	5.3
4218	4921	5443	6139		145.5	124.8	112.8		3.1	4.8
2592.2	2797.8	2841.4	2861.7	124.3	110.4	102.3	100.7	2.4	1.5	1.2
1930.3	2001.8	1931.5	1860.6	96.7	96.4	92.9	96.3	0.1	0.7	-0.5
4291.1	4229.6	4177.8	4084.7	93.6	95.2	96.6	97.8	-0.3	-0.3	-0.6
8354.2	8418.0	8405.0	8424.4	101.3	100.8	100.1	100.2	0.1	0.2	0.1
5852.5	5565.6	5456.2	5404.9	86.5	92.4	97.1	99.1	-1.3	-1.0	-1.0
980.3	1220.0	1305.6	1305.4	188.7	137.9	101.3	94.0	6.5	6.4	4.1
114.2	101.7	104.4	94.0	188.7	137.9	101.3	94.0	6.5	6.4	4.1
2652.7	2472.0	2765.0	2214.8	87.9	83.5	89.6	80.1	1.0	-1.4	-2.2
30.1	28.5	35.3	29.5	125.0	98.0	103.5	83.6	5.0	-1.1	-0.3
191.8	285.1	282.3	231.4	179.2	120.6	81.2	82.0	8.2	8.3	2.4
8.1	2.2	3.3	1.6	9.8	19.8	72.7	48.5	-13.1	-22.9	-18.4
4.3	3.1	3.1	2.1	28.0	48.8	67.7	67.7	-10.5	-6.3	-8.6
4.6	4.5	4.8	5.1	94.4	110.9	113.3	106.3	-3.2	-0.4	1.3
136.7	198.5	214.7	225.4	265.8	164.9	113.6	105.0	10.0	7.7	6.5
23.8	31.9	31.9	32.3	329.6	135.7	101.3	101.3	19.4	6.0	3.9
5.3	11.2	13.2	15.8	526.7	298.1	141.1	119.7	12.1	16.1	14.6
1674.6	2393.2	2609.8	2729.6	264.3	163.0	114.1	104.6	10.2	7.4	6.3
75.2	159.8	163.4	165.3	568.0	219.8	103.4	101.2	20.9	16.3	10.3
1836.0	2975.9	3372.1	3544.7	271.1	193.1	119.1	105.1	7.0	10.1	8.6
203.3	253.2	270.3	281.3	194.7	138.4	111.1	104.1	7.1	4.5	4.1
2933.7	3197.4	3263.8	3285.4	124.8	112.0	102.8	100.7	2.2	1.7	1.4
37.4	45.8	51.8	57.5	243.6	153.7	125.5	111.0	9.6	4.1	5.5

2—2 续表2

指标		Item		总量指标 1990
工业		**Industry**		
工业企业单位数	(个)	Number of Industrial Enterprises	(unit)	
#大型企业		Large		69
中型企业		Medium-sized		313
工业总产值	(亿元)	Gross Industrial Output Value	(100 million yuan)	
内资企业		Domestic funded Enterprises		
国有及国有控股企业		State-owned Enterprises (including enterprises with controlling share hold by the state)		
港澳台商投资企业		Enterprises Funded by Entrepreneurs from Hong Kong, Macao and Taiwan		
外商投资企业		Foreign Funded Enterprises		
其他企业		Other Enterprises		
工业增加值	(亿元)	Value Added of Industry	(100 million yuan)	
工业企业资产总计	(亿元)	Total Assets	(100 million yuan)	
工业企业负债合计	(亿元)	Total Liabilities	(100 million yuan)	
工业企业销售收入	(亿元)	Sales Revenue	(100 million yuan)	
工业企业利润总额	(亿元)	Total Profits	(100 million yuan)	
建筑业		**Construction**		
建筑企业单位数	(个)	Number of Enterprises	(unit)	57797
建筑企业从业人员	(万人)	Number of Persons Engaged	(10000 persons)	104.9
建筑业总产值	(亿元)	Gross Output Value	(100 million yuan)	81.6
房屋施工房屋面积	(万平方米)	Floor Space of Buildings Under Construction	(10000 sq.m)	1075.3
房屋竣工房屋面积	(万平方米)	Floor Space of Buildings Completed	(10000 sq.m)	512.6
#住宅面积		Residential Buildings		212.3
交通运输		**Transportation**		
货运量	(万吨)	Freight Traffic	(10000 tons)	44643
铁路		Railways		4189
公路		Highways		35427
水运		Waterways		5027
空运		Civil Aviation		0.1
客运量	(万人)	Passenger Traffic	(10000 persons)	39530
铁路		Railways		2342
公路		Highways		35706
水运		Waterways		1470
空运		Civil Aviation		12
主要港口货物吞吐量	(万吨)	Volume of Freight Handled in Major Ports	(10000 tons)	4434
公路里程	(公里)	Total Length of Highways	(km)	30126
等级路里数	(公里)	Length of Expressway and Class Ⅰ to Ⅳ Highway	(km)	25872
邮电通信业		**Postal and Telecommunication Services**		
邮电业务总量(1990年不变价)	(亿元)	Total Business Revenue (1990 constant prices)	(100 million yuan)	3.40
函件	(亿件)	Number of Letters Delivered	(100 million pieces)	1.65
报刊期发数	(万份)	Number of Newspapers and Magazines Distributed	(10000 copies)	454.00
交换机容量	(万门)	Capacity of Office Telephone Exchanges	(10000 lines)	34.10
城市		Urban		22.90
农村		Rural		11.20
电话机	(万部)	Number of Telephone Sets	(10000 units)	29.93
城市		Urban		24.90
农村		Rural		5.03
本地电话用户	(万户)	Local Telephone Subscribers	(10000 subscribers)	16.88

continued

Aggregate Date				速度指标 (%) Indices and Growth Rates						
				指　数 (2003年比以下各年) Index (2003 as Percentage of the Following Years)				平均增长速度 Average Annual Growth Rate		
1995	2000	2002	2003	1990	1995	2000	2002	1991—1995	1996—2000	1996—2003
	3680	3918	4158			113.0	106.1			
138	193	231	59	85.5	42.8	30.6	25.5	14.9	6.9	-10.1
525	436	440	488	155.9	93.0	111.9	110.9	10.9	-3.6	-0.9
	1661.4	2123.6	2610.2							
	1448.2	1789.2	2162.7							
	1044.5	1209.3	1438.9							
	60.8	111.7	148.3							
	152.4	222.7	299.2							
	9.7	3.3	2.4							
	507.1	690.6	881.5							
	2977.9	3272.1	3719.5			124.9	113.7			
	1855.1	1933.4	2261.2			121.9	117.0			
	1688.1	2096.2	2620.3			155.2	125.0			
	38.2	97.3	168.5			441.1	173.2			
75321	40785	38335	37843	65.5	50.2	92.8	98.7	5.4	-11.5	-8.2
177.3	125.6	153.7	155.8	148.5	87.9	124.0	101.4	11.1	-6.7	-1.6
582.1	532.0	707.1	910.9	1116.3	156.5	171.2	128.8	48.1	-1.8	5.8
1985.4	4631.3	6344.3	7363.8	684.8	370.9	159.0	116.1	13.0	18.5	17.8
853.3	2595.3	3847.6	4023.2	784.9	471.5	155.0	104.6	10.7	24.9	21.4
389.6	1448.0	2160.3	2269.0	1068.8	582.4	156.7	105.0	12.9	30.0	24.6
40462	44518	50703	54763	122.7	135.3	123.0	108.0	-1.9	1.9	3.9
5103	6455	7355	8237	196.6	161.4	127.6	112.0	4.0	4.8	6.2
30236	32740	37164	39918	112.7	132.0	121.9	107.4	-3.1	1.6	3.5
5122	5320	6182	6605	131.4	129.0	124.2	106.8	0.4	0.8	3.2
1.0	2.5	2.2	3.0	3000.0	300.0	120.0	136.4	58.5	20.1	14.7
57881	62033	65723	62742	158.7	108.4	101.1	95.5	7.9	1.4	1.0
2537	2994	3057	2873	122.7	113.2	96.0	94.0	1.6	3.4	1.6
54153	58026	62087	59544	166.8	110.0	102.6	95.9	8.7	1.4	1.2
1098	860	442	196	13.3	17.9	22.8	44.3	-5.7	-4.8	-19.4
93	153	137	129	1075.0	138.7	84.3	94.2	50.6	10.5	4.2
4764	7114	8612	11284	254.5	236.9	158.6	131.0	1.4	8.3	11.4
35178	44493	67547	69560	230.9	197.7	156.3	103.0	3.2	4.8	8.9
32102	42579	61406	63374	245.0	197.4	148.8	103.2	4.4	5.8	8.9
22.65	120.14	143.49	176.94	5204.1	781.2	147.3	123.3	46.1	39.6	29.3
2.43	1.93	2.13	3.11	188.5	128.0	161.1	146.0	8.0	-4.5	3.1
708.00	929.81	770.05	692.42	152.5	97.8	74.5	89.9	9.3	5.6	-0.3
249.00	717.05	958.09	868.60	2547.2	348.8	121.1	90.7	48.8	23.6	16.9
204.50	376.20	453.48						54.9	13.0	
44.50	340.85	504.61						31.8	50.3	
124.05	505.72	803.00	1034.03	3454.8	833.6	204.5	128.8	32.9	32.5	30.4
102.96	293.80	387.00						32.8	23.3	
21.08	211.92	416.00						33.2	58.7	
124.05	483.82	792.21	1003.68	5946.0	809.1	207.4	126.7	49.0	31.3	29.9

2—2 续表3

指标	Item		总量指标 1990
国内商业	**Domestic Trade**		
批发贸易业法人企业数 (个)	Number of Corporation Unit Engaged in Wholesale Trade	(unit)	
零售贸易业法人企业数 (个)	Number of Corporation Unit Engaged in Retail Trade	(unit)	
社会消费零售总额 (亿元)	Total Retail Sales of Consumer Goods	(100 million yuan)	226.5
贸易业	Wholesale and Retail Trade		156.6
餐饮业	Catering Trade		10.6
制造业	Manufacturing		22.2
其 他	Others		37.1
批发零售贸易业购进总额 (亿元)	Total Goods Purchases of Enterprises in Wholesale and Retail Sale Trade	(100 million yuan)	268.3
批发零售贸易业销售总额 (亿元)	Total Sales of Enterprises in Wholesale and Retail Sale Trade	(100 million yuan)	256.5
批发零售贸易业库存总额 (亿元)	Total Inventory of Enterprises in Wholesale and Retail Sale Trade	(100 nillion yuan)	141.0
集市贸易成交额 (亿元)	Value of Transaction in Fair Trade	(100 million yuan)	99.9
对外经济贸易	**Foreign Trade**		
进出口总额 (万美元)	Total Exports and Tourists	(USD 10000)	73668
进口额	Imports		8259
出口额	Exports		65409
国际旅游	**International Tourism**		
旅游人数 (万人次)	Total Number of Tourists	(10000 persons)	11.5
#外国人	Foreigners		3.13
旅游外汇收入 (万美元)	Foreign Exchange Earnings from Tourism	(USD 10000)	620
旅游星级宾馆个数 (个)	Number of Tourist Hotel of Star Class	(unit)	50
金融保险	**Finance and Insurance**		
金融机构存款数 (亿元)	Deposits of National Banking System	(100 million yuan)	293.4
#企业存款	Deposits of Enterprises		81.0
居民储蓄存款	Saving Deposits of Residents		163.1
定 期	Fixed Deposits		
活 期	Current Deposits		
金融机构贷款 (亿元)	Loans of National Banking System	(100 million yuan)	446.0
#工业贷款	Industrial Loans		118.4
商业贷款	Commercial Loans		178.2
农业贷款	Agricultural Loans		20.6
保险公司保额 (亿元)	Insurance Premium of Insurance Companies	(100 million yuan)	
保险公司赔款及给付 (亿元)	Amount Reparations of Insurance Companies	(100 million yuan)	
教育、科技、文化	**Education, Science and Technology and Culture**		
教 育	**Education**		
幼儿园数 (个)	Number of Kindergartens	(unit)	1763
入园儿童数 (万人)	Student Enrollment in Kingdergartens	(10000 persons)	49.61
学龄儿童入学率 (%)	Percentage of School-age Children Enrolled	(%)	98.20
专任教师数 (万人)	Full-time Teachers	(10000 persons)	
普通高等学校	Regular Institutions of Higher Education		1.17
中等专业学校	Specialized Secondary Schools		0.78
普通中学	Regular Secondary Schools		12.71
#高 中	Senior Secondary Schools		2.05
职业中学	Vocational Secondary Schools		1.09
小 学	Primary Schools		27.09

continued

Aggregate Date				速度指标 (%) Indices and Growth Rates						
				指 数 (2003年比以下各年) Index (2003 as Percentage of the Following Years)				平均增长速度 Average Annual Growth Rate		
1995	2000	2002	2003	1990	1995	2000	2002	1991—1995	1996—2000	1996—2003
	463	389	388			83.8	99.7			
	188	210	243			129.3	115.7			
586.5	1054.3	1228.7	1331.2	587.7	227.0	126.3	108.3	21.0	12.4	10.8
386.5	666.2	807.4	1143.7	730.3	295.9	171.7	141.7	19.8	11.5	14.5
36.4	117.0	143.3	159.4	1503.8	437.9	136.2	111.2	28.0	26.3	20.3
59.8	85.3	86.5		0.0	0.0	0.0	0.0	21.9	7.4	
103.8	185.8	191.5	28.1	75.7	27.1	15.1	14.7	22.8	12.3	-15.1
1026.3	1901.1	2299.0	2293.6	854.9	223.5	120.6	99.8	30.8	13.1	10.6
1078.4	1764.0	2080.8	2904.0	1132.2	269.3	164.6	139.6	33.3	10.3	13.2
226.6	393.8	265.2	253.1	179.5	111.7	64.3	95.4	10.0	11.7	1.4
411.2	967.7	1011.9	1041.9	1042.9	253.4	107.7	103.0	32.7	18.7	12.3
200739	334689	418125	594291	806.7	296.1	177.6	142.1	22.2	10.8	14.5
61381	117483	172784	287867	3485.5	469.0	245.0	166.6	49.4	13.9	21.3
139358	217206	245341	306424	468.5	219.9	141.1	124.9	16.3	9.3	10.4
14.3	31.8	45.9	28.1	244.3	196.5	88.4	61.2	4.5	17.3	8.8
7.3	16.8	23.9	16.4	524.0	224.7	97.7	68.6	18.5	18.1	10.6
4436	11296	16022	11268	1817.4	254.0	99.8	70.3	48.2	20.6	12.4
60	163	285	316	632.0	526.7	193.9	110.9	3.7	22.1	23.1
1111.7	2485.5	3449.2	4190.2	1428.2	376.9	168.6	121.5	30.5	17.5	18.0
308.2	761.9	978.2	1234.2	1523.7	400.5	162.0	126.2	30.6	19.8	18.9
667.9	1447.2	2047.5	2475.8	1518.0	370.7	171.1	120.9	32.6	16.7	17.8
	1091.4	1473.8	1750.6			160.4	118.8			
	355.7	573.7	725.2			203.9	126.4			
1279.3	2384.9	2941.6	3374.6	756.6	263.8	141.5	114.7	23.5	13.3	12.9
273.3	398.6	463.3	515.8	435.6	188.7	129.4	111.3	18.2	7.8	8.3
416.0	679.8	677.7	633.0	355.2	152.2	93.1	93.4	18.5	10.3	5.4
22.9	181.1	256.8	307.8	1494.2	1344.1	170.0	119.9	2.1	51.2	38.4
	2796.5	5162.9	2936.1			105.0	56.9			
	12.3	15.9	21.0			170.7	132.1			
2243	3932	2429	2512	142.5	112.0	63.9	103.4	4.9	11.9	1.4
103.48	116.19	81.83	71.51	144.1	69.1	61.5	87.4	15.8	2.3	-4.5
99.70	99.67	98.80	99.09	100.9	99.4	99.4	100.3	0.3	平	-0.1
1.16	1.51	2.11	2.47	211.1	212.9	163.6	117.1	-0.2	5.4	9.9
0.85	0.88	0.67	0.60	76.9	70.6	68.2	89.6	1.7	0.7	-4.3
14.03	15.81	17.35	17.95	141.2	127.9	113.5	103.5	2.0	2.4	3.1
2.04	2.92	3.72	4.10	200.0	201.0	140.4	110.2	-0.1	7.4	9.1
1.65	1.94	1.98	2.04	187.2	123.6	105.2	103.0	8.6	3.3	2.7
26.73	27.37	27.20	26.65	98.4	99.7	97.4	98.0	-0.3	0.5	

2—2 续表4

指 标		Item		总量指标 1990
在校学生招生数	(万人)	New Student Enrollment	(10000 persons)	
普通高等学校		Regular Institutions of Higher Education		1.98
中等专业学校		Specialized Secondary Schools		2.67
普通中学		Regular Secondary Schools		77.13
#高 中		Senior Secondary Schools		9.45
职业中学		Vocational Secondary Schools		6.27
小 学		Primary Schools		98.51
在校学生数	(万人)	Student Enrollment	(10000 persons)	
普通高等学校		Regular Institutions of Higher Education		6.24
中等专业学校		Specialized Secondary Schools		8.22
普通中学		Regular Secondary Schools		218.18
#高 中		Senior Secondary Schools		27.45
职业中学		Vocational Secondary Schools		16.77
小 学		Primary Schools		633.22
在校学生毕业生数	(万人)	Graduates of Student Enrollment	(10000 persons)	
普通高等学校		Regular Institutions of Higher Education		2.15
中等专业学校		Specialized Secondary Schools		2.38
普通中学		Regular Secondary Schools		62.75
#高 中		Senior Secondary Schools		8.82
职业中学		Vocational Secondary Schools		4.68
小 学		Primary Schools		102.99
教育经费支出	(亿元)	Government Expenditures on Education	(100 million yuan)	10.69
科 技		**Science and Technology**		
科学家、工程师数	(万人)	Number of Scientists and Engineers	(10000 persons)	
研究与试验发展经费支出	(亿元)	Expenditures on Research and Development	(100 million yuan)	
技术市场成交额	(万元)	Volume of Transaction in Technical Markets	(10000 yuan)	
文 化		**Culture**		
出版数量		Publicatons		
图 书	(万册)	Number of Books Published	(10000 copies)	22117
杂 志	(万册)	Number of Magazines Issued	(10000 copies)	1825
报 纸	(万份)	Number of Newspapers Issued	(10000 copies)	32258
公共图书馆	(个)	Number of Public Libraries	(unit)	84
公共图书馆藏书量	(万册)	Total Collections of Public Libraries	(10000 volumes)	681
电视节目制作时间	(小时)	Production Hours of TV Programs	(hours)	2429
广播覆盖率	(%)	Broadcast Covering Rate	(%)	82.5
电视覆盖率	(%)	TV Covering Rate	(%)	79.0
家庭、生活、环境		**Family, Peole's Livelihood and Environment**		
家 庭		**Family**		
家庭总户数	(万户)	Total Number of Households	(10000 households)	1445.0
城镇居民平均每户人口	(人)	Average Household Size in Urban Areas	(person)	3.51
农村居民平均每户人口	(人)	Average Household Size in Rural Areas	(person)	5.00
婚 姻	**(万对)**	**Marriages and Divorces**	**(10000 couple)**	
结婚数		Number of Marriages		46.58
离婚数		Number of Divorces		2.33
居 住	**(平方米)**	**Housing**	**(sq.m)**	
城市居民人均居住面积		Per Caoita Gross Floor Space of Urban Residents		10.56
农村居民人均居住面积		Per Caoita Net Floor Space of Rural Residents		15.83
生 活		**People's Livelihood**		
城镇居民人均可支配收入	(元)	Per Capita Annual Disposable Income of Urban Households	(yuan)	1355
城镇居民人均消费性支出	(元)	Per Capita Annual Living Expenditures of Urban Residents	(yuan)	1182
#食品支出		Food		683
农村居民人均纯收入	(元)	Per Capita Net Income of Rural Residents	(yuan)	539.2
农村居民人均生活费支出	(元)	Per Capita Annual Living Expenditures of Rural Residents	(yuan)	514.9
#食品支出		Food		298.1
城乡储蓄存款余额	(亿元)	Saving Deposits in Urban and Rural Areas	(100 million yuan)	163.1

continued

Aggregate Date				速度指标　(%)　Indices and Growth Rates						
1995	2000	2002	2003	指　数　(2003年比以下各年) Index (2003 as Percentage of the Following Years)				平均增长速度 Average Annual Growth Rate		
				1990	1995	2000	2002	1991—1995	1996—2000	1996—2003
2.94	7.62	12.25	14.24	719.2	484.4	186.9	116.2	8.2	21.0	21.8
4.41	4.92	3.89	4.79	179.4	108.6	97.4	123.1	10.6	2.2	1.0
105.23	129.75	146.26	151.47	196.4	143.9	116.7	103.6	6.4	4.3	4.7
11.44	21.96	30.34	34.49	365.0	301.5	157.1	113.7	3.9	13.9	14.8
14.47	15.59	21.28	22.82	364.0	157.7	146.4	107.2	18.2	1.5	5.9
119.94	116.60	127.26	106.40	108.0	88.7	91.3	83.6	4.0	-0.6	-1.5
8.80	18.24	33.01	41.01	657.2	466.0	224.8	124.2	7.1	15.7	21.2
12.08	19.19	12.58	12.25	149.0	101.4	63.8	97.4	8.0	9.7	0.2
281.53	358.32	401.08	428.31	196.3	152.1	119.5	106.8	5.2	4.9	5.4
28.94	54.14	77.17	89.99	327.8	311.0	166.2	116.6	1.1	13.3	15.2
35.14	45.28	50.65	56.53	337.1	160.9	124.8	111.6	15.9	5.2	6.1
606.88	644.24	687.48	661.22	104.4	109.0	102.6	96.2	-0.8	1.2	1.1
2.90	2.59	4.43	6.58	306.0	226.9	254.1	148.5	6.2	-2.2	10.8
3.20	6.04	6.61	4.61	193.7	144.1	76.3	69.7	6.1	13.5	4.7
71.26	102.31	109.50	117.19	186.8	164.5	114.5	107.0	2.6	7.5	6.4
7.37	13.15	17.00	20.96	237.6	284.4	159.4	123.3	-3.5	12.3	14.0
7.02	14.83	12.76	13.80	294.9	196.6	93.1	108.2	8.4	16.1	8.8
103.24	121.20	127.75	127.10	123.4	123.1	104.9	99.5	0.05	3.3	2.6
27.03	53.99	76.91	84.38	789.3	312.2	156.3	109.7	20.4	14.8	15.3
3.84	5.57	5.80	5.67		147.7	101.8	97.8		7.7	5.0
2.74	20.02	25.70	32.40		1182.5	161.8	126.1		48.8	36.2
	61011	75422	87959			144.2	116.6			
27555	30992	27822	27423	124.0	99.5	88.5	98.6	4.5	2.4	-0.1
3197	7736	6161	6013	329.5	188.1	77.7	97.6	11.9	19.3	8.2
47569	76083	70819	80566	249.8	169.4	105.9	113.8	8.1	9.8	6.8
83	84	84	84	100.0	101.2	100.0	100.0	-0.2	0.2	0.1
752.4	787.4	791.8	807.2	118.5	107.3	102.5	101.9	2.0	0.9	0.9
13719	24833	44215	40809	1680.1	297.5	164.3	92.3	41.4	12.6	14.6
82.5	94.8	95.4	95.5	115.8	115.8	100.7	100.1	平	2.8	1.8
79.0	93.8	94.9	95.0	120.3	120.3	101.3	100.1	平	3.5	2.3
1551.0	1656.1	1709.9	1755.2	121.5	113.2	106.0	102.6	1.4	1.3	1.6
3.18	3.08	3.02	2.96	84.3	93.1	96.1	98.0	-2.3	-1.2	-0.9
4.44	4.18	4.13	4.10	82.0	92.3	98.1	99.3	-2.3	-1.2	-1.0
60.96	49.20	45.22	42.31	90.8	69.4	86.0	93.6	5.5	-4.2	-4.5
2.99	4.27	5.30	4.35	186.7	145.5	101.9	82.1	5.1	7.4	4.8
11.61	14.76	17.44	18.12	171.6	156.1	122.8	103.9	1.9	4.9	5.7
17.82	22.16	24.25	24.50	154.8	137.5	110.6	101.0	2.4	2.4	4.1
3779	5294	6032	6778	500.2	179.4	128.0	112.4	22.8	7.0	7.6
3161	4233	4736	5064	428.4	160.2	119.6	106.9	21.7	6.0	6.1
1698	1935	2045	2239	327.8	131.9	115.7	109.5	20.0	2.6	3.5
1302.8	1934.6	2117.6	2127.0	394.5	163.3	109.9	100.4	19.3	8.2	6.3
1070.6	1321.5	1475.8	1596.3	310.0	149.1	120.8	108.2	15.8	4.3	5.1
625.4	693.2	700.5	734.8	246.5	117.5	106.0	104.9	16.0	2.1	2.0
667.9	1447.2	2047.5	2475.8	1518.0	370.7	171.1	120.9	32.6	16.7	17.8

2—2 续表5

指　　标		Item		总量指标 1990
工资和福利		**Wages and Welfare**		
职工工资总额	（亿元）	Total Wages	(100 million yuan)	86.66
国有单位		State-owned Units		66.76
城镇集体单位		Urban Collective-ownad Units		19.68
其他单位		Units of Other Types of Ownership		0.22
职工平均工资	（元）	Average Wage of Staff and Workers	(yuan)	1827
离休、退休、退职职工人数	（万人）	Number of Retired & Resigned Staff and Workers	(10000 persons)	69.25
离休、退休、退职费	（亿元）	Pensions for Retired Staff and Workers	(100 million yuan)	12.33
卫　生		**Health Care**		
卫生机构数	（个）	Number of Health Institutions	(unit)	7336
医院、卫生院		Hospitals		3128
疾病防治中心				126
妇幼保健站		Maternity and Child Care Centers		110
卫生机构床位数	（张）	Number of Beds in Health Institutions	(unit)	107817
#医院、卫生院		Hospitals		95769
卫生机构人员数	（人）	Number of Persons Engaged in Health Institutions	(person)	165687
专业卫生技术人员	（人）	Number of Technical Personnel in Hospitals	(person)	135698
#医　生		Doctors		58580
护师、护士		Senior and Junior Nurses		31566
市政建设		**City Construction**		
供水管道长度	（公里）	Length of Water Supply Pipelines	(km)	2075
供水总量	（万吨）	Total Annual Volume of Water Supply	(10000 tons)	237322
#生活用水		For Residential Use		35095
用水人口	（万人）	Number of Residents With Access to Tap Water	(10000 persons)	513.3
煤气供气量	（万立方米）	Coal Gas Supply	(10000 cu.m)	18607
#家庭用量		Consumption of Coal Gas for Residential Use		12507
液化石油气供气量	（吨）	Liquefied Petroleum Gas	(ton)	96949
#家庭用量		Consumption of Liquefied Gas for Residential Use		15485
污水排放量	（万吨）	Volume of Sewage Discharged	(10000 tons)	
污水处理量	（万吨）	Volume of Sewage Treated	(10000 tons)	
排水管长度	（公里）	Length of Drainage	(km)	1214
生活垃圾清运量	（万吨）	Volume of Garbage Swept Away	(10000 tons)	160
生活垃圾处理量	（万吨）	Volume of Garbage Treated	(10000 tons)	
公共汽（电）车总数	（辆）	Total Number of Public Buses and Trolley Buses	(unit)	1383
出租汽车数	（辆）	Number of Taxis	(unit)	336
铺装道路长度	（公里）	Length of Paved Roads	(km)	3426
公园面积	（公顷）	Area of Parks	(hectare)	2076
绿地面积	（公顷）	Areas of Green Land	(hectare)	17543
建成区绿化覆盖率	（%）	Afforestation Covering Rate in the Constructed Area	(%)	24.1
环境、灾害		**Environment and Disaster**		
污染治理项目本年完成投资额	（万元）	Actual Investment in Implemrnyation of the Project for Pollution Treatment in the Project	(10000 yuan)	12021
环境污染与破坏次数	（起）	Number of Pollution Accidents	(cases)	
环境污染直接经济损失	（万元）	Losses Converted Into Cash	(10000 yuan)	
环境污染事故赔罚金额	（万元）	Amount of Reparations and Fines	(10000 yuan)	
火灾事故发生数	（起）	Number of Fire Disasters	(cases)	1334
火灾伤亡人数	（人）	Number of Casualties in Fire Disasters	(person)	
火灾损失金额	（万元）	Fire Loss	(10000 yuan)	1217
交通事故发生数	（起）	Number of Traffic Accidents	(cases)	7399
交通受伤人数	（人）	Number of Injured in Traffic Accidents	(person)	
交通死亡人数	（人）	Number of Death in Traffic Accidents	(person)	
交通事故损失金额	（万元）	Loss of Traffic Accidents	(10000 yuan)	949

continued

Aggregate Date				速度指标 (%) Indices and Growth Rates						
				指　数 (2003年比以下各年) Index (2003 as Percentage of the Following Years)				平均增长速度 Average Annual Growth Rate		
1995	2000	2002	2003	1990	1995	2000	2002	1991—1995	1996—2000	1996—2003
228.13	275.53	337.13	361.00	416.6	158.2	131.0	107.1	21.4	3.8	5.9
179.28	201.58	231.53	241.07	361.1	134.5	119.6	104.1	21.8	2.4	3.8
37.44	31.74	28.51	26.52	134.8	70.8	83.6	93.0	13.7	-3.2	-4.2
11.41	42.20	77.09	93.41	42459.1	818.7	221.4	121.2	120.3	29.9	30.1
4609	6989	9296	10581	579.1	229.6	151.4	113.8	20.3	8.7	10.9
95.17	122.20	136.65	140.55	203.0	147.7	115.0	102.9	6.6	5.1	5.0
42.84	91.43	116.37	118.43	960.5	276.4	129.5	101.8	28.3	16.4	13.6
6593	6705	8851	9201	125.4	139.6	137.2	104.0	-2.1	0.3	4.3
3243	2953	2853	2765	88.4	85.3	93.6	96.9	0.7	-1.9	-2.0
132	166	137	133	105.6	100.8	80.1	97.1	0.9	4.7	0.1
109	110	119	117	106.4	107.3	106.4	98.3	-0.2	0.2	0.9
119846	123873	116103	119777	111.1	99.9	96.7	103.2	2.1	0.7	0.0
109516	114921	109032	112534	117.5	102.8	97.9	103.2	2.7	1.0	0.3
184884	188278	178040	187053	112.9	101.2	99.3	105.1	2.2	0.4	0.1
150619	153808	146148	153802	113.3	102.1	100.0	105.2	3.2	1.7	0.3
66714	69943	59527	62574	106.8	93.8	89.5	105.1	2.6	0.9	-0.8
36308	41226	40014	42557	134.8	117.2	103.2	106.4	2.8	2.6	2.0
3164	6236	7043	7389	356.1	233.5	118.5	104.9	8.8	14.5	11.2
192887	200918	197047	204128	86.0	105.8	101.6	103.6	-4.1	0.8	0.7
46778	61398	49152	50589	144.1	108.1	82.4	102.9	5.9	5.6	1.0
660	794.1	892	956	186.2	144.8	120.4	107.2	5.2	3.8	4.7
36444	22996	24770	20148	108.3	55.3	87.6	81.3	14.4	-8.8	-7.1
21315	17054	17041	16477	131.7	77.3	96.6	96.7	11.3	-4.4	-3.2
194213	458621	464052	332833	343.3	171.4	72.6	71.7	14.9	18.8	7.0
80750	167146	197960	220092	1421.3	272.6	131.7	111.2	39.1	15.7	13.4
99382	104871	114432	121008		121.8	115.4	105.7		1.1	2.5
26849	40660	52484	57157		212.9	140.6	108.9		8.7	9.9
3008	4200	5007	5982	492.8	198.9	142.4	119.5	19.9	6.9	9.0
193	327	360	407	254.4	210.9	124.5	113.1	3.8	11.1	9.8
	165	139	147			89.1	105.8			
3027	6359	7278	7817	565.2	258.2	122.9	107.4	17.0	16.0	12.6
12565	31998	36446	35013	10420.5	278.7	109.4	96.1	106.3	20.6	13.7
4799	5954	6524	6931	202.3	144.4	116.4	106.2	7.0	4.4	4.7
3004	3472	3111	3154	151.9	105.0	90.8	101.4	7.7	2.9	0.6
26556	32852	34476	36500	208.1	137.4	111.1	105.9	8.6	4.3	4.1
26.8	27.1	25.7	27.2	112.9	101.5	100.4	105.8	2.1	0.2	0.2
44948	56470	44217	58087	483.2	129.2	102.9	131.4	30.2	4.7	3.3
	66	58	68			103.0	117.2			
	802	253	158			19.7	62.5			
	170.3	55.1	57.1			33.5	103.6			
2012	6099	8795	7287	546.3	362.2	119.5	82.9	8.6	24.8	17.5
	227	208	177			78.0	85.1			
2946	5704	6460	3440	282.7	116.8	60.3	53.3	19.3	14.1	2.0
4137	25809	28114	21791	294.5	526.7	84.4	77.5	-11.0	44.2	23.1
	20096	21292	18571			92.4	87.2			
	3782	4557	4155			109.9	91.2			
1698	7970	9474	8561	902.1	504.2	107.4	90.4	12.3	36.2	22.4

2—3 国民经济和社会发展结构指标

Structural Indicators on National Economic and Social Development

单位：% (%)

指标	Item	1990	1995	2000	2002	2003
人口与就业	**Population and Employment**					
人 口	**Population**					
城乡结构	Urban and Rural Structure					
城 镇	Urban	14.9	17.4	28.0	30.7	32.0
乡 村	Rural	85.1	82.6	72.0	69.3	68.0
性别结构	Sexual Structure					
男	Male	51.8	51.9	51.9	51.8	52.0
女	Female	48.2	48.1	48.1	48.2	48.0
就 业	**Employment**					
产业结构	Industrial Structure					
第一产业	Primary Industry	69.2	60.7	58.5	55.6	53.0
第二产业	Secondary Industry	15.8	17.9	16.9	18.1	19.5
第三产业	Tertiary Industry	15.0	21.4	24.6	26.3	27.5
宏观经济	**Macro Economy**					
国民核算	**National Accounting**					
安徽生产总值产业结构	Structure of Total Investment in Fixed Assets					
第一产业	Primary Industry	37.4	29.0	24.1	21.6	19.2
第二产业	Secondary Industry	38.2	43.4	42.7	43.5	44.8
第三产业	Tertiary Industry	24.4	27.6	33.2	34.9	36.0
投 资	**Investment**					
全社会固定资产投资结构	Structure of Total Investment in Fixed Assets					
基本建设	Capital Construction	31.4	31.9	37.0	37.4	37.4
更新改造	Innovation	18.8	18.1	17.6	20.4	24.0
房地产开发	Real Estate Development		6.8	10.1	12.9	16.3
其他投资	Other Investment	49.8	43.2	35.3	29.3	22.3
资金来源结构	Structure of Funded Sources					
国家预算内资金	State Budgetary Appropriation	7.5	3.4	6.3	7.9	4.9
国内贷款	Domestic Loans	19.6	27.5	18.4	17.2	19.2
利用外资	Foreign Investment	1.1	5.5	2.5	2.7	1.9
自筹和其他投资	Fundraising	71.8	63.6	72.8	72.2	74.0
财 政	**Government Finance**					
财政收入结构	Structure of Government Revenue					
中 央	Central Government		43.0	38.5	39.0	46.5
地 方	Local Government	100.0	57.0	61.5	61.0	53.5
财政支出结构	Structure of Government Expenditures					
中 央	Central Government					
地 方	Local Government			100.0	100.0	100.0
利用外资	**Utilization of Foreign Capital**					
实际利用外资结构	Structure of Foreign Capital Actually Utilized					
对外借款	Loans from Abroad	73.1	37.1	16.7	32.3	18.1
外商直接投资	Direct Investment by Foreign Entrepreneurs	19.1	62.9	76.7	50.6	35.7
外商其他投资	Other Investment by Foreign Entrepreneurs	7.8		6.6	17.1	46.2
能源生产与消费	**Energy Production and Consumption**					
能源生产总量结构	Structure of Total Energy Production					
原 煤	Coal	99.4	99.5	99.8	98.3	99.0
水 电	Hydropower	0.6	0.5	0.2	1.7	1.0

2—3　续表1　continued

单位：%　　　　(%)

指　标	Item	1990	1995	2000	2002	2003
产　业	**Industrial**					
农　业	**Agriculture**					
农林牧渔业产值结构	Structure of Gross Output Value					
农　业	Farming	70.3	65.1	55.4	54.6	47.3
林　业	Forestry	4.6	4.0	5.2	5.3	5.6
牧　业	Animal Husbandry	22.2	25.1	28.6	30.0	34.0
渔　业	Fishery	3.0	5.8	10.8	10.1	9.9
工　业	**Industry**					
工业总产值规模结构	Structure of Gross Output Value of Industry					
大型企业	Large Enterprises				56.1	41.4
中型企业	Medium-sized Enterprises				13.2	33.6
小型企业	Small Enterprises				30.7	25.0
建筑业	**Construction**					
建筑业总产值结构	Structure of Gross Output Value of Construction Enterprises					
土木工程建筑业	Civil Engineering Construction		88.6	91.8	86.3	94.5
线路管理设备安装业	Line and Equipment Installation		10.7	7.4	9.6	2.1
建筑物装修装饰业	Building Decoration		0.7	0.8	4.1	3.4
运输业	**Transportation**					
货运量结构	Structure of Freight Traffic					
按运输方式分	By Means of Transportation					
铁　路	Railways	9.4	12.6	14.5	14.5	15.0
公　路	Highways	79.3	74.7	73.5	73.3	72.9
水　运	Waterways	11.3	12.7	12.0	12.2	12.1
民用航空	Civil Aviation					
国内商业	**Domestic Trade**					
社会消费品零售总额构成	Composition of Retail Sales of Consumer Goods					
市	Cities	44.7	48.4	47.3	48.8	50.1
县	Counties	22.5	22.4	22.2	22.1	21.4
县以下	Below Counties	32.8	29.2	30.5	29.1	28.5
对外经济贸易	**Foreign Trade**					
出口商品结构	Structure of Exports					
初级产品	Primary Goods			13.3	11.3	11.5
工业制成品	Manufactured Goods			86.7	88.7	88.5
进口商品结构	Structure of Imports					
初级产品	Primary Goods			38.9	29.5	31.3
工业制成品	Manufactured Goods			61.1	70.5	68.7
国际旅游	**International Tourism**					
来华旅游人数结构	Structure of Tourists					
外国人及华侨	Foreigners and Overseas Chinese	28.5	52.2	52.7	52.0	58.4
港澳台同胞	Compatriots form Hong Kong, Macao and Taiwan	71.5	47.8	47.3	48.0	41.6
金融保险业	**Finance and Insurance**					
金融机构资金来源结构	Structure of Sources of Funds in State Banks					
#各项存款	Deposits			99.1	108.2	112.8
金融债券	Bonds					-0.8
对国际金融机构负债	Liabilities to International Financial Institutions					
货币流通量	Currency in Circulation					
其　他	Others			0.6	-9.7	-15.1
金融机构资金运用结构	Structure of Fund Uses in State Banks					
#各项贷款	Loans			95.1	92.3	90.8
有价证券及投资	Securities and Investment			2.7	4.0	3.3
金银占款	Purchase of Gold and Silver			0.1		
外汇占款	Purchase of Foreign Exchanges			0.1	0.1	0.1
财政借款	Government Debt					
教育、科技、文化	**Education, Science and Culture**					
教　育	**Education**					
在校学生结构	Structure of Student Enrollment					
大学生	College and University Students	0.7	0.9	1.7	2.9	3.2
中学生	Secondary School Students	27.5	34.8	38.9	35.8	39.1
小学生	Primary School Students	71.8	64.3	59.4	61.3	57.7

2—3 续表2 continued

单位：% (%)

指 标	Item	1990	1995	2000	2002	2003
专任教师结构	Full-time Teachers by Type					
大 学	College and University Students	2.7	2.6	3.2	4.3	4.8
中 学	Secondary School Students	34.0	37.2	39.2	40.6	40.2
小 学	Primary School Students	63.3	60.2	57.6	55.1	55.0
科 技	**Science and Technology**					
科技经费筹集额结构	Structure of Funding for Scientific and Technological Outlat					
#政府资金	Government Fund		19.2	28.3	30.5	21.7
企业资金	Enternment Fund		53.0	51.9	54.6	48.7
银行贷款	Loans from Banfs					
科技经费内部支出结构	Structure of Internal Expenditures on Scientific and Technological Activities					
#劳 务 费	Service Fees				19.2	16.9
固定资产购建	Purchases of Fixed Assets				42.1	35.8
#研究与发展经费支出	Research and Development Expenses		20.5	46.9	39.2	38.8
生活、环境	**Family, People's Livelihood and Environment**					
生 活	**People's Livelihood**					
城镇居民消费结构	Consumption Structure of Urban Residents					
食 品 类	Food	57.8	53.7	45.7	43.2	44.2
衣 着 类	Clothing	12.3	13.4	10.3	11.8	11.0
用品及其他	Articles gor Daily Use and Others	26.4	26.2	35.2	34.8	35.2
居 住	Residence	3.5	6.7	8.8	10.2	9.6
农村居民消费结构	Consumption Structure of Rural Residents					
食 品 类	Food	57.9	58.4	52.5	47.5	46.0
衣 着 类	Clothing	7.7	6.6	5.4	5.1	5.0
用品及其他	Articles gor Daily Use and Others	20.3	19.5	29.9	29.0	31.4
居 住	Residence	14.1	15.5	12.2	18.4	17.6
离、退休	**Retired Persons**					
离退休人员结构	Structure of Retired Staff and Workers					
国有单位	State-owned Units	71.4	75.4	66.4	59.6	68.2
城镇集体单位	Urban Collective Owned Units	28.5	19.9	24.2	17.9	14.0
其他单位	Others	0.1	4.7	9.4	22.5	17.8
卫 生	**Health Care**					
医院床位结构	Hospital Beds by Area					
市 医 院	Hospitals at City Level	46.2	49.4	53.8	67.6	68.5
县 医 院	Hospitals at County Level	53.8	50.6	46.2	32.4	31.5
环境、灾害	**Environment and Disasters**					
治理污染资金使用结构	Uses of Funds in Pollution Treatment					
治理废水	Waste Water Treatment	55.2	57.2	46.7	22.4	28.1
治理废气	Waste Gas Treatment	28.3	25.8	45.4	53.6	55.7
治理固体废物	Solid Wastes Treatment	3.6	7.9	3.8	3.3	6.1
治理噪声	Noise Abatement	1.9	1.6	0.7	0.6	0.6
其 他	Others	11.0	7.5	3.4	20.1	9.5
火灾事故损失额结构	Structure of Fire Losses Converted into Cash					
特 大	Extraordinarily Serious Fires	18.1	10.6	41.6	55.6	
重 大	Serious Fires	33.1	39.6	6.3	4.2	12.0
一 般	Ordinary Fires	48.8	49.8	52.1	40.2	88.0
交通事故损失额结构	Structure of Losses of Traffic Accidents Converted into Cash					
特 大	Extraordinarily Serious Fires	4.2	11.6	3.8	4.6	4.3
重 大	Serious Fires	12.6	40.2	19.9	20.5	20.4
一 般	Ordinary Fires	83.2	48.2	76.3	74.9	75.3

2—4 国民经济和社会发展比例和效益指标

Indicators on Proportions and Efficiency in National Economic and Social Development

指　　标	Item	1990	1995	2000	2002	2003
人口与就业	**Population and Employment**					
人　口	**Population**					
出生率 (‰)	Birth Rate (‰)	24.47	16.07	13.40	11.20	11.15
死亡率 (‰)	Death Rate (‰)	6.25	6.41	5.80	5.20	5.20
自然增长率 (‰)	Natural Growth Rate (‰)	18.22	9.66	7.60	6.00	5.95
就　业	**Employment**					
三次产业从业者比例 (以第一产业为100)	Employment Ratio by Type of Industry (Employment in primary industry=100)					
第一产业	Primary Industry	100.00	100.00	100.00	100.00	100.00
第二产业	Secondary Industry	22.70	29.50	29.00	31.90	36.90
第三产业	Tertiary Industry	21.70	35.30	42.00	47.90	51.90
城镇失业率 (%)	Unemployment Rate in Urban Areas (%)	2.80	3.10	3.30	4.00	4.10
宏观经济	**Macro Economy**					
国民核算	**National Accounting**					
三次产业增加值比例 (以第一产业为100)	Ratio of Value-added by Type of Industry (Value added in primary industry=100)					
第一产业	Primary Industry	100.00	100.00	100.00	100.00	100.00
第二产业	Secondary Industry	102.20	149.70	177.00	200.90	233.12
第三产业	Tertiary Industry	65.20	95.10	137.90	161.10	186.95
全社会劳动生产率 (元/人)	Overall Labor Productivity (yuan/person)	2379	6332	8805	10196	11277
第一产业	Primary Industry	1286	3018	3627	3970	3996
第二产业	Secondary Industry	5728	15139	22167	24987	27129
第三产业	Tertiary Industry	3883	8042	11921	13337	14956
人均安徽生产总值 (元)	Per Capita GDP (yuan)	1182	3400	5008	5791	6455
固定资产投资	**Investment in Fixed Assets**					
全社会固定资产投资相当于安徽生产总值比例 (%)	Proportion of Investment in Fixed Assets to GDP (%)	18.70	26.60	28.50	31.90	37.20
全社会房屋建筑面积竣工率 (%)	Rate of Total Floor Space of Buildings Completed in Construction (%)	90.00	82.70	83.20	77.40	71.34
基本建设固定资产交付使用率 (%)	Rate of Fixed Assets Completed in Capital Construction and Put into Use (%)	66.60	59.60	92.10	70.10	44.40
基本建设项目建成投产率 (%)	Rate of Projects Completed in Capital Construction and Put into Use (%)	47.70	58.70	54.10	52.00	40.70
财　政	**Finance**					
财政收入相当于安徽生产总值比例 (%)	Proportion of Government Revenue to GDP (%)	8.00	7.30	9.60	9.76	10.38
财政支出相当于安徽生产总值比例 (%)	Proportion of Government Expenditures of GDP (%)	9.40	6.80	10.60	12.86	12.77
地方收入相当于中央财政收入比例 (%)	Proportion of Local Government Revenue to Central Government Revenue (%)		132.70	160.00	136.70	115.19
利用外资	**Utilization of Foreign Capital**					
实际利用外资额相当于签订利用外资额比例 (%)	Proportion of Foreign Capital Actually Used to Total Amount of Foreign Capital for Utilization by Signed Contracts or Agreements (%)	57.60	57.30	55.20	53.80	106.90
能源生产与消费	**Production and Consumption of Energy**					
能源生产弹性系数	Elasticity Ratio of Energy Production		0.67	0.26	1.85	0.88
能源消费弹性系数	Elasticity Ratio of Energy Consumption		0.90	0.66	0.49	1.39
每万元安徽生产总值消耗的能源 (吨)	Energy Consumption per 10000 yuan GDP (ton)		2.10	1.62	1.53	1.55

2—4 续表1 continued

指 标	Item	1990	1995	2000	2002	2003
产 业	**Industries**					
农 业	**Agriculture**					
人均耕地面积 （公顷）	Per Capita Cultivated Land (hectare)	0.08	0.07	0.07	0.07	0.06
农业从业者人均耕地面积 （公顷）	Cultivated Land per Agricultural Laborer (hectare)	0.23	0.22	0.21	0.21	0.22
每公顷耕地农业机械总动力（千瓦）	Total Power of Agricultural Machinery per Hectare of Cultivated Land (kw)	2.99	4.28	7.04	8.10	8.68
每公顷耕地用电量 （千瓦小时）	Electare Power Consumption per Hectare of Cultivated Land (kwh)	540	871	1083	1240	1408
每公顷耕地化肥施用量 （公斤）	Chemical Fertilizer Consumption per Hectare of Cultivated Land (kg)	331	474	599	647	689
每公顷耕地生产的农业产值（万元）	Agricultural Output Value per Hecare of Cultivated Land (10000 yuan)	0.60	1.49	1.60	1.78	1.51
农业从业者人均农产品产量（公斤）	Output of Farm Products per Agricultural (kg)					
粮 食	Grain	1331	1383	1235	1431	1190
棉 花	Cotton	12	16	14	18	16
油 料	Oil-bearing Crops	68	100	142	146	124
肉 类	Meat	63	103	156	177	193
水 产 品	Aquatic Products	15	39	80	84	88
每公顷播种面积农产品产量（公斤）	Output of Farm Crops per Hectare of Sown Area (kg)					
粮 食	Grain	4035	4533	4442	5068	4098
棉 花	Cotton	810	680	867	969	668
油 料	Oil-bearing Crops	1290	1518	1956	1943	1638
工业企业效率	**Economic Efficiency of Industry**					
总资产贡献率 (%)	Ratio of Total Assets to Industrial Output Value (%)			7.09	9.13	10.78
资产负债率 (%)	Assets-liability Ratio (%)			63.19	60.20	61.24
成本费用利润率 (%)	Ratio of Profits to Industrial Cost (%)			2.40	4.95	7.04
流动资产周转次数 （次/年）	Number of Times of Annual of Turnover Circulating Funds (times/year)			1.43	1.65	1.85
全员劳动生产率 （元/人.年）	Overall Labor Productivity (yuan/person-year)			31203	46242	59160
建 筑 业	**Construction**					
技术装备率 （元/人）	Value of Machinery per Laborer (yuan/peron)	2499	4252	4570	8287	7700
产值利税率 (%)	Ratio of Per-tax Profits to Gross Output Value (%)	3.86	2.97	4.16	5.21	5.32
全员劳动生产率 （元/人）	Overall Labor Productivity (yuan/person)	11066	36080	42406	59555	66357
交通运输业	**Transportation**					
客运量弹性系数	Elasticity of Passenger Traffic	1.50	2.20	0.20	0.98	-0.49
货运量弹性系数	Elasticity of Freight Traffic	0.72	-0.49	0.99	1.08	0.87
铁路网密度 （公里/万平方公里）	Railway Density (km/10000 sq.km)	110	126	155	155	156
公路网密度 （公里/万平方公里）	Highway Density (km/10000 sq.km)	2161	2524	3187	4845	4990
铁路货运密度 （吨/公里）	Railway Freight Traffic Density (ton/km)	20033	19477	29787	33941	37889
公路货运密度 （吨/公里）	Highway Freight Traffic Density (ton/km)	11760	8595	7358	5502	5739
邮电通信业	**Postal and Telecommunications Services**					
邮电业务总量弹性系数	Elasticity of Postal and Telecommunications Services	6.10	3.20	3.19	1.93	2.53
全省电话普及率 （部/百人）	Access to Telephones, National (set/100 persons)	0.53	1.73	8.10	12.60	15.71
城市电话普及率 （部/百人）	Access to Telephones, Urban (set/100 persons)			17.00	20.30	20.72
国内商业	**Domestic Trade**					
批零和餐饮业人均消费品零售额(元)	Per Capita Retail Sales of Consumer Good (yuan)	300	708	1255	1498	2039
对外经济贸易	**Foreign Trade**					
进出口总额相当于安徽生产总值比例 (%)	Proportion of Total Imports & Exports to GDP (%)	4.20	8.30	9.10	9.70	12.38
国际旅游	**International Tourism**					
每一来华游客花费 （美元）	Expenditure per International Tourist in China(USD)	54	311	355	349	401

2—4　续表2　continued

指　标	Item	1990	1995	2000	2002	2003
金融保险	**Finance and Insurance**					
金融机构存款相当于安徽生产总值比例 (%)	Bank Deposits as Percentage of GDP (%)	44.60	55.50	81.80	97.06	105.50
金融机构贷款相当于安徽生产总值比例 (%)	Bank Loans as Percentage of GDP (%)	67.80	63.80	78.50	82.78	84.95
金融机构现金支出相当于收入比例 (%)	Bank of Cash Outlay to Cash Receipt in State Banking System (%)	105.50	99.30	98.90	98.10	97.90
教育、科技、文化	**Education, Science and Technology and Culture**					
教　育	**Education**					
学龄儿童入学率 (%)	Rate of School-age Children Enrollment (%)	98.20	99.70	99.70	98.80	99.09
小学升学率 (%)	Rate of Graduates of Primary Schools Entering Junior Secondary Schools (%)	68.50	98.80	97.60	99.90	100.64
初中升学率 (%)	Rate of Graduates of Junior Secondary Schools Entering Senior Secondary Schools (%)	26.60	31.60	33.50	45.10	49.83
学校教师负担系数 (%)	Student-teacher Ratio (in percentage) (%)					
高等学校	Colleges and Universities	5.30	7.60	12.10	15.60	16.60
中等学校	Secondary Schools	16.60	19.90	22.70	23.20	24.14
小学学校	Primary Schppls	23.40	22.70	23.50	25.30	24.81
科　技	**Science and Technology**					
研究与开发经费支出相当于安徽生产总值比例 (%)	R&D Expenditures as Percentage of GDP (%)		0.14	0.66	0.72	0.82
文　化	**Culture**					
每百万人有艺术表演团体 (个)	Number of Troupes per Million Persons (unit)	1.70	1.50	1.50	1.50	1.46
每百万人有公共图书馆 (个)	Number of Public Libraries per Million Persons (unit)	1.50	1.40	1.30	1.32	1.31
每百万人有博物馆 (个)	Number of Museums per Million Persons (unit)	0.50	0.50	0.60	0.60	0.63
家庭、生活、环境	**Family, People's Livelihood and Environment**					
家　庭	**Family**					
负担少儿系数 (%)	Dependency Ratio of Children (%)	42.89	41.45	38.10	36.28	34.77
负担老年系数 (%)	Dependency Ratio of the Aged (%)	8.16	10.20	11.35	12.65	13.63
婚　姻	**Marriages and Divorces**					
离 婚 率 (‰)	Divorce Rate (‰)	0.84	1.00	1.37	1.66	1.36
生　活	**People's Livelihood**					
城镇与农村居民收入增长率比例 (1980=100)	Proportion of Growth Rate of Annual Income of Urban Residents to the Growth Rate of Annual Net Income of Rural Residents (1980=100)	1.17	1.35	1.56	1.65	1.85
离、退休	**Retired Persons**					
离退休退职相当于在职人数比例 (%)	Proportion of the Number of Workers Who Have Retired or Resigned to the Number of Employed Ones (%)	14.30	18.90	29.90	38.10	41.60
卫　生	**Health Care**					
每万人医院数 (个)	Number of Hospitals per 10000 Persons (unit)	0.60	0.50	0.50	0.50	0.43
每万人医生数 (人)	Number of Doctors per 10000 Persons (person)	10.30	11.10	11.20	9.40	9.79
每万人医院床位数 (张)	Number of Hospital Beds per 10000 Persons (unit)	16.90	18.20	19.70	17.20	17.61
医院病床使用率 (%)	Utilization Rate of Hospital Beds (%)	80.90	66.20	50.50	52.80	62.18
市政建设	**City Construction**					
城市自来水普及率 (%)	Percentage of Households with Access to Tap Water (%)	92.90	93.30	95.80	79.70	79.93
城市用气普及率 (%)	Percentage of Households with Access to Tap Gas (%)	26.80	55.60	77.00	62.40	62.32
人均公共绿地面积 (平方米)	Public Green Areas per Persons (sq.m)	5.90	6.10	7.00	4.50	5.13
环境、灾害	**Environment and Disasters**					
平均每起火灾损失 (万元)	Average Loss of per Fire Disaster (10000 yuan)	0.91	1.46	0.94	0.73	0.47
平均每起交通事故损失 (万元)	Average Loss of per Traffic Accident (10000 yuan)	0.13	0.41	0.31	0.34	0.39
平均每起环境污染事故直接经济损失 (万元)	Average Loss per Pollution Accident Direct Economic Losses (10000 yuan)			12.20	4.36	2.32

2—5 平均每天主要社会经济活动

Selected Indicators on Average Daily Social and Economic Activities

指　标	Item	1990	1995	2000	2002	2003
每天创造的财富	**Daily Production**					
安徽生产总值　（万元）	Gross Domestic Product　(10000 yuan)	18028	54893	83238	97358	108832
第一产业	Primary Industry	6744	15924	20060	20543	20926
第二产业	Secondary Industry	6890	23833	35516	41890	48784
工　业	Industry	6118	21022	30150	34720	39605
建筑业	Construction	772	2373	5366	7170	9179
第三产业	Tertiary Industry	4394	15137	27663	34925	39122
#运输邮电	Transportation, Postal & Telecommunications Services	887	2524	4927	6012	6968
商　业	Commerce	1204	4259	8630	9982	11109
财政收入　（万元）	Government Revenue　(10000 yuan)	1449	4027	7956	9499	11296
粮　食　（吨）	Grain　(ton)	69044	72678	67726	75753	60679
棉　花　（吨）	Cotton　(ton)	647	825	781	967	808
油　料　（吨）	Oil-bearing Crops　(ton)	3538	5254	7811	7734	6340
原　煤　（万吨）	Coal　(10000 tons)	8.80	12.20	13.10	16.80	18.43
发电量　（亿千瓦时）	Electricity　(100 million kwh)	0.53	0.85	1.01	1.30	1.50
钢　（万吨）	Steel　(10000 tons)	0.68	0.89	1.26	1.75	1.90
成品钢材　（万吨）	Rolls Steel (final products)　(10000 tons)	0.52	0.73	1.18	1.84	1.95
家用电冰箱　（台）	Household Refrigerator　(unit)	945	4121	4655	5636	7532
家用洗衣机　（台）	Household Washing Machines　(unit)	932	3499	3608	4055	5156
每天消费量	**Daily National Consumption**					
居民消费总额　（万元）	Resident Consumption　(10000 yuan)	10219	27290	44258	50225	55838
农　民	Peasants Consumption	7396	17598	26425	27690	29762
非农业居民	Non-agriculturl Residents' Consumption	2823	9692	17834	22534	26076
政府消费总额　（万元）	Governmert Consumption Expenditure (10000 yuan)	1665	4892	9104	11774	13211
每天其他经济活动	**Other Daily Economic Activities**					
货物运输量　（万吨）	Volume of Freight Traffic　(10000 tons)	122.3	110.9	122.0	138.9	150.0
旅客运输量　（万人）	Volume of Passenger Traffic　(10000 persons)	108.3	158.6	170.0	180.1	171.9
邮电业务总量（1990年不变价）　（万元）	Business Volume of Postal and Telecommunications Services (1990 constant prices)　(10000 yuan)	93	621	2735	3931	4848
出版图书　（万册）	Books Published　(10000 copies)	61	75	85	76	75
出版杂志　（万册）	Magzines Published　(10000 copies)	5	9	21	16.9	16.5
出版报纸　（万份）	Newspaper Published　(10000 copies)	88	130	208	194	220.7
实际利用外资额　（万美元）	Foreign Capital Actually Used　(USD 10000)	13.8	210.3	113.8	203.0	299.9
海外旅游人数　（人次）	Number of Tourists from Abroad　(person)	314	391	871	1258	770
每天人口变动和婚姻	**Daily Population Changes and Marriages**					
出　生　（人）	Births　(person)	3666	2622	2234	1841	1951
死　亡　（人）	Deaths　(person)	1036	1047	946	844	910
结　婚　（对）	Marriages　(couple)	1276	1670	1348	1239	1159
离　婚　（对）	Divorces　(couple)	64	82	117	145	119

2—6 主要年份按人口平均的国民经济主要指标

Per Capita Main Indicators of National Economy in Major Years

指 标		Item		1990	1995	2000	2002	2003
安徽生产总值	(元/人)	Gross Domestic Product	(yuan/person)	1182	3400	5008	5791	6455
工农业总产值	(元/人)	Gross Output Value of Industry and Agriculture	(yuan/person)	1871	5255	7355	5403	6128
农业总产值		Gross Output Value of Agriculture		667	1642	1955	2057	2043
工业总产值		Gross Output Value of Industry		1204	3613	5400	3346	4085
主要农产品产量		Output of Farm Products						
粮 食	(公斤/人)	Grain	(kg/person)	453	444	396	436	347
棉 花	(公斤/人)	Cotton	(kg/person)	4.2	5.1	4.6	5.6	4.6
油 料	(公斤/人)	Oil-bearing Crops	(kg/person)	23.2	32.0	45.7	44.5	36.2
黄红麻	(公斤/人)	Fiber Crops	(kg/person)	5.8	1.4	0.4	0.5	0.25
烤 烟	(公斤/人)	Flue-cured Tobacco	(kg/person)	1.4	0.7	0.5	0.49	0.33
猪、牛、羊肉	(公斤/人)	Pork, Beef and Mutton	(kg/person)	17.5	27.8	38.7	40.9	42.8
水产品	(公斤/人)	Aquatic Products	(kg/person)	5.1	12.5	25.6	25.7	25.9
主要工业产品产量		Output of Major Industrial Products						
家用电冰箱	(台/万人)	Household Washing Machines	(unit/10000 persons)	61.9	251.9	272.2	324.2	430.2
电视机	(台/万人)	TV Sets	(unit/10000 persons)	130.4	132.4	255.8	407.1	415.2
#彩色电视机		Color TV Set		16.2	34.0	250.1	407.1	415.2
家用洗衣机	(台/万人)	Household Washing Machines	(unit/10000 persons)	61.2	214.0	211.0	233.3	294.5
纱	(公斤/人)	Yarn	(kg/person)	3.1	3.7	4.4	5.1	5.0
原 煤	(公斤/人)	Coal	(kg/person)	576.0	744.5	767.4	967.2	1052.7
发电量	(千瓦时/人)	Electricity	(kmh/person)	349.0	519.9	589.7	733.8	857.3
钢	(公斤/人)	Steel	(kg/person)	44.6	54.5	73.8	100.6	108.3
基本建设投资额	(元/人)	Total Investment in Capital Construction	(yuan/person)	69.4	284.8	513.3	668.7	865.2
社会消费品零售总额	(元/人)	Total Value of Retail Sales	(yuan/person)	400.2	982.6	1689.0	1936.2	2083.4
财政收入	(元/人)	Government Revenue	(yuan/person)	95.0	246.3	465.2	546.3	645.3
财政支出	(元/人)	Government Expenditures	(yuan/person)	110.7	227.3	519.1	719.9	794.1
城乡居民储蓄存款余额	(元/人)	Saving Deposit of Urban and Rural Households	(yuan/person)	289.6	1145.8	2318.5	3226.4	3874.8
高等学校在校学生	(人/万人)	Student Enrollment in Institutions of Higher Education	(person/10000 persons)	11.0	14.6	29.1	52.2	64.2
中等专业学校在校学生		Student Enrollment in Specialized Secondary Schools	(person/10000 persons)	14.8	20.2	30.7	19.8	19.2
医院卫生院床位数	(张/万人)	Number of Hospital Beds	(unit/10000 persons)	16.9	18.2	18.4	17.2	17.6
卫生技术人员数	(人/万人)	Number of Professional Medical Persons	(person/10000 persons)	24.0	25.1	24.6	23.0	24.0

2—7 皖江地区国民经济和社会发展主要指标（2003年）

Main Indicators on National Economic and Social Development in the Area of Wanjiang River (2003)

指标	Item	全省 the Whole Province	皖江 the Area of Wanjiang River	占全省比重（%） Percentage to the Whole Province	马芜铜 Maanshan, Wuhu and Tongling	占全省比重（%） Percentage to the Whole Province
自然资源	**Natural Resources**					
土地面积（万平方公里）	Area of Land (10000 sq.km)	13.94	6.50	46.63	0.61	4.39
人口	**Population**					
年末总人口（万人）	Population At the Year-end (10000 persons)	6410.2	2339.9	36.5	418.8	6.5
劳动就业	**Employment**					
年末从业人员（万人）	Employment At the Year-end (10000 person)	3544.9	1405.9	39.7	233.2	6.6
#城镇	Urban Area	683.2	299.8	43.9	86.4	12.6
年末城镇登记失业率（%）	Registered Unemploymebt Rate in Urban Area (%)	4.1	4.4		5.7	
国民经济核算	**National Accounting**					
安徽生产总值（亿元）	Gross Domestic Product (100 million yuan)	3972.4	1733.4	43.6	577.1	14.5
第一产业	Primary Industry	763.8	298.4	39.1	42.9	5.6
第二产业	Secondary Industry	1780.6	834.3	46.9	344.1	19.3
#工业	Industry	1445.6	678.0	46.9	294.9	20.4
第三产业	Tertiary Industry	1428.0	600.7	42.1	190.0	13.3
人均安徽生产总值（元）	Per Capita Gross Domestic Product (yuan)	6544	7407	113.2	13779	210.6
固定资产投资	**Investment in Fixed Assets**					
全社会固定资产投资总额（亿元）	Total Investment in Fixed Assets (100 million yuan)	1477.7	669.4	45.3	296.6	20.1
#基本建设	Capital Construction	552.8	221.0	40.0	97.3	17.6
更新改造	Innovation	355.2	208.1	58.6	122.0	34.3
房地产开发	Real Estate Development	240.7	87.5	36.3	48.9	20.3
财政	**Government Finance**					
财政总收入（亿元）	Local Government Revenue (100 million yuan)	412.3	163.3	39.6	83.8	20.3
财政支出（亿元）	Local Government Expenditure (100 million yuan)	507.4	153.4	30.2	51.2	10.1
进出口和利用外资	**Imports, Exports and Utilization of Foreign Capital**					
进出口总额（亿美元）	Imports and Exports (100 million USD)	59.4	23.6	39.8	18.0	30.3
#出口额	Exports	30.6	8.0	26.1	3.7	12.0
实际利用外商直接投资（亿美元）	Actually Used Amount of Foreign Direct Investment (100 million USD)	3.9	1.9	49.2	0.8	20.1
农业	**Agriculture**					
主要农产品产量（万吨）	Output of Major Farm Products (10000 tons)					
粮食	Grain	2214.8	724.2	32.7	94.2	4.3
棉花	Cotton	29.5	17.4	59.1	1.5	5.0
油料	Oil-bearing Corps	231.4	110.9	47.9	15.5	6.7

注：皖江地区指省辖马鞍山、芜湖、铜陵、安庆、池州、宣城、巢湖和滁州八市；马芜铜为省辖马鞍山、芜湖和铜陵三市。

a) The area of Wanjiang refers to eight municipalities of Maanshan, Wuhu, Tongling, Anqing, Chizhou, Xuancheng, Chaohu and Chuzhou under the jurisdiction of the provincial government; "MaWuTong" means Maanshan, Wuhu and Tongling Municipality.

2—7 续表 continued

指标 Item		全省 the Whole Province	皖江 the Area of Wanjiang River	占全省比重（%） Percentage to the Whole Province	马芜铜 Maanshan, Wuhu and Tongling	占全省比重（%） Percentage to the Whole Province
工　业	**Industry**					
主要工业产品产量	Output of Major Industrial Products					
布（亿米）	Cloth (100 milliom m)	6.1	2.1	33.7	0.8	13.3
原　煤（万吨）	Coal (10000 tons)	6726.0	64.3	1.0	28.6	0.4
发电量（亿千瓦小时）	Electricity (100 million kwh)	547.8	152.4	27.8	128.0	23.4
钢（万吨）	Steel (10000 tons)	692.1	605.0	87.4	599.2	86.6
铜（万吨）	Copper (10000 tons)	28.3	28.3	100.0	27.9	98.5
啤　酒（万吨）	Beer (10000 tons)	122.0	44.1	36.1	13.6	11.2
化　肥（万吨）	Chemical Fertilizer (10000 tons)	187.1	66.0	35.3	31.3	16.7
水　泥（万吨）	Cement (10000 tons)	2941.0	2332.8	79.3	842.2	28.6
交通运输	**Transportation**					
境内铁路里程（公里）	Length of Railways in Operation (km)	2174	1103	50.7	245	11.3
境内公路里程（公里）	Length of Highways (km)	69560	39003	56.1	4706	6.8
#等级公路里程	Expressway	63374	25877	40.8	4180	6.6
邮电通信	**Post and telecommunication Services**					
邮电业务总量（亿元）	Total Business Revenue (100 million yuan)	176.9	72.3	40.8	28.7	16.2
国内商业	**Dimestic Trade**					
社会消费品零售总额（亿元）	Total Retail Sales of Consumer Goods (100 milliom yuan)	1331.2	525.4	39.5	164.9	12.4
教　育	**Education**					
普通高等学校	Institutions of Higher Education					
学校数（个）	Number of Institution (unit)	73	23	31.5	11	15.1
招生数（万人）	New Student Enrollment (10000 persons)	14.2	4.9	34.1	3.1	21.5
在校学生数（万人）	Student Enrollment (10000 persons)	41.0	13.7	33.4	9.1	22.1
毕业生数（万人）	Number of Graduates (10000 persons)	6.6	2.7	41.5	1.6	24.5
卫　生	**Health Care**					
卫生机构数（个）	Number of Hospital (unit)	9201	3303	35.9	347	3.8
#医院、卫生院	Hospital and Health Center	2765	1374	49.7	214	7.7
卫生技术人员（万人）	Medical Technical Personne (10000 persons)	15.4	6.8	44.4	2.0	12.8
#医　生	Doctor	6.3	2.2	34.9	0.6	9.0
卫生机构床位数（万张）	Number of Hospital Beds (10000 beds)	12.0	4.8	40.0	1.3	10.6
#医院、卫生院	Hospital and Health Center	11.3	4.4	39.4	1.2	10.7
人民生活	**People's Livelihood**					
城镇居民人均可支配收入（元）	Per Capita Disposable Income of Urban Households (yuan)	6778	6798	100.3	7773	114.7
农民人均纯收入（元）	Per Capita Net Income of Rural Households (yuan)	2127	2338	109.9	2989	140.5

2—8 黄山旅游区域主要经济指标（2003年）

Main Economic Indicators of Tourist Region of Mount Huang (2003)

指 标	Item	黄山市市区 HuangShan Reigon Of City	歙 县 SheXian	休宁县 XiuNing	黟 县 YiXian	祁门县 QiMen
土地面积 （平方公里）	Total Land Area (sq.km)	2342.0	2236.2	2125.1	847.0	2257.0
年末总人口 （万人）	Population at the Year-end (10000 persons)	41.44	49.80	27.36	9.67	18.64
#非农业人口	Non agricultural Population	15.38	5.94	3.48	1.75	3.96
年末城镇从业人员数 （万人）	Employment at the Year-ent (10000 persons)	7.04	2.67	2.28	0.93	2.50
生产总值 （万元）	Gross Domestic Product (10000 yuan)	482909	290838	152056	51518	117504
第一产业	Primary Industry	72046	50265	50366	15733	24843
第二产业	Secondary Industry	151448	114132	41196	15165	42061
第三产业	Tertiary Industry	259415	126441	60494	20620	50600
农业总产值 （1990年不变价） （万元）	Gross Agricultural Output Value (at 1990 Constant Prices) (10000 yuan)	50489	40467	34891	14487	20494
农业增加值 （万元）	Value-added of Agriculture (10000 yuan)	67619	49725	47382	15354	24920
全社会工业总产值 （1990年不变价） （万元）	Gross Industrial Output Value (at 1990 Constant Prices) (10000 yuan)	399475	342589	91413	39621	108609
工业增加值 （万元）	Value-added of Industry (10000 yuan)	68458	97980	25367	11537	30658
公路通车里程 （公里）	Length of Highways (km)	653	536	559	333	423
邮电业务总量 （1990年不变价） （万元）	Business Volume of Post and Telecommunications (at 1990 Constant Prices) (10000 yuan)	28323	9279	4700	2630	4949
全社会固定资产投资额 （万元）	Total Investment in Fixed Assets (10000 yuan)	357536	66376	52765	19142	32208
#基本建设投资	Investment in Capital Construction	211323	12019	22080	6034	8893
更新改造投资	Investment in Innovation	39826	12799	8451	4923	9928
社会消费品零售总额 （万元）	Total Retail Sales of Consumer Goods (10000 yuan)	174621	88329	48917	15265	33806
年末职工人数（在岗） （万人）	Number of Staff and Workers at the Year-end (Fully Employed) (10000 yuan)	4.66	1.49	1.24	0.52	1.23
职工工资总额（在岗） （万元）	Total Wages of Staff and Workers (Fully Employed) (10000 yuan)	56642.5	15120.4	11475.8	5605.3	11905.0
财政收入（不含基金） （万元）	Government Revenue (Excluding Fund) (10000 yuan)	47513	16661	9865	4802	9182
财政支出（不含基金） （万元）	Government Expenditure (Excluding Fund) (10000 yuan)	66950	28383	16488	9539	16308
城乡居民储蓄存款年末余额 （万元）	Outstanding Amount of Saving Deposits in Urban and Rural Areas at the Year-end (10000 yuan)	405260	218824	110361	50161	96955
农民人均纯收入 （元）	Per Capita Net Income of Rural Residents (yuan)	2927	2470	2512	2470	2275
接待旅游人数 （人）	Tourists Received (person)	311.20	80.00	43.00	110.07	18.40
#国际游客	International Tourists	13.23	1.80	0.15	0.78	0.04
国内游客	Domestic Tourists	297.97	78.20	42.85	109.29	18.36
旅游营业收入 （万元）	Income of Tourism (10000 yuan)	124468	18000	8653	27176	5403
旅游外汇收入 （万美元）	Foreign Exchange Earnings from Tourism (USD 10000)	1757.38		8.34	13.4	

2—9　九华山旅游区域主要经济指标（2003年）

Main Economic Indicators of Tourist Region of Mount Jiu Hua (2003)

指　标		Item		池州市市区 ChiZhou Reigon Of City	青阳县 QingYang	石台县 ShiTai	东至县 DongZhi
土地面积	（平方公里）	Total Land Area	(sq.km)	2432	1181	1403	3256
年末总人口	（万人）	Population at the Year-end	(10000 persons)	62.6	26.5	11.0	53.3
#非农业人口		Non-agricultural Population		12.2	4.2	2.0	6.1
年末城镇从业人员数	（万人）	Employment at the Year-ent	(10000 persons)	8.9	1.8	1.4	3.5
生产总值	（万元）	Gross Domestic Product	(10000 yuan)	381780	118795	30490	225800
第一产业		Primary Industry		74221	29613	10930	74300
第二产业		Secondary Industry		170384	47463	9330	76920
第三产业		Tertiary Industry		137175	41719	10230	74580
农业总产值（1990年不变价）	（万元）	Gross Agricultural Output Value (at 1990 Constant Prices)	(10000 yuan)	66059	26081	8221	68730
农业增加值	（万元）	Value-added of Agriculture	(10000 yuan)	33191	14929	4188	41771
全社会工业总产值（1990年不变价）	（万元）	Gross Industrial Output Value (at 1990 Constant Prices)	(10000 yuan)	219616.7	76709.0	22490.0	102087.0
工业增加值	（万元）	Value-added of Industry	(10000 yuan)	111991	34390	6700	56720
公路通车里程	（公里）	Length of Highways	(km)	1158	1050	805	746
邮电业务总量（1990年不变价）	（万元）	Business Volume of Post and Telecommunications (at 1990 Constant Prices)	(10000 yuan)	34122	10730	3549	9512
全社会固定资产投资额	（万元）	Total Investment in Fixed Assets	(10000 yuan)	231783	48328	15438	59462
#基本建设投资		Investment in Capital Construction		100111	18550	6613	18489
更新改造投资		Investment in Innovation		51349	5218	4741	7699
社会消费品零售总额	（万元）	Total Retail Sales of Consumer Goods	(10000 yuan)	110524	45360	13111	71912
年末职工人数（在岗）	（万人）	Number of Staff and Workers at the Year-end (Fully Employed)	(10000 yuan)	3.2	0.7	0.7	2.2
职工工资总额（在岗）	（万元）	Total Wages of Staff and Workers (Fully Employed)	(10000 yuan)	36372	8234	5674	18873
财政收入（不含基金）	（万元）	Government Revenue (Excluding Fund)	(10000 yuan)	38199	10086	2907	13720
财政支出（不含基金）	（万元）	Government Expenditure (Excluding Fund)	(10000 yuan)	53992	18300	10482	25615
城乡居民储蓄存款年末余额	（万元）	Outstanding Amount of Saving Deposits in Urban and Rural Areas at the Year-end	(10000 yuan)	255194	133964	41806	158411
农民人均纯收入	（元）	Per Capita Net Income of Rural Residents	(yuan)	2569	2301	1211	2315
接待旅游人数	（人）	Tourists Received	(person)	590533	347000	171700	184858
#国际游客		International Tourists		4233	500		58
国内游客		Domestic Tourists		586300	346500	171700	184800
旅游营业收入	（万元）	Income of Tourism	(10000 yuan)	14284.9	5837.8	2882.9	2916.4
旅游外汇收入	（万美元）	Foreign Exchange Earnings from Tourism	(USD 10000)	6.2	200.0		

2—10 京九沿线各省分市主要经济指标对比 （2003年）

Comparison of the Main Economic Indicators Among the Provinces Along the Jingjiu Railway by City (2003)

地 区	Region	行政区划及土地面积 Administrative Divisions and Area of Land		年末总人口（万人） Population at the Year-end (10000 persons)		耕地面积（千公顷） Cultivated Areas (1000 hectares)		地区生产总值（亿元） Gross Domestic Product (100 million yuan)	
		辖区县数（个） (unit)	土地面积（平方公里） Area of Land (sq.km)	2003	增长 % Increase Rate (%)	2003	增长 % Increase Rate (%)	2003	增长 % Increase Rate (%)
河北省	**Hebei**								
廊坊市	Langfang	8	6429	387.2	0.8	78.9	-1.8	528.5	12.1
沧州市	Cangzhou	16	14369	680.2	0.4	743.6	-1.9	628.9	12.1
衡水市	Hengshui	10	8815	413.3	0.6	579.8	-0.2	396.8	12.1
邢台市	Xingtai	17	12486	667.4	5.4	648.0	-0.3	505.0	12.1
山东省	**Shandong**								
聊城市	Liaocheng	7	8715	563.8	0.4	537.1	-0.9	454.1	16.4
荷泽市	Heze	8	12239	874.5	1.2	690.7	-0.1	290.1	12.3
河南省	**Henan**								
濮阳市	Puyang	5	4188	354.6	0.6	248.8	0.6	265.3	10.6
商丘市	Shangqiu		10704	810.7	0.4	666.4	-0.5	333.7	-0.6
信阳市	Xinyang	8	18915	780.2	0.6	585.1		344.1	9.1
安徽省	**Anhui**								
阜阳市	Fuyang	5	9775	904.1	0.7	575.1	-0.9	216.9	1.0
亳州市	Bozhou	3	8374	539.2	0.8	495.4	-0.4	183.7	2.4
湖北省	**Hubei**								
黄冈市	Huanggang	9	17446	724.7	0.1	291.1	-2.2	388.0	7.5
江西省	**Jiangxi**								
九江市	Jiujiang	10	18823	460.1	0.7	20.0	-2.8	306.8	15.0
吉安市	Jian	11	25259	462.6	1.2	32.4	-4.1	205.0	13.6
赣州市	Ganzhou	17	39380	831.2	1.6	295.7	-4.9	344.8	12.5
广东省	**Guangdong**								
河源市	Heyuan	5	15826	334.1	0.7	103.8	-3.9	136.6	16.9
惠州市	Huizhou	3	11158	286.4	1.2	93.8	-28.0	591.0	13.9

地 区	Region	第一产业增加值（亿元） Value-added of the Primary Industry (100 million yuan)		第二产业增加值（亿元） Value-added of the Secondary Industry (100 million yuan)					
						工业增加值 Industry		建筑业增加值 Construction	
		2003	增长 % Increase Rate (%)	2003	增长 % Increase Rate (%)	2003	增长 % Increase Rate (%)	2003	增长 % Increase Rate (%)
河北省	**Hebei**								
廊坊市	Langfang	73.3	5.5	294.9	14.0	260.2	14.2	32.6	13.1
沧州市	Cangzhou	93.9	9.6	329.2	13.2	298.0	13.7	31.2	9.0
衡水市	Hengshui	73.1	5.6	210.3	14.2	188.9	14.2	21.4	13.5
邢台市	Xingtai	77.9	4.3	288.5	14.5	261.5	14.5	27.0	15.0
山东省	**Shandong**								
聊城市	Liaocheng	100.5	4.6	228.5	24.1	195.3	23.4	33.0	28.1
荷泽市	Heze	114.9	-2.3	104.7	32.4	85.8	26.8	18.9	64.9
河南省	**Henan**								
濮阳市	Puyang	42.8	0.6	157.8	14.4	134.4	15.5	23.4	7.8
商丘市	Shangqiu	103.7	-21.3	128.4	15.3	100.0	16.7	28.4	101.0
信阳市	Xinyang	95.7	-3.5	136.1	18.1	98.5	18.1	37.7	18.2
安徽省	**Anhui**								
阜阳市	Fuyang	76.1	-15.0	61.0	14.5	43.3	12.1	17.7	21.1
亳州市	Bozhou	69.6	-8.1	48.3	12.4	32.6	8.3	15.7	22.8
湖北省	**Hubei**								
黄冈市	Huanggang	87.5	3.4	181.2	9.3			11.8	
江西省	**Jiangxi**								
九江市	Jiujiang	51.6	6.3	147.3	22.4	103.1	20.9	44.2	22.0
吉安市	Jian	61.8	1.2	76.8	26.0	52.4	20.6	24.4	39.9
赣州市	Ganzhou	101.6	3.0	112.7	21.1	80.8	17.7		
广东省	**Guangdong**								
河源市	Heyuan	41.5	6.2	44.1	30.3	28.2	28.9	16.0	33.3
惠州市	Huizhou	73.9	0.5	347.4	17.0	312.0	13.6	35.4	67.1

2—10 续表1 continued

地 区 Region		第三产业增加值（亿元） Tertiary Industry (100 million yuan) 2003	增长 % Increase Rate (%)	人均地区生产总值（元/人） Per Capita Gross Demectic Product (yuan/person) 2003	增长 % Increase Rate (%)	粮食总产量（万吨） Gross Output of Grain (10000 tons) 2003	增长 % Increase Rate (%)	油料总产量（万吨） Gross Output of Oil-bearing Crops (10000 tons) 2003	增长 % Increase Rate (%)
河北省	**Hebei**								
廊坊市	Langfang	160.3	11.8	13704		130.60	-6.5	5.2	-3.7
沧州市	Cangzhou	205.7	11.3	9496	11.5	261.69	1.0	8.2	25.7
衡水市	Hengshui	113.3	11.7	9628	11.7	274.90	-2.1	14.4	1.6
邢台市	Xingtai	138.6	12.0	7589	11.6	341.19	-3.3	13.8	-9.7
山东省	**Shandong**								
聊城市	Liaocheng	125.1	16.0	8072	15.8	292..6	-5.4	22.9	-8.5
荷泽市	Heze	70.5	14.0	3337	11.2	269.80	-14.9	35.5	-32.5
河南省	**Henan**								
濮阳市	Puyang	64.8	9.1	7502	6.5	160.29	-21.5	13.0	-18.3
商丘市	Shangqiu	101.6	10.4	4125	-3.5	321.10	-25.4	19.9	-44.4
信阳市	Xinyang	112.3	11.0	4423	8.8	286.01	-24.8	37.6	11.3
安徽省	**Anhui**								
阜阳市	Fuyang	79.8	10.7	2407	0.1	217.70	-36.5	7.8	-47.3
亳州市	Bozhou	65.8	7.8	3420	1.5	222.71	-25.7	9.1	-45.6
湖北省	**Hubei**								
黄冈市	Huanggang	119.3	7.8	5353	6.4	231.40	-6.2	36.8	1.7
江西省	**Jiangxi**								
九江市	Jiujiang	107.8	13.0	6692	14.2	88.51	-13.5	10.6	9.3
吉安市	Jian	66.4	10.9	4442	12.9	193.77	-12.6	12.1	-14.9
赣州市	Ganzhou	130.5	13.0	4290		199.07	-11.6	12.7	-7.8
广东省	**Guangdong**								
河源市	Heyuan	50.9	16.2	4102	15.3	104.58	-0.9	6.1	4.8
惠州市	Huizhou	169.6	14.1	20758	11.4	68.02	-16.8	6.6	-6.6

地 区 Region		棉花总产量（万吨） Gross Output of Cotton (10000 tons) 2003	增长 % Increase Rate (%)	农业总产值（亿元） Gross Output Value of Agriculture (100 million yuan) 2003	增长 % Increase Rate (%)	肉类总产量（万吨） Gross Output of Meat (10000 tons) 2003	增长 % Increase Rate (%)	水产品产量（万吨） Gross Output of Aquatic Products (10000 tons) 2003	增长 % Increase Rate (%)
河北省	**Hebei**								
廊坊市	Langfang	3.8	101.5	144.4	5.2	38.4	5.5	3.7	2.8
沧州市	Cangzhou	9.5	26.7	173.8	10.9	38.0	12.0	10.3	0.5
衡水市	Hengshui	10.9	33.5	138.5	8.0	31.3	12.8	0.6	4.8
邢台市	Xingtai	12.2	16.0	180.4	4.0	38.4	4.7	0.6	1.8
山东省	**Shandong**								
聊城市	Liaocheng	6.9	-1.4	180.3	5.3	46.7	6.8	5.3	9.4
荷泽市	Heze	22.8	-6.7	204.8	-2.3	39.3	20.1	9.0	-4.0
河南省	**Henan**								
濮阳市	Puyang	1.2	-25.9	81.5	0.5	20.0	8.1	0.6	3.6
商丘市	Shangqiu	5.8	-71.9	206.0	-12.2	59.9	8.9	2.6	7.5
信阳市	Xinyang	1.4	-37.4	166.3	-0.3	53.1	10.2	9.9	22.8
安徽省	**Anhui**								
阜阳市	Fuyang	1.2	-56.2	149.1	-9.6	50.1	2.8	8.5	-2.2
亳州市	Bozhou	3.3	-42.0	118.7	-10.5	45.1	5.0	5.2	-10.3
湖北省	**Hubei**								
黄冈市	Huanggang	3.6	-0.8	78.4	3.3	29.6	4.4	30.0	2.8
江西省	**Jiangxi**								
九江市	Jiujiang	5.3	17.1	75.0	6.0	12.0	-8.3	25.3	4.2
吉安市	Jian			102.9	4.0	22.9	8.1	11.8	7.1
赣州市	Ganzhou	31.0	-3.1	154.3	3.1	47.5	2.3	17.5	9.9
广东省	**Guangdong**								
河源市	Heyuan			53.9	5.9	10.0	2.3	3.0	0.7
惠州市	Huizhou			114.8	5.3	14.9	-0.3	15.7	0.5

2—10 续表2 continued

地 区 Region		工业总产值（亿元） Gross Industrial Output Value (100 million yuan)		规模以上工业企业增加值（亿元） Value-added of Industry of Industrial Enterprises Above Designed Size (100 million yuan)		规模以上工业企业产销产销率（%） Proportion of Products Sold of Industrial Enterprises Above Designed Size (%)		出口总额（万美元） Total Exports (USD 10000)	
		2003	增长% Increase Rate (%)	2003	增长% Increase Rate (%)	2003	增长% Increase Rate (%)	2003	增长% Increase Rate (%)
河北省	**Hebei**								
廊坊市	Langfang			87.3	20.1	98.7	-0.1	29802	28.0
沧州市	Cangzhou	1139.0	13.7	105.2	21.4	98.7	0.8	29806	34.7
衡水市	Hengshui	691.1	16.5	85.7	19.0	98.5	0.7	44884	116.7
邢台市	Xingtai	987.2	15.4	121.6	19.3	98.6	0.9	30177	55.8
山东省	**Shandong**								
聊城市	Liaocheng	660.2	22.0	146.1	26.7	99.8	0.6	15337	9.2
荷泽市	Heze	351.9	29.6	51.3	34.9	97.3	-1.8	29226	87.5
河南省	**Henan**								
濮阳市	Puyang	361.3	17.8	103.1	15.1	99.5	0.8	6794	92.6
商丘市	Shangqiu	315.7	17.2	52.1	20.3	99.7	0.7		
信阳市	Xinyang	331.1	17.7	46.8	20.7	98.6		4861	26.0
安徽省	**Anhui**								
阜阳市	Fuyang	146.2	9.2	26.4	13.6	97.1	0.2	6965	37.8
亳州市	Bozhou	103.1	7.4	14.4	13.7	96.5	1.3	1412	11.5
湖北省	**Hubei**								
黄冈市	Huanggang	183.5	14.8	65.1	14.6	97.7	0.4	10301	-2.1
江西省	**Jiangxi**								
九江市	Jiujiang	341.2	30.9	50.5	27.9	96.1	-7.6	5000	27.4
吉安市	Jian	167.7	16.6	64.3	45.4	98.3	1.1	3290	44.2
赣州市	Ganzhou	270.0	16.7	30.2	23.8	98.1	0.6	13085	53.0
广东省	**Guangdong**								
河源市	Heyuan	91.5	31.9	20.9	38.2	96.7	0.7	15587	18.2
惠州市	Huizhou	1350.0	12.8	215.4	16.8	96.5	0.2	714616	21.3

地 区 Region		直接出口 Direct Export		实际利用外资（万美元） Foreign Capital Actually Used (USD 10000)		外商直接投资 Foreign Direct Investments		国际旅游人数（万人次） Total Number of International Tourism (10000 persons)	
		2003	增长% Increase Rate (%)	2003	增长% Increase Rate (%)	2003	增长% Increase Rate (%)	2003	增长% Increase Rate (%)
河北省	**Hebei**								
廊坊市	Langfang	29802	28.0	19048	38.4	12918	39.5	4.8	108.3
沧州市	Cangzhou	29806	34.7	8404	0.5	3027	74.7		
衡水市	Hengshui	44884	116.7	6839	46.8	6246	39.9	0.2	-1.7
邢台市	Xingtai	30177	55.8	5784	22.3	5420	19.1	0.1	9.4
山东省	**Shandong**								
聊城市	Liaocheng	15337	182.0	12203	103.3	12203	103.3	0.4	-35.4
荷泽市	Heze	29226	87.5	12896	182.2	12898	182.2	0.1	-20.5
河南省	**Henan**								
濮阳市	Puyang	6794	92.6	2090	-39.4	2088	-39.4	0.2	-63.9
商丘市	Shangqiu	2964	42.5	1584	52.0	1318	50.8	0.1	9.2
信阳市	Xinyang	2052	44.1	2800	37.5	2002	29.0		
安徽省	**Anhui**								
阜阳市	Fuyang	6965	37.8	661	-0.9	661	-0.9	0.2	-39.5
亳州市	Bozhou	1412	11.5	2504	61.5	1635	424.0	0.1	-3.7
湖北省	**Hubei**								
黄冈市	Huanggang			4948	52.6	4948	52.6	1.2	
江西省	**Jiangxi**								
九江市	Jiujiang	5000	27.4	32500	59.8	26064	126.3	3.9	-22.1
吉安市	Jian	3290	44.2	10200	51.8	9657	53.0	1.4	-25.4
赣州市	Ganzhou			47626	102.9			2.1	-57.3
广东省	**Guangdong**								
河源市	Heyuan	15587	18.2	17568	32.2	17348	38.2	2.7	-51.1
惠州市	Huizhou	37192	42.3	169035	27.4	140703	30.0	22.3	-26.4

2—10　续表3　continued

地　区　Region		邮电业务总量（万元）Total Business Revenue (10000 yuan)		全社会固定资产投资（亿元）Total Investment in Fixed Assets (100 million yuan)		国有单位投资 State-owned Units		固定资产投资率（%）Ratio of Investment in Fixed Assets to GDP (%)	
		2003	增长% Increase Rate (%)	2003	增长% Increase Rate (%)	2003	增长% Increase Rate (%)	2003	增长% Increase Rate (%)
河北省	**Hebei**								
廊坊市	Langfang	227891	39.0	224.3	22.8	39.0	6.4	42.4	2.7
沧州市	Cangzhou	304351	23.0	178.5	23.6	84.7	31.0	28.4	1.2
衡水市	Hengshui	98866	12.1	194.7	31.2	78.3	44.1	49.1	6.6
邢台市	Xingtai	191007	44.5	217.6	29.0	94.5	46.3	43.1	4.7
山东省	**Shandong**								
聊城市	Liaocheng			200.9	43.1	44.1	12.4	44.2	6.8
荷泽市	Heze	155902	15.8	162.0	83.1	31.9	17.4	55.8	20.4
河南省	**Henan**								
濮阳市	Puyang			99.6	11.3	70.0	6.2	37.6	-
商丘市	Shangqiu	151400	34.6	122.9	17.3	91.4	21.1	36.8	6.5
信阳市	Xinyang	132380	26.2	139.4	19.8	84.3	24.2	40.5	3.2
安徽省	**Anhui**								
阜阳市	Fuyang	128136	-0.5	74.7	17.9	28.0	-13.6	34.4	4.2
亳州市	Bozhou	76489	58.5	54.5	21.4	16.1	13.3	29.7	3.6
湖北省	**Hubei**								
黄冈市	Huanggang	61800	-	106.7	11.9	53.4		19.6	
江西省	**Jiangxi**								
九江市	Jiujiang	120371	7.3	118.2	53.8	38.3	10.0	38.5	9.3
吉安市	Jian	98560	12.0	75.0	51.0	27.1	4.6	36.6	9.0
赣州市	Ganzhou	187500	17.6	150.0	37.4	84.1	83.6		
广东省	**Guangdong**								
河源市	Heyuan	77500	7.6	56.3	35.9	24.5	46.2	41.2	4.6
惠州市	Huizhou			224.5	114.4	28.1	31.0	38.0	18.1

地　区　Region		社会消费品零售总额（亿元）Total Retail Sales of Consumer Goods (100 million yuan)		商品零售价格指数（%）Retail Price Indices of Commodities (%)		居民消费价格指数（%）General Consumer Price Index (%)		城镇居民人均可支配收入（元）Per Capita Disposable Income of Urban Households (yuan)	
		2003	增长% Increase Rate (%)	2003	增长% Increase Rate (%)	2003	增长% Increase Rate (%)	2003	增长% Increase Rate (%)
河北省	**Hebei**								
廊坊市	Langfang	120.6	11.7	101.0	1.0	100.7	0.7	8404	8.2
沧州市	Cangzhou	165.4	9.8	105.6	5.6	105.3	5.3	6728	9.3
衡水市	Hengshui	86.5	13.4	101.3	1.3	101.3	1.3	6673	9.7
邢台市	Xingtai	156.3	11.3			102.3	2.3	6125	8.5
山东省	**Shandong**								
聊城市	Liaocheng	101.1	14.8			100.4	0.4		
荷泽市	Heze	141.7	14.7	99.5	-0.5	100.8	0.8	5901	5.9
河南省	**Henan**								
濮阳市	Puyang	73.3	11.2	101.3	1.3	102.5	2.5	6327	7.7
商丘市	Shangqiu	128.1	10.6	100.9	0.9	101.5	1.5	6041	8.0
信阳市	Xinyang	136.2	11.0	101.0	1.0	101.4	1.4	5257	7.7
安徽省	**Anhui**								
阜阳市	Fuyang	116.7	6.1	100.2	0.2	101.3	1.3	6529	8.1
亳州市	Bozhou	80.2	7.8			103.2	3.2	6429	12.7
湖北省	**Hubei**								
黄冈市	Huanggang	136.5	9.4	104.2	4.2	101.2	1.2	5100	
江西省	**Jiangxi**								
九江市	Jiujiang	85.6	13.2	100.6	0.6	102.2	2.2	7058	12.0
吉安市	Jian	73.1	80.0	100.9	0.9	101.6	1.6	6528	7.8
赣州市	Ganzhou	120.1	10.9	99.5	-0.5	100.9	0.9	6723	8.9
广东省	**Guangdong**								
河源市	Heyuan	51.9	13.1	100.2	0.2	100.5	0.5		
惠州市	Huizhou	181.7	12.8	100.7	0.7	100.5	0.5	12674	18.5

2—10 续表4 continued

地 区 Region		农民人均纯收入（元） Per Capita Net Income of Rural Households (yuan)		金融机构存款余额（亿元） Deposits of National Banking System (100 million yuan)		金融机构贷款余额（亿元） Loans of National Banking System (100 million yuan)		居民储蓄存款余额（亿元） Saving Deposits by Residents (100 million yuan)	
		2003	增长 % Increase Rate (%)	2003	增长 % Increase Rate (%)	2003	增长 % Increase Rate (%)	2003	增长 % Increase Rate (%)
河北省	Hebei								
廊坊市	Langfang	4053	4.6	512.0	18.0	327.6	23.7	363.9	14.9
沧州市	Cangzhou	2691	5.6	694.0	14.7	425.1	13.7	551.8	13.3
衡水市	Hengshui	2856	6.2	405.2	12.9	259.6	8.4	305.1	9.8
邢台市	Xingtai	2728	5.2	529.2	13.3	352.1	7.7	417.3	13.2
山东省	Shandong								
聊城市	Liaocheng	2678	7.0	410.5	21.5	332.4	22.0	285.6	14.3
荷泽市	Heze	2212	-3.7	326.7	19.8	292.6	21.3	245.9	13.4
河南省	Henan								
濮阳市	Puyang	1948		251.1	11.5	138.2	-0.1	206.5	12.6
商丘市	Shangqiu	1556	-17.3	254.0	17.0	252.0	6.0	199.2	18.0
信阳市	Xinyang	2000	3.4	326.1	16.7	245.3	13.4	255.1	21.2
安徽省	Anhui								
阜阳市	Fuyang	1659	-9.0	300.9	21.5	189.8	7.7	232.7	20.9
亳州市	Bozhou	1998	-1.6	145.6	20.8	106.2	-0.2	11.5	24.8
湖北省	Hubei								
黄冈市	Huanggang	2204	3.4	256.8		202.7		210.8	
江西省	Jiangxi								
九江市	Jiujiang	2373	12.3	260.6	18.2	242.5	7.8	181.4	17.9
吉安市	Jian	2329	3.8	243.0	17.4	149.4	7.2	188.8	16.5
赣州市	Ganzhou	2240	2.3	370.3	19.8	236.4	22.4	268.6	18.3
广东省	Guangdong								
河源市	Heyuan	3322	5.2	153.9	20.5	78.2	13.3	107.0	15.8
惠州市	Huizhou	4045	3.9	571.9	19.4	313.8	18.0	379.6	18.9

地 区 Region		人均储蓄存款余额（元） Per Capita Saving Deposits (yuan)		在岗职工平均工资（元） Average Wage of Staff and Workers (yuan)		财政总收入（万元） Total Revenue (10000 yuan)		地方财政支出（万元） Expenditures of Local Govenments (10000 yuan)	
		2003	增长 % Increase Rate (%)	2003	增长 % Increase Rate (%)	2003	增长 % Increase Rate (%)	2003	增长 % Increase Rate (%)
河北省	Hebei								
廊坊市	Langfang	9435	14.5	10602	6.3	382216	19.4	361000	17.5
沧州市	Cangzhou	8138	13.2	9747	10.2	563700	6.4	430200	13.1
衡水市	Hengshui	7404	9.4	9428	13.9	236015	14.7	252583	13.4
邢台市	Xingtai	6269	11.8	8752	7.9	355106	15.5	357118	17.6
山东省	Shandong								
聊城市	Liaocheng	5065	13.8	9841	9.7	373865	13.2	332688	15.1
荷泽市	Heze	2812	11.6	7791	10.9	267000	23.4	328921	15.0
河南省	Henan								
濮阳市	Puyang	5822	11.9	12069	11.9	112800	16.6	235900	14.8
商丘市	Shangqiu	2463	16.9	6921	12.3	125188	16.0	340443	11.2
信阳市	Xinyang	3247	19.3	8055	13.3			349660	15.1
安徽省	Anhui								
阜阳市	Fuyang	2583	19.9	8529	5.2	179868	4.2	281307	18.0
亳州市	Bozhou	2410	23.8	7909	6.5	101460	3.9	161601	13.7
湖北省	Hubei								
黄冈市	Huanggang	2908		7952		240000	6.0	309100	
江西省	Jiangxi								
九江市	Jiujiang	3961	17.2	9536	15.0	286023	23.4	311135	-2.3
吉安市	Jian	4081	15.2	8571	8.3	182200	21.3	308200	13.7
赣州市	Ganzhou	3328	17.3	9295	8.7	314000	20.6	475500	12.5
广东省	Guangdong								
河源市	Heyuan	3214	14.2	12494	22.2	275011	19.1	255904	16.4
惠州市	Huizhou	13332	17.7	13265	17.2	600108	27.7	387786	17.5

2—11 淮海经济区各省分市主要经济指标 （2003年）

Main Economic Indicators of the Provinces in Huaihai Economic Zone by City (2003)

地 区	Region	乡镇办事处（个）Town or Township Offices (unit)	土地面积（平方公里）Area of Land (sq.km)	耕地面积（千公顷）Cultivated Areas (1000 hectares)	比上年增长（%）Increase Rate Compared with the Previous Year (%)	年末人口数（万人）Population at the End of the Year (10000 persons)	比上年增长（%）Increase Rate Compared with the Previous Year (%)	农业人口 Agricultural Population	比上年增长 Increase Rate Compared with the Previous Year (%)
安徽省	**Anhui**								
亳州市	Bozhou	107	8374	495.4	2.0	539.2	0.8	477.6	0.6
淮南市	Huainan	60	2121	96.9	14.0	211.8	0.8	111.9	-1.3
蚌埠市	Bengbu	89	5952	285.4	-0.7	344.9	0.5	259.7	
淮北市	Huaibei	48	2741	135.1		203.9	1.5	125.1	0.9
滁州市	Chuzhou	180	13328	701.1	-1.3	432.9	0.6	335.3	0.7
阜阳市	Fuyang	180	9775	575.1	-0.9	904.1	0.7	802.1	0.4
宿州市	Suzhou	118	9787	493.1	-1.9	593.1	0.9	521.2	0.8
河南省	**Henan**								
周口市	Zhoukou	183	11959	854.1	3.4	1060.0	0.6	941.6	-0.2
商丘市	Shangqiu	191	10704	666.4	-0.5	810.7	0.4	632.4	-5.7
信阳市	Xinyang	217	18915	585.1		780.2	0.6	596.8	-2.1
山东省	**Shandong**								
枣庄市	Zaozhuang	62	4550	178.1	-0.7	363.8	0.4	247.6	
济宁市	Jining	153	10685	521.9	-1.1	798.9	0.3	570.3	-3.3
泰安市	Taian	86	7762	316.9	-1.3	547.6	0.2	374.8	-1.1
日照市	Rizhao	53	5310	157.0	-7.7	278.5	0.4	207.0	-0.5
莱芜市	Laiwu	20	2246	59.7	-0.1	123.9		81.5	-0.8
临沂市	Linyi	180	17184	652.6	-1.6	1011.1	0.3	768.8	-5.2
荷泽市	Heze	158	12239	690.7	-0.1	874.5	1.2	725.1	-1.0
德州市	Dezhou	124	10356	538.3	-0.8	546.0	0.4	420.1	-1.1
江苏省	**Jiangsu**								
徐州市	Xuzhou	169	11258	600.7	-1.4	908.7	0.5	624.2	-4.6
连云港市	Lianyungang	107	7480	373.2	-0.3	467.8	0.8		
淮安市	Huan	128	10072	392.9	-0.8	519.9	0.4	378.7	-1.6
盐城市	Yancheng	141	14980	773.7	-0.2	796.5	0.1	526.9	-5.7
宿迁市	Suqian	115	8555	439.7	0.1	517.3	0.8	381.3	4.2

地 区	Region	地区生产总值（亿元）Gross Domestic Product (100 million yuan)	比上年增长（%）Increase Rate Compared with the Previous Year (%)	第一产业 Primary Industry	比上年增长（%）Increase Rate Compared with the Previous Year (%)	第二产业 Secondary Industry	比上年增长（%）Increase Rate Compared with the Previous Year (%)	工 业 Industry	比上年增长（%）Increase Rate Compared with the Previous Year (%)
安徽省	**Anhui**								
亳州市	Bozhou	183.7	2.4	69.6	-8.1	48.3	12.4	32.6	8.3
淮南市	Huainan	170.5	10.0	17.8	-9.7	87.0	14.3	62.9	12.5
蚌埠市	Bengbu	206.7	6.1	39.0	-15.3	90.4	14.8	70.8	13.7
淮北市	Huaibei	132.4	9.0	17.0	-10.8	69.7	14.4	61.3	12.3
滁州市	Chuzhou	300.5	4.0	62.8	-14.5	131.0	10.8	105.5	8.4
阜阳市	Fuyang	216.9	1.0	76.1	-15.0	61.0	14.5	43.3	12.1
宿州市	Suzhou	219.2	1.8	92.8	-8.6	51.1	11.7	33.2	8.4
河南省	**Henan**								
周口市	Zhoukou	403.0	-2.6	125.0	-21.5	173.0	10.9	141.8	13.3
商丘市	Shangqiu	333.7	-0.6	103.7	-21.3	128.4	15.3	100.0	16.7
信阳市	Xinyang	344.1	9.1	95.7	-3.5	136.2	18.1	98.5	18.1
山东省	**Shandong**								
枣庄市	Zaozhuang	383.2	16.1	46.7	5.3	216.1	20.6	190.6	19.2
济宁市	Jining	882.6	16.7	127.1	5.6	432.6	22.5	297.5	21.9
泰安市	Taian	604.1	16.1	80.9	8.6	30.5	20.1	25.3	18.5
日照市	Rizhao	311.7	17.0	57.7	5.2	139.0	24.4	113.7	21.1
莱芜市	Laiwu	170.1	16.9	15.1	6.4	96.0	24.5	84.1	27.4
临沂市	Linyi	834.6	17.8	124.6	6.1	412.3	22.2	344.0	20.1
荷泽市	Heze	290.1	12.3	114.9	-2.3	104.7	32.4	85.8	26.8
德州市	Dezhou	556.7	16.6	102.6	8.2	279.9	22.1	241.3	20.4
江苏省	**Jiangsu**								
徐州市	Xuzhou	905.7	12.5	139.1	3.4	439.5	16.3	366.7	17.2
连云港市	Lianyungang	351.1	12.1	82.9	4.0	148.3	16.2	114.1	17.2
淮安市	Huan	420.6	12.2	97.0	-0.1	195.7	18.8	156.1	15.5
盐城市	Yancheng	760.9	13.0	177.5	3.4	334.7	19.1	292.2	17.9
宿迁市	Suqian	278.3	12.1	82.6	2.2	114.8	18.1	84.3	15.6

2—11 续表1 continued

地　区 Region		第三产业 Tertiary Industry	比上年增长(%) Increase Rate Compared with the Previous Year (%)	人均生产总值(元) Per Capita Gross Demectic Product (yuan)	比上年增长(%) Increase Rate Compared with the Previous Year (%)	农林牧渔业总产值(亿元) Gross Output Value of Farming, Forestry, Animal Husbandry and Fishery (100 million yuan)	比上年增长(%) Increase Rate Compared with the Previous Year (%)	粮食总产量(万吨) Gross Output of Grain (10000 tons)	比上年增长(%) Increase Rate Compared with the Previous Year (%)
安徽省	**Anhui**								
亳州市	Bozhou	65.8	7.8	3420	1.5	118.7	-10.6	222.7	-25.7
淮南市	Huainan	65.7	11.0	8082	9.0	27.3	10.1	52.5	-40.7
蚌埠市	Bengbu	77.2	10.2	6006	5.4	72.4	-13.9	118.1	-36.8
淮北市	Huaibei	45.7	9.9	6535	10.7	28.7	-10.8	66.8	-21.3
滁州市	Chuzhou	106.7	10.0	6960	3.4	62.5	-15.6	173.0	-45.4
阜阳市	Fuyang	79.8	10.7	2407	0.1	149.1	-13.2	217.7	-36.5
宿州市	Suzhou	75.3	10.3	3713	0.9	156.9	-14.1	205.9	-31.3
河南省	**Henan**								
周口市	Zhoukou	105.0	4.5	3816	-3.1	225.8	27.2	396.6	27.1
商丘市	Shangqiu	101.6	10.4	4125	-3.5	206.0	-12.2	321.1	-25.4
信阳市	Xinyang	112.3	11.0	4423	8.8	166.3	-1.5	286.0	-24.8
山东省	**Shandong**								
枣庄市	Zaozhuang	120.4	13.6	10558	15.7	87.5	6.6	99.9	-9.5
济宁市	Jining	322.9	14.5	11063	16.3	242.3	10.3	323.6	-11.3
泰安市	Taian	21.9	13.9	11043	15.6	143.8	9.6	202.3	8.7
日照市	Rizhao	114.9	14.7	11211	16.8	94.1	4.4	84.2	-2.6
莱芜市	Laiwu	58.9	9.2	13727	16.7	27.0	7.1	23.8	11.7
临沂市	Linyi	297.7	17.9	8264	17.4	224.8	6.6	304.5	-4.3
荷泽市	Heze	70.5	14.0	3337	11.2	204.8	-2.3	269.8	-14.9
德州市	Dezhou	174.2	13.6	10218	16.0	196.2	13.7	312.2	-1.6
江苏省	**Jiangsu**								
徐州市	Xuzhou	327.1	11.7	9990	12.1	135.4	-1.9	210.4	-29.3
连去港市	Lianyungang	119.9	12.8	7536	11.5	151.2	0.6	203.5	-11.8
淮安市	Huan	128.0	13.5	8108	11.6	181.6	2.2	238.7	-23.5
盐城市	Yancheng	248.7	13.0	9540	12.6	386.0	5.6	397.2	-15.2
宿迁市	Suqian	80.9	15.0	5401	11.1	145.3		176.6	-35.3

地　区 Region		油料产量(万吨) Gross Output of Oil-bearing Crops (10000 tons)	比上年增长(%) Increase Rate Compared with the Previous Year (%)	棉花总产量(万吨) Gross Output of Cotton (10000 tons)	比上年增长(%) Increase Rate Compared with the Previous Year (%)	肉类总产量(万吨) Gross Output of Meat (10000 tons)	比上年增长(%) Increase Rate Compared with the Previous Year (%)	水产品产量(万吨) Gross Output of Aquatic (10000 tons)	比上年增长(%) Increase Rate Compared with the Previous Year (%)
安徽省	**Anhui**								
亳州市	Bozhou	9.1	-45.6	3.3	-42.0	45.1	5.0	5.2	-10.3
淮南市	Huainan	1.0	-35.6	0.2	57.7	8.3	8.6	4.4	10.0
蚌埠市	Bengbu	20.9	-42.8	2.3	-41.6	21.8	11.2	9.5	4.5
淮北市	Huaibei	2.7	-45.1	1.4	-43.3	8.0	11.9	2.5	5.4
滁州市	Chuzhou	29.0	-24.0	1.2	-33.0	36.0	-2.7	21.0	-5.3
阜阳市	Fuyang	7.8	-47.3	1.2	-56.2	50.1	2.8	8.5	-2.2
宿州市	Suzhou	20.9	-49.7	4.0	-43.3	39.9	11.9	3.5	6.4
河南省	**Henan**								
周口市	Zhoukou	11.9	-69.6	8.4	71.2	70.6	10.3		
商丘市	Shangqiu	19.9	-44.4	5.8	-71.9	59.9	8.9	2.6	7.5
信阳市	Xinyang	37.6	11.3	1.4	-37.4	53.1	10.2		
山东省	**Shandong**								
枣庄市	Zaozhuang	12.7	-0.7	0.3	-0.8	16.7	16.8	4.0	1.3
济宁市	Jining	26.0	25.7	10.0	43.5	68.0	7.2	19.0	14.3
泰安市	Taian	17.7	34.9	0.6	79.5	35.0	10.4	6.7	16.7
日照市	Rizhao	19.6	18.4		37.8	15.4	2.6	5.3	4.3
莱芜市	Laiwu	1.6	34.1		46.3	5.0	9.4	0.8	0.4
临沂市	Linyi	63.7	36.2	0.9	34.3	58.1	3.7	8.7	17.6
荷泽市	Heze	35.5	-32.5	22.8	-6.7	39.3	20.1	9.0	-4.0
德州市	Dezhou	6.6	-16.7	22.8	27.1	41.5	7.3	7.5	7.1
江苏省	**Jiangsu**								
徐州市	Xuzhou	10.3	-53.7	4.4	-30.2	42.4	4.7	14.7	1.1
连去港市	Lianyungang	10.9	-28.7	3.0	-26.7	16.5	2.5	39.9	0.2
淮安市	Huan	17.5	-29.1	0.3	-50.3	22.8	-1.8	20.2	-10.8
盐城市	Yancheng	38.5	35.5	15.6	-26.1	66.6	1.4	88.0	34.2
宿迁市	Suqian	12.0	-34.5	0.8	-51.2	25.0	2.0	15.0	-9.0

2—11　续表2　continued

地　区	Region	规模以上工业增加值(亿元) Value-added of Industry of Industrial Enterprises Above Designed Size (100 million yuan)	比上年增长(%) Increase Rate Compared with the Previous Year (%)	规模以上工业经济效益综合指数(%) Comprehensive Economic Benefit Index of Industrial Enterprises Above Designed Size (%)	比上年增长(%) Increase Rate Compared with the Previous Year (%)	规模以上工业产品销售收入(亿元) Sales Revnue of Industrial Enterprises Above Designed Size (100 million yuan)	比上年增长(%) Increase Rate Compared with the Previous Year (%)	规模以上工业利税合计(亿元) Profit and Tax of Industrial Enterprises Above Designed Size (100 million yuan)	比上年增长(%) Increase Rate Compared with the Previous Year (%)
安徽省	**Anhui**								
亳州市	Bozhou	14.4	13.7	93.4	9.7	47.0	14.5	4.8	15.8
淮南市	Huainan	51.7	13.3	93.9	14.2	155.4	17.3	18.8	27.0
蚌埠市	Bengbu	48.7	23.6	133.8	8.0	129.3	18.5	25.4	8.4
淮北市	Huaibei	56.4	9.7	93.4	2.3	129.0	14.5	15.9	23.5
滁州市	Chuzhou	189.6	11.7	130.3	11.8	146.1	20.6	16.5	31.0
阜阳市	Fuyang	26.7	13.6	95.6	13.4	87.6	14.4	9.5	12.9
宿州市	Suzhou	14.8	11.0	84.6	10.7	41.7	18.5	2.1	-5.8
河南省	**Henan**								
周口市	Zhoukou	56.1	13.3	115.3	9.6	168.4	19.7	13.3	25.2
商丘市	Shangqiu	52.1	20.3	134.7	5.1	129.9	28.5	16.3	25.3
信阳市	Xinyang	46.8	20.7	111.3	10.6			8.7	27.8
山东省	**Shandong**								
枣庄市	Zaozhuang	136.0	25.9	155.7	21.7	435.4	42.7	55.1	59.3
济宁市	Jining	285.6	27.0	153.1	9.8	745.8	39.4	103.1	34.8
泰安市	Taian	180.8	24.1	116.9	10.2	469.3	40.4	46.6	53.1
日照市	Rizhao	61.0	31.0	115.3	4.5	205.4	49.1	15.4	43.0
莱芜市	Laiwu	76.2	36.5	123.6	16.3	231.9	58.2	24.9	49.7
临沂市	Linyi	188.7	25.8	133.0	8.2	616.5	33.8	57.1	33.5
荷泽市	Heze	51.3	34.9	117.8	8.9	170.9	36.6	12.3	21.7
德州市	Dezhou	178.1	29.8	182.0	13.0	530.3	44.2	71.4	42.2
江苏省	**Jiangsu**								
徐州市	Xuzhou	221.3		137.0	16.5	670.8	35.0	80.4	38.6
连去港市	Lianyungang	58.8	18.5	133.2	1.6	193.8	30.1	21.6	19.4
淮安市	Huan	100.9	15.4	158.0		342.7	22.4	47.8	21.0
盐城市	Yancheng	180.5	17.9			719.2	21.8	56.0	42.5
宿迁市	Suqian	39.9	16.2	132.2	17.8	131.2	23.8	10.0	47.7

地　区	Region	规模以上工业利润总额(亿元) Profit of Industrial Enterprises Above Designed Size (100 million yuan)	比上年增长(%) Increase Rate Compared with the Previous Year (%)	全社会固定资产投资(亿元) Total Investment in Fixed Assets (100 million yuan)	比上年增长(%) Increase Rate Compared with the Previous Year (%)	基本建设 Capital Construction	比上年增长(%) Increase Rate Compared with the Previous Year (%)	更新改造 Innovation	比上年增长(%) Increase Rate Compared with the Previous Year (%)
安徽省	**Anhui**								
亳州市	Bozhou	1.6	30.2	54.5	21.4	15.0	48.2	8.4	32.7
淮南市	Huainan	6.0	50.9	54.1	34.3	21.4	54.3	15.3	25.2
蚌埠市	Bengbu	5.7	20.6	84.7	36.3	37.1	40.8	18.0	33.3
淮北市	Huaibei	4.3	72.1	51.1	43.3	18.5	44.6	17.4	60.6
滁州市	Chuzhou	5.3	26.2	65.8	12.7	17.3	63.0	18.5	19.1
阜阳市	Fuyang	1.3	34.9	74.7	17.9	19.5	10.3	15.8	3.1
宿州市	Suzhou	0.3	-11.2	56.9	15.0	11.6	41.7	14.8	25.2
河南省	**Henan**								
周口市	Zhoukou	8.2	41.3	114.6	9.6	32.4	-9.5	17.0	57.8
商丘市	Shangqiu	10.0	27.8	122.9	17.3	53.1	4.0	24.4	49.6
信阳市	Xinyang	3.6	31.5	139.4	19.8	65.1	20.6	10.6	40.9
山东省	**Shandong**								
枣庄市	Zaozhuang	25.3	95.7	136.1	53.0	47.7	47.8	11.1	29.9
济宁市	Jining	60.9	36.8	356.0	52.1	134.4	73.0	48.0	28.6
泰安市	Taian	21.1	91.3	259.9	55.2	76.3	35.6	28.7	40.3
日照市	Rizhao	8.4	68.4	131.2	54.0	72.0	87.4	10.4	13.7
莱芜市	Laiwu	7.8	57.6	76.7	49.0	28.6	29.1	24.5	182.4
临沂市	Linyi	33.5	43.7	359.3	58.4	89.7	47.7	36.6	26.0
荷泽市	Heze	5.2	53.1	162.0	83.0	45.8	105.8	10.0	37.5
德州市	Dezhou	42.8	49.6	323.9	98.4	103.9	88.0	74.9	84.9
江苏省	**Jiangsu**								
徐州市	Xuzhou	28.9	54.1	383.0	18.5	132.7	30.0	50.7	27.5
连去港市	Lianyungang	11.4	20.9	212.3	17.6	103.2	16.4	25.2	17.3
淮安市	Huan	16.2	29.1	229.6	27.4	64.2	56.9	46.7	105.8
盐城市	Yancheng	25.4	70.1	280.3	43.4	59.1	63.4	21.7	21.2
宿迁市	Suqian	4.0	303.3	142.1	25.5	39.7	10.3	2.7	-38.7

2—11 续表3 continued

地 区	Region	房地产开发 Real Estate Development	比上年增长 (%) Increase Rate Compared with the Previous Year (%)	社会消费品零售总额 (亿元) Total Retail Sale of Consumer Goods (100 million yuan)	比上年增长 (%) Increase Rate Compared with the Previous Year (%)	实际利用外资 (万美元) Foreign Capital Actually Used (USD 10000)	比上年增长 (%) Increase Rate Compared with the Previous Year (%)	进出口总额 (万美元) Total Imports and Exports (USD 10000)	比上年增长 (%) Increase Rate Compared with the Previous Year (%)
安徽省	**Anhui**								
亳州市	Bozhou	4.6	25.0	80.2	7.8	2504	61.5	1531	18.8
淮南市	Huainan	6.7	31.0	55.6	9.2	8126	80.0	5424	94.1
蚌埠市	Bengbu	13.5	67.3	88.7	8.3	8065	38.6	20650	31.2
淮北市	Huaibei	6.1	72.9	40.8	8.9	3061	59.5	4609	34.9
滁州市	Chuzhou	6.7	22.6	78.4	6.4	4015	23.4	16586	49.6
阜阳市	Fuyang	7.9	149.2	116.7	6.1	655	-0.9	6965	37.8
宿州市	Suzhou	4.5	20.8	68.0	9.7	2030	32.4	2292	-27.9
河南省	**Henan**								
周口市	Zhoukou	6.4	16.2	160.5	11.0	2055	54.5	23446	33.2
商丘市	Shangqiu	3.3	4.3倍	128.1	10.6	1584	52.0	3974	92.3
信阳市	Xinyang	8.6	35.7	136.2	11.0	2002	39.0	4861	26.0
山东省	**Shandong**								
枣庄市	Zaozhuang	14.9	60.5	121.1	14.1	4681	0.4	24454	32.7
济宁市	Jining	25.1	64.0	241.6	15.9	20113	127.5	100604	58.7
泰安市	Taian	15.1	141.5	185.7	14.6	15107	114.3	42337	40.4
日照市	Rizhao	14.2	163.9	88.9	14.7	13300	137.7	129086	39.8
莱芜市	Laiwu	2.8	35.0	55.7	14.0	6156	119.0	30001	18.2
临沂市	Linyi	22.5	45.8	263.3	16.2	24255	138.3	114061	71.1
荷泽市	Heze	8.3	126.2	141.7	14.7	12898	182.2	31210	85.2
德州市	Dezhou	21.2	86.2	158.7	14.9	33592	231.0	55460	63.4
江苏省	**Jiangsu**								
徐州市	Xuzhou	30.1	20.3	235.4	12.0	34095	36.3	74484	64.1
连去港市	Lianyungang	19.8	23.4	123.6	12.1	80982	50.7	95167	27.4
淮安市	Huan	21.6	38.5	139.3	11.9	10400	60.8	37591	32.7
盐城市	Yancheng	22.8	32.0	224.9	6.4	23907	44.0	78605	48.6
宿迁市	Suqian	13.1	86.6	78.0	11.8	1819	40.2	7750	25.8

地 区	Region	进口 Imports	比上年增长 (%) Increase Rate Compared with the Previous Year (%)	出口 Exports	比上年增长 (%) Increase Rate Compared with the Previous Year (%)	财政总收入 (万元) Total Government Revenue (10000 yuan)	比上年增长 (%) Increase Rate Compared with the Previous Year (%)	地方财政收入 Local Government Revenue	比上年增长 (%) Increase Rate Compared with the Previous Year (%)
安徽省	**Anhui**								
亳州市	Bozhou	119	440.9	1412	11.5	104566	3.9	71864	6.0
淮南市	Huainan	2848	170.1	2576	48.1	201365	16.4	97000	15.8
蚌埠市	Bengbu	4015	28.8	16635	31.7	260519	5.9	105496	3.9
淮北市	Huaibei	763	43.7	3846	33.3	163901	13.5	76528	9.5
滁州市	Chuzhou	4927	55.1	11659	47.4	187630	12.0	100710	9.2
阜阳市	Fuyang	1521	28.4	5444	40.7	179865	4.2	104816	3.6
宿州市	Suzhou	262	-36.1	2030	-26.7	117153	4.9	81100	4.4
河南省	**Henan**								
周口市	Zhoukou	16803	46.2	6643	8.7	137000	2.3	128000	
商丘市	Shangqiu	1280	9.1倍	2694	42.5	125188	16.0	117666	13.4
信阳市	Xinyang	2809	15.4	2052	44.1				
山东省	**Shandong**								
枣庄市	Zaozhuang	6232	42.7	18222	29.6	278509	16.8	164942	25.0
济宁市	Jining	47313	70.6	53291	50.0			477700	26.7
泰安市	Taian	11320	52.7	31017	36.3	399268	16.6	275896	18.8
日照市	Rizhao	51036	103.5	78050	16.1	462400	27.0	111500	12.2
莱芜市	Laiwu	10468	20.3	19533	17.2	167479	15.4	75827	25.0
临沂市	Linyi	35693	79.7	78368	67.4	555000	19.4	319872	26.7
荷泽市	Heze	1984	57.0	29226	87.5	267000	23.4	159652	19.8
德州市	Dezhou	16832	73.8	38628	59.3	372600	12.6	227135	21.1
江苏省	**Jiangsu**								
徐州市	Xuzhou	44826	107.6	29658	24.6	828200	26.3	409700	24.0
连去港市	Lianyungang	37420	53.5	57747	14.8	341292	26.5	223408	33.3
淮安市	Huan	13391	72.5	24200	17.6	538757	17.7	244919	23.1
盐城市	Yancheng	29747	101.0	48858	28.2	567932	32.2	351440	33.8
宿迁市	Suqian	875	22.0	6875	26.3	168666	17.8	113506	20.4

2—11　续表4　continued

地　区	Region	财政支出（万元）Government Expenditure (10000 yuan)	比上年增长（%）Increase Rate Compared with the Previous Year (%)	金融机构年末存款余额（亿元）Balance of Deposits of Financial Institutions (100 million yuan)	比上年增长（%）Increase Rate Compared with the Previous Year (%)	居民储蓄存款余额 Balance of Savings Deposit of Rural and Urban Residents	比上年增长（%）Increase Rate Compared with the Previous Year (%)	金融机构年末贷款余额（亿元）Loans of National Banking System (100 million yuan)	比上年增长（%）Increase Rate Compared with the Previous Year (%)
安徽省	**Anhui**								
亳州市	Bozhou	161601	13.7	145.6	20.8	114.9	24.8	106.2	-0.2
淮南市	Huainan	147000	21.3	199.1	19.4	148.2	15.5	161.2	5.0
蚌埠市	Bengbu	192535	16.4	258.0	35.8	156.7	24.7	189.5	23.5
淮北市	Huaibei	111877	11.0	151.2	17.4	107.0	18.6	94.9	9.7
滁州市	Chuzhou	230141	21.8	185.0	20.2	134.0	17.3	167.0	2.2
阜阳市	Fuyang	282239	18.0	300.9	21.5	232.7	20.9	189.8	7.7
宿州市	Suzhou	194502	13.6	188.3	23.3	148.6	20.1	132.2	3.4
河南省	**Henan**								
周口市	Zhoukou	375000	16.7	338.3	12.4	282.5	14.1	350.6	7.6
商丘市	Shangqiu	340443	11.2	254.0	17.0	199.2	18.0	252.0	6.0
信阳市	Xinyang	348011	14.6	326.1	16.7	255.1	21.2	245.3	13.4
山东省	**Shandong**								
枣庄市	Zaozhuang	240442	14.9	259.7	27.8	167.2	17.9	221.2	13.7
济宁市	Jining	614100	18.9	662.8	122.2	430.2	60.6	492.6	84.6
泰安市	Taian	414623	25.5	443.6	26.2	289.7	17.0	319.6	25.7
日照市	Rizhao	161033	8.9	227.2	24.5	133.5	17.8	211.4	27.5
莱芜市	Laiwu	114230	17.9	150.1	26.3	84.8	18.9	128.4	17.6
临沂市	Linyi	530218	18.3	668.0	28.3	436.0	20.2	521.7	37.2
荷泽市	Heze	328921	15.0	326.7	19.8	245.9	13.4	292.6	21.3
德州市	Dezhou	367280	17.4	431.6	23.5	292.4	14.7	366.6	26.8
江苏省	**Jiangsu**								
徐州市	Xuzhou	606500	16.6	727.7	17.7	482.2	15.7	461.4	15.9
连去港市	Lianyungang	335675	31.6	302.9	16.6	184.6	16.0	248.6	23.8
淮安市	Huan	384144	35.2	297.3	24.2	178.3	20.2	221.0	20.6
盐城市	Yancheng	523383	25.1	623.8	22.1	436.9	158.0	414.4	19.4
宿迁市	Suqian	255392	19.5	158.7	21.5	105.3	20.9	112.5	17.8

地　区	Region	在岗职工平均工资（元）Average Wage of Staff and Workers (yuan)	比上年增长（%）Increase Rate Compared with the Previous Year (%)	城镇居民人均可支配收入（元）Per Capita Disposable Income of Urban Households (yuan)	比上年增长（%）Increase Rate Compared with the Previous Year (%)	农民人均纯收入（元）Per Capita Net Income of Rural Households (yuan)	比上年增长（%）Increase Rate Compared with the Previous Year (%)	居民消费价格总指数（上年为100）General Consumer Price Index (preceding year=100)	比上年增长（%）Increase Rate Compared with the Previous Year (%)
安徽省	**Anhui**								
亳州市	Bozhou	7909	6.5	6429	12.7	1998	-1.6	103.2	3.2
淮南市	Huainan	11867	24.5	6010	12.4	2180	-5.7	103.1	3.1
蚌埠市	Bengbu	10263	13.9	7237	10.2	2022	-8.2	101.5	1.5
淮北市	Huaibei	10009	12.3	6529	7.7	2336	持平	103.3	3.3
滁州市	Chuzhou	8460	15.6	6777	9.3	1967	-11.8	101.1	1.1
阜阳市	Fuyang	7720	6.0	6529	8.1	1659	-9.0	101.3	1.3
宿州市	Suzhou	8143	11.2	6196	12.4	1707	-15.0	102.4	2.4
河南省	**Henan**								
周口市	Zhoukou			4961	8.6	1582	-20.7	104.2	4.2
商丘市	Shangqiu	6921	12.3	6041	8.0	1556	-17.3	101.5	1.5
信阳市	Xinyang	8055	13.3	5257	7.7	2000	3.4	101.4	1.4
山东省	**Shandong**								
枣庄市	Zaozhuang	10509	14.3	7425	14.4	3281	5.9	101.0	1.0
济宁市	Jining	11986	10.6	8310	15.0	3178	6.9	101.0	1.0
泰安市	Taian	10401	12.3	7749	5.2	3350	6.9	99.4	-0.6
日照市	Rizhao	10229	9.9	7875	6.1	3306	5.9	100.3	0.3
莱芜市	Laiwu	13228	17.0	8469	14.1	3844	6.1	100.8	0.8
临沂市	Linyi	9884	8.6	7207	8.6	2788	7.1	101.9	1.9
荷泽市	Heze	7791	10.9	5901	5.9	2212	-3.7	100.8	0.8
德州市	Dezhou	8368	8.7	7019	9.8	3005	9.9	100.3	0.3
江苏省	**Jiangsu**								
徐州市	Xuzhou	13551	14.0	8954	11.4	3612	3.9	101.5	1.5
连去港市	Lianyungang	11262	11.8	7782	11.9	3139	5.0	101.6	1.6
淮安市	Huan	10804	9.6	7798	8.9	3395	1.9	101.2	1.2
盐城市	Yancheng	10618	17.8	8059	10.8	4037	5.1	102.1	2.1
宿迁市	Suqian	9447	8.6	5591	10.9	3152	-2.4	101.9	1.9

主要统计指标解释

可比价格 指计算各种总量指标所采用的扣除了价格变动因素的价格，可进行不同时期总量指标的对比。按可比价格计算总量指标有两种方法：一种是直接用产品产量乘某一年的不变价格计算；另一种是用价格指数进行缩减。

不变价格 指以同类产品某年的平均价格作为固定价格，用于计算各年的产品价值。按不变价格计算的产品价值消除了价格变动因素，不同时期对比可以反映生产的发展速度。新中国成立后，随着工农业产品价格水平的变化，国家统计局先后五次制定了全国统一的工业产品不变价格和农业产品不变价格。从 1952 年到 1957 年使用 1952 年工(农)业产品不变价格，从 1957 年到 1970 年使用 1957 年不变价格，从 1971 年到 1980 年使用 1970 年不变价格，从 1981 年到 1990 年使用 1980 年不变价格，从 1991 年开始使用 1990 年不变价格。

平均增长速度 我国计算平均增长速度有两种方法：一种是习惯上经常使用的"水平法"，又称几何平均法，是以间隔期最后一年的水平同基期水平对比来计算平均每年增长(或下降)速度；另一种是"累计法"，又称代数平均法或方程法，是以间隔期内各年水平的总和同基期水平对比来计算平均每年增长(或下降)速度。在一般正常情况下，两种方法计算的平均每年增长速度比较接近；但在经济发展不平衡、出现大起大落时，两种方法计算的结果差别较大。

本《年鉴》内所列的平均增长速度，除固定资产投资用"累计法"计算外，其余均用"水平法"计算。从某年到某年平均增长速度的年份，均不包括基期年在内。如建国四十三年的平均增长速度是以 1949 年为基期计算的，则写为 1950-1992 年平均增长速度，其余类推。

企业(单位)登记注册类型 是以在工商行政管理机关登记注册的各类企业为划分对象，以工商行政管理部门对企业登记注册的类型为依据，将企业登记注册类型分为内资企业、港澳台商投资企业和外商投资企业三大类。内资企业包括国有企业、集体企业、股份合作企业、联营企业、有限责任公司、股份有限公司、私营公司和其他企业；港澳台商投资企业和外商投资企业分别包括合资经营企业、合作经营企业、独资经营企业和股份有限公司。对不在工商行政管理部门进行登记注册的行政机关、事业单位和社会团体，主要按其经费来源和管理方式进行划分。

国有企业 指企业全部资产归国家所有，并按《中华人民共和国企业法人登记管理条例》规定登记注册的非公司制的经济组织。不包括有限责任公司中的国有独资公司。

集体企业 指企业资产归集体所有，并按《中华人民共和国企业法人登记管理条例》规定登记注册的经济组织。

股份合作企业 指以合作制为基础，由企业职工共同出资入股，吸收一定比例的社会资产投资组建，实行自主经营，自负盈亏，共同劳动，民主管理，按劳分配与按股分红相结合的一种集体经济组织。

联营企业 指两个及两个以上相同或不同所有制性质的企业法人或事业单位法人，按自愿、平等、互利的原则，共同投资组成的经济组织。联营企业包括国有联营企业、集体联营企业、国有与集体联营企业和其他联营企业。

有限责任公司 指根据《中华人民共和国公司登记管理条例》规定登记注册，由两个以上、五十个以下的股东共同出资，每个股东以其所认缴的出资额对公司承担有限责任，公司以其全部资产对其债务承担责任的经济组织。有限责任公司包括国有独资公司以及其他有限责任公司。

股份有限公司 指根据《中华人民共和国公司登记管理条例》规定登记注册，其全部注册资本由等额股份构成并通过发行股票筹集资本，股东以其认购的股份对公司承担有限责任，公司以其全部资产对其债务承担责任的经济组织。

私营企业 指由自然人投资设立或由自然人控股，以雇佣劳动为基础的营利性经济组织。包括按照《公司法》、《合伙企业法》、《私营企业暂行条例》规定登记注册的私营有限责任公司、私营股份有限公司、私营合伙企业和私营独资企业。

其他内资企业 指上述企业之外的其他内资经济组织。

与港澳台商合资经营企业　指港澳台地区投资者与内地企业依照《中华人民共和国中外合资经营企业法》及有关法律的规定，按合同规定的比例投资设立、分享利润和分担风险的企业。

与港澳台商合作经营企业　指港澳台地区投资者与内地企业依照《中华人民共和国中外合作经营企业法》及有关法律的规定，依照合作合同的约定进行投资或提供条件设立、分配利润和分担风险的企业。

港澳台商独资经营企业　指依照《中华人民共和国外资企业法》及有关法律的规定，在内地由港澳台地区投资者全额投资设立的企业。

港澳台商投资股份有限公司　指根据国家有关规定，经外经贸部依法批准设立，其中港、澳、台商的股本占公司注册资本的比例达 25% 以上的股份有限公司。凡其中港、澳、台商的股本占公司注册资本的比例小于 25%的，属于内资企业中的股份有限公司。

中外合资经营企业　指外国企业或外国人与中国内地企业依照《中华人民共和国中外合资经营企业法》及有关法律的规定，按合同规定的比例投资设立、分享利润和分担风险的企业。

中外合作经营企业　指外国企业或外国人与中国内地企业依照《中华人民共和国中外合作经营企业法》及有关法律的规定，依照合作合同的约定进行投资或提供条件设立、分配利润和分担风险的企业。

外资企业　指依照《中华人民共和国外资企业法》及有关法律的规定，在中国内地由外国投资者全额投资设立的企业。

外商投资股份有限公司　指根据国家有关规定，经外经贸部依法批准设立，其中外资的股本占公司注册资本的比例达 25% 以上的股份有限公司。凡其中外资股本占公司注册资本的比例小于 25%的，属于内资企业中的股份有限公司。

行政机关、事业单位和社会团体　参照企业登记注册类型，主要按其经费来源和管理方式划分。具体规定如下：

⑴行政机关：包括国家机关和政党机关，原则上均列为“国有”。但有特殊规定的，如供销社等，则列为“集体”。

⑵事业单位：包括经国家机构编制部门和有关业务主管部门批准成立的各类事业单位，不包括实行企业化管理的事业单位。事业单位的划分办法如下：

①由国家财政预算拨款或列入财政预算外资金管理以及经费主要来源于国有主管部门或国有上级单位的事业单位，列为“国有”。

②经费主要来源于集体单位的事业单位，列为“集体”。

③公民个人(或个人合伙)开办的事业单位，列为“私营”。

④上述以外的其他事业单位，如果其经费来源不明确，按管理方式进行归类。

⑶社会团体：包括经民政部门批准成立以及未纳入社会团体管理条例范围的工会、妇联等各类社会团体。社会团体的划分办法如下：

①未纳入民政部社会团体管理条例范围的工会、妇联、共青团、青联、工商联、科协、侨联等社会团体，国家拨款设立的基金会或基金管理组织以及经费主要来源于国有业务主管部门或国有上级单位的社会团体，列为“国有”。

②经费主要来源于集体单位的社会团体，列为“集体”。

③公民个人(或个人合伙)开办的社会团体，划为“私营”。

④上述以外的其他社会团体，如果其经费来源不明确，改按管理方式进行归类。

Explanatory Notes for Major Statistical Indicators

Comparable Prices refer to prices that are used to remove the factors of price change in calculating economic aggregates, so as to facilitate comparison of aggregates over time. Two methods are used for calculating economic aggregates at comparable prices: 1.Multiplying the output of products by their constant prices of certain year; 2.Deflation of data at current prices by relevant price index.

Constant Price refers to the average price of a given product in certain year, which is used for comparison of output value over time. As the output value at constant prices removes the factor of price changes, it reflects the trend of production development over time. Since 1949, with the changes in general price level, the State Statistical Bureau has issued nationally unified constant prices five times: the 1952 constant prices for 1949-1957; the 1957 constant prices for 1957-1971; the 1970 constant prices for 1971-1981; the 1980 constant prices for 1981-1990; and the 1990 constant prices have been used since 1991.

Average Annual Growth Rate Two methods for calculating average annual growth rate are applied in China, one is often called "level approach" or the method of calculating geometric average, which is derived by comparing the level of the last year of the interval with that of the beginning year; the other is called "accumulative approach" or algebraic average or equation method, which is derived by the summation of the actual figure of each year in the interval divided by the figure in the base year.

Usually the results calculated by the two methods are fairly close, but they differed sharply when uneven economic development occurred with striking fluctuations in growth.

The average annual growth rates listed in this statistical yearbook are calculated by level approach except for the growth rate of investment in fixed assets. The base years are not listed when the years are listed for average annual growth rates. For instance, the average annual growth rate of 43 years since 1949 is listed as average annual growth rate of 1950-1992 without listing the base year 1949. And the analogy of this is also the same for the rest of the years.

Registration Status of Enterprises Enterprises are classified into 3 categories, namely domestic-funded enterprises, enterprises with investment from Hong Kong, Macao and Taiwan, and enterprises with foreign investment, in the light of the registration status of an enterprise in industrial and commercial administration agencies. Domestic-funded enterprises include state-owned enterprises, collective-owned enterprises, cooperative enterprises, joint ownership enterprises, limited liability corporations, share-holding corporations Ltd., private enterprises and other enterprises. Included in the enterprises with investment from Hong Kong, Macao and Taiwan and enterprises with foreign investment are joint-venture enterprises, cooperative enterprises, sole investment enterprises and share-holding corporations Ltd. For government agencies, institutions and social organizations which are not requested to be registered in industrial and commercial administration agencies, they are classified mainly by their sources of funds and way of management.

State-owned Enterprises refer to non-corporation economic units where the entire assets are owned by the state and which have registered in accordance with the Regulation of the People's Republic of China on the Management of Registration of Corporate Enterprises. Excluded from this category are sole state-funded corporations in the limited liability corporations.

Collective-owned Enterprises refer to economic units where the assets are owned collectively and which have registered in accordance with the Regulation of the People's Republic of China on the Management of Registration of Corporate Enterprises.

Cooperative Enterprises refer to a form of collective economic units (enterprises) where capitals come mainly from employees as their shares, with certain proportion of capital from the outside, where production is organized on the basis of independent operation, independent accounting for profits and losses, joint work, democratic management, and a distribution system that integrates remuneration according to work with dividend according to capital share.

Joint Ownership Enterprises refer to economic units established by two or more corporate enterprises or corporate institutions of the same or different ownership, through joint investment on the basis of equality, voluntary participation and mutual benefits. They include state joint ownership enterprises, collective joint ownership enterprises, joint state-collective enterprises, other joint ownership enterprises.

Limited Liability Corporations refer to economic units established with investment from 2-50 investors and registered in accordance with the Regulation of the People's Republic of China on the Management of Registration of Corporations, each investor bearing limited liability to the corporation depending on its share of investment, and the corporation bearing liability to its debt to the maximum of its total assets. Limited liability corporations include exclusive state-funded limited liability corporations and other limited liability corporations.

Share-holding Corporations Ltd. refer to economic units registered in accordance with the Regulation of the People's Republic of China on the Management of Registration of Corporations, with total registered capitals divided into equal shares and raised through issuing stocks. Each investor bears limited liability to the corporation depending on the holding of shares, and the corporation bears liability to its debt to the maximum of its total assets.

Private Enterprises refer to profit-making economic units invested and established by natural persons, or controlled by natural persons using employed labour. Included in this category are private limited liability corporations, private share-holding corporations Ltd., private partnership enterprises and private-funded enterprises registered in accordance with the Corporation Law, Partnership Enterprises Law and Interim Regulations on Private Enterprises.

Other Domestic-funded Enterprises refer to domestic-funded economic units other than those mentioned above.

Joint-venture Enterprises with Funds from Hong Kong, Macao and Taiwan refer to enterprises jointly established by investors from Hong Kong, Macao and Taiwan with enterprises in the mainland of China in accordance with the Law of the People's Republic of China on Sino-foreign Joint Venture Enterprises and other relevant laws, where the share of investment, profits and risks is stipulated in the contract.

Cooperative Enterprises with Funds from Hong Kong Macao and Taiwan, established by investors from Hong Kong, Macao and Taiwan with enterprises in the mainland of China in accordance with the Law of the People's Republic of China on Sino-foreign Cooperative Enterprises and other relevant laws, where the investment or provision of facilities, and the share of profits and risks is stipulated in the cooperative contract.

Enterprises with Sole (exclusive) Investment from Hong Kong, Macao and Taiwan refer to enterprises established in the mainland of China with exclusive investment from investors from Hong Kong, Macao and Taiwan in accordance with the Law of the Peoples Republic of China on Foreign-Funded Enterprises and other relevant laws.

Share-holding Corporations Ltd. with Investment from Hong Kong, Macao and Taiwan refer to share-holding corporations Ltd. established with the approval from the Ministry of Foreign Trade and Economic Relations in line with relevant state regulations, where the share of investment from Hong Kong, Macao or Taiwan businessmen exceeds 25% of the total registered capital of the corporation. In case the share of investment from Hong Kong, Macao or Taiwan is less than 25% of the total registered capital, the enterprise is to be classified as domestic-funded share-holding corporation Ltd.

Joint-venture Enterprises with Foreign Investment refer to enterprises jointly established by foreign enterprises or foreigners with enterprises in the mainland of China in accordance with the Law of the People's Republic of China on Sino-foreign Joint Venture Enterprises and other relevant laws, where the share of investment, profits and risks is stipulated in the contract.

Cooperation Enterprises with Foreign Investment refer to enterprises jointly established by foreign enterprises or foreigners with enterprises in the mainland of China in accordance with the Law of the People's Republic of China on Sino-foreign Cooperative

Enterprises and other relevant laws, where the investment or provision of facilities, and the share of profits and risks is stipulated in the cooperative contract.

Enterprises with Sole (exclusive) Foreign Investment refer to enterprises established in the mainland of China with exclusive investment from foreign investors in accordance with the Law of the People's Republic of China on Foreign-Funded Enterprises and other relevant laws.

Share-holding Corporations Ltd. with Foreign Investment refer to share-holding corporations Ltd. established with the approval from the Ministry of Foreign Trade and Economic Relations in line with relevant state regulations, where the share of investment from foreign investors exceeds 25% of the total registered capital of the corporation. In case the share of foreign investment is less than 25% of the total registered capital, the enterprise is to be classified as domestic-funded share-holding corporation Ltd.

Government Agencies, Institutions and Social Organizations are classified into following categories by source of funds and way of management taking reference of the registration status of enterprises:

(1) Government agencies: include state and party agencies, classified in principle as "state-owned". There are exceptions, such as supply and marketing cooperatives which are classified as "collective".

(2) Institutions: include institutions of various types established with the approval by organization and staffing departments of the government, but exclude institutions where enterprise management system is introduced. Institutions are further classified as follows:

a) Institutions whose main budget is listed in the government budget appropriations or extra-budget funds, or allocated from the budget of their competent government agencies. Such institutions are classified as "state-owned".

b) Institutions whose budget mainly comes from collective units. Such institutions are classified as "collective".

c) Institutions other than those mentioned above whose source of budget is not clear. Such institutions are classified by way of management.

(3) Social organizations: include social organizations established with the approval from the Ministry of Civil Affairs, and organizations that are not covered by social organization management regulations such as trade unions, women's federations etc. Social organizations are further classified as follows:

a) Social organizations that are not covered by social organization management regulations of the Ministry of Civil Affairs such as trade unions, women's federations, communist youth leagues, youth associations, industrial and commerce associations, scientists associations, overseas Chinese associations, etc., foundations and fund management organizations established with funds from the state, and social organizations whose funds mainly come from the budget of their competent government agencies. Such institutions are classified as "state-owned".

b) Social organizations whose budget mainly comes from collective units. Such institutions are classified as "collective".

c) Social organizations established by individual or a group of citizens, which are classified as "private".

d) Social organizations other than those mentioned above whose source of budget is not clear. Such organizations are classified by way of management.

国民生产核算

第三篇

Chapter

3

NATIONAL ACCOUNTS

简要说明

一、本篇包括国民经济核算资料等内容。

二、居民消费水平是按人口平均计算的居民消费额，它综合反映一个国家(或地区)人民物质文化生活水平。

三、国民经济核算资料主要包括国内生产总值表、资金流量表、资产负债综合表。

四、1993-1999 年全省及各市、县 GDP 数据，按照国统字［2000］38 号《关于印发〈规模以下工业数据由全面统计向抽样调查过渡的调整方法〉的通知》要求，根据全省规模以下工业抽样调查数据，进行相应调整。

五、有关“指数”部分分为“以上年为 100 的指数”和“以 1978 年为 100 的指数”两个方面，“以上年为 100 的指数”表中 2000 年以前(含 2000 年)的数据是按 1990 年价格计算的，以后各年的指数是按 2000 年价格计算的；“以 1978 年为 100 的指数”表中所有年度的数据均按 1990 年价格计算。

六、国民经济核算资料由省统计局国民经济核算处按照国家统计局《中国国民经济核算综合报表制度》对全省社会经济活动进行核算后提供。

Brief Introduction

I. This chapter covers Data on national accounts.

II. Consumption level of residents is average consumption value by population, and reflects people's standard of material and culture life in a country (region).

III. Statistics on national accounts include mainly gross domestic product table, flow of fund table, assets and liability table and input-output table.

IV. The data on GDP between 1993 and 1999 has been adjusted in according with the document issued by State Statistics Bureau, 《the data adjusting methods depending on changes from census to sample》 (State Statistics£[1999]38), and Anhui Province sampling data of non-state industry enterprises below designed size.

V. Indices include two parts: one is “the preceding year=100” and the other is “Year 1978=100”. Data in the tables that “the preceding year=100” are calculated at the fixed prices of 1990 before 2000 (including 2000) and data in the years after 2000 are calculated at the fixed prices of 2000. Data in the tables that “Year 1978=100” are all calculated at the fixed prices of 1990.

VI. Data on national accounts are tabulated and prepared by the Division of National Economic Accounting, Anhui Statistical Bureau, in accordance with the “Comprehensive National Economic Accounts Reporting System” edited by the National Statistics Bureau.

3—1 安徽生产总值

Gross Domestic Product

本表按当年价格计算。 Data in value terms in this table are calculated at current prices.

年份 Year	安徽生产总值(亿元) Gross Domestic Product (100 million yuan)	第一产业 Primary Industry	第二产业 Secondary Industry	工业 Industry	建筑业 Construction	第三产业 Tertiary Industry	#交通运输仓储邮电通信业 Transportation, Storage, Post and Telecommunications	#批发和零售贸易餐饮业 Wholesale, Retail Trade and Catering Trade	人均安徽生产总值(按常住人口计算)(元/人) Per Capita GDP by Permanent Residents (yuan/person)
1990	658.00	246.10	251.50	223.30	28.20	160.40	32.40	43.90	1182.4
1991	663.50	190.50	280.20	245.30	34.90	192.80	44.00	50.50	1164.4
1992	801.20	230.50	333.00	293.00	40.00	237.70	48.00	67.30	1389.6
1993	1069.80	284.00	484.90	426.90	58.00	300.90	56.60	93.40	1841.5
1994	1488.47	336.70	714.20	635.80	78.40	437.57	82.99	129.91	2544.6
1995	2003.60	581.20	869.90	767.30	102.60	552.50	101.31	165.14	3399.6
1996	2339.25	665.35	1021.30	906.10	115.20	652.60	120.42	209.97	3944.8
1997	2669.95	732.25	1162.90	1027.00	135.90	774.80	147.18	249.14	4476.4
1998	2805.45	739.65	1204.60	1034.00	170.60	861.20	161.47	274.19	4680.4
1999	2908.59	741.20	1218.90	1046.00	172.90	948.49	173.94	302.70	4828.7
2000	3038.24	732.20	1296.31	1100.45	195.86	1009.73	179.85	315.00	5007.8
2001	3290.13	750.07	1415.32	1191.62	223.70	1124.74	195.30	340.80	5384.4
2002	3553.56	749.83	1528.99	1267.30	261.69	1274.74	219.44	364.35	5791.0
2003	3972.38	763.81	1780.60	1445.60	335.00	1427.97	254.32	405.49	6455.0

注：2002年按国家统计局核算制度规定用常住人口计算人均GDP，以前年度资料同口径调整。

a) Per capita GDP in 2002 was calculated by permanent residents in accordance with accounting system formulated by the National Statistical Bureau and the data before were adjusted in the same statement.

3—2 安徽生产总值构成

Composition of Gross Domestic Product

本表按当年价格计算。（单位：%） Data in value terms in this table are calculated at current prices. (%)

年份 Year	安徽生产总值 Gross Domestic Product	第一产业 Primary Industry	第二产业 Secondary Industry	工业 Industry	建筑业 Construction	第三产业 Tertiary Industry	#交通运输仓储邮电通信业 Transportation, Storage, Post and Telecommunications	#批发和零售贸易餐饮业 Wholesale, Retail Trade and Catering Trade
1990	100.00	37.40	38.22	33.94	4.28	24.38	4.92	6.67
1991	100.00	28.71	42.24	36.97	5.27	29.05	6.63	7.61
1992	100.00	28.77	41.56	36.57	4.99	29.67	5.99	8.40
1993	100.00	26.55	45.32	39.90	5.42	28.13	5.29	8.73
1994	100.00	22.62	47.98	42.71	5.27	29.40	5.58	8.73
1995	100.00	29.01	43.42	38.30	5.12	27.57	5.06	8.24
1996	100.00	28.45	43.65	38.73	4.92	27.90	5.15	8.98
1997	100.00	27.42	43.56	38.47	5.09	29.02	5.51	9.33
1998	100.00	26.36	42.94	36.86	6.08	30.70	5.76	9.77
1999	100.00	25.48	41.91	35.96	5.95	32.61	5.98	10.41
2000	100.00	24.10	42.67	36.22	6.45	33.23	5.92	10.37
2001	100.00	22.80	43.02	36.22	6.80	34.18	5.94	10.36
2002	100.00	21.10	43.03	35.66	7.36	35.87	6.18	10.25
2003	100.00	19.23	44.82	36.39	8.43	35.95	6.40	10.21

3—3 安徽生产总值指数

Indices of Gross Domestic Product

本表按可比价格计算。（上年为100） The indices in this table are calculated at current prices.（preceding year=100）

年份 Year	安徽生产总值 Gross Domestic Product	第一产业 Primary Industry	第二产业 Secondary Industry	工业 Industry	建筑业 Construction	第三产业 Tertiary Industry	#交通运输仓储邮电通信业 Transportation, Storage, Post and Telecommunications	批发和零售贸易餐饮业 Wholesale, Retail Trade and Catering Trade	人均安徽生产总值 Per Capita GDP
1990	102.87	104.45	107.05	106.39	112.62	94.84	95.74	80.12	100.17
1991	99.07	77.21	109.74	109.90	108.87	115.91	121.91	116.57	96.70
1992	116.77	116.94	118.70	117.97	124.10	113.72	109.37	119.60	115.22
1993	120.98	111.88	130.40	130.33	130.97	115.95	114.81	122.89	119.36
1994	120.65	103.02	129.49	129.84	126.85	123.19	131.82	117.39	119.40
1995	114.36	117.56	111.37	111.02	113.90	117.22	122.71	117.22	113.43
1996	114.41	107.64	117.04	118.15	108.88	115.44	121.12	114.28	113.29
1997	112.71	109.22	114.01	114.01	114.01	113.17	115.25	118.27	111.69
1998	108.47	102.60	109.15	108.71	112.74	111.75	116.07	108.72	107.61
1999	108.13	108.01	106.40	105.45	113.88	111.22	116.00	109.99	107.24
2000	108.27	101.20	109.94	109.17	115.54	110.31	111.39	109.68	107.20
2001	108.63	102.75	110.54	109.93	114.01	110.42	110.81	109.30	107.60
2002	108.90	103.90	110.70	110.30	113.00	109.90	112.50	107.80	108.45
2003	109.20	97.90	112.60	110.50	123.40	111.62	113.72	109.20	108.84

3—4 安徽生产总值指数

Indices of Gross Domestic Product

本表按可比价格计算。（1978=100） The indices in this table are calculated at current prices.（1978=100）

年份 Year	安徽生产总值 Gross Domestic Product	第一产业 Primary Industry	第二产业 Secondary Industry	工业 Industry	建筑业 Construction	第三产业 Tertiary Industry	#交通运输仓储邮电通信业 Transportation, Storage, Post and Telecommunications	批发和零售贸易餐饮业 Wholesale, Retail Trade and Catering Trade	人均安徽生产总值 Per Capita GDP
1990	290.09	188.30	410.88	418.48	359.24	459.71	672.20	288.82	243.21
1991	287.40	145.39	450.91	459.90	391.08	532.84	819.50	336.68	235.19
1992	335.58	170.02	535.21	542.54	485.35	605.97	896.27	402.68	270.99
1993	405.99	190.21	697.93	707.08	635.67	702.61	1029.03	494.86	323.46
1994	489.84	195.95	903.77	918.10	806.37	865.56	1356.48	580.92	386.21
1995	560.16	230.36	1006.53	1019.30	918.47	1014.64	1664.59	680.95	438.07
1996	640.88	247.95	1178.08	1204.27	1000.00	1171.28	2016.10	778.20	496.30
1997	722.30	270.82	1343.08	1372.94	1140.13	1325.49	2323.65	920.39	554.32
1998	783.45	277.86	1465.94	1492.50	1285.35	1481.22	2697.10	1000.66	596.50
1999	847.13	300.11	1559.70	1573.82	1463.69	1647.40	3128.63	1100.66	639.71
2000	917.15	303.72	1714.69	1718.14	1691.21	1817.33	3484.93	1207.24	685.77
2001	996.27	312.07	1895.49	1888.71	1928.15	2006.78	3861.81	1319.53	737.84
2002	1084.85	324.38	2098.58	2082.95	2178.60	2205.74	4343.57	1421.71	825.18
2003	1184.66	317.57	2363.00	2301.66	2688.39	2461.61	4938.64	1552.51	898.14

3—5 第三产业增加值

Value-added of the Tertiary Industry

本表按当年价格计算。（单位：亿元） Data in value terms in this table are calculated at current prices.（100 million yuan)

行业	Sector	1990	1995	2000	2002	2003
总计	**Total**	**160.4**	**552.5**	**1009.7**	**1274.74**	**1427.97**
农、林、牧、渔服务业	Farming, Forestry, Animal Husbandry and Fishery Services	1.2	2.9	9.8		
地质勘探业水利管理业	Geological Prospecting and Water Conservancy	2.8	6.4	12.4	25.76	28.23
交通运输、仓储及邮电通信业	Transport, Storage, Post and Telecommunications	32.4	101.3	179.9	219.44	254.32
交通运输和仓储业	Transport and Storage		85.6	145.0	172.32	198.35
邮电通信业	Post and Telecommunications		15.7	34.9	47.12	55.97
批发和零售贸易餐饮业	Wholesale and Retail Trade and Catering Services	43.9	165.1	315.0	364.35	405.49
金融保险业	Finance and Insurance	23.7	108.4	100.0	114.33	126.31
房地产业	Real Estate	15.5	45.4	114.3	142.31	166.66
社会服务业	Social Services	7.3	33.9	98.2	124.78	129.64
卫生、体育和社会福利业	Health Care, Sports and Social Welfare	4.7	13.8	35.1	60.75	70.74
教育、文艺及广播电影电视业	Education, Culture and Arts, Radio Filrn and Television	12.3	32.2	72.6	114.91	132.04
科学研究和综合技术服务业	Scientific Research and Polytechnic Services	1.3	4.7	8.4	11.68	14.10
国家机关、政党机关和社会团体	Government Agencies, Parties and Social Organizations	14.2	35.4	59.5	89.43	93.44
其他行业	Others	1.1	2.9	4.7	7.00	7.00

注：2002年起按新行业分类，农林牧渔服务业不包括在第三产业内（下同）。

a) The "farming, forestry, animal husbandary and fishery services" has not been included in the tertiary industry according to the new sector classification from the year 2002.

3—6 第三产业增加值构成

Composition of Value-added of the Tertiary Industry

本表按当年价格计算。（单位：%） Data in value terms in this table are calculated at current prices.（%)

行业	Sector	1990	1995	2000	2002	2003
总计	**Total**	**100.0**	**100.0**	**100.0**	**100.0**	**100.0**
农、林、牧、渔服务业	Farming, Forestry, Animal Husbandry and Fishery Services	0.7	0.5	1.0		
地质勘探业水利管理业	Geological Prospecting and Water Conservancy	1.7	1.2	1.2	2.0	2.0
交通运输、仓储及邮电通信业	Transport, Storage, Post and Telecommunications	20.2	18.3	17.8	17.2	17.8
交通运输和仓储业	Transport and Storage		15.5	14.3	13.5	13.9
邮电通信业	Post and Telecommunications		2.8	3.5	3.7	3.9
批发和零售贸易餐饮业	Wholesale and Retail Trade and Catering Services	27.4	29.9	31.2	28.6	28.4
金融保险业	Finance and Insurance	14.8	19.6	9.9	9.0	8.8
房地产业	Real Estate	9.7	8.2	11.3	11.2	11.7
社会服务业	Social Services	4.6	6.1	9.7	9.8	9.1
卫生、体育和社会福利业	Health Care, Sports and Social Welfare	2.9	2.5	3.5	4.8	5.0
教育、文艺及广播电影电视业	Education, Culture and Arts, Radio Filrn and Television	7.7	5.8	7.2	9.0	9.2
科学研究和综合技术服务业	Scientific Research and Polytechnic Services	0.8	0.8	0.8	0.9	1.0
国家机关、政党机关和社会团体	Government Agencies, Parties and Social Organizations	8.9	6.4	5.9	7.0	6.5
其他行业	Others	0.7	0.5	0.5	0.5	0.5

3—7 第三产业增加值指数

Indices of Value-added of the Tertiary Industry

本表按可比价格计算。（上年为100） The indices in this table are calculated at current prices.（preceding year=100)

行业	Sector	1990	1995	2000	2002	2003
总计	**Total**	**94.84**	**117.22**	**110.31**	**109.9**	**111.62**
农、林、牧、渔服务业	Farming, Forestry, Animal Husbandry and Fishery		107.50	109.30		
地质勘探业水利管理业	Geological Prospecting and Water Conservancy		105.49	112.78	105.6	108.07
交通运输、仓储及邮电通信业	Transport, Storage, Post and Telecommunications	95.74	122.71	111.39	112.5	113.72
交通运输和仓储业	Transport and Storage		125.44	107.70	111.0	111.08
邮电通信业	Post and Telecommunications		131.44	128.00	118.3	123.31
批发和零售贸易餐饮业	Wholesale and Retail Trade and Catering Services	80.12	117.22	109.68	107.8	109.20
金融保险业	Finance and Insurance	92.58	116.91	106.79	106.5	110.22
房地产业	Real Estate	114.31	118.20	115.64	110.0	117.43
社会服务业	Social Services	106.41	121.94	107.84	112.0	100.45
卫生、体育和社会福利业	Health Care, Sports and Social Welfare	100.43	114.45	108.14	111.6	116.55
教育、文艺及广播电影电视业	Education, Culture and Arts, Radio Filrn and Television	107.05	107.22	109.03	111.5	113.88
科学研究和综合技术服务业	Scientific Research and Polytechnic Services	122.64	112.62	107.06	111.2	130.29
国家机关、政党机关和社会团体	Government Agencies, Parties and Social Organizations	124.23	109.64	110.99	114.4	118.96
其他行业	Others		108.52	104.92	100.0	100.00

3—8 各市生产总值和指数

Gross Domestic Product and Its Indices by Region

本表绝对数按当年价格计算，指数按可比价格计算。

Absolute figures in this table are calculated at current prices while indices are calculated at comparable prices.

地区 Region	生产总值（亿元） Gross Domestic Product (100 million yuan)					指数（上年=100） Indices (preceding year=100)				
	1990	1995	2000	2002	2003	1990	1995	2000	2002	2003
合肥市 Hefei	58.19	167.58	324.73	412.81	484.96	101.7	120.4	110.5	113.1	113.7
淮北市 Huaibei	27.27	71.78	98.95	118.10	132.47	106.5	111.1	106.9	108.2	108.5
亳州市 Bozhou	37.90	11.99	160.10	172.46	183.25		119.2	99.6	105.4	102.3
宿州市 Suzhou	39.02	109.08	178.03	207.41	219.93	105.1	117.0	108.1	107.5	101.8
蚌埠市 Bengbu	42.57	94.29	159.66	190.19	208.14	103.3	111.2	106.0	110.5	106.3
阜阳市 Fuyang	44.20	170.38	200.50	209.77	216.86		119.7	92.1	104.3	101.0
淮南市 Huainan	30.66	83.50	126.00	152.12	170.50	109.4	114.6	102.5	109.7	109.9
滁州市 Chuzhou	53.97	155.91	255.73	280.83	299.37	108.7	118.6	108.2	105.6	103.7
六安市 Luan	39.42	120.60	170.90	196.23	209.07	107.0	108.5	100.8	108.0	105.6
马鞍山市 Maanshan	29.45	80.29	126.17	154.59	192.52	105.6	112.3	108.0	112.7	114.3
巢湖市 Chaohu	37.25	122.85	190.23	222.73	248.27	101.6	112.7	107.8	108.4	109.5
芜湖市 Wuhu	33.94	100.88	200.58	245.51	284.85	98.9	123.9	108.8	112.0	114.0
宣城市 Xuancheng	29.63	120.68	160.44	182.60	203.18	103.2	131.9	102.6	107.9	108.3
铜陵市 Tongling	14.68	44.27	73.30	88.42	104.46	109.9	115.7	109.1	110.4	114.8
池州市 Chizhou	14.58	42.73	58.12	66.97	75.50	107.0	108.4	103.5	107.7	109.8
安庆市 Anqing	52.86	169.14	252.44	285.21	320.43	104.3	113.3	107.1	108.0	109.1
黄山市 Huangshan	18.00	46.60	81.31	96.75	108.42	106.1	116.4	108.5	109.1	109.6

3—9 各市生产总值（2003年）

Gross Domestic Product by Region (2003)

本表绝对数按当年价格计算，指数按可比价格计算。

Absolute figures in this table are calculated at current prices while indices are calculated at comparable prices.

地区	Region	生产总值（亿元）Gross Domestic Product (100 million yuan)	第一产业 Primary Industry	农林牧渔服务业 Farming, Forestry, Husbadry and Prospecting Fishery Services	第二产业 Secondary Industry	工业 Industry	建筑业 Construction
合肥市	Hefei	484.96	40.02	0.59	243.70	191.58	52.12
淮北市	Huaibei	132.47	17.02	0.67	70.47	61.93	8.54
亳州市	Bozhou	183.25	69.31	2.84	48.34	32.33	16.01
宿州市	Suzhou	219.93	92.77	1.67	51.10	33.17	17.93
蚌埠市	Bengbu	208.14	41.33	1.44	90.35	70.59	19.76
阜阳市	Fuyang	216.86	76.07	3.76	61.01	43.29	17.72
淮南市	Huainan	170.50	17.76	0.17	87.12	65.54	21.58
滁州市	Chuzhou	299.37	62.68	1.10	130.98	105.49	25.49
六安市	Luan	209.07	64.84	1.52	72.17	57.30	14.87
马鞍山市	Maanshan	192.52	13.57	0.17	124.95	109.55	15.40
巢湖市	Chaohu	248.27	63.09	1.89	99.67	77.79	21.88
芜湖市	Wuhu	284.85	24.45	1.07	162.71	140.68	22.03
宣城市	Xuancheng	203.18	44.01	2.92	82.62	64.56	18.06
铜陵市	Tongling	104.46	5.17	0.11	61.77	51.82	9.95
池州市	Chizhou	75.50	19.57	0.94	29.17	19.06	10.10
安庆市	Anqing	320.43	73.45	4.79	144.78	113.97	30.81
黄山市	Huangshan	108.42	20.89	0.36	36.40	24.06	12.34

地区	Region	第三产业 Tertiary Industry	交通运输、仓储和邮政业 Transport, Storage and Postal Services	信息传输、计算机服务和软件业 Information, Circulation Computer Services and Software	批发零售贸易 Wholesale, Retail Trade	住宿和餐饮业 Accommo-dation and Catering Trade	金融业 Banking
合肥市	Hefei	201.24	22.89	18.42	36.94	13.49	26.30
淮北市	Huaibei	44.98	11.23	2.06	10.32	1.80	2.68
亳州市	Bozhou	65.60	12.66	2.86	16.26	8.56	4.59
宿州市	Suzhou	76.06	14.17	3.27	14.48	2.82	6.02
蚌埠市	Bengbu	76.46	20.34	4.63	12.57	6.31	4.87
阜阳市	Fuyang	79.78	13.24	3.22	13.82	5.44	6.10
淮南市	Huainan	65.62	14.61	2.46	11.85	4.14	8.95
滁州市	Chuzhou	105.71	23.76	3.70	24.80	9.87	5.66
六安市	Luan	72.06	10.19	2.68	12.14	6.11	6.07
马鞍山市	Maanshan	54.00	8.81	2.29	8.33	3.62	8.25
巢湖市	Chaohu	85.51	15.90	3.95	17.70	6.77	6.61
芜湖市	Wuhu	97.69	34.37	4.69	13.35	5.72	4.22
宣城市	Xuancheng	76.55	21.30	2.60	15.92	3.88	3.48
铜陵市	Tongling	37.52	6.69	2.58	9.33	1.88	7.18
池州市	Chizhou	26.76	5.64	1.17	5.50	1.87	1.31
安庆市	Anqing	102.20	13.45	3.45	22.35	6.01	15.01
黄山市	Huangshan	51.13	7.44	1.54	9.35	4.85	3.49

3—9 续表 continued

地 区	Region	房地产业 Real Estate Trade	租赁和商务服务业 Leasing and Commercial Services	科学研究、技术服务和地质勘查业 Scientific Research, Technical Services and Geological Prospecting	水利、环境和公共设施管理业 Water Conservancy, Environmental and Public Facilities Management	居民服务和其他服务业 Resident Services and Other Services	教育 Education	卫生、社会保障和社会福利业 Health Care, Social Protection and Social Welfare	文化、体育和娱乐业 Culture, Sports and Entertainment	公共管理和社会组织 Public Management and Social Organizations
合肥市	Hefei	16.97	5.79	4.78	6.86	1.41	21.71	7.50	3.76	14.42
淮北市	Huaibei	3.74	1.19	0.78	0.54	0.55	3.76	2.25	0.79	3.29
亳州市	Bozhou	6.42	1.86	0.07	0.56	1.59	4.46	1.69	0.44	3.58
宿州市	Suzhou	11.15	1.14	0.74	3.22	0.42	7.38	3.94	0.25	7.06
蚌埠市	Bengbu	6.24	0.78	1.63	1.74	1.28	6.07	3.52	0.71	5.77
阜阳市	Fuyang	12.01	1.25	0.32	1.36	4.68	6.13	3.15	1.37	7.69
淮南市	Huainan	2.54	2.76	0.35	1.40	2.80	4.48	1.61	1.26	6.41
滁州市	Chuzhou	13.12	0.91	1.10	3.02	1.96	6.48	3.27	1.03	7.03
六安市	Luan	12.46	0.64	0.31	1.14	0.25	8.14	2.32	1.34	8.27
马鞍山市	Maanshan	10.02	1.29	1.06	0.38	1.37	1.82	1.95	2.24	2.57
巢湖市	Chaohu	9.68	0.60	0.54	1.82	0.55	8.84	2.37	1.59	8.59
芜湖市	Wuhu	8.86	5.55	1.44	1.26	0.92	7.04	4.20	0.56	5.51
宣城市	Xuancheng	10.95	1.39	0.16	1.60	1.00	4.64	2.47	0.61	6.55
铜陵市	Tongling	4.26	0.26	0.37	0.13	0.36	1.21	1.25	0.43	1.59
池州市	Chizhou	3.49	0.94	0.03	0.18	0.02	2.00	1.29	0.44	2.88
安庆市	Anqing	12.40	1.71	1.22	2.51	4.13	8.26	3.28	0.60	7.82
黄山市	Huangshan	6.77	3.15	0.19	1.77	2.22	2.69	2.79	0.92	3.96

地 区	Region	构成(%) Composition			指数 Indices 2002=100				人均生产总值(元/人) Per Capita GDP (yuan/person)
		第一产业 Primary Industry	第二产业 Secondary Industry	第三产业 Tertiary Industry	国内生产总值 Gross Domestic Product	第一产业 Primary Industry	第二产业 Secondary Industry	第三产业 Tertiary Industry	
合肥市	Hefei	8.30	50.30	41.50	113.7	93.1	118.5	113.0	10720
淮北市	Huaibei	12.90	53.20	33.90	108.5	85.3	115.6	109.4	6541
亳州市	Bozhou	37.80	26.40	35.80	102.3	91.7	112.8	107.6	3538
宿州市	Suzhou	42.20	23.20	34.60	101.8	91.4	111.7	110.0	3725
蚌埠市	Bengbu	19.90	43.40	36.70	106.3	85.4	115.3	110.3	6269
阜阳市	Fuyang	35.10	28.10	36.80	101.0	85.0	114.5	110.7	2611
淮南市	Huainan	10.40	51.10	38.50	109.9	90.3	116.4	108.6	8081
滁州市	Chuzhou	20.90	43.80	35.30	103.7	82.3	110.9	111.4	6935
六安市	Luan	31.00	34.50	34.50	105.6	90.9	115.3	112.7	3127
马鞍山市	Maanshan	7.10	64.90	28.00	114.3	97.0	118.6	110.8	15638
巢湖市	Chaohu	25.40	40.10	34.50	109.5	103.8	113.0	110.0	5481
芜湖市	Wuhu	8.60	57.10	34.30	114.0	94.2	120.3	109.9	12786
宣城市	Xuancheng	21.70	40.70	37.70	108.3	102.7	113.3	106.6	7553
铜陵市	Tongling	4.90	59.10	35.90	114.8	94.2	119.8	110.5	14921
池州市	Chizhou	25.90	38.60	35.40	109.8	101.1	116.2	110.3	4876
安庆市	Anqing	22.90	45.20	31.90	109.1	103.0	110.7	111.4	5299
黄山市	Huangshan	19.30	33.60	47.20	109.6	100.4	118.5	107.9	7380

3—10 安徽生产总值项目结构

Structure of Gross Domestic Product

本表按当年价格计算。

Data in value terms in this table are calculated at current prices.

年份 Year	安徽生产总值（亿元） Gross Domestic Product (100 million yuan)	劳动者报酬 Compensation of Laborers	生产税净额 Net Taxes on Production	固定资产折旧 Depreciation of Fixed Assets	营业盈余 Operating Surplus
1990	658.02	430.53	91.33	74.40	61.76
1991	663.60	379.28	72.38	81.92	130.02
1992	801.16	447.60	102.22	100.15	151.19
1993	1069.84	617.98	151.14	141.82	158.90
1994	1488.47	742.38	217.09	181.58	347.42
1995	2003.58	1047.52	268.94	227.87	459.25
1996	2339.25	1222.66	277.75	283.07	555.77
1997	2669.95	1360.24	324.67	298.29	686.75
1998	2805.45	1486.85	400.25	368.75	549.60
1999	2908.59	1534.20	415.50	398.73	560.16
2000	3038.24	1629.00	430.06	433.07	546.11
2001	3290.13	1759.66	467.17	467.23	596.07
2002	3553.56	1944.13	465.84	481.40	662.19
2003	3972.38	2078.52	557.21	555.46	781.19

3—11 支出法安徽生产总值

Gross Domestic Product by Expenditure Approach

本表按当年价格计算。

Data in value terms in this table are calculated at current prices.

年份 Year	支出法安徽生产总值（亿元） Gross Domestic Product by Expenditure Approach (100 million yuan)	最终消费 Final Consumption Expenditure	资本形成总额 Gross Captital Formation	货物和服务净出口 Net Export of Goods and Services	资本形成率（投资率）(%) Capital Formation Rate (%)	最终消费率（消费率）(%) Final Consumption Rate (%)
1990	658.02	433.77	204.70	19.55	31.11	68.89
1991	663.60	466.38	208.39	-11.17	31.40	68.60
1992	801.16	515.22	272.06	13.88	33.96	66.04
1993	1069.84	664.74	413.59	-8.49	38.66	61.34
1994	1488.47	882.64	598.87	6.96	40.23	59.77
1995	2003.58	1174.65	824.61	4.32	41.16	58.84
1996	2339.25	1368.54	976.31	-5.60	41.74	58.26
1997	2669.68	1612.22	1064.27	-6.81	39.86	60.14
1998	2805.45	1690.36	1117.86	-2.77	39.75	60.25
1999	2908.59	1861.17	1049.96	-2.54	36.10	63.90
2000	3041.24	1947.78	1094.97	-1.50	36.00	64.05
2001	3290.13	2108.09	1185.50	-3.46	36.03	64.07
2002	3553.55	2262.95	1294.76	-4.16	36.44	63.68
2003	3973.02	2520.31	1455.21	-2.50	36.63	63.44

3—12 支出法安徽生产总值结构

Structure of Gross Domestic Product Calculated by Expenditure Approach

本表按当年价格计算 Data in value terms in this table are calculated at current prices.

年份 Year	最终消费 Final Consumption Expenditure								资本形成总额 Gross Capital Formation			
	绝对数 (亿元) Absolute Figure (100 million yuan)				比重 Proportion				绝对数 (亿元) Absolute Figure (100 million yuan)		比重 (资本形成总额=100) Proportion (Gross Capital Formation=100)	
					最终消费=100 Final Consumption Expenditure=100		居民消费=100 Household Consumption=100					
	居民消费 Household Consumption Expenditure	农村居民 Rural House	城镇居民 Urban House	政府消费 Government Consumption Expenditure	居民消费 Household Consumption Expenditure	政府消费 Government Consumption Expenditure	农村居民 Rural Households	城镇居民 Urban Households	固定资本形成总额 Gross Fixed Capital Formation	存货增加 Changes in Inventories	固定资本形成总额 Gross Fixed Capital Formation	存货增加 Changes in Inventories
1990	373.01	269.95	103.06	60.76	85.99	14.01	72.37	27.63	138.18	66.52	67.50	32.50
1991	389.38	270.79	118.59	77.00	83.49	16.51	69.54	30.46	150.85	57.54	72.39	27.61
1992	440.45	291.03	149.42	74.77	85.49	14.51	66.08	33.92	200.30	71.76	73.62	26.38
1993	569.62	342.21	227.41	95.12	85.69	14.31	60.08	39.92	324.83	88.76	78.54	21.46
1994	740.27	476.40	263.87	142.37	83.87	16.13	64.35	35.65	474.00	124.87	79.15	20.85
1995	996.10	642.33	353.77	178.55	84.80	15.20	64.48	35.52	619.07	205.54	75.07	24.93
1996	1172.15	738.39	433.76	196.39	85.65	14.35	62.99	37.01	710.63	274.68	72.12	27.88
1997	1383.48	893.60	489.88	228.74	85.81	14.19	64.60	35.40	779.21	285.06	73.22	26.78
1998	1453.35	920.87	532.48	237.01	85.98	14.02	63.36	36.64	822.73	295.13	73.60	26.40
1999	1559.10	968.43	590.67	302.07	83.77	16.23	62.11	37.89	839.29	210.67	79.94	20.06
2000	1615.43	964.49	650.95	332.34	82.94	17.06	59.70	40.30	928.09	166.88	84.76	15.24
2001	1725.82	1003.83	721.98	382.29	81.87	18.13	58.17	41.83	1012.31	173.19	85.39	14.61
2002	1833.19	1010.70	822.49	429.76	81.01	18.99	55.13	44.87	1138.20	156.56	87.91	12.09
2003	2038.10	1086.61	951.50	482.21	80.87	19.13	53.31	46.69	1362.18	93.03	93.61	6.39

3—13 居民消费水平

Household Consumption

本表绝对数按当年价格计算，指数按可比价格计算。

Absolute figures in this table are calculated at current prices while indices are calculated at comparable prices.

年份 Year	绝对数 (元) Value (yuan)			城乡消费水平对比 (农民=1) Urban/Rural Consumption Ratio (Agricultural Households=1)	指数 (上年为100) Index (Preceding year=100)			指数 (1978年为100) Index (1978=100)		
	全省居民 All Households	农村居民 Agricultural Households	城镇居民 Non-agricultural Households		全省居民 All Households	农村居民 Agricultural Households	城镇居民 Non-agricultural Households	全省居民 All Households	农村居民 Agricultural Households	城镇居民 Non-agricultural Households
1990	670	570	1236	2.17	96.68	95.48	100.16	210.03	199.30	206.34
1991	683	559	1379	2.47	117.01	103.33	124.84	245.77	205.94	257.60
1992	762	597	1646	2.76	102.81	102.21	122.55	252.66	210.49	315.69
1993	973	700	2389	3.41	105.96	103.65	100.74	267.71	218.18	318.03
1994	1251	969	2671	2.76	105.74	103.69	114.23	283.07	226.22	363.27
1995	1669	1300	3441	2.65	107.20	109.43	101.84	303.45	247.55	369.95
1996	1945	1488	4073	2.74	113.12	112.85	111.64	343.26	279.37	413.02
1997	2275	1796	4429	2.47	114.34	118.52	106.02	392.48	331.12	437.90
1998	2370	1845	4675	2.53	107.10	106.20	107.05	420.06	351.40	468.78
1999	2523	1939	4985	2.57	106.60	104.70	107.40	447.96	367.83	503.34
2000	2588	1922	5323	2.77	104.30	100.70	108.00	466.94	370.43	543.36
2001	2739	1985	5806	2.92	106.31	104.05	109.13	496.40	385.43	592.97
2002	2988	2353	4468	1.92	105.96	101.01	111.52	525.99	389.32	661.28
2003	3312	2572	4933	1.90	108.04	104.65	109.83	570.17	407.42	726.28

注：根据国家统计局制度规定，从2003年起按常住人口计算，2002年数据作同口径调整。

a) In accordance with the regulation of NBS, the permanent population has been used since the year 2003 and the data of 2002 have been adjusted in the same scope.

3—14 安徽生产总值构成项目（2003年）

Structure of Gross Domestic Product (2003)

本表按当年价格计算。(单位：亿元)　　Data in value terms in this table are calculated at current prices. (100 million yuan)

		增加值 Value-added	劳动者报酬 Compensation of Employees	生产税净额 Net Taxes on Production	固定资产折旧 Depreciation of Fixed Assets	营业盈余 Operation Surplus
安徽生产总值	**Gross Domestic Product**	**3972.38**	**2078.52**	**557.21**	**555.46**	**781.19**
第一产业	Primary Industry	763.81	640.08	33.80	34.42	55.51
农林牧渔服务业	Farming, Forestry, Animal Husbandry and Fishery	31.00	24.88	1.37	2.26	2.49
第二产业	Secondary Industry	1780.60	748.61	369.34	186.61	476.04
工　业	Industry	1445.60	565.66	324.03	167.81	388.10
建筑业	Construction	335.00	182.95	45.31	18.80	87.94
第三产业	Tertiary Industry	1427.97	689.83	154.07	334.43	249.64
地质勘探业水利管理业	Geoloical Prospecting and Water Conservancy	28.23	20.17	0.91	6.95	0.20
交通运输、仓储及邮电通信业	Transport, Storage Post and Telecommunications	254.32	115.38	39.44	78.58	20.92
批发和零售贸易餐饮业	Wholesale and Retail Trade and Catering Services	405.49	119.66	85.53	35.66	164.64
金融保险业	Banking and Insurance	126.31	84.35	2.99	11.70	27.27
房地产业	Real Estate	166.66	6.99	8.93	144.19	6.55
社会服务业	Social Services	129.64	80.76	13.24	19.10	16.54
卫生、体育和社会福利业	Health Care, Sports and Social Welfare	70.74	67.44	0.20	3.10	
教育、文艺及广播电影电视业	Educating, Culture and Arts, Radio Film and Television	132.04	111.50	1.95	13.78	4.81
科学研究和综合技术服务业	Scientific Research and Polytechnical Services	14.10	10.15	0.80	1.63	1.52
国家机关、政党机关和社会团体	Government Agencies, Parties and Social Organizations	93.44	73.43	0.08	19.74	0.19
其他行业	Others	7.00				7.00

3—15 安徽生产总值构成项目比例（2003年）

Composition of Structure of Gross Domestic Product (2003)

本表按当年价格计算。(单位：%)　　Data in value terms in this table are calculated at current prices. (%)

		增加值 Value-added	劳动者报酬 Compensation of Employees	生产税净额 Net Taxes on Production	固定资产折旧 Depreciation of Fixed Assets	营业盈余 Operation Surplus
安徽生产总值	**Gross Domestic Product**	**100.00**	**52.32**	**14.03**	**13.98**	**19.67**
第一产业	Primary Industry	100.00	83.80	4.43	4.51	7.27
农林牧渔服务业	Farming, Forestry, Animal Husbandry and Fishery	100.00	80.26	4.42	7.29	8.03
第二产业	Secondary Industry	100.00	42.04	20.74	10.48	26.73
工　业	Industry	100.00	39.13	22.41	11.61	26.85
建筑业	Construction	100.00	54.61	13.53	5.61	26.25
第三产业	Tertiary Industry	100.00	48.31	10.79	23.42	17.48
地质勘探业水利管理业	Geoloical Prospecting and Water Conservancy	100.00	71.45	3.22	24.62	0.71
交通运输、仓储及邮电通信业	Transport, Storage Post and Telecommunications	100.00	45.37	15.51	30.90	8.23
批发和零售贸易餐饮业	Wholesale and Retail Trade and Catering Services	100.00	29.51	21.09	8.79	40.60
金融保险业	Banking and Insurance	100.00	66.78	2.37	9.26	21.59
房地产业	Real Estate	100.00	4.19	5.36	86.52	3.93
社会服务业	Social Services	100.00	62.30	10.21	14.73	12.76
卫生、体育和社会福利业	Health Care, Sports and Social Welfare	100.00	95.34	0.28	4.38	
教育、文艺及广播电影电视业	Educating, Culture and Arts, Radio Film and Television	100.00	84.44	1.48	10.44	3.64
科学研究和综合技术服务业	Scientific Research and Polytechnical Services	100.00	71.99	5.67	11.56	10.78
国家机关、政党机关和社会团体	Government Agencies, Parties and Social Organizations	100.00	78.59	0.09	21.13	0.20
其他行业	Others	100.00				100.00

3—16 各市（县）生产总值及指数（2003年）

Gross Domestic Product and Indices by County or City (2003)

县（市） County or City		生产总值（亿元） Gross Domestic Product (100 million yuan)	第一产业 Primary Industry	第二产业 Secondary Industry	第三产业 Tertiary Industry	生产总值指数（%） Indices of Gross Domestic Product (2002=100)	第一产业 Primary Industry	第二产业 Secondary Industry	第三产业 Tertiary Industry	人均生产总值（元/人） Per Capita GDP (yuan/person)
合肥市	**Hefei**	**484.96**	**40.02**	**243.70**	**201.24**	**113.7**	**93.1**	**118.5**	**113.0**	**10720**
长丰县	Changfeng	25.41	11.40	7.54	6.47	107.5	94.3	120.8	120.9	2600
肥东县	Feidong	43.87	13.81	15.91	14.15	111.2	94.7	130.7	110.6	4095
肥西县	Feixi	36.13	10.43	17.20	8.50	132.0	90.5	198.5	113.6	3750
淮北市	**Huaibei**	**132.47**	**17.02**	**70.47**	**44.98**	**108.5**	**85.3**	**115.6**	**109.4**	**6541**
濉溪县	Suixi	36.27	13.60	8.39	14.28	98.7	82.8	112.9	109.8	3014
亳州市	**Bozhou**	**183.25**	**69.31**	**48.34**	**65.60**	**102.3**	**91.7**	**112.8**	**107.6**	**3538**
涡阳县	Guoyang	40.24	18.81	9.13	12.30	101.4	95.8	109.9	104.3	2911
蒙城县	Mengcheng	39.21	18.81	8.24	12.16	102.0	93.2	113.9	109.7	3310
利辛县	Lixin	28.99	14.47	4.69	9.83	100.2	92.1	109.9	109.8	2074
宿州市	**Suzhou**	**219.93**	**92.77**	**51.10**	**76.06**	**101.8**	**91.4**	**111.7**	**110.0**	**3725**
砀山县	Dangshan	29.42	13.45	6.65	9.32	94.8	84.6	109.1	103.8	3236
萧　县	Xiaoxian	35.93	14.28	9.15	12.50	94.8	79.8	104.5	110.1	2775
灵璧县	Lingbi	39.32	22.49	6.66	10.17	101.5	98.2	105.0	107.0	3448
泗　县	Sixian	28.93	17.53	5.47	5.93	100.6	94.1	118.1	107.1	3403
蚌埠市	**Bengbu**	**208.14**	**41.33**	**90.35**	**76.46**	**106.3**	**85.4**	**115.3**	**110.3**	**6269**
怀远县	Huaiyuan	43.25	14.81	14.62	13.82	97.6	83.7	106.8	106.9	3315
五河县	Wuhe	27.85	12.60	6.78	8.47	97.2	88.6	106.4	105.2	3966
固镇县	Guzhen	28.33	11.53	8.92	7.88	99.9	87.0	115.5	106.0	4400
阜阳市	**Fuyang**	**216.86**	**76.07**	**61.01**	**79.78**	**101.0**	**85.0**	**114.5**	**110.7**	**2611**
界首市	Jieshou	28.85	7.67	8.98	12.20	98.9	85.7	105.8	103.8	3902
临泉县	Linquan	35.32	15.77	8.53	11.02	100.6	91.8	109.9	107.5	1851
太和县	Taihe	37.23	14.26	8.05	14.92	100.3	86.8	114.3	109.5	2416
阜南县	Funan	27.68	13.51	4.03	10.14	97.2	87.2	110.5	108.6	1864
颍上县	Yingshang	25.84	8.68	5.82	11.34	85.8	65.4	96.3	105.1	1712
淮南市	**Huainan**	**170.50**	**17.76**	**87.12**	**65.62**	**109.9**	**90.3**	**116.4**	**108.6**	**8081**
凤台县	Fengtai	38.11	8.94	15.79	13.38	106.0	91.8	113.1	109.4	6654
滁州市	**Chuzhou**	**299.37**	**62.68**	**130.98**	**105.71**	**103.7**	**82.3**	**110.9**	**111.4**	**6935**
天长市	Tianchang	47.60	11.20	21.17	15.23	103.3	90.9	106.4	109.6	7726
明光市	Mingguang	39.05	9.74	16.44	12.87	97.3	84.5	99.8	105.6	6120
来安县	Laian	29.95	7.40	12.63	9.92	98.6	81.0	106.9	104.8	6175
全椒县	Quanjiao	34.28	8.44	14.51	11.33	102.6	84.9	113.3	106.3	7554
定远县	Dingyuan	38.29	10.43	12.88	14.98	92.1	68.9	100.5	108.8	4222
凤阳县	Fengyang	34.75	8.64	14.54	11.57	99.4	79.4	109.3	106.7	4859

3—16 续表 continued

县（市） County or City		生产总值（亿元）Gross Domestic Product (100 million yuan)	第一产业 Primary Industry	第二产业 Secondary Industry	第三产业 Tertiary Industry	生产总值指数（%）Indices of Gross Domestic Product (2002=100)	第一产业 Primary Industry	第二产业 Secondary Industry	第三产业 Tertiary Industry	人均生产总值（元/人）Per Capita GDP (yuan/person)
六安市	**Luan**	**209.07**	**64.84**	**72.17**	**72.06**	**105.6**	**90.9**	**115.3**	**112.7**	**3127**
寿　县	Shouxian	31.66	11.41	9.90	10.35	103.3	94.0	109.0	109.4	2469
霍邱县	Huoqiu	34.10	13.10	10.58	10.42	102.7	91.6	109.9	111.6	2291
舒城县	Shucheng	30.53	9.37	11.46	9.70	106.0	101.7	108.2	108.0	3086
金寨县	Jinzhai	19.61	6.67	7.55	5.39	107.0	103.3	108.5	109.6	3056
霍山县	Huoshan	21.57	3.77	12.41	5.39	110.0	93.7	115.0	112.4	5896
马鞍山市	**Maanshan**	**192.52**	**13.57**	**124.95**	**54.00**	**114.3**	**97.0**	**118.6**	**110.8**	**15638**
当涂县	Dangtu	35.29	12.28	11.35	11.66	113.2	97.4	137.8	112.3	5269
巢湖市	**Chaohu**	**248.27**	**63.09**	**99.67**	**85.51**	**109.5**	**103.8**	**113.0**	**110.0**	**5481**
庐江县	Lujiang	33.67	16.08	7.37	10.22	110.1	102.4	123.4	115.0	2831
无为县	Wuwei	52.59	19.26	15.45	17.88	109.6	102.9	116.1	112.2	3776
含山县	Hanshan	22.92	7.32	8.34	7.26	109.4	101.7	113.6	113.0	5205
和　县	Hexian	26.14	9.94	8.14	8.06	109.2	103.5	112.8	113.1	4016
芜湖市	**Wuhu**	**284.85**	**24.45**	**162.71**	**97.69**	**114.0**	**94.2**	**120.3**	**109.9**	**12786**
芜湖县	Wuhu	26.34	8.90	9.58	7.86	110.7	95.4	129.4	110.8	4883
繁昌县	Fanchang	29.02	6.05	14.36	8.61	114.1	94.2	127.3	110.8	6278
南陵县	Nanling	22.36	8.10	7.52	6.74	111.6	97.9	131.9	110.9	4099
宣城市	**Xuancheng**	**203.18**	**44.01**	**82.62**	**76.55**	**108.3**	**102.7**	**113.3**	**106.6**	**7553**
宁国市	Ningguo	46.54	7.31	22.79	16.44	115.2	103.5	121.7	112.3	12266
郎溪县	Langxi	15.32	5.07	5.59	4.66	108.8	100.1	119.6	107.2	4567
广德县	Guangde	32.94	6.10	13.24	13.60	109.7	98.4	121.3	105.4	6449
泾　县	Jingxian	22.23	5.02	8.55	8.66	108.1	104.7	110.7	107.5	6195
旌德县	Jingde	7.56	2.55	2.74	2.27	107.4	99.6	115.6	107.6	4976
绩溪县	Jixi	11.43	3.20	4.13	4.10	108.1	100.5	111.8	110.8	6349
铜陵市	**Tongling**	**104.46**	**5.17**	**61.77**	**37.52**	**114.8**	**94.2**	**119.8**	**110.5**	**14921**
铜陵县	Tongling	16.21	4.07	6.42	5.71	108.5	99.6	112.5	110.0	5077
池州市	**Chizhou**	**75.50**	**19.57**	**29.17**	**26.76**	**109.8**	**101.1**	**116.2**	**110.3**	**4876**
东至县	Dongzhi	22.76	7.50	7.69	7.57	108.3	100.5	112.9	112.3	4276
石台县	Shitai	3.05	1.00	1.03	1.02	109.0	91.1	143.5	104.2	2767
青阳县	Qingyang	11.82	3.15	4.60	4.07	108.1	99.9	113.1	109.5	4466
安庆市	**Anqin**	**320.43**	**73.45**	**144.78**	**102.20**	**109.1**	**103.0**	**110.7**	**111.4**	**5299**
桐城市	Tongcheng	47.10	10.69	21.40	15.01	112.0	103.0	114.2	115.9	6062
怀宁县	Huaining	37.85	10.72	14.48	12.65	110.5	103.6	112.9	113.9	4811
枞阳县	Zongyang	31.98	11.25	10.59	10.14	107.2	100.2	119.6	103.8	3343
潜山县	Qianshan	24.23	6.29	8.52	9.42	106.2	102.7	107.3	107.6	4230
太湖县	Taihu	21.18	8.63	4.93	7.62	107.0	97.8	117.9	112.3	3765
宿松县	Susong	26.55	10.63	6.64	9.28	108.3	105.1	108.2	112.1	3323
望江县	Wangjiang	17.90	6.56	5.13	6.21	103.6	99.8	100.1	111.2	2978
岳西县	Yuexi	13.30	4.65	4.06	4.59	105.8	99.4	108.4	110.5	3329
黄山市	**Huangshan**	**108.42**	**20.89**	**36.40**	**51.13**	**109.6**	**100.4**	**118.5**	**107.9**	**7380**
歙　县	Shexian	29.08	5.03	11.41	12.64	109.5	103.0	111.7	110.1	5830
休宁县	Xiuning	15.21	5.04	4.12	6.05	109.6	100.3	117.6	112.8	5556
黟　县	Yixian	5.15	1.57	1.52	2.06	110.0	103.1	110.8	115.1	5311
祁门县	Qimen	11.75	2.48	4.21	5.06	109.3	100.0	111.8	112.3	6311

注：本表按当年价格计算，指数按可比价格计算。

a) Absolute number at current prices, indices are based on comparable prices.

3—17 资金流量表（收入分配）（2002年）

单位：亿元

交易项目 Transaction		非金融企业部门 Non-financial Enterprises 使用 Utilization	非金融企业部门 Non-financial Enterprises 来源 Source	金融机构部门 Financial Institutions 使用 Utilization	金融机构部门 Financial Institutions 来源 Source
净出口	Net Exports				
增加值	Value Added		1903.27		114.33
劳动者报酬	Compensation of Laborers	896.22		51.24	
工资及工资性收入	Wages and Wage Income	795.85		48.72	
单位社会保险付款	Social Insurance Payment from Units	100.37		2.52	
生产税净额	Net Taxes on Production	380.23		25.32	
生产税	Taxes on Production	393.33		25.32	
生产补贴（-）	Production Subsidy (-)	13.10			
财产收入	Income from Properties	138.30	71.83	40.74	35.61
红息	Interests	129.43	66.99	24.09	35.61
红利	Bonus	8.87	4.84		
土地租金	Land Rent				
其他	Others			16.65	
初次分配总收入	Total Income from Primary Distribution		560.35		32.64
经常转移	Current Transfer	48.17	9.66	11.73	
收入税	Taxes on Income	24.11		0.61	
社会保险付款	Social Insurance Payment				
社会补助	Social Subsidy	17.77		1.33	
其他	Others	6.29	9.66	9.79	
可支配总收入	Total Disposable Income		521.84		20.91
最终消费	Final Consumption Expenditure				
居民消费	Household Consumption				
政府消费	Covernment Consumption				
总储蓄	Savings		521.84		20.91
资本转移	Capital Transfer		90.16		
投资性补助	Investment Subsidy		90.16		
其他	Other				
资本形成总额	Gross Capital Formation	904.72		3.21	
固定资产形成总额	Gross Fixed Capital Formation	784.33		3.21	
存货增加	Changes in Inventories	120.39			
其他非金融资产获得减处置	Minus Items form Other Non-financial Investment				
净金融投资	Net Finanicial Investment	-292.72		17.70	
统计误差	Statistical Discrepancy				

Flow of Funds Table (Physical Transaction, 2002)

(100 million yuan)

政府部门 Goverments		住户部门 Households		省内合计 Regional Sum		国内省外 Outside Province		国外部门 Overseas		合计 Total	
使用 Utilization	来源 Source	使用 Utilization	来源 Source	使用 Utilization	来源 Source	使用 Utilization	来源 Source	使用 Utilization	来源 Source	使用 Utilization	来源 Source
							4.15				4.15
	264.78		1286.72		3569.1						3569.1
211.63		702.62	1861.71	1861.71	1861.71					1861.71	1861.71
202.53		702.62	1749.72	1749.72	1749.72					1749.72	1749.72
9.1			111.99	111.99	111.99					111.99	111.99
2.41	378.74	117.22		525.18	378.74		146.44			525.18	525.18
2.41	391.84	117.22		538.28	391.84		146.44			538.28	538.28
	13.1			13.1	13.1					13.1	13.1
	8.35		120.44	179.04	236.23	61.2	4.01			240.24	240.24
	8.35		102.38	153.52	213.33	59.81				213.33	213.33
			1.41	8.87	6.25	1.39	4.01			10.26	10.26
			16.65	16.65	16.65					16.65	16.65
	437.83		2449.03		3479.85		93.4				3573.25
142.09	400.03	121.42	147.92	323.41	557.61	253.89	19.69			577.3	577.3
	34.15	9.43		34.15	34.15					34.15	34.15
22.32	111.99	111.99	22.32	134.31	134.31					134.31	134.31
106.37			125.47	125.47	125.47					125.47	125.47
13.4	253.89		0.13	29.48	263.68	253.89	19.69			283.37	283.37
	695.77		2475.53		3714.05		-140.8				3573.25
429.76		1833.19		2262.95						2262.95	
		1833.19		1833.19						1833.19	
429.76				429.76						429.76	
	266.01		642.34		1451.1		-140.8				1310.3
118.01	71.5			118.01	161.66	43.65				161.66	161.66
118.01	71.5			118.01	161.66	43.65				161.66	161.66
155.45		246.92		1310.3						1310.3	
155.45		190.43		1133.42						1133.42	
		56.49		176.88						176.88	
64.05		395.42		184.45		-184.45					

3—18 资产负债综合表（2002年末）

单位：亿元

交易项目 Transaction	机构部门 Institutional Sector	非金融企业部门 Non-financial Enterprises 使用 Utilization	非金融企业部门 Non-financial Enterprises 来源 Source	金融机构部门 Financial Institutions 使用 Utilization	金融机构部门 Financial Institutions 来源 Source
非金融资产	**Non-financial Assets**	**4764.81**		**186.86**	
固定资产	Fixed Assets	3365.74		130.62	
#在建工程	Constructing Project	404.70		6.35	
存　货	Inventory	1162.42			
#产成品和商品库存	Products and Inventory	668.46			
其他非金融资产	Other Non-financial Assets	236.65		56.24	
#无形资产	Intangible Assets	118.73		3.06	
金融资产与负债	**Financial Assets and Liabilities**	**2189.88**	**4357.97**	**3177.78**	**3256.92**
国内金融资产与负债	Domestic Financial Assets and Liabilities	2189.88	4118.23	3177.78	3256.92
通　货	Current in Circulation	73.55		25.35	
存　款	Savings Deposits	978.21			3113.31
长期存款	Long Period Savings Deposits	204.64			1740.20
短期存款	Short Period Savings Deposits	773.57			1373.11
贷　款	Loans		2650.45	2797.15	
长期贷款	Long-term Loans		747.40	868.02	
短期贷款	Short-term Loans		1903.05	1929.13	
股票及其他股权	Stocks and Other Stock Rights	332.10	526.30	19.89	
证券（不含股票）	Securities (Not Including Stocks)			14.44	
保险准备金	Insurance Reserve Funds	3.68		0.06	119.01
其　他	Other	802.34	941.48	320.95	24.60
国外金融资产与负债	Foreign Financial Assets and Liabilities		239.74		
资产负债差额	**Balance Between Assets and Liabilities**		**2596.72**		**107.72**
资产、负债与差额总计	**The Sum Total of Assets, Liabilities and Balance**	**6954.69**	**6954.69**	**3364.64**	**3364.64**

Assets and Liabilities Table (end of 2002)

(100 million yuan)

政府部门 Goverments		住户部门 Households		省内合计 Regional Sum		国内省外 Outside Province		国外部门 Overseas		合计 Total	
使用 Utilization	来源 Source	使用 Utilization	来源 Source	使用 Utilization	来源 Source	使用 Utilization	来源 Source	使用 Utilization	来源 Source	使用 Utilization	来源 Source
611.16		**3694.42**		**9257.25**						**9257.25**	
594.81		2871.60		6962.77						6962.77	
28.54				439.59						439.59	
0.34		815.52		1978.28						1978.28	
		370.06		1038.52						1038.52	
16.01		7.30		316.20						316.20	
				121.79						121.79	
323.38	**316.87**	**2480.46**	**153.28**	**8171.50**	**8085.04**	**117.65**	**443.85**	**239.74**		**8528.89**	**8528.89**
323.38	316.87	2480.46	153.28	8171.50	7845.30	117.65	443.85			8289.15	8289.15
2.31		206.65		307.86			307.86			307.86	307.86
129.19		2100.95		3208.35	3113.31		95.04			3208.35	3208.35
21.19		1528.27		1754.10	1740.20		13.90			1754.10	1754.10
108.00		572.68		1454.25	1373.11		81.14			1454.25	1454.25
			146.70	2797.15	2797.15					2797.15	2797.15
			120.62	868.02	868.02					868.02	868.02
			26.08	1929.13	1929.13					1929.13	1929.13
7.80		50.16		409.95	526.30	116.35				526.30	526.30
4.40				18.84			18.84			18.84	18.84
0.05		115.28		119.01	119.01					119.01	119.01
179.63	316.87	7.42	6.58	1310.34	1289.53	1.30	22.11			1311.64	1311.64
					239.74			239.74		239.74	239.74
	617.67		**6021.60**		**9343.71**		**-326.20**		**239.74**		**9257.25**
934.54	**934.54**	**6174.88**	**6174.88**	**17428.75**	**17428.75**	**117.65**	**117.65**	**239.74**	**239.74**	**17786.14**	**17786.14**

主要统计指标解释

国内生产总值(GDP) 指一个国家(或地区)所有常住单位在一定时期内生产活动的最终成果。国内生产总值有三种表现形态，即价值形态、收入形态和产品形态。从价值形态看，它是所有常住单位在一定时期内生产的全部货物和服务价值超过同期中间投入的全部非固定资产货物和服务价值的差额，即所有常住单位的增加值之和；从收入形态看，它是所有常住单位在一定时期内创造并分配给常住单位和非常住单位的初次收入分配之和；从产品形态看，它是所有常住单位在一定时期内最终使用的货物和服务价值与货物和服务净出口价值之和。在实际核算中，国内生产总值有三种计算方法，即生产法、收入法和支出法。三种方法分别从不同的方面反映国内生产总值及其构成。

三次产业 是根据社会生产活动历史发展的顺序对产业结构的划分，产品直接取自自然界的部门称为第一产业，对初级产品进行再加工的部门称为第二产业，为生产和消费提供各种服务的部门称为第三产业。它是世界上较为通用的产业结构分类，但各国的划分不尽一致。

我国的三次产业划分是：

第一产业：农业(包括种植业、林业、牧业和渔业)。

第二产业：工业(包括采掘业，制造业，电力、煤气及水的生产和供应业)和建筑业。

第三产业：除第一、第二产业以外的其他各业。由于第三产业包括的行业多、范围广，根据我国的实际情况，第三产业可分为两大部分：一是流通部门，二是服务部门。具体又可分为四个层次：

第一层次：流通部门，包括交通运输、仓储及邮电通信业，批发和零售贸易、餐饮业。

第二层次：为生产和生活服务的部门，包括金融、保险业，地质勘查业、水利管理业，房地产业，社会服务业，农、林、牧、渔服务业，交通运输辅助业，综合技术服务业等。

第三层次：为提高科学文化水平和居民素质服务的部门，包括教育、文化艺术及广播电影电视业，卫生、体育和社会福利业，科学研究业等。

第四层次：为社会公共需要服务的部门，包括国家机关、政党机关和社会团体以及军队、警察等。

支出法国内生产总值 指一个国家(或地区)所有常住单位在一定时期内用于最终消费、资本形成总额，以及货物和服务的净出口总额，它反映本期生产的国内生产总值的使用及构成。

最终消费 指常住单位在一定时期内对于货物和服务的全部最终消费支出，也就是常住单位为满足物质、文化和精神生活的需要，从本国经济领土和国外购买的货物和服务的支出；不包括非常住单位在本国经济领土内的消费支出。最终消费分为居民消费和政府消费。

居民消费 指常住住户对货物和服务的全部最终消费支出。居民消费按市场价格计算，即按居民支付的购买者价格计算。购买者价格是购买者取得货物所支付的价格，包括购买者支付的运输和商业费用。居民消费除了直接以货币形式购买货物和服务的消费之外，还包括以其他方式获得的货物和服务的消费支出，即所谓的虚拟消费支出。居民虚拟消费支出包括以下几种类型：单位以实物报酬及实物转移的形式提供给劳动者的货物和服务；住户生产并由本住户消费了的货物和服务，其中的服务仅指住户的自有住房服务；金融机构提供的金融媒介服务；保险公司提供的保险服务。

政府消费 指政府部门为全社会提供公共服务的消费支出和免费或以较低价格向住户提供的货物和服务的净支出。前者等于政府服务的产出价值减去政府单位所获得的经营收入的价值，政府服务的产出价值等于它的经常性业务支出加上固定资产折旧；后者等于政府部门免费或以较低价格向住户提供的货物和服务的市场价值减去向住户收取的价值。

资本形成总额 指常住单位在一定时期内获得的减去处置的固定资产加存货的变动，包括固定资本形成总额和存货增加。

固定资本形成总额 指常住单位购置、转入和自产自用的固定资产，扣除固定资产的销售和转出后的价值，分有形固定资产形成总额和无形固定资产形成总额。有形固定资产形成总额包括一定时期内完成的建筑工程、安装工程和设备工器具购置(减处置)价值，以及土地改良、新增役、种、奶、毛、娱乐用牲畜和新增经济林木价值。无形固定资产形成总额包括矿藏的勘探、计算机软件、娱乐和文学艺术品原件等获得减处置。

存货增加 指常住单位存货实物量变动的市场价值，即期末价值减期初价值的差额。存货增加可以是正值，也可以是负值；正值表示存货上升，负值表示存货下降。它包括生产单位购进的原材料、燃料和储备物资等存货，以及生产单位生产的产成品、在制品等存货等。

货物和服务净出口 指货物和服务出口减货物和服务进口的差额。出口包括常住单位向非常住单位出售或无偿转让的各种货物和服务的价值；进口包括常住单位从非常住单位购买或无偿得到的各种货物和服务的价值。由于服务活动的提供与使用同时发生，因此服务的进出口业务并不发生出入境现象，一般把常住单位从国外得到的服务作为进口，非常住单位从本国得到的服务作为出口。货物的出口和进口都按离岸价格计算。

劳动者报酬 指劳动者因从事生产活动所获得的全部报酬。包括劳动者获得的各种形式的工资、奖金和津贴，既包括货币形式的，也包括实物形式的；还包括劳动者所享受的公费医疗和医药卫生费、上下班交通补贴和单位支付的社会保险费等。对于个体经济来说，其所有者所获得的劳动报酬和经营利润不易区分，这两部分统一作为劳动者报酬处理。

生产税净额 指生产税减生产补贴后的余额。生产税指政府对生产单位生产、销售和从事经营活动以及因从事生产活动使用某些生产要素(如固定资产、土地、劳动力)所征收的各种税、附加费和规费。生产补贴与生产税相反，指政府对生产单位的单方面收入转移，因此视为负生产税，包括政策亏损补贴、粮食系统价格补贴、外贸企业出口退税收入等。

固定资产折旧 指一定时期内为弥补固定资产损耗按照核定的固定资产折旧率提取的固定资产折旧，或按国民经济核算统一规定的折旧率虚拟计算的固定资产折旧。它反映了固定资产在当期生产中的转移价值。各类企业和企业化管理的事业单位的固定资产折旧是指实际计提并计入成本费中的折旧费；不计提折旧的政府机关、非企业化管理的事业单位和居民住房的固定资产折旧是按照统一规定的折旧率和固定资产原值计算的虚拟折旧。原则上，固定资产折旧应按固定资产的重置价值计算，但是目前我国尚不具备对全社会固定资产进行重估价的基础，所以暂时只能采用上述办法。

营业盈余 指常住单位创造的增加值扣除劳动者报酬、生产税净额和固定资产折旧后的余额。它相当于企业的营业利润加上生产补贴，但要扣除从利润中开支的工资和福利等。

直接消耗系数 指某一个部门生产单位总产出需要直接消耗各部门产品和服务的数量，也称为投入系数。它反映该部门与其他部门之间直接的技术经济联系和直接依赖关系。

完全消耗系数 指增加某一个部门单位总产出需要完全消耗各部门产品和服务的数量。完全消耗系数等于直接消耗系数和全部间接消耗系数之和，它是全面揭示国民经济各部门之间技术经济的全部联系和相互依赖关系的主要指标。

机构单位 指能以自己的名义拥有资产、发生负债、从事经济活动并与其他实体进行交易的经济实体。根据机构单位在生产、消费、融资活动中所起的不同作用，资金流量核算将常住单位区分为如下四类机构单位：非金融企业、金融机构、政府单位、住户和国外。

机构部门 将相同性质的机构单位归并在一起，就形成机构部门。资金流量核算中区分了如下几类机构部门：非金融企业部门、金融机构部门、政府部门、住户部门。

非金融企业与非金融企业部门 非金融企业指主要从事市场货物生产和提供非金融市场服务的常住企业，它主要包括各类法人企业。所有非金融企业归并在一起，就形成非金融企业部门。

金融机构与金融机构部门 金融机构指主要从事金融中介以及与金融中介密切相关的辅助金融活动的常住单位，它主要包括中央银行、商业银行和政策性银行、非银行信贷机构和保险公司。所有金融机构归并在一起，就形成金融机构部门。

政府单位与政府部门 政府单位指在我国境内通过政治程序建立的、在一特定区域内对其他机构单位拥有立法、司法和行政权的法律实体及其附属单位。政府单位的主要职能是利用征税和其他方式获得的资金向社会和公众提供公共服务。通过转移支付，对社会收入和财产进行再分配。它主要包括各种行政单位和事业单位。所有政府单位归并在一起，就形成政府部门。

住户与住户部门 住户指共享同一生活设施、部分或全部收入和财产集中使用、共同消费住房、食品和其他消费品与消费服务的常住个人或个人群体。所有住户归并在一起，就形成住户部门。

非常住单位与国外部门 所有不具有常住性的机构单位都是非常住单位。将所有与我国常住单位发生交易的非常住单位归并在一起，就形成国外部门。

初次分配总收入 初次分配指以劳动者报酬、固定资产折旧、生产税及财产收入等形式对增加值进行的分配。初次分配形成的收入余额为初次分配总收入。

经常转移 指部门间以实物和资金方式实现的单方面转让。包括社会保险付款、社会补助、侨汇、无偿捐赠、赔偿等。

可支配总收入 指各机构部门在初次分配总收入基础上通过经常转移后所获得的收入。这部分收入用于最终消费和储蓄。

总储蓄 指可支配总收入扣除最终消费后的余额。

资本转移 指一个部门无偿地向另一个部门支付用于资本形成的资金，是一种不从对方获取任何对应物作为回报的交易。资本转移具有不同于经常转移的两个特征，一是转移的目的是用于投资，而不是用于消费；二是资产所有权的转移，而不仅仅是使用权的转移。资本转移包括投资性补助和其他资产转移，根据我国目前的实际情况，投资性补助是指财政投资性拨款，即财政拨款中用于基本建设、更新改造和其他固定资产投资的部分。

净金融投资 从实物交易角度看，它是指总储蓄加资本转移收入减资本转移支出减资本形成总额后的余额。从金融交易角度看，它是金融资产的增加额减金融负债的增加额之后的余额。

通货 指以现金形式存在于市场流通领域中的货币，包括辅币和纸币。

存款 指以各种形式存在的所有存款，包括活期存款、定期存款、住户储蓄存款、财政存款、外汇存款和其他存款。

贷款 指金融机构向非金融部门提供的各种形式的所有贷款，包括短期贷款、中长期贷款、财政贷款、外汇贷款和其他贷款。

证券 包括债券和股票。

保险准备金 指对人寿保险准备金和养恤基金的净权益、保险费预付款和未结索赔准备金。

结算资金 指银行的汇兑在途资金。

金融机构往来 指各机构之间的资金往来，包括同业存放款和同业拆借款。

准备金 指各金融机构在中央银行的存款及缴存中央银行的法定准备金。

中央银行贷款 指中央银行向各金融机构的贷款。

经常项目 包括货物、服务、收益及经常性转移。

货物 指通过我国海关进出口的货物，以海关进出口统计资料为基础，并根据国际收支统计口径的要求，出口、进口都以商品所有权变化为原则进行调整。出口和进口金额均按离岸价格统计。

服务 包括运输、旅游、通讯、建筑、保险、国际金融服务、计算机和信息服务、专有权力使用费和特许费、各种商业服务、个人文化娱乐服务以及政府服务。

收益 包括职工报酬和投资收益。投资收益包括直接投资、证券投资和其它投资的收益和支出以及直接投资收益的再投资。

资本项目 包括移民转移、债务减免等资本性转移。

金融项目 包括直接投资、证券投资和其它投资。

直接投资 指外国、港澳台地区在我国和我国在外国、港澳台地区以独资、合资、合作及合作勘探开发方式进行的投资。

证券投资 指外国、港澳台地区购买(或我国买回)我国(包括地方政府和企业)发行的股票、债券等有价证券和我国(政府、企业、私人)买卖外国、港澳台地区发行的股票、债券等有价证券。

其它投资 包括外国提供给我国和我国提供给外国的贸易信贷、贷款、货币和存款以及其它资产。

储备资产增减额 指我国在黄金储备、外汇储备、在国际货币基金组织的储备头寸、特别提款权、使用基金信贷等方面本年末与上年末余额之间的差额。储备资产增加用负号表示。

Explanatory Notes for Major Statistical Indicators

Gross Domestic Product (GDP) refers to the final products of all resident units in a country (or a region) during a certain period of time. Gross domestic product is expressed in three different forms, i.e. value, income, and products respectively. The form of value refers to the total value of all products and services produced by all resident units during a certain period of time minus total value of intimidate input of materials and services of the nature of non-fixed assets or the summation of the value-added of all resident units; the form of income includes all the income created by all resident units and distributed primarily to all resident and non-resident units; the form of products refers to the value of all final goods and services for final use by all resident units plus the value of net exports of goods and services during a given period of time. In the practice of national accounting, gross domestic product is calculated with three approaches, i.e. production approach, income approach, and expenditure approach, which reflect gross domestic product and its composition from different aspects.

Three Industries Industrial structure has been classified according to the historical sequence of development. Primary industry refers to extraction of natural resources; secondary industry involves processing of primary products; and tertiary industry provides services of various kinds for production and consumption. The above classification is universal although it varies to some extent form country to country. Industry in China comprises:

Primary industry: agriculture (including farming, forestry, animal husbandry and fishery).

Secondary industry: industry (including mining and quarrying, manufacturing, production and supply of electricity, water and gas) and construction.

Tertiary industry: all other industries not included in primary or secondary industry.

Due to the fact that tertiary industry involves in a large variety of industries in China, it is divided into two sectors: circulation sector and service sector and further into four levels:

The first level: circulation sector, including transportation, storage, postal and telecommunications, wholesale and retail trade, and catering trade.

The second level: service sector providing services for production and consumption, including banking, insurance, geological survey, water conservancy management, real estates, service for residents, service for agriculture, forestry, animal husbandry, fishery, subsidiary services for transportation and communications, comprehensive technical services, etc.

The third level: service sector for upgrading scientific, educational and cultural level of the people, including education, culture and arts, broadcasting, film, television, public health, sports, social welfare and scientific research, etc.

The fourth level: sector providing services for public needs, including government agencies, political parties, social organizations, military and police service.

GDP Calculated with Expenditure Approach refers to total expenditure on final consumption, total capital formation and net export of goods and services by resident units of a country in a certain period of time. It reflects the composition of GDP by its use.

Final Consumption refers to the total expenditure of resident units on final consumption of goods and services in a certain period, namely the expenditure of the resident units for purchases of goods and services from domestic economic territory and abroad to meet the requirements of material, cultural and spiritual life. It excludes the expenditure of non-resident units on consumption in the economic territory of the country. The final consumption is classified into household consumption and government consumption.

Households consumption refers to the total expenditure of resident households on the final consumption of goods and services. The households consumption is calculated at market prices, namely the purchaser's prices which the households pay; the purchasers prices of goods are the prices the households pay when they obtain the goods, including the transport and commercial expenses paid by the households. In addition to the consumption of goods and services bought by the households directly with money, the expenditure on goods and services obtained by the households in other ways, i.e. the so-called imputed expenditure on consumption, is also included in the households consumption. The imputation expenditure of the households on consumption includes the following types: (a) the goods and services provided to the households by the units in the form of payment in kind and transfer in kind; (b) the goods and services produced and consumed by the households themselves, in which the services refer only to the services provided by the residential buildings owned by the households; (c) the services of financial intermediary provided by the financial institutions; (d) the insurance services provided by the insurance companies.

Government Consumption refers to the expenditure on the consumption of the public services provided by the government to the whole society and the net expenditure on the goods and services provided by the government to the households at free charge or lower prices. The former equals to the output value of the government services minus the value of operating income obtained by the government departments. (The output value of the government services equals to its current operating expenditure plus depreciation of fixed assets). The latter equals to the market value of the goods and services provided by the government free of charge or at low prices to the households minus the value received by the government from the households.

Total Capital Formation refers to the fixed assets acquired minus those disposed and the change in inventory, including the total fixed assets formation and the increase in inventory.

Total Fixed Capital Formation refers to the value of fixed assets purchased, transferred in by the resident units and those produced and used by themselves deducting the value of fixed assets sold and transferred out. It can be classified into total tangible assets formation and total intangible assets formation. The total tangible assets formation include the value of the construction projects, installation projects completed and the equipment, apparatus and instruments purchased as well as the value of land improved, the value of draught animals, breeding stock, milk, wool and recreational animals and the newly increased economic forest in a certain period. The total intangible assets formation includes the prospecting of minerals, the acquisition of computer software, the originals of recreational works and works of literature and arts minus the disposal of them.

Increase in Inventory refers to the market value of the change in inventory, i.e. the difference of value between the beginning and the end of the period. The increase in inventory can be positive or negative. A positive value indicates the increase in inventory while a negative value indicates the decrease in stock. The inventory includes the raw materials, fuels and reserve materials purchased by the production units as well as the inventory of finished products, semi-finished products, work-in-progress, etc.

Net Export of Goods and Services refers to the difference of the exports of goods and services minus the imports of goods and services. The imports include the value of various goods and services sold or gratuitously transferred by the resident units to the non-resident units. The imports include the value of various goods and services purchased or gratuitously acquired by the resident units from the non-resident units. Because the provision of services and the use of them happen simultaneously, the import and export of services do not appear to have the phenomena of crossing the border of the country. The acquisition of services by the resident units from abroad is usually treated as import while the acquisition of services by non-resident units in this country is usually treated as export. The export and import of goods are calculated at FOB.

Labourers' Remuneration refers to the whole payment of various forms earned by the labourers from the productive activities they are engaged in. It includes wages, bonuses and allowances the labourers earned in monetary form and in kind. It also includes the free medical services provided to the labourers and the medicine expenses, traffic subsidies and social insurance fee paid by the labourers working units for them. As the individual economy is concerned, since the labourers remuneration is not easily distinguished from the operating profit, both are treated as labourers remuneration.

Net Taxes on Production refers to the residual of the taxes on production minus the subsidies on production. The taxes on production refers to the various taxes, extra charges and fees levied on the production units on their production, sale and business activities as well as on some factors of production, such as fixed assets, land and labour force, used in the production activities they are engaged in. In contrast to the taxes on production, the subsidies on production refer to the unilateral transfer of part of the government's revenue to the production units and is therefore regarded as negative taxes on production. They include subsidies on the loss due to implementation of government policies, price subsidies to the grain institutions, foreign trade corporations receipts from drawback, etc.

Depreciation of Fixed Assets refers to the depreciation of fixed assets of a given period, drawn in accordance with the stipulated depreciation rate for the purpose of compensating the wear loss of the fixed assets or the depreciation of fixed assets calculated in a fictitious way in accordance with the stipulated unified depreciation rate in the national economic accounting system. It reflects the value of transfer of the fixed assets in the production of the current period. The depreciation of fixed assets in various enterprises and institutions managed as enterprises refers to the depreciation expenses actually drawn and calculated as part of theterprises which do not draw the depreciation expenses, as well as for the houses of residents, the depreciation of fixed assets is the imputed depreciation, which is calculated in accordance with the stipulated unified depreciation rate. In principle, the depreciation of fixed assets should be calculated on the basis of the re-purchased value of the fixed assets. However, there is no actual condition to re-evaluate all the fixed assets in China. Therefore, the above-mentioned methods are temporarily adopted at present.

Operating Surplus refers to the balance of the value added created by the resident units deducting the labourers remuneration, net taxes on production and the depreciation of fixed assets. It is equivalent to the business profit of the enterprises plus subsidies on production, but the wages and welfare expenses paid from the profits should be deducted.

Direct Input Coefficient refers to the volume of products and services of all sectors consumed directly by a certain sector's productive units, which are needed for their total output. It is also named as technical coefficient. It represents the direct technical economical ties and direct interdependence between the sector and other sectors.

Total Input Coefficient refers to the volume of products and services of all sectors needed for a certain sectors productive units to increase their total output. Total input coefficient is equal to the sum of direct input coefficient and total indirect input coefficient. It is a major indicator to disclose the technical economical ties and interdependence between sectors of the national economy.

Institutional Units refer to economic entities that are in a position to own assets and incur liabilities in their own name, and to engage in economic activities and conduct transactions with other entities. Depending on their different role in production, consumption and financing, 4 groups of resident institutional units are identified in the flow of fund tables, namely, non-financial corporations, financial institutions, governments, households and the rest of the world.

Institutional Sectors refer groups of institutional units that are classified by their nature. Following groups (or institutional sectors) are identified in the flow of fund accounts: the sector of non-financial corporations, the sector of financial institutions, the sector of governments and the sector of households.

Non-Financial Corporations and the Sector of Non-Financial Corporations Non-financial corporations refer to resident corporations that are engaged in the production of goods and the provision of non financial services in the market, mainly covering corporate enterprises of various types. All non-financial corporations make up the sector of non-financial corporations.

Financial Institutions and the Sector of Financial Institutions Financial institutions refer to resident institutions that are engaged in the financial services or auxiliary financial activities, mainly covering central banks, commercial banks, policy-related banks, non-banking credit institutions and insurance companies. All financial institutions make up the sector of financial institutions.

Government Units and the Sector of Governments Government units refer to legal entities and their auxiliary units within the territory of China that are established through political process and are empowered with legislative, administrative or judicial rights over other institutional units in a given region. The main function of government units is to acquire funds through taxation or other means, to provide public services to the society and households, and to conduct redistribution of income and properties of the society through transfer payment. Government units cover mainly administrative and institutional units of various types. All government units make up the sector of governments.

Households and the Sector of Households Households refer to resident individuals or groups of resident individuals who share common living facilities, pool together entire or part of their income and properties at their common disposal, and share their housing, food and other consumer goods and services. All households make up the sector of households.

Non-resident Units and the Sector of the Rest of the World Non-resident units refer to of units that are of a non-resident nature. All non-resident units that have transactions with resident units make up the sector the rest of the world.

Total Income of Primary Distribution Primary distribution refers to the distribution of value-added in the form of compensation for labours, depreciation of fixed assets, production taxes and property income. The sum of income obtained through primary distribution is called the total income of primary distribution.

Current Transfers refers to one-way transfers with physical and fund form in sectors. include payment to social securities, social allowances remittance from overseas Chinese, grants, donations and reparations and so on.

Total Disposable Income refers to income received by institutional sectors on the basis of total income of primary distribution and through current transfers. This is the income that is used for final consumption and savings.

Total Savings is the difference between total disposable income and the final consumption.

Capital Transfer refers to the free payment from one sector to another sector for capital formation, and is a transaction that seeks no return from the recipient. The capital transfer differs from the current transfer in 2 aspects. Firstly, the objective of the transfer is investment rather than consumption. Secondly, capital transfer features the transfer of the ownership of the capital rather than the utilization right of the capital. Capital transfer in cludes investment subsidies and other capital transfers. Under the current situation in China, investment subsidies refer to investment allocations from government finance, i.e. the financial allocations that are used for capital construction, updating and transformation projects and other investment in fixed assets.

Net Financial Investment refers to total savings plus the net income from capital transfer minus the gross capital formation from the point of view of physical transaction. In terms of monetary transaction, it is the increased value of financial assets minus the increase of the financial liabilities.

Currency in Circulation refers to currency that is in circulation in the market, including notes and fractional currency.

Savings Deposit refers to deposits of all types, including current deposit, fixed deposit, household savings deposit, government deposit, foreign exchange deposit and other deposits.

Loans refer to loans of all forms provided by financial institutions to non-financial sectors, including short-term loans, medium and long-term loans, government loans, foreign exchange loans and other loans.

Securities include bonds and stocks.

Insurance Reserve Funds refer to reserve fund for life insurance, the net pension fund, advance payment of premium and non-claimed reserves.

Settlement Fund refers to bank fund that is in the process of remittance.

Transactions Between Financial Institutions refer to flow of capital between financial institutions, including inter-bank deposits and loans.

Reserve Funds refer to savings of financial institutions in the central bank and designated reserves to the central bank.

Loans from the Central Bank refer to loans from the central bank to financial institutions.

Current Account includes goods, services, earnings and current transfers.

Goods refer to imported or exported goods through Chinese customs. Figures in the Yearbook are based on customs statistics, adjusted in line with the concepts and definitions of the balance of payment statistics and with the change in the ownership of commodities. Statistics on both exports and imports are valued at f. o. b. prices.

Services include transportation, tourism, communications, construction, insurance, international financial services, computer and information service, royalty for patent, trademarks and other special rights, commercial services, personal cultural and recreational services and government services.

Earnings include compensation of employees and earnings from investment (including earnings from and expenses on direct investment, security investment and other investment, as well as reinvestment of earnings from direct investment).

Capital Account includes capital transfers such as immigration transfer, reduction or exemption of debts, etc.

Financial Account includes direct investment, security investment and other investments.

Direct Investment refers to investment, made in forms of exclusive investment, joint investment, contracted operation and cooperative development, by foreign investors or investors from Hong Kong, Macao and Taiwan in China, or by Chinese investors in foreign countries or in Hong Kong, Macao and Taiwan.

Security Investment refers to the purchase of stocks and securities issued by central and local governments and enterprises in China by institutions or individuals of foreign countries or from Hong Kong, Macao and Taiwan (and the re-purchase by Chinese institutions), and the purchase and selling of stocks and securities issued in foreign countries and in Hong Kong, Macao and Taiwan by Chinese governments, enterprises and individuals.

Other Investment includes trade credits, loans, currency, savings and other assets, provided by foreign countries to China and by China to foreign countries.

Reserve Assets, Net Increase refers to the net balance between the end of the reference year and the end of the previous year, in the gold reserve, foreign exchange reserve, reserve and special drawing rights in the International Monetary Fund, and the use of the Fund's credits. The increase in the reserve assets is expressed as a negative figure.

人　口

第四篇

Chapter

4

POPULATION

简要说明

一、本篇资料反映我省2003年及主要年份人口方面的基本情况，包括全省主要人口统计数据，主要指标有：总户数、总人口、家庭户规模、性别比、少年儿童系数、老年系数、老少比、文化程度状况、少年儿童抚养系数、老年抚养系数、总抚养系数、婚姻构成、就业者身份等。

二、本篇资料来源主要有以下三个方面：

1. 有关家庭户数据、人口性别比、人口受教育程度、抚养系数等资料是根据2003年全省人口抽样调查数据整理的。

2. 有关历史上五次人口普查资料，是根据历次人口普查资料整理的。

3. 有关户籍人口、非农业人口、农业人口，是根据省公安厅提供的2003年度户籍人口统计年报资料整理的。

三、本篇资料均由省统计局人口和社会科技统计处整理编制。

Brief Introduction

I. Data in this chapter show the basic conditions of Anhui's population in 2003, including the main data of population statistics of the whole province, such as family size, sex ratio, children ratio, the aged ratio, ratio of the aged to children, educational level, children dependency ratio, the aged dependency ratio, and total dependency ratio.

II. There are three main sources for Data published in this chapter.

1. Data on family size, sex ratio, educational level and dependency ratio are tabulated in accordance with the sample survey on population in 2003.

2. The historical data of the four population censuses are prepared in accordance with the previous population censuses.

3. Data of residence, non-agricultural and agricultural population are collected in accordance with the annual statistical report on residence population in 2003 by the Department of Public Security of the province.

III. Data in this chapter are prepared by the Division of Population, Society, Science and Technology, Anhui Statistical Bureau.

4—1 历年主要人口指标

Major Population Indicators Over The Years

年份 Year	户籍人口 Residence Populations 总数(万人) Total (10000 persons)	非农业人口比重(%) Proportion of Non-agricultural Populations (%)	常住人口 Permanent Populations 总数(万人) Total (10000 persons)	城镇人口比重(%) Proportion of Urban Populations (%)	出生率(‰) Birth Rate (‰)	死亡率(‰) Death Rate (‰)	自然增长率(‰) Natural Growth Rate (‰)	流向省外半年以上的人数(万人) Floation Out of This Province for More Than Half a Year (10000 persons)
1991	5744	15.25	5737	17.96	21.19	6.06	15.13	21
1992	5817	16.16	5794	18.20	18.76	6.14	12.62	66
1993	5870	16.42	5825	18.48	17.18	6.51	10.67	121
1994	5938	17.06	5889	18.78	16.70	6.86	9.84	171
1995	6000	17.40	5923	19.09	16.07	6.41	9.66	228
1996	6054	17.94	5957	21.71	16.00	6.50	9.50	276
1997	6109	18.42	5992	22.02	15.80	6.50	9.30	324
1998	6152	18.95	6016	22.33	15.74	6.54	9.20	372
1999	6205	19.40	6051	26.00	15.10	6.50	8.60	420
2000	6278	19.59	6093	28.00	13.40	5.76	7.64	433
2001	6325	19.87	6128	29.30	12.46	5.85	6.61	497
2002	6369	20.24	6144	30.70	11.20	5.17	6.03	567
2003	6410	20.57	6163	32.00	11.15	5.20	5.95	720

注：1．户籍人口为公安户籍统计数，常住人口为人口抽样调查推算数；
2．常住人口是指常住本地的人，不包括户籍人口中到省外一年以上的人口，包括外省来我省常住一年以上的人口；
3．以下各表除加以注明的外，均为常住人口数。

a) Residence population is taken from the annual reports of the Department of Public Security and permanent population is calculated from the Sample Survay of Population.

b) Permanent population refers to people inhabit local place, excluding those residence population that going out of this province for more than one year and including the population moving to this province from other province for more than one year.

c) Data in the following tables refer to permanent populations excluding those with notes.

4—2 历年人口系数

Ratio of Population Over the Years

单位：% (%)

年份 Year	少年儿童系数 Ratio of Children	老年系数 Retio of the Aged	老少比 Ratio of the Aged to Children	少年儿童抚养系数 Chilren Dependency Ratio	老年抚养系数 The Aged Dependency Ratio	总抚养系数 Dependency Ratio	年龄中位数(岁) Median of Age (year)
1990	28.39	5.41	19.04	42.89	8.16	51.05	24.02
1991	28.23	5.94	21.05	42.88	9.03	51.91	24.82
1992	27.96	6.09	21.78	42.40	9.24	51.64	25.16
1993	26.56	6.32	23.80	39.57	9.42	48.99	25.28
1994	26.60	6.40	24.06	39.70	9.55	49.25	25.39
1995	27.33	6.73	24.61	41.45	10.20	51.65	26.38
1996	26.63	6.50	24.41	39.82	9.72	49.54	27.95
1997	26.04	6.71	25.77	38.72	9.98	48.70	28.35
1998	24.95	7.02	28.14	36.67	10.32	46.99	29.52
1999	24.60	7.38	30.00	36.17	10.85	47.03	30.63
2000	25.49	7.59	29.79	38.10	11.35	49.44	30.38
2001	24.87	8.10	32.57	37.10	12.09	49.19	31.08
2002	24.36	8.50	34.89	36.28	12.65	48.93	32.22
2003	23.43	9.19	39.22	34.77	13.63	48.40	33.46

注：1990年、2000年为普查数据，其余年份为人口变动抽样调查数。

a) Data in 1990 and 2000 are taken from National Population Cansuses and data of other years were taken from the annual National Sample Surveys on Population Changes.

4—3 五次全省人口普查人口基本情况

Basic Statistics on National Population Census in 1953, 1964, 1982, 1990 and 2000

指 标	Item	1953	1964	1982	1990	2000
总人口 （万人）	**Total Population (10000 persons)**	**3066.33**	**3124.12**	**4966.60**	**5618.10**	**5899.99**
男	Male	1610.66	1618.17	2576.38	2902.64	3043.78
女	Female	1455.66	1505.95	2390.21	2715.46	2856.21
育龄妇女 （15—49岁）	Women at Childbearing Age (Age 14-49)	705.38	741.21	1150.76	1498.78	1576.89
总户数 （万户）	**Total Number of Households (10000 household)**	**713.16**	**765.17**	**1052.21**	**1337.65**	**1650.54**
家庭户	Family Households			1047.08	1332.01	1631.39
集体户	Non-family Households			5.14	5.64	19.15
家庭户规模 （人/户）	**Average Family Size (person/household)**	**4.30**	**4.08**	**4.64**	**4.14**	**3.51**
各年龄组人口 （万人）	**Population by Age (10000 persons)**					
0—6岁	Age 0-6	624.73	542.67	679.94	781.52	515.37
7—14岁	Age 7-14	480.96	657.58	1115.36	813.44	988.65
15—64岁	Age 15-64		1849.63	2968.50	3719.46	3947.98
65岁以上	Age 65 and Over		74.24	202.79	303.68	448.00
劳动年龄人口	Population Within Working Age	1649.27	1657.63	2615.91	3336.73	3535.08
男60岁、女55岁以上人口	Males Aged 60 and Females Aged 55 and Over			425.69	577.12	761.58
民族人口 （万人）	**Nationality Population (10000 persons)**					
汉族	Han Nationality	3052.70	3108.58	4940.41	5585.67	5860.21
少数民族	Minority Nationalities	13.63	15.53	26.18	32.44	39.78
15岁及以上人口 （万人）	**Marital Status of Population Aged 15 and Over (10000 persons)**			**3171.29**	**4023.15**	**4395.96**
未婚	Unmarried			954.57	1112.47	964.19
有配偶	Married			1959.30	2641.92	3199.86
丧偶	Widowed			237.21	247.70	177.10
离偶	Divorced			20.22	21.05	54.83
每十万人拥有的各种受教育程度人口 （人）	**Population with Various Education Attainment Per 10000 from Population Censuses (person)**					
大专以上	Colleges and Over		258	408	883	2312
高中	Senior Secondary School		1010	3977	5037	7653
初中	Junior Secondary School		3861	14236	19970	32826
小学	Primary School		19307	29716	34701	37362
文盲人口及文盲率	**Illiterate Population and Illiterate Rate**					
文盲人口 （万人）	Illiterate Population (10000 persons)			1900.70	1381.80	602.20
文盲率 （%）	Illiterate Rate (%)			31.80	24.60	10.06
市镇县人口 （万人）	**Population of Cities, Towns and Counties (10000 persons)**					
市	City	112.47	214.71	488.50	692.14	843.47
镇	Town	153.80	146.74	219.73	310.26	733.17
县	County	2800.07	2762.67	4258.36	4615.70	4323.36

4—4 各市常住人口基本情况（2003年）

Basic Comditions of Population by Region (2003)

地　区	Region	家庭户人口占总人口比重 (%) Proportion of Family Members to the Total Population (%)	人口性别比（女=100） Sex Ratio (female=100)	外出半年以上人员性别比（女=100） Sex Ratio of Persons Having Gone out for More Than Half Year (female=100)	农林牧渔业人口占在业人口比重 (%) Proprtion of Farming, Forestry, Husbandary and Fishery People to the Tota (%)	其他行业人口占在业人口比重 (%) Proportion of People in Other Sectors to the Total (%)
总　计	**Total**	**98.27**	**101.96**	**139.97**	**64.07**	**35.93**
合肥市	Hefei	95.59	100.24	145.31	55.39	44.61
淮北市	Huaibei	98.33	103.20	123.67	64.36	35.64
亳州市	Bozhou	98.95	107.99	143.71	79.49	20.51
宿州市	Suzhou	99.38	103.78	117.24	78.71	21.29
蚌埠市	Bengbu	98.42	104.40	125.07	69.06	30.94
阜阳市	Fuyang	98.53	101.97	147.31	72.23	27.77
淮南市	Huainan	97.88	110.69	119.92	52.71	47.29
滁州市	Chuzhou	99.11	101.76	147.24	65.70	34.30
六安市	Luan	98.38	100.87	146.91	73.25	26.75
马鞍山市	Maanshan	98.05	99.75	138.66	39.88	60.12
巢湖市	Chaohu	97.80	98.32	139.00	65.01	34.99
芜湖市	Wuhu	97.58	102.25	129.35	47.72	52.28
宣城市	Xuancheng	98.80	100.48	146.13	60.11	39.89
铜陵市	Tongling	98.04	102.38	125.22	36.06	63.94
池州市	Chizhou	98.96	98.69	141.40	67.09	32.91
安庆市	Anqing	97.69	95.93	153.80	60.24	39.76
黄山市	Huangshan	99.28	97.82	132.30	64.98	35.02

4—5 各市按家庭户规模分的户数构成（2003年）

Composition of Households by Size of Household and Region (2003)

单位：%　　(%)

地　区	Region	家庭户规模（人/户） Size of Family Household (person/household)	一人户 With One Person	二人户 With Two Person	三人户 With Three Person	四人户 With Four Person	五人户 With Five Person	六人及六人以上户 With Six Persons and Over
总　计	**Total**	**3.05**	**5.38**	**13.01**	**27.59**	**28.24**	**15.05**	**10.73**
合肥市	Hefei	2.98	6.26	15.26	30.15	26.49	12.21	9.63
淮北市	Huaibei	3.39	3.79	13.07	28.43	30.87	15.07	8.77
亳州市	Bozhou	3.36	5.25	11.96	21.38	29.31	18.13	13.96
宿州市	Suzhou	3.21	5.62	14.09	21.75	29.06	17.29	12.21
蚌埠市	Bengbu	3.20	4.63	12.22	27.32	27.69	15.16	12.98
阜阳市	Fuyang	3.01	5.39	12.10	20.10	29.35	18.87	14.18
淮南市	Huainan	3.13	6.55	11.28	34.21	24.42	13.51	10.03
滁州市	Chuzhou	3.20	4.37	12.23	30.11	28.35	15.10	9.84
六安市	Luan	2.79	4.48	11.01	25.87	30.33	16.25	12.05
马鞍山市	Maanshan	2.99	5.60	14.95	32.52	23.63	13.06	10.24
巢湖市	Chaohu	2.87	4.73	12.16	25.66	29.52	16.36	11.58
芜湖市	Wuhu	2.82	7.78	16.57	34.91	23.47	11.41	5.86
宣城市	Xuancheng	2.96	5.68	13.33	31.72	28.25	13.18	7.84
铜陵市	Tongling	2.97	5.64	14.68	35.75	23.80	11.90	8.22
池州市	Chizhou	2.83	5.19	11.93	29.54	30.49	14.49	8.35
安庆市	Anqing	3.09	4.12	11.78	24.17	32.10	16.29	11.53
黄山市	Huangshan	2.87	7.60	14.66	29.71	28.27	10.71	9.05

4—6 各市人口年龄结构（2003年）

Age Composition of Population by Region (2003)

单位：%　(%)

地区	Region	总人口（万人）Total Population (10000 persons)	年龄构成 Proportion to Total Populations 0—14岁 Age 0-14	15—64岁 Age 15-64	15—59岁 Age 15-59	60岁及以上 Age 60 and Over	65岁及以上 Age 65 and Over	抚养比 Dependency Ratio 总抚养比 Gross Dependency Ratio	少儿抚养比 Children Dependency Ratio	老年抚养比 The Aged Dependency Ratio
总计	**Total**	**6163**	**23.43**	**67.39**	**63.35**	**13.22**	**9.19**	**48.40**	**34.77**	**13.63**
合肥市	Hefei	460	21.23	69.58	65.41	13.36	9.19	43.72	30.51	13.21
淮北市	Huaibei	201	23.39	69.04	65.48	11.13	7.57	44.84	33.87	10.97
亳州市	Bozhou	518	24.77	66.51	62.93	12.30	8.72	50.36	37.24	13.12
宿州市	Suzhou	572	24.74	65.60	61.75	13.51	9.66	52.44	37.71	14.73
蚌埠市	Bengbu	332	24.76	66.38	62.52	12.73	8.86	50.64	37.29	13.35
阜阳市	Fuyang	836	28.40	62.34	58.87	12.74	9.26	60.40	45.55	14.86
淮南市	Huainan	212	21.31	70.64	67.16	11.53	8.05	41.57	30.17	11.40
滁州市	Chuzhou	420	24.75	66.29	62.84	12.41	8.96	50.84	37.33	13.51
六安市	Luan	605	24.69	65.55	60.93	14.38	9.76	52.55	37.66	14.89
马鞍山市	Maanshan	123	21.17	68.74	63.99	14.85	10.10	45.48	30.80	14.69
巢湖市	Chaohu	431	25.51	64.63	59.75	14.74	9.86	54.74	39.48	15.26
芜湖市	Wuhu	220	19.74	70.73	66.20	14.05	9.53	41.38	27.91	13.47
宣城市	Xuancheng	269	19.94	71.23	66.94	13.13	8.84	40.39	27.99	12.40
铜陵市	Tongling	71	19.54	71.88	67.23	13.23	8.58	39.12	27.18	11.93
池州市	Chizhou	150	22.20	67.73	63.66	14.13	10.07	47.65	32.78	14.87
安庆市	Anqing	595	24.45	66.33	61.84	13.71	9.22	50.75	36.85	13.90
黄山市	Huangshan	145	19.82	69.97	66.58	13.60	10.20	42.91	28.33	14.58

注：本表总人口数系根据2003年人口抽样调查推算数。

a) Total populations in this table are calculated in accordance with the Provincial Sample Survey of Population in 2003.

4—7 各市6岁及以上各种文化程度人口占总人口比重及文盲率（2003年）

Proportiom of People Aged Six and Over With Various Educational Level to the Total by Region (2003)

单位：%　(%)

地区	Region	大专及以上 College and Higher Level	#女 Female	高中和中专 Senior Secondary School	#女 Female	初中 Junior Secondary School	小学 Primary School	总人口文盲率 Total Illiterate Ratio
总计	**Total**	**3.74**	**1.40**	**8.27**	**3.32**	**35.79**	**33.75**	**10.91**
合肥市	Hefei	11.30	5.55	11.88	5.10	32.64	29.86	7.75
淮北市	Huaibei	3.95	1.98	8.42	3.44	45.12	28.40	7.98
亳州市	Bozhou	1.27	0.46	4.64	1.40	38.66	33.48	14.33
宿州市	Suzhou	2.03	0.66	6.22	2.20	42.14	31.10	11.40
蚌埠市	Bengbu	3.15	1.02	9.14	3.82	37.81	31.56	11.24
阜阳市	Fuyang	1.72	0.66	4.97	1.63	35.57	33.52	14.13
淮南市	Huainan	3.89	1.45	12.14	4.94	42.39	27.33	7.96
滁州市	Chuzhou	2.16	0.67	7.04	2.50	35.85	35.79	11.74
六安市	Luan	2.26	0.82	6.43	2.64	34.41	36.36	10.96
马鞍山市	Maanshan	5.38	1.89	12.84	5.38	35.98	32.66	6.68
巢湖市	Chaohu	2.54	0.81	6.21	2.41	31.16	38.01	13.24
芜湖市	Wuhu	7.87	2.71	11.50	5.10	33.06	32.03	9.31
宣城市	Xuancheng	2.67	0.85	8.20	3.73	36.23	35.31	10.48
铜陵市	Tongling	8.77	2.37	14.60	7.04	31.13	29.28	9.37
池州市	Chizhou	3.34	1.05	8.21	3.13	27.77	40.74	10.88
安庆市	Anqing	2.15	0.68	7.12	2.57	29.96	39.68	12.28
黄山市	Huangshan	4.14	1.44	9.55	3.89	33.12	39.00	7.94

4—8　各市每十万人口拥有的各种受教育程度人口

Population by Educational Level and Region Per 100 Thousand Persons

单位：人　　(person)

地　区	Region	大专及以上 College and Higher Level 2003	2002	高中和中专 Senior Secondary School 2003	2002	初　中 Junior Secondary School 2003	2002	小　学 Primary School 2003	2002
总　计	**Total**	**3740**	**3147**	**8273**	**8062**	**35790**	**35117**	**33748**	**34239**
合肥市	Hefei	11302	7653	11878	11406	32642	35131	29864	28453
淮北市	Huaibei	3951	3687	8419	7309	45119	43021	28397	28601
亳州市	Bozhou	1272	1457	4643	4900	38661	36502	33482	35823
宿州市	Suzhou	2030	1407	6215	5488	42144	41882	31100	31199
蚌埠市	Bengbu	3152	3910	9139	7734	37809	34235	31560	32030
阜阳市	Fuyang	1724	1550	4972	4906	35570	36720	33519	35453
淮南市	Huainan	3893	3700	12141	11942	42391	41847	27332	28004
滁州市	Chuzhou	2156	2485	7040	7257	35847	33618	35792	35832
六安市	Luan	2261	2348	6433	5949	34408	34472	36360	37542
马鞍山市	Maanshan	5377	5476	12836	12229	35984	35246	32660	30137
巢湖市	Chaohu	2540	3717	6213	8595	31156	28778	38006	37357
芜湖市	Wuhu	7869	4121	11500	11528	33062	32893	32029	34992
宣城市	Xuancheng	2673	2003	8199	7259	36225	32704	35311	37297
铜陵市	Tongling	8771	6100	14597	14256	31127	34097	29283	27506
池州市	Chizhou	3336	2469	8212	7673	27773	28141	40742	41318
安庆市	Anqing	2148	1933	7115	7625	29964	29636	39678	40706
黄山市	Huangshan	4135	2876	9548	8688	33119	33545	39000	37341

注：本表系根据当年人口抽样调查数据推算，因样本原因导致个别市数据变化较大。

a) Data in this table are calculated in accordance with the sample survey on population in those years. Data of a few cities have big changes because of the samples.

4—9　各市2002—2003学年小学初中入学率状况

Percentage of Children Enrolled in Primary Schools and Junior Secondary Schools by Region (2002-2003)

单位：%　　(%)

地　区	Region	初中净入学率 Net Enrollment Ratio of Junior Secondary Schools 小计 Total	#女 Female	小学净入学率 Net Enrollment Ratio of Primary Schools 小计 Total	#女 Female	小学辍学率 Percent of Primary Schoolchildren Quitting Their Studies
总　计	**Total**	**96.44**	**96.40**	**99.09**	**99.16**	**0.78**
合肥市	Hefei	97.84	97.16	99.55	99.49	1.50
淮北市	Huaibei	97.55	97.64	99.14	99.11	0.10
亳州市	Bozhou	95.00	95.19	98.59	99.02	0.63
宿州市	Suzhou	96.10	97.23	99.41	99.47	1.31
蚌埠市	Bengbu	99.11	99.16	99.43	99.45	0.45
阜阳市	Fuyang	95.30	94.74	99.20	99.17	1.12
淮南市	Huainan	98.52	98.56	99.73	99.72	0.66
滁州市	Chuzhou	96.24	96.10	98.76	98.73	1.36
六安市	Luan	95.76	95.68	99.70	99.72	1.03
马鞍山市	Maanshan	98.81	98.21	99.93	99.89	-1.74
巢湖市	Chaohu	91.07	90.96	96.17	96.42	1.07
芜湖市	Wuhu	99.85	99.81	98.69	99.16	0.07
宣城市	Xuancheng	99.46	99.48	99.97	99.98	0.15
铜陵市	Tongling	100.00	100.00	100.00	100.00	
池州市	Chizhou	96.51	96.36	99.77	99.68	0.14
安庆市	Anqing	98.15	97.79	99.39	99.33	0.03
黄山市	Huangshan	97.08	96.64	99.71	99.76	0.08

4—10 各市婚姻人口构成（2003年）

Composition of Marriage Status by Region (2003)

单位：% (%)

地区	Region	15岁及15岁以上的人口合计（万人）Total Population Aged 15 and Over (10000 persons)	未婚 Never Married	初婚有配偶 Firstly Married	再婚有配偶 Remarried	离婚 Divorced	丧偶 Widowed
总计	**Total**	**4715**	**17.85**	**73.87**	**1.31**	**0.75**	**6.22**
合肥市	Hefei	365	21.57	71.03	1.42	0.87	5.11
淮北市	Huaibei	156	20.95	73.28	0.85	0.56	4.36
亳州市	Bozhou	393	21.26	71.76	0.76	0.48	5.73
宿州市	Suzhou	434	20.25	72.26	0.95	0.53	6.02
蚌埠市	Bengbu	252	19.09	73.81	0.93	0.97	5.20
阜阳市	Fuyang	604	19.40	73.46	0.79	0.46	5.90
淮南市	Huainan	168	18.91	73.42	1.42	1.18	5.06
滁州市	Chuzhou	319	14.70	77.39	1.15	0.76	6.00
六安市	Luan	460	17.32	73.96	1.18	0.57	6.98
马鞍山市	Maanshan	98	14.54	76.00	1.97	1.47	6.03
巢湖市	Chaohu	324	13.76	76.72	1.55	0.39	7.58
芜湖市	Wuhu	178	18.52	71.95	1.74	1.16	6.63
宣城市	Xuancheng	218	15.40	75.50	2.09	0.76	6.26
铜陵市	Tongling	57	16.07	75.75	1.62	1.26	5.30
池州市	Chizhou	117	14.54	74.83	1.86	0.91	7.87
安庆市	Anqing	454	16.10	73.34	1.48	0.41	8.67
黄山市	Huangshan	117	15.23	75.20	1.62	0.72	7.23

注：本表15岁及15岁月以上人口合计数根据2003年人口抽样调查推算数。

a) Number of persons aged 15 and over is calculated in accordance with the data of the Sample Survey on Population in 2003.

4—11 全省育龄妇女分年龄孩次的生育率（2003年）

Fertility Rate of Women At Childbearing Age by Age and Children's Order (2003)

单位：‰ (‰)

年龄别 Age	生育率 Fertility-rate	第一孩生育率 The First Child	第二孩生育率 The Second Child	第三孩及以上生育率 The Third Child and Over
总计 Total	**42.10**	**30.36**	**10.69**	**1.05**
15-19	**4.42**	**4.42**		
20-24	**181.29**	**172.21**	**7.41**	**1.67**
20	99.80	98.75	1.06	
21	159.62	155.55	1.01	3.05
22	209.42	199.78	6.75	2.89
23	229.30	220.03	7.59	1.69
24	190.81	172.37	17.64	0.80
25-29	**116.45**	**74.76**	**38.62**	**3.07**
25	163.89	134.39	27.04	2.46
26	156.52	108.85	42.91	4.76
27	109.66	66.84	42.06	0.75
28	101.42	53.16	45.46	2.79
29	67.65	28.19	35.07	4.38
30-34	**28.64**	**6.54**	**20.53**	**1.57**
30	53.08	16.94	35.58	0.57
31	41.95	7.34	30.41	4.20
32	32.17	4.73	26.48	0.95
33	12.26	2.73	8.64	0.91
34	10.72	3.13	6.25	1.34
35-39	**3.61**	**0.29**	**2.63**	**0.69**
40-44	**0.92**	**0.56**	**0.37**	
45-49				

4—12 各市主要年份妇女平均初婚年龄

Women's Average Age At Their First Marriage in Major Years by Region

单位：岁 (age)

地区	Region	1990	1995	2000	2002	2003
总计	**Total**	**20.79**	**22.72**	**22.61**	**23.30**	**23.17**
合肥市	Hefei	21.45	23.06	23.10	23.30	24.09
淮北市	Huaibei	20.68	22.99	22.58	23.60	23.54
亳州市	Bozhou	20.12	21.17	21.90	22.48	22.47
宿州市	Suzhou	20.68	22.55	22.32	22.91	23.53
蚌埠市	Bengbu	20.68	23.01	22.07	22.77	22.18
阜阳市	Fuyang	20.75	21.31	22.17	22.67	22.97
淮南市	Huainan	21.30	23.38	22.98	24.19	23.04
滁州市	Chuzhou	20.97	23.00	22.54	22.80	22.50
六安市	Luan	20.40	22.46	22.29	23.77	22.79
马鞍山市	Maanshan	21.26	22.82	23.05	24.73	23.32
巢湖市	Chaohu	20.86	23.07	22.65	22.92	22.92
芜湖市	Wuhu	20.96	22.87	23.21	23.76	24.55
宣城市	Xuancheng	20.55	22.05	22.80	22.66	23.00
铜陵市	Tongling	21.67	23.20	23.84	24.10	24.04
池州市	Chizhou	20.61	22.68	22.68	23.77	23.73
安庆市	Anqing	20.29	22.02	22.24	23.17	22.92
黄山市	Huangshan	21.16	22.76	23.13	23.78	23.57

4—13 各市按就业身份的在业人口比例（2003年）

Proportion of Employed Persons by Their Identities and Region (2003)

单位：% (%)

地区	Region	合计（人）Total (person)	国有单位从业人员 State-owned Units	城镇集体单位从业人员 Urban Collective Owned Units	其他经济类型单位从业人员 Units of Other Types of Ownership	乡镇企业从业人员 Township and Village Enterprises	乡村农林牧渔劳动者 Farming, Forestry Animal Husbandary and Fishery in Rural Areas	私营、个体雇主、雇员 Employers and Employees in Private or Individual Units	自营劳动者 Self-employed Labourer	其他 Other
总计	**Total**	**126034**	**11.30**	**2.48**	**1.75**	**1.68**	**63.64**	**10.01**	**6.54**	**2.60**
合肥市	Hefei	8201	18.93	2.83	2.38	1.32	55.67	11.14	5.19	2.54
淮北市	Huaibei	6355	17.97	2.06	1.64	2.06	64.20	5.27	5.04	1.77
亳州市	Bozhou	11736	3.15	1.19	1.27	1.47	78.97	6.19	6.50	1.26
宿州市	Suzhou	10173	4.97	1.04	1.25	1.30	79.23	6.39	4.41	1.41
蚌埠市	Bengbu	7293	12.02	3.02	1.12	0.83	68.61	9.47	2.92	1.99
阜阳市	Fuyang	9417	4.92	1.27	1.99	2.05	71.69	10.22	5.46	2.40
淮南市	Huainan	6375	26.83	2.89	2.92	1.31	51.59	7.52	5.55	1.39
滁州市	Chuzhou	8441	8.20	2.88	2.03	2.31	64.77	9.80	7.61	2.40
六安市	Luan	8369	6.38	1.79	1.18	1.54	71.72	8.00	7.91	1.49
马鞍山市	Maanshan	5595	22.60	7.14	2.08	2.99	39.77	17.17	5.75	2.51
巢湖市	Chaohu	7038	7.50	1.90	0.80	2.47	64.56	12.29	6.84	3.64
芜湖市	Wuhu	6390	14.12	3.54	2.99	1.47	47.28	16.92	9.10	4.58
宣城市	Xuancheng	6436	6.67	1.80	2.30	2.07	60.00	16.42	8.63	2.11
铜陵市	Tongling	4486	32.11	5.44	1.26	1.62	34.74	11.59	7.20	6.04
池州市	Chizhou	5113	9.50	2.05	1.24	0.97	66.54	9.14	7.77	2.80
安庆市	Anqing	9007	8.12	2.81	2.11	1.84	60.52	8.42	10.55	5.62
黄山市	Huangshan	5609	12.05	2.30	1.51	1.10	63.92	11.72	5.14	2.27

注：本表及4-14、4-15、4-16、4-17表合计数为2003年人口抽样实际调查样本数。

a) The total numbers in this table and table 4-14、4-15、4-16、4-17 are taken from the sample surveys of population in 2003.

4—14 各市城镇按未工作原因的人口构成（2003年）

Proportion of Persons Not Working by Reason and Region (2003)

单位：% (%)

地区	Region	合计（人） total (person)	有工作单位正在休假学习或临时停工 Persons Having Work Units are Now on Vaccation, Studying or Temporary Shut Down	在校学生 Students in School	离退休未工作 Retired	料理家务 Looking After Household Affairs	丧失劳动能力 Being Unable to Work	下岗、内退 Being Laid-off or Internal Resigned	失去工作 Losing Jobs	毕业后未工作 Not Working After Graduation	其他 Others
总计	**Total**	**42003**	**0.81**	**26.43**	**16.06**	**22.81**	**22.39**	**4.92**	**2.13**	**2.87**	**1.57**
合肥市	Hefei	4548	0.90	35.84	22.53	12.25	15.75	5.79	3.29	2.56	1.09
淮北市	Huaibei	2894	0.92	32.58	13.86	23.30	19.37	3.05	0.92	5.30	0.68
亳州市	Bozhou	1420	0.78	40.54	5.17	22.83	25.18	2.05	0.26	2.42	0.78
宿州市	Suzhou	1378	0.45	38.97	9.66	20.55	25.91	1.91	0.45	1.50	0.60
蚌埠市	Bengbu	2670	0.36	27.97	18.41	17.93	21.79	6.41	2.83	3.03	1.27
阜阳市	Fuyang	1542	0.23	40.19	5.48	20.62	26.56	2.24	0.81	2.55	1.31
淮南市	Huainan	4736	0.62	21.37	23.26	22.93	13.52	8.62	2.42	6.04	1.21
滁州市	Chuzhou	2254	0.60	22.81	11.61	22.13	30.74	6.39	1.65	2.37	1.69
六安市	Luan	1828	0.58	29.31	6.87	23.70	32.07	3.88	1.15	1.47	0.97
马鞍山市	Maanshan	3654	1.38	14.58	33.77	18.75	14.66	6.80	3.93	4.13	2.00
巢湖市	Chaohu	1429	0.90	23.27	9.69	37.34	21.02	4.34	0.70	1.20	1.55
芜湖市	Wuhu	3899	0.88	23.92	24.45	20.15	17.83	5.73	3.90	1.93	1.20
宣城市	Xuancheng	1315	0.84	17.34	13.04	35.62	22.97	4.18	1.73	2.73	1.56
铜陵市	Tongling	3746	1.88	16.20	32.69	15.73	11.37	8.12	6.24	4.66	3.12
池州市	Chizhou	1186	1.33	17.82	10.12	29.64	31.58	3.70	1.27	2.61	1.94
安庆市	Anqing	2061	0.53	19.52	10.19	30.34	29.54	3.36	1.25	1.31	3.95
黄山市	Huangshan	1443	1.29	13.58	20.84	24.58	23.96	7.40	3.60	2.99	1.77

4—15 各市外出半年以上人口比重、性别比及流向（2003年）

Proportion, Sexual Distinction and Floating Direction of Persons Going Out for More Than Half a Year by Region (2003)

单位：% (%)

地区	Region	合计（人） Total (person)	外出半年以上人口占总人口比重 Proportion of Persons Going Out for More Than Half a year	外出人口性别比 Sexual Distinction of Persons Going Out	外出流向构成 Composition of Floating Directions			
					本县其他乡镇街道 Other Villages, Towns or Neighbourhoods in This County	本市其他县区 Other Counties or Districts in This City	本省其他市 Other Cities in This Province	外省 Other Provinces
总计	**Total**	**36711**	**17.14**	**139.97**	**10.91**	**6.14**	**6.73**	**76.21**
合肥市	Hefei	2301	16.35	145.31	15.51	28.29	7.43	48.76
淮北市	Huaibei	548	4.88	123.67	22.08	12.96	11.13	53.83
亳州市	Bozhou	2113	11.11	143.71	8.66	2.04	6.63	82.68
宿州市	Suzhou	1840	10.86	117.24	14.29	2.77	8.97	73.97
蚌埠市	Bengbu	1535	12.19	125.07	11.73	6.58	5.08	76.61
阜阳市	Fuyang	4187	25.33	147.31	4.78	2.89	4.56	87.77
淮南市	Huainan	1060	9.40	119.92	15.47	15.94	9.53	59.06
滁州市	Chuzhou	1434	10.00	147.24	9.34	5.51	9.00	76.15
六安市	Luan	4869	33.47	146.91	5.57	1.27	6.74	86.42
马鞍山市	Maanshan	1494	15.33	138.66	22.02	14.39	6.69	56.89
巢湖市	Chaohu	3444	28.88	139.00	6.85	1.22	8.54	83.39
芜湖市	Wuhu	1727	15.64	129.35	12.39	7.12	6.66	73.83
宣城市	Xuancheng	1654	16.44	146.13	20.37	2.96	5.86	70.80
铜陵市	Tongling	1009	12.92	125.22	26.36	17.05	11.20	45.39
池州市	Chizhou	2303	27.06	141.40	8.60	1.09	7.25	83.07
安庆市	Anqing	3769	23.61	153.80	8.30	4.14	4.30	83.26
黄山市	Huangshan	1424	16.68	132.30	16.92	8.78	4.07	70.22

4—16　各市流向省外半年以上的流动人口构成　（2003年）

Composition of Persons Floating Out of the Province for More Than Half a Year by Region (2003)

单位：%　　　　(%)

地　区	Region	合　计（人）Total (person)	江　苏 Jiangsu	浙　江 Zhejiang	上　海 Shanghai	广　东 Guangdong	北　京 Beijing	福　建 Fujian	山　东 Shandong	天　津 Tianjin	河　北 Hebei
总　计	**Total**	**27979**	**24.87**	**24.39**	**22.60**	**7.48**	**5.62**	**2.57**	**2.25**	**1.53**	**1.24**
合肥市	Hefei	1122	16.58	19.07	35.56	8.47	6.06	1.07	0.53	2.41	0.18
淮北市	Huaibei	295	27.46	19.32	20.00	9.15	3.73	3.73	1.36	0.34	
亳州市	Bozhou	1747	20.21	23.70	13.11	17.17	3.26	1.72	2.69	3.49	2.18
宿州市	Suzhou	1361	33.50	30.71	11.24	8.96	4.70	1.69	1.69	0.88	1.10
蚌埠市	Bengbu	1176	21.00	27.30	25.26	12.50	1.70	7.31	0.51	0.94	0.26
阜阳市	Fuyang	3675	8.46	30.37	10.94	14.15	4.60	2.61	3.81	3.84	5.03
淮南市	Huainan	626	26.20	18.53	21.41	11.02	3.99	7.35	4.63	0.80	0.80
滁州市	Chuzhou	1092	43.04	20.97	21.43	5.49	3.02	0.37	1.01	0.09	0.64
六安市	Luan	4208	37.29	15.76	37.19	2.14	2.71	1.00	0.31	0.88	0.29
马鞍山市	Maanshan	850	55.65	8.47	11.06	6.47	6.35	0.24	5.88	0.82	0.35
巢湖市	Chaohu	2872	29.67	8.39	26.81	2.68	16.68	0.77	3.52	1.64	1.08
芜湖市	Wuhu	1275	25.25	17.80	44.24	4.86	4.24	0.55	0.94	0.08	0.16
宣城市	Xuancheng	1171	22.72	36.12	30.57	2.56	2.13	2.22	1.28		0.34
铜陵市	Tongling	458	30.57	20.09	30.57	6.11	6.55	1.09	0.87	0.22	
池州市	Chizhou	1913	18.09	38.73	17.72	6.12	6.74	2.51	1.20	0.68	0.16
安庆市	Anqing	3138	18.83	27.06	15.30	7.65	7.01	7.46	4.17	1.94	1.15
黄山市	Huangshan	1000	13.00	63.20	10.50	5.50	2.10	2.60	1.50	0.10	0.20

地　区	Region	山　西 Shanxi	河　南 He'nan	辽　宁 Liaoning	新　疆 Xinjiang	湖　北 Hubei	江　西 Jiangxi	黑龙江 Heilongjiang	四　川 Sichuan	流向其他省市 Floating to Other Provinces or Cities
总　计	**Total**	**1.06**	**0.93**	**0.87**	**0.79**	**0.55**	**0.45**	**0.35**	**0.35**	**2.11**
合肥市	Hefei	0.18	1.69	0.36	0.80	0.27	0.45	0.27	2.94	3.12
淮北市	Huaibei	0.34	6.44	1.69		0.34		0.68	2.37	3.05
亳州市	Bozhou	2.06	1.37	0.46	3.72	0.29	0.11	1.20	0.06	3.21
宿州市	Suzhou	0.22	0.96	0.44	1.32	0.15	0.22	0.37	0.15	1.69
蚌埠市	Bengbu		0.17	0.09	0.85		0.17		0.77	1.19
阜阳市	Fuyang	4.35	2.56	1.99	2.45	0.54	0.63	0.90	0.16	2.61
淮南市	Huainan	0.16	0.64	0.64		2.08	0.32	0.16		1.28
滁州市	Chuzhou	0.55	0.37	0.09	0.55	0.18	0.27		0.18	1.74
六安市	Luan	0.10	0.55	0.38	0.21	0.21	0.14	0.17	0.24	0.45
马鞍山市	Maanshan			0.71		0.12	1.06	0.12	0.35	2.35
巢湖市	Chaohu	1.50	0.80	0.84	0.21	1.04	0.66	0.10	0.28	3.34
芜湖市	Wuhu	0.08	0.08	0.63			0.39	0.08		0.63
宣城市	Xuancheng	0.09	0.26	0.17	0.09	0.26	0.60			0.60
铜陵市	Tongling			0.22		2.40		0.22	0.44	0.66
池州市	Chizhou	1.62	0.58	2.51	0.10	0.63	0.52	0.26	0.10	1.73
安庆市	Anqing	0.22	0.54	1.18	0.13	1.31	0.76	0.48	0.35	4.46
黄山市	Huangshan		0.20			0.10	0.50		0.10	0.40

4—17 各市按外出时间分的外出人口比例（2003年）

Proportion of Persons Going Out by Time and Region (2003)

单位：%　　　　(%)

地 区	Region	合 计（人）Total (person)	1个月内 In One Month	1-3个月 One to Three Months	3-6个月 Three to Six Months	半年-1年 Six Months to One Year	1-5年 One to Five Years	5年以上 More Than Five Years
总 计	**Total**	**45985**	**4.93**	**5.88**	**9.35**	**46.35**	**25.92**	**7.56**
合 肥 市	Hefei	2560	1.99	3.32	4.80	30.20	43.09	16.60
淮 北 市	Huaibei	730	5.75	7.95	11.23	32.88	31.78	10.41
亳 州 市	Bozhou	3314	10.62	13.01	12.61	33.92	22.33	7.51
宿 州 市	Suzhou	2715	12.08	9.32	10.83	32.30	27.99	7.48
蚌 埠 市	Bengbu	2014	3.13	9.48	11.17	31.93	37.39	6.90
阜 阳 市	Fuyang	5356	6.01	6.25	9.56	45.37	28.27	4.54
淮 南 市	Huainan	1292	4.88	4.80	8.28	36.53	33.98	11.53
滁 州 市	Chuzhou	1769	4.07	6.84	8.03	37.99	35.84	7.24
六 安 市	Luan	5479	2.26	3.63	5.24	49.83	32.72	6.32
马鞍山市	Maanshan	1683	2.50	3.09	5.64	54.84	24.42	9.51
巢 湖 市	Chaohu	4054	2.29	3.70	9.05	60.09	15.71	9.15
芜 湖 市	Wuhu	2103	4.42	3.80	9.65	49.50	23.06	9.56
宣 城 市	Xuancheng	2181	5.96	7.20	11.00	44.57	25.08	6.19
铜 陵 市	Tongling	1189	3.62	5.89	5.63	36.25	29.86	18.76
池 州 市	Chizhou	2779	4.25	5.07	7.81	58.19	19.65	5.04
安 庆 市	Anqing	5018	5.30	4.40	15.19	60.48	10.98	3.65
黄 山 市	Huangshan	1749	3.83	5.60	9.15	51.46	23.90	6.06

4—18 历 年 全 省 总 人 口、总 户 数

Total Populations and Households of the Province Over the Years

单位：万户、万人　　　　(10000 households、10000 persons)

年 份 Year	总 户 数 Total Number of Households	总 人 口 Population 合 计 Total	男 Male	女 Female	性 别 比 Sex Ratio	非农业人口 Non-agricultural Population	农业人口 Agriculturl Population
1978	1018	4713	2439	2274	107.27	504	4209
1979	1036	4803	2485	2318	107.24	530	4273
1980	1051	4893	2530	2363	107.10	556	4337
1981	1065	4957	2565	2392	107.28	593	4364
1982	1091	5016	2600	2416	107.60	610	4406
1983	1124	5056	2626	2430	108.06	627	4429
1984	1138	5103	2653	2450	108.32	657	4446
1985	1174	5156	2683	2473	108.46	724	4432
1986	1236	5217	2714	2503	108.42	757	4460
1987	1278	5287	2750	2537	108.41	784	4503
1988	1339	5377	2795	2582	108.29	806	4571
1989	1397	5469	2842	2627	108.16	824	4645
1990	1445	5661	2934	2727	107.57	843	4818
1991	1481	5744	2977	2767	107.58	876	4868
1992	1500	5817	3015	2802	107.59	940	4877
1993	1512	5870	3044	2826	107.74	964	4906
1994	1532	5938	3081	2857	107.83	1013	4925
1995	1551	6000	3116	2884	108.08	1044	4956
1996	1569	6054	3144	2910	108.03	1086	4968
1997	1592	6109	3171	2938	107.92	1125	4984
1998	1608	6152	3191	2961	107.74	1166	4986
1999	1632	6205	3219	2986	107.81	1204	5001
2000	1656	6278	3258	3020	107.87	1230	5048
2001	1684	6325	3283	3042	107.91	1257	5068
2002	1710	6369	3307	3062	108.00	1289	5080
2003	1755	6410	3333	3077	108.32	1319	5091

注：公安户籍年报统计数。

a) Data in this table are taken from the annual reports of the Department of Puplis Security.

4—19　各市、县、区户数、人口数（2003年）

Total Number of Households and Population by City, County and Region (2003)

单位：人　　(person)

地区	Region	总户数（户）Total Number of Households (household)	总人口数 Population	男 Male	女 Female	性别比（女=100）Sex Ratio (Female=100)	非农业人口 Non-agricultural Population
总计	**Total**	**17552188**	**64102450**	**33329106**	**30773344**	**108.3**	**13187544**
合肥市	**Hefei**	**1271901**	**4566049**	**2401835**	**2164214**	**111.0**	**1601762**
市辖区	Reigon of City	452836	1558671	821726	736945	111.5	1249949
瑶海区	Yaohai District	111698	366276	190648	175628	108.6	289346
庐阳区	Luyang District	116615	381855	195098	186757	104.5	336277
蜀山区	Shushan District	87646	334065	179222	154843	115.7	306914
包河区	Baohe District	136877	476475	256758	219717	116.9	317412
长丰县	Changfeng	254879	976776	510019	466757	109.3	101058
肥东县	Feidong	299310	1066030	563764	502266	112.2	126159
肥西县	Feixi	264876	964572	506326	458246	110.5	124596
淮北市	**Huaibei**	**556088**	**2039411**	**1042716**	**996695**	**104.6**	**788782**
市辖区	Reigon of City	249011	827961	426145	401816	106.1	642858
杜集区	Duji District	104421	328241	168461	159780	105.4	216806
相山区	Xiangshan District	90530	328067	167086	160981	103.8	278872
烈山区	Lieshan District	54060	171653	90598	81055	111.8	147180
濉溪县	Suixi	307077	1211450	616571	594879	103.6	145924
亳州市	**Bozhou**	**1369740**	**5392342**	**2824563**	**2567779**	**110.0**	**616098**
谯城区	Qiaocheng District	360658	1411604	740457	671147	110.3	259984
涡阳县	Guoyang	370437	1387849	720502	667347	108.0	136699
蒙城县	Mengcheng	298547	1190300	624805	565495	110.5	130923
利辛县	Lixin	340098	1402589	738799	663790	111.3	88492
宿州市	**Suzhou**	**1513983**	**5930813**	**3038892**	**2891921**	**105.1**	**718418**
桥区	Yongqiao District	462276	1718528	881135	837393	105.2	375692
砀山区	Dangshan	232742	911543	465688	445855	104.4	88974
萧县	Xiaoxian	353727	1302115	666307	635808	104.8	112534
灵璧县	Lingbi	265372	1146042	588504	557538	105.6	79717
泗县	Sixian	199866	852585	437258	415327	105.3	61501
蚌埠市	**Bengbu**	**900969**	**3449310**	**1784494**	**1664816**	**107.2**	**852663**
市辖区	Reigon of City	233997	794865	407811	387054	105.4	564299
东市区	East District	61132	229740	120866	108874	111.0	222681
中市区	Middle District	44105	143107	71495	71612	99.8	139948
西市区	West District	60024	192534	97445	95089	102.5	181318
郊区	Suburban District	68736	229484	118005	111479	105.9	20352
怀远县	Huaiyuan	320521	1304996	679797	625199	108.7	129172
五河县	Wuhe	181932	703689	364269	339420	107.3	81173
固镇县	Guzhen	164519	645760	332617	313143	106.2	78019
阜阳市	**Fuyang**	**2342947**	**9041384**	**4687128**	**4354256**	**107.6**	**1019900**
市辖区	Reigon of City	510376	1832671	948648	884023	107.3	405911
颍州区	Yingzhou District	178696	602575	308673	293902	105.0	191556
颍东区	Yingdong District	160375	592925	309897	283028	109.5	115763
颍泉区	Yingquan District	171305	637171	330078	307093	107.5	98592
临泉县	Linquan	465635	1915301	985333	929968	106.0	115405
太和县	Taihe	404812	1549505	806879	742626	108.7	139190
阜南县	Funan	365894	1491787	767818	723969	106.1	111169
颍上县	Yingshang	392509	1510920	795109	715811	111.1	140139
界首市	Jieshou	203721	741200	383341	357859	107.1	108086
淮南市	**Huainan**	**591669**	**2118416**	**1112337**	**1006079**	**110.6**	**999786**
市辖区	Reigon of City	402360	1420155	743233	676922	109.8	897987
大通区	Datong District	42586	130574	66687	63887	104.4	63482
田家庵区	Tianjaan District	117755	430891	227643	203248	112.0	388151
谢家集区	Xiejiaji District	80516	261487	135324	126163	107.3	227475
八公山区	Bagongshan District	49209	167232	87059	80173	108.6	139283
潘集区	Panji District	112294	429971	226520	203451	111.3	79596
凤台县	Fengtai	189309	698261	369104	329157	112.1	101799
滁州市	**Chuzhou**	**1188491**	**4329387**	**2238997**	**2090390**	**107.1**	**976832**
市辖区	Reigon of City	152391	503877	257502	246375	104.5	215233
琅琊区	Langya District	73176	236001	119249	116752	102.1	184332
南谯区	Nanqiao District	79215	267876	138253	129623	106.7	30901
来安县	Laian	132694	486197	250122	236075	106.0	82025
全椒县	Quanjiao	129183	453833	236548	217285	108.9	134928
定远县	Dingyuan	225648	908556	477113	431443	110.6	159344
凤阳县	Fengyang	194608	719287	374985	344302	108.9	102993
天长市	Tianchang	179148	616979	313438	303541	103.3	173288
明光市	Mingguang	174819	640658	329289	311369	105.8	109021

注：公安户籍年报统计数。

a) Data in this table are taken from the annual reports of Department of Puplis Security.

4—19 续表 continued

单位：人 (person)

地 区	Region	总户数（万户） Total Number of Households (household)	总人口数 Population	男 Male	女 Female	性别比（女=100） Sex Ratio (Female=100)	非农业人口 Non-agricultural Population
六安市	**Luan**	**1882135**	**6695008**	**3536026**	**3158982**	**111.9**	**982701**
市辖区	Reigon of City	507103	1768966	939982	828984	113.4	316708
金安区	Jinan District	240680	830814	438062	392752	111.5	177082
裕安区	Yuan District	266423	938152	501920	436232	115.1	139626
寿县	Shouxian	342066	1283429	675135	608294	111.0	175539
霍邱县	Huoqiu	448027	1645850	870155	775695	112.2	196208
舒城县	Shucheng	294830	989326	517741	471585	109.8	161245
金寨县	Jinzhai	186299	641648	341701	299947	113.9	81296
霍山县	Huoshan	103810	365789	191312	174477	109.6	51705
马鞍山市	**Maanshan**	**369858**	**1240908**	**642609**	**598299**	**107.4**	**564353**
市辖区	Reigon of City	175315	571560	294983	276577	106.7	464988
金家庄区	Jinjiazhuang District	33712	105336	54610	50726	107.7	80326
花山区	Huashan District	72641	236785	121124	115661	104.7	203581
雨山区	Yushan District	68962	229439	119249	110190	108.2	181081
当涂县	Dangtu	194543	669348	347626	321722	108.1	99365
巢湖市	**Chaohu**	**1349749**	**4533166**	**2370345**	**2162821**	**109.6**	**812482**
居巢区	Juchao District	279457	858999	441586	417413	105.8	321310
庐江县	Lujiang	317990	1188955	628575	560380	112.2	144526
无为县	Wuwei	440791	1393268	729494	663774	109.9	172758
含山县	Henshan	129827	441111	230772	210339	109.7	79331
和县	Hexian	181684	650833	339918	310915	109.3	94557
芜湖市	**Wuhu**	**692499**	**2238181**	**1164238**	**1073943**	**108.4**	**908738**
市辖区	Reigon of City	224572	690574	355548	335026	106.1	690574
镜湖区	Jinghu District	60097	178891	89710	89181	100.6	178891
马塘区	Matang District	41026	112212	57318	54894	104.4	112212
新芜区	Xinwu District	72446	240835	123720	117115	105.6	240835
鸠江区	Jiujiang District	51003	158636	84800	73836	114.8	158636
芜湖县	Wuhu	157451	539193	282965	256228	110.4	66311
繁昌县	Fanchang	146088	462840	240913	221927	108.6	82912
南陵县	Nanling	164388	545574	284812	260762	109.2	68941
宣城市	**Xuancheng**	**829571**	**2748320**	**1435607**	**1312713**	**109.4**	**459661**
宣州区	Xuanzhou District	251405	833921	434279	399642	108.7	151566
郎溪县	Langxi	97006	335596	175861	159735	110.1	54247
广德县	Guangde	147507	510800	269015	241785	111.3	60918
泾县	Jingxian	111902	358209	187593	170616	110.0	65024
旌德县	Jingde	51938	179480	92581	86899	106.5	35198
绩溪县	Jixi	43515	150901	78552	72349	108.6	22774
宁国市	Ningguo	126298	379413	197726	181687	108.8	69934
铜陵市	**Tongling**	**217639**	**709130**	**366910**	**342220**	**107.2**	**380159**
市辖区	Reigon of City	118011	390193	202243	187950	107.6	329540
铜官山区	Tongguanshan District	79787	268192	139172	129020	107.9	264428
狮子山区	Shizishan District	23203	73811	38902	34909	111.4	48453
郊区	Suburban District	15021	48190	24169	24021	100.6	16659
铜陵县	Tongling	99628	318937	164667	154270	106.7	50619
池州市	**Chizhou**	**449266**	**1549134**	**797545**	**751589**	**106.1**	**244926**
贵池区	Guichi District	184192	625680	321131	304549	105.4	121896
东至县	Dongzhi	146269	532840	273598	259242	105.5	61164
石台县	Shitai	32658	110175	57289	52886	108.3	19532
青阳县	Qingyang	86147	280439	145527	134912	107.9	42334
安庆市	**Anqing**	**1566947**	**6052435**	**3131290**	**2921145**	**107.2**	**955192**
市辖区	Reigon of City	189721	595734	300452	295282	101.8	395987
迎江区	Yingjiang District	47968	155628	77986	77642	100.4	155604
大观区	Daguan District	60881	193387	98500	94887	103.8	192610
郊区	Suburban District	80872	246719	123966	122753	101.0	47773
怀宁县	Huaining	195468	787002	403967	383035	105.5	83768
枞阳县	Zongyang	245220	956538	495529	461009	107.5	93446
潜山县	Qianshan	146163	572760	296623	276137	107.4	48618
太湖县	Taihu	146279	561546	292382	269164	108.6	52233
宿松县	Susong	200476	800144	424350	375794	112.9	75333
望江县	Wangjiang	152465	601892	308217	293675	105.0	57931
岳西县	Yuexi	101067	399607	210288	189319	111.1	41419
桐城市	Tongcheng	190088	777212	399482	377730	105.8	106457
黄山市	**Huangshan**	**458736**	**1469056**	**753574**	**715482**	**105.3**	**305091**
市辖区	Reigon of City	132795	414380	212026	202354	104.8	153732
屯溪区	Tunxi District	48106	154800	77743	77057	100.9	98092
黄山区	Huangshan District	54953	162090	84026	78064	107.6	31736
徽州区	Huizhou District	29736	97490	50257	47233	106.4	23904
歙县	Shexian	155769	498006	256968	241038	106.6	59408
休宁县	Xiuning	81574	273575	139921	133654	104.7	34786
黟县	Yixian	31302	96729	49155	47574	103.3	17518
祁门县	Qimen	57296	186366	95504	90862	105.1	39647

主要统计指标解释

人口数 指一定时点、一定地区范围内的有生命的个人的总和。

常住人口 是指具有中华人民共和国国籍并在中华人民共和国境内常住的人。

(1)居住本乡、镇、街道，户口在本乡、镇、街道的人；

(2)居住本乡、镇、街道半年以上，户口在外乡、镇、街道的人；

(3)在本乡、镇、街道居住不满半年，离开户口登记地半年以上的人；

(4)居住本乡、镇、街道，户口待定的人；

(5)原住本乡、镇、街道，现在国外工作学习，暂无户口的人；

常住户口在本乡、镇、街道，但已离开本乡、镇、街道半年以上的人，在户口所在地只登记人数，不计入户口所在地的常住人口数内。

总人口文盲率 15岁及以上不识字人数与总人口数的比例。

出生率(又称粗出生率) 指在一定时期内(通常为一年)平均每千人所出生的人数的比率，一般用千分率表示。计算公式为：

出生率＝年出生人数/年平均人数×1000‰

式中：出生人数指活产婴儿，即胎儿脱离母体时(不含怀孕月数)，有过呼吸或其他生命现象。年平均人数指年初、年底人口数的平均数，也可用年中人口数代替。

死亡率(又称粗死亡率) 指在一定时期内(通常为一年)一定地区的死亡人数与同期平均人数(或期中人数)之比，一般用千分率表示。计算公式为：

死亡率＝年死亡人数/年平均人数×1000‰

人口自然增长率 指在一定时期内(通常为一年)人口自然增加数(出生人数减死亡人数)与该时期内平均人数(或期中人数)之比，一般用千分率表示。计算公式为：

人口自然增长率＝(年出生人数－年死亡人数)/年平均人数×1000‰

＝人口出生率－人口死亡率

在业人口(又称就业人口) 指十五周岁及十五周岁以上人口中从事一定的社会劳动并取得劳动报酬或经营收入的人口。

未工作人口 指十五周岁及十五周岁以上人口中未从事社会劳动的人口，包括在校学生、料理家务、待升学、失去工作、离退休、退职、丧失劳动能力等非在业人口。

抚养系数 指被抚养人口（0-14岁和65岁以上人口）与15-64岁人口的比例。计算公式为：

抚养系数＝被抚养人口/15-64岁人口×100%

老年抚养系数 指老年人口（65岁以上人口）与15-64岁人口的比例。计算公式为：

老年抚养系数＝老年人口/15-64岁人口×100%

少年儿童抚养系数 指0-14岁少年儿童与15-64岁人口的比例。计算公式为：

少年儿童系数抚养＝少年儿童人口/15-64岁人口×100%

Explanatory Notes for Major Statistical Indicators

Total Population refers to the total number of people alive at a certain point of time within a given area.

Permanent Population refers to the persons who hold the nationality of, and have permanent residing place in the People's Republic of China.

a) Those who reside in the townships, towns and street communities and have their permanent household registration there.

b) Those who have resided in the townships, towns and street communities for more than 6 months but the places of their permanent household registration are elsewhere.

c) Those who have resided in the townships, towns and street communities for less than 6 months but have been away from the place of their permanent household registration for more than 6 months.

d) Those who live in the townships, towns and street communities while the places of their household registration have not yet settled.

e) Those who used to live in the townships, towns and street communities but are working or studying abroad and have no permanent household registration for the time being.

Those who have their permanent household registration in the townships, towns and street communities but have been away from these places for more than 6 months are only registered as total population, not counted as permanent population of the places of their household registration.

Total Population Illiterate Ratio refers to the ratio of the number of illiterate people aged 15 and over to total population.

Birth Rate or (Crude Birth Rate) refers to the ratio of the number of births to the average population during a certain period of time (usually a year) which is often expressed in‰. The following formula is used:

Birth Rate=Number of Births/Average Number of Population×1000‰

Number of births refers to live births i.e. the births when babies had showed any vital phenomena regardless of the length of pregnancy.

Annual Average Number of Population is the average of the number of population at the beginning of the year and that at the end of the year. Sometimes it is substituted for with the mid year population.

Death Rate(or Crude Death Rate) refers to the ratio of the number of deaths to the average population (or mid year population) during a certain period of time (usually a year) which is often expressed in‰. The following formula is used:

Death Rate umber of Deaths=Number of Deaths/Annual Average Number of Population×1000‰

Natural Growth Rate of Population refers to the ratio of natural increase in population (number of births minus number of deaths) in a certain period of time (usually a year) to the average population (or mid year population) of the same period which is often expressed in‰. The following formulas are applied:

Natural Growth of Population=(Number of Births-Number of Deaths)/Average Number of Population×1000‰

Natural Growth Rate of Population=Birth Rate-Death Rate

Employed Population refers to population aged 15 or over engaging in social labour which generates income.

Not Working Population refers to population aged 15 or over not engaging in any social labour which generates income, including students enrolled in schools, house wives, students waiting for entering schools with higher level, persons losing their jobs, retirees, job quitters, disabled, etc.

Total Dependency Ratio refers to the ratio of number of dependents to the total population aged 15-64, the number of dependents being population aged 0-14 and population aged 65 and over. The total dependency ratio is calculated as follows:

Total Dependency Ratio=Number of dependents/Population aged 15-64×100%

The Aged Dependency Ratio refers to the ratio of the number of the aged population to the total population aged 15-64, the aged being population aged 65 and over. The aged dependency ratio is calculated as follows:

The Aged Dependency Ratio=Number of the aged population/Population aged 15-64×100%

The Juvenile and Children Dependency Ratio refers to the ratio of the number of the juvenile and children to the total population aged 15-64, the juvenile and children being population aged 0-14. The juvenile and children dependency ratio is calculated as follows:

The Juvenile and Children Dependency Ratio=Number of juvenile and children/Population aged 15-64×100%

从业人员和职工工资

第五篇

Chapter

5

EMPLOYMENT AND WAGES

简要说明

一、本篇资料反映我省2003年及主要年份劳动经济方面的基本情况，包括全省和17个市及铁四局、在皖非军籍单位(表中以“其他”表示)的主要劳动统计数据。主要指标有：从业人员、城镇私营和个体从业人员、城镇登记失业人员及失业率、单位从业人员、在岗职工、单位从业人员增减变动情况、职工工资总额和职工平均工资等。

二、本篇资料来源主要有四个方面：

1.职工人数、工资总额、平均工资及单位从业人员增减变动情况，是根据《2003年度全省劳动统计年报》汇总整理提供的。

2.私营企业和个体从业人员，是根据省工商局提供的资料整理的。

3.城镇登记失业人数、城镇登记失业人员新就业人数、城镇登记失业率、职业介绍机构、职业介绍工作情况和劳动部门社会保障、劳动仲裁情况，是根据省劳动和社会保障厅提供的资料整理的。

4.就业基本情况是根据全省劳动统计年报、全省2003年人口变动状况抽样调查资料、省统计局农业统计年报、省工商统计年报、省乡镇企业统计年报等综合编制的。

三、本篇资料均由省统计局人口和社会科技统计处整理编制。

Brief Introduction

I. Data in this chapter show the basic conditions of Anhui's labor economy in 2003 and the mainly previous years, including the main data of labor statistics of the whole province and 17 prefectures or cities and No.4 Railway Bureau and Non-army Units (they are tabulated as “others” in the table), such as number of the employed persons, number of persons employed in the urban private enterprises and self-employment, registered urban unemployed persons and unemployment rate, number of employment in units, number of other employed persons, number of staff and workers, number of on-post staff and workers, increase and decrease in the number of the employed persons, total wages and average wages of the staff and workers.

II. There are four main sources for Data published in this chapter.

1. Data on number of staff and workers, total wages and average wages of the staff and workers and increase and decrease in the number of the employed persons are tabulated and provided in accordance with “the Annual Labor statistical Report of Anhui Province in 2003”.

2. Data on the number of person employed in private enterprises and self-employed persons are tabulated in accordance with the data supplied by the Provincial Administration for Industry and Commerce.

3. Data on newly employed registered unemployees in urban area, registered urban unemployed persons and unemployment rate and employment services and situations in employment services of labor departments are tabulated in accordance with data supplied by the Department of Labor and Social Insurance.

4. Data on persons employed are provided in accordance with the Provincial Annual Labour Statistical Report, Sample Survey of population changes in 2003, annual agricultural statistical report of Anhui Statistical Bureau, annual statistical report of industry and commerce and annual statistical report of township and village enterprises.

III. Data in this chapter are prepared by the Division of Population and Society, Anhui Statistical Bureau.

5—1 就业基本情况

Basic Conditions of Employment

单位：万人 (10000 persons)

项目	Item	1995	2000	2002	2003
经济活动人口	**Economically Active Population**		**3530.9**	**3555.4**	**3604.0**
从业人员合计	**Total Number of Employed Persons**	**3206.9**	**3450.7**	**3500.5**	**3544.9**
第一产业	Primary Industry	1945.3	2018.9	1948.0	1878.3
第二产业	Secondary Industry	574.6	584.8	632.3	692.6
第三产业	Tertiary Industry	687.0	847.0	920.2	974.0
从业人员构成（合计=100）	**Composition of Employed Persons (total=100)**				
第一产业	Primary Industry	60.7	58.5	55.6	53.0
第二产业	Secondary Industry	17.9	16.9	18.1	19.5
第三产业	Tertiary Industry	21.4	24.6	26.3	27.5
按城乡分从业人员	**Number of Employed Persons by Urban and Rural Areas**				
城镇从业人员	Urban Employed Persons	614.7	652.9	659.1	683.2
#国有单位	State-owned Units	380.1	314.8	270.5	249.7
城镇集体单位	Urban Collective Owned Units	126.3	91.2	67.6	57.4
股份合作单位	Share Holding Units		8.4	6.5	5.6
联营单位	Joint Owned Units	0.7	1.2	1.1	0.7
有限责任公司	Limited Liability Corporations		38.0	55.8	58.4
股份有限公司	Share-holding Corporations Ltd.		20.2	23.1	26.7
私营企业	Private Enterprises	10.1	37.6	59.7	70.8
港澳台商投资单位	Units Funded by Entrepreneurs from Hong Kong, Macao & Taiwan	2.8	2.3	2.4	2.7
外商投资单位	Foreign Funded Units	3.8	3.8	4.5	5.1
个　体	Self-employed Individuals	81.9	134.8	132.5	128.9
乡村从业人员	Rural Employed Persons	2592.2	2797.7	2841.4	2861.7
#乡镇企业	Township and Village Enterprises	773.9	479.8	502.0	512.5
私营企业	Private Enterprises		27.6	36.4	48.0
个　体	Self-employed Individuals		201.6	194.2	157.5
全部职工人数	**Number of Staff and Workers**	**502.8**	**470.0**	**434.8**	**393.1**
国有单位	State-owned Units	363.7	307.8	270.5	240.0
城镇集体单位	Urban Collective Owned Units	123.1	89.1	67.6	54.9
其他单位	Units of Other Types of Ownership	16.0	73.1	96.7	98.2
城镇单位女性从业人员	**Number of Female Emloyment in Urban Units**		**143.0**	**126.8**	**119.9**
城镇登记失业人数	**Number of Registered Unemployed Persons in Urban Areas**	**29.9**	**31.6**	**22.2**	**25.1**
城镇登记失业率 (%)	**Registered Unemployment Rate in Urban Areas (%)**	**3.1**	**3.3**	**4.0**	**4.1**

注：从业人员总计、城镇和乡村从业人员小计资料根据有关部门资料进行了调整，因此分市、分类型、分行业的资料相加不等于总计。（下表同）

a) Data on the total employed persons and the sub-total of employed persons in urban and rural areas have been adjusted in accordance with the data of related departments. As a result, the sum of the data by city, by ownership or by sector is not equal to the total. The same as in the following tables.

5—2 分行业从业人员数

Number of Employed Persons by Sector

单位：万人 (10000 persons)

行 业	Sector	2003
总 计	**Total**	**3544.9**
农、林、牧、渔业	Farming, Forestry, Animal Husbandry and Fishery	1878.3
采掘业	Mining and Quarrying	33.6
制造业	Manufacturing	370.6
电力、燃气及水的生产和供应业	Production and Supply of Electricity Gas and Water	9.1
建筑业	Construction	279.3
交通运输、仓储和邮政业	Transport, Storage and Postal Services	114.9
信息传输、计算机服务和软件业	Information Circulation, Computer Services and Software	11.6
批发和零售业	Wholesale and Retail Trade	254.4
住宿和餐饮业	Accommodation and Catering Trade	101.1
金融业	Banking	12.5
房地产业	Real Estate	2.6
租赁和商务服务业	Leasing and Commercial Services	11.7
科学研究、技术服务和地质勘查业	Scientific Research, Technical Services and Geological Prospecting	5.6
水利、环境和公共设施管理业	Water Conservancy, Environmental and Public Facilities Management	6.4
居民服务和其他服务业	Resident Services and Other Services	307.0
教 育	Education	56.5
卫生、社会保障和社会福利业	Health Care, Social Protection and Social Welfare	17.1
文化、体育和娱乐业	Culture, Sports and Entertainment	15.0
公共管理和社会组织	Public Management and Social Organizations	57.5
国际组织	International Organizations	

5—3 各市按三次产业分的从业人员数（2003年）

Number of Employed Persons by Type of Industry and Region (2003)

地 区	Region	从业人员（万人） Total (10000 persons)	第一产业 Primary Industry	第二产业 Secondary Industry	第三产业 Tertiary Industry	构成（合计=100） Composition in Percentage (total=100) 第一产业 Primary Industry	第二产业 Secondary Industry	第三产业 Tertiary Industry
总 计	**Total**	**3544.9**	**1878.3**	**692.6**	**974.0**	**53.0**	**19.5**	**27.5**
合 肥 市	Hefei	250.5	113.2	58.8	78.5	45.2	23.5	31.3
淮 北 市	Huaibei	100.4	44.9	30.6	24.9	44.7	30.5	24.8
亳 州 市	Bozhou	305.4	169.9	32.6	102.9	55.6	10.7	33.7
宿 州 市	Suzhou	317.6	214.4	37.1	66.1	67.5	11.7	20.8
蚌 埠 市	Bengbu	183.2	105.2	36.1	41.9	57.4	19.7	22.9
阜 阳 市	Fuyang	458.3	296.0	92.6	69.7	64.6	20.2	15.2
淮 南 市	Huainan	123.5	40.4	41.5	41.6	32.7	33.6	33.7
滁 州 市	Chuzhou	233.2	132.5	51.1	49.6	56.8	21.9	21.3
六 安 市	Luan	379.5	236.0	63.2	80.3	62.2	16.6	21.2
马鞍山市	Maanshan	63.1	22.3	23.8	17.0	35.3	37.8	27.0
巢 湖 市	Chaohu	283.7	134.4	82.8	66.6	47.4	29.2	23.5
芜 湖 市	Wuhu	128.3	42.8	42.6	42.9	33.3	33.2	33.5
宣 城 市	Xuancheng	170.7	93.4	37.8	39.5	54.7	22.1	23.2
铜 陵 市	Tongling	41.7	14.9	13.7	13.0	35.7	33.0	31.3
池 州 市	Chizhou	95.3	60.6	15.2	19.5	63.6	15.9	20.4
安 庆 市	Anqing	389.8	189.3	89.1	111.4	48.6	22.9	28.6
黄 山 市	Huangshan	89.8	54.5	15.5	19.8	60.7	17.3	22.0
其 他	Others	4.1		2.2	1.9		53.7	46.3

5—4 各市按城乡分的从业人员数（2003年）

Number of Employed Persons by Residence in Urban and Rural Areas and Region (2003)

单位：人 (person)

地 区	Region	合 计 Total	城镇 Urban Area 小 计 Sub-total	国有单位 State-owned Units	集体单位 Collective-owned Units	股份合作单位 Share Holding Units	联营单位 Joint-owned Units	有限责任公司 Limited Liability Corporations	股份有限公司 Share Holding Corparations Ltd.
总 计	**Total**	**35449000**	**6831800**	**2497379**	**573842**	**56128**	**6820**	**584363**	**267454**
合肥市	Hefei	2505000	884000	314464	43966	4900	1576	39708	21484
淮北市	Huaibei	1004000	416000	106898	35485	3171	355	128348	1351
亳州市	Bozhou	3053607	373005	131008	28702	2302	544	11134	4976
宿州市	Suzhou	3176000	481000	190532	45077	548	597	6838	2727
蚌埠市	Bengbu	1832000	351000	155451	44120	2229	826	37550	18974
阜阳市	Fuyang	4582700	425200	225117	39361	2393	49	24392	3996
淮南市	Huainan	1235000	680000	124684	55313	15323	271	123557	31829
滁州市	Chuzhou	2332000	472000	154703	35303	4043	109	26972	18264
六安市	Luan	3795000	539900	191913	40992	5667		7936	8195
马鞍山市	Maanshan	631000	250000	94941	36042	973	190	12709	52354
巢湖市	Chaohu	2837361	383931	122200	34610	3726	44	20577	7696
芜湖市	Wuhu	1282614	433842	107370	25019	2665	735	68814	40548
宣城市	Xuancheng	1707200	324200	83788	14674	1358	606	14982	13396
铜陵市	Tongling	416554	178883	97925	19688	2286	49	7199	14705
池州市	Chizhou	952929	155626	51167	9345	547	168	6638	7923
安庆市	Anqing	3898000	798000	248334	53239	2913	360	38484	11750
黄山市	Huangshan	898000	154000	71693	12906	1084	341	8525	7286
其 他	Others	40913	40913	25191					

地 区	Region	城镇 Urban Area 私营企业 Private Enterprises	港澳台商投资单位 Economic Units Funded by Entrepreneurs from Hong Kong, Macao and Taiwan	外商投资单位 Foreign Funded Economic Units	个体 Self-employed Individuals	乡村 Rural Area 小 计 Sub-total	乡镇企业 Township and Village Enterprises	私营企业 Private Enterprises	个体 Self-employed Individuals
总 计	**Total**	**707726**	**27376**	**51301**	**1288683**	**28617200**	**5124719**	**480228**	**1574631**
合肥市	Hefei	239442	4515	18959	86371	1621000	349247	106839	144916
淮北市	Huaibei	45699	1512		100492	588000	118388	9304	23654
亳州市	Bozhou	25450	71	23	124446	2680602	432340	22592	186251
宿州市	Suzhou	8585	609	716	53872	2695000	467275	26734	92658
蚌埠市	Bengbu	36012	2522	1653	50102	1481000	326499	3128	45027
阜阳市	Fuyang	29340	1972	1615	96778	4157500	449673	14975	94867
淮南市	Huainan	31523	1122	5773	70160	555000	169094	1346	20952
滁州市	Chuzhou	21659	5888	3138	52908	1860000	441584	55822	158866
六安市	Luan	32513	189	257	136623	3255100	545599	21521	160516
马鞍山市	Maanshan	25433	1344	2983	30026	380998	100486	18129	31880
巢湖市	Chaohu	16810	608	965	75704	2453430	373192	41382	93662
芜湖市	Wuhu	55211	3567	5112	114965	848772	228883	29891	89347
宣城市	Xuancheng	16935	678	3944	42923	1383000	373041	42683	100208
铜陵市	Tongling	25114	234	1588	38892	237671	78074	4337	9724
池州市	Chizhou	10632	465	90	34637	797303	128257	15555	79317
安庆市	Anqing	43442	213	3957	144480	3100000	652794	49460	211648
黄山市	Huangshan	28204	1867	528	35304	744000	153868	16520	31138
其 他	Others	15722						10	

注：乡镇企业总计数为评估认定数，与分市数据合计数不相等。

a) The number of township and village enterprises is evaluated number and is not equal to the total of the cities.

5—5 各市分行业从业人员数（2003年）

Number of Employed Persons by Sector and Region (2003)

单位：万人 （10000 persons）

地区 Region	合计 Total	农林牧渔业 Farming, Foresry, Animal Husbandry and Fishery	采掘业 Mining and Quarrying	制造业 Manufac-turing	电力、燃气及水的生产和供应业 Production and Supply of Electricity Gas and Water	建筑业 Construction	交通运输、仓储和邮政业 Transport, Storage, Post & Telecomm-unications	信息传输、计算机服务和软件业 Information, Circulation Computer Services and Software	批发和零售业 Wholesale and Retail Trade	住宿和餐饮业 Accommo-dation and Catering Trade
总 计 Total	**3544.90**	**1878.33**	**33.61**	**370.63**	**9.07**	**279.26**	**114.93**	**11.59**	**254.44**	**101.06**
合肥市 Hefei	250.50	113.20	1.60	42.70	1.00	13.50	7.00	2.30	28.20	11.10
淮北市 Huaibei	100.40	44.90	16.20	8.00	0.90	5.50	2.00	0.20	6.80	2.00
亳州市 Bozhou	305.36	169.87	0.45	25.41	0.33	6.37	17.19	0.62	55.98	7.15
宿州市 Suzhou	317.60	214.40	0.40	20.30	0.60	15.80	8.40	0.20	31.60	2.10
蚌埠市 Bengbu	183.20	105.20		22.00	0.40	13.70	9.10	0.30	17.80	0.60
阜阳市 Fuyang	458.27	295.97	0.01	53.79	0.76	38.03	14.63	0.18	31.21	0.35
淮南市 Huainan	123.50	40.40	13.10	17.70	1.10	9.60	6.00	0.10	16.50	1.50
滁州市 Chuzhou	233.20	132.50	2.90	34.20	0.30	13.70	6.90	0.40	13.60	8.80
六安市 Luan	379.50	236.00	0.57	45.39	0.78	16.42	5.51	0.30	22.92	11.00
马鞍山市 Maanshan	63.10	22.25	2.89	14.07	0.42	6.45	2.90	0.20	7.11	1.21
巢湖市 Chaohu	283.74	134.38	2.34	46.73	0.31	33.41	13.65	0.31	21.52	9.52
芜湖市 Wuhu	128.26	42.75	0.67	27.50	0.52	13.91	7.92	0.12	22.30	0.39
宣城市 Xuancheng	170.72	93.42	1.90	23.74	0.76	11.36	6.76	0.60	9.38	4.66
铜陵市 Tongling	41.66	14.88	1.85	9.24	0.30	2.34	1.86	0.08	4.97	2.29
池州市 Chizhou	95.29	60.63	1.00	8.07	0.25	5.87	3.94	0.10	5.84	2.95
安庆市 Anqing	389.80	189.30	0.40	58.60	0.60	29.50	10.00	0.50	35.60	21.80
黄山市 Huangshan	89.80	54.50	0.40	12.20	0.20	2.70	2.60	0.30	5.80	3.70
其他 Others	4.09			0.14		2.14			0.20	0.30

地区 Region	金融业 Banking	房地产业 Real Estate Trade	租赁和商务服务业 Leasing and Commercial Services	科学研究、技术服务和地质勘查业 Scientific Research, Technical Services and Geological Prospecting	水利、环境和公共设施管理业 Water Conservancy, Environmental and Public Facilities Management	居民服务和其他服务业 Resident Services and Other Services	教育 Education	卫生、社会保障和社会福利业 Health Care, Social Protection and Social Welfare	文化、体育和娱乐业 Culture, Sports and Entertain-ment	公共管理和社会组织 Public Manage-ment and Social Organiza-tions
总 计 Total	**12.49**	**2.64**	**11.73**	**5.56**	**6.35**	**307.05**	**56.50**	**17.12**	**15.04**	**57.50**
合肥市 Hefei	1.70	0.40	5.70	1.90	1.00	6.30	5.30	2.00	1.20	4.40
淮北市 Huaibei	0.59	3.25	0.06	0.08	0.19	8.97	3.71	0.99	1.11	3.04
亳州市 Bozhou	0.59	4.25	0.06	0.08	0.19	11.97	3.68	1.09	1.11	3.04
宿州市 Suzhou	0.80	0.30	0.20	0.20	0.30	10.50	6.20	1.90	0.20	3.20
蚌埠市 Bengbu	1.00	0.20	0.30	0.70	0.50	4.50	3.20	1.40	0.40	1.90
阜阳市 Fuyang	1.09	0.15	0.15	0.22	0.48	7.79	6.64	1.63	0.18	5.01
淮南市 Huainan	0.80	2.00	0.10	0.20	0.40	9.30	2.20	0.70	0.10	1.70
滁州市 Chuzhou	0.80	0.20	2.30	0.10	0.80	7.60	3.70	1.20	0.20	3.00
六安市 Luan	0.57	2.02	4.96	1.05	0.55	19.05	5.53	1.40	2.00	3.48
马鞍山市 Maanshan	0.51	0.10	0.35	0.32	0.25	1.19	1.17	0.37	0.24	1.09
巢湖市 Chaohu	0.36	0.41	1.16	0.28	0.29	8.89	3.96	2.78	1.02	2.42
芜湖市 Wuhu	0.95	0.27	0.72	0.26	0.25	4.97	2.32	0.80	0.07	1.58
宣城市 Xuancheng	0.73	0.30	1.30	0.21	0.60	2.45	4.93	1.13	0.93	5.56
铜陵市 Tongling	0.30	0.13	0.05	0.12	0.08	1.06	0.66	0.35	0.08	1.03
池州市 Chizhou	0.37	0.13	0.24	0.07	0.14	2.15	1.36	0.61	0.36	1.23
安庆市 Anqing	1.10	0.20	0.20	0.30	0.40	28.70	5.70	1.60	1.00	4.30
黄山市 Huangshan	0.40	0.10	0.10	0.10	0.30	2.40	1.50	0.60	0.10	1.80
其他 Others			0.26			0.37		0.09		0.38

5—6 各市私营企业年末从业人员数（2003年）

Number of Employed Persons in Private Enterprises at the Year-end by Region (2003)

单位：户、人 (enterprise, person)

地区 Region		合计 Total			城镇 Urban Areas			乡村 Rural Areas		
		户数 Number of Enterprises	从业人员 Number of Employed Persons	#投资者 Employers	户数 Number of Enterprises	从业人员 Number of Employed Persons	#投资者 Employers	户数 Number of Enterprises	从业人员 Number of Employed Persons	#投资者 Employers
总计	**Total**	**74815**	**1187954**	**188233**	**46705**	**707726**	**118506**	**28110**	**480228**	**69727**
合肥市	Hefei	17412	346281	42331	11160	239442	27424	6252	106839	14907
淮北市	Huaibei	3159	55003	6984	2647	45699	5819	512	9304	1165
亳州市	Bozhou	3131	48042	8322	1913	25450	4815	1218	22592	3507
宿州市	Suzhou	2513	35319	5355	573	8585	1245	1940	26734	4110
蚌埠市	Bengbu	3268	39140	6678	3034	36012	6226	234	3128	452
阜阳市	Fuyang	3463	44315	8673	2458	29340	6485	1005	14975	2188
淮南市	Huainan	2891	32869	7554	2819	31523	7368	72	1346	186
滁州市	Chuzhou	5118	77481	11172	2083	21659	4907	3035	55822	6265
六安市	Luan	3154	54034	6984	1873	32513	4227	1281	21521	2757
马鞍山市	Maanshan	3542	43562	7328	2441	25433	5399	1101	18129	1929
巢湖市	Chaohu	3633	58192	8873	1294	16810	3206	2339	41382	5667
芜湖市	Wuhu	6688	85102	14864	4928	55211	11048	1760	29891	3816
宣城市	Xuancheng	4341	59618	9809	1126	16935	2516	3215	42683	7293
铜陵市	Tongling	1693	29451	8127	1405	25114	6989	288	4337	1138
池州市	Chizhou	1502	26187	4361	700	10632	1822	802	15555	2539
安庆市	Anqing	5286	92902	19285	3087	43442	9674	2199	49460	9611
黄山市	Huangshan	2604	44724	7137	1748	28204	4942	856	16520	2195
其他	Others	1417	15732	4396	1416	15722	4394	1	10	2

5—7 各市个体年末从业人员数（2003年）

Number of Self-Employed Individuals at the Year-end by Region (2003)

单位：户、人 (enterprise, person)

地区 Region		合计 Total		城镇 Urban Areas		乡村 Rural Areas	
		户数 Number of Enterprises	从业人员 Number of Employed Persons	户数 Number of Enterprises	从业人员 Number of Employed Persons	户数 Number of Enterprises	从业人员 Number of Employed Persons
总计	**Total**	**1200804**	**2863314**	**559658**	**1288683**	**641146**	**1574631**
合肥市	Hefei	91541	231287	37647	86371	53894	144916
淮北市	Huaibei	55689	124146	46629	100492	9060	23654
亳州市	Bozhou	140657	310697	60472	124446	80185	186251
宿州市	Suzhou	68588	146530	24513	53872	44075	92658
蚌埠市	Bengbu	42841	95129	21303	50102	21538	45027
阜阳市	Fuyang	67641	191645	38289	96778	29352	94867
淮南市	Huainan	36637	91112	27967	70160	8670	20952
滁州市	Chuzhou	79444	211774	21167	52908	58277	158866
六安市	Luan	115224	297139	55989	136623	59235	160516
马鞍山市	Maanshan	35468	61906	16748	30026	18720	31880
巢湖市	Chaohu	64061	169366	31219	75704	32842	93662
芜湖市	Wuhu	98898	204312	53605	114965	45293	89347
宣城市	Xuancheng	61677	143131	18366	42923	43311	100208
铜陵市	Tongling	22085	48616	17668	38892	4417	9724
池州市	Chizhou	54571	113954	18117	34637	36454	79317
安庆市	Anqing	126263	356128	49859	144480	76404	211648
黄山市	Huangshan	39519	66442	20100	35304	19419	31138

5—8 职 工 人 数

Number of Staff and Workers

单位：万人 (10000 persons)

行业	Sector	2003
总计	**Total**	**337.8**
农、林、牧、渔业	Farming, Forestry, Animal Husbandry and Fishery	11.7
采掘业	Mining and Quarrying	29.3
制造业	Manufacturing	77.3
电力、燃气及水的生产和供应业	Production and Supply of Electricity Gas and Water	8.5
建筑业	Construction	25.3
交通运输、仓储和邮政业	Transport, Storage and Postal Services	16.5
信息传输、计算机服务和软件业	Information Circulation, Computer Service and Software	2.3
批发和零售业	Wholesale and Retail Trade	21.5
住宿和餐饮业	Accommodation and Catering Trade	3.4
金融业	Banking	8.4
房地产业	Real Estate	2.4
租赁和商务服务业	Leasing and Commercial Services	3.2
科学研究、技术服务和地质勘查业	Scientific Research, Technical Services and Geological Prospecting	4.9
水利、环境和公共设施管理业	Water Conservancy, Environmental and Public Facilities Management	5.8
居民服务和其他服务业	Resident Services and Other Services	1.1
教育	Education	54.9
卫生、社会保障和社会福利业	Health Care, Social Protection and Social Welfare	16.2
文化、体育和娱乐业	Culture, Sports and Entertainment	4.2
公共管理和社会组织	Public Management and Social Organizations	40.9
国际组织	International Organizations	

5—9 各 市 职 工 人 数（2003年）

Number of Staff and Workers by Region (2003)

单位：人 (person)

地区	Region	合计 Total	国有经济单位 State-owned Units	城镇集体经济单位 Urban Collective-owned Units	其他经济单位 Units of Other Types of Ownership	比重(%) Proportion (%) 国有经济单位 State-owned Units	城镇集体经济单位 Urban Collective-owned Units	其他经济单位 Units of Other Types of Ownership
总计	**Total**	**3377782**	**2122411**	**407031**	**848340**	**62.8**	**12.1**	**25.1**
合肥市	Hefei	369395	267014	24760	77621	72.3	6.7	21.0
淮北市	Huaibei	254935	90052	31017	133866	35.3	12.2	52.5
亳州市	Bozhou	161983	121702	24278	16003	75.1	15.0	9.9
宿州市	Suzhou	206926	162628	33246	11052	78.6	16.1	5.3
蚌埠市	Bengbu	200959	127520	26517	46922	63.5	13.2	23.3
阜阳市	Fuyang	261060	203473	26742	30845	77.9	10.2	11.8
淮南市	Huainan	262522	90582	39416	132524	34.5	15.0	50.5
滁州市	Chuzhou	212077	135041	27972	49064	63.7	13.2	23.1
六安市	Luan	212278	168881	25634	17763	79.6	12.1	8.4
马鞍山市	Maanshan	156643	75588	21389	59666	48.3	13.7	38.1
巢湖市	Chaohu	167560	108628	28924	30008	64.8	17.3	17.9
芜湖市	Wuhu	217821	90484	17380	109957	41.5	8.0	50.5
宣城市	Xuancheng	123116	75916	13192	34008	61.7	10.7	27.6
铜陵市	Tongling	113192	77977	12595	22620	68.9	11.1	20.0
池州市	Chizhou	70212	47552	7664	14996	67.7	10.9	21.4
安庆市	Anqing	276620	197656	35589	43375	71.5	12.9	15.7
黄山市	Huangshan	92915	64149	10716	18050	69.0	11.5	19.4
其他	Others	17568	17568			100.0		

5—10 专业技术人员数（2003年）

Professional and Technical Personnel (2003)

单位：人 (person)

行业	Sector	合计 Total	国有单位 State-owned Units	城镇集体单位 Urban Collective-owned Units	其他单位 Units of Other Types of Ownership
总计	**Total**	**1026171**	**828106**	**79633**	**118432**
按企、事业和机关分组	**Grouped by Enterprises, Institutions and Agencies**				
企业	Enterprises	331878	168960	45519	117399
事业	Institutions	662625	627890	33702	1033
机关	Agencies & Organizations	31668	31256	412	
按国民经济行业分组	**Grouped by Economic Sector**				
农、林、牧、渔业	Farming, Forestry, Animal Husbandry and Fishery	17893	16563	882	448
采掘业	Mining and Quarrying	34676	7247	3193	24236
制造业	Manufacturing	106474	38575	9339	58560
电力、燃气及水的生产和供应业	Production and Supply of Electricity Gas and Water	21137	16571	468	4098
建筑业	Construction	51984	28149	12359	11476
交通运输、仓储和邮政业	Transport, Storage and Postal Services	23038	16264	3425	3349
信息传输、计算机服务和软件业	Information Circulation, Computer Service and Software	7805	6628	105	1072
批发和零售业	Wholesale and Retail Trade	28053	15503	5448	7102
住宿和餐饮业	Accommodation and Catering Trade	3701	1621	619	1461
金融业	Banking	42763	32011	8601	2151
房地产业	Real Estate	7055	4065	506	2484
租赁和商务服务业	Leasing and Commercial Services	4610	3440	519	651
科学研究、技术服务和地质勘查业	Scientific Research, Technical Services and Geological Prospecting	26185	25748	168	269
水利、环境和公共设施管理业	Water Conservancy, Environmental and Public Facilities Management	9169	8673	230	266
居民服务和其他服务业	Resident Services and Other Services	1069	562	285	222
教育	Education	452701	451394	1041	266
卫生、社会保障和社会福利业	Health Care, Social Protection and Social Welfare	118894	87132	31487	275
文化、体育和娱乐业	Culture, Sports and Entertainment	24964	24336	582	46
公共管理和社会组织	Public Management and Social Organizations	44000	43624	376	
国际组织	International Organizations				

5—11 各市专业技术人员数（2003年）

Professional and Technical Personnel by Region (2003)

单位：人 (person)

地区	Region	合计 Total	国有经济单位 State-owned Units	城镇集体经济单位 Urban Collective-owned Units	其他经济单位 Units of Other Types of Ownership
总计	**Total**	**1026171**	**828106**	**79633**	**118432**
合肥市	Hefei	130963	111335	5077	14551
淮北市	Huaibei	43314	26769	3596	12949
亳州市	Bozhou	57821	50688	5126	2007
宿州市	Suzhou	71720	63663	6197	1860
蚌埠市	Bengbu	65739	51950	5179	8610
阜阳市	Fuyang	86464	76089	6987	3388
淮南市	Huainan	59708	35867	4096	19745
滁州市	Chuzhou	65293	52627	7389	5277
六安市	Luan	74565	66124	5112	3329
马鞍山市	Maanshan	39707	28192	2703	8812
巢湖市	Chaohu	47030	37281	6175	3574
芜湖市	Wuhu	54511	35347	3708	15456
宣城市	Xuancheng	40355	32855	3783	3717
铜陵市	Tongling	26590	21339	1492	3759
池州市	Chizhou	25561	22463	1095	2003
安庆市	Anqing	96989	81988	8278	6723
黄山市	Huangshan	33401	27089	3640	2672
其他	Others	6440	6440		

5—12 分行业年底职工人数（2003年）

Number of Staff and Workers at the Year-end by Status (2003)

单位：人 (person)

行业	Sector	合计 Total	国有单位 State-owned Units	城镇集体单位 Urban Collective-owned Units	其他单位 Units of Other Types of Ownership
总计	**Total**	**3377782**	**2122411**	**407031**	**848340**
按企、事业和机关分组	**Grouped by Enterprises, Institutions and Agencies**				
企业	Enterprises	2006726	809388	351362	845976
事业	Institutions	1013765	956978	54423	2364
机关	Agencies & Organizations	357291	356045	1246	
按国民经济行业分组	**Grouped by Economic Sector**				
农、林、牧、渔业	**Farming, Forestry, Animal Husbandry and Fishery**	**117008**	**105731**	**8174**	**3103**
农业	Farming	58800	58406	48	346
林业	Forestry	15659	14827	829	3
牧畜业	Animal Husbandry	2443	1103	84	1256
渔业	Fishery	3139	2497	163	479
农、林、牧、渔服务业	Agricultural Services	36967	28898	7050	1019
采掘业	**Mining and Quarrying**	**292542**	**28877**	**50274**	**213391**
制造业	**Manufacturing**	**773217**	**254809**	**82769**	**435639**
#饮料制造业	Beverage	49235	25677	1710	21848
烟草制品业	Tabacco	10454	8472	1232	750
石油加工、炼焦及核燃料加工业	Petroleum Processing, Coking and Nuclear Fuel Processing	11535	7202	39	4294
化学原料及化学制品制造业	Raw Chemical Materials and Chemical Products	72451	38715	7589	26147
橡胶制品业	Rubber Products	10600	82	1314	9204
非金属矿物制品业	Nonmetal Mineral Products	66462	22891	9188	34383
黑色金属冶炼及压延加工业	Smelting and Pressing of Ferrous Metals	67816	3231	4424	60161
有色金属冶炼及压延加工业	Smelting and Pressing of Nonferrous Metals	33077	18998		14079
金属制品业	Metal Products	8346	1476	3260	3610
通用设备制造业	Equipments in Current Use	50790	13694	8817	28279
交通运输设备制造业	Transport Equipment	72719	27386	1617	43716
电气机械及器材制造业	Electric Equipment and Machinery	31090	6603	2512	21975
电力、燃气及水的生产和供应业	**Production and Supply of Electricity, Gas and Water**	**85230**	**64762**	**2285**	**18183**
建筑业	**Construction**	**253205**	**95678**	**88486**	**69041**
房屋和土木工程建筑业	Civil Engineering Construction	221284	75148	83768	62368
建筑安装业	Installation	24858	18345	3135	3378
建筑装饰业	Fitting and Decoration	5908	2037	1230	2641
其他建筑业	Other Construction	1155	148	353	654
交通运输、仓储及邮政业	**Transport, Storage and Postal Services**	**164519**	**120169**	**24481**	**19869**
#铁路运输业	Railway Transport	29136	28856	280	
道路运输业	Highway Transport	59242	36682	11431	11129
水上运输业	Water Way Transport	21586	11183	7287	3116
航空运输业	Air Transport	2139	1225		914
邮政业	Postal Services	14009	13578	7	424
信息传输、计算机服务和软件业	**Information Circulation, Computer Service and Software**	**22961**	**19377**	**455**	**3129**
电信和其他信息传输服务业	Telecommunication and Other Information Circulation Services	22227	19245	299	2683
计算机服务业	Computer Services	118			118
软件业	Software	616	132	156	328
批发和零售业	**Wholesale and Retail Trade**	**214855**	**116444**	**59388**	**39023**
批发业	Wholesale	135747	88058	29603	18086
零售业	Retail Trade	79108	28386	29785	20937
住宿和餐饮业	**Accommodation and Catering Trade**	**34082**	**16584**	**4221**	**13277**
住宿业	Accomodation Trade	24133	14389	1780	7964
餐饮业	Catering Services	9949	2195	2441	5313

5—12 续表 continued

单位：人 (person)

行业	Sector	合计 Total	国有单位 State-owned Units	城镇集体单位 Urban Collective-owned Units	其他单位 Units of Other Types of Ownership
金融业	**Banking and Insurance**	**84342**	**54321**	**22290**	**7731**
银行业	Bank	73533	48730	20904	3899
证券业	Securities	1151	572		579
保险业	Insurance	8105	4881	12	3212
其他金融活动	Other Financial Activities	1553	138	1374	41
房地产业	**Real Estate**	**23960**	**14802**	**2060**	**7098**
#房地产开发经营	Real Estate Development and Operation	15512	6895	1764	6853
物业管理	Real Estate Management	5218	4863	166	189
租赁和商务服务业	**Leasing and Commercial Services**	**32213**	**15596**	**4077**	**12540**
租赁业	Leasing	315	300		15
商务服务业	Commercial Services	31898	15296	4077	12525
科学研究、技术服务和地质勘查业	**Scientific Research, Technical Services and Geological Prospecting**	**49258**	**47832**	**407**	**1019**
研究与试验发展	Research and Experimental Development	11584	11564	20	
专业技术服务业	Professional and Technical Services	25130	24156	108	866
科技交流和推广服务业	Exchange and Extending Services of Science and Technology	3879	3447	279	153
地质勘查业	Geological Prospecting	8665	8665		
水利、环境和公共设施管理业	**Water Conservancy, Environmental and Public Facilities Management**	**57890**	**54217**	**1719**	**1954**
水利管理业	Water Conservancy Management	24075	23883	187	5
环境管理业	Environmental Management	20716	19523	826	367
公共设施管理业	Public Facilities Management	13099	10811	706	1582
居民服务和其他服务业	**Resident Services and Other Services**	**11172**	**3675**	**5569**	**1928**
居民服务业	Resident Services	3170	2349	764	57
其他服务业	Other Services	8002	1326	4805	1871
教育	**Education**	**549109**	**545866**	**2803**	**440**
#高等教育	High Education	35563	35563		
中等中学	Secondary Education	234627	233339	848	440
初等教育	Primary Education	265756	264010	1746	
卫生、社会保障和社会福利业	**Health Care, Sports and Social Welfare**	**161664**	**117150**	**44191**	**323**
卫生	Health Care	157566	113082	44161	323
社会保障业	Social Protection	1589	1589		
社会福利业	Social Welfare	2509	2479	30	
文化、体育和娱乐业	**Culture, Sports and Entertainment**	**42008**	**39729**	**1633**	**646**
新闻出版业	Press and Publication	3452	3414	38	
广播、电视、电影和音像业	Broadcasting, TV, Film, Audio-video and Recorders	24669	23776	756	137
文化艺术业	Culture and Arts	11098	10446	652	
体育	Sports	1981	1731	187	63
娱乐业	Entertainment	808	362		446
公共管理和社会组织	**Public Management and Social Organizations**	**408547**	**406792**	**1749**	**6**
中国共产党机关	Organs of Chinese Communist Party	17031	17031		
国家机构	State Organs	384093	382362	1725	6
人民政协和民主党派	CPPCC and Democratic Parties	2222	2222		
群众团体、社会团体和宗教组织	Mass Organizations, Social Organizations and Religious Organizations	4886	4862	24	
基层群众组织	Local Mass Autonomy Organs	315	315		
国际组织	**International Organizations**				

5—13 分行业年底女性从业人员占全部从业人员比重（2003年）

Proportion of Female Employed at the Year-end to Total by Sector (2003)

以本类型从业人员为100（单位：%）　　Total number of this item employed=100 （%）

行　业	Sector	合　计 Total	国有单位 State-owned Units	城镇集体单位 Urban Collective-owned Units	其他单位 Units of Other Types of Ownership
总　计	**Total**	**33.8**	**33.5**	**38.1**	**32.6**
按企、事业和机关分组	**Grouped by Enterprises, Institutions and Agencies**				
企　业	Enterprises	34.2	34.7	37.0	32.5
事　业	Institutions	36.8	36.4	44.8	41.3
机　关	Agencies & Organizations	23.0	23.0	35.0	
按国民经济行业分组	**Grouped by Economic Sector**				
农、林、牧、渔业	**Farming, Forestry, Animal Husbandry and Fishery**	**38.0**	**37.6**	**45.8**	**32.7**
农　业	Farming	42.2	42.2	44.4	46.6
林　业	Forestry	37.8	37.0	52.1	
牧畜业	Animal Husbandry	32.1	41.5	53.6	22.4
渔　业	Fishery	30.8	29.9	50.9	29.2
农、林、牧、渔服务业	Agricultural Services	32.0	28.5	44.9	42.2
采掘业	**Mining and Quarrying**	**24.9**	**28.1**	**49.5**	**18.6**
制造业	**Manufacturing**	**39.4**	**36.8**	**48.4**	**39.2**
#饮料制造业	Beverages	38.5	37.7	33.4	39.8
烟草制品业	Tabacco	32.6	32.3	51.2	6.5
石油加工、炼焦及核燃料加工业	Petroleum Processing, Coking and Nuclear Fuel Processing	27.7	26.3	38.6	29.9
化学原料及化学制品制造业	Raw Chemical Materials and Chemical Products	32.5	29.1	43.8	34.1
橡胶制品业	Rubber Products	29.0	30.5	45.2	26.8
非金属矿物制品业	Nonmetal Mineral Products	32.6	29.1	42.2	32.4
黑色金属冶炼及压延加工业	Smelting and Pressing of Ferrous Metals	21.8	30.2	51.5	19.0
有色金属冶炼及压延加工业	Smelting and Pressing of Nonferrous Metals	24.1	29.7		16.7
金属制品业	Metal Products	43.2	39.6	46.8	41.3
通用设备制造业	Equipments in Current Use	31.9	28.8	39.8	30.9
交通运输设备制造业	Transport Equipment	27.7	26.9	47.4	27.5
电气机械及器材制造业	Electric Equipment and Machinery	41.7	44.8	47.1	40.1
电力、燃气及水的生产和供应业	**Production and Supply of Electricity Gas and Water**	**30.2**	**29.8**	**35.8**	**30.8**
建筑业	**Construction**	**15.4**	**19.6**	**13.2**	**12.6**
房屋和土木工程建筑业	Civil Engineering Construction	14.9	20.0	12.3	12.2
建筑安装业	Installation	18.0	17.2	24.3	15.5
建筑装饰业	Fitting and Decoration	21.1	23.9	27.4	17.2
其他建筑业	Other Construction	28.7	31.5	62.9	12.7
交通运输、仓储及邮政业	**Transportation, Storage and Postal Services**	**29.9**	**28.7**	**32.6**	**33.6**
#铁路运输业	Railway Transport	18.0	17.5	64.3	
道路运输业	Highway Transport	30.8	29.2	33.0	33.8
水上运输业	Water Way Transport	28.6	24.7	33.1	32.1
航空运输业	Air Transport	26.8	27.5		25.9
邮 政 业	Postal Services	33.1	33.2	28.6	28.5
信息传输、计算机服务和软件业	**Information Circulation, Computer Service and Software**	**33.7**	**32.5**	**41.2**	**41.0**
电信和其他信息传输服务业	Telecommunication and Other Information Circulation Services	33.9	32.5	44.8	43.5
计算机服务业	Computer Services	19.3			19.3
软 件 业	Software	29.4	31.1	34.0	26.7
批发和零售业	**Wholesale and Retail Trade**	**43.4**	**39.6**	**44.6**	**52.9**
批 发 业	Wholesale	38.7	37.6	42.1	38.9
零 售 业	Retail Trade	51.4	45.9	47.0	64.5
住宿和餐饮业	**Accommodation and Catering Trade**	**57.1**	**56.2**	**62.2**	**56.7**
住 宿 业	Accomodation Trade	58.0	57.5	64.0	57.5
餐 饮 业	Catering Services	55.1	48.1	60.9	55.5

5—13 续表 continued

单位：% (%)

行业	Sector	合计 Total	国有单位 State-owned Units	城镇集体单位 Urban Collective-owned Units	其他单位 Units of Other Types of Ownership
金融业	**Banking and Insurance**	**45.7**	**43.7**	**42.1**	**59.5**
银行业	Bank	41.0	39.6	41.7	55.6
证券业	Securities	35.9	33.8		37.9
保险业	Insurance	56.1	53.0	17.6	61.9
其他金融活动	Other Financial Activities	47.7	31.9	50.1	23.3
房地产业	**Real Estate**	**34.7**	**36.0**	**50.5**	**27.9**
#房地为开发经营	Real Estate Development and Operation	32.3	32.8	48.2	27.7
物业管理	Real Estate Management	37.2	37.4	42.6	30.5
租赁和商务服务业	**Leasing and Commercial Services**	**36.0**	**40.4**	**27.8**	**33.8**
租赁业	Leasing	31.3	29.6		66.7
商务服务业	Commercial Services	36.1	40.6	27.8	33.8
科学研究、技术服务和地质勘查业	**Scientific Research, Technical Services and Geological Prospecting**	**28.1**	**27.9**	**38.9**	**29.0**
研究与试验发展	Research and Experimental Development	30.4	30.4	30.0	
专业技术服务业	Professional and Technical Services	28.4	28.1	65.0	28.3
科技交流和推广服务业	Exchange and Extending Services of Science and Technology	28.3	28.8	18.5	32.8
地质勘查业	Geological Prospecting	23.8	23.8		
水利、环境和公共设施管理业	**Water Conservancy, Environmental and Public Facilities Management**	**39.7**	**39.3**	**46.3**	**42.4**
水利管理业	Water Conservancy Management	28.4	28.5	12.3	60.0
环境管理业	Environmental Management	51.9	51.8	51.2	56.7
公共设施管理业	Public Facilities Management	38.8	38.0	50.3	38.9
居民服务和其他服务业	**Resident Services and Other Services**	**43.9**	**34.2**	**60.7**	**13.2**
居民服务业	Resident Services	34.5	32.6	39.3	39.7
其他服务业	Other Services	47.9	37.3	64.6	12.2
教　育	**Education**	**34.2**	**34.2**	**30.2**	**56.8**
#高等教育	High Education	37.5	37.5		
中等中学	Secondary Education	30.2	30.2	24.5	56.8
初等教育	Primary Education	35.8	35.9	23.7	
卫生、社会保障和社会福利业	**Health Care, Sports and Social Welfare**	**53.6**	**55.7**	**47.9**	**58.8**
卫　生	Health Care	53.8	56.0	47.9	58.8
社会保障业	Social Protection	40.7	40.7		
社会福利业	Social Welfare	51.5	51.5	50.0	
文化、体育和娱乐业	**Culture, Sports and Entertainment**	**38.2**	**38.0**	**36.7**	**53.2**
新闻出版业	Press and Publication	34.6	34.7	25.0	
广播、电视、电影和音像业	Broadcasting, TV, Film, Audio-video and Recorders	36.7	36.8	35.8	40.3
文化艺术业	Culture and Arts	42.4	42.8	36.6	
体　育	Sports	34.3	31.8	43.9	74.6
娱乐业	Entertainment	49.8	44.4		54.3
公共管理和社会组织	**Public Management and Social Organizations**	**23.5**	**23.5**	**32.6**	**14.3**
中国共产党机关	Organs of Chinese Communist Party	18.6	18.6		
国家机构	State Organs	23.6	23.5	32.6	14.3
人民政协和民主党派	CPPCC and Domocratic Parties	21.1	21.1		
群众团体、社会团体和宗教组织	Mass Organizations, Social Organizations and Religious Organizations	36.6	36.6	28.0	
基层群众组织	Local Mass Autonomy Organs				
国际组织	**International Organizations**				

5—14 各市分行业职工人数（2003年）

Number of Staff and Workers by Sector and Region (2003)

单位：人 (person)

地区 Region	合计 Total	农林牧渔业 Farming, Foresry, Animal Husbandry and Fishery	采掘业 Mining and Quarrying	制造业 Manufacturing	电力、燃气及水的生产和供应业 Production and Supply of Electricity Gas and Water	建筑业 Construction	交通运输、仓储和邮政业 Transport, Storage and Postal Services	信息传输、计算机服务和软件业 Information, Circulation Computer Services and Software	批发和零售业 Wholesale and Retail Trade	住宿和餐饮业 Accommodation and Catering Trade
总计 Total	**3377782**	**117008**	**292542**	**773217**	**85230**	**253205**	**164519**	**22961**	**214855**	**34082**
合肥市 Hefei	369395	3414		104381	9659	20484	26281	5445	24256	8412
淮北市 Huaibei	254935	1529	141278	23206	5424	11776	3778	835	6492	974
亳州市 Bozhou	161983	4670		27647	3036	9211	4692	779	20317	1432
宿州市 Suzhou	206926	12630	461	24728	6065	13399	9863	1653	24956	1035
蚌埠市 Bengbu	200959	7035	21	55307	3791	13922	20605	1450	13952	2267
阜阳市 Fuyang	261060	8139	27	38682	7090	17406	14858	1598	20371	2564
淮南市 Huainan	262522	5233	112161	33288	9951	17404	14596	711	7435	1569
滁州市 Chuzhou	212077	12765	5123	51282	2471	14465	10554	1417	16997	1867
六安市 Luan	212278	11760	493	32249	7411	18099	8144	1194	14548	763
马鞍山市 Maanshan	156643	663	22074	72371	3916	11258	4992	533	5314	1081
巢湖市 Chaohu	167560	8637	139	26281	2952	30050	4908	1484	14452	998
芜湖市 Wuhu	217821	1669	2119	98097	5000	37133	8386	1052	4386	2306
宣城市 Xuancheng	123116	8886	1006	36790	4461	1803	2743	769	4954	567
铜陵市 Tongling	113192	3495	4949	58702	2977	6755	5254	481	4857	631
池州市 Chizhou	70212	3845	1095	12300	2372	2446	4308	652	3190	540
安庆市 Anqing	276620	19711	1356	61206	6441	8837	14157	1961	24247	2608
黄山市 Huangshan	92915	2927	240	16700	2213	5725	6400	947	4131	4468
其他 Others	17568					13032				

地区 Region	金融业 Banking	房地产业 Real Estate Trade	租赁和商务服务业 Leasing and Commercial Services	科学研究、技术服务和地质勘查业 Scientific Research, Technical Services and Geological Prospecting	水利、环境和公共设施管理业 Water Conservancy, Environmental and Public Facilities Management	居民服务和其他服务业 Resident Services and Other Services	教育 Education	卫生、社会保障和社会福利业 Health Care, Social Protection and Social Welfare	文化、体育和娱乐业 Culture, Sports and Entertainment	公共管理和社会组织 Public Management and Social Organizations
总计 Total	**84342**	**23960**	**32213**	**49258**	**57890**	**11172**	**549109**	**161664**	**42008**	**408547**
合肥市 Hefei	10793	3641	4387	17587	8063	1109	51588	18497	8745	42653
淮北市 Huaibei	3037	458	16045	2869	2322	143	18057	5298	805	10609
亳州市 Bozhou	4765	1949	248	768	1794	174	36656	8470	9020	26355
宿州市 Suzhou	5840	1224	432	1950	2025	241	54770	12211	1517	31926
蚌埠市 Bengbu	5582	1883	1022	5716	4370	423	31049	12691	1445	18428
阜阳市 Fuyang	7156	1434	1107	2152	4675	1679	65474	15321	1651	49676
淮南市 Huainan	3980	1181	1097	1610	4206	4628	20507	6564	1228	15173
滁州市 Chuzhou	6210	1532	526	1085	6675	430	36141	12071	1313	29153
六安市 Luan	5074	1139	1758	2357	5121	188	54662	11764	1897	33657
马鞍山市 Maanshan	2711	854	323	2889	2417	236	10824	3305	1090	9792
巢湖市 Chaohu	3541	1333	648	1386	4297	443	34315	10448	960	20288
芜湖市 Wuhu	5317	2228	983	2011	2359	101	22562	7334	651	14127
宣城市 Xuancheng	3215	606	432	870	813	208	21377	7897	2381	23338
铜陵市 Tongling	2106	1140	484	1139	690	101	6431	3378	788	8834
池州市 Chizhou	3044	574	384	635	1597	19	13702	4228	3191	12090
安庆市 Anqing	8247	1863	1261	3029	4141	969	55612	15414	4160	41400
黄山市 Huangshan	3724	921	1076	1205	2202	80	15134	5886	1166	17770
其他 Others					123		248	887		3278

5—15 主要年份单位从业人员变动情况

Changes of Units Employment in Major Years

单位：人 (person)

项目	Item	1995	2000	2002	2003
本年增加人数合计	**Total Increase in Employment**	**335415**	**175703**	**177490**	**183921**
从农村招收	Recruited From Rural Area	55813	20491	42827	35315
从城镇招收	Recruited From Urban Area	61523	16372	28882	34854
录用的复员转业军人	Demobilized Armymen	14596	10670	7870	7679
录用的大中专技工毕业	Graduates from Universities, Secondary Technical School and Worker Training Schools	74220	51261	38370	40832
调入	Transferred Into	62894	40174	32606	27841
#由外省区、市	From Other Provine or City	1826	433	666	362
其他	Others	66369	36735	26935	37400
本年减少人数合计	**Total Diminish in Employment**	**270341**	**313818**	**285447**	**308749**
离休退休离职	Retired and Resigned	79367	58880	66965	67480
开除除名辞职	Expelled and Discharged	19331	16340	15589	13871
终止合同	Termination of Contract	25468	57787	92048	120223
离开本单位仍保留劳动关系	Workers Leaving Self Units but Still Keeping Labor Contract		113127	58225	42758
调出	Transferred Out	63880	37594	29522	30188
#调到外省区、市	To Other Province or City	3056	1430	1758	1812
其他	Others	82295	30090	23098	34229

5—16 单位从业人员变动情况（2003年）

Changes of Units Employment（2003）

单位：人 (person)

项目	Item	合计 Total	国有单位 State-owned Units	城镇集体单位 Urban Collective-owned Units	其他单位 Units of Other Types of Ownership
本年增加人数合计	**Total Increase in Employment**	**183921**	**87186**	**16581**	**80154**
从农村招收	Recruited From Rural Area	35315	9151	6272	19892
从城镇招收	Recruited From Urban Area	34854	8250	4008	22596
录用的复员转业军人	Demobilized Armymen	7679	4674	485	2520
录用的大中专技工毕业	Graduates from Universities, Secondary Technical School and Worker Training Schools	40832	22842	1346	16644
调入	Transferred Into	27841	21281	1510	5050
#由外省区、市	From Other Provine or City	362	241	10	111
其他	Others	37400	20988	2960	13452
本年减少人数合计	**Total Diminish in Employment**	**308749**	**180453**	**46586**	**81710**
离休退休离职	Retired and Resigned	67480	46037	9433	12010
开除除名辞职	Expelled and Discharged	13871	6077	1929	5865
终止合同	Termination of Contract	120223	63712	16166	40345
离开本单位仍保留劳动关系	Workers Leaving Self Units but Still Keeping Labor Contract	42758	22651	9899	10208
调出	Transferred Out	30188	22251	2968	4969
#调到外省区、市	To Other Province or City	1812	1531	45	236
其他	Others	34229	19725	6191	8313

5—17 主要年份职工工资总额和指数

Total Wages of Staff & Workers and Related Index in Major Years

年 份 Year	工 资 总 额 （万元） Total Wages (10000 yuan)				指 数 （上年=100） Index (Preceding year=100)			
	合 计 Total	国有单位 State-owned Units	城镇集体单位 Urban Collective-owned Units	其他单位 Units of Other Types of Ownership	合 计 Total	国有单位 State-owned Units	城镇集体单位 Urban Collective-owned Units	其他单位 Units of Other Types of Ownership
1990	866607	667593	196802	2213	114.4	114.8	112.6	141.5
1995	2281335	1792794	374403	114138	123.7	123.0	122.3	143.3
1996	2561976	2031093	411474	119409	112.3	113.3	109.9	104.6
1997	2737847	2121533	433653	182661	106.9	104.5	105.4	153.0
1998	2627674	1972353	346450	308871	97.8	94.6	82.0	173.1
1999	2671105	1974191	320714	376201	101.7	100.1	92.6	121.8
2000	2755252	2015830	317435	421987	103.2	102.1	99.0	112.2
2001	2957016	2160271	298631	498114	107.3	107.2	94.1	118.0
2002	3371312	2315317	285112	770882	114.0	107.2	95.5	154.8
2003	3610004	2410746	265168	934090	107.1	104.1	93.0	121.2

注：1998年及以后工资总额和平均工资为在岗职工总额和平均工资，1998年及以后指数按可比口径计算（以下各表同）。

a) Data on total wages since 1998 refer to wages of fully employed staff and workers, and the indices since 1998 was calculated on the basis of comparable coverage (Similarly in the following tables).

5—18 主要年份职工平均工资及指数

Average Wage of Staff & Workers and Related Index in Major Years

年 份 Year	平均货币工资 （元） Average Wage in Monetary Terms (yuan)				指 数 （上年=100） Index (Preceding year=100)			
	合 计 Total	国有单位 State-owned Units	城镇集体单位 Urban Collective-owned Units	其他单位 Units of Other Types of Ownership	合 计 Total	国有单位 State-owned Units	城镇集体单位 Urban Collective-owned Units	其他单位 Units of Other Types of Ownership
1990	1827	2601	1318	1838	112.5	113.7	109.2	112.5
1995	4609	4994	3107	7361	121.5	120.1	124.9	115.0
1996	5175	5600	3522	7680	112.3	112.1	113.4	104.3
1997	5492	6039	3692	6139	106.1	107.8	104.8	79.9
1998	6117	6628	4166	6323	103.0	103.6	98.7	94.2
1999	6516	7092	4409	6396	106.5	107.0	105.8	101.2
2000	6989	7471	4762	7310	107.3	105.3	108.0	114.3
2001	7908	8501	5106	8125	113.1	113.8	107.2	111.1
2002	9296	9961	5808	9501	117.6	117.2	113.7	116.9
2003	10581	11220	6407	10999	113.8	112.6	110.3	115.8

5—19 分行业职工工资总额（2003年）

Total Wages of Staff and Workers by Sector (2003)

单位：万元 (10000 yuan)

行 业	Sector	合 计 Total	国有单位 State-owned Units	城镇集体单位 Urban Collective-owned Units	其他单位 Units of Other Types of Ownership
总 计	**Total**	**3610003.5**	**2410745.6**	**265167.8**	**934090.1**
按企、事业和机关分组	**Grouped by Enterprises, Institutions and Agencies**				
企 业	Enterprises	1997866.9	846670.6	220617.2	930579.1
事 业	Institutions	1143816.9	1097089.8	43216.1	3511.0
机 关	Agencies & Organizations	468319.7	466985.2	1334.5	
按国民经济行业分组	**Grouped by Economic Sector**				
农、林、牧、渔业	**Farming, Forestry, Animal Husbandry and Fishery**	**70379.6**	**64343.5**	**3621.5**	**2414.6**
农 业	Farming	29454.0	29338.1	29.4	86.5
林 业	Forestry	9477.8	9137.5	339.4	0.9
牧畜业	Animal Husbandry	1386.4	597.3	1.1	788.0
渔 业	Fishery	1807.0	1488.6	68.7	249.7
农、林、牧、渔服务业	Agricultural Services	28254.4	23782.0	3182.9	1289.5
采掘业	**Mining and Quarrying**	**387984.3**	**43468.7**	**39786.0**	**304729.6**
制造业	**Manufacturing**	**759489.1**	**246494.3**	**53105.9**	**459888.9**
#饮料制造业	Beverages	34535.6	19016.0	704.6	14815.0
烟草制品业	Tabacco	26113.3	23464.6	2134.0	514.7
石油加工、炼焦及核燃料加工业	Petroleum Processing, Coking and Nuclear Fuel Processing	21247.9	12693.1	30.5	8524.3
化学原料及化学制品制造业	Raw Chemical Materials and Chemical Products	63133.7	31204.5	6739.3	25189.9
橡胶制品业	Rubber Products	11906.0	58.8	754.4	11092.8
非金属矿物制品业	Nonmetal Mineral Products	51473.5	20133.0	5298.0	26042.5
黑色金属冶炼及压延加工业	Smelting and Pressing of Ferrous Metals	128042.4	3807.1	3142.5	121092.8
有色金属冶炼及压延加工业	Smelting and Pressing of Nonferrous Metals	40205.1	22948.8		17256.3
金属制品业	Metal Products	5899.6	1198.1	1953.0	2748.5
通用设备制造业	Equipments in Current Use	49052.7	12860.0	6911.7	29281.0
交通运输设备制造业	Transport Equipment	92484.5	40521.1	1243.3	50720.1
电气机械及器材制造业	Electric Equipment and Machinery	31799.5	5706.9	1619.4	24473.2
电力、燃气及水的生产和供应业	**Production and Supply of Electricity Gas and Water**	**115879.3**	**92761.2**	**1612.3**	**21505.8**
建筑业	**Construction**	**214165.7**	**106276.6**	**55524.2**	**52364.9**
房屋和土木工程建筑业	Civil Engineering Construction	183348.5	83804.8	52647.7	46896.0
建筑安装业	Installation	25682.9	20450.0	2042.9	3190.0
建筑装饰业	Fitting and Decoration	4106.6	1852.0	642.0	1612.6
其他建筑业	Other Construction	1027.7	169.8	191.6	666.3
交通运输、仓储及邮政业	**Transportation, Storage and Postal Services**	**158126.0**	**132975.2**	**11155.4**	**13995.4**
#铁路运输业	Railway Transport	40328.8	40217.5	111.3	
道路运输业	Highway Transport	48643.5	35684.0	5473.5	7486.0
水上运输业	Water Way Transport	15026.7	10961.7	2664.4	1400.6
航空运输业	Air Transport	3942.2	2221.9		1720.3
邮 政 业	Postal Services	17810.6	17588.4	4.2	218.0
信息传输、计算机服务和软件业	**Information Circulation, Computer Service and Software**	**43420.2**	**36750.8**	**244.4**	**6425.0**
电信和其他信息传输服务业	Telecommunication and Other Information Circulation Services	42282.2	36645.8	223.2	5413.2
计算机服务业	Computer Services	621.1			621.1
软 件 业	Software	516.9	105.0	21.2	390.7
批发和零售业	**Wholesale and Retail Trade**	**142889.3**	**85093.2**	**24064.2**	**33731.9**
批 发 业	Wholesale	98291.6	67172.6	12207.0	18912.0
零 售 业	Retail Trade	44597.7	17920.6	11857.2	14819.9
住宿和餐饮业	**Accommodation and Catering Trade**	**25304.1**	**13085.6**	**2092.3**	**10126.2**
住 宿 业	Accomodation Trade	19666.9	11899.0	1035.0	6732.9
餐 饮 业	Catering Services	5637.2	1186.6	1057.3	3393.3

5—19 续表 continued

单位：万元 (10000 yuan)

行 业	Sector	合 计 Total	国有单位 State-owned Units	城镇集体单位 Urban Collective-owned Units	其他单位 Units of Other Types of Ownership
金 融 业	**Banking and Insurance**	**124076.4**	**86869.7**	**24117.0**	**13089.7**
金融业	Bank	107684.7	78813.9	23029.4	5841.4
证券业	Securities	2641.8	1501.0		1140.8
保险业	Insurance	12392.5	6309.6	7.3	6075.6
其他金融活动	Other Financial Activities	1357.4	245.2	1080.3	31.9
房地产业	**Real Estate**	**26243.1**	**17008.9**	**1298.1**	**7936.1**
#房地为开发经营	Real Estate Development and Operation	16778.0	8055.3	1194.5	7528.2
物业管理	Real Estate Management	5981.4	5541.2	100.7	339.5
租赁和商务服务业	**Leasing and Commercial Services**	**22129.1**	**17348.5**	**3144.4**	**1636.2**
租赁业	Leasing	215.8	205.8		10.0
商务服务业	Commercial Services	21913.3	17142.7	3144.4	1626.2
科学研究、技术服务和地质勘查业	**Scientific Research, Technical Services and Geological Prospecting**	**66152.3**	**64865.9**	**365.1**	**921.3**
研究与试验发展	Research and Experimental Development	17667.4	17634.1	33.3	
专业技术服务业	Professional and Technical Services	36622.9	35763.0	72.5	787.4
科技交流和推广服务业	Exchange and Extending Services of Science and Technology	3903.5	3510.3	259.3	133.9
地质勘查业	Geological Prospecting	7958.5	7958.5		
水利、环境和公共设施管理业	**Water Conservancy, Environmental and Public Facilities Management**	**53847.2**	**50369.9**	**1342.1**	**2135.2**
水利管理业	Water Conservancy Management	20534.3	20370.4	161.8	2.1
环境管理业	Environmental Management	18069.5	17308.5	464.6	296.4
公共设施管理业	Public Facilities Management	15243.4	12691.0	715.7	1836.7
居民服务和其他服务业	**Resident Services and Other Services**	**8877.5**	**4057.5**	**3458.2**	**1361.8**
居民服务业	Resident Services	3420.6	2898.3	462.0	60.3
其他服务业	Other Services	5456.9	1159.2	2996.2	1301.5
教 育	**Education**	**626677.5**	**622748.7**	**2945.3**	**983.5**
#高等教育	High Education	58681.0	58681.0		
中等中学	Secondary Education	276333.5	274276.7	1073.3	983.5
初等教育	Primary Education	274243.0	272509.4	1733.6	
卫生、社会保障和社会福利业	**Health Care, Sports and Social Welfare**	**189815.8**	**155475.5**	**34073.8**	**266.5**
卫 生	Health Care	184534.0	150227.2	34040.3	266.5
社会保障业	Social Protection	2162.7	2162.7		
社会福利业	Social Welfare	3119.1	3085.6	33.5	
文化、体育和娱乐业	**Culture, Sports and Entertainment**	**47122.6**	**45309.7**	**1247.9**	**565.0**
新闻出版业	Press and Publication	5538.0	5499.0	39.0	
广播、电视、电影和音像业	Broadcasting, TV, Film, Audio-video and Recorders	26189.9	25434.3	620.8	134.8
文化艺术业	Culture and Arts	12536.4	12065.8	470.6	
体 育	Sports	2183.6	2016.1	117.5	50.0
娱乐业	Entertainment	674.7	294.5		380.2
公共管理和社会组织	**Public Management and Social Organizations**	**527424.4**	**525442.2**	**1969.7**	**12.5**
中国共产党机关	Organs of Chinese Communist Party	22888.6	22888.6		
国家机构	State Organs	488088.9	486130.7	1945.7	12.5
人民政协和民主党派	CPPCC and Democratic Parties	3491.4	3491.4		
群众团体、社会团体和宗教组织	Mass Organizations, Social Organizations and Religious Organizations	12435.4	12411.4	24.0	
基层群众组织	Local Mass Autonomy Organs	520.1	520.1		
国际组织	**International Organizations**				

5—20 各市分行业职工工资总额（2003年）

Total Wages of Staff and Workers by Sector and Region (2003)

单位：万元 (10000 yuan)

地区	Region	合计 Total	农林牧渔业 Farming, Foresry, Animal Husbandry and Fishery	采掘业 Mining and Quarrying	制造业 Manufacturing	电力、燃气及水的生产和供应业 Production and Supply of Electricity Gas and Water	建筑业 Construction	交通运输、仓储和邮政业 Transport, Storage and Postal Services	信息传输、计算机服务和软件业 Information, Circulation Computer Services and Software	批发和零售业 Wholesale and Retail Trade	住宿和餐饮业 Accommodation and Catering Trade
总计	**Total**	**3610003.5**	**70379.6**	**387984.3**	**759489.1**	**115879.3**	**214165.7**	**158126.0**	**43420.2**	**142889.3**	**25304.1**
合肥市	Hefei	526577.2	3139.4		130202.6	15750.0	20182.7	32653.8	13275.3	30988.3	6952.9
淮北市	Huaibei	280100.6	892.4	183111.4	13315.0	8195.2	11021.1	3469.1	969.4	2536.7	603.7
亳州市	Bozhou	130091.2	2819.8		20501.6	3177.1	5056.3	3879.8	1351.1	10000.3	850.8
宿州市	Suzhou	168960.2	5370.4	456.1	12692.8	7868.7	7910.1	7306.6	2870.2	10616.7	691.0
蚌埠市	Bengbu	209072.0	3374.1	23.1	46267.9	4192.7	11116.7	25347.7	1957.8	9561.1	1629.6
阜阳市	Fuyang	224460.3	5485.0	15.6	27103.9	6796.2	12085.1	11395.5	2340.0	11576.4	1381.6
淮南市	Huainan	311967.2	2625.9	153781.0	25502.6	12849.5	16504.8	14296.9	1150.4	5008.4	1114.1
滁州市	Chuzhou	182642.7	7346.4	3999.9	39633.2	2434.7	9157.4	5682.5	2791.4	9770.6	1010.1
六安市	Luan	178141.5	4829.9	355.9	21105.6	7446.5	11684.2	6612.1	1116.5	8046.2	507.9
马鞍山市	Maanshan	258385.5	548.7	37730.5	127955.9	6563.1	15025.5	6067.9	1215.6	4600.5	841.6
巢湖市	Chaohu	167571.0	8333.9	137.3	24340.9	3626.1	22914.7	4397.7	2391.1	8971.8	679.1
芜湖市	Wuhu	243237.4	1650.8	1979.1	96923.7	9895.9	31167.6	8961.6	3050.1	4639.6	2063.7
宣城市	Xuancheng	130540.4	5644.6	1105.7	29339.7	5758.9	1637.3	2510.8	1021.3	3911.4	480.3
铜陵市	Tongling	127844.5	2167.1	3169.2	64779.1	5684.7	4742.3	4116.3	974.8	3384.7	391.7
池州市	Chizhou	70756.6	2124.8	983.1	8398.9	3146.5	1568.1	3955.7	1238.3	2081.9	371.2
安庆市	Anqing	269795.5	11708.5	933.6	57855.8	9598.7	5700.1	11047.8	4107.1	13986.7	1620.2
黄山市	Huangshan	102140.5	2317.9	202.8	13569.9	2894.8	3978.2	6424.2	1599.8	3208.0	4114.6
其他	Others	27719.2					22713.5				

地区	Region	金融业 Banking	房地产业 Real Estate Trade	租赁和商务服务业 Leasing and Commercial Services	科学研究、技术服务和地质勘查业 Scientific Research, Technical Services and Geological Prospecting	水利、环境和公共设施管理业 Water Conservancy, Environmental and Public Facilities Management	居民服务和其他服务业 Resident Services and Other Services	教育 Education	卫生、社会保障和社会福利业 Health Care, Social Protection and Social Welfare	文化、体育和娱乐业 Culture, Sports and Entertainment	公共管理和社会组织 Public Management and Social Organizations
总计	**Total**	**124076.4**	**26243.1**	**22129.1**	**66152.3**	**53847.2**	**8877.5**	**626677.5**	**189815.8**	**47122.6**	**527424.4**
合肥市	Hefei	22397.6	5840.6	6311.9	28565.1	9021.7	1173.2	78384.2	30590.9	12859.0	78288.0
淮北市	Huaibei	3524.0	298.6	4788.4	2791.1	1843.4	144.6	21130.1	5110.1	934.1	15422.2
亳州市	Bozhou	5611.0	1574.8	205.0	778.3	1195.1	151.3	32523.6	7236.1	7643.5	25535.7
宿州市	Suzhou	8217.3	1086.2	296.2	1444.3	1409.7	243.9	54217.1	9678.4	1614.1	34970.4
蚌埠市	Bengbu	7424.5	2256.0	1093.8	8902.2	5146.5	298.5	37304.4	14053.8	1763.4	27358.2
阜阳市	Fuyang	10499.0	1129.9	764.1	2335.9	3721.8	1202.6	60495.1	15016.0	1656.1	49460.5
淮南市	Huainan	6252.4	1458.0	1265.2	1894.5	4006.5	3049.1	27683.0	7873.2	1456.8	24194.9
滁州市	Chuzhou	8037.2	1120.4	865.1	1107.0	4408.9	449.6	38913.7	11456.7	1188.5	33269.4
六安市	Luan	6443.1	1051.9	997.3	2142.8	2939.0	251.7	53855.1	10928.5	1754.4	36072.9
马鞍山市	Maanshan	5396.4	1189.6	452.2	3781.1	3483.6	296.4	17737.8	5431.3	1854.7	18213.1
巢湖市	Chaohu	5518.8	1361.1	595.7	1544.2	4033.6	231.7	40341.6	11245.3	1040.8	25865.6
芜湖市	Wuhu	8903.0	2347.3	806.0	2841.1	2575.9	147.0	31197.2	11724.1	1110.6	21253.1
宣城市	Xuancheng	3822.7	686.6	532.5	1171.9	661.2	214.4	28321.3	10199.5	2632.7	30887.6
铜陵市	Tongling	3076.3	1207.8	352.4	1155.4	957.6	260.1	9929.4	5722.8	1190.0	14582.8
池州市	Chizhou	4075.1	541.4	567.6	721.4	1555.0	18.4	14951.1	5596.0	3189.0	15673.1
安庆市	Anqing	9401.4	2042.3	1221.4	3430.3	4346.2	623.3	60194.4	18333.0	3973.4	49671.3
黄山市	Huangshan	5476.6	1050.6	1014.3	1545.7	2249.7	121.7	19109.5	8173.7	1261.5	23827.0
其他	Others					291.8		388.9	1446.4		2878.6

5—21 各市职工工资总额（2003年）

Total Wages of Staff and Workers at Their Posts by Region (2003)

单位：万元 (10000 yuan)

地区 Region		合计 Total	国有经济单位 State-owned Units	城镇集体经济单位 Urban Collective-owned Units	其他经济单位 Units of Other Types of Ownership
总计	**Total**	**3610003.5**	**2410745.6**	**265167.8**	**934090.1**
合肥市	Hefei	526577.2	404081.3	19685.4	102810.5
淮北市	Huaibei	280100.6	89926.8	19700.6	170473.2
亳州市	Bozhou	130091.2	109473.3	11443.9	9174.0
宿州市	Suzhou	168960.2	143573.2	15683.3	9703.7
蚌埠市	Bengbu	209072.0	155070.7	15084.7	38916.6
阜阳市	Fuyang	224460.3	185238.7	17335.5	21886.1
淮南市	Huainan	311967.2	111291.3	30724.5	169951.4
滁州市	Chuzhou	182642.7	129088.2	16250.6	37303.9
六安市	Luan	178141.5	153511.7	14409.2	10220.6
马鞍山市	Maanshan	258385.5	121452.9	16050.7	120881.9
巢湖市	Chaohu	167571.0	122160.9	20281.7	25128.4
芜湖市	Wuhu	243237.4	127601.6	13063.2	102572.6
宣城市	Xuancheng	130540.4	92345.0	10672.8	27522.6
铜陵市	Tongling	127844.5	96390.0	7857.5	23597.0
池州市	Chizhou	70756.6	55109.3	4448.3	11199.0
安庆市	Anqing	269795.5	209516.2	21894.3	38385.0
黄山市	Huangshan	102140.5	77195.3	10581.6	14363.6
其他	Others	27719.2	27719.2		

5—22 分行业职工平均工资

Average Wage of Staff and Workers by Sector

单位：元 (yuan)

行业	Sector	2003
总计	**Total**	**10581**
农、林、牧、渔业	Farming, Forestry, Animal Husbandry and Fishery	5985
采掘业	Mining and Quarrying	12699
制造业	Manufacturing	9701
电力、燃气及水的生产和供应业	Production and Supply of Electricity Gas and Water	13563
建筑业	Construction	8531
交通运输、仓储和邮政业	Transport, Storage and Postal Services	9473
信息传输、计算机服务和软件业	Information Circulation, Computer Service and Software	19158
批发和零售业	Wholesale and Retail Trade	6163
住宿和餐饮业	Accommodation and Catering Trade	7302
金融业	Banking	14475
房地产业	Real Estate	11128
租赁和商务服务业	Leasing and Commercial Services	8483
科学研究、技术服务和地质勘查业	Scientific Research, Technical Services and Geological Prospecting	13348
水利、环境和公共设施管理业	Water Conservancy, Environmental and Public Facilities Management	9328
居民服务和其他服务业	Resident Services and Other Services	7600
教育	Education	11436
卫生、社会保障和社会福利业	Health Care, Social Protection and Social Welfare	11845
文化、体育和娱乐业	Culture, Sports and Entertainment	11167
公共管理和社会组织	Public Management and Social Organizations	12915
国际组织	International Organizations	

5—23 职工平均工资（2003年）

Average Wage of Staff and Workers at Their Posts (2003)

单位：元 (yuan)

行业	Sector	合计 Total	国有单位 State-owned Units	城镇集体单位 Urban Collective-owned Units	其他单位 Units of Other Types of Ownership
总计	**Total**	**10581**	**11220**	**6407**	**10999**
按企、事业和机关分组	**Grouped by Enterprises, Institutions and Agencies**				
企业	Enterprises	9779	10109	6152	10989
事业	Institutions	11308	11487	7997	14697
机关	Agencies & Organizations	13105	13114	10625	
按国民经济行业分组	**Grouped by Economic Sector**				
农、林、牧、渔业	Farming, Forestry, Animal Husbandry and Fishery	5985	6030	4676	7685
采掘业	Mining and Quarrying	12699	14675	7196	13812
制造业	Manufacturing	9701	9365	6357	10544
电力、燃气及水的生产和供应业	Production and Supply of Electricity Gas and Water	13563	14272	7166	11824
建筑业	Construction	8531	11021	6340	7809
交通运输、仓储和邮政业	Transport, Storage and Postal Services	9473	10862	4525	7051
信息传输、计算机服务和软件业	Information Circulation, Computer Service and Software	19158	19213	5492	20786
批发和零售业	Wholesale and Retail Trade	6163	6531	3899	8468
住宿和餐饮业	Accommodation and Catering Trade	7302	7663	4877	7621
金融业	Banking	14475	15697	10834	16124
房地产业	Real Estate	11128	11634	6583	11350
租赁和商务服务业	Leasing and Commercial Services	8483	11251	7649	2496
科学研究、技术服务和地质勘查业	Scientific Research, Technical Services and Geological Prospecting	13348	13479	8734	9050
水利、环境和公共设施管理业	Water Conservancy, Environmental and Public Facilities Management	9328	9322	7853	10746
居民服务和其他服务业	Resident Services and Other Services	7600	10777	5815	6916
教育	Education	11436	11432	10508	22557
卫生、社会保障和社会福利业	Health Care, Social Protection and Social Welfare	11845	13382	7785	8943
文化、体育和娱乐业	Culture, Sports and Entertainment	11167	11346	7618	9011
公共管理和社会组织	Public Management and Social Organizations	12915	12923	11179	20833
国际组织	International Organizations				

5—24 各市职工平均工资（2003年）

Average Wage of Staff and Workers at Their Posts by Region (2003)

单位：元 (yuan)

地区 Region	合计 Total	国有经济单位 State-owned Units	城镇集体经济单位 Urban Collective-owned Units	其他经济单位 Units of Other Types of Ownership
总计 Total	**10581**	**11220**	**6407**	**10999**
合肥市 Hefei	13900	14688	7626	13198
淮北市 Huaibei	10613	9874	5427	12485
亳州市 Bozhou	7996	8921	4694	5880
宿州市 Suzhou	8148	8836	4691	8490
蚌埠市 Bengbu	10263	12020	5545	8191
阜阳市 Fuyang	8551	9034	6458	7152
淮南市 Huainan	11817	12259	7701	12748
滁州市 Chuzhou	8460	9327	5805	7537
六安市 Luan	8312	8988	5686	5624
马鞍山市 Maanshan	16247	15853	7246	20053
巢湖市 Chaohu	10020	11063	7246	8719
芜湖市 Wuhu	11400	14018	7893	9695
宣城市 Xuancheng	10592	12065	8148	8191
铜陵市 Tongling	10986	11999	5942	10342
池州市 Chizhou	10198	11770	6001	7393
安庆市 Anqing	9636	10482	6157	8618
黄山市 Huangshan	10926	11855	9887	8132
其他 Others	16843	16843		

5—25 分行业职工平均工资（2003年）

Average Wage of Staff and Workers by Sector (2003)

单位：元 (yuan)

行业	Sector	合计 Total	国有单位 State-owned Units	城镇集体单位 Urban Collective-owned Units	其他单位 Units of Other Types of Ownership
总计	**Total**	**10581**	**11220**	**6407**	**10999**
按企、事业和机关分组	**Grouped by Enterprises, Institutions and Agencies**				
企业	Enterprises	9779	10109	6152	10989
事业	Institutions	11308	11487	7997	14697
机关	Agencies & Organizations	13105	13114	10625	
按国民经济行业分组	**Grouped by Economic Sector**				
农、林、牧、渔业	**Farming, Forestry, Animal Husbandry and Fishery**	**5985**	**6030**	**4676**	**7685**
农业	Farming	5015	5030	6000	2500
林业	Forestry	5963	6078	3956	3000
牧畜业	Animal Husbandry	5624	5309	131	6274
渔业	Fishery	5631	5933	4215	4650
农、林、牧、渔服务业	Agricultural Services	7577	8008	4829	12895
采掘业	**Mining and Quarrying**	**12699**	**14675**	**7196**	**13812**
制造业	**Manufacturing**	**9701**	**9365**	**6357**	**10544**
#饮料制造业	Beverages	7071	7418	4172	6885
烟草制品业	Tabacco	24661	27171	17739	6863
石油加工、炼焦及核燃料加工业	Petroleum Processing, Coking and Nuclear Fuel Processing	16719	16225	7821	17587
化学原料及化学制品制造业	Raw Chemical Materials and Chemical Products	8637	7857	9073	9706
橡胶制品业	Rubber Products	11439	7084	5651	12339
非金属矿物制品业	Nonmetal Mineral Products	7503	8679	5822	7174
黑色金属冶炼及压延加工业	Smelting and Pressing of Ferrous Metals	18698	12353	6824	19919
有色金属冶炼及压延加工业	Smelting and Pressing of Nonferrous Metals	11630	11141		12352
金属制品业	Metal Products	6926	7110	5954	7736
通用设备制造业	Equipments in Current Use	9375	9110	7615	10051
交通运输设备制造业	Transport Equipment	12888	14319	7590	12127
电气机械及器材制造业	Electric Equipment and Machinery	10186	8530	6321	11141
电力、燃气及水的生产和供应业	**Production and Supply of Electricity Gas and Water**	**13563**	**14272**	**7166**	**11824**
建筑业	**Construction**	**8531**	**11021**	**6340**	**7809**
房屋和土木工程建筑业	Civil Engineering Construction	8368	11090	6354	7727
建筑安装业	Installation	10459	11194	6533	10098
建筑装饰业	Fitting and Decoration	6496	7631	4969	6195
其他建筑业	Other Construction	9614	9930	6387	11142
交通运输、仓储及邮政业	**Transportation, Storage and Postal Services**	**9473**	**10862**	**4525**	**7051**
#铁路运输业	Railway Transport	13773	13868	3975	
道路运输业	Highway Transport	8126	9624	4748	6651
水上运输业	Water Way Transport	6813	9544	3652	4277
航空运输业	Air Transport	18251	17832		18822
邮政业	Postal Services	12706	12945	6000	5142
信息传输、计算机服务和软件业	**Information Circulation, Computer Service and Software**	**19158**	**19213**	**5492**	**20786**
电信和其他信息传输服务业	Telecommunication and Other Information Circulation Services	19261	19292	7723	20289
计算机服务业	Computer Services	62110			62110
软件业	Software	8446	7895	1359	12096
批发和零售业	**Wholesale and Retail Trade**	**6163**	**6531**	**3899**	**8468**
批发业	Wholesale	6567	6766	3884	9966
零售业	Retail Trade	5427	5777	3914	7106
住宿和餐饮业	**Accommodation and Catering Trade**	**7302**	**7663**	**4877**	**7621**
住宿业	Accomodation Trade	7986	8064	5687	8364
餐饮业	Catering Services	5621	5112	4281	6479

5—25 续表 continued

单位：元 (yuan)

行 业	Sector	合 计 Total	国有单位 State-owned Units	城镇集体单位 Urban Collective-owned Units	其他单位 Units of Other Types of Ownership
金 融 业	**Banking and Insurance**	**14475**	**15697**	**10834**	**16124**
银行业	Bank	14446	15825	11030	15125
证券业	Securities	23235	27094		19568
保险业	Insurance	14598	13026	6083	16723
其他金融活动	Other Financial Activities	8752	17514	7880	7975
房地产业	**Real Estate**	**11128**	**11634**	**6583**	**11350**
#房地为开发经营	Real Estate Development and Operation	11084	12012	7076	11164
物业管理	Real Estate Management	11509	11409	6850	17591
租赁和商务服务业	**Leasing and Commercial Services**	**8483**	**11251**	**7649**	**2496**
租赁业	Leasing	8364	8469		6667
商务服务业	Commercial Services	8484	11296	7649	2486
科学研究、技术服务和地质勘查业	**Scientific Research, Technical Services and Geological Prospecting**	**13348**	**13479**	**8734**	**9050**
研究与试验发展	Research and Experimental Development	15134	15146	10742	
专业技术服务业	Professional and Technical Services	14572	14802	6713	9124
科技交流和推广服务业	Exchange and Extending Services of Science and Technology	10012	10131	9294	8639
地质勘查业	Geological Prospecting	8990	8990		
水利、环境和公共设施管理业	**Water Conservancy, Environmental and Public Facilities Management**	**9328**	**9322**	**7853**	**10746**
水利管理业	Water Conservancy Management	8419	8418	8699	4200
环境管理业	Environmental Management	8910	9071	5625	7968
公共设施管理业	Public Facilities Management	11674	11804	10268	11408
居民服务和其他服务业	**Resident Services and Other Services**	**7600**	**10777**	**5815**	**6916**
居民服务业	Resident Services	10733	12271	6031	10220
其他服务业	Other Services	6424	8262	5783	6814
教 育	**Education**	**11436**	**11432**	**10508**	**22557**
#高等教育	High Education	16791	16791		
中等中学	Secondary Education	11841	11818	12657	22557
初等教育	Primary Education	10290	10292	9906	
卫生、社会保障和社会福利业	**Health Care, Sports and Social Welfare**	**11845**	**13382**	**7785**	**8943**
卫 生	Health Care	11818	13401	7782	8943
社会保障业	Social Protection	13766	13766		
社会福利业	Social Welfare	12270	12288	10806	
文化、体育和娱乐业	**Culture, Sports and Entertainment**	**11167**	**11346**	**7618**	**9011**
新闻出版业	Press and Publication	15978	16041	10263	
广播、电视、电影和音像业	Broadcasting, TV, Film, Audio-video and Recorders	10510	10588	8179	9839
文化艺术业	Culture and Arts	11329	11588	7196	
体 育	Sports	11147	11797	6283	7937
娱乐业	Entertainment	8541	8113		8904
公共管理和社会组织	**Public Management and Social Organizations**	**12915**	**12923**	**11179**	**20833**
中国共产党机关	Organs of Chinese Communist Party	13449	13449		
国家机构	State Organs	12713	12720	11195	20833
人民政协和民主党派	CPPCC and Domocratic Parties	15692	15692		
群众团体、社会团体和宗教组织	Mass Organizations, Social Organizations and Religious Organizations	25399	25475	10000	
基层群众组织	Local Mass Autonomy Organs				
国际组织	**International Organizations**				

5—26 各市（县）职工人数和工资（2003年）

Number of Staff and Workers and Their Wages by County (City) (2003)

县（市） County (City)		职工人数（万人） Number of Staff and Workers (10000 persons)	#国有单位 State-owned Units	#城镇集体单位 Urban Collective-owned Units	工资总额（万元） Total Wages (10000 yuan)	#国有单位 State-owned Units	#城镇集体单位 Urban Collective-owned Units	平均工资（元） Average Wage (yuan)	#国有单位 State-owned Units	#城镇集体单位 Urban Collective-owned Units
长丰县	Changfeng	2.1	1.7	0.3	21259.4	18736.4	1731.4	9415	10038	6427
肥东县	Feidong	2.5	2.2	0.2	24874.8	23304.4	1446.2	10070	10414	7031
肥西县	Feixi	2.4	1.9	0.5	24916.2	20973.3	3675.7	9309	10574	5559
濉溪县	Suixi	3.3	2.4	0.4	27600.5	21698.7	1567.7	8047	9016	3828
谯城区	Qiaocheng District	3.6	2.6	0.8	28806.7	23305.1	4086.8	7967	8886	5134
涡阳县	Guoyang	4.0	2.7	0.7	29412.5	22936.3	3413.7	7400	8175	4647
蒙城县	Mengcheng	3.6	2.5	0.5	26154.4	20728.9	2316.5	7217	8001	4913
利辛县	Lixin	3.0	2.2	0.4	22864.2	19649.6	1626.9	7427	8634	3734
桥区	Yongqiao District	5.5	3.9	1.5	39843.4	31303.1	7316.6	7180	7999	4934
砀山县	Dangshan	3.2	2.5	0.5	24203.2	20904.3	2818.1	7542	8228	4818
萧　县	Xiaoxian	3.7	3.1	0.5	27200.4	24392.3	2533.7	7453	7882	5048
灵璧县	Lingbi	2.7	2.2	0.4	19075.4	17219.1	1619.4	7093	7864	3656
泗　县	Sixian	2.3	1.9	0.3	16393.6	14991.8	1293.0	7173	7754	4022
怀远县	Huaiyuan	3.4	2.5	0.7	24213.8	19310.7	3199.5	7088	7779	4363
五河县	Wuhe	2.2	1.5	0.4	15357.5	12581.7	1656.7	6923	7949	3796
固镇县	Guzhen	2.0	1.4	0.4	16584.9	13083.2	2270.3	7593	8794	4615
颍州区	Yingzhou District	1.4	1.0	0.2	11441.7	9105.7	1126.0	8354	8943	6416
颍东区	Yingdong District	1.3	1.1	0.2	10629.1	9525.4	952.4	8214	8961	5393
颍泉区	Yingquan District	1.4	1.0	0.3	12534.5	9091.4	2605.5	8532	9346	7034
界首市	Jieshou	2.5	2.1	0.3	18612.3	16376.8	1909.0	7227	7428	6509
临泉县	Linquan	3.1	2.8	0.4	27320.7	25059.5	2235.2	8667	9104	5643
太和县	Taihe	3.6	3.0	0.5	30336.8	25857.9	3856.1	8514	8718	8084
阜南县	Funan	2.6	2.3	0.3	21102.7	19784.6	1259.7	7844	8307	4231
颍上县	Yingshang	3.0	2.6	0.2	21474.4	19253.3	1136.4	7105	7252	6736
凤台县	Fengtai	3.0	1.5	0.4	35266.4	16199.1	1982.0	11247	10714	5275
天长市	Tianchang	3.2	1.8	0.7	27448.4	18743.0	4414.2	8446	10131	6125
明光市	Mingguang	2.4	1.9	0.3	17527.3	14669.4	1294.9	7210	7816	4367
来安县	Laian	1.9	1.2	0.4	14908.8	10550.5	2287.3	7431	8405	6051
全椒县	Quanjiao	2.3	1.3	0.5	16286.5	10580.7	2873.2	7205	7888	6254
定远县	Dingyuan	3.3	2.2	0.2	23018.0	17922.0	1122.5	7140	7968	4662
凤阳县	Fengyang	2.2	1.6	0.2	18215.3	14955.6	1159.0	7692	8152	5285
金安区	Jinan District	1.9	1.5	0.3	16123.6	13870.9	1522.0	8555	9557	4792
裕安区	Yuan District	1.8	1.4	0.4	15038.8	13082.7	1882.8	7899	8719	4741
寿　县	Shouxian	3.3	2.8	0.3	25014.6	21864.0	1818.6	7481	7702	6726
霍邱县	Huoqiu	3.0	2.7	0.2	26661.8	24026.4	2281.5	8444	8744	6560
舒城县	Shucheng	2.9	1.7	0.7	21032.3	14685.3	3716.1	7335	8441	5566
金寨县	Jinzhai	2.2	1.6	0.3	17931.1	14994.8	1326.0	8053	9104	5241
霍山县	Huoshan	1.8	1.2	0.1	17871.5	13270.1	1070.6	9853	11330	11791

5—26 续表 continued

县（市） County or City		职工人数（万人） Number of Staff and Workers (10000 persons)	#国有单位 State-owned Units	#城镇集体单位 Urban Collective-owned Units	工资总额（万元） Total Wages (10000 yuan)	#国有单位 State-owned Units	#城镇集体单位 Urban Collective-owned Units	平均工资（元） Average Wage (yuan)	#国有单位 State-owned Units	#城镇集体单位 Urban Collective-owned Units
当涂县	Dangtu	1.7	1.2	0.3	200375.0	164453.0	24983.0	11453	13060	7248
居巢区	Juchao District	1.7	1.3	0.3	17216.5	14536.6	1816.7	9836	11608	6056
庐江县	Lujiang	3.1	2.3	0.3	29531.2	25230.2	1929.4	8848	9980	6509
无为县	Wuwei	4.1	2.1	1.2	37047.6	21364.5	8060.4	9016	10007	6702
含山县	Hanshan	1.7	1.1	0.1	17613.9	12712.0	831.7	10724	12028	8810
和　县	Hexian	2.5	1.3	0.9	22769.1	13905.2	6937.8	9643	11076	8208
芜湖县	Wuhu	2.3	1.0	0.4	22132.5	12669.3	3125.7	9908	12520	7644
繁昌县	Fanchang	3.3	0.9	0.5	30515.6	12643.3	3949.9	9435	13716	7959
南陵县	Nanling	1.6	0.6	0.4	12877.3	6723.7	2232.9	8313	10622	7222
宣州区	Xuanzhou District	2.2	1.4	0.4	24571.8	18125.0	3340.0	10581	12219	8978
宁国市	Ningguo	3.1	1.2	0.4	33322.3	16675.4	3562.6	11132	14363	9935
郎溪县	Langxi	1.4	1.2	0.1	13133.4	11779.9	944.8	9327	10053	6204
广德县	Guangde	1.3	1.0	0.1	12913.4	10352.2	521.0	9850	10704	7846
泾　县	Jingxian	1.6	1.1	0.2	16816.2	13308.6	1132.9	10425	11493	5620
旌德县	Jingde	0.7	0.4	0.1	6217.7	4448.6	735.9	9350	10671	6969
绩溪县	Jixi	0.8	0.6	0.1	8158.2	6130.9	401.7	9576	10661	8018
铜陵县	Tongling	1.3	0.7	0.3	12523.0	8960.3	1547.4	9239	11888	4715
贵池区	Guichi District	1.7	1.3	0.1	16419.7	13404.1	809.1	9586	10145	7237
东至县	Dongzhi	2.3	1.3	0.5	18872.8	12601.0	2510.9	8530	9930	5257
石台县	Shitai	0.7	0.4	0.1	5673.8	4777.4	460.9	8538	12049	5871
青阳县	Qingyang	0.7	0.7	0.0	8234.2	7633.2	327.1	11700	12017	12390
桐城市	Tongcheng	2.3	1.9	0.3	22015.1	19105.9	2407.4	9479	10160	7199
怀宁县	Huaining	1.8	1.5	0.3	19469.5	17233.6	2189.0	10514	11045	7667
枞阳县	Zongyang	2.4	1.9	0.2	21686.2	19445.7	1393.9	9225	10082	5896
潜山县	Qianshan	1.7	1.5	0.2	12038.4	10716.4	1201.5	7316	7362	6881
太湖县	Taihu	1.6	1.2	0.2	15523.2	13471.3	1379.7	9495	10870	6116
宿松县	Susong	2.9	2.2	0.7	24350.5	19799.3	4472.7	8261	8749	6777
望江县	Wangjiang	1.7	1.3	0.3	15295.2	12907.1	1969.2	8971	9969	5705
岳西县	Yuexi	1.5	1.1	0.3	12095.7	9774.1	1764.7	8166	8821	6075
屯溪区	Tunxi District	0.5	0.3	0.1	5297.3	3693.5	618.6	11268	14211	7961
黄山区	Huangshan District	1.0	0.8	0.1	11298.4	9317.9	1256.8	10743	11166	11152
徽州区	Huizhou District	0.5	0.3	0.1	5957.7	3966.6	522.3	11354	12665	10044
歙　县	Shexian	1.5	1.1	0.3	15701.9	13094.6	1692.5	10149	11328	6604
休宁县	Xiuning	1.3	0.8	0.1	11670.1	8633.6	1195.3	9338	10710	9021
黟　县	Yixian	0.5	0.4	0.1	5598.4	4671.1	387.8	10284	11654	5661
祁门县	Qimen	1.2	0.9	0.2	11905.0	9426.0	1359.0	9621	10570	7463

5—27 职业介绍机构基本情况

Basic Conditions of Employment Services

年份 Year	本年末职业介绍机构个数（个） Number of Labour Exchanges	劳动保障部门办 Run by Labor Departments	其他组织办 Run by Other Organs	公民个人办 Run by Private	本年末职业介绍机构人数（人） Staff and Workers (person)	劳动保障部门办 Run by Labor Departments	其他组织办 Run by Other Organs	公民个人办 Run by Private
1995	1688	1497	119	72				
1996	1652	1353	226	73	4195	3000	1195	
1997	1987	1667	205	115	4420	2854	1566	
1998	2214	1791	218	205	5360	3109	2251	
1999	1823	1036	549	238	4721	2952	1128	641
2000	1885	1113	544	228	5039	3186	1245	608
2001	1740	1336	114	290	4465	3112	481	872
2002	1767	1334	170	263	4588	3131	643	814
2003	2022	1554	106	362	5274	3887	371	1016

5—28 劳动部门职业介绍工作情况

Situations in Employment Services of Labor Departments

单位：万人 (10000 persons)

年份 Year	本年登记招聘人数 Total Registered Recruitment	本年登记求职人次数 Registered Person-times in This Year	#下岗职工 Laid-off Workers	#失业人员 Former Unemployed	#获得职业资格人员 Person with Certificates	本年介绍成功人次数 Number of Person-times Actually Employed	#下岗职工 Laid-off Workers	#失业人员 Former Unemployed	#获得职业资格人员 Person with Certificates
1996	34.5	52.2	1.7	6.5		29.9		5.1	
1997	32.8	60.9	3.5	9.8		24.4	5.3	7.4	
1998	33.3	56.0	3.6	7.0		26.3	1.2	6.9	
1999	29.3	43.6	11.2	15.0	3.7	24.2	5.7	8.6	2.2
2000	23.9	55.1	8.3	12.7	2.9	24.7	5.0	6.4	1.8
2001	35.5	46.8	9.3	14.3	6.1	27.1	5.4	9.0	4.1
2002	49.8	58.2	10.3	18.5	5.8	33.6	6.3	11.5	4.0
2003	89.9	110.4	12.7	24.8	8.6	61.5	7.5	15.7	6.2

5—29 城镇登记失业人数及失业率

Number of Registered Urban Unemployed Persons and Unemployment Rate

单位：万人 (10000 persons)

年份 Year	本年新登记失业人数 Number of New Unemployed Persons in this Year	本年登记失业人员新增就业人数 Number of New Unemployed Reemployees in this Year	年末实有登记失业人数 Number of Unemployed Persons (Year-end)	#女性 Female	城镇登记失业率(%) Urban Unemployed Ratio (%)
1990	28.71	12.01	15.25		2.80
1995	29.86	14.48	14.31	6.96	3.10
2000	31.59	12.26	16.52	9.12	3.30
2001	22.83	18.94	19.91	10.57	3.70
2002	23.84	20.30	22.21	12.15	4.00
2003	33.19	29.66	25.14	13.51	4.10

5—30 按受教育程度分的城镇失业人员失业原因构成（2003年）

Composition of Unemployment Reason of Urban Unemployed Persons by Educational Attainment (2003)

单位：% (%)

受教育程度	Educational Attainment	失业人口 Unemp-loyment	下岗或内退 Lay-off or Internal Resigned	失去工作 Losing Jobs	毕业后未找到工作 Job-off after Graduation	其他 Others
总计	**Total**	**100.00**	**100.00**	**100.00**	**100.00**	**100.00**
不识字或识字很少	Illiterate and Semi-Illiterate	0.68	0.71	0.51	0.00	3.07
小学	Primary School	7.22	7.67	7.52	4.04	12.63
初中	Junior School	52.57	52.19	52.44	51.73	58.02
高中	Senoior School	33.30	33.89	33.84	35.22	21.84
大专以上	College	6.23	5.55	5.69	9.01	4.44
男	**Male**					
总计	**Total**	**46.92**	**46.55**	**46.14**	**47.23**	**51.19**
不识字或识字很少	Illiterate and Semi-Illiterate	0.34	0.40	0.20	0.00	1.37
小学	Primary School	3.90	4.08	4.57	1.50	7.51
初中	Junior School	23.82	23.35	23.88	23.21	28.67
高中	Senoior School	15.63	15.43	14.84	18.59	10.92
大专以上	College	3.22	3.28	2.64	3.93	2.73
女	**Female**					
总计	**Total**	**53.08**	**53.45**	**53.86**	**52.77**	**48.81**
不识字或识字很少	Illiterate and Semi-Illiterate	0.34	0.30	0.30	0.00	1.71
小学	Primary School	3.32	3.58	2.95	2.54	5.12
初中	Junior School	28.74	28.85	28.56	28.52	29.35
高中	Senoior School	17.67	18.46	19.00	16.63	10.92
大专以上	College	3.01	2.27	3.05	5.08	1.71

5—31 按失业原因分的城镇失业人员受教育程度构成（2003年）

Composition of Educational Attainment of Urban Unemployed Persons by Unemployment Reason (2003)

单位：% (%)

受教育程度	Educational Attainment	失业人口 Unemp-loyment	下岗或内退 Lay-off or Internal Resigned	失去工作 Losing Jobs	毕业后未找到工作 Job-off after Graduation	其他 Others
总计	**Total**	**100.00**	**48.06**	**23.85**	**20.99**	**7.10**
不识字或识字很少	Illiterate and Semi-Illiterate	100.00	50.00	17.86	0.00	32.14
小学	Primary School	100.00	51.01	24.83	11.74	12.42
初中	Junior School	100.00	47.72	23.79	20.65	7.84
高中	Senoior School	100.00	48.91	24.24	22.20	4.66
大专以上	College	100.00	42.80	21.79	30.35	5.06
男	**Male**					
总计	**Total**	**100.00**	**47.68**	**23.45**	**21.13**	**7.75**
不识字或识字很少	Illiterate and Semi-Illiterate	100.00	57.14	14.29	0.00	28.57
小学	Primary School	100.00	50.31	27.95	8.07	13.66
初中	Junior School	100.00	47.10	23.91	20.45	8.55
高中	Senoior School	100.00	47.44	22.64	24.96	4.96
大专以上	College	100.00	48.87	19.55	25.56	6.02
女	**Female**					
总计	**Total**	**100.00**	**48.40**	**24.20**	**20.87**	**6.53**
不识字或识字很少	Illiterate and Semi-Illiterate	100.00	42.86	21.43	0.00	35.71
小学	Primary School	100.00	51.82	21.17	16.06	10.95
初中	Junior School	100.00	48.23	23.69	20.83	7.25
高中	Senoior School	100.00	50.21	25.65	19.75	4.39
大专以上	College	100.00	36.29	24.19	35.48	4.03

主要统计指标解释

从业人员 指从事一定社会劳动并取得劳动报酬或经营收入的全部劳动力。包括：1. 全部职工；2. 城镇私营企业从业人员；3. 城镇个体劳动者；4. 农村社会劳动者；5. 其他社会劳动者。这一指标反映了一定时期内全部劳动力资源的实际利用情况，是研究基本国情国力的重要指标。

单位从业人员 指在各级国家机关、政党机关、社会团体及企业、事业单位中工作，取得工资或其他形式的劳动报酬的全部人员。包括在岗职工、再就业的离退休人员、民办教师以及在各单位中工作的外方人员和港澳台方人员、兼职人员、借用的外单位人员和第二职业者。不包括离开本单位仍保留劳动关系的职工。各单位的从业人员反映了各单位实际参加生产或工作的全部劳动力。

城镇私营和个体从业人员 城镇私营从业人员指在工商管理部门注册登记，其经营地址设在县城关镇(含城关镇)以上的私营企业从业人员；包括私营企业投资者和雇工。城镇个体从业人员指在工商管理部门注册登记，并持有城镇户口或在城镇长期居住，经批准从事个体工商经营的从业人员；包括个体经营者和在个体工商户劳动的家庭帮工和雇工。

城镇登记失业人员 指有非农业户口，在一定的劳动年龄内，有劳动能力，无业而要求就业，并在当地就业服务机构进行求职登记的人员。

城镇登记失业率 指城镇登记失业人数同城镇从业人数与城镇登记失业人数之和的比。计算公式为：

城镇登记失业率=城镇登记失业人数/(城镇从业人数+城镇登记失业人数)×100%

职工 指在国有经济、城镇集体经济、联营经济、股份制经济、外商和港、澳、台投资经济、其他经济单位及其附属机构工作，并由其支付工资的各类人员，不包括返聘的离退休人员、民办教师、在国有经济单位工作的外方人员和港、澳、台人员（1998年以后的数据均为在岗职工数据，其他相关指标如职工工资总额，职工平均工资等指标也从1998年按此口径进行了相应调整）。

国有单位职工 指在国有经济单位及其附属机构工作，并由其支付工资的各类人员。

城镇集体单位职工 指在城镇集体经济单位及其管理部门工作，并由其支付工资的各类人员。

其他单位职工 指在联营经济、股份制经济、外商投资经济、港、澳、台投资经济单位工作，并由其支付工资的各类人员。

在岗职工 指在本单位工作并由单位支付工资的人员，以及有工作岗位，但由于学习、病伤产假等原因暂未工作，仍由单位支付工资的人员。

专业技术人员 指从事专业技术工作的人员以及从事专业技术管理工作且已在1983年以前评定了专业技术职称或在1984年以后聘任了专业技术职务的人员。

专业技术人员具体指工程技术人员、农业技术人员、科研人员(含自然科学研究、社会科学研究及实验技术人员)、卫生技术人员、教学人员(含高等院校、中等专业学校、技工学校、中学、小学)、民用航空飞行技术人员、船舶技术人员、经济人员、会计人员、统计人员、翻译人员、图书资料、档案、文博人员、新闻、出版人员、律师、公证人员、广播电视播音人员、工艺美术人员、体育人员、艺术人员及政工人员。

专业技术管理人员具体指企业、事业单位的领导；企业、事业单位下设的职能机构、企业的生产车间和辅助车间(或附属辅助生产单位)中从事生产、技术、经济管理和政治工作的人员。

按照公务员管理或参照公务员管理的人员不统计为专业技术人员。

单位从业人员增加人数 指在报告期内，本单位招收、录用和调入的全部人员。

单位从业人员减少人数 指在报告期内，离开本单位且不再由本单位支付工资的人员。

职工工资总额 指各单位在一定时期内直接支付给本单位全部职工的劳动报酬总额。

工资总额的计算应以直接支付给职工的全部劳动报酬为依据。各单位支付给本单位全部职工的劳动报酬，不论是计入成本还是不计入成本，不论是以货币形式支付还是以实物形式支付，不论是单位自筹的资金还是上级（或政府财政部门）下拨的资金，不论是厂级单位筹集的资金还是下属车间（科室）及附属经营单位筹集的资金，均应列入工资总额计算的范围。

工资总额的统计应按国务院1989年9月30日批准、国家统计局1990年1月1日发布的《关于工资总额组成的规定》执行。

职工平均工资 指企业、事业、机关单位的职工在一定时期内平均每人所得的货币工资额。它表明一定时期职工工资收入的高低程度，是反映职工工资水平的主要指标。计算公式为：

职工平均工资=报告期实际支付的全部职工工资总额/报告期全部职工平均人数

Explanatory Notes for Major Statistical Indicators

Employed Persons refers to the persons who are engaged in social labor and receive remuneration payment or earn business income, including: (1)Total staff and woekers; (2)Employed persons in private enlerprises in urban areas; (3)Self-employed individuals in urban areas; (4)Social laborers in rural areas; (5)Other social laborers. It reflects the utilization of toal labor force during a given period of time.

Persons Employed in Various Units refer to all the persons working in government agencies of various levels, political and party organizations, social organizations, enterprises and institutions, and receiving wages or other forms of payment. They include fully-employed staff and workers, re-employed retirees, teachers in schools run by the local people, foreigners and Chinese compatriots from Hong Kong, Macao, and Taiwan working in various units, part-time employees, employees of other units working temporarily at current posts, and employees holding the second job, but exclude staff and workers who have left their working units while keeping their labour contract (employment relation) unchanged. This indicator reflects the total number of laborers actually engaged in production or other operations in various units.

Persons Employed in Private Enterprises and Self-Employed Individuals in Urban Areas Persons employed in private enterprises refer to the persons employed in the private enterprises which have been registered at the departments of industrial and commercial administration and are situated at a county town (i.e. a town where the county government is located) for business operation or at urban areas with the level higher than a county town. The self-employed individuals in urban areas refer to persons who hold the certificates of residence in urban areas or have resided in the urban areas for a long time and have been registered at the departments of industrial and commercial administration and approved to be engaged in individual industrial or commercial business, including self-employed persons as well as helpers and hired labourers who work in the individual households engaged in industrial or commercial business.

Registered Urban Unemployed Persons The registered unemployed persons in urban areas refer to the persons who are registered as permanent residents in the urban areas engaged in non-agricultural activities, aged within the range of working age, capable to labour, unemployed but desirous to be employed and have been registered at the local employment service agencies to apply for a job.

Registered Urban Unemployment Rate Registered unemployment rate in urban areas refers to the ratio of the number of the registered unemployed persons to the sum of the number of employed persons and the registered unemployed persons. The formula is as follows:

Registered urban unemployment rate =number of registered urban unemployed persons/(urban employed person number + registered urban unemployed person number)×100%

Staff and Workers refer to the persons who work in (and receive payment therefrom) enterprises and institutions of state ownership, collective ownership, joint ownership, share holding, foreign ownership, and ownership by entrepreneurs from Hong Kong, Macao, and Taiwan, and other types of ownership and their affiliated units, excluding the retired persons invited to work in the units again, teachers in the schools run by the local people and foreigners and persons coming from Hong Kong, Macao and Taiwan and working in the state-owned economic units. (The figures since 1998 refer to those of fully employed staff and workers. Other relative figures since 1998, such as total wages of staff and workers, average wage of staff and workers, etc., were adjusted according to the standard).

Staff and Workers in State-owned Economic Units refer to the persons who work in the state-owned economic units or their attached units and are listed in their payrolls.

Staff and Workers of Collective Owned Units in Urban Areas refer to the persons who work in collective owned units in urban areas and their administration departments and receive payment therefrom.

Staff and Workers in Units of Other types of Ownership refer to those who work in (and receive payment therefrom) enterprises and institutions of joint ownership, share holding, foreign ownership, and ownership by entrepreneurs from Hong Kong, Macao, and Taiwan.

Fully Employed Staff and Workers refer to persons who work in, and receive wages from their working units, as well as persons who have their work posts, but are temporarily absent from work for reasons of study or on sick, injury or maternal leave and still receive wages from their working units.

Professional and Technical Personnel refers to professional, technical and managerial staff members in instiutions who were rated professional and technical titles before 1983 or appoined professional and technical posts after 1984.

Professional and technical personnel includes the following: Engineering, Agricultnre, Scientific Research (including natural science, social science and laboratory technigue), Health care, Teaching, civil aviation, shipping, economics, accounting, statistics, translating, archives, publishing, lawyer, broadcasting, craft, physical culture, art and political workers.

Managerial staff refers to the leadership of enterprises and institutions and persons engaged in production, technology, economic management and political work in functioning organizations under enterprises or insttitutions and workshop of enterprises.

Public servants or the personnel in light of public service are not included.

Increase of Employment in Various Units refers to the persons recruited taken on or transfered in to this unit during the reporting period.

Decrease of Employment in Various Units refers to the persons left this unit and no longer got payment from this unit during the reporting period.

Total Wages of Staff and Workers refer to the total remuneration payment to staff and workers in various units during a certain period of time.

The calculation of total wages is based on the total remuner ation payment to the staff and workers. Therefore, all the wages and salaries and other payments to staff and workers are included in the total wages regardless of their sources, category and forms.

Total wages should be counted in accordance with “the Regulation of the constitution of Total Wages” issued by NBS appoved by the State Council on September 30, 1989.

Average Wage of Staff and Workers refers to the average wage in money terms per person during a certain period of time for staff and workers in enterprises, institutions, and government agencies, which reflects the general level of wage income during a certain period of time and is calculated as follows:

Average Wage of Staff and Workers = Total Wages of Staff and Workers in Reference Period/Average Number of Staff and Workers in Reference Period

固定资产投资

第六篇

Chapter

6

INVESTMENT IN FIXED ASSETS

简要说明

一、固定资产投资统计的范围包括：基本建设投资，更新改造投资，房地产开发投资，其他固定资产投资。从登记注册类型来看，包括内资、港澳台商投资及外商投资。

二、固定资产投资统计资料来源为：跨地区项目资料来自省直有关部门；农村个人固定资产投资由省农村经济抽样调查队根据农村社会经济调查资料整理提供；此外固定资产投资统计资料均由省统计局投资处整理提供。

三、固定资产投资统计的调查方法，除农村个人固定资产投资统计采用抽样调查方法外，其他均为全面统计报表。

四、国家制度自 1997 年起，除房地产开发投资、农村集体投资、个人投资及城镇工矿区私人建房投资外，基本建设、更新改造和其他固定资产投资的统计起点由 5 万元提高到 50 万元。本篇固定资产投资中仍包括 5 万元至 50 万元投资额。

Brief Introduction

I. The statistics of the investment in fixed assets cover the investment in capital construction, investment in innovation, investment in real estate development and investment in other fixed assets. By the registration, they include domestic investment, investment from Hong Kong, Macao and Taiwan and investment from foreign countries.

II. Data sources for the statistics of investment in fixed assets are as follows: Data on the trans-regional projects are provided by the various departments under the Provincial Government. Data on the investment in fixed assets by individuals in rural areas are prepared and provided by Anhui Rural Socio-Economic Survey Organization on the basis of data collected by the survey on the rural social and economic development. The other statistical data on the investment in fixed assets are prepared and provided by the Division of Statistics of Investment in Fixed Assets, Anhui Statistical Bureau.

III. Method of data collection: All Data on the investment in fixed assets are collected by the statistical reporting scheme with the coverage of complete enumeration, with the only exception that data on the investment in fixed assets by individuals in rural areas are collected by sample surveys.

IV. According to the national system, since 1997, the cut-off point of projects to be covered in the investment statistics are modified from an investment of 50,000 yuan to 500,000 yuan in the statistics of investment in capital construction, investment in innovation and other investments, while the cut-off point of projects in the statistics of investment in real estate development, individual investment in rural area and private investment in house construction in urban areas industrial and mining areas remain unchanged. Data of investment from 50,000 yuan to 500,000 yuan are also included in this chapter.

6—1 全社会固定资产投资

Total Investment in Fixed Assets

指　　标	Item	1995	2000	2002	2003
投资总额　（万元）	**Total Investment　(10000 yuan)**	**5325424**	**8666667**	**11333146**	**14777162**
按经济类型分	Grouped by Ownership				
国有经济	State-holding Units	2661739	4311079	5134591	5626719
集体经济	Collective-owned Units	964692	1246991	1382486	1302208
#农　村	Rural	781392	1064861	1112300	1129546
个体经济	Individuals	1247623	1693002	2455888	2684181
#农　村	Rural	1036075	1206437	1520000	1500851
联营经济	Joint-ownership Economic Units	21780	64789	18110	63077
股份制经济	Share Holding Economic Units	178778	625138	1838984	1632727
外商投资经济	Foreign Funded Economic Units	1921830	353036	247300	300274
港澳台投资经济	Economic Units Funded by Entrepreneurs from Hong Kong, Macao and Taiwan	23808	116670	142804	267508
其他经济	Others	34174	255962	112983	2900468
按管理渠道分	Grouped by Channel of Management				
基本建设	Capital Construction	1699943	3203593	4244416	5528370
更新改造	Innovation	964086	1528306	2316349	3552171
房地产开发	Real Estate Development	361015	879261	1464887	2406505
其他投资	Others	2300380	3055507	3307495	3290116
按资金来源分	Grouped by Source of Funds				
国家预算内资金	State Budgetary Appropriation	179033	546533	931825	777271
国内贷款	Domestic Loans	1482079	1592274	2030997	3065063
利用外资	Foreign Investment	306259	217262	315713	301763
自筹资金	Fundraising	2738886	4647474	6233258	8462293
其他资金	Others	634816	1532662	2296822	3378623
按构成分	Grouped by Use of Funds				
建筑安装工程	Construction and Installation	3388229	5620873	7257184	9131776
设备工具器具购置	Purchase of Equipment and Instruments	1488909	2039620	2501739	3340972
其他费用	Others	448286	1006174	1574223	2304414
房屋建筑面积　（万平方米）	**Floor Space of Buildings　(10000 sq.m)**				
施工面积	Floor Space Under Construction	8002.8	10091.4	12424.0	12549.3
竣工面积	Floor Space Completed	6614.8	8397.1	9618.0	8952.4
#住　宅	Residential Buildings	4930.4	6782.9	7268.0	6888.5

6—2 全社会固定资产投资增长速度

Growth Rate of Total Investment in Fixed Assets by Ownership

年份 Year	总计 Total	国有经济 State-owned Units	集体经济 Collective-owned Units	个体经济 Individuals	其他各种经济 Other Types of Ownership
增长速度（上年=100） Growth Rate (previous year=100)					
1990	7.51	5.72	-0.47	12.75	
1995	33.29	34.15	39.99	36.59	10.46
1996	15.35	12.53	34.53	4.01	22.32
1997	11.89	-4.22	9.69	17.14	92.05
1998	6.07	10.34	-11.38	5.89	18.22
1999	6.15	11.02	2.25	4.22	0.26
2000	11.99	22.67	-3.33	0.91	12.63
2001	11.24	10.61	4.25	16.58	12.97
2002	17.55	7.68	6.35	24.53	47.59
2003	30.39	9.58	-5.81	9.30	118.80

6—3 全社会固定资产投资构成

Percentage of Total Investment in Fixed Assets by Source of Finance and Use of Fund

年份 Year	资金来源 Grouped by Source Finance				按构成分 Grouped by Use of Funds		
	国家预算内资金 State Budgetary Appropriation	国内贷款 Domestic Loans	利用外资 Foreign Investment	自筹和其他资金 Fundraising and Others	建筑安装工程 Construction and Installation	设备工具器具购置 Purchase of Equipment and Instruments	其他费用 Others
增长速度（上年=100） Growth Rate (previous year=100)							
1990	7.45	19.58	1.13	63.39	69.90	24.70	5.40
1995	3.36	27.83	5.75	51.43	63.62	27.96	8.42
1996	3.45	25.86	7.20	52.67	59.49	29.82	10.68
1997	3.99	16.27	8.01	57.75	64.04	25.85	10.11
1998	3.38	19.03	4.18	55.00	68.46	21.71	9.83
1999	6.02	16.22	1.77	57.35	65.96	22.18	11.86
2000	6.31	18.37	2.51	53.62	64.86	23.53	11.61
2001	7.89	16.09	2.76	68.38	65.45	21.99	12.57
2002	7.89	17.20	2.67	72.24	64.04	22.07	13.89
2003	-16.59	50.91	-4.42	38.81	25.83	33.55	46.38

6—4 按经济类型分的全社会固定资产投资 （2003年）

Total Investment in Fixed Assets by Ownership (2003)

指 标	Item	总 计 Total	国有单位 State-owned Units	集体单位 Collective-owned Units	个体经济 Individuals	联营单位 Joint-owned Units
投资总额 （万元）	**Total Investment (10000 yuan)**	**14777162**	**5626719**	**1302208**	**2684181**	**63077**
资金来源	**Grouped by Source of Funds**					
国家预算内资金	State Budgetary Appropriation	777271	546107	136813	429	
国内贷款	Domestic Loans	3065063	1326040	79352	215454	20453
利用外资	Foreign Investment	301763	49963	78041	4179	
自筹资金	Fundraising	8462293	2530575	735508	2032644	42125
其他资金	Others	3378623	1288466	227378	664773	11505
按构成分	**Grouped by Use of Funds**					
建筑安装工程	Construction and Installation	9131776	4010282	701755	1719591	46386
设备工具器具购置	Purchase of Equipment and Instruments	3340972	885188	325982	533202	11254
其他费用	Others	2304414	731249	274471	431388	5437
房屋建筑面积（万平方米）	**Floor Space of Buildings (10000 sq.m)**					
施工面积	Floor Space Under Construction	12549.33	2075.01	1074.44	6009.88	40.97
竣工面积	Floor Space Completed	8952.36	881.34	809.55	5336.61	15.93
#住 宅	Residential Buildings	6888.54	407.85	238.04	4916.32	10.42

指 标	Item	股份制经济 Share Holding Corpara-Corpara-tions Ltd.	外商投资经 济 Foreign Funded Economic Units	港澳台商投资单位 Economic Units Funded by Entrepreneurs from Hong Kong, Macao and Taiwan	其他经济 Ecomomic Units of Other Types of Ownership
投资总额 （万元）	**Total Investment (10000 yuan)**	**1632727**	**300274**	**267508**	**2900468**
资金来源	**Grouped by Source of Funds**				
国家预算内资金	State Budgetary Appropriation	51750	10200	2377	29595
国内贷款	Domestic Loans	603449	54374	51678	714263
利用外资	Foreign Investment	4635	66358	75622	22965
自筹资金	Fundraising	931616	162675	92771	1934379
其他资金	Others	285911	70401	106322	723867
按构成分	**Grouped by Use of Funds**				
建筑安装工程	Construction and Installation	677512	100053	121091	1755106
设备工具器具购置	Purchase of Equipment and Instruments	739612	151733	90960	603041
其他费用	Others	215603	48488	55457	542321
房屋建筑面积（万平方米）	**Floor Space of Buildings (10000 sq.m)**				
施工面积	Floor Space Under Construction	556.62	121.34	208.95	2462.11
竣工面积	Floor Space Completed	265.41	26.60	75.87	1541.05
#住 宅	Residential Buildings	137.72	10.28	45.65	1122.28

6—5 基本建设投资

Investment in Capital Construction

单位：万元 (10000 yuan)

指标	Item	1995	2000	2002	2003
总计	**Total**	**1699943**	**3203593**	**4244416**	**5528370**
资金来源	**Grouped by Source of Funds**				
国家预算内资金	State Budgetary Appropriation	141606	397750	728688	504824
国内贷款	Domestic Loans	571691	672860	944848	1316794
利用外资	Foreign Investment	171014	124820	191524	135992
自筹和其他投资	Fundraising and Others	815632	2008163	2088989	3510010
按国民经济主要行业分	**Grouped by Main Sector**				
农、林、牧、渔业	Farming, Forestry, Animal Husbandry and Fishery	9086	39888	35578	84163
采掘业	Mining and Quarrying				246862
制造业	Manufacturing				664022
电力、燃气及水的生产和供应业	Production and Supply of Electricity Gas and Water				302797
建筑业	Construction	65061	98765	253830	400966
交通运输、仓储和邮政业	Transport, Storage and Postal Services	282442	849174	1028376	1168297
信息传输、计算机服务和软件业	Information Circulation, Computer Services and Software				42903
批发和零售业	Wholesale and Retail Trade	69558	76371	70068	120115
住宿和餐饮业	Accommodation and Catering Trade				90696
金融业	Banking				14285
房地产业	Real Estate	3209	44099	61204	110871
租赁和商务服务业	Leasing and Commercial Services				67837
科学研究、技术服务和地质勘查业	Scientific Research, Technical Services and Geological Prospecting				27345
水利、环境和公共设施管理业	Water Conservancy, Environmental and Public Facilities Management				647290
居民服务和其他服务业	Resident Services and Other Services				10048
教育	Education				413787
卫生、社会保障和社会福利业	Health Care, Social Protection and Social Welfare				63573
文化、体育和娱乐业	Culture, Sports and Entertainment				53594
公共管理和社会组织	Public Management and Social Organizations				998919
基本建设投资新增固定资产	Newly Increased Fixed Assts Through Capital Construction	1012562	2951333	2975777	2454091
固定资产交付使用率	Ratio of Projects of Fixed Assets Completed and Put into Operation (%)	59.6	92.1	70.1	44.4

6—6 分行业基本建设新增固定资产

Newly Increased Fixed Assets Through Capital Construction by Sector

单位：万元 (10000 yuan)

指标	Item	1995	2000	2002	2003
总计	**Total**	**1012562**	**2951333**	**3975777**	**2454091**
农、林、牧、渔业	Farming, Forestry, Animal Husbandry and Fishery	10900	28275	25640	53397
采掘业	Mining and Quarrying	120400	173441	30048	46809
制造业	Manufacturing	152000	380467	230268	404789
电力、燃气及水的生产和供应业	Production and Supply of Electricity Gas and Water	61400	601078	139444	91231
建筑业	Construction	34800	39528	181710	205770
交通运输、仓储和邮政业	Transport, Storage and Postal Services	58300	152352	185441	290801
信息传输、计算机服务和软件业	Information Circulation, Computer Service and Software	247162	786176	1177801	38194
批发和零售业	Wholesale and Retail Trade	44400	64339	63904	98941
住宿和餐饮业	Accommodation and Catering Trade				30853
金融业	Banking	36300	44067	20110	6750
房地产业	Real Estate	2200	24649	32003	68093
租赁和商务服务业	Leasing and Commercial Services				16629
科学研究、技术服务和地质勘查业	Scientific Research, Technical Services and Geological Prospecting				13874
水利、环境和公共设施管理业	Water Conservancy, Environmental and Public Facilities Management				262325
居民服务和其他服务业	Resident Services and Other Services				3867
教育	Education				292440
卫生、社会保障和社会福利业	Health Care, Social Protection and Social Welfare	16800	53562	84565	37141
文化、体育和娱乐业	Culture, Sports and Entertainment				20565
公共管理和社会组织	Public Management and Social Organizations				471622

6—7 各行业按建设性质分的基本建设投资（2003年）

Investment in Capital Construction by Type of Construction and Sector (2003)

单位：万元 (10000 yuan)

行业	Sector	投资额 Investment	新建 New Construction	扩建 Expansion	改建 Reconstruction	新增固定资产 Newly Increased Fixed Assets
总计	**Total**	**5528370**	**4096483**	**782363**	**490927**	**2454091**
农、林、牧、渔业	**Farming, Forestry, Animal Husbandry and Fishery**	**84163**	**69543**	**8294**	**6326**	**53397**
农业	Farming	6448	5726	722		2881
林业	Forestry	51505	44821	2618	4066	33899
牧畜业	Animal Husbandry	5603	5243	360		3071
渔业	Fishery	3934	2302	982	650	2584
农、林、牧、渔服务业	Agricultral Services	16673	11451	3612	1610	10962
采掘业	**Mining and Quarrying**	**246862**	**208727**	**2220**	**17836**	**46809**
煤炭采选业	Coal Mining and Dressing	159670	140174		15906	7092
石油和天然气开采业	Extraction of Petroleum and Natural Gas	100	100			200
黑色金属矿采选业	Mining and Dressing of Ferrous Metals	32739	18290	120		20392
有色金属矿采选业	Mining and Dressing of Nonferrous Metals	41954	40274		1680	6636
非金属矿采选业	Mining and Dressing of Nonmetal Minerals	12159	9649	2100	250	12489
其他矿采选业	Mining and Dressing of Other Minerals	240	240			
制造业	**Manufacturing**	**664022**	**564055**	**68007**	**12998**	**404789**
农副食品加工业	Agricultural and Non-staple Food Processing Industry	32169	19577	12092	500	30421
食品制造业	Food Production	65347	60906	3557		20923
饮料制造业	Beverages	7617	6572	445	600	6112
烟草制品业	Tabacco	2382			495	2042
纺织业	Textiles	20408	12988	6357	463	14082
纺织服装、鞋、帽制造业	Textile Dress, Footwear and Headgear	12059	11319		700	6733
皮革、毛皮、羽毛（绒）及其制品业	Leather, Furs, Feather (Down) and Related Products	1366	1326		40	1706
木材加工及竹、藤、棕、草制品业	Timber Processing, Bamboo, Cane, Palm Fiber and Straw Products	12248	10703	1545		6368
家具制造业	Furniture Manufacturing	4511	2549	1862	100	2563
造纸及纸制品业	Papermaking and Paper Products	8357	6437	1785	50	9375
印刷业和记录媒介的复制	Printing and Record Medium Reproduction	8912	7798	1114		3421
文教体育用品制造业	Cultural, Educational and Sports Goods	6838	6838			2338
石油加工、炼焦及核燃料加工业	Petroleum Processing, Coking and Nuclear Fuel Processing	932	600			434
化学原料及化学制品制造业	Raw Chemical Materials and Chemical Peoducts	42190	36100	2390	600	15448
医药制造业	Medical and Pharmaceutical Products	42153	27964	12639		22610
化学纤维制造业	Chemical Fiber	11879	9809	2070		2960
橡胶制品业	Rubber Products	10614	7807	2807		8074
塑料制品业	Plastic Products	25978	23503	2475		16383
非金属矿物制品业	Nonmetal Mineral Products	113238	107860	3150	1310	92501
黑色金属冶炼及压延加工业	Smelting and Pressing of Ferrous Metals	50871	50517	354		47162
有色金属冶炼及压延加工业	Smelting and Pressing of Nonferrous Metals	18031	11031		7000	16261
金属制品业	Metal Products	19603	16543	2155		14056
通用设备制造业	Equipments in Current Use	32208	26857	1091	1100	18210
专用设备制造业	Equipments in Special Use	11395	10785	280		4473
交通运输设备制造业	Transport Equipment	28210	25264	2880		14165
电气机械及器材制造业	Electric Equipment and Machinery	17335	13436	3799	40	6486
通信设备、计算机及其电子设备制造	Telecommunication Equipments, Computer and Related Electronic Equipments	37983	30178	2760		14603
仪器仪表及文化、办公用机械制造业	Instruments, Meters, Cultural and Office Machinery	4796	4796			990
工艺品及其他制造业	Handiwork and Other Manufacturing	12710	12310	400		3387
废弃资源和废旧材料回收加工业	Recovery and Processing of Discarded Resources and Waste Materials	1682	1682			502
电力、燃气及水的生产和供应业	**Production and Supply of Electric Power, Gas and Water**	**302797**	**246703**	**52163**	**3596**	**91231**
电力、热力的生产和供应业	Production and Supply of Electric Power and Heating Power	199074	161917	33586	3276	51893
燃气生产和供应业	Production and Supply of Gas	40926	40926			3012
水的生产和供应业	Production and Supply of Tap Water	62797	43860	18577	320	36326
建筑业	**Construction**	**400966**	**231117**	**73318**	**87445**	**205770**
房屋和土木工程建筑业	Civil Engineering Construction	352272	183612	72903	86945	184267
建筑安装业	Installation	38379	38171			11538
建筑装饰业	Fitting and Decoration	749	659	90		749
其他建筑业	Other Construction	9566	8675	325	500	9216
交通运输、仓储和邮政业	**Transportation, Storage and Postal Services**	**1168297**	**896810**	**96657**	**162086**	**290801**
铁路运输业	Railway Transport	20685	4404	16281		
道路运输业	Highway Transport	1063144	840582	64983	155218	244047
城市公共交通业	Civic Public Transit	44227	28863	1900	3181	30625

6—7 续表 continued

单位：万元 (10000 yuan)

行业	Sector	投资额 Investment	新建 New Construction	扩建 Expansion	改建 Reconstruction	新增固定资产 Newly Increased Fixed Assets
水上运输业	Waterway Transport	8465	4152	4185	128	4080
航空运输业	Air Transport	8062		8062		
管道运输业	Pipeline Transport	4665	4665			
装卸搬运和其他运输服务业	Loading, Unloading, Transporting and Other Services	6658	3850		2708	5463
仓储业	Storage	6375	6136	239		2336
邮政业	Postal Services	6016	4158	1007	851	4250
信息传输、计算机服务和软件业	**Information Circulation, Computer Service and Software**	**42903**	**25810**	**9105**	**7560**	**38194**
电信和其他信息传输服务业	Telecommunication and Other Information Circulation Services	36419	19394	9105	7560	32910
计算机服务业	Computer Services	160	160			160
软件业	Software	6324	6256			5124
批发和零售业	**Wholesale & Retail Trade**	**120115**	**98663**	**10623**	**8459**	**98941**
批发业	Wholesale Trade	45679	34916	8964	590	36470
零售业	Retail Trade	74436	63747	1659	7869	62471
住宿和餐饮业	**Accommodation and Catering Trade**	**90696**	**54896**	**22603**	**11786**	**30853**
住宿业	Accomodation Trade	76700	49242	17543	9826	24159
餐饮业	Catering Trade	13996	5654	5060	1960	6694
金融业	**Banking**	**14285**	**7533**	**970**	**429**	**6750**
银行业	Banking	13114	6653	970	419	5259
证券业	Securities	961	680			1281
保险业	Insurance	210	200		10	210
房地产业	**Real Estate**	**110871**	**90624**	**7770**	**6580**	**68093**
租赁和商务服务业	**Leasing and Commercial Services**	**67837**	**54334**	**4700**	**5513**	**16629**
租赁业	Leasing	600		600		
商务服务业	Commercial Services	67237	54334	4100	5513	16629
科学研究、技术服务和地质勘查业	**Scientific Research, Technical Services and Geological Prospecting**	**27345**	**14892**	**6148**	**3250**	**13874**
研究与试验发展	Research and Experimental Development	17436	9821	5490		8995
专业技术服务业	Professional and Technical Services	5359	621	658	3250	2649
科技交流和推广服务业	Exchange and Extending Services of Science and Technology	4140	4040			2230
地质勘查业	Geological Prospecting	410	410			
水利、环境和公共设施管理业	**Water Conservancy, Environmental and Public Facilities Management**	**647290**	**402160**	**154113**	**90826**	**262325**
水利管理业	Water Conservancy Management	179388	122349	24243	32796	131800
环境管理业	Environmental Management	38307	25262	7837	5208	3413
公共设施管理业	Public Facilities Management	429595	254549	122033	52822	127112
居民服务和其他服务业	**Resident Services and Other Services**	**10048**	**7580**	**592**		**3867**
居民服务业	Resident Services	3438	1150	592		3687
其他服务业	Other Services	6610	6430			180
教　育	**Education**	**413787**	**242992**	**118710**	**22358**	**292440**
学前教育	Education Before School	3540	3340	200		3190
初等教育	Primary Education	20567	7823	2387	10205	19904
中等教育	Secondary Education	137051	67955	53690	9214	105616
高等教育	High Education	222743	135557	62203	1600	145399
其他教育	Other Education	29886	28317	230	1339	18331
卫生、社会保障和社会福利业	**Health Care, Social Protection and Social Welfare**	**63573**	**28792**	**14647**	**1608**	**37141**
卫　生	Health Care	54178	27181	14447	1608	28558
社会保障业	Social Protection	7584				7584
社会福利业	Social Welfare	1811	1611	200		999
文化、体育和娱乐业	**Culture, Sports and Entertainment**	**53594**	**39488**	**7426**	**887**	**20565**
新闻出版业	Press and Publication	2665	120	2545		
广播、电视、电影和音像业	Broadcasting, TV, Film, Audio-video and Recorders	13960	13359	171	215	6701
文化艺术业	Culture and Art	13844	11177	1441	201	3898
体　育	Sports	2825	2723		102	290
娱乐业	Entertainment	20300	12109	3269	369	9676
公共管理和社会组织	**Public Management and Social Organizations**	**998919**	**811764**	**124297**	**41384**	**471622**
中国共产党机关	Organs of Chinese Communist Party	10837	10549		100	7700
国家机关	State Organs	926036	766419	97447	41284	431105
人民法院和人民检察院	The People's Courts and Procurator's Offices	20111	12760	5407	1024	20317
人民政协和民主党派	CPPCC and Democratic Parties	400	400			800
群众团体、社会团体和宗教组织	Mass Organizations, Social Organizations and Religious Organizations	30978	27828	2750		4129
基层群众自治组织	Local Mass Autonomy Organs	30668	6568	24100		27888

6—8 基本建设施工、投产项目个数和新增固定资产

Number of Capital Construction Projects Under Construction and Put into Use and Newly Increased Fixed Assets

年 份 Year	项目投资（万元） Investment in Projects (10000 yuan)	#大中型 Large and Medium Sized	施工项目（个） Number of projects Under Construction (unit)	#大中型 Large and Medium Sized	全部建成投产项目（个） Number of Projects Completed and Put into Use (unit)	#大中型 Large and Medium Sized	项目建成投产率（%） Ratio of Projects Completed and Put into Use (%)	新增固定资产（万元） Newly Increased Fixed Assets (10000 yuan)	固定资产交付使用率（%） Ratio of Fixer Assets Put into Use (%)
1990	386224	187964	2205		1051		47.7	257302	66.6
1995	1699943	965493	2811		1650		58.7	1012562	59.6
1996	1966078	560180	3087	22	1811		58.7	1763786	89.7
1997	2172761	615300	3354	22	1853		55.2	1850786	85.2
1998	2520093	676883	3243	25	1659		51.2	1286047	51.0
1999	2773803	939554	3241	31	1657		51.1	1678600	60.5
2000	3203593	810325	2953	39	1599	7	54.1	2951333	92.1
2001	3511465	1021962	3041	53	1673	7	55.0	2054205	58.5
2002	4244416	1028146	3023	78	1571	29	52.0	2975777	70.1
2003	5528370	799146	3585	32	1459	3	40.7	2454091	44.4

6—9 各市基本建设施工、投产项目个数和新增固定资产（2003年）

Number of Capital Construction Projects Under Construction and Put into Use and Newly Increased Fixed Assets by Region (2003)

地 区 Region	项目投资（万元） Investment in Projects (10000 yuan)	#大中型 Large and Medium Sized	施工项目（个） Number of projects Under Construction (unit)	#大中型 Large and Medium Sized	全部建成投产项目（个） Number of Projects Completed and Put into Use (unit)	#大中型 Large and Medium Sized	项目建成投产率（%） Ratio of Projects Completed and Put into Use (%)	新增固定资产（万元） Newly Increased Fixed Assets (10000 yuan)	固定资产交付使用率（%） Ratio of Fixer Assets Put into Use (%)
总 计 Total	**5528370**	**799146**	**3585**	**32**	**1459**	**3**	**40.7**	**2454091**	**44.4**
合肥市 Hefei	1202024	13055	564	2	197		34.9	523662	43.6
淮北市 Huaibei	185225	13510	179	1	95		53.1	95511	51.6
亳州市 Bozhou	150394		99		76		76.8	110948	73.8
宿州市 Suzhou	116312	6815	170	1	84		49.4	66785	57.4
蚌埠市 Bengbu	371405	25385	148	3	61		41.2	117864	31.7
阜阳市 Fuyang	194862	15132	219		109		49.8	129118	66.3
淮南市 Huainan	214331	85695	73	4	13		17.8	41839	19.5
滁州市 Chuzhou	173388	23724	95	1	44		46.3	84263	48.6
六安市 Luan	256743	21631	291	3	136		46.7	171923	67.0
马鞍山市 Maanshan	259311		134		75		56.0	154459	59.6
巢湖市 Chaohu	255438	2632	341	1	142		41.6	168590	66.0
芜湖市 Wuhu	565527		187		49		26.2	238887	42.2
宣城市 Xuancheng	261987	13181	365	1	143		39.2	140955	53.8
铜陵市 Tongling	148292	38661	82	1	37		45.1	49086	33.1
池州市 Chizhou	149761	65867	111	2	40	1	36.0	99117	66.2
安庆市 Anqing	396276	91805	308	4	102	2	33.1	204070	51.5
黄山市 Huangshan	260349	15308	213	2	56		26.3	57014	21.9
跨地区 Trans-regional	366745	366745	6	6					

6—10 各市分行业基本建设投资（2003年）

Investment in Capital Construction by Sector and Region (2003)

单位：万元 (10000 yuan)

地 区 Region	合 计 Total	农林牧渔业 Farming, Foresry, Animal Husbandry and Fishery	采掘业 Mining and Quarrying	制造业 Manufacturing	电力、燃气及水的生产和供应业 Production and Supply of Electricity Gas and Water	建筑业 Construction	交通运输、仓储和邮政业 Transport, Storage and Postal Services	信息传输、计算机服务和软件业 Information, Circulation Computer Services and Software	批发和零售业 Wholesale and Retail Trade	住宿和餐饮业 Accommodation and Catering Trade
总 计 Total	**5528370**	**84163**	**246862**	**664022**	**302797**	**400966**	**1168297**	**42903**	**120115**	**90696**
合肥市 Hefei	1202024	2690		142561	27998	68370	62395	7404	38038	29226
淮北市 Huaibei	185225	3001	40218	26976	17808	17114	17220	1624	4430	1050
亳州市 Bozhou	150394	620		8040	10040	920	36484		2790	4180
宿州市 Suzhou	116312	4398		4168	3313	12478	5680	2540	550	
蚌埠市 Bengbu	371405	592	1760	80204	20872		138014	1804	2580	11173
阜阳市 Fuyang	194862	5515	8760	10578	22160	44686	2302		11690	820
淮南市 Huainan	214331	245	109278	12707	11229	16046	329	173	649	3000
滁州市 Chuzhou	173388		661	9500	26876	93300	3950	700	1244	
六安市 Luan	256743	9098	10184	25818	22872	23470	35214	690	2970	4870
马鞍山市 Maanshan	259311	1210	17941	36727	17847	28486	59578	1023	19160	2346
巢湖市 Chaohu	255438	5567	8198	59806	13606	13888	18480	7911	4413	1050
芜湖市 Wuhu	565527	3032	2614	84092	4733	16410	153025		10380	4157
宣城市 Xuancheng	261987	19620	3089	58502	15843	41196	54911	4684	8022	3859
铜陵市 Tongling	148292	1154	40419	12127	11681	540	15036	3300	2740	1200
池州市 Chizhou	149761	9252	3740	58859	16715	1920	11751		1190	2170
安庆市 Anqing	396276	9682		18670	57652	18884	107468	3427	2139	460
黄山市 Huangshan	260349	8487		14687	1552	3258	108136	7623	7130	21135
跨地区 Trans-regional	366745						338324			

地 区 Region	金融业 Banking	房地产业 Real Estate Trade	租赁和商务服务业 Leasing and Commercial Services	科学研究、技术服务和地质勘查业 Scientific Research, Technical Services and Geological Prospecting	水利、环境和公共设施管理业 Water Conservancy, Environmental and Public Facilities Management	居民服务和其他服务业 Resident Services and Other Services	教育 Education	卫生、社会保障和社会福利业 Health Care, Social Protection and Social Welfare	文化、体育和娱乐业 Culture, Sports and Entertainment	公共管理和社会组织 Public Management and Social Organizations
总 计 Total	**14285**	**110871**	**67837**	**27345**	**647290**	**10048**	**413787**	**63573**	**53594**	**998919**
合肥市 Hefei	6962	36516	9115	11614	216589	937	135179	16307	19451	370672
淮北市 Huaibei	1429	14440	800		12007		11301	1750	2633	11424
亳州市 Bozhou		16280			3835		18788		4000	44417
宿州市 Suzhou	1560	1130		20	21292	200	11415	1199	1031	45338
蚌埠市 Bengbu		750	28000		27658	180	19667	828	9499	27824
阜阳市 Fuyang	970	3235	1400		35443		22118	4931	107	20147
淮南市 Huainan	1265		983	138			17920	600		39769
滁州市 Chuzhou				1320	10032		10816	1937	190	12862
六安市 Luan	350	6960	5619	4010	59784		17706	8774	4608	13746
马鞍山市 Maanshan			10285	3080	4186	6900	42239		215	8088
巢湖市 Chaohu	220	23477	1265	620	43959	1120	12507	4531	1848	32972
芜湖市 Wuhu	1150		4350	830	40988		33821	2598	900	202447
宣城市 Xuancheng		1875		70	15685		14778	8176	1120	10557
铜陵市 Tongling		1320		520	47063		3280	691	1777	5444
池州市 Chizhou		1013	2040	800	13228		6150	1476	2053	17404
安庆市 Anqing	60		430	2800	24630	711	23689	7335	3008	115231
黄山市 Huangshan	319	3875	3550	1523	42490		12413	2440	1154	20577
跨地区 Trans-regional					28421					

6—11 各市分行业基本建设新增固定资产（2003年）

Newly Increased Fixed Assets Through Capital Construction by Sector and Region (2003)

单位：万元　　　　(10000 yuan)

地 区 Region	合 计 Total	农林牧渔业 Farming, Foresry, Animal Husbandry and Fishery	采掘业 Mining and Quarrying	制造业 Manufacturing	电力、燃气及水的生产和供应业 Production and Supply of Electricity Gas and Water	建筑业 Construction	交通运输、仓储和邮政业 Transport, Storage and Postal Services	信息传输、计算机服务和软件业 Information, Circulation Computer Services and Software	批发和零售业 Wholesale and Retail Trade	住宿和餐饮业 Accommo-dation and Catering Trade
总　计 Total	**2454091**	**53397**	**46809**	**404789**	**91231**	**205770**	**290801**	**38194**	**98941**	**30853**
合肥市 Hefei	523662	790		85526	4678	30847	42215	6204	31778	11227
淮北市 Huaibei	95511	2451	4985	22581	5018	8598	10581	974	970	
亳州市 Bozhou	110948	620		8160		920	16484		2790	4180
宿州市 Suzhou	66785	2530		2478	370	1520	5739	540	550	
蚌埠市 Bengbu	117864	530	160	33367	19988		28862	4500	2510	
阜阳市 Fuyang	129118	4308		3120	19670	29698	1999		14550	820
淮南市 Huainan	41839	245	793	7707	5633	90	128		160	
滁州市 Chuzhou	84263		661	2807	1730	55025	100	500	1264	
六安市 Luan	171923	5906	7714	22794	1323	14674	52380	690	1440	5000
马鞍山市 Maanshan	154459		9664	14104	3721	19888	3521	3000	16250	
巢湖市 Chaohu	168590	5167	8198	43990	5658	8480	6790	7575	3380	1400
芜湖市 Wuhu	238887		3444	39054	1290	2409	66642		7713	1650
宣城市 Xuancheng	140955	20702	2349	42196	7635	14826	7210	4684	7998	419
铜陵市 Tongling	49086	1154	5101	4756	6203	300	8697	3300	1100	
池州市 Chizhou	99117	3438	3740	52809	1000	1760	8457		240	
安庆市 Anqing	204070	3172		14577	7314	14367	25426	3427	2189	300
黄山市 Huangshan	57014	2384		4763		2368	5570	2800	4059	5857

地 区 Region	金融业 Banking	房地产业 Real Estate Trade	租赁和商务服务业 Leasing and Commercial Services	科学研究、技术服务和地质勘查业 Scientific Research, Technical Services and Geological Prospecting	水利、环境和公共设施管理业 Water Conservancy, Environmental and Public Facilities Management	居民服务和其他服务业 Resident Services and Other Services	教育 Education	卫生、社会保障和社会福利业 Health Care, Social Protection and Social Welfare	文化、体育和娱乐业 Culture, Sports and Entertainment	公共管理和社会组织 Public Management and Social Organizations
总　计 Total	**6750**	**68093**	**16629**	**13874**	**262325**	**3867**	**292440**	**37141**	**20565**	**471622**
合肥市 Hefei	4156	25138	3306	3513	29173	479	106027	10753	6602	121250
淮北市 Huaibei		5440	100		10186		6953	50		16624
亳州市 Bozhou		13380			2400		18208		4000	39806
宿州市 Suzhou	1080	200			1247	200	9380	676	281	39994
蚌埠市 Bengbu			122		7730	180	4522	1619		13774
阜阳市 Fuyang	245	3235	1400		14602		16375	4615	316	14165
淮南市 Huainan				138			7518	600		18827
滁州市 Chuzhou				650	6607		8587	620	190	5522
六安市 Luan	400	320	860	3830	26824		12200	7704	168	7696
马鞍山市 Maanshan			8326	1150	8680		51950		290	13915
巢湖市 Chaohu	280	18190	1265		27107	1500	8394	1319	941	18956
芜湖市 Wuhu	210			1800	23602		7925	2318		80830
宣城市 Xuancheng		790		150	5962		13403	3637	1000	7994
铜陵市 Tongling				520	9446		1980	800	2445	3284
池州市 Chizhou		1400			7380		5251	415	2225	11002
安庆市 Anqing	60		1200	2100	73801	1508	7057	1185	581	45806
黄山市 Huangshan	319		50	23	7578		6710	830	1526	12177

6—12 各市按资金来源和隶属关系分的基本建设投资（2003年）

Investment in Capital Construction by Source of Funds and Administrative Relationship and Region (2003)

单位：万元　　　　(10000 yuan)

地区 Region	按资金来源分 By Source of Funds					按隶属关系分 By Administrative Relationship	
	国家预算内资金 State Budgetary Appropriations	国内贷款 Domestic Loans	利用外资 Foreign Investment	自筹资金 Fund-raising	其他资金 Others	中央项目 Central Covernment Projects	地方项目 Local Projects
总　计 Total	**504824**	**1316794**	**135992**	**2581930**	**928080**	**237559**	**5230061**
合肥市 Hefei	64936	193989	8000	698772	252323	82495	1135525
淮北市 Huaibei	17859	64122	1696	73474	39332	16631	179852
亳州市 Bozhou	8362	34380	6970	59426	42635		151773
宿州市 Suzhou	20066	8074	3034	64649	41237	1890	135170
蚌埠市 Bengbu	60099	121972	7836	180574	37681	9726	398436
阜阳市 Fuyang	27361	41814	4644	81171	41389	6005	190374
淮南市 Huainan	5383	40834	10170	151518	27851	8792	226964
滁州市 Chuzhou	9115	48670	4126	55507	64880		182298
六安市 Luan	61019	33026	22798	97510	45863	180	260036
马鞍山市 Maanshan	6816	25411	19101	136431	34495	3185	219069
巢湖市 Chaohu	27498	20136	6608	166823	42130	13899	249296
芜湖市 Wuhu	28567	162309	15267	271325	71352	6905	541915
宣城市 Xuancheng	26232	49637	6617	135522	37695	10620	245083
铜陵市 Tongling	7542	82089		76892	4729	6525	164727
池州市 Chizhou	22598	32799	924	52701	55753	29763	135012
安庆市 Anqing	46323	138695	17008	148592	50698	1085	400231
黄山市 Huangshan	36627	69588	1193	113388	38037	11437	247396
跨地区 Trans-regional	28421	149249		17655		28421	166904

6—13 各市按构成和建设性质分的基本建设投资（2003年）

Investment in Capital Construction by Use of Funds and Type of Construction and Region (2003)

单位：万元　　　　(10000 yuan)

地区 Region	投资额 Investment	按构成分 By Use of Funds			按建设性质分 By Type of Construction		
		建筑安装工程 Construction and Installation	设备、工器具购置 Purchase of Equipment and Instruments	其他费用 Others	新建 New Construction	扩建 Expansion	改建 Recon-struction
总　计 Total	**5528370**	**4121700**	**603137**	**803533**	**4096483**	**782363**	**490927**
合肥市 Hefei	1202024	874231	144301	183492	944151	161083	28260
淮北市 Huaibei	185225	126890	24379	33956	109279	38745	17847
亳州市 Bozhou	150394	137613	5753	7028	76436	71551	2367
宿州市 Suzhou	116312	91020	6963	18329	89338	6390	18874
蚌埠市 Bengbu	371405	257342	68084	45979	298714	32829	34891
阜阳市 Fuyang	194862	155973	20408	18481	76292	94155	16824
淮南市 Huainan	214331	145341	18464	50526	140030	48755	25416
滁州市 Chuzhou	173388	157811	6137	9440	125996	32461	13661
六安市 Luan	256743	202833	21355	32555	169294	29406	49009
马鞍山市 Maanshan	259311	193675	33826	31810	205869	19337	13446
巢湖市 Chaohu	255438	177629	33738	44071	165152	27465	57869
芜湖市 Wuhu	565527	376109	47035	142383	440016	63635	52658
宣城市 Xuancheng	261987	172711	42892	46384	178456	29730	52069
铜陵市 Tongling	148292	73998	33140	41154	101928	34517	11495
池州市 Chizhou	149761	84493	41576	23692	130851	7969	8834
安庆市 Anqing	396276	325315	40256	30705	306286	44047	39780
黄山市 Huangshan	260349	201971	14830	43548	171650	40288	47627
跨地区 Trans-regional	366745	366745			366745		

6—14 基本建设新增主要产品生产能力

Newly Increased Production Capacity Through Capital Construction

能力名称	Item	1995	2000	2002	2003
原煤开采（万吨/年）	Coal Mining (10000 tons/year)	96	180	6	
焦　炭（万吨/年）	Coke (10000 tons/year)				30
天然气管输（公里）	Natural Gas Carried by Pipelines (km)				67
天然气管输（亿立方米/年）	Natural Gas Carried by Pipelines (100 million cu.m/year)				4.73
铁矿石原矿开采（万吨/年）	Crude Iron Ore Mining (10000 tons/year)			40	80
钢　材（万吨/年）	Steels (10000 tons/year)	1			130
热轧钢材	Hot-rolling Steel				30
冷加工钢材	Cold Working Steel				100
发电机组容量（万千瓦）	Capacity of Power Generating Sets (10000 kw)	34	90		0.92
水力发电	Hydropower	1		0.13	0.32
火力发电	Thermal Power	33	90		0.6
水　泥（万吨/年）	Cement (10000 tons/year)		30	120	50
耐火材料制品（吨/年）	Fire-proof Material Products (ton/year)				816
塑料树脂及共聚物（吨/年）	Plastic Resin and Copolymer (ton/year)				3650
医药中间体（吨/年）	Medical Intermediate Form (ton/year)				450
食用植物油（日处理原料：吨）	Edible Vegitable Oils (Raw Material Treated Per Day: ton)				170
食用植物油（日精炼油：吨）	Edible Vegitable Oils (Oil Refined Per Day: ton)				56
饼　干（吨/年）	Cracker (ton/year)				11
乳制品（吨/年）	Dairy Products (ton/year)				90
奶　粉（吨/年）	Milk Powder (ton/year)				90
服　装（万件/年）	Garments (10000 units/year)				170
新建公路（公里）	Length of New Highways (km)	112	187	1058	218.49
#高速公路	Expressway			398	111.3
二级公路	Second-Grade Highways		31	540	260.72
改建公路（公里）	Length of Reconstructed Highways (km)	835	520	685	657.82
改善内河航道里程（公里）	Improved Length of Navigable Inland Waterways (kw)				61
造林面积（万亩）	Afforestation Area (10000 Mu)		16	10	87.94
有效灌溉面积（万亩）	Irrigated Area (10000 Mu)	12	26	11.4	679
除涝面积（万亩）	Flooded or Water Logged Area Under Control (10000 Mu)	2	246	143	15.38
排灌装机（万千瓦）	Irrigation and Drainage Capacity (10000 kw)			0.27	0.69
高等院校：学生席位（个）	Universities and Colleges: Enrollment (seat)	1682	13002	3300	10584
建筑面积（平方米）	Construction Area (sq.m)	18119	61141	6850	68018
中等院校：学生席位（个）	Secondary Schools: Enrollment (seat)	97859	63760	87502	39520
建筑面积（平方米）	Construction Area (sq.m)	234474	172788	293230	203262
小院校：学生席位（个）	Primary Schools: Enrollment (seat)	37441	36342	41688	29298
建筑面积（平方米）	Construction Area (sq.m)	82507	110062	113841	86854
其他院校：学生席位（个）	Other Schools: Enrollment (seat)	995	5480		2450
建筑面积（平方米）	Construction Area (sq.m)	2395	13997		34500
影剧院：座席（个）	Movie Theaters: Seating Capacity (seat)				581
座席（平方米）	Seating Capacity (sq.m)				3500
文化馆（平方米）	Cultural Centers (sq.m)				1800
医院病床（张）	Number of Hospital Beds (unit)	2819	3418	2870	370
宾馆、旅馆、招待所客房数（间）	Rooms in Hotel (unit)	889	98	760	96
宾馆、旅馆、招待所客房数（平方米）	Rooms in Hotel (sq.m)		6700	24200	2400
城市自来水供水能力（万吨/日）	Tap Water Supply Capacity (10000 tons/day)	14	2	10	12
城市自来水管道长度（公里）	Length of Tap Water Pipes (km)	35	61	58	42.28
城市公共交通车辆购置（辆）	Purchase of Urban Public Transports Vehicles (unit)	162	89	20	96
城市道路扩建长度（公里）	Length of Urban Expanded Roads (km)	71	52	62	73.95
城市道路扩建面积（万平方米）	Area of Urban Expanded Roads (10000 sq.m)	119	127	1671	146.41
城市排水管道铺设长度（公里）	Length of Urban Drainage Pipes (km)	1560	14	10	3.7
城市污水处理能力（万吨/日）	Urban Waster Water Treatment Capacity (10000 tons/day)			24	35
城市防洪堤长度（公里）	Length of City's Floodwalls (km)	5		55	177.5
铁矿选矿处理量（万吨/年）	Ore Dressing of Iron Mine (10000 tons/year)				30
墙地砖（万平方米）	Wall and Floor Bricks (10000 sq.m)				20
家　具（万件/年）	Furniture (10000 unit/year)			6	0.1
片　剂（万片/年）	Tablets (10000 tables/year)				120000
胶囊剂（万粒/年）	Capsules (10000 capsules/year)				21000
电力电缆（公里）	Electric Cable (km)				13000
罐　头（万吨/年）	Cans (10000 tons/year)				1
方便主食品（吨/年）	Fast Staple Food (ton/year)				5000
机制纸（万吨/年）	Machine-made Paper (10000 tons/year)				25
移动通信基站设备（信道/年）	Basic Equipment of Mobile Communication (Information routs/year)		784		45

6—15 主要年份更新改造投资

Investment in Innovation in Major Years

单位：万元 (10000 yuan)

项目	Item	1990	1995	2000	2002	2003
总计	**Total**	**231089**	**964086**	**1528306**	**2316349**	**3552171**
按隶属关系分	Grouped by Administrative Relationship					
地方项目	Local projects	150382	651666	1037575	1897537	3198277
按资金来源分	Grouped by Source of Funds					
国家预算内资金	State Budgetary Appropriation	2723	3157	40656	48385	124017
国内贷款	Domestic Loans	76927	284742	510055	605222	1030070
利用外资	Foreign Investment	2253	66932	23529	38365	70355
债券	Bonds		65961	14822	21213	14689
自筹投资	Fundraising	128398	508314	876078	1581623	2413918
其他投资	Others	20788	34980	63166	50228	232676
按构成分	Grouped by Use of Funds					
建筑安装工程	Construction and Installation	94162	359561	467186	808099	1252959
设备工具器具购置	Purchase of Equipment and Instruments	120989	551474	969612	1364563	1995833
#用于更新的设备	Renovating Equipment	40831	215358	301074	362090	226796
其他费用	Others	15938	53051	91508	143687	303379
按建设性质分	Grouped by Type of Construction					
#新建	New Construction	6493	81838	154770	268788	798464
扩建	Expansion	122124	454349	863718	1052518	1626845
改建	Reconstruction	90513	401779	463544	943558	1030978
按国民经济行业分	Grouped by Economic Sector					
农、林、牧、渔业	Farming, Forestry, Animal Husbandry and Fishery					15376
采掘业	Mining and Quarrying					252771
制造业	Manufacturing					2541087
电力、燃气及水的生产和供应业	Production and Supply of Electricity Gas and Water					199892
建筑业	Construction					18558
交通运输、仓储和邮政业	Transport, Storage and Postal Services					136858
信息传输、计算机服务和软件业	Information Circulation, Computer Service and Software					302226
批发和零售业	Wholesale and Retail Trade					22507
住宿和餐饮业	Accommodation and Catering Trade					3182
金融业	Banking					625
房地产业	Real Estate					750
租赁和商务服务业	Leasing and Commercial Services					3750
科学研究、技术服务和地质勘查业	Scientific Research, Technical Services and Geological Prospecting					2255
水利、环境和公共设施管理业	Water Conservancy, Environmental and Public Facilities Management					15740
教育	Education					1564
卫生、社会保障和社会福利业	Health Care, Social Protection and Social Welfare					7917
文化、体育和娱乐业	Culture, Sports and Entertainment					4092
公共管理和社会组织	Public Management and Social Organizations					23021
新增固定资产	**Newly Increased Fixed Assets**	**202853**	**828023**	**1096324**	**1566286**	**1934316**

6—16 各行业按建设性质分的更新改造投资（2003年）

Investment in Innovation by Type of Construction and Sector (2003)

行业	Sector	投资额（万元）Investment（10000 yuan）	新建 New Construction	扩建 Expansion	改建 Reconstruction	固定资产交付使用率（%）Rate of Fixed Assets Put into Use
总计	**Total**	**3552171**	**798464**	**1626845**	**1030978**	**1934316**
农、林、牧、渔业	**Farming, Forestry, Animal Husbandry and Fishery**	**15376**	**6361**	**5095**	**3920**	**9186**
农业	Farming	6180		4000	2180	1660
林业	Forestry	690			690	690
牧畜业	Animal Husbandry	2240	2240			2240
渔业	Fishery	120		120		120
农、林、牧、渔服务业	Agricultral Services	6146	4121	975	1050	4476
采掘业	**Mining and Quarrying**	**252771**	**15911**	**94223**	**140423**	**125489**
煤炭采选业	Coal Mining and Dressing	222885	1600	85062	136223	100450
黑色金属矿采选业	Mining and Dressing of Ferrous Metals	6657	5350			6157
有色金属矿采选业	Mining and Dressing of Nonferrous Metals	11417	1674	6933	2263	8056
非金属矿采选业	Mining and Dressing of Nonmetal Minerals	11812	7287	2228	1937	10826
制造业	**Manufacturing**	**2541087**	**606779**	**1269642**	**609892**	**1242040**
农副食品加工业	Agricultural and Non-staple Food Processing Industry	48782	8193	19801	11288	35319
食品制造业	Food Production	71094	23550	40864	6404	101726
饮料制造业	Beverages	56287	17816	26311	6239	46893
烟草制品业	Tabacco	64265	8500		52556	17694
纺织业	Textiles	125418	8410	49256	63374	68991
纺织服装、鞋、帽制造业	Textile Dress, Footwear and Headgear	14778	9098	3105	2465	9468
皮革、毛皮、羽毛（绒）及其制品业	Leather, Furs, Feather (Down) and Related Products	12648	450	12064	134	7836
木材加工及竹、藤、棕、草制品业	Timber Processing, Bamboo, Cane, Palm Fiber and Straw Products	33732	16055	10986	6640	21306
家具制造业	Furniture Manufacturing	1050	150	650	180	1030
造纸及纸制品业	Papermaking and Paper Products	28533	5360	4883	18088	13572
印刷业和记录媒介的复制	Printing and Record Medium Reproduction	26744	6296	15660	4461	9316
文教体育用品制造业	Cultural, Educational and Sports Goods	4885	1087	3798		3817
石油加工、炼焦及核燃料加工业	Petroleum Processing, Coking and Nuclear Fuel Processing	20311	120	7760	11831	15717
化学原料及化学制品制造业	Raw Chemical Materials and Chemical Peoducts	103543	12492	63954	20088	97241
医药制造业	Medical and Pharmaceutical Products	125262	53289	49829	17929	79789
化学纤维制造业	Chemical Fiber	16135	3250	12400	385	14535
橡胶制品业	Rubber Products	33363	340	32149	340	13644
塑料制品业	Plastic Products	67821	12175	33656	21760	45262
非金属矿物制品业	Nonmetal Mineral Products	348816	117116	197253	33086	167819
黑色金属冶炼及压延加工业	Smelting and Pressing of Ferrous Metals	647780	25647	411630	210503	132393
有色金属冶炼及压延加工业	Smelting and Pressing of Nonferrous Metals	41439	13160	22595	5684	55431
金属制品业	Metal Products	18109	9600	4549	1450	15284
通用设备制造业	Equipments in Current Use	70764	16174	40676	8227	52147
专用设备制造业	Equipments in Special Use	43710	10208	22787	9709	40189
交通运输设备制造业	Transport Equipment	382222	193554	106070	78311	79814
电气机械及器材制造业	Electric Equipment and Machinery	72915	20827	33136	16156	57236
通信设备、计算机及其电子设备制造	Telecommunication Equipments, Computer and Related Electronic Equipments	45069	12986	29709	2374	24911
仪器仪表及文化、办公用机械制造业	Instruments, Meters, Cultural and Office Machinery	9216	826	8025	230	8185
工艺品及其他制造业	Handiwork and Other Manufacturing	6396	50	6086		5475
电力、燃气及水的生产和供应业	**Production and Supply of Electric Power, Gas and Water**	**199892**	**35659**	**45627**	**117676**	**167937**
电力、热力的生产和供应业	Production and Supply of Electric Power and Heating Power	182593	33000	40128	108621	157018
燃气生产和供应业	Production and Supply of Gas	3615	1149	1676	790	1939
水的生产和供应业	Production and Supply of Tap Water	13684	1510	3823	8265	8980

6—16 续表 continued

行业	Sector	投资额（万元）Investment（10000 yuan）	新建 New Construction	扩建 Expansion	改建 Reconstruction	固定资产交付使用率（%）Rate of Fixed Assets Put into Use
建筑业	**Construction**	**18558**	**1041**	**4865**	**9497**	**14689**
房屋和土木工程建筑业	Civil Engineering Construction	16384	979	3908	9497	13144
建筑安装业	Installation	747		567		180
建筑装饰业	Fitting and Decoration	62	62			
其他建筑业	Other Construction	1365		390		1365
交通运输、仓储和邮政业	**Transportation, Storage and Postal Services**	**136858**	**50961**	**16570**	**42714**	**89363**
铁路运输业	Railway Transport	72324	47724	1000	8550	47050
道路运输业	Highway Transport	45014		2585	33553	34894
城市公共交通业	Civic Public Transit	5264	3000		20	5264
水上运输业	Waterway Transport	175		100		175
航空运输业	Air Transport	270		270		
装卸搬运和其他运输服务业	Loading, Unloading, Transporting and Other Services	482			482	482
仓储业	Storage	12652	137	12515		830
邮政业	Postal Services	677	100	100	109	668
信息传输、计算机服务和软件业	**Information Circulation, Computer Service and Software**	**302226**	**52735**	**174423**	**74937**	**234387**
电信和其他信息传输服务业	Telecommunication and Other Information Circulation Services	300094	50603	174423	74937	234007
计算机服务业	Computer Services	80	80			80
软件业	Software	2052	2052			300
批发和零售业	**Wholesale & Retail Trade**	**22507**	**13936**	**3777**	**4214**	**11173**
批发业	Wholesale Trade	6338	4900	300	758	6856
零售业	Retail Trade	16169	9036	3477	3456	4317
住宿和餐饮业	**Accommodation and Catering Trade**	**3182**		**1100**	**1902**	**1662**
住宿业	Accomodation Trade	2460		1100	1360	940
餐饮业	Catering Trade	722			542	722
金融业	**Banking**	**625**	**280**		**345**	**505**
银行业	Banking	625	280		345	505
房地产业	**Real Estate**	**750**			**750**	**300**
租赁和商务服务业	**Leasing and Commercial Services**	**3750**	**2950**		**800**	**10**
商务服务业	Commercial Services	3750	2950		800	10
科学研究、技术服务和地质勘查业	**Scientific Research, Technical Services and Geological Prospecting**	**2255**	**1500**	**600**	**155**	**1155**
研究与试验发展	Research and Experimental Development	655		600	55	1055
专业技术服务业	Professional and Technical Services	100			100	100
科技交流和推广服务业	Exchange and Extending Services of Science and Technology	1500	1500			
水利、环境和公共设施管理业	**Water Conservancy, Environmental and Public Facilities Management**	**15740**	**4378**	**1202**	**10070**	**8814**
水利管理业	Water Conservancy Management	6121	109		6012	5370
环境管理业	Environmental Management	3739	3739			
公共设施管理业	Public Facilities Management	5880	530	1202	4058	3444
教育	**Education**	**1564**	**112**		**337**	**1564**
初等教育	Primary Education	1050			50	1050
中等教育	Secondary Education	399	112		287	399
高等教育	High Education	115				115
卫生、社会保障和社会福利业	**Health Care, Social Protection and Social Welfare**	**7917**	**350**	**1090**	**983**	**7292**
卫生	Health Care	7917	350	1090	983	7292
文化、体育和娱乐业	**Culture, Sports and Entertainment**	**4092**		**3688**	**336**	**320**
广播、电视、电影和音像业	Broadcasting, TV, Film, Audio-video and Recorders	4087		3688	336	315
文化艺术业	Culture and Art	5				5
公共管理和社会组织	**Public Management and Social Organizations**	**23021**	**5511**	**4943**	**12027**	**18430**
国家机关	State Organs	22901	5511	4943	11907	18310
人民法院和人民检察院	The People's Courts and Procurator's Offices	148		148		148
基层群众自治组织	Local Mass Autonomy Organs	120			120	120

6—17 各市分行业更新改造投资（2003年）

Investment in Innovation by Sector and Region (2003)

单位：万元 (10000 yuan)

地区 Region	合计 Total	农林牧渔业 Farming, Foresry, Animal Husbandry and Fishery	采掘业 Mining and Quarrying	制造业 Manufacturing	电力、燃气及水的生产和供应业 Production and Supply of Electricity Gas and Water	建筑业 Construction	交通运输、仓储和邮政业 Transport, Storage and Postal Services	信息传输、计算机服务和软件业 Information, Circulation Computer Services and Software	批发和零售业 Wholesale and Retail Trade	住宿和餐饮业 Accommo-dation and Catering Trade
总　计 Total	**3552171**	**15376**	**252771**	**2541087**	**199892**	**18558**	**136858**	**302226**	**22507**	**3182**
合肥市 Hefei	331155	4000		236343	9325	629	9570	57493	9342	42
淮北市 Huaibei	173916		126660	39424	1486	80		6266		
亳州市 Bozhou	84242	5686		49471	5339		3049	18333	300	220
宿州市 Suzhou	148359	600	2600	63868	22358	400	19026	20973	10200	400
蚌埠市 Bengbu	180273			136615	10374		13719	16308		
阜阳市 Fuyang	158171			88906	19589	3162	8920	36094	200	
淮南市 Huainan	152987	240	92516	31712	16394		1965	9755		
滁州市 Chuzhou	185138	2550	2073	121775	16706	4113	4351	23900	860	
六安市 Luan	104138		2015	52809	15758	2180	50	28044	120	
马鞍山市 Maanshan	618378		6407	610719	1252					
巢湖市 Chaohu	170218		4227	123967	10983	1505	7523	17138		
芜湖市 Wuhu	420284		1761	391036	13108	2860	826	9708	180	
宣城市 Xuancheng	174677	120	5006	137911	13006	250	780	17374		
铜陵市 Tongling	181066		6457	165383	370	2052	1073	4673	288	
池州市 Chizhou	71361	660	1380	25309	16151		3588	9469	1017	1250
安庆市 Anqing	260157	1020		231419	11394		109	16078		
黄山市 Huangshan	75927	500	1669	34420	16299	1327	585	10620		1270
跨地区 Trans-regional	61724						61724			

地区 Region	金融业 Banking	房地产业 Real Estate Trade	租赁和商务服务业 Leasing and Commercial Services	科学研究、技术服务和地质勘查业 Scientific Research, Technical Services and Geological Prospecting	水利、环境和公共设施管理业 Water Conservancy, Environmental and Public Facilities Management	居民服务和其他服务业 Resident Services and Other Services	教育 Education	卫生、社会保障和社会福利业 Health Care, Social Protection and Social Welfare	文化、体育和娱乐业 Culture, Sports and Entertainment	公共管理和社会组织 Public Management and Social Organizations
总　计 Total	**625**	**750**	**3750**	**2255**	**15740**		**1564**	**7917**	**4092**	**23021**
合肥市 Hefei								516	3747	148
淮北市 Huaibei										
亳州市 Bozhou	280	750					200			614
宿州市 Suzhou					1236			350		6348
蚌埠市 Bengbu				600				2657		
阜阳市 Fuyang			800		500					
淮南市 Huainan										405
滁州市 Chuzhou			2950	100	1970					3790
六安市 Luan					150		112	1700		1200
马鞍山市 Maanshan										
巢湖市 Chaohu	120				4049			593	63	50
芜湖市 Wuhu								85		720
宣城市 Xuancheng					230					
铜陵市 Tongling				55	310			188	127	90
池州市 Chizhou					1688		1115	1748		7986
安庆市 Anqing							137			
黄山市 Huangshan	225			1500	5607			80	155	1670
跨地区 Trans-regional										

6—18 各市按资金来源和隶属关系分的更新改造投资（2003年）

Investment in Innovation by Source of Funds and Administrative Relationship and Region (2003)

单位：万元 (10000 yuan)

地 区 Region		按资金来源分 By Source of Funds				按隶属关系分 By Administrative Relationship	
		国家预算内资金 State Budgetary Appropriations	国内贷款 Domestic Loans	利用外资 Foreign Investment	自筹资金 Fund-raising	其他资金 Others	中央项目 Central Covernment Projects	地方项目 Local Projects
总 计	**Total**	**124017**	**1030070**	**70355**	**2413918**	**247365**	**355601**	**3530124**
合 肥 市	Hefei	27219	40358	3748	254562	35177	50775	310289
淮 北 市	Huaibei		31821	9670	138738	5425	4270	181384
亳 州 市	Bozhou	1298	9320	1500	59925	13651	100	85594
宿 州 市	Suzhou	2068	25166	1060	109521	10488	9650	138653
蚌 埠 市	Bengbu	2930	69208	785	89575	8438	24242	146694
阜 阳 市	Fuyang	960	40027		83220	13942	17819	120330
淮 南 市	Huainan	4103	7200	5923	126590	9382	25948	127250
滁 州 市	Chuzhou	6338	40343	10084	131296	12543	586	200018
六 安 市	Luan	2753	17109	8015	79449	7075	18028	96373
马鞍山市	Maanshan	46398	357605	195	333610	1400		739208
巢 湖 市	Chaohu	5640	23825	915	124887	20072	24027	151312
芜 湖 市	Wuhu	700	38984	10865	371757	25783	50718	397371
宣 城 市	Xuancheng	8250	24301	614	139226	10499		182890
铜 陵 市	Tongling	342	178812	231	120665	3997	2679	301368
池 州 市	Chizhou	6549	29405	482	32009	7755	3504	72696
安 庆 市	Anqing	427	77318	13172	114108	57366	45438	216953
黄 山 市	Huangshan	8042	19268	3096	43056	4372	16093	61741
跨 地 区	Trans-regional				61724		61724	

6—19 各市按构成和建设性质分的更新改造投资（2003年）

Investment in Innovation by Use of Funds and Type of Construction and Region (2003)

单位：万元 (10000 yuan)

地 区 Region		投资额 Investment	按构成分 By Use of Funds			按建设性质分 By Type of Construction		
			建筑安装工程 Construction and Installation	设备、工器具购置 Purchase of Equipment and Instruments	其他费用 Others	新建 New Construction	扩建 Expansion	改建 Recon-struction
总 计	**Total**	**3552171**	**1252959**	**1995833**	**303379**	**798464**	**1626845**	**1030978**
合 肥 市	Hefei	331155	140553	165620	24982	64169	204731	56194
淮 北 市	Huaibei	173916	49964	110356	13596	12603	31710	128867
亳 州 市	Bozhou	84242	40199	30908	13135	39353	35711	9089
宿 州 市	Suzhou	148359	60536	83184	4639	34318	46618	58197
蚌 埠 市	Bengbu	180273	65084	106239	8950	50510	55011	59539
阜 阳 市	Fuyang	158171	71011	79852	7308	21046	67407	67818
淮 南 市	Huainan	152987	43749	92309	16929	1789	118534	32664
滁 州 市	Chuzhou	185138	68102	103418	13618	45069	92321	38759
六 安 市	Luan	104138	44928	55796	3414	28629	46971	26838
马鞍山市	Maanshan	618378	181994	369745	66639	60742	382392	173087
巢 湖 市	Chaohu	170218	68751	87328	14139	43849	78704	45375
芜 湖 市	Wuhu	420284	124360	256810	39114	145838	91313	171640
宣 城 市	Xuancheng	174677	53028	110026	11623	65732	84151	22622
铜 陵 市	Tongling	181066	61372	82493	37201	16482	144067	18259
池 州 市	Chizhou	71361	42167	25747	3447	19360	23208	23347
安 庆 市	Anqing	260157	68636	181245	10276	85998	89899	76251
黄 山 市	Huangshan	75927	31402	33982	10543	15253	34097	22432
跨 地 区	Trans-regional	61724	37123	20775	3826	47724		

6—20 各市分行业更新改造新增固定资产（2003年）

Newly Increased Fixed Assets Through Innovation by Sector and Region (2003)

单位：万元 （10000 yuan）

地 区 Region	合 计 Total	农林牧渔业 Farming, Foresry, Animal Husbandry and Fishery	采掘业 Mining and Quarrying	制造业 Manufacturing	电力、燃气及水的生产和供应业 Production and Supply of Electricity Gas and Water	建筑业 Construction	交通运输、仓储和邮政业 Transport, Storage and Postal Services	信息传输、计算机服务和软件业 Information, Circulation Computer Services and Software	批发和零售业 Wholesale and Retail Trade	住宿和餐饮业 Accommo-dation and Catering Trade
总 计 Total	**1934316**	**9186**	**125489**	**1242040**	**167937**	**14689**	**89363**	**234387**	**11173**	**1662**
合 肥 市 Hefei	138942			119378	5225			13633		42
淮 北 市 Huaibei	118532		91165	14376	7158	80		5753		
亳 州 市 Bozhou	72840	4436		42641	3194		2849	18211	300	210
宿 州 市 Suzhou	120244	600	1000	51468	16567	400	15136	20973	7600	400
蚌 埠 市 Bengbu	197723			160324	8620		10540	14582		
阜 阳 市 Fuyang	134539			71180	27892	3053	420	31794	200	
淮 南 市 Huainan	55100	240	7244	27486	10388		385	8952		
滁 州 市 Chuzhou	129998	1960	1729	93762	11770	2330	838	15054	860	
六 安 市 Luan	82085		2425	43537	7603	2180	50	23008	120	
马鞍山市 Maanshan	112130		5907	104971	1252					
巢 湖 市 Chaohu	155838		3527	106452	14125	330	7523	20326		
芜 湖 市 Wuhu	118820		186	100231	5342	2860	826	8182	588	
宣 城 市 Xuancheng	113470	120	5006	79659	13472	250	780	13953		
铜 陵 市 Tongling	77462		4653	64099	370	1879	1023	4205	488	
池 州 市 Chizhou	59558	660	1080	16666	15180		3408	9469	1017	140
安 庆 市 Anqing	152160	670		126905	8370			16078		
黄 山 市 Huangshan	49875	500	1567	18905	11409	1327	585	10214		870
跨 地 区 Trans-regional	45000						45000			

地 区 Region	金融业 Banking	房地产业 Real Estate Trade	租赁和商务服务业 Leasing and Commercial Services	科学研究、技术服务和地质勘查业 Scientific Research, Technical Services and Geological Prospecting	水利、环境和公共设施管理业 Water Conservancy, Environmental and Public Facilities Management	居民服务和其他服务业 Resident Services and Other Services	教育 Education	卫生、社会保障和社会福利业 Health Care, Social Protection and Social Welfare	文化、体育和娱乐业 Culture, Sports and Entertainment	公共管理和社会组织 Public Management and Social Organizations
总 计 Total	**505**	**300**	**10**	**1155**	**8814**		**1564**	**7292**	**320**	**18430**
合 肥 市 Hefei								516		148
淮 北 市 Huaibei										
亳 州 市 Bozhou	280	300					200			219
宿 州 市 Suzhou								350		5750
蚌 埠 市 Bengbu				1000				2657		
阜 阳 市 Fuyang										
淮 南 市 Huainan										405
滁 州 市 Chuzhou			10	100	1435					150
六 安 市 Luan					150		112	1700		1200
马鞍山市 Maanshan										
巢 湖 市 Chaohu					2849			593	63	50
芜 湖 市 Wuhu								85		520
宣 城 市 Xuancheng					230					
铜 陵 市 Tongling				55	310			188	102	90
池 州 市 Chizhou					1472		1115	1123		8228
安 庆 市 Anqing							137			
黄 山 市 Huangshan	225				2368			80	155	1670
跨 地 区 Trans-regional										

6—21 更新改造新增主要产品生产能力

Newly Increased Production Capacity Through Innovation

能力名称	Item	1995	2000	2002	2003
洗 煤 （万吨/年）	Coal Washing (10000 tons/year)		280		40
人造富铁矿 （万吨/年）	Man-made Rich Iron Ore (10000 tons/year)		30		310
#烧结铁矿	Sintering of Iron-ore			12	310
生 铁 （万吨／年）	Iron Smelting (10000 tons/year)				40
初 轧 （万吨／年）	Rough Rolling (10000 tons/year)				2
板坯连铸坯 （万吨/年）	Casting Blank (10000 tons/year)			70	0.3
钢 材 （万吨/年）	Steels (10000 tons/year)	1			230
热轧钢材	Hot-rolling Steel	1			230
线 材 （万吨／年）	Wire Material (10000 tons/year)				20
薄钢板 （万吨／年）	Sheet Steel (10000 tons/year)				120
铅冶炼 （吨／年）	Lead Smelting (ton/year)				2000
发电机组容量 （万千瓦）	Capacity of Power Generating Sets (10000 kw)				2.4
水力发电	Hydropower			0.2	1.2
火力发电	Thermal Power			1.2	1.2
输电线路长度（11万伏及以上）（公里）	Length of Power Line (110 KV and Over) (km)	32	32	20	91
水 泥 （万吨/年）	Cement (10000 tons/year)	86	105	358	60
胶合板 （万立方米/年）	Plywood (10000 cu.m/year)			600	5
纤维板 （万立方米/年）	Fiberboard (10000 cu.m/year)			5	2
人造板装饰加工板 （万立方米／年）	Man-made Furnishing Board (10000 cu.m/year)				20
纯 碱 （吨／年）	Soda Ash (ton/year)				40000
合成氨 （吨/年）	Synthetic Ammonia (ton/year)	116700		240	57000
农用氮、磷、钾化学肥 （吨/年）	Chemical Fertilizer for Agricultural Use (ton/year)	104712	40500	1383600	42400
氮 肥	Nitrogenous Fertilizer	86112	40000	43200	42400
化学农药 （吨/年）	Chemical Pesticide for Agricultural Use (ton/year)	500	50		400
塑料树脂及共聚物 （吨/年）	Plastic Resin and Copolymer (ton/year)	500			6000
合成橡胶 （吨／年）	Synthetic Rubber (ton/year)				240
合成纤维单体 （吨／年）	Synthetic Fibre (ton/year)				5000
合成纤维聚合物 （吨／年）	Synthetic Fibre Polymer (ton/year)				2300
中成药 （吨/年）	Proprietary Chinese Medicine (ton/year)	2755	885		3255
烟草加工机械制造 （台(套)／年）	Tobacco Processing Machinery Manufacturing (unit(set)/year)				200
汽车制造 （辆/年）	Motor Vehicles Manufacturing (unit/year)	4500	1000		143500
轿车制造	Car Manufacturing				12000
棉纺锭 （万锭）	Cotton Spindles (10000 units)	2	2	5	111196
棉布织机 （台）	Cotton Loom (unit)	474	452	160	70
棉印染 （万米/年）	Cotton Prinring and Dyeing (10000 m/year)	2815	240		3100
毛纺锭 （锭）	Wool Spindles (unit)			960	1804
丝织机 （台）	Silk Loom (unit)	108		58	190
桑蚕缫丝机 （绪）	Reeling Machine (unit)	4000	4800	5600	3200

6—21 续表 continued

能力名称		Item		1995	2000	2002	2003
食用植物油	（日处理原料：吨）	Edible Vegetable Oil	(Processed Material Per Day: ton)	883	2193	250	177
食用植物油	（日精炼油：吨）	Edible Vegetable Oil	(Refined Oil: ton)	237	520	83	50
肉加工品	（吨/年）	Processed Meat Products	(ton/year)	4075		37000	8400
#熟肉加工		Cooked Meat		75			600
酒	（吨/年）	Liquor	(ton/year)	43522		11	2
白 酒		White Spirit		7200	1	1	2
合成洗涤剂	（吨/年）	Synthetic Detergents	(ton/year)	53000	500	1	660
服 装	（万件/年）	Clothes	(10000 units/year)	422			200
日用玻璃制品	（万吨/年）	Glass Ware	(10000 tons/year)		4		1.5
家用电冰箱	（万台/年）	Household Refrigerator	(10000 units/year)		30		20
房间空气调节器	（万台／年）	Room Air-conditioners	(10000 units/year)				2
铁路机车购置	（台）	Railway Locomotives Purchased	(unit)				2
改建公路	（公里）	Length of Reconstructed Highways	(km)	24	16	1176	159.17
一级公路		First-Grade Highways					62
二级公路		Second-Grade Highways					70.17
有效灌溉面积	（万亩）	Irrigated Area	(10000 Mu)				27.19
建筑面积	（平方米）	Floor Space	(sq.m)				1019
城市自来水管道长度	（公里）	Length of Tap Water Pipes	(km)		7		64
城市煤气生产能力	（万立方米／日）	Gas Production Capacity	(10000 cu.m/day)				48
城市公共交通车辆购置	（辆）	Purchase of Urban Public Transports Vehicles	(unit)	29	96	84	98
节约煤炭	（万吨／年）	Coal Saved	(10000 tons/year)				2.3
由于低效锅炉改造而节约的	（万吨／年）	Saved by Innovation of Low-efficient Boilers	(10000 tons/ywar)				2.3
工业锅炉	（蒸吨）	Industrial Boiler	(steam ton)				165
精甲醇	（吨/年）	Defined Methanol	(ton/year)		20000	6000	50000
化学药制剂：		Pharmacentical Preparation:					
注射液	（万支/年）	Injection	(10000 units/year)				90000
片 剂	（万瓶/年）	Tablet	(10000 bottles/year)			40000	10045
输 液	（万瓶/年）	Infusion	(10000 bottles/year)			1000	22000
胶囊剂	（万粒/年）	Capsule	(10000 units/year)			10500	200
大中型变压器	（万千伏安）	Large and Middle Sized Transformer	(10000 kv/A)			1.9	4
全塑市话电缆	（万对公里）	Whole Plastic Cable for Local Telephone	(10000 pairs-km)				1.65
原电池（折一号电池）	（万只）	Raw Battery (Converted into No.1 Battery)	(10000 units)			2	10
输送机械	（吨／年）	Kinescope	(10000 units/year)			7	50000
客车制造	（辆／年）	Optical-fiber Cable	(km)		45	2790	131500
罐 头	（万吨/年）	Frozen Drink	(ton/year)			550	0.2
软饮料	（吨/年）	Soft Drink	(ton/year)		5		25000
机制纸板	（万吨/年）	Machine-made paper Board	(10000 tons/year)			13	1
灯 泡	（万只/年）	Bulb	(10000 units/year)		10000	10000	10
移动电话机（手持机）	（部/年）	Mobile telephone	(unit/year)		3600		30000
移动通信基站设备	（信道/年）	Basic Equipment of Mobile Communication	(Information routs/year)		25675	5765	25

6—22 基本建设大中型及更新改造限额以上项目一览表 （2003年）

单位：万元

建设项目名称	Item	国民经济行业	Sector
无为大堤加固工程	Reinforce Project of Wuwei Dyke	水利管理业	Water Conservancy
安庆、广济江堤加固工程	Anqing, Reinforce Project of Guangji Dyke	水利管理业	Water Conservancy
枞阳江堤加固工程	Reinforce Project of Zongyang Yangzi River Dyke	水利管理业	Water Conservancy
奎濉河近期治理工程	Kuisui River Treatment	水利管理业	Water Conservancy
巢湖清淤	Chaohu Lake Sludge Dredging Project	环境管理业	Environmental Management
蚌埠至蒙城公路	Highway Bengbu to Mengcheng	道路运输业	Transportation
亳州至阜阳公路	Highway Bozhou to Fuyang	道路运输业	Transportation
京福公路西泉街至朱围子段	Jingfu Highway Xiquanjie to Zhuweizi Section	道路运输业	Transportation
来安至明光公路	Highway Laian to Mingguang	道路运输业	Transportation
庐江至铜陵公路	Highway Lujiang to Tongling	道路运输业	Transportation
淮南矿业集团基建	Huainan Mining Industry Group Capital Construction	煤炭开采和洗选业	Coal Mining, Dressing and Washing
冬瓜山工程	Dongguashan Project	有色金属矿采选业	Mining and Dressing of Nonferrous Metals
池州海螺日产8000吨水泥熟料示范线	Chizhou Hailuo Demonstration Production Line of Daily 8000 Tons of Slaked Cement	非金属矿物制品业	Nonmetal Minerals Production
宣杭铁路复线工程	Xuanhang Railway Compound Line Project	铁路运输业	Railway Transportation
安徽财贸学院龙湖东校建设	Anhui Finance and Commerce College - Construction of East Longhu College	教　育	Education
蚌埠闸扩建工程	Bengbu Sluice Gate Expansion	水利管理业	Water Conservancy
淮南师范学院新校址搬迁	Huainan Normal College - Relocation of New College	教　育	Education
黄山屯溪新安大桥工程	Huangshan Tunxi Xin'an Bridge	房屋和土木工程建筑业	Buildings and Civil Engineering Construction
安徽丰原集团有限公司3万吨/年L-乳酸	Anhui Fengyuan Group Co., Ltd. 30,000 Tons/year L-Lactic Acid	食品制造业	Food Production
新集国投刘庄矿	Xinji Guotou Liuzhuang Mine	煤炭开采和洗选业	Coal Mining, Dressing and Washing
合肥市大房郢水库工程	Hefei Dafangying Reservoir Project	水利管理业	Water Conservancy
安庆电厂一期	Anqing Power Plant First Phase	电力、热力的生产和供应业	Production and Supply of Electric and Heating Power
安庆长江公路大桥	Anqing Yangzi River Highway Bridge	道路运输业	Transportation
琅琊山抽水蓄能电站	Mt. Langya Pumping Power Station	电力、热力的生产和供应业	Production and Supply of Electric and Heating Power
安徽池州九华发电有限公司一期工程	Chizhou Jiuhua Power-generating Co., Ltd. First Phase	电力、热力的生产和供应业	Production and Supply of Electric and Heating Power
阜阳电厂	Fuyang Power Plant	电力、热力的生产和供应业	Production and Supply of Electric and Heating Power
洛河电厂二期扩建工程	Luohe Power Plant Expansion of the Second Phase	电力、热力的生产和供应业	Production and Supply of Electric and Heating Power
六安发电厂	Lu'an Power Plant	电力、热力的生产和供应业	Production and Supply of Electric and Heating Power
临淮岗洪水控制	Linhuaigang Flood Control	水利管理业	Water Conservancy

List of Investment in Capital Construction of large and Medium Size and Above Quota Innovation Projects (2003)

(10000 yuan)

隶属关系 Administrative Relationship		建设性质 Type of Construction		计划总投资 Total Investment Planned	自开始建设至本年底累计完成投资 Accumulative Investment Actually Made Since Starting of Construction Up to the End of This Year	建设规模和新增能力（或效益） Scale of Construction and Newly Increased Capacity (Efficiency)			
						生产能力（或效益）名称 Name of production Capacity (Efficiency)	计量单位 Unit of Measurement	建设规模 Scale of Construction	累计新增 Accumulative Newly Increased Capacity
中央	Central	改建	Reform	66056	62183	城市防洪堤长度	公里 km	80	
市属	City	扩建	Expansion	47869	47869	Length of Urban Breakwater			
其他	Other	改建	Reform	57900	57900	改善内河航道里程	公里 km	61	61
市属	City	新建	New	59000	27565	Improved Length of Navigable			
市属	City	改建	Reform	16220	16220	Inland Waterways			
省属	Provincial	新建	New	193116	61016				
省属	Provincial	新建	New	235000	61076				
省属	Provincial	新建	New	393565	88004				
省属	Provincial	新建	New	210000	65036				
省属	Provincial	新建	New	185601	63192				
省属	Provincial	新建	New	97318	70458				
省属	Provincial	新建	New	167433	118440				
省属	Provincial	新建	New	62814	62814				
中央	Central	扩建	Expansion	50000	13181				
省属	Provincial	新建	New	50000	15000				
中央	Central	扩建	Expansion	14966	14886				
省属	Provincial	新建	New	30000	7940				
市属	City	改建	Reform	9127	9100				
市属	City	新建	New	19980	9985				
其他	Other	新建	New	108785	17750				
市属	City	新建	New	65332	65332	水库容量(总库容)	亿立方米	2	
市属	City	新建	New	248530	103448	Capacity of Reservoirs	100 Million cu.m		
市属	City	新建	New	131739	77244	新建独立公路桥梁	延长米	5986	
省属	Provincial	新建	New	233300	52900	New Independent Highway Bridge	Extended Meter		
中央	Central	新建	New	266585	21137				
其他	Other	新建	New	500000	15132				
中央	Central	扩建	Expansion	255967	249760				
市属	City	新建	New	119000	8422				
中央	Central	新建	New	200333	71397				

6—22 续表1

单位：万元

建设项目名称	Item	国民经济行业	Sector
铜黄高速公路	Tonghuang Highway	道路运输业	Transportation
佛子岭水库除险加固工程	Fuziling Reservoir Eliminating Danger and Reinforce Project	水利管理业	Water Conservancy
市有线电视网络改造	Reform of Hefei Cable Television Network	广播电视电影和音像业	Radio, TV, Film and Audio-video Products
安徽合力大型工程机械制造能力技改	Anhui Heli Technical Reform of Large Engineering Machinery Manufacturing	通用设备制造业	Equipment in Current Use
铜峰电子特种新型薄膜电容器	Tongfeng Electronics Special New Type of Film Capacitor	通信设备、计算机及其他电子设备	Communication Equipment, Computer and Other Electronic Equipment
铜陵有色高精度铜板带	Tongling Nonferrous High Precisional Copper Plate	有色金属冶炼及压延加工业	Smelting and Pressing of Nonferrous Metals
合肥丰乐种业离子束产业化	Hefei Fengle Seeds Co., Ltd. Industrialization of Ion Beam	农 业	Agriculture
安徽国风塑业BOPP生产线	Anhui Guofeng Plastic Co., Ltd. BOPP Production Line	塑料制品业	Plastic Products
安徽省新安药业GMP改造	Anhui Xin'an Pharmaceutical Co., Ltd. GMP Reform	医药制造业	Medical and Pharmaceutical Products
合肥钢铁集团2*100立方米高炉	Hefei Iron and Steel Group 2*100 cu.m Blast Furnace	黑色金属冶炼及压延加工业	Smelting and Pressing of Ferrous Metals
合肥钢铁集团连轧小型车间	Hefei Iron and Steel Group Rolling Small Sized Workshop	黑色金属冶炼及压延加工业	Smelting and Pressing of Ferrous Metals
合肥市PHS无线市话网工程	Hefei PHS Wireless Local Telephone Net Project	电信和其他信息传输服务业	Telecommunication and Other Information Circulation Services
合肥美菱纳米保鲜板材技改工程	Hefei Meiling Technical Reform of Nanometer Fresh Keeping Panel	电气机械及器材制造业	Electric Equipment and Machinery Manufacturing
繁昌县锌铁矿活性白土	Fanchang Zinc and Iron Ore Reactive White Earth	有色金属矿采选业	Mining and Dressing of Nonferrous Metals
安徽八一化工４万吨／年氯化苯	Anhui Bayi Chemical Works 40,000 Tons/year of Benzene Chloride	化学原料及化学制品制造业	Raw Chemical Materials and Chemical Products Manufacturing
安徽八一化工２万吨／年离子膜烧碱	Anhui Bayi Chemical Works 20,000 Tons/year of Ion Film Caustic Soda	化学原料及化学制品制造业	Raw Chemical Materials and Chemical Products Manufacturing
蚌埠市华光集团350T/D浮法玻璃生产线	Bengbu Huaguang Group 350 T/D Fufa Glass Production Line	非金属矿物制品业	Nonmetal Mineral Products
蚌埠市华光集团ITO导电膜三线	Bengbu Huaguang Group ITO Conductive Film No. 3 Line	非金属矿物制品业	Nonmetal Mineral Products
蚌埠市华光集团汽车安全玻璃	Bengbu Huaguang Group Safe Glass for Automobile	非金属矿物制品业	Nonmetal Mineral Products
蚌埠市华光集团30万吨优质硅质原料基地	Bengbu Huaguang Group 300 Thousand Tons of Quality Silicon Raw Material	非金属矿物制品业	Nonmetal Mineral Products
蚌埠市灯芯绒集团弹力免烫灯芯绒	Bengbu Corduroy Group Stretch and Permanent Press Corduroy	纺织业	Textile Industry
星马汽车重型卡车底盘	Xingma Automobile Chassis for Truck	交通运输设备制造业	Transport Equipment Manufacturing
星马汽车5000辆专用汽车技改	Xingma Automobile Technical Reform of 5000 Special Automobiles	交通运输设备制造业	Transport Equipment Manufacturing
铜陵市金昌冶炼厂铜系统污染治理	Tongling Jinchang Smeltery Treatment of Copper System Pollution	有色金属冶炼及压延加工业	Smelting and Pressing of Nonferrous Metals
铜陵有色公司特种漆包线功能	Tongling Nonferrous Compnay Special Type of Enamel-insulated Wire	有色金属冶炼及压延加工业	Smelting and Pressing of Nonferrous Metals
铜陵海螺水泥有限公司三期工程	Tongling Hailuo Cement Co., Ltd. Third Phase	非金属矿物制品业	Nonmetal Mineral Products
铜陵三佳集团集成电路技改工程	Tongling Sanjia Group Technical Reform of Integrated Circuit	专用设备制造业	Equipment in Special Use
铜陵华源高档亚麻及麻资源利用改造	Tongling Huayuan Reform of High-grade Flax and Utility of Flax Resource	纺织业	Textile Industry
宁国水泥厂5000吨生产线技改工程	Ningguo Cement Plant Technical Reform of 5,000 Tons Production Line	非金属矿物制品业	Nonmetal Mineral Products

continued

(10000 yuan)

隶属关系 Administrative Relationship	建设性质 Type of Construction	计划总投资 Total Investment Planned	自开始建设至本年底累计完成投资 Accumulative Investment Actually Made Since Starting of Constrution Up to the End of This Year	建设规模和新增能力（或效益） Scale of Construction and Newly Increased Capacity (Efficiency)			
				生产能力（或效益）名称 Name of production Capacity (Efficiency)	计量单位 Unit of Measurement	建设规模 Scale of Construction	累计新增 Accumulative Newly Increased Capacity
市属 City	新建 New	310000	15000				
省属 Provincial	改建 Reform	16620	7675				
市属 City	扩建 Expansion	24000	5550				
省属 Provincial	扩建 Expansion	9190	2100				
市属 City	扩建 Expansion	17800	3073				
省属 Provincial	改建 Reform	91099	972				
市属 City	扩建 Expansion	12119	4000				
省属 Provincial	改建 Reform	19981	7000	输送机械 Conveyer	吨／年 ton/year	50000	50000
省属 Provincial	新建 New	8232	6755	片剂 Tablet	万片/年 10 000 units/year	6	5
市属 City	扩建 Expansion	8000	4000				
市属 City	扩建 Expansion	42000	40000				
市属 City	新建 New	30594	18640				
市属 City	新建 New	17823	15000				
其他 Other	扩建 Expansion	4043	1968				
市属 City	扩建 Expansion	5858	100				
市属 City	扩建 Expansion	5434	100	烧碱 Caustic Soda	吨／年 ton/year	20000	
市属 City	改建 Reform	4500	4500				
市属 City	新建 New	10183	9200				
市属 City	新建 New	9337	1100				
市属 City	新建 New	3480	2868				
市属 City	改建 Reform	8138	7969				
市属 City	新建 New	69000	38405	载货汽车制造 Truck Manufacturing	辆／年 unit/year	10000	
市属 City	新建 New	18000	3500	其它汽车制造 Other Automobile Manufacturing	辆／年 unit/year	5000	
省属 Provincial	扩建 Expansion	19934	25619				
市属 City	扩建 Expansion	16287	9770				
其他 Other	扩建 Expansion	225052	101508				
市属 City	新建 New	17345	17345				
市属 City	扩建 Expansion	10240	4160				
省属 Provincial	扩建 Expansion	35000	35000				

6—22 续表2

单位：万元

建设项目名称	Item	国民经济行业	Sector
安徽鑫科稀土光亮铜杆连铸连轧改造	Anhui Xinke Reform of Rare-earth Shinning Copper Pole Casting and Rolling	非金属矿物制品业	Nonmetal Mineral Products
池州海螺水泥熟料国产化生产线改造	Chizhou Hailuo Cement Technical Reform of Nationization of Slaked Material	非金属矿物制品业	Nonmetal Mineral Products
安徽国通聚已烯供水管材及管件二期	Anhui Guotong Second Phase of Polyethylene Material for Water Supplying Pipe	塑料制品业	Plastic Products
安徽佳通全钢子午胎工程	Anhui Jiatong All Steel Meridian Roughcast Project	橡胶制品业	Rubber Products
马鞍山钢铁股份公司建筑用薄板工程	Maanshan Iron and Steel Co., Ltd. Thin Board for Construction Use	黑色金属冶炼及压延加工业	Smelting and Pressing of Ferrous Metals
安徽安凯豪华大客车及客车专用底盘	Anhui Ankai Luxury Coach and Special Chassis for Coach	交通运输设备制造业	Transport Equipment Manufacturing
安徽安凯加速产品开发完善客车系列产品	Anhui Ankai Accelerating the Development of Products and Improving Series Coach Products	交通运输设备制造业	Transport Equipment Manufacturing
安徽省移动通讯公司6期GSM网扩容	Anhui Mobile Company Expansion of GSM Net Sixth Phase	电信和其他信息传输服务业	Telecommunication and Other Information Circulation Services
安徽丰原集团2万吨/年赖氨酸	Anhui Fengyuan Group 20,000 Tons/year of Lysine	食品制造业	Food Manufacturing
安徽丰原集团3万吨/年柠檬酸	Anhui Fengyuan Group 30,000 Tons/year of Citric Acid	食品制造业	Food Manufacturing
安徽丰原集团5万吨/年燃料酒精	Anhui Fengyuan Group 50,000 Tons/year of Fuel Alcohol	食品制造业	Food Manufacturing
芜湖海螺型材公司六期扩建	Wuhu Hailuo Material Mould Company Sixth Phase Expansion	塑料制品业	Plastic Products
安徽中科大讯飞语音芯片设计中心	Anhui USTC Xunfei Pronunciation CMOS Chip Design Center	软件业	Software Industry
安徽江淮汽车底盘股份有限公司Hfc6500系列	Anhui Jianghuai Automobile Chassis Co., Ltd. Hfc6500 Series	交通运输设备制造业	Transport Equipment Manufacturing
安徽江淮汽车重型载货汽车	Anhui Jianghuai Automobile Heavy Truck	交通运输设备制造业	Transport Equipment Manufacturing
中国网通有限公司安徽分公司线路光缆	China Netcom Co., Ltd. Anhui Branch Optical Line	电信和其他信息传输服务业	Telecommunication and Other Information Circulation Services
铜陵市精达年产5000吨抗电晕电磁线	Tongling Jingda Annual 5,000 Tons of Anti-corona Electromagnetic Wire	电气机械及器材制造业	Electric Equipment and Machinery Manufacturing
安徽省科苑生化研究院	Anhui Keyuan Biochemical Institution	医药制造业	Medical and Pharmaceutical Products
安徽省科苑生化工业园	Anhui Keyuan Biochemical Industrial Garden	医药制造业	Medical and Pharmaceutical Products
安徽环球药业酒石酸托特罗定	Anhui Huanqiu Pharmaceutical Co., Ltd. Tartaric Acid Tuoteluodin	医药制造业	Medical and Pharmaceutical Products
联通新时空CBMA二期	Unicom New Space-time CBMA Second Phase	电信和其他信息传输服务业	Telecommunication and Other Information Circulation Services
安徽福康药业GMP改造	Anhui Fukang Pharmaceutical Co., Ltd. GMP Reform	医药制造业	Medical and Pharmaceutical Products
池州有色金属集团公司富氧炼铅工程	Chizhou Nonferrous Group Company Lead-smelting Project	有色金属冶炼及压延加工业	Smelting and Pressing of Nonferrous Metals
芜湖康奇制药GMP改造项目	Wuhu Kangqi Pharmaceutical Co., Ltd. GMP Reform	医药制造业	Medical and Pharmaceutical Products
合肥市移动通讯枢纽楼	Hefei Mobile Company Pivotal Building	电信和其他信息传输服务业	Telecommunication and Other Information Circulation Services
合肥曼图机械工业车轮锻压	Hefei Mantu Machinery Tyre Forging Press	黑色金属冶炼及压延加工业	Smelting and Pressing of Ferrous Metals
汇源发电公司4#机扩建工程	Huiyuan Power Company No.4 Machinery Expansion	电力、热力的生产和供应业	Production and Supply of Electric and Heating Power
芜湖新兴铸管技术改造	Wuhu Xinxing Reform of Casting Pipe Technology	黑色金属冶炼及压延加工业	Smelting and Pressing of Ferrous Metals
芜湖奇瑞汽车公司汽车零部件	Wuhu Qirui Automobile Company Automobile Parts	交通运输设备制造业	Transport Equipment Manufacturing
省电力总公司220千伏送变电项目	Anhui Power Company 220 KV Conveying and Transformer Project	电力、热力的生产和供应业	Production and Supply of Electric and Heating Power
鑫龙电器成套总装	Xinlong Electric Appliance Complete Set Installation	电气机械及器材制造业	Electric Equipment and Machinery Manufacturing

continued

(10000 yuan)

隶属关系 Administrative Relationship	建设性质 Type of Construction	计划总投资 Total Investment Planned	自开始建设至本年底累计完成投资 Accumulative Investment Actually Made Since Starting of Constrution Up to the End of This Year	建设规模和新增能力（或效益） Scale of Construction and Newly Increased Capacity (Efficiency)			
				生产能力（或效益）名称 Name of production Capacity (Efficiency)	计量单位 Unit of Measurement	建设规模 Scale of Construction	累计新增 Accumulative Newly Increased Capacity
省属 Provincial	改建 Reform	14789	14789				
省属 Provincial	改建 Reform	62094	58919				
省属 Provincial	改建 Reform	19528	7500				
市属 City	扩建 Expansion	202400	202400				
市属 City	扩建 Expansion	520042	362175	薄钢板 Sheet Steel	万吨／年 10 000 tons/year	200	120
省属 Provincial	扩建 Expansion	8997	8997				
省属 Provincial	扩建 Expansion	8997	5120	客车制造 Coach Manufacturing	辆／年 unit/year	1000	
中央 Central	扩建 Expansion	21574	21574				
市属 City	扩建 Expansion	18456	18456				
市属 City	新建 New	18100	2036				
市属 City	新建 New	22079	22079				
市属 City	扩建 Expansion	42356	42356				
省属 Provincial	新建 New	6420	1652				
省属 Provincial	扩建 Expansion	42339	42339				
省属 Provincial	扩建 Expansion	19800	12391				
中央 Central	扩建 Expansion	21625	21625				
市属 City	改建 Reform	10538	4270				
市属 City	扩建 Expansion	8000	7139				
市属 City	扩建 Expansion	5000	3024				
市属 City	改建 Feform	5600	5600				
中央 Central	扩建 Expansion	7200	7200				
其他 Other	改建 Reform	5000	3883				
市属 City	扩建 Expansion	8004	7483				
其他 Other	扩建 Expansion	5000	3010				
中央 Central	改建 Reform	18099	18099				
其他 Other	扩建 Expansion	38276	9749				
市属 City	扩建 Expansion	61000	10600				
其他 Other	改建 Reform	26658	26658				
市属 City	新建 New	260000	167259				
省属 Provincial	新建 New	6600	6600				
其他 Other	扩建 Expansion	8800	4867				

6—23 房地产开发主要指标

Main Indicators of Real Estate Development

指 标	Item	1998	1999	2000	2002	2003
企业个数 （个）	**Number of Enterprises (unit)**	**824**	**847**	**988**	**1225**	**1392**
内 资	Domestic Funded	727	760	901	1141	1304
#国 有	State-owned Enterprises	295	290	298	259	218
集 体	Collective Enterprises	180	169	148	138	83
港、澳、台投资	Funded by Entrepreneurs from Hong Kong, Macao and Taiwan	67	60	65	48	53
外商投资	Foreign Funded	30	27	22	31	32
平均从业人数 （人）	**Average Number of Employed Persons (person)**	**22128**	**25472**	**27839**	**37702**	**39959**
内 资	Domestic Funded	20142	23718	26005	35691	37247
#国 有	State-owned Enterprises	8767	9917	9378	8416	6917
集 体	Collective Enterprises	5051	4865	3848	4678	2325
港、澳、台投资	Funded by Entrepreneurs from Hong Kong, Macao and Taiwan	1354	1261	1386	1155	1523
外商投资	Foreign Funded	632	493	448	688	972
本年完成投资额 （万元）	**Investment Completed this Year (10000 yuan)**	**578239**	**761217**	**879261**	**1464887**	**2406505**
#住 宅	Residential Buildings	368969	491312	575174	892229	1656236
#经济适用房屋	Economical Houses	73057	136386	169288	139563	161681
土地开发及购置 （平方米）	**Land Development and Purchase (sq.m)**					
本年土地开发面积	Land Space Developed this Year	2347793	3404384	4280140	6704836	7765190
本年土地购置面积	Land Space Purchased this Year	3249598	5865399	6413040	11827342	16073808
资金来源小计 （万元）	**Source of Funds (10000 yuan)**	**679736**	**760321**	**977459**	**1745708**	**3002227**
#国内贷款	Domestical Loans	155774	174029	185685	286522	568264
利用外资	Foreign Investment	20654	9133	19163	10164	15038
自筹资金	Fundraising	164051	214575	325053	616753	985305
房屋建筑面积 （平方米）	**Floor Space of Buildings (sq.m)**					
施工面积	Floor Space Under Construction	12285846	14282760	16933598	24035249	31400974
竣工面积	Floor Space Completed	5541578	6546724	7593316	10624754	13262104
本年新开工面积	Floor Space Started this Year	6005751	6731662	9005778	12406507	16555632
#住 宅	Residential Buildings	4865429	5556465	7131671	9496571	12983209
#经济适用房屋	Economical Houses	1259983	1754858	2409170	1593885	1017711
商品房屋销售面积 （平方米）	**Floor Space of Selling House (sq.m)**	**4051862**	**4594136**	**5361992**	**7948154**	**10932684**
#住 宅	Residential Buildings	3528869	3954882	4628177	6819034	9063492
#经济适用房屋	Economical Houses	772269	1295322	1429700	1353397	1299822
商品房屋销售价格(元/平方米)	**Selling Price of House (yuan/sq.m)**	**1120**	**1221**	**1193**	**1290**	**1513**
#住 宅	Residential Buildings	997	1055	1040	1171	1346
#经济适用房屋	Economical Houses	874	891	878	980	1134
实收资金合计 （万元）	**Total Capital Hold (10000 yuan)**	**471136**	**531348**	**801091**	**1168186**	**1644394**
#国家资本金	State Capital	178364	18005	28926	40541	36764
资产负债率 (%)	Ratio of Liabilities to Assets (%)	73	72	68	74	70
经营总收入 （万元）	**Total Revenue (10000 yuan)**	**505641**	**568277**	**701896**	**1314603**	**1658421**
#土地转让收入	land Transferred	13181	8940	12293	18580	23753

6—24 房地产开发投资（2003年）

Investment in Real Estate Development (2003)

分组	Sector	企业数（个） Number of Enterprises (unit)	实际需要总投资（万元） Total Investment Actually Needed (10000 yuan)	累计完成投资（万元） Accumulative Investment Actually Made (10000 yuan)	累计新增固定资产（万元） Accumulatively Newly Increased Fixed Assets (10000 yuan)	本年完成投资（万元） Investment Completed in this Year (10000 yuan)	#商品房建设投资额 Investment in Construction of Commercial Houses
总　计	**Total**	**1392**	**8731841**	**4075445**	**1940354**	**2406505**	**1661424**
按注册类型分	**Grouped by Status of Registration**						
内　资	Domestic Funded	1304	8057505	3746459	1805068	2241083	1564332
#国　有	State-owned Enterprises	218	1744270	808439	455122	411421	301238
集　体	Collective Enterprises	83	325176	183593	112450	127795	74515
港、澳、台投资	Funded by Entrepreneurs from Hong Kong, Macao and Taiwan	53	414476	198097	90993	98955	51009
外商投资	Foreign Funded	32	221060	98229	29014	51047	30663
按隶属关系分	**Grouped by Administrative Relationship**						
中　央	Central Government	11	189910	53559	29146	23405	20799
省	Province	54	554719	237301	84228	146037	79161
地　区	Prefecture	451	2887558	1370624	735804	751115	543805
县	County	293	1228535	633878	372075	389571	308219
乡镇企业	Township and Village Enterprises	72	207970	132622	90316	83818	62124
其　他	Other	511	3663149	1647461	628785	1012559	647316

分组	Sector	#土地开发投资额 Investment in Land Development	本年新增固定资产（万元） Newly Increased Fixed Assets in this Year (10000 yuan)	本年完成开发土地面积（平方米） Land Space Developed this Year (sq.m)	待开发土地面积（平方米） Land Space Needed to be Developed (sq.m)	本年购置土地面积（平方米） Land Space Purchased this Year (sq.m)	本年土地成交价款（万元） Volume of Land Business (10000 yuan)
总　计	**Total**	**261088**	**1286258**	**7765190**	**8188945**	**16073808**	**718305**
按注册类型分	**Grouped by Status of Registration**						
内　资	Domestic Funded	247376	1202829	7306329	7883885	15488375	644353
#国　有	State-owned Enterprises	43993	234887	1016177	1509551	2829934	87877
集　体	Collective Enterprises	26770	84451	780413	447322	1253153	43527
港、澳、台投资	Funded by Entrepreneurs from Hong Kong, Macao and Taiwan	9041	56384	326225	290802	384391	61970
外商投资	Foreign Funded	4671	11766	132636	14258	201042	11982
按隶属关系分	**Grouped by Administrative Relationship**						
中　央	Central Government	1216	17848	18815	272454	105721	8221
省	Province	8516	54997	494676	230427	846649	24871
地　区	Prefecture	94971	494394	2139117	3151900	5315330	231564
县	County	39491	224299	1278823	1258743	2946716	96333
乡镇企业	Township and Village Enterprises	12871	68140	349931	286050	316071	11837
其　他	Other	104023	426580	3483828	2989371	6543321	345479

6—25　各市房地产开发企业（单位）个数（2003年）

Number of Enterprises for Real Estate Development by Region (2003)

单位：个　　　　(unit)

地　区 Region		企业个数 Number of Enterprises	内资企业 Domestic Funded Enterprises	#国有 State-owned	#集体 Collective-owned	港澳台投资企业 Funede by Entrepreneurs from Hong Kong, Macao and Taiwan	外商投资企业 Foreign Funded Enterprises	国有及国有控股 State-owned and State Controlling Share Hold Enterprises
总　计	**Total**	**1392**	**1304**	**218**	**83**	**53**	**32**	**230**
合肥市	Hefei	374	340	60	11	20	13	61
淮北市	Huaibei	61	57	12		3	1	13
亳州市	Bozhou	22	22	6	1			6
宿州市	Suzhou	42	37	12	5	3	2	12
蚌埠市	Bengbu	70	68	16	2	1		17
阜阳市	Fuyang	74	72	13	2	1	1	14
淮南市	Huainan	43	40	4	2	3		4
滁州市	Chuzhou	67	64	10	1	3		10
六安市	Luan	53	53	15	5			15
马鞍山市	Maanshan	65	61	7	9	2	2	8
巢湖市	Chaohu	74	72	10	16	2		10
芜湖市	Wuhu	82	78	4	5	2	2	5
宣城市	Xuancheng	67	65	7	2		2	8
铜陵市	Tongling	48	45	9	2	1	2	10
池州市	Chizhou	50	44	3	3	1	5	3
安庆市	Anqing	123	116	19	13	6	1	22
黄山市	Huangshan	77	70	11	4	5	1	12

6—26　各市房地产开发企业（单位）从业人数（2003年）

Number of Employed Persons in Enterprises for Real Estate Development by Region (2003)

单位：人　　　　(person)

地　区 Region		平均从业人数 Average Number of Employed Persons	内资企业 Domestic Funded Enterprises	#国有 State-owned	#集体 Collective-owned	港澳台投资企业 Funede by Entrepreneurs from Hong Kong, Macao and Taiwan	外商投资企业 Foreign Funded Enterprises	国有及国有控股 State-owned and State Controlling Share Hold Enterprises
总　计	**Total**	**39959**	**37247**	**6917**	**2325**	**1523**	**972**	**7313**
合肥市	Hefei	10576	9562	1843	244	545	304	1869
淮北市	Huaibei	1703	1580	229		109	14	307
亳州市	Bozhou	800	800	317	18			317
宿州市	Suzhou	2098	1824	291	139	235	39	291
蚌埠市	Bengbu	1823	1781	714	26	10		735
阜阳市	Fuyang	1500	1456	355	25	14	30	368
淮南市	Huainan	1591	1451	80	28	140		80
滁州市	Chuzhou	1598	1506	290	22	92		290
六安市	Luan	3065	3065	788	382			788
马鞍山市	Maanshan	1298	1228	157	237	49	21	188
巢湖市	Chaohu	1827	1777	165	473	50		165
芜湖市	Wuhu	2157	2065	169	67	42	50	219
宣城市	Xuancheng	1941	1908	137	216		33	162
铜陵市	Tongling	1520	1453	320	27	25	42	330
池州市	Chizhou	1334	1181	145	71	22	131	145
安庆市	Anqing	3410	3266	717	311	124	20	854
黄山市	Huangshan	1718	1344	200	39	66	288	205

6—27 各市房地产开发建设投资总规模及完成投资（2003年）

General Scale of and Actually Completed Investment in Real Estate Development by Region (2003)

单位：万元 (10000 yuan)

地区	Region	实际需要总投资 Total Investment Actually Needed	自开始建设至本年底累计完成投资 Accumulative Investment Actually Made Since Starting of Construction up to the End of this Year	#本年完成投资 Investment Made this Year	全部建成尚需投资 Further Invesment Required for the Completion of Construction
总计	**Total**	**8731841**	**4075445**	**2406505**	**4656396**
合肥市	Hefei	3480751	1484751	896970	1996000
淮北市	Huaibei	210452	96631	60655	113821
亳州市	Bozhou	137554	89706	46034	47848
宿州市	Suzhou	152962	78760	44776	74202
蚌埠市	Bengbu	411534	216675	135081	194859
阜阳市	Fuyang	489939	124749	79321	365190
淮南市	Huainan	348015	133357	67286	214658
滁州市	Chuzhou	209161	129607	66846	79554
六安市	Luan	258442	156851	93270	101591
马鞍山市	Maanshan	427593	242148	136244	185445
巢湖市	Chaohu	262903	130327	75064	132576
芜湖市	Wuhu	839079	429892	259285	409187
宣城市	Xuancheng	328610	170038	92567	158572
铜陵市	Tongling	264538	164747	93126	99791
池州市	Chizhou	130256	73353	46293	56903
安庆市	Anqing	328408	167791	105231	160617
黄山市	Huangshan	451644	186062	108456	265582

6—28 各市按用途分的房地产开发企业（单位）完成投资额（2003年）

Actually Completed Investment of Enterprises for Real Estate Development by Region and by Use (2003)

单位：万元 (10000 yuan)

地区	Region	本年完成投资额 Investment Made this Year	住宅 Residential Buildings	#别墅、高档公寓 Villas and Good Apartments	#经济适用房屋 Economical Houses	办公楼 Office Buildings	商业营业用房 Houses for Business Use	其他 Other
总计	**Total**	**2406505**	**1656236**	**79178**	**161681**	**78679**	**439252**	**232338**
合肥市	Hefei	896970	638531	56005	67524	38402	167688	52349
淮北市	Huaibei	60655	47578		900	790	5816	6471
亳州市	Bozhou	46034	22663	3306	9693	1028	10295	12048
宿州市	Suzhou	44776	24852	500	3250	1255	7806	10863
蚌埠市	Bengbu	135081	114569	620	3304	1379	13089	6044
阜阳市	Fuyang	79321	57784	1200	3507	1355	14647	5535
淮南市	Huainan	67286	35171		16010	3813	24188	4114
滁州市	Chuzhou	66846	45559	1574	9491	3199	6984	11104
六安市	Luan	93270	52401	2290	3957	3616	16717	20536
马鞍山市	Maanshan	136244	113092	374	8756	1148	18824	3180
巢湖市	Chaohu	75064	59589	231	4030	2353	8807	4315
芜湖市	Wuhu	259285	175022	2097		4962	38110	41191
宣城市	Xuancheng	92567	47049	2742	6120	1274	24692	19552
铜陵市	Tongling	93126	60567	1690	12436	8503	20269	3787
池州市	Chizhou	46293	36028	120		524	5849	3892
安庆市	Anqing	105231	67975	5114	10318	2514	27359	7383
黄山市	Huangshan	108456	57806	1315	2385	2564	28112	19974

6—29 各市房地产开发建设房屋建筑面积和造价（2003年）

Floor Space of Buildings and their Cost in Real Estate Development by Region (2003)

地区	Region	施工房屋面积（平方米）Floor Space of Buildings Under Construction (sq.m)	新开工 Newly Started	竣工房屋面积（平方米）Floor Space of Buildings Completed (sq.m)	房屋建筑面积竣工率(%) Rattio of Floor Space of Buildings Completed (%)	竣工房屋价值（万元）Value of Buildings Completed (10000 yuan)	竣工房屋造价（元/平方米）Cost of Buildings Completed (yuan/sq.m)
总计	**Total**	**31400974**	**16555632**	**13262104**	**42.23**	**1094037**	**825**
合肥市	Hefei	9328628	4677596	3246865	34.81	308451	950
淮北市	Huaibei	1498670	861335	210219	14.03	14198	675
亳州市	Bozhou	562041	178499	381767	67.93	25132	658
宿州市	Suzhou	571545	298749	396235	69.33	27353	690
蚌埠市	Bengbu	2262052	1234480	915890	40.49	62806	686
阜阳市	Fuyang	1129835	726460	428793	37.95	35779	834
淮南市	Huainan	1116848	586228	458353	41.04	43841	956
滁州市	Chuzhou	974474	592543	488855	50.17	40730	833
六安市	Luan	1183776	497380	849599	71.77	78379	923
马鞍山市	Maanshan	1879876	1248440	785258	41.77	58714	748
巢湖市	Chaohu	1049572	670397	546000	52.02	38619	707
芜湖市	Wuhu	2633023	1489945	1139846	43.29	89282	783
宣城市	Xuancheng	1095731	681671	683915	62.42	54140	792
铜陵市	Tongling	1457959	571388	618941	42.45	53714	868
池州市	Chizhou	790563	398517	329206	41.64	25666	780
安庆市	Anqing	2700039	1373717	1046662	38.76	74815	715
黄山市	Huangshan	1166342	468287	735700	63.08	62418	848

6—30 各市按用途分的房地产开发企业（单位）新开工房屋面积（2003年）

Floor Space Started in Real Estate Development by Region and by Use (2003)

单位：平方米 (sq.m)

地区	Region	本年新开工房屋面积 Floor Space Started This Year	住宅 Residential Buildings	#别墅、高档公寓 Villas and Good Apartments	#经济适用房屋 Economical Houses	办公楼 Office Buildings	商业营业用房 Houses for Business Use	其他 Other
总计	**Total**	**16555632**	**12983209**	**416533**	**1017711**	**405946**	**2719352**	**447125**
合肥市	Hefei	4677596	3660584	264111	195898	151124	733751	132137
淮北市	Huaibei	861335	748905			5800	72935	33695
亳州市	Bozhou	178499	124805	11600	51700	3790	49904	
宿州市	Suzhou	298749	248165		45300	9600	37634	3350
蚌埠市	Bengbu	1234480	1094425	10858	20000	2500	112783	24772
阜阳市	Fuyang	726460	536491		48773	27800	162169	
淮南市	Huainan	586228	447297		198151	29465	99039	10427
滁州市	Chuzhou	592543	506626	15553	60060	25530	59341	1046
六安市	Luan	497380	337149	16165	20100	20734	136251	3246
马鞍山市	Maanshan	1248440	1055477	4680	73132	5200	169359	18404
巢湖市	Chaohu	670397	570879	716	14000	22119	59188	18211
芜湖市	Wuhu	1489945	1160114	29351		21322	200914	107595
宣城市	Xuancheng	681671	476817	23012	49623	3693	193760	7401
铜陵市	Tongling	571388	359449	7347	66714	36068	118322	57549
池州市	Chizhou	398517	329966	1600		4434	60247	3870
安庆市	Anqing	1373717	1022903	30700	151394	18143	317528	15143
黄山市	Huangshan	468287	303157	840	22866	18624	136227	10279

6—31 各市商品房屋销售情况（2003年）

Selling of Commercial Houses by Region (2003)

地 区	Region	房屋销售面积（平方米）Floor Space of Selling House (sq.m)	#住宅 Residential Buildings	个人购买商品住宅（平方米）Commerical Houses Purchased by Individuals (sq.m)	空置面积（平方米）Floor Space of Vacant Houses (sq.m)	#空置一至三年 Vacant From One to Three Years	商品房销售额（万元）Total Sales of Commerical Houses (10000 yuan)	#住宅 Residential Buildings
总 计	**Total**	**10932684**	**9063492**	**8844313**	**2616812**	**1249276**	**1654143**	**1219565**
合肥市	Hefei	2858395	2440932	2351768	612472	265261	598875	462612
淮北市	Huaibei	141773	128215	123606	61914	4972	17317	14683
亳州市	Bozhou	281146	210454	208954	63239	54079	26532	14208
宿州市	Suzhou	348837	256092	254442	25193	15483	45653	27397
蚌埠市	Bengbu	488249	451503	451503	141618	31887	78447	65513
阜阳市	Fuyang	320451	279721	273920	55355	46268	35663	26618
淮南市	Huainan	403382	324102	320904	213064	90869	51445	34038
滁州市	Chuzhou	373763	348935	348085	161746	83139	48301	40898
六安市	Luan	689560	545095	488159	38500	27988	78904	53017
马鞍山市	Maanshan	652315	577944	568646	32057	10631	102126	83437
巢湖市	Chaohu	501804	444257	424633	206216	147511	49494	36625
芜湖市	Wuhu	1075187	875355	875355	181401	111147	167750	128480
宣城市	Xuancheng	651381	489821	473821	113363	31274	74162	47498
铜陵市	Tongling	479684	404380	404380	143299	56520	63790	48774
池州市	Chizhou	361999	309275	309275	72173	25805	37122	27012
安庆市	Anqing	707373	528121	518440	301760	89435	88510	55970
黄山市	Huangshan	597385	449290	448422	193442	157007	90052	52785

6—32 各市按用途分的商品房屋实际销售面积（2003年）

Floor Space of Commercial Houses Actually Sold by Use and by Region (2003)

单位：平方米 (sq.m)

地 区	Region	房屋销售面积 Floor Space of Selling House	住宅 Residential Buildings	#别墅、高档公寓 Villas and Good Apartments	#经济适用房屋 Economical Houses	办公楼 Office Buildings	商业营业用房 Houses for Business Use	其他 Other
总 计	**Total**	**10932684**	**9063492**	**286359**	**1299822**	**228282**	**1484730**	**156180**
合肥市	Hefei	2858395	2440932	178233	246387	95886	309457	12120
淮北市	Huaibei	141773	128215		4418	2495	6723	4340
亳州市	Bozhou	281146	210454	28239	72648	2300	52454	15938
宿州市	Suzhou	348837	256092	13000	32100	6250	83645	2850
蚌埠市	Bengbu	488249	451503		39386	45	29019	7682
阜阳市	Fuyang	320451	279721	423	105599	2127	38603	
淮南市	Huainan	403382	324102		220007	22860	56420	
滁州市	Chuzhou	373763	348935	3000	60216	3400	20981	447
六安市	Luan	689560	545095	8700	40576	14810	127585	2070
马鞍山市	Maanshan	652315	577944	877	64448		71901	2470
巢湖市	Chaohu	501804	444257		42293	11834	45713	
芜湖市	Wuhu	1075187	875355	13638	18962	9184	130229	60419
宣城市	Xuancheng	651381	489821	13683	113493	6305	127814	27441
铜陵市	Tongling	479684	404380	450	156244	18266	55829	1209
池州市	Chizhou	361999	309275			5880	46844	
安庆市	Anqing	707373	528121	17115	60269	6980	158961	13311
黄山市	Huangshan	597385	449290	9001	22776	19660	122552	5883

6—33 各市按用途分的商品房屋平均销售价格（2003年）

Average Selling Price of Commercial Houses by Region and by Use (2003)

单位：元/平方米 (yuan/sq.m)

地 区	Region	房屋平均销售价格 Average Selling Price of Houses	住 宅 Residential Buildings	#别 墅、高档公寓 Villas and Good Apartments	#经济适用房 屋 Economical Houses	办 公 楼 Office Buildings	商 业营业用房 Houses for Business Use	其 他 Other
总 计	**Total**	**1513.03**	**1345.58**	**1941.76**	**1134.39**	**2212.13**	**2454.65**	**1256.88**
合 肥 市	Hefei	2095.14	1895.23	2355.62	1647.65	3381.20	3152.04	5198.02
淮 北 市	Huaibei	1221.46	1145.19		932.55	1563.13	2705.64	979.26
亳 州 市	Bozhou	943.71	675.11	1096.00	672.28	2213.04	2135.59	384.62
宿 州 市	Suzhou	1308.72	1069.81	1400.00	959.50	700.80	2110.71	571.93
蚌 埠 市	Bengbu	1606.70	1451.00		877.22	2000.00	3824.39	2378.29
阜 阳 市	Fuyang	1112.90	951.59	1796.69	793.85	620.59	2308.89	
淮 南 市	Huainan	1275.34	1050.22		1029.74	1305.34	2556.36	
滁 州 市	Chuzhou	1292.29	1172.08	2000.00	1635.28	1952.94	3151.42	2841.16
六 安 市	Luan	1144.27	972.62	926.44	804.66	871.71	1905.16	1396.14
马鞍山市	Maanshan	1565.59	1443.69	1311.29	1517.04		2553.37	1336.03
巢 湖 市	Chaohu	986.32	824.41		854.04	1098.53	2530.79	
芜 湖 市	Wuhu	1560.19	1467.75	1286.11	843.79	1574.48	2490.38	892.43
宣 城 市	Xuancheng	1138.53	969.70	1922.82	861.37	1498.81	1872.80	649.39
铜 陵 市	Tongling	1329.83	1206.14	1333.33	1048.62	1708.64	2115.93	678.25
池 州 市	Chizhou	1025.47	873.40			1061.22	2025.02	
安 庆 市	Anqing	1251.25	1059.80	986.27	1034.20	1338.11	1886.19	1219.29
黄 山 市	Huangshan	1507.44	1174.85	1082.10	1533.19	1673.96	2717.13	1150.77

6—34 各市房地产开发企业（单位）的资产负债（2003年）

Assets and Liabilities of Enterpises for Real Estate Development by Region (2003)

单位：万元 (10000 yuan)

地 区	Region	实收资本合 计 Total Capital Hold	#国 家资 本 金 State Capital	资产总计 Total Assets	累计折旧 Total Depreciation	#本年折旧 Depreciation this Year	负债总计 Total Liabilities	所有者权益 Creditors Equity	资产负债率(%) Ratio of Liabilities to Assets
总 计	**Total**	**1644394**	**36764**	**5877267**	**76841**	**19996**	**4096093**	**1781174**	**69.69**
合 肥 市	Hefei	688300	20924	2448523	33851	8734	1680872	767651	68.65
淮 北 市	Huaibei	52691	50	137169	1258	339	88406	48763	64.45
亳 州 市	Bozhou	23599		92249	1611	296	65799	26450	71.33
宿 州 市	Suzhou	36413		83836	1295	322	51033	32803	60.87
蚌 埠 市	Bengbu	88135	2309	336647	2302	422	242402	94245	72.00
阜 阳 市	Fuyang	94484	1780	224764	3852	646	140748	84016	62.62
淮 南 市	Huainan	59791		212483	5437	2813	142593	69890	67.11
滁 州 市	Chuzhou	48136	735	129384	3265	680	77435	51949	59.85
六 安 市	Luan	46800	820	130154	1595	362	88087	42067	67.68
马鞍山市	Maanshan	53036	725	229366	2191	373	174610	54756	76.13
巢 湖 市	Chaohu	55087	2123	147433	3359	653	100636	46797	68.26
芜 湖 市	Wuhu	112755		686299	3793	1345	528749	157550	77.04
宣 城 市	Xuancheng	50154	52	160430	2803	505	117116	43314	73.00
铜 陵 市	Tongling	55160	5460	216659	2610	464	151354	65305	69.86
池 州 市	Chizhou	29776		88996	670	191	64326	24670	72.28
安 庆 市	Anqing	91924	1786	324279	4591	1206	214409	109870	66.12
黄 山 市	Huangshan	58153		228596	2358	645	167518	61078	73.28

6—35 各市房地产开发经营情况（2003年）

Real Estate Development and Management by Region (2003)

单位：万元 (10000 yuan)

地区	Region	经营总收入 Total Revenue	土地转让收入 Land Transferred	商品房屋销售收入 Commercial Houses Sold	房屋出租收入 Houses Leased	其他收入 Others	经营税金及附加 Business Tax and Extra Charges	营业利润 Operating Surplus
总计	**Total**	**1658421**	**23753**	**1530878**	**10953**	**92837**	**93388**	**47782**
合肥市	Hefei	577513	4926	532587	5294	34706	30835	25133
淮北市	Huaibei	19873		17626	429	1818	719	-2661
亳州市	Bozhou	39545	5461	31814	12	2258	2098	2400
宿州市	Suzhou	23316	1030	21426	65	795	1032	-395
蚌埠市	Bengbu	79127		73211	75	5841	3773	-2458
阜阳市	Fuyang	41730		33081	441	8208	1620	-4514
淮南市	Huainan	54333		52617	1057	659	3080	264
滁州市	Chuzhou	43017		41753	95	1169	2358	-899
六安市	Luan	77558	2659	73438	302	1159	4273	4723
马鞍山市	Maanshan	92946	75	91739	1109	23	5430	1662
巢湖市	Chaohu	49316	1668	47360	113	175	2422	1762
芜湖市	Wuhu	209360	1200	188132	605	19423	12955	11157
宣城市	Xuancheng	78544	4964	68090	58	5432	5092	3354
铜陵市	Tongling	57584		51821	491	5272	2817	1028
池州市	Chizhou	37995	1	37076	304	614	1949	-2162
安庆市	Anqing	100960	1540	97621	108	1691	8906	6731
黄山市	Huangshan	75704	229	71486	395	3594	4029	2657

6—36 各市城镇和工矿区个人建房（2003年）

Building Construction by Individuals in Cities and Towns and in Industrial and Mining Areas by Region (2003)

地区	Region	城镇工矿区个数（个） Number of Cities, Towns, Industrial and Mining Areas (unit)	建房户数（户） Number of Households With Building Construction (household)	竣工房屋建筑面积（平方米） Floor Space of Buildings Completed (sq.m)	#住宅 Residential Buildings	竣工房屋价值（万元） Value of Buildings Completed (10000 yuan)	#住宅 Residential Buildings
总计	**Total**	**935**	**82971**	**9064263**	**7596262**	**361563**	**291935**
合肥市	Hefei	35	4061	327502	286376	14267	13234
淮北市	Huaibei	38	4544	477021	360046	22017	16655
亳州市	Bozhou	97	8642	945735	745601	27557	21071
宿州市	Suzhou	89	6318	873052	600266	31443	20351
蚌埠市	Bengbu	33	9803	281058	233777	10556	8833
阜阳市	Fuyang	134	9136	1121419	915200	41432	31558
淮南市	Huainan	18	510	59598	54483	2014	1834
滁州市	Chuzhou	29	3593	399954	366469	17701	15819
六安市	Luan	102	11046	898084	777368	34484	28030
马鞍山市	Maanshan	13	270	35548	33387	1860	1745
巢湖市	Chaohu	90	9797	1266625	1098047	72283	59010
芜湖市	Wuhu	34	2163	268503	233865	12096	10532
宣城市	Xuancheng	63	3280	509509	410726	24289	19572
铜陵市	Tongling	7	323	38812	37932	1489	1470
池州市	Chizhou	45	2761	423047	399719	11802	10902
安庆市	Anqing	97	6278	1063775	973167	33289	28539
黄山市	Huangshan	11	446	75021	69833	2984	2780

6—37 各县（市）基本建设、更新改造投资、房地产投资和新增固定资产（2003年）

Investment in Capital Construction, Innovation, Real Estate and Newly Increased Fixed Assets by County (City) (2003)

单位：万元 (10000 yuan)

县（市）	County (City)	基本建设投资 Investment in Capital Construction	更新改造投资 Investment in Innovation	房地产开发 Investment in Real Estate Development	新增固定资产 Newly Increased Fixed Assets
合肥市辖区	Hefei Reigon of City	1038187	320609	873776	902265
长丰县	Changfeng	63974	4989	1521	40966
肥东县	Feidong	64760	2229	5600	38300
肥西县	Feixi	35103	3328	16073	41989
淮北市辖区	Huaibei Reigon of City	158394	169165	59510	221846
濉溪县	Suixi	26831	4751	1145	8150
亳州市辖区	Bozhou Reigon of City	134078	58413	38314	176596
涡阳县	Guoyang	7984	14499	1640	10901
蒙城县	Mengcheng	3819	9949	3000	15687
利辛县	Lixin	4513	1381	3080	6825
宿州市辖区	Suzhou Reigon of City	63959	86103	35567	131242
砀山县	Dangshan	10780	19900	4027	31760
萧县	Xiaoxian	11819	16208	1790	27209
灵璧县	Lingbi	14121	12158	2242	23122
泗县	Sixian	15633	13990	1150	18384
蚌埠市辖区	Bengbu Reigon of City	240134	162186	122966	288524
怀远县	Huaiyuan	86129	9032	11565	50242
五河县	Wuhe	21719	1955	50	12374
固镇县	Guzhen	23423	7100	500	28491
阜阳市辖区	Fuyang Reigon of City	114023	92406	74868	171022
界首市	Jieshou	6968	11806	1000	13174
临泉县	Linquan	16878	25493	751	47307
太和县	Taihe	21354	9276	1682	19315
阜南县	Funan	14125	9340	1020	20054
颍上县	Yingshang	21514	9850		30085
淮南市辖区	Huainan Reigon of City	195418	141022	65639	137418
凤台县	Fengtai	18913	11965	1647	9053
滁州市辖区	Chuzhou Reigon of City	68296	68896	48754	86717
天长市	Tianchang	9386	29156	7601	37567
明光市	Mingguang	26740	13874	1869	13311
来安县	Laian	32160	15650	1600	47600
全椒县	Quanjiao	8541	18799	3910	23979
定远县	Dingyuan	21425	10957	1660	32893
凤阳县	Fengyang	6840	27806	1452	14962
六安市辖区	Luan Reigon of City	94014	47415	43112	128631
寿县	Shouxian	16798	11243	11650	19721
霍邱县	Huoqiu	58146	13306	7445	70974
舒城县	Shucheng	38510	5840	17138	60047

6—37 续表 continued

单位：万元 (10000 yuan)

县（市） County (City)		基本建设投资 Investment in Capital Construction	更新改造投资 Investment in Innovation	房地产开发 Investment in Real Estate Development	新增固定资产 Newly Increased Fixed Assets
金寨县	Jinzhai	24827	9159	5704	20637
霍山县	Huoshan	24448	17175	8221	38416
马鞍山市辖区	Maanshan Reigon of City	218215	559758	118274	271752
当涂县	Dangtu	41096	58620	17970	95384
巢湖市辖区	Chaohu Reigon of City	65619	66296	32204	120335
庐江县	Lujiang	31982	19239	6614	53651
无为县	Wuwei	67746	46098	26724	82665
含山县	Hanshan	42789	23135	3217	54878
和县	Hexian	47302	15450	6305	57806
芜湖市辖区	Wuhu Reigon of City	461508	365403	223661	343671
芜湖县	Wuhu	41192	14586	6192	66342
繁昌县	Fanchang	28883	30162	12559	41746
南陵县	Nanling	33944	10133	16873	7041
宣城市辖区	Xuancheng Reigon of City	58882	52596	28915	72514
宁国市	Ningguo	69738	30061	30655	80949
郎溪县	Langxi	37461	10303	5381	53102
广德县	Guangde	50991	46561	8159	45713
泾县	Jingxian	20800	10613	10903	32551
旌德县	Jingde	12388	8767	3242	23197
绩溪县	Jixi	11727	15776	5312	21552
铜陵市辖区	Tongling Reigon of City	139084	176838	77987	161452
铜陵县	Tongling	9208	4228	15139	22695
池州市辖区	Chizhou Reigon of City	106109	53703	33211	138966
东至县	Dongzhi	18489	7699	3753	15885
石台县	Shitai	6613	4741	550	11184
青阳县	Qingyang	18550	5218	8779	18379
安庆市辖区	Anqing Reigon of City	170232	97976	70484	114714
桐城市	Tongcheng	49481	26648	5970	71387
怀宁县	Huaining	39736	51291	2115	67781
枞阳县	Zongyang	43851	46756	4369	76658
潜山县	Qianshan	20003	8955	7358	22624
太湖县	Taihu	17946	4185	4864	21078
宿松县	Susong	24329	10950	4300	28694
望江县	Wangjiang	12356	4666	2560	10892
岳西县	Yuexi	18342	8730	3211	27358
黄山市辖区	Huangshan Reigon of City	211323	39826	80706	93295
歙县	Shexian	12019	12799	12248	28827
休宁县	Xiuning	22080	8451	7774	24058
黟县	Yixian	6034	4923	1200	11776
祁门县	Qimen	8893	9928	6528	19357
不分地区	Not Classified by Region	366745	61724		45000

主要统计指标解释

全社会固定资产投资 固定资产投资是社会固定资产再生产的主要手段。通过建造和购置固定资产的活动，国民经济不断采用先进技术装备，建立新兴部门，进一步调整经济结构和生产力的地区分布，增强经济实力，为改善人民物质文化生活创造物质条件。这对我国的社会主义现代化建设具有重要意义。

固定资产投资额是以货币表现的建造和购置固定资产活动的工作量，它是反映固定资产投资规模、速度、比例关系和使用方向的综合性指标。全社会固定资产投资按经济类型可分为国有、集体、个体、联营、股份制、外商、港澳台商、其他等。按照管理渠道，全社会固定资产投资总额分为基本建设、更新改造、房地产开发投资和其他固定资产投资四个部分。

基本建设投资 基本建设指企业、事业、行政单位以扩大生产能力或工程效益为主要目的的新建、扩建工程及有关工作。其综合范围为总投资50万元以上(含50万元，下同)的基本建设项目。具体包括：(1)列入中央和各级地方本年基本建设计划的建设项目，以及虽未列入本年基本建设计划，但使用以前年度基建计划内结转投资(包括利用基建库存设备材料)在本年继续施工的建设项目；(2)本年基本建设计划内投资与更新改造计划内投资结合安排的新建项目和新增生产能力(或工程效益)达到大中型项目标准的扩建项目，以及为改变生产力布局而进行的全厂性迁建项目；(3)国有单位既未列入基建计划，也未列入更新改造计划的总投资在50万元以上的新建、扩建、恢复项目和为改变生产力布局而进行的全厂性迁建项目，以及行政、事业单位增建业务用房和行政单位增建生活福利设施的项目。

更新改造投资 更新改造指企业、事业单位对原有设施进行固定资产更新和技术改造，以及相应配套的工程和有关工作(不包括大修理和维护工程)。其综合范围为总投资 50 万元以上的更新改造项目。具体包括：(1)列入中央和各级地方本年更新改造计划的投资单位(项目)和虽未列入本年更新改造计划，但使用上年更新改造计划内结转的投资在本年继续施工的项目；(2)本年更新改造计划内投资与基本建设计划内投资结合安排的对企、事业单位原有设施进行技术改造或更新的项目和增建主要生产车间、分厂等其新增生产能力(或工程效益)未达到大中型项目标准的项目，以及由于城市环境保护和安全生产的需要而进行的迁建工程；(3)国有企、事业单位既未列入基建计划也未列入更新改造计划，总投资在50万元以上的属于改建或更新改造性质的项目，以及由于城市环境保护和安全生产的需要而进行的迁建工程。

房地产开发投资 指房地产开发公司、商品房建设公司及其他房地产开发法人单位和附属于其他法人单位实际从事房地产开发或经营的活动单位统一开发的包括统代建、拆迁还建的住宅、厂房、仓库、饭店、宾馆、度假村、写字楼、办公楼等房屋建筑物和配套的服务设施，土地开发工程(如道路、给水、排水、供电、供热、通讯、平整场地等基础设施工程)的投资；不包括单纯的土地交易活动。

其他固定资产投资 指全社会固定资产投资中未列入基本建设、更新改造和房地产开发投资的建造和购置固定资产的活动。具体包括：

⑴国有单位按规定不纳入基本建设计划和更新改造计划管理，计划总投资(或实际需要总投资)在50万元以上的以下工程：①用油田维护费和石油开发基金进行的油田维护和开发工程；②煤炭、铁矿、森工等采掘采伐业用维简费进行的开拓延伸工程；③交通部门用公路养路费对原有公路、桥梁进行改建的工程；④商业部门用简易建筑费建造的仓库工程。

⑵城镇集体固定资产投资：指所有隶属城市、县城和经国务院及省、自治区、直辖市批准建制的镇领导的集体单位(乡镇企业局管理的除外)建造和购置固定资产计划总投资(或实际需要总投资)在50万元以上的项目。

⑶除上述以外的其他各种企、事业单位、个体建造和购置固定资产总投资在50万元以上的、未列入基本建设计划和更新改造计划的项目。

城镇和工矿区私人建房投资和农村个人投资 城镇和工矿区私人建房包括市、县城、镇、工矿区所辖范围内的全部私人建房，不论其房主是否系本地的常住户口均应包括。农村个人投资包括农村个人建房及购置生产性固定资产的投资。

固定资产投资的资金来源 根据固定资产投资的资金来源不同，分为国家预算内资金、国内贷款、利用外资、自筹资金和其他资金来源。

⑴国家预算内资金：指中央财政和地方财政中由国家统筹安排的基本建设拨款和更新改造拨款，以及中央财政安排的专项拨款中用于基本建设的资金和基本建设拨款改贷款的资金等。

⑵国内贷款：指报告期内企、事业单位向银行及非银行金融机构借入的用于固定资产投资的各种国内借款。包括银行利用自有资金及吸收的存款发放的贷款、上级主管部门拨入的国内贷款、国家专项贷款(包括煤代油贷款、劳改煤矿专项贷款等)、地方财政专项资金安排的贷款、国内储备贷款、周转贷款等。

⑶利用外资：指报告期内收到的用于固定资产投资的国外资金，包括统借统还、自借自还的国外贷款，中外合资项目中的外资，以及对外发行债券和股票等。国家统借统还的外资指由我国政府出面同外国政府、团体或金融组织签订贷款协议、并负责偿还本息的国外贷款。

⑷自筹资金：指建设单位报告期内收到的，用于进行固定资产投资的上级主管部门、地方和企、事业单位自筹资金。

⑸其他资金来源：指报告期内收到的除以上各种拨款、固定资产投资按国民经济行业分建设项目归哪个行业，按其建成投产后的主要产品或主要用途及社会经济活动性质来确定。基本建设按建设项目划分国民经济行业，更新改造、国有单位其他固定资产投资及城镇集体投资根据整个企业、事业单位所属的行业来划分。一般情况下，一个建设项目或一个企业、事业单位只能属于一种国民经济行业。为了更准确地反映国民经济各行业之间的比例关系，联合企业(总厂)所属分厂属于不同行业的，原则上按分厂划分行业。

固定资产投资按建设性质分　建设项目的性质一般分为新建、扩建、改建、迁建、恢复。基本建设按建设项目划分建设性质，更新改造、国有单位其他固定资产投资及城镇集体投资等按整个企业、事业单位的建设情况确定建设性质，房地产开发单位、农村投资、城镇工矿区私人建房等投资不划分建设性质。

⑴新建：一般是指从无到有、“平地起家”新开始建设的单位。有的单位原有的基础很小，经过建设后其新增加的固定资产价值超过原有固定资产价值(原值)三倍以上的也算新建。

⑵扩建：一般是指为扩大原有产品的生产能力，在厂内或其他地点增建主要生产车间(或主要工程)、独立的生产线或分厂的企业；事业单位和行政单位在原单位增建业务用房(如学校增建教学用房、医院增建门诊部或病床用房、行政机关增建办公楼等)也作为扩建。

⑶改建：一般是指现有企业、事业单位为了技术进步，提高产品质量，增加花色品种，促进产品升级换代，降低消耗和成本，加强资源综合利用和三废治理、劳保安全等，采用新技术、新工艺、新设备、新材料等对现有设施、工艺条件进行技术改造或更新(包括相应配套的辅助性生产、生活福利设施)。有的企业为充分发挥现有生产能力，进行填平补齐而增建不增加本单位主要产品生产能力的车间等，也属于改建。

固定资产投资按构成分　固定资产投资活动按其工作内容和实现方式分为建筑安装工程，设备、工具、器具购置，其他费用三个部分。

⑴建筑安装工程(建筑安装工作量)：指各种房屋、建筑物的建造工程和各种设备、装置的安装工程。包括各种房屋建造工程，各种用途设备基础和各种工业窑炉的砌筑工程；为施工而进行的各种准备工作和临时工程以及完工后的清理工作等；铁路、道路的铺设，矿井的开凿及石油管道的架设等；水利工程；防空地下建筑等特殊工程；以及各种机械设备的安装工程；为测定安装工程质量，对设备进行的试运工作。在安装工程中，不包括被安装设备本身的价值。

⑵设备、工具、器具购置：指购置或自制达到固定资产标准的设备、工具、器具的价值，固定资产的标准按财务部门规定。新建单位、扩建单位的新建车间按照设计和计划要求购置或自制的全部设备、工具、器具，不论是否达到固定资产标准均计入“设备、工具、器具购置”中。

⑶其他费用：指在固定资产建造和购置过程中发生的，除建筑安装工程和设备、工具、器具购置以外的各种应摊入固定资产的费用。

基本建设项目按大中小型划分　基本建设划分大中小型项目原则上应按照上级批准的设计任务书或初步设计所确定的总规模或总投资划分，没有正式批准设计任务书或初步设计的，按国家或省、自治区、直辖市年度基本建设投资计划中所列的总规模或总投资划分。上述两条均不具备的，按本年计划施工工程的建设总规模或总投资划分。生产单一产品的工业项目，按产品的设计能力划分；生产多种产品的工业项目，按其主要产品的设计能力划分。品种繁多，难以按生产能力划分的，按全部计划投资额划分。划分标准以国家颁发的《大中小型建设项目划分标准》为依据。国家曾在1953年、1962年、1972年、1977年和1979年先后五次修订《大中小型建设项目划分标准》，因此各历史时期的大中型项目数不完全可比。

施工项目　指报告期内曾进行建筑或安装工程施工活动的建设项目，包括报告期内新开工项目、报告期以前开工跨入报告期继续施工的项目以及报告期施过工并在报告期内全部建成投产或停缓建的项目。

全部建成投产项目　工业项目是指设计文件规定形成生产能力的主体工程及其相应配套的辅助设施全部建成，经负荷试运转，证明具备生产设计规定合格产品的条件，并经过验收鉴定合格或达到竣工验收标准，与生产性工程配套的生活福利设施可以满足近期正常生产的需要，正式移交生产的建设项目。非工业项目是指设计文件规定的主体工程和相应的配套工程全部建成，能够发挥设计规定的全部效益，经验收鉴定合格或达到竣工验收标准，正式移交使用的建设项目。

新增生产能力 指通过固定资产投资活动而增加的设计能力或工程效益，它是用实物形态表示的固定资产投资的成果。新增生产能力的计算，是以能独立发挥生产能力或工程效益的单项工程(或项目)为对象。当单项工程(或项目)建成，经有关部门鉴定合格，正式移交投入生产，即可计算新增生产能力。

新增生产能力或工程效益有以下几种表现形式：

⑴以建设项目或单项工程建成后的年产能力表示，如煤炭开采、石油开采等。

⑵以建设项目或单项工程建成后处理原料的能力表示，如选矿工程的年处理矿石能力、洗煤厂年洗原煤能力等。

⑶以新增的主要设备数量或容量表示，如棉纺锭锭数、发电机组容量等。

⑷以建筑物容积、容量、面积或长度表示，如水库容量、铁路公路里程等。

新增生产能力的数量一般按设计能力计算。设计能力是指设计文件中规定的在正常情况下能够达到的生产能力，而不论投产后的实际产量如何。以设备数量、建筑物容积、面积、长度等表示的新增生产能力或工程效益，则按建成的实际数量计算。

房屋建筑面积 指从房屋外墙线算起的各层平面面积的总和，包括可供使用的有效面积和房屋结构(如柱、墙)占用的面积。多层建筑按各层(包括地下室)面积总和计算。

住宅建筑面积 指施工和竣工房屋建筑面积中供居住用的施工和竣工房屋建筑面积。

施工面积 指报告期内施工的全部房屋建筑面积。包括本期新开工的面积、上期跨入本期继续施工的房屋面积、上期停缓建在本期恢复施工的房屋面积、本期竣工的房屋面积及本期施工后又停缓建的房屋面积。

竣工面积 指在报告期内房屋建筑按照设计要求已全部完工，达到住人和使用条件，经验收鉴定合格，正式移交使用单位的建筑面积。

房屋建筑面积竣工率 指一定时期内房屋竣工面积占同期房屋施工面积的比率。它是从房屋建筑施工速度的角度反映投资效果和建筑业经济效益的指标。

新增固定资产 指通过投资活动所形成的新的固定资产价值，包括已经建成投入生产或交付使用的工程价值和达到固定资产标准的设备、工具、器具的价值及有关应摊入的费用。它是以价值形式表示的固定资产投资成果的综合性指标，可以综合反映不同时期、不同部门、不同地区的固定资产投资成果。

建设项目投产率 指一定时期内全部建成投入生产项目个数与同期正式施工项目个数的比率。它是从项目建设速度的角度反映投资效果的指标。

固定资产交付使用率 指一定时期新增固定资产与同期完成投资额的比率。它是反映各个时期固定资产动用速度，衡量建设过程中投资效果的一个综合性指标。

Explanatory Notes for Major Statistical Indicators

Total Investment in Fixed Assets in the Whole Country Investment in fixed assets is the essential means for social reproduction of fixed assets. By means of construction and purchase of fixed assets, more advanced technologies and equipment are adopted in the national economy, and new sectors are established, which promote the adjustment of economic structure and the regional distribution of productive forces and enhance the economic strengths so as to provide the material conditions for improving peoples livelihood. This is significant for speeding up the drive of socialist modernization in China.

Amount of investment in fixed assets refers to the volume of activities in construction and purchases of fixed assets in monetary terms. It is a comprehensive indicator which shows the size, pace, proportional relations and use orientation of the investment in fixed assets. Total investment in fixed assets in the whole country includes, by status of economic ownership, the investment by the state-owned units, collective units, individuals, joint ownership units, share-holding units, as well as investment by businessmen from foreign countries and from Hong Kong, Macao and Taiwan, and by other units. According to China's current management system, the investment in fixed assets in the whole country is classified into the following four parts: investment in capital construction, investment in innovation, investment in real estates development and other investment in fixed assets.

Investment in Capital Construction Capital construction refers to the new construction projects or extension projects and the related work of the enterprises, institutions or administrative units mainly for the purpose of expanding production capacity or improving project efficiency covering only projects each with a total investment of 500,000 RMB yuan and over. It includes: (1) projects listed in the capital construction plan of the current year of the central government and the local governments at various levels as well as the projects, though not listed in the capital construction plan of the current year, but continued to be constructed in this year, using the investment listed in the plan of capital construction of previous years and carried forward to this year (also using the equipment and materials kept in stock of the capital construction); (2) new construction projects arranged both in the plan of capital construction and the plan of innovation; extension projects with the newly increased production capacity (or project efficiency) up to the standard of a large and medium-sized project; and the projects of moving the whole factory to a new site so as to improve the distribution of productive forces; (3) new construction projects, extension projects or restoration projects with the total investment of 500,000 RMB yuan and over by the state-owned units, though listed neither in the plan of capital construction nor in the plan of innovation; the projects in the state-owned units of moving the whole factory to a new site so as to improve the distribution of productive forces; and the projects of building additional business houses by the administrative units and institutions and building welfare facilities by the administrative units.

Investment in Innovation Innovation refers to the renewal of fixed assets and technological innovation of the original facilities by the enterprises and institutions as well as the corresponding supplementary projects and the related work (excluding major overhaul and maintenance projects) covering only projects each with a total investment of 500,000 RMB yuan and over. It includes: (1) projects listed in the innovation plan of the current year of the central government and the local governments at various levels as well as the projects, though not listed in the innovation plan of the current year, but continued to be constructed in this year, using the investment listed in the plan of innovation of previous years and carried forward to this year; (2) projects of technological innovation or renewal of the original facilities, arranged both in the plan of innovation and in the plan of capital construction; extension projects (main workshops or a branch of the factory) with the newly increased production capacity (or project efficiency) not up to the standard of a large and medium-sized project; and the projects of moving the whole factory to a new site so as to meet the requirements of urban environmental protection or safe production; (3) projects of reconstruction or technological innovation with the total investment of 500,000 RMB yuan and over by the state-owned units, though listed neither in the plan of capital construction nor in the plan of innovation; the projects in the state-owned units of moving the whole factory to a new site so as to meet the requirements of urban environmental protection or safe production.

Investment in Real Estate Development It includes the investment by the real estate development companies, commercial buildings construction companies and other real estate development units of various types of ownership in the construction of house buildings, such as residential buildings, factory buildings, warehouses, hotels, guesthouses, holiday villages, office buildings, and the complementary service facilities and land development projects, such as roads, water supply, water drainage, power supply, heating, telecommunications, land leveling and other projects of infrastructure. It excludes the activities in simple land transactions.

Other Investment in Fixed Assets refers to the construc ion and purchases of fixed assets not listed in the investment in capital construction, investment in innovation and investment in real estate development. It includes:

a) The following projects of the state-owned units with the total planned (or actually needed) investment of 500,000 yuan and over, which are not included in the plan of capital construction and the plan of innovation: (1) projects of oil fields maintenance and exploitation with the oil fields maintenance funds and petroleum development funds; (2) opening and extending projects with the maintenance funds in coal, ore and other mining enterprises and logging enterprises; (3) project of reconstruction of the original highways and bridges with the highway maintenance funds in the department of communication; (4) projects of construction of warehouses with the funds of simple construction in the commercial department.

b) The investment in fixed assets by urban collective units: refer to projects of construction and purchases of fixed assets with the planned total investment of 500,000 yuan and over by all collective units in cities and county towns and in townships which are approved by the State Council or provincial governments, excluding investment by collective units under township enterprise administration offices.

c) The projects of construction and purchases of fixed assets by the enterprises, institutions or individuals other than those mentioned above with total investment of 500,000 yuan and over, which are not included in the plan of capital construction and the plan of innovation.

Private Investment in House Construction in Urban Areas, Industrial and Mining Areas and Individual Investment in Rural Areas The private house construction in the urban areas and industrial and mining areas includes all the private house construction under the jurisdiction of cities, counties, towns and industrial and mining areas, no matter whether the owner of the house is registered as the permanent resident in the locality or not. The individual investment in the rural areas includes the investment in house construction and purchase of productive fixed assets by the individuals in the rural areas.

Sources of Funds for Investment in Fixed Assets state budgetary appropriation, domestic loans, foreign investment, self-raised funds, and others.

a)State budgetary appropriation refers to appropriation in the budget of the central and local governments earmarked for capital construction and for innovation projects, and the special appropriation from the budget of the central government for capital construction and for the transfer fund to banks to be issued as loans for capital construction projects.

b)Domestic loans refer to various funds borrowed by enterprises and institutions from banks and non-bank financial institutions during the reference period for the purpose of investment in fixed assets, including loans issued by banks from their self-owned funds and deposit, loans appropriated by higher responsible authorities, special loans by government (including loan for replacing petroleum with coal, special loan for reform-through-labour coal mines), loans arranged by local government from special funds, domestic reserve loan, and working loan, etc.

c) Foreign Investment refers to foreign funds received during the reference period for the purpose of investment in fixed assets, including foreign funds borrowed and managed by the government, by individual units, foreign fund in joint venture program, and issue of bonds and stocks at the international financial markets. The foreign funds borrowed and managed by the government refer to foreign loans borrowed by the government from foreign governments, organizations, or financial institutions under official agreements signed by both parties, under which government is responsible for the repayment of both the principal and interests of the foreign loans.

d)Self-raised funds refer to funds received by construction enterprises from their higher responsible authorities, local governments, or raised by enterprises or institutions themselves for the purpose of investment in fixed assets during the reference period.

f) Others refer to funds received during the reference period which are not included in the above-mentioned sources.

Investment in Fixed Assets by Sector The classification of construction projects by sector is determined by the major products or the purpose of the projects when they are put into production or use, and by the nature of their social economic activities. The investment in capital construction is classified by construction projects, while investment in innovation, other investment by stateowned units and urban collective units are classified according to the sector which the whole enterprise or institution belongs to. In general, one project or one enterprise or institution can only belong to one sector. In order to reflect more accurately the proportions among various sectors, the branch factories of integrated complex are classified into different sectors according to their economic activities.

Investment in Fixed Assets by Type of Construction The construction projects in general can be classified by the type of construction into new construction, expansion, reconstruction and moving away. In capital construction, the type of construction is determined by the condition of the project. In investment in innovation, in other investment by state-owned units and investment by collective-owned units, the type of construction is determined by the condition of the whole enterprise or institutions. Investment by type of construction is not applied to investment by real-estate development units, investment in rural areas and investment in housing by urban individuals.

a)New construction in general refers to newly constructed units. In the case in which the value of the original fixed assets is quite small, and the value of newly added fixed assets exceeds the original ones by three times, the expansion construction is considered as new construction.

b)Expansion refers to construction of new major production workshop or independent production line within a factory or in other locations, or construction of a branch factory so as to increase the production capacity of the original products. Newly constructed business houses in institutions and administrative organizations (such as the newly constructed teaching buildings in schools, clinics or bed building in hospitals, and office buildings in administrative agencies, etc.) are also classified as expansion.

c) Reconstruction refers to technical innovation and transformation of the existing equipment and technical conditions undertaken by enterprises and institutions for the purposes of technological advancement, improvement in product quality, enlarging variety of products, promoting new generation of products, reducing production consumption and cost, promoting comprehensive utilization of resources, strengthening treatment of waste gas, waste water and solid wastes, and safety in production, etc. through application of new technologies and techniques, use of new equipment and new materials (including accessory facilities for production or for living and welfare purposes).Construction of new workshops for improving existing production capacity rather than increasing production capacity is also considered as reconstruction.

Investment in Fixed Assets by Structure refers to the three major parts of investment activities, i.e. construction and installation, purchase of equipment and instrument, and other expenses.

a) Construction and installation (work volume of construction and installation) refers to the construction of various houses and buildings and installation of various kinds of equipment and instruments, including construction of various houses, equipment foundations and industrial kilns and stoves, preparation works for project construction, and clearing up works post project construction, pavement of railways and roads, drilling of mines and putting up of oil pipes, construction of projects of water conservancy, construction of underground air-raid shelters and construction of other special projects, installation of various machinery equipment, testing operation for pre-testing the quality of installation projects. The value of equipment installed is not included in the value of installation projects.

b)Purchase of equipment and instruments refers to the total value of equipment, tools, and vessels purchased or self-produced which come up to standards for fixed assets. Equipment, tools and vessels purchased or selfproduced for new workshops by newly established or expanded units are categorized aspurchase of equipment and instruments no matter whether they come up to the standards for fixed assets or not.

c)Other expenses refer to expenses occurring during the construction or purchase of fixed assets other than construction, installation or purchase of equipment and instruments.

Capital Construction Projects by Size The classification of size of capital construction projects should be determined according to the total scale or total investment set in the approved construction plan by higher responsible authorities or in the tentative design, otherwise according to the total scale or total investment set in the current capital construction plan of the state, provinces, autonomous regions, and municipalities directly under central government. Industrial projects which produce unitary products are classified according to its design capacity of products; projects which produce multi-products are classified by the design capacity of the major product or by the total planned investment. Standards for the Classification of Construction Projects into large, medium-sized and small ones issued by the government are the base for size division of construction projects, which was revised five times in 1958, 1962, 1972, 1977, and 1979 respectively and therefore, data on projects by size are not entirely comparable from year to year.

Projects Under Construction refer to projects having construction and installation activities undertaken in the reference period, including projects started in the reference period, or continued from the previous period, or completed and put into production or suspended in the reference period.

Projects Completed and Put into Use Industrial projects refer to the major projects and accessory facilities completed which result in forming production capacity and have been checked and accepted while the living and welfare facilities have been completed and can ensure normal production and formally put into production. Non-industrial projects refer to the major projects and accessory facilities completed which possess the designed capacity and have been checked, accepted and formally put into production.

Newly Increased Production Capacity refers to the increase of designed capacity and project efficiency through investment in fixed assets, which reflects the accomplishment of investment in fixed assets in kind. The calculation of newly increased production capacity is based on individual project which operates independently and efficiently. When an individual project is completed and checked and accepted and put into production, it is counted as newly increased production capacity.

The newly increased production capacity and project efficiency are usually expressed in one of the following forms:

a)annual production capacity, such as extraction of coal and petroleum;

b)raw material processing capacity, such as ore dressing capacity of ore dressing projects, the dressing capacity of a coal washery;

c)number or capacity of major equipment increased, such as the number of cotton spindles increased and the capacity of generating sets increased;

d)physical measures of construction, such as volume, capacity, area, and length, for instance, the capacity of reservoirs, the length of railways or highways.

Newly increased production capacity in terms of quantity is calculated in designed capacity in general, which refers to the production capacity of a project under normal conditions designed in construction documents regardless of the actual output.

Floor Space of Buildings Under Construction and Completed refers to total floor space in each story of buildings calculated from the outside line of building walls, including both usable space and the space occupied by constructions like pillars or walls. The floor space of multi-story buildings includes the total floor space of each story (including basement).

Floor Space of Residential Buildings refers to the floor space of the residential buildings under construction and completed among the total space of buildings under construction and completed.

Floor Space Under Construction refers to total floor space of all buildings under construction during the reference period, including floor space of newly started buildings during the reference period, floor space of construction extended from the previous period to the current period, floor space of construction suspended during the previous period and resumed in the current period, floor space of construction completed in the current period, and floor space of construction started and then suspended in the current period.

Floor Space of Buildings Completed refers to the floor space of buildings completed in the reference period, which have come up to the designed standards and have been put into use.

Completion Rate of Floor Space of Buildings refers to the ratio of the floor space of buildings completed in certain period of time to the floor space of buildings under construction in the same period, which reflects the investment result and economic efficiency of the construction industry from the angle of the speed of project construction.

Newly Increased Fixed Assets refer to the newly increased value of fixed assets through investment, including the value of projects completed and put into production, the value of equipment, tools, and vessels considered as fixed assets, as well as the relevant expenses as investment in fixed assets. This is a comprehensive indicator of investment in fixed assets, reflecting the achievements of investment in fixed assets in different periods, different sectors, and different regions.

Rate of Construction Projects Completed and Put into Use refers to the ratio of the number of construction projects completed and put into use in certain period of time to the number of projects under construction in the same period. This reflects the investment efficiency from the angle of the speed of projects construction.

Rate of Projects of Fixed Assets Completed and Put into Operation refers to the ratio of the newly increased fixed assets to the total investment made in the same period. This is a comprehensive indicator, reflecting the speed of the employment of fixed assets and the investment efficiency.

能源生产和消费

第七篇

Chapter

7

PRODUCTION AND CONSUMPTON OF ENERGY

简要说明

一、本篇包括的主要内容有：能源生产、消费及品种构成，能源生产和消费弹性系数，近年来综合能源平衡表和电力平衡表，分行业分主要能源品种的消费量等。

二、分行业主要能源品种消费量、分行业工业用水量为全部国有及年销售收入 500 万元以上工业企业。

三、本篇资料取自省统计局工业交通处，是按照国家统计局报表制度逐级汇总整理。

四、关于数据口径与计算的说明

1. 一次能源生产量与工业统计数据一致。

2. 行业分类采用现行统一的国民经济行业分类国家标准。

3. 能源生产与消费弹性系数分别以能源生产、消费增长速度与国内生产总值增长速度相比求得。

Brief Introduction

I. Data in this chapter cover mainly the energy production, consumption and their composition, the elasticity ratio of energy production and consumption, the overall balance of energy and the balance of electricity, the consumption of energy by sector and by main variety.

II. The consumption of energy by sector and by main variety and industrial water consumption by sector include all state-owned industrial enterprises and the industrial enterprises with yearly sales revenue over five million yuan.

III. Data in this chapter are prepared and provided by the Division of Industrial and Transport Statistics, Anhui Statistical Bureau, in accordance with the national reporting system.

IV. Coverage and calculation of data:

1. Data on the production of primary energy are the same as the concerned data of the industrial statistics.

2. The state classification of national economic sectors is used in the classification of sectors.

3. The elasticity ratio of energy production is calculated as the quotient of the growth rate of energy production divided by the growth rate of GDP; and the elasticity ratio of energy consumption is calculated as the quotient of the growth rate of energy consumption divided by the growth of GDP.

7—1 能源生产和消费总量及电力生产和消费量

Total Production and Consumption of Energy and Electricity

单位：万吨标准煤 (10000 tons of SCE)

年　份 Year	能源生产总量 Total Energy Production	#电力生产量 Electricity	能源消费总量 Total Energy Consumption	#电力消费量 Electricity
1991	2221.68	264.86	2910.52	246.03
1992	2419.74	290.28	3138.28	267.09
1993	2572.99	327.71	3396.68	282.04
1994	2910.86	366.72	3738.14	320.98
1995	3188.35	380.17	4217.82	355.14
1996	3646.93	400.44	4531.32	378.65
1997	3509.49	404.74	4414.93	387.93
1998	3278.11	382.83	4557.70	379.99
1999	3354.43	388.82	4665.72	384.63
2000	3426.98	448.13	4921.08	416.53
2001	3827.42	508.13	5215.08	441.97
2002	4457.51	572.30	5443.29	479.24
2003	4818.82	684.78	6066.68	547.45

注：电力生产量为水电和火电的发电量。能源生产和消费量按当量热值计算。

a) Electricity production is the output of Hydropower and Thermal Power. The production and consumption of energy are calculated on the basis of equal caloric value.

7—2 综合能源平衡表

Overall Energy Balance

单位：万吨标准煤 (10000 tons of SCE)

项　目	Item	1995	2000	2002	2003
可供消费的能源总量	**Total Energy Available for Consumption**				
一次能源生产量	Primary Energy Output	3188.35	3426.98	4457.51	4818.82
能源消费总量	**Total Energy Consumption**				
在总量中：	Consumption by Sector:				
农、林、牧、渔、水利业	Farming, Forestry, Animal Husbandry, Fishery and Water Conservancy	112.84	120.86	122.99	128.64
工　业	Industry	3536.02	4124.62	4527.17	5079.74
建筑业	Construction	39.25	46.43	49.59	48.48
交通运输和邮电通信业	Transportation, Post and Telecommunications Services	149.06	169.94	196.19	214.54
商业、饮食、物资供销和仓储业	Commerce, Catering Services, Materials Supply, Marketing and Storage	30.33	45.77	54.41	62.77
其　他	Others	22.91	32.43	35.97	34.88
生活消费	Residential Consumption	297.04	381.03	456.99	497.62
在总量中：	Consumption by Usage:				
终端消费	Final Consumption	3316.52	3985.23	4336.00	4603.12
#工　业	Industry	2665.11	3188.77	3419.88	3616.18
加工转换损失量	Losses in Processing and Transformation	870.91	935.85	1107.30	1463.56
#炼　焦	Coking	11.64	64.45	50.48	66.33
炼　油	petroleum Refining	7.47	51.56	53.86	43.20
损失量	Other Losses	30.39	28.03	35.64	42.46
平衡差额	**Balance**	**6.75**	**8.54**	**-119.43**	**-126.56**

注：村办工业包括在工业中（下同）。

a) Data on industry include the data of village-run industry (The same as in the following tables).

7—3 电 力 平 衡 表

Electricity Balance Sheet

单位：亿千瓦小时 (100 million kwh

指 标	Item	1995	2000	2002	2003
可供量	**Total Energy Available for Consumption**				
生产量	Output	309.33	364.63	465.66	557.18
水 电	Hydropower	11.39	4.58	10.51	11.51
火 电	Thermal Power	297.94	360.05	455.15	545.67
消费量	**Total Energy Consumption**	**288.97**	**388.92**	**389.94**	**445.44**
在消费量中	Consumption by Sector				
农、林、牧、渔、水利业	Farming, Forestry, Animal Husbandry, Fishery and Water Conservancy	23.85	21.31	18.90	18.25
工 业	Industry	190.69	238.26	279.48	327.43
#输配电损失量	Losses in Transmission	24.73	22.81	29.00	34.55
建筑业	Construction	3.00	3.75	4.75	4.66
交通运输和邮电通信业	Transportation, Post and Telecommunications Services	2.96	4.22	4.48	5.06
商业、饮食、物资供销和仓储业	Commerce, Catering Services, Materials Supply, Marketing and Storage	2.87	5.74	8.26	9.71
其 他	Others	8.03	12.61	15.21	17.34
生活消费	Residential Consumption	32.84	53.03	58.86	62.99

7—4 平均每天各种能源消费量

Average Daily Energy Consumption by Variety

指 标		Item		1990	1995	2000	2002	2003
合 计	**（万吨标准煤）**	**Total**	**(10000 tons of SCE)**	**7.59**	**11.56**	**13.48**	**14.91**	**16.62**
原 煤	（万吨）	Coal	(10000 tons)	10.28	13.84	15.96	18.12	20.30
焦 炭	（万吨）	Coke	(10000 tons)	0.71	1.21	1.46	1.52	1.64
原 油	（万吨）	Crude Oil	(10000 tons)	0.71	0.76	0.94	0.84	0.92
燃料油	（万吨）	Fual Oil	(10000 tons)	0.12	0.13	0.13	0.13	0.15
汽 油	（万吨）	Gasoline	(10000 tons)	0.12	0.16	0.19	0.20	0.21
柴 油	（万吨）	Diesel Oil	(10000 tons)	0.21	0.29	0.39	0.43	0.48
电 力	（亿千瓦小时）	Electricity	(100 million kwh)	0.51	0.79	0.93	1.07	1.22

7—5 能源生产弹性系数

Elasticity Ratio of Energy Production

年份 Year	能源生产比上年增长% Growth Rate of Energy Production over preceding Year (%)	电力生产比上年增长% Growth Rate of Electricity Production over Preceding Year (%)	安徽生产总值比上年增长% Growth Raye of Gross Domestic Product (GDP) over Preceding Year (%)	能源生产弹性系数 Elasticity Ratio of Energy Production	电力生产弹性系数 Elasticity Ratio of Electricity Production
1992	8.91	9.60	16.8	0.53	0.57
1993	6.33	12.89	21.0	0.30	0.61
1994	13.13	11.91	20.7	0.63	0.58
1995	9.53	3.67	14.3	0.67	0.26
1996	14.38	5.33	14.4	1.00	0.37
1997	-3.77	1.07	12.7	-0.30	0.08
1998	-6.59	-5.41	8.5	-0.78	-0.64
1999	2.33	1.56	8.1	0.29	0.19
2000	2.16	15.25	8.3	0.26	1.84
2001	11.68	13.52	8.6	1.36	1.57
2002	16.46	12.50	8.9	1.85	1.40
2003	8.10	19.65	9.2	0.88	2.14

7—6 能源消费弹性系数

Elasticity Ratio of Energy Consumption

年份 Year	能源消费比上年增长% Growth Rate of Energy Consumption over Preceding Year (%)	电力消费比上年增长% Growth Rate of Electricity Consumption over Preceding Year (%)	安徽生产总值比上年增长% Growth Raye of Gross Domestic Product (GDP) over Preceding Year (%)	能源消费弹性系数 Elasticity Ratio of Energy Consumption	电力消费弹性系数 Elasticity Ratio of Electricity Consumption
1992	7.83	8.56	16.8	0.47	0.51
1993	8.23	5.60	21.0	0.39	0.27
1994	10.05	13.80	20.7	0.49	0.67
1995	12.83	10.64	14.3	0.90	0.74
1996	7.43	6.62	14.4	0.52	0.46
1997	-2.57	2.45	12.7		0.19
1998	3.23	-2.05	8.5	0.38	-0.24
1999	2.37	1.22	8.1	0.29	0.15
2000	5.47	8.29	8.3	0.66	1.02
2001	5.97	6.11	8.6	0.69	0.71
2002	4.38	8.43	8.9	0.49	0.95
2003	11.45	14.23	9.2	1.25	1.55

7--7 分行业主要能源品种消费量（2003年）

行 业	Sector	原 煤 (吨) Raw Coal (ton)
消费总量	**Total Consumption**	**51112476**
煤炭开采和洗选业	Coal Mining and Dressing	9328852
黑色金属矿采选业	Mining and Dressing of Ferrous Metals	49185
有色金属矿采选业	Mining and Dressing of Nonferrous Metals	8388
非金属矿采选业	Mining and Dressing of Nonmetal Minerals	121419
农副食品加工业	Agricultural and Non-staple Food Processing Industry	218528
食品制造业	Food Production	108668
饮料制造业	Beverage Manufacturing	270951
烟草加工业	Tobacco Processing	61631
纺织业	Textiles	320393
纺织服装、鞋、帽制造业	Textile Dress, Footwear and Headgear	12586
皮革、毛皮、羽毛（绒）及其制品业	Leather, Furs, Down and Related Products	12560
木材加工及竹、藤、棕、草制品业	Timber Processing, Bamboo, Cane, Palm Fiber and Straw Products	134224
家具制造业	Furniture Manufacturing	667
造纸及纸制品业	Papermaking and Paper Products	379788
印刷业、记录媒介的复制	Printing and Record Medium Reproduction	6753
文教体育用品制造业	Cultural, Educessing and Sports Goods	11765
石油加工、炼焦及核燃料加工业	Petroleum Processing, Coking and Nuclear Fuel Processing	28669
化学原料及化学制品制造业	Raw Chemical Materials and Chemical Products	4341717
医药制造业	Medical and Pharmaceutical Products	159630
化学纤维制造业	Chemical Fiber	592711
橡胶制品业	Rubber Products	172393
塑料制品业	Plastic Products	86445
非金属矿物制品业	Nonmetal Mineral Products	6930933
黑色金属冶炼及压延加工业	Smelting and Pressing of Ferrous Metals	1889292
有色金属冶炼及压延加工业	Smelting and Pressing of Nonferrous Metals	101668
金属制品业	Metal Products	41880
通用设备制造业	Equipment in Current Use	69506
专用设备制造业	Equipment in Special Use	42391
交通运输设备制造业	Transport Equipment	74239
电气机械及器材制造业	Electric Equipment and Machinery	60363
通讯设备、计算机及其他电子设备制造业	Telecommunication Equipments, Computer and Related Electronic Equipments	5893
仪器仪表及文化、办公用机械制造业	Instruments, Meters, Cultural and Office Machinery	3056
工艺品及其他制造业	Handiwork and Other Manufacturing	5111
废弃资源和废旧材料回收加工业	Recovery and Processing of Discarded Resources and Waste Materials	3171
电力、热力的生产和供应业	Production and Supply of Electric Power and Heating Power	25444840
燃气的生产和供应业	Production and Supply of Gas	12210
水的生产和供应业	Production and Supply of Tap Water	

Consumption of Main Energy Varieties by Sector (2003)

洗精煤 (吨) Washed and Refined Coal (ton)	其他洗煤 (吨) Other Washed Coal (ton)	焦炭 (吨) Coke (ton)	原油 (吨) Crude Oil (ton)	汽油 (吨) Gasoline (ton)	煤油 (吨) Keroscne (ton)	柴油 (吨) Diesel Oil (ton)	燃料油 (吨) Fuel Oil (ton)	热力 (万百万千焦) Heat (10 billion kilo-joule)	其他燃料 (吨标准煤) Other Fuel (ton of SCE)
4968605	**317728**	**3781992**	**3349567**	**63228**	**10605**	**161607**	**223800**	**44365411**	**85603**
	69590	825		7568	191	9823	5		
		5623		1291		9416			
2		2		139		216	353		
				223		12363			685
625		297	1182	990	1716	3609	8399	7782	307
				588	16	1075		3976817	
		19		974	145	1136		802970	1
				350	1	7244		161150	
2012			6	1398	79	1494	12	1901547	756
35	58		5	245	143	421		5471	98
190				137		190	42		
195	60		219	210	178	807	2		680
				246	29	103			
			12	730		1020		1795711	
				514	7	148		12693	
			117	210	8	327			
1050984			3342663	132	206	972	27946	9964317	
543109	243790	285232	3662	6764	61	7631	17224	17262696	77
395				622	5	401		664631	
		19033				299			
		574		2250	30	1009	1	97368	
		86	4	1011	8	3372		13442	286
9027	4230	22833	14	3773	107	33103	102924	11	730
3204011		3262734		1911		8059	14795	4252800	38324
715		108114		1768	34	7227	41993		
		667	8	389	53	1031	19		
308		56327	86	2540	3981	3872	12		53
		5557		2759	29	3668	16		
1827		9063	181	2830	3510	13343	376	49159	
6		304	1408	1940	6	2898	5	232357	8
				281	9	1215	267		
				61	1	55			
				62	1	41			
		134		55		697			
				17738	3	22506	9409	3164489	43598
155164		4419		242		735			
		149		287	48	81			

7—8　分行业全社会工业用电量

Industrial Electricity Consumption by Sector

单位：亿千瓦时　　　　(100 million kwh)

行　业	Sector	1995	2000	2002	2003
消费总量	**Total Consumption**	**190.69**	**238.26**	**279.48**	**327.43**
煤炭开采和洗选业	Coal Mining and Dressing	20.20	21.14	23.09	23.92
石油和天然气采选业	Extraction of Petroleum and Natural Gas				
黑色金属矿采选业	Mining and Dressing of Ferrous Metals	3.03	3.69	3.81	4.00
有色金属矿采选业	Mining and Dressing of Nonferrous Metals	3.81	4.52	5.29	6.32
非金属矿采选业	Mining and Dressing of Nonmetal Minerals	2.51	2.45	3.26	3.21
其他矿采选业	Other Minerals Mining and Dressing		0.06	0.07	0.47
农副食品加工业	Agricultural and Non-staple Food Processing Industry	3.60	2.33	2.35	3.37
食品制造业	Food Production	0.80	1.67	2.05	3.58
饮料制造业	Beverage Manufacturing	2.47	1.55	1.87	2.29
烟草加工业	Tobacco Processing	0.75	1.25	1.38	1.16
纺织业	Textiles	9.96	10.90	13.00	15.23
纺织服装鞋帽制造业	Textile Dress, Footwear and Headgear	0.54	0.20	0.30	0.34
皮革毛皮羽绒及其制品业	Leather, Furs, Down and Related Products	0.20	0.16	0.20	0.50
木材加工及竹藤棕草制品业	Timber Processing, Bamboo, Cane, Palm Fiber and Straw Products	0.53	0.55	2.79	3.95
家具制造业	Furniture Manufacturing	0.14	0.02	0.05	0.06
造纸及纸制品业	Papermaking and Paper Products	4.53	3.45	4.68	6.36
印刷业、记录媒介的复制	Printing and Record Medium Reproduction	0.30	1.80	0.46	0.60
文教体育用品制造业	Cultural, Educessing and Sports Goods	0.11	0.12	0.15	0.18
石油加工、炼焦及核燃料加工业	Petroleum Processing, Coking and Nuclear Fuel Processing	2.09	2.63	4.53	5.10
化学原料及制品制造业	Raw Chemical Materials and Chemical Products	35.89	43.61	44.42	50.34
医药制造业	Medical and Pharmaceutical Products	2.33	1.35	2.42	3.15
化学纤维制造业	Chemical Fiber	2.65	3.83	4.30	4.86
橡胶制品业	Rubber Products	0.97	0.59	0.70	1.95
塑料制品业	Plastic Products	1.72	1.92	2.72	3.50
非金属矿物制品业	Nonmetal Mineral Products	16.21	19.45	26.00	35.58
黑色金属冶炼及压延加工业	Smelting and Pressing of Ferrous Metals	25.17	26.95	32.90	37.00
有色金属冶炼及压延加工业	Smelting and Pressing of Nonferrous Metals	5.67	7.74	8.30	9.54
金属制品业	Metal Products	3.45	3.12	4.74	6.29
普通机械制造业	Ordinary Machinery	2.84	5.72	6.47	3.47
专用设备制造业	Equipment for Special Purposes	1.98	0.72	0.95	1.26
交通运输设备制造业	Transport Equipment	2.36	1.69	2.97	5.37
电气机械及器材制造业	Electric Equipment and Machinery	2.48	0.90	1.40	3.58
通讯设备、计算机及其他电子设备制造业	Telecommunication Equipments, Computer and Related Electronic Equipments	0.52	0.60	0.76	1.02
仪器仪表及文化办公用机械制造业	Instruments, Meters, Cultural and Office Machinery	0.14	0.10	0.17	0.12
工艺品及其他制造业	Handiwork and Other Manufacturing	5.06	5.47	3.18	1.19
废弃资源和废旧材料回收加工业	Recovery and Processing of Discarded Resources and Waste Materials				0.45
电力、热力的生产和供应业	Production and Supply of Electric Power and Heating Power	22.18	52.10	63.43	73.68
煤气的生产和供应业	Production and Supply of Gas	0.02	0.06	0.15	0.18
自来水的生产和供应业	Production and Supply of Tap Water	3.39	3.66	3.93	4.26

7—9 分行业工业用水量（2003年）

Industrial Water Consumption by Sector (2003)

单位：万立方米 (10000 M^3)

行业	Sector	工业取水总量 Total Amount of Industrial Water Got 合计 Total	#自来水 Tap Water	#地下水及地表水 Ground Water and Surface Water	重复用水量 Repeat of Water Consumption	用水总量 Total Water Consumption
消费总量	**Total Consumption**	**234377**	**21216**	**211903**	**301875**	**536252**
煤炭开采和洗选业	Coal Mining and Dressing	3121	235	2886	1041	4162
黑色金属矿采选业	Mining and Dressing of Ferrous Metals	1153	100	1053	4728	5881
有色金属矿采选业	Mining and Dressing of Nonferrous Metals	332	1	329	108	440
非金属矿采选业	Mining and Dressing of Nonmetal Minerals	813	303	510	80	893
农副食品加工业	Agricultural and Non-staple Food Processing Industry	1936	281	1655	17	1953
食品制造业	Food Production	2429	571	1857	3668	6097
饮料制造业	Beverage Manufacturing	2058	1017	1041	344	2402
烟草加工业	Tobacco Processing	633	449	184	10	643
纺织业	Textiles	2271	1803	464	265	2536
纺织服装鞋帽制造业	Textile Dress, Footwear and Headgear	124	100	22	2	126
皮革毛皮羽绒及其制品业	Leather, Furs, Down and Related Products	391	184	187	33	424
木材加工及竹藤棕草制品业	Timber Processing, Bamboo, Cane, Palm Fiber and Straw Products	180	124	54	10	190
家具制造业	Furniture Manufacturing	22	20	2	58	80
造纸及纸制品业	Papermaking and Paper Products	3186	81	3103	1196	4382
印刷业、记录媒介的复制	Printing and Record Medium Reproduction	102	100	2	1	103
文教体育用品制造业	Cultural, Educessing and Sports Goods	45	34	11		45
石油加工、炼焦及核燃料加工业	Petroleum Processing, Coking and Nuclear Fuel Processing	2104	1801	303	650	2754
化学原料及制品制造业	Raw Chemical Materials and Chemical Products	10756	2088	7499	44490	55246
医药制造业	Medical and Pharmaceutical Products	1371	583	767	69	1440
化学纤维制造业	Chemical Fiber	1162	27	1135	11352	12514
橡胶制品业	Rubber Products	749	564	185	108	857
塑料制品业	Plastic Products	420	354	66	32	452
非金属矿物制品业	Nonmetal Mineral Products	5628	1004	4589	3577	9205
黑色金属冶炼及压延加工业	Smelting and Pressing of Ferrous Metals	9146	1208	7938	110659	119805
有色金属冶炼及压延加工业	Smelting and Pressing of Nonferrous Metals	3349	3191	158	330	3679
金属制品业	Metal Products	148	142	6	2	150
普通机械制造业	Ordinary Machinery	782	579	203	125	907
专用设备制造业	Equipment for Special Purposes	373	366	7	284	657
交通运输设备制造业	Transport Equipment	1628	1364	264	123	1751
电气机械及器材制造业	Electric Equipment and Machinery	823	765	58	31	854
通讯设备、计算机及其他电子设备制造业	Telecommunication Equipments, Computer and Related Electronic Equipments	123	105	18	2	125
仪器仪表及文化办公用机械制造业	Instruments, Meters, Cultural and Office Machinery	79	54	25		79
工艺品及其他制造业	Handiwork and Other Manufacturing	25	24	1		25
废弃资源和废旧材料回收加工业	Recovery and Processing of Discarded Resources and Waste Materials	23	11	12		23
电力、热力的生产和供应业	Production and Supply of Electric Power and Heating Power	119337	272	119065	117894	237231
煤气的生产和供应业	Production and Supply of Gas	139	119	20		139
自来水的生产和供应业	Production and Supply of Tap Water	57416	1192	56224	586	58002

主要统计指标解释

能源生产总量 指一定时期内全省一次能源生产量的总和，是观察全省能源生产水平、规模、构成和发展速度的总量指标。一次能源生产量包括原煤，原油，天然气，水电、核能及其他动力能(如风能、地热能等)发电量，不包括低热值燃料生产量、生物质能、太阳能等的利用和由一次能源加工转换而成的二次能源产量。

能源消费总量 指一定时期内全省物质生产部门、非物质生产部门和生活消费的各种能源的总和，是观察能源消费水平、构成和增长速度的总量指标。能源消费总量包括原煤和原油及其制品、天然气、电力，不包括低热值燃料、生物质能和太阳能等的利用。能源消费总量分为终端能源消费量、能源加工转换损失量和损失量三部分。

⑴终端能源消费量：指一定时期内全省生产和生活消费的各种能源在扣除了用于加工转换二次能源消费量和损失量以后的数量。

⑵能源加工转换损失量：指一定时期内全省投入加工转换的各种能源数量之和与产出各种能源产品之和的差额，是观察能源在加工转换过程中损失量变化的指标。

⑶能源损失量：指一定时期内能源在输送、分配、储存过程中发生的损失和由客观原因造成的各种损失量，不包括各种气体能源放空、放散量。

能源生产弹性系数 是研究能源生产增长速度与国民经济增长速度之间关系的指标。计算公式为：

能源生产弹性系数＝能源生产总量年平均增长速度/国民经济年平均增长速度

国民经济年平均增长速度，可根据不同的目的或需要，用国民生产总值、国内生产总值等指标来计算，本年鉴是采用国内生产总值指标计算的。

电力生产弹性系数 是研究电力生产增长速度与国民经济增长速度之间关系的指标。一般来说，电力的发展应当快于国民经济的发展，也就是说电力应超前发展。计算公式为：

电力生产弹性系数＝电力生产量年平均增长速度/国民经济年平均增长速度

能源消费弹性系数 是反映能源消费增长速度与国民经济增长速度之间比例关系的指标。计算公式为：

能源消费弹性系数＝能源消费量年平均增长速度/国民经济年平均增长速度

电力消费弹性系数 反映电力消费增长速度与国民经济增长速度之间比例关系的指标。计算公式为：

电力消费弹性系数＝电力消费量年平均增长速度/国民经济年平均增长速度

能源加工转换效率 指一定时期内能源经过加工、转换后，产出的各种能源产品的数量与同期内投入加工转换的各种能源数量的比率。它是观察能源加工转换装置和生产工艺先进与落后、管理水平高低等的重要指标。计算公式为：

能源加工转换效率＝能源加工、转换产出量/能源加工、转换投入量×100%

Explanatory Notes for Major Statistical Indicators

Total Energy Production refers to the total production of primary energy by all energy producing enterprises in the province in a given period of time. It is a comprehensive indicator to show the capacity, scale, composition and development of energy production of the province. The production of primary energy includes that of coal, crude oil, natural gas, hydro-power and electricity generated by nuclear energy and other means such as wind power and geothermal power. However, it excludes the production of fuels of low calorific value, bio-energy, solar energy and the secondary energy converted from the primary energy.

Total Domestic Energy Consumption refers to the total consumption of energy of various kinds by material production sectors, non material production sectors and households in the province in a given period of time. It is a comprehensive indicator to show the scale, composition and development of energy consumption. The total energy consumption includes that of coal, crude oil and their products, natural gas and electricity, However, it excludes the consumption of fuel of low calorific value, bio-energy and solar energy. Total domestic energy consumption can be divided into three parts:

a)Final Energy Consumption: It refers to the total energy consumption by material production sectors, non material production sectors and households in the province in a given period of time, but excludes the consumption in conversion of the primary energy into the secondary energy and the loss in the process of energy conversion.

b)Loss During the Process of Energy Conversion: It refers to the total input of various kinds of energy for conversion, minus the total output of various kinds of energy in the province in a given period of time. It is an indicator to show the loss that occurs during the process of energy conversion.

c)Loss: It refers to the total of the loss of energy during the course of energy transport, distribution and storage and the loss caused by any objective reason in a given period of time. The loss of various kinds of gas due to gas discharges and stocktaking is excluded.

Elasticity Ratio of Energy Production is an indicator to show the relationship between the growth rate of energy production and the growth rate of the national economy. The formula is:

Elasticity Ratio of Energy Production=Average Annual Growth Rate of Energy Production/Average Annual Growth Rate of National Economy

The average annual growth rate of the national economy can be shown by the gross national product, gross domestic product and other indicators, depending upon the purposes or needs. The gross domestic product is used in calculation of the ratio in this chapter.

Elasticity Ratio of Electricity Production is an indicator to show the relationship between the growth rate of electricity production and the growth rate of the national economy. Generally speaking, the growth rate of electricity production should be higher than that of the national economy. Its formula is:

Elasticity Ratio of Electricity Production=Average Annual Growth Rate of Electricity Production/Average Annual Growth Rate of National Economy

Elasticity Ratio of Energy Consumption is an indicator to show the relationship between the growth rate of energy consumption and the growth rate of the national economy. The formula is:

Elasticity Ratio of Energy Consumption=Average Annual Growth Rate of Energy Consumption/Average Annual Growth Rate of National Economy

Elasticity Ratio of Electricity Consumption is an indicator to show the relationship between the growth rate of electricity consumption and the growth rate of the national economy. The formula is:

Elasticity Ratio of Electricity Consumption=Average Annual Growth Rate of Electricity/Average Annual Growth Rate of National Economy

Efficiency of Energy Processing and Conversion refers to the ratio of the total output of energy products of various kinds after processing and conversion and the total input of energy of various kinds for processing and conversion in the same reference period. It is an important indicator to show the current conditions of energy processing and conversion equipment, production technique and management. The formula is:

Efficiency of Energy Processing & Conversion=Output of Energy After Processing & Conversion/Input of Energy for Processing & Conversion×100%

财政、金融、保险

第八篇

Chapter

8

FINANCE，BANKING AND INSURANCE

简要说明

一、本篇反映全省财政收支、金融保险业发展状况。

二、财政收支资料来源于省财政厅财政决算。

三、金融保险业资料有以下三个部分：一是反映金融机构、国有独资商业银行、农村信用社等信贷收支情况，资料由中国人民银行合肥中心支行提供；二是反映保险业务情况，资料由中国保险监督管理委员会安徽监管局提供；三是反映股票发行及筹资情况，资料由中国证券监督管理委员会安徽监管局提供。

Brief Introduction

I. Data in this chapter show the provincial government revenue and expenditure and the development of banking and insurance.

II. Data on the government revenue and expenditure come from the Department of Finance in the province. Data are based on the final financial accounts.

III. Data of banking and insurance include the following three parts:

1. Data on the credit funds revenue and expenditure of banking institutions, national banks and rural credit cooperatives are provided by Hefei Branch Office of the People's Bank of China.

2. Data on the business of insurance are provided by Anhui Regulatory Bureau of the Insurance Regulatory Commission of China.

3. Data on issuing summary for stocks are provided by Anhui Regulatory Bureau of the Securities Regulatory Commission of China.

8—1 财政收支总额及增长速度

Total Government Revenue and Expenditures and Their Increase Rate

年 份 Year	财政收入 (万元) Total Revenue (10000 yuan)	财政支出 (万元) Total Expenditures (10000 yuan)	增长速度 (%) Increase Rate (%) 财政收入 Total Revenue	 财政支出 Total Expenditures
1990	528866	615702	0.9	11.4
1991	481769	813906	-8.9	32.2
1992	551395	741097	14.5	-8.9
1993	732092	720085	32.8	-2.8
1994	1087602	932746	48.6	29.5
1995	1469994	1358776	35.2	45.7
1996	1931403	1787143	31.4	31.5
1997	2308100	2115260	19.5	18.4
1998	2620687	2420656	13.5	14.4
1999	2808495	2886031	7.2	19.2
2000	2904229	3224688	8.0	11.7
2001	3095500	4037988	6.6	25.2
2002	3466520	4568579	12.0	13.1
2003	4122917	5074398	18.9	11.1

注：2000年财政收入增长速度按可比口径计算。

a) The increase rate of total revenue in 2000 is calculated according to comparable requirement.

8—2 财政收入占安徽生产总值的比重

Government Revenue as Percentage to Gross Product of Anhui

年 份 Year	财政收入 (万元) Total Revenue (10000 yuan)	安徽生产总值 (万元) Gross Domestic Product (10000 yuan)	财政收入相当安徽生产总值的百分比 (%) Percentage of Government Revenue to the Gross Product of Anhui (%)
1990	528866	6580200	8.0
1991	481769	6636000	7.3
1992	551395	8011600	6.9
1993	732092	10698400	6.8
1994	1087602	14884700	7.3
1995	1469994	20035800	7.3
1996	1931403	23392500	8.3
1997	2308100	26699500	8.6
1998	2620687	28054500	9.3
1999	2808495	29085900	9.7
2000	2904229	30382400	9.6
2001	3095500	32901300	9.4
2002	3466520	35535600	9.8
2003	4122917	39723800	10.4

8—3 中央和地方财政收入及比重

Total Revenue and Proportion of Central and Local Governments

年份 Year	绝对数（万元）Total Revenue (10000 yuan)			比重（%）Proportion (%)	
	全省 Total	中央 Central Government	地方 Local Governments	中央 Central Government	地方 Local Governments
1995	1469994	631740	838254	43.0	57.0
1996	1931403	785469	1145934	40.7	59.3
1997	2308100	902884	1405216	39.1	60.9
1998	2620687	1028825	1591862	39.3	60.7
1999	2808495	1065578	1742917	37.9	62.1
2000	2904229	1117042	1787187	38.5	61.5
2001	3095500	1173687	1921813	37.9	62.1
2002	3466520	1464366	2002154	42.2	57.8
2003	4122917	1915430	2207487	46.5	53.5

8—4 税收收入和非税收入及比重

Total Revenue and Proportion of Tax and Non-tax

年份 Year	绝对数（万元）Total Revenue (10000 yuan)			比重（%）Proportion (%)	
	全省 Total	税收收入 Tax Revenue	非税收入 Non-tax Revenue	税收收入 Tax Revenue	非税收入 Non-tax Revenue
1995	838254	728977	109277	87.0	13.0
1996	1145934	992418	153516	86.6	13.4
1997	1405216	1208054	197162	86.0	14.0
1998	1591862	1295979	295883	81.4	18.6
1999	1742917	1365847	377070	78.4	21.6
2000	1787187	1445761	341426	80.9	19.1
2001	1921813	1641648	280165	85.4	14.6
2002	2002154	1620019	382135	80.9	19.1
2003	2207487	1767740	439747	80.1	19.9

8—5 各项税收收入

Government Tax Revenue

单位：万元 (10000 yuan)

年份 Year	合计 Total	增值税 Value-added Tax	营业税 Operation Tax	农业各税 Agricultural and Related	企业所得税 Enterprises' Income Tax	个人所得税 Individual Income Tax
1995	728977	147115	161039	138894	112559	28802
1996	992418	184061	201348	189856	139454	65463
1997	1208054	217705	253477	214664	172868	104653
1998	1295979	232721	284583	222750	176677	116532
1999	1365847	245176	293954	223954	169767	96737
2000	1445761	262559	319719	324944	233524	94675
2001	1641648	282788	326479	320025	382527	113132
2002	1620019	325082	389374	348037	207236	94318
2003	1767740	369517	459731	377956	190470	82408

注：农业各税包括农业税、农业特产税、牧业税、耕地占用税、契税。

a) Agricultural and related taxes includes agricultural tax, tax on special agricultural products, animal husbandary tax, tax on occupancy of cultivated land and contact tax.

8—6 地方财政主要支出项目

Government Expenditures by Accounting Item

单位：万元 （10000 yuan）

年份 Year	基本建设支出 Expenditure for Capital Construction	企业挖潜改造资金 Expenditure for Innovation	科技三项费用 Expenditure for Science and Technology Promotion	农业支出 Expenditure for Agriculture	林业支出 Expenditure for Forestry	水利和气象支出 Expenditure for Irrigation and Meteorology	文体广播事业费 Expenditure for Operating Expenses of Departments of Culture, Sport & Broadcasting	教育支出 Expenditure for Education	科学支出 Expenditure for Science
1990	34213	17414	2583	31724		25963	22724	106890	3978
1995	83416	59457	7085	68456		57696	45818	270292	9444
1996	121416	111646	10256	90851		65467	53596	330249	11120
1997	149498	126566	16268	115791		75657	62206	370951	10467
1998	237498	156995	16131	109114		95180	58640	392305	12736
1999	350633	132375	23192	114787		98499	70807	463349	14462
2000	400853	137764	21049	106375		99562	79151	539913	13907
2001	435524	233515	20769	108724		116685	94125	666783	16136
2002	538225	145269	24998	101731		181142	110044	769113	17324
2003	474481	148824	27109	169118	34848	122420	118748	845575	18204

年份 Year	医疗卫生支出 Expenditure for Public Health	抚恤和社会福利救济 Pensions and Relief Funds for Social Welfare	行政事业单位离退休支出 Expenditure for Retired Persons in Administratve Department	社会保障补助支出 Expenditure for Subsidies to Social Security Programs	行政管理费 Expenditure for Government Administration	公检法司支出 Expenditure for Public Security Agency Procuratorial Agency and Court of Justice	城市维护费 Expenditure for City Maintenance	政策性补贴支出 Expenditure for Price Subsidies	支援不发达地区支出 Expenditure for Supporting Underdeveloped Areas
1990	37258	18760	1836	278	61930	27316	28901	115104	2601
1995	80506	33917	4725	147	177261	79365	73070	85046	2703
1996	87955	44093	28633	175	210821	102982	111771	112856	23369
1997	101035	48937	74456	887	237065	127554	110992	114979	28473
1998	104229	54898	112410	35537	233633	138216	104285	168394	35747
1999	114139	71878	146004	105641	299491	171673	104764	199275	44072
2000	117124	79268	181575	192444	347527	189001	105081	155154	53346
2001	127771	98785	239604	318657	424417	220834	123004	242335	41793
2002	143009	133955	291463	470823	485954	255454	130501	199157	45905
2003	170815	208102	322677	491158	512911	304227	141734	216787	48315

注：2002年及以前年份：农业支出为原支出科目“支援农村生产支出”、“农业综合开发支出”的合计数；“水利和气象支出”为原支出科目“农林水利气象等部门事业费”。

a) In the year 2002 and before, the data of "Expenditure for Agriculture" were the total of "Expenditure for Supporting Agriculture Production" and "Expenditure for Comprehensive Development of Agriculture" and the data of "Expenditure for Irrigation and Meteorology" were "Expenditure for Operating Expenses of Agriculture, Forestry, Water Conservancy and Meteorology".

8—7 地方财政收支情况

Revenue and Expenditure of Local Governments

单位：万元 (10000 yuan)

指　　标	Item	2001	2002	2003
收入合计	**Total Revenue**	**1921813**	**2002154**	**2207487**
增值税	Value-added Tax	282788	325082	369517
营业税	Operation Tax	326479	389374	459731
企业所得税	Enterprises' Income Tax	382527	207236	190470
企业所得税退税	Return for Enterprises' Income Tax	-1602	-233	-29
个人所得税	Individual Income Tax	113132	94318	82408
资源税	Resources Tax	19327	21824	26472
固定资产投资方向调节税	Tax on the Adjustment of the Investment in the Fixed Assets	546	33	12
城市维护建设税	Tax on Town maintenance and Construction	98111	118212	133121
房产税	Tax on Real Estates	48121	55054	59682
印花税	Stamp Tax	10267	13404	16674
城镇土地使用税	Tax on the Use of Urban Land	30709	33390	33547
土地增值税	Land Value Added Tax	3779	6476	11088
车船使用和牌照税	Tax on the Use of Vehicles and Ships	7456	7812	7091
屠宰税	Slaughter Tax	-17		
筵席税	Feast Tax			
农业税	Agricultural Tax	256903	272288	266789
农业特产税	Tax on Special Agricultural Products	28703	21087	166
牧业税	Animal Husbandry Tax			
耕地占用税	Tax on the Occupancy of Cultivated Land	8764	17510	39974
契　税	Contract tax	25655	37152	71027
国有资产经营收益	Stated-owned Assets Profit	8666	20866	24154
国有企业计划亏损补贴	Planning Subsidies to Loss-suffering Stated-owned Enterprises	-68275	-21486	-22920
行政性收费收入	Income from Adiministrative Fees	180850	200403	229728
罚没收入	Penalty and Confiscatory Income	76109	86510	103739
海域场地矿区使用费收入	Income on the Use of Sea Area and Mining Area			
专项收入	Expert Project Income	55147	62785	76418
其他收入	Other Income	27668	33057	28628

8—7 续表 continued

单位：万元 (10000 yuan)

指标	Item	2001	2002	2003
支出合计	**Total Expenditure**	**4037988**	**4568579**	**5074398**
基本建设支出	Expenditure for Capital Construction	435524	538225	474481
企业挖潜改造资金	Expenditure for Innovation	233515	145269	148824
地质勘探费	Expenditure for Geological Exploration	27104	30454	35359
科技三项费用	Expenditure for Science and Technology Promotion	20769	24998	27109
农业支出	Expenditure for Agriculture	108724	101731	169118
林业支出	Expenditure for Forestry			34848
水利和气象支出	Expenditure for Irrigation Meteorology	116685	181142	122420
工业交通等部门的事业费	Expenditure for Operating Expenses of Departments of Industry & Transportation	24240	31362	34324
流通部门事业费	Expenditure for Operating Expenses of Department of Commerce	4140	4359	5677
文体广播事业费	Expenditure for Operating Expenses of Departments of Culture, Sport & Broadcasting	94125	110044	118748
教育支出	Expenditure for Education	666783	769113	845575
科学支出	Expenditure for Science	16136	17324	18204
医疗卫生支出	Expenditure for Public Health	127771	143009	170815
其他部门的事业费	Expenditure for Operating Expenses of Other Departments	151343	152310	178608
抚恤和社会福利救济	Expenditure for Pensions and Relief Funds for Social Welfare	98785	133955	208102
行政事业单位离退休支出	Expenditure for Retired Persons in Administratve Department	239604	291463	322677
社会保障补助支出	Expenditure no Subsidies to Social Security Programs	318657	470823	491158
国防支出	Expenditure for National Defense	3818	4111	7250
行政管理费	Expenditure for Government Administration	424417	485954	512911
外交外事支出	Expenditure for Foreign Affairs	3610	3588	3372
武装警察部队支出	Expenditure for Armed Police Troops	2675	2453	3901
公检法司支出	Expenditure for Public Security Agency Procuratorial Agcncy and Court of Justice	220834	255454	304227
城市维护费	Expenditure for City Maintenance	123004	130501	141734
政策性补贴支出	Expenditure for Price Subsidies	242335	199157	216787
支援不发达地区支出	Expenditure for Supporting Underdeveloped Areas	41793	45905	48315
海域开发建设和场地使用费支出	Expenditure for Developing Land and Sea Area	23	32	252
债务利息支出	Expenditure for Interest of Debts			1027
专项支出	Expenditure for Special Items	48434	56769	69203
其他支出	Other Expenditure	243140	239074	359372

注：2002年及以前年份：农业支出为原支出科目“支援农村生产支出”、“农业综合开发支出”的合计数；“水利和气象支出”为原支出科目“农林水利气象等部门事业费”。

a) In the year 2002 and before, the data of "Expenditure for Agriculture" were the total of "Expenditure for Supporting Agriculture Production" and "Expenditure for Comprehensive Development of Agriculture" and the data of "Expenditure for Irrigation and Meteorology" were "Expenditure for Operating Expenses of Agriculture, Forestry, Water Conservancy and Meteorology".

8—8 各 市 财 政 收 入（2003年）

Final Statement of Government Revenue by Region (2003)

单位：万元 (10000 yuan)

地区 Region		收入合计 Total Revenue	增值税 Value-added Tax	营业税 Operation Tax	企业所得税 Enterprises' Income Tax	企业所得税退税 Return for Enterprises' Income Tax	个人所得税 Individual Income Tax
合肥市	Hefei	358694	77231	119467	14013		14661
淮北市	Huaibei	76528	23927	12233	2813		2306
亳州市	Bozhou	71864	6707	11005	1652		1766
宿州市	Suzhou	81054	10153	12874	818		2040
蚌埠市	Bengbu	105496	21174	25381	3748	-16	2720
阜阳市	Fuyang	104816	12564	17079	1461		2465
淮南市	Huainan	89554	32209	17567	3566		2282
滁州市	Chuzhou	100710	15192	19625	6401		2981
六安市	Luan	103852	9339	19475	2540		3960
马鞍山市	Maanshan	148933	43776	30895	10541	-13	3320
巢湖市	Chaohu	91770	11683	18937	3093		3396
芜湖市	Wuhu	173416	40242	45927	18477		4085
宣城市	Xuancheng	73279	13107	17419	4171		2387
铜陵市	Tongling	55253	13899	15620	4831		1728
池州市	Chizhou	39710	5877	9884	1521		1216
安庆市	Anqing	161354	26259	33647	5866		3521
黄山市	Huangshan	60196	6071	17163	4492		1672

地区 Region		资源税 Resources Tax	固定资产投资方向调节税 Tax on the Adjustment of the Investment in the Fixed Assets	城市维护建设税 Tax on Town Maintenance and Construction	房产税 Tax on Real Estates	印花税 Stamp Tax	城镇土地使用税 Tax on the Use of Urban Land
合肥市	Hefei	238		26769	17226	5376	3716
淮北市	Huaibei	2771		6759	3121	482	3341
亳州市	Bozhou	198		2379	1635	248	958
宿州市	Suzhou	1220		3079	1612	287	1131
蚌埠市	Bengbu	176		13863	2989	904	1592
阜阳市	Fuyang	265		6563	2087	483	1471
淮南市	Huainan	2794		8503	3996	727	4324
滁州市	Chuzhou	1703		5847	3001	701	1986
六安市	Luan	723		3434	2167	411	1292
马鞍山市	Maanshan	3869		13036	5538	1616	3678
巢湖市	Chaohu	1507		3640	2028	475	1524
芜湖市	Wuhu	4171	12	17254	4565	2384	2166
宣城市	Xuancheng	2011		3247	1552	528	1088
铜陵市	Tongling	1287		4406	1771	342	1634
池州市	Chizhou	1826		1201	826	289	380
安庆市	Anqing	1316		9802	3552	1022	2692
黄山市	Huangshan	397		1871	1959	368	552

8—8 续表 continued

单位：万元 (10000 yuan)

地 区 Region		土地增值税 Land Value Added Tax	车船使用和牌照税 Tax on the Use of Vehicles and Ships	农业税 Agricultural Tax	农业特产税 Tax on Special Agricultural Products	耕地占用税 Tax on the Occupancy of Cultivated Land	契税 Contract Tax
合肥市	Hefei	1077	1181	15818		4718	28032
淮北市	Huaibei	70	104	7322		573	1318
亳州市	Bozhou	279	233	30287		693	548
宿州市	Suzhou	12	331	30124		1191	922
蚌埠市	Bengbu	182	416	13632		529	2912
阜阳市	Fuyang	111	246	35029	1	1383	1785
淮南市	Huainan	401	292	4431		222	1286
滁州市	Chuzhou	327	299	21512	1	1078	1733
六安市	Luan	140	497	25246	16	1730	1203
马鞍山市	Maanshan	1348	499	3602		2850	8015
巢湖市	Chaohu	189	325	24343	12	1059	3032
芜湖市	Wuhu	1458	469	7360		339	9398
宣城市	Xuancheng	1088	599	10681		759	2154
铜陵市	Tongling	67	254	1091		123	2058
池州市	Chizhou	75	173	6882	136	888	1060
安庆市	Anqing	3250	931	26286		1576	3237
黄山市	Huangshan	1010	242	3143		713	2334

地 区 Region		国有资产经营收益 Stated-owned Assets profit	国有企业计划亏损补贴 Planning Subsidies to Loss-suffering Stated-owned Enterprises	行政性收费收入 Income from Adiministrative Fees	罚没收入 Penalty and Confiscatory Income	专项收入 Expert Project Income	其他收入 Other Income
合肥市	Hefei	425	-9921	17346	7448	12581	1292
淮北市	Huaibei	63	-979	1921	3182	5057	144
亳州市	Bozhou	202		4611	6229	1558	676
宿州市	Suzhou	92		5584	7447	1804	333
蚌埠市	Bengbu	187		3858	4784	4957	1508
阜阳市	Fuyang	1730	-224	6067	10033	2772	1445
淮南市	Huainan	226	-2742	1438	3590	4315	127
滁州市	Chuzhou	410		8959	4706	2575	1673
六安市	Luan	9		20096	5652	2027	3895
马鞍山市	Maanshan	1567	-1599	4543	3979	7772	101
巢湖市	Chaohu	190		9153	4403	2676	105
芜湖市	Wuhu	306	-2634	5970	3315	7550	602
宣城市	Xuancheng	509	-2	2631	5188	2079	2083
铜陵市	Tongling	58	-546	805	1907	3710	208
池州市	Chizhou		-14	3824	2286	1171	209
安庆市	Anqing	1977	-1918	21737	6328	5051	5222
黄山市	Huangshan	5800		6098	2401	1331	2579

8—9 各市财政支出（2003年）

Final Statement of Government Expenditure by Region (2003)

单位：万元 (10000 yuan)

地区 Region		支出合计 Total Expenditure	基本建设支出 Expenditure for Capital Construction	企业挖潜改造资金 Expenditure for Innovation	科技三项费用 Expenditure for Science and Technology Promotion	农业支出 Expenditure for Agriculture	林业支出 Expenditure for Forestry	水利和气象支出 Expenditure for Irrigation and Meteorology
合肥市	Hefei	464275	68144	24763	2810	20912	1988	4913
淮北市	Huaibei	114254	3634	2166	725	3531	343	807
亳州市	Bozhou	162039	5996	330	660	6634	775	1727
宿州市	Suzhou	194985	8349	980	514	6090	1120	1771
蚌埠市	Bengbu	192535	10929	2474	867	4530	699	1950
阜阳市	Fuyang	282239	12341	1624	582	9950	1189	4354
淮南市	Huainan	147276	3717	5200	1011	2510	471	1196
滁州市	Chuzhou	231905	13030	9056	1342	10046	2075	3720
六安市	Luan	274660	13421	1004	1090	14411	2587	2615
马鞍山市	Maanshan	172903	15053	9880	2040	4651	549	3504
巢湖市	Chaohu	194087	14314	4215	1898	6074	929	3225
芜湖市	Wuhu	247201	15236	3575	1767	4321	460	2088
宣城市	Xuancheng	167314	12976	4519	1247	6462	2046	1830
铜陵市	Tongling	92431	7490	6545	825	1554	171	483
池州市	Chizhou	107309	11514	3465	278	3921	1551	1707
安庆市	Anqing	317471	17171	8291	1206	10371	2233	3248
黄山市	Huangshan	140486	9279	6456	1454	4458	1992	926

地区 Region		工业交通等部门事业费 Expenditure for Operating Expenses of Departments of Industry & Transportation	流通部门事业费 Expenditure for Operating Expenses of Department of Commerce	文体广播事业费 Expenditure for Operating Expenses of Departments of Culture, Sport & Broadcasting	教育支出 Expenditure for Education	科学支出 Expenditure for Science	医疗卫生支出 Expenditure for Public Health	其他部门的事业费 Expenditure for Operating Expenses of Other Departments
合肥市	Hefei	817	675	10444	73598	1109	17186	12016
淮北市	Huaibei	529	136	3518	21992	257	5643	5191
亳州市	Bozhou	511	72	6232	43013	248	4952	4479
宿州市	Suzhou	2663	294	6179	57692	371	5905	8812
蚌埠市	Bengbu	862	378	5775	44042	380	8109	6302
阜阳市	Fuyang	3131	512	10311	62290	518	10492	7237
淮南市	Huainan	596	36	3153	23790	210	8364	4172
滁州市	Chuzhou	721	94	7278	59803	809	10163	8101
六安市	Luan	1667	900	8410	77401	679	12582	8504
马鞍山市	Maanshan	238	121	2674	17209	248	6263	5413
巢湖市	Chaohu	1969	182	6184	48181	304	8895	8184
芜湖市	Wuhu	874	204	3384	30635	158	6811	3057
宣城市	Xuancheng	560	119	5632	41990	290	10150	7642
铜陵市	Tongling	297	164	2459	11849	318	5641	1719
池州市	Chizhou	645	248	2852	26049	48	5684	4990
安庆市	Anqing	3288	694	11048	82549	701	16692	9517
黄山市	Huangshan	380	343	4294	22299	297	6795	4873

8—9 续表 continued

单位：万元 (10000 yuan)

地 区 Region		抚恤和社会福利救济费 Expenditure for Pensions and Relief Funds for Social Welfare	行政事业单位离退休支出 Expenditure for Retired Persons in Administrative Department	社会保障补助支出 Expenditure on Subsidies to Social Security Programs	国防支出 Expenditure for National Defense	行政管理费 Expenditure for Government Administration	外交外事支出 Expenditure for Foreign Affairs	武装警察部队支出 Expenditure for Armed Police Troops
合 肥 市	Hefei	19561	399	42095	208	40676	617	189
淮 北 市	Huaibei	7385	11078	7783	44	14069		
亳 州 市	Bozhou	11510	25971	6826	23	16724	65	34
宿 州 市	Suzhou	13394	26763	9433		19261	2	313
蚌 埠 市	Bengbu	15056	14431	20419	50	18272	33	10
阜 阳 市	Fuyang	22635	38783	13302	69	34994		402
淮 南 市	Huainan	12410	14625	20236	80	17359		24
滁 州 市	Chuzhou	17625	10944	11044	98	29516		23
六 安 市	Luan	23676	15344	18787		34483		184
马鞍山市	Maanshan	5763	12005	20335	224	18805		
巢 湖 市	Chaohu	11540	21535	10007	80	22265	1	128
芜 湖 市	Wuhu	8077	22731	20591	112	24881	123	33
宣 城 市	Xuancheng	7629	7609	9279	59	26673	77	
铜 陵 市	Tongling	6047	3921	10018		11835	685	288
池 州 市	Chizhou	4442	24	5029	144	21050	4	268
安 庆 市	Anqing	12172	21238	20157	21	41116	47	10
黄 山 市	Huangshan	4738	18946	8348	70	16243	15	16

地 区 Region		公检法司支出 Expenditure for Public Security Agency Procuratorial Agency and Court of Justice	城市维护费 Expenditure for City Maintenance	政策性补贴支出 Expenditure for Price Subsidies	支援不发达地区支出 Expenditure for Supporting Underdeveloped Areas	海域开发建设和场地使用费支出 Expenditure for Developing Land and Sea Area	专项支出 Expenditure for Special Items	其他支出 Other Expenditure
合 肥 市	Hefei	31476	33974	20	350	19	13137	42179
淮 北 市	Huaibei	7806	6283	72	3	10	5134	6115
亳 州 市	Bozhou	10344	4356	47	16	12	1229	9253
宿 州 市	Suzhou	10817	3188	162	7		1817	9088
蚌 埠 市	Bengbu	10886	8972	81	32	9	4839	12148
阜 阳 市	Fuyang	15065	10206	277	28	7	1369	20571
淮 南 市	Huainan	10857	6053	135	15	4	4804	6248
滁 州 市	Chuzhou	13939	6241	70	16	4	2368	13779
六 安 市	Luan	14655	4234	431	60	28	2203	15304
马鞍山市	Maanshan	10400	12981	15	21	8	6884	17619
巢 湖 市	Chaohu	10057	3412	102	15	20	2766	7605
芜 湖 市	Wuhu	11257	15519	10	3	10	7437	63847
宣 城 市	Xuancheng	8626	2096	425	152	19	1611	7596
铜 陵 市	Tongling	5909	3681	222		18	3532	6760
池 州 市	Chizhou	5998	1880	112	18	30	1118	4240
安 庆 市	Anqing	15867	12060	357	11	44	4554	22808
黄 山 市	Huangshan	7062	6417	508	13	10	1564	12690

注：其他支出包括债务利息支出。

a) Other expenditure includes the expenditure of the interests from debts.

8—10 各县（市）财政收入（2003年）

Final Statement of Government Revenue by County (City) (2003)

单位：万元 (10000 yuan)

县（市） County (City)	收入合计 Total Revenue	增值税 Value-added Tax	营业税 Operation Tax	企业收入 Enterprises' Income	#企业所得税 Enterprises' Income Tax	个人所得税 Individual Income Tax	城市维护建设费 Tax on Town Maintenance and Construction	农业各税 Agricultural and Related	其他各项收入 Other Income
合肥市本级 Hefei City at Its Own Level	240204	56298	82295	1309	11011	10176	25305	28742	36079
长丰县 Changfeng	14472	878	5011	189	179	176	282	5145	2791
肥东县 Feidong	20777	3750	4589	417	421	430	514	6670	4407
肥西县 Feixi	19647	3531	3811	624	624	504	668	5949	4560
淮北市本级 Huaibei City at Its Own Level	46720	18218	4712	732	1711	1239	6135	1815	13869
濉溪县 Suixi	16538	1503	2519	589	526	343	624	6852	4108
亳州市本级 Bozhou City at Its Own Level	13636	2283	3035	882	869	375	1132	781	5148
涡阳县 Guoyang	17385	1400	1787	447	447	342	422	8233	4754
蒙城县 Mengcheng	15259	822	2622	198	100	330	325	7612	3350
利辛县 Lixin	11922	424	1549	24	24	194	135	7621	1975
宿州市本级 Suzhou City at Its Own Level	10684	2468	2381	331	239	303	865	938	3398
砀山县 Dangshan	7998	714	1026	23	23	193	150	3610	2282
萧县 Xiaoxian	13023	1157	1691	166	166	263	302	6548	2896
灵璧县 Lingbi	11313	534	1193	147	147	214	136	7046	2043
泗县 Sixian	9321	416	1098	18	18	254	115	4754	2666
蚌埠市本级 Bengbu City at Its Own Level	53429	15315	8749	2782	2686	1076	11803	2720	10984
怀远县 Huaiyuan	13767	1158	3617	220	220	213	251	5687	2621
五河县 Wuhe	8961	443	1374	205	120	164	216	3479	3080
固镇县 Guzhen	8274	313	1501	113	113	127	132	4257	1831
阜阳市本级 Fuyang City at Its Own Level	29388	6132	6084	487	704	797	4651	2543	8694
界首市 Jieshou	7951	643	1405	108	108	232	233	2928	2402
临泉县 Linquan	13792	1124	1443	246	246	226	446	7082	3225
太和县 Taihe	16816	1057	1854	2027	297	304	257	7327	3990
阜南县 Funan	12732	437	1422	10	10	254	129	7079	3401
颍上县 Yingshang	9699	1793	1409	12	12	198	420	4501	1366
淮南市本级 Huainan City at Its Own Level	48819	18770	7987	-23	2493	1170	5346	1423	14146
凤台县 Fengtai	18729	7518	2220	167	167	315	1456	2455	4598
滁州市本级 Chuzhou City at Its Own Level	23817	5885	6040	1717	1717	784	3251	1352	4788
天长市 Tianchang	16125	3453	2645	1014	1014	443	989	4491	3090
明光市 Mingguang	11027	818	1509	355	355	365	396	3415	4169
来安县 Laian	9151	849	1708	582	255	222	217	2747	2826
全椒县 Quanjiao	8809	900	1745	1549	1482	396	293	2147	1779
定远县 Dingyuan	12193	817	1979	198	182	262	196	5294	3447
凤阳县 Fengyang	11878	1068	1908	734	734	276	243	3117	4532
六安市本级 Luan City at Its Own Level	21683	2603	4670	400	391	560	847	3106	9497
寿县 Shouxian	13480	644	2276	279	279	581	234	5548	3918
霍邱县 Huoqiu	15426	723	2557	198	198	598	239	6247	4864
舒城县 Shucheng	16201	1158	3201	191	191	623	715	3836	6477

8—10 续表 continued

单位：万元 (10000 yuan)

县（市） County (City)	收入合计 Total Revenue	增值税 Value-added Tax	营业税 Operation Tax	企业收入 Enterprises' Income	#企业所得税 Enterprises' Income Tax	个人所得税 Individual Income Tax	城市维护建设费 Tax on Town Maintenance and Construction	农业各税 Agricultural and Related	其他各项收入 Other Income
金寨县 Jinzhai	7021	934	1175	317	317	281	192	1862	2260
霍山县 Huoshan	11086	1963	1808	886	886	433	749	1584	3663
马鞍山市本级 Maanshan City at Its Own Level	116882	38706	19715	9425	9470	2489	11474	7825	27248
当涂县 Dangtu	18428	2720	4703	492	492	447	444	6417	3205
巢湖市本级 Chaohu City at Its Own Level	19391	3099	4574	1421	1262	609	1127	1853	6708
庐江县 Lujiang	17511	1632	3101	488	488	822	387	6969	4112
无为县 Wuwei	21610	3055	4532	501	501	779	1109	7974	3660
含山县 Hanshan	9790	1499	1823	229	198	213	410	2678	2938
和县 Hexian	12294	898	2482	279	279	386	252	4653	3344
芜湖市本级 Wuhu City at Its Own Level	86613	26613	17643	10775	13338	1497	13095	4581	12409
芜湖县 Wuhu	16340	1892	3534	736	436	273	539	3004	6362
繁昌县 Fanchang	16277	4065	3010	1129	1129	528	881	1832	4832
南陵县 Nanling	12366	1116	2673	529	523	284	232	3279	4253
宣城市本级 Xuancheng City at Its Own Level	8117	1704	2153	1061	852	179	575	408	2037
宁国市 Ningguo	18896	4833	3844	1766	1766	600	1087	1499	5267
郎溪县 Langxi	4949	570	1060	99	99	198	165	1730	1127
广德县 Guangde	10888	1681	3111	298	298	475	299	2003	3021
泾县 Jingxian	6956	1215	1401	696	396	222	296	1589	1537
旌德县 Jingde	3403	409	652	98	98	152	78	768	1246
绩溪县 Jixi	4277	779	838	151	153	157	173	571	1608
铜陵市本级 Tongling City at Its Own Level	39512	11565	7981	3609	4155	1029	4059	2005	9264
铜陵县 Tongling	8041	1007	3230	347	292	187	313	1141	1816
池州市本级 Chizhou City at Its Own Level	13796	2628	4775	419	419	225	698	1271	3780
贵池区 Guichi District	9821	1195	2053	567	567	375	82	2807	2742
东至县 Dongzhi	8778	924	1584	268	268	372	194	3014	2422
石台县 Shitai	1678	320	322	76	90	63	48	561	288
青阳县 Qingyang	5637	810	1150	177	177	181	179	1313	1827
安庆市本级 Anqing City at Its Own Level	59311	15618	11973	3585	3701	1127	7304	2458	17246
桐城市 Tongcheng	18836	1954	3481	833	860	507	605	4310	7146
怀宁县 Huaining	17522	1506	2910	277	277	403	433	4995	6998
枞阳县 Zongyang	13136	1935	2438	214	104	259	185	3895	4210
潜山县 Qianshan	9284	880	1809	278	278	161	216	2156	3784
太湖县 Taihu	8902	486	1478	66	66	226	124	2254	4268
宿松县 Susong	10016	586	1525	124	124	258	120	5250	2153
望江县 Wangjiang	6896	750	1031	85	85	225	135	3888	782
岳西县 Yuexi	6087	682	1060	322	289	90	91	1380	2462
黄山市本级 Huangshan City at Its Own Level	14412	1748	5702	2200	2159	404	624	973	2761
歙县 Shexian	11902	987	3046	969	865	331	253	1470	4846
休宁县 Xiuning	7096	588	1071	1647	388	122	143	1129	2396
黟县 Yixian	3663	274	681	148	140	71	85	783	1621
祁门县 Qimen	6948	511	873	3296	285	180	97	618	1373

8—11 各县（市）财政支出（2003年）

Final Statement of Government Expenditure by County (City) (2003)

单位：万元 (10000 yuan)

县（市） County (City)		支出合计 Total Revenue	基本建设支出 Expenditure for Capital Construction	农业支出 Expenditure for Agriculture	林业支出 Expenditure for Forestry	水利和气象支出 Expenditure for Irrigation and Meteorology	教育支出 Expenditure for Education
合肥市本级	Hefei City at Its Own Level	266238	47538	10425	991	3463	22234
长丰县	Changfeng	37415	3838	1797	99	181	10654
肥东县	Feidong	37985	960	2333	232	589	13370
肥西县	Feixi	40350	794	2194	198	330	12248
淮北市本级	Huaibei City at Its Own Level	59381	3625	1799	217	375	5505
濉溪县	Suixi	35485		1207	101	374	10238
亳州市本级	Bozhou City at Its Own Level	22095	4771	434	31	134	1190
涡阳县	Guoyang	35181	269	813	184	293	10747
蒙城县	Mengcheng	31809	489	1506	117	323	9726
利辛县	Lixin	35398	106	1615	215	552	10159
宿州市本级	Suzhou City at Its Own Level	31059	7339	576	213	267	2755
砀山县	Dangshan	28209	11	640	163	172	8872
萧县	Xiaoxian	32718	295	1234	168	223	13041
灵璧县	Lingbi	28637	462	1014	181	298	9736
泗县	Sixian	24838	119	1008	180	399	7563
蚌埠市本级	Bengbu City at Its Own Level	90906	10873	827	160	227	7280
怀远县	Huaiyuan	33903	25	928	74	352	10717
五河县	Wuhe	21743		847	148	424	8733
固镇县	Guzhen	22932	31	1269	292	802	8307
阜阳市本级	Fuyang City at Its Own Level	60997	7030	1941	239	1252	3488
界首市	Jieshou	21190	133	658	68	193	5020
临泉县	Linquan	39864	657	1563	133	592	11488
太和县	Taihe	38135	619	1514	189	507	10346
阜南县	Funan	34174	896	1061	230	762	9271
颍上县	Yingshang	36511	2036	1390	157	440	8886
淮南市本级	Huainan City at Its Own Level	78890	2759	1016	265	571	6531
凤台县	Fengtai	36738	769	1067	150	349	8232
滁州市本级	Chuzhou City at Its Own Level	50206	4460	2326	779	1157	4875
天长市	Tianchang	29010	623	996	111	349	10851
明光市	Mingguang	28428	2131	1074	186	604	6513
来安县	Laian	21562	765	1270	182	349	6846
全椒县	Quanjiao	24335	1578	993	296	494	7499
定远县	Dingyuan	28590	698	1774	181	268	9817
凤阳县	Fengyang	30430	2500	839	174	132	7842
六安市本级	Luan City at Its Own Level	40856	3421	2049	288	794	3779
寿县	Shouxian	36912	1220	1452	105	241	10439
霍邱县	Huoqiu	43944	1684	2106	316	298	16627
舒城县	Shucheng	37643	2346	1315	278	420	12063

8—11 续表1 continued

单位：万元 (10000 yuan)

县（市） County (City)		支出合计 Total Revenue	基本建设支出 Expenditure for Capital Construction	农业支出 Expenditure for Agriculture	林业支出 Expenditure for Forestry	水利和气象支出 Expenditure for Irrigation and Meteorology	教育支出 Expenditure for Education
金寨县	Jinzhai	29435	1936	1097	522	137	8327
霍山县	Huoshan	27523	1929	2344	507	347	8221
马鞍山市本级	Maanshan City at Its Own Level	117914	10112	1356	363	2073	6314
当涂县	Dangtu	33760	3905	2693	121	945	7169
巢湖市本级	Chaohu City at Its Own Level	37364	9156	681	40	844	1991
庐江县	Lujiang	36642	539	1285	238	422	12665
无为县	Wuwei	48975	2746	1434	177	577	14216
含山县	Hanshan	19584	699	845	191	216	4506
和县	Hexian	24190	1146	951	87	897	6130
芜湖市本级	Wuhu City at Its Own Level	135945	6756	1032	79	606	7097
芜湖县	Wuhu	27564	1298	1061	123	501	6147
繁昌县	Fanchang	25520	624	1113	118	592	6014
南陵县	Nanling	23759	1882	704	131	338	6323
宣城市本级	Xuancheng City at Its Own Level	21047	2789	331	40	160	1155
宁国市	Ningguo	30676	1832	1594	624	393	7593
郎溪县	Langxi	14771	1393	664	105	135	4594
广德县	Guangde	24815	1896	1003	310	400	6845
泾县	Jingxian	20164	701	670	223	123	5006
旌德县	Jingde	11476	1661	555	131	150	1996
绩溪县	Jixi	13374	1008	377	280	78	3630
铜陵市本级	Tongling City at Its Own Level	60911	6336	827	25	220	3747
铜陵县	Tongling	19084	44	535	117	240	5454
池州市本级	Chizhou City at Its Own Level	29676	5029	637	221	517	1846
贵池区	Guichi District	25704	961	964	363	490	9591
东至县	Dongzhi	24632	2569	1184	320	370	7159
石台县	Shitai	10454	1187	523	266	201	2744
青阳县	Qingyang	16843	1768	613	381	129	4709
安庆市本级	Anqing City at Its Own Level	86146	11162	2243	506	1137	6457
桐城市	Tongcheng	35479	828	2016	208	538	13706
怀宁县	Huaining	31566	700	813	165	153	10140
枞阳县	Zongyang	29199	959	603	178	216	8911
潜山县	Qianshan	22977	130	789	235	105	7536
太湖县	Taihu	23156	876	1223	276	263	7516
宿松县	Susong	25067	200	1051	174	278	9988
望江县	Wangjiang	19772	433	518	100	152	5242
岳西县	Yuexi	21700	1553	573	302	79	6938
黄山市本级	Huangshan City at Its Own Level	36699	8805	399	141	178	2715
歙县	Shexian	29338	162	1165	442	137	6540
休宁县	Xiuning	16618	105	563	311	129	2951
黟县	Yixian	9834		312	557	90	1701
祁门县	Qimen	16308	50	725	176	104	2794

8—11 续表2 continued

单位：万元 (10000 yuan)

县（市） County (City)		科学支出 Expenditure for Science	医疗卫生支出 Expenditure for Public Health	社会保障补助支出 Expenditure on Subsidies to Social Security Programs	行政管理费 Expenditure for Government Administration	公检法司支出 Expenditure for Public Security Agency Procuratorial Agency and Court of Justice	其他各项支出 Other Expenditure
合肥市本级	Hefei City at Its Own Level	984	9382	35682	18620	21778	95141
长丰县	Changfeng	24	951	823	3484	2320	13244
肥东县	Feidong	75	2043	1388	5297	2257	9441
肥西县	Feixi	2	2054	1430	4795	2635	13670
淮北市本级	Huaibei City at Its Own Level	221	3866	6766	6848	4502	25657
濉溪县	Suixi	8	1053	879	3719	2312	15594
亳州市本级	Bozhou City at Its Own Level	75	828	1906	2991	2939	6796
涡阳县	Guoyang	18	1089	1004	2767	2911	15086
蒙城县	Mengcheng	29	430	1374	3021	1688	13106
利辛县	Lixin	57	1081	1033	3697	1869	15014
宿州市本级	Suzhou City at Its Own Level	258	1753	1691	4070	2471	9666
砀山县	Dangshan	5	987	996	2694	1303	12366
萧县	Xiaoxian	46	601	1482	2973	1672	10983
灵璧县	Lingbi	12	1143	939	2578	1420	10854
泗县	Sixian	10	739	826	2699	1611	9684
蚌埠市本级	Bengbu City at Its Own Level	251	4277	18313	4938	6000	37760
怀远县	Huaiyuan	13	1174	920	3344	1363	14993
五河县	Wuhe	44	794	398	3030	1288	6037
固镇县	Guzhen	12	938	601	3365	1226	6089
阜阳市本级	Fuyang City at Its Own Level	201	3522	7755	9517	4899	21153
界首市	Jieshou	28	864	551	2698	1393	9584
临泉县	Linquan	40	808	1003	4349	2245	16986
太和县	Taihe	52	1214	640	4647	1698	16709
阜南县	Funan	80	777	742	3544	1835	14976
颍上县	Yingshang	33	534	915	4009	1212	16899
淮南市本级	Huainan City at Its Own Level	150	5572	18504	7963	5491	30068
凤台县	Fengtai	60	1892	1399	4463	1554	16803
滁州市本级	Chuzhou City at Its Own Level	481	2175	3447	5271	4190	21045
天长市	Tianchang	46	2468	1164	3504	2110	6788
明光市	Mingguang	29	875	1277	3540	1104	11095
来安县	Laian	32	831	1193	3157	1687	5250
全椒县	Quanjiao	67	1088	1368	2627	1177	7148
定远县	Dingyuan	41	577	654	5726	1439	7415
凤阳县	Fengyang	60	1262	746	2766	1366	12743
六安市本级	Luan City at Its Own Level	309	2030	6625	5476	3135	12950
寿县	Shouxian	35	1853	1662	3328	1783	14794
霍邱县	Huoqiu	101	1349	2015	4543	2286	12619
舒城县	Shucheng	50	1430	2192	4410	1581	11558

8—11 续表3 continued

单位：万元 (10000 yuan)

县（市） County (City)		科学支出 Expenditure for Science	医疗卫生支出 Expenditure for Public Health	社会保障补助支出 Expenditure on Subsidies to Social Security Programs	行政管理费 Expenditure for Government Administration	公检法司支出 Expenditure for Public Security Agency Procuratorial Agency and Court of Justice	其他各项支出 Other Expenditure
金寨县	Jinzhai	50	1107	2839	3200	1538	8682
霍山县	Huoshan	37	929	1064	3464	1252	7429
马鞍山市本级	Maanshan City at Its Own Level	201	4213	17912	10830	7517	57023
当涂县	Dangtu	35	955	1374	3726	1702	11135
巢湖市本级	Chaohu City at Its Own Level	163	2115	3236	4918	2352	11868
庐江县	Lujiang	8	1610	1090	3722	1916	13147
无为县	Wuwei	23	2579	2233	5645	2094	17251
含山县	Hanshan	13	494	1369	2571	1097	7583
和县	Hexian	81	1018	859	2137	1543	9341
芜湖市本级	Wuhu City at Its Own Level	100	2524	15824	8539	5556	87832
芜湖县	Wuhu	11	1133	819	3708	1600	11163
繁昌县	Fanchang	29	1206	741	3701	1412	9970
南陵县	Nanling	8	846	595	3381	1343	8208
宣城市本级	Xuancheng City at Its Own Level	100	1350	2631	3089	2285	7117
宁国市	Ningguo		2342	1177	5266	1784	8071
郎溪县	Langxi	15	1002	456	2383	796	3228
广德县	Guangde	96	1725	774	4293	1363	6110
泾县	Jingxian	11	1025	1170	2255	661	8319
旌德县	Jingde	4	635	407	1668	559	3710
绩溪县	Jixi	15	988	804	2546	681	2967
铜陵市本级	Tongling City at Its Own Level	271	3868	8735	4757	4060	28065
铜陵县	Tongling	46	1482	999	4013	1105	5049
池州市本级	Chizhou City at Its Own Level	25	1089	1624	7669	2661	8358
贵池区	Guichi District	5	1396	1617	4528	687	5102
东至县	Dongzhi	10	1496	783	3889	1166	5686
石台县	Shitai	2	829	464	1719	642	1877
青阳县	Qingyang	6	874	541	3245	842	3735
安庆市本级	Anqing City at Its Own Level	401	4854	12602	7279	5518	33987
桐城市	Tongcheng	127	1724	748	4552	1605	9427
怀宁县	Huaining	40	1618	1140	4057	929	11811
枞阳县	Zongyang	30	1476	1010	3877	1058	10881
潜山县	Qianshan	9	1032	644	2934	943	8620
太湖县	Taihu	17	781	1271	3359	1150	6424
宿松县	Susong	38	1738	572	5319	1286	4423
望江县	Wangjiang	7	1468	827	2161	773	8091
岳西县	Yuexi	21	915	873	2890	1263	6293
黄山市本级	Huangshan City at Its Own Level	158	1294	2901	4164	2361	13583
歙县	Shexian	16	1709	1016	2595	1202	14354
休宁县	Xiuning	15	596	1683	1754	810	7701
黟县	Yixian	3	510	387	1524	443	4307
祁门县	Qimen	49	1005	693	1736	652	8324

8—12 金融机构信贷资金平衡表（资金来源）

Credit Funds Balance Sheet of Financial Institutions (Sources of Funds)

（年末余额）单位：万元 (year-end) (10000 yuan)

项目	Item	2001	2002	2003
资金来源合计	**All Sources**	**28351364**	**31869459**	**37162240**
各项存款	Deposits	29073296	34492293	41902022
企业存款	Deposits of Enterprises	8574514	9782109	12341514
活期存款	Carrent Deposits		7735707	10101399
定期存款	Fixed Deposits		2046402	2240115
财政存款	Treasury Deposits	759807	573349	660430
机关团体存款	Deposits of Government Agencies and Organizations	448355	1014002	1181615
储蓄存款	Urban and Rural Savings Deposits	17004661	20475117	24758257
活期存款	Carrent Deposits		5736660	7251971
定期存款	Fixed Deposits		14738457	17506286
农业存款	Agricultural Deposits	456041	559978	704320
信托存款	Trust Deposits	143581	78565	46106
委托存款	Commission Deposits	677705	665830	489153
其他存款	Other Deposits	1008622	1343343	1720627
金融债券	Bonds	220	178	-307888
应付及暂收款	Account Payable and Temporary Credit	684954	654344	670828
#应付及预收利息	Payable and Pre-received Interest		222392	187088
同业往来	Commercial Dealings of the Same Trade			703224
各项准备	Every Capital Reserve	185520	186325	106511
#贷款损失准备金	Capital Reserves for Loss of Loan		177209	103499
所有者权益	Creditors' Equity	-356333	-362734	-287037
#实收资本	Paid-in Capital		477864	534585
当年结益	Carried Interest in the Same Year		-313719	-220860
其　他	Others	-1236293	-3100947	-5625420

注：本表金融机构包括中国人民银行、政策性银行、国有独资商业银行、股份制商业银行、城市商业银行、邮政储汇局、城市信用社、农村信用社、信托投资公司。

a) Financial institutions in this table include Chinese Peope's Bank, policy banks, state-sole-owned commercial bank, commercial banks of stock-sharing system, urban commercial banks, savings deposit agencies of postal officies, urban credit cooperative, ruran credit cooperatives and financial trust investment agencies.

8—13 商业性金融机构信贷资金平衡表（资金来源）

Credit Funds Balance Sheet of Commercial Financial Institutions (Sources of Funds)

（年末余额）单位：万元 (year-end) (10000 yuan)

项　　目	Item	2001	2002	2003
资金来源合计	**All Sources**	**21690703**	**25171134**	**30585261**
各项存款	Deposits	28196934	33818409	41078120
企业存款	Deposits of Enterprises	8082498	9639679	12166983
活期存款	Carrent Deposits	6410277	7593277	9926869
定期存款	Fixed Deposits	1672221	2046402	2240115
财政存款	Treasury Deposits	62508	66984	45972
机关团体存款	Deposits of Government Agencies and Organizations	741460	989204	1146790
储蓄存款	Urban and Rural Savings Deposits	17004659	20475117	24758257
活期存款	Carrent Deposits	4454164	5736660	7251971
定期存款	Fixed Deposits	12550495	14738457	17506286
农业存款	Agricultural Deposits	456284	559978	704320
信托存款	Trust Deposits	140009	78565	46106
委托存款	Commission Deposits	671195	665830	489153
其他存款	Other Deposits	1038321	1343052	1720539
金融债券	Bonds	220	178	-307888
应付及暂收款	Account Payable and Temporary Credit	584673	543798	658365
#应付及预收利息	Payable and Pre-received Interest	116233	121654	187088
同业往来	Commercial Dealings of the Same Trade			708875
各项准备	Every capital Reserve	153926	154801	106511
#贷款损失准备金	Capital Reserves for Loss of Loan	152957	145685	103499
所有者权益	Creditors' Equity	-276140	-246223	-349684
#实收资本	Paid-in Capital	433097	434196	490683
当年结益	Carried Interest in the Same Year	107	-152403	-239047
其　他	Others	-6968910	-9099829	-11309039

注：本表商业性金融机构包括国有独资商业银行、股份制商业银行、城市商业银行、邮政储汇局、城市信用社、农村信用社、信托投资公司。

a) Commercial financial institutions in this table include state-sole-owned commercial bank, commercial banks of stocksharing system, urban commercial banks, urban credit cooperative, ruran credit cooperatives and financial trust investment agencies.

8—14 金融机构信贷资金平衡表（资金运用）

Credit Funds Balance Sheet of Financial Institutions (Uses of Funds)

（年末余额）单位：万元　　(year-end) (10000 yuan)

项　目	Item	2001	2002	2003
资金运用合计	**All Uses**	**28351364**	**31869459**	**37162240**
各项贷款	Loans	26053897	29415870	33745919
短期贷款	Short-term Loans	17311285	19291300	20782194
工业贷款	Industrial Loans	4356014	4632787	5158494
商业贷款	Commercial Loans	7019806	6777393	6329641
#农副产品贷款	Farm and Sideline Product Loan		4461485	3827945
建筑业贷款	Construction Loans	333902	418461	576641
农业贷款	Agricultural Lans	2127962	2567948	3077956
乡镇企业贷款	Loans to Township Enterprises	1182847	1243044	1354174
三资企业贷款	Loans to Sino-foreign Joint Venture and Cooperative Enterprises and Foreign-funded Enterprises	420823	276468	294832
私营企业及个体贷款	Loans to Private Enterprises and Individuals	121819	134943	180937
其他短期贷款	Other Short-term Loans	1748112	3240256	3809519
#个人短期消费贷款	Personal Short-term Consumptive Loans		125851	152664
中期流动资金贷款	Medium-term Working Capital Loans	955078	1335183	1143818
中长期贷款	Medium-term & Long-term Loans	6694660	7344987	9752084
基本建设贷款	Capital Construction Loans		4275733	5460003
技术改造贷款	Innovation Loans		424277	584936
其他中长期贷款	Other Medium-term and Long-term Loans		2644977	3707146
#个人中长期消费贷款	Personal Medium-term and Long-term Consumptive Loans		1206198	1924559
信托贷款	Trust Loans	63641	38146	26846
融资租赁	Capital Blending and Leasing	209	102	219
委托贷款	Commission Loans	492657	514639	502831
票据融资	Note Financing	281862	645021	1345711
#贴现及转贴现	Discount and Rediscount		645021	1345711
各项垫款	Advanced Money to be Paid Back Later	254506	246492	192216
有价证券及投资	Securities & Investment	940622	1288060	1213697
应收及预付款	Account Dut and Advanced Payment	897915	789452	555271
#应收利息	Interest Recievable		382928	210079
同业往来	Commercial Dealings of the Same Trade			47433
委托投资	Commission Investment	181201	118367	228944
金银占款	Purchase of Gold & Silver	13143	944	1104
外汇占款	Purchase of Foreign Exchanges	-181	3260	2887
固定资产	Fixed Assets			1068326
库存现金	Cash Stock	264767	253506	298658

8—15 商业性金融机构信贷资金平衡表（资金运用）

Credit Funds Balance Sheet of Commercial Financial Institutions (Uses of Funds)

（年末余额）单位：万元 (year-end) (10000 yuan)

项　　目	Item	2001	2002	2003
资金运用合计	**All Uses**	**21690703**	**25171134**	**30585261**
各项贷款	Loans	19419730	22914703	27371956
短期贷款	Short-term Loans	12659178	14954142	17034983
工业贷款	Industrial Loans	3612445	4632787	5158494
商业贷款	Commercial Loans	2520672	2478941	2672796
#农副产品贷款	Farm and Sideline Product Loan	217645	179050	186845
建筑业贷款	Construction Loans	297807	418461	576641
农业贷款	Agricultural Lans	2128620	2567948	3077956
乡镇企业贷款	Loans to Township Enterprises	1182846	1243044	1354174
三资企业贷款	Loans to Sino-foreign Joint Venture and Cooperative Enterprises and Foreign-funded Enterprises	385548	276468	294832
私营企业及个体贷款	Loans to Private Enterprises and Individuals	100602	134943	180937
其他短期贷款	Other Short-term Loans	2430638	3201550	3719153
#个人短期消费贷款	Personal Short-term Consumptive Loans	83555	125851	152664
中期流动资金贷款	Medium-term Working Capital Loans	1251367	1335183	1143818
中长期贷款	Medium-term & Long-term Loans	4437369	5203895	7321001
基本建设贷款	Capital Construction Loans	2080123	2268523	3158824
技术改造贷款	Innovation Loans	568706	376257	546076
其他中长期贷款	Other Medium-term and Long-term Loans	1788540	2559115	3616101
#个人中长期贷款	Personal Medium-term and Long-term Consumptive Loans	595656	1206198	1924559
信托贷款	Trust Loans	43221	38146	26846
融资租赁	Capital Blending and Leasing	134	102	219
委托贷款	Commission Loans	491567	514639	502831
票据融资	Note Financing	281863	622103	1150043
#贴现及转贴现	Discount and Rediscount	281863	622103	1150043
各项垫款	Advanced Money to be Paid Back Later	255031	246493	192216
有价证券及投资	Securities & Investment	1037096	1259060	1213697
应收及预付款	Account Dut and Advanced Payment	774032	627294	547473
#应收利息	Interest Recievable	328176	258271	203056
同业往来	Commercial Dealings of the Same Trade			47433
委托投资	Commission Investment	181201	118367	228944
外汇占款	Purchase of Foreign Exchanges	17738	3260	2887
固定资产	Fixed Assets			877258
库存现金	Cash Stock	260906	248450	295612

8—16 金融机构现金收入

Cash Income of Financial Institutions

单位：万元 (10000 yuan)

项　　目	Item	2001	2002	2003
收入合计	**Total Income**	**63682262**	**75830095**	**97357708**
商品销售收入	Income from Commodity Sales	9922954	11212657	14491009
服务业收入	Income from Service Trade	4130833	4978753	6159243
税款收入	Income from Taxes	670178	811529	915532
城乡个体经营收入	Income from Urban and Rural Individual Business	2372820	2340185	2916407
储蓄存款收入	Income from Savings Deposits	39303823	48547121	64246305
其他金融机构收入	Income from Other Financial Institutions	813358	502518	396159
居民归还贷款收入	Income from Repayment of Loans by Residents	1844811	2445547	2941283
汇兑收入	Income from Remittances	1060668	1139411	856052
有价证券收入	Income from Securities	276172	180947	282837
其他收入	Other Income	3286644	3671427	4152880
#兑换外币收入	Income from Exchange of Foreign Currencies	15118	20242	8893

8—17 金融机构现金支出

Cash Expenditures of Financial Institutions

单位：万元 (10000 yuan)

项　　目	Item	2001	2002	2003
支出合计	**Total Expenditure**	**62361139**	**74354623**	**95329803**
工资性支出	Expenditure for Wages	5285049	6026212	7431656
农副产品采购支出	Purchases of Agricultural and Sideline Products	3084264	3275702	3796448
工矿及其他产品采购支出	Expenditure for Purchases of Industrial and Mineral Products	1809509	2128765	3156647
行政企事业管理费支出	Government and Enterprises Overhead	3685823	4164091	5148843
城乡个体经营支出	Expenditure for Individual Business	2770498	2777383	3499451
储蓄存款支出	Expenditure for Savings Deposits	39006911	47927446	63507827
其他金融机构支出	Expenditure for Other Financial Institutions	775061	605288	474919
居民提取贷款支出	Expenditure for Loans by Residents	1973536	2667396	3047341
汇兑支出	Expenditure for Remittances	982329	1058282	846995
有价证券支出	Expenditure for Securities	159537	154301	250471
其他支出	Other Expenditure	2828623	3569757	4169204
#兑换外币支出	Expenditure for Exchange of Foreign Currencies	20719	33327	44902

8—18 金融机构现金投放回笼差额

Cash Statistics of Finacial Institutions

单位：万元 （10000 yuan）

年份 Year	现金收入 Cash Income	现金支出 Cash Wxpenditures	投放(+) 回笼(-) Currency Issued (+) Currency Recalled (-)
1990	4450423	4695717	245294
1995	21571432	21411267	-160165
1996	26056670	25898508	-158162
1997	29536739	29626126	89387
1998	44550454	44329206	-221248
1999	48976296	48914773	-61523
2000	54124477	53544668	-579809
2001	63682262	62361139	-1321123
2002	75830095	74354623	-1475472
2003	97357708	95329803	-2027905

注：1980—1997年数据系“国家银行”口径，包括人民银行、工商银行、农业银行、中国银行、建设银行、交通银行、中信银行、农业发展银行、邮政储汇局。

a) Data from 1980 to 1997 were about "national banks", including People's Bank, Industral and Commercial Bank, Agricultural Bank, Bank of China, Construction Bank, Communication Bank, Credit Bank, Agricultural Bank and Savings Deposit Agencies of Post offices.

8—19 农村信用社机构、人员数

Number of Institutions and Staff and Workers in Rural Credit Cooperation

行业		Sector		1990	1995	2000	2002	2003
机构数	**（个）**	**Number of Institutions**	**(unit)**	**5752**	**5599**	**5160**	**4499**	**4206**
独立核算机构		Indenpendant Accounting Institntions		3512	1995	1948	1886	1846
农村信用社		Rural Credit Cooperative				1864	1802	1763
农村信用联社		Rural Credit Joint Cooperative				84	84	83
非独立核算机构		Non-independent Accounting Institutions		2240	3604	3212	2613	2360
联社营业部		Sales Department of Joint Cooperative				84	84	83
信用分社		Branches of Credit Cooperative				2032	1846	1700
储蓄所		Savings Department				1096	683	577
信用代办站	**（个）**	**Credit Agencies**	**(unit)**	**6094**	**2524**			
信用社在职职工人数	**（人）**	**Staff and Workers on Active Duty in Credit Cooperative**	**(person)**	**20650**	**24046**	**23031**	**22846**	**22891**
固定职工		Regular Staff and Workers		12240	10566	8503		
合同职工		Contract Staff and Workers		8410	13480	14528	22846	22891
信用代办站业务员人数	**（人）**	**Number of Vocational Staff in Credit Agencies**	**(person)**	**10409**	**5606**			

8—20 信 贷 收 支 情 况 （2003年）

Credit Receipts and Payments (2003)

（年末余额）单位：万元　　(year-end) (10000 yuan)

项　　目	Item	国有独资商业银行 State Banks	股份制商业银行 Commercial Bank of Stock-sharing System	城市商业银行 City Commercial Banks	城市信用社 City Credit Cooperatives	农村信用社 Rural Credit Cooperatives
各项存款	**Deposits**	**25213339**	**3461148**	**2493921**	**255462**	**6030351**
企业存款	Deposits of Enterprises	8061447	2054102	1732429	166214	152497
活期存款	Carrent Deposits	6635484	1667148	1488223	136014	
定期存款	Fixed Deposits	1425963	386955	244206	30200	152497
机关团体存款	Deposits of Government Agencies and Organizations	979656	110052	7236	19165	30681
储蓄存款	Saving Deposits	15129329	818700	557035	66397	5144422
活期存款	Carrent Deposits	4496496	285192	239135	18717	1419396
定期存款	Fixed Deposits	10632833	533508	317900	47680	3725026
农业存款	Agricultural Deposits	83756		501	56	620007
其他存款	Other Deposits	959151	478294	196720	3630	82744
各项贷款	**Loans**	**18273064**	**2408500**	**1712571**	**153417**	**4286812**
短期贷款	Short-term Loans	10144813	1586456	1061525	107011	4127310
工业贷款	Industrial Loans	4231224	546420	357733	23117	
商业贷款	Commercial Loans	2319139	221699	112842	19116	
#农副产品贷款	Farm and Sideline Product Loan	186845				
建筑业贷款	Construction Loans	482491	19530	69419	5201	
农业贷款	Agricultural Lans	334426		70		2743460
乡镇企业贷款	Loans to Township Enterprises	557411		11979	350	784434
三资企业贷款	Loans to Sino-foreign Joint Venture and Cooperative Enterprises and Foreign-funded Enterprises	210401	62913	21368	150	
私营企业及个体贷款	Loans to Private Enterprises and Individuals	38683	5203	130916	6135	
其他短期贷款	Other Short-term Loans	1971038	730691	357198	52942	599416
#个人短期消费贷款	Personsal Short-term Consumptive Loans	122108	7061	19563	934	2998
中期流动资金贷款	Medium-term Working Capital Loans	1000189	132614	11015		
中长期贷款	Medium-term & Long-term Loans	6186885	536414	445580	37284	115010
基本建设贷款	Capital Construction Loans	2923085	142331	93108	300	
技术改造贷款	Innovation Loans	515450	16000	9626	5000	
其他中长期贷款	Other Medium-term and Long-term Loans	2748350	378083	342846	31984	115010
#个人中长期消费贷款	Personal Medium-term and Long-term Consumptive Loans	1602124	152005	165533	1102	3795
票据融资	Note Financing	755958	149710	190761	9122	44492
#贴现及转贴现	Discount and Rediscount	755958	149710	190761	9122	44492
各项垫款	Advanced Money to be Paid Back Later	185219	3307	3690		

注：本表国有独资商业银行包括工商银行、农业银行、中国银行、建设银行。
本表股份制商业银行包括交通银行、光大银行、中信实业银行、招商银行、浦东发展银行。

a) State-sole-owned commercial banks in this table include Industrial and Commercial Bank, Agrricultural Bank, Bank of China and Construction Bank.

b) Commercial banks of stocksharing system in this table include Bank of Communications, Everbright Bank, Citic Industrial Bank, Merchants Bank and Pudong Development bank.

8—21 安徽省上市公司数量

Number of Listed Companies of Anhui

单位：个 (unit)

年份 Year	全省合计 Provincial Total	上交所 Shanghai Stock Exchange	深交所 Shenzhen Stock Exchange	仅发A股公司 A Share Only	发A、H股公司 A & H Share	发A、B股公司 A & B Share	仅发B股公司 B Share Only	仅发H股公司 H Share Only
1995	3	1	2	2	1			
1996	10	3	6	5	1	2	1	1
1997	14	4	8	8	1	3		2
1998	19	6	11	13	1	3		2
1999	20	6	12	14	1	3		2
2000	26	9	15	20	1	3		2
2001	29	12	15	23	1	3		2
2002	33	18	15	27	3	3		
2003	36	21	15	30	3	3		

8—22 安徽省股票发行及筹资情况

Issuing Summary for Stocks of Anhui

年份 Year	股票发行额（万股） Amount Issued (10000 shares)			股票筹资额					
	A股 A Shares	B股 B Shares	H股 H Shares	合计（万元） Raised Capital (10000 yuan)	A股 A Shares	B股 B Shares	H股 H Shares	配股筹资 Shares Rights Issued	可转债筹资 Changeable Bonds
1996	11319	24000	49301	242510	67745	73640	93179	7946	
1997	19500		36000	223385	119345		88000	16040	
1998	27500			210486	148600			61886	
1999	6000			64074	39000			25074	
2000	27300			391741	226602			165139	
2001	20300			245990	186680			59310	
2002	60500			288552	268140			20412	
2003	13300		7220	308633	94504		63129		151000

注：股票发行额、股票筹资额包括首次发行和增发。

a) Ammount issued and raised capital of shares include the-first-time issued and additional issued stocks.

8—23 各市股票发行情况及筹资情况（截止2003年）

Issuing Summary for Stocks by Region (Up to 2003)

地区	Region	上市公司（家）Number of Listed Companies (unit)	发行股票（只）Number of Listed Shares (unit)	总股本（万股）Total Issued Capital (10000 share)	总股本 #流通股本 Negotiable Shares	当年募集资金（万元）Raised Capital (10000 yuan)	当年募集资金 发行股票 Number of Listed Shares	当年募集资金 可转换公司债券 Changeable Company Bonds
总计	**Total**	**36**	**42**	**1731873**	**686821**	**308633**	**157633**	**151000**
合肥市	Hefei	10	12	448139	185348			
淮北市	Huaibei							
亳州市	Bozhou	1	2	23500	7998			
宿州市	Suzhou	1	1	9400	4000			
蚌埠市	Bengbu	3	3	52856	26000	82944	32944	50000
阜阳市	Fuyang	1	1	34640	13000			
淮南市	Huainan							
滁州市	Chuzhou	1	1	28340	10140			
六安市	Luan	1	1	11000	4000			
马鞍山市	Maanshan	3	4	669959	242339	54700	29700	25000
巢湖市	Chaohu	3	3	58290	22900			
芜湖市	Wuhu	4	5	182928	87020	94989	94989	
宣城市	Xuancheng	1	1	30100	9100			
铜陵市	Tongling	4	4	91879	37571	76000		76000
池州市	Chizhou							
安庆市	Anqing	1	1	45552	16005			
黄山市	Huangshan	2	3	45290	21400			

注：增发股票募集资金包括在发行股票中。

a) The raised capital of additional listed stocks is included in the listed shares.

8—24 保险公司业务经济技术指标（2003年）

Main Professional Technical Indicators of Insurance Companies (2003)

项目	Item	承保额（万元）Amount Insured (10000 yuan)	承保人员（万人次）People Insured (10000 persons-time)	保费收入（万元）Income From Premium (10000 yuan)	赔付（万元）Claim and Payment (10000 yuan)
合计	**Total**	**29360746**	**1626**	**1045070**	**209572**
财产保险公司	**Property Insurance Companies**	**8130690**		**211501**	**139266**
企业财产险	Enterprise Property Insurance	3052071		27175	26718
家庭财产险	Family Property Insurance	99845		2395	968
机动车辆险	Motor Vehicle Insurance	1435457		145598	94226
船舶险	Ship Insurance	57598		5008	3419
货物运输险	Freight Transport Insurance	687388		5085	2738
建筑、安装工程险	Construction and Installation Projects Insurance	152041		343	830
责任保险	Liability Insurance	466863		6446	3900
保证保险	Guarantee Insurance	10358		1567	31
农业保险	Agriculture Insurance	40000		394	728
其他保险	Other Insurance	2129069		17490	5708
寿险保险公司	**Life Insurance Companies**	**21230056**	**1626**	**833569**	**70306**
寿险	Life Insurance	3596903	735	743029	47261
健康险	Health Insurance	2814379	259	67223	12678
人身意外伤害险	Unforeseen Human Injury Insurance	14818774	632	23317	10367

注：财产保险公司包括中国人保、平安产险、太平洋产险、天安产险和大众产险。人寿保险公司包括中国人寿、平安寿险、太平洋寿险、新华寿险和泰康寿险。

a) Property insurance companies include People's Insurance Company of China, Ping'an Property Insurance Company, Pacific Property Insurance Company, Tian'an Property Insurance Company and Dazhong Property Insurance Company. Life Insurance companies include Chinese Life Insurany, Ping'an Life Insurance Company, Pacific Life InsuranceCompany, Xinhua Life Insurance company and Kangtai Life Insurance Company.

主要统计指标解释

财政收入 指国家财政参与社会产品分配所取得的收入，是实现国家职能的财力保证。财政收入所包括的内容几经变化，目前主要包括：

(1)各项税收：包括增值税、营业税、消费税、土地增值税、城市维护建设税、资源税、城市土地使用税、印花税、个人所得税、企业所得税、关税、农牧业税和耕地占用税等。

(2)专项收入：包括征收排污费收入、征收城市水资源费收入、教育费附加收入等。

(3)其他收入：包括基本建设贷款归还收入、基本建设收入、捐赠收入等。

(4)国有企业计划亏损补贴：这项为负收入，冲减财政收入。

财政支出 国家财政将筹集起来的资金进行分配使用，以满足经济建设和各项事业的需要，主要包括：

(1)基本建设支出：指按国家有关规定，属于基本建设范围内的基本建设有偿使用、拨款、资本金支出以及经国家批准对专项和政策性基建投资贷款，在部门的基建投资额中统筹支付的贴息支出。

(2)企业挖潜改造资金：指国家预算内拨给的用于企业挖潜、革新和改造方面的资金。包括各部门企业挖潜改造资金和企业挖潜改造贷款资金，为农业服务的县办“五小”企业技术改造补助，挖潜改造贷款利息支出。

(3)科技三项费用：指国家预算用于科技支出的费用，包括新产品试制费、中间试验费、重要科学研究补助费。

(4)支援农村生产支出：指国家财政支援农村集体(户)各项生产的支出。包括对农村举办的小型农田水利和打井、喷灌等的补助费，对农村水土保持措施的补助费，对农村举办的小水电站的补助费，特大抗旱的补助费，农村开荒补助费，扶持乡镇企业资金，农村农技推广和植保补助费，农村草场和畜禽保护补助费，农村造林和林木保护补助费，农村水产补助费，发展粮食生产专项资金。

(5)农林水利气象等部门的事业费用：指国家财政用于农垦、农场、农业、畜牧、农机、林业、森工、水利、水产、气象、乡镇企业的技术推广、良种推广(示范)、动植物(畜禽、森林)保护、水质监测、勘探设计、资源调查、干部训练等项费用，园艺特产场补助费，中等专业学校经费，飞播牧草试验补助费，营林机构、气象机构经费，渔政费以及农业管理事业费等。

(6)工业交通商业等部门的事业费：指国家预算支付给工交商各部门用于事业发展的经费，包括勘探设计费、中等专业学校经费、技术学校经费、干部训练费。

(7)文教科学卫生事业费：指国家预算用于文化、出版、文物、教育、卫生、中医、公费医疗、体育、档案、地震、海洋、通讯、电影电视、计划生育、党政群干部训练、自然科学、社会科学、科协等项事业的经费支出和高技术研究专项经费。主要包括工资、补助工资、福利费、离退休费、助学金、公务费、设备购置费、修缮费、业务费、差额补助费。

(8)抚恤和社会福利救济费：指国家预算用于抚恤和社会福利救济事业的经费。包括由民政部门开支的烈士家属和牺牲病残人员家属的一次性、定期抚恤金，革命伤残人员的抚恤金，各种伤残补助费，烈军属、复员退伍军人生活补助费，退伍军人安置费，优抚事业单位经费，烈士纪念建筑物管理、维修费，自然灾害救济事业费和特大自然灾害灾后重建补助费等。

(9)国防支出：指国家预算用于国防建设和保卫国家安全的支出，包括国防费、国防科研事业费、民兵建设以及专项工程支出等。

(10)行政管理费：包括行政管理支出，党派团体补助支出，外交支出，公安安全支出，司法支出，法院支出，检察院支出和公检法办案费用补助。

信贷资金 指金融机构以信用方式积聚和分配的货币资金。金融机构信贷资金的来源有各项存款、对国际金融机构负债、流通中货币、银行自有资金及当年结益等；信贷资金的运用有各项贷款、黄金占款、外汇占款、财政借款及在国际金融机构中的资产等。

存款 指企业、机关、团体或居民根据资金必须收回的原则，把货币资金存入银行或其他信用机构保管并取得一定利息的一种信用活动形式。根据存款对象的不同可划分为企业存款、财政存款、机关团体存款、基本建设存款、城镇储蓄存款、农村存款等科目。它是银行信贷资金的主要来源。

贷款 指银行或其他信用机构根据资金必须归还的原则，按一定利率，为企业、个人等提供资金的一种信用活动形式。我国银行贷款分为流动资金贷款、固定资产贷款、城乡个体工商户贷款以及农业贷款等科目。

承保额 又叫保险金额。它是指保险人承担赔偿或者给付保险金责任的最高限额。

保费 指投保人为取得保险人在约定范围内所承担赔偿责任而支付给保险人的费用。

赔款 指保险人根据保险合同的规定，向被保险人支付的赔偿保险责任损失的金额。

给付 包括死伤医疗给付和满期给付。死伤医疗给付是指保险人根据人寿保险及长期健康保险合同的规定，因被保险人在保险期内发生保险责任范围内的保险事故支付给被保险人（或受益人）的金额。满期给付是指被保险人生存期满，保险人按人寿保险合同规定支付给被保险人的满期保险金额。

Explanatory Notes for Major Statistical Indicators

Government Revenue refers to the revenue of the government finance by means of participating in the distribution of the social products, which is the financial resources for ensuring the government to function. The contents of government revenue have been changed several times. Now it includes the following main items:

a) Various tax revenues, including value added tax, business tax, consumption tax, land value added tax, tax on city maintenance and construction, resources tax, tax on use of urban land, stamp tax, personal income tax, enterprise income tax, tariff, tax on agriculture and animal husbandry and tax on occupancy of cultivated land, etc.

b) Special revenues, including revenue collected from imposing fee on sewage treatment, revenue collected from imposing fee on urban water resources, and extra-charges for education, etc.

c) Other revenues, including revenue from the repayment of capital construction loan, revenue from capital construction projects, and donations and grants.

d) Planned subsidies for the losses of the state-owned enterprises. This is an item of negative revenue, used to eat up part of the government revenue.

Government Expenditure refers to the distribution and use of the funds the government finance has raised, so as to meet the needs of economic construction and various causes. It includes the following main items:

a) Expenditure for capital construction: It refers to the non-gratuitous use and appropriation of funds for capital construction in the range of capital construction, outlay of capital as well as the loans on capital construction approved by the government for special purpose or policy purpose and the expenditure with discount paid in an overall way within the amount of the funds appropriated to the departments for capital construction.

b) Innovation funds of the enterprises: They refer to the funds appropriated from the government budget for the enterprises to tap the latent power, upgrade the technology and carry out innovation, including the innovation fund of the departments, loan of the enterprises for innovation, subsidies on the innovation of the small fertilizer plant, small cement plant, small coal mines, small machinery plant and small steel plant, the expenditure of interest for the loan for innovation.

c) expenditures for science and technology promotion: They refer to the expenses appropriated from the government budget for the scientific and technological expenditure, including new products development expenditure, expenditure for intermediate trial and subsidies on important scientific researches.

d) Expenditure for supporting rural production: It refers to the expenditures appropriated from the government budget for supporting the various expenditures of the rural collective units or households for production, including the subsidies to the small water conservancy projects and well drilling, sprinkling irrigation projects run by the villages; subsidies on the rural water and soil conserving measures; subsidies to the small power stations run by the villages; subsidies to the expenditure for fighting against particularly severe draughts; subsidies on the rural waste land exclamation; fund for supporting the township enterprises; subsidies to the expenditure for popularization of the agricultural technologies and plant protection in the rural areas; subsidies to the expenditure for the protection of grasslands and cattle and fowls; subsidies on afforestation and forest protection in rural areas; subsidies on the rural aquatic products industry; special fund for developing grain production.

e) Operating expenses of the departments of farming, forestry, water conservancy and meteorology etc.: They refer to the expenses appropriated from the government budget for the expenditures of agricultural exclamation, farms, agriculture, animal husbandry, agricultural machinery, forestry, timber industry, water conservancy, aquatic products industry, meteorology, technology popularization in township enterprises, popularization (demonstration) of improved varieties, plant (cattle and fowls, forest) protection, water quality monitoring, prospecting and designing, resources investigation, cadres training, subsidies to horticulture gardens, expenditure of specialized secondary schools, subsidies on the experiments of sowing herbage seeds by flights, expenditures of afforestation agencies and meteorology agencies, expenses for fishery administration and operating expenses for agricultural administration, etc.

f) Operating expenses of the departments of industry, transport and commerce: They refer to the expenses appropriated from the government budget to the departments of industry, transport and commerce for the expenditure of business development, including expenses for prospecting and designing, expenditures of specialized secondary schools, expenditures of the technical training schools and expenditures for cadres training, etc.

g) Operating expenses of the departments of culture, eduation, science and public health: They refer to the expenses appropriated from the government budget for the expenditures of the causes of culture, publication, cultural relics, education, public health, traditional Chinese medical science, free medical services, sports, archives, earthquake, ocean, communications, broadcasting, film and television, family planning; expenditure for training of cadres of government, party and mass organization; expenditures for natural sciences, social sciences, associations for science and technology and the special expenditure for the high-tech researches. They include mainly wages, extra wages, welfare funds, pension for the retirees, stipend, expenses for official business, expenses for equipment purchases, expenses for repairs, business expenses and subsidies to the units which are unable to support their expenditures by their own earnings.

h) Pension for the disabled or for the families of the bereaved and relief funds for social welfare: They refer to the funds appropriated from the government budget for the expenditures of pension for the disabled or for the families of the bereaved and relief funds for social welfare, including the lump-sum or regular pension paid by the departments of civil affairs to the members of martyrs families and families of those who died for the public interest, pension to the revolutionary disabled, subsidies for permanent disability of various kinds, subsidies to the military martyrs dependents and the demobilized servicemen, expenditure for settling down the demobilized servicemen, operating expenses of the consoling institutions, expenses for management and repair of the commemorative buildings for the martyrs, the expenses managed by the departments of civil affairs for the retirees and those who have quitted their work, expenses for social relief in rural and urban areas, operating expenses for providing relief to the areas of natural calamity and subsidies on the reconstruction after the particularly severe natural calamities, etc.

l) Expenditures for national defence: They refer to the funds appropriated from the government budget for the expenditures for building up national defence and safeguarding national security, including expenses of national defence, expenses of scientific researches on national defence, expenses for building up peoples militia and expenditure for special projects, etc.

j) Administrative expenses: They include expenditure for administration, subsidies to the parties and mass organizations, diplomatic expenditure, expenditure for public security, judicial expenditure, law court expenditure, procuratorial expenditure and subsidies to the expenses for treating the cases by the public security departments, procuratorial organs and law courts.

Credit Funds refer to the funds issued as loans by banking institutions. The sources of credit funds of the banking institutions included deposits, liabilities to international financial institutions, currency in circulation, self-owned funds and current retained profits, etc. The credit funds can be used in forms of loans, gold, foreign exchange, government debt and assets in the international financial institutions.

Deposit is a form of credit by which enterprises, institutions, organizations or households can put money into banks and other credit institutions for safekeeping and interest earning under the principle of free withdrawal. According to different depositors, deposits are divided into enterprise deposits, treasury deposits, deposits of government agencies and organizations, capital construction deposits, urban savings deposits, rural deposits and other deposits. Deposits are major sources of the credit funds of banks.

Loan is a form of credit by which banks and other credit institutions provide funds at certain interest rate to enterprises and individuals in the light of the principle of unconditional repayment. Loans from Chinese banks include circulating capital loans, fixed assets loans, loans to urban and rural individuals engaged in industrial and commercial business and agricultural loans.

Amount Insured refers to the maximum that the insurant will get for the claim of the case insured.

Premium is the fee paid by the insurant to the insurer to obtain the obligation of compensation from the insurance within the agreed terms.

Settled Claim is the compensation paid by the insurer to the insurant in accordance with the insurance contract.

Payment includes payment for death, injury or medical treatment and mature payment. Payment for death, injury or medical treatment refers to the money paid to the insurant (or the beneficiary) in accordance with the life or health insurance contract when the insurant encounters accidents within the insured period covered in the contract. Mature payment refers to the mature payment to the insurant in accordance with the life insurance contract at the end of the insured period.

物价指数

第九篇

Chapter

9

PRICE INDICES

简要说明

一、本篇价格指数资料，反映生产、流通、消费与投资等环节的价格变动趋势和变动幅度。主要包括居民消费价格指数、商品零售价格指数、农业生产资料价格指数、工业品出厂价格指数(生产者价格指数)、原材料燃料动力购进价格指数、固定资产投资价格指数。

二、价格指数统计由省城市社会经济调查队组织实施，各市、县城调队依据国家统计局统一制定的价格统计调查制度向基层采集原始数据汇总后上报。

三、消费、零售价格指数都是采用分层抽样调查方法编制的，以样本推断总体，被抽选的调查市县 16 个。

四、工业品价格统计采用重点调查方法，固定资产投资价格指数采用重点调查与典型调查相结合的方法。调查范围包括抽中的各种经济类型的工业、建筑业企业及建设单位。

Brief Introduction

I. Data on the price indices in this chapter show the changing trend and change rates in production, circulation, consumption and investment, etc., including mainly consumer price indices of residents, retail price indices, price indices of agricultural means of production, purchasing price indices of farm products, producers price indices of industrial products, purchasing price indices of raw materials, fuels and power, and prices of investment in fixed assets.

II. The statistics of price indices is organized by the Urban Socio-Economic Survey Organization, Anhui Statistical Bureau. The urban socio-economic survey organizations of the selected cities and counties collect statistical data from the grassroots units in accordance with the scheme of prices survey stipulated by the State Statistical Bureau, tabulate them and report them to higher agencies.

III. Data for calculation of the consumer price indices of residents and the retail price indices are collected with the stratified sampling method. Data on the population are estimated on the basis of the sample. Sixteen cities and counties have been selected for this purpose.

IV. Data for the calculation of the price indices of industrial products are collected by the key unit survey. Data for the calculation of the price indices of the investment in fixed assets are collected by the survey on key units and typical units. The coverage of the survey includes the industrial and construction enterprises and construction units.

9—1 各种价格总指数

Price Indices

上年=100 (preceding year=100)

年份 Year	居民消费价格指数 General Consumer Frice Index	城市居民消费价格指数 Urban Areas	农村居民消费价格指数 Rural Areas	商品零售价格指数 General Retail Price Index	工业品出厂价格指数 Ex-factory Price Indices of Industrial Products	原材料、燃料、动力购进价格指数 Purchasing Price Indices of Raw Material, Fuel and Power	农业生产资料价格指数 Price Indices of Agricultural Means of Production	固定资产投资价格指数 Investment in Fixed Assets Price Index
1990	102.7	102.6	102.8	101.9				
1995	114.8	115.9	113.7	112.7	117.1	117.9	128.0	106.5
1996	109.9	110.1	109.7	107.1	101.5	110.0	107.2	103.4
1997	101.3	101.9	100.7	99.4	99.3	101.7	98.9	101.3
1998	100.0	100.3	99.9	98.1	96.4	96.0	94.8	100.0
1999	97.8	97.6	98.0	96.6	95.9	94.5	95.3	99.3
2000	100.7	100.9	100.5	98.0	98.9	102.6	98.2	101.6
2001	100.5	100.0	101.3	99.6	98.6	100.2	97.9	99.5
2002	99.0	99.1	98.7	99.2	99.8	98.2	99.9	101.1
2003	101.7	101.8	101.7	101.3	103.5	106.7	100.2	103.5

9—2 各种价格定基指数

Fixed-base Price Indices

1990年=100 (1990=100)

年份 Year	居民消费价格指数 General Consumer Frice Index	城市居民消费价格指数 Urban Areas	农村居民消费价格指数 Rural Areas	商品零售价格指数 General Retail Price Index	工业品出厂价格指数 Ex-factory Price Indices of Industrial Products	原材料、燃料、动力购进价格指数 Purchasing Price Indices of Raw Material, Fuel and Power	农业生产资料价格指数 Price Indices of Agricultural Means of Production	固定资产投资价格指数 Investment in Fixed Assets Price Index
1990	100.0	100.0	100.0	100.0			100.0	
1995	191.8	197.4	186.3	176.8	193.0	211.3	186.1	216.4
1996	210.8	217.3	204.4	189.4	195.9	232.5	199.5	223.9
1997	213.6	221.4	205.8	188.3	194.6	236.3	197.3	226.8
1998	213.6	222.1	205.6	184.7	187.5	226.8	187.0	226.8
1999	208.9	216.8	201.5	178.4	179.8	214.3	178.2	225.2
2000	210.4	218.8	202.5	174.8	177.7	219.8	175.0	228.8
2001	211.5	218.8	205.1	174.1	175.3	220.2	171.4	227.6
2002	209.4	216.8	202.4	172.7	175.0	216.3	171.2	230.1
2003	213.0	220.7	205.8	175.0	181.1	230.8	171.5	238.2

注：工业品出厂价格、原材料燃料动力购进价格、固定资产投资价格指数以1992年为100。

a) The ex-factory price indices of industrial products, purchasing price indices of raw material, fuel and power and investment in fixed assets price index are got by taking the prices in 1992 as 100.

9—3 居民消费价格分类指数（2003年）

Consumer Price Indices by Category (2003)

上年=100 (preceding year=100)

类别	Item	全省 Provincial Indices	城市 Urban Indices	农村 Rural Indices
居民消费价格指数	**General Consumer Price Index**	**101.7**	**101.8**	**101.7**
食品	**Food**	**106.0**	**105.9**	**106.6**
粮食	Grain	104.5	105.3	101.5
淀粉及薯类	Starches and Tubers	100.9	101.0	100.5
干豆类及豆制品	Bean and Its Products	107.3	109.5	102.6
油脂	Oil or Fat	116.8	115.5	118.5
肉禽及其制品	Meat and Poultry	108.1	107.7	109.1
蛋	Eggs	100.6	100.5	100.8
水产品	Aquatic Products	99.5	98.9	100.5
菜	Vegetables	126.3	125.7	129.3
调味品	Flavoring	100.6	99.3	102.0
糖	Carbohydrate	98.1	101.8	94.2
茶和饮料	Tea and Beverages	101.7	100.7	104.8
干鲜瓜果	Melons and Fruits	100.8	99.3	106.1
糕点饼干面包	Cake and Bread	98.4	98.3	98.7
奶及奶制品	Milk and Its Products	100.5	100.4	100.9
在外用膳食品	Food for Exteral Use	100.0	99.8	100.7
其他食品及食品加工服务	Other Food and Food Processing Services	99.1	99.2	99.1
烟酒及用品	**Tobacco and Liquor Goods**	**99.9**	**99.9**	**99.9**
烟草	Tobacco	100.0	100.5	99.7
酒	Liquor	99.8	99.2	100.3
吸烟饮酒用品	Tocacco and Tiquor Goods	98.9	99.1	98.8
衣着	**Clothing**	**97.3**	**96.8**	**98.8**
服装	Garments	97.9	97.0	101.1
衣着材料	Clothing Material	98.4	96.6	101.0
鞋袜帽	Footwear and Hats	95.6	96.2	94.5
衣着加工服务	Clothing Processing Services	100.0	99.4	102.0
家庭设备用品及维修服务	**Household Facilities and Maintenance Service**	**97.7**	**97.3**	**98.4**
耐用消费品	Durable Consumer Goods	95.9	95.4	97.9
室内装饰品	Interior Decorations	99.3	98.5	100.0
床上用品	Bed Articles	98.1	97.8	98.5
家庭日用杂品	Daily Use Household Articles	98.5	98.9	97.8
家庭服务及加工维修服务	Household Services and Processing Maintenance Services	101.2	101.1	101.6
医疗保健和个人用品	**Medicine, Medical Services and Personal Articles**	**99.9**	**99.7**	**100.0**
医疗保健	Medical Services	99.8	99.5	100.2
个人用品及服务	Personal Articles and Services	99.9	100.3	99.6
交通和通讯	**Means of Transportation and Communication**	**97.9**	**98.2**	**97.2**
交通	Transportation	99.8	101.1	98.4
通信	Communication	96.2	96.4	95.5
娱乐教育文化用品及服务	**Recreational, Educational and Cultural Articles & Services**	**100.9**	**100.2**	**101.9**
文娱用耐用消费品及服务	Durable Consumer Goods and Services for Recreational Use	94.1	93.7	94.8
教育	Education	102.3	101.9	102.8
文化娱乐用品	Cultural and Recreational Articles	99.9	99.7	100.8
旅游及外出	Traveling and Going Out	93.9	93.9	93.4
居住	**Housing**	**100.7**	**101.3**	**99.6**
建房及装修材料	Building and Decoration Material	99.8	100.4	99.5
租房	Renting House	104.8	105.6	102.4
自有住房	One's Own House	98.6	98.4	100.0
水、电、燃料	Water, Electricity and Fuel	102.7	103.9	99.5

9—4 居民零售价格分类指数（2003年）

Retail Price Indices by Category of Commodities (2003)

上年=100 (preceding year=100)

类　　别	Item	全　省 Provincial Indices	城　市 Urban Indices	农　村 Rural Indices
商品零售价格指数	**General Retail Price Index**	**101.3**	**100.8**	**101.7**
食　品	**Food**	**106.0**	**105.1**	**106.8**
粮　食	Grain	100.5	103.7	97.8
淀粉及薯类	Starches and Tubers	102.7	103.8	101.6
干豆类及豆制品	Bean and Its Products	105.6	109.2	102.4
油　脂	Oil or Fat	115.3	113.1	117.2
肉禽及其制品	Meat and Poultry	107.6	106.5	108.6
蛋	Eggs	100.8	101.2	100.4
水产品	Aquatic Products	99.4	98.6	100.0
菜	Vegetables	129.3	125.1	133.2
调味品	Flavoring	100.0	99.1	100.7
糖	Carbohydrate	103.5	100.9	105.2
干鲜瓜果	Melons and Fruits	102.3	99.4	105.4
糕点饼干面包	Cake and Bread	98.5	99.0	98.2
奶及奶制品	Milk and Its Products	100.1	100.6	99.6
在外用膳食品	Food for Exteral Use	100.1	99.4	101.1
其他食品	Other Food	99.0	99.4	98.6
饮料烟酒	**Beverages, Tobacco and Liquor**	**99.7**	**100.0**	**99.4**
茶及饮料	Tea and Beverages	98.9	100.5	97.2
烟　草	Tobacco	99.8	100.3	99.3
酒	Liquor	100.0	99.4	100.6
服装鞋帽	**Garments, Shoes and Hats**	**98.3**	**96.8**	**99.9**
服　装	Garments	100.0	97.3	102.7
鞋袜帽	Footwear and Hats	94.1	95.1	93.2
其　他	Other	97.6	98.7	96.1
纺织品	**Textiles**	**99.0**	**97.8**	**100.2**
衣着材料	Clothing Material	99.1	97.4	100.7
床上用品	Bed Articles	98.8	98.1	99.5
家用电器及音像器材	**Household Electrical Appliance and Audio-video Supplies**	**95.0**	**93.6**	**96.5**
家庭设备	Household Facilities	96.0	94.3	98.0
文娱用耐用消费品	Durable Consumer Goods for Recreational Use	93.1	92.1	94.2
音像器材类	Audio-video Supplies	99.3	98.7	100.0
文化办公用品	**Cultural and Office Articles**	**95.5**	**95.7**	**95.2**
日用品	**Articles for Daily Use**	**99.5**	**99.1**	**100.0**
日用百货	Daily Use Sundry Goods	98.9	99.7	98.2
日用杂品	Daily Use Groceries	101.1	98.8	102.9
洗涤用品	Washing Articles	100.1	99.9	100.2
其它日用品	Other Articles for Daily Use	98.7	97.5	100.1
体育娱乐用品	**Sports and Recreational Articles**	**100.4**	**98.8**	**102.4**
体育用品	Sports Articles	100.0	99.7	100.3
娱乐用品	Recreational Articles	100.6	98.3	104.3
交通、通信用品	**Transportation and Telecommunication Articles**	**92.9**	**92.7**	**93.2**
交通运输机械	Transportation Mechanism	98.7	98.1	99.5
通讯器材类	Telecommunication Facility	81.7	81.3	82.2
家　具	**Furniture**	**97.6**	**98.0**	**97.1**
化妆品类	**Cosmetics**	**99.0**	**98.9**	**99.1**
金银珠宝类	**Jewelry**	**107.1**	**107.7**	**106.6**
中西药品及医疗保健用品类	**Traditional Chinese and Western Medicines and Health Care Articles**	**98.9**	**100.5**	**97.4**
医疗器具及用品	Medical Appliances and Articles	100.0	99.4	100.5
中药材及中成药	Traditional Chinese Medicine	106.1	112.2	100.9
西　药	Western Medicine	93.7	93.3	94.0
保健器具及用品	Health Care Appliances and Articles	99.6	98.6	100.6
书报杂志及电子出版物类	**Newspapers, Magzines and Electronic Publications**	**102.6**	**103.5**	**101.6**
教材及参考书	Teaching Materials and Reference Books	106.0	109.1	103.1
书报杂志	Newspapers and Magzines	100.5	100.7	100.2
电子音像制品	Electronic Audio-video Products	100.1	97.8	101.8
燃料类	**Fuels**	**109.3**	**111.0**	**107.6**
煤炭及制品类	Coal and Related Products	101.9	103.3	101.3
石油及制品类	Petroleum and Related Products	111.5	112.3	110.5
建筑材料及五金电料类	**Building Materials, Hardware and Electrical Materials**	**99.4**	**99.6**	**99.2**
建筑装璜材料	Building Decoration Materials	99.5	99.7	99.4
五金电料类	Hardware and Electrical Materials	98.9	99.2	98.8

9—5 调查市、县居民消费价格分类指数（2003年）

Consumer Price Indices by Category and by Surveyed City and County (2003)

上年=100 (preceding year=100)

市 县 Surveyed City and County		总指数 General Index	食品 Food	粮食 Grain	油脂 Oil or Fat	肉禽及其制品 Meat and Poultry	蛋 Eggs	水产品 Aquatic Products	菜 Vegetables
合肥市	Hefei	101.2	104.3	104.6	115.2	106.3	103.7	98.6	123.1
淮南市	Huainan	103.1	107.8	105.8	116.5	109.4	97.2	97.8	145.0
安庆市	Anqing	101.4	106.2	105.5	108.8	109.6	103.5	102.0	116.6
芜湖市	Wuhu	101.2	104.5	105.2	116.4	111.0	100.5	99.2	109.2
蚌埠市	Bengbu	101.5	106.4	104.2	109.5	109.1	104.4	104.2	130.3
亳州市	Bozhou	103.2	110.9	112.7	126.5	107.7	98.8	97.6	136.2
淮北市	Huaibei	103.1	108.6	104.4	120.8	111.0	100.6	106.9	137.2
马鞍山市	Maanshan	101.3	105.0	103.0	111.1	108.0	101.6	100.2	123.6
铜陵市	Tongling	100.4	103.4	107.3	119.2	106.1	99.6	91.7	111.1
黄山市	Huangshan	101.6	105.9	104.1	108.7	101.8	98.2	104.8	128.9
阜阳市	Fuyang	101.3	105.2	103.7	111.9	105.6	94.2	94.8	134.9
滁州市	Chuzhou	101.1	103.7	99.6	109.0	103.6	99.2	96.4	121.6
歙县	Shexian	101.3	103.4	109.0	122.7	104.1	98.7	98.6	114.9
桐城市	Tongcheng	101.1	105.3	101.8	108.3	107.7	100.3	103.1	104.3
宣城市	Xuancheng	103.1	106.9	92.4	117.1	112.9	99.1	100.3	127.0
宿州市	Suzhou	102.4	107.9	105.7	120.8	107.1	102.4	103.6	145.4

市 县 Surveyed City and County		茶及饮料 Tea and Beverages	干鲜瓜果 Melons and Fruits	烟酒及用品 Tobacco and Ligquor Goods	衣着 Clothing	家庭设备用品及维修服务 Household Facilities and Maintenance Service	医疗保健和个人用品 Medicine, Medical Services and Personal Articles	交通和通讯 Means of Transportation & Communication	娱乐教育文化用品及服务 Recreational, Educational and Cultural Articles and Services	居住 Housing
合肥市	Hefei	99.7	100.2	100.0	98.1	97.8	100.1	98.1	99.3	102.3
淮南市	Huainan	104.8	100.4	98.6	96.6	97.8	101.0	102.5	100.1	102.8
安庆市	Anqing	97.8	105.0	99.3	95.0	92.1	99.4	98.2	99.2	102.1
芜湖市	Wuhu	98.1	94.9	104.4	95.3	95.9	96.9	97.9	99.5	101.1
蚌埠市	Bengbu	100.0	100.1	98.8	92.3	97.9	100.6	97.8	98.7	102.3
亳州市	Bozhou	100.8	103.5	98.3	95.7	97.6	101.4	99.0	96.1	101.0
淮北市	Huaibei	99.7	99.3	98.4	99.3	101.2	102.1	94.7	100.2	101.7
马鞍山市	Maanshan	99.5	98.3	98.8	100.2	97.2	103.0	98.5	98.1	101.6
铜陵市	Tongling	113.1	83.2	102.0	96.9	92.5	100.9	98.9	98.9	99.6
黄山市	Huangshan	98.3	116.5	100.1	100.9	93.3	98.1	100.8	100.8	99.8
阜阳市	Fuyang	100.6	106.0	99.5	91.6	96.2	100.4	98.4	106.5	101.1
滁州市	Chuzhou	98.0	99.8	102.0	97.7	97.9	105.5	95.2	99.6	100.1
歙县	Shexian	98.0	103.6	100.3	96.8	100.8	96.8	96.5	105.7	100.6
桐城市	Tongcheng	110.0	112.8	100.5	94.6	97.6	100.5	98.0	102.1	99.4
宣城市	Xuancheng	102.3	110.0	99.2	103.4	98.2	104.4	99.1	98.9	102.5
宿州市	Suzhou	93.0	95.8	99.7	98.0	97.1	99.1	99.0	103.4	98.5

9—6 调查市、县商品零售价格分类指数（2003年）

Retail Price Indices by Category of Commodities and Surveyed City and County (2003)

上年=100 (preceding year=100)

市 县 Surveyed City and County		总指数 General Index	食品 Food	饮料、烟酒 Beverages, Tobacco and Liquor	服装鞋帽 Clothing, Shoes and Hats	纺织品 Textiles	家用电器及音像器材 Household Electrical Appliance and Audio-video Supplies	文化办公用品 Cultural and Office Articles	日用品 Articles for Daily Use
合肥市	Hefei	101.4	105.0	99.9	98.2	99.8	94.9	99.1	99.4
淮南市	Huainan	101.1	108.0	100.0	95.5	95.3	93.3	89.5	101.1
安庆市	Anqing	99.4	105.2	98.7	95.8	96.6	85.8	90.6	96.0
芜湖市	Wuhu	100.3	104.3	102.5	95.8	101.5	95.0	95.3	99.6
蚌埠市	Bengbu	100.9	106.5	99.0	91.7	98.3	94.1	96.3	97.9
亳州市	Bozhou	103.1	109.5	98.4	96.3	98.9	95.4	96.1	99.9
淮北市	Huaibei	103.1	109.0	99.2	99.7	96.6	94.5	98.6	99.8
马鞍山市	Maanshan	101.7	104.9	99.0	102.4	96.3	93.3	90.6	100.4
铜陵市	Tongling	99.4	101.9	102.4	96.8	95.3	89.1	95.8	97.6
黄山市	Huangshan	102.5	106.0	99.6	105.1	99.9	90.6	110.0	99.8
阜阳市	Fuyang	100.2	105.4	99.9	92.3	94.7	92.8	95.8	97.3
滁州市	Chuzhou	100.6	103.5	101.8	97.7	99.6	93.5	97.4	98.6
歙县	Shexian	100.6	104.7	100.2	97.3	98.2	95.6	97.6	98.8
桐城市	Tongcheng	101.4	103.9	102.1	93.6	101.1	97.4	100.5	98.6
宣城市	Xuancheng	102.2	106.7	99.9	103.6	101.1	94.6	98.5	100.6
宿州市	Suzhou	102.0	107.6	97.6	97.3	98.7	97.9	93.9	99.7

市 县 Surveyed City and County		体育娱乐用品 Sports and Recreational Articles	交通、通信用品 Transportation and telecommunication Articles	家具 Furniture	化妆品 Cosmetics	金银珠宝 Jewelry	中西药品及医疗保健用品类 Traditional Chinese and Western Medicines and Health Care Articles	书报杂志及电子出版物类 Newspapers, Magzines and Electronic Publications	燃料 Fuels	建筑材料及五金电料类 Building Materials, Hardware and Electrical Materials
合肥市	Hefei	99.6	95.7	99.7	98.7	108.1	98.2	106.0	113.2	100.5
淮南市	Huainan	98.6	86.3	100.2	99.9	109.2	95.6	100.6	110.5	100.6
安庆市	Anqing	92.9	94.5	85.6	97.9	111.1	97.4	101.3	107.4	102.2
芜湖市	Wuhu	98.3	91.7	98.4	99.7	113.0	96.9	101.0	107.8	96.0
蚌埠市	Bengbu	98.3	91.6	100.0	97.5	107.0	103.8	100.3	111.5	100.2
亳州市	Bozhou	98.3	94.3	100.0	99.9	101.4	106.8	109.1	111.6	100.2
淮北市	Huaibei	100.0	100.0	100.2	100.0	100.0	102.8	101.5	112.2	100.0
马鞍山市	Maanshan	99.2	95.2	96.0	102.8	112.2	105.5	104.1	110.0	100.5
铜陵市	Tongling	100.6	94.3	93.0	100.0	104.6	102.5	109.5	104.5	97.6
黄山市	Huangshan	100.6	96.1	100.0	97.7	107.3	97.4	105.3	111.8	95.9
阜阳市	Fuyang	96.7	95.0	93.6	95.3	110.7	105.7	101.0	108.2	97.1
滁州市	Chuzhou	98.8	92.4	96.8	98.7	112.6	104.8	101.6	108.1	99.7
歙县	Shexian	95.9	93.7	95.2	95.1	100.8	93.8	103.6	111.5	100.7
桐城市	Tongcheng	98.3	95.2	98.8	100.3	109.9	104.9	101.3	114.4	99.2
宣城市	Xuancheng	105.7	97.7	94.4	98.1	103.8	94.5	100.5	110.3	100.7
宿州市	Suzhou	99.0	93.5	100.0	100.5	111.5	100.5	101.2	108.9	97.9

9—7 农业生产资料价格分类指数

Price Indices of Agricultural Means of Production by Category

上年=100 (preceding year=100)

类别	Item	1995	1997	1999	2000	2002	2003
总指数	**General Index**	**128.0**	**98.9**	**95.3**	**98.2**	**99.9**	**100.2**
小农具	Small Farm Tools	122.9	102.9	97.4	100.5	99.5	95.8
饲料	Forage	137.0	89.3	97.7	94.0	99.7	100.5
幼禽家畜	Young Livestock & Fowls	126.5	136.1	83.3	111.8	98.8	97.9
半机械化农具	Semi-mechanized Farm Tools	110.0	101.0	97.6	97.6	95.8	99.6
机械化农具	Mechanized Farm Machinery	119.8	95.8	96.2	96.0	95.0	101.0
化学肥料	Chemical Fertilizer	138.5	93.5	92.6	92.2	103.9	101.3
农药及农药械	Pesticide & Its Appliances	112.9	99.4	93.5	97.1	98.1	98.6
农机用油	Oil for Farm Machinery	107.3	106.8	106.0	122.0	99.1	108.8

9—8 调查市、县农业生产资料价格指数（2003年）

Price Indices of Agricultural Means of Production by Category and Surveyed City and County (2003)

上年=100 (preceding year=100)

市县 Surveyed City and County	总指数 General Index	小农具 Small Farm Tools	饲料 Forage	产品畜 Product Animals	役畜 Draught Animals	半机械化农具 Semimechanized Farm Tools	机械化农具 Mechanized Farm Machinery	化学肥料 Chemical Fertilizer	农药及农药械 Pesticide & Its Appliances	农机用油 Oil for Farm Machinery	其他农业生产资料 Other Agricultural Means of Production
歙县 Shexian	99.6	92.1	97.1	92.1	111.6	99.9	101.9	102.1	99.1	110.5	82.6
桐城市 Tongcheng	101.2	104.0	105.9	104.6	100.0	98.9	99.6	100.1	97.9	106.7	103.3
宣城市 Xuancheng	100.0	107.9	101.1	101.1	100.2	100.0	89.3	98.4	105.8	107.8	100.0

9—9 农产品生产价格指数

Production Price Indices of Agricultural Products

上年=100 (preceding year=100)

类别	Item	2001	2002	2003
总指数	**General Index**	**104.07**	**99.85**	**106.38**
农业产品	**Agricultural Products**	**103.49**	**99.84**	**108.33**
谷 物	Cereal	109.39	98.67	105.00
小 麦	Wheat	109.51	100.93	105.02
稻 谷	Rice	108.88	99.04	104.98
玉 米	Corn	117.71	88.11	105.60
薯 类	Tubers	115.04	84.53	91.73
豆 类	Beans	94.17	103.19	128.66
油 料	Oil-bearing Crops	99.41	105.48	120.06
棉 花	Cotton	60.52	106.16	135.84
蔬 菜	Vegetables	88.95	106.23	114.38
花 卉	Flowers	59.71	113.59	100.00
茶	Tea	112.10	105.14	114.14
林业产品	**Forestry Products**	**106.12**	**99.43**	**97.65**
木 材	Timber	107.40	111.04	96.37
原 木	Logs	106.74	120.49	96.37
竹 材	Bamboo Material	109.63	134.54	104.49
牧 业	**Animal Husbandry**	**103.32**	**101.21**	**105.11**
牲畜的饲养	Livestock Breeding	105.56	100.22	101.19
牛	Cattle and Buffaloes	115.79	115.20	101.37
羊	Sheep and Goats	110.36	116.74	94.90
猪的饲养	Pig Breeding	105.47	97.91	108.42
家 禽	Poulty	104.21	101.78	102.17
鸡	Chicken	103.71	102.10	102.91
鸭	Duck	109.84	93.10	99.98
禽 蛋	Poultry Eggs	92.31	112.89	95.16
鸡 蛋	Chicken Eggs	92.30	114.47	94.65
奶 类	Dairy Products	100.00	101.91	104.87
毛绒类	Fur and Fine Down	92.04	87.18	100.00
渔 业	**Fishery**	**107.79**	**86.06**	**103.11**
内陆水域水产品	Aguatic products in Inland Water	107.79	86.06	103.11
淡水鱼类	Freshwater Fishes	113.41	82.87	105.76
淡水虾蟹类	Freshwater Shrimps and Crabs	98.94	86.45	86.66
其他淡水养殖产品	Other Freshwater Aquatic Products	79.38	94.90	100.00

9—10 分部门工业品出厂价格指数

Ex-factory Price Indices of Industrial Products by Department

上年=100 (preceding year=100)

类 别	Item	1995	2000	2002	2003
总指数	**General Index**	**117.12**	**98.86**	**99.82**	**103.48**
冶金工业	Metallurgical Industry	94.49	103.34	96.71	115.34
电力工业	Power Industry	110.36	99.70	99.69	100.61
煤炭工业	Coal Industry	111.78	95.65	118.92	104.01
石油工业	Petroleum Industry	99.81	130.33	96.49	114.89
化学工业	Chemical Industry	125.10	96.09	100.57	100.84
机械工业	Machine Buiding Industry	107.61	100.09	98.67	97.53
建筑材料工业	Building Materials Industry	114.14	96.13	101.85	106.57
森林工业	Timber Industry	105.88	98.21	98.37	100.35
食品工业	Food Industry	125.01	91.74	99.36	101.77
纺织工业	Textile Industry	124.05	104.07	90.27	106.49
缝纫工业	Tailoring Industry	100.59	90.77	100.63	101.24
皮革工业	Leather Industry	93.48	99.46	104.02	100.47
造纸工业	Paper Industry	152.36	103.38	98.75	101.07
文教艺术用品工业	Cultural Educational & Handicrafts Articles	111.66	98.55	100.47	99.88

9—11 工业品出厂价格分类指数

Ex-factory Price Indices of Industrial Products

上年=100 (preceding year=100)

年份 Year	全部工业品 Total Industry Products	生产资料 Means of production				生活资料 Consumer Goods				
			采掘工业 Mining & Quarrying Industry	原材料工业 Raw Materials Industry	加工工业 Manufacturing Industry		食品 Food	衣着 Clothing	一般日用品 Articles for Daily Use	耐用消费品 Durable Consumer Goods
1995	117.12	113.31	116.16	108.32	118.30	121.69	125.01	121.79	117.55	109.72
2000	98.86	102.05	100.11	106.16	98.78	93.73	91.14	98.48	96.12	98.22
2001	98.62	99.76	103.80	99.22	99.05	96.27	96.43	96.46	98.08	92.29
2002	99.82	100.07	114.87	98.37	97.45	99.27	99.40	100.03	98.95	99.23
2003	103.48	105.35	102.54	106.97	104.96	98.89	101.35	100.54	99.12	94.92

9—12 工业品出厂价格轻重工业分类指数

Ex-factory Price Indices of Industrial Products by Light & Heavy Industry

上年=100 (preceding year=100)

年份 Year	轻工业 Light Industry	以农产品为原料 Using Farm Products as Raw Materials	以非农产品为原料 Using Non-farm Products Raw Materials	重工业 Heavy Industry	采掘工业 Mining and Quarrying	原料工业 Raw Materials Industry	加工工业 Manufacturing Industry
1995	123.88	126.37	115.54	110.13	116.16	104.44	115.02
2000	95.68	95.36	97.64	102.06	101.01	106.09	97.67
2001	96.87	96.85	97.05	100.25	104.88	98.98	100.19
2002	97.45	97.07	98.68	101.65	115.36	99.24	99.99
2003	101.66	102.68	100.64	104.92	102.45	107.35	103.69

9—13 原材料、燃料、动力购进价格分类指数

Purchasing Price Indices by Category of Raw Material, Fuel and Power

上年=100 (preceding year=100)

年份 Year	全部原材料 Total Raw and Other Materials	燃料、动力类 Fuel and Power	黑色金属材料 Ferrous Metals	有色金属材料和电线类 Nonferrous Metals	化工原料 Industrial Chemicals	木材及纸浆 Timber and Paper Pulp	建筑材料 Building Materials	其他工业原材料及半成品 Other Raw Materials and Semi-finished Products	农副产品 Agricultural and Subsidiary Products	纺织原料 Textile Raw Material
1995	117.90	107.39	94.40	129.34	127.71	121.11	115.21		146.01	117.46
2000	102.58	103.22	102.94	110.50	108.97	100.24	95.25	100.76	94.32	103.95
2001	100.19	101.63	98.71	95.83	98.52	99.12	95.84	99.51	100.06	100.34
2002	98.20	101.70	99.14	96.34	97.10	97.83	99.53	97.47	94.25	95.81
2003	106.74	105.86	108.85	104.85	105.18	100.48	100.55	103.27	111.04	110.67

注：1997年以后的建筑材料类为建筑材料及非金属矿类。1995—1996年建筑材料及非金属矿类中不包括非金属矿类。1996年以前"其他工业原材料及半成品"分类不存在。

a) Construction materials include building materials and nonmetal mine since 1997 and nonmetal mine wasn't included from 1995 to 1996. There was no such classification as "Other Raw Materials and Semifinished Products" before 1996.

9—14 固定资产投资价格指数

Price Indices of Investment in Fixed Assets

上年=100 (preceding year=100)

年份 Year	固定资产投资 Investment in Fixed Assets	建筑安装工程 Construction and Installtion	设备工器具购置 Purchase of Equipment, Tools and Instruments	其他费用 Otheers
1995	106.50	102.40	107.70	131.10
2000	101.60	102.80	100.10	98.20
2001	99.50	99.60	98.80	100.50
2002	101.10	102.10	98.70	100.40
2003	103.50	105.78	98.30	101.10

9—15 房 地 产 价 格 指 数

Price Indices of Real Estate

上年=100 (preceding year=100)

类 别	Item	2002	2003
房屋销售价格指数	**Selling Price Indices of Houses**	**104.0**	**104.4**
商品房	Commercial Houses	104.2	103.6
住 宅	Residential Buildings	104.6	104.3
经济适用房	Economical and Suitable Houses	101.8	101.8
普通住宅	General Residential Buildings	104.9	104.4
豪华住宅	Luxury residential Buildings	104.3	104.3
非住宅	Non-residential Buildings	102.4	102.2
写字楼	Office Buildings	102.5	102.2
商业用房	Houses for Business Use	102.4	103.1
其 他	Others	101.8	100.3
公 房	State-owned Houses	102.8	100.8
#住 宅	Residential Buildings	102.8	100.8
私 房	Private-owned Houses	103.3	108.2
住 宅	Residential Buildings	103.3	109.5
非住宅	Non-residential Buildings	103.4	102.6
土地交易价格指数	**Transactions Price Indices of Land**	**104.2**	**105.2**
居民住宅用地	Land for Residential Building Use	104.3	104.8
工业用地	Land for Industry Use	103.9	104.1
商业、旅游、娱乐用地	Land for Business Tour and Entertainment	106.2	106.0
其他用地	Land for Other	103.1	107.2
房屋租赁价格指数	**Renting Price Indices of Houses**	**101.2**	**102.0**
住 宅	Residential Buildings	100.8	103.8
办公用房	Office Buildings	99.8	100.2
商业用房	Houses for Buildings	101.0	101.5
厂房仓库	Workshops and Storehouses	102.2	102.2

主要统计指标解释

居民消费价格指数 是度量一组代表性消费商品及服务项目价格水平随着时间而变动的相对数，反映居民家庭购买的消费品及服务价格水平的变动情况。它是宏观经济分析和决策、价格总水平监测和调控，以及国民经济经济核算的重要指标。其按年度计算的变动率通常被用来作为反映通货膨胀(或紧缩)程度的指标。

商品零售价格指数 商品零售价格是商品在流通过程中最后一个环节的价格，是工业、商业、餐饮业和其他零售企业向城乡居民、机关团体出售生活消费品和办公用品的价格。商品零售价格指数，反映了市场商品零售价格的变动趋势和变动程度，为国家宏观调控和国民经济核算提供参考依据。同时，还可以在此基础上编制其他派生价格指数。

城市居民消费价格指数 是反映城市居民家庭所购买的生活消费品价格和服务项目价格变动趋势和程度的相对数。城市居民消费价格指数可以观察和分析消费品的零售价格和服务项目价格变动对职工货币工资的影响，作为研究职工生活和确定工资政策的依据。

农村居民消费价格指数 是反映农村居民家庭所购买的生活消费品价格和服务项目价格变动趋势和程度的相对数。农村居民消费价格指数可以观察农村消费品的零售价格和服务项目价格变动对农村居民生活消费支出的影响，直接反映农民生活水平的实际变化情况，为分析和研究农村居民生活问题提供依据。

工业品出厂价格指数 是反映各工业行业产品出厂价格总水平的变动趋势和程度的相对数。为国民经济核算、测算工业发展速度、宏观经济分析和调控、理顺价格体系提供依据。

固定资产投资价格指数 是反映固定资产投资额价格变动趋势和程度的相对数。固定资产投资额是由建筑安装工程投资完成额、设备、工器具购置投资完成额和其他费用投资完成额三部分组成的。编制固定资产投资价格指数应首先分别编制上述三部分投资的价格指数，然后采用加权算术平均法求出固定资产投资价格总指数。

编制固定资产投资价格指数可以准确地反映固定资产投资中涉及的各类商品和取费项目价格变动趋势和变动幅度，消除按现价计算的固定资产投资指标中的价格变动因素，真实地反映固定资产投资的规模、速度、结构和效益，为国家科学地制定、检查固定资产投资计划并提高宏观调控水平，为完善国民经济核算体系提供科学的、可靠的依据。

房地产价格指数 是反映房地产业的价格变化趋势和程度的经济指数。房地产，从广义上讲，是房产与地产的总称。因此房地产开发与经营价格调查的内容主要包括(1)房屋销售价格；(2)房屋租赁价格；(3)土地交易价格等三部分。

房地产作为固定资产投资的重要组成部分，涉及的相关产业多，而且房地产价格的变动与城镇居民和其它经济主体的经济利益密切相关，它是反映国民经济运行情况的晴雨表。

消费、零售价格指标编制过程有五大要素：

1. 调查地区和调查点的选择。调查地区选择的方法参照住户调查方法的第一阶段，在此基础上选定经营规模大、商品种类多的商场(包括集市)作为主要调查点。

2. 代表商品和代表规格品的选择。代表商品由国家城调总队统一规定，代表规格品由省市城调队自行确定，代表规格品确定的原则：(1)与社会生产和人民生活关系密切；(2)销售数量(金额)大；(3)市场供应保持稳定；(4)价格变动趋势有代表性。

3. 价格调查方式。采用派员直接到调查点登记调查，聘请辅助调查员协助登记调查。

4.权数的确定。商品零售价格指数的计算权数是根据省商品零售额统计确定的，居民消费价格指数的计算权数是根据城乡居民家庭消费支出构成计算。

5.计算公式的选择。居民消费价格指数、商品零售价格指数是采用链式拉氏公式：$L_t=(\Sigma W_{t-1}\times P_t/P_{t-1})\times L_{t-1}$；其中：W：权数；P：价格；t：报告期。其中居民消费价格指数以2000年为基期，商品零售价格指数以2002年为基期。

Explanatory Notes for Major Statistical Indicators

Resident's Consumer Price Index As relative index which measures the change in price level of a group of representative consumer goods and services with the passage of time, reflecting the changes in prices of consumer goods and services purchased by residents. It is an important index of macroscopic economic analysis and decisions, general price level monitoring, adjustment and control, and national business accounting. Its changing rate by the year is usually regarded as reflecting the degree of inflation (or tightens).

Retail Price Index Retail price of goods is the price of the last link in the circulating course. It is the price of consumer goods and official supplies sold to urban and rural residents or organs by industrial, commercial, catering trade and other retail enterprises. Retail price index reflects the trend and degree of changes in retail price of market commodities. It of fers the consulting basis of national macroscopic adjustment and control and national business accounting. Besides, other deriving price indices could be worked out basing on it.

Urban Consumer Price Index reflects the trend and degree of changes in prices of consumer goods and services purchased by urban households. It can be used to observe and analyze the impact of price changes in consumer goods and services on money wages of staff and workers, and provide basis for policy making concerning the living cost and wages of staff and workers.

Rural Consumer Price Index reflects the trend and degree of changes in prices of consumer goods and services purchased by rural households. It can be used to observe the impact of change in retail prices of consumer goods and service prices in rural areas on living expenditure of rural households, and to show the changes in the living standard of peasants. It provides basis for analysis and research on condition of life in rural areas.

Ex-factory Price Index of Industrial Products reflects the trend and degree of changes in general ex-factory prices of all industrial products. It offers basis of national business accounting, calculating industrial development speed, national macroscopic analysis, adjustment and control and rationalizing the price system.

Price Index of Investment in Fixed Assets reflects the trend and degree of changes in prices of investment in fixed assets. The investment in fixed assets consists of three components, namely the investment in construction and installation, the investment in purchases of equipment and instrument, and the investment in other items. Price index of investment in fixed assets is calculated as the weighted arithmetic mean of the price indices of the three components of investment in fixed assets. Removing the factor of price change in the aggregates of investment at current prices, this indicator shows the changes in the prices of commodities and fees involved in the investment of fixed assets, and can be used to observe the actual size, growth, structure, and efficiency of investment in fixed assets and provides reliable and scientific data for government planning, management, decision making, and further improving the current national accounting system.

The Real Estate Price Index reflects the trend and degree of changes in prices of real estate. The real estate, spoken from the broad sense, is the general names of house property and landed property. So the price investigation of real estate development and management covers the following three parts: (A)selling price of the house, (B)leasing price of the house, (C)transaction price of land.

Real estate is an important component part of investment in fixed assets, and it touches many relevant industries. Also, the change of price real estate is closely related with the economic benefits of town dwellers and other economic subjects. It is the barometer that reflects the operation situation of national economy.

Five Major Points in the Process of Calculation of the Consumer Price Indices of Residents and the Retail Price Indices:

1. The selection of the areas and places for survey. The method of selecting the sample areas refers to the first step of the method of households survey. When the sample areas are selected, large-scale shops and market (including fairs) with great varieties of commodities are selected as the survey places.

2. The selection of the representative commodities and their specifications or varieties. The representative commodities are prescribed by the Urban Socio-Economic Survey Organization, State Statistical Bureau and the representative specifications or varieties

are determined by the Urban Socio-Economic Survey Organization of the provinces or cities. In principle, only those specifications or varieties of the commodities can be selected:

(1) Being closely related with social production and people's livelihood;

(2) With large volume of sales;

(3) With stable supply;

(4) The changing tendency of price is typical.

3. Survey way: Enumerators are sent to the survey places to take the records of the price and assistant enumerators are invited to assist the survey work.

4. The determination of the weights. The weights for calculation of the retail price indices are determined according to the total retail of commodities in the province. The weights for calculation of the consumer price indices are determined according to the composition of the consumption expenditures of urban and rural households.

5. The selection of the calculation formula. Both consumer price indices of residents and retail price indices are calculated in accordance with the comprehensive formula: $L_t = (\Sigma W_{t-1} \times P_t / P_{t-1}) \times L_{t-1}$. In which, W is weight, P is price and t is reporting time. The consumer price indices of residents take the year 2000 as base time and the retail price indices take the year 2002 as base time.

城乡人民生活

第十篇

Chapter

10

LIVELIHOOD OF URBAN AND RURAL PEOPLE

简要说明

一、本篇资料反映我省城乡人民生活状况。包括就业、居民收支、消费水平、住房及主要消费品拥有量、文化、教育、卫生、公用设施等。

二、本篇中有关城镇居民生活状况的数据来源于城市住户调查资料，是对城市居民家庭抽样调查汇总的结果。主要内容包括家庭人口及其构成、家庭现金收支、主要商品购买数量及支出金额、劳动就业状况、居住状况和耐用消费品的拥有量等。

城市住户调查是由省城市社会经济调查队组织实施，各市、县城调队依据国家统计局统一制定的城市住户调查方案收集资料逐级汇总上报。

城市住户调查是采用固定样本户进行连续记帐调查方式，一般连续调查 3 年，每年轮换三分之一。调查户是按“多阶段”、“划类选点”、“等距抽样”随机抽选的。共抽选出调查市县 15 个、调查户 1750 户。

2002 年，国家城调总队对城市住户调查制度进行了较大改革，其中家庭总收入、可支配收入、消费支出等主要指标口径进行了调整，新老指标的数据不可直接使用比较。

三、有关农村居民生活的统计资料主要来源于省农村社会经济调查队的农村居民住户调查。主要内容包括农村居民家庭基本情况、人均总收入和纯收入、生活消费支出、主要消费品消费量、耐用消费品拥有量等。

省农村社会经济调查队的农村住户调查采取多阶段、随机选点、对称等距的抽样方法。抽样时一般分为省抽县、县抽村、村抽户等几个阶段。共抽中 31 个调查县(市)，调查户 3100 户。

Brief Introduction

I. Data in this chapter show the condition of urban and rural people's livelihood in Anhui, including employment, income and expenditure of the residents, standard of consumption, housing condition, possession of the consumer goods, culture, education, health care and public facilities.

II. Data on the livelihood of the urban residents in this chapter come from data collected by the sample survey on the urban households. The main content of the survey includes the population in the household and its composition, the cash income and expenditure of the household, the quantity of major commodities purchased and the expenditure for them, the employment of the household members, the housing condition and the ownership of the durable consumer goods.

The survey on the urban household is organized by the Urban Socio-economic Survey Organization, Anhui Statistical Bureau. The urban Socio-economic survey organization of the cities and counties collect Data in accordance with the survey scheme stipulated by the State Statistical Bureau and report them to the higher organization.

The survey on the urban household is conducted in such a way that the selected households by sampling method should keep accounts for successive three years and be interviewed by the enumerators. By a rotation sampling scheme, one third of the old sample households should be replaced by the new sample households every year. The respondent households are selected by the two-stage stratified systematic random sampling scheme. Totally, 15 sample cities (counties) and 1750 households are selected.

In 2002, big reforms were made in urban household survey system by the National Urban Socio-economic Survey Organization. The scope of total income of the household, disposable income and living expenditures have been adjusted, so that the old quota and the new one could not be contrasted directly.

III. Data on the livelihood of the rural residents come mainly from Data collected by the sample survey on the rural households, which is organized by the Rural Socio-economic Survey Organization, Anhui Statistical Bureau. The main content of the survey includes the basic condition of the rural households, the per capita total income and net income, the expenditure for the residential consumption, the consumption of major consumer goods and the quantity of durable consumer goods owned.

The sample survey on the rural households is conducted with a multi-stage balanced systematic sampling scheme with a random choosed sample. In the sampling process, the sample counties are selected by the provinces; the sample villages are selected by the sample counties; and the sample households are selected by the sample villages. Totally, 31 sample counties (cities) and 3100 households are selected.

10—1 人民物质文化生活情况

People's Material and Cultural Life

项　　目	Item	1990	1995	2000	2002	2003
就　业	**Employment**					
每一农村劳动力负担人数（人）	Number of Dependents per Rural Laborer (person)	1.53	1.48	1.51	1.49	1.46
每一城镇就业者负担人数（人）	Number of Dependents per Urban Employee (person)	1.68	1.71	1.86	1.91	1.91
城镇登记失业率（%）	Urban Unemployment Rate (%)	2.8	3.1	3.3	4.0	4.1
收　入	**Income of Rural and urban Residents**					
农村居民家庭人均纯收入（元）	Annual per Capita Net Income of Rural Residents (yuan)	539.16	1302.82	1934.57	2117.57	2127.48
农村居民家庭人均纯收入指数（1990=100）	Index of Annual per Capita Net Income of Rural Residents (1990=100)	100.00	241.64	358.81	392.75	394.59
城镇居民家庭人均可支配收入（元）	Annual per Capita Disposable Income of Urban Residents (yuan)	1354.60	3778.86	5293.55	6032.40	6778.03
城镇居民家庭人均可支配收入指数（1990=100）	Index of Annual per Capita Disposable Income of Urban Residents (1990=100)	100.0	279.0	390.8	445.3	500.4
职工年平均工资（元）	Annual Average Wages of Staff and Workers (yuan)	1827	4609	4989	9296	10581
消费水平（元）	**Annual per Capita Consumption (yuan)**					
全省居民	Per Capita Consumption of All Residents	670	1669	2588	2988	3312
农村居民	Rural Residents	570	1300	1922	2353	2572
城镇居民	Urban Residents	1236	3441	5323	4468	4933
储　蓄	**Savings**					
城乡居民年底储蓄存款余额（亿元）	Balance of Savings Deposit of Rural and Urban Residents (year-end) (100 million yuan)	163.05	683.93	1447.15	2047.51	2475.83
平均每人储蓄存款余额（元）	Per Capita Balance of Saving Deposit (yuan)	288.0	1139.9	2305.1	3225.9	3874.8
住房面积（平方米）	**Per Capita Fioor Space of Residential Buildings (sq.m)**					
农村平均每人居住	Rural Areas (Net)	15.83	17.82	22.16	24.25	24.50
城市平均每人居住	Urban Areas (Net)	10.56	11.61	14.76	17.44	18.12
交　通	**Traffic**					
城镇每百户拥有摩托车（辆）	Number of Motor Cycles per 100 Households in Urban Areas (unit)	1.79	5.51	16.56	16.58	17.65
城市每万人拥有公共车辆（标台）	Number of Buses per 10000 Persons in Cities (unit)	3.6	5.0	7.6	6.1	6.2
城市公用事业	**Public Utilities in Urban Areas**					
自来水普及率（%）	Ratio of Access to Tap Water (%)	92.9	93.3	95.8	79.7	79.9
用气普及率（%）	Ratio of Access to Tap Water (%)	26.8	55.6	77.0	62.4	62.3
人均公共绿地（平方米）	Green Area per Capita (sq.m)	5.9	6.1	7.0	4.5	5.1
文　化	**Culture**					
城镇每百户有彩色电视机（台）	Number of Color TV Sets per 100 Household in Urban Areas (unit)	47.63	79.77	111.47	121.83	124.17
农村每百户有彩色电视机（台）	Number of Color TV Sets per 100 Household in Rural Areas (unit)		9.00	39.29	52.19	59.00
广播综合人口覆盖率（%）	Broadcast Covering Ratio of Population (%)	82.5	82.5	94.8	95.4	95.5
电视综合人口覆盖率（%）	TV Covering Ratio of Population (%)	79.0	79.0	93.8	94.9	95.0
教　育	**Education**					
学龄儿童入学率（%）	Enrollment Ratio of School-age Children (%)	98.2	99.7	99.7	98.8	99.1
每万人口中在校大学生数（人）	Number of University Students per 10000 Persons (person)	11.0	14.7	29.1	52.2	64.4
卫　生	**Public Health**					
每万人有医院、卫生院病床数（张）	Number of Hospital Beds per 10000 Persons (unit)	16.9	18.2	18.3	17.2	17.6
每万人有医生数（人）	Number of Doctors per 10000 Persons (person)	10.3	11.1	11.1	9.4	9.8

10—2 全省城乡储蓄存款年末余额和年增加额

Savings Deposit in Urban and Rural Areas (Year-end)

单位：万元 (10000 yuan)

年 份 Year	年末余额 Outstanding Amount					年增加额 Increased Amount		
	储蓄存款 Savings Deposit	城镇 Urban	农村 Rural	定期 Fixed Deposits	活期 Current Deposits	储蓄存款 Savings Deposit	城镇 Urban	农村 Rural
1990	1630469	1175300	455169			433769	324200	109569
1995	6839300	5124200	1715100			1965200	1525000	440200
1996	8840700	6771100	2069600			2001400	1646900	354500
1997	10365500	7888300	2477200			1524800	1117200	407600
1998	11750779	8959612	2791167	9401107	2349672	1385279	1071312	313967
1999	13028756	10050649	2978107	10185760	2842996	1277977	1091037	186940
2000	14471539	11199341	3272198	10914299	3557240	1442783	1148692	294091
2001	17004661	13220052	3784609	12550595	4454066	2533122	2020711	512411
2002	20475117	16091364	4383753	14738457	5736660	3470456	2871312	599144
2003	24758257	19613835	5144422	17506286	7251971	4283140	3522471	760669

注：1997年以前数据根据中国人民银行合肥中心支行历史资料进行了调整。

a) The data before the year 1997 were adjusted in accordance with the data of Hefei Branch of the People's Bank of China.

10—3 城乡居民人均收入及恩格尔系数

Per Capita Annual Income and Rural Coefficient of Urban and Rural Households

年 份 Year	农村居民家庭人均纯收入 Per Capita Annual Net Income of Rural Households		城镇居民家庭人均可支配收入 Per Capita Annual Disposable Income of Urban Households		农村居民家庭恩格尔系数(%) Engle Coefficient of Rural Households (%)	城镇居民家庭恩格尔系数(%) Engle Coefficient of Urban Households (%)
	绝对数(元) Value (yuan)	指数(1990年=100) Index (1990=100)	绝对数(元) Value (yuan)	指数(1990年=100) Index (1990=100)		
1990	539.16	100.00	1354.60	100.0	58.28	57.8
1995	1302.82	241.64	3778.86	279.0	58.41	53.7
1996	1607.72	298.19	4493.92	331.8	56.99	53.7
1997	1808.75	335.48	4599.27	339.5	56.51	52.4
1998	1863.06	345.55	4770.47	352.2	54.92	49.5
1999	1900.29	352.45	5064.60	373.9	54.37	47.3
2000	1934.57	358.81	5293.55	390.8	52.45	45.7
2001	2020.04	374.66	5668.80	418.5	49.75	44.2
2002	2117.57	392.75	6032.40	445.3	47.46	43.2
2003	2127.48	394.59	6778.03	500.4	46.03	44.2

10—4 城镇居民家庭基本情况

Basic Conditions of Urban Households

项　　目	Item	1990	1995	2000	2002	2003
调查户数　(户)	**Number of Households Surveyed　(household)**	**1100**	**1270**	**1750**	**1750**	**1750**
平均每户家庭人口　(人)	**Average Household Size　(person)**	**3.51**	**3.18**	**3.08**	**3.02**	**2.96**
平均每户就业人口　(人)	**Average Number of Employed persons per Household　(person)**	**2.09**	**1.86**	**1.66**	**1.58**	**1.55**
平均每户就业面	**Percentage of Employment per Household　(%)**	**59.54**	**58.49**	**53.90**	**52.32**	**52.36**
平均每一就业者负担人数（包括就业者本人）	**Number of Persons Supported by Each Employee including the employee himself or herself　(persons)**	**1.68**	**1.71**	**1.86**	**1.91**	**1.91**
平均每人全部年收入	**Per Capita Annual Income　(yuan)**	**1367.85**	**3796.93**	**5331.58**	**6334.54**	**7155.91**
#可支配收入	Disposable Income	1354.60	3778.86	5293.55	6032.40	6778.03
#工薪收入	Salary Income	1127.92	3046.97	3648.29	4438.54	4878.30
经营净收入	Net Income From Business	14.46	56.78	336.16	251.85	371.10
财产性收入	Property Income	8.61	52.32	73.21	106.04	114.37
转移性收入	Transfer Income	216.86	640.86	1273.92	1538.11	1792.14
平均每人消费性支出　(元)	**Per Capita Annual Living Expenditures for Consumption　(yuan)**	**1182.12**	**3161.41**	**4232.98**	**4736.48**	**5064.34**
#食　品	Food	683.12	1697.66	1934.83	2045.29	2238.91
衣　着	Clothing	145.41	423.32	437.55	557.86	558.07
家庭设备用品及服务	Household Facilities, Articles and Service	112.71	237.37	301.43	247.75	257.19
医疗保健	Medicine and Medical Service	15.52	49.21	181.23	297.98	318.20
交通通讯	Transportation and Communications	11.82	167.55	307.87	462.41	502.72
娱乐教育文化服务	Recreation, Education & Cultural Service	111.69	263.93	508.62	479.63	536.20
居　住	Residence	41.13	212.46	370.90	483.49	487.37
杂项商品与服务	Miscellaneous Commodities and Services	60.72	109.91	190.55	162.08	165.69
平均每人消费性支出构成（人均消费性支出=100）　(%)	**Composition of per Capita Annual Living Expenditures for Consumption　(%)**	**100.00**	**99.99**	**100.00**	**100.00**	**100.00**
#食　品	Food	57.79	53.70	45.71	43.18	44.21
衣　着	Clothing	12.30	13.39	10.34	11.78	11.02
家庭设备用品及服务	Household Facilities, Articles and Service	9.53	7.50	7.12	5.23	5.08
医疗保健	Medicine and Medical Service	1.31	1.56	4.28	6.29	6.28
交通通讯	Transportation and Communications	1.00	5.30	7.27	9.76	9.93
娱乐教育文化服务	Recreation, Education & Cultural Service	9.45	8.35	12.02	10.13	10.59
居　住	Residence	3.48	6.72	8.76	10.21	9.62
杂项商品与服务	Miscellaneous Commodities and Services	5.14	3.48	4.50	3.42	3.27

10—5 城镇居民家庭平均每人全年购买的主要商品数量

Per Capita Annual Purchases of Major Commodities in Urban Households

单位：千克 (kg)

项目	Item	1990	1995	2000	2002	2003
粮　　食	Grain	141.67	110.82	93.30	83.71	88.39
鲜　　菜	Fresh Vegetables	118.63	106.68	116.40	113.63	114.82
食用植物油	Edible Vegetable Oil	7.58		10.20	9.31	9.84
猪　　肉	Pork	19.67	21.64	21.40	21.36	21.89
牛 羊 肉	Beef and Mutton	2.47	2.02	2.90	2.75	3.66
家　　禽	Poultry	4.80	5.72	8.50	11.27	9.57
鲜　　蛋	Fresh Eggs	7.21	11.70	13.60	13.66	15.30
水 产 品	Aquatic Products	8.04	9.67	13.00	12.55	13.49
酒	Liquor	7.65	9.02	13.20	13.30	13.40
煤　　炭	Coal	205.96	181.27	196.90	215.65	230.62

10—6 城镇居民家庭平均每百户年底耐用消费品拥有量

Number of Major Durable Consumer Goods Owned Per 100 Urban Households at Year-end

项目		Item		1990	1995	2000	2002	2003
组合家具	(套)	Combined Furniture	(set)	9.59	25.00	49.66	61.73	61.80
摩 托 车	(辆)	Motorcycle	(unit)		5.51	16.56	16.58	17.65
自 行 车	(辆)	Bicycle	(unit)	150.02	167.55	142.61	134.63	134.15
助 力 车	(辆)	Strength-aid Cycle	(unit)				1.72	3.57
家用汽车	(辆)	Automobile	(unit)			0.65	0.26	0.18
洗 衣 机	(台)	Washing Machine	(unit)	72.50	86.51	87.17	92.32	93.20
电 风 扇	(台)	Electric Fan	(unit)	207.72	245.50	244.60	244.80	248.68
电 冰 箱	(台)	Refrigerator	(unit)	45.29	69.83	83.50	87.62	88.54
冰　　柜	(台)	Freezer	(unit)		2.19	5.81	4.38	5.72
彩　　电	(台)	Color TV Set	(unit)	47.63	79.77	111.47	121.83	124.17
影 碟 机	(台)	Video Disc Player	(unit)			33.57	46.64	52.24
录 音 机	(台)	Recorder	(unit)			26.75	38.59	40.55
录放像机	(台)	Video-Recorder	(unit)	1.28	12.02	16.96	14.82	14.70
家用电脑	(台)	Computer	(unit)			6.72	12.36	16.98
给合音响	(台)	Combined Acoustics	(unit)		8.10	19.04	18.81	18.59
摄 像 机	(台)	Pickup Camera	(unit)			1.12	0.84	0.88
照 相 机	(架)	Camera	(unit)	13.97	22.54	27.82	32.03	33.62
钢　　琴	(架)	Piano	(unit)		0.45	0.82	1.19	1.29
微 波 炉	(台)	Microwave Oven	(unit)			11.28	23.03	28.18
空 调 器	(台)	Air Conditioner	(unit)	0.07	9.58	30.77	52.77	61.75
取 暖 器	(台)	Warmer	(unit)				33.63	44.28
电 炊 具	(台)	Electric Cooking Utensils	(unit)		60.22	88.28	88.33	90.99
淋浴热水器	(台)	Shower	(unit)		23.95	44.36	51.02	61.69
排油烟机	(台)	Fume Deflector	(unit)		27.24	46.62	48.67	55.42
消毒碗柜	(台)	Sterilizing Cupboard	(unit)				3.01	2.32
洗 碗 机	(台)	Dish Washer	(unit)				0.09	0.52
饮 水 机	(台)	Drinking Machine	(unit)				22.30	23.98
吸 尘 器	(台)	Dust Catcher	(unit)		4.40	7.23	7.42	8.55
健身器材	(套)	Setting-up Apparatus	(set)			2.81	2.96	3.10
普通电话	(部)	Ordinary Telephone	(unit)				90.70	95.58
移动电话	(部)	Nobile Telephone	(unit)				52.96	69.84
传 真 机	(部)	Fax Machine	(unit)				0.36	0.25

10—7 按收入等级分城镇居民家庭基本情况（2003年）

Basic Conditions of Urban Households by Level of Income (2003)

项　目	Item	总平均 Average	最低收入户 Lowest Income Households	#困难户 Difficult Households	低收入户 Low Income Households	中等偏下户 Lower Middle Insome Households
调查户数（户）	Number of Households Surveyed (household)	1750	175	88	175	350
比　重（%）	Proportion (%)	100.00	10.00	5.00	10.00	20.00
平均每户家庭人口（人）	Average Household Size (person)	2.96	3.45	3.62	3.20	3.02
平均每户就业人口（人）	Average Number of Employees per Household (person)	1.55	1.49	1.46	1.54	1.48
平均每户就业面（%）	Percentage of Employed Persons per Household (%)	52.36	43.19	40.33	48.13	49.01
平均每一就业者负担人数（包括就业者本人）（人）	Number of Persons Supporyed by Each Employee (including the employee himself or herself) (person)	1.91	2.32	2.48	2.08	2.04
平均每人全部年收入（元）	Per Capita Annual Income (yuan)	7155.91	2715.68	2347.90	4021.59	5194.17
平均每人可支配收入（元）	Per Capita Disposable Income (yuan)	6778.03	2624.89	2278.60	3805.39	4934.67
平均每人消费性支出（元）	Per Capita Annual Living Expenditure (yuan)	5064.34	2376.08	2069.02	3260.35	4106.99

项　目	Item	中等收入户 Middle Insome Households	中等偏上户 Upper Middle Insome Households	高收入户 High Insome Households	最高收入户 Highest Income Households	#更高户 Higher Income Households
调查户数（户）	Number of Households Surveyed (household)	350	350	175	175	88
比　重（%）	Proportion (%)	20.00	20.00	10.00	10.00	5.00
平均每户家庭人口（人）	Average Household Size (person)	2.99	2.88	2.64	2.41	2.32
平均每户就业人口（人）	Average Number of Employees per Household (person)	1.64	1.68	1.48	1.38	1.10
平均每户就业面（%）	Percentage of Employed Persons per Household (%)	54.85	58.33	56.06	57.26	47.41
平均每一就业者负担人数（包括就业者本人）（人）	Number of Persons Supporyed by Each Employee (including the employee himself or herself) (person)	1.82	1.71	1.78	1.75	2.11
平均每人全部年收入（元）	Per Capita Annual Income (yuan)	6739.55	8896.04	11687.62	17327.29	21539.39
平均每人可支配收入（元）	Per Capita Disposable Income (yuan)	6393.09	8400.58	10954.46	16463.42	20581.77
平均每人消费性支出（元）	Per Capita Annual Living Expenditure (yuan)	5049.93	6042.36	7827.50	9837.16	11108.29

10—8 按收入等级分的城镇居民家庭就业情况（2003年）

Household Size and Employment of Urban Households by Level of Income (2003)

项目	Item	总平均 Average	最低收入户 Lowest Income Households	#困难户 Difficult Households	低收入户 Low Income Households	中等偏下户 Lower Middle Insome Households
调查户数 （户）	**Number of Households Surveyed (household)**	**1750**	**175**	**88**	**175**	**350**
家庭人口数 （人）	**Household Size (person)**	**2.96**	**3.45**	**3.62**	**3.20**	**3.02**
有收入者人数	Persons With Income	2.08	1.86	1.85	1.97	2.04
就业人口数	Number of Employed Persons per Household	1.55	1.49	1.46	1.54	1.48
国有经济单位职工人数	Working in State-owned Units	1.00	0.62	0.60	0.68	0.94
集体经济单位职工人数	Working in Collective-owned Units	0.16	0.16	0.16	0.27	0.21
其他经济单位职工人数	Working in Other Types of Units	0.15	0.15	0.11	0.19	0.13
个体经营者人数	Employers of Individual Economy	0.11	0.28	0.27	0.17	0.12
个体被雇者人数	Employees in Individual Economy	0.08	0.18	0.16	0.10	0.05
离退休再就业人数	Reemployed Retirees	0.02			0.03	0.01
其他就业者人数	Other Employed Persons	0.04	0.10	0.16	0.10	0.03
离退休者人数	Retired Persons	0.46	0.24	0.22	0.32	0.49
其他有收入者人数	Other Persons With Income	0.07	0.14	0.17	0.11	0.07
无收入者人数	Persons Without Income	0.88	1.59	1.77	1.23	0.97
期末家庭人口数 （人）	**Household Size at Year-end (person)**	**2.94**	**3.39**	**3.56**	**3.22**	**3.01**
附：非经常在家用饭人数 （人次/户）	Number of the Persons Unusually Eating at Home (person-time/household)	7.76	3.00	2.29	4.13	6.52
家庭人口在外用餐人次数 （人次/户）	Number of the Persons Eating Outside (person-time/household)	17.71	14.98	12.23	12.04	15.26

项目	Item	中等收入户 Middle Insome Households	中等偏上户 Upper Middle Insome Households	高收入户 High Insome Households	最高收入户 Highest Income Households	#更高户 Higher Income Households
调查户数 （户）	**Number of Households Surveyed (household)**	**350**	**350**	**175**	**175**	**88**
家庭人口数 （人）	**Household Size (person)**	**2.99**	**2.88**	**2.64**	**2.41**	**2.32**
有收入者人数	Persons With Income	2.15	2.16	2.16	2.13	2.02
就业人口数	Number of Employed Persons per Household	1.64	1.68	1.48	1.38	1.10
国有经济单位职工人数	Working in State-owned Units	1.11	1.23	1.17	1.05	0.78
集体经济单位职工人数	Working in Collective-owned Units	0.16	0.17	0.05	0.04	0.05
其他经济单位职工人数	Working in Other Types of Units	0.18	0.11	0.14	0.13	0.12
个体经营者人数	Employers of Individual Economy	0.06	0.07	0.05	0.07	0.07
个体被雇者人数	Employees in Individual Economy	0.08	0.07	0.04	0.02	0.04
离退休再就业人数	Reemployed Retirees		0.02		0.06	0.04
其他就业者人数	Other Employed Persons	0.04	0.01	0.03		
离退休者人数	Retired Persons	0.44	0.44	0.62	0.72	0.87
其他有收入者人数	Other Persons With Income	0.06	0.04	0.06	0.03	0.05
无收入者人数	Persons Without Income	0.84	0.72	0.49	0.28	0.30
期末家庭人口数 （人）	**Household Size at Year-end (person)**	**2.97**	**2.86**	**2.61**	**2.39**	**2.31**
附：非经常在家用饭人数 （人次/户）	Number of the Persons Unusually Eating at Home (person-time/household)	7.86	7.24	13.73	15.75	24.02
家庭人口在外用餐人次数 （人次/户）	Number of the Persons Eating Outside (person-time/household)	18.21	23.07	19.86	18.59	21.38

10—9 按收入等级分的城市居民家庭就业人员年均收入（2003年）

Annual Per Capita Income of Employees of Urban Households by Level of Income (2003)

单位：元 (yuan)

项目	Item	在岗职工收入 Income of Staff and Workers At Their Posts	#工资及补贴收入 Wage and Subsidy Income	其他劳动收入 Part-time Income	个体经营者净收益 Net Income of Self-employed Individuals
总平均	**Average**	**10027.62**	**9600.47**	**427.14**	**9985.96**
最低收入户	Lowest Income Households	4771.44	4225.02	546.41	5312.01
困难户	Difficult Households	4211.25	3428.75	782.50	5215.21
低收入户	Low Income Households	6440.06	5700.51	739.55	5949.55
中等偏下户	Lower Middle Insome Households	8002.42	7696.18	306.26	6345.52
中等收入户	Middle Insome Households	9431.99	9169.54	262.46	14503.49
中等偏上户	Upper Middle Insome Households	11990.17	11562.38	427.80	10088.23
高收入户	High Income Households	14382.17	13907.02	475.14	21605.23
最高收入户	Highest Income Households	16972.03	16376.70	595.34	43381.03
更高户	Higher Income Households	18715.24	17960.43	754.81	65098.87

10—10 各调查市、县按收入等级分的城市居民家庭就业人员年均收入情况（2003年）

Annual Per Capita Income of Employees of Urban Households by Level of Income by Surveyed City and County (2003)

单位：元 (yuan)

市县	Surveyed City and County	在岗职工收入 Income of Staff and Workers At Their Posts	#工资及补贴收入 Wage and Subsidy Income	其他劳动收入 Part-time Income	个体经营者净收益 Net Income of Self-employed Individuals
全省	**Province Indices**	**10027.62**	**9600.47**	**427.14**	**9985.96**
合肥市	Hefei	12252.26	11670.05	582.21	10874.70
淮北市	Huaibei	10075.61	9800.69	274.92	24138.00
亳州市	Bozhou	9412.82	8668.73	744.09	6535.75
蚌埠市	Bengbu	11124.79	10559.12	565.68	7415.09
阜阳市	Fuyang	9579.31	9344.71	234.58	14185.03
淮南市	Huainan	9926.22	9610.40	315.82	10593.70
滁州市	Chuzhou	9164.36	9080.38	83.98	6924.29
马鞍山市	Maanshan	13037.27	12473.88	563.39	13630.82
芜湖市	Wuhu	10323.31	10023.78	299.53	9703.36
宣城市	Xuancheng	9925.21	9575.84	349.39	7346.23
铜陵市	Tongling	11153.57	10851.64	301.93	12777.98
安庆市	Anqing	9384.60	8711.94	672.66	11545.69
桐城市	Tongcheng	8540.84	7901.72	639.13	10574.39
黄山市	Huangshan	11358.91	10929.02	429.88	7153.21
歙县	Shexian	9739.34	9194.44	544.91	15781.16

10—11 按收入等级分的城镇居民家庭年人均现金收入（2003年）

Annual Per Capita Cash Income of Urban Households by Level of Income (2003)

单位：元 （yuan）

项目	Item	总平均 Average	最低收入户 Lowest Income Households	#困难户 Difficult Households	低收入户 Low Income Households	中等偏下户 Lower Middle Insome Households
家庭总收入	**Total Income**	**7155.91**	**2715.68**	**2347.90**	**4021.59**	**5194.17**
#可支配收入	Disposable Income	6778.03	2624.89	2278.60	3805.39	4934.67
工薪收入	Salary Income	4878.30	1673.46	1384.36	2757.15	3603.74
工资及补贴收入	Wage and Subsidy Income	4670.50	1481.82	1127.13	2440.53	3465.83
其他劳动收入	Other Labor Income	207.80	191.64	257.23	316.62	137.92
经营净收入	Net Income From Business	371.10	431.12	388.98	316.07	252.14
财产性收入	Property Income	114.37	29.51	32.21	52.59	57.94
利息收入	Interest	20.61	0.40	0.12	1.86	6.22
股息与红利收入	Dividend and Bonus	16.94	0.36		3.16	5.11
保险收益	Insurance Profits	2.66				
其他投资收入	Other Investment Income	15.38	0.25		1.39	0.39
出租房屋收入	Income From Renting House	51.90	27.49	30.69	44.54	40.94
知识产权收入	Income From Intellectual Property Right	0.05				0.24
其他财产收入	Other Property Income	6.84	1.00	1.40	1.64	5.04
转移性收入	Transfer Income	1792.14	581.60	542.35	895.78	1280.36
养老金或离退休金	Pension for Old-age for Retired Persons	1343.88	372.13	316.71	620.23	1019.31
社会救济收入	Social Relief	14.66	75.06	106.73	17.42	6.42
辞退金	Dismissal Income	91.54	0.14	0.29		24.14
赔偿收入	Income From Compensation	1.41				0.24
保险收入	Income From Insurance	19.41	20.34	25.51	44.49	11.22
赡养收入	Supporting Income	48.79	5.15	7.21	56.54	42.51
捐赠收入	Giving Income	153.85	55.19	39.36	68.60	81.40
亲友搭伙收入	Boarding Income From Kith and Kin	32.95	9.32	1.09	23.46	40.24
提取住房公积金	Withdraw Housing Collective Accumulation Fund	22.48	1.59	3.27	1.23	3.17
记帐补贴	Account Subsidy	29.16	26.40	25.55	27.02	25.19
其他转移性收入	Other Transfer Income	34.01	16.28	16.62	36.78	26.55
出售财物收入	**Income From Selling Belongings**	**16.74**	**13.46**	**27.13**	**3.67**	**2.03**
出售住房收入	Income From Selling House	9.25	13.21	26.95		0.92
出售其他物品收入	Income From Selling Other Goods	7.49	0.24	0.18	3.67	1.11
借贷收入	**Loan Income**	**1538.32**	**394.17**	**274.38**	**402.84**	**674.10**
提取储蓄存款	Withdraw Saving Deposit	1148.25	224.95	101.31	286.67	503.40
借入款	Cash Borrowed	235.28	116.38	158.78	85.91	124.25
收回借出款	Paid-back Loan	52.51	8.90	4.43	1.37	11.65
收回储蓄性保险本金	Withdraw Saving Premium	8.07			5.26	11.49
兑售有价证券	Securities Cashed and Sold	13.88	3.20	6.56		5.75
收回投资本金	Withdraw Investment Principal	4.44	2.56		0.35	1.40
住房贷款	Housing Loan	55.29				11.77
汽车贷款	Automobile Loan	5.03				
教育贷款	Education Loan	1.72			5.37	2.87
其他贷款	Other Loans	2.40			8.42	0.18
其他借贷收入	Other Loan Income	11.46	38.19	3.30	9.48	1.34

10—11 续表 continued

单位：元 (yuan)

项　　目	Item	中等收入户 Middle Insome Households	中等偏上户 Upper Middle Insome Households	高收入户 High Insome Households	最高收入户 Highest Income Households	#更高户 Higher Income Households
家庭总收入	**Total Income**	**6739.55**	**8896.04**	**11687.62**	**17327.29**	**21539.39**
#可支配收入	Disposable Income	6393.09	8400.58	10954.46	16463.42	20581.77
工薪收入	Salary Income	4984.13	6702.84	7790.34	9225.46	8308.92
工资及补贴收入	Wage and Subsidy Income	4845.44	6463.69	7532.97	8901.86	7973.81
其他劳动收入	Other Labor Income	138.69	239.15	257.37	323.61	335.11
经营净收入	Net Income From Business	291.04	245.20	409.19	1260.03	1964.19
财产性收入	Property Income	87.30	138.00	159.80	502.39	937.76
利息收入	Interest	9.01	14.42	54.90	141.99	283.54
股息与红利收入	Dividend and Bonus	11.45	35.57	29.16	56.36	59.23
保险收益	Insurance Profits	0.99	2.30	4.81	23.40	3.63
其他投资收入	Other Investment Income	1.38	6.76	7.44	186.13	446.06
出租房屋收入	Income From Renting House	55.85	75.38	52.65	64.17	72.37
知识产权收入	Income From Intellectual Property Right					
其他财产收入	Other Property Income	8.62	3.57	10.84	30.34	72.92
转移性收入	Transfer Income	1377.08	1810.00	3328.29	6339.41	10328.52
养老金或离退休金	Pension for Old-age for Retired Persons	1066.91	1368.45	2638.80	4467.73	6410.98
社会救济收入	Social Relief	4.36	4.83	1.80	2.30	
辞退金	Dismissal Income	0.45	76.44	66.13	955.27	2263.25
赔偿收入	Income From Compensation	5.46	0.73	1.22		
保险收入	Income From Insurance	24.07	12.40	7.64	19.86	28.14
赡养收入	Supporting Income	68.50	35.90	94.74	53.23	86.39
捐赠收入	Giving Income	113.30	205.82	253.06	552.87	1008.74
亲友搭伙收入	Boarding Income From Kith and Kin	31.98	24.94	51.49	70.43	91.41
提取住房公积金	Withdraw Housing Collective Accumulation Fund	11.64	17.51	61.52	153.19	338.96
记帐补贴	Account Subsidy	31.04	30.74	31.56	37.16	34.84
其他转移性收入	Other Transfer Income	19.37	32.23	120.34	27.37	65.80
出售财物收入	**Income From Selling Belongings**	**5.06**	**2.27**	**104.19**	**58.74**	**115.92**
出售住房收入	Income From Selling House	0.05	0.03	65.61	28.09	67.51
出售其他物品收入	Income From Selling Other Goods	5.00	2.24	38.58	30.65	48.42
借贷收入	**Loan Income**	**1575.05**	**1440.48**	**4231.72**	**5055.15**	**5258.13**
提取储蓄存款	Withdraw Saving Deposit	1018.92	1128.64	3120.90	4278.59	4395.00
借入款	Cash Borrowed	408.81	119.80	640.36	357.13	371.62
收回借出款	Paid-back Loan	84.57	20.80	161.49	203.02	158.70
收回储蓄性保险本金	Withdraw Saving Premium	12.46	5.45	10.64	7.61	17.38
兑售有价证券	Securities Cashed and Sold	5.86	9.12	108.19	4.33	7.66
收回投资本金	Withdraw Investment Principal	0.43	8.62	9.79	17.97	
住房贷款	Housing Loan	37.92	133.05	100.72	164.24	287.11
汽车贷款	Automobile Loan			60.18		
教育贷款	Education Loan			5.61		
其他贷款	Other Loans			11.45	5.90	14.19
其他借贷收入	Other Loan Income	6.07	14.99	2.39	16.36	6.46

10—12 按收入等级分的城镇居民家庭年人均现金支出（2003年）

Annual Per Capita Expenditure of Urban Households by Level of Income (2003)

单位：元 (yuan)

项目	Item	总平均 Average	最低收入户 Lowest Income Households	#困难户 Difficult Households	低收入户 Low Income Households	中等偏下户 Lower Middle Insome Households
家庭总支出	**Total Expenditure**	**7100.87**	**2856.82**	**2411.92**	**3908.82**	**5104.84**
消费性支出	Consumption Expenditure	5064.34	2376.08	2069.02	3260.35	4106.99
#服务性消费支出	Service Consumption Expenditure	1209.28	492.34	408.69	684.96	957.63
购房与建房支出	Expenditure From Buying and Constructing House	555.45	105.04	14.72	54.23	107.61
购　房	Buying House	511.31	17.09	9.81	51.90	106.65
建　房	Constructing House	44.14	87.95	4.91	2.33	0.96
转移性支出	Transfer Expenditure	1146.43	311.52	284.22	403.60	655.87
交纳的个人所得税	Individual Income Tax	26.22	0.78	0.43	2.62	3.20
捐赠支出	Expenditure Presented	549.60	106.92	58.48	172.54	318.21
购买彩票	Buying Lottery Tickets	10.32	6.19	5.66	4.91	7.67
赡养支出	Expenditure of Alimony	473.20	192.65	218.00	198.99	262.97
各种非储蓄性保险支出	Non-saving Premium	50.31	1.28	0.59	11.86	42.43
其他转移性支出	Other Transfer Expenditure	36.77	3.70	1.06	12.68	21.39
财产性支出	Property Expenditure	12.16	0.56	0.64	4.08	3.24
社会保障支出	Social Protection Expenditure	322.49	63.61	43.32	186.56	231.12
借贷支出	**Loan Expenditure**	**1485.82**	**174.33**	**168.42**	**398.66**	**667.04**
存入储蓄存款	Depositing Money	1151.08	149.30	151.50	311.37	574.27
借出款	Cash Lent	35.61	2.14	2.14	10.09	14.50
归还借款	Returning Borrowed Cash	66.79	17.21	11.90	30.89	17.68
储蓄性保险支出	Saving Premium Expenditure	62.96	4.44	2.08	32.85	35.57
购买有价证券	Buying Securities	47.94	0.40		0.28	1.27
其他投资支出	Other Investment Expenditure	27.08	0.12	0.25	0.08	1.51
归还住房贷款	Returning Housing Loan	67.46			2.44	19.36
归还汽车贷款	Returning Automobile Loan	0.45				
归还教育贷款	Returning Education Loan	1.16			0.36	0.26
归还其他贷款	Returning Other Loans	10.21	0.01		10.24	0.35
其他贷款支出	Other Loan Expenditure	15.08	0.71	0.54	0.07	2.28

10—12　续表　continued

单位：元　　　　　　　　　　　　　　　　　　　　　　　　　　(yuan)

项　　目	Item	中等收入户 Middle Insome Households	中等偏上户 Upper Middle Insome Households	高收入户 High Insome Households	最高收入户 Highest Income Households	#更高户 Higher Income Households
家庭总支出	**Total Expenditure**	**6951.37**	**8452.84**	**12956.83**	**15814.17**	**17213.13**
消费性支出	Consumption Expenditure	5049.93	6042.36	7827.50	9837.16	11108.29
#服务性消费支出	Service Consumption Expenditure	1160.89	1438.03	2030.77	2661.58	2996.72
购房与建房支出	Expenditure From Buying and Constructing House	611.43	439.66	2033.66	1949.47	1779.86
购　房	Buying House	468.67	422.73	2033.41	1940.91	1777.48
建　房	Constructing House	142.77	16.93	0.24	8.56	2.38
转移性支出	Transfer Expenditure	976.16	1512.72	2466.04	3296.39	3505.23
交纳的个人所得税	Individual Income Tax	12.88	35.55	87.38	122.05	126.36
捐赠支出	Expenditure Presented	505.21	673.46	1155.48	1742.68	1625.85
购买彩票	Buying Lottery Tickets	5.71	17.39	25.49	10.90	20.41
赡养支出	Expenditure of Alimony	388.37	700.38	1029.74	1037.94	1035.66
各种非储蓄性保险支出	Non-saving Premium	43.85	56.39	125.13	138.36	160.19
其他转移性支出	Other Transfer Expenditure	20.15	29.55	42.83	244.45	536.77
财产性支出	Property Expenditure	11.31	28.94	15.42	26.48	23.34
社会保障支出	Social Protection Expenditure	302.54	429.17	614.22	704.67	796.42
借贷支出	**Loan Expenditure**	**1331.49**	**1736.12**	**2798.12**	**6346.84**	**9299.13**
存入储蓄存款	Depositing Money	945.05	1273.67	2110.59	5229.02	7417.47
借出款	Cash Lent	24.42	18.43	153.70	140.48	222.44
归还借款	Returning Borrowed Cash	80.31	106.74	113.14	161.14	347.34
储蓄性保险支出	Saving Premium Expenditure	56.62	83.72	105.44	211.85	302.99
购买有价证券	Buying Securities	50.25	67.14	117.29	213.37	350.73
其他投资支出	Other Investment Expenditure	54.36	14.33	75.11	95.70	214.68
归还住房贷款	Returning Housing Loan	85.06	109.48	65.99	279.67	415.64
归还汽车贷款	Returning Automobile Loan			5.42		
归还教育贷款	Returning Education Loan		4.87	0.45	1.46	3.51
归还其他贷款	Returning Other Loans	14.82	23.85	16.47		
其他贷款支出	Other Loan Expenditure	20.59	33.88	34.53	14.16	24.34

10—13 城镇居民家庭平均每人全年消费性支出（2003年）

Per Capita Annual Living Expenditure of Urban Households (2003)

单位：元 （yuan）

项目	Item	总平均 Average	最低收入户 Lowest Income Households	#困难户 Difficult Households	低收入户 Low Income Households	中等偏下户 Lower Middle Insome Households
消费性支出	**Total Living Expenditures**	**5064.34**	**2376.08**	**2069.02**	**3260.35**	**4106.99**
食品	Food	2238.91	1318.76	1157.73	1730.87	2002.26
粮油类	Grain and Edible Oil	313.19	262.27	254.45	288.04	318.25
肉禽蛋水产品类	Meat, Poultry, Eggs and Aquatic Products	666.46	395.14	348.35	572.65	630.65
蔬菜类	Vegetables	218.83	160.21	163.90	194.38	208.04
调味品	Condiment	34.62	23.39	22.00	33.31	33.73
糖烟酒饮料类	Sugar, Tobacco, Liquor and Beverages	369.65	189.94	150.81	275.72	312.28
干鲜瓜果类	Dried and Fresh Fruits	128.42	58.42	46.74	92.74	111.92
糕点、奶及奶制品	Cakes, Milk and Dairy Products	167.96	69.71	59.04	109.06	140.14
其他食品	Other Food	41.46	16.22	9.60	21.05	29.87
饮食服务	Catering Services	298.32	143.46	102.85	143.93	217.36
衣着	Clothing	558.07	210.42	163.39	297.90	392.63
服装	Garments	400.85	141.14	113.07	193.15	267.48
衣着材料	Clothing Material	10.19	4.32	2.83	8.05	10.27
鞋类	Footwear	124.69	56.79	39.92	83.88	99.49
其他衣着用品	Other Clothing Articles	19.46	7.28	6.62	11.23	13.15
衣着加工服务费	Clothing Processing Fee	2.88	0.90	0.96	1.59	2.25
家庭设备用品及服务	Household Facilities, Articles and Services	257.19	57.11	51.39	117.09	177.15
耐用消费品	Durable Consumer Goods	140.66	8.14	4.78	47.70	85.29
室内装饰品	Interior Furnishing Articles	7.06	0.55	0.72	0.57	2.24
床上用品	Bedding	13.15	2.02	2.61	3.38	8.34
家庭日用杂品	Household Articles of Daily Use	77.21	41.14	37.49	58.26	69.25
家具材料	Furniture Material	4.15	0.02	0.01	0.43	1.44
家庭服务	Household Services	14.96	5.25	5.78	6.75	10.58
医疗保健	Medicine and Medical Services	318.20	115.45	99.59	177.42	277.90
医疗器具	Medical Appliances	0.73			0.02	0.28
保健器具	Setting-up Apparatus	3.61	1.55	3.05	2.73	1.00
药品费	Drugs Fee	190.80	75.73	61.71	90.24	163.87
滋补保健品	Nutritious and Heath Food	8.71	0.94	1.28	1.03	2.95
医疗费	Medical Expenses	113.66	36.93	33.51	83.34	109.62
其他	Others	0.70	0.29	0.04	0.06	0.18
交通和通讯	Transportation and Communications	502.72	155.07	122.49	233.36	370.07
交通	Transportation	183.74	47.21	43.38	76.27	125.34
通讯	Communications	318.98	107.86	79.11	157.09	244.73
娱乐教育文化服务	Recreation, Education and Cultural Services	536.20	187.70	155.19	289.91	396.31
文化娱乐用品	Recreation Articles	159.81	17.78	10.31	45.05	84.27
文化娱乐服务	Recreation Services	75.41	21.42	18.78	28.68	45.05
教育	Education	300.98	148.50	126.10	216.18	267.00
居住	Residence	487.37	259.22	253.16	326.05	371.79
住户	Housing	140.79	33.13	28.33	54.94	52.18
水电燃料及其他	Water, Electricity, Fuel and Others	332.85	221.52	221.50	263.41	305.78
居住服务费	Living Services Fee	13.73	4.58	3.33	7.71	13.83
杂项商品和服务	Miscellaneous Commodities and Services	165.69	72.34	66.08	87.74	118.88
#杂项商品	Miscellaneous Commodities	82.53	26.99	22.92	41.93	47.07
服务	Services	83.15	45.35	43.16	45.81	71.82

10—13 续表 continued

单位：元 (yuan)

项目	Item	中等收入户 Middle Insome Households	中等偏上户 Upper Middle Insome Households	高收入户 High Insome Households	最高收入户 Highest Income Households	#更高户 Higher Income Households
消费性支出	**Total Living Expenditures**	**5049.93**	**6042.36**	**7827.50**	**9837.16**	**11108.29**
食　品	Food	2281.51	2562.09	3042.80	3468.22	3792.43
粮油类	Grain and Edible Oil	315.48	314.79	353.88	369.64	410.78
肉禽蛋水产品类	Meat, Poultry, Eggs and Aquatic Products	705.55	742.37	852.24	865.46	916.09
蔬菜类	Vegetables	223.52	237.54	272.67	266.66	278.51
调味品	Condiment	35.64	37.39	39.38	43.02	47.93
糖烟酒饮料类	Sugar, Tobacco, Liquor and Beverages	390.43	411.40	530.55	652.05	670.40
干鲜瓜果类	Dried and Fresh Fruits	129.62	161.04	192.63	192.53	228.47
糕点、奶及奶制品	Cakes, Milk and Dairy Products	168.75	218.87	264.64	268.12	313.39
其他食品	Other Food	45.78	57.68	65.64	69.92	85.61
饮食服务	Catering Services	266.73	381.01	471.16	740.82	841.25
衣　着	Clothing	564.79	773.28	941.01	1050.56	1209.08
服　装	Garments	411.79	569.94	704.32	761.42	901.41
衣着材料	Clothing Material	7.60	11.50	20.23	15.79	24.92
鞋　类	Footwear	125.59	161.88	177.46	222.91	212.20
其他衣着用品	Other Clothing Articles	17.68	26.84	32.24	43.87	64.68
衣着加工服务费	Clothing Processing Fee	2.12	3.43	6.76	6.57	5.87
家庭设备用品及服务	Household Facilities, Articles and Services	233.31	339.70	343.07	834.13	1006.41
耐用消费品	Durable Consumer Goods	134.18	201.56	168.35	520.92	686.76
室内装饰品	Interior Furnishing Articles	4.18	9.93	12.02	39.00	45.70
床上用品	Bedding	9.72	21.85	19.97	42.18	58.89
家庭日用杂品	Household Articles of Daily Use	69.16	92.88	102.40	147.68	180.66
家具材料	Furniture Material	1.79	2.64	4.59	36.64	0.19
家庭服务	Household Services	14.28	10.84	35.75	47.71	34.21
医疗保健	Medicine and Medical Services	282.97	375.82	520.20	740.43	998.83
医疗器具	Medical Appliances	0.39	0.60	3.02	3.19	5.58
保健器具	Setting-up Apparatus	2.44	0.29	20.73	8.64	14.22
药品费	Drugs Fee	179.74	232.81	312.91	417.44	560.28
滋补保健品	Nutritious and Heath Food	4.45	15.21	20.91	33.18	66.54
医疗费	Medical Expenses	95.81	125.53	160.44	275.88	347.32
其　他	Others	0.14	1.38	2.19	2.09	4.89
交通和通讯	Transportation and Communications	524.96	645.73	840.32	1116.27	1051.76
交　通	Transportation	179.66	225.50	321.63	517.70	446.07
通　讯	Communications	345.30	420.23	518.69	598.58	605.70
娱乐教育文化服务	Recreation, Education and Cultural Services	551.32	644.62	1061.81	1023.36	1299.36
文化娱乐用品	Recreation Articles	159.38	188.75	448.67	411.12	454.97
文化娱乐服务	Recreation Services	63.94	109.25	129.91	218.73	239.92
教　育	Education	328.00	346.62	483.22	393.51	604.47
居　住	Residence	457.86	484.63	817.26	1214.98	1235.42
住　户	Housing	112.76	89.29	371.16	694.43	675.15
水电燃料及其他	Water, Electricity, Fuel and Others	334.31	374.74	429.31	494.63	530.88
居住服务费	Living Services Fee	10.79	20.59	16.78	25.92	29.39
杂项商品和服务	Miscellaneous Commodities and Services	153.21	216.48	261.04	389.21	514.99
#杂项商品	Miscellaneous Commodities	80.87	108.80	141.96	219.77	307.09
服　务	Services	72.34	107.68	119.08	169.44	207.90

10—14 按收入等级分的城镇居民家庭平均每百户年底耐用消费品拥有量（2003年）

Number of Durable Consumer Goods Owned Per 100 Urban Households at Year-end by Level of Income (2003)

项 目 Item	总平均 Average	最低收入户 Lowest Income Households	#困难户 Difficult Households	低收入户 Low Income Households	中等偏下户 Lower Middle Insome Households	中等收入户 Middle Insome Households	中等偏上户 Upper Middle Insome Households	高收入户 High Insome Households	最高收入户 Highest Income Households	#更高户 Higher Income Households
组合家具（套）Combined Furniture (set)	61.80	41.92	41.94	58.03	63.28	64.19	60.46	74.02	68.83	70.85
摩托车（辆）Motorcycle (unit)	17.65	10.34	14.22	12.51	14.31	23.83	17.27	20.80	23.37	20.16
自行车（辆）Bicycle (unit)	134.15	142.41	127.48	140.08	132.17	129.46	145.51	122.90	119.90	108.57
助力车（辆）Strength-aid Cycle (unit)	3.57	7.23	4.02	0.20	1.21	4.18	3.35	2.48	9.70	9.37
家用汽车（辆）Automobile (unit)	0.18	0.24	0.54			0.43	0.22	0.29		
洗衣机（台）Washing Machine (unit)	93.20	83.56	76.65	84.41	89.63	92.26	98.24	101.87	104.44	98.47
电风扇（台）Electric Fan (unit)	248.68	230.92	237.10	235.76	254.04	244.13	251.21	256.22	266.54	252.19
电冰箱（台）Refrigerator (unit)	88.54	69.83	62.72	80.64	81.46	91.96	95.44	100.61	99.45	98.69
冰柜（台）Freezer (unit)	5.72	8.16	11.26	5.59	7.27	6.74	4.07	5.00	1.75	0.91
彩电（台）Color TV Set (unit)	124.17	102.76	95.79	114.67	116.69	120.86	133.95	146.32	139.21	138.78
影碟机（台）Video Disc Player (unit)	52.24	32.61	29.74	43.01	51.13	55.22	59.19	59.04	57.51	57.22
录音机（台）Recorder (unit)	40.55	34.23	34.70	37.42	37.02	41.02	42.54	42.71	51.70	51.54
录放像机（台）Video-recorder (unit)	14.70	4.64	3.33	8.88	14.87	12.78	20.30	16.15	22.03	27.54
家用电脑（台）Computer (unit)	16.98	0.63	0.00	1.92	12.66	17.99	20.14	34.90	35.12	33.85
组合音响（台）Combined Acoustics (unit)	18.59	11.05	13.96	12.26	19.20	17.51	21.56	19.35	27.55	34.65
摄像机（台）Pickup Camera (unit)	0.88				0.90		1.54	2.20	1.98	3.13
照相机（架）Camera (unit)	33.62	12.50	14.91	21.10	25.61	29.52	42.65	49.07	63.29	55.28
钢琴（架）Piano (unit)	1.29				0.20	1.06	2.70	3.16	2.27	2.84
微波炉（台）Microwave Oven (unit)	28.18	6.91	3.35	9.37	12.80	27.94	42.05	52.11	55.58	55.10
空调器（台）Air Conditioner (unit)	61.75	17.14	7.94	36.82	45.70	58.75	78.63	103.72	103.63	103.20
取暖器（台）Warmer (unit)	44.28	13.83	7.11	25.71	34.91	48.27	54.42	68.71	64.82	62.19
电炊具（台）Electric Cooking Utensils (unit)	90.99	58.78	55.29	78.41	89.01	88.66	101.41	108.31	108.87	106.12
淋浴热水器（台）Shower (unit)	61.69	22.06	22.30	42.60	63.38	58.84	73.15	80.87	83.24	87.65
排油烟机（台）Fume Deflector (unit)	55.42	25.39	30.63	41.09	49.58	58.70	67.26	73.86	65.81	64.49
消毒碗柜（台）Sterilizing Cupboard (unit)	2.32	0.47		0.88	0.79	1.56	5.32	3.37	3.66	3.78
洗碗机（台）Dish Washer (unit)	0.52	0.64				0.30	0.30	1.86	1.89	4.33
饮水机（台）Drinking Machine (unit)	23.98	8.14	12.54	21.91	21.32	25.25	22.64	36.94	36.48	37.07
吸尘器（台）Dust Catchine (unit)	8.55	0.48	0.51	2.79	3.84	7.39	10.84	18.54	22.60	20.16
健身器材（套）Setting-up Apparatus (unit)	3.10	0.23	0.51	1.12	1.57	2.90	4.40	5.55	7.28	12.57
普通电话（部）Ordinary Telephone (unit)	95.58	79.93	74.41	87.83	96.20	95.24	101.82	103.00	99.12	100.44
移动电话（部）Mobile Telephone (unit)	69.84	20.13	17.14	41.67	51.22	74.49	94.15	98.92	106.63	91.76
传真机（部）Fax Machine (unti)	0.25			0.24	0.38	0.11		0.25	1.07	2.46

10—15 按收入等级分的城镇居民家庭平均每人全年购买商品数量（2003年）

Per Capita Annual Purchases of Major Commodities of Urban Households by Level of Income (2003)

项 目 Item	总平均 Average	最低收入户 Lowest Income House-holds	#困难户 Difficult House-holds	低收入户 Low Income House-holds	中等偏下户 Lower Middle Insome House-holds	中等收入户 Middle Insome House-holds	中等偏上户 Upper Middle Insome House-holds	高收入户 High Insome House-holds	最高收入户 Highest Income House-holds	#更高户 Higher Income House-holds
淀粉及薯类(千克) Starches and Tubers (kg)	6.03	4.96	4.63	5.75	7.23	5.08	5.87	7.00	6.79	7.54
干豆类及豆制品(元) Dried Beans and Bean Products (yuan)	34.54	23.86	22.40	32.59	34.74	33.48	35.64	40.86	48.48	55.67
食用植物油(千克) Edible Vegetable Oil (kg)	9.84	8.74	8.58	9.30	10.06	10.09	10.05	9.66	10.84	10.79
食用动物油(千克) Edible Animal Oil (kg)	0.86	0.79	0.72	0.98	0.95	0.96	0.70	0.69	0.86	0.90
猪 肉 (千克) Pork (kg)	21.89	13.64	11.87	20.20	21.34	24.95	22.18	25.36	26.95	25.41
牛 肉 (千克) Beef (kg)	2.34	1.72	1.65	2.05	2.07	2.28	2.76	2.82	3.14	3.29
羊 肉 (千克) Mutton (kg)	1.32	0.79	0.61	1.61	1.18	1.10	1.53	2.02	1.47	1.38
禽 类 (千克) Poultry (kg)	11.36	7.79	7.05	10.10	10.77	11.54	13.28	13.14	13.69	16.19
鲜 蛋 (千克) Fresh Eggs (kg)	15.30	12.05	10.64	13.59	16.32	15.53	15.15	17.42	18.03	20.16
鱼 (千克) Fish (kg)	10.92	7.83	7.61	9.93	10.68	11.46	11.70	12.69	12.96	14.15
虾 (千克) Shrimp (kg)	1.59	0.84	0.80	1.33	1.26	1.58	1.96	2.53	2.20	2.71
鲜 菜 (千克) Fresh Vegetables (kg)	114.82	95.26	98.95	107.58	114.99	116.61	118.31	130.93	126.70	126.85
糖 类 (元) Sugar (yuan)	21.58	11.72	7.82	14.98	18.19	22.88	27.16	27.90	33.89	39.21
烟草类 (元) Tobaccos (yuan)	171.14	90.10	70.97	129.19	148.16	183.50	180.82	244.00	304.66	311.28
白 酒 (千克) Liquor (kg)	3.24	2.53	2.52	3.30	3.14	3.84	2.70	3.49	4.14	4.00
啤 酒 (千克) Beer (kg)	9.47	7.87	7.19	8.31	10.79	10.08	9.03	10.05	8.84	10.80
鲜瓜果 (千克) Fresh Melons & Fruits (kg)	56.06	32.63	25.99	44.51	53.71	57.12	68.05	71.86	69.13	79.68
糕 点 (千克) Cake (kg)	4.14	2.12	1.64	3.24	4.29	3.92	4.80	5.78	5.69	6.47
鲜乳品 (千克) Fresh Dairy Products (kg)	10.04	3.69	3.54	4.81	7.45	8.54	15.51	17.58	18.47	22.97
奶 粉 (千克) Milk Powder (kg)	1.12	0.56	0.42	0.91	1.06	1.37	1.21	1.38	1.29	1.31
酸 奶 (千克) Yogurt (kg)	5.37	1.91	1.31	3.75	4.97	5.72	6.65	7.89	7.85	10.11
男士服装 (件) Men's Clothing (piece)	2.17	1.16	1.07	1.59	1.94	2.21	2.63	2.95	3.29	3.30
女士服装 (件) Women's Clothing (piece)	3.21	1.67	1.52	2.08	2.63	3.22	4.16	5.11	4.67	5.26
儿童服装 (件) Children's Clothing (piece)	1.32	0.87	0.62	1.32	1.21	1.40	1.49	1.56	1.44	1.81
洗衣机 (台/万户) Washing Machine (unit/10000 household)	2.88	1.08	1.20	0.24	1.68	4.44	3.96	3.48	4.56	6.72
电冰箱 (台/万户) Refrigerator (unit/10000 household)	2.40	0.48	0.96	0.36	1.68	2.64	4.08	2.64	4.20	6.96
空调器 (台/万户) Air Conditioners (unit/10000 household)	582.00	0.36		3.60	3.48	7.92	9.24	6160.80	14.16	11.88
移动电话 (部/万户) Mobile Telephone Subscribers (unit/10000 household)	12.72	1.68	0.48	2.28	10.08	16.44	18.24	21.96	14.88	11.76
彩色电视机 (台/万户) Color Television Set (unit/10000 household)	4.92	0.12		2.16	3.96	5.76	7.44	4.92	8.40	9.60
家用电脑 (台/万户) Computer (unit/10000 household)	3.24			0.36	1.08	3.84	2.04	11.40	8.16	5.04

10—16 各调查市、县城镇居民家庭年人均现金收支（2003年）

单位：元

项 目	Item	全 省 Province Indices	合 肥 市 Hefei	淮 北 市 Huaibei	亳 州 市 Bozhou
家庭总收入	**Total Income**	**7155.91**	**8442.11**	**6900.05**	**6527.51**
#可支配收入	Disposable Income	6778.03	7784.05	6568.24	6429.36
工薪收入	Salary Income	4878.30	6064.25	5189.17	3671.69
工资及补贴收入	Wage and Subsidy Income	4670.50	5812.11	5048.22	3388.67
其他劳动收入	Other Labor Income	207.80	252.13	140.94	283.02
经营净收入	Net Income From Business	371.10	148.46	124.08	702.54
财产性收入	Property Income	114.37	151.70	68.58	212.11
利息收入	Interest	20.61	15.60	5.50	92.57
股息与红利收入	Dividend and Bonus	16.94	53.82	2.08	
保险收益	Insurance Profits	2.66	0.27		
其他投资收入	Other Investment Income	15.38	3.76	0.78	
出租房屋收入	Income From Renting House	51.90	72.64	40.87	108.46
知识产权收入	Income From Intellectual Property Right	0.05			
其他财产收入	Other Property Income	6.84	5.62	19.36	11.08
转移性收入	Transfer Income	1792.14	2077.70	1518.22	1941.17
养老金或离退休金	Pension for Old-age for Retired Persons	1343.88	1537.03	1274.42	1351.04
社会救济收入	Social Relief	14.66	11.62	6.13	9.28
辞退金	Dismissal Income	91.54	0.68		295.67
赔偿收入	Income From Compensation	1.41	9.06	0.47	
保险收入	Income From Insurance	19.41	16.64		8.34
赡养收入	Supporting Income	48.79	53.49	38.90	90.60
捐赠收入	Giving Income	153.85	187.95	55.31	117.52
亲友搭伙收入	Boarding Income From Kith and Kin	32.95	50.71	47.64	0.33
提取住房公积金	Withdraw Housing Collective Accumulation Fund	22.48	57.88	6.02	24.77
记帐补贴	Account Subsidy	29.16	31.61	8.91	43.22
其他转移性收入	Other Transfer Income	34.01	121.02	80.43	0.39
出售财物收入	**Income From Selling Belongings**	**16.74**	**21.43**	**3.86**	
出售住房收入	Income From Selling House	9.25		0.64	
出售其他物品收入	Income From Selling Other Goods	7.49	21.43	3.23	
借贷收入	**Loan Income**	**1538.32**	**1876.94**	**726.67**	**1288.79**
提取储蓄存款	Withdraw Saving Deposit	1148.25	1292.94	668.41	1181.76
借入款	Cash Borrowed	235.28	108.08	38.30	63.23
收回借出款	Paid-back Loan	52.51	23.90	4.95	29.98
收回储蓄性保险本金	Withdraw Saving Premium	8.07	29.06	1.73	
兑售有价证券	Securities Cashed and Sold	13.88	113.04	4.74	
收回投资本金	Withdraw Investment Principal	4.44	46.96		

Annual Per Capita Cash Income and Expenditure of Urban Households by Surveyed County or City (2003)

(yuan)

蚌埠市 Bengbu	阜阳市 Fuyang	淮南市 Huainan	滁州市 Chuzhou	马鞍山市 Maanshan	芜湖市 Wuhu	宣城市 Xuancheng	铜陵市 Tonglin	安庆市 Anqin	桐城市 Tongcheng	黄山市 Huangshan	歙县 Shexian
7762.74	**6849.08**	**6448.15**	**6998.40**	**9536.06**	**7670.37**	**6815.64**	**7610.93**	**7061.45**	**6582.69**	**7363.96**	**6294.66**
7236.60	6596.36	5914.67	6777.15	8793.99	7327.47	6457.80	7108.90	6760.49	6322.25	6894.23	5986.58
4890.43	5566.29	4718.72	5145.83	6453.52	3898.02	4163.62	5417.37	4456.24	4136.52	4909.71	4701.83
4646.55	5431.97	4577.03	5098.63	6176.85	3792.29	4019.36	5281.15	4139.02	3829.83	4723.94	4439.39
243.89	134.32	141.69	47.20	276.66	105.73	144.26	136.22	317.22	306.68	185.77	262.44
174.18	364.15	69.37	387.21	91.79	274.19	758.11	299.15	559.02	700.38	235.82	690.65
87.08	130.16	45.32	75.61	70.64	114.25	289.75	47.64	89.36	107.90	50.23	99.96
7.18	23.04	32.90	4.51	5.38	13.26	8.73	4.13	7.18	13.13	9.79	35.73
21.81	35.05	2.97	12.59	11.30		3.53	17.55	13.45	26.66	7.51	
1.81			1.83	7.08	3.27			7.38	13.61	8.43	
0.56	0.31		13.76	0.47	54.74	167.97	2.01	24.07	0.43		6.72
51.77	68.26	4.02	21.79	29.21	42.98	107.50	23.29	36.25	54.07	24.51	57.52
0.58											
3.37	3.50	5.44	21.14	17.20		2.02	0.67	1.03			
2611.05	788.49	1614.74	1389.76	2920.11	3383.91	1604.16	1846.77	1956.84	1637.89	2168.19	802.23
1987.96	554.09	1273.96	1090.18	2364.88	2896.79	1269.39	1376.15	1503.93	1219.49	1971.30	442.34
10.36	31.74	7.05	18.82	9.19	7.88	5.48	1.57	31.76	18.62	0.73	9.00
				1.67	14.39	46.36		67.78	92.28		8.06
	2.81					3.12	0.67	1.67			
39.60	1.69	11.31	3.94	23.34	67.83	31.47	2.01	45.03	42.57	9.68	
139.35	30.04	28.02	13.10	18.21	49.37	30.74	66.60	34.74	41.11	19.41	27.87
326.75	130.52	166.46	169.71	193.84	125.67	124.50	206.62	182.52	120.36	69.96	151.43
29.22	3.50	47.95	26.21	32.12	56.37	23.52	4.51	38.58	41.98	52.01	93.21
55.14	2.51	4.92	35.91	155.12	46.21	4.67	39.28	23.45	1.74		35.59
	31.32	28.57	30.98	40.07	73.49	58.45	35.69	21.99	34.51	36.45	31.43
22.67	0.27	46.52	0.90	81.67	45.92	6.45	113.68	5.40	25.23	8.64	3.30
1.80	**8.72**	**15.51**	**251.30**	**2.27**	**55.87**	**54.42**		**5.48**	**2.35**	**0.22**	**1.16**
	0.04		213.79		48.31	53.75					
1.80	8.68	15.51	37.51	2.27	7.56	0.67		5.48	2.35	0.22	1.16
2511.98	**843.70**	**1195.56**	**1186.22**	**2396.77**	**2832.56**	**1368.39**	**1465.49**	**2525.28**	**1605.05**	**2958.28**	**2064.27**
1949.21	677.06	1044.44	756.63	1327.41	1807.87	983.14	963.82	2028.28	821.48	2424.30	1547.19
365.00	90.38	72.67	322.73	611.80	641.05	201.23	70.68	365.36	695.98	195.24	132.96
41.79	69.78	67.98	36.21	214.79	34.77	176.30		21.93	8.61	21.98	350.54
41.53		10.30	7.24			1.01	3.94	8.70			
11.42	0.62		30.69	50.59	23.64		4.68		2.90	10.99	
			17.38		9.41	6.72		0.69			

10—16 续表

单位：元

项目	Item	全省 Province Indices	合肥市 Hefei	淮北市 Huaibei	亳州市 Bozhou
住房贷款	Housing Loan	55.29	256.12		
汽车贷款	Automobile Loan	5.03			
教育贷款	Education Loan	1.72	6.83		0.78
其他贷款	Other Loans	2.40			13.04
其他借贷收入	Other Loan Income	11.46		8.54	
家庭总支出	**Total Expenditure**	**7100.87**	**8501.21**	**6537.52**	**6465.99**
消费性支出	Consumption Expenditure	5064.34	6233.62	4956.03	4516.02
#服务性消费支出	Service Consumption Expenditure	1209.28	1635.70	1143.31	1129.40
购房与建房支出	Expenditure From Buying and Constructing House	555.45	536.09	14.00	212.17
购房	Buying House	511.31	535.12	13.81	39.11
建房	Constructing House	44.14	0.96	0.19	173.06
转移性支出	Transfer Expenditure	1146.43	1166.37	1245.02	1644.83
交纳的个人所得税	Individual Income Tax	26.22	68.94	13.79	3.68
捐赠支出	Expenditure Presented	549.60	434.54	524.59	963.60
购买彩票	Buying Lottery Tickets	10.32	17.24	10.16	15.89
赡养支出	Expenditure of Alimony	473.20	546.97	643.60	563.77
各种非储蓄性保险支出	Non-saving Premium	50.31	61.82	36.14	78.93
其他转移性支出	Other Transfer Expenditure	36.77	36.86	16.75	18.96
财产性支出	Property Expenditure	12.16	7.63	13.35	41.72
社会保障支出	Social Protection Expenditure	322.49	557.51	309.12	51.25
个人交纳的养老基金	Old-age Fund Paid	127.41	215.95	110.70	23.19
个人交纳的住房公积金	Housing Collective Accumulation Fund Paid	131.24	268.91	137.84	0.44
个人交纳的医疗基金	Medical Fund Paid	46.09	49.39	44.50	26.70
个人交纳的失业基金	Unemployment Fund Paid	12.36	18.01	14.58	0.93
其他社会保障支出	Other Social Protection Expenditure	5.39	5.25	1.50	
借贷支出	**Loan Expenditure**	**1485.82**	**1626.81**	**1043.64**	**1317.00**
存入储蓄存款	Depositing Money	1151.08	996.13	830.96	1155.04
借出款	Cash Lent	35.61	39.96	47.70	7.82
归还借款	Returning Borrowed Cash	66.79	101.25	36.18	13.04
储蓄性保险支出	Saving Premium Expenditure	62.96	138.70	67.27	5.48
购买有价证券	Buying Securities	47.94	187.13	3.94	99.13
其他投资支出	Other Investment Expenditure	27.08	3.46	12.09	6.52
归还住房贷款	Returning Housing Loan	67.46	158.21	12.41	26.07
归还汽车贷款	Returning Automobile Loan	0.45			
归还教育贷款	Returning Education Loan	1.16		0.95	
归还其他贷款	Returning Other Loans	10.21			2.61
其他贷款支出	Other Loan Expenditure	15.08	1.98	32.15	1.30

continued

(yuan)

蚌埠市 Bengbu	阜阳市 Fuyang	淮南市 Huainan	滁州市 Chuzhou	马鞍山市 Maanshan	芜湖市 Wuhu	宣城市 Xuancheng	铜陵市 Tonglin	安庆市 Anqin	桐城市 Tongcheng	黄山市 Huangshan	歙县 Shexian
98.53				168.63	305.82		133.67	100.33		256.41	
							267.33				
				16.86	2.70						33.58
	5.86				1.18		10.02			10.99	
4.50		0.18	15.34	6.68	6.12		11.35		76.08	38.37	
8168.14	**6770.77**	**6336.83**	**7005.30**	**9071.81**	**8656.81**	**6766.78**	**6579.46**	**6986.72**	**7055.03**	**7780.98**	**6858.27**
5780.51	5081.80	4436.82	5135.59	6610.09	5645.77	4950.61	5056.33	4626.38	4743.32	5501.33	4874.40
1432.69	1256.98	1051.44	1061.55	1395.19	1374.96	1099.01	1183.04	1085.14	1093.18	1412.39	1182.19
868.62	241.29	346.44	571.45	698.22	1685.57	735.73	324.34	1285.93	848.98	948.72	709.13
862.75	241.29	344.41	534.48	698.22	1685.57	689.04	323.74	1285.93	610.14	948.72	692.34
5.87		2.03	36.96			46.70	0.60		238.84		16.79
1032.14	1246.71	1075.07	1082.36	1077.50	1053.20	779.00	726.16	804.36	1253.45	917.46	1012.27
40.93	26.88	29.90	16.91	46.82	22.05	16.68	27.48	12.51	19.55	29.93	20.59
467.79	766.01	468.21	566.98	441.17	593.36	410.44	416.34	332.93	543.98	440.09	236.34
7.76	4.87	19.53	7.93	14.99	23.16	11.60	5.33	3.32	5.16	8.73	0.27
403.39	388.35	498.48	349.08	448.69	356.52	274.38	198.37	402.71	595.01	345.54	686.40
54.33	37.99	46.79	119.81	107.75	38.17	47.48	58.00	43.13	39.42	49.42	57.09
57.93	22.61	12.17	21.66	18.08	19.94	18.42	20.64	9.76	50.33	43.74	11.58
1.67	6.45	3.48	42.54	30.82	24.91	18.74	33.78	3.58	2.90	10.12	6.41
485.21	194.53	475.02	173.36	655.18	247.36	282.70	438.85	266.46	206.38	403.35	256.06
180.57	95.20	200.58	36.79	240.96	134.82	62.46	125.59	108.06	94.36	118.22	72.20
203.07	48.73	181.93	85.77	281.83	66.24	165.40	218.66	103.02	86.74	214.96	150.89
69.51	41.68	58.48	33.57	89.45	27.68	46.66	69.63	36.63	24.97	46.78	29.54
11.83	7.26	32.02	9.12	37.26	8.07	4.87	16.96	8.35	0.30	11.12	3.43
20.23	1.67	2.01	8.11	5.67	10.56	3.31	8.01	10.41		12.27	
2033.96	**897.28**	**1197.90**	**981.38**	**2328.50**	**1832.56**	**1315.94**	**1919.95**	**2583.19**	**1036.06**	**2215.05**	**1382.73**
1582.84	715.82	1001.52	658.64	1480.45	1509.43	829.38	1213.39	2194.57	681.87	1968.50	1093.03
98.87	40.56	17.34	6.55	29.11	19.03	10.08	15.77	74.57	2.17	28.24	47.64
66.73	50.62	16.18	96.96	63.74	40.27	85.50	90.89	96.25	177.25	85.05	30.89
166.12	14.93	51.10	21.54	132.63	37.10	44.45	123.51	51.18	53.70	42.90	59.24
16.61	15.34	76.16	5.03	55.39	12.63	100.78	4.97	73.57	3.91	44.70	2.14
0.34	30.00	14.57	1.03	272.51	31.97		371.16	4.60		23.44	9.40
78.02	20.46	12.45	175.54	179.04	157.85	153.37	74.86	87.55	92.22	14.91	140.40
							24.06				
9.49		0.41		3.64	1.29					1.87	
0.27		0.55	2.94	16.86				0.03			
14.68	9.56	7.62	13.14	95.12	22.98	92.38	1.34	0.89	24.93	5.43	

10—17 各调查市、县城镇居民平均每人全年家庭收入来源（2003年）

Per Capita Annual Income in Urban Residents by Source and by Surveyed City and County (2003)

单位：元 (yuan)

市 县 Surveyed City and County		家庭总收入 Total Income	#可支配收入 Disposable Income	工薪收入 Salary Income	经营净收入 Net Income From Business	财产性收入 Income From Property	转移性收入 Transfer Income
全 省	**Province Indices**	**7155.91**	**6778.03**	**4878.30**	**371.10**	**114.37**	**1792.14**
合 肥 市	Hefei	8442.11	7784.05	6064.25	148.46	151.70	2077.70
淮 北 市	Huaibei	6900.05	6568.24	5189.17	124.08	68.58	1518.22
亳 州 市	Bozhou	6527.51	6429.36	3671.69	702.54	212.11	1941.17
蚌 埠 市	Bengbu	7762.74	7236.60	4890.43	174.18	87.08	2611.05
阜 阳 市	Fuyang	6849.08	6596.36	5566.29	364.15	130.16	788.49
淮 南 市	Huainan	6448.15	5914.67	4718.72	69.37	45.32	1614.74
滁 州 市	Chuzhou	6998.40	6777.15	5145.83	387.21	75.61	1389.76
马鞍山市	Maanshan	9536.06	8793.99	6453.52	91.79	70.64	2920.11
芜 湖 市	Wuhu	7670.37	7327.47	3898.02	274.19	114.25	3383.91
宣 城 市	Xuancheng	6815.64	6457.80	4163.62	758.11	289.75	1604.16
铜 陵 市	Tongling	7610.93	7108.90	5417.37	299.15	47.64	1846.77
安 庆 市	Anqing	7061.45	6760.49	4456.24	559.02	89.36	1956.84
桐 城 市	Tongcheng	6582.69	6322.25	4136.52	700.38	107.90	1637.89
黄 山 市	Huangshan	7363.96	6894.23	4909.71	235.82	50.23	2168.19
歙 县	Shexian	6294.66	5986.58	4701.83	690.65	99.96	802.23

10—18 各调查市、县城镇居民家庭平均每人全年消费性支出（2003年）

Per Capita Annual Living Expenditure of Urban Residents by Surveyed City and County (2003)

单位：元 (yuan)

市 县 Surveyed City and County		消费性支出 Living Expenditure	#服务性消费支出 Service Consumption Expenditure	食品 Food	#粮油类 Grain	肉禽蛋水产品类 Meat, Poultry and Related Products Eggs Aquatic Products	蔬菜类 Vegetables	调味品 Condiment	糖烟酒饮料类 Sugar, Tobacco, Liquor and Beverages	干鲜瓜果类 Dried and Fresh Fruits
全 省	**Province Indices**	**5064.34**	**1209.28**	**2238.91**	**313.19**	**666.46**	**218.83**	**34.62**	**369.65**	**128.42**
合 肥 市	Hefei	6233.62	1635.70	2659.23	314.81	799.21	251.33	37.97	467.96	165.71
淮 北 市	Huaibei	4956.03	1143.31	2341.19	338.31	734.87	232.19	45.82	317.91	132.73
亳 州 市	Bozhou	4516.02	1129.40	2126.03	340.16	618.16	196.07	44.91	394.30	99.34
蚌 埠 市	Bengbu	5780.51	1432.69	2392.14	312.92	687.64	204.19	33.32	360.57	140.41
阜 阳 市	Fuyang	5081.80	1256.98	2050.25	278.13	585.99	198.30	32.23	244.62	115.83
淮 南 市	Huainan	4436.82	1051.44	2087.44	311.30	632.17	188.17	32.42	336.22	127.73
滁 州 市	Chuzhou	5135.59	1061.55	2268.15	306.50	724.68	250.57	37.57	366.15	119.58
马鞍山市	Maanshan	6610.09	1395.19	2559.04	343.07	801.47	278.69	42.70	382.12	148.12
芜 湖 市	Wuhu	5645.77	1374.96	2507.39	361.38	738.56	267.02	36.48	384.42	150.49
宣 城 市	Xuancheng	4950.61	1099.01	2310.69	321.38	657.87	255.45	34.09	444.31	143.30
铜 陵 市	Tongling	5056.33	1183.04	2186.52	301.87	676.49	255.79	29.15	325.59	136.27
安 庆 市	Anqing	4626.38	1085.14	2198.40	314.95	688.09	256.65	29.45	323.39	108.86
桐 城 市	Tongcheng	4743.32	1093.18	2136.52	304.87	633.53	193.76	24.32	559.89	118.90
黄 山 市	Huangshan	5501.33	1412.39	2246.52	273.62	567.76	231.28	27.92	310.95	152.12
歙 县	Shexian	4874.40	1182.19	2087.26	311.82	581.29	219.34	28.60	442.60	138.87

10—18 续表1 continued

单位：元 (yuan)

市 县 Surveyed City and County	糕点、奶及奶制品 Cakes, Milk and Dairy Products	其他食品 Other Food	饮食服务 Catering Services	衣着 Clothing	#服装 Garments	衣着材料 Clothing Materials	鞋类 Footwear	其他衣着用品 Other Clothing Articles	衣着加工服务费 Clothing Processing Fee
全 省 Province Indices	**167.96**	**41.46**	**298.32**	**558.07**	**400.85**	**10.19**	**124.69**	**19.46**	**2.88**
合肥市 Hefei	240.30	46.83	335.11	638.97	452.91	14.66	137.39	29.85	4.15
淮北市 Huaibei	218.48	51.27	269.61	605.60	445.99	8.39	129.66	19.17	2.38
亳州市 Bozhou	121.43	39.19	272.47	484.57	343.96	4.79	113.10	22.51	0.21
蚌埠市 Bengbu	170.03	36.47	446.58	539.47	377.51	11.70	130.81	15.46	4.00
阜阳市 Fuyang	188.77	53.15	353.21	799.23	591.20	7.51	174.63	22.34	3.56
淮南市 Huainan	144.11	30.02	285.29	490.23	337.59	12.01	121.23	17.41	1.99
滁州市 Chuzhou	169.34	63.69	230.07	562.18	397.81	12.27	117.08	35.01	
马鞍山市 Maanshan	191.15	81.92	289.81	662.28	504.66	12.13	122.76	16.91	5.81
芜湖市 Wuhu	233.44	31.78	303.83	442.72	320.84	6.03	99.21	13.83	2.81
宣城市 Xuancheng	140.27	36.93	277.08	476.07	356.94	4.40	102.63	11.07	1.03
铜陵市 Tongling	159.86	58.21	243.30	517.53	360.78	11.70	121.09	20.20	3.76
安庆市 Anqing	145.12	33.43	298.46	393.86	278.22	7.43	93.45	13.71	1.05
桐城市 Tongcheng	98.97	22.33	179.96	460.67	318.68	15.70	103.15	18.09	5.04
黄山市 Huangshan	196.42	56.61	429.84	509.25	370.30	14.45	98.15	21.18	5.18
歙 县 Shexian	151.97	24.95	187.83	376.62	257.04	14.25	88.44	14.93	1.96

市 县 Surveyed City and County	家庭设备用品及服务 Houshold Facilities, Articles and Services	#耐用消费品 Durable Consumer Goods	室内装饰品 Interior Furnishing Articles	床上用品 Bedding	家庭日用杂品 Household Articles For Daily Use	家具材料 Furniture Material	家庭服务 Household Services	家庭保健 Medicine and Medical Services	医疗器具 Medical Appliances
全 省 Province Indices	**257.19**	**140.66**	**7.06**	**13.15**	**77.21**	**4.15**	**14.96**	**318.20**	**0.73**
合肥市 Hefei	286.07	152.62	2.91	17.34	95.82	0.24	17.13	372.10	2.31
淮北市 Huaibei	149.10	76.22	0.17	3.81	64.18		4.72	291.56	0.01
亳州市 Bozhou	149.60	70.36	5.08	1.17	48.30	2.20	22.49	463.31	
蚌埠市 Bengbu	424.23	257.01	11.36	15.11	93.33	2.76	44.66	554.41	0.33
阜阳市 Fuyang	219.26	92.94	14.95	12.41	72.60	17.49	8.87	293.92	0.51
淮南市 Huainan	224.55	126.44	5.36	12.32	74.03	0.01	6.39	282.64	2.89
滁州市 Chuzhou	256.64	99.76	13.68	11.82	114.70	15.87	0.81	280.61	
马鞍山市 Maanshan	589.70	389.93	29.62	35.89	104.14	5.23	24.88	455.94	1.41
芜湖市 Wuhu	313.35	186.05	11.71	30.39	73.57	0.20	11.43	285.81	1.56
宣城市 Xuancheng	321.68	220.59	5.37	22.69	62.56		10.47	203.63	1.31
铜陵市 Tongling	253.56	157.84	1.27	15.15	64.27	7.61	7.42	275.92	0.10
安庆市 Anqing	235.15	120.54	1.92	11.67	91.23	0.41	9.37	206.44	0.23
桐城市 Tongcheng	240.06	126.33	0.44	12.75	82.51	0.29	17.74	210.61	0.04
黄山市 Huangshan	308.10	156.87	7.15	29.43	81.46	0.07	33.13	293.87	0.02
歙 县 Shexian	341.71	219.73	9.40	15.14	70.41	6.17	20.86	401.55	0.45

10—18 续表2 continued

单位：元 (yuan)

市 县 Surveyed City and County	保健器具 Setting-up Apparatus	药品类 Drugs	滋补保健品 Nutritious and Health Food	医疗费 Medical Expenses	交通和通讯 Transportation and Communications	交通 Transportation	通讯 Communications	教育文化娱乐服务 Recreation Education and Cultural Services	#文化娱乐用品 Recreation Articles
全 省 Province Indices	**3.61**	**190.80**	**8.71**	**113.66**	**502.72**	**183.74**	**318.98**	**536.20**	**159.81**
合肥市 Hefei	0.15	212.80	22.61	133.69	668.55	271.39	397.17	823.66	221.44
淮北市 Huaibei	4.86	171.72	11.10	103.39	486.28	147.70	338.58	545.35	200.02
亳州市 Bozhou	0.04	245.85		217.42	397.00	109.96	287.04	368.78	66.94
蚌埠市 Bengbu	3.64	314.12	12.12	221.86	494.84	187.92	306.92	538.82	208.91
阜阳市 Fuyang	1.79	186.64	1.40	102.66	583.12	227.06	356.05	512.36	156.26
淮南市 Huainan	8.46	170.58	2.84	97.71	403.30	141.60	261.71	465.68	94.88
滁州市 Chuzhou	1.66	161.83	7.66	109.45	595.29	281.32	313.97	405.96	136.00
马鞍山市 Maanshan	4.09	304.84	56.98	88.45	691.27	295.34	395.93	848.21	324.12
芜湖市 Wuhu	3.49	160.80	16.03	103.32	516.36	209.13	307.23	613.11	186.00
宣城市 Xuancheng	8.58	115.77	15.94	61.71	460.90	155.82	305.08	444.14	101.96
铜陵市 Tongling	2.27	177.75	5.36	90.39	553.66	223.53	330.13	566.01	146.30
安庆市 Anqing	11.83	107.32	0.96	86.09	395.80	141.40	254.41	483.16	136.01
桐城市 Tongcheng	0.22	155.51	5.80	47.71	496.75	172.42	324.33	611.56	202.12
黄山市 Huangshan	2.18	175.88	16.99	97.57	529.33	200.13	329.20	631.05	202.78
歙 县 Shexian	0.01	242.80	8.61	149.25	473.74	180.36	293.37	636.60	154.11

市 县 Surveyed City and County	文化娱乐服务 Recreation Services	教育 Education	居住 Residence	住房 Housing	水电燃料及其他 Water, Electricity, Fuels and Others	居住服务费 Living Service Fee	杂项商品和服务 Miscellaneous Commodities and Services	#杂项商品 Miscellaneous Commodities	服务 Services
全 省 Province Indices	**75.41**	**300.98**	**487.37**	**140.79**	**332.85**	**13.73**	**165.69**	**82.53**	**83.15**
合肥市 Hefei	113.63	488.58	629.00	161.64	453.48	13.89	156.02	79.18	76.85
淮北市 Huaibei	86.59	258.74	390.89	86.62	289.29	14.97	146.07	77.28	68.80
亳州市 Bozhou	69.66	232.18	390.21	25.43	351.81	12.96	136.52	59.00	77.52
蚌埠市 Bengbu	57.72	272.19	607.81	257.06	342.73	8.02	228.79	127.07	101.73
阜阳市 Fuyang	82.52	273.59	439.87	111.57	314.47	13.83	183.78	92.79	90.99
淮南市 Huainan	55.44	315.36	310.87	49.69	244.63	16.55	172.12	63.59	108.53
滁州市 Chuzhou	58.24	211.72	602.96	214.45	383.88	4.63	163.82	58.88	104.94
马鞍山市 Maanshan	116.62	407.47	607.38	201.51	363.83	42.05	196.27	140.08	56.19
芜湖市 Wuhu	103.52	323.59	780.07	346.31	419.20	14.56	186.96	82.29	104.66
宣城市 Xuancheng	85.37	256.81	591.50	207.07	372.20	12.22	142.01	58.59	83.42
铜陵市 Tongling	83.82	335.89	560.62	157.92	391.36	11.33	142.51	88.53	53.98
安庆市 Anqing	67.67	279.48	606.51	211.74	392.53	2.24	107.07	55.79	51.27
桐城市 Tongcheng	72.50	336.94	434.26	120.97	293.38	19.91	152.88	88.50	64.39
黄山市 Huangshan	88.51	339.76	793.63	439.75	346.44	7.44	189.59	99.89	89.70
歙 县 Shexian	34.49	447.99	423.15	96.47	321.34	5.34	133.78	62.85	70.92

10—19 各调查市、县城镇居民家庭平均每百户年底耐用消费品拥有量（2003年）

Number of Major Durable Consumer Goods Owned Per 100 Urban Households at the Year-end by Region (2003)

市 县 Surveyed City and County		组合家具（套） Combined Furniture (set)	摩托车（辆） Motorcycle (unit)	自行车（辆） Bicycle (unit)	助力车（辆） Strength-aid Cycle (unit)	家用汽车（辆） Automobile (unit)	洗衣机（台） Washing Machine (unit)	电风扇（台） Electric Fan (unit)	电冰箱（台） Refrigerator (unit)
全 省	**Province Indices**	**61.80**	**17.65**	**134.15**	**3.57**	**0.18**	**93.20**	**248.68**	**88.54**
合肥市	Hefei	68.00	8.50	154.50	5.00		99.00	267.00	99.00
淮北市	Huaibei	80.00	9.00	86.00			99.00	231.00	92.00
亳州市	Bozhou	50.00	34.00	158.00	12.00		100.00	258.00	68.00
蚌埠市	Bengbu	64.00	5.33	118.00	2.00		96.67	219.33	88.67
阜阳市	Fuyang	65.00	25.00	142.00	2.00		99.00	232.00	90.00
淮南市	Huainan	71.50	6.50	124.50	1.50		91.50	247.00	96.00
滁州市	Chuzhou	88.00	34.00	173.00	0.00	2.00	108.00	252.00	96.00
马鞍山市	Maanshan	77.00	23.00	160.00	12.00		101.00	244.00	99.00
芜湖市	Wuhu	72.67	6.67	136.00	7.33	1.33	93.33	249.33	92.00
宣城市	Xuancheng	49.00	31.00	89.00	1.00	1.00	94.00	258.00	89.00
铜陵市	Tongling	62.00	7.00	76.00	7.00		95.00	274.00	96.00
安庆市	Anqing	52.50	23.00	166.00	8.00		80.50	269.50	93.50
桐城市	Tongcheng	34.00	18.00	152.00			80.00	258.00	74.00
黄山市	Huangshan	60.00	30.00	207.00	6.00		87.00	284.00	84.00
歙 县	Shexian	46.00	48.00	134.00		2.00	90.00	246.00	86.00

市 县 Surveyed City and County		冰柜（台） Freezer (unit)	彩色电视机（台） Color TV Set (unit)	影碟机（台） Video Disc Player (unit)	录音机（台） Recorder (unit)	录放像机（台） Video-recorder (unit)	家用电脑（台） Computer (unit)	组合音响（台） Combined Acoustics (unit)	摄像机（台） Pickup Camera (unit)
全 省	**Province Indices**	**5.72**	**124.17**	**52.24**	**40.55**	**14.70**	**16.98**	**18.59**	**0.88**
合肥市	Hefei	3.50	135.50	49.00	53.00	32.00	35.00	20.00	1.00
淮北市	Huaibei	6.00	123.00	49.00	41.00	16.00	18.00	20.00	2.00
亳州市	Bozhou	20.00	118.00	60.00	36.00	10.00	8.00	10.00	
蚌埠市	Bengbu	4.00	126.00	54.00	39.33	15.33	15.33	31.33	
阜阳市	Fuyang	8.00	121.00	63.00	49.00	18.00	20.00	21.00	1.00
淮南市	Huainan	1.00	127.50	43.50	35.50	21.50	8.50	21.00	1.00
滁州市	Chuzhou	3.00	143.00	66.00	47.00	16.00	11.00	29.00	1.00
马鞍山市	Maanshan	2.00	132.00	57.00	72.00	27.00	20.00	26.00	3.00
芜湖市	Wuhu	3.33	129.33	44.00	39.33	15.33	22.00	17.33	2.00
宣城市	Xuancheng	7.00	129.00	47.00	28.00	10.00	17.00	24.00	1.00
铜陵市	Tongling	3.00	127.00	38.00	44.00	16.00	18.00	23.00	
安庆市	Anqing	6.00	122.50	57.50	37.50	8.00	18.00	15.00	0.50
桐城市	Tongcheng	2.00	112.00	48.00	30.00	4.00	14.00	6.00	
黄山市	Huangshan	4.00	140.00	54.00	50.00	15.00	15.00	18.00	1.00
歙 县	Shexian	8.00	118.00	42.00	38.00	8.00	8.00	18.00	

10—19 续表 continued

市 县 Surveyed City and County	照相机(架) Camera (unit)	钢琴(架) Piano (unit)	微波炉(台) Microwave Oven (unit)	空调器(台) Air Conditioner (unit)	取暖器(台) Warmer (unit)	电炊具(台) Electric Cooking Utensils (unit)	淋浴热水器(个) Shower (unit)	排油烟机(台) Fume Deflector (unit)
全 省 Province Indices	**33.62**	**1.29**	**28.18**	**61.75**	**44.28**	**90.99**	**61.69**	**55.42**
合肥市 Hefei	54.00	1.50	62.00	94.00	60.00	96.00	84.50	78.00
淮北市 Huaibei	35.00	2.00	21.00	69.00	50.00	81.00	78.00	66.00
亳州市 Bozhou	20.00		10.00	34.00	18.00	58.00	16.00	14.00
蚌埠市 Bengbu	38.67	2.67	41.33	64.00	44.00	120.67	69.33	66.67
阜阳市 Fuyang	43.00	3.00	32.00	67.00	32.00	73.00	43.00	35.00
淮南市 Huainan	24.50	0.50	25.50	58.50	24.00	104.50	43.00	41.00
滁州市 Chuzhou	35.00		35.00	57.00	55.00	133.00	79.00	77.00
马鞍山市 Maanshan	63.00		49.00	95.00	59.00	99.00	85.00	64.00
芜湖市 Wuhu	28.00	2.67	36.67	64.00	53.33	110.67	71.33	54.00
宣城市 Xuancheng	39.00	2.00	25.00	54.00	38.00	86.00	55.00	58.00
铜陵市 Tongling	29.00	1.00	18.00	65.00	51.00	116.00	67.00	55.00
安庆市 Anqing	33.50		21.50	71.00	75.50	94.00	70.00	63.00
桐城市 Tongcheng	16.00		22.00	40.00	34.00	88.00	54.00	52.00
黄山市 Huangshan	40.00	1.00	29.00	40.00	29.00	86.00	75.00	64.00
歙县 Shexian	24.00	4.00	8.00	30.00	16.00	78.00	54.00	62.00

市 县 Surveyed City and County	消毒碗柜(台) Sterilizing Cupboard (unit)	洗碗机(台) Dish Washer (unit)	饮水机(架) Drinking Machine (unit)	吸尘机(台) Dust Catcher (unit)	健身器材(套) Setting-up Apparatus (unit)	普通电话(部) Ordinary Telephone (unit)	移动电话(部) Mobile Telephone (unit)	传真机(部) Fax Machine (unit)
全 省 Province Indices	**2.32**	**0.52**	**23.98**	**8.55**	**3.10**	**95.58**	**69.84**	**0.25**
合肥市 Hefei	5.00		13.00	14.00	3.00	99.00	79.50	
淮北市 Huaibei	1.00	1.00	42.00	10.00	2.00	98.00	76.00	
亳州市 Bozhou	4.00	2.00	36.00	4.00	4.00	96.00	70.00	
蚌埠市 Bengbu	0.67		50.67	8.67	4.67	94.00	75.33	
阜阳市 Fuyang	4.00		16.00	14.00	9.00	93.00	98.00	
淮南市 Huainan	1.00		38.50	2.50	1.50	91.50	58.00	0.50
滁州市 Chuzhou	2.00		35.00	13.00	5.00	95.00	70.00	1.00
马鞍山市 Maanshan	6.00		6.00	9.00	2.00	99.00	85.00	
芜湖市 Wuhu	2.00	0.67	14.67	6.67	0.67	97.33	59.33	1.33
宣城市 Xuancheng	2.00		6.00	9.00	1.00	88.00	56.00	
铜陵市 Tongling	1.00		11.00	7.00	1.00	96.00	68.00	
安庆市 Anqing	1.50	1.50	8.50	5.00	2.50	95.50	54.00	1.00
桐城市 Tongcheng	2.00		8.00	10.00	2.00	98.00	54.00	
黄山市 Huangshan	3.00		12.00	4.00	2.00	96.00	79.00	1.00
歙县 Shexian	6.00		16.00	4.00	2.00	90.00	80.00	

10—20 城镇居民家庭居住情况

Living Condition of Urban Households

单位：% (%)

项目	Item	2000	2001	2002	2003
按房屋产权分	**Grouped by Property of Dwelling**	**100.00**	**100.00**	**100.00**	**100.00**
租赁公房	Rented Public House	16.06	14.04	8.49	8.25
租赁私房	Rented Private House	2.40	2.57	2.24	2.47
原有私房	Original Private House			15.56	16.34
房改私房	Private House of Housing Reform	72.23	74.76	59.54	58.63
商品房	Commercial House			11.78	12.39
其　他	Others	9.31	8.63	2.38	1.91
按饮水情况分	**Grouped by Water Drinking**			**100.00**	**100.00**
自来水	Tap Water			91.84	91.27
矿泉水	Mineral Water			0.15	0.18
纯净水	Pure Water			5.09	5.07
井、河水	Well Water or River Water			2.77	3.25
其　他	Others			0.15	0.23
按用水情况分	**Grouped by Water Usage**			**100.00**	**100.00**
独用自来水	Tap Water for Sole Use			90.06	89.39
公用自来水	Public Tap Water			2.89	2.98
井、河水	Well Water or River Water			6.66	7.16
其　他	Others			0.39	0.47
按卫生设施分	**Grouped by Sanitary Equipment**	**100.00**	**100.00**	**100.00**	**100.00**
无卫生设施	Without Sanitary Equipment	25.54	23.03	17.56	15.24
有浴室厕所	With Bathroom and Toilet	52.63	56.00	58.81	59.94
有厕所无浴室	With Toilet But No Bathroom	19.03	18.62	22.25	22.96
公　用	Public Sanitary Equipment	2.80	2.36	1.38	1.85
按取暖设备分	**Grouped by Heater**	**100.00**	**100.00**	**100.00**	**100.00**
无取暖设备	Without Heater	81.38	80.50	60.66	58.23
空调设备	Air Conditioner	16.03	17.67	29.31	30.28
暖　气	Heating Installation	1.73	1.47	3.44	3.51
其　他	Others	0.86	0.36	6.60	7.99
按燃料使用情况分	**Grouped by Fuel Usage**	**100.00**	**100.00**	**100.00**	**100.00**
管道煤气	Pipeline petroleum Gas	22.91	21.54	25.01	26.57
液化石油气	Liquefied Petroleum	48.06	49.61	45.03	46.38
煤	Coal	28.51	28.70	29.44	26.60
其　他	Others	0.51	0.15	0.52	0.45
按电话拥有情况分	**Grouped by telephone Usage**				
有电话	With Telephone	80.82	83.64	92.72	100.00
固定电话（部/百户）	Fixed Telephone (subscrbe/100 households)	75.00	77.17	91.11	93.35
移动电话（部/百户）	Mobile Telephone (subscrbe/100 households)			50.70	64.05
使用互联网（条/百户）	With Internet (subscrbe/100 households)			1.52	1.50
按住宅建筑式样分	**Grouped by the Type of Residential Building**	**100.00**	**100.00**	**100.00**	**100.00**
单栋住宅	Independent House	1.89	1.71	2.61	2.59
四居室	Four Rooms	1.37	1.66	1.72	1.91
三居室	Three Rooms	22.29	22.34	23.52	24.46
二居室	Two Rooms	34.86	36.23	42.09	42.56
一居室	Single Room	5.71	5.03	5.28	5.02
普通楼房	Ordinary Stored Building	11.54	10.40	8.09	8.02
平房及其他	Single-store House and Others	22.34	22.63	16.69	15.44

10—21 农村居民家庭基本情况

Basic Conditions of Rural Households

项目	Item	1995	2000	2002	2003
调查户数 (户)	**Number of Households Surveyed (household)**	**3100**	**3100**	**3100**	**3100**
常住人口	Number of Permanent Residents in the Households Surveyed	13777	12950	12808	12714
平均每户常住人口	Average Number of Permanent Residents per Household	4.44	4.18	4.13	4.10
平均每户整半劳力	Average Number of Able-bodied and Semi-able-bodied Laborers per Household	3.00	2.76	2.77	2.80
平均每个劳动力负担人口（含本人）	Average Number of Persons Supported by a Laborer (including the laborer himself of herself)	1.48	1.51	1.49	1.46
平均每人年收入 (元)	**Per Capita Annual Income (yuan)**				
总收入	Total Revenue	2016.35	2585.56	2875.70	2842.58
工资性收入	Wages Income	234.21	547.83	707.68	818.92
家庭经营收入	Household Business Income	1688.53	1910.31	2001.85	1882.78
财产性收入	Property Income	35.39	24.70	31.16	36.21
转移性收入	Transfer Income	58.22	102.71	135.01	104.66
现金收入	Cash Income	1367.72	1901.60	2218.32	2255.26
工资性收入	Wwages Income	233.87	547.20	705.97	813.63
家庭经营收入	Household Business Income	1041.42	1230.52	1352.47	1319.47
财产性收入	Property Income	20.94	23.15	27.35	23.68
转移性收入	Transfer Income	71.48	100.74	132.53	98.47
平均每人年支出 (元)	**Per Capita Annual Expenditures (yuan)**				
总支出	Total Expenditure	1855.83	2045.56	2322.32	2378.84
家庭经营费用支出	Expendititure for Household Business	568.97	452.22	521.59	523.81
购置生产性固定资产	Purchasing Productive Fixed Assets	66.06	53.66	76.21	69.14
税费支出	Expendititure for Tax and Fee	97.10	93.28	95.60	83.91
生活消费支出	Expendititure for Consumption	1070.64	1321.50	1475.80	1596.27
转移性和财产性支出	Expendititure for Transfer and Property	53.06	124.89	153.12	105.72
现金支出	Cash Expenditure	1321.74	1614.69	1897.59	1928.65
家庭经营费用支出	Expendititure for Household Business	399.34	395.44	450.30	448.54
购置生产性固定资产	Purchasing Productive Fixed Assets	66.06	53.66	76.21	69.14
税费支出	Expendititure for Tax and Fee	94.05	91.65	94.68	82.89
生活消费支出	Expendititure for Consumption	682.54	954.93	1123.45	1223.00
转移性和财产性支出	Expendititure for Transfer and Property	79.75	119.01	152.94	105.08
平均每人年纯收入 (元)	**Per Capita Annual Net Income (yuan)**	**1302.82**	**1934.57**	**2117.56**	**2127.48**
工资性收入	Wages Income	234.24	547.83	707.68	818.92
家庭经营纯收入	Household Business Income	980.70	1298.40	1304.80	1199.94
转移性和财产性收入	Transfer and Property Income	87.88	88.33	105.07	108.62

10—22 农村居民按纯收入分组的户数占调查户比重

Percentage of Rural Households Grouped by per Capita Annual Net Income

项目	Item	1995	2000	2002	2003
按纯收入分组户数占调查户比重 (%)	**Percentage of Households Grouped by per Capita Annual Net Income (%)**				
100元以下	Under 100 Yuan			0.06	0.10
100—200元	100—200 Yuan			0.03	
200—300元	200—300 Yuan	0.45	0.06	0.03	0.13
300—400元	300—400 Yuan	0.42	0.03	0.13	0.23
400—500元	400—500 Yuan	1.42	0.23	0.29	0.58
500—600元	500—600 Yuan	2.13	0.48	0.68	0.99
600—800元	600—800 Yuan	9.65	2.39	1.97	2.39
800—1000元	800—1000 Yuan	14.90	4.48	3.71	5.71
1000—1200元	1000—1200 Yuan	18.42	8.16	6.45	6.74
1200—1300元	1200—1300 Yuan	7.58	4.87	4.10	3.39
1300—1500元	1300—1500 Yuan	14.42	10.42	9.94	9.71
1500—1700元	1500—1700 Yuan	8.68	10.48	9.52	8.42
1700—2000元	1700—2000 Yuan	10.13	16.42	15.10	13.39
2000—2500元	2000—2500 Yuan	7.06	19.29	18.13	17.16
2500—3000元	2500—3000 Yuan	3.06	10.23	11.90	10.87
3000—3500元	3000—3500 Yuan	0.97	5.74	6.45	8.13
3500—4000元	3500—4000 Yuan	0.42	2.87	5.16	4.39
4000—4500元	4000—4500 Yuan	0.19	1.71	2.61	3.06
4500—5000元	4500—5000 Yuan	0.03	0.74	1.29	1.58
5000元以上	5000 Yuan and Over	0.06	1.39	2.45	3.06

10—23 农村居民家庭按人均纯收入分组（2003年）

Rural Households Grouped by per Capita Annual Net Income (2003)

项目	Item	调查户数（户）Number of Households Surveyed (household)	常住人口（人）Number of Permanent Residents in the Housholds Surveyed (person)	纯收入总额（元）Total Net Income (yuan)
合计	**Total**	**3100**	**12714**	**1090773.61**
400元以下	Under 400 Yuan	14	65	13833.89
400—500元	400—500 Yuan	18	82	37369.87
500—600元	500—600 Yuan	30	140	78434.69
600—800元	600—800 Yuan	74	335	236593.19
800—1000元	800—1000 Yuan	177	808	724541.97
1000—1500元	1000—1500 Yuan	615	2739	3495335.96
1500—2000元	1500—2000 Yuan	676	2859	5006912.05
2000—2500元	2000—2500 Yuan	532	2154	4836817.83
2500—3000元	2500—3000 Yuan	337	1290	3541678.20
3000元以上的户	3000 Yuan and Over	627	2242	9077227.54

10—24 农村居民人均收支情况

Per Capita Cash Income and Expenditure of Rural Residents

单位：元 (yuan)

项目	Item	2000	2002	2003
总收入	**Total Income**	**2585.56**	**2875.70**	**2842.58**
工资性性入	Wage Income	547.83	707.68	818.92
在非企业组织中得到收入	From Organizations Except Enterprises	76.27	99.93	87.24
在本地企业中得到收入	From Local Enterprises	94.29	102.96	125.52
#在本地乡企得到收入	From Local Township Enterprises	69.67	63.92	63.81
常住人口外出从业得到收入	From Insiders Working Outside	312.64	430.23	529.47
其　他	Others	64.64	74.57	76.69
家庭经营收入	Income From Household Business	1910.31	2001.85	1882.78
转移性和财产性收入	Transfer and Property Income	127.41	166.17	140.87
纯收入	**Net Income**	**1934.57**	**2117.57**	**2127.48**
按纯收入来源分	**By Source of Income**			
工资性收入	Wage Income	547.83	707.68	818.92
家庭经营收入	Income From Household Business	1298.40	1304.80	1199.94
农业收入	Farming	802.76	843.70	704.90
林业收入	Forest	17.38	18.50	39.29
牧业收入	Husbandry	228.52	195.82	219.68
渔业收入	Fishery	14.34	12.24	16.01
工业收入	Industry	31.81	33.34	28.58
建筑业收入	Construction	42.30	44.30	41.27
交通、运输和邮电业收入	Transportation, Postal and Telecommunication	35.78	43.17	33.27
批发零售贸易、餐饮业收入	Wholesale, Retail Sale and Catering Trade	45.03	47.16	58.68
社会服务业收入	Service Trade	26.70	22.87	22.91
文教卫生业收入	Culture, Education and Public Health	4.98	6.02	4.97
其他家庭经营收入	From Other Household Business	48.79	37.69	30.38
转移性和财产性收入	Transfer and Property Income	88.33	105.07	108.62
按收入性质分	**By Type of Income**			
生产性纯收入	Productive Income	1819.54	1989.61	1995.95
非生产性纯收入	Non-productive Income	115.03	127.95	131.05
期内现金收入合计	**Total Income During the Period**	**1901.60**	**2218.32**	**2255.26**
工资性收入	Wage Income	547.20	705.97	813.63
在非企业组织中得到收入	From Organizations Except Enterprises	76.20	99.80	87.17
在本乡地域内劳动得到收入	Working Inside the Town			198.40
在企业中劳动得到收入	Working in the Enterprises			114.84
在国家投资基建项目得到收入	Working in the National Funded Capital Construction Projects			4.34
提供其他劳务收入	Providing Other Labour Services			79.21
外出从业得到收入	Working Outside			528.06
在乡外县内从业得到收入	Outside the Township and Inside the County			46.53
在县外省内从业得到收入	Outside the County and Inside the Province			47.19
在省外国内从业得到收入	Outside the Province and Inside the Country			434.34
在国外从业得到收入	Outside the Country			
家庭经营收入	Income From Household Business	1230.52	1352.47	1319.47
#出售产品的收入	Selling Products	931.47	1057.20	1039.42
出售农业产品收入	Selling Farming Products	568.32	664.23	597.64
出售林业产品收入	Selling Forest Products	20.06	21.87	21.11
出售牧业产品收入	Selling Husbandry Products	308.13	334.82	374.25
出售渔业产品收入	Selling Fishery Products	19.56	18.32	20.20

10—24 续表 continued

单位：元 (yuan)

项　　目	Item	2000	2002	2003
出售工业产品的收入	Selling Industrial Products	7.06	15.12	25.17
出售其他产品的收入	Selling Other Products	8.34	2.83	1.05
工业加工费	Industrial Processing	35.59	32.75	21.03
建筑业	Construction	50.83	52.11	44.40
交通运输	Transportation	52.80	59.93	51.86
批发和零售贸易、餐饮业	Wholesale, Retail Sale and Catering Trade	56.32	59.47	68.82
社会服务业	Service Trade	32.27	28.41	27.01
文教卫生业	Culture, Education and Public health	6.00	7.29	6.01
其他家庭经营收入	From Other Household Business	50.96	41.47	34.84
财产性收入	Property Income	23.15	27.35	23.68
转移性收入	Transfer Income	100.74	132.53	98.47
#家庭非常住人口寄回或带回	Cash Sent Back by Outsiders	42.52	42.61	26.83
亲友赠送	Cash Presented by Kith and Kin	40.84	54.20	33.88
#农村外部亲友赠送	From Kith and Kin Out of the Rural Area	5.23	3.68	5.55
非收入所得	**Got Except Income**	**259.57**	**310.45**	**298.72**
期内现金支出合计	**Total Cash Expenditure in the Period**	**1614.69**	**1897.59**	**1928.65**
生产费用支出	Productive Expenditures	449.11	526.51	517.68
家庭经营费用支出	Expenditures for Household Business	395.44	450.30	448.54
农业生产支出	Farming	245.84	270.24	268.35
林业生产支出	Forest	2.94	3.94	5.49
牧业生产支出	Husbandry	94.89	119.21	122.84
渔业生产支出	Fishery	7.12	9.09	6.74
工业生产支出	Industry	8.02	11.53	15.94
建筑业生产支出	Construction	5.17	4.53	2.62
交通运输支出	Transportation	13.50	13.53	11.92
批发和零售贸易、餐饮业	Wholesale, Retail Sale and Catering Trade	7.54	9.13	7.19
社会服务业支出	Service Trade	3.42	4.02	3.10
文教卫生业	Culture, Education and Public Health	0.62	0.88	0.71
其他经营支出	Others	6.39	4.22	3.65
购置生产性固定资产支出	Purchasing Productive Fixed Assets	53.66	76.21	69.14
税费支出	Tax Paid	91.65	94.68	82.89
第一产业税	Primary Industry			73.36
第二产业税	Secondary Industry			0.17
工业生产纳税	Industrial Production			0.16
建筑业生产纳税	Building Trade Production			0.01
第三产业税	Tertiary Industry			2.40
其他各项收费	Other Expenditure			6.96
生活消费支出	Consumption Expenditure	954.93	1123.45	1223.00
财产性支出	Property Expenditure	6.69	3.06	1.96
转移性支出	Transfer Expenditure	112.30	149.88	103.12
#寄给或带给家庭非常住人口	Cash Sent to Outsiders	2.79	1.91	3.91
赠送亲友支出	Cash Presented to Kith and Kin	100.08	134.85	90.42
赠送农村外部亲友	To Kith and Kin Out of the Rural Area	1.40	1.27	2.00
非消费性现金支出	**Non-consumption Expenditure**	**196.45**	**232.44**	**245.41**

10—25 农村居民家庭平均每人生活消费支出

Per Capita Living Expenditure of Rural Households

单位：元　　　　(yuan)

项　目	Item	1990	1995	2000	2002	2003
生活消费支出	**Living Expenditure**	**514.93**	**1070.64**	**1321.50**	**1475.80**	**1596.27**
按消费类别分	**By Category of Consumption**					
食　品	Food	300.14	625.42	693.15	700.45	734.75
#主　食	Staple Food	135.98	254.11	237.95	216.63	215.19
副　食	Non-staple Food	110.54	253.20	278.66	293.29	283.08
其他食品	Other Food	46.40	98.44	129.00	141.88	180.77
衣　着	Clothing	39.90	70.56	71.16	75.60	79.55
居　住	Residence	98.80	165.63	196.85	272.19	281.28
家庭设备用品及服务	Household Facilities, Articles and Services	27.70	57.23	57.58	65.27	74.96
医疗保健	Medicines and Medical Services	14.41	34.07	58.05	72.99	87.14
交通通讯	Transportation and Communications	4.07	21.29	58.44	90.65	126.07
文教娱乐用品及服务	Cultural, Educational and Recreational Articles and Services	25.65	79.45	145.46	159.16	184.64
其他商品及服务	Other Commodities and Services	4.26	17.00	40.81	39.48	27.87
按消费性质分	**By Source of Consumption**					
货币性消费	**Consumption Paid in Money**	**323.02**	**682.54**	**954.93**	**1123.45**	**1223.00**
食　品	Food	134.44	285.09	362.25	393.89	437.42
衣　着	Clothing	38.88	69.87	70.76	75.42	79.41
居　住	Residence	73.91	118.54	161.58	226.59	205.64
家庭设备用品及服务	Household Facilities, Articles and Services	27.57	57.23	57.58	65.27	74.96
医疗保健	Medicines and Medical Services	14.41	34.07	58.05	72.99	87.14
交通通讯	Transportation and Communications	4.07	21.29	58.44	90.65	126.07
文教娱乐用品及服务	Cultural, Educational and Recreational Articles and Services	25.55	79.45	145.46	159.16	184.64
其他商品及服务	Other Commodities and Services	4.19	17.00	40.81	39.48	27.73
实物性消费	**Consumption in Kind**	**191.91**	**388.11**	**366.57**	**352.35**	**373.27**
食　品	Food	165.70	340.33	330.90	306.56	297.33
衣　着	Clothing	1.32	0.69	0.40	0.18	0.14
居　住	Residence	24.89	47.09	35.27	45.60	75.64

10—26 农村居民家庭平均每人生活消费支出构成

Composition of per Capita Living Expenditure of Rural Households

单位：%　　　　(%)

项　目	Item	1990	1995	2000	2002	2003
生活消费支出	**Living Expenditure**	**100.00**	**100.00**	**100.00**	**100.00**	**100.00**
按消费类别分	**By Category of Consumption**					
食　品	Food	58.29	58.42	52.45	47.46	46.03
#主　食	Staple Food	26.41	23.73	18.01	14.67	13.48
副　食	Non-staple Food	21.47	23.65	21.09	19.87	17.74
其他食品	Other Food	9.01	9.19	9.76	9.61	11.33
衣　着	Clothing	7.75	6.59	5.38	5.12	4.98
居　住	Residence	19.19	15.47	14.90	18.44	17.62
家庭设备用品及服务	Household Facilities, Articles and Services	5.38	5.35	4.36	4.42	4.70
医疗保健	Medicines and Medical Services	2.80	3.18	4.39	4.95	5.46
交通通讯	Transportation and Communications	0.79	1.99	4.42	6.14	7.90
文教娱乐用品及服务	Cultural, Educational and Recreational Articles and Services	4.98	7.42	11.01	10.78	11.57
其他商品及服务	Other Commodities and Services	0.83	1.59	3.09	2.68	1.75
按消费性质分	**By Source of Consumption**					
货币性消费	**Consumption Paid in Money**	**100.00**	**100.00**	**100.00**	**100.00**	**100.00**
食　品	Food	41.62	41.77	37.93	35.06	35.77
衣　着	Clothing	12.04	10.24	7.41	6.71	6.49
居　住	Residence	22.88	17.37	16.92	20.17	16.81
家庭设备用品及服务	Household Facilities, Articles and Services	8.54	8.38	6.03	5.81	6.13
医疗保健	Medicines and Medical Services	4.46	4.99	6.08	6.50	7.13
交通通讯	Transportation and Communications	1.26	3.12	6.12	8.07	10.31
文教娱乐用品及服务	Cultural, Educational and Recreational Articles and Services	7.91	11.64	15.23	14.17	15.10
其他商品及服务	Other Commodities and Services	1.30	2.49	4.27	3.52	2.27
实物性消费	**Consumption in Kind**	**100.00**	**100.00**	**100.00**	**100.00**	**100.00**
食　品	Food	86.34	87.69	90.27	87.00	79.66
衣　着	Clothing	0.69	0.18	0.11	0.05	0.04
居　住	Residence	12.97	12.13	9.62	12.95	20.26

10—27 各县（市）农村居民人均现金收支情况（2003年）

Per Capita Income and Expenditure in Cash of Rural Households by County or City (2003)

单位：元 (yuan)

县（市）	County (city)	期内现金收入合计 Total Cash Income in the Period	工资性收入 Wage Income	家庭经营现金收入 Cash Income From Household Business	出售产品的现金 From Selling Products	批发和零售贸易、餐饮业现金收入 Cash Income form Whole-sale, Retail Sale and Catering Trade	转移性收入 Transfer Income
合肥市	**Hefei**	**2677.0**	**1022.4**	**1360.5**	**1165.5**	**36.2**	**236.8**
瑶海区	Yaohai District	3998.2	2638.4	688.6	53.4	17.1	146.1
庐阳区	Luyang District	3956.3	2290.7	1046.1	535.9	74.4	87.6
蜀山区	Shushan District	5219.0	3071.3	1211.9	340.1	650.8	277.2
包河区	Baohe District	4470.2	3208.4	507.2	369.7	21.0	146.9
长丰县	Changfeng	2013.0	607.4	1338.7	1240.9	17.7	59.8
肥东县	Feidong	2458.8	1254.6	988.5	910.1	1.6	210.5
肥西县	Feixi	2361.7	901.1	1348.3	1174.9	36.2	108.2
淮北市	**Huaibei**	**2708.9**	**1102.2**	**1395.5**	**1090.6**	**57.1**	**166.0**
杜集区	Duji District	3115.7	1513.4	1439.3	1013.9	94.6	113.2
相山区	Xiangshan District	3818.1	1786.0	1469.4	903.5	21.6	455.0
烈山区	Lieshan District	3940.6	2315.8	1373.1	1053.4	147.3	142.0
濉溪县	Suixi	2087.4	561.8	1363.7	1170.1	29.8	141.7
亳州市	**Bozhou**	**2576.4**	**687.6**	**1733.6**	**1291.7**	**203.4**	**137.2**
谯城区	Qiaocheng District	3405.4	589.4	2660.1	1964.4	399.2	146.4
涡阳县	Guoyang	2523.6	937.6	1392.0	1118.4	37.0	189.8
蒙城县	Mengcheng	2262.7	646.6	1489.5	1121.3	73.0	73.0
利辛县	Lixin	1894.0	593.6	1177.5	1128.5	9.0	121.5
宿州市	**Suzhou**	**2045.8**	**619.1**	**1272.3**	**1084.8**	**26.4**	**147.6**
桥区	Yongqiao District	2296.1	640.9	1327.9	1139.2	85.7	284.2
砀山区	Dangshan	2114.3	399.3	1593.6	1486.8	33.1	119.8
萧县	Xiaoxian	1692.6	675.7	960.3	709.6	45.3	25.7
灵璧县	Lingbi	2088.3	762.6	1238.6	1136.2	44.8	81.6
泗县	Sixian	1941.0	641.1	1147.2	946.0	32.6	145.3
蚌埠市	**Bengbu**	**2093.3**	**738.1**	**1243.4**	**964.0**	**50.9**	**107.2**
郊区	Suburban District	2348.8	1413.5	840.1	280.9	176.4	88.8
怀远县	Huaiyuan	2035.8	631.0	1309.3	1044.5	45.8	82.5
五河县	Wuhe	2107.0	870.0	1143.1	1056.1	22.5	91.7
固镇县	Guzhen	2285.7	329.7	1816.3	1501.6	81.3	139.0
阜阳市	**Fuyang**	**2192.1**	**852.9**	**1068.2**	**873.3**	**35.5**	**218.8**
颍州区	Yingzhou District	3160.1	1477.4	1471.3	1069.0	39.2	129.9
颍东区	Yingdong District	2164.7	957.1	1061.3	967.3	26.6	123.0
颍泉区	Yingquan District	2484.2	1137.8	1225.1	956.3	108.0	102.1
临泉县	Linquan	1818.3	431.4	1100.5	908.7	66.3	244.4
太和县	Taihe	2463.7	1068.9	926.3	688.9	35.0	330.6
阜南县	Funan	1822.5	745.5	926.9	821.8	2.5	126.7
颍上县	Yingshang	2023.0	590.3	1020.5	823.9	20.4	350.2
界首市	Jieshou	2361.1	1096.6	1142.8	703.1	68.8	51.0
淮南市	**Huainan**	**3393.9**	**1449.8**	**1611.1**	**924.6**	**203.0**	**222.5**
大通区	Datong District	3481.9	1414.3	1774.2	998.5	111.7	159.4
田家庵区	Tianjaan District	4637.9	2625.7	1530.6	444.4	748.0	83.0
谢家集区	Xiejiaji District	4403.4	2081.5	2066.4	603.0	383.5	164.6
八公山区	Bagongshan District	4077.4	2685.4	1189.2	421.0	63.2	140.4
潘集区	Panji District	2499.4	720.4	1693.4	1295.5	246.0	84.1
凤台县	Fengtai	2613.2	573.0	1573.2	1305.8	45.5	397.3
毛集区	Maoji Distrct	2661.2	851.1	1503.5	1067.7	23.4	280.6
滁州市	**Chuzhou**	**1791.9**	**407.1**	**1259.1**	**1054.9**	**16.3**	**93.8**
琅琊区	Langya District	2766.1	1490.4	837.6	582.5	81.2	143.5
南谯区	Nanqiao District	1784.7	358.8	1325.2	1059.1	29.0	95.7
来安县	Laian	1644.4	562.3	951.9	873.4	5.0	81.0
全椒县	Quanjiao	1654.1	186.6	1371.1	1268.9	4.2	96.3
定远县	Dingyuan	1688.6	180.2	1414.2	1312.2	15.2	90.0
凤阳县	Fengyang	2054.6	313.4	1621.9	1099.1	43.4	118.4
天长市	Tianchang	2513.5	812.2	1385.5	1095.5	44.3	101.0
明光市	Mingguang	1616.0	397.3	1155.2	995.4	22.6	58.4

10—27 续表1 continued

单位：元 (yuan)

县（市）	County (city)	期内现金收入合计 Total Cash Income in the Period	工资性收入 Wage Income	家庭经营现金收入 Cash Income From Household Business	出售产品的现金 From Selling Products	批发和零售贸易、餐饮业现金收入 Cash Income form Whole-sale, Retail Sale and Catering Trade	转移性收入 Transfer Income
六安市	**Luan**	**1538.0**	**550.8**	**836.0**	**652.6**	**37.6**	**144.1**
金安区	Jinan District	1350.9	496.2	634.1	445.4	22.6	218.9
裕安区	Yuan District	1226.0	616.2	540.4	378.7	59.5	68.6
寿县	Shouxian	1534.0	238.7	1241.8	1145.9	20.1	52.8
霍邱县	Huoqiu	1779.7	951.1	712.7	647.0	3.8	112.9
舒城县	Shucheng	1219.0	275.5	796.2	561.9	61.2	140.3
金寨县	Jinzhai	1604.8	621.5	797.9	547.0	35.2	182.2
霍山县	Huoshan	1725.0	664.5	824.6	543.0	83.4	202.9
马鞍山市	**Maanshan**	**3392.8**	**1911.2**	**1313.5**	**1005.9**	**60.9**	**130.9**
市辖区	Reigon of City	3765.9	2705.3	818.6	541.1	45.3	154.0
当涂县	Dangtu	3195.0	1490.4	1575.8	1252.2	69.2	118.6
巢湖市	**Chaohu**	**2772.9**	**909.3**	**1565.3**	**1368.7**	**24.4**	**289.8**
居巢区	Juchao District	2397.2	1059.9	1139.4	740.4	34.9	194.8
庐江县	Lujiang	2232.9	1351.0	765.0	691.9	10.4	114.9
无为县	Wuwei	2112.6	376.8	1304.5	976.7	48.1	412.8
含山县	Henshan	2889.5	1445.8	1294.4	1145.7	37.6	134.1
和县	Hexian	3682.5	1064.5	2453.0	2302.3	122.0	159.9
芜湖市	**Wuhu**	**3227.3**	**1634.1**	**1485.7**	**1008.0**	**111.1**	**80.1**
马塘区	Matang District	4341.6	3005.2	938.0	459.4	115.4	164.3
鸠江区	Jiujiang District	4441.9	3551.7	616.5	122.4	51.8	145.7
芜湖县	Wuhu	3183.4	1296.3	1816.0	1444.3	71.8	57.4
繁昌县	Fanchang	3139.0	1761.9	1283.7	648.0	234.0	69.1
南陵县	Nanling	3077.5	1500.6	1466.1	1014.9	49.4	99.4
宣城市	**Xuancheng**	**2443.6**	**960.9**	**1376.3**	**975.8**	**98.3**	**78.9**
宣州区	Xuanzhou District	2766.4	863.2	1838.5	1459.6	127.3	51.8
郎溪县	Langxi	1355.8	434.2	894.6	808.7	13.7	25.9
广德县	Guangde	2568.3	933.1	1522.8	1115.0	96.6	77.8
泾县	Jingxian	2366.3	1047.7	1212.9	853.3	123.1	99.9
旌德县	Jingde	2295.9	975.1	1229.4	933.3	95.3	86.5
绩溪县	Jixi	2655.5	1038.0	1263.1	806.8	89.4	230.7
宁国市	Ningguo	2377.5	1480.9	786.8	439.9	51.6	95.9
铜陵市	**Tongling**	**2834.7**	**1456.6**	**1180.9**	**835.3**	**66.7**	**144.5**
市辖区	Reigon of City	3496.0	1975.9	1167.4	729.0	53.1	210.4
铜陵县	Tongling	2626.5	1293.2	1185.1	868.7	71.0	123.8
池州市	**Chizhou**	**2064.6**	**1122.4**	**851.1**	**674.3**	**23.8**	**89.5**
市辖区	Reigon of City	**4166.5**	**1950.7**	**1940.4**	**349.4**	**573.5**	**174.1**
贵池区	Guichi District	2361.5	1286.1	969.1	783.7	13.9	104.9
东至县	Dongzhi	2083.9	818.7	1112.9	898.5	20.9	148.7
石台县	Shitai	1287.2	484.0	732.8	597.0	15.7	68.2
青阳县	Qingyang	2606.1	1612.1	861.7	533.7	58.3	114.2
安庆市	**Anqing**	**2144.4**	**835.3**	**1045.0**	**580.9**	**61.4**	**253.9**
郊区	Suburban District	2557.2	1030.3	1400.5	874.9	41.6	112.8
怀宁县	Huaining	2756.8	925.9	1015.1	221.5	45.3	811.3
枞阳县	Zongyang	2007.3	737.2	959.1	599.1	107.0	274.5
潜山县	Qianshan	1597.2	534.0	805.7	200.1	78.6	240.5
太湖县	Taihu	1438.1	600.5	712.9	418.3	58.5	102.4
宿松县	Susong	1673.8	794.9	777.2	605.3	11.2	94.0
望江县	Wangjiang	2051.1	926.2	1085.4	982.0	14.5	38.2
岳西县	Yuexi	1136.5	481.4	551.5	292.9	33.4	101.6
桐城市	Tongcheng	2721.3	1547.7	1043.3	346.9	98.5	125.1
黄山市	**Huangshan**	**2164.4**	**908.7**	**1104.3**	**856.4**	**46.4**	**127.9**
屯溪区	Tunxi District	3664.2	1811.6	1465.0	618.5	187.9	191.5
黄山区	Huangshan District	2395.6	951.4	1283.6	959.7	59.7	134.3
徽州区	Huizhou District	2409.5	835.8	1402.9	1038.3	51.1	124.1
歙县	Shexian	2378.3	1151.9	1094.4	870.7	66.1	119.1
休宁县	Xiuning	1767.4	707.8	920.6	716.1	31.2	118.9
黟县	Yixian	2069.2	746.5	1170.4	993.4	19.8	135.0
祁门县	Qimen	1858.6	665.6	1051.4	882.2	7.5	135.5

10—27 续表2 continued

单位：元 (yuan)

县（市）	County (city)	期内现金支出合计 Total Cash Expenfiture in the Period	生产费用支出 Productive Expenditures	缴纳生产税 Productive Tax	生活消费支出 Expenditure for Consumption	转移性支出 Transfer Expenditure
合肥市	**Hefei**	**2587.8**	**793.8**	**62.8**	**1582.7**	**138.7**
瑶海区	Yaohai District	3678.6	80.9	8.5	3276.6	285.3
庐阳区	Luyang District	3660.2	312.0	7.9	3124.8	212.6
蜀山区	Shushan District	5003.2	1132.0	5.4	3646.6	219.3
包河区	Baohe District	3648.0	243.6	16.6	3097.3	288.7
长丰县	Changfeng	1858.1	685.9	45.3	1014.1	108.2
肥东县	Feidong	1945.3	481.5	66.4	1288.3	101.4
肥西县	Feixi	2237.9	809.3	77.8	1245.2	89.8
淮北市	**Huaibei**	**1940.2**	**505.4**	**36.8**	**1217.1**	**176.8**
杜集区	Duji District	2640.7	511.5	24.2	1791.4	313.3
相山区	Xiangshan District	2298.8	444.3	4.8	1652.0	182.4
烈山区	Lieshan District	1913.6	471.1	35.6	1305.1	101.9
濉溪县	Suixi	1531.1	519.8	49.2	836.4	121.2
亳州市	**Bozhou**	**2018.3**	**805.2**	**74.5**	**975.0**	**154.0**
谯城区	Qiaocheng District	2603.7	1311.6	94.0	1046.5	139.6
涡阳县	Guoyang	1920.6	569.6	83.6	1080.3	174.7
蒙城县	Mengcheng	1352.5	452.0	60.1	732.9	99.0
利辛县	Lixin	1556.4	483.3	69.0	870.5	129.3
宿州市	**Suzhou**	**1775.3**	**687.1**	**71.4**	**902.3**	**106.8**
桥区	Yongqiao District	1783.9	628.9	68.9	921.0	160.6
砀山区	Dangshan	2173.7	677.2	57.3	1286.3	151.7
萧县	Xiaoxian	1543.3	471.9	42.5	955.9	53.9
灵璧县	Lingbi	1764.7	952.0	71.9	642.5	81.8
泗县	Sixian	1504.8	652.5	103.3	636.8	98.0
蚌埠市	**Bengbu**	**1518.7**	**452.7**	**48.3**	**901.5**	**107.5**
郊区	Suburban District	1382.2	175.6	8.1	1123.7	73.6
怀远县	Huaiyuan	1495.0	458.4	42.8	902.6	86.3
五河县	Wuhe	1266.3	271.3	88.8	789.7	103.7
固镇县	Guzhen	2216.0	914.7	68.3	1057.6	164.9
阜阳市	**Fuyang**	**1659.5**	**544.9**	**59.8**	**878.0**	**166.7**
颍州区	Yingzhou District	1658.2	520.7	44.6	931.5	145.5
颍东区	Yingdong District	1674.8	502.2	68.1	902.8	180.1
颍泉区	Yingquan District	2059.8	565.0	64.8	1220.6	206.5
临泉县	Linquan	1392.2	361.3	45.5	782.4	168.5
太和县	Taihe	1531.4	479.1	65.8	856.5	127.3
阜南县	Funan	1563.4	583.4	46.5	802.2	128.3
颍上县	Yingshang	1423.9	486.1	48.9	693.5	187.1
界首市	Jieshou	2076.5	669.9	56.5	1207.9	132.9
淮南市	**Huainan**	**2404.0**	**619.3**	**30.3**	**1629.6**	**117.3**
大通区	Datong District	2075.5	493.5	10.9	1491.2	77.4
田家庵区	Tianjaan District	3032.1	568.4	1.3	2362.2	92.0
谢家集区	Xiejiaji District	2727.1	624.2	14.0	1934.2	149.1
八公山区	Bagongshan District	2699.6	263.8	0.8	2232.3	201.7
潘集区	Panji District	2288.5	712.3	78.0	1360.9	127.8
凤台县	Fengtai	2166.8	816.3	45.7	1190.1	104.2
毛集区	Maoji Distrct	2094.8	657.3	59.6	1275.7	90.3
滁州市	**Chuzhou**	**1604.4**	**531.4**	**59.5**	**877.6**	**122.7**
琅琊区	Langya District	2458.3	370.7	15.8	1909.3	135.1
南谯区	Nanqiao District	1584.2	570.0	55.1	836.7	110.1
来安县	Laian	1494.0	514.4	41.5	835.3	97.7
全椒县	Quanjiao	2066.9	668.3	40.0	1151.1	164.5
定远县	Dingyuan	1765.0	789.9	81.0	832.0	37.9
凤阳县	Fengyang	1387.2	530.6	67.7	746.3	40.1
天长市	Tianchang	2378.1	571.7	62.6	1440.8	283.1
明光市	Mingguang	1514.5	450.8	75.2	857.3	121.8

10—27 续表3 continued

单位：元 (yuan)

县（市）	County (city)	期内现金支出合计 Total Cash Expenfiture in the Period	生产费用支出 Productive Expenditures	缴纳生产税 Productive Tax	生活消费支出 Expenditure for Consumption	转移性支出 Transfer Expenditure
六安市	**Luan**	**1441.4**	**378.1**	**58.9**	**876.5**	**115.1**
金安区	Jinan District	1478.1	270.2	63.1	1024.4	111.8
裕安区	Yuan District	1220.6	191.3	48.7	886.7	87.9
寿县	Shouxian	1447.2	578.2	60.7	726.5	62.4
霍邱县	Huoqiu	1696.0	510.2	67.5	932.6	171.0
舒城县	Shucheng	1094.8	226.9	94.9	701.5	45.8
金寨县	Jinzhai	1479.3	465.8	21.8	904.7	86.6
霍山县	Huoshan	1452.2	207.0	40.3	989.7	210.9
马鞍山市	**Maanshan**	**3010.8**	**494.3**	**63.4**	**2137.7**	**290.0**
市辖区	Reigon of City	3905.4	280.1	18.1	3169.9	436.1
当涂县	Dangtu	2536.8	607.8	87.4	1590.7	212.6
巢湖市	**Chaohu**	**2247.8**	**698.4**	**73.0**	**1300.7**	**142.5**
居巢区	Juchao District	1775.2	416.6	50.4	1151.3	147.1
庐江县	Lujiang	1370.0	288.3	54.3	927.2	81.2
无为县	Wuwei	1607.4	307.7	97.3	1111.3	73.8
含山县	Henshan	2450.5	505.2	74.8	1594.8	250.8
和县	Hexian	2927.0	1235.3	97.7	1296.8	236.2
芜湖市	**Wuhu**	**2206.6**	**448.7**	**45.8**	**1550.2**	**150.5**
马塘区	Matang District	4217.3	1160.6	36.8	2811.5	208.0
鸠江区	Jiujiang District	3083.3	251.4	5.8	2586.9	215.0
芜湖县	Wuhu	2268.7	547.1	46.9	1508.4	150.7
繁昌县	Fanchang	2073.5	341.4	39.7	1552.8	136.3
南陵县	Nanling	1933.7	391.6	56.8	1323.3	148.7
宣城市	**Xuancheng**	**1964.4**	**485.7**	**47.2**	**1289.7**	**121.6**
宣州区	Xuanzhou District	2089.1	665.9	74.2	1225.3	112.1
郎溪县	Langxi	1273.2	400.9	43.9	764.0	63.1
广德县	Guangde	2331.2	622.7	36.2	1569.4	76.0
泾县	Jingxian	2007.3	457.0	40.9	1351.7	125.5
旌德县	Jingde	1835.8	362.5	13.3	1293.3	161.8
绩溪县	Jixi	1719.6	342.5	60.6	1197.3	113.1
宁国市	Ningguo	2235.8	296.9	21.2	1696.8	211.1
铜陵市	**Tongling**	**2448.3**	**404.8**	**26.8**	**1816.0**	**197.0**
市辖区	Reigon of City	2784.4	445.3	18.0	2071.2	244.1
铜陵县	Tongling	2342.5	392.1	29.6	1735.6	182.2
池州市	**Chizhou**	**1607.2**	**395.0**	**30.7**	**1093.1**	**83.4**
市辖区	Reigon of City	**3240.8**	**472.8**	**21.1**	**2454.4**	**285.7**
贵池区	Guichi District	1614.7	351.0	26.0	1158.2	75.2
东至县	Dongzhi	1768.2	527.7	36.8	1107.2	89.0
石台县	Shitai	1456.6	392.9	36.1	958.5	67.9
青阳县	Qingyang	1631.2	308.5	29.2	1179.6	109.4
安庆市	**Anqing**	**1586.1**	**313.1**	**42.4**	**1116.7**	**106.9**
郊区	Suburban District	1892.0	323.5	26.0	1376.1	147.3
怀宁县	Huaining	1389.9	182.1	34.3	1095.1	75.3
枞阳县	Zongyang	1473.3	356.6	55.8	996.1	50.4
潜山县	Qianshan	1504.7	292.6	53.3	979.0	177.6
太湖县	Taihu	1638.7	371.7	40.6	1108.9	103.0
宿松县	Susong	1707.6	399.3	43.8	1113.4	144.9
望江县	Wangjiang	1605.3	399.6	66.9	1036.0	93.7
岳西县	Yuexi	1204.7	130.4	17.2	984.6	70.2
桐城市	Tongcheng	1676.3	268.8	41.8	1258.5	99.8
黄山市	**Huangshan**	**1793.9**	**393.0**	**27.1**	**1255.7**	**112.3**
屯溪区	Tunxi District	3459.5	604.3	22.5	2516.9	255.5
黄山区	Huangshan District	2139.5	439.4	29.0	1491.0	169.1
徽州区	Huizhou District	2084.2	637.1	34.4	1291.3	118.7
歙县	Shexian	1800.2	346.0	20.9	1355.2	74.0
休宁县	Xiuning	1468.3	413.1	21.6	952.0	79.6
黟县	Yixian	1908.0	411.6	39.2	1321.7	131.8
祁门县	Qimen	1513.1	290.4	37.0	1046.1	138.3

10—28 各县(市)农村居民家庭平均每人生活消费现金支出（2003年）

Per Capita Living Expenditure in Cash of Rural Households by County or City (2003)

单位：元 (yuan)

县（市）	County (city)	生活消费支出合计 Living Expenditure	食品 Food	衣着 Clothing	居住 Residence	医疗保健 Medicines and Medical Services	交通和通讯 Transport, and Communication Services	文教、娱乐用品及服务 Cultural, Educational and Recreational Articles and Services	其他商品及服务 Other Commodities and Services
合肥市	**Hefei**	**1582.7**	**583.2**	**114.3**	**245.1**	**74.3**	**135.7**	**258.6**	**52.9**
瑶海区	Yaohai District	3276.6	1407.9	391.8	367.6	90.3	213.4	304.0	182.1
庐阳区	Luyang District	3124.8	1076.1	261.6	793.0	120.5	286.7	388.9	28.0
蜀山区	Shushan District	3646.6	1270.0	303.8	934.6	92.7	292.2	468.2	57.2
包河区	Baohe District	3097.3	1219.4	329.5	510.3	185.0	277.7	324.6	65.1
长丰县	Changfeng	1014.1	373.8	63.5	199.4	49.4	78.7	175.2	18.6
肥东县	Feidong	1288.3	479.3	69.7	160.8	66.5	117.0	222.6	64.0
肥西县	Feixi	1245.2	445.0	85.4	204.3	55.5	115.8	218.3	17.7
淮北市	**Huaibei**	**1217.1**	**444.0**	**106.0**	**151.1**	**93.3**	**102.6**	**172.5**	**53.3**
杜集区	Duji District	1791.4	546.1	158.5	277.0	144.7	156.2	266.8	111.4
相山区	Xiangshan District	1652.0	739.2	177.5	144.6	83.4	141.0	217.5	28.4
烈山区	Lieshan District	1305.1	484.1	145.2	90.3	84.7	214.2	147.8	20.5
濉溪县	Suixi	836.4	331.0	59.8	100.5	71.3	49.8	121.7	34.9
亳州市	**Bozhou**	**975.0**	**347.9**	**82.4**	**133.3**	**69.2**	**105.2**	**123.6**	**39.6**
谯城区	Qiaocheng District	1046.5	385.1	88.8	121.0	71.6	111.5	172.6	25.0
涡阳县	Guoyang	1080.3	381.2	89.0	216.1	78.3	114.7	115.8	16.2
蒙城县	Mengcheng	732.9	273.1	56.1	80.9	63.6	69.0	110.6	26.2
利辛县	Lixin	870.5	323.4	69.6	90.8	99.9	73.9	96.8	47.8
宿州市	**Suzhou**	**902.3**	**352.1**	**55.3**	**120.8**	**63.3**	**74.8**	**144.6**	**23.7**
桥区	Yongqiao District	921.0	392.1	73.8	104.4	64.7	82.8	112.9	29.2
砀山区	Dangshan	1286.3	480.0	84.8	224.3	58.2	89.8	233.2	29.6
萧县	Xiaoxian	955.9	343.0	77.6	173.1	81.7	55.2	130.6	43.6
灵璧县	Lingbi	642.5	273.7	42.2	66.1	44.6	47.0	95.8	9.4
泗县	Sixian	636.8	291.4	40.7	59.3	54.0	33.1	86.8	31.6
蚌埠市	**Bengbu**	**901.5**	**342.6**	**63.5**	**194.9**	**59.6**	**59.4**	**115.4**	**12.9**
郊区	Suburban District	1123.7	424.8	68.7	402.1	53.6	37.6	66.1	11.1
怀远县	Huaiyuan	902.6	426.7	52.6	105.1	66.2	51.8	125.4	22.7
五河县	Wuhe	789.7	297.4	65.8	190.6	55.0	43.5	94.7	6.9
固镇县	Guzhen	1057.6	381.2	80.2	169.5	111.5	94.2	145.1	13.9
阜阳市	**Fuyang**	**878.0**	**355.5**	**67.8**	**109.6**	**60.5**	**83.8**	**124.2**	**16.9**
颍州区	Yingzhou District	931.5	356.9	68.3	65.4	118.4	104.1	127.8	26.8
颍东区	Yingdong District	902.8	420.2	75.9	83.9	82.4	86.1	78.9	15.9
颍泉区	Yingquan District	1220.6	589.9	88.1	119.1	77.3	98.5	164.0	17.7
临泉县	Linquan	782.4	376.6	60.5	89.9	50.5	41.1	93.1	19.4
太和县	Taihe	856.5	205.0	75.6	182.1	53.4	85.0	168.7	21.1
阜南县	Funan	802.2	323.2	63.6	121.3	59.1	85.5	87.3	10.6
颍上县	Yingshang	693.5	320.6	48.5	59.2	44.3	71.3	76.9	23.9
界首市	Jieshou	1207.9	371.4	92.1	237.4	73.0	94.9	202.2	52.7
淮南市	**Huainan**	**1629.6**	**714.6**	**161.9**	**214.4**	**79.2**	**119.7**	**162.4**	**50.9**
大通区	Datong District	1491.2	656.7	121.1	265.2	52.1	104.6	151.7	14.1
田家庵区	Tianjaan District	2362.2	1057.8	332.6	175.8	56.1	155.9	290.9	94.4
谢家集区	Xiejiaji District	1934.2	797.3	184.6	361.2	64.5	145.1	137.8	93.1
八公山区	Bagongshan District	2232.3	1022.8	229.3	303.3	114.7	147.3	170.7	102.6
潘集区	Panji District	1360.9	608.8	104.8	153.1	159.4	60.6	156.9	33.0
凤台县	Fengtai	1190.1	530.9	114.3	118.7	67.1	114.3	134.0	13.8
毛集区	Maoji Distrct	1275.7	513.6	85.9	213.9	82.6	97.9	127.3	45.2
滁州市	**Chuzhou**	**877.6**	**323.7**	**59.2**	**117.4**	**45.1**	**66.1**	**142.3**	**52.7**
琅琊区	Langya District	1909.3	578.4	98.8	479.1	148.4	201.6	220.2	45.9
南谯区	Nanqiao District	836.7	302.4	65.9	84.3	46.2	68.7	149.3	48.6
来安县	Laian	835.3	311.1	83.2	104.4	37.2	67.5	132.8	26.5
全椒县	Quanjiao	1151.1	500.0	74.2	111.3	48.9	77.4	179.6	55.2
定远县	Dingyuan	832.0	513.5	51.1	114.6	20.7	14.2	58.6	5.4
凤阳县	Fengyang	746.3	328.6	44.9	147.6	41.3	36.7	76.9	16.4
天长市	Tianchang	1440.8	383.7	97.6	107.5	72.4	166.8	215.0	310.5
明光市	Mingguang	857.3	391.8	67.8	45.2	35.5	37.2	124.7	107.5

10—28 续表 continued

单位：元 (yuan)

县（市）	County (city)	生活消费支出合计 Living Expenditure	食品 Food	衣着 Clothing	居住 Residence	医疗保健 Medicines and Medical Services	交通和通讯 Transport, and Communi-cation Services	文教、娱乐用品及服务 Cultural, Educational and Recreational Articles and Services	其他商品及服务 Other Commodi-ties and Services
六安市	**Luan**	**876.5**	**352.4**	**68.3**	**101.0**	**47.8**	**83.5**	**129.7**	**21.8**
金安区	Jinan District	1024.4	405.2	60.4	113.2	51.2	78.5	241.4	10.8
裕安区	Yuan District	886.7	366.7	54.3	107.0	31.1	87.8	114.1	8.2
寿县	Shouxian	726.5	340.4	49.8	79.1	41.1	48.1	89.1	22.4
霍邱县	Huoqiu	932.6	362.1	57.2	86.9	57.1	146.2	122.4	24.4
舒城县	Shucheng	701.5	278.0	85.6	83.3	32.4	41.1	94.2	26.7
金寨县	Jinzhai	904.7	368.4	115.6	135.0	49.7	45.1	84.7	30.2
霍山县	Huoshan	989.7	329.4	52.8	113.1	59.5	122.8	219.3	21.4
马鞍山市	**Maanshan**	**2137.7**	**730.6**	**180.4**	**350.2**	**147.9**	**221.5**	**295.9**	**35.8**
市辖区	Reigon of City	3169.9	1122.3	321.7	461.7	131.1	363.7	376.0	52.8
当涂县	Dangtu	1590.7	523.1	105.5	291.1	156.7	146.2	253.4	26.8
巢湖市	**Chaohu**	**1300.7**	**475.5**	**99.6**	**209.6**	**91.7**	**104.4**	**172.6**	**60.7**
居巢区	Juchao District	1151.3	419.8	92.4	163.5	57.3	89.3	172.7	70.1
庐江县	Lujiang	927.2	365.3	66.9	136.2	38.5	86.3	151.0	12.7
无为县	Wuwei	1111.3	405.6	88.2	219.0	38.9	65.5	127.5	78.3
含山县	Henshan	1594.8	588.1	136.7	176.0	140.3	182.1	233.0	50.1
和县	Hexian	1296.8	506.3	83.0	246.3	117.7	95.1	157.1	20.9
芜湖市	**Wuhu**	**1550.2**	**532.5**	**121.4**	**226.9**	**73.3**	**166.9**	**230.8**	**64.3**
马塘区	Matang District	2811.5	769.1	228.5	466.8	122.0	361.5	419.4	146.5
鸠江区	Jiujiang District	2586.9	1013.7	260.7	349.8	96.6	359.5	294.6	15.5
芜湖县	Wuhu	1508.4	530.2	109.6	215.0	81.2	143.0	238.1	62.3
繁昌县	Fanchang	1552.8	570.2	135.8	218.5	64.1	162.3	197.6	72.3
南陵县	Nanling	1323.3	407.1	91.2	207.6	64.4	152.5	225.6	57.9
宣城市	**Xuancheng**	**1289.7**	**444.4**	**130.1**	**180.9**	**72.2**	**125.8**	**199.7**	**27.8**
宣州区	Xuanzhou District	1225.3	482.2	113.6	129.7	52.6	114.8	204.9	25.1
郎溪县	Langxi	764.0	292.8	77.7	96.0	29.5	75.6	119.6	5.8
广德县	Guangde	1569.4	494.0	237.3	313.6	81.6	84.6	151.1	32.4
泾县	Jingxian	1351.7	483.7	111.6	197.6	95.2	143.6	207.4	21.9
旌德县	Jingde	1293.3	372.3	62.8	160.7	112.4	127.5	316.3	61.3
绩溪县	Jixi	1197.3	262.6	69.2	281.4	81.6	102.7	205.3	59.7
宁国市	Ningguo	1696.8	627.9	160.5	162.7	89.0	218.3	256.5	44.5
铜陵市	**Tongling**	**1816.0**	**648.0**	**131.0**	**276.8**	**92.1**	**178.8**	**284.5**	**90.3**
市辖区	Reigon of City	2071.2	659.5	179.3	296.1	84.4	226.4	384.2	81.5
铜陵县	Tongling	1735.6	644.3	115.8	270.7	94.5	163.8	253.1	93.0
池州市	**Chizhou**	**1093.1**	**404.8**	**58.0**	**178.4**	**58.9**	**114.6**	**167.8**	**30.8**
市辖区	Reigon of City	**2454.4**	**1010.4**	**213.7**	**469.9**	**138.9**	**225.9**	**226.2**	**64.3**
贵池区	Guichi District	1158.2	374.6	43.6	239.5	65.4	98.4	239.8	22.1
东至县	Dongzhi	1107.2	447.9	55.0	89.6	65.4	127.6	191.8	44.1
石台县	Shitai	958.5	337.6	57.4	99.2	90.0	103.5	173.6	31.4
青阳县	Qingyang	1179.6	422.3	70.0	110.2	52.4	174.0	209.2	54.5
安庆市	**Anqing**	**1116.7**	**351.3**	**65.1**	**131.9**	**72.0**	**136.6**	**208.5**	**60.4**
郊区	Suburban District	1376.1	562.9	98.6	134.2	62.8	158.3	161.9	71.9
怀宁县	Huaining	1095.1	362.8	69.7	119.6	51.7	139.4	186.0	79.6
枞阳县	Zongyang	996.1	375.5	54.7	88.1	49.4	79.0	238.1	26.6
潜山县	Qianshan	979.0	307.0	65.2	96.1	52.5	113.7	213.2	53.6
太湖县	Taihu	1108.9	312.9	61.5	66.3	101.7	154.8	242.8	61.5
宿松县	Susong	1113.4	323.9	41.6	169.0	56.3	107.6	263.9	66.0
望江县	Wangjiang	1036.0	274.8	54.1	168.2	64.1	127.8	234.8	36.9
岳西县	Yuexi	984.6	499.0	47.9	45.5	46.0	80.5	108.6	73.0
桐城市	Tongcheng	1258.5	419.2	51.3	141.0	96.7	140.2	298.4	21.6
黄山市	**Huangshan**	**1255.7**	**471.3**	**71.2**	**159.0**	**111.0**	**120.9**	**178.2**	**57.1**
屯溪区	Tunxi District	2516.9	863.0	140.9	435.5	255.1	273.6	312.4	96.0
黄山区	Huangshan District	1491.0	494.7	108.1	185.2	132.6	178.2	239.7	43.2
徽州区	Huizhou District	1291.3	529.1	64.1	161.2	101.8	145.8	158.5	31.2
歙县	Shexian	1355.2	580.1	52.1	188.4	119.1	110.9	158.6	71.4
休宁县	Xiuning	952.0	385.9	56.7	95.5	83.2	83.2	126.9	46.7
黟县	Yixian	1321.7	411.7	80.2	176.3	97.9	120.5	309.7	23.1
祁门县	Qimen	1046.1	324.9	78.8	116.6	99.5	108.4	158.9	72.4

10—29 农村居民家庭平均每人主要消费品消费量

Per Capita Consumption of Major Consumer Goods in Rural Households

品名		Item		1990	1995	2000	2002	2003
粮食（原粮）	（公斤）	Grain (Unprocessed)	(kg)	292.78	256.50	270.24	241.32	229.51
#细粮		Wheat and Rice		278.97	246.64	255.78	231.23	219.67
蔬菜	（公斤）	Fresh Vegetables	(kg)	103.44	79.41	80.28	82.01	80.97
食油	（公斤）	Edible Oil	(kg)	5.47	5.76	7.66	7.82	6.87
猪牛羊肉	（公斤）	Pork, Beef and Mutton	(kg)	7.90	8.05	9.51	9.38	9.07
家禽	（公斤）	Poultry	(kg)	1.92	2.42	3.57	3.86	4.27
蛋及制品	（公斤）	Eggs and Related Products	(kg)	1.96	3.51	5.56	4.74	5.04
鱼虾	（公斤）	Fish and Shrimp	(kg)	1.50	2.81	3.50	4.45	5.25
食糖	（公斤）	Sugar	(kg)	1.55	1.53	1.59	2.14	1.42
酒	（公斤）	Liquor	(kg)	4.15	6.12	9.99	11.17	10.61

10—30 农村居民家庭平均每百户年底耐用消费品拥有量

Number of Durable Consumer Goods Owned per 100 Rural Households at the Year-end

品名		Item		1990	1995	2000	2002	2003
自行车	（辆）	Bicycle	(unit)	98.06	124.35	127.42	137.13	135.32
电风扇	（台）	Electric Fan	(unit)	48.13	142.00	162.16	184.90	192.29
洗衣机	（台）	Washing Machine	(unit)	0.52	2.29	14.74	17.52	17.58
家用电冰箱	（台）	Refrigerator	(unit)	0.23	1.90	8.16	11.55	12.61
摩托车	（辆）	Motorcycle	(unit)	0.16	1.19	8.65	12.65	17.10
黑白电视机	（台）	Black and White TV Set	(unit)		78.45	68.65	64.77	60.32
彩色电视机	（台）	Color TV Set	(unit)		9.00	39.29	52.19	59.00
收录机	（台）	Radio Cassette Player	(unit)	13.77	28.06	19.65	21.06	16.19
照相机	（架）	Camera	(unit)		0.94	2.03	2.19	2.13
电话机	（部）	Telephone Set	(set)				44.16	58.75
影碟机	（台）	Video Disc Player	(unit)				15.13	20.45
移动电话	（部）	Mobile Telephone	(set)				12.42	20.65
组合音响	（部）	Hi-fi Stereo Component System	(set)			7.94	15.13	9.45
热水器	（台）	Shower	(unit)			0.94	1.94	2.45

10—31 农村居民人均粮食收支情况

Per Capita Grain Received and Expenditure of Rural Residents

单位：公斤　　　　(kg)

项目	Item	1990	1995	2000	2002	2003
年内粮食收入合计	**Total Grain Received in the Year**	**673.37**	**662.78**	**808.17**	**864.09**	**631.83**
从集体统一经营中得到的	From Collective Unified Operation	0.13	0.06			
家庭经营生产的	Produced From Household Operation	651.20	636.64	737.33	802.63	588.33
购　入	Purchased	18.74	23.72	69.71	58.39	36.47
#从集市上购入	From Country Fair	4.81	9.57			
借　入	Borrowed	1.18	1.33	0.31	1.59	2.45
收回借出粮	Recall of Loaned Grain	1.09	0.83	0.36	0.27	3.59
其他粮食收入	Other Grain Income	1.03	0.21	0.45	1.20	1.00
年内粮食支出合计	**Total Expenditure**	**651.24**	**563.02**	**712.37**	**719.86**	**572.08**
主食用粮	Staple Food	292.78	256.50	272.42	243.59	229.51
#稻　谷	Rice	174.53	160.34	171.81		
小　麦	Wheat	104.44	86.30	83.97		
其他生活用粮	Other Living Expense of Grain	4.86	0.53	0.94	0.50	0.33
出　售	Sold	247.46	217.62	319.00	362.63	261.28
种　籽	Seeds	30.31	13.88	12.96	12.82	10.91
饲　料	Forage	65.90	72.15	103.11	99.40	65.53
借　出	Loaned Grain	2.14	0.06	1.64		3.07
归还借粮	Returning Borrowed Grain	0.71	0.10	0.72	0.01	
上交集体承包任务	Payment to the Collective Units in Accordance With Contracts	2.05	1.21			
其他粮食支出	Other Expenditure From Grain	5.02	0.97	1.59	0.91	1.45
补充资料：生产加工用粮	Grain for Processing	7.43		1.19	2.88	
#食品加工用粮	For Food	6.47		0.44	0.89	
饲料加工用粮	For Feed	0.95		0.67	1.50	

10—32 农村家庭房屋使用情况

Housing Conditions of Rural Households

项目	Item	1990	1995	2000	2002	2003
本年新建房屋	**Rooms Newly Built Within the Year**					
面　积（平方米/人）	Per Capita Floor Space of Houses (sq.m/person)	1.00	0.79	0.91	0.99	0.85
#砖木结构	Brick and Wood Structure	0.74	0.37	0.26	0.27	0.26
钢筋混凝土结构	Reinforced Concrete Structure	0.20	0.38	0.60	0.73	0.54
每平方米价值（元）	Value per Square Meter (yuan)	81.40	192.21	227.86	255.43	201.01
楼房面积（平方米/人）	Per Capita Floor Space of Multi-floor Buildings (sq.m/person)	0.17	0.06	0.60	0.70	0.57
年末使用房屋	**Rooms Used at the Year-end**					
居住面积（平方米/人）	Per Capita Floor Space (sq.m/person)	15.83	17.82	22.16	24.25	24.50
#砖木结构	Brick and Wood Structure	9.47	11.97	12.80	12.84	13.23
钢筋混凝土结构	Reinforced Concrete Structure	0.80	2.62	7.72	9.90	10.41

主要统计指标解释

城市居民家庭总收入 指调查户中生活在一起的所有家庭成员在调查期得到的工薪收入、经营净收入、财产性收入、转移性收入的总和，不包括出售财物和借贷收入。

可支配收入 指调查户可用于最终消费支出和其它非义务性支出以及储蓄的总和，即居民家庭可以用来自由支配的收入。它是家庭总收入扣除交纳的所得税、个人交纳的社会保障费以及调查户的记账补贴后的收入。计算公式为：

可支配收入=家庭总收入—个人所得税—个人交纳的社会保障费—记账补贴

城市居民家庭总支出 指家庭除借贷支出以外的全部实际支出。包括消费性支出、购房建房支出、财产性支出、社会保障支出。

城市居民家庭消费性支出 指调查户用于本家庭日常生活的全部支出，包括食品、衣着、家庭设备用品及服务、医疗保健、交通和通讯、娱乐教育文化服务、居住、杂项商品和服务八大类等。

农村居民家庭纯收入 指农村常住居民家庭总收入中，扣除从事生产和非生产经营费用支出、缴纳税款和上交承包集体任务金额以后剩余的，可直接用于进行生产性、非生产性建设投资、生活消费和积蓄的那一部分收入。农村居民家庭纯收入包括从事生产性和非生产性的经营收入，取自在外人口寄回带回和国家财政救济、各种补贴等非经营性收入；既包括货币收入，又包括自产自用的实物收入。但不包括向银行、信用社和向亲友借款等属于借贷性的收入。

农村居民家庭生活消费支出 指农村常住居民家庭用于日常生活的全部开支，是反映和研究农民家庭实际生活消费水平高低的重要指标。

全省城乡居民储蓄存款余额 指某一时点城乡居民存入银行及农村信用社的储蓄金额，包括城镇居民储蓄存款和农民个人储蓄存款，不包括居民的手存现金和工矿企业、部队、机关、团体等单位存款。

Explanatory Notes for Major Statistical Indicators

Total Income of Urban Households refers to the total income of all the family members living together in the sample households, including wage income, net income of business, property income and transfer income. The income from selling belongings and loan income are excluded.

Disposable Income refers to the total amount of the sample households, including that could be used as ultimate expenditure for consumption and other non-obligation expenditure and savings deposit, that is the income that the household could freely budget. It is the balance that total income of household minus income tax, social protection fee and account subsidy of sample household. The formula is as follows:

Disposable income=total income of household-individual income tax-social protection fee paid by individual-account subsidy

Total Expenditure of Urban Households refers to the total actual expenditure of the household except loan expenditure. It includes expenditure for consumption, expenditure from buying and constructing house, property expenditure and expenditure for social protection.

Expenditure for Consumption of Urban Households refers to total expenditure of the sample households for consumption in daily life, including eight categories as follows: food, clothing, household appliances and services, health care and medical services, transport and communications, recreation, education and cultural services, housing, miscellaneous goods and services.

Net Income of Rural Households refers to the total income of the permanent residents of the rural households during a year after the deduction of the expenses for productive and non-productive business operation, the payment for taxes and the payment for collective units for their contracted tasks, which can then be spent for investments in productive and non-productive construction, for consumption in daily life and for savings deposit. It is a comprehensive indicator to show the actual level of the income of the peasants household. The net income of the rural households includes not only the income from the productive and non-productive business operation, but also the income from the non-business operation, such as the money remitted or brought back by the members of the household who are in other places, the government relief payment and various subsidies. It includes not only the money income, but also the income in kind. But the income from borrowing from banks, friends and relatives is excluded.

Expenditure of Rural Households for Consumption refers to total expenses of rural households on daily life, including expenses on food, clothing, housing, fuel, articles for daily use, and expenses on cultural life and services. This indicator is used to show the actual consumption level of peasants.

The Savings Deposits of Urban and Rural Residents refers to the total value of savings deposits of urban and rural households in banks and rural credit cooperatives at a given point of time, including the savings deposit of urban residents and the savings deposit of rural residents. The cash in hand by residents and the deposits of organizations such as enterprises, military units, government agencies, institutions, etc. are not included.

城市概况

第十一篇

Chapter

11

GENERAL SURVEY OF CITIES

简要说明

一、本篇资料反映我省地级城市和县级城市社会、经济发展和城市建设的规模、效益及综合水平等基本情况，主要内容：

1. 人口、劳动力及土地面积；

2. 综合经济指标；

3. 固定资产投资；

4. 教育、科技、文化、卫生情况；

5. 财政、金融情况；

6. 人民生活情况；

7. 社会福利、劳动保险；

8. 市政公用事业情况；

二、全省城市社会经济资料由省城调队住户处根据国家统计局《市、县社会经济基本情况统计报表制度》搜集、汇总整理提供。

Brief Introduction

I. Data in this chapter show the social and economic development as well as the scale, economic efficiency, overall level and other basic conditions of cities at the prefecture and county level in Anhui Province. The main content is composed of the following parts.

1. Population, labor force and area of land.

2. Comprehensive economic indicators.

3. Investment in fixed assets.

4. The conditions of education, science and technology, culture and health care.

5. The conditions of finance and banking.

6. People's livelihood.

7. Social welfare and labor insurance.

8. The conditions of municipal public utilities.

II. Data on the social and economic conditions of the cities in the province are prepared and provided by Division of Household, the Urban Socio-economic Survey Organization of Anhui in accordance with the statistical reporting scheme on the basic social and economical situations of the cities and counties, which is stipulated by the State Statistical Bureau.

11—1 地级城市基本情况（2003年）

Basic Statement of Cities at Prefectural Level (2003)

指　　标		Item		全　省 Province	#市区合计 City
人口、劳动力及土地面积		**Population, Labor Force and Land Area**			
年末总人口	（万人）	Population (year-end)	(10000 persons)	6410.25	1651.16
#非农业人口		Non-agricultural Population		1318.75	740.32
年平均人口	（万人）	Annual Average Population	(10000 persons)	6389.60	1638.69
年末单位从业人员数	（万人）	Employed Persons in Various Units (year-end)	(10000 persons)	354.57	202.80
私营和个体从业人员	（万人）	Self-employed Individuals in Urban Areas	(10000 persons)	1996409	1336851
行政区域土地面积	（平方公里）	Land Area	(sq.m)		25098
#建成区面积		Developed Area			897
综合经济		**General Economy**			
生产总值（当年价格）	（亿元）	Gross Domestic Product (at current price)	(100 million yuan)	3972.38	1809.86
第一产业		Primary Industry		763.81	141.70
第二产业		Secondary Industry		1780.60	962.69
#工　业		Industry		1445.60	779.09
第三产业		Tertiary Industry		1427.97	705.47
财政、金融、保险		**Government Finance, Banking and Insurance**			
地方财政一般预算内收入	（万元）	Local Budgetary Financial Revenue	(10000 yuan)	2207487	1162997
地方财政一般预算内支出	（万元）	Local Budgetary Financial Expenditure	(10000 yuan)	5074398	1772320
#基本建设支出		Expenditure for Capital Construction		474481	176448
企业挖潜改造资金		Expenditure for Innovation, Science		148824	60826
科技三项费用		Expenditure for Technology Promotion		27109	12238
城市维护费		Urban Maintenance Expenses		141734	104985
科学支出		Expenses for Science		18204	4866
教育支出		Expenses for Education		845575	226570
医疗卫生支出		Expenses for Public Health		170815	77230
抚恤和社会福利救济		Pensions and Relief Funds for Social Welfare		208102	84607
社会保障补助支出		Social Security Subsidiary Expenses		491158	187841
政策性补贴支出		Expenditure for Price Subsidies		216787	1743
城乡居民储蓄年末余额	（万元）	Balance of Savings Deposit of Rural and Urban Residents (year-end)	(10000 yuan)	24758257	13469463
农　业		**Agriculture**			
年末实有耕地面积	（千公顷）	Cultivated Areas (year-end)	(1000 hectares)	5594	
蔬菜产量	（吨）	Output of Vegetables	(ton)	15134857	
水果产量	（吨）	Output of Fruits	(ton)	6090731	
肉类总产量	（吨）	Output of Meat	(ton)	3610551	
奶类产量	（吨）	Output of Milk	(ton)	90176	
水产品产量	（吨）	Output of Aquatic Products	(ton)	1652645	
工　业		**Industry**			
国有及销售收入500万元以上的非国有工业经济指标		Main Indicators of All State-owned and Non-state Enterprises Each With an Annual Sales of Over Five Million Yuan			
企 业 数	（个）	Number of Enterprises	(unit)	4158	1845
内资企业		Domestic Funded Enterprises		3781	1595
港澳台商投资企业		Funded by Entrepreneurs from Hong Kong, Macao and Taiwan		157	99
外商投资企业		Foreign Funded Enterprises		220	151
总产值（当年价格）	（万元）	Gross Output Value (at current price)	(10000 yuan)	26102141	19416449
内资企业		Domestic Funded Enterprises		21626713	15898043
港澳台商投资企业		Funded by Entrepreneurs from Hong Kong, Macao and Taiwan		1483192	1244017
外商投资企业		Foreign Funded Enterprises		2992235	2274389

11—1 续表1 continued

指 标		Item		全省 Province	#市区合计 City
从业人员年平均人数	（万人）	Annual Average Number of Employed Persons	(10000 persons)	149	99.35
流动资金年平均余额	（万元）	Annual Average Balance of Circulating Funds	(10000 yuan)	14181241	11145681
固定资产净值年平均余额	（万元）	Annual Average Balance of Net Value of Fixed Assets	(10000 yuan)	15569960	12125524
产品销售收入	（万元）	Sales Revenue	(10000 yuan)	26203255	19963445
#产品销售金及附加		Sales Tax and Extra Charges		659258	596812
本年应交增值税	（万元）	Value Added Tax Payable	(10000 yuan)	1249519	987563
利润总额	（万元）	Total Profits	(10000 yuan)	1685238	1243006
交通运输、邮电通信、能源电力		**Transportation, Post & Telecommunication and Electric Power**			
铁路客运量	（万人）	Passenger Traffic of Railways	(10000 persons)	2873	
铁路货运量	（万吨）	Freight Traffic of Railways	(10000 tons)	8239	
境内铁路里程	（公里）	Length of Railways Within the Boundary	(km)	2174	
民用汽车拥有量	（辆）	Number of Civil Vehicles Owned	(unit)	647311	
#私人汽车拥有量		Number of Motor Vehicls owned by Individuals		246770	
公路客运量	（万人）	Passenger Traffic of Highways	(10000 persons)	59544	
公路货运量	（万吨）	Freight Traffic of Highways	(10000 tons)	39918	
境内公路里程	（公里）	Length of Highways Within the Boundary	(km)	69560	
#境内高速公路里程		Express Highways		1070	
内河港口货物吞吐量	（万吨）	Cargo Handled in Ports of Inland Rivers	(10000 tons)	11285	
水运客运量	（万人）	Passenger Traffic of Waterways	(10000 persons)	196	
水运货运量	（万吨）	Freight Traffic of Waterways	(10000 tons)	6605	
民用航空货邮运量	（万吨）	Freight Traffic of Civil Aviation	(10000 tons)	26000.0	
民用航空客运量	（万人）	Passenger Traffic of Civil Aviation	(10000 persons)	1288000	
年末邮电局（所）数	（处）	Number of Post and Telecommunication Offices (year-end)	(unit)	3400	877
邮政业务总量	（万元）	Business Volume of of Postal Services	(10000 yuan)	18805611	96377
电信业务总量	（万元）	Business Volume of of Telecommunication Services	(10000 yuan)	1581352	561868
本地电话用户	（万户）	Local Telephone Subscribers	(10000 subscribers)	10033267.00	341.41
年末移动电话用户数	（户）	Number of Mobile Telephone Subscribers at Year-end	(subscriber)	6969698	3919378
国际互联网用户数	（户）	Number of Subscribers of Internet Service	(subscriber)	1483426	1217039
全年用电量	（万千瓦时）	Annual Electricity Consumption	(10000 kwh)	4454160	2366100
#工业用电		Industrial Electricity Consumption		3274289	1818217
城乡居民生活用电		Residential Electricity Consumption in Urban and Rural Areas		629872	282933
批发零售贸易与外经、旅游		**Wholesale and Retail Sale, Foreign Trade and Tourism**			
限额以上批发零售贸易业商品销售总额	（万元）	Total Sale of Enterprises Above Designed Size in Wholesale and Retail Trade	(10000 yuan)	10240830	8626716
社会消费品零售额	（万元）	Retailsale of Consumer Goods	(10000 yuan)	13312492	6803783
进口额（海关数）	（万美元）	Total Imports (customs statistics)	(USD 10000)	287867	
出口额（海关数）	（万美元）	Total Exports (customs statistics)	(USD 10000)	306424	
外国和港澳台地区在华投资		Direct Investment of Foreign Countries and Hong Kong, Macao and Taiwan			
当年新签项目（合同）个数	（个）	Number of Contracts Newly Signed	(unit)	431	310
当年合同外资金额	（万美元）	Amount of Foreign Capital to be Utilized in the Signed Contracts	(USD 10000)	102367	82503
当年实际使用外资金额	（万美元）	Amount of Foreign Capital Actually Used	(USD 10000)	39051	78899
已投产（营业）企业数	（个）	Number of Enterprises Gone Into Operation	(unit)	1029	940
从业人员数	（人）	Total Number of Employed Persons	(person)	215882	165841
国际旅游者人数	（人）	Number of International Tourists	(person)	280819	
#外国人		Foreigners		163974	
港澳台同胞		Compatriots from Hong Kong, Macao and Taiwan		116845	
国际旅游收入	（万美元）	Earnings from International Tourism	(USD 10000)	11268.00	
星级饭店数	（个）	Number of Tourist Hotel of Star Class	(unit)	316	

11—1 续表2 continued

指标		Item		全省 Province	#市区合计 City
固定资产投资		**Investment in Fixed Assets**			
全社会固定资产投资总额	(万元)	Total Actually Completed Investment in Fixed Assets	(10000 yuan)	14777162	8917050
#固定资产投资完成额(不含农村)		Completed Investment in Fixed Assets (Excluding Rural Areas)		11785202	8360655
#房地产开发投资完成额		Actually Completed Investment in Real Estate Devlopment		2406505	2019817
#住宅		Residential Buildings		2028544	1437414
全年新增固定资产	(万元)	Newly Increased Fixed Assets	(10000 yuan)	5863737	3795311
本年施工住宅建筑面积	(万平方米)	Floor Space of Residential Buildings Under Construction	(10000 sq.m)	3147.16	2353.90
本年竣工住宅建筑面积	(万平方米)	Floor Space of Residential Buildings Completed	(10000 sq.m)	1334.16	978.57
商品房屋销售面积	(万平方米)	Floor Space of Selling House	(10000 sq.m)	1093.27	820.63
#销售给个人		Sold to Individuals		1039.07	780.92
商品房屋空置面积	(万平方米)	Vacant Space of Commercial House	(10000 sq.m)	261.68	197.22
商品房屋销售额	(万元)	Total Sales of Commercial House	(10000 yuan)	1654143	1376356
#销售给个人		Sold to Individuals		1564204	1301577
教育、科技、文化、卫生		**Education, S&T, Culture and Public Health**			
学校数	(个)	Number of Schools	(unit)		
高等学校		Institutions of Higher Education		73	72
中等专业学校		Specialized Secondary Schools		521	252
普通中学		Regular Secondary Schools		3820	1042
小学		Primary Schools		22328	4378
专任教师数	(人)	Number of Full-time Teachers	(person)		
高等学校		Institutions of Higher Education		24744	23760
中等专业学校		Specialized Secondary Schools		18441	10047
普通中学		Regular Secondary Schools		179529	55783
小学		Primary Schools		266458	72765
在校学生数		Number of Student Enrollment			
高等学校	(人)	Institutions of Higher Education	(person)	410117	409865
中等专业学校	(人)	Specialized Secondary Schools	(person)	413157	231089
普通中学	(万人)	Regular Secondary Schools	(10000 persons)	428.31	120.64
小学	(万人)	Primary Schools	(10000 persons)	661.22	160.09
成人高等教育学校在校学生数	(人)	Student Enrollment in Institutions of Higher Education for Adults	(person)	167910	234152
各类专业技术人员数	(万人)	Number of Various Scientific and Technical Personnel	(10000 persons)		548164
#中级技术职称以上人员数		Number of Persons With Middle Professional Titles and over			229862
体育场馆数	(个)	Number of Stadiuns and Gymnasiums	(unit)		40
剧场、影剧院数	(个)	Number of Theaters and Music Halls	(unit)	91	63
公共图书馆图书藏量	(千册、件)	Total Collecters of Public Libraries	(1000 unit)	8072	5599
医院、卫生院数	(个)	Number of Hospitals	(unit)	2765	926
医院、卫生院床位数	(张)	Number of Hospital Beds	(unit)	112534	54650
医生数	(人)	Number of Doctors	(unit)	62574	28252
人民生活		**People's Livelihood**			
在岗职工平均人数	(万人)	Average Number of Staff and Workers at Their Posts	(10000 persons)	341.18	201.51
在岗职工工资总额	(亿元)	Total Wages of Staff and Workers at Their Posts	(100 million yuan)	361.00	234.67
社会福利、劳动保险		**Social Welfare, Labor and Insurance**			
年末离休、退休、退职人员数	(万人)	Number of Retired and Resigned Persons (year-end)	(10000 persons)	113.55	82.84
基本养老保险参保职工	(人)	Number of Staff and Workers Participated in Fundmental Pension Insurance	(person)	3430677	1963263
基本医疗保险参保人数	(人)	Number of People Participated in Medical Insurance	(person)		2089357
失业保险参保人数	(人)	Number of People Participated in Unemployed Insurance	(person)	3808100	2421747
社会福利院数	(个)	Number of Social Welfare Homes	(unit)	3481	420
社会福利院床位数	(张)	Number of Social Welfare Homes Beds	(unit)	62184	16666
社区服务设施数	(个)	Number of Service Facilities of Community	(unit)	8870	5394
居民最低生活保障线以下人数	(人)	Number of People Under the Lowest Residential Protectiom Line	(person)	1042827	595440

11—2 地级城市市区基本情况（2003年）

指标	Item	合肥市 Hefei	淮北市 Huaibei	亳州市 Bozhou	宿州市 Suzhou
人口、劳动力及土地面积	**Population, Labor Force and Land Area**				
年末总人口（万人）	Population (year-end) (10000 persons)	155.87	82.80	141.16	141.80
#非农业人口	Non-agricultural Population	124.99	64.29	26.00	29.60
年末单位从业人员数（万人）	Employed Persons in Various Units (year-end) (10000 persons)	31.44	22.77	5.71	9.22
私营和个体从业人员（万人）	Self-employed Individuals in Urban Areas (10000 persons)	126732	149149	120435	32103
行政区域土地面积（平方公里）	Land Area (sq.m)	596	375	2226	2868
#建成区面积	Developed Area	148	42	50	67
综合经济	**General Economy**				
生产总值（当年价格）（万元）	Gross Domestic Product (at current price) (10000 yuan)	3817885	961982	748147	705183
第一产业	Primary Industry	42924	34278	172276	250306
第二产业	Secondary Industry	2103616	620784	262869	190519
#工　业	Industry	1679294	562950	158432	131578
第三产业	Tertiary Industry	1671345	306920	313002	264358
财政、金融、保险	**Government Finance, Banking and Insurance**				
地方财政一般预算内收入（万元）	Local Budgetary Financial Revenue (10000 yuan)	303798	59990	27298	39399
地方财政一般预算内支出（万元）	Local Budgetary Financial Expenditure (10000 yuan)	348525	77332	59651	80583
#基本建设支出	Expenditure for Capital Construction	62552	3634	5132	7642
企业挖潜改造资金	Expenditure for Innovation, Science	22174	1362	123	901
科技三项费用	Expenditure for Technology Promotion	2528	645	546	277
城市维护费	Urban Maintenance Expenses	29590	5280	2212	1964
科学支出	Expenses for Science	1008	251	144	298
教育支出	Expenses for Education	37326	11848	12381	2755
医疗卫生支出	Expenses for Public Health	12138	4624	2352	2453
抚恤和社会福利救济	Pensions and Relief Funds for Social Welfare	11970	6904	2973	4013
社会保障补助支出	Social Security Subsidiary Expenses	38454	6904	3415	5190
政策性补贴支出	Expenditure for Price Subsidies	6	72	12	21
年末金融机构存款余额（万元）	Balance of Deposits of Financial Institutions (10000 yuan)	9791984	1180017	561114	950946
#城乡居民储蓄年末余额	Balance of Savings Deposit of Rural and Urban Residents (year-end)	3009042	785015	396801	669139
工　业	**Industry**				
国有及销售收入500万元以上的非国有工业经济指标	Main Indicators of All State-owned and Non-state Enterprises Each With an Annual Sales of Over Five Million Yuan				
企业数（个）	Number of Enterprises (unit)	346	85	37	59
内资企业	Domestic Funded Enterprises	274	80	35	56
港澳台商投资企业	Funded by Entrepreneurs from Hong Kong, Macao and Taiwan	31	2		1
外商投资企业	Foreign Funded Enterprises	41	3	2	2
总产值（当年价格）（万元）	Gross Output Value (at current price) (10000 yuan)	4447760	1135241	198941	263964
内资企业	Domestic Funded Enterprises	2826858	1010972	197663	257615
港澳台商投资企业	Funded by Entrepreneurs from Hong Kong, Macao and Taiwan	210072	44067		2845
外商投资企业	Foreign Funded Enterprises	1410830	80202	1278	3504
从业人员年平均人数（万人）	Annual Average Number of Employed Persons (10000 persons)	14	15	2	2
流动资金年平均余额（万元）	Annual Average Balance of Circulating Funds (10000 yuan)	2677383	764803	258794	141556
固定资产净值年平均余额（万元）	Annual Average Balance of Net Value of Fixed Assets (10000 yuan)	2149814	1356679	170882	180543
产品销售收入（万元）	Sales Revenue (10000 yuan)	4744683	1210414	246354	228166
#产品销售金及附加	Sales Tax and Extra Charges	123172	19248	12031	1842
本年应交增值税（万元）	Value Added Tax Payable (10000 yuan)	179459	95326	10378	8506
利润总额（万元）	Total Profits (10000 yuan)	378373	42749	13819	4973

Basic Statement of Cities at Prefectural Level by Region (2003)

蚌埠市 Bengbu	阜阳市 Fuyang	淮南市 Huainan	滁州市 Chuzhou	六安市 Luan	马鞍山市 Maanshan	巢湖市 Chaohu	芜湖市 Wuhu	宣城市 Xuancheng	铜陵市 Tongling	池州市 Chizhou	安庆市 Anqing	黄山市 Huangshan
79.49	183.30	142.02	50.30	176.28	57.16	85.90	69.06	83.39	39.02	62.57	59.60	41.44
56.43	40.60	89.80	23.30	31.59	46.50	22.90	69.06	15.16	32.95	12.19	39.59	15.37
13.86	11.50	24.06	6.99	7.74	14.71	5.17	16.26	2.26	10.44	3.32	12.44	4.91
60329	86800	106148	43272	62834	57901	38198	79895	18387	60863	27469	214872	51464
456	1796	1091	1404	3583	301	2031	230	2621	280	2432	466	2342
67	48	89	27	46	60	52	82	19	33	13	35	19
1095694	736933	1271085	763243	448501	1617927	705559	1907393	666850	868117	381894	916578	482909
23956	161717	68970	72780	129472	14882	103802	7143	150787	11662	77944	22060	72046
614874	276988	695199	379842	156401	1153933	328137	1260735	249190	532310	168241	481806	151448
500097	196049	504594	280075	132811	1009497	250394	1123539	201865	442600	113055	430870	73173
456864	300928	506916	310621	162628	449112	273620	539515	266873	324145	135709	412712	259415
74494	43826	70287	31527	37058	130505	30565	128433	15793	47212	21550	70675	30587
113957	112365	110538	69550	92702	139143	64696	170358	30991	72938	52103	108500	68388
10873	8000	2948	4735	3767	11148	9186	11432	1673	7446	5826	11492	8962
2015	1169	1104	3421	376	7834	4093	1416	521	4820	2188	6050	1259
715	118	718	524	460	1905	310	1094	260	690	250	411	787
7118	5413	5265	3625	2410	12669	2084	13516	515	3471	1094	5825	2934
311	285	150	534	405	213	179	110	50	272	30	412	214
16285	17279	15558	10435	20310	10040	10664	12151	11120	6395	11138	12572	8313
5203	6295	6472	3062	5859	5308	3194	3626	1138	4159	2432	5940	2975
6599	7361	9261	3059	7206	4557	3147	4601	2516	5477	1896	1100	1967
18500	9451	18837	4642	8941	18961	4453	18436	1763	9019	3234	13072	4569
73	110	131	21	65	15	12	10	384	222	64	68	457
1973283	1249534	1963679	586791	846934	1705985	581984	2196016	582881	895166	448774	1208381	749463
1062679	855313	1280681	369726	532881	941290	383482	982240	329272	509845	264324	692473	405260
136	86	118	75	72	117	79	247	87	71	42	125	63
122	81	108	58	66	101	70	202	79	61	39	106	57
7	2	4	5	2	3	3	23	5	4	0	5	2
7	3	6	12	4	13	6	22	3	6	3	14	4
1132517	509668	1365442	780972	259418	2350326	486162	2952924	347035	1394881	188533	1409690	192974
1048373	491002	1178361	503469	251890	2264198	466873	2138373	322471	1237680	186379	1332695	183171
26893	6758	166643	114870	1700	11629	2075	617601	20071	6883		9693	2217
57251	11909	20438	162633	5828	74499	17214	196950	4493	150318	2154	67302	7586
7	3	16	3	2	10	3	8	2	6	1	5	1
932939	334194	704813	313809	178253	1186489	261177	1534608	212130	973145	112387	475805	83396
692244	292793	1971335	232327	145688	1680115	351100	785389	184042	995385	158880	719182	59126
1130151	503111	1497994	646609	243636	2447834	502242	2683974	279980	1774579	188329	1452067	183322
123163	42547	14445	43487	814	26094	2150	126415	2488	5534	2535	50043	804
62797	23090	114607	22047	7511	165513	29446	117247	9456	57307	13285	63650	7938
53872	4538	43316	34735	4262	332511	23376	160716	7710	65842	38620	22800	10794

11—2 续表1

指 标	Item	合肥市 Hefei	淮北市 Huaibei	亳州市 Bozhou	宿州市 Suzhou
交通运输、邮电通信、能源电力	**Transportation, Post & Telecommunication and Electric Power**				
年末邮电局（所）数 （处）	Number of Post and Telecommunication Offices (year-end) (unit)	131	41	98	85
邮政业务总量 （万元）	Business Volume of of Postal Services (10000 yuan)	26116	3138	2951	3152
电信业务总量 （万元）	Business Volume of of Telecommunication Services (10000 yuan)	201398	17515	7784	17571
本地电话用户 （万户）	Local Telephone Subscribers (10000 subscribers)	55	11	17	24
年末移动电话用户数 （户）	Number of Mobile Telephone Subscribers at Year-end (subscriber)	999947	140459	162284	119238
国际互联网用户数 （户）	Number of Subscribers of Internet Service (subscriber)	618505	15060	15931	37595
全年用电量 （万千瓦时）	Annual Electricity Consumption (10000 kwh)	448631	182287	31039	88495
#工业用电	Industrial Electricity Consumption	261064	163109	16605	61160
城乡居民生活用电	Residential Electricity Consumption in Urban and Rural Areas	76566	4273	10649	17938
批发零售贸易与外经、旅游	**Wholesale and Retail Sale, Foreign Trade and Tourism**				
限额以上批发零售贸易业商品销售总额 （万元）	Total Sale of Enterprises Above Designed Size in Wholesale and Retail Trade (10000 yuan)	5110249	101710	83857	179567
社会消费品零售额 （万元）	Retailsale of Consumer Goods (10000 yuan)	1784755	308424	296257	276245
外国和港澳台地区在华投资	Direct Investment of Foreign Countries and Hong Kong, Macao and Taiwan				
当年新签项目（合同）个数 （个）	Number of Contracts Newly Signed (unit)	99	14	8	7
当年合同外资金额 （万美元）	Amount of Foreign Capital to be Utilized in the Signed Contracts (USD 10000)	22797	4838	2008	263
当年实际使用外资金额 （万美元）	Amount of Foreign Capital Actually Used (USD 10000)	25096	3061	1798	531
已投产（营业）企业数 （个）	Number of Enterprises Gone Into Operation (unit)	355	18	9	16
从业人员数 （人）	Total Number of Employed Persons (person)	36687	5369	6868	2768
固定资产投资	**Investment in Fixed Assets**				
全社会固定资产投资总额（万元）	Actually Completed Investment in Fixed Assets (10000 yuan)	2256602	426122	282244	249874
#固定资产投资完成额（不含农村）	Completed Investment in Fixed Assets (Excluding Rural Areas)	2174187	424843	234781	192576
#房地产开发投资完成额	Actually Completed Investment in Real Estate Devlopment	873776	59510	38314	35567
#住 宅	Residential Buildings	620815	46465	38314	17740
全年新增固定资产 （万元）	Newly Increased Fixed Assets (10000 yuan)	936773	237267	199472	131242
本年施工住宅建筑面积 （万平方米）	Floor Space of Residential Buildings Under Construction (10000 sq.m)	873.29	168.23	44.39	31.69
本年竣工住宅建筑面积 （万平方米）	Floor Space of Residential Buildings Completed (10000 sq.m)	261.76	34.87	33.23	19.83
商品房屋销售面积 （万平方米）	Floor Space of Selling House (10000 sq.m)	273.20	14.18	22.26	26.59
#销售给个人	Sold to Individuals	255.51	13.32	21.47	26.02
商品房屋空置面积 （万平方米）	Vacant Space of Commercial House (10000 sq.m)	59.93	6.19	6.00	0.86
商品房屋销售额 （万元）	Total Sales of Commercial House (10000 yuan)	582759	17317	21707	40265
#销售给个人	Sold to Individuals	534772	16284	20737	40010

continued

蚌埠市 Bengbu	阜阳市 Fuyang	淮南市 Huainan	滁州市 Chuzhou	六安市 Luan	马鞍山市 Maanshan	巢湖市 Chaohu	芜湖市 Wuhu	宣城市 Xuancheng	铜陵市 Tongling	池州市 Chizhou	安庆市 Anqing	黄山市 Huangshan
20	43	48	33	106	58	49	18	36	17	29	24	41
7138	16591	6483	2605	2572	5786	2701	7964	2666	4374	1856	6198	4111
28924	16411	35265	12249	12191	14243	45302	38242	18493	37058	10080	24749	24213
23	27	29	11	18	21	17	27	14	12	9	15	13
329100	356275	165677	109849	140971	213897	179733	307152	120776	158700	85988	198686	130646
53300	34752	56695	32047	16404	53015	24841	121636	1770	46600	10864	49716	28308
145215	78227	244389	0	65809	390096	74362	155958	45569	200531	58467	128172	28853
109292	47646	204574	0	43586	374256	66221	107166	20246	184067	47428	96528	15269
21038	13788	25057	0	12937	15840	8098	21210	8568	10258	6580	21871	8262
242648	415467	202988	131018	51840	847617	81726	450231	168941	159695	102958	205652	90552
524843	374402	488148	179819	245664	358861	231166	522513	245966	244861	110524	436714	174621
10	16	11		3	24	9	53	3	9	9	11	13
1843	11143	9056	1706	1803	7995	1908	7118	64	2060	2593	2807	2501
7658	225	8126	2343	334	2972	1105	16974	239	4546	872	471	2548
46	14	58		19	75	5	124	7	48	12	54	46
6545	934	6740		1318	51319	1500	18239	793	7252	630	5407	3687
561586	373790	479061	225899	213048	912546	347681	1083604	154467	402152	231783	359055	357536
525286	315357	443087	185946	174810	899597	324652	1062619	113700	397839	215128	339382	336865
122966	74868	64339	48754	41167	118274	32204	223661	24829	77987	33211	70484	79906
105662	54307	33477	39784	23822	117269	13212	147060	15721	51961	26615	43469	44147
319527	191819	201830	16358	112419	271752	164119	222970	81091	169946	162789	282642	93295
207	127	28	58	55	178	41	157	31	80	90	112	72
100	78	40	31	18	70	14	68	25	39	61	44	41
43	28	40	22	31	54	15	77	23	34	25	45	47
43.13	25.77	39.36	21.95	31.30	52.25	15.23	67.04	22.40	33.57	24.11	44.29	44.20
13.70	4.46	21.30	12.25	1.98	2.25	4.43	10.22	5.22	9.73	4.47	20.56	13.67
73152	32920	51445	27359	34895	90809	17682	140478	25817	45874	28951	69675	75251
73043	31059	50308	27163	34322	87153	16987	133971	25752	44474	28032	66808	70702

11—2 续表2

指标	Item	合肥市 Hefei	淮北市 Huaibei	亳州市 Bozhou	宿州市 Suzhou
教育、科技、文化、卫生	**Education, S&T, Culture and Public Health**				
学校数 (个)	Number of Schools (unit)				
高等学校	Institutions of Higher Education	29	2	2	4
中等专业学校	Specialized Secondary Schools	71	23	5	12
普通中学	Regular Secondary Schools	99	69	58	120
小　学	Primary Schools	194	145	490	569
专任教师数 (人)	Number of Full-time Teachers (person)				
高等学校	Institutions of Higher Education	9765	859	273	623
中等专业学校	Specialized Secondary Schools	2607	830	285	563
普通中学	Regular Secondary Schools	5851	3758	3382	5738
小　学	Primary Schools	5595	4918	5340	7390
在校学生数	Number of Student Enrollment				
高等学校 (人)	Institutions of Higher Education (person)	152502	15529	2762	13369
中等专业学校 (人)	Specialized Secondary Schools (person)	77249	14579	3167	16023
普通中学 (万人)	Regular Secondary Schools (10000 persons)	10.68	6.65	9.37	15.96
小　学 (万人)	Primary Schools (10000 persons)	12.91	8.32	15.78	17.57
成人高等教育学校在校学生数 (人)	Student Enrollment in Institutions of Higher Education for Adults (person)	85433	10507	3547	3890
各类专业技术人员数 (万人)	Number of Various Scientific and Technical Personnel (10000 persons)	271700		15809	20734
#中级技术职称以上人员数	Number of Persons With Middle Professional Titles and over	122232		3008	6059
体育场馆数 (个)	Number of Stadiuns and Gymnasiums (unit)	2	2	1	
剧场、影剧院数 (个)	Number of Theaters and Music Halls (unit)	22	1	2	2
公共图书馆图书藏量(千册、件)	Total Collecters of Public Libraries (1000 units)	2889	208	120	50
医院、卫生院数 (个)	Number of Hospitals (unit)	85	65	32	44
医院、卫生院床位数 (张)	Number of Hospital Beds (unit)	9499	4704	1396	2642
医生数 (人)	Number of Doctors (unit)	5409	1961	517	1170
人民生活	**People's Livelihood**				
在岗职工平均人数 (万人)	Average Number of Staff and Workers at Their Posts (10000 persons)	29.90	22.96	5.66	8.90
在岗职工工资总额 (亿元)	Total Wages of Staff and Workers at Their Posts (100 million yuan)	45.54	25.25	5.17	8.21
社会福利、劳动保险	**Social Welfare, Labor and Insurance**				
年末离休、退休、退职人员数 (万人)	Number of Retired and Resigned Persons (year-end) (10000 persons)	15.62	9.13	0.46	2.91
基本养老保险参保职工 (人)	Number of Staff and Workers Participated in Fundmental Pension Insurance (person)	378335	151737	18702	54092
基本医疗保险参保人数 (人)	Number of People Participated in Medical Insurance (person)	315504	268277	37700	85005
失业保险参保人数 (人)	Number of People Participated in Unemployed Insurance (person)	432269	253473	44400	82221
社会福利院数 (个)	Number of Social Welfare Homes (unit)	24	1	27	51
社会福利院床位数 (张)	Number of Social Welfare Homes Beds (unit)	1932	100	761	1285
社区服务设施数 (个)	Number of Service Facilities of Community (unit)	495	99	37	509
居民最低生活保障已保人数 (人)	Number of People Enjoyed the Lowest Residential Living Protection Line (person)	80800	51446	6083	34381

continued

蚌埠市 Bengbu	阜阳市 Fuyang	淮南市 Huainan	滁州市 Chuzhou	六安市 Luan	马鞍山市 Maanshan	巢湖市 Chaohu	芜湖市 Wuhu	宣城市 Xuancheng	铜陵市 Tongling	池州市 Chizhou	安庆市 Anqing	黄山市 Huangshan
4	2	5	3	3	1	1	8	1	2	2	2	1
12	31	20	2	9	9	9	13	9	1	6	9	11
47	97	96	33	117	27	48	36	54	29	42	32	38
117	606	282	86	676	48	273	68	269	55	182	121	197
1589	648	2053	706	713	875	210	3005	110	607	511	874	339
450	1138	582	78	364	324	324	591	312	101	345	761	392
2647	4335	5611	1921	5384	2097	2990	2179	2874	1601	2066	1708	1641
3385	9349	7577	2119	6798	2519	3422	2578	3235	1620	2559	2345	2016
27189	13210	32628	15836	14968	16769	5923	65316	1600	8674	6592	10902	6096
10937	16697	12971	2664	10790	6327	5903	14943	6037	3432	6541	15899	6930
5.20	11.11	10.76	4.19	13.84	3.42	6.12	4.25	5.79	2.76	3.57	4.49	2.48
6.01	24.49	14.95	4.38	14.75	4.55	7.71	4.54	6.45	3.18	5.96	5.08	3.46
21904	6804	18000	5810	980	8892	880	22196	1220	4606	26131	7819	5533
18795	23509	50983	18943	22600	29469	20010	12082	7091	11920	8440	6648	9431
8728	8975	16402	7167	8450	15702	8000	6055	2907	5350	3704	3150	3973
2		6	8		4		2	4	4	2	1	2
5	2	1	2	3	1	3	1	1	2	1	8	6
286	127	235	72	99	162	155	379	69	298	83	220	147
40	54	86	41	52	183	47	38	44	21	29	22	43
4640	4038	6453	1891	2970	2309	641	4363	1215	2418	1178	2754	1539
1810	1633	2670	909	1769	1762	1918	2161	589	974	582	1580	838
12.55	11.25	23.09	6.05	7.72	14.15	3.32	14.32	2.32	10.28	3.24	12.06	4.76
15.29	10.56	27.48	6.52	6.89	23.83	6.06	17.77	2.46	11.53	3.64	12.73	5.73
8.75	1.90	6.31	1.44	3.28	8.21	1.34	7.37	1.00	5.15	1.00	5.55	2.03
175900	95097	151829	58217	71338	184267	66752	199442	39916	104943	30229	137973	44494
225140	99922	84990	55723	72993	252755	52776	147557	25468	165743	31614	110197	57993
197586	117825	317766	63600	88625	193500	58699	175150	26600	137061	36829	146500	49643
21	59	23	25	49	8	26	7	30	10	26	9	24
1063	2594	955	894	1262	637	2125	383	918	317	620	446	374
162	50	51	217	72	879	45	492	72	168	11	613	185
58293	44108	91715	14684	28368	20865	25882	28732	11155	44238	13500	31515	9675

11—3 城市市政公用基础设施基本情况

Basic Statistics on Urban Public Utilities

指标		Item		2000	2001	2002	2003
城市面积		**Cities Areas**					
建成区面积	(平方公里)	Developed Areas	(sq.km)	886.00	915.00	975.73	1044.17
城市人口密度	(人/平方公里)	Population Density of Urban Districts	(persons/sq.km)	1542	1448	1471	1524
供水、供气及供热		**Water Supply, Gas Supply and Heating**					
供水总量	(万立方米)	Annual Supply of Tap Water	(10000 cu.m)	200918	197461	197047	204128
#居民家庭用水量		Water Consumption for Residential Use		61398	50388	49152	50589
人均日生活用水	(升)	Per Capita Water Consumption for Residential Use	(liter)			220.74	213.47
用水普及率	(%)	Percentage of Population With Access to Tap Water	(%)		77.98	79.67	79.93
人工煤气供气量	(万立方米)	Coal Gas Supply	(10000 cu.m)	23596	24509	24770	20148
#家庭用量		Consumption of Coal Gas for Residential Use		17614	18228	17041	16477
液化石油气供气量	(吨)	Liquefied Petroleum Gas	(ton)	458621	376136	464052	332833
#家庭用量		Consumption of Liquefied Gas for Residential Use		167146	172177	197960	220092
煤气管道长度	(公里)	Length of Gas Pipelines	(km)			2138.20	2204.03
燃气普及率	(%)	Percentage of Population With Access to Gas	(%)			62.42	62.32
集中供热面积	(万平方米)	Heated Area	(10000 sq.m)			245.79	123.59
公共交通		**Public Traffic**					
公共汽（电）车总数	(辆)	Number of Public Transportation Vehicles (buses and trolley buses etc.)	(unit)	6359	6895	7278	7817
每万人拥有	(标台)	Number of Public Transportation Vehicles per 10000 Population	(unit)	7.60	5.60	6.07	6.20
出租汽车	(辆)	Taxi	(unit)	31998	34448	36446	35013
市政工程		**Municipal Engineering**					
道路长度	(公里)	Length of Paved Roads	(km)	5954.00	6173.00	6523.81	6931.16
道路面积	(万平方米)	Area of Paved Roads	(10000 sq.m)	6865	9111	9891	11355
每人拥有		Area of Paved Roads per Population			8.42	8.83	9.78
排水管道长度	(公里)	Length of Sewer Pipelines	(km)	4120	4604	5007	5982
排水管道密度	(公里/平方公里)	Density of Sewer Pipelines	(km/sq.km)	4.74	5.03	5.13	5.73
防洪堤长度	(公里)	Length of Flood-preventing Dyke	(km)			1344.04	1405.10
污水排放量	(万立方米)	Volume of Waste Water Discharged	(10000 cu.m)			114432	121008
污水处理量	(万立方米)	Volume of Waste Water Treated	(10000 cu.m)			52484	57157
城市绿化		**Afforestation in Cities**					
绿化覆盖面积	(公顷)	Afforested Area	(hecrare)			39036.6	41767.6
#建成区		Developed District		23978	23423	25008	27846
园林绿地面积	(公顷)	Greenery Area of Gardens	(hectare)	32852	33712	34476	36500
#建成区		Developed District				20540.9	22816.3
公共绿地面积	(公顷)	Public Greenery Area	(hectare)			5021.1	5958.5
人均公共绿地面积	(平方米)	Per Capita Public Greenery Area	(sq.m)	6.97	4.79	4.48	5.13
公园个数	(个)	Number of Parks	(unit)			112	120
公园面积	(公顷)	Area of Parks	(hectare)			3111.14	3154.10
市容环境卫生		**Environmental Sanitation**					
工业废水处理排放达标量	(万吨)	Disposal Capacity of Sewage	(10000 tons)	53355	60220	61827	60907
环境噪声达标面积	(平方公里)	Area of Surrounding Noise Reaching the Standard	(sq.km)	293	312	342	337
生活垃圾清运量	(万吨)	Volume of Disposal of Excrement	(10000 tons)	327	355	360	407
生活垃圾无公害处理量	(万吨)					40.70	147.07
公共厕所	(座)	Public Lavatory	(unit)			3643	3537
#水冲式		Flushing Style				1910	1955

注：本表数字取自于省建设厅城市建设统计年报（设市城市）资料。

a) Data in this table were taken from annual report of Municipal construction (cities that set up municipality) of the Provincial Construction Department.

11—4 地级城市公用事业基本情况（2003年）

Basic Statistics on Urban Public Utilities by Region (2003)

指标	Item	合肥市 Hefei	淮北市 Huaibei	亳州市 Bozhou	宿州市 Suzhou
城市及建筑物面积	**Cities Areas and Floor Space of Buildings**				
建成区面积（平方公里）	Developed Areas (sq.km)	148	42	50	67
城市人口密度（人/平方公里）	Population Density of Urban Districts (persons/sq.km)	2615.27	2208.00	634.14	494.42
本年施工住宅建筑面积（万平方米）	Floor Space of Residential Buildings Under Construction (10000 sq.m)	873.29	168.23	44.39	31.69
本年竣工住宅建筑面积(万平方米)	Floor Space of Residential Buildings Completed (10000 sq.m)	261.76	34.87	33.23	19.83
供水、供气	**Water Supply, Gas Supply**				
年供水量（万立方米）	Annual Supply of Tap Water (10000 cu.m)	19834	9801	3308	7994
#生活用水量	Water Consumption for Residential Use	8910	2882	1008	1278
平均每人生活用水（立方米）	Per Capita Water Consumption for Residential Use (cu.m)	60.32	47.91	41.65	33.19
煤气供气量（万立方米）	Coal Gas Supply (10000 cu.m)	6309	1573		
#家庭用量	Consumption of Coal Gas for Residential Use	4715	1341		
液化石油气供气量（吨）	Liquefied Petroleum Gas (ton)	51720	17106	4000	9570
#家庭用量	Consumption of Liquefied Gas for Residential Use	47866	16690	3050	9423
市政工程	**Municipal Engineering**				
铺装道路面积（万平方米）	Area of Paved Roads (10000 sq.m)	2451	556	545	522
平均每人拥有（平方米）	Area of Paved Roads per Population (sq.m)	19.61	8.65	20.96	17.64
排水管道长度（公里）	Length of Sewer Pipelines (km)	1224	197	233	442
排水管道密度（公里/平方公里）	Density of Sewer Pipelines (km/sq.km)	8.27	4.69	4.66	6.60
公共交通	**Public Traffic**				
公共汽（电）车总数（辆）	Number of Public Transportation Vehicles (buses and trolley buses etc.) (unit)	2199	895	93	171
全年公共汽（电）车客运总量（万人次）	Total Passenger Traffic of Public Transportation Vehicles (buses and trolley buses etc.) (unit)	28938	8174	235	2950
年末实有出租汽车数（辆）	Taxi At the Year-end (unit)	6500	1800	1000	1298
城市绿化	**Afforestation in Cities**				
园林绿地面积（公顷）	Greenery Area of Gardens (hectare)	4479	1170	398	499
建成区绿化覆盖面积（公顷）	Afforested Developed Areas (hectare)	5268	1423	954	931
环境卫生	**Environmental Sanitation**				
污染源治理本年投资总额（万元）	Investment on Source of Pollution Treatment (10000 yuan)	19302	3087	3014	6125
环境污染治理投资额（万元）	Investment on Pollution Treatment (10000 yuan)	68456	17840	7609	10596
三废综合利用产品产值（万元）	Output Value of Products Made from Waste Gas, Waste Water and Solid Wastes (10000 yuan)	6998	12714	5048	1542
工业废水排放达标量（万吨）	Disposal Capacity of Sewage (10000 tons)	6885	2370	1148	1202
工业固体废物综合利用率（%）	Comprehensive Utilization Rate of Industrial Solid Wastes (%)	96	91	100	100
环境噪声达标面积（平方公里）	Area of Surrounding Noise Reaching the Standard (sq.km)	99	28		

注：1．除环境卫生各项指标为全市资料外，其他各项指标均为各市辖区数；

2．本年施工和竣工房屋面积指标为城市年报口径。

a) The indices in this table are taken from districts under the jurisdiction of municipal government except those of environmental sanitation are taken from the cities.

b) The floor space under construction and floor space completed of buildings are calculated in accordance with the municipal annual report.

11—4 续表1 continued

指标	Item	蚌埠市 Bengbu	阜阳市 Fuyang	淮南市 Huainan	滁州市 Chuzhou
城市及建筑物面积	**Cities Areas and Floor Space of Buildings**				
建成区面积 (平方公里)	Developed Areas (sq.km)	67	48	89	27
城市人口密度 (人/平方公里)	Population Density of Urban Districts (persons/sq.km)	1743.20	1020.60	1301.74	358.26
本年施工住宅建筑面积 (万平方米)	Floor Space of Residential Buildings Under Construction (10000 sq.m)	207.07	127.29	28.34	57.97
本年竣工住宅建筑面积(万平方米)	Floor Space of Residential Buildings Completed (10000 sq.m)	100.42	77.52	39.82	30.68
供水、供气	**Water Supply, Gas Supply**				
年供水量 (万立方米)	Annual Supply of Tap Water (10000 cu.m)	10200	6788	15957	2760
#生活用水量	Water Consumption for Residential Use	1918	3240	6364	1420
平均每人生活用水 (立方米)	Per Capita Water Consumption for Residential Use (cu.m)	27.42	64.96	58.93	53.58
煤气供气量 (万立方米)	Coal Gas Supply (10000 cu.m)	24		1700	802
#家庭用量	Consumption of Coal Gas for Residential Use	24		944	799
液化石油气供气量 (吨)	Liquefied Petroleum Gas (ton)	25899	6760	16582	7250
#家庭用量	Consumption of Liquefied Gas for Residential Use	16277	5990	14808	6100
市政工程	**Municipal Engineering**				
铺装道路面积 (万平方米)	Area of Paved Roads (10000 sq.m)	786	738	724	315
平均每人拥有 (平方米)	Area of Paved Roads per Population (sq.m)	13.93	18.18	8.06	13.52
排水管道长度 (公里)	Length of Sewer Pipelines (km)	515	229	460	248
排水管道密度 (公里/平方公里)	Density of Sewer Pipelines (km/sq.km)	7.69	4.77	5.17	9.19
公共交通	**Public Traffic**				
公共汽（电）车总数 (辆)	Number of Public Transportation Vehicles (buses and trolley buses etc.) (unit)	502	430	869	97
全年公共汽（电）车客运总量 (万人次)	Total Passenger Traffic of Public Transportation Vehicles (buses and trolley buses etc.) (unit)	12696	5409	10793	595
年末实有出租汽车数 (辆)	Taxi At the Year-end (unit)	2254	1545	2500	1260
城市绿化	**Afforestation in Cities**				
园林绿地面积 (公顷)	Greenery Area of Gardens (hectare)	3865	1769	3115	2080
建成区绿化覆盖面积 (公顷)	Afforested Developed Areas (hectare)	1687	1639	2110	377
环境卫生	**Environmental Sanitation**				
污染源治理本年投资总额 (万元)	Investment on Source of Pollution Treatment (10000 yuan)	3128	24	4933	877
环境污染治理投资额 (万元)	Investment on Pollution Treatment (10000 yuan)		10538	26763	48000
三废综合利用产品产值 (万元)	Output Value of Products Made from Waste Gas, Waste Water and Solid Wastes (10000 yuan)	15748	3526	6853	6644
工业废水排放达标量 (万吨)	Disposal Capacity of Sewage (10000 tons)	4229	2017	7294	1820
工业固体废物综合利用率 (%)	Comprehensive Utilization Rate of Industrial Solid Wastés (%)	74	100	86	93
环境噪声达标面积 (平方公里)	Area of Surrounding Noise Reaching the Standard (sq.km)	26	17	43	8

11—4 续表2 continued

指标	Item	六安市 Luan	马鞍山市 Maanshan	巢湖市 Chaohu	芜湖市 Wuhu
城市及建筑物面积	**Cities Areas and Floor Space of Buildings**				
建成区面积 （平方公里）	Developed Areas (sq.km)	46	60	52	82
城市人口密度 （人/平方公里）	Population Density of Urban Districts (persons/sq.km)	491.99	1899.00	422.94	3002.61
本年施工住宅建筑面积 （万平方米）	Floor Space of Residential Buildings Under Construction (10000 sq.m)	54.60	177.73	40.98	157.33
本年竣工住宅建筑面积(万平方米）	Floor Space of Residential Buildings Completed (10000 sq.m)	17.50	70.40	14.32	68.46
供水、供气	**Water Supply, Gas Supply**				
年供水量 （万立方米）	Annual Supply of Tap Water (10000 cu.m)	4412	46211	4961	18484
#生活用水量	Water Consumption for Residential Use	2872	4100	1884	3939
平均每人生活用水 （立方米）	Per Capita Water Consumption for Residential Use (cu.m)	86.77	71.73	53.83	57.04
煤气供气量 （万立方米）	Coal Gas Supply (10000 cu.m)		3845		2698
#家庭用量	Consumption of Coal Gas for Residential Use		3400		2092
液化石油气供气量 （吨）	Liquefied Petroleum Gas (ton)	8540	10200	8468	63029
#家庭用量	Consumption of Liquefied Gas for Residential Use	7790	10200	7890	18257
市政工程	**Municipal Engineering**				
铺装道路面积 （万平方米）	Area of Paved Roads (10000 sq.m)	457	560	424	608
平均每人拥有 （平方米）	Area of Paved Roads per Population (sq.m)	14.47	12.04	18.52	8.80
排水管道长度 （公里）	Length of Sewer Pipelines (km)	228	342	213	809
排水管道密度 （公里/平方公里）	Density of Sewer Pipelines (km/sq.km)	4.96	5.70	4.10	9.87
公共交通	**Public Traffic**				
公共汽（电）车总数 （辆）	Number of Public Transportation Vehicles (buses and trolley buses etc.) (unit)	229	554	121	716
全年公共汽（电）车客运总量 （万人次）	Total Passenger Traffic of Public Transportation Vehicles (buses and trolley buses etc.) (unit)	4985	8434	185	11616
年末实有出租汽车数 （辆）	Taxi At the Year-end (unit)	3840	2911	1750	3130
城市绿化	**Afforestation in Cities**				
园林绿地面积 （公顷）	Greenery Area of Gardens (hectare)	733	4333	659	2459
建成区绿化覆盖面积 （公顷）	Afforested Developed Areas (hectare)	959	2567	805	2664
环境卫生	**Environmental Sanitation**				
污染源治理本年投资总额 （万元）	Investment on Source of Pollution Treatment (10000 yuan)	10029	9476	720	3110
环境污染治理投资额 （万元）	Investment on Pollution Treatment (10000 yuan)	9504	31451	5920	118657
三废综合利用产品产值 （万元）	Output Value of Products Made from Waste Gas, Waste Water and Solid Wastes (10000 yuan)	1462	4991	9294	12607
工业废水排放达标量 （万吨）	Disposal Capacity of Sewage (10000 tons)	4133	13014	1730	4331
工业固体废物综合利用率 （%）	Comprehensive Utilization Rate of Industrial Solid Wastes (%)	90	61	86	95
环境噪声达标面积 （平方公里）	Area of Surrounding Noise Reaching the Standard (sq.km)	8	27	12	43

11—4 续表3 continued

指 标	Item	宣州市 Xuancheng	铜陵市 Tongling	池州市 Chizhou	安庆市 Anqing	黄山市 Huangshan
城市及建筑物面积	**Cities Areas and Floor Space of Buildings**					
建成区面积 (平方公里)	Developed Areas (sq.km)	19	33	13	35	19
城市人口密度(人/平方公里)	Population Density of Urban Districts (persons/sq.km)	318.16	32.00	257.28	1278.97	176.94
本年施工住宅建筑面积 (万平方米)	Floor Space of Residential Buildings Under Construction (10000 sq.m)	31.43	79.77	89.71	112.05	72.03
本年竣工住宅建筑面积	Floor Space of Residential Buildings Completed (10000 sq.m)	24.89	38.81	60.85	44.48	40.73
供水、供气	**Water Supply, Gas Supply**					
年供水量 (万立方米)	Annual Supply of Tap Water (10000 cu.m)	2420	17254	1502	25539	2422
#生活用水量	Water Consumption for Residential Use	1100	2256	967	3342	1055
平均每人生活用水 (立方米)	Per Capita Water Consumption for Residential Use (cu.m)	54.46	59.37	82.65	70.87	46.07
煤气供气量 (万立方米)	Coal Gas Supply (10000 cu.m)		2373		855	
#家庭用量	Consumption of Coal Gas for Residential Use		2338		852	
液化石油气供气量 (吨)	Liquefied Petroleum Gas (ton)	5360	25648	4150	44563	7320
#家庭用量	Consumption of Liquefied Gas for Residential Use	4200	3859	3800	21144	6800
市政工程	**Municipal Engineering**					
铺装道路面积 (万平方米)	Area of Paved Roads (10000 sq.m)	227	332	120	567	204
平均每人拥有 (平方米)	Area of Paved Roads per Population (sq.m)	14.97	10.08	9.84	14.32	13.27
排水管道长度 (公里)	Length of Sewer Pipelines (km)	182	114	68	350	187
排水管道密度 (公里/平方公里)	Density of Sewer Pipelines (km/sq.km)	9.58	3.45	5.23	10.00	9.84
公共交通	**Public Traffic**					
公共汽(电)车总数 (辆)	Number of Public Transportation Vehicles (buses and trolley buses etc.) (unit)	90	238	53	210	100
全年公共汽(电)车客运总量 (万人次)	Total Passenger Traffic of Public Transportation Vehicles (buses and trolley buses etc.) (unit)	450	2277	142	2000	441
年末实有出租汽车数 (辆)	Taxi At the Year-end (unit)	750	1900	570	1720	321
城市绿化	**Afforestation in Cities**					
园林绿地面积 (公顷)	Greenery Area of Gardens (hectare)	482	1627	400	6015	1301
建成区绿化覆盖面积 (公顷)	Afforested Developed Areas (hectare)	670	1323	364	967	816
环境卫生	**Environmental Sanitation**					
污染源治理本年投资总额 (万元)	Investment on Source of Pollution Treatment (10000 yuan)	964	6830	700	11439	667
环境污染治理投资额 (万元)	Investment on Pollution Treatment (10000 yuan)	8928	14800	3401	13292	20136
三废综合利用产品产值 (万元)	Output Value of Products Made from Waste Gas, Waste Water and Solid Wastes (10000 yuan)		23338	2999	6985	312
工业废水排放达标量 (万吨)	Disposal Capacity of Sewage (10000 tons)	1416	4100	596	4201	444
工业固体废物综合利用率 (%)	Comprehensive Utilization Rate of Industrial Solid Wastes (%)	72	61	34	78	84
环境噪声达标面积 (平方公里)	Area of Surrounding Noise Reaching the Standard (sq.km)		17		17	4

主要统计指标解释

建成区面积　是指城市行政区内实际已成片开发建设、市政设施建设和公共设施基本具备的区域。一般是指建成区外轮廓线所能包括的地区，也就是这个城市实际建设用地所达到的面积。

供水总量　是指自来水厂提供的全部水量，包括有效供水量和漏损水量。

居民家庭用水量　是指城市范围内所有居民家庭的日常生活用水，包括城市居民、农民家庭、公共供水站用水。

煤气供应总量　指城市煤气企业向城市生产用户、家庭用户和其他用户供应的全部煤气量，包括外购及损失量。

年末实有道路铺装面积　指除土路以外，路面经过铺装宽度在3.5米以上的道路和与道路相通的广场、桥梁、隧道的面积。

园林绿地面积　指用作园林和绿化的各种绿地面积。包括公共绿地面地、居住地绿地、单位附属绿地、防护绿地、生产绿地、道路绿地和风景区绿地面积。

公共绿地面积　是指向公众开放的各级各类公园、街旁游园，包括其范围内的水域。

Explanatory Notes for Major Statistical Indicators

Area of Developed District refers to the regions in the municipal administrative district that have been developed in stretch and equiped with municipal and public facilities in the main. It generally means the regions that within the outer outline of the developed district, ie., the actural construction area of the city.

Volume of Water Supply refers to the total volume of water supplied by the water-works, including both the effective water supply and loss during the water supply.

Consumption of Water for Household refers to the water consumption of households for daily life in the city limits, including the consumption of urban and rural households and public water supply station.

Volume of Gas Supply refers to the total volume of gas supplied by the gas enterprises to municipal production users, household users and other users, including both volume of buying and loss.

Area of Paved Roads at the Year-end refers to the area of roads with a paved surface and width of more than 3.5 meters except land road and the area of squares, bridges and tunnels that communicate with the roads.

Area of Gardens and Green Lands refers to the area of green lands that are used for gardens and afforestation, including the area of public green lands, green lands of living space, subsidiary green lands of units, shelter green lands, production green lands and green lands in scenic spots.

Area of Public Green Lands refers to the area of various parks and recreation garden plots beside street open to the public, also including waters in their bounds.

农　业

第十二篇

Chapter

12

AGRICULTURE

简要说明

一、本篇资料反映我省农业生产和农村经济的基本情况，内容主要包括乡村户数、人口与从业人员、耕地、农业机械拥有量、农林牧渔业产值、主要产品产量、水利设施与灌溉防涝、农村居民家庭拥有生产性固定资产等。

二、本篇资料来源：除农村居民家庭拥有生产性固定资产由省农村社会经济调查队提供外，其余资料均来源于省统计局农村处的农村统计调查报表制度。

农村统计调查报表制度的统计范围包括各地、市、县辖区的各种经济类型的全部农林牧渔业以及各非农行业附属的农林牧渔业生产单位。但不包括农业科学试验机构进行的农业生产。

农村统计调查报表制度是按照国家统计局统一要求，由各市、县(区)统计局收集、汇总报送，采取抽样调查、典型调查、重点调查和其他调查所取得的。部分指标及林业生产情况、渔业生产情况等指标均取自同级业务部门的统计资料。

农田水利建设和灌溉防涝情况、农作物受灾情况、农业机械和农产品加工机械拥有量、国营农场基本情况等资料由省水利厅、省民政厅、省农机局、省农垦局提供。

Brief Introduction

I. Data in this chapter show the basic conditions of agricultural production and rural economy, including mainly number of rural households, population and number of laborers, cultivated land, quantity of agricultural machinery, output of farming, forestry, animal husbandry and fishery, output of major products, facilities of water conservancy and irrigation and flood prevention, productive fixed assets owned by the rural households.

II. Source of data: Data come from the Agricultural Statistical Reporting System stipulated by the Agricultural Office of Anhui Statistical Bureau, except Data on productive fixed assets owned by the rural households, which is supplied by the Rural Socio-economic Survey Organization of Anhui.

Statistics on agriculture cover all agricultural production activities except activities undertaken by agriculture research institutions.

Data on agriculture are collected, tabulated and processed by the statistical bureau in cities and counties, with sample survey, survey on key units and typical units and other surveys. Data on forestry production, state farm are taken from the professional departments at the same level.

Data on facilities of water conservancy and irrigation and flood prevention, crops disaster, agricultural machinery and processing machinery of agricultural products and state farm are provided by the Water Conservancy Department, the Department of Civil Affairs, Bureau of Agricultural Machinery and Bureau of Agricultural Reclamation.

12—1　农村基层组织和农业基本情况

Basic Conditions of Rural Grassroots Units and Agriculture

指　标		Item		1990	1995	2000	2002	2003
乡镇数	(个)	Number of Township and Town Governments	(unit)	3336	1854	1841	1760	1739
#镇个数		Number of Town Governments		404	847	941	977	970
村民委员会	(个)	Number of Villagers' Committees	(unit)	31681	30523	30658	29186	28852
乡村户数	(万户)	Number of Rural Households	(10000 household)	1200.35	1244.30	1294.62	1310.92	1320.59
乡村从业人员数	(万人)	Number of Rural Laborers	(10000 persons)	2301.48	2592.24	2797.76	2841.36	2861.72
#男		Male		1244.96	1381.65	1487.89	1514.50	1529.95
按国民经济行业分		**Grouped by Sector**						
农林牧渔业		Farming, Forestry, Animal Husbandry & Fishery		1923.19	1930.26	2001.82	1931.49	1860.57
工　业		Industry		112.19	173.34	161.52	194.23	228.76
建筑业		Construction		73.83	121.46	172.17	200.23	229.49
交通运输、仓储及邮政业		Transport, Storage and Postal Services		30.03	48.78	61.27	67.82	72.75
批发和零售业		Wholesale and Retail Trade		37.73	61.77	103.87	121.07	122.35
其他非农行业		Other Non-agricultural Trades		124.51	256.63	297.11	326.52	347.80
自来水受益村数	(个)	Villages with Access to Tap Water	(unit)		4254	5490	6327	6816
通汽车村数	(个)	Villages with Motor Vehicle Communication	(unit)		24790	29146	28002	27761
通电话村数	(个)	Villages with Telephone Communication	(unit)		10608	50186	29053	28768
年末实有耕地面积	(千公顷)	Cultivated Areas (year-end)	(1000 hectares)	4365.50	4291.12	4229.55	4177.76	4084.73
农业机械总动力	(万千瓦)	Total Agricultural Machinery Power	(10000 kw)	1307.00	1836.00	2975.87	3372.11	3544.66
农业排灌机械总动力	(万千瓦)	Irrigation and Drainage Machinery for Agricultural Use	(10000 kw)	301.30	394.72	522.98	545.06	555.81
农用大中型拖拉机	(台)	Number of Large and Medium Agricultural Tractors	(unit)	13729	9622	29612	51932	68219
农用大中型拖拉机	(万千瓦)	Capacity of Large and Medium Agricultural Tractors	(10000 kw)	50.13	36.31	73.58	115.79	145.61
小型拖拉机	(万台)	Number of Mini-tractors	(10000 units)	56.70	88.12	165.78	187.11	192.50
小型拖拉机	(万千瓦)	Capacity of Mini-tractors	(10000 kw)	468.24	703.85	1297.74	1492.61	1538.59
大中型拖拉机配套农具	(部)	Number of Related Farm Implements of Large and Medium Tractor	(unit)	12317	12365	27993	36366	43081
小型拖拉机配套农具	(万部)	Related Farm Implements of Mini-tractor	(10000 units)	65.33	131.92	351.92	409.93	425.98
农用排灌柴油机	(万台)	Number of Diesel Engines	(10000 units)	46.59	67.98	31.41	32.56	32.90
农用排灌柴油机	(万千瓦)	Capacity of Diesel Engines	(10000 kw)	301.30	394.72	227.42	232.36	241.96
联合收割机	(台)	Combine Harvester	(unit)	639	978	9499	18223	25683
农用运输车	(辆)	Number of Transport Vehicles for Agricultural Use	(unti)	17555	20458	406806	502824	553015
农用运输车	(万千瓦)	Capacity of Transport Vehicles for Agricultural Use	(10000 kw)			401.44	508.36	568.27
农作物总播种面积	(千公顷)	Total Sown Area	(1000 hectares)	8313.60	8354.23	8418.01	8405.03	8424.44
粮　食		Grain Crops		6246.03	5852.48	5565.58	5456.19	5404.94
谷　物		Cereal		5019.27	4806.36	4506.56	4481.26	4384.30
#稻　谷		Rice		2312.32	2156.10	2005.49	1905.01	1826.75
小　麦		Wheat		2074.31	1992.66	1931.17	1835.37	1776.82
玉　米		Corn		414.87	552.37	486.61	611.78	643.54
豆　类		Beans		583.73	517.70	601.81	616.77	692.00
薯　类		Tubers		643.03	528.42	457.21	358.16	328.64
油　料		Oil-bearing Crops		999.35	1263.47	1457.36	1453.22	1412.63
棉　花		Cotton		293.17	482.72	328.84	364.30	442.01
麻　类		Fiber Crops		84.09	38.61	15.02	18.82	14.30
糖　料		Sugar Crops		2.75	4.77	8.40	8.01	7.81
烟　叶		Tobacco		44.85	20.08	19.67	14.68	11.70
蔬　菜		Vegetables		231.87	361.93	539.68	600.25	654.93

注：2002年以前交通运输、仓储及邮政业为交通运输仓储及邮电通信业；批发和零售业为批发零售贸易餐饮业。

a) Before 2002, the sector of "transport, storage and postal services" was "transport, storage, postal and telecommunication" and the sector of "wholesale and retail trade" was "wholesale, retail trade and catering".

12—2 主要农林牧渔业生产情况

Output of Farming, Forestry, Animal Husbandry and Fishery

指标	Item	1990	1995	2000	2002	2003
农产品产量（万吨）	Yield of Farm Crops (10000 tons)					
粮食	Grain	2520.13	2652.74	2472.01	2765.00	2214.80
谷物	Cereal	2167.80	2358.97	2202.23	2446.99	1986.01
#稻谷	Rice	1379.05	1296.13	1195.14	1322.27	1049.92
小麦	Wheat	568.43	757.52	730.33	730.06	657.13
玉米	Corn	174.40	265.53	247.28	341.80	222.95
豆类	Beans	70.89	74.14	114.60	120.53	92.41
薯类	Tubers	281.44	219.63	233.18	193.84	130.73
油料	Oil-bearing Crops	129.13	191.76	285.06	282.32	231.44
#花生	Peanuts	26.20	42.76	111.15	112.97	69.44
油菜籽	Repeseeds	95.44	141.60	156.77	152.29	152.91
芝麻	Sesame	7.28	7.39	16.62	16.92	8.83
棉花	Cotton	23.60	30.12	28.50	35.30	29.52
黄红麻	Jute and Ambary Hemp	16.25	8.14	2.22	3.33	1.56
烟叶	Tobacco	7.80	4.40	3.21	3.31	2.20
#烤烟	Flue-cured Tobacco	7.51	4.26	3.09	3.13	2.11
蚕茧	Silkworm Cocoons	1.88	4.04	2.46	2.82	2.61
茶叶	Tea	5.36	4.59	4.54	4.83	5.07
园林水果	Fruits	26.99	52.66	110.61	173.88	133.94
农产品单位面积产量（公斤/公顷）	Yield of Farm Crops per Hectare (kg/hectare)					
谷物	Cereal	4319	4908	4887	5460	4530
棉花	Cotton	810	680	867	969	668
花生	Peanuts	2250	2356	3328	3969	2543
油菜籽	Rapeseeds	1233	1429	1625	1519	1507
芝麻	Sesames	692	831	1049	1019	708
黄红麻	Jute and Ambary Hemp	2223	2556	2623	2714	2109
烤烟	Flue-cured Tobacco	1740	2207	1638	2275	1919
造林面积（千公顷）	Afforested Area (1000 hectares)	123.70	72.50	75.70	317.71	194.51
茶园面积（千公顷）	Area of Tea Plantations at Year-end (1000 hectares)	118.73	121.92	108.37	110.14	113.11
果园面积（千公顷）	Area of Orchards at Year-end (1000 hectares)	78.40	97.64	84.78	93.84	100.45
大牲畜年末头数（万头）	Number of Large Animals (year-end) (10000 heads)	536.29	723.70	559.35	501.79	472.80
#牛	Cattle and Buffaloes	501.19	701.34	552.95	496.65	469.03
马	Horses	8.09	5.35	1.58	1.49	1.03
驴	Donkeys	21.76	13.97	3.73	2.84	2.13
骡	Mules	5.26	3.04	1.09	0.81	0.61
肉猪出栏头数（万头）	Number of Slaughtered Fattened Hogs (10000 heads)	1032.72	1674.58	2393.18	2609.84	2729.64
猪年末头数（万头）	Number of Hogs (year-end) (10000 heads)	1284.06	1565.56	1871.01	1904.76	1873.65
羊年末头数（万只）	Number of Sheep and Goats (year-end) (10000 heads)	398.02	621.11	794.94	980.16	1031.09
山羊	Goats	382.27	613.22	792.52	977.26	1028.16
绵羊	Sheep	15.75	7.90	2.42	2.90	2.93
肉类产量（万吨）	Output of Meat (10000 tons)	118.89	197.75	311.52	341.75	361.06
#猪牛羊肉	Pork, Beef and Mutton	97.58	165.78	241.59	259.85	273.51
猪肉	Pork	84.81	136.71	198.50	214.70	225.39
牛肉	Beef	9.78	23.81	31.88	31.94	32.31
羊肉	Mutton	2.99	5.26	11.21	13.21	15.80
奶类（吨）	Milk (ton)	25538	24904	41204	73765	90176
#牛奶	Cow Milk	25482	24891	41194	73764	90138
绵羊毛（吨）	Sheep Wool (ton)	713	313	174	131	126
禽蛋（万吨）	Poultry Eggs (10000 tons)	32.55	51.24	107.40	115.31	119.78
淡水产品产量（万吨）	Total Output of Freshwater Aquatic Products (10000 tons)	29.10	75.20	159.80	163.39	165.26

12—3 农业现代化情况

Statistics on Agricultural Modernization

指标		Sector		1990	1995	2000	2002	2003
农业机械化情况	**(千公顷)**	**Statistics on Agricultural Machinery**	**(1000 hectares)**					
机耕面积		Area Ploughed by Tractors		1945.81	2769.72	3600.94	3616.68	3592.19
机播面积		Seeded Area by Tractors		355.57	1463.09	1995.52	2077.81	2127.11
#机播小麦面积		Wheats Area by Tractors		331.28	1302.19	1446.61	1515.33	1488.04
机械植保作业面积		Plant Protection Area by Tractors		902.41	1439.75	2864.51	2576.34	2669.90
机械收获面积		Harvest Area by Tractors		466.67	1299.46	2425.13	2613.80	2691.20
农村电气化情况		**Electrification of Rural**						
农村用电量	(亿千瓦时)	Electricity Consumed in Rural Area	(100 million kwh)	23.56	37.39	45.81	51.83	57.52
农用化肥施用量	(万吨)	Used Chemical Fertilizers	(10000 tons)	144.54	203.28	253.15	270.33	281.28
农用塑料薄膜使用量	(万吨)	Used Plastic Film	(10000 tons)	1.96	4.07	5.81	6.55	6.76
农用柴油机使用量	(万吨)	Used Diesel Oil	(10000 tons)		32.90	41.62	46.13	47.38
农药使用量	(万吨)	Used Agricultural Chemical Insecticides	(10000 tons)	3.15	6.33	7.56	7.43	7.88
农田水利情况		**Irrigation and Water Conservancy**						
旱涝保收面积	(千公顷)	Area With Stable Yields Despite Drought or Waterlogging	(1000 hectares)	1852.43	2090.71	2391.19	2482.29	2502.70
除涝面积	(千公顷)	Flooded or Waterlogged Area Under Control	(1000 hectares)	1941.98	2048.40	2148.49	2176.86	2185.10
已防洪耕地面积	(千公顷)	Area With Flood Prevention Measures	(1000 hectares)	2159.95	2295.28	2293.85	2301.58	2300.19
有效灌溉面积	(千公顷)	Irrigated Area	(1000 hectares)	2633.01	2933.74	3197.35	3263.82	3285.40
#机电排灌面积		Electrical Irrigation and Drainage Area		2096.93	2470.60	2735.60	2821.31	2839.30
机电井数	(万眼)	Electrical Well	(10000)	11.46	12.65	16.31	18.14	18.49
#已配套		Form a Complete Set		4.75	6.22	9.32	10.36	10.48

12—4 农田水利建设

Water Conservancy Construction

年份 Year	乡村办水电站年末装机容量 (千瓦) Capacity of Rural Hydropower Station an Year-end (kw)	已建成水库 (座) Number of Reservoirs (unit)	水库库容量 (亿立方米) Capacity of Reservoirs (100 million cu.m)	节水灌溉面积 (千公顷) Irrigated Area With Saved Water (1000 hectares)	治理水土流失面积 (千公顷) Area of Soil Erosion Under Control (1000 hectares)	堤防长度 (公里) Total Length of Dikes (km)	堤防保护耕地面积 (千公顷) Area of Land Protected by Dikes (1000 hectares)
1980	47531	4257	170.82		1492.28	16351	
1985	54532	4340	175.58		1271.95	17554	2223.48
1990	66184	4533	182.25		1428.00	19222	2144.00
1995	96892	4787	184.39		1575.33	19524	2190.24
2000	98102	4815	185.10	534.86	1765.30	19902	2184.20
2001	276843	4839	194.70	599.91	1803.86	19900	2299.41
2002		4856	194.74	640.51	1846.72	19950	2220.35
2003		4866	194.77	658.01	1883.10	20012	2190.50

注：乡村办水电站年末装机容量水利厅已不作统计。

a) Capacity of rural hydropower station at year-end has not been counted by the Department of Water Conservancy.

12—5 农村居民家庭平均每户生产性固定资产原值

Original Value of Productive Fixed Assets of per Rural Household

单位：元 (yuan)

指 标	Item	1990	1995	2000	2002	2003
合 计	**Total**	**1222.93**	**2780.24**	**4160.98**	**4948.80**	**4621.83**
役畜和产品畜	Draught and Commodity Animals	428.23	670.43	377.83	484.14	416.68
大中型铁木农具	Large and Medium Wood and Iron Farm Tools	101.77	212.61	312.26	386.84	379.66
农林牧渔业机械	Machinery of Farming, Forestry, Animal Husbandry and Fishery	258.55	812.95	1734.23	2166.91	2111.18
工业机械	Industrial Machinery	24.20	31.32	113.76	90.58	90.29
运输机械	Transport Machinery	103.21	206.45	292.19	339.79	359.91
生产用房	Buildings for Productive Purpose	242.54	695.00	994.81	1160.80	994.35
其 他	Others	64.43	151.48	335.90	319.74	269.76

注：本表为农村住户抽样调查资料。

a) Data in this table are obtained from the sample surveys on rural households.

12—6 农村居民家庭每百户拥有生产性固定资产数量

Number of Productive Fixed Assets of per 100 Rural Household

指 标		Item		1990	1995	2000	2002	2003
汽 车	(辆)	Motor Vehicles	(unit)		0.34	0.47	0.56	0.63
大中型拖拉机	(台)	Large and Medium Tractors	(unit)	0.03	1.01	1.40	2.48	1.97
小型及手扶拖拉机	(台)	Mini and Walking Tractors	(unit)	0.08	19.99	29.02	34.58	35.18
机动脱粒机	(台)	Motorized Threshing Machines	(unit)	0.02	20.73	19.18	23.28	21.18
胶轮大车	(辆)	Carts With Rubber Tires	(unit)	0.01	0.98		14.91	11.76
收 割 机	(台)	Harvesters	(unit)			6.11	6.27	5.51
役 畜	(头)	Draught Animals	(head)	52.93	38.95	23.22	19.96	15.06
产 品 畜	(头)	Commodity Animals	(head)	12.23	24.52	28.06	41.20	20.41

注：本表为农村住户抽样调查资料。

a) Data in this table are obtained from the sample surveys on rural households.

12—7 农林牧渔业总产值及构成

Gross Output Value of Farming, Forestry, Animal Husbandry and Fishery and its Composition

本表按当年价格计算。

(Data in value terms in this table are calculated at current prices.)

年份 Year	绝对数（万元）Gross Output Value (10000 yuan)						构成（%）Composition (%)					
	农林牧渔业总产值 Total of Farming, Forestry, Animal Husbandry and Fishery	农业 Farming	林业 Forestry	牧业 Animal Husbandry	渔业 Fishery	农林牧渔服务业 Agricultural Services	农林牧渔业总产值 Total of Farming, Forestry, Animal Husbandry and Fishery	农业 Farming	林业 Forestry	牧业 Animal Husbandry	渔业 Fishery	农林牧渔服务业 Agricultural Services
1980	846344	686386	21478	131543	6937		100.00	81.10	2.54	15.54	0.82	
1985	1982389	1453136	80407	408922	39924		100.00	73.30	4.06	20.63	2.01	
1990	3709359	2608524	169704	819844	111287		100.00	70.32	4.58	22.10	3.00	
1995	9802574	6379076	395940	2461908	565650		100.00	65.08	4.04	25.11	5.77	
2000	12199576	6752705	640199	3493827	1312845		100.00	55.35	5.25	28.64	10.76	
2001	12580590	6879654	662077	3715891	1322968		100.00	54.68	5.26	29.54	10.52	
2002	13055630	7123764	693032	3916981	1321853		100.00	54.57	5.31	30.00	10.12	
2003	13053603	6179242	733643	4434575	1296752	409391	100.00	47.34	5.62	33.97	9.93	3.14

注：从2003年年报起，农林牧渔总产值增加农林牧渔服务业，原农业产值中的家庭兼营商品性工业取消。

a) From the year 2003, "agricultural services" was added in the total output value and the origional "commercial industrial activities undertaken by rural households as sideline production" was cancelled.

12—8 农林牧渔业总产值及指数

Gross Output Value of Farming, Forestry, Animal Husbandry and Fishery and Related Indices

本表按1990年不变价格计算。

(Data in this table are calculated at 1990 current prices.)

年份 Year	绝对数（万元）Gross Output Value (10000 yuan)						指数（%）Related Indices (%)					
	农林牧渔业总产值 Total of Farming, Forestry, Animal Husbandry and Fishery	农业 Farming	林业 Forestry	牧业 Animal Husbandry	渔业 Fishery	农林牧渔服务业 Agricultural Services	农林牧渔业总产值 Total of Farming, Forestry, Animal Husbandry and Fishery	农业 Farming	林业 Forestry	牧业 Animal Husbandry	渔业 Fishery	农林牧渔服务业 Agricultural Services
1980	1900053	1395632	76431	397136	30854		99.36	96.36	110.70	107.25	125.33	
1985	3231291	2339345	141385	675661	74900		111.71	108.28	107.35	124.95	125.43	
1990	3714061	2606244	158332	818903	130582		104.11	104.45	100.46	104.34	100.58	
1995	5079625	3160366	245429	1329409	344421		114.24	111.54	106.73	113.25	164.68	
2000	6920054	3781259	365649	1963609	809537		101.66	98.60	107.58	105.50	105.02	
2001	7113463	3844924	376856	2068236	823447		102.79	101.68	103.06	105.33	101.72	
2002	7425395	4017582	386835	2169055	851923		104.39	104.49	102.65	104.87	103.46	
2003	7007308	3065333	403568	2395206	848997	294204	94.00	83.28	95.05	109.15	99.66	97.15

12—9 农林牧渔业增加值及构成

Value-added of Farming, Forestry, Animal Husbandry and Fishery and its Composition

本表按当年价格计算。 (Data in value terms in this table are calculated at current prices.)

年份 Year	绝对数（万元） Gross Output Value (10000 yuan)						构成（%） Composition (%)					
	农林牧渔业总产值 Total of Farming, Forestry, Animal Husbandry and Fishery	农业 Farming	林业 Forestry	牧业 Animal Husbandry	渔业 Fishery	农林牧渔服务业 Agricultural Services	农林牧渔业总产值 Total of Farming, Forestry, Animal Husbandry and Fishery	农业 Farming	林业 Forestry	牧业 Animal Husbandry	渔业 Fishery	农林牧渔服务业 Agricultural Services
1990	2461001	1730576	112714	543881	73830		100.00	70.32	4.58	22.10	3.00	
1995	5812410	4013771	305216	1097630	395793		100.00	69.06	5.25	18.88	6.81	
2000	7320079	4296385	491481	1623483	908730		100.00	58.69	6.72	22.18	12.41	
2001	7500646	4328163	505872	1754099	912512		100.00	57.70	6.74	23.39	12.17	
2002	7725372	4425831	516282	1883676	899583		100.00	57.29	6.68	24.38	11.65	
2003	7493964	3777988	539228	2133030	877901	165817	100.00	50.41	7.20	28.46	11.72	2.21

12—10 主要年份耕地面积

Cultivated Area in Major Years

单位：公顷 (hectare)

指标	Item	1990	1995	2000	2002	2003
年初实有耕地面积	Cultivated Area at the Beginning of the Year	4372900	4302821	4240001	4218689	4177761
年内新增耕地面积	Newly-increased Cultivated Area Within the Year	864	1782	4215	8388	16256
年内减少耕地面积	Reduced Cultivated Area Within the Year	8357	13485	14665	47932	143418
国家基建占地	Taken Up by National Capital Construction	2991	5559	7720	6538	10235
乡村集体基建占地	Taken Up by Rural Collective Capital Construction	2234	4323	3551		
农民个人建房占地	Taken Up by Individual Houses Built by the Peasants	1387	2214	1551		
年末实有耕地面积	Cultivated Area at the End of the Year	4365497	4291118	4229551	4177761	4084727
水田	Paddy Field	1848147	1857616	1834333	1789023	1743455
旱地	Dry Field	2517350	2433502	2395218	2388738	2341272

注：1．本表因2002年方法制度变化，年内减少耕地面积、退耕还林还草30800公顷，不包括在当年减少耕地面积中。

2．2002、2003年年内新增、年内减少耕地面积为耕地总资源数。

a) Due to the change of system in 2002, the 30800 hectares of area that broken of cultivation and returned to forest or grass are not inclued in the reduced cultivated area in the year.

b) The newly-increased and reduced cultivated area within the year 2002 and 2003 refer to the total area of cultivated land.

12—11 农林牧渔业总产值（2003年）

Gross Output Value of Farming, Forestry, Animal Husbandry and Fishery (2003)

单位：万元 (10000 yuan)

指　　标	Item	按1990年不变价格计算 At 1990 Constant Prices	按当年价格计算 At Current Prices
农林牧渔业总产值	**Total Gross Output Value**	**7007308**	**13053603**
农业产值	**Gross Output Value of Farming**	**3065333**	**6179242**
谷物及其他作物	Cereal and Other Crops	2083949	4275295
谷　物	Cereal	1193315	2380896
稻　谷	Rive	606981	1286731
小　麦	Wheat	434773	734185
玉　米	Corn	112453	304573
薯　类	Tubers	64799	170678
油　料	Oil-bearing Crops	346233	645269
花　生	Peanuts	105114	206721
油菜籽	Rapeseeds	220389	381052
豆　类	Beans	111250	271248
棉　花	Cotton	231842	598886
麻　类	Fiber Crops	7697	9981
糖　类	Sugar Crops	3918	18834
烟　叶	Tobacco	6731	16205
其他农作物	Other Crops	118164	163298
饲料作物	Feed Crops	2085	5901
蔬菜园艺作物	Vegetables and Gardening Crops	509731	1386958
#蔬菜（含菜用瓜）	Vegetables (Including Gourd)	490507	1359006
水果、坚果、饮料和香料作物	Fruits, Nuts, Beverage and Spice Crops	387388	418786
水果、坚果（含果用瓜）	Fruits and Nuts (Including Melon)	354701	333889
#苹　果	Apples	25672	18728
茶及其他饮料	Tea and Other Beverages	32577	84708
#茶	Tea	32567	84688
香料作物	Spice Crops	110	189
中药材	Traditional Chinese Crude Drugs	84265	98203
林业产值	**Gross Output Value of Forestry**	**403568**	**733643**
林木的培育和种植	Cultivation and Planting of Woods	86651	250582
#造　林	Afforestation	38014	127673
竹木采运	Lumbering and Transport of Bamboo and Timber	137020	142970
#村及村以下	At Village Level and Below	94027	109438
林产品	Forest Products	179897	340091
牧业产值	**Gross Output Value of Animal Husbandry**	**2395206**	**4434575**
牲畜饲养	Animals Breeding	239407	757806
牛的饲养	Cattle and Buffaloes Breeding	155012	439335
羊的饲养	Sheep and Goats Breeding	72407	288280
其他牲畜饲养	Other Animals Breeding	2192	4678
奶产品	Dairy Products	6308	15960
#牛　奶	Milk	6306	15954
毛绒产品	Down Products	350	393
猪的饲养	Hogs Breeding	978167	2120413
家禽的饲养	Poultry Breeding	1099816	1452637
狩猎和捕捉动物	Animals Hunting and Catching	1211	1869
其他畜牧业	Other Animal Husbandry	76605	101850
#蚕　茧	Silkworm Cocoon	26347	34137
渔业产值	**Gross Output Value of Fishery**	**848997**	**1296752**
淡水产品	Freshwater Aquatic Products	848997	1296752
#养　殖	Cultured	477153	749509
鱼　类	Fishes	546076	735398
虾蟹类	Shrimps and Crabs	221975	420910
农林牧渔服务业	**Ageicultural Services**	**294204**	**409391**

12—12 农作物主要产品生产情况（2003年）

Production of Major Farm Products (2003)

指标	Item	播种面积（千公顷）Sown Area (1000 hectares)	产量（万吨）Yield (10000 tons)
农作物总播种面积	**Total**	**8424.44**	
粮食作物合计	Grain Crops	5404.94	2214.80
#夏收粮食	Summer-Harvest Crops	1962.77	707.60
谷物	Cereal	4384.30	1986.01
稻谷	Rive	1826.75	1049.92
籼稻	Long-shaped Rice	1346.29	764.58
粳稻	Round-shaped Rice	335.20	180.72
#早稻	Early Rice	236.15	118.87
中稻和一季晚稻	Middle-season Rice and Single-crop Late Rice	1335.80	770.06
晚稻	Late Rice	254.80	160.99
小麦	Wheat	1776.82	657.13
#硬粒小麦	Hard-grained Wheat	691.05	260.05
软粒小麦	Soft-grained Wheat	1073.34	392.78
冬小麦	Wintey Wheat	1776.82	657.13
玉米	Corn	643.54	222.95
谷子	Millet	0.72	0.03
高粱	Sorghum	2.86	0.43
其他谷物	Other Cereal	133.61	55.55
#大麦	Barley	123.22	53.46
豆类合计	Beans	692.00	92.41
大豆	Soybean	546.00	74.33
绿豆	Mung Bean	92.97	6.92
红小豆	Small Red Bean	7.35	0.91
薯类	Tubers	328.64	130.73
#马铃薯	Potato	6.93	3.85
油料合计	Oil-bearing Crops	1412.63	231.44
#花生	Peanuts	273.02	69.44
油菜籽	Rapeseeds	1014.51	152.91
芝麻	Sesame	124.68	8.83
向日葵籽	Sunflower Seeds	0.02	
棉花	Cotton	442.01	29.52
麻类合计	Fiber Crops	14.30	2.82
#黄红麻	Jute and Ambary Hemp	7.38	1.56
苎麻	Ramie	4.26	0.72
大麻	Hemp	1.78	0.40
糖料合计	Sugar Crops	7.81	26.10
甘蔗	Sugarcane	7.76	26.04
甜菜	Beetroots	0.05	0.06
烟叶合计	Tobacco	11.70	2.20
#烤烟	Flue-cured Tobacco	10.99	2.11
药材类合计	Crude Drugs	76.75	24.60
蔬菜、瓜类	Vegetables and Melon	860.89	1988.62
蔬菜（含菜用瓜）	Vegetables (including gourd)	654.93	1513.49
瓜类（果用瓜）	Melon	205.96	475.13
#西瓜	Watermelon	176.57	418.07
甜瓜	Muskmelon	17.46	35.16
草莓	Strawberry	4.75	6.98
其他作物	Other Crops	193.41	
#青饲料	green Feed	42.54	

12—13 各市农村基层组织情况（2003年）

Basic Conditions of Rural Grassroots Units by Region (2003)

地区	Region	乡镇数（个）Number of Township and Town Govenments	#镇数 Town Governments	村民委员会（个）Number of Villagers' Committees	乡村户数（户）Number of Households (household)	乡村人口数（人）Rural Population (person)	乡村从业人员数（人）Number of Rural Laborers (person)	#男 Male	自来水受益村（个）Villages with Access to Tap Water (unit)	通汽车村（个）Villages with Highway Communication (unit)	通电话村（个）Villages with Telephone Communication (unit)
总计	**Total**	**1739**	**970**	**28852**	**13205891**	**51426799**	**28617214**	**15299490**	**6816**	**27761**	**28768**
合肥市	Hefei	106	42	1594	753951	3001085	1769287	937139	171	1506	1594
淮北市	Huaibei	32	25	630	322358	1195585	587932	304499	99	630	630
亳州市	Bozhou	100	81	2712	1175490	4814664	2664242	1417074	67	2674	2712
宿州市	Suzhou	106	69	2915	1243953	4965886	2695009	1406702	374	2894	2906
蚌埠市	Bengbu	67	35	1252	625745	2614519	1480724	788172	54	1198	1252
阜阳市	Fuyang	172	121	4039	1983230	8074554	4601474	2430286	197	3776	4039
淮南市	Huainan	40	21	541	273073	1119389	673146	358513	70	541	541
滁州市	Chuzhou	169	81	2292	856548	3446191	1859539	1007832	519	2113	2281
六安市	Luan	180	108	3399	1563606	6031401	3195894	1771739	406	3256	3371
马鞍山市	Maanshan	30	16	366	191033	675817	374641	201088	342	364	366
巢湖市	Chaohu	126	83	1701	1008542	3603139	2046586	1114249	788	1682	1701
芜湖市	Wuhu	57	39	592	429558	1486755	848772	448581	353	592	592
宣城市	Xuancheng	111	59	1330	671894	2401581	1383020	755941	591	1308	1330
铜陵市	Tongling	19	8	222	100662	343675	194017	102813	153	221	222
池州市	Chizhou	84	41	955	361466	1337725	739840	390053	478	949	935
安庆市	Anqing	204	97	3146	1288797	5112553	2770417	1486584	1137	3047	3146
黄山市	Huangshan	136	44	1166	355985	1202280	732674	378225	1017	1010	1150

12—14 各市乡村从业人员（2003年）

Rural Labor Force by Sector and Region (2003)

单位：人　　(person)

地区	Region	乡村从业人员数 Number of Rural Laborers	农林牧渔业 Farming, Forestry, Animal Husbandry and Fishery	工业 Industry	建筑业 Construction	交通运输、仓储及邮政业 Transportation Storage and Postal Services	批发和零售业 Wholesale and Retail Trade	其他非农行业 Other Non-agricultural Trades
总计	**Total**	**28617214**	**18605715**	**2287645**	**2294899**	**727495**	**1223495**	**3477965**
合肥市	Hefei	1769287	1116874	139561	246779	57387	89373	119313
淮北市	Huaibei	587932	446623	39808	36569	14729	18278	31925
亳州市	Bozhou	2664242	1802882	198510	163493	80371	130042	288944
宿州市	Suzhou	2695009	2130788	123975	128200	40851	74927	196268
蚌埠市	Bengbu	1480724	1044699	91202	79516	27842	65394	172071
阜阳市	Fuyang	4601474	2950947	470617	360075	116260	206012	497563
淮南市	Huainan	673146	395962	75130	67771	32019	41493	60771
滁州市	Chuzhou	1859539	1309655	156528	116660	51582	62519	162595
六安市	Luan	3195894	1871997	194119	283122	69938	125877	650841
马鞍山市	Maanshan	374641	216541	54821	49116	11957	15799	26407
巢湖市	Chaohu	2046586	1219106	133866	206718	47707	87505	351684
芜湖市	Wuhu	848772	420453	101300	79773	35452	59777	152017
宣城市	Xuancheng	1383020	882359	144332	98117	44358	57306	156548
铜陵市	Tongling	194017	99429	24511	15474	6637	8257	39709
池州市	Chizhou	739840	437872	46213	48944	16618	21167	169026
安庆市	Anqing	2770417	1722880	258230	271171	60095	134471	323570
黄山市	Huangshan	732674	536648	34922	43401	13692	25298	78713

12—15 各市农、林、牧、渔业总产值及指数 （2003年）

Gross Output Value of Farming, Forestry, Animal Husbandry and Fishery and Related Indices by Region (2003)

本表绝对数按当年价格计算，指数按可比价格计算。

Absolute figures in this table are calculated at current prices while indices are calculated at comparable prices.

地区	Region	绝对数（万元） Gross Output Value of Farming, Forestry, Animal Husbandry and Fishery (10000 yuan)					
		农林牧渔业总产值 Total	农业 Farming	林业 Forestry	牧业 Animal Husbandry	渔业 Fishery	农林牧渔服务业 Agricultural Services
总计	**Total**	**13053603**	**6179242**	**733643**	**4434575**	**1296752**	**409391**
合肥市	Hefei	714200	322051	24797	281876	74472	11004
淮北市	Huaibei	286632	171871	3963	84418	13675	12705
亳州市	Bozhou	1187003	617891	33672	483744	34931	16765
宿州市	Suzhou	1569374	846797	64428	592697	28310	37142
蚌埠市	Bengbu	724330	323449	17077	258282	93705	31817
阜阳市	Fuyang	1490844	668071	84295	648958	57112	32408
淮南市	Huainan	273192	125328	5866	100516	38570	2912
滁州市	Chuzhou	1073673	490599	22460	377466	163740	19408
六安市	Luan	1159328	408947	106139	492934	113255	38053
马鞍山市	Maanshan	193143	77135	2799	29509	82620	1080
巢湖市	Chaohu	1136364	537727	44081	288036	229927	36593
芜湖市	Wuhu	426676	190542	38831	105233	77711	14359
宣城市	Xuancheng	697204	298754	111460	195362	71157	20471
铜陵市	Tongling	82028	42835	9769	14066	13018	2340
池州市	Chizhou	317641	142053	30977	75584	44132	24895
安庆市	Anqing	1176600	483094	97637	351312	193335	51222
黄山市	Huangshan	330233	149936	59537	101355	13188	6217

地区	Region	指数（上年=100） Gross Output Value of Farming, Forestry, Animal Husbandry and Fishery (preceding year=100)					
		农林牧渔业总产值 Total	农业 Farming	林业 Forestry	牧业 Animal Husbandry	渔业 Fishery	农林牧渔服务业 Agricultural Services
总计	**Total**	**94.00**	**83.28**	**95.05**	**109.15**	**99.66**	**97.15**
合肥市	Hefei	97.56	80.68	109.42	111.21	114.16	113.71
淮北市	Huaibei	89.18	75.97	102.34	111.65	101.98	109.51
亳州市	Bozhou	89.54	79.39	106.36	104.00	86.82	102.15
宿州市	Suzhou	85.86	76.05	106.58	108.01	104.03	48.37
蚌埠市	Bengbu	86.07	71.98	115.76	107.57	107.33	86.15
阜阳市	Fuyang	86.78	71.47	105.93	102.64	98.47	105.99
淮南市	Huainan	90.04	69.16	136.45	112.58	109.30	101.39
滁州市	Chuzhou	84.42	68.92	112.13	100.82	94.27	94.58
六安市	Luan	93.98	72.08	110.21	111.98	102.44	107.32
马鞍山市	Maanshan	99.19	95.75	117.48	89.56	104.96	210.21
巢湖市	Chaohu	104.27	99.04	107.89	108.53	104.98	134.20
芜湖市	Wuhu	107.60	104.81	118.75	108.21	104.80	127.05
宣城市	Xuancheng	105.57	99.14	106.01	119.24	98.25	95.70
铜陵市	Tongling	98.93	95.38	108.23	104.62	100.49	89.31
池州市	Chizhou	101.89	97.42	107.78	102.29	102.10	123.20
安庆市	Anqing	105.01	101.15	102.60	111.85	100.54	122.56
黄山市	Huangshan	102.58	93.51	114.64	107.88	98.31	106.35

12—16　各市农、林、牧、渔业增加值及构成（2003年）

Value-added of Farming, Forestry, Animal Husbandry and Fishery and its Composition by Region (2003)

本表按当年价格计算。

(Data in value terms in this table are calculated at current prices.)

地　区	Region	绝　对　数（万元）Gross Output Value (10000 yuan)					
		农林牧渔业增加值 Value-added of Farming, Forestry, Animal Husbandry and Fishery	农　业 Farming	林　业 Forestry	牧　业 Animal Husbandry	渔　业 Fishery	农林牧渔服务业 Agricultural Services
总　计	**Total**	**7493964**	**3777988**	**539228**	**2133030**	**877901**	**165817**
合肥市	Hefei	400179	190247	18258	132569	53252	5853
淮北市	Huaibei	170248	105585	2543	46045	9380	6695
亳州市	Bozhou	647824	345943	27092	247238	21663	5888
宿州市	Suzhou	927715	531993	47678	311182	20161	16701
蚌埠市	Bengbu	413339	150354	10612	156200	81774	14399
阜阳市	Fuyang	751964	326314	63529	301445	41810	18866
淮南市	Huainan	177605	78840	2950	67806	26291	1718
滁州市	Chuzhou	624624	292379	13636	192792	116938	8879
六安市	Luan	564926	203236	73354	188090	76144	24102
马鞍山市	Maanshan	134931	50475	1639	18720	63244	853
巢湖市	Chaohu	628443	309164	27027	137797	138049	16406
芜湖市	Wuhu	237983	109226	24445	49687	50447	4178
宣城市	Xuancheng	422680	184942	83529	93306	49036	11867
铜陵市	Tongling	51652	28967	6519	6834	8227	1105
池州市	Chizhou	195734	95063	24735	36639	29938	9359
安庆市	Anqing	705411	280330	70217	210796	125345	18723
黄山市	Huangshan	208852	96927	45079	54086	9199	3561

地　区	Region	构　成（%）Composition (%)					
		农林牧渔业增加值 Value-added of Farming, Forestry, Animal Husbandry and Fishery	农　业 Farming	林　业 Forestry	牧　业 Animal Husbandry	渔　业 Fishery	农林牧渔服务业 Agricultural Services
总　计	**Total**	**100.00**	**50.41**	**7.20**	**28.46**	**11.72**	**2.21**
合肥市	Hefei	100.00	47.54	4.56	33.13	13.31	1.46
淮北市	Huaibei	100.00	62.02	1.49	27.05	5.51	3.93
亳州市	Bozhou	100.00	53.40	4.18	38.16	3.35	0.91
宿州市	Suzhou	100.00	57.35	5.14	33.54	2.17	1.80
蚌埠市	Bengbu	100.00	36.38	2.57	37.79	19.78	3.48
阜阳市	Fuyang	100.00	43.39	8.45	40.09	5.56	2.51
淮南市	Huainan	100.00	44.39	1.66	38.18	14.80	0.97
滁州市	Chuzhou	100.00	46.81	2.18	30.87	18.72	1.42
六安市	Luan	100.00	35.98	12.98	33.29	13.48	4.27
马鞍山市	Maanshan	100.00	37.41	1.22	13.87	46.87	0.63
巢湖市	Chaohu	100.00	49.19	4.30	21.93	21.97	2.61
芜湖市	Wuhu	100.00	45.90	10.27	20.88	21.20	1.75
宣城市	Xuancheng	100.00	43.76	19.76	22.07	11.60	2.81
铜陵市	Tongling	100.00	56.08	12.62	13.23	15.93	2.14
池州市	Chizhou	100.00	48.57	12.64	18.72	15.29	4.78
安庆市	Anqing	100.00	39.74	9.96	29.88	17.77	2.65
黄山市	Huangshan	100.00	46.41	21.58	25.90	4.40	1.71

12—17 各市耕地面积（2003年）

Area of Cultivated Land by Region (2003)

单位：公顷 (hectare)

地区 Region		年初实有耕地面积 Cultivated Area at the Beginning of the Year	年内新增耕地面积 Newly-Increased Cultivated Area Within the Year	年内减少耕地面积 Reduced Cultivated Area Within the Year	#国家基建占地 Taken Up by National Capital Construction	年末实有耕地面积 Cultivated Area at the End of the Year	水田 Paddy Field	水浇地 Irrigated Land
总计	**Total**	**4177761**	**16256**	**143418**	**10235**	**4084727**	**1743455**	**1305115**
合肥市	Hefei	254350	2608	19919	1168	231260	178025	44237
淮北市	Huaibei	134740	304	1116	136	132070	884	20043
亳州市	Bozhou	497260	541	1340	529	495383	2990	367931
宿州市	Suzhou	502449	810	2389	450	493072	10801	312150
蚌埠市	Bengbu	287340	1121	4748	604	285350	82105	105552
阜阳市	Fuyang	580304	678	6752	1507	575112	58913	143418
淮南市	Huainan	97960	138	813	232	96892	66466	24551
滁州市	Chuzhou	401163	452	20655	1259	389618	247494	99505
六安市	Luan	428760	1705	16482	666	416971	317741	60921
马鞍山市	Maanshan	49864	333	1433	820	49428	43156	6272
巢湖市	Chaohu	277365	96	5081	430	275947	217193	52416
芜湖市	Wuhu	87489	775	6979	772	86436	76900	9195
宣城市	Xuancheng	159406	661	10546	257	152126	133942	3812
铜陵市	Tongling	23952	156	1549		23548	16203	7345
池州市	Chizhou	80858	657	7248	238	76942	56422	43
安庆市	Anqing	265392	4487	25459	808	260632	195907	43809
黄山市	Huangshan	49109	734	10909	359	43940	38313	3915

注：年内新增、年内减少耕地面积为耕地总资源数。

a) Newly-increased and reduced cultivated land within the year refer to the total area of cultivated land.

12—18 各市主要农业机械年末拥有量（2003年）

Agricultural Machinery at the Year-end by Region (2003)

地区 Region		农业机械总动力（万千瓦） Total Power of Agricultural Machinery (10000 kw)	大中型拖拉机 Large and Medium Agricultural Tractors		小型拖拉机 Mini-tractors		大中型拖拉机配套农具（部） Number of Large and Medium Tractor Towing Farm Machinery (unit)	小型拖拉机配套农具（万部） Number of Mini-tractor Towing Farm Machinery (unit)	农用运输车（辆） Capacity of Transport Vehicles for Agricultural Use (unit)	节水灌溉面积（千公顷） Irrigated Area With Saved Water (1000 hectares)
			Number（台） (unit)	Capacity（万千瓦） (10000 kw)	Number（台） (unit)	Capacity（万千瓦） (10000 kw)				
总计	**Total**	**3544.66**	**68219**	**145.61**	**1924968**	**1538.59**	**43081**	**425.98**	**553015**	**358.67**
合肥市	Hefei	147.55	3403	6.47	133943	69.06	1151	26.53	9307	1.88
淮北市	Huaibei	160.72	2706	6.81	98512	102.52	5610	29.75	9288	26.94
亳州市	Bozhou	442.63	1679	5.89	165044	174.72	3932	40.16	204737	34.70
宿州市	Suzhou	438.61	3554	9.33	212290	202.64	6022	39.62	166537	144.34
蚌埠市	Bengbu	332.83	2145	7.27	278829	249.35	2689	65.37	5675	4.88
阜阳市	Fuyang	381.99	4597	15.99	134700	144.80	8843	27.35	69729	68.29
淮南市	Huainan	128.43	1778	4.72	101867	89.92	1214	21.72	8999	3.10
滁州市	Chuzhou	336.64	3993	10.86	369531	213.26	4570	80.16	13568	6.96
六安市	Luan	359.74	12869	24.42	194946	140.43	6048	51.61	17494	61.00
马鞍山市	Maanshan	49.60	2257	4.46	9611	7.90	189	1.51	1260	
巢湖市	Chaohu	197.64	3505	7.14	69251	38.99	1088	14.99	11131	0.32
芜湖市	Wuhu	83.44	3804	6.23	20846	16.70	7	4.16	2208	0.18
宣城市	Xuancheng	153.60	6172	10.04	42606	33.98	187	6.73	14357	3.22
铜陵市	Tongling	32.54	1230	2.23	884	0.64	368	0.16	1276	
池州市	Chizhou	69.64	2252	3.97	30332	15.87	4	4.43	3404	0.04
安庆市	Anqing	177.85	10615	17.08	50134	29.40	1154	9.97	9294	2.14
黄山市	Huangshan	51.21	1660	2.70	11642	8.44	5	1.76	4751	0.68

12—19　各市有效灌溉面积、农用化肥施用、用电情况（2003年）

Irrigated Area and Consumption of Chemical Fertilizer and Electricity in Rural Area by Region (2003)

地　区　Region		有效灌溉面积（千公顷）Irrigated Area (1000 hectares)	旱涝保收面积（千公顷）Area With Stable Yields Despite Drought or Waterlogging (1000 hectares)	机电排灌面积（千公顷）Electrical Irrigation and Drainage Area (1000 hectares)	化肥施用量（吨）Consumption of Chemical Fertilizer (ton)	氮　肥 Nitrogenous Fertilizer
总　计	**Total**	**3285.40**	**2502.70**	**2839.30**	**2812835**	**1201889**
合肥市	Hefei	271.99	190.41	198.35	204296	98385
淮北市	Huaibei	80.05	59.04	82.42	78549	30258
亳州市	Bozhou	274.53	172.64	287.92	250695	92082
宿州市	Suzhou	353.10	213.41	359.41	449393	189544
蚌埠市	Bengbu	192.45	156.49	240.87	235559	95505
阜阳市	Fuyang	346.20	220.13	418.82	318854	114637
淮南市	Huainan	88.93	73.54	122.88	77369	36514
滁州市	Chuzhou	341.14	270.31	208.13	278642	117509
六安市	Luan	376.39	309.79	164.21	274072	143095
马鞍山市	Maanshan	51.83	48.59	48.25	23677	11890
巢湖市	Chaohu	279.73	245.48	325.51	200180	82832
芜湖市	Wuhu	85.20	77.75	82.66	61494	32193
宣城市	Xuancheng	142.94	122.10	63.23	98904	41599
铜陵市	Tongling	24.00	19.51	17.55	17084	7874
池州市	Chizhou	83.07	73.29	58.73	44281	21593
安庆市	Anqing	247.41	213.76	149.86	166108	68427
黄山市	Huangshan	46.42	36.49	10.49	33678	17952

地　区　Region		磷　肥 Phosphate Fertilizer	钾　肥 Potash Fertilizer	农村用电量（万千瓦时）Electricity Consumed in Rural Area (10000 kwh)	农用柴油使用量（吨）Consumption of Diesel Oil for Farm Use (ton)	农药使用量（吨）Consumption of Agricultural Pesticide (ton)
总　计	**Total**	**467610**	**280318**	**575242.53**	**473808**	**78843**
合肥市	Hefei	37333	10946	34196.01	25010	3775
淮北市	Huaibei	12534	10666	8204.45	23332	1815
亳州市	Bozhou	47174	36566	36475.00	43306	5018
宿州市	Suzhou	112489	42281	31239.09	82417	12362
蚌埠市	Bengbu	40862	24727	28498.00	45360	4348
阜阳市	Fuyang	47952	41638	59288.72	33330	4974
淮南市	Huainan	7492	7228	37565.00	22612	2989
滁州市	Chuzhou	48815	17422	50818.00	31892	4632
六安市	Luan	38036	17338	36041.69	54581	8496
马鞍山市	Maanshan	3712	948	11405.00	4295	1867
巢湖市	Chaohu	20951	22864	71270.00	41852	5828
芜湖市	Wuhu	6564	6759	58296.00	11172	1840
宣城市	Xuancheng	12630	9170	28961.28	8195	3421
铜陵市	Tongling	3160	2328	8096.30	4506	652
池州市	Chizhou	1979	5327	10928.39	9560	3670
安庆市	Anqing	24790	21652	54381.60	25459	11016
黄山市	Huangshan	1137	2458	9578.00	6929	2140

12—20 各市农作物总播种面积（2003年）

Total Sown Areas of Farm Crops by Region (2003)

单位：公顷　　(hectare)

地区 Region	农作物总播种面积 Total Sown Area	粮食作物播种面积 Sown Area of Grain Crops	谷物 Cereal	稻谷 Rice	小麦 Wheat	玉米 Corn	豆类 Soybeans	薯类 Tubers	油料 Oil-bearing Crops	花生 Peanuts	油菜籽 Rapeseeds
总计 Total	**8424435**	**5404936**	**4384298**	**1826744**	**1776819**	**643544**	**691999**	**328639**	**1412626**	**273023**	**1014508**
合肥市 Hefei	489129	256277	232862	158170	41163	23094	14700	8715	159000	18156	138654
淮北市 Huaibei	263339	203242	142087	622	86992	34072	54859	6296	18836	5772	8144
亳州市 Bozhou	966746	681474	468795	2368	299758	113211	146727	65952	56421	22260	13348
宿州市 Suzhou	961277	645913	476519	8082	305051	154787	121704	47690	117689	70985	40003
蚌埠市 Bengbu	612423	399921	318758	74148	179171	55015	66446	14717	93495	63788	24018
阜阳市 Fuyang	1187541	881671	626651	38687	423335	157565	159505	95515	96644	16978	29390
淮南市 Huainan	194369	159210	141865	59142	74837	4565	13585	3760	6320	2757	2259
滁州市 Chuzhou	828651	545089	486259	252792	173007	48712	36834	21996	188447	41502	132297
六安市 Luan	786533	531000	495367	337768	124022	26416	23278	12355	178265	9058	165798
马鞍山市 Maanshan	95860	48616	46667	43801	2554	261	1248	701	33782	96	33468
巢湖市 Chaohu	560772	257119	234350	201349	27131	4614	12694	10075	141686	9002	128378
芜湖市 Wuhu	202839	101070	95294	90652	3618	825	3043	2733	45552	1412	43692
宣城市 Xuancheng	337269	181405	158597	146058	7403	4579	11697	11111	88359	4310	81468
铜陵市 Tongling	43073	22639	21167	18829	1183	1052	999	473	9334	447	8746
池州市 Chizhou	169219	99422	90063	85480	2749	1444	5953	3406	38759	1697	35278
安庆市 Anqing	597899	319385	294023	261852	24061	6449	10742	14620	113382	4227	104888
黄山市 Huangshan	127496	71483	54974	46944	784	6883	7985	8524	26655	576	24679

地区 Region	芝麻 Sesame	棉花 Cotton	麻类 Fiber Crops	#黄红麻 Jute and Ambary Hemp	糖料 Sugar Crops	烟叶 Tobacco	#烤烟 Flucured Tobacco	药材 Medicinal Materials	蔬菜瓜类 Vegetables and Melon	茶园面积 Area of Tea Plantations at Year-end	果园面积 Area of Orchards at Year-end
总计 Total	**124677**	**442009**	**14302**	**7376**	**7811**	**11700**	**10985**	**76747**	**860890**	**113106**	**100452**
合肥市 Hefei	2187	18681	13	13	396			19	51804	147	2511
淮北市 Huaibei	4920	22933	30	30	37	4		87	17859		4345
亳州市 Bozhou	20813	68355	550	128	359	4592	4592	39768	111283		3860
宿州市 Suzhou	6701	78629	836	816	100	1662	1662	1745	110579		47401
蚌埠市 Bengbu	5689	43688	101	101	46	1432	1432	81	72658	2	4053
阜阳市 Fuyang	50276	29626	2574	2458	1032	1145	542	21652	139204		3405
淮南市 Huainan	1304	1984	30	30	83	13		62	26233		1090
滁州市 Chuzhou	14648	17988	69	50	153			541	62190	1077	3999
六安市 Luan	3359	10979	5767	3591	977	85	85	3244	43274	14211	2108
马鞍山市 Maanshan	209	3442	54		189				9677	352	784
巢湖市 Chaohu	4306	61440	650	9	1383			74	66227	2755	3763
芜湖市 Wuhu	448	8061	115	71	688	1143	1143	811	26959	1470	2535
宣城市 Xuancheng	2337	7639	1993	79	1152	1484	1461	2116	37009	18576	8279
铜陵市 Tongling	141	4843	79		98			464	4434	187	424
池州市 Chizhou	1783	13783	1162		155	4		701	12705	12888	1400
安庆市 Anqing	4247	49744	222		260	36	3	2612	50843	14539	4954
黄山市 Huangshan	1309	194	57		703	100	65	2770	17952	46902	5541

12—21　各市主要农产品单位面积产量（2003年）

Yield of Major Farm Crops per Hectare by Region (2003)

单位：公斤/公顷　　(kg/hectare)

地　区	Region	谷　物 Cereals	棉　花 Cotton	花　生 Peanuts	油菜籽 Rapeseeds	芝　麻 Sesame	黄红麻 Jute and Ambary Hemp	烤　烟 Fluecured Tobacco	药　材 Medicinal Materials	蔬菜瓜类 Vegetables and Melon
总　计	**Total**	**4530**	**668**	**2543**	**1507**	**708**	**2109**	**1919**	**3205**	**23100**
合肥市	Hefei	4212	678	2436	1390	1241	5538		2842	21005
淮北市	Huaibei	3936	627	2318	1330	489	3000		3460	27529
亳州市	Bozhou	3956	487	2536	1984	389	1680	2124	3332	18581
宿州市	Suzhou	3617	509	2145	1354	399	2442	1652	3178	25067
蚌埠市	Bengbu	3375	534	2864	971	541	3802	1751	2173	26521
阜阳市	Fuyang	2956	396	890	1741	228	1494	469	2984	23959
淮南市	Huainan	3551	1059	2099	1332	798	2467		97	20965
滁州市	Chuzhou	3264	671	1908	1531	619	1220		421	24405
六安市	Luan	3339	558	1900	1125	785	2333	1471	4671	20335
马鞍山市	Maanshan	5569	537	2135	1753	1737				22242
巢湖市	Chaohu	5470	1015	2468	1875	1363	667		4189	25653
芜湖市	Wuhu	5708	947	2369	1760	1020	4296	2318	4824	25324
宣城市	Xuancheng	5621	1056	2151	1646	1352	3886	2008	3281	20718
铜陵市	Tongling	5060	1099	2246	1537	1766			2741	26921
池州市	Chizhou	5310	987	1860	1520	1079			1083	19745
安庆市	Anqing	5582	1276	1926	1675	1197		667	3054	23018
黄山市	Huangshan	5001	773	1293	1021	765		1754	2252	19651

12—22　各市主要农产品产量（2003年）

Yield of Major Farm Crops by Region (2003)

单位：吨　　(ton)

地　区	Region	粮　食 Grain	谷　物 Cereal	#稻　谷 Rice	#小　麦 Wheat	#玉　米 Corn	豆　类 Beans	薯　类 Tubers	油　料 Oil-bearing Crops	花　生 Peanuts
总　计	**Total**	**22148000**	**19860057**	**10499153**	**6571276**	**2229422**	**924084**	**1307309**	**2314403**	**694391**
合肥市	Hefei	1044727	980888	781454	86424	92310	27797	36042	240666	44234
淮北市	Huaibei	667456	559248	3664	372276	101822	82417	25791	26615	13377
亳州市	Bozhou	2227114	1854379	11407	1320905	295435	175499	197236	91035	56462
宿州市	Suzhou	2058819	1723696	39692	1173753	478673	133033	202090	209078	152261
蚌埠市	Bengbu	1180484	1075837	408303	480413	157008	58735	45912	209068	182664
阜阳市	Fuyang	2176937	1852593	102912	1433391	301629	140296	184048	77761	15118
淮南市	Huainan	525117	503717	298164	182871	13730	10899	10501	9839	5788
滁州市	Chuzhou	1726687	1587165	1040333	393505	132731	40090	99432	290813	79190
六安市	Luan	1723988	1653942	1377729	201479	60892	29265	40781	206958	17214
马鞍山市	Maanshan	266160	259874	251465	7640	690	3053	3233	59233	205
巢湖市	Chaohu	1382582	1281809	1172271	82992	22031	30202	70571	268745	22216
芜湖市	Wuhu	565679	543926	528051	10810	4531	6064	15689	80716	3345
宣城市	Xuancheng	956511	891419	850325	19434	20573	19523	45569	147243	9270
铜陵市	Tongling	111285	107112	100730	2471	3626	1769	2404	14693	1004
池州市	Chizhou	504107	478207	467708	5418	4437	10086	15814	58702	3156
安庆市	Anqing	1729709	1641320	1560007	46623	30696	26019	62370	189211	8142
黄山市	Huangshan	314088	274925	264938	871	8608	9337	29826	27027	745

12—22 续表 continued

单位：吨 (ton)

地区 Region	油菜籽 Rapeseeds	芝麻 Sesame	棉花 Cotton	麻类 Fiber Crops	黄红麻 Jute and Ambary Hemp	烟叶 Tobacco	烤烟 Flucured Tobacco	蚕茧 Silkworm Cocoons
总计 Total	**1529096**	**88287**	**295161**	**28245**	**15558**	**21958**	**21085**	**26099**
合肥市 Hefei	192714	2713	12660	72	72			934
淮北市 Huaibei	10832	2406	14388	90	90	8		2
亳州市 Bozhou	26477	8096	33257	864	215	9755	9755	125
宿州市 Suzhou	54146	2671	40025	2099	1993	2745	2745	1075
蚌埠市 Bengbu	23328	3076	23317	384	384	2507	2507	3
阜阳市 Fuyang	51177	11466	11734	3849	3672	951	254	29
淮南市 Huainan	3010	1041	2102	74	74	53		
滁州市 Chuzhou	202549	9074	12075	92	61			47
六安市 Luan	186567	2636	6131	13169	8379	125	125	5425
马鞍山市 Maanshan	58653	363	1850	67				5
巢湖市 Chaohu	240658	5871	62388	953	6			
芜湖市 Wuhu	76914	457	7630	468	305	2649	2649	525
宣城市 Xuancheng	134102	3160	8063	3663	307	2985	2934	6662
铜陵市 Tongling	13440	249	5323	144				118
池州市 Chizhou	53623	1923	13603	2017		4		2352
安庆市 Anqing	175717	5083	63465	183		50	2	3891
黄山市 Huangshan	25189	1002	150	57		126	114	4906

地区 Region	桑蚕茧 Mulberry Silkworm Cocoons	茶叶 Tea	园林水果 Garden Fruits	苹果 Apples	梨 Pears	葡萄 Grapes	药材 Medicinal Materials	蔬菜瓜类 Vegetables and Melon
总计 Total	**26099**	**50747**	**1339426**	**221317**	**583091**	**161600**	**245977**	**19886162**
合肥市 Hefei	934	44	58764	810	6385	13542	54	1088130
淮北市 Huaibei	2		56496	19732	17694	11313	301	491638
亳州市 Bozhou	125		54060	19404	13655	3866	132494	2067695
宿州市 Suzhou	1075		815784	174195	482253	87730	5546	2771918
蚌埠市 Bengbu	3	2	36456	615	18195	3718	176	1926927
阜阳市 Fuyang	29		39098	3972	10552	6177	64607	3335241
淮南市 Huainan			7778		1527	2129	6	549972
滁州市 Chuzhou	47	365	34452	1621	5657	8040	228	1517765
六安市 Luan	5425	7508	86054	269	7576	2904	15154	879986
马鞍山市 Maanshan	5	83	4224	85	1089	460		215232
巢湖市 Chaohu		805	66476	342	8150	13572	310	1698894
芜湖市 Wuhu	525	1753	17390	202	1586	5140	3912	682715
宣城市 Xuancheng	6662	15227	25033	26	3090	679	6942	766748
铜陵市 Tongling	118	93	2643		84	733	1272	119366
池州市 Chizhou	2352	4291	4526	11	916	185	759	250861
安庆市 Anqing	3891	3384	15349	32	2467	1218	7977	1170299
黄山市 Huangshan	4906	17192	14843	1	2215	194	6239	352775

12—23 各市主要林业生产情况（2003年）

Conditions of Forest Production by Region (2003)

地 区 Region	营林情况（公顷） Management of Forest (hectares)					油桐籽	油茶籽	板栗	木材采伐
	造林面积 Afforested Area	迹地更新面积 Reforestated Area	封山育林面积 Area of Setting Apart Mountains for Afforestation	育苗面积 Area of Growing Seedlings	成林抚育面积 Area of Tending Adult Forest	（吨） Tung-oil Seeds (ton)	（吨） Tea-oil Seeds (ton)	（吨） Chestnuts (ton)	（万立方米） Lambered Timber (10000 cu.m)
总　计 Total	**194508**	**561**	**60577**	**10797**	**429994**	**2579**	**8544**	**45213**	**278.83**
合肥市 Hefei	14522		1123	1488	5614			135	1.46
淮北市 Huaibei	3066			88	7993				
亳州市 Bozhou	15413			515	12267				23.60
宿州市 Suzhou	20560			1077	71903	20		4	35.26
蚌埠市 Bengbu	8222			265	9900				9.48
阜阳市 Fuyang	26181			1615	28805				29.74
淮南市 Huainan	3368		187	99	17589	12		5	1.31
滁州市 Chuzhou	12361		960	847	12630		10	905	16.20
六安市 Luan	14101	259	1507	832	9029	282	1619	14916	14.04
马鞍山市 Maanshan	660		400	76	240		2	64	0.73
巢湖市 Chaohu	10903	27	600	210	29052	87	204	458	6.81
芜湖市 Wuhu	2762	62	200	2846	4060	355	80	671	14.39
宣城市 Xuancheng	7445		8093	221	29818	166	357	10502	33.14
铜陵市 Tongling	1433		5347	68	570	422		225	2.78
池州市 Chizhou	8935	213	3679	171	124439	77	138	779	30.13
安庆市 Anqing	28831		34688	271	52967	1049	3780	16024	26.34
黄山市 Huangshan	8506		3793	108	13118	109	2354	525	33.42

12—24 各市牲畜饲养情况（2003年）

Number of Livestock by Region (2003)

单位：头（只） (heads)

地 区 Region	大牲畜年末头数 Large Animals (year-end)	牛 Cattle and Buffaloes	马 Horses	驴 Donkeys	骡 Mules	肉猪出栏头数 Slaughtered Fattened Hogs	猪年末头数 Hogs (year-end)	羊年末只数 Sheep and Goats (year-end)	山羊 Goats	家禽（万只） Poultry (10000 heads)
总　计 Total	**4727982**	**4690291**	**10277**	**21343**	**6071**	**27296442**	**18736495**	**10310911**	**10281647**	**26118.79**
合肥市 Hefei	142440	142340		100		1722165	1047625	159319	159292	1971.72
淮北市 Huaibei	86434	83826	451	1783	374	616942	559472	656814	650216	713.39
亳州市 Bozhou	1045646	1036362	3876	4266	1142	3329955	2306197	2217653	2216859	1792.04
宿州市 Suzhou	557802	538062	3807	12044	3889	2638663	2068295	2941239	2925560	3622.25
蚌埠市 Bengbu	364728	364363	17	322	26	1382208	901876	554708	553236	1332.72
阜阳市 Fuyang	1133974	1129713	1391	2344	526	4149086	2908546	2174572	2173954	1931.24
淮南市 Huainan	199339	199339				479621	328492	180811	180811	589.97
滁州市 Chuzhou	266216	266183		33		2919290	1799705	540905	538970	2536.86
六安市 Luan	243704	243704				3561509	1711981	448206	448206	2628.75
马鞍山市 Maanshan	7887	7887				200585	177414	66085	66085	387.33
巢湖市 Chaohu	143676	143451		225		1177069	870338	87828	86996	2578.90
芜湖市 Wuhu	29439	29393	1	39	6	478104	337187	33528	33509	962.00
宣城市 Xuancheng	95435	95435				996048	649544	110622	110622	1609.43
铜陵市 Tongling	7747	7747				86241	82281	5265	5265	239.18
池州市 Chizhou	52880	52880				616173	583206	30264	30264	606.91
安庆市 Anqing	287510	287510				2159360	1850617	89974	88714	2290.60
黄山市 Huangshan	63125	62096	734	187	108	783423	553719	13118	13088	325.50

12—25 各市畜产品产量（2003年）

Output of Livestock Products by Region (2003)

单位：吨 (ton)

地 区 Region		肉类总产量 Output of Meat	猪牛羊肉 Output of Pork,Beef and Mutton	猪肉 Pork	牛肉 Beef	羊肉 Mutton	奶类 Milk	牛奶 Cow Milk	禽蛋 Poultry Eggs	蜂蜜 Honey
总计	**Total**	**3610551**	**2735062**	**2253919**	**323118**	**158025**	**90176**	**90138**	**1197758**	**11560**
合肥市	Hefei	263236	143171	137029	3492	2650	19022	19022	81445	77
淮北市	Huaibei	79929	66985	52243	7617	7125	5442	5442	34340	39
亳州市	Bozhou	451141	413103	275497	99488	38118	8174	8139	108147	14
宿州市	Suzhou	398654	317252	238972	44129	34151	3755	3755	217912	133
蚌埠市	Bengbu	218080	160932	121571	27084	12277	6917	6917	36774	21
阜阳市	Fuyang	500543	455163	348588	74466	32109	1020	1019	109089	1500
淮南市	Huainan	83164	63711	46428	14720	2563	28808	28808	35352	3
滁州市	Chuzhou	358590	266057	239378	14363	12316	6664	6662	87720	376
六安市	Luan	448101	316261	287479	17590	11192	3567	3567	146997	463
马鞍山市	Maanshan	25328	16375	15042	116	1217	1709	1709	4784	9
巢湖市	Chaohu	215467	92551	87234	4086	1231	784	784	99634	351
芜湖市	Wuhu	71312	19852	18460	971	421	2232	2232	36582	175
宣城市	Xuancheng	168488	84482	78798	4181	1503	790	790	40734	1739
铜陵市	Tongling	10891	6629	6505	68	56	232	232	3331	4
池州市	Chizhou	61555	49134	47137	1734	263	170	170	19231	157
安庆市	Anqing	224622	176630	168174	7715	741	405	405	119218	649
黄山市	Huangshan	71450	65323	63933	1298	92	485	485	16468	5850

12—26 各市农村居民家庭平均每户动物产品的出售量（2003年）

Sales of Livestock, Poultry, Small Animals and Fishery Per Rural Household by Region (2003)

地 区 Region		肉猪（头） Fattened Hogs (unit)	菜羊（只） Mutton Sheep and Goat (unit)	牛（头/百户） Cattle (head/100 households)	家禽（只） Poultry (head)	蛋类（公斤） Poultry Cocoons (kg)	蚕茧（公斤） Silkworm Cocoons (kg)	水产品（公斤） Aquatic Products (kg)
合肥市	Hefei	2.58	0.06	2.35	42.30	5.89	1.56	13.48
淮北市	Huaibei	1.96	1.75	6.84	17.81	42.19		3.04
亳州市	Bozhou	3.01	1.47	32.03	4.48	1.04		0.08
宿州市	Suzhou	1.81	2.17	5.36	9.34	13.65	2.37	0.40
蚌埠市	Bengbu	1.43	0.52	7.17	13.24	1.30		4.63
阜阳市	Fuyang	2.22	0.86	19.22	3.64	11.20		2.10
淮南市	Huainan	3.34	0.50	7.12	12.16	8.79		12.67
滁州市	Chuzhou	1.90	0.04	0.37	5.82	4.43	0.40	9.39
六安市	Luan	1.00	0.06	0.97	3.30	6.94	6.76	5.73
马鞍山市	Maanshan	0.48	0.04		1.64	1.51		37.65
巢湖市	Chaohu	0.37	0.01	0.30	17.31	1.52		18.14
芜湖市	Wuhu	0.36	0.01	0.19	4.04	2.59	2.40	31.44
宣城市	Xuancheng	0.56	0.06	1.51	11.64	1.13	10.15	36.93
铜陵市	Tongling	0.16		0.19	2.50	2.69	0.14	18.44
池州市	Chizhou	0.67		1.67	8.98	11.52	5.05	2.94
安庆市	Anqing	0.92		0.49	1.05	2.05	2.26	1.35
黄山市	Huangshan	0.78	0.01	1.31	2.63	6.55	16.08	11.83

12—27　各市水产品产量（2003年）

Output of Aquatic Products by Region (2003)

单位：吨 (ton)

地　区	Region	水产品总产量 Total Aquatic Products	养殖产量 Cultured Products	捕捞产量 Fishing Products	鱼　类 Fish	甲壳类 Crustacean	贝　类 Shell-fish	藻　类 Algae	其它类 Others
总　计	**Total**	**1652645**	**1248025**	**404620**	**1334902**	**187698**	**103782**	**87**	**26176**
合肥市	Hefei	112968	78035	34933	87912	20497	3390		1169
淮北市	Huaibei	25341	23688	1653	25230	96	4		11
亳州市	Bozhou	51841	34063	17778	48029	2163	969		680
宿州市	Suzhou	34850	29131	5719	32468	1369	655		358
蚌埠市	Bengbu	94696	56533	38163	79100	11623	2959		1014
阜阳市	Fuyang	84691	53211	31480	72000	8800	2244		1647
淮南市	Huainan	44100	27179	16921	37574	3168	2691		667
滁州市	Chuzhou	214433	162594	51839	162723	39982	8946		2782
六安市	Luan	181635	118023	63612	144024	24727	8455		4429
马鞍山市	Maanshan	62409	48130	14279	40107	9855	11819		628
巢湖市	Chaohu	183958	144449	39509	144142	26984	10886		1946
芜湖市	Wuhu	88208	74592	13616	70906	7628	7644	32	1998
宣城市	Xuancheng	84044	62971	21073	56100	10157	13961		3826
铜陵市	Tongling	18422	15618	2804	15705	654	1948		115
池州市	Chizhou	86132	75427	10705	71945	2697	10549		941
安庆市	Anqing	269158	232388	36770	232209	16747	16236	50	3916
黄山市	Huangshan	15759	11993	3766	14728	551	426	5	49

12—28　各市受灾面积和成灾面积（2003年）

Areas Covered and Affected by Natural Disaster by Region (2003)

单位：千公顷 (1000 hectares)

地　区	Region	受灾面积 Areas Covered	成灾面积 Areas Affected	成灾面积占受灾面积% Percentage of Disaster Areas Affected to Areas Covered	水灾 Flood		旱灾 Drought	
					受灾面积 Areas Covered	成灾面积 Areas Affected	受灾面积 Areas Covered	成灾面积 Areas Affected
总　计	**Total**	**4816.25**	**4005.51**	**83.17**	**2863.83**	**2461.03**	**729.09**	**578.19**
合肥市	Hefei	348.78	293.76	84.23	79.94	60.93	99.41	91.02
淮北市	Huaibei	96.65	55.21	57.12	95.89	54.81	0.77	0.40
亳州市	Bozhou	670.49	521.17	77.73	443.48	378.16		
宿州市	Suzhou	666.11	566.81	85.09	377.18	319.93		
蚌埠市	Bengbu	375.56	358.08	95.35	273.50	257.45		
阜阳市	Fuyang	724.46	605.44	83.57	588.27	503.93		
淮南市	Huainan	140.39	114.01	81.21	69.27	61.24	68.71	50.36
滁州市	Chuzhou	404.09	368.32	91.15	246.98	227.35	89.77	81.93
六安市	Luan	529.05	451.81	85.40	351.84	317.94	80.57	70.77
马鞍山市	Maanshan	66.14	28.07	42.44	15.93	10.61	50.21	17.46
巢湖市	Chaohu	305.47	257.60	84.33	222.43	193.00	54.52	43.36
芜湖市	Wuhu	45.83	33.43	72.93	11.01	7.32	30.33	24.35
宣城市	Xuancheng	143.68	119.25	82.99	2.39	1.93	87.54	70.11
铜陵市	Tongling	13.58	12.38	91.16	6.23	5.55	7.35	6.83
池州市	Chizhou	58.19	55.05	94.60	19.03	17.30	22.49	21.65
安庆市	Anqing	165.26	117.81	71.29	48.82	33.02	101.77	74.19
黄山市	Huangshan	62.52	47.32	75.68	11.64	10.57	35.66	25.77

12—29 国营农场基本情况

Basic Statistics on State Farms

指　　标		Item		1990	1995	2000	2002	2003
农场数	（个）	Number of Farms	(unit)	25	26	25	26	27
职工人数	（人）	Number of Staff and Workers	(person)	71262	65699	57773	50737	49373
耕地面积	（千公顷）	Cultivated Area	(1000 hectares)	34.51	34.51	34.36	33.39	33.14
农业机械总动力	（万瓦）	Total Power of Agricultural Machinery	(10000 watts)	177404	200084	241215	296582	293913
农业机械拥有量	（台、辆）	Ownership of Agricultural Machinery	(unit)					
大中型农用拖拉机		Large and Medium Agricultural Tractors		1061	1159	1349	1405	1379
小型及手扶拖拉机		Mini and Walking Agricultural Tractors		1406	2041	3567	3728	3407
农用排灌动力机械		Machinery for Agricultural Drainage and Irrigation		1010	2138	3360	3802	3406
联合收割机		Combine Harvesters		346	373	626	733	718
农用载重汽车		Trucks for Agricultural Use		437	232	186	97	81
农用化肥施用量	（吨）	Consumption of Chemical Fertilizers	(ton)	38861	39986	38355	42193	42670
农业总产值	（万元）	Gross Agricultural Output Value	(10000 yuan)	27036	73529	59620	74473	91851
农作物总播种面积	（千公顷）	Sown Area of Farm Crops	(1000 hectares)	61.04	59.83	58.40	56.93	56.81
粮食作物		Grain		46.27	44.78	47.54	43.55	43.51
棉　花		Cotton		4.85	7.67	3.31	4.88	6.24
油　料		Oil-bearing Crops		6.96	4.44	5.54	6.59	5.09
年末实有茶园面积		Area of Tea Plantations (year-end)		3.34	3.47	3.40	3.42	3.43
年末实有果园面积		Area of Orchards (year-end)		1.29	1.18	1.19	1.23	1.18
主要农产品产量		Yield of Major Farm Crops						
粮食作物	（吨）	Grain	(ton)	161380	200836	222809	232807	184725
棉　花	（吨）	Cotton	(ton)	6107	8206	3389	7574	6236
油　料	（吨）	Oil-bearing Crops	(ton)	9496	5475	7253	8982	8804
茶　叶	（吨）	Tea	(ton)	5684	3818	7793	10982	10433
水　果	（吨）	Fruits	(ton)	8273	16695	15937	16402	13582
畜牧业、渔业生产		Production of Animal Husbandry and Fishery						
大牲畜年末头数	（头）	Number of Large Animals (year-end)	(head)	6543	6365	6022	8918	9125
猪年末头数	（头）	Number of Hogs	(head)	21284	22025	17532	18795	18283
羊年末只数	（只）	Number of Sheep and Goats	(head)	3187	3924	6911	11521	8152
畜产品产量	（吨）	Output of Livestock Products	(ton)					
肉类总产量		Pork, Beef and Mutton		2867	5148	8204	9286	8904
#猪　肉		Pork		1349	2067	2432	2774	2900
牛　奶		Milk		7567	10361	11845	20217	20392
禽　蛋		Poultry Eggs		1541	2027	3220	3175	3608
水产品总产量	（吨）	Total Output of Aquatic Products	(ton)	1376	1317	2786	3012	3296

注：本表为农垦系统数据。

a) Data in this table cover those of the land reclamation department.

12—30　各县（市）农村基本情况（2003年）

Basic Statement of Rural Area by County or City (2003)

县（市）	County (City)	乡镇数（个）Number of Township and Town Govenm-ents	#镇数 Town Governm-ents	村民委员会（个）Number of Villagers' Commit-tees (unit)	乡村户数（户）Number of Househ-olds (household)	乡村人口数（人）Rural Popula-tion (person)	乡村从业人员数（人）Number of Rural Laborers (person)	#男 Male	自来水受益村（个）Villages with Access to Tap Water (unit)	通汽车村（个）Villages with Highway Communi-cation (unit)
合肥市辖区	Hefei Reigon of City	12	9	135	93651	305028	160502	84389	64	135
长丰县	Changfeng	29	9	364	212337	876890	541146	283578	17	340
肥东县	Feidong	35	13	531	237641	970160	570832	301252	30	516
肥西县	Feixi	30	11	564	210322	849007	496807	267920	60	515
淮北市辖区	Huaibei Reigon of City	9	9	131	65906	236564	115656	59274	73	131
濉溪县	Suixi	23	16	499	256452	959021	472276	245225	26	499
亳州市辖区	Bozhou Reigon of City	26	23	753	318288	1206477	722005	388768	20	753
涡阳县	Guoyang	25	23	722	300527	1245145	653436	340653	25	707
蒙城县	Mengcheng	24	17	570	252810	1062039	577883	311153	10	570
利辛县	Lixin	25	18	667	303865	1301003	710918	376500	12	644
宿州市辖区	Suzhou Reigon of City	29	16	794	327212	1279002	704768	364296	45	794
砀山县	Dangshan	18	13	400	214459	835119	421965	221264	242	399
萧县	Xiaoxian	22	17	718	291978	1097958	567163	299778	52	714
灵璧县	Lingbi	20	12	555	231421	987051	564599	291880	20	550
泗县	Sixian	17	11	448	178883	766756	436514	229484	15	437
蚌埠市辖区	Bengbu Reigon of City	8	4	131	66568	243406	135057	71367	22	130
怀远县	Huaiyuan	28	10	685	278091	1172202	647745	342266	7	639
五河县	Wuhe	14	12	224	150175	624341	363187	193003	20	222
固镇县	Guzhen	17	9	212	130911	574570	334735	181536	5	207
阜阳市辖区	Fuyang Reigon of City	32	22	686	368014	1459297	852341	450765	51	611
界首市	Jieshou	18	12	269	162507	612761	348751	182143	22	264
临泉县	Linquan	32	22	826	419355	1798623	953410	488776	31	799
太和县	Taihe	30	25	796	365974	1425336	901052	467724	21	746
阜南县	Funan	30	20	758	325621	1392909	805717	425761	34	711
颍上县	Yingshang	30	20	704	341759	1385628	740203	415117	38	645
淮南市辖区	Huainan Reigon of City	21	15	267	127309	522262	310962	162787	62	267
凤台县	Fengtai	16	5	236	121308	495424	294900	159487	5	236
毛集区	Maoji District	3	1	38	24456	101703	67284	36239	3	38
滁州市辖区	Chuzhou Reigon of City	17	8	175	76221	270498	139973	74271	53	175
天长市	Tianchang	28	16	365	140482	520726	291545	153202	186	364
明光市	Mingguang	27	12	347	128109	516732	272075	148006	112	328
来安县	Laian	18	7	275	99254	387455	217621	120356	29	275
全椒县	Quanjiao	16	9	197	81473	334061	177220	97222	24	197
定远县	Dingyuan	37	15	534	181776	786006	412936	224750	93	420
凤阳县	Fengyang	26	14	399	149233	630713	348169	190025	22	354
六安市辖区	Luan Reigon of City	38	23	821	400267	1551896	897811	492189	47	787
寿县	Shouxian	32	22	632	306883	1190276	638632	349608	28	555
霍邱县	Huoqiu	33	21	683	362956	1401122	676590	372324	52	672
舒城县	Shucheng	30	17	490	225887	883673	481554	282456	37	490

12—30 续表 continued

县（市） County (City)	乡镇数（个） Number of Township and Town Govenm-ents	#镇数 Town Governm-ents	村民委员会（个） Number of Villagers' Commit-tees (unit)	乡村户数（户） Number of Househ-olds (household)	乡村人口数（人） Rural Popula-tion (person)	乡村从业人员数（人） Number of Rural Laborers (person)	#男 Male	自来水受益村（个） Villages with Access to Tap Water (unit)	通汽车村（个） Villages with Highway Communi-cation (unit)
金寨县 Jinzhai	28	12	427	147279	549095	273080	150667	146	417
霍山县 Huoshan	16	12	271	85462	322530	158586	87057	94	270
叶集区 Yeji District	3	1	75	34872	132809	69641	37438	2	65
马鞍山市辖区 Maanshan Reigon of City	6	3	62	35913	105113	63154	33377	55	62
当涂县 Dangtu	24	13	304	155120	570704	311487	167711	287	302
巢湖市辖区 Chaohu Reigon of City	24	18	270	173992	629918	348664	190375	56	270
庐江县 Lujiang	32	17	358	269717	1050347	519585	286218	55	358
无为县 Wuwei	35	25	605	323237	1043534	706295	384434	497	590
含山县 Hanshan	14	9	214	97027	362445	201540	109629	60	210
和县 Hexian	21	14	254	144569	516895	270502	143593	120	254
芜湖市辖区 Wuhu Reigon of City	5	5	49	34094	98235	52003	27625	46	49
芜湖县 Wuhu	24	17	171	134559	488741	266827	144217	148	171
繁昌县 Fanchang	20	9	213	122641	407996	236327	125249	128	213
南陵县 Nanling	8	8	159	138264	491783	293615	151490	31	159
宣城市辖区 Xuancheng Reigon of City	19	14	340	203108	733636	423193	229605	128	337
宁国市 Ningguo	16	10	117	88753	313346	190463	104018	117	117
郎溪县 Langxi	17	9	109	81731	295809	162776	87707	55	102
广德县 Guangde	15	5	280	125596	465700	279207	155009	46	280
泾县 Jingxian	20	10	181	92567	311920	176923	99678	8	181
旌德县 Jingde	14	5	123	35298	130226	69267	37517	60	123
绩溪县 Jixi	10	6	180	44841	150944	81191	42407	177	168
铜陵市辖区 Tongling Reigon of City	3	2	37	18211	58858	34823	17866	32	37
铜陵县 Tongling	16	6	185	82451	284817	159194	84947	121	184
池州市辖区 Chizhou Reigon of City	27	14	297	138456	523786	291477	152631	150	297
东至县 Dongzhi	29	11	373	127525	480736	264807	138160	149	372
石台县 Shitai	13	6	127	27284	98234	55332	30015	105	122
青阳县 Qingyang	15	10	158	68201	234969	128224	69247	74	158
安庆市辖区 Anqing Reigon of City	7	2	97	53198	179177	100574	54176	51	96
桐城市 Tongcheng	24	19	404	170978	667572	368427	191493	53	401
怀宁县 Huaining	25	15	359	179689	724011	401997	216013	74	344
枞阳县 Zongyang	26	13	429	224265	893726	430103	226247	236	411
潜山县 Qianshan	29	11	301	136785	532951	301249	185149	138	301
太湖县 Taihu	25	9	428	128602	511173	270638	143890	147	395
宿松县 Susong	21	8	396	167085	695520	418009	216779	78	385
望江县 Wangjiang	20	8	360	135980	542381	292209	150018	75	357
岳西县 Yuexi	27	12	372	92215	366042	187211	102819	285	357
黄山市辖区 Huangshan Reigon of City	29	15	238	83371	274095	165446	87713	202	227
歙县 Shexian	40	12	434	136115	450827	277256	141081	391	317
休宁县 Xiuning	32	8	259	70177	249544	148651	76812	190	234
黟县 Yixian	11	3	83	24215	79848	48424	24698	82	80
祁门县 Qimen	24	6	152	42107	147966	92897	47921	152	152

12—31 各市、县农民人均纯收入

Per Capita Net Income of Peasants by County, Prefecture or City

单位：元　　(yuan)

地区	Region	1995	2000	2002	2003
总计	**Total**	**1302.80**	**1934.60**	**2118.00**	**2127.00**
合肥市	**Hefei**	**1300.00**	**1975.24**	**2229.32**	**2383.83**
瑶海区	Yaohai District			3907.84	4125.65
庐阳区	Luyang District			3729.76	4189.47
蜀山区	Shushan District			3705.94	4307.49
包河区	Baohe District			3897.20	4333.21
长丰县	Changfeng	984.95	1460.93	1574.92	1644.79
肥东县	Feidong	1210.83	1953.59	2170.89	2314.32
肥西县	Feixi	1325.59	1950.29	2146.17	2309.77
淮北市	**Huaibei**	**1381.74**	**2084.73**	**2346.97**	**2336.25**
杜集区	Duji District		2357.44	2700.36	2780.58
相山区	Xiangshan District		2781.60	3227.55	3310.38
烈山区	Lieshan District		3004.99	3385.75	3449.92
濉溪县	Suixi	1324.72	1977.20	2214.32	2194.61
亳州市	**Bozhou**		**1922.26**	**2030.41**	**1997.58**
谯城区	Qiaocheng District	1353.00	2160.00	2229.41	2136.72
涡阳县	Guoyang	1253.00	2157.00	2249.04	2227.39
蒙城县	Mengcheng	1336.00	2120.00	2230.00	2208.00
利辛县	Lixin	996.00	1318.00	1404.90	1415.06
宿州市	**Suzhou**	**1326.94**	**1800.56**	**2008.43**	**1706.91**
桥区	Yongqiao District	1383.16	1866.79	2113.28	1927.76
砀山区	Dangshan	1354.40	1798.57	1992.84	1400.36
萧县	Xiaoxian	1293.97	1969.08	2071.21	1543.25
灵璧县	Lingbi	1206.45	1779.07	1945.80	1644.68
泗县	Sixian	1408.85	1685.05	1907.90	1650.20
蚌埠市	**Bengbu**	**1460.13**	**2078.00**	**2203.44**	**2021.79**
郊区	Suburban District	1513.71	2363.42	2475.15	2364.52
怀远县	Huaiyuan	1497.91	2052.00	2136.36	2003.01
五河县	Wuhe	1446.97	2152.00	2328.21	2058.41
固镇县	Guzhen	1394.22	2087.22	2301.99	2024.64
阜阳市	**Fuyang**	**1168.00**	**1834.00**	**1822.96**	**1658.66**
颍州区	Yingzhou District		2201.00	2227.26	2155.20
颍东区	Yingdong District		1901.00	1748.20	1530.12
颍泉区	Yingquan District		1909.00	1967.50	1901.03
临泉县	Linquan	1020.00	1498.00	1547.57	1396.98
太和县	Taihe	1298.00	2124.00	2234.33	2166.04
阜南县	Funan	996.00	1398.00	1438.03	1305.50
颍上县	Yingshang	968.00	1835.00	1680.71	1358.69
界首市	Jieshou	1257.00	2250.00	2304.95	2171.13
淮南市	**Huainan**	**1472.37**	**2186.00**	**2312.21**	**2180.11**
大通区	Datong District		2597.22	2770.43	2901.41
田家庵区	Tianjaan District		3421.00	3799.33	3926.53
谢家集区	Xiejiaji District		3230.07	3598.44	3766.08
八公山区	Bagongshan District		3302.00	3559.44	3680.12
潘集区	Panji District		2028.00	1816.32	1637.33
凤台县	Fengtai	1433.11	1980.00	2160.40	2031.90
毛集区	Maoji Distrct			2307.13	2189.96
滁州市	**Chuzhou**	**1345.00**	**2239.78**	**2227.73**	**1966.55**
琅琊区	Langya District	1966.00	2543.39	2704.82	2702.62
南谯区	Nanqiao District	1301.00	2203.43	2305.30	1981.62
来安县	Laian	1249.00	2260.00	2341.33	2112.85
全椒县	Quanjiao	1500.00	2241.00	2328.00	2120.43
定远县	Dingyuan	1320.00	2117.00	1910.16	1615.23
凤阳县	Fengyang	1112.00	2158.27	1991.80	1710.00
天长市	Tianchang	1659.00	2494.00	2654.07	2702.49
明光市	Mingguang	1351.00	2102.23	2132.35	1720.00

12—31 续表 continued

单位：元 (yuan)

县（市）	County (City)	1995	2000	2002	2003
六安市	**Luan**	**1209.80**	**1571.27**	**1763.96**	**1736.67**
金安区	Jinan District		1578.25	1754.74	1781.43
裕安区	Yuan District		1426.18	1607.22	1525.80
寿县	Shouxian	1257.63	1492.00	1798.77	1688.26
霍邱县	Huoqiu	1300.00	1556.00	1803.40	1606.54
舒城县	Shucheng	1109.80	1598.30	1751.15	1836.02
金寨县	Jinzhai	1013.97	1542.00	1604.91	1652.03
霍山县	Huoshan	1175.69	1575.12	1778.31	1870.61
叶集区	Yeji District			2305.98	2331.92
马鞍山市	**Maanshan**	**1507.70**	**2682.59**	**2919.08**	**3122.32**
市辖区	Reigon of City	2063.02	3380.70	3724.05	3981.83
当涂县	Dangtu	1410.70	2552.00	2768.54	2964.01
巢湖市	**Chaohu**	**1250.00**	**2116.59**	**2332.67**	**2482.10**
居巢区	Juchao District	1315.75	2270.65	2422.24	2570.25
庐江县	Lujiang	1241.09	1984.09	2112.18	2262.78
无为县	Wuwei	1195.92	1960.37	2196.00	2356.00
含山县	Henshan	1278.86	2175.64	2513.46	2680.71
和县	Hexian	1298.36	2177.13	2484.21	2664.45
芜湖市	**Wuhu**	**1560.35**	**2658.00**	**2852.55**	**2975.32**
马塘区	Matang District		3318.00	3664.00	3890.00
鸠江区	Jiujiang District		3586.00	3880.89	4099.44
芜湖县	Wuhu	1529.82	2625.00	2791.32	2935.71
繁昌县	Fanchang	1608.10	2564.36	2675.56	2819.66
南陵县	Nanling	1517.87	2574.00	2764.77	2916.88
宣城市	**Xuancheng**	**1588.00**	**2288.42**	**2398.77**	**2502.22**
宣州区	Xuanzhou District	1668.00	2429.62	2595.22	2730.85
郎溪县	Langxi	1580.00	1393.04	1506.23	1618.24
广德县	Guangde	1601.00	2408.88	2571.25	2737.19
泾县	Jingxian	1391.00	2360.63	2150.44	2225.10
旌德县	Jingde	1504.00	2364.50	2215.06	2359.15
绩溪县	Jixi	1590.00	2114.39	2509.90	2611.07
宁国市	Ningguo	1644.00	2408.35	2648.37	2823.32
铜陵市	**Tongling**	**1423.00**	**2436.00**	**2655.04**	**2791.05**
市辖区	Reigon of City	1796.00	3082.00	3203.65	3401.04
铜陵县	Tongling	1381.00	2356.00	2542.01	2665.15
池州市	**Chizhou**	**1469.90**	**2071.85**	**2272.04**	**2380.00**
市辖区	Reigon of City			2672.32	2871.55
贵池区	Guichi District	1535.10	2267.97	2440.33	2568.78
东至县	Dongzhi	1387.20	2053.87	2156.16	2314.60
石台县	Shitai	1474.50	1144.77	1165.15	1211.12
青阳县	Qingyang	1488.80	2145.86	2199.77	2299.47
安庆市	**Anqing**	**1205.87**	**1804.07**	**2007.80**	**2110.72**
郊区	Suburban District	1670.00	2513.48	2711.77	2869.37
怀宁县	Huaining	1626.56	2386.00	2632.03	2809.84
枞阳县	Zongyang	908.42	1589.34	1680.84	1686.00
潜山县	Qianshan	1196.00	1390.00	1459.99	1520.03
太湖县	Taihu	1058.15	1456.49	1400.44	1457.95
宿松县	Susong	995.25	1391.48	1501.96	1582.29
望江县	Wangjiang	1206.46	1706.39	1916.21	2010.08
岳西县	Yuexi	790.35	1387.02	1448.38	1520.00
桐城市	Tongcheng	1562.83	2472.02	2699.00	2839.69
黄山市	**Huangshan**	**1075.00**	**2241.00**	**2424.25**	**2558.14**
屯溪区	Tunxi District	1343.00	3073.00	3292.37	3507.32
黄山区	Huangshan District	1188.00	2416.00	2605.17	2743.67
徽州区	Huizhou District	1127.00	2455.35	2669.74	2804.03
歙县	Shexian	918.00	2190.00	2351.42	2470.29
休宁县	Xiuning	1145.00	2191.00	2381.10	2512.35
黟县	Yixian	1119.00	2126.32	2310.46	2469.96
祁门县	Qimen	1177.00	1944.13	2146.30	2275.02

12—32　各县（市）农林牧渔业总产值（2003年）

Gross Putput Value of Farming, Forestry, Animal Husbandry and Fishery by County or City (2003)

（按1990年不变价格计算）单位：万元　　（At 1990 constant price 10000 yuan）

县（市）	County (City)	农林牧渔业 Farming, Forestry, Animal Husban and Fishery	农业 Farming	林业 Forestry	牧业 Animal Husban	渔业 Fishery	农林牧渔服务业 Agricultural Services
合肥市辖区	Hefei Reigon of City	40836	9739	631	20966	6789	2711
长丰县	Changfeng	115665	50064	716	47754	15493	1638
肥东县	Feidong	134561	52397	3295	55364	20765	2740
肥西县	Feixi	129497	47511	2677	60996	16525	1788
淮北市辖区	Huaibei Reigon of City	39604	16021	528	15317	3979	3759
濉溪县	Suixi	128900	71082	2049	39865	7420	8484
亳州市辖区	Bozhou Reigon of City	167451	82934	3792	68201	11498	1026
涡阳县	Guoyang	172218	98698	4211	65053	3010	1246
蒙城县	Mengcheng	177401	88937	4551	74345	4093	5475
利辛县	Lixin	141478	57934	5131	71662	5265	1486
宿州市辖区	Suzhou Reigon of City	198869	103743	9541	66930	9109	9546
砀山县	Dangshan	154790	105936	6836	32297	891	8830
萧县	Xiaoxian	142965	75520	10358	51827	1718	3542
灵璧县	Lingbi	182418	73252	6374	98103	2759	1930
泗县	Sixian	133267	62347	5160	60598	3475	1687
蚌埠市辖区	Bengbu Reigon of City	23550	10067	410	5395	7008	670
怀远县	Huaiyuan	142821	75102	3957	39498	17035	7229
五河县	Wuhe	115646	47191	2871	38386	23320	3878
固镇县	Guzhen	129235	67346	3116	48195	3916	6662
阜阳市辖区	Fuyang Reigon of City	142970	56359	5288	70126	7481	3716
界首市	Jieshou	71786	31965	9455	26122	2284	1960
临泉县	Linquan	167132	80046	6302	74314	3710	2760
太和县	Taihe	143898	69419	10664	56440	4343	3032
阜南县	Funan	133540	57516	12125	53618	8140	2141
颍上县	Yingshang	120549	32174	7027	63195	16183	1970
淮南市辖区	Huainan Reigon of City	54116	22802	724	21303	8312	975
凤台县	Fengtai	73139	28993	1268	32921	9712	245
毛集区	Maoji District	15226	5224	286	5913	3693	110
滁州市辖区	Chuzhou Reigon of City	57685	26450	3784	18946	7000	1505
天长市	Tianchang	106674	34514	1510	36145	31574	2931
明光市	Mingguang	97317	29168	3957	33515	30257	420
来安县	Laian	71046	31130	1295	28875	8320	1426
全椒县	Quanjiao	79660	34763	2712	22894	13938	5353
定远县	Dingyuan	114281	44153	1355	59867	7820	1086
凤阳县	Fengyang	98266	46526	1375	34218	15167	980
六安市辖区	Luan Reigon of City	121092	48671	13023	43671	15167	560
寿县	Shouxian	162452	43407	6035	71281	36692	5037
霍邱县	Huoqiu	206198	45516	11837	121176	27669	
舒城县	Shucheng	76228	30862	5080	32152	7249	885

12—32 续表 continued

(按1990年不变价格计算) 单位：万元 (At 1990 constant price 10000 yuan)

县（市） County (City)		农林牧渔业 Farming, Forestry, Animal Husban and Fishery	农 业 Farming	林 业 Forestry	牧 业 Animal Husban	渔 业 Fishery	农林牧渔服务业 Agricultural Services
金寨县	Jinzhai	85996	31452	20231	13316	2367	18630
霍山县	Huoshan	30883	15302	6452	6141	1888	1100
叶集区	Yeji District	16906	7728	1565	7219	394	
马鞍山市辖区	Maanshan Reigon of City	9372	5013	239	3115	1005	
当涂县	Dangtu	88540	32211	1455	12815	41174	885
巢湖市辖区	Chaohu Reigon of City	111088	40096	2971	34150	25899	7972
庐江县	Lujiang	145342	64546	5250	34709	31374	9463
无为县	Wuwei	185581	79929	6001	50287	45160	4204
含山县	Hanshan	67220	31167	3066	15883	14259	2845
和县	Hexian	92089	43866	2370	28454	16127	1272
芜湖市辖区	Wuhu Reigon of City	8605	3793	300	3359	870	283
芜湖县	Wuhu	82437	34302	3339	24513	16116	4167
繁昌县	Fanchang	52236	20457	6586	8226	12647	4320
南陵县	Nanling	75924	30736	7714	24230	12386	858
宣城市辖区	Xuancheng Reigon of City	119155	56306	4431	32348	22425	3645
宁国市	Ningguo	57943	17974	14510	20942	2721	1796
郎溪县	Langxi	48475	20419	5028	11798	10400	830
广德县	Guangde	62785	19692	14021	25222	3850	
泾县	Jingxian	49292	16921	10570	17058	1640	3103
旌德县	Jingde	22715	9096	4771	7045	1543	260
绩溪县	Jixi	27794	11325	5683	8038	939	1809
铜陵市辖区	Tongling Reigon of City	9517	4933	920	2689	655	320
铜陵县	Tongling	33231	14646	4038	5259	7268	2020
池州市辖区	Chizhou Reigon of City	66955	25194	5560	15319	17708	3174
东至县	Dongzhi	68730	29084	7082	15185	12114	5265
石台县	Shitai	8221	2713	3841	1475	58	134
青阳县	Qingyang	26081	10905	3980	7263	2289	1644
安庆市辖区	Anqing Reigon of City	26686	10146	1247	4882	7091	3320
桐城市	Tongcheng	95197	31632	5358	37507	19150	1550
怀宁县	Huaining	88945	39725	4201	25711	16860	2448
枞阳县	Zongyang	106453	30461	5403	33875	34654	2060
潜山县	Qianshan	59999	29288	7653	16984	1656	4418
太湖县	Taihu	73647	22784	14015	27548	7192	2108
宿松县	Susong	94982	35387	6075	13416	23131	16973
望江县	Wangjiang	70998	35950	1495	14437	15509	3607
岳西县	Yuexi	40385	16289	13980	8757	359	1000
黄山市辖区	Huangshan Reigon of City	50489	20270	10520	14040	4611	1048
歙县	Shexian	40467	16174	7179	16346	548	220
休宁县	Xiuning	34891	15384	7427	10186	833	1061
黟县	Yixian	14487	4675	4644	4319	117	732
祁门县	Qimen	20494	7822	8151	3683	179	659

12—33　各县（市）农林牧渔业总产值（2003年）

Gross Putput Value of Farming, Forestry, Animal Husbandry and Fishery by County or City (2003)

（按当年价格计算）单位：万元　　（At current price 10000 yuan）

县（市）	County (City)	农林牧渔业 Farming, Forestry, Animal Husban and Fishery	农业 Farming	林业 Forestry	牧业 Animal Husban	渔业 Fishery	农林牧渔服务业 Agricultural Services
合肥市辖区	Hefei Reigon of City	74983	27190	3365	32761	8317	3350
长丰县	Changfeng	199350	95792	4951	79038	17469	2100
肥东县	Feidong	248187	110222	9911	95616	28937	3501
肥西县	Feixi	191680	88847	6570	74461	19749	2053
淮北市辖区	Huaibei Reigon of City	59355	27332	866	22508	4874	3775
濉溪县	Suixi	227277	144539	3097	61910	8801	8930
亳州市辖区	Bozhou Reigon of City	252565	120151	8250	110187	12951	1026
涡阳县	Guoyang	313544	186249	7079	112842	4985	2389
蒙城县	Mengcheng	350762	187356	10608	136333	5965	10500
利辛县	Lixin	270132	124135	7735	124382	11030	2850
宿州市辖区	Suzhou Reigon of City	425402	249226	17038	128629	13759	16750
砀山县	Dangshan	218026	134125	11476	62340	1353	8732
萧县	Xiaoxian	260738	135746	15974	101606	3044	4368
灵璧县	Lingbi	373851	174916	11069	178429	4727	4710
泗县	Sixian	291357	152784	8871	121693	5427	2582
蚌埠市辖区	Bengbu Reigon of City	37870	17528	667	8131	10088	1456
怀远县	Huaiyuan	261115	128477	6671	80848	35045	10074
五河县	Wuhe	207876	78770	3749	75202	42657	7498
固镇县	Guzhen	217469	98674	5990	94101	5915	12789
阜阳市辖区	Fuyang Reigon of City	291682	125905	9726	138207	10124	7720
界首市	Jieshou	146147	72034	13372	53550	3091	4100
临泉县	Linquan	339060	169208	11137	149249	3733	5733
太和县	Taihe	259497	127727	18931	100789	5750	6300
阜南县	Funan	255304	112335	19159	106400	12947	4463
颍上县	Yingshang	199154	60862	11970	100763	21467	4092
淮南市辖区	Huainan Reigon of City	98773	48230	1897	34237	12508	1901
凤台县	Fengtai	139049	60832	1980	57901	18091	245
毛集区	Maoji District	28809	12695	600	10211	5100	203
滁州市辖区	Chuzhou Reigon of City	98208	53038	4447	29382	9596	1745
天长市	Tianchang	183156	68219	2143	56588	53149	3057
明光市	Mingguang	167451	58988	4768	56744	44264	2687
来安县	Laian	123475	62537	2240	44421	11508	2769
全椒县	Quanjiao	130470	71170	4064	35547	14324	5365
定远县	Dingyuan	206346	93230	1457	99423	10085	2151
凤阳县	Fengyang	164567	83417	3341	55361	20814	1634
六安市辖区	Luan Reigon of City	218501	86652	25971	83522	19139	3217
寿县	Shouxian	244360	82104	11725	100175	42527	7829
霍邱县	Huoqiu	341675	78282	17390	211414	34589	
舒城县	Shucheng	129260	55838	12319	48450	11746	907

12—33 续表 continued

（按当年价格计算）单位：万元 (At current price 10000 yuan)

县（市）	County (City)	农林牧渔业 Farming, Forestry, Animal Husban and Fishery	农业 Farming	林业 Forestry	牧业 Animal Husban	渔业 Fishery	农林牧渔服务业 Agricultural Services
金寨县	Jinzhai	131461	55995	25871	22266	2329	25000
霍山县	Huoshan	58431	34238	11007	9639	2447	1100
叶集区	Yeji District	35640	15838	1856	17468	478	
马鞍山市辖区	Maanshan Reigon of City	21319	12849	477	6247	1746	
当涂县	Dangtu	171824	64286	2322	23262	80874	1080
巢湖市辖区	Chaohu Reigon of City	194757	73280	5535	59511	45420	11011
庐江县	Lujiang	270438	125890	12340	70440	48514	13254
无为县	Wuwei	359473	159208	15593	95783	84685	4204
含山县	Hanshan	131153	61710	5983	28047	29977	5436
和县	Hexian	180543	117639	4630	34255	21331	2688
芜湖市辖区	Wuhu Reigon of City	15128	6583	300	6182	1756	307
芜湖县	Wuhu	154001	67598	6119	41145	32132	7007
繁昌县	Fanchang	108950	50232	17698	13076	21764	6180
南陵县	Nanling	148597	66129	14714	44830	22059	865
宣城市辖区	Xuancheng Reigon of City	216638	113852	5857	49412	41623	5894
宁国市	Ningguo	118305	43959	30384	37904	3842	2216
郎溪县	Langxi	80850	38976	7715	17918	14986	1255
广德县	Guangde	111286	33569	28704	43428	5585	
泾县	Jingxian	75472	30230	16842	23116	1949	3335
旌德县	Jingde	41762	17727	9568	12136	2061	270
绩溪县	Jixi	52891	20441	12390	11448	1111	7501
铜陵市辖区	Tongling Reigon of City	18884	10888	1713	4957	1006	320
铜陵县	Tongling	63144	31947	8056	9109	12012	2020
池州市辖区	Chizhou Reigon of City	125879	52575	9948	30929	25884	6543
东至县	Dongzhi	127544	61108	8757	28159	14958	14562
石台县	Shitai	15336	6187	5898	2886	83	282
青阳县	Qingyang	48882	22183	6374	13610	3207	3508
安庆市辖区	Anqing Reigon of City	46158	22560	2231	8431	9591	3345
桐城市	Tongcheng	164932	57563	10058	69117	26609	1585
怀宁县	Huaining	181443	75585	7247	65961	28252	4398
枞阳县	Zongyang	176979	56678	7590	47464	61078	4169
潜山县	Qianshan	89662	45463	12007	25259	2534	4399
太湖县	Taihu	132584	42751	22771	54041	9582	3439
宿松县	Susong	181867	74563	9699	41309	34006	22290
望江县	Wangjiang	129288	74719	3113	24880	20879	5697
岳西县	Yuexi	73687	33212	22921	14850	804	1900
黄山市辖区	Huangshan Reigon of City	111519	51510	19730	28317	10342	1620
歙县	Shexian	78582	35233	12376	29748	1005	220
休宁县	Xiuning	77405	34603	9433	29621	1420	2328
黟县	Yixian	25336	9180	7296	7273	196	1391
祁门县	Qimen	37391	19410	10702	6396	225	658

12—34　各县（市）农作物产量和耕地面积（2003年）

Yield of Farm Crops and Area of Cultivated Land by County or City (2003)

县（市） County (City)		粮食（吨） Grain (ton)	棉花（吨） Cotton (ton)	油料（吨） Oil-bearing Crops (ton)	耕地面积（公顷） Cultivated Area (hectare)	#水田 Paddy Field	播种面积（公顷） Total Sown Area (hectare)
合肥市辖区	Hefei Reigon of City	30538	155	6560	8413	6597	18753
长丰县	Changfeng	352280	4717	58055	80635	53336	170317
肥东县	Feidong	340395	3069	99117	76092	52307	164085
肥西县	Feixi	321514	4719	76934	66120	65785	135974
淮北市辖区	Huaibei Reigon of City	43218	618	2317	10972	577	23078
濉溪县	Suixi	624238	13770	24298	123668	307	240261
亳州市辖区	Bozhou Reigon of City	421348	16291	11973	126770		238568
涡阳县	Guoyang	737660	6719	13423	131146	86	263342
蒙城县	Mengcheng	548954	8707	50307	122552	1090	247344
利辛县	Lixin	519152	1540	15332	114915	1814	217492
宿州市辖区	Suzhou Reigon of City	609158	9978	58386	142883	2470	274543
砀山县	Dangshan	161510	4155	9438	49556		89615
萧县	Xiaoxian	386081	6008	10331	88729		181832
灵璧县	Lingbi	457362	9471	93070	120491	1831	240212
泗县	Sixian	444708	10413	37853	91413	6500	175075
蚌埠市辖区	Bengbu Reigon of City	49651	80	1216	15005	7053	28962
怀远县	Huaiyuan	585818	7709	38768	125411	48700	258902
五河县	Wuhe	294962	2333	47186	70009	20325	164705
固镇县	Guzhen	250053	13195	121898	74925	6027	159854
阜阳市辖区	Fuyang Reigon of City	404250	1732	14834	101608	159	203956
界首市	Jieshou	160831	1453	6131	39441	17	90615
临泉县	Linquan	445400	2079	14141	114749	673	235383
太和县	Taihe	532089	3407	13125	115978		219467
阜南县	Funan	342079	2445	23080	98487	13807	214094
颍上县	Yingshang	292288	618	6450	104849	44257	224026
淮南市辖区	Huainan Reigon of City	210316	488	2300	40784	27358	82816
凤台县	Fengtai	256216	1610	7127	46195	32655	91790
毛集区	Maoji District	58585	4	412	9913	6453	19763
滁州市辖区	Chuzhou Reigon of City	117047	1747	24499	27138	20996	62823
天长市	Tianchang	364900	263	46562	58972	52419	112471
明光市	Mingguang	228224	833	27659	55043	24076	121203
来安县	Laian	190964	640	43687	45533	31189	91292
全椒县	Quanjiao	171583	5335	72507	39999	30636	86120
定远县	Dingyuan	405081	1444	56484	97355	54741	217549
凤阳县	Fengyang	248888	1813	19415	65578	33437	137193
六安市辖区	Luan Reigon of City	406852	772	47169	88976	69348	161531
寿县	Shouxian	369690	3720	77122	118946	89078	219515
霍邱县	Huoqiu	457256	626	37440	120835	87721	228698
舒城县	Shucheng	256574	914	28446	41935	32971	94503

12—34 续表 continued

县（市） County (City)	粮 食 (吨) Grain (ton)	棉 花 (吨) Cotton (ton)	油 料 (吨) Oil-bearing Crops (ton)	耕地面积 (公顷) Cultivated Area (hectare)	#水 田 Paddy Field	播种面积 (公顷) Total Sown Area (hectare)
金 寨 县 Jinzhai	104456	3	4193	20194	18546	37626
霍 山 县 Huoshan	82917	26	3943	18234	14698	25437
叶 集 区 Yeji District	46243	70	8645	7851	5379	19223
马鞍山市辖区 Maanshan Reigon of City	20615	71	6116	4380	3584	9610
当 涂 县 Dangtu	245545	1779	53117	45048	39572	86250
巢湖市辖区 Chaohu Reigon of City	184060	5395	59822	48145	34900	89374
庐 江 县 Lujiang	508467	5948	36697	72637	66299	168219
无 为 县 Wuwei	383807	38138	74574	85835	56539	165549
含 山 县 Hanshan	134416	9582	38565	21506	18277	42709
和 县 Hexian	171832	3325	59087	47824	41178	94921
芜湖市辖区 Wuhu Reigon of City	13166	2	4426	3386	2753	7508
芜 湖 县 Wuhu	197280	3229	36483	27934	25882	70448
繁 昌 县 Fanchang	86094	2787	20207	22097	17298	41790
南 陵 县 Nanling	269139	1612	19600	33019	30967	83093
宣城市辖区 Xuancheng Reigon of City	356554	6654	54413	54202	48741	122816
宁 国 市 Ningguo	65414	82	10794	13833	12076	25321
郎 溪 县 Langxi	139933	175	34398	24390	21628	50349
广 德 县 Guangde	157311	171	27116	24160	20637	54281
泾 县 Jingxian	134269	895	9596	19716	17056	47799
旌 德 县 Jingde	49165	40	5610	8945	7932	20366
绩 溪 县 Jixi	53865	46	5316	6880	5872	16337
铜陵市辖区 Tongling Reigon of City	46791	293	2041	5509	4283	10042
铜 陵 县 Tongling	64494	5030	12652	18039	11920	33031
池州市辖区 Chizhou Reigon of City	199837	3547	23643	27779	20678	64774
东 至 县 Dongzhi	177305	9878	26532	31035	19349	66305
石 台 县 Shitai	17108	38	2727	2991	2733	7490
青 阳 县 Qingyang	109857	140	5800	15137	13662	30650
安庆市辖区 Anqing Reigon of City	52760	3668	9915	10013	6393	19154
桐 城 市 Tongcheng	266143	2011	26360	32885	29891	88767
怀 宁 县 Huaining	296994	3502	28209	35740	28147	102009
枞 阳 县 Zongyang	300742	5237	35238	37982	25657	90152
潜 山 县 Qianshan	201887	1092	9930	21309	19658	56201
太 湖 县 Taihu	158301	2926	12303	19933	16400	52973
宿 松 县 Susong	167843	23518	33789	45839	29397	88046
望 江 县 Wangjiang	210497	21508	31831	35512	18945	72758
岳 西 县 Yuexi	74542	3	1636	21419	21419	27839
黄山市辖区 Huangshan Reigon of City	92780	14	6807	12360	10787	33584
歙 县 Shexian	64258	48	7868	9343	7792	34142
休 宁 县 Xiuning	95333	37	6331	12005	10785	34885
黟 县 Yixian	23400	6	2286	4029	3455	8780
祁 门 县 Qimen	38317	45	3735	6203	5494	16105

12—35　各县（市）主要林产品生产情况（2003年）

Production of Major Forestry Products by County or City (2003)

县（市）	County (City)	造林面积（公顷）Afforested Hilly Area (hectare)	木材采伐量（立方米）Amount of Tinber Lumbered (cu.m)	茶园面积（公顷）Area of Tea Plantations (hectare)	茶叶产量（吨）Output of Tea (ton)	果园面积（公顷）Area of Orchards (hectare)	园林水果产量（吨）Output of Garden Fruits (ton)
合肥市辖区	Hefei Reigon of City	1681	14800	15	7	248	4793
长丰县	Changfeng	3987	2200			593	11366
肥东县	Feidong	4276	4100	50	3	528	13951
肥西县	Feixi	4578	8100	82	34	1142	28654
淮北市辖区	Huaibei Reigon of City	1067				2367	39870
濉溪县	Suixi	1999				1978	16626
亳州市辖区	Bozhou Reigon of City	3761	50000			1735	21430
涡阳县	Guoyang	2027	65000			394	7965
蒙城县	Mengcheng	5012	52000			656	9906
利辛县	Lixin	4613	69000			1075	14759
宿州市辖区	Suzhou Reigon of City	5318	91000			2575	7990
砀山县	Dangshan	1400	71000			36150	605000
萧县	Xiaoxian	3593	55800			7141	186207
灵璧县	Lingbi	7369	65000			1388	13930
泗县	Sixian	2880	69800			147	2657
蚌埠市辖区	Bengbu Reigon of City	1657	5300			535	3547
怀远县	Huaiyuan	2545	24000			1850	11293
五河县	Wuhe	2027	31100	2	2	1202	12506
固镇县	Guzhen	1993	34400			466	9110
阜阳市辖区	Fuyang Reigon of City	3289	58800			826	3367
界首市	Jieshou	1300	45000			751	7529
临泉县	Linquan	5843	59200			594	12315
太和县	Taihe	4753	46000			474	6662
阜南县	Funan	8567	38400			499	6647
颍上县	Yingshang	2428	50000			261	2578
淮南市辖区	Huainan Reigon of City	2586	1000			485	4009
凤台县	Fengtai	169	11400			577	3436
毛集区	Maoji District	513	700			28	333
滁州市辖区	Chuzhou Reigon of City	2610	77700	462	281	397	1960
天长市	Tianchang	1133	9800	69	3	73	316
明光市	Mingguang	1290	16800	262	28	462	5079
来安县	Laian	829	6800	72	12	856	6930
全椒县	Quanjiao	667	35800	170	40	691	3080
定远县	Dingyuan	2064	9100	37	1	839	10201
凤阳县	Fengyang	3767	6000	5		681	6886
六安市辖区	Luan Reigon of City	3043	25400	2011	848	544	5020
寿县	Shouxian	1657				398	10459
霍邱县	Huoqiu	2101	22000			632	67325
舒城县	Shucheng	1949	30700	4435	1697	234	2082

12—35 续表 continued

县（市） County (City)		造林面积（公顷）Afforested Hilly Area (hectare)	木材采伐量（立方米）Amount of Timber Lumbered (cu.m)	茶园面积（公顷）Area of Tea Plantations (hectare)	茶叶产量（吨）Output of Tea (ton)	果园面积（公顷）Area of Orchards (hectare)	水果产量（吨）Output of Fruits (ton)
金寨县	Jinzhai	1986	32400	4485	2150	252	685
霍山县	Huoshan	1404	29900	3278	2812	19	58
叶集区	Yeji District	1601		2	1	29	425
马鞍山市辖区	Maanshan Reigon of City	133	1700	122	13	184	874
当涂县	Dangtu	527	5600	230	70	600	3350
巢湖市辖区	Chaohu Reigon of City	2393	6900	923	107	1160	14383
庐江县	Lujiang	2600	17000	967	315	1212	11732
无为县	Wuwei	1704	14300	532	215	753	31340
含山县	Hanshan	1723	13900	269	149	542	6796
和县	Hexian	2483	16000	64	19	96	2225
芜湖市辖区	Wuhu Reigon of City		120000			18	265
芜湖县	Wuhu	1411	300	531	1247	1717	12182
繁昌县	Fanchang	647	10000	289	131	520	3193
南陵县	Nanling	705	13600	650	375	280	1750
宣城市辖区	Xuancheng Reigon of City	985	62000	3697	5087	2029	12809
宁国市	Ningguo	1559	77500	4506	1909	3892	2366
郎溪县	Langxi	1216	15000	2815	3637	157	1558
广德县	Guangde	2283	21800	2032	2600	342	4730
泾县	Jingxian	335	48000	2838	931	385	1413
旌德县	Jingde	667	50600	904	241	915	991
绩溪县	Jixi	400	56500	1784	822	559	1166
铜陵市辖区	Tongling Reigon of City	540	15400	39	25	121	1494
铜陵县	Tongling	893	12400	148	68	303	1149
池州市辖区	Chizhou Reigon of City	4196	56200	2121	766	417	1824
东至县	Dongzhi	2150	103300	6519	2321	661	1892
石台县	Shitai	1823	79200	3193	974	138	234
青阳县	Qingyang	765	62600	1055	230	184	576
安庆市辖区	Anqing Reigon of City	7867	4700	4		339	1373
桐城市	Tongcheng	1433	24000	1059	135	158	887
怀宁县	Huaining	2165	4200	493	187	1696	2486
枞阳县	Zongyang	2372	29000	217	50	136	1236
潜山县	Qianshan	2032	39500	3950	720	450	794
太湖县	Taihu	1782	57000	2730	710	518	2037
宿松县	Susong	6747	16000	638	120	492	1680
望江县	Wangjiang	2267	2700	58	24	499	3780
岳西县	Yuexi	2167	86300	5390	1438	666	1076
黄山市辖区	Huangshan Reigon of City	2678	66800	6639	2075	1164	3837
歙县	Shexian	2423	39700	16756	6262	3342	7834
休宁县	Xiuning	1815	54000	12390	5074	445	927
黟县	Yixian	673	29900	1790	843	260	1110
祁门县	Qimen	918	143800	9327	2938	330	1135

12—36 各县（市）畜牧业、渔业生产情况（2003年）

Production of Animal Husbandry, Fishery by County or City (2003)

县（市）	County (City)	出栏猪（头）Sjaughtered Fattened Hogs (heads)	出栏牛（头）Sjaughtered Cattle and Buffaloes (heads)	出栏羊（只）Sjaughtered Sheep and Goats (heads)	出栏家禽（万只）Sjaughtered Poultry (10000 heads)	禽蛋产量（吨）Output of Poultry Eggs (ton)	水产品产量（吨）Output of Aquatic Products (ton)
合肥市辖区	Hefei Reigon of City	102839	371	2583	1270.17	1808	13541
长丰县	Changfeng	564075	11502	72612	1362.12	11861	27057
肥东县	Feidong	690341	9899	83461	1656.74	31466	39270
肥西县	Feixi	364910	4501	60803	3818.00	36310	33100
淮北市辖区	Huaibei Reigon of City	161470	6550	116905	414.99	9676	8996
濉溪县	Suixi	455472	44230	476866	641.08	24664	16345
亳州市辖区	Bozhou Reigon of City	666172	137406	712540	706.88	42347	25915
涡阳县	Guoyang	842302	125631	880599	722.70	22655	6955
蒙城县	Mengcheng	795259	299053	567876	736.26	21448	9180
利辛县	Lixin	1026222	193688	702010	584.63	21697	9791
宿州市辖区	Suzhou Reigon of City	668264	37870	735791	1148.67	40928	16000
砀山县	Dangshan	285500	17820	716400	248.00	24857	2200
萧县	Xiaoxian	359631	102036	939986	1001.00	31265	3500
灵璧县	Lingbi	788895	112295	579015	1370.07	87282	6950
泗县	Sixian	536373	97275	520769	1216.35	33580	6200
蚌埠市辖区	Bengbu Reigon of City	38844	2391	9322	296.80	1717	13860
怀远县	Huaiyuan	487995	74759	330180	760.10	5861	29976
五河县	Wuhe	416239	43111	131531	1354.34	13415	42040
固镇县	Guzhen	439130	78108	389809	1362.90	15781	8820
阜阳市辖区	Fuyang Reigon of City	845301	87076	651874	544.61	17766	15156
界首市	Jieshou	308258	37938	377889	366.00	9101	4198
临泉县	Linquan	903721	168733	680209	834.40	22420	7682
太和县	Taihe	849551	86370	260654	435.00	13510	8010
阜南县	Funan	655859	82959	403186	527.37	21696	16525
颍上县	Yingshang	586396	100840	463584	614.00	24596	33120
淮南市辖区	Huainan Reigon of City	139450	36185	49844	490.67	13903	23040
凤台县	Fengtai	282483	64621	139736	589.00	18130	21060
毛集区	Maoji District	57688	5848	23965	105.00	3319	
滁州市辖区	Chuzhou Reigon of City	177082	3680	78112	613.84	3263	16330
天长市	Tianchang	382619	922	13506	589.89	20726	47569
明光市	Mingguang	474034	27913	170016	514.12	12689	54462
来安县	Laian	310771	5470	36455	946.00	8697	19291
全椒县	Quanjiao	217708	4034	38325	801.00	7007	29000
定远县	Dingyuan	1008286	29871	424287	951.00	17888	19672
凤阳县	Fengyang	348790	30625	118155	636.00	17450	28109
六安市辖区	Luan Reigon of City	500821	4166	42244	1059.65	9043	31902
寿县	Shouxian	750246	46502	340760	1499.00	46312	73791
霍邱县	Huoqiu	1587072	42144	351137	2641.29	67558	53420
舒城县	Shucheng	290393	3151	3559	1307.71	15450	16062

12—36 续表 continued

县（市） County (City)		出栏猪（头） Sjaughtered Fattened Hogs (heads)	出栏牛（头） Sjaughtered Cattle and Buffaloes (heads)	出栏羊（只） Sjaughtered Sheep and Goats (heads)	出栏家禽（万只） Sjaughtered Poultry (10000 heads)	禽蛋产量（吨） Output of Poultry Eggs (ton)	水产品产量（吨） Output of Aquatic Products (ton)
金寨县	Jinzhai	225700	25585	31659	199.00	5240	4260
霍山县	Huoshan	92466	2888	10428	121.76	907	2200
叶集区	Yeji District	114811	178	33282	180.00	2487	626
马鞍山市辖区	Maanshan Reigon of City	44355	463	16126	66.83	784	2399
当涂县	Dangtu	156230	631	65000	777.00	4000	60010
巢湖市辖区	Chaohu Reigon of City	262865	5649	13017	1586.00	24691	34000
庐江县	Lujiang	304149	8963	5214	1401.00	20864	42170
无为县	Wuwei	349081	9685	7250	2350.00	40215	63837
含山县	Hanshan	102605	1339	50086	691.00	7680	19622
和县	Hexian	158369	2351	14847	1820.00	6184	24329
芜湖市辖区	Wuhu Reigon of City	19782	91	685	344.00	552	1918
芜湖县	Wuhu	164000	1180	16500	597.00	14900	32087
繁昌县	Fanchang	78522	1426	3555	253.00	3630	25703
南陵县	Nanling	215800	4320	9000	530.00	17500	28500
宣城市辖区	Xuancheng Reigon of City	228439	6839	25090	1247.56	16192	42815
宁国市	Ningguo	173148	2121	26556	1333.00	7405	4200
郎溪县	Langxi	89212	1031	23231	609.34	3533	21100
广德县	Guangde	155230	1426	25995	1871.25	5220	9500
泾县	Jingxian	153375	4373	9830	456.57	6256	2990
旌德县	Jingde	60649	9489	1170	85.10	935	1519
绩溪县	Jixi	135995	4707	711	38.60	1193	1920
铜陵市辖区	Tongling Reigon of City	21755	103	1553	113.60	896	1612
铜陵县	Tongling	64486	334	1655	210.00	2435	16810
池州市辖区	Chizhou Reigon of City	246336	3038	2286	461.88	7408	46518
东至县	Dongzhi	271918	8282	13619	380.36	7901	34500
石台县	Shitai	35447	682	853	9.20	268	134
青阳县	Qingyang	62472	883	325	159.81	3654	4980
安庆市辖区	Anqing Reigon of City	51980	545	389	135.00	4077	14066
桐城市	Tongcheng	309391	1525	2280	541.00	47231	34420
怀宁县	Huaining	281464	6710	2280	512.00	17144	33280
枞阳县	Zongyang	213663	6775	1681	626.76	16710	78042
潜山县	Qianshan	219060	3015	9820	215.00	8956	3800
太湖县	Taihu	386439	17719	1860	387.70	10256	15200
宿松县	Susong	282681	10030	6051	233.38	5593	50000
望江县	Wangjiang	250512	6588	6175	366.00	7939	39500
岳西县	Yuexi	164170	2786	19928	72.86	1312	850
黄山市辖区	Huangshan Reigon of City	183644	5640	979	227.00	4994	11459
歙县	Shexian	238887	1082	1592	92.50	5810	1184
休宁县	Xiuning	257916	1459	1816	80.00	2174	2389
黟县	Yixian	43768	751	476	16.00	990	256
祁门县	Qimen	59208	526	2078	18.80	2500	471

12—37　各县（市）农业机械化及主要能源、物资消耗情况（2003年）

Mechanization of Agriculture and Consumption of Main Energy and Material by County or City (2003)

县（市）	County (City)	农业机械总动力（千瓦）Total Power of Agricultural Machinery (kw)	农用排灌机械（台）Number of Diesel Engines (unit)	农村用电量（万千瓦时）Electricity Consumed in Rural Areas (10000 kwh)	农用化肥施用量（吨）Consumption of Chemical Fertilizers (ton)	农用塑料薄膜使用量（吨）Consumption of Plastic Film for Farm Use (ton)	农药使用量（吨）Consumption of Agricultural Pesticide (ton)
合肥市辖区	Hefei Reigon of City	117237	1842	5967.44	17397	363	176
长丰县	Changfeng	529028	4572	13000.00	87717	2882	1212
肥东县	Feidong	443392	57530	6806.57	54362	408	512
肥西县	Feixi	385888	10431	8422.00	44820	1005	1875
淮北市辖区	Huaibei Reigon of City	141668	1970	4008.55	6471	610	571
濉溪县	Suixi	1465549	11315	4195.90	72078	792	1244
亳州市辖区	Bozhou Reigon of City	1195229	26773	13000.00	49836	1543	1024
涡阳县	Guoyang	1092869	5606	7446.00	66394	979	1235
蒙城县	Mengcheng	1286364	12154	8615.00	73086	2084	1796
利辛县	Lixin	851869	16476	7414.00	61379	2264	963
宿州市辖区	Suzhou Reigon of City	931798	5481	6147.85	261156	3758	2047
砀山县	Dangshan	844037	8140	5880.00	34740	2106	6131
萧县	Xiaoxian	857775	7954	8106.00	44354	1602	1987
灵璧县	Lingbi	913077	6439	6737.83	55937	1554	1344
泗县	Sixian	839366	9299	4367.41	53206	1219	853
蚌埠市辖区	Bengbu Reigon of City	198924	1593	4846.00	9788	552	324
怀远县	Huaiyuan	1676015	4525	12542.00	104014	2456	1795
五河县	Wuhe	746652	2030	5525.00	59280	3000	1039
固镇县	Guzhen	706690	1773	5585.00	62477	2954	1190
阜阳市辖区	Fuyang Reigon of City	446555	9824	9859.72	78614	1495	649
界首市	Jieshou	261500	6890	7043.00	25719	537	213
临泉县	Linquan	836587	139188	9786.00	60338	1969	748
太和县	Taihe	905872	14783	12235.00	71907	606	786
阜南县	Funan	637467	11050	7876.00	33605	6413	1116
颍上县	Yingshang	731913	14242	12489.00	48671	940	1462
淮南市辖区	Huainan Reigon of City	669384	8093	25065.00	27213	341	1203
凤台县	Fengtai	614950	3828	9800.00	41499	185	1562
毛集区	Maoji District			2700.00	8657	35	224
滁州市辖区	Chuzhou Reigon of City	272246		7334.00	20375	276	373
天长市	Tianchang	657839	4748	11554.00	41981	371	605
明光市	Mingguang	382347	2639	5424.00	39362	839	637
来安县	Laian	424248	21088	4957.00	31928	510	447
全椒县	Quanjiao	323542	7621	4283.00	28345	432	551
定远县	Dingyuan	694874	6126	5837.00	70721	556	1036
凤阳县	Fengyang	611289	14839	11429.00	45930	346	983
六安市辖区	Luan Reigon of City	789770	27452	7947.00	49206	1036	1339
寿县	Shouxian	987841	54534	6492.00	97996	394	4170
霍邱县	Huoqiu	1020352	4310	10141.08	65401	1682	1661
舒城县	Shucheng	519811	38849	6330.46	23825	410	977

12—37 续表 continued

县（市） County (City)	农业机械总动力（千瓦）Total Power of Agricultural Machinery (kw)	农用排灌机械（台）Number of Diesel Engines (unit)	农村用电量（万千瓦时）Electricity Consumed in Rural Areas (10000 kwh)	农用化肥施用量（吨）Consumption of Chemical Fertilizers (ton)	农用塑料薄膜使用量（吨）Consumption of Plastic Film for Farm Use (ton)	农药使用量（吨）Consumption of Agricultural Pesticide (ton)
金寨县 Jinzhai	137778	10195	2503.00	16297	752	107
霍山县 Huoshan	141888	7423	1572.15	6003	159	136
叶集区 Yeji District			1056.00	15344	142	106
马鞍山市辖区 Maanshan Reigon of City	82845	9016	2843.00	2873	249	116
当涂县 Dangtu	413166	71462	8562	20804	381	1751
巢湖市辖区 Chaohu Reigon of City	342416	15136	22320	29437	580	1092
庐江县 Lujiang	611292	55392	11855	53808	332	1587
无为县 Wuwei	483078	77394	21200	49319	1087	1557
含山县 Hanshan	211197	33387	6685	22927	86	512
和县 Hexian	328379	51213	9210	44689	1726	1080
芜湖市辖区 Wuhu Reigon of City	48625	6235	5210	5763	32	104
芜湖县 Wuhu	298501	65071	6171	22457	228	742
繁昌县 Fanchang	226230	34177	39100	13029	834	344
南陵县 Nanling	261009	46363	7815	20245	545	650
宣城市辖区 Xuancheng Reigon of City	511723	49112	7265.69	35209	1432	1475
宁国市 Ningguo	143922	8410	3323.53	10285	157	281
郎溪县 Langxi	196945	13076	1593.8	23717	93	497
广德县 Guangde	454335	31998	10306	10153	177	520
泾县 Jingxian	130041	10129	4245	7638	420	313
旌德县 Jingde	47070	2693	834.26	6616	68	89
绩溪县 Jixi	51964	9802	1393	5286	133	246
铜陵市辖区 Tongling Reigon of City	60315	2473	2541.3	2904	33	247
铜陵县 Tongling	265115	25880	5555	14180	285	405
池州市辖区 Chizhou Reigon of City	239834	20026	4800.95	16148	198	1436
东至县 Dongzhi	247821	7096	3414.5	18748	186	1580
石台县 Shitai	77301	1530	624.04	1904	29	157
青阳县 Qingyang	131427	9429	2088.9	7481	72	497
安庆市辖区 Anqing Reigon of City	125533	8606	3000	6613	293	532
桐城市 Tongcheng	334743	21337	11923	11928	439	1127
怀宁县 Huaining	266403	13884	8763.7	15207	652	1233
枞阳县 Zongyang	337536	13560	10057	20158	382	1241
潜山县 Qianshan	154581	2561	3361	22728	298	656
太湖县 Taihu	121277	7580	3869.67	21513	414	2297
宿松县 Susong	188101	4135	8186	25892	486	1809
望江县 Wangjiang	193867	5217	3090.8	32396	493	1915
岳西县 Yuexi	56450	409	2130.43	9673	212	206
黄山市辖区 Huangshan Reigon of City	162471	8643	3449	8024	480	422
歙县 Shexian	150790	4716	2651	14178	617	1009
休宁县 Xiuning	94921	5666	1652	7137	382	409
黟县 Yixian	33968	1392	938	2623	86	131
祁门县 Qimen	69925	2248	888	1716	411	169

12—38 各县（市）农田水利情况（2003年）

Statement of Water Conservancy by County or City (2003)

单位：千公顷 (1000 hectares)

县（市）	County (City)	有效灌溉面积 Irrigated Areas	节水灌溉面积 Irrigated Area With Saved Water	旱涝保收面积 Area With Stable Yields Despite Drought or Waterlogging	机电排灌面积 Electrical Irrigation and Drainage Area	除涝面积 Flooded or Waterlogged Area Under Control	防洪耕地面积 Cultivated Area With Flood Prevention Measures
合肥市辖区	Hefei Reigon of City	11.14	4.28	6.96	10.67	3.41	4.00
长丰县	Changfeng	94.30	2.43	54.90	85.23	4.48	4.87
肥东县	Feidong	100.83	3.20	81.00	74.19	4.56	4.56
肥西县	Feixi	65.72	25.84	47.55	28.26	7.95	8.85
淮北市辖区	Huaibei Reigon of City	9.93	5.10	8.97	9.75	9.13	10.58
濉溪县	Suixi	70.12	29.14	50.07	72.67	114.37	100.00
亳州市辖区	Bozhou Reigon of City	68.78	15.37	40.12	68.78	105.19	
涡阳县	Guoyang	65.33	3.50	39.82	65.33	110.18	
蒙城县	Mengcheng	79.70	3.52	52.40	91.65	99.84	89.20
利辛县	Lixin	60.72	3.19	40.30	62.16	88.70	55.00
宿州市辖区	Suzhou Reigon of City	97.09	16.38	56.40	100.70	83.41	85.96
砀山县	Dangshan	50.16	24.81	36.70	50.16	36.38	30.00
萧县	Xiaoxian	69.88	37.66	41.74	68.44	62.43	59.28
灵璧县	Lingbi	70.39	14.29	40.33	67.49	99.98	109.10
泗县	Sixian	65.58	13.84	38.24	65.52	67.58	86.67
蚌埠市辖区	Bengbu Reigon of City	15.66	3.52	12.29	20.17	6.64	7.59
怀远县	Huaiyuan	89.38	8.24	77.55	98.26	91.60	126.65
五河县	Wuhe	47.84	4.59	38.75	81.93	58.88	64.40
固镇县	Guzhen	39.57	5.65	27.29	40.51	62.69	74.86
阜阳市辖区	Fuyang Reigon of City	70.85	5.06	48.01	83.33	86.04	102.48
界首市	Jieshou	24.06	1.95	15.42	24.24	29.65	20.45
临泉县	Linquan	59.23	9.48	29.19	62.61	68.45	18.59
太和县	Taihe	53.41	13.64	42.07	53.41	100.77	100.29
阜南县	Funan	57.02	2.48	29.44	84.49	59.54	26.60
颍上县	Yingshang	81.63	38.10	56.00	110.74	76.40	85.33
淮南市辖区	Huainan Reigon of City	37.97	5.10	29.72	61.94	14.47	35.98
凤台县	Fengtai	43.70	17.31	38.20	51.86	18.41	46.00
毛集区	Maoji District	7.26	4.89	5.62	9.08	6.19	10.17
滁州市辖区	Chuzhou Reigon of City	27.58	2.64	24.68	13.67	3.15	4.71
天长市	Tianchang	49.26	1.20	45.05	41.17	11.20	15.67
明光市	Mingguang	46.57	3.42	39.17	30.18	14.93	14.97
来安县	Laian	42.34	1.09	36.24	20.74	12.06	14.00
全椒县	Quanjiao	39.68	1.60	33.83	19.20	6.29	7.27
定远县	Dingyuan	78.97	1.36	48.90	37.39	1.08	1.08
凤阳县	Fengyang	56.74	0.68	42.44	45.78	9.81	14.31
六安市辖区	Luan Reigon of City	92.25	67.60	58.02	33.36	8.01	8.04
寿县	Shouxian	97.17	78.91	84.72	53.43	18.92	89.15
霍邱县	Huoqiu	114.47	78.51	108.54	60.98	27.74	74.95
舒城县	Shucheng	41.31	16.76	34.30	10.31	10.09	30.00

12—38 续表1 continued

单位：千公顷 (1000 hectares)

县（市）	County (City)	有效灌溉面积 Irrigated Areas	节水灌溉面积 Irrigatcd Area With Saved Water	旱涝保收面积 Area With Stable Yields Despite Drought or Waterlogging	机电排灌面积 Electrical Irrigation and Drainage Area	除涝面积 Flooded or Waterlogged Area Under Control	防洪耕地面积 Cultivated Area With Flood Prevention Measures
金寨县	Jinzhai	17.22	10.07	14.69	3.00	0.21	1.67
霍山县	Huoshan	13.97	6.67	9.52	3.13	0.81	1.82
叶集区	Yeji District						
马鞍山市辖区	Maanshan Reigon of City	4.88	1.15	4.75	5.23	2.71	3.49
当涂县	Dangtu	46.95	2.66	43.84	43.02	42.56	46.83
巢湖市辖区	Chaohu Reigon of City	48.24	1.98	40.83	46.53	10.83	17.99
庐江县	Lujiang	73.32	21.08	63.61	91.85	34.99	44.64
无为县	Wuwei	85.73	2.13	76.20	110.30	67.07	69.95
含山县	Hanshan	22.61	1.06	19.43	19.67	8.45	13.67
和县	Hexian	49.83	0.97	45.41	57.16	37.53	51.00
芜湖市辖区	Wuhu Reigon of City	5.78		5.57	5.87	4.62	5.83
芜湖县	Wuhu	28.35		25.05	28.35	24.77	23.53
繁昌县	Fanchang	19.97	0.80	18.37	22.31	16.05	19.63
南陵县	Nanling	31.10	4.80	28.76	26.13	14.39	22.57
宣城市辖区	Xuancheng Reigon of City	50.51	1.50	41.27	34.15	26.18	26.21
宁国市	Ningguo	12.34	0.63	10.55	3.85		5.49
郎溪县	Langxi	22.56	1.06	21.32	15.02	8.60	11.01
广德县	Guangde	27.39	1.64	25.66	5.17	0.68	6.50
泾县	Jingxian	15.50	1.19	13.43	3.05	0.23	21.40
旌德县	Jingde	8.58	0.54	5.03	0.73		2.37
绩溪县	Jixi	6.06	0.29	4.84	1.26		2.68
铜陵市辖区	Tongling Reigon of City	5.40	0.06	2.91	5.38	0.48	1.20
铜陵县	Tongling	18.60	4.63	16.60	12.17	11.75	17.50
池州市辖区	Chizhou Reigon of City	30.77	0.13	30.75	29.81	23.29	24.05
东至县	Dongzhi	33.22	1.46	28.22	24.86	18.14	26.11
石台县	Shitai	3.40	0.50	2.10	0.33		0.93
青阳县	Qingyang	15.68	0.79	12.22	3.73	2.78	2.31
安庆市辖区	Anqing Reigon of City	7.43	0.36	6.17	10.21	5.49	7.08
桐城市	Tongcheng	34.06	1.24	29.47	22.00	11.54	17.06
怀宁县	Huaining	33.55	3.59	28.73	21.72	14.80	17.93
枞阳县	Zongyang	40.60	0.37	36.43	40.21	27.12	38.80
潜山县	Qianshan	23.29	1.30	21.45	10.04	5.58	13.40
太湖县	Taihu	20.40	0.70	16.61	4.42	2.07	2.40
宿松县	Susong	43.94	0.50	33.88	21.40	12.88	41.80
望江县	Wangjiang	32.08	0.50	29.84	19.80	26.59	36.73
岳西县	Yuexi	12.06	0.37	11.18	0.06		
黄山市辖区	Huangshan Reigon of City	14.56	1.50	10.87	4.90	0.57	4.48
歙县	Shexian	8.98	1.12	8.72	2.18		2.00
休宁县	Xiuning	11.02	0.61	9.15	2.20	0.66	4.01
黟县	Yixian	4.92	0.22	4.00	0.16		0.91
祁门县	Qimen	6.94	1.50	3.75	1.05		1.60

12—38　续表2　continued

县（市）	County (City)	已建成水库（座）Number of Reservoirs Built (unit)	已解决饮水人数（万人）Population With Drinkable Water in Rural Area (10000 persons)	水土流失治理面积（千公顷）Area of Soil Erosion Under Control (1000 hectares)	农作物受灾面积（千公顷）Area of Farm Crops by Natural Disaster (1000 hectares)	水灾成灾面积（千公顷）Area Affected by Flood (1000 hectares)	旱灾成灾面积（千公顷）Area Affected by Drought (1000 hectares)
合肥市辖区	Hefei Reigon of City	26	0.92		2.53	1.60	
长丰县	Changfeng	207	10.15		134.51	27.47	38.67
肥东县	Feidong	226	6.08	16.80	124.57	25.14	28.46
服西县	Feixi	132	9.77		87.16	6.72	23.89
淮北市辖区	Huaibei Reigon of City		7.77	1.84	7.14	4.84	0.40
濉溪县	Suixi	5	9.64	10.94	89.52	49.97	
亳州市辖区	Bozhou Reigon of City		2.80		148.17	119.35	
涡阳县	Guoyang		1.52		181.79	66.50	
蒙城县	Mengcheng		1.52		166.95	84.77	
利辛县	Lixin		2.38		173.57	107.54	
宿州市辖区	Suzhou Reigon of City	29	13.89	9.74	172.19	56.37	
砀山县	Dangshan	3	10.96	1.89	80.28	33.31	
萧县	Xiaoxian	29	19.07	20.61	139.38	81.18	
灵璧县	Lingbi	8	5.44	4.50	147.27	78.53	
泗县	Sixian	14	11.81	7.00	126.99	70.55	
蚌埠市辖区	Bengbu Reigon of City	5	7.14		19.41	11.88	
怀远县	Huaiyuan	2	7.59	1.00	150.67	98.32	
五河县	Wuhe	35	30.48	6.50	104.84	74.57	
固镇县	Guzhen		1.25		100.64	72.67	
阜阳市辖区	Fuyang Reigon of City		2.46		146.64	99.81	
界首市	Jieshou		1.79		35.28	27.27	
临泉县	Linquan		11.32		144.71	98.32	
太和县	Taihe		2.51		131.74	80.37	
阜南县	Funan		13.71		175.19	123.50	
颍上县	Yingshang		12.32		90.90	74.67	
淮南市辖区	Huainan Reigon of City	5	1.29	2.46	59.37	28.39	18.02
凤台县	Fengtai	1	3.29	1.78	64.35	25.82	24.04
毛集区	Maoji District		0.25		16.67	7.02	8.31
滁州市辖区	Chuzhou Reigon of City	151	22.56	17.85	37.05	14.89	12.23
天长市	Tianchang	131	25.42	6.45	53.86	19.64	14.55
明光市	Mingguang	168	28.25	49.12	53.98	37.94	
来安县	Laian	105	29.23	31.80	57.23	28.41	14.55
全椒县	Quanjiao	87	19.33	27.85	40.40	25.76	14.55
定远县	Dingyuan	303	70.86	32.20	95.38	57.05	17.58
凤阳县	Fengyang	114	33.28	27.15	66.21	43.68	8.48
六安市辖区	Luan Reigon of City	438	31.97	9.71	117.17	54.24	
寿县	Shouxian	160	12.48		130.20	95.63	21.53
霍邱县	Huoqiu	366	15.77		126.67	99.63	27.04
舒城县	Shucheng	67	6.05	72.30	57.96	29.01	15.83

12—38 续表3 continued

县（市） County (City)	已建成水库（座） Number of Reservoirs Built (unit)	已解决饮水人数（万人） Population With Drinkable Water in Rural Area (10000 persons)	水土流失治理面积（千公顷） Area of Soil Erosion Under Control (1000 hectares)	农作物受灾面积（千公顷） Area of Farm Crops by Natural Disaster (1000 hectares)	水灾成灾面积（千公顷） Area Affected by Flood (1000 hectares)	旱灾成灾面积（千公顷） Area Affected by Drought (1000 hectares)
金　寨　县 Jinzhai	48	15.86	116.86	67.10	22.06	1.73
霍　山　县 Huoshan	55	8.90	72.54	14.93	7.40	2.93
叶　集　区 Yeji District				15.03	9.98	1.71
马鞍山市辖区 Maanshan Reigon of City	12	0.33		0.90	0.68	0.15
当　涂　县 Dangtu	22	1.69	8.15	65.24	9.93	17.31
巢湖市辖区 Chaohu Reigon of City	70	6.45	52.50	64.95	13.08	21.35
庐　江　县 Lujiang	98	18.83	54.45	70.31	52.88	3.23
无　为　县 Wuwei	26	9.77	15.90	105.37	93.13	2.72
含　山　县 Hanshan	61	8.18	30.80	27.00	16.25	4.66
和　　县 Hexian	67	6.53	27.10	37.85	17.67	11.40
芜湖市辖区 Wuhu Reigon of City				1.24	0.69	0.29
芜　湖　县 Wuhu		8.74	1.26	15.99	2.01	10.82
繁　昌　县 Fanchang	26	3.54	11.07	13.37	2.85	7.92
南　陵　县 Nanling	55	4.18	19.96	15.24	1.78	5.32
宣城市辖区 Xuancheng Reigon of City	33	23.26	23.62	50.12	0.44	22.20
宁　国　市 Ningguo	79	9.15	24.67	8.94	1.03	5.88
郎　溪　县 Langxi	41	7.70	14.40	30.51		10.26
广　德　县 Guangde	66	22.38	19.60	25.15		15.20
泾　　县 Jingxian	50	7.98	45.95	11.39		6.20
旌　德　县 Jingde	37	6.13	20.78	8.08	0.47	4.66
绩　溪　县 Jixi	35	8.41	28.96	9.50		5.71
铜陵市辖区 Tongling Reigon of City	2	0.07	0.10	1.53	0.88	0.44
铜　陵　县 Tongling	38	2.54	1.03	12.05	4.67	6.40
池州市辖区 Chizhou Reigon of City	66	10.72	27.14	23.74	4.37	7.52
东　至　县 Dongzhi	198	3.75	173.68	19.71	7.60	7.30
石　台　县 Shitai	50	7.90	31.04	2.48	0.60	1.17
青　阳　县 Qingyang	60	1.51	21.84	12.27	4.73	5.65
安庆市辖区 Anqing Reigon of City	2	1.01	1.39	5.54	0.95	2.58
桐　城　市 Tongcheng	57	8.36	21.70	17.44	6.65	5.98
怀　宁　县 Huaining	78	3.93	19.12	13.11	1.46	4.88
枞　阳　县 Zongyang	78	12.60	28.20	21.60	5.70	4.43
潜　山　县 Qianshan	79	10.61	69.48	13.09	2.47	5.51
太　湖　县 Taihu	85	10.52	78.02	17.26	4.66	6.20
宿　松　县 Susong	44	7.29	16.60	31.74	4.59	18.20
望　江　县 Wangjiang	31	9.75	9.95	32.82	1.80	20.65
岳　西　县 Yuexi	68	8.90	170.00	12.66	4.75	5.75
黄山市辖区 Huangshan Reigon of City	79	13.28	66.29	15.07	0.50	6.03
歙　　县 Shexian	21	27.15	83.72	28.55	8.87	10.39
休　宁　县 Xiuning	70	8.06	56.25	9.90		4.31
黟　　县 Yixian	23	3.00	34.23	4.83	0.81	3.58
祁　门　县 Qimen	39	5.74	28.29	4.17	0.39	1.47

主要统计指标解释

农林牧渔业总产值　农林牧渔业总产值是以货币表现的农林牧渔业的全部产品总量和对农林牧渔业生产活动进行的各种支持性服务活动的价值。它反映一定时期内农林牧渔业生产总规模和总成果，是观察农林牧渔业生产水平和发展速度，研究农林牧渔业内部比例关系、农林牧渔业与工业、农林牧渔业与国家建设、人民生活比例关系的重要指标，同时也是计算农林牧渔业劳动生产率和农林牧渔业增加值的基础资料。1957 年以前的农业总产值中包括了厩肥和农民自给性手工业(如农民自制衣服、鞋、袜，自己从事粮食初步加工等)。1958 年及以后的农业总产值，林业中增加了村及村以下竹木采伐产值；牧业中取消了厩肥产值；副业中取消了农民自给性手工业产值，增加了村及村以下办的工业产值；渔业中增加了海洋捕捞水产品产值。1980 年及以后的农业总产值，在副业中增加了农民家庭兼营工业商品部分的产值。从 1984 年起村及村以下工业产值划归工业。从 1993 年起取消副业，将野生动物的捕猎划入牧业、野生植物采集和农民家庭兼营商品性工业划归农业。2003 年起，取消农业中的农民家庭兼营商品性工业，增加了农林牧渔服务业。

粮食产量　指全社会的产量。包括国有经济经营的、集体统一经营的和农民家庭经营的粮食产量，还包括工矿企业办的农场和其他生产单位的产量。粮食除包括稻谷、小麦、玉米、高粱、谷子及其他杂粮外，还包括薯类和豆类。其产量计算方法，豆类按去豆荚后的干豆计算；薯类(包括甘薯和马铃薯，不包括芋头和木薯)1963 年以前按每 4 公斤鲜薯折 1 公斤粮食计算，从 1964 年开始改为按 5 公斤鲜薯折 1 公斤粮食计算。城市郊区作为蔬菜的薯类(如马铃薯等)按鲜品计算，并且不作粮食统计。其他粮食一律按脱粒后的原粮计算。

油料产量　指全部油料作物的生产量。包括花生、油菜籽、芝麻、向日葵籽、胡麻籽（亚麻籽）和其他油料。不包括大豆、木本油料和野生油料。花生以带壳干花生计算。

水产品产量　指人工养殖的水产品和天然生长的水产品的捕捞量。包括海水的鱼类、虾蟹类、贝类和藻类以及内陆水域的鱼类、虾蟹类和贝类，不包括淡水生植物。

猪、牛、羊肉产量　指当年出栏并已屠宰、除去头蹄下水后带骨肉(即胴体重)的重量。

期初(末)畜禽存栏头(只)数　指报告期初(末)农村各种合作经济组织和国营农场、农民个人、机关、团体、学校、工矿企业、部队等单位以及城镇居民饲养的大牲畜、猪、羊、家禽等畜禽的存栏数。

耕地面积　指可以用来种植农作物、经常进行耕锄的田地，包括熟地、当年新开荒地、连续撂荒未满三年的耕地和当年的休闲地(轮歇地)，还包括以种植农作物为主并附带种植桑树、茶树、果树和其他林木的土地，以及沿海、沿湖地区已围垦利用的“海涂”、“湖田”等面积。不包括属于专业性的桑园、茶园、果园、果木苗圃、林地、芦苇地、天然或人工草地面积。

农作物播种面积　指实际播种或移植有农作物的面积。凡是实际种植有农作物的面积，不论种植在耕地上还是种植在非耕地上，均包括在农作物播种面积中。在播种季节基本结束后，因遭灾而重新改种和补种的农作物面积，也包括在内。

有效灌溉面积　指具有一定的水源，地块比较平整，灌溉工程或设备已经配套，在一般年景下当年能够进行正常灌溉的耕地面积。

农用化肥施用量　指本年内实际用于农业生产的化肥数量，包括氮肥、磷肥、钾肥和复合肥。化肥施用量要求按折纯量计算数量。折纯量是指把氮肥、磷肥、钾肥分别按含氮、含五氧化二磷、含氧化钾的百分之一百成份进行折算后的数量。复合肥按其所含主要成分折算。

农业机械总动力 指主要用于农、林、牧、渔业的各种动力机械的动力总和。包括耕作机械、排灌机械、收获机械、农用运输机械、植物保护机械、牧业机械、林业机械、渔业机械和其他农业机械〔内燃机按引擎马力折成瓦(特)计算、电动机按功率折成瓦(特)计算〕。不包括专门用于乡、镇、村、组办工业、基本建设、非农业运输、科学试验和教学等非农业生产方面用的动力机械与作业机械。

农林牧渔业劳动力 指全社会直接参加农林牧渔业生产活动的劳动力。

Explanatory Notes for Major Statistical Indicators

Gross Output Value of Farming, Forestry, Animal Husbandry and Fishery refers to the total value of products and all kinds of supporting services of farming, forestry, animal husbandry and fishery, which reflects the total scale and result of agricultural production during a given period. It is an important indicator to observe the production level and the development speed of farming, forestry, animal husbandry and fishery and to research into the interior proportion relations of farming, forestry, animal husbandry and fishery, the proportion relations of farming, forestry, animal husbandry and fishery to industry, national construction and the lives of the people. It is also the basic data to calculate the labor productivity and value-added of farming, forestry, animal husbandry and fishery. Prior to 1957, Chinas gross agricultural output value included barnyard manure and handicraft products for self-consumption (clothes, shoes, stockings, and initial grain processing undertaken by peasant s). Since 1958, cutting and felling of bamboo and trees by villages and other cooperative organizations under villages have been included in forestry; value of barnyard manure has been excluded from animal husbandry; self consumed handicraft s has been excluded from sideline occupations, while the output value of industries run by villages and cooperative organizations under village had been included in sideline occupations and the out put value of fish catches by mot or fishing boats has been added to fishery. Since 1980, the value of handicraft products made for sale by individuals in households had been added to sideline occupations. Since 1984, industries run by villages and under villages have been included in the sector of industry. Since 1993, the subdivision of sideline occupations has been canceled, and the hunting of wild animals has been classified into animal husbandry, and the gathering of wild plants and commodity industry run by rural household have been included in farming. Since 2003, the commercial industrial activities undertaken by rural households as sideline production have been cancelled and the farming, forestry, animal husbandry and fishery services have been included in farming.

Grain Yield refers to the yield in the whole country including grains produced by state farms, collective units, industrial enterprises and mines. Grain includes rice, wheat, corn, sorghum, millet and other miscellaneous grains as well as tubers and beans. Output of beans refers to dry beans without pods. The output of tubers (sweet potatoes and potatoes, not including taros and cassava) was converted into that of grain at the ratio 4:1, i.e. 4 kilograms of fresh tubers was equivalent to 1 kilogram of grain up to 1963.Since 1964 the ratio for conversion has been 5:1. Tubers supplied as vegetables (such as potatoes) in cities and suburbs are calculated as fresh vegetables and their output is not included in the output of grain. Output of all other grains refers to husked grain.

Yield of Oil-bearing Crops refers to the total yield of oil bearing crops of various kinds, including peanuts, (dry, in shell) rapeseeds, sesame, sunflower seeds, flax seeds, and other oil bearing crops. Soybeans, oil-bearing woody plants, and wild oil-bearing crops are not included.

Output of Aquatic Products refers to catches of both artificially cultured and naturally grown aquatic products, including fish, shrimps, crabs and shellfish in sea and inland water as well as seaweed. Freshwater plants are not included.

Output of Pork, Beef, and Mutton refers to the meat of slaughtered hogs, cattle, sheep and goats with head, feet, and offal taken away.

Number of Livestock or Poultry in Stock at Beginning (or End) refers to the total number of large animals, pigs, sheep, fowls, etc. raised by rural cooperative organizations, state farms, rural individuals, government agencies, schools, industrial and mining enterprises, army, and urban residents at the beginning (or end) of the reference period.

Cultivated Area (Area under cultivation) refers to farmland which is plowed constantly for growing crops, including cultivated land, newly cultivated land in the current year, farmland left without cultivation for less than three years and fallow land in the current year, rotation land, rotation land of grass and crops, farmland with some fruit trees, mulberry trees and other trees and cultivated seashore land, lake land, and etc. The land of mulberry fields, tea plantations, orchards, nurseries of young plants, forest land, reed land, natural and man-made grassland and other land are not included in cultivated land.

Sown Area of Crops refers to area of land sown or transplanted with crops regardless of being in cultivated area or non cultivated area. Area of land re-sown due to natural disasters is also included.

Irrigated Area refers to areas that are effectively irrigated, i.e. level land which has water source and complete sets of irrigation facilities to lift and move adequate water for irrigation purpose under normal conditions.

Consumption of Chemical Fertilizers in Agriculture refers to the quantity of chemical fertilizers applied in agriculture in the year, including nitrogenous fertilizer, phosphate fertilizer, potash fertilizer, and compound fertilizer. The consumption of chemical fertilizers is required in calculation to convert the gross weight into weight containing 100% effective component (e.g. 100% nitrogen content in nitrogenous fertilizer, 100% phosphorous pentoxide contents in phosphate fertilizer, 100% potassium oxide contents in potash fertilizer). Compound fertilizer is converted with its major component.

Total Power of Farm Machinery refers to total mechanical power of machinery used in farming, forestry, animal husbandry, and fishery, including ploughing, irrigation and drainage, harvesting, transport, plant protection, stock breeding, forestry and fishery. The power of internal combustion engines is required to convert horsepower into watts and the power of electric motors is required to be converted into watts. Machinery employed for non agricultural purposes, such as the machines used in township run and village-run industry, construction, non agricultural transport, scientific experiments and teaching, is excluded.

Labour Force Engaged in Farming, Forestry, Animal Husbandry and Fishery refers to the total laborers who are directly engaged in production of farming, forestry, animal husbandry and fishery.

工　　业

第十三篇

Chapter

13

INDUSTRY

简要说明

一、本篇主要包括以下几部分汇总资料：

1. 全部工业企业按经济类型、行业分组的企业单位数和工业总产值(其中1995年后工业总产值均按新规定计算)。

2. 全部国有及年产品销售收入在 500 万元及以上的非国有工业企业按地区和行业分组的主要经济指标和经济效益指标，主要包括工业总产值、工业增加值、资本金、流动资产、固定资产、流动负债、所有者权益、产品销售收入、销售税金及附加、销售利润、利润总额、利税总额、工业增加值率、资金利税率、产值利税率、流动资产周转次数、全员劳动生产率等指标。

3. 大中型工业企业的主要经济指标。

4. 主要工业产品产量。

二、1998年开始工业统计范围为全部国有企业及年产品销售收入在500万元及以上非国有工业企业。

三、1995年及以后年份工业总产值为调整数。

四、资料来源：由省统计局工业交通处根据国家统计局工业统计报表制度由各地、市统计局收集、汇总、整理提供。

Brief Introduction

I. Data in this chapter cover the following parts:

1. The number of industrial enterprises, the gross industrial output value of all industrial enterprises classified by economic type and industrial division. (The gross industrial output value is calculated according to the new stipulation after 1995.)

2. Main economic indicators and efficiency indicators of all state-owned industrial enterprises, and of non-state enterprises each with an annual sales of over five million yuan, classified by region and by industrial division, including gross industrial output value, industrial value-added, capital, circulating assets, fixed assets, liquid liabilities, creditors's equity, sales revenue, sales tax and extra-charges, sales profit, total profits, ratio of value-added to gross industrial output value, ratio of profits and taxes to funds and output value, turnover of working capital and overall labor productivity.

3. Main economic indicators of large and medium size industrial enterprises.

4. Output of key industrial products.

II. Since 1998, the coverage of industrial statistics is all state-owned industrial enterprises and non-state enterprises each with an annual sales of over five million yuan.

III. Data on gross industrial output value have been adjusted since 1995.

IV. Source of data: All data are prepared and provided by the Division of Industrial and Transport Statistics, Anhui Statistical Bureau, in accordance with the industrial statistical reporting system of SSB. Data are collected, tabulated and processed by the statistical bureau in the prefectures and cities.

13—1 工业企业单位数和总产值

Number of Industrial Enterprises and Gross Industrial Output Value

分　类		Sector		2000	2001	2002	2003
企业单位数	**（个）**	**Number of Industrial Enterprises**	**(unit)**	**3680**	**3698**	**3918**	**4158**
在总计中：		Of the Total:					
国有及国有控股企业		State Controlling Share Hold Enterprises		1128	1013	900	747
在总计中：		Of the Total:					
集体企业		Collective-owned Enterprises		979	844	689	430
私营企业		Private Enterprises		533	770	1157	1630
港澳台商投资企业		Enterprises Funded by Entrepreneurs from Hong Kong, Macao and Taiwan		118	121	142	157
外商投资企业		Foreign Funded Enterprises		133	156	185	220
工业总产值	**（亿元）**	**Gross Industrial Output Value**	**(100 million yuan)**	**1661.44**	**1824.64**	**2123.61**	**2610.21**
在总计中：		Of the Total:					
国有及国有控股企业		State Controlling Share Hold Enterprises		1044.54	1113.23	1209.27	1438.88
在总计中：		Of the Total:					
集体企业		Collective-owned Enterprises		177.65	164.67	133.60	99.95
私营企业		Private Enterprises		77.16	127.07	206.83	360.34
港澳台商投资企业		Enterprises Funded by Entrepreneurs from Hong Kong, Macao and Taiwan		60.84	91.26	111.72	148.32
外商投资企业		Foreign Funded Enterprises		152.40	155.54	222.70	299.22

注：工业产值按当年价格计算。

a)　Industrial output value is calculated at current prices.

13—2 工业增加值

Value-added of Industry

（本表按当年价格计算）单位：亿元　　（Daya in this table are calculated at current prices. 100 million yuan)

年　份 Year	工业增加值 Value-added of Industry	#国有及国有控股企业 State-owned or Controlling Share Hold Industry	#集体企业 Collective-owned Industry	#私营企业 Private Enterprises	#其他经济类型企业 Industry of Other Types of Ownership
1998	444.96	311.15	58.47	9.08	174.99
1999	494.51	343.86	56.31	12.88	203.17
2000	507.08	340.42	49.60	22.24	264.24
2001	577.18	376.62	46.74	35.79	329.46
2002	690.64	429.51	37.08	55.89	415.67
2003	881.52	532.98	30.11	98.85	

注：为限额以上工业企业（下同）。

a) They refered to industrial enterprises above designated size. The same as following tables.

13—3 全部国有及规模以上非国有工业企业工业增加值

Value-added of Industry of All State-owned and Non-state-owned Industrial Enterprises Above Designed Size

单位：万元 (10000 yuan)

行业	Sector	2000	2001	2002	2003
总　计	**Total**	**5070817**	**5771754**	**6906440**	**8815232**
总计中：	**Of the Total:**				
内资企业	Domestic Funded Enterprise	4515710	4990504	5836681	7403371
国有企业	State-owned Enterprise	1710007	1651846	1819994	2212827
集体企业	Collective-owned Enterprise	495969	467409	370800	301138
股份合作企业	Share Holding Cooperative Enterprises	164519	160736	151341	99231
联营企业	Joint Owned Enterprises	25345	11544	18261	14581
有限责任公司	Limited Liability Corporations	1017356	1353885	1848144	2250858
股份有限公司	Share-holding Corporations Ltd.	850475	983157	1059501	1529139
私营企业	Private Enterprises	222406	357866	558921	988537
其他企业	Other Enterprises	29632	4061	9721	7058
港澳台商投资企业	Enterprises Funded by Entrepreneurs from Hong Kong, Macao and Taiwan	176236	301645	379311	549344
外商投资企业	Foreign Funded Enterprises	381870	479605	690449	862517
总计中：	**Of the Total:**				
独资企业	Enterprise Owned by a Sole Investor	2408659	2432955	2560622	3055985
合作合伙企业	Cooperative Enterprises	249301	217090	237500	269736
股份有限公司	Share-holding Corporations Ltd.	925578	1018250	1121968	1620315
有限责任公司	Limited Liability Corporations	1490279	2103459	2986350	3869195
总计中：	**Of the Total:**				
国有及国有控股企业	State Controlling Share Hold Enterprises	3404235	3766189	4295078	5329765
总计中：	**Of the Total:**				
轻工业	Light Industry	2060242	2171192	2571291	2941692
重工业	Heavy Industry	3013575	3600562	4335149	5873540
总计中：	**Of the Total:**				
大型企业	Large-sized Enterprises	2707405	3224909	4172758	3965845
中型企业	Medium-sized Enterprises	776990	721173	906967	2942866
小型企业	Small Enterprises	1589622	1825673	1826715	1906521

13—3　续表　continued

单位：万元　(10000 yuan)

行业	Sector	2000	2001	2002	2003
按行业分	**Grouped by Sector**				
煤炭开采和洗选业	Coal Mining and Dressing	320867	411846	542120	629079
黑色金属矿采选业	Ferrous Metals Mining and Dressing	70179	73286	76583	83212
有色金属矿采选业	Nonferrous Metals Mining and Dressing	16182	18357	17557	20111
非金属矿采选业	Nonmetal Minerals Mining and Dressing	27057	33442	28085	28712
农副食品加工业	Agricultural and Non-staple Food Processing Industry	195844	208313	239297	324044
食品制造业	Food Manufacturing	57560	65357	73423	97937
饮料制造业	Beverage Manufacturing	290323	247361	246092	234689
烟草制品业	Tabacco Manufacturing	297583	367607	540723	635031
纺织业	Textile Industry	348431	339668	378763	376346
纺织服装、鞋、帽制造业	Textile Dress, Footwear and Headgear Manufacturing	35445	46199	45874	50077
皮革毛皮羽毛（绒）及其制品业	Leather, Furs, Down and Related Products	45722	48033	41571	66665
木材加工及木竹藤棕草制品业	Timber Processing, Bamboo, Cane, Palm Fiber and Straw Products	54401	58484	69614	103093
家具制造业	Furniture Manufacturing	10379	10799	10466	11317
造纸及纸制品业	Papermaking and Paper Products	58779	60681	72206	82468
印刷业和记录媒介的复制	Printing and Record Medium Reproduction	22843	42796	52100	56425
文教体育用品制造业	Cultural, Educational and Sports Goods Manufacturing	22542	28757	25000	31427
石油加工、炼焦及核燃料加工业	Petroleum Processing, Coking and Nuclear Fuel Processing	104222	100464	122426	223147
化学原料及制品制造业	Raw Chemical Materials and Chemical Products Manufacturing	272466	325806	330472	403818
医药制造业	Medical and Pharmaceutical Products	80400	82794	101065	117094
化学纤维制造业	Chemical Fiber Manufacturing	32725	29143	34002	38788
橡胶制品业	Rubber Products	89899	98257	122321	179648
塑料制品业	Plastic Products	132576	165485	184778	180819
非金属矿物制品业	Nonmetal Minera Products	275397	295301	342208	516418
黑色金属冶炼及压延加工业	Smelting and Pressing of Ferrous Metals	351037	417591	502735	837966
有色金属冶炼及压延加工业	Smelting and Pressing of Nonferrous Metals	156242	154463	159799	226237
金属制品业	Metal Products	51442	45071	50501	80692
通用设备制造业	Equipments in Current Use	191549	179658	200351	249854
专用设备制造业	Equipments in Special Use	113462	107821	175789	206535
交通运输设备制造业	Transport Equipment Manufacturing	262805	456962	586258	757292
电气机械及器材制造业	Electric Equipment and Machinery Manufacturing	353516	387983	516828	716211
通信设备、计算机及其他电子设备制造业	Telecommunication Equipment, Computer and Other Electronic Equipment Manufacturing	87460	129386	134681	168011
仪器仪表及文化办公用机械制造	Instruments, Meters, Cultural and Office	22813	22963	43028	55980
工艺品及其他制造业	Handiwork and Other Manufacturing	25623	21736	23483	20320
废弃资源和废旧材料回收工业	Recovery and Processing of Discarded Resources and Waste Materials				7826
电力、热力的生产和供应业	Production and Supply of Electric Power and Heating Power	545371	633766	755861	948108
燃气生产和供应业	Production and Supply of Gas	6334	11203	11614	7826
水的生产和供应业	Production and Supply of Tap Water	32887	36600	39873	42012

13—4 全部国有及规模以上非国有工业企业主要经济指标（2003年）

单位：万元

行业	Sector	企业单位数（个）Number of Enterprises (unit)	工业总产值（现价）Gross Industrial Output Value	#新产品产值 Output Value of New Products
总计	**Total**	**4158**	**26102141**	**3624098**
总计中：	**Of the Total:**			
内资企业	Domestic Funded Enterprise	3781	21626713	2533696
国有企业	State-owned Enterprise	415	5234647	413661
集体企业	Collective-owned Enterprise	430	999461	173056
股份合作企业	Share Holding Cooperative Enterprises	157	337083	6043
联营企业	Joint Owned Enterprises	27	70765	14030
有限责任公司	Limited Liability Corporations	912	6919267	1197198
股份有限公司	Share-holding Corporations Ltd.	199	4438349	665285
私营企业	Private Enterprises	1630	3603375	64385
其他企业	Other Enterprises	11	23768	38
港澳台商投资企业	Enterprises Funded by Entrepreneurs from Hong Kong, Macao and Taiwan	157	1483192	525752
外商投资企业	Foreign Funded Enterprises	220	2992235	564650
总计中：	**Of the Total:**			
独资企业	Enterprise Owned by a Sole Investor	1346	8203218	733160
合作合伙企业	Cooperative Enterprises	310	801882	21554
股份有限公司	Share-holding Corporations Ltd.	277	4740212	683104
有限责任公司	Limited Liability Corporations	2225	12356829	2186281
总计中：	**Of the Total:**			
国有及国有控股企业	State Controlling Share Hold Enterprises	747	14388799	2198978
总计中：	**Of the Total:**			
轻工业	Light Industry	1857	8608159	1493917
重工业	Heavy Industry	2301	17493982	2130181
总计中：	**Of the Total:**			
大型企业	Large-sized Enterprises	59	10816185	2324451
中型企业	Medium-sized Enterprises	488	8761696	1020782
小型企业	Small Enterprises	3611	6524260	278865
按行业分	**Grouped by Sector**			
煤炭开采和洗选业	Coal Mining and Dressing	61	1313671	
黑色金属矿采选业	Ferrous Metals Mining and Dressing	31	140531	
有色金属矿采选业	Nonferrous Metals Mining and Dressing	24	62413	
非金属矿采选业	Nonmetal Minerals Mining and Dressing	50	98045	629
农副食品加工业	Agricultural and Non-staple Food Processing Industry	401	1344393	14626
食品制造业	Food Manufacturing	82	349178	6444
饮料制造业	Beverage Manufacturing	124	687014	27052
烟草制品业	Tabacco Manufacturing	15	917702	8890
纺织业	Textile Industry	315	1320361	84521
纺织服装、鞋、帽制造业	Textile Dress, Footwear and Headgear Manufacturing	116	183683	13
皮革毛皮羽毛（绒）及其制品业	Leather, Furs, Down and Related Products	71	230647	2568
木材加工及木竹藤棕草制品业	Timber Processing, Bamboo, Cane, Palm Fiber and Straw Products	172	354825	6022
家具制造业	Furniture Manufacturing	15	40396	
造纸及纸制品业	Papermaking and Paper Products	94	296718	40191
印刷业和记录媒介的复制	Printing and Record Medium Reproduction	76	181812	17674
文教体育用品制造业	Cultural, Educational and Sports Goods	55	108482	610
石油加工、炼焦及核燃料加工业	Petroleum Processing, Coking and Nuclear Fuel Processing	9	919951	1183
化学原料及制品制造业	Raw Chemical Materials and Chemical Products	288	1563249	26979
医药制造业	Medical and Pharmaceutical Products	111	357825	36308
化学纤维制造业	Chemical Fiber	15	184489	92919
橡胶制品业	Rubber Products	35	510432	95448
塑料制品业	Plastic Products	200	707425	238554
非金属矿物制品业	Nonmetal Minera Products	388	1291673	26546
黑色金属冶炼及压延加工业	Smelting and Pressing of Ferrous Metals	71	2180550	125285
有色金属冶炼及压延加工业	Smelting and Pressing of Nonferrous Metals	62	1017259	3319
金属制品业	Metal Products	131	307056	1373
通用设备制造业	Equipments in Current Use	273	827256	109128
专用设备制造业	Equipments in Special Use	139	850687	133566
交通运输设备制造业	Transport Equipment	164	2832278	1240683
电气机械及器材制造业	Electric Equipment and Machinery	240	2150748	1002983
通信设备、计算机及其他电子设备制造业	Telecommunication Equipment, Computer and Other Electronic Equipment Manufacturing	72	636466	269953
仪器仪表及文化办公用机械	Instruments, Meters, Cultural and Office	26	139039	7872
工艺品及其他制造业	Handiwork and Other Manufacturing	37	71376	2760
废弃资源和废旧材料回收工业	Recovery and Processing of Discarded Resources and Waste Materials	9	22913	
电力、热力的生产和供应业	Production and Supply of Electric Power and Heating Power	107	1770570	
燃气生产和供应业	Production and Supply of Gas	13	50486	
水的生产和供应业	Production and Supply of Tap Water	66	80546	

Main Indicators of All State-pwned and Non-state-owned Above Designed Size Industrial Enterprises (2003)

(10000 yuan)

工业销售产值（现价） Value of Industrial Products Sales (At current prices)	#出口交货值 Delivery Value for Export	资产合计 Total Assets	流动资产合计 Circulating Funds	#存货 Stock	流动资产年平均余额 Annual Average Balance of Circulating Funds	固定资产原价 Original Value of Fixed Assets	#生产经营用 Used for Production	固定资产累计折旧 Accumulated Depreciation of Fixed Assets	固定资产净值年平均余额 Annual Average Balance of Net Value of Fixed Assets	工业增加值 Value Added of Industry
25712833	**1810930**	**37194717**	**15451121**	**4319541**	**14181241**	**23583197**	**21711571**	**7894261**	**15569960**	**8815232**
21316903	1357072	32378261	13188445	3701013	12113757	20577318	18891806	6886960	13571411	7403371
5292530	233113	9227993	3612406	1093589	3308286	6450109	5907929	2594519	3798207	2212827
942247	53718	846277	457394	155768	435547	469384	420038	164817	313935	301138
324751	26690	325949	150234	50994	147529	189390	176051	55303	133130	99231
65420	3435	108409	64897	20241	60396	35189	30212	10061	31293	14581
6792034	426880	12383479	4926754	1200375	4503401	7723415	6897658	2413074	5641493	2250858
4369564	216857	6585171	2492996	677570	2281964	4382002	4237707	1329383	2641018	1529139
3508937	387353	2884081	1474175	499147	1366955	1320282	1215338	317705	1007907	988537
21419	9026	16902	9590	3329	9679	7547	6873	2099	4427	7058
1448285	135364	1174427	546581	146905	516413	1013457	970389	469218	553313	549344
2947645	318494	3642029	1716095	471624	1551070	1992422	1849375	538083	1445237	862517
8168353	561562	12047415	5113448	1581575	4649050	7921578	7267343	3052201	4802321	3055985
775816	51811	869557	331775	103804	335843	594161	561062	151946	491601	269736
4658938	255507	6906118	2657725	721769	2449311	4546005	4387991	1381316	2757030	1620315
12109726	942050	17371626	7348174	1912393	6747037	10521454	9495175	3308798	7519008	3869195
14319918	676908	25724156	9735364	2562361	8865419	17596812	16249246	6172657	11283912	5329765
8384320	1132543	10044211	4971620	1673734	4607719	5004108	4496187	1571137	3412612	2941692
17328513	678386	27150506	10479501	2645807	9573522	18579089	17215383	6323123	12157348	5873540
10804243	632293	18509299	7136573	1843828	6360839	12091028	11103802	4304585	7757154	3965845
8605774	614499	11916933	4953211	1426787	4713290	7739732	7188688	2507493	5122175	2942866
6302816	564138	6768485	3361338	1048926	3107112	3752436	3419081	1082184	2690631	1906521
1311314	849	3639231	1030606	102488	964131	3197099	2781185	1009490	2158139	629079
140583		1029811	187871	50587	175583	320886	215385	136231	185113	83212
65129	1610	70828	27665	8170	25434	41979	35524	17653	24580	20111
97779	2492	81480	32902	6276	32189	57384	53947	18200	78579	28712
1316407	80698	880873	442021	183205	408029	420130	377553	100631	327252	324044
346648	99045	1186114	449545	61939	405425	340522	274508	65391	378590	97937
658564	9522	1437853	798160	334023	766044	670370	599922	211817	469162	234689
935757	295	822882	514572	276930	477076	386252	327379	172294	194896	635031
1282268	292991	1620874	756334	288101	717551	986621	905991	330976	622990	376346
180506	108463	145790	77634	21846	77826	58883	54816	13114	43929	50077
224377	143843	141198	84953	40960	89332	56947	50070	16156	38808	66665
345649	55002	224507	93265	43002	91018	143101	135657	33235	102184	103093
37458	713	53014	15198	5962	15144	31667	29570	6342	24997	11317
290305	7272	374530	147948	41663	138367	231093	207633	65144	143670	82468
177319	1182	190337	88664	22758	86009	131689	120443	49778	83055	56425
104673	73298	81409	56973	14849	57835	23246	21081	6976	16448	31427
924020	4048	494689	134907	62622	145767	783605	783197	433407	350696	223147
1536900	71965	1863986	741812	203121	687067	1222449	1102336	426946	1074778	403818
331262	20132	598215	268307	65523	251190	275149	245887	74822	202364	117094
174987	15832	295405	151201	28787	79134	184095	176362	48611	118575	38788
490900	112010	784481	451455	131685	344054	333931	315630	108402	218203	179648
701691	30110	1012499	485803	112578	433047	499373	473778	128343	372191	180819
1269471	23853	2289113	794826	163121	745452	1591718	1526427	495740	1054002	516418
2173536	88929	3483123	1170825	357522	1026323	2535734	2419722	756354	1434001	837966
1032890	73289	1666019	780404	313648	702195	665210	654268	223687	427516	226237
294540	10150	276960	157218	53713	144812	125744	111662	33883	90567	80692
804174	84864	1059297	617154	198157	563426	480724	430514	186559	303818	249854
830257	13495	1009367	603572	178926	588510	376599	325592	131432	246089	206535
2780109	133741	2867257	1713404	497858	1455972	958238	878981	284432	655968	757292
2102805	146137	1990660	1185952	295866	1108103	729613	670513	238812	488944	716211
609995	53833	439636	266993	49494	255129	175271	170278	55386	115241	168011
134426	7040	214535	149052	39946	151689	64556	55826	21547	43081	55980
69776	43641	50319	28673	10786	26248	22591	20880	4364	16017	20320
22513		11736	6987	3275	5841	4994	4462	1122	3461	7826
1784115	587	4270961	790847	41197	804781	4946097	4702916	1806328	3146124	948108
53838		142832	44052	5609	40548	112591	107377	38813	75734	7826
75893		392898	103371	3350	94964	397049	344300	141846	240199	42012

13—4 续表

单位：万元

行业	Sector	流动负债合计 Liquid Liabilities	长期负债合计 Long-term Liabilities
总计	**Total**	**15729027**	**6883353**
总计中：	**Of the Total:**		
内资企业	Domestic Funded Enterprise	13747628	6130217
国有企业	State-owned Enterprise	3867949	2154694
集体企业	Collective-owned Enterprise	495509	105737
股份合作企业	Share Holding Cooperative Enterprises	144719	64377
联营企业	Joint Owned Enterprises	69697	7433
有限责任公司	Limited Liability Corporations	5472945	2433958
股份有限公司	Share-holding Corporations Ltd.	2274080	1107838
私营企业	Private Enterprises	1413155	253563
其他企业	Other Enterprises	9574	2618
港澳台商投资企业	Enterprises Funded by Entrepreneurs from Hong Kong, Macao and Taiwan	482187	185864
外商投资企业	Foreign Funded Enterprises	1499212	567271
总计中：	**Of the Total:**		
独资企业	Enterprise Owned by a Sole Investor	5283043	2431082
合作合伙企业	Cooperative Enterprises	341440	187147
股份有限公司	Share-holding Corporations Ltd.	2404481	1140612
有限责任公司	Limited Liability Corporations	7700064	3124512
总计中：	**Of the Total:**		
国有及国有控股企业	State Controlling Share Hold Enterprises	10147932	5466135
总计中：	**Of the Total:**		
轻工业	Light Industry	5189865	905768
重工业	Heavy Industry	10539163	5977585
总计中：	**Of the Total:**		
大型企业	Large-sized Enterprises	7373162	3572881
中型企业	Medium-sized Enterprises	4985540	2360385
小型企业	Small Enterprises	3370325	950086
按行业分	**Grouped by Sector**		
煤炭开采和洗选业	Coal Mining and Dressing	1123898	1131983
黑色金属矿采选业	Ferrous Metals Mining and Dressing	279621	5363
有色金属矿采选业	Nonferrous Metals Mining and Dressing	27896	12617
非金属矿采选业	Nonmetal Minerals Mining and Dressing	34968	11930
农副食品加工业	Agricultural and Non-staple Food Processing Industry	511050	86984
食品制造业	Food Manufacturing	668615	104376
饮料制造业	Beverage Manufacturing	756973	108689
烟草制品业	Tabacco Manufacturing	397879	3042
纺织业	Textile Industry	885211	226170
纺织服装、鞋、帽制造业	Textile Dress, Footwear and Headgear Manufacturing	77596	16409
皮革毛皮羽毛（绒）及其制品业	Leather, Furs, Down and Related Products	68061	11153
木材加工及木竹藤棕草制品业	Timber Processing, Bamboo, Cane, Palm Fiber and Straw Products	84661	29418
家具制造业	Furniture Manufacturing	13318	10020
造纸及纸制品业	Papermaking and Paper Products	147379	70051
印刷业和记录媒介的复制	Printing and Record Medium Reproduction	93461	14618
文教体育用品制造业	Cultural, Educational and Sports Goods	50243	1816
石油加工、炼焦及核燃料加工业	Petroleum Processing, Coking and Nuclear Fuel Processing	235627	56091
化学原料及制品制造业	Raw Chemical Materials and Chemical Products	824439	357387
医药制造业	Medical and Pharmaceutical Products	277222	62861
化学纤维制造业	Chemical Fiber	128380	39542
橡胶制品业	Rubber Products	424219	116774
塑料制品业	Plastic Products	473181	71395
非金属矿物制品业	Nonmetal Minera Products	929224	420222
黑色金属冶炼及压延加工业	Smelting and Pressing of Ferrous Metals	1036456	567727
有色金属冶炼及压延加工业	Smelting and Pressing of Nonferrous Metals	895262	345178
金属制品业	Metal Products	152952	30468
通用设备制造业	Equipments in Current Use	505600	87666
专用设备制造业	Equipments in Special Use	497419	42745
交通运输设备制造业	Transport Equipment	1656778	257725
电气机械及器材制造业	Electric Equipment and Machinery	1119663	85865
通信设备、计算机及其他电子设备制造业	Telecommunication Equipment, Computer and Other Electronic Equipment Manufacturing	215841	33510
仪器仪表及文化办公用机械	Instruments, Meters, Cultural and Office	97158	15893
工艺品及其他制造业	Handiwork and Other Manufacturing	26157	3002
废弃资源和废旧材料回收工业	Recovery and Processing of Discarded Resources and Waste Materials	5727	1245
电力、热力的生产和供应业	Production and Supply of Electric Power and Heating Power	895091	2351669
燃气生产和供应业	Production and Supply of Gas	37678	27007
水的生产和供应业	Production and Supply of Tap Water	74126	64745

continued

(10000 yuan)

所有者权益 Creditors' Equity	#实收资本 Capital Hold	产品销售收入 Sales Revenue	产品销售成本 Cost of Sales	产品销售税金及附加 Sales tax and Extra Charges	利润总额 Total Profits	本年应付工资 Wages Payable in This Year	本年应付福利费 Welfare Cost Payable in This Year	本年应交增值税 Value Added Tax Payable	经营产品现金流量 Cash Flow of Operated Products	投资产品现金流量 Cash Flow of Invested Products	筹资产品现金流量 Cash Flow of Products Pooling Funds
14413593	**10379758**	**26203255**	**20771551**	**659258**	**1685238**	**1626284**	**221996**	**1249519**	**4493144**	**-1919251**	**309283**
12332820	8630938	22077872	17449136	627549	1345911	1474976	200851	1071695	4135116	-1869941	303323
3135928	2949376	6095035	4403423	450225	395249	323573	51967	330510	829854	-143033	68779
240634	206592	920061	783144	7571	33495	68134	8510	32829	77908	90	10923
115534	83449	323301	263680	2605	13900	23320	2898	12917	1861939	-537674	-1058416
30558	29205	64357	52565	513	1641	3771	538	1595	4243	1749	-1646
4424129	2987896	6853167	5513175	99238	251307	627079	87177	324676	464829	-471056	656219
3184968	1511938	4356149	3462905	45579	512694	240925	26801	246774	649038	-694958	483369
1196359	859916	3444844	2952249	21698	137104	187435	22881	122039	249469	-24779	139279
4710	2565	20959	17994	120	522	741	79	354	-2163	-280	4816
506262	414882	1134410	936505	6855	87669	47071	6797	58464	113619	-24979	-41060
1574511	1333938	2990972	2385910	24854	251658	104237	14348	119360	244409	-24331	47020
4255511	3929774	8959872	6776552	479381	569660	468603	69201	427447	1013772	-95800	180620
338262	291602	760923	628239	4387	47092	43014	5289	40382	1934360	-547010	-1101759
3342739	1655416	4637870	3694011	46869	532590	261010	28727	258779	671830	-700968	477899
6477080	4502967	11844590	9672749	128622	535896	853658	118778	522912	873182	-575473	752523
9997550	6944688	15279762	11647893	569231	1113124	1045312	145953	839169	1808532	-1311186	1072223
3923351	2476144	7851961	6176200	458062	305286	425600	58117	341894	1057616	-284230	407856
10490241	7903614	18351294	14595351	201197	1379952	1200684	163879	907625	3435528	-1635021	-98574
7498294	4668648	11149512	8731755	295485	840739	784619	109006	582875	1396890	-940737	957882
4511205	3563347	8910391	6773600	321252	663587	430856	59751	449451	2605341	-850952	-867707
2404094	2147763	6143352	5266196	42521	180912	410809	53239	217194	490913	-127562	219108
1383350	1206711	1414794	1000232	20355	39547	351596	48751	131068	173135	-132381	-8973
744828	686147	221373	169326	9520	3144	51680	8015	8488	-9464	-6946	22431
30316	16520	64766	52435	1051	1884	7308	1046	2505	2156	-25	148
34460	26798	90541	67724	1887	3512	9293	992	3907	4631	-1703	-858
276960	227005	1291107	1162814	4052	28641	38794	5195	19695	89175	-12462	33849
411789	140465	364502	291169	1213	28747	20669	2730	11036	-7128	31041	107782
567061	294408	653770	436648	69728	14634	39148	5505	38385	46978	-21809	26668
421820	222127	934806	373941	366900	62410	26098	3852	99943	568446	-45391	5860
504139	359731	1251471	1133752	4619	20691	100415	13595	44630	93632	-76176	101330
51686	45595	157253	137609	590	3668	19239	1991	4769	18156	-4638	4148
61490	43887	222008	197491	815	8472	11777	1571	4458	15970	-2282	2524
110313	82730	339926	299034	2316	18522	21408	2409	10569	35245	-4348	5431
29626	26162	36205	27185	489	3164	3030	374	617	854	-1481	1250
155842	70125	290491	250903	1251	11961	14219	1898	13548	17689	-36184	42003
81747	59410	167484	133847	705	13639	13354	1642	8293	63346	-2064	-5951
28569	23709	95837	84388	404	1348	11229	1092	3878	9112	1082	3328
141206	177704	926997	835591	46054	-550	12927	1919	43655	71003	-4026	-37428
681251	493293	1482714	1271137	4337	43283	71686	10225	48321	111601	-85215	46210
257515	186246	317348	226074	1592	15317	22134	3898	15906	28498	-28721	43827
125880	64901	168170	146950	456	11194	7414	836	4663	7242	-34743	30131
242552	175476	538979	422489	11163	45502	25771	4256	18304	40185	81308	70461
461249	190095	715654	614708	2322	36145	25126	3368	24508	35693	-24158	16394
934557	661414	1247243	903970	10176	187819	79598	10557	89346	1987315	-634805	-1010212
1878127	937044	2212012	1750530	15189	306576	134495	12264	150120	359738	-506448	471748
424137	293282	1304262	1197559	4644	17515	38419	5257	25832	66587	-416	57556
93194	76357	282675	236635	2195	11629	17984	2303	8845	19249	-7448	12074
463156	253789	794371	639250	4243	33175	64221	8622	32831	45550	-14167	18799
454216	284366	733526	593867	1647	57817	35105	5002	17750	40618	12231	40181
947413	620963	2693335	2206831	50757	138642	110072	14525	90924	87759	-222484	325188
780386	629289	1851153	1490761	5559	89774	63173	9523	74983	88304	-17180	13803
190219	107980	470317	405090	830	21114	19619	2424	10987	30566	-6354	4904
100551	51620	131471	91863	359	20882	5663	691	5965	17656	-1033	-16715
20994	16204	69424	60598	596	2892	11604	1388	1787	3839	-666	1235
4764	3238	23338	21358	85	340	2072	265	513	8135	-335	2963
986779	1419326	2516623	1731110	10109	385548	120835	21327	173409	299735	-88930	-144042
78147	81826	55710	53558	444	-1652	5016	614	1074	2043	-5729	12409
253307	123819	71600	53126	609	-1705	14094	2075	4006	19896	-14167	8829

13—5 全部国有及规模以上非国有工业企业主要经济效益指标（2003年）

行业	Sector	工业增加值率(%) Ratio of Value Added to Gross Industrial Output Value (%)	总资产贡献率(%) Ratio of Total Assets to Industrial Output Value (%)
总计	**Total**	**33.77**	**10.78**
总计中：	**Of the Total:**		
内资企业	Domestic Funded Enterprise	34.23	10.48
国有企业	State-owned Enterprise	42.27	13.76
集体企业	Collective-owned Enterprise	30.13	9.83
股份合作企业	Share Holding Cooperative Enterprises	29.44	10.58
联营企业	Joint Owned Enterprises	20.61	5.30
有限责任公司	Limited Liability Corporations	32.53	6.61
股份有限公司	Share-holding Corporations Ltd.	34.45	13.11
私营企业	Private Enterprises	27.43	10.94
其他企业	Other Enterprises	29.70	7.26
港澳台商投资企业	Enterprises Funded by Entrepreneurs from Hong Kong, Macao and Taiwan	37.04	14.35
外商投资企业	Foreign Funded Enterprises	28.83	12.29
总计中：	**Of the Total:**		
独资企业	Enterprise Owned by a Sole Investor	37.25	13.31
合作合伙企业	Cooperative Enterprises	33.64	12.54
股份有限公司	Share-holding Corporations Ltd.	34.18	13.05
有限责任公司	Limited Liability Corporations	31.31	8.03
总计中：	**Of the Total:**		
国有及国有控股企业	State Controlling Share Hold Enterprises	37.04	10.81
总计中：	**Of the Total:**		
轻工业	Light Industry	34.17	12.03
重工业	Heavy Industry	33.57	10.31
总计中：	**Of the Total:**		
大型企业	Large-sized Enterprises	36.67	10.23
中型企业	Medium-sized Enterprises	33.59	13.33
小型企业	Small Enterprises	29.22	7.77
按行业分	**Grouped by Sector**		
煤炭开采和洗选业	Coal Mining and Dressing	47.89	6.20
黑色金属矿采选业	Ferrous Metals Mining and Dressing	59.21	2.20
有色金属矿采选业	Nonferrous Metals Mining and Dressing	32.22	8.56
非金属矿采选业	Nonmetal Minerals Mining and Dressing	29.28	13.12
农副食品加工业	Agricultural and Non-staple Food Processing Industry	24.10	7.27
食品制造业	Food Manufacturing	28.05	4.52
饮料制造业	Beverage Manufacturing	34.16	9.47
烟草制品业	Tabacco Manufacturing	69.20	64.41
纺织业	Textile Industry	28.50	5.69
纺织服装、鞋、帽制造业	Textile Dress, Footwear and Headgear Manufacturing	27.26	7.21
皮革毛皮羽毛（绒）及其制品业	Leather, Furs, Down and Related Products	28.90	11.29
木材加工及木竹藤棕草制品业	Timber Processing, Bamboo, Cane, Palm Fiber and Straw Products	29.05	15.57
家具制造业	Furniture Manufacturing	28.02	9.96
造纸及纸制品业	Papermaking and Paper Products	27.79	8.55
印刷业和记录媒介的复制	Printing and Record Medium Reproduction	31.03	12.61
文教体育用品制造业	Cultural, Educational and Sports Goods	28.97	8.81
石油加工、炼焦及核燃料加工业	Petroleum Processing, Coking and Nuclear Fuel Processing	24.26	20.05
化学原料及制品制造业	Raw Chemical Materials and Chemical Products	25.83	6.97
医药制造业	Medical and Pharmaceutical Products	32.72	6.64
化学纤维制造业	Chemical Fiber	21.02	7.07
橡胶制品业	Rubber Products	35.20	11.07
塑料制品业	Plastic Products	25.56	7.52
非金属矿物制品业	Nonmetal Minera Products	39.98	13.74
黑色金属冶炼及压延加工业	Smelting and Pressing of Ferrous Metals	38.43	14.02
有色金属冶炼及压延加工业	Smelting and Pressing of Nonferrous Metals	22.24	4.88
金属制品业	Metal Products	26.28	10.38
通用设备制造业	Equipments in Current Use	30.20	7.71
专用设备制造业	Equipments in Special Use	24.28	8.74
交通运输设备制造业	Transport Equipment	26.74	10.36
电气机械及器材制造业	Electric Equipment and Machinery	33.30	9.36
通信设备、计算机及其他电子设备制造业	Telecommunication Equipment, Computer and Other Electronic Equipment Manufacturing	26.40	8.56
仪器仪表及文化办公用机械	Instruments, Meters, Cultural and Office	40.26	13.28
工艺品及其他制造业	Handiwork and Other Manufacturing	28.47	11.40
废弃资源和废旧材料回收工业	Recovery and Processing of Discarded Resources and Waste Materials	34.16	8.64
电力、热力的生产和供应业	Production and Supply of Electric Power and Heating Power	53.55	14.98
燃气生产和供应业	Production and Supply of Gas	15.50	0.12
水的生产和供应业	Production and Supply of Tap Water	52.16	1.42

Main Indicators on Economic Benefit of All State-owned and Non-state-owned Above Designed Size Industrial Enterprises by Industrial Branch (2003)

资产负债率 (%) Assest-liability Ratio (%)	流动资产周转次数 (次/年) Number of Times of Annual of Turnover Circulating Funds (times/year)	工业成本费用利润率 (%) Ratio of Profits to Industrial Cost (%)	每百元销售收入实现利税 (元) Profit and Tax Brought Abovt per 100 yuan of Sales Revenue (yuan)	资金利税率 (%) Ratio of Pre-tax Profit to Funds (%)	全员劳动生产率 (元/人.年) Overall Labor Productivity (yuan/person-year)	产品销售率 (%) Proporting of Products Sold (%)
61.24	**1.85**	**7.04**	**13.72**	**12.08**	**59159.89**	**98.51**
61.90	1.82	6.67	13.79	11.86	53837.25	98.57
66.02	1.84	7.61	19.29	16.55	88222.31	101.11
71.57	2.11	3.78	8.03	9.86	31753.59	94.28
64.55	2.19	4.54	9.10	10.48	30920.91	96.34
71.81	1.07	2.59	5.83	4.09	29624.75	92.45
64.27	1.52	3.83	9.85	6.66	40052.06	98.16
51.62	1.91	13.33	18.48	16.35	92484.53	98.45
58.44	2.52	4.16	8.15	11.83	37700.93	97.38
72.13	2.17	2.56	4.75	7.05	24031.66	90.12
56.89	2.20	8.45	13.49	14.30	116059.41	97.65
56.77	1.93	9.19	13.24	13.21	127596.92	98.51
64.68	1.93	7.24	16.48	15.62	71191.78	99.57
61.10	2.27	6.64	12.07	11.10	45404.05	96.75
51.58	1.89	12.96	18.07	16.10	83910.65	98.29
62.70	1.76	4.76	10.03	8.32	47868.31	98.00
61.13	1.72	8.16	16.50	12.51	70135.31	99.52
60.91	1.70	4.28	14.08	13.78	54618.69	97.40
61.36	1.92	8.21	13.56	11.45	61730.44	99.05
59.48	1.75	8.31	15.42	12.18	80895.17	99.89
62.14	1.89	8.42	16.10	14.58	68580.52	98.22
64.45	1.98	3.04	7.17	7.60	33405.95	96.61
61.99	1.47	2.92	13.50	6.12	26339.26	99.82
27.67	1.26	1.48	9.55	5.86	30228.13	100.04
57.20	2.55	3.07	8.40	10.88	24412.72	104.35
57.71	2.81	4.15	10.28	8.40	20955.77	99.73
68.56	3.16	2.28	4.06	7.12	60892.12	97.92
65.28	0.90	8.14	11.25	5.23	40481.38	99.28
60.40	0.85	2.55	18.78	9.94	43359.73	95.86
48.74	1.96	12.53	56.62	78.76	523003.95	101.97
68.90	1.74	1.67	5.59	5.22	25575.12	97.12
64.55	2.02	2.39	5.74	7.41	16378.82	98.27
56.45	2.49	3.95	6.19	10.73	36687.63	97.28
50.86	3.73	5.75	9.24	16.26	29405.46	97.41
44.12	2.39	9.71	11.80	10.64	33159.39	92.73
58.39	2.10	4.26	9.21	9.49	43615.30	97.84
57.05	1.95	8.82	13.52	13.39	47768.88	97.53
64.91	1.66	1.43	5.87	7.58	17305.45	96.49
71.46	6.36	-0.06	9.62	17.96	321120.88	100.44
63.45	2.16	2.99	6.47	5.45	51575.13	98.31
56.95	1.26	5.11	10.34	7.24	43270.24	92.58
57.05	2.13	6.91	9.70	8.25	65808.45	94.85
69.08	1.57	9.29	13.91	13.33	84270.66	96.17
54.44	1.65	5.30	8.80	7.82	57290.10	99.19
59.17	1.67	17.67	23.04	15.97	50552.42	98.28
46.08	2.16	16.16	21.33	19.18	110029.92	99.68
74.54	1.86	1.36	3.68	4.25	67063.08	101.54
66.35	1.95	4.30	8.02	9.63	38156.00	95.92
56.28	1.41	4.35	8.84	8.10	37018.16	97.21
55.00	1.25	8.53	10.53	9.25	52100.07	97.60
66.96	1.85	5.46	10.41	13.27	102321.52	98.16
60.80	1.67	5.08	9.20	10.66	113102.55	97.77
56.73	1.84	4.67	7.00	8.89	97043.09	95.84
53.13	0.87	18.53	20.69	13.97	91336.43	96.68
58.28	2.64	4.36	7.60	12.48	13170.66	97.76
59.41	4.00	1.48	4.02	10.08	28890.37	98.25
76.90	3.13	18.82	22.61	14.40	142241.08	100.77
45.29	1.37	-2.69	-0.24	-0.12	16393.80	106.64
35.53	0.75	-2.22	4.07	0.87	32116.66	94.22

13—6 全部国有及国有控股工业企业主要经济指标（2003年）

单位：万元

行　业	Sector	企业单位数（个）Number of Enterprises (unit)	工业总产值（现价）Gross Industrial Output Value
总　计	**Total**	**747**	**14388799**
总计中：	**Of the Total:**		
内资企业	Domestic Funded Enterprise	706	13148581
国有企业	State-owned Enterprise	415	5234647
集体企业	Collective-owned Enterprise	8	14688
股份合作企业	Share Holding Cooperative Enterprises	10	19780
联营企业	Joint Owned Enterprises	5	8986
有限责任公司	Limited Liability Corporations	193	4255060
股份有限公司	Share-holding Corporations Ltd.	68	3595950
私营企业	Private Enterprises	4	15028
其他企业	Other Enterprises	3	4443
港澳台商投资企业	Enterprises Funded by Entrepreneurs from Hong Kong, Macao and Taiwan	20	415140
外商投资企业	Foreign Funded Enterprises	21	825078
总计中：	**Of the Total:**		
独资企业	Enterprise Owned by a Sole Investor	425	5251453
合作合伙企业	Cooperative Enterprises	19	33558
股份有限公司	Share-holding Corporations Ltd.	69	3597966
有限责任公司	Limited Liability Corporations	234	5505821
总计中：	**Of the Total:**		
国有及国有控股企业	State Controlling Share Hold Enterprises	747	14388799
总计中：	**Of the Total:**		
轻工业	Light Industry	314	3270234
重工业	Heavy Industry	433	11118565
总计中：	**Of the Total:**		
大型企业	Large-sized Enterprises	50	9508550
中型企业	Medium-sized Enterprises	203	3971944
小型企业	Small Enterprises	494	908305
按行业分	**Grouped by Sector**		
煤炭开采和洗选业	Coal Mining and Dressing	9	1214576
黑色金属矿采选业	Ferrous Metals Mining and Dressing	2	101325
有色金属矿采选业	Nonferrous Metals Mining and Dressing	7	19163
非金属矿采选业	Nonmetal Minerals Mining and Dressing	8	31578
农副食品加工业	Agricultural and Non-staple Food Processing Industry	66	338164
食品制造业	Food Manufacturing	17	212136
饮料制造业	Beverage Manufacturing	30	333163
烟草制品业	Tabacco Manufacturing	10	890770
纺织业	Textile Industry	40	553968
纺织服装、鞋、帽制造业	Textile Dress, Footwear and Headgear Manufacturing	7	7155
木材加工及木竹藤棕草制品业	Timber Processing, Bamboo, Cane, Palm Fiber and Straw Products	7	30426
造纸及纸制品业	Papermaking and Paper Products	5	94670
印刷业和记录媒介的复制	Printing and Record Medium Reproduction	22	26279
文教体育用品制造业	Cultural, Educational and Sports Goods	1	2537
石油加工、炼焦及核燃料加工业	Petroleum Processing, Coking and Nuclear Fuel Processing	2	858663
化学原料及制品制造业	Raw Chemical Materials and Chemical Products	57	815304
医药制造业	Medical and Pharmaceutical Products	24	119351
化学纤维制造业	Chemical Fiber	4	149707
橡胶制品业	Rubber Products	5	19426
塑料制品业	Plastic Products	13	353485
非金属矿物制品业	Nonmetal Minera Products	55	558431
黑色金属冶炼及压延加工业	Smelting and Pressing of Ferrous Metals	7	1850167
有色金属冶炼及压延加工业	Smelting and Pressing of Nonferrous Metals	8	601588
金属制品业	Metal Products	17	24284
通用设备制造业	Equipments in Current Use	39	332590
专用设备制造业	Equipments in Special Use	38	312891
交通运输设备制造业	Transport Equipment	44	2355722
电气机械及器材制造业	Electric Equipment and Machinery	20	408954
通信设备、计算机及其他电子设备制造业	Telecommunication Equipment, Computer and Other Electronic Equipment Manufacturing	15	215751
仪器仪表及文化办公用机械	Instruments, Meters, Cultural and Office	7	12252
工艺品及其他制造业	Handiwork and Other Manufacturing	1	1760
废弃资源和废旧材料回收工业	Recovery and Processing of Discarded Resources and Waste Materials	1	20
电力、热力的生产和供应业	Production and Supply of Electric Power and Heating Power	90	1439195
燃气生产和供应业	Production and Supply of Gas	6	25679
水的生产和供应业	Production and Supply of Tap Water	63	77667

Main Indicators of State-owned and State Holding Majority Shares Industrial Enterprises (2003)

(10000 yuan)

资产合计 Total Assets	流动资产合计 Circulating Funds	#存货 Stock	流动资产年平均余额 Annual Average Balance of Circulating Funds	固定资产原价 Original Value of Fixed Assets	#生产经营用 Used for Production	固定资产累计折旧 Accumulated Depreciation of Fixed Assets	固定资产净值年平均余额 Annual Average Balance of Net Value of Fixed Assets	工业增加值 Value Added of Industry	流动负债合计 Liquid Liabilities
25724156	**9735364**	**2562361**	**8865419**	**17596812**	**16249246**	**6172657**	**11283912**	**5329765**	**10147932**
24798403	9359979	2459728	8514009	16768558	15428564	5781574	10848742	4987869	9842089
9227993	3612406	1093589	3308286	6450109	5907929	2594519	3798207	2212827	3867949
14412	9888	2894	9146	5684	5251	1918	3525	4889	7801
43364	14835	2989	14860	38011	35711	12579	25090	5448	23775
14402	7552	2399	6219	6948	6849	1430	5532	3457	6719
9863123	3647141	792437	3291972	6337957	5638983	1954617	4704565	1488771	4098070
5613205	2057570	562410	1872679	3918384	3824397	1213514	2303360	1267699	1826134
15426	6124	1689	6370	9868	7853	2604	7268	3557	6899
6479	4464	1321	4477	1597	1592	393	1195	1221	4742
422464	135778	37307	127975	594849	591982	327847	275657	143660	100776
503289	239607	65326	223435	233405	228700	63237	159513	198235	205067
9244173	3623098	1096826	3318054	6457204	5914591	2597090	3802098	2218236	3876391
64706	27199	6804	25886	46686	44282	14439	31916	10220	35279
5614934	2058280	562596	1873397	3919183	3825197	1213565	2304112	1268198	1826601
10800343	4026787	896135	3648082	7173738	6465177	2347563	5145787	1833112	4409661
25724156	9735364	2562361	8865419	17596812	16249246	6172657	11283912	5329765	10147932
5566399	2703843	882688	2463608	2692756	2369750	877447	1837230	1341274	2833216
20157756	7031520	1679673	6401811	14904055	13879496	5295209	9446682	3988491	7314716
17153019	6342358	1616436	5706117	11534335	10564187	4107136	7417025	3480539	6644391
6749226	2627642	747483	2478951	4799281	4533117	1668043	3002433	1576020	2633413
1821910	765364	198442	680352	1263196	1151942	397478	864454	273206	870128
3512218	963535	85702	899554	3118093	2708413	978402	2109607	590867	1039482
973868	170792	46171	158101	297393	193134	131334	165999	70678	256222
36270	11764	4176	11595	23642	18542	11182	12947	7087	14875
36806	15835	2036	16663	28120	26932	11596	17051	8739	16858
260384	131541	46192	120921	116766	101303	29764	97349	79125	182764
1074680	401640	41871	360150	266790	220090	46429	324637	64709	622539
1026700	610292	250613	589069	411570	367269	138028	277429	114265	541621
794741	496219	270978	457916	371969	313797	163955	188603	624435	386187
821684	389501	133728	366730	494217	446890	175250	295541	168645	452571
12739	5680	3021	5479	6829	6369	1358	5465	2052	6715
31633	7862	4012	8778	31852	30421	10505	21686	8437	9979
144865	52554	17067	50918	91366	76708	16852	55226	20410	53498
43239	15798	3110	16067	34992	33088	16836	18915	10795	18192
3633	2178	1243	2357	2341	2056	1370	1005	760	2307
442818	104816	57870	116825	754868	754478	423563	333205	208776	208717
1253940	424147	110713	406865	945502	844732	347382	904218	205218	507714
258391	110987	20282	100619	111854	94771	25825	87624	43064	93054
279304	142703	24784	72138	175135	168704	46543	111967	29867	120166
23377	15561	5049	16434	10775	9847	5103	5157	8035	16907
584347	277878	54752	254141	262522	258668	62317	176019	76224	282244
1356656	454466	56373	406733	945419	925640	302981	603611	265124	516737
3215592	1058462	314688	919574	2380892	2276147	731937	1304400	773238	919577
1349949	631967	268814	561333	572389	566933	196015	361789	154865	701412
50729	24511	8320	23114	28944	25236	11621	17495	7757	36761
516149	305236	73435	271841	233322	205454	94033	139124	97407	207370
534930	294627	84507	296967	215333	191806	83881	139118	63989	296745
2474128	1476107	434468	1226286	792163	724355	223866	550687	618556	1426364
525104	269625	68811	253079	207707	192648	70231	138204	121449	315780
240732	119886	23833	116146	123968	121233	41773	77005	52589	91175
37555	20653	8714	23509	22418	17990	10065	12819	4546	16952
4407	1864	434	1653	2621	2621	80	767	174	1671
101	101	32	99					6	543
3325201	601185	29666	617258	4043711	3904025	1594531	2439310	782052	691402
94016	24289	3622	23842	85516	84565	30925	56294	5183	19400
383272	101103	3279	92668	385811	334383	137126	233639	40642	73432

13—6 续表

单位：万元

行业	Sector	长期负债合计 Long-term Liabilities	所有者权益 Creditors' Equity
总计	**Total**	**5466135**	**9997550**
总计中：	**Of the Total:**		
内资企业	Domestic Funded Enterprise	5290048	9553745
国有企业	State-owned Enterprise	2154694	3135928
集体企业	Collective-owned Enterprise	1340	5130
股份合作企业	Share Holding Cooperative Enterprises	16443	3052
联营企业	Joint Owned Enterprises	185	7499
有限责任公司	Limited Liability Corporations	2119271	3607072
股份有限公司	Share-holding Corporations Ltd.	995726	2787191
私营企业	Private Enterprises	1540	6987
其他企业	Other Enterprises	850	887
港澳台商投资企业	Enterprises Funded by Entrepreneurs from Hong Kong, Macao and Taiwan	147779	173909
外商投资企业	Foreign Funded Enterprises	28308	269896
总计中：	**Of the Total:**		
独资企业	Enterprise Owned by a Sole Investor	2156034	3142186
合作合伙企业	Cooperative Enterprises	17477	11855
股份有限公司	Share-holding Corporations Ltd.	996401	2787777
有限责任公司	Limited Liability Corporations	2296222	4055732
总计中：	**Of the Total:**		
国有及国有控股企业	State Controlling Share Hold Enterprises	5466135	9997550
总计中：	**Of the Total:**		
轻工业	Light Industry	519104	2206552
重工业	Heavy Industry	4947031	7790998
总计中：	**Of the Total:**		
大型企业	Large-sized Enterprises	3429800	7013866
中型企业	Medium-sized Enterprises	1598237	2481437
小型企业	Small Enterprises	438098	502247
按行业分	**Grouped by Sector**		
煤炭开采和洗选业	Coal Mining and Dressing	1118564	1354173
黑色金属矿采选业	Ferrous Metals Mining and Dressing	-645	718291
有色金属矿采选业	Nonferrous Metals Mining and Dressing	8225	13170
非金属矿采选业	Nonmetal Minerals Mining and Dressing	6493	13454
农副食品加工业	Agricultural and Non-staple Food Processing Industry	33135	40896
食品制造业	Food Manufacturing	91161	360980
饮料制造业	Beverage Manufacturing	83163	401592
烟草制品业	Tabacco Manufacturing	3021	405393
纺织业	Textile Industry	124531	244113
纺织服装、鞋、帽制造业	Textile Dress, Footwear and Headgear Manufacturing	1097	4927
木材加工及木竹藤棕草制品业	Timber Processing, Bamboo, Cane, Palm Fiber and Straw Products	908	20746
造纸及纸制品业	Papermaking and Paper Products	38556	52811
印刷业和记录媒介的复制	Printing and Record Medium Reproduction	7688	16908
文教体育用品制造业	Cultural, Educational and Sports Goods	5	1321
石油加工、炼焦及核燃料加工业	Petroleum Processing, Coking and Nuclear Fuel Processing	50615	121815
化学原料及制品制造业	Raw Chemical Materials and Chemical Products	295918	450075
医药制造业	Medical and Pharmaceutical Products	23039	142023
化学纤维制造业	Chemical Fiber	38272	119866
橡胶制品业	Rubber Products	2674	3160
塑料制品业	Plastic Products	31394	270042
非金属矿物制品业	Nonmetal Minera Products	272110	566619
黑色金属冶炼及压延加工业	Smelting and Pressing of Ferrous Metals	519684	1776331
有色金属冶炼及压延加工业	Smelting and Pressing of Nonferrous Metals	330324	318214
金属制品业	Metal Products	10367	3600
通用设备制造业	Equipments in Current Use	35785	271523
专用设备制造业	Equipments in Special Use	25011	213174
交通运输设备制造业	Transport Equipment	226424	819052
电气机械及器材制造业	Electric Equipment and Machinery	28087	181236
通信设备、计算机及其他电子设备制造业	Telecommunication Equipment, Computer and Other Electronic Equipment Manufacturing	27137	122420
仪器仪表及文化办公用机械	Instruments, Meters, Cultural and Office	14790	5813
工艺品及其他制造业	Handiwork and Other Manufacturing		2736
废弃资源和废旧材料回收工业	Recovery and Processing of Discarded Resources and Waste Materials		-442
电力、热力的生产和供应业	Production and Supply of Electric Power and Heating Power	1936362	660015
燃气生产和供应业	Production and Supply of Gas	20800	53816
水的生产和供应业	Production and Supply of Tap Water	61441	247690

continued

(10000 yuan)

#实收资本 Capital Hold	产品销售收入 Sales Revenue	产品销售成本 Cost of Sales	产品销售税金及附加 Sales tax and Extra Charges	利润总额 Total Profits	本年应付工资 Wages Payable in This Year	本年应付福利费 Welfare Cost Payable in This Year	本年应交增值税 Value Added Tax Payable	经营产品现金流量 Cash Flow of Operated Products	投资产品现金流量 Cash Flow of Invested Products	筹资产品现金流量 Cash Flow of Products Pooling Funds
6944688	**15279762**	**11647893**	**569231**	**1113124**	**1045312**	**145953**	**839169**	**1808532**	**-1311186**	**1072223**
6661219	14149100	10711302	556434	1034688	1001534	138718	791200	1701558	-1254814	1101419
2949376	6095035	4403423	450225	395249	323573	51967	330510	829854	-143033	68779
2306	13408	11584	45	202	1517	193	561	-457	-786	1
7343	27529	23619	76	1219	1511	199	872	618	110	2275
6223	6707	5362	32	412	815	148	227	1309	1287	
2387384	4411240	3411342	71866	184508	474806	65864	243453	277046	-423457	577960
1303195	3576782	2838888	34166	452919	198671	20257	215329	593115	-689413	448007
4641	14569	13534	21	166	550	79	213	3066	492	-25
751	3831	3550	3	13	92	12	37	-2993	-15	4422
150099	326434	263231	120	37844	14950	2809	23723	81903	-17498	-52948
133371	804227	673360	12677	40592	28829	4426	24246	25071	-38874	23752
2952679	6111199	4417082	450272	395694	325307	52169	331071	829797	-143819	68780
14432	38560	32883	111	1696	2476	361	1135	-1065	1378	6697
1303451	3578693	2840660	34169	452946	198717	20281	215338	593183	-689321	447983
2674125	5551310	4357269	84679	262788	518813	73142	291626	386617	-479425	548764
6944688	15279762	11647893	569231	1113124	1045312	145953	839169	1808532	-1311186	1072223
1026544	3084800	2127683	410756	119120	164983	24081	177925	683137	-192748	279742
5918144	12194961	9520210	158475	994004	880329	121872	661244	1125394	-1118438	792481
4329074	9966688	7775958	284028	750064	734691	100910	540074	1357184	-1013163	868944
2115081	4391825	3078514	279531	374237	230745	33163	264869	399065	-226088	142895
500533	921249	793422	5673	-11177	79877	11880	34226	52283	-71935	60385
1163904	1314048	918386	18718	38511	318676	44396	124042	166102	-131311	-8784
667887	184179	140188	9050	142	47232	7494	6830	-14738	-7337	19801
5058	19671	14704	140	68	3638	568	788	697	-189	139
9591	25275	14606	826	528	2658	368	2162	3139	-812	-1827
48171	298933	274787	953	1930	6529	931	1869	8535	-886	14531
99099	230455	180873	573	21956	13269	1914	6109	-9838	35129	106982
146882	335129	219192	36623	6596	23547	3198	19767	19131	-19675	18007
211942	909677	354845	366759	60795	22308	3288	98472	568012	-44169	6116
132403	554669	491274	2321	15370	48008	7675	20985	2977	-67819	64001
5706	7032	5701	5	-92	1146	125	143	1219	-250	-632
14984	27351	23022	231	2070	1381	169	1640	2086	-1247	-1259
20109	97797	84338	513	5009	3923	493	5325	-700	-20097	22299
14548	23131	18289	234	264	3694	510	1764	44535	-4084	-1088
2085	2557	2048	10	-45	327	45	104	-64	4	
168297	863082	788532	45705	-5723	11597	1826	39482	66584	-1713	-42028
322666	763651	660961	2386	11663	47518	6727	24449	69151	-52195	25237
73756	113792	75435	682	8491	9591	1294	7370	5571	-16651	18267
60562	138262	120996	322	9315	5897	637	3368	6190	-35071	29027
3577	14037	11157	54	-153	1263	157	604	345	-228	-170
79038	365971	314064	902	17364	7377	1214	11333	11927	-12688	3861
353855	560819	347096	4017	140757	27793	4042	49847	108215	-94305	44265
832337	1886899	1447930	14347	304144	125641	11002	144514	354636	-529532	399827
226370	908004	827486	2024	10786	29547	4163	18968	57840	-7853	45004
16143	23331	20274	173	-2773	2254	306	840	971	-806	1224
126718	352141	287963	970	16918	25959	3623	12991	15883	-1360	-3260
138017	205428	165521	533	-1513	20175	2583	2879	954	14066	29602
518727	2239270	1818128	48138	122252	85218	11602	76136	79148	-210649	313152
95224	387523	332300	1344	-7375	12063	1964	7817	28505	-2967	-2465
64396	131039	104915	427	9708	9604	1239	5349	12225	-3588	1196
10983	10424	8459	77	-1581	1938	205	768	-337	201	-194
1739	1138	753			89	12		709	-1085	
88	20	16		-8	1			12		
1138574	2187363	1493120	9303	331688	107831	19677	137858	178993	-74896	-48374
52078	28623	29486	301	-2130	3959	491	709	39	-2907	11054
119177	69041	51050	572	-1808	13664	2015	3888	19879	-14217	8711

13—7 全部国有及国有控股工业企业主要经济效益指标（2003年）

行 业	Sector	工业增加值率(%) Ratio of Value Added to Gross Industrial Output Value (%)	总资产贡献率(%) Ratio of Total Assets to Industrial Output Value (%)
总 计	**Total**	**37.04**	**10.81**
总计中：	**Of the Total:**		
内资企业	Domestic Funded Enterprise	37.93	10.60
国有企业	State-owned Enterprise	42.27	13.76
集体企业	Collective-owned Enterprise	33.29	6.56
股份合作企业	Share Holding Cooperative Enterprises	27.54	6.23
联营企业	Joint Owned Enterprises	38.47	4.91
有限责任公司	Limited Liability Corporations	34.99	6.18
股份有限公司	Share-holding Corporations Ltd.	35.25	13.28
私营企业	Private Enterprises	23.67	3.18
其他企业	Other Enterprises	27.48	2.03
港澳台商投资企业	Enterprises Funded by Entrepreneurs from Hong Kong, Macao and Taiwan	34.61	16.81
外商投资企业	Foreign Funded Enterprises	24.03	15.99
总计中：	**Of the Total:**		
独资企业	Enterprise Owned by a Sole Investor	42.24	13.75
合作合伙企业	Cooperative Enterprises	30.45	5.55
股份有限公司	Share-holding Corporations Ltd.	35.25	13.28
有限责任公司	Limited Liability Corporations	33.29	7.05
总计中：	**Of the Total:**		
国有及国有控股企业	State Controlling Share Hold Enterprises	37.04	10.81
总计中：	**Of the Total:**		
轻工业	Light Industry	41.01	13.61
重工业	Heavy Industry	35.87	10.04
总计中：	**Of the Total:**		
大型企业	Large-sized Enterprises	36.60	10.10
中型企业	Medium-sized Enterprises	39.68	14.68
小型企业	Small Enterprises	30.08	3.20
按行业分	**Grouped by Sector**		
煤炭开采和洗选业	Coal Mining and Dressing	48.65	6.14
黑色金属矿采选业	Ferrous Metals Mining and Dressing	69.75	1.79
有色金属矿采选业	Nonferrous Metals Mining and Dressing	36.98	3.92
非金属矿采选业	Nonmetal Minerals Mining and Dressing	27.67	11.51
农副食品加工业	Agricultural and Non-staple Food Processing Industry	23.40	2.59
食品制造业	Food Manufacturing	30.50	3.74
饮料制造业	Beverage Manufacturing	34.30	7.09
烟草制品业	Tabacco Manufacturing	70.10	66.29
纺织业	Textile Industry	30.44	6.09
纺织服装、鞋、帽制造业	Textile Dress, Footwear and Headgear Manufacturing	28.68	0.92
木材加工及木竹藤棕草制品业	Timber Processing, Bamboo, Cane, Palm Fiber and Straw Products	27.73	13.83
造纸及纸制品业	Papermaking and Paper Products	21.56	8.51
印刷业和记录媒介的复制	Printing and Record Medium Reproduction	41.08	5.95
文教体育用品制造业	Cultural, Educational and Sports Goods	29.94	1.89
石油加工、炼焦及核燃料加工业	Petroleum Processing, Coking and Nuclear Fuel Processing	24.31	20.08
化学原料及制品制造业	Raw Chemical Materials and Chemical Products	25.17	5.17
医药制造业	Medical and Pharmaceutical Products	36.08	7.02
化学纤维制造业	Chemical Fiber	19.95	6.23
橡胶制品业	Rubber Products	41.36	4.45
塑料制品业	Plastic Products	21.56	6.37
非金属矿物制品业	Nonmetal Minera Products	47.48	15.41
黑色金属冶炼及压延加工业	Smelting and Pressing of Ferrous Metals	41.79	14.84
有色金属冶炼及压延加工业	Smelting and Pressing of Nonferrous Metals	25.74	4.64
金属制品业	Metal Products	31.94	2.44
通用设备制造业	Equipments in Current Use	29.29	6.66
专用设备制造业	Equipments in Special Use	20.45	1.57
交通运输设备制造业	Transport Equipment	26.26	10.47
电气机械及器材制造业	Electric Equipment and Machinery	29.70	0.81
通信设备、计算机及其他电子设备制造业	Telecommunication Equipment, Computer and Other Electronic Equipment Manufacturing	24.37	7.79
仪器仪表及文化办公用机械	Instruments, Meters, Cultural and Office	37.10	-0.47
工艺品及其他制造业	Handiwork and Other Manufacturing	9.90	-0.15
废弃资源和废旧材料回收工业	Recovery and Processing of Discarded Resources and Waste Materials	30.00	-7.82
电力、热力的生产和供应业	Production and Supply of Electric Power and Heating Power	54.34	15.63
燃气生产和供应业	Production and Supply of Gas	20.18	-0.95
水的生产和供应业	Production and Supply of Tap Water	52.33	1.36

Main Indicators on Economic Benefit of State-owned and State Holding Majority Shares Industrial Enterprises by Industrial Branch (2003)

资产负债率 (%) Assest-liability Ratio (%)	流动资产周转次数 (次/年) Number of Times of Annual of Turnover Circulating Funds (times/year)	工业成本费用利润率 (%) Ratio of Profits to Industrial Cost (%)	每百元销售收入实现利税 (元) Profit and Tax Brought Abovt per 100 yuan of Sales Revenue (yuan)	资金利税率 (%) Ratio of Pre-tax Profit to Funds (%)	全员劳动生产率 (元/人.年) Overall Labor Productivity (yuan/person-year)	产品销售率 (%) Proporting of Products Sold (%)
61.13	**1.72**	**8.16**	**16.50**	**12.51**	**70135.31**	**99.52**
61.47	1.66	8.21	16.84	12.30	67219.33	99.72
66.02	1.84	7.61	19.29	16.55	88222.31	101.11
64.40	1.47	1.53	6.03	6.38	28262.43	95.33
92.96	1.85	4.66	7.87	5.42	27965.61	96.63
47.94	1.08	6.35	10.00	5.71	47682.76	71.17
63.43	1.34	4.39	11.33	6.25	40617.33	98.97
50.33	1.91	14.47	19.64	16.82	106633.28	98.71
54.70	2.29	1.16	2.74	2.93	38873.22	105.64
86.31	0.86	0.34	1.37	0.92	26139.19	71.74
58.83	2.55	13.11	18.90	15.28	134123.98	94.59
46.37	3.60	5.37	9.64	20.24	275863.07	98.84
66.01	1.84	7.59	19.26	16.53	87751.88	101.10
81.68	1.49	4.60	7.63	5.09	31787.25	86.56
50.33	1.91	14.46	19.63	16.82	106567.64	98.71
62.45	1.52	5.00	11.51	7.27	47622.94	98.63
61.13	1.72	8.16	16.50	12.51	70135.31	99.52
60.34	1.25	4.60	22.94	16.46	75764.04	98.45
61.35	1.90	9.00	14.87	11.44	68425.79	99.84
59.10	1.75	8.32	15.79	12.00	76482.58	100.08
63.23	1.77	10.20	20.92	16.76	78308.05	98.76
72.43	1.35	-1.17	3.12	1.86	26373.56	96.98
61.44	1.46	3.06	13.79	6.02	29127.13	99.93
26.24	1.16	0.08	8.70	4.94	32180.39	100.37
63.69	1.70	0.35	5.06	4.06	20656.37	100.08
63.44	1.52	2.21	13.91	10.43	30449.13	103.88
84.29	2.47	0.65	1.59	2.18	72010.37	97.50
66.41	0.64	9.81	12.43	4.18	43977.57	100.46
60.89	0.57	2.22	18.79	7.27	38450.99	95.75
48.99	1.99	12.83	57.83	81.36	620957.64	102.15
70.29	1.51	2.83	6.97	5.84	27260.18	97.77
61.32	1.28	-1.25	0.81	0.52	10739.93	102.33
34.42	3.12	7.82	14.41	12.94	54571.15	102.93
63.54	1.92	5.29	11.09	10.22	52657.89	99.56
60.90	1.44	1.13	9.78	6.47	29518.46	100.28
63.64	1.09	-1.78	2.69	2.05	15661.86	100.80
72.49	7.39	-0.70	9.21	17.66	378355.20	100.50
64.11	1.88	1.53	5.04	2.94	43262.04	99.31
45.04	1.13	8.11	14.54	8.79	42654.32	91.62
56.73	1.92	6.97	9.41	7.06	82688.82	95.19
86.48	0.85	-1.05	3.60	2.34	33423.46	85.44
53.79	1.44	4.97	8.09	6.88	110420.83	100.00
58.23	1.38	33.27	34.70	19.26	93580.95	100.20
44.76	2.05	19.31	24.54	20.82	120266.03	99.98
76.43	1.62	1.20	3.50	3.44	63138.13	104.40
92.90	1.01	-9.98	-7.54	-4.33	24448.16	96.97
47.39	1.30	5.02	8.77	7.51	41218.22	98.53
60.15	0.69	-0.73	0.92	0.44	26980.27	95.78
66.90	1.83	5.82	11.01	13.87	130988.88	98.23
65.49	1.53	-1.86	0.46	0.46	98626.77	101.93
49.15	1.13	7.87	11.82	8.02	66635.83	90.43
84.52	0.44	-12.98	-7.06	-2.03	19627.81	90.38
37.92	0.69	0.00	0.00	0.00	54468.75	75.32
537.72	0.20	-28.57	-40.00	-8.07	5454.55	100.00
80.15	3.54	18.71	21.89	15.67	129219.92	101.08
42.76	1.20	-6.19	-3.91	-1.40	14694.92	110.06
35.37	0.75	-2.43	3.84	0.81	32487.61	94.00

13—8 全部规模以上“三资”工业企业主要经济指标（2003年）

单位：万元

行 业	Sector	企业单位数（个）Number of Enterprises (unit)	工业总产值（现价）Gross Industrial Output Value
总 计	**Total**	**377**	**4475428**
总计中：	**Of the Total:**		
港澳台商投资企业	Enterprises Funded by Entrepreneurs from Hong Kong, Macao and Taiwan	157	1483192
外商投资企业	Foreign Funded Enterprises	220	2992235
总计中：	**Of the Total:**		
国有及国有控股企业	State Controlling Share Hold Enterprises	41	1240218
总计中：	**Of the Total:**		
轻工业	Light Industry	207	1726486
重工业	Heavy Industry	170	2748942
总计中：	**Of the Total:**		
大型企业	Large-sized Enterprises	5	1733804
中型企业	Medium-sized Enterprises	57	1695173
小型企业	Small Enterprises	315	1046451
按行业分	**Grouped by Sector**		
黑色金属矿采选业	Ferrous Metals Mining and Dressing	1.00	1652.00
有色金属矿采选业	Nonferrous Metals Mining and Dressing	2.00	6075.00
非金属矿采选业	Nonmetal Minerals Mining and Dressing	1	829
农副食品加工业	Agricultural and Non-staple Food Processing Industry	24	102889
食品制造业	Food Manufacturing	10	53589
饮料制造业	Beverage Manufacturing	9	69012
烟草制品业	Tabacco Manufacturing	1	9781
纺织业	Textile Industry	32	126086
纺织服装、鞋、帽制造业	Textile Dress, Footwear and Headgear Manufacturing	29	46500
皮革毛皮羽毛（绒）及其制品业	Leather, Furs, Down and Related Products	12	56745
木材加工及木竹藤棕草制品业	Timber Processing, Bamboo, Cane, Palm Fiber and Straw Products	16	69113
家具制造业	Furniture Manufacturing	1	915
造纸及纸制品业	Papermaking and Paper Products	8	46515
印刷业和记录媒介的复制	Printing and Record Medium Reproduction	4	20276
文教体育用品制造业	Cultural, Educational and Sports Goods	10	12866
石油加工、炼焦及核燃料加工业	Petroleum Processing, Coking and Nuclear Fuel Processing	3	47284
化学原料及制品制造业	Raw Chemical Materials and Chemical Products	17	172454
医药制造业	Medical and Pharmaceutical Products	19	47419
化学纤维制造业	Chemical Fiber	2	12285
橡胶制品业	Rubber Products	6	386251
塑料制品业	Plastic Products	32	131850
非金属矿物制品业	Nonmetal Minera Products	15	48518
黑色金属冶炼及压延加工业	Smelting and Pressing of Ferrous Metals	5	57770
有色金属冶炼及压延加工业	Smelting and Pressing of Nonferrous Metals	2	24789
金属制品业	Metal Products	12	62622
通用设备制造业	Equipments in Current Use	13	85789
专用设备制造业	Equipments in Special Use	7	350605
交通运输设备制造业	Transport Equipment	17	667778
电气机械及器材制造业	Electric Equipment and Machinery	24	1021514
通信设备、计算机及其他电子设备制造业	Telecommunication Equipment, Computer and Other Electronic Equipment Manufacturing	21	238767
仪器仪表及文化办公用机械	Instruments, Meters, Cultural and Office	3	75642
工艺品及其他制造业	Handiwork and Other Manufacturing	6	6050
电力、热力的生产和供应业	Production and Supply of Electric Power and Heating Power	6	390484
燃气生产和供应业	Production and Supply of Gas	7	24718

Main Indicators of All Foreign-funded Above Designated Size Industrial Enterprises by Industrial Branch (2003)

(10000 yuan)

资产合计 Total Assets	流动资产合计 Circulating Funds	#存货 Stock	流动资产年平均余额 Annual Average Balance of Circulating Funds	固定资产原价 Original Value of Fixed Assets	#生产经营用 Used for Production	固定资产累计折旧 Accumulated Depreciation of Fixed Assets	固定资产净值年平均余额 Annual Average Balance of Net Value of Fixed Assets	工业增加值 Value Added of Industry	流动负债合计 Liquid Liabilities
4816455	**2262676**	**618528**	**2067483**	**3005879**	**2819764**	**1007301**	**1998550**	**1411861**	**1981399**
1174427	546581	146905	516413	1013457	970389	469218	553313	549344	482187
3642029	1716095	471624	1551070	1992422	1849375	538083	1445237	862517	1499212
925752	375385	102633	351410	828254	820682	391083	435170	341895	305843
1625072	805734	232914	779906	851773	788200	274163	569606	573625	796216
3191383	1456943	385614	1287578	2154106	2031564	733138	1428944	838236	1185183
1523828	769246	214442	651602	1031726	1022670	469648	558906	608030	680051
2062789	813334	211845	779014	1359155	1234518	356842	998273	511378	716976
1229838	680097	192241	636868	614997	562577	180810	441371	292453	584372
1966	801	242.00	652.00	1535	1465	393	1159	604	256
8259	4444	759.00	3749.00	5345	4404	1692	3491	2066	4858
5211	2369	985	2442	2395	2395	357	2062	297	2812
78244	37566	15653	35458	54856	45178	20640	37988	18696	52472
42656	15405	5796	14658	33166	14934	9436	23205	10745	16201
106136	42927	15315	40180	78257	70311	22219	57735	22328	21303
16652	7843	776	8139	12902	12785	5387	8078	7647	9119
215067	78364	24201	75758	131387	124058	31784	95727	32216	101869
49737	27146	4628	28455	17879	17461	3595	13911	13075	30442
38461	19492	10965	25674	17106	13935	5582	10614	13990	15786
73009	27015	12647	26374	48649	47729	13511	33339	19060	23800
383	214	50	214	141	125	23	118	294	195
93112	36495	4361	32320	57457	55367	25760	31235	13562	42981
19982	8128	3618	7949	16303	15721	4907	11782	8756	8245
13817	10250	1789	10135	2735	2681	333	2402	2954	7689
36200	19738	3511	19788	22510	22510	8202	13257	9913	18000
142401	72881	16434	72089	80875	75581	26588	47540	52862	67563
86335	41322	15992	40337	42557	39415	12594	32122	13282	58001
29671	9261	2992	8180	14839	14339	3887	11200	1695	10284
627941	365446	112188	265114	262989	256369	86196	170896	124473	349056
149105	78198	26155	64082	91316	88515	29574	59578	44195	63328
84914	25081	5749	23593	81591	74084	26631	55881	15145	24010
85345	40843	10320	38100	42803	40217	11243	31173	12520	40853
35804	24904	4429	24744	11452	9365	1299	10978	4000	24799
47859	28681	11374	26466	20848	19999	4520	15943	15646	29153
93610	69765	22283	60638	29705	29158	16677	15794	28583	47135
199865	161293	54324	161002	52602	47361	20364	31923	86016	65748
338867	166949	43239	154794	187220	184286	58230	119324	164760	149222
862308	509232	131126	490441	332197	324581	120753	209416	377386	445241
106757	60564	15695	59527	54772	54301	19413	35239	56645	47656
61527	52970	18776	38333	10798	7706	3408	6452	34072	28743
8260	3731	1481	3034	4754	4588	616	2335	1472	2993
991077	186841	18101	181874	1146662	1067828	403620	767416	199950	154796
65923	26518	2574	23192	35277	31013	7868	29237	2959	16793

13—8 续表

单位：万元

行 业	Sector	长期负债合计 Long-term Liabilities	所有者权益 Creditors' Equity
总 计	**Total**	**753136**	**2080773**
总计中：	**Of the Total:**		
港澳台商投资企业	Enterprises Funded by Entrepreneurs from Hong Kong, Macao and Taiwan	185864	506262
外商投资企业	Foreign Funded Enterprises	567271	1574511
总计中：	**Of the Total:**		
国有及国有控股企业	State Controlling Share Hold Enterprises	176087	443805
总计中：	**Of the Total:**		
轻工业	Light Industry	87859	740029
重工业	Heavy Industry	665277	1340745
总计中：	**Of the Total:**		
大型企业	Large-sized Enterprises	245509	598268
中型企业	Medium-sized Enterprises	406739	939074
小型企业	Small Enterprises	100888	543431
按行业分	**Grouped by Sector**		
黑色金属矿采选业	Ferrous Metals Mining and Dressing		1710.00
有色金属矿采选业	Nonferrous Metals Mining and Dressing		3401.00
非金属矿采选业	Nonmetal Minerals Mining and Dressing		2399
农副食品加工业	Agricultural and Non-staple Food Processing Industry	11279	13543
食品制造业	Food Manufacturing	6297	20157
饮料制造业	Beverage Manufacturing	496	84337
烟草制品业	Tabacco Manufacturing		7532
纺织业	Textile Industry	16073	97106
纺织服装、鞋、帽制造业	Textile Dress, Footwear and Headgear Manufacturing	1727	17568
皮革毛皮羽毛（绒）及其制品业	Leather, Furs, Down and Related Products	3557	19118
木材加工及木竹藤棕草制品业	Timber Processing, Bamboo, Cane, Palm Fiber and Straw Products	17893	31250
家具制造业	Furniture Manufacturing		188
造纸及纸制品业	Papermaking and Paper Products	7106	43025
印刷业和记录媒介的复制	Printing and Record Medium Reproduction	578	11159
文教体育用品制造业	Cultural, Educational and Sports Goods		6128
石油加工、炼焦及核燃料加工业	Petroleum Processing, Coking and Nuclear Fuel Processing	5210	12896
化学原料及制品制造业	Raw Chemical Materials and Chemical Products	17253	57585
医药制造业	Medical and Pharmaceutical Products	9945	18390
化学纤维制造业	Chemical Fiber	5137	14250
橡胶制品业	Rubber Products	102796	176089
塑料制品业	Plastic Products	12162	73595
非金属矿物制品业	Nonmetal Minera Products	11819	49085
黑色金属冶炼及压延加工业	Smelting and Pressing of Ferrous Metals	8304	36188
有色金属冶炼及压延加工业	Smelting and Pressing of Nonferrous Metals	1624	9381
金属制品业	Metal Products	837	17869
通用设备制造业	Equipments in Current Use	712	45763
专用设备制造业	Equipments in Special Use	534	133583
交通运输设备制造业	Transport Equipment	8224	181421
电气机械及器材制造业	Electric Equipment and Machinery	19821	397245
通信设备、计算机及其他电子设备制造业	Telecommunication Equipment, Computer and Other Electronic Equipment Manufacturing	2447	56654
仪器仪表及文化办公用机械	Instruments, Meters, Cultural and Office	281	32504
工艺品及其他制造业	Handiwork and Other Manufacturing	422	4845
电力、热力的生产和供应业	Production and Supply of Electric Power and Heating Power	464842	371439
燃气生产和供应业	Production and Supply of Gas	15760	33370

continued

(10000 yuan)

#实收资本 Capital Hold	产品销售收入 Sales Revenue	产品销售成本 Cost of Sales	产品销售税金及附加 Sales tax and Extra Charges	利润总额 Total Profits	本年应付工资 Wages Payable in This Year	本年应付福利费 Welfare Cost Payable in This Year	本年应交增值税 Value Added Tax Payable	经营产品现金流量 Cash Flow of Operated Products	投资产品现金流量 Cash Flow of Invested Products	筹资产品现金流量 Cash Flow of Products Pooling Funds
1748820	**4125383**	**3322415**	**31709**	**339327**	**151308**	**21145**	**177825**	**358029**	**-49310**	**5960**
414882	1134410	936505	6855	87669	47071	6797	58464	113619	-24979	-41060
1333938	2990972	2385910	24854	251658	104237	14348	119360	244409	-24331	47020
283469	1130662	936591	12797	78436	43779	7235	47969	106974	-56372	-29196
728275	1385623	1127575	7121	85063	61791	8300	64312	65054	-48289	21503
1020545	2739760	2194841	24589	254264	89517	12845	113512	292975	-1021	-15543
430196	1564530	1262176	22677	120999	54407	9162	62251	108716	47824	41368
771417	1609296	1272484	6961	171837	49960	7026	80944	181709	-78002	-57669
547207	951557	787755	2072	46491	46942	4957	34630	67604	-19133	22261
1572	1503	1222.00	4.00	105	118		109	109	-87	
1614	6377	4059.00	7.00	969	321	40	491	1114	-46	-91
2479	1144	774		-20	86	1	2			
30791	95531	86227	63	-3541	3635	364	1425	2083	-605	-3405
18601	59277	48152	33	3205	2489	322	2980	358	-1021	-1054
76837	67305	43841	5821	2450	3082	359	4689	263	-771	574
4935	9889	4403		3602	862	109	1261	4231	-1956	-3414
94712	117511	106559	77	686	7097	954	4359	5979	-1919	10970
15223	40461	34995	73	796	6959	463	832	3326	-3896	2219
9736	54963	52292	116	664	2857	459	-276	2189	-778	76
20675	64537	54408	615	4170	4169	284	2518	1174	-3785	4601
178	18	18		-8	7		1	31		6
14770	45379	37360	126	2239	1776	237	2779	1931	-8870	10166
8227	17727	13997		2505	844	132	987	2392	-74	-2562
5824	12177	10651	10	411	1289	49	7	129	-160	663
6856	49254	33363	194	3623	1155	66	3970	2347	-2387	2599
57284	167877	123286	465	17645	3893	509	11025	12341	-18603	5426
37016	38137	28148	44	-3722	2395	308	1666	12414	-3439	3085
14212	14781	12989		1080	297	42	304	81		-32
144800	433701	348190	10452	31722	13348	1842	6800	25000	87291	71097
49205	129380	107706	20	11599	4829	708	4805	11916	-6569	-1625
71553	50288	42076	22	39	2699	221	3235	5780	-2675	-1604
49990	61477	54056	62	-1873	2995	372	1031	4637	-5719	4223
11037	22113	21098		-51	398	20	10	-408	-43	1570
11273	56356	52344	392	3306	2344	192	885	5971	-883	4727
31635	81838	63635	42	6590	3019	482	4584	1904	-3310	4468
44060	349667	280127	15	52776	4008	950	9596	10322	1927	-464
78856	618421	507494	12476	31066	27651	4218	19625	20501	-34968	14834
393326	844141	691868	406	68330	23992	4089	37854	33724	-9981	1727
48300	119491	105463	18	4264	6284	739	3220	7464	-3004	944
12635	74633	47134		18461	938	146	3178	10076	-136	
3854	4874	3760	7	73	603	75	100	1069	-1099	64
336859	388205	276581	10	76155	13345	2238	43432	166591	-16120	-134102
39898	26952	24141	143	12	1524	155	341	991	-5625	10274

13—9 全部规模以上"三资"工业企业主要经济效益指标（2003年）

行业	Sector	工业增加值率(%) Ratio of Value Added to Gross Industrial Output Value (%)	总资产贡献率(%) Ratio of Total Assets to Industrial Output Value (%)
总计	**Total**	**31.55**	**12.79**
总计中：	**Of the Total:**		
港澳台商投资企业	Enterprises Funded by Entrepreneurs from Hong Kong, Macao and Taiwan	37.04	14.35
外商投资企业	Foreign Funded Enterprises	28.83	12.29
总计中：	**Of the Total:**		
国有及国有控股企业	State Controlling Share Hold Enterprises	27.57	16.36
总计中：	**Of the Total:**		
轻工业	Light Industry	33.23	10.54
重工业	Heavy Industry	30.49	13.94
总计中：	**Of the Total:**		
大型企业	Large-sized Enterprises	35.07	14.87
中型企业	Medium-sized Enterprises	30.17	14.32
小型企业	Small Enterprises	27.95	7.65
按行业分	**Grouped by Sector**		
黑色金属矿采选业	Ferrous Metals Mining and Dressing	36.58	11.04
有色金属矿采选业	Nonferrous Metals Mining and Dressing	34.01	17.77
非金属矿采选业	Nonmetal Minerals Mining and Dressing	35.78	-0.20
农副食品加工业	Agricultural and Non-staple Food Processing Industry	18.17	-0.86
食品制造业	Food Manufacturing	20.05	15.80
饮料制造业	Beverage Manufacturing	32.35	12.45
烟草制品业	Tabacco Manufacturing	78.18	30.49
纺织业	Textile Industry	25.55	3.49
纺织服装、鞋、帽制造业	Textile Dress, Footwear and Headgear Manufacturing	28.12	3.97
皮革毛皮羽毛（绒）及其制品业	Leather, Furs, Down and Related Products	24.65	2.55
木材加工及木竹藤棕草制品业	Timber Processing, Bamboo, Cane, Palm Fiber and Straw Products	27.58	11.70
家具制造业	Furniture Manufacturing	32.13	-1.51
造纸及纸制品业	Papermaking and Paper Products	29.16	6.77
印刷业和记录媒介的复制	Printing and Record Medium Reproduction	43.18	18.90
文教体育用品制造业	Cultural, Educational and Sports Goods	22.96	3.99
石油加工、炼焦及核燃料加工业	Petroleum Processing, Coking and Nuclear Fuel Processing	20.96	22.77
化学原料及制品制造业	Raw Chemical Materials and Chemical Products	30.65	21.64
医药制造业	Medical and Pharmaceutical Products	28.01	-0.38
化学纤维制造业	Chemical Fiber	13.79	6.75
橡胶制品业	Rubber Products	32.23	9.37
塑料制品业	Plastic Products	33.52	12.22
非金属矿物制品业	Nonmetal Minera Products	31.22	4.34
黑色金属冶炼及压延加工业	Smelting and Pressing of Ferrous Metals	21.67	0.47
有色金属冶炼及压延加工业	Smelting and Pressing of Nonferrous Metals	16.14	0.55
金属制品业	Metal Products	24.98	10.62
通用设备制造业	Equipments in Current Use	33.32	13.40
专用设备制造业	Equipments in Special Use	24.53	31.24
交通运输设备制造业	Transport Equipment	24.67	19.00
电气机械及器材制造业	Electric Equipment and Machinery	36.94	12.95
通信设备、计算机及其他电子设备制造业	Telecommunication Equipment, Computer and Other Electronic Equipment Manufacturing	23.72	8.01
仪器仪表及文化办公用机械	Instruments, Meters, Cultural and Office	45.04	35.17
工艺品及其他制造业	Handiwork and Other Manufacturing	24.33	2.64
电力、热力的生产和供应业	Production and Supply of Electric Power and Heating Power	51.21	15.26
燃气生产和供应业	Production and Supply of Gas	11.97	0.83

Main Indicators on Economic Benefit of All Foreign-funded Above Designated Size Industrial Enterprises by Industrial Branch (2003)

资产负债率 (%) Assest-liability Ratio (%)	流动资产周转次数 (次/年) Number of Times of Annual of Turnover Circulating Funds (times/year)	工业成本费用利润率 (%) Ratio of Profits to Industrial Cost (%)	每百元销售收入实现利税 (元) Profit and Tax Brought Abovt per 100 yuan of Sales Revenue (yuan)	资金利税率 (%) Ratio of Pre-tax Profit to Funds (%)	全员劳动生产率 (元/人. 年) Overall Labor Productivity (yuan/person-year)	产品销售率 (%) Proporting of Products Sold (%)
56.80	**2.00**	**8.99**	**13.30**	**13.50**	**122845.29**	**98.22**
56.89	2.20	8.45	13.49	14.30	116059.41	97.65
56.77	1.93	9.19	13.24	13.21	127596.92	98.51
52.06	3.22	7.51	12.31	17.70	191035.03	97.42
54.46	1.78	6.54	11.29	11.60	85434.60	97.93
57.99	2.13	10.27	14.32	14.44	175407.19	98.41
60.74	2.40	8.45	13.16	17.01	329162.90	98.63
54.48	2.07	11.92	16.14	14.61	112862.02	98.78
55.81	1.49	5.15	8.74	7.72	57177.88	96.66
13.02	2.31	7.65	14.48	12.01	40286.67	90.99
58.82	1.70	18.48	23.01	20.26	30559.17	105.01
53.97	0.47	-1.61	-1.57	-0.40	24327.87	124.86
82.69	2.69	-3.65	-2.15	-2.79	36550.34	99.24
52.74	4.04	5.59	10.49	16.42	63206.47	103.22
20.54	1.68	4.14	19.26	13.24	76362.52	96.83
54.76	1.22	57.29	49.17	29.99	79407.06	99.99
54.85	1.55	0.58	4.36	2.99	32823.03	100.61
64.68	1.42	2.00	4.20	4.02	13144.16	97.96
50.29	2.14	1.21	0.92	1.39	36393.86	97.94
57.20	2.45	6.84	11.32	12.23	22465.94	92.70
50.98	0.08	-27.40	-38.42	-2.05	104928.57	89.99
53.79	1.40	5.13	11.33	8.09	64213.07	101.07
44.15	2.23	16.44	19.70	17.69	140096.00	101.03
55.65	1.20	3.47	3.51	3.41	12294.63	95.09
64.37	2.49	8.14	15.81	23.57	74926.68	99.69
59.56	2.33	11.90	17.35	24.35	210353.36	96.06
78.70	0.95	-9.42	-5.28	-2.78	41312.29	91.55
51.97	1.81	7.67	9.36	7.14	65686.05	104.58
71.96	1.64	7.97	11.29	11.23	125742.90	96.73
50.64	2.02	9.85	12.69	13.28	95930.11	98.04
42.19	2.13	0.08	6.55	4.15	76529.06	101.27
57.60	1.61	-2.97	-1.27	-1.13	53274.47	105.99
73.80	0.89	-0.23	-0.19	-0.12	112053.22	86.99
62.66	2.13	5.84	8.13	10.80	84986.42	92.34
51.11	1.35	8.72	13.71	14.68	136564.74	95.79
33.16	2.17	17.66	17.84	32.34	547870.06	100.94
46.46	4.00	5.37	10.21	23.04	283433.86	98.40
53.93	1.72	8.76	12.63	15.23	238866.95	99.32
46.93	2.01	3.69	6.28	7.92	103008.73	90.51
47.17	1.95	33.07	28.99	48.32	803591.98	97.47
41.35	1.61	1.51	3.68	3.35	23548.80	91.75
62.52	2.13	24.42	30.81	12.60	481690.44	99.91
49.38	1.16	0.04	1.84	0.95	17344.67	103.11

13—10 大中型工业企业主要经济指标（2003年）

单位：万元

行业	Sector	企业单位数（个）Number of Enterprises (unit)	工业总产值（现价）Gross Industrial Output Value
总计	**Total**	**547**	**19577881**
总计中：	**Of the Total:**		
内资企业	Domestic Funded Enterprise	485	16148905
国有企业	State-owned Enterprise	121	4852035
集体企业	Collective-owned Enterprise	22	387654
股份合作企业	Share Holding Cooperative Enterprises	10	116426
联营企业	Joint Owned Enterprises	2	19394
有限责任公司	Limited Liability Corporations	184	5421036
股份有限公司	Share-holding Corporations Ltd.	68	4164760
私营企业	Private Enterprises	77	1177118
其他企业	Other Enterprises	1	10482
港澳台商投资企业	Enterprises Funded by Entrepreneurs from Hong Kong, Macao and Taiwan	25	1083914
外商投资企业	Foreign Funded Enterprises	37	2345062
总计中：	**Of the Total:**		
独资企业	Enterprise Owned by a Sole Investor	170	6430181
合作合伙企业	Cooperative Enterprises	20	353147
股份有限公司	Share-holding Corporations Ltd.	85	4339613
有限责任公司	Limited Liability Corporations	272	8454939
总计中：	**Of the Total:**		
国有及国有控股企业	State Controlling Share Hold Enterprises	253	13480494
总计中：	**Of the Total:**		
轻工业	Light Industry	214	5874106
重工业	Heavy Industry	333	13703775
总计中：	**Of the Total:**		
大型企业	Large-sized Enterprises	59	10816185
中型企业	Medium-sized Enterprises	488	8761696
按行业分	**Grouped by Sector**		
煤炭开采和洗选业	Coal Mining and Dressing	9	1243758
黑色金属矿采选业	Ferrous Metals Mining and Dressing	3	110252
有色金属矿采选业	Nonferrous Metals Mining and Dressing	5	35506
非金属矿采选业	Nonmetal Minerals Mining and Dressing	2	28527
农副食品加工业	Agricultural and Non-staple Food Processing Industry	22	546918
食品制造业	Food Manufacturing	5	234399
饮料制造业	Beverage Manufacturing	32	565545
烟草制品业	Tabacco Manufacturing	9	900514
纺织业	Textile Industry	48	920054
纺织服装、鞋、帽制造业	Textile Dress, Footwear and Headgear Manufacturing	6	40015
皮革毛皮羽毛（绒）及其制品业	Leather, Furs, Down and Related Products	6	89371
木材加工及木竹藤棕草制品业	Timber Processing, Bamboo, Cane, Palm Fiber and Straw Products	6	73417
家具制造业	Furniture Manufacturing	1	15600
造纸及纸制品业	Papermaking and Paper Products	9	161415
印刷业和记录媒介的复制	Printing and Record Medium Reproduction	6	119194
文教体育用品制造业	Cultural, Educational and Sports Goods	4	37097
石油加工、炼焦及核燃料加工业	Petroleum Processing, Coking and Nuclear Fuel Processing	3	893466
化学原料及制品制造业	Raw Chemical Materials and Chemical Products	43	1029511
医药制造业	Medical and Pharmaceutical Products	22	191554
化学纤维制造业	Chemical Fiber	2	148058
橡胶制品业	Rubber Products	7	452504
塑料制品业	Plastic Products	14	461476
非金属矿物制品业	Nonmetal Minera Products	48	811955
黑色金属冶炼及压延加工业	Smelting and Pressing of Ferrous Metals	11	2007749
有色金属冶炼及压延加工业	Smelting and Pressing of Nonferrous Metals	8	817937
金属制品业	Metal Products	10	121028
通用设备制造业	Equipments in Current Use	33	433028
专用设备制造业	Equipments in Special Use	17	639925
交通运输设备制造业	Transport Equipment	42	2594819
电气机械及器材制造业	Electric Equipment and Machinery	38	1702590
通信设备、计算机及其他电子设备制造业	Telecommunication Equipment, Computer and Other Electronic Equipment Manufacturing	8	396125
仪器仪表及文化办公用机械	Instruments, Meters, Cultural and Office	3	31540
工艺品及其他制造业	Handiwork and Other Manufacturing	2	32732
电力、热力的生产和供应业	Production and Supply of Electric Power and Heating Power	53	1619232
燃气生产和供应业	Production and Supply of Gas	4	25582
水的生产和供应业	Production and Supply of Tap Water	6	45492

Main Indicators of Large-Scale and Medium-scale Industrial Enterprises (2003)

(10000 yuan)

资产合计 Total Assets	流动资产合计 Circulating Funds	#存货 Stock	流动资产年平均余额 Annual Average Balance of Circulating Funds	固定资产原价 Original Value of Fixed Assets	#生产经营用 Used for Production	固定资产累计折旧 Accumulated Depreciation of Fixed Assets	固定资产净值年平均余额 Annual Average Balance of Net Value of Fixed Assets	工业增加值 Value Added of Industry	流动负债合计 Liquid Liabilities
30426232	**12089784**	**3270616**	**11074128**	**19830761**	**18292490**	**6812077**	**12879329**	**6908711**	**12358702**
26839615	10507204	2844328	9643513	17439879	16035302	5985587	11322151	5789303	10961675
8271319	3183960	992670	2953630	5789659	5325919	2364914	3359537	2097041	3364705
300665	164461	47809	150991	163261	140211	59168	109387	112792	158767
146426	60994	17014	59338	85239	79739	25926	59753	33967	55771
66680	38354	11853	35857	16306	13128	3636	19210	1805	45738
10671248	4149093	953625	3765356	6727047	5988310	2131720	4934986	1806109	4653380
6227635	2346412	632556	2145124	4144123	4010788	1263281	2476179	1444734	2106128
1151609	561905	188037	531075	511796	474765	136500	362031	289498	575878
4034	2025	763	2143	2449	2442	441	1068	3359	1308
815782	361100	79555	336477	807129	775018	402521	411316	450318	296894
2770835	1221480	346732	1094138	1583753	1482170	423970	1145862	669090	1100133
9929307	4083717	1269306	3720274	6605501	6085792	2622086	3903342	2528424	4175430
523023	156781	42993	165056	397052	385479	94328	315722	132492	171359
6443012	2465687	659491	2272919	4253492	4111894	1303760	2548094	1500125	2195433
13530891	5383599	1298827	4915879	8574715	7709325	2791904	6112171	2747670	5816480
23902245	8969999	2363919	8185068	16333616	15097304	5775179	10419458	5056559	9277804
7373772	3603622	1219086	3375648	3624445	3245743	1195911	2400790	2153568	3759672
23052460	8486161	2051529	7698480	16206316	15046747	5616166	10478540	4755143	8599030
18509299	7136573	1843828	6360839	12091028	11103802	4304585	7757154	3965845	7373162
11916933	4953211	1426787	4713290	7739732	7188688	2507493	5122175	2942866	4985540
3541143	985918	93612	922813	3129559	2718236	983082	2115628	601316	1075212
979571	170553	46657	159023	299388	195972	130111	169718	72764	255002
43673	13844	3895	12919	28703	22632	12502	16642	11333	18691
34023	16053	2357	16443	24522	23861	10257	14523	7851	16394
412911	214388	97796	194346	167914	153725	32338	131190	121833	248499
1063837	389419	39828	347725	272170	210264	47124	328182	67294	606019
1250654	699931	283065	681752	578546	518574	192449	393306	194829	641115
807339	506714	273280	469306	376482	317775	169270	187345	627908	392286
1223537	555119	202010	528347	758404	697803	268020	458207	259205	644269
44388	25016	5833	25838	12534	11170	2608	8600	9873	21074
46391	30313	16163	29632	17638	14572	6008	12078	21991	19974
78908	24392	11537	24386	61324	58644	18760	38413	20986	22738
28980	6860	2950	6860	18035	18035	3568	14467	4640	2600
260561	94026	23936	87066	164144	145616	46982	98305	38879	94960
110619	56664	13602	54399	70734	63863	29653	41974	36962	54029
32264	24492	5479	25434	7404	6546	2247	5242	10370	22213
472596	119882	59356	132269	775367	774977	431313	345955	215099	223580
1432487	503218	132745	463336	1030023	927178	374777	932165	246173	613869
336187	152339	26570	140455	162680	145481	46411	117176	62186	141823
180778	62769	22307	56671	142531	141712	35384	89757	31871	73441
715572	413233	120558	307691	300390	283474	98031	195062	156276	393898
755421	362052	68708	316642	352261	340037	86758	270777	110549	351989
1699032	563292	91759	528811	1183782	1150136	371505	769544	366446	656056
3370731	1114212	335472	971246	2477437	2365000	743656	1388722	798994	983287
1534724	702491	294443	624223	618221	611808	215091	388297	175564	824257
89087	54782	18512	47318	34873	29611	7185	25761	35376	46889
606368	352773	93232	311246	269624	243586	112961	160043	130583	243665
764525	462830	126200	453825	257569	219050	86423	174132	144603	343410
2647727	1586420	463116	1337355	870662	802204	256322	600188	690195	1528864
1485803	852155	218054	803394	565889	521271	196981	367082	591771	815819
263563	145556	22416	146850	121995	121335	41406	77421	102635	132948
95251	58758	10921	74602	33905	29721	9337	25342	11341	36702
10090	6256	2019	5912	4107	4100	790	3288	8546	4115
3675305	674329	38357	685441	4308378	4116322	1617196	2721511	891486	750671
82092	24104	3021	23365	69678	68724	28720	41126	5161	19326
250095	64629	853	57188	263890	219473	96853	152163	25824	39021

13—10 续表

单位：万元

行业	Sector	长期负债合计 Long-term Liabilities	所有者权益 Creditors' Equity
总　计	**Total**	**5933266**	**12009499**
总计中：	**Of the Total:**		
内资企业	Domestic Funded Enterprise	5281019	10472157
国有企业	State-owned Enterprise	1935250	2909057
集体企业	Collective-owned Enterprise	26438	115453
股份合作企业	Share Holding Cooperative Enterprises	34396	56259
联营企业	Joint Owned Enterprises	4520	16422
有限责任公司	Limited Liability Corporations	2125209	3846756
股份有限公司	Share-holding Corporations Ltd.	1037572	3068667
私营企业	Private Enterprises	117037	457413
其他企业	Other Enterprises	596	2130
港澳台商投资企业	Enterprises Funded by Entrepreneurs from Hong Kong, Macao and Taiwan	159940	358948
外商投资企业	Foreign Funded Enterprises	492308	1178394
总计中：	**Of the Total:**		
独资企业	Enterprise Owned by a Sole Investor	2083343	3608221
合作合伙企业	Cooperative Enterprises	145530	206134
股份有限公司	Share-holding Corporations Ltd.	1057445	3174867
有限责任公司	Limited Liability Corporations	2646949	5020278
总计中：	**Of the Total:**		
国有及国有控股企业	State Controlling Share Hold Enterprises	5028037	9495303
总计中：	**Of the Total:**		
轻工业	Light Industry	615897	2993631
重工业	Heavy Industry	5317369	9015869
总计中：	**Of the Total:**		
大型企业	Large-sized Enterprises	3572881	7498294
中型企业	Medium-sized Enterprises	2360385	4511205
按行业分	**Grouped by Sector**		
煤炭开采和洗选业	Coal Mining and Dressing	1119707	1346223
黑色金属矿采选业	Ferrous Metals Mining and Dressing	4185	720385
有色金属矿采选业	Nonferrous Metals Mining and Dressing	9255	15728
非金属矿采选业	Nonmetal Minerals Mining and Dressing	6157	11472
农副食品加工业	Agricultural and Non-staple Food Processing Industry	33779	129999
食品制造业	Food Manufacturing	86429	371389
饮料制造业	Beverage Manufacturing	96298	513236
烟草制品业	Tabacco Manufacturing	2400	412653
纺织业	Textile Industry	162112	415683
纺织服装、鞋、帽制造业	Textile Dress, Footwear and Headgear Manufacturing	9503	13810
皮革毛皮羽毛（绒）及其制品业	Leather, Furs, Down and Related Products	6118	20299
木材加工及木竹藤棕草制品业	Timber Processing, Bamboo, Cane, Palm Fiber and Straw Products	18333	37838
家具制造业	Furniture Manufacturing	7710	18670
造纸及纸制品业	Papermaking and Paper Products	58368	105975
印刷业和记录媒介的复制	Printing and Record Medium Reproduction	7923	48666
文教体育用品制造业	Cultural, Educational and Sports Goods	972	9079
石油加工、炼焦及核燃料加工业	Petroleum Processing, Coking and Nuclear Fuel Processing	55825	131520
化学原料及制品制造业	Raw Chemical Materials and Chemical Products	313234	505233
医药制造业	Medical and Pharmaceutical Products	30737	163439
化学纤维制造业	Chemical Fiber	33515	72822
橡胶制品业	Rubber Products	112875	208799
塑料制品业	Plastic Products	51952	351481
非金属矿物制品业	Nonmetal Minera Products	322970	720006
黑色金属冶炼及压延加工业	Smelting and Pressing of Ferrous Metals	553144	1834299
有色金属冶炼及压延加工业	Smelting and Pressing of Nonferrous Metals	337537	372929
金属制品业	Metal Products	12532	29666
通用设备制造业	Equipments in Current Use	42068	319570
专用设备制造业	Equipments in Special Use	17493	390044
交通运输设备制造业	Transport Equipment	238118	876960
电气机械及器材制造业	Electric Equipment and Machinery	46912	618473
通信设备、计算机及其他电子设备制造业	Telecommunication Equipment, Computer and Other Electronic Equipment Manufacturing	25302	105314
仪器仪表及文化办公用机械	Instruments, Meters, Cultural and Office	9752	48797
工艺品及其他制造业	Handiwork and Other Manufacturing	1000	4975
电力、热力的生产和供应业	Production and Supply of Electric Power and Heating Power	2054091	835190
燃气生产和供应业	Production and Supply of Gas	10643	52124
水的生产和供应业	Production and Supply of Tap Water	34319	176755

continued

(10000 yuan)

#实收资本 Capital Hold	产品销售收入 Sales Revenue	产品销售成本 Cost of Sales	产品销售税金及附加 Sales tax and Extra Charges	利润总额 Total Profits	本年应付工资 Wages Payable in This Year	本年应付福利费 Welfare Cost Payable in This Year	本年应交增值税 Value Added Tax Payable	经营产品现金流量 Cash Flow of Operated Products	投资产品现金流量 Cash Flow of Invested Products	筹资产品现金流量 Cash Flow of Products Pooling Funds
8231995	**20059903**	**15505355**	**616737**	**1504327**	**1215475**	**168756**	**1032325**	**4002231**	**-1791689**	**90175**
7030382	16886077	12970694	587100	1211491	1111109	152569	889130	3711807	-1761512	106476
2722201	5744957	4101151	446604	411620	278311	45061	317337	808404	-102238	38823
65287	355327	304129	1629	15047	18546	2350	12445	34188	-3703	5499
28456	118330	87308	1080	6574	6191	1043	5996	1838287	-541574	-1059415
17000	18483	15635	51	-713	963	93	250	628	-12	-2890
2534769	5398214	4244408	88088	220601	527499	72657	275359	335357	-439356	598385
1379933	4096305	3237163	43855	513985	223607	24625	237214	629552	-693508	465758
282626	1146200	974718	5749	43819	55913	6728	40384	64810	19802	59908
111	8262	6182	44	557	79	11	146	581	-923	407
262286	789409	633998	6164	82833	28498	5104	49288	92767	-20610	-47262
939327	2384417	1900662	23474	210003	75869	11083	93906	197658	-9567	30961
3292228	7343463	5403794	463970	537420	333019	51297	370415	899738	-50114	134587
165964	346373	270623	1353	31961	13134	1895	21417	1890611	-550095	-1109263
1438177	4260729	3369587	44662	526906	236355	25838	245251	645047	-699209	456454
3335626	8109337	6461351	106753	408039	632967	89726	395243	566835	-492271	608398
6444154	14358513	10854472	563559	1124301	965436	134073	804943	1756249	-1239251	1011838
1636099	5383810	4023789	440112	251935	258194	37037	270513	851260	-238751	314520
6595896	14676093	11481565	176625	1252392	957281	131719	761812	3150972	-1552938	-224346
4668648	11149512	8731755	295485	840739	784619	109006	582875	1396890	-940737	957882
3563347	8910391	6773600	321252	663587	430856	59751	449451	2605341	-850952	-867707
1170598	1344155	944106	19030	37983	327692	45632	125819	165718	-131830	-8882
671128	190625	143955	9105	1264	47967	7541	6880	-14860	-7337	19801
8663	35132	26874	586	970	5706	825	1431	1355	-235	-646
10019	23379	12480	870	793	2171	290	1972	2808	-995	-1480
87931	532323	470433	1480	16575	18610	2642	9828	47431	-8630	15792
107699	259227	202636	555	24402	14201	2113	8113	-10009	35311	106598
249224	554334	363548	62383	13524	32330	4383	33689	38387	-25145	25025
215814	917772	361335	366348	61625	23563	3449	98736	567807	-45232	6031
249568	880948	792705	3215	19088	67867	9525	33736	48613	-77602	86074
10916	35031	28753	152	1635	2727	275	1019	5086	-5065	2737
9347	89626	79804	346	3453	2883	599	585	2780	-2263	1863
19797	71565	57936	725	7964	4075	354	3517	3373	-5494	1744
11920	15180	9392	311	2080	780	110	195			
37061	168639	143751	763	8796	7107	995	8805	1785	-32880	36863
32461	111296	86694	204	12138	7599	938	5585	55760	-1097	-5550
6555	33237	29059	22	505	1836	175	1425	3697		39
172435	899607	811630	45806	-2650	12357	1826	43087	68607	-4327	-39879
361567	978754	838556	2280	25598	51349	7124	30778	72592	-77290	32718
84094	184525	124606	1070	16041	12994	1982	11047	11166	-14007	18736
26432	130086	113607	361	6451	4827	527	3507	4437	-18515	15227
148892	490770	385380	10554	42389	21434	3800	10327	37874	81442	70610
108853	479218	410634	1314	23630	11974	1853	14795	19534	-22715	13526
452603	798097	527177	5643	174394	39910	6026	65222	1957965	-630530	-1022180
898269	2047255	1600302	14483	301798	129274	11665	147381	355149	-492509	451640
252414	1119909	1029213	2379	13530	33843	4691	22949	60286	-467	54878
14531	106108	83608	730	10309	5082	669	2889	6444	-5821	7291
124227	433239	346541	2331	22115	31472	4057	14808	26287	-9871	9489
164861	546522	441238	410	55536	20725	2557	10749	10249	10418	39402
552868	2471522	2021323	49671	128691	96245	12647	82939	81236	-219239	320290
485947	1438897	1157075	3536	75558	42526	6751	59453	65719	-14184	6095
48237	272921	238670	384	10748	9360	1277	5487	12207	-2402	505
22289	29328	24754	94	1310	1283	104	1197	7859	-794	-18204
2700	33200	30503	131	996	7990	1041	1030	605	-184	532
1294460	2263571	1506044	9021	385404	105545	18889	160239	266306	-49375	-167466
45289	32499	30830	182	212	3594	495	817	2641	-2201	2213
72329	41406	30205	264	-523	6581	927	2291	15338	-10623	8745

13—11 大中型工业企业主要经济效益指标（2003年）

行业	Sector	工业增加值率(%) Ratio of Value Added to Gross Industrial Output Value (%)	总资产贡献率(%) Ratio of Total Assets to Industrial Output Value (%)
总计	**Total**	**35.29**	**11.44**
总计中：	**Of the Total:**		
内资企业	Domestic Funded Enterprise	35.85	11.03
国有企业	State-owned Enterprise	43.22	15.15
集体企业	Collective-owned Enterprise	29.10	10.56
股份合作企业	Share Holding Cooperative Enterprises	29.17	11.26
联营企业	Joint Owned Enterprises	9.30	1.98
有限责任公司	Limited Liability Corporations	33.32	6.62
股份有限公司	Share-holding Corporations Ltd.	34.69	13.62
私营企业	Private Enterprises	24.59	8.91
其他企业	Other Enterprises	32.04	21.69
港澳台商投资企业	Enterprises Funded by Entrepreneurs from Hong Kong, Macao and Taiwan	41.55	18.45
外商投资企业	Foreign Funded Enterprises	28.53	13.40
总计中：	**Of the Total:**		
独资企业	Enterprise Owned by a Sole Investor	39.32	14.78
合作合伙企业	Cooperative Enterprises	37.52	12.94
股份有限公司	Share-holding Corporations Ltd.	34.57	13.54
有限责任公司	Limited Liability Corporations	32.50	7.94
总计中：	**Of the Total:**		
国有及国有控股企业	State Controlling Share Hold Enterprises	37.51	11.39
总计中：	**Of the Total:**		
轻工业	Light Industry	36.66	14.02
重工业	Heavy Industry	34.70	10.62
总计中：	**Of the Total:**		
大型企业	Large-sized Enterprises	36.67	10.23
中型企业	Medium-sized Enterprises	33.59	13.33
按行业分	**Grouped by Sector**		
煤炭开采和洗选业	Coal Mining and Dressing	48.35	6.13
黑色金属矿采选业	Ferrous Metals Mining and Dressing	66.00	1.90
有色金属矿采选业	Nonferrous Metals Mining and Dressing	31.92	7.82
非金属矿采选业	Nonmetal Minerals Mining and Dressing	27.52	12.95
农副食品加工业	Agricultural and Non-staple Food Processing Industry	22.28	7.73
食品制造业	Food Manufacturing	28.71	4.19
饮料制造业	Beverage Manufacturing	34.45	9.71
烟草制品业	Tabacco Manufacturing	69.73	65.32
纺织业	Textile Industry	28.17	6.08
纺织服装、鞋、帽制造业	Textile Dress, Footwear and Headgear Manufacturing	24.67	7.99
皮革毛皮羽毛（绒）及其制品业	Leather, Furs, Down and Related Products	24.61	11.75
木材加工及木竹藤棕草制品业	Timber Processing, Bamboo, Cane, Palm Fiber and Straw Products	28.59	17.34
家具制造业	Furniture Manufacturing	29.74	12.03
造纸及纸制品业	Papermaking and Paper Products	24.09	8.30
印刷业和记录媒介的复制	Printing and Record Medium Reproduction	31.01	16.74
文教体育用品制造业	Cultural, Educational and Sports Goods	27.95	8.13
石油加工、炼焦及核燃料加工业	Petroleum Processing, Coking and Nuclear Fuel Processing	24.07	20.38
化学原料及制品制造业	Raw Chemical Materials and Chemical Products	23.91	5.87
医药制造业	Medical and Pharmaceutical Products	32.46	9.37
化学纤维制造业	Chemical Fiber	21.53	7.37
橡胶制品业	Rubber Products	34.54	10.40
塑料制品业	Plastic Products	23.96	6.60
非金属矿物制品业	Nonmetal Minera Products	45.13	15.68
黑色金属冶炼及压延加工业	Smelting and Pressing of Ferrous Metals	39.80	14.22
有色金属冶炼及压延加工业	Smelting and Pressing of Nonferrous Metals	21.46	4.65
金属制品业	Metal Products	29.23	17.60
通用设备制造业	Equipments in Current Use	30.16	7.45
专用设备制造业	Equipments in Special Use	22.60	9.77
交通运输设备制造业	Transport Equipment	26.60	10.43
电气机械及器材制造业	Electric Equipment and Machinery	34.76	10.13
通信设备、计算机及其他电子设备制造业	Telecommunication Equipment, Computer and Other Electronic Equipment Manufacturing	25.91	7.51
仪器仪表及文化办公用机械	Instruments, Meters, Cultural and Office	35.96	3.34
工艺品及其他制造业	Handiwork and Other Manufacturing	26.11	22.91
电力、热力的生产和供应业	Production and Supply of Electric Power and Heating Power	55.06	16.62
燃气生产和供应业	Production and Supply of Gas	20.17	1.70
水的生产和供应业	Production and Supply of Tap Water	56.77	1.34

Main Indicators on Economic Benefit of Large-scale and Medium-scale Industrial Branch (2003)

资产负债率 (%) Assest-liability Ratio (%)	流动资产周转次数 (次/年) Number of Times of Annual of Turnover Circulating Funds (times/year)	工业成本费用利润率 (%) Ratio of Profits to Industrial Cost (%)	每百元销售收入实现利税 (元) Profit and Tax Brought Abovt per 100 yuan of Sales Revenue (yuan)	资金利税率 (%) Ratio of Pre-tax Profit to Funds (%)	全员劳动生产率 (元/人.年) Overall Labor Productivity (yuan/person-year)	产品销售率 (%) Proporting of Products Sold (%)
60.53	**1.81**	**8.36**	**15.72**	**13.16**	**75147.29**	**99.14**
60.98	1.75	8.01	15.92	12.82	67665.72	99.24
64.83	1.95	8.55	20.46	18.62	111933.51	101.37
61.60	2.35	4.42	8.20	11.18	62882.09	92.81
61.58	1.99	5.91	11.54	11.46	42969.13	96.77
75.37	0.52	-3.73	-2.23	-0.75	23619.11	95.30
63.95	1.43	4.29	10.82	6.71	41614.26	98.77
50.71	1.91	14.34	19.41	17.20	103827.13	98.59
60.28	2.16	3.96	7.85	10.07	43169.37	97.37
47.19	3.85	7.27	9.05	23.29	23991.43	92.22
56.00	2.35	11.83	17.52	18.49	180336.31	97.88
57.47	2.18	9.66	13.73	14.62	172396.92	99.08
63.66	1.97	8.56	18.68	17.99	107908.90	100.48
60.59	2.10	10.19	15.80	11.38	93133.91	97.66
50.71	1.87	14.09	19.17	16.94	95975.42	98.44
62.90	1.65	5.33	11.22	8.25	53403.00	98.55
60.27	1.75	8.86	17.36	13.40	77042.34	99.69
59.39	1.59	5.32	17.88	16.66	77777.32	98.24
60.89	1.91	9.44	14.93	12.05	74013.80	99.53
59.48	1.75	8.31	15.42	12.18	80895.17	99.89
62.14	1.89	8.42	16.10	14.58	68580.52	98.22
61.98	1.46	2.95	13.60	6.02	28196.12	99.85
26.46	1.20	0.69	9.05	5.25	32243.63	100.41
63.99	2.72	2.89	8.50	10.10	19123.52	100.47
66.28	1.42	3.67	15.55	11.74	31916.26	105.57
68.52	2.74	3.21	5.24	8.57	58958.82	98.03
65.09	0.75	9.75	12.76	4.89	49080.01	102.86
58.96	0.81	2.79	19.77	10.19	50352.39	96.65
48.89	1.96	12.78	57.39	80.21	606556.99	102.09
66.03	1.67	2.20	6.36	5.68	29081.37	97.28
68.89	1.36	4.87	8.01	8.15	21600.09	96.15
56.24	3.02	3.97	4.89	10.51	50230.70	98.63
52.05	2.93	12.15	17.06	19.44	27646.16	96.71
35.58	2.21	16.26	17.04	12.13	56585.37	97.31
59.33	1.94	5.51	10.89	9.91	48562.70	100.39
56.01	2.05	12.18	16.11	18.60	82966.78	97.25
71.86	1.31	1.54	5.87	6.36	36030.92	99.26
72.17	6.80	-0.31	9.59	18.03	324530.33	100.50
64.73	2.11	2.65	5.99	4.20	48240.80	99.61
51.38	1.31	9.53	15.26	10.93	44838.34	95.72
59.16	2.30	5.21	7.93	7.05	103276.09	94.01
70.82	1.60	9.54	12.89	12.58	103302.42	96.38
53.47	1.51	5.18	8.29	6.77	103500.61	99.75
57.62	1.51	27.78	30.73	18.89	87309.26	99.24
45.58	2.11	17.37	22.65	19.65	116832.49	99.86
75.70	1.79	1.22	3.47	3.84	63079.84	103.01
66.70	2.24	11.01	13.13	19.06	69474.27	93.23
47.30	1.39	5.36	9.06	8.33	47500.35	97.90
48.98	1.20	11.23	12.20	10.62	70641.33	97.96
66.88	1.85	5.53	10.57	13.49	119303.53	98.25
58.37	1.79	5.52	9.63	11.84	160106.92	98.70
60.04	1.86	4.06	6.09	7.41	124920.40	94.45
48.77	0.39	4.42	8.87	2.60	54445.51	98.17
50.69	5.62	3.10	6.50	23.45	9239.24	100.14
77.28	3.30	21.50	24.50	16.28	157573.16	100.45
36.51	1.39	0.59	3.73	1.88	17649.11	114.76
29.32	0.72	-1.21	4.91	0.97	59188.17	94.58

13—12 工业分行业职工人数

Number of Staff and Workers in Industry by Industrial Branch

单位：人 (person)

项　　目	Item	1995	2000	2002	2003
总　　计	**Total**	**3113653**	**1626088**	**1493551**	**1490069**
按登记注册类型分	**Grouped Type of Registration**				
国　有	State-owned	1526763	800067	304118	250824
集　体	Collective-owned	1401396	497414	152412	94836
其　他	Other Ownership	185494	328607	1037021	1144409
按行业分	**Grouped by Sector**				
采掘业	**Mining and Quarrying**				
煤炭开采和洗选业	Coal Mining and Dressing	302167	255624	237421	238837
黑色金属矿采选业	Ferrous Metals Mining and Dressing	40864	28444	27088	27528
有色金属矿采选业	Nonferrous Metals Mining and Dressing	18832	9299	8821	8238
非金属矿采选业	Nonmetal Minerals Mining and Dressing	74495	17013	13454	13701
制造业	**Manufacturing**				
农副食品加工业	Agricultural and Non-staple Food Processing Industry	135990	59313	48559	53216
食品制造业	Food Manufacturing	52584	20240	30040	24193
饮料制造业	Beverage Manufacturing	87180	61831	56389	54126
烟草制品业	Tabacco Manufacturing	16046	14905	12871	12142
纺织业	Textile Industry	384329	186103	166883	147153
纺织服装、鞋、帽制造业	Textile Dress, Footwear and Headgear Manufacturing	67831	22808	27692	30574
皮革毛皮羽毛（绒）及其制品业	Leather, Furs, Down and Related Products	36360	16890	16879	18171
木材加工及木竹藤棕草制品业	Timber Processing, Bamboo, Cane, Palm Fiber and Straw Products	39734	23803	28202	35059
家具制造业	Furniture Manufacturing	19547	4008	3179	3413
造纸及纸制品业	Papermaking and Paper Products	77756	30019	19794	18908
印刷业和记录媒介的复制	Printing and Record Medium Reproduction	33039	12431	12208	11812
文教体育用品制造业	Cultural, Educational and Sports Goods	23987	15687	17199	18160
石油加工、炼焦及核燃料加工业	Petroleum Processing, Coking and Nuclear Fuel Processing	18264	8879	7944	6949
化学原料及制品制造业	Raw Chemical Materials and Chemical Products	185646	112540	87039	78297
医药制造业	Medical and Pharmaceutical Products	39499	26303	25090	27061
化学纤维制造业	Chemical Fiber	12426	15177	9870	5894
橡胶制品业	Rubber Products	37057	21850	22539	21318
塑料制品业	Plastic Products	64292	28407	31174	31562
非金属矿物制品业	Nonmetal Minera Products	455413	121522	106256	102155
黑色金属冶炼及压延加工业	Smelting and Pressing of Ferrous Metals	113064	75381	72067	76158
有色金属冶炼及压延加工业	Smelting and Pressing of Nonferrous Metals	40659	36459	35509	33735
金属制品业	Metal Products	75232	21200	19539	21148
通用设备制造业	Equipments in Current Use	162994	76310	69727	67495
专用设备制造业	Equipments in Special Use	96313	42924	36588	39642
交通运输设备制造业	Transport Equipment	102966	64632	68191	74011
电气机械及器材制造业	Electric Equipment and Machinery	94613	47752	49874	63324
通信设备、计算机及其他电子设备制造业	Telecommunication Equipment, Computer and Other Electronic Equipment Manufacturing	31797	16334	17763	17313
仪器仪表及文化办公用机械	Instruments, Meters, Cultural and Office	20939	5810	6665	6129
工艺品及其他制造业	Handiwork and Other Manufacturing	67725	19200	18196	15428
废弃资源和废旧材料回收工业	Recovery and Processing of Discarded Resources and Waste Materials				2709
电力燃气及水生产和供应业	**Production & Supply of Electric Power, Gas and Water**				
电力、热力的生产和供应业		56949	83422	60431	66655
燃气生产和供应业	Production and Supply of Gas	5634	5270	5258	4774
水的生产和供应业	Production and Supply of Tap Water	12653	12893	12866	13081

13—13　各市全部国有及规模以上非国有工业企业单位数和总产值（2003年）

Number of All State-owned and Non-state-owned Above Fesignated Size Industrial Enterprises and Gross Industrial Output Value by Region (2003)

单位：万元　　(10000 yuan)

地　区	Region	企业单位数（个）Number of Enterprises (unit): 全部国有及规模以上非国有 All State-owned and Non-state-owned Above Designated Size	国有及国有控股企业 State-owned or Controlling Share Hold Industry	工业总产值 Gross Industrial Output Value: 全部国有及规模以上非国有 All State-owned and Non-state-owned Above Designated Size — 1990年不变价 At 1990 Constant Prices	当年价格 At Current Prices	国有及国有控股企业1990年不变价 State-owned or Controlling Share Hold Industry at 1990 Constant Prices
总　计	**Total**	**4158**	**747**	**23522661**	**26102141**	**10618107**
合肥市	Hefei	436	135	5602955	5348605	2494111
淮北市	Huaibei	110	19	559975	1216161	354813
亳州市	Bozhou	123	28	341251	457827	130539
宿州市	Suzhou	185	55	413282	463343	119833
蚌埠市	Bengbu	207	49	1201077	1312619	686342
阜阳市	Fuyang	300	53	781599	891924	292798
淮南市	Huainan	141	35	793808	1534684	551781
滁州市	Chuzhou	377	51	1955702	1629531	875078
六安市	Luan	285	40	753014	841404	173816
马鞍山市	Maanshan	184	**33**	1586896	2568230	1199498
巢湖市	Chaohu	303	40	958513	1050997	301029
芜湖市	Wuhu	360	31	3833525	3306914	1359073
宣城市	Xuancheng	345	30	1092464	1082757	332596
铜陵市	Tongling	111	28	1260362	1450354	1015211
池州市	Chizhou	100	15	223529	300723	82740
安庆市	Anqing	438	77	1596805	2250619	602993
黄山市	Huangshan	153	28	567906	395449	45856

13—14　各市全部国有及规模以上非国有工业总产值（2003年）

Gross Industrial Output Value of All State-owned and Non-state-owned Industrial Enterprises Above Deginated Size by Region (2003)

（本表按当年价格计算）　单位：万元　　(Data in value terms in this table are calculated at current prices)　(10000 yuan)

地　区	Region	工业总产值合计（当年价） Gross Industrial Outpnt Value	国有及国有控股企业 State-owned or Controlling Share Hold Industry	集体企业 Collective-owned Enterprises	股份有限公司 Share Holding Enterprises	外商投资企业 Foreign Funded Enterprises	港澳台商投资企业 Enterprises Funded by Enterpreneurs form Hong Kong, Macao and Taiwan	轻工业 Light Industry	重工业 Heavy Industry
总　计	**Total**	**26102141**	**14388799**	**999461**	**4438349**	**2992235**	**1483192**	**8608159**	**17493982**
合肥市	Hefei	5348605	2826856	223534	546130	1929843	295246	1814928	3533677
淮北市	Huaibei	1216161	868643	27671	95537	81855	45487	274981	941180
亳州市	Bozhou	457827	217922	21867	61335	6793		301655	156172
宿州市	Suzhou	463343	161880	46760	60842	7136	8314	266836	196507
蚌埠市	Bengbu	1312619	742897	42839	49999	57364	50916	906197	406422
阜阳市	Fuyang	891924	386180	83148	71466	20427	12288	527187	364737
淮南市	Huainan	1534684	1266821	31602	252036	20438	166643	152375	1382309
滁州市	Chuzhou	1629531	642722	111931	360141	183078	122176	746066	883465
六安市	Luan	841404	220298	41815	156654	49667	28201	537555	303849
马鞍山市	Maanshan	2568230	2149006	29674	1792897	78195	15072	221101	2347129
巢湖市	Chaohu	1050997	361397	26646	229997	44110	6716	434323	616675
芜湖市	Wuhu	3306914	1530116	24265	322118	223575	626006	1058065	2248850
宣城市	Xuancheng	1082757	345725	14190	99521	51686	45744	248416	834341
铜陵市	Tongling	1450354	1230485	23126	67821	150318	7299	165026	1285328
池州市	Chizhou	300723	143312	5740	89944	10092	1647	75586	225137
安庆市	Anqing	2250619	1238654	154536	162343	67303	48095	687755	1562864
黄山市	Huangshan	395449	55885	90117	19568	10356	3345	190108	205341

注：辖区内全部国有及年产品销售收入在500万元及以上的非国有工业企业，下同。

a) Au State-owned and non-state-owned industrial enterprises above designsted size refer to all state-owned industrial enterprises plus the non-state-owned industrial enterprises with annual sales income of over five million yuan. The same as following tables.

13—15 各市全部国有及规模以上非国有工业企业主要经济指标（2003年）

Main Indicators of All State-owned and Non-state-owned Above Designated Size Industrial Enterprises by Region (2003)

单位：万元 (10000 yuan)

地 区	Region	企业单位数(个) Number of Enterprises (unit)	工业总产值(现价) Gross Industrial Output Value	资产合计 Total Assets	流动资产合计 Circulating Funds	#存货 Stock	工业增加值 Value Added of Industry
总 计	**Total**	**4158**	**26102141**	**37194717**	**15451121**	**4319541**	**8815232**
合肥市	Hefei	436	5348605	6410790	3181601	881547	1729373
淮北市	Huaibei	110	1216161	2432222	821643	113166	564269
亳州市	Bozhou	123	457827	878149	457002	196728	148919
宿州市	Suzhou	185	463343	640974	251847	76624	157187
蚌埠市	Bengbu	207	1312619	2354039	1068355	232858	487112
阜阳市	Fuyang	300	891924	1271111	577692	198845	267155
淮南市	Huainan	141	1534684	3647116	875427	144274	580373
滁州市	Chuzhou	377	1629531	1596230	807635	255762	490641
六安市	Luan	285	841404	1027403	385172	103436	268496
马鞍山市	Maanshan	184	2568230	4771981	1425805	409020	994697
巢湖市	Chaohu	303	1050997	1452451	659149	157111	321626
芜湖市	Wuhu	360	3306914	3606639	2035081	618906	1141123
宣城市	Xuancheng	345	1082757	1378853	654994	163470	333616
铜陵市	Tongling	111	1450354	2707255	1094722	381150	438628
池州市	Chizhou	100	300723	493864	177176	55782	109604
安庆市	Anqing	438	2250619	2104200	757237	265638	660305
黄山市	Huangshan	153	395449	421440	220584	65226	122110

地 区	Region	流动资产年平均余额 Annual Average Balance of Circlating Funds	固定资产原价 Original Value of Fixed Assets	#生产经营用 Used for Production	固定资产累计折旧 Accumulated Depreciation of Fixed Assets	固定资产净值年平均余额 Annual Average Balance of Net Value of Fixed Assets	流动负债合计 Liquid Liabilities
总 计	**Total**	**14181241**	**23583197**	**21711571**	**7894261**	**15569960**	**15729027**
合肥市	Hefei	2905275	3286823	2915687	1043125	2583127	2967730
淮北市	Huaibei	790425	2143776	1807691	714220	1400170	902058
亳州市	Bozhou	433113	419244	396450	111823	302657	390455
宿州市	Suzhou	239663	467336	432128	141785	323134	316107
蚌埠市	Bengbu	1003032	988106	872326	326322	765061	1247773
阜阳市	Fuyang	585254	791667	730066	262179	529641	558466
淮南市	Huainan	813419	3621501	3415367	1364417	2254547	1119349
滁州市	Chuzhou	774807	825585	762102	273832	568822	803228
六安市	Luan	383344	684607	594964	200377	491379	460149
马鞍山市	Maanshan	1259179	3149960	2980895	996649	1804844	1394146
巢湖市	Chaohu	567896	858295	790843	246806	619537	609821
芜湖市	Wuhu	1699788	1534192	1439665	501994	972875	1893840
宣城市	Xuancheng	613725	853460	796241	322349	518081	555208
铜陵市	Tongling	999716	1522925	1493384	463415	1015466	1201623
池州市	Chizhou	160891	329979	317036	70648	216611	190436
安庆市	Anqing	728012	1881965	1755413	778538	1063827	934415
黄山市	Huangshan	223704	223777	211313	75784	140182	184224

13—15　续表　continued

单位：万元　　(10000 yuan)

地　区　Region		长期负债合计 Long-term Liabilities	所有者权益 Creditors Equity	#实收资本 Total Capital Hold	产品销售收入 Sales Revenue	产品销售成本 Cost of Sales	产品销售费用 Sales Expenditure	产品销售税金及附加 Sales Tax and Extra Charges
总　计	**Total**	**6883353**	**14413593**	**10379758**	**26203255**	**20771551**	**950733**	**659258**
合肥市	Hefei	957732	2485328	2087022	5185412	3989627	273363	124398
淮北市	Huaibei	488167	1041998	843232	1290419	1004676	32697	19551
亳州市	Bozhou	108692	378661	170220	509003	408655	31719	14648
宿州市	Suzhou	123230	182982	136460	427336	382358	13292	3972
蚌埠市	Bengbu	201382	902663	488321	1292799	935905	51175	129386
阜阳市	Fuyang	275400	419145	258333	875884	736892	30635	49400
淮南市	Huainan	1514185	986972	985989	1663833	1224727	52614	16610
滁州市	Chuzhou	145863	641056	462779	1460968	1204577	67720	52885
六安市	Luan	228335	328403	248773	826692	659715	27733	11376
马鞍山市	Maanshan	785735	2592099	1659835	2791116	2094439	38609	26755
巢湖市	Chaohu	233484	606986	356726	1075038	873509	82853	8728
芜湖市	Wuhu	387440	1311340	1021656	3027684	2382440	92077	129393
宣城市	Xuancheng	210719	609736	327184	1012877	803918	42199	5882
铜陵市	Tongling	709848	795212	544916	1822230	1568642	28195	5769
池州市	Chizhou	136461	166295	89426	316064	242038	10677	3005
安庆市	Anqing	319486	785539	587595	2264726	1952766	57373	55659
黄山市	Huangshan	57194	179178	111290	361174	306666	17805	1841

地　区　Region		利润总额 Total Profits	本年应付工资 Wages Payable in This Year	本年应付福利费 Welfare Cost Payable in This Year	本年应交增值税 Value Added Tax Payable	经营产品现金流量 Cash Flow of Operated Products	投资产品现金流量 Cash Flow of Invested Products	筹资产品现金流量 Cash Flow of Products Pooling Funds
总　计	**Total**	**1685238**	**1626284**	**221996**	**1249519**	**4493144**	**-1919251**	**309283**
合肥市	Hefei	416209	239475	35221	203462	348056	-56291	101259
淮北市	Huaibei	43241	211085	29367	95872	163729	-80897	12677
亳州市	Bozhou	20144	29109	3935	17941	74743	-36059	24999
宿州市	Suzhou	4022	28973	3404	15053	24481	-982	3009
蚌埠市	Bengbu	56917	62700	7553	67684	560808	-33361	193580
阜阳市	Fuyang	12574	50022	9734	32604	73110	-22625	26645
淮南市	Huainan	63414	220203	31258	129205	238351	-121475	-89526
滁州市	Chuzhou	52615	75772	7941	59185	95651	-34861	23480
六安市	Luan	29261	57700	6774	26656	70067	-8579	40613
马鞍山市	Maanshan	456311	194047	21222	179108	406438	-511046	433866
巢湖市	Chaohu	56668	62843	8215	58386	1879554	-609180	-1011597
芜湖市	Wuhu	208996	99801	14639	138405	141952	-198958	379196
宣城市	Xuancheng	73294	65528	10446	43513	22966	-42677	26957
铜陵市	Tongling	67167	77168	10664	58788	182281	2704	54952
池州市	Chizhou	39858	17738	2402	18069	41352	-81907	53424
安庆市	Anqing	72224	113135	16407	91110	132754	-64523	39573
黄山市	Huangshan	12324	20985	2816	14478	36853	-18536	-3824

13—16 各市国有及国有控股工业企业主要经济指标（2003年）

Main Indicators of State-owned and State Holding Majority Shares Industrial Enterprises by Region (2003)

单位：万元 (10000 yuan)

地 区 Region		企业单位数（个）Number of Enterprises (unit)	工业总产值（现价）Gross Industrial Output Value	资产合计 Total Assets	流动资产合计 Circulating Funds	#存货 Stock	工业增加值 Value Added of Industry
总 计	**Total**	**747**	**14388799**	**25724156**	**9735364**	**2562361**	**5329765**
合 肥 市	Hefei	135	2826856	3450476	1600881	423988	1011922
淮 北 市	Huaibei	19	868643	1909192	664788	82528	436776
亳 州 市	Bozhou	28	217922	662746	360543	154626	74689
宿 州 市	Suzhou	55	161880	260747	89987	28755	55338
蚌 埠 市	Bengbu	49	742897	1813782	783799	148286	324904
阜 阳 市	Fuyang	53	386180	770578	368847	116357	134182
淮 南 市	Huainan	35	1266821	3322083	719135	92524	498428
滁 州 市	Chuzhou	51	642722	785499	391348	118237	197605
六 安 市	Luan	40	220298	524473	162438	27390	61078
马鞍山市	Maanshan	33	2149006	4383565	1243018	349878	923607
巢 湖 市	Chaohu	40	361397	788878	314098	58208	125674
芜 湖 市	Wuhu	31	1530116	2213670	1254274	387969	556465
宣 城 市	Xuancheng	30	345725	626753	273806	50426	117110
铜 陵 市	Tongling	28	1230485	2489127	963970	343591	383086
池 州 市	Chizhou	15	143312	343840	109409	32504	61980
安 庆 市	Anqing	77	1238654	1257849	396262	134927	349407
黄 山 市	Huangshan	28	55885	120897	38760	12167	17514

地 区 Region		流动资产年平均余额 Annual Average Balance of Circlating Funds	固定资产原价 Original Value of Fixed Assets	#生产经营用 Used for Production	固定资产累计折旧 Accumulated Depreciation of Fixed Assets	固定资产净值年平均余额 Annual Average Balance of Net Value of Fixed Assets	流动负债合计 Liquid Liabilities
总 计	**Total**	**8865419**	**17596812**	**16249246**	**6172657**	**11283912**	**10147932**
合 肥 市	Hefei	1490509	1911758	1700459	674517	1534832	1519111
淮 北 市	Huaibei	629036	1675019	1364561	578528	1060521	744899
亳 州 市	Bozhou	342363	292405	283848	81557	206944	305668
宿 州 市	Suzhou	87869	219183	200969	71439	151337	137825
蚌 埠 市	Bengbu	727683	681542	586646	213835	562723	957126
阜 阳 市	Fuyang	366432	487524	451610	174016	313223	336115
淮 南 市	Huainan	665730	3463532	3264542	1319016	2143592	908793
滁 州 市	Chuzhou	391519	398421	364620	144237	277985	409473
六 安 市	Luan	165269	409033	359566	126418	292445	222785
马鞍山市	Maanshan	1085096	2937571	2782074	949440	1632870	1189540
巢 湖 市	Chaohu	249555	504083	479948	152268	339193	316822
芜 湖 市	Wuhu	995498	931056	874868	310218	573263	1120216
宣 城 市	Xuancheng	259447	476827	457640	200805	264460	191877
铜 陵 市	Tongling	878946	1445330	1420522	442971	961517	1081370
池 州 市	Chizhou	95085	247860	243373	44520	164372	124949
安 庆 市	Anqing	395416	1415347	1318708	652774	748423	546544
黄 山 市	Huangshan	39967	100321	95293	36098	56212	34819

13—16　续表　continued

单位：万元　　(10000 yuan)

地　区 Region		长期负债合计 Long-term Liabilities	所有者权益 Creditors Equity	#实收资本 Total Capital Hold	产品销售收入 Sales Revenue	产品销售成本 Cost of Sales	产品销售费用 Sales Expenditure	产品销售税金及附加 Sales Tax and Extra Charges
总　计	**Total**	**5466135**	**9997550**	**6944688**	**15279762**	**11647893**	**441474**	**569231**
合肥市	Hefei	551537	1379828	1179721	2719669	2002441	119819	107278
淮北市	Huaibei	329065	835228	670218	952331	728985	27447	18317
亳州市	Bozhou	81860	275213	89014	282401	210387	24315	13232
宿州市	Suzhou	66399	52140	44363	146321	134537	4339	1409
蚌埠市	Bengbu	162605	694052	298312	747845	482641	28497	118498
阜阳市	Fuyang	212085	209995	106774	413890	332901	12271	42580
淮南市	Huainan	1497670	890257	883496	1405275	1008914	44681	13854
滁州市	Chuzhou	71983	300046	177883	533205	418079	27109	48499
六安市	Luan	166894	134424	119368	260558	195211	4812	946
马鞍山市	Maanshan	720927	2473098	1539842	2381401	1734515	17949	24461
巢湖市	Chaohu	145287	325746	168526	395298	334380	14129	2942
芜湖市	Wuhu	295877	795729	618201	1544512	1106867	53792	121754
宣城市	Xuancheng	124322	310553	132357	344688	243034	14813	1193
铜陵市	Tongling	692977	714640	482489	1616936	1389840	22614	5274
池州市	Chizhou	111995	106895	50397	150696	99817	4147	545
安庆市	Anqing	191327	456982	354336	1339378	1188183	17714	48064
黄山市	Huangshan	43326	42725	29390	45358	37165	3027	388

地　区 Region		利润总额 Total Profits	本年应付工资 Wages Payable in This Year	本年应付福利费 Welfare Cost Payable in This Year	本年应交增值税 Value Added Tax Payable	经营产品现金流量 Cash Flow of Operated Products	投资产品现金流量 Cash Flow of Invested Products	筹资产品现金流量 Cash Flow of Products Pooling Funds
总　计	**Total**	**1113124**	**1045312**	**145953**	**839169**	**1808532**	**-1311186**	**1072223**
合肥市	Hefei	243635	144786	21091	112493	157931	-112645	49034
淮北市	Huaibei	17924	191536	27045	73475	69111	-71873	61115
亳州市	Bozhou	10431	17733	2362	13231	33841	-33365	14152
宿州市	Suzhou	-2774	12445	1464	5114	5343	-3509	2064
蚌埠市	Bengbu	41926	30131	3479	43858	539805	-18845	159605
阜阳市	Fuyang	-1676	25016	6857	21381	17463	-22016	13111
淮南市	Huainan	53887	183796	26882	120070	223088	-111039	-105114
滁州市	Chuzhou	9773	26564	2884	22340	23238	-7778	835
六安市	Luan	2596	21533	2801	9394	28538	14551	21442
马鞍山市	Maanshan	451251	171645	18196	164989	392414	-552270	385820
巢湖市	Chaohu	15073	29939	4033	27549	19529	-45911	22778
芜湖市	Wuhu	127067	43454	7486	84360	31110	-196824	320503
宣城市	Xuancheng	40491	15174	2542	18446	-18369	-16109	16609
铜陵市	Tongling	60224	64850	9082	50585	169963	938	43140
池州市	Chizhou	35485	6433	1044	11139	36132	-74563	43529
安庆市	Anqing	8801	55317	7947	58014	75182	-51574	19882
黄山市	Huangshan	-989	4961	759	2731	4213	-8354	3719

13—17 各市“三资”工业企业主要经济指标（2003年）

Main Indicators of Foreign-funded Industrial Enterprises by Region (2003)

单位：万元 (10000 yuan)

地区 Region		企业单位数（个） Number of Enterprises (unit)	工业总产值（现价） Gross Industrial Output Value	资产合计 Total Assets	流动资产合计 Circulating Funds	#存货 Stock	工业增加值 Value Added of Industry
总计	**Total**	**377**	**4475428**	**4816455**	**2262676**	**618528**	**1411861**
合肥市	Hefei	84	2225089	2489597	1252024	356031	613485
淮北市	Huaibei	9	127341	254594	49293	4778	56899
亳州市	Bozhou	3	6793	15039	5610	1217	1995
宿州市	Suzhou	11	15450	17216	10945	3727	5183
蚌埠市	Bengbu	17	108280	186935	90148	19068	46593
阜阳市	Fuyang	15	32714	52568	15562	3703	10506
淮南市	Huainan	10	187081	350378	83587	22608	83097
滁州市	Chuzhou	35	305254	199232	80331	26473	74993
六安市	Luan	16	77868	80321	31263	13509	26364
马鞍山市	Maanshan	21	93266	145290	72510	14349	15115
巢湖市	Chaohu	21	50827	60649	28618	10619	12564
芜湖市	Wuhu	53	849581	507535	307329	80731	357220
宣城市	Xuancheng	29	97430	126792	71088	18533	26728
铜陵市	Tongling	11	157617	173463	94404	19638	36627
池州市	Chizhou	7	11739	12204	3555	615	3780
安庆市	Anqing	25	115397	131735	60501	20729	36587
黄山市	Huangshan	10	13701	12907	5908	2204	4125

地区 Region		流动资产年平均余额 Annual Average Balance of Circlating Funds	固定资产原价 Original Value of Fixed Assets	#生产经营用 Used for Production	固定资产累计折旧 Accumulated Depreciation of Fixed Assets	固定资产净值年平均余额 Annual Average Balance of Net Value of Fixed Assets	流动负债合计 Liquid Liabilities
总计	**Total**	**2067483**	**3005879**	**2819764**	**1007301**	**1998550**	**1981399**
合肥市	Hefei	1117880	1278604	1156328	343596	927561	1105475
淮北市	Huaibei	59347	250285	250198	58680	197812	50109
亳州市	Bozhou	5612	11185	11184	1905	9287	11359
宿州市	Suzhou	10738	8713	8507	3265	5471	8386
蚌埠市	Bengbu	85775	115722	111622	40520	82535	65654
阜阳市	Fuyang	23574	42972	33783	14655	27305	25192
淮南市	Huainan	74661	532162	531012	294808	247579	80802
滁州市	Chuzhou	73502	138966	134826	48954	84933	73838
六安市	Luan	29907	47630	41391	12583	33232	27948
马鞍山市	Maanshan	68028	75244	72414	18230	57671	62874
巢湖市	Chaohu	26210	33251	28657	12980	20526	18110
芜湖市	Wuhu	273320	236444	219936	74950	156584	258694
宣城市	Xuancheng	67532	77012	73771	34209	44755	55512
铜陵市	Tongling	91645	52145	48512	12640	39372	78934
池州市	Chizhou	4109	11978	10296	4618	5920	3021
安庆市	Anqing	49839	87439	81222	29371	53227	49591
黄山市	Huangshan	5806	6130	6105	1338	4780	5899

13—17 续表 continued

单位：万元 (10000 yuan)

地 区 Region		长期负债合计 Long-term Liabilities	所有者权益 Creditors Equity	#实收资本 Total Capital Hold	产品销售收入 Sales Revenue	产品销售成本 Cost of Sales	产品销售费用 Sales Expenditure	产品销售税金及附加 Sales Tax and Extra Charges
总 计	**Total**	**753136**	**2080773**	**1748820**	**4125383**	**3322415**	**190462**	**31709**
合肥市	Hefei	379922	1004200	771472	2209953	1757087	141289	25403
淮北市	Huaibei	99816	104669	94596	129376	89474	457	104
亳州市	Bozhou	452	3228	4649	5853	4778	115	1
宿州市	Suzhou	2310	6519	6720	11533	9752	1511	350
蚌埠市	Bengbu	10344	110936	108514	106551	74695	6222	3334
阜阳市	Fuyang	1791	25585	31078	26978	24131	589	171
淮南市	Huainan	137080	132496	126461	182621	144102	1071	186
滁州市	Chuzhou	9520	115874	153918	222283	180647	3795	60
六安市	Luan	10751	41557	32880	77240	64089	2908	664
马鞍山市	Maanshan	28421	53995	70702	96367	86476	4986	54
巢湖市	Chaohu	10164	31772	18118	48726	41201	2377	99
芜湖市	Wuhu	15126	233696	174533	614991	506961	12685	909
宣城市	Xuancheng	7600	63314	54876	92848	78388	3350	46
铜陵市	Tongling	9747	84782	48473	180053	159366	3157	200
池州市	Chizhou	4601	4582	2968	12547	10820	1109	2
安庆市	Anqing	24527	57524	42488	94799	79569	3798	125
黄山市	Huangshan	964	6043	6375	12663	10882	1043	1

地 区 Region		利润总额 Total Profits	本年应付工资 Wages Payable in This Year	本年应付福利费 Welfare Cost Payable in This Year	本年应交增值税 Value Added Tax Payable	经营产品现金流量 Cash Flow of Operated Products	投资产品现金流量 Cash Flow of Invested Products	筹资产品现金流量 Cash Flow of Products Pooling Funds
总 计	**Total**	**339327**	**151308**	**21145**	**177825**	**358029**	**-49310**	**5960**
合肥市	Hefei	168341	72467	11828	84754	153875	31596	49008
淮北市	Huaibei	21306	3334	242	12847	39852	-10142	-48633
亳州市	Bozhou	323	354	38	127	3168	-38	-405
宿州市	Suzhou	51	852	65	302	1653	-125	-442
蚌埠市	Bengbu	8786	6643	1016	7705	14172	-8558	5345
阜阳市	Fuyang	108	2914	118	1181	3869	-74	-609
淮南市	Huainan	26498	8767	1547	17425	56933	-11518	-32021
滁州市	Chuzhou	26038	10484	830	7044	19545	-12463	-1555
六安市	Luan	3887	5793	410	2096	547	-3043	2713
马鞍山市	Maanshan	-2959	6049	744	2789	2997	-10416	17526
巢湖市	Chaohu	3194	3021	564	1438	1382	-6883	7663
芜湖市	Wuhu	60704	14051	1721	26530	30207	-7838	-539
宣城市	Xuancheng	5634	6845	773	2477	2450	-3068	1931
铜陵市	Tongling	10934	2814	326	6145	15229		3169
池州市	Chizhou	627	985	59	675	612	42	103
安庆市	Anqing	5938	4964	808	4038	11240	-6766	2589
黄山市	Huangshan	-83	970	59	254	297	-17	116

13—18 各市大中型工业企业主要经济指标（2003年）

Main Indicators of Large-scale and Medium-scale Industrial Enterprises by Region (2003)

单位：万元 (10000 yuan)

地 区 Region		企业单位数（个）Number of Enterprises (unit)	工业总产值（现价）Gross Industrial Output Value	资产合计 Total Assets	流动资产合计 Circulating Funds	#存货 Stock	工业增加值 Value Added of Industry
总 计	**Total**	**547**	**19577881**	**30426232**	**12089784**	**3270616**	**6908711**
合肥市	Hefei	86	4453144	5341665	2557216	714421	1473253
淮北市	Huaibei	20	1041053	2212058	733227	91553	508760
亳州市	Bozhou	15	262652	692725	375217	166847	87750
宿州市	Suzhou	21	229163	391315	141759	30804	80436
蚌埠市	Bengbu	37	1043069	2083721	924385	179218	415663
阜阳市	Fuyang	33	571288	904419	409037	131683	176782
淮南市	Huainan	27	1335238	3407030	765082	107462	520604
滁州市	Chuzhou	40	1050501	1078064	552937	176474	310810
六安市	Luan	33	396666	578657	221869	49898	123809
马鞍山市	Maanshan	27	2294323	4477627	1265165	361848	939291
巢湖市	Chaohu	37	616182	965404	381091	94900	194287
芜湖市	Wuhu	56	2533644	2894442	1649058	491737	917054
宣城市	Xuancheng	31	623053	900220	443642	98784	195479
铜陵市	Tongling	22	1242968	2493621	963376	346710	384283
池州市	Chizhou	11	171845	353219	127521	38360	70437
安庆市	Anqing	46	1602675	1516621	496034	174508	477917
黄山市	Huangshan	5	110418	135425	83169	15410	32094

地 区 Region		流动资产年平均余额 Annual Average Balance of Circlating Funds	固定资产原价 Original Value of Fixed Assets	#生产经营用 Used for Production	固定资产累计折旧 Accumulated Depreciation of Fixed Assets	固定资产净值年平均余额 Annual Average Balance of Net Value of Fixed Assets	流动负债合计 Liquid Liabilities
总 计	**Total**	**11074128**	**19830761**	**18292490**	**6812077**	**12879329**	**12358702**
合肥市	Hefei	2326674	2849716	2525722	907283	2278027	2398777
淮北市	Huaibei	707671	1952857	1638833	639976	1284027	820836
亳州市	Bozhou	350236	303937	286160	86432	219308	307863
宿州市	Suzhou	133157	313194	292400	106095	201668	175379
蚌埠市	Bengbu	865367	842396	742700	278530	663323	1071451
阜阳市	Fuyang	416154	593770	556129	208490	381979	398413
淮南市	Huainan	710700	3487636	3291970	1327892	2157983	960882
滁州市	Chuzhou	525249	527619	486973	180709	363160	537373
六安市	Luan	227089	376274	331318	119962	266628	276423
马鞍山市	Maanshan	1109840	3000311	2840325	952185	1692547	1248523
巢湖市	Chaohu	372711	599796	563534	178511	386156	368397
芜湖市	Wuhu	1351501	1170837	1104416	401040	714024	1539844
宣城市	Xuancheng	414019	567856	524287	244474	315629	347479
铜陵市	Tongling	881825	1443581	1419069	442694	960832	1080382
池州市	Chizhou	111446	232182	224316	40599	151541	143227
安庆市	Anqing	472009	1506118	1405729	673295	803120	630921
黄山市	Huangshan	98480	62681	58611	23911	39378	52532

13—18 续表 continued

单位：万元 (10000 yuan)

地　区 Region		长期负债合计 Long-term Liabilities	所有者权益 Creditors Equity	#实收资本 Total Capital Hold	产品销售收入 Sales Revenue	产品销售成本 Cost of Sales	产品销售费用 Sales Expenditure	产品销售税金及附加 Sales Tax and Extra Charges
总　计	**Total**	**5933266**	**12009499**	**8231995**	**20059903**	**15505355**	**702175**	**616737**
合肥市	Hefei	887314	2055574	1695895	4350589	3288459	234249	120099
淮北市	Huaibei	441417	949805	775197	1124750	855419	29868	18555
亳州市	Bozhou	71486	313370	123237	312261	234485	25849	13218
宿州市	Suzhou	82809	119548	59792	230219	203520	5228	1660
蚌埠市	Bengbu	169823	840947	409746	1042741	721651	41632	126233
阜阳市	Fuyang	236283	257946	133014	585964	483958	17877	45276
淮南市	Huainan	1495292	925376	910045	1470858	1063445	46257	14397
滁州市	Chuzhou	78685	460922	310880	921707	743359	41497	49345
六安市	Luan	148374	153854	107602	403859	295299	15754	9351
马鞍山市	Maanshan	730766	2498337	1560628	2521000	1861381	28333	25460
巢湖市	Chaohu	165187	430820	208928	636396	511143	51918	5553
芜湖市	Wuhu	319363	1027637	716275	2312628	1778023	69328	126258
宣城市	Xuancheng	106388	445531	210228	560932	409463	28569	3143
铜陵市	Tongling	699179	713821	479814	1630859	1402042	22690	5329
池州市	Chizhou	95133	114859	57007	170724	116631	4175	2045
安庆市	Anqing	202796	621232	433618	1678988	1457094	32143	50645
黄山市	Huangshan	2972	79921	40090	105430	79984	6810	171

地　区 Region		利润总额 Total Profits	本年应付工资 Wages Payable in This Year	本年应付福利费 Welfare Cost Payable in This Year	本年应交增值税 Value Added Tax Payable	经营产品现金流量 Cash Flow of Operated Products	投资产品现金流量 Cash Flow of Invested Products	筹资产品现金流量 Cash Flow of Products Pooling Funds
总　计	**Total**	**1504327**	**1215475**	**168756**	**1032325**	**4002231**	**-1791689**	**90175**
合肥市	Hefei	389570	187690	28161	172062	288130	-35422	72054
淮北市	Huaibei	40921	194927	27334	88346	148085	-82515	11394
亳州市	Bozhou	14027	18740	2534	14437	37022	-30411	14891
宿州市	Suzhou	2602	14528	1792	9532	14539	-4135	874
蚌埠市	Bengbu	58117	44912	5465	59225	544655	-33296	184593
阜阳市	Fuyang	2413	30661	7918	26084	32111	-25280	20972
淮南市	Huainan	60893	195624	28024	122392	219116	-113683	-95499
滁州市	Chuzhou	42592	39558	3870	34641	39984	-28319	15572
六安市	Luan	11724	29546	3563	13696	35606	-872	30984
马鞍山市	Maanshan	451390	173227	18504	167533	397949	-509161	416324
巢湖市	Chaohu	32596	34878	4770	40097	1863707	-591605	-1037973
芜湖市	Wuhu	171277	65833	10183	115317	61879	-189405	359819
宣城市	Xuancheng	62661	35654	5560	27048	590	-23290	10411
铜陵市	Tongling	61091	65132	9033	50888	173684	1388	44249
池州市	Chizhou	37099	7582	1040	12573	35125	-69799	42023
安庆市	Anqing	54375	71422	10313	73420	93211	-53629	16980
黄山市	Huangshan	10977	5563	692	5035	16842	-2254	-17490

13—19 主要工业产品产量

Output of Major Industrial Products

项目		Item		1990	1995	2000	2002	2003
原　煤	（万吨）	Raw Coal	(10000 tons)	3205	4444	4790	6138	6726
洗　煤	（万吨）	Coal Washing	(10000 tons)	600	497	464	493	508
铁矿石原矿量	（万吨）	Iron Ore Products	(10000 tons)	912	1008	836	848	937
铜金属含量	（吨）	Amount Contained of Copper	(ton)	29576	43442	45564	48642	50785
混合饲料	（万吨）	Blending Feed	(10000 tons)		125.0	102.9	119.5	113.1
原　盐	（吨）	Raw Salt	(ton)			328413	437180	452527
大　米	（吨）	Rice	(ton)			951857	1075310	1046428
食用植物油	（万吨）	Edible Vegetable Oil	(10000 tons)	41.46	95.27	39.72	41.29	40.61
乳制品	（吨）	Dairy Products	(ton)	2958	4575	14970	11341	15474
罐　头	（吨）	Can (tin)	(ton)	48300	126847	24897	24682	33783
鲜、冻畜肉	（万吨）	Fresh and Frozen Meat	(10000 tons)			10.2	8.9	8.7
糖　果	（吨）	Candy	(ton)			6740	5342	4563
方便主食品	（吨）	Instant Stable Food	(ton)			16407	37000	64936
酱　油	（吨）	Soy Sauce	(ton)	71600		22367	13402	24881
发酵酒精	（万吨）	Fermented Alcohol	(10000 tons)	8.2	14.0	9.5	8.7	8.6
白　酒	（万吨）	Liquor	(10000 tons)	31.0	46.1	46.7	28.0	24.8
啤　酒	（万吨）	Beer	(10000 tons)	18.5	56.7	119.3	121.0	122.0
精制茶	（吨）	Refined Tea	(ton)	43451	25296	9951	20768	31164
卷　烟	（万箱）	Cigarettes	(10000 cases)	216.1	194.0	157.7	175.7	180.1
纱	（吨）	Yarn	(ton)	175240	223024	275052	324287	321978
布	（万米）	Cloth	(10000 m)	67311	87501	74047	63572	61447
棉　布	（万米）	Cotton Cloth	(10000 m)	38290	50040	35778	34480	35790
印染布	（万米）	Printing and Dyeing Cloth	(10000 m)	26148	26163	14377	16811	19132
绒线（毛线）	（吨）	Knitting Wool	(ton)	3815	4496	31	862	822
麻袋（混合数）	（万条）	Gunny Sack	(10000 pieces)	5493	7653	1238	458	1005
丝	（吨）	Silk	(ton)	1771	5520	2118	2698	2932
丝织品	（万米）	Silk Fabrics	(10000 m)	3303	8928	3446	2209	2910
服　装	（万件）	Clothing	(10000 units)	5223	24225	6283	6805	9099
梭织服装		Shuttled Clothing				3799	3831	4803
针织服装		Knit Clothing				2433	2773	3000
锯　材	（立方米）	Wood Sawn	(cu.m)			20212	26347	27822
人造板	（万立方米）	Man-made Board	(10000 cu.m)	3.8	81.2	65.4	87.1	140.9
机制纸及纸板	（万吨）	Machine-made Paper and Paperboard	(10000 tons)	38.4	108.2	55.0	48.9	99.0
纸制品	（吨）	Paper Products	(ton)			53876	73362	106895
单色印刷品	（万令）	Single-color Printed Matter	(10000 reams)			380.8	236.6	242.9
彩色印刷品	（万对开色令）	Diversified-color Printed Matter	(10000 folio color reams)			237.0	347.8	287.7
原油加工量	（万吨）	Volume of Processed Crude Oil	(10000 tons)			344.8	307.8	331.9

13—19　续表1　continued

项　目		Item		1990	1995	2000	2002	2003
汽　油	（万吨）	Gasoline	(10000 tons)	57.8	74.1	79.4	66.9	71.9
柴　油	（万吨）	Diesel Oil	(10000 tons)	80.8	98.9	151.9	134.9	146.3
燃料油	（万吨）	Fuel Oil	(10000 tons)	60.7	48.5	10.7	7.4	2.2
液化石油气	（万吨）	Liquefied Petroleum	(10000 tons)			20.4	18.9	22.6
焦　炭	（万吨）	Coke	(10000 tons)	262.3	293.5	330.2	351.0	366.8
硫酸（折100%）	（万吨）	Sulfuric Acid (100%)	(10000 tons)	66.3	135.3	143.1	176.4	185.0
浓硝酸（折100%）	（万吨）	Enriched Nitric Acid (100%)	(10000 tons)	4.8	8.3	13.6	15.3	26.3
氢氧化钠（烧碱）（折100%）	（万吨）	Caustic Soda (100%)	(10000 tons)	7.8	11.4	10.8	11.7	15.1
碳酸钠（纯碱）	（万吨）	Soda Ash	(10000 tons)	4.6	9.8	8.1	8.6	16.0
合成氨	（万吨）	Synthetic Ammonia	(10000 tons)	117.3	164.2	179.4	194.8	196.1
农用氮肥磷钾化学肥料总计	（万吨）	Chemical Fertilizers	(10000 tons)	106.6	165.7	157.6	187.4	187.1
氮肥（折含N100%）	（万吨）	Nitrogen Fertilizers	(10000 tons)	83.7	110.9	120.9	137.6	137.5
磷　肥	（万吨）	Phosphate Fertilizers	(10000 tons)	22.9	54.7	36.5	48.1	49.1
化学农药	（万吨）	Chemical Pesticide	(10000 tons)	0.6	0.8	1.8	1.8	2.2
塑料树脂及共聚物	（吨）	Plastics	(ton)	29511	51434	71687	61021	119022
肥　皂	（吨）	Soap	(ton)	56171	38473	20326	19631	22894
合成洗涤剂	（万吨）	Synthetic Detergents	(10000 tons)	7.5	26.4	39.8	34.6	37.8
牙膏（自然支）	（万支）	Toothpaste	(10000 units)	11837	14351	6941	7337	6967
化学原料药	（吨）	Chemical Medicine	(ton)	5316	6914	4807	5684	6713
中成药	（吨）	Traditional Chinese Medicine	(ton)	6688	38923	9371	11264	11494
化学纤维	（万吨）	Chemical Fiber	(10000 tons)	1.2	2.0	12.4	11.3	14.2
轮胎外胎	（万条）	Tires	(10000 units)	110.4	145.0	574.0	746.4	873.0
塑料制品	（吨）	Plastic Products	(ton)	88560	690481	321435	428092	522310
塑料薄膜	（吨）	Plastic Film	(ton)	25867	100923	28057	51772	78190
水　泥	（万吨）	Cement	(10000 tons)	886	1983	2136	2404	2941
大理石板材	（万平方米）	Marble Plate	(10000 sq.m)	26.28	159.53	2.01	1.40	0.81
花岗石板材	（万平方米）	Granite Plate	(10000 sq.m)	3.41	115.77	4.07	2.00	0.76
平板玻璃	（万重量箱）	Plate Glass	(10000 weight cases)	157.4	242.5	151.5	184.3	400.8
生　铁	（万吨）	Pig Iron	(10000 tons)	285.6	428.0	524.3	647.3	693.6
钢	（万吨）	Steel	(10000 tons)	248.1	325.5	460.6	638.3	692.1
普通碳素钢		Ordinary Carbon Steel				240.5	324.6	345.0
普通低合金钢		Ordinary Low-alloy Steel				143.7	202.1	234.3
合金钢		Alloy Steel				3.8	6.0	4.1
其他优质钢		Other High-quality Steel				72.7	105.6	108.7
成品钢材	（万吨）	Steel Products	(10000 tons)	188.3	267.6	431.7	670.1	710.0
铁道用钢材		Steel Use for Railway		13.7	15.1	9.0	9.3	9.8
普通中型钢材		Ordinary Rolled-steel, Medium		23.8	34.1	65.8	82.6	82.5
普通小型钢材		Ordinary Rolled-steel, Small		36.8	54.7	119.5	212.3	233.3
无缝钢管		Seamless Steel Pipe		0.6		3.0	5.1	6.4
线　材		Wire Rod		66.3	98.2	105.8	144.1	127.8
铜	（万吨）	Copper	(10000 tons)	5.0	8.2	22.8	28.2	28.3

13—19 续表2 continued

项目		Item		1990	1995	2000	2002	2003
铅	(吨)	Lead	(ton)	3204	33286	15468	10000	97909
锌	(吨)	Zinc	(ton)	96	3499	7587	891	270
铝	(吨)	Aluminum	(ton)	9652	20471	10977	17629	27162
铜加工材	(吨)	Processed Copper	(ton)	10887	25536	52607	74099	104303
铝 材	(吨)	Rolled Aluminum	(ton)	2337		10707	3730	9140
工业锅炉	(蒸吨)	Industrial Boilers	(ton)	727	2318	779	810	989
内燃机	(万千瓦)	Internal Combustion Engines	(10000 kw)	191.3	442.0	265.7	381.8	522.0
金属切削机床	(台)	Metal-cutting Machine Tools	(unit)	3743	4003	4743	4857	12084
锻压设备	(吨)	Forging and Pressing Equipment	(ton)		15613	10271	17667	20516
起重设备	(吨)	Derrick Equipment	(ton)	15632	14291	2761	8347	12136
叉 车	(台)	Forklift	(unit)	1169	4273	10017	9032	12673
泵	(台)	Pump	(unit)	206600	467846	97578	105517	88573
轴 承	(万套)	Bearing	(10000 sets)	1826	2795	3212	3986	5138
矿山设备	(吨)	Mining Equipment	(ton)	6773	14245	39769	90966	115833
小型拖拉机	(台)	Mini-tractors	(unit)	88523	220967	168271	163799	129428
农业运输机械	(辆)	Machinery for Agricultural Transportation	(unit)			250987	259135	253932
汽 车	(辆)	Motor Vehicles	(unit)	2837	30250	107187	213352	264335
载货汽车		Trucks		2330		37441	65981	72144
公路汽车		Coach				69452	96973	87522
摩托车	(辆)	Motorcycles	(unit)	1075	73320	70991	5464	2283
交流电动机	(万千瓦)	Alternating Current Motor	(10000 kw)	85.4	208.9	164.4	247.1	322.1
变压器	(万千伏安)	Transformer	(10000 KVA)	212.7	487.0	520.3	1194.1	1257.0
电 线	(公里)	Wire	(km)	45400	367895	49530	110080	86230
蓄电池	(千伏安时)	Storage Battery	(KVA.h)	14692100	487745	143046	284347	374087
家用洗衣机	(万台)	Household Washing Machines	(10000 units)	34.0	127.7	131.7	148.0	188.2
家用电冰箱	(万台)	Household Refrigerators	(10000 units)	34.5	150.4	169.9	205.7	274.9
电风扇	(万台)	Electric Fans	(10000 units)	117.67	134.70	11.00	8.20	7.30
房间空气调节器	(万台)	Air Conditioners	(10000 units)	1.22	12.20	115.80	138.80	296.70
排油烟机	(台)	Smoke Absorbers	(unit)		1931	31008	11838	3350
电视机	(万部)	TV Sets	(10000 units)	72.6	79.0	159.7	258.4	265.3
#彩色电视机		Color TV		9.0	20.3	156.1	258.4	265.3
雷 达	(部)	Radar	(unit)			554	1662	1391
微型电子计算机	(部)	Micro-computers	(unit)			141777	190435	157962
电子元件	(亿只)	Electron Component	(100 million units)			42.0	44.2	44.8
发电量	(亿千瓦时)	Electricity	(100 million kwh)	194.2	310.3	368.1	465.7	547.8
火 电		Thermal Power		180.9	297.9	363.5	455.1	536.3
水 电		Hydropower		13.3	12.4	4.58	10.50	11.51
煤 气	(亿立方米)	Gas	(100 million cu.m)			90.9	102.5	109.0
自来水供应量	(亿吨)	Volume of Tap Water Supply	(100 million tons)	7.5	9.7	10.1	9.3	9.6
供热量	(万百万千焦)	Volume of Heat Supply	(10 billion kilo-joule)			737	1290	1255

13—20　各县（市）工业企业单位数和总产值（2003年）

Number and Output Value of Industrial Enterprises by County or City (2003)

单位：万元　　　　(10000 yuan)

县（市）	County (City)	企业单位数（个）Number of Enterprises (unit)	工业总产值（不变价）Gross Industrial Output Value (at constant prices)	工业总产值（当年价）Gross Industrial Output Value (at gurrent prices)	工业增加值 Value Added of Industry
合肥市辖区	Hefei Reigon of City	353	5340892	4964776	1599754
长丰县	Changfeng	27	76722	97426	24101
肥东县	Feidong	37	142642	239759	93962
肥西县	Feixi	19	42699	46644	11556
淮北市辖区	Huaibei Reigon of City	83	500865	1128086	535739
濉溪县	Suixi	27	59110	88075	28529
亳州市辖区	Bozhou Reigon of City	37	160458	198941	75004
涡阳县	Guoyang	35	106162	164155	41232
蒙城县	Mengcheng	35	52659	72210	25476
利辛县	Lixin	16	21972	22521	7207
宿州市辖区	Suzhou Reigon of City	59	255395	263965	88215
砀山县	Dangshan	26	37403	47113	16726
萧县	Xiaoxian	43	53587	65431	21410
灵璧县	Lingbi	24	30261	42760	14813
泗县	Sixian	33	36635	44076	16024
蚌埠市辖区	Bengbu Reigon of City	136	1060164	1132517	436211
怀远县	Huaiyuan	19	37029	46015	16602
五河县	Wuhe	34	34850	40733	12138
固镇县	Guzhen	18	69034	93354	22162
阜阳市辖区	Fuyang Reigon of City	86	423802	509668	159084
界首市	Jieshou	56	84132	91570	27029
临泉县	Linquan	35	81404	102053	26651
太和县	Taihe	57	131402	120514	36075
阜南县	Funan	38	32873	35154	9472
颍上县	Yingshang	28	27988	32966	8845
淮南市辖区	Huainan Reigon of City	118	724384	1365442	509833
凤台县	Fengtai	23	69424	169243	70540
滁州市辖区	Chuzhou Reigon of City	75	1043323	780973	235247
天长市	Tianchang	82	352391	357613	100988
明光市	Mingguang	55	67985	77900	23220
来安县	Laian	36	113792	118689	47424
全椒县	Quanjiao	58	204387	141589	37950
定远县	Dingyuan	40	69794	74159	19659
凤阳县	Fengyang	31	104030	78609	26155
六安市辖区	Luan Reigon of City	79	410686	486163	156641
寿县	Shouxian	58	105919	123872	40309
霍邱县	Huoqiu	42	109012	120143	34876
舒城县	Shucheng	46	100762	110146	37827

13—20 续表 continued

单位：万元 (10000 yuan)

县（市） County (City)		企业单位数（个） Number of Enterprises (unit)	工业总产值（不变价） Gross Industrial Output Value (at constant prices)	工业总产值（当年价） Gross Industrial Output Value (at gurrent prices)	工业增加值 Value Added of Industry
金 寨 县	Jinzhai	30	48268	53575	18414
霍 山 县	Huoshan	32	146937	164950	61052
马鞍山市辖区	Maanshan Reigon of City	115	1382380	2347347	960930
当 涂 县	Dangtu	69	204517	220882	33766
巢湖市辖区	Chaohu Reigon of City	79	410686	486163	156641
庐 江 县	Lujiang	57	88841	104555	28464
无 为 县	Wuwei	82	271511	263981	80758
含 山 县	Hanshan	32	58810	73401	22890
和 县	Hexian	53	128665	122898	32873
芜湖市辖区	Wuhu Reigon of City	249	3572217	3000226	1034307
芜 湖 县	Wuhu	26	52363	56054	19001
繁 昌 县	Fanchang	57	153461	190604	67017
南 陵 县	Nanling	28	55485	60030	20798
宣城市辖区	Xuancheng Reigon of City	87	358875	347035	85669
宁 国 市	Ningguo	74	360162	378894	136393
郎 溪 县	Langxi	20	58424	65815	17876
广 德 县	Guangde	47	101810	95634	30283
泾 县	Jingxian	45	95093	89866	29044
旌 德 县	Jingde	35	42297	42395	11469
绩 溪 县	Jixi	37	75803	63119	22883
铜陵市辖区	Tongling Reigon of City	83	500865	1128086	535739
铜 陵 县	Tongling	28	69034	55473	15028
池州市辖区	Chizhou Reigon of City	47	127226	190826	78414
东 至 县	Dongzhi	26	51951	57226	17508
石 台 县	Shitai	9	14616	19599	6005
青 阳 县	Qingyang	18	29737	33072	7678
安庆市辖区	Anqing Reigon of City	125	810176	1409691	399544
桐 城 市	Tongcheng	86	264743	266621	77712
怀 宁 县	Huaining	48	105872	124467	35528
枞 阳 县	Zongyang	34	116592	126060	53124
潜 山 县	Qianshan	31	105717	113184	32034
太 湖 县	Taihu	28	34937	40186	12784
宿 松 县	Susong	40	49006	51427	14386
望 江 县	Wangjiang	18	38156	45967	15748
岳 西 县	Yuexi	28	71608	73017	19444
黄山市辖区	Huangshan Reigon of City	63	303375	192974	58080
歙 县	Shexian	40	150880	104683	29272
休 宁 县	Xiuning	24	46183	41584	14594
黟 县	Yixian	15	20822	17802	5380
祁 门 县	Qimen	11	46647	38406	14784

13—21 全省主要大中型工业企业基本情况（2003年）

Basic Statement of Main Large and Medium-sized Enterprises (2003)

单位：千元 (1000 yuan)

企业名称	Name of Enterprises	产品销售收入 Sales Revenue	工业总产值(当年价) Gross Industrial Output Value (at gurrent prices)	#新产品产值 Output Value of New Products	工业销售产值 Value of Industrial Products Sales	#出口交货值 Delivery Value of Export	工业增加值 Value Added of Ludustry
马鞍山钢铁股份有限公司	Maanshan Iron and Steel Co., Ltd.	15667368	15313375	1192164	15317695	721118	7019410
铜陵有色金属集团公司	Tongling Nonferrous Metals Group Company	8567630	5450230		5746330	545850	1417060
中国石油化工股份有限公司安庆分公司	China Petrochemical Company Anqing Branch	8314892	8286630		8308370	34930	1988791
上汽集团奇瑞汽车有限公司	Shangqi Group Qirui Automobile Co., Ltd.	6664046	6500350	6500350	6491037	79180	2121436
淮南矿业(集团)有限责任公司	Huainan Mining Industry (Group) Co., Ltd.	5843070	5102110		5057770		1938802
安徽江淮汽车股份有限公司	Anhui Jianghuai Auto Mobile Co., Ltd.	5786191	6271748	2328689	6174264	154231	1523270
淮北矿业(集团)有限责任公司	Huaibei Mining Industry (Group) Co., Ltd.	4155710	3940636		3954016		2380423
安徽佳通轮胎有限公司	Anhui Jiatong Tyre Co., Ltd.	3991831	3465667	659722	3350824	740244	1121398
合肥日立挖掘机有限公司	Hefei Hitachi Excavator Co., Ltd.	3122711	3064850		3093283	30600	691638
蚌埠卷烟厂	Bengbu Cigarette Plant	2704120	2562809	88901	2704573	2949	1918178
芜湖卷烟厂	Wuhu Cigarette Plant	2269120	2285920		2269120		1555854
广东美的集团芜湖制冷设备有限公司	Guangdong Meide Group Wuhu Refrigeration Co., Ltd.	2161491	3957088	3957088	3910294		2214134
合肥荣事达集团有限责任公司	Hefei R.Shida Group Co., Ltd.	2101721	2039465	1466730	2060369	69005	466153
合肥钢铁集团有限公司	Hefei Iron and Steel Group Co., Ltd.	2063697	1975349		1978367		461647
合肥美菱集团公司	Hefei Meiling Group Company	1954917	2529931	2001052	2564578	238096	858394
合肥卷烟厂	Hefei Cigarette Plant	1911150	1880885		1911853		1448700
安徽丰原集团有限公司	Anhui Fengyuan Group Co., Ltd.	1846210	1660034	58270	1691835	752049	512293
马钢(集团)控股有限公司	Maanshan Steel (Group) Share Controlling Co., Ltd.	1822969	993770		997629		702117
芜湖海螺型材科技股份有限公司	Wuhu Hailuo Shape Material S&T Co., Ltd.	1804444	1564916	1564916	1616607		132497
皖北煤电集团有限责任公司	Wanbei Coal and Electric Group Co., Ltd.	1752484	1700500		1723380	8493	931088
安徽星马汽车股份有限公司	Anhui Xingma Automobile Co., Ltd.	1749318	1713110	129560	1668960		154922
江西昌河汽车股份有限公司合肥分公司	Jiangxi Changhe Automobile Co., Ltd. Hefei Branch	1631948	1744111		1871304	19295	466006
淮南平圩发电有限责任公司	Huainan Pingwei Power Generating Co., Ltd.	1604069	1604070		1604070		755342
合肥海尔信息产品有限公司	Hefei Haier Information Product Co., Ltd.	1567636	1944041	1944041	1923198	228250	529900
淮南洛河发电厂	Huainan Luohe Power Plant	1495879	1509773		1509773		558616
铜陵市化学工业集团有限公司	Tongling Chemical Industry Group Co., Ltd.	1367448	1355170	10547	1390197	78664	359120
国投新集能源股份有限公司	Guotou Xinji Energy Co., Ltd.	1297124	1296280		1297157		609252
安徽国风集团有限公司	Anhui Guofeng Group Co., Ltd.	1293187	1370676	467994	1344421	35810	423908
安徽华茂集团有限公司	Anhui Huamao Group Co., Ltd.	1278047	1060144	13003	1019684	103617	337550
铜陵精达铜材(集团)有限公司	Tongling Jingda Copper Material (Group) Co., Ltd.	1247222	965702		986459		193140
安徽皖维高新材料股份有限公司	Anhui Wanwei New High Material Co., Ltd.	1210381	1360613	929190	1283588	158317	281210
安徽合肥联合发电有限公司	Hefei Joint Power Generating Co., Ltd.	1181444	1181444		1181444		644478
合肥华泰食品有限责任公司	Hefei Huatai Food Co., Ltd.	1155510	957000		947323		205365
中国扬子集团有限公司	China Yangzi Group Co., Ltd.	1154028	1627350	812450	1474070	158000	328440
安徽省古井集团有限责任公司	Anhui Old Well Group Co., Ltd.	1117608	707300	67972	642907		346431
安徽博西华制冷有限公司	Anhui Boxihua Refrigeration Co., Ltd.	1115382	1107792		1115381		270532
中国石化集团安庆石油化工总厂	China Petrochemical Group Anqing Petrochemical Plant	1096549	687040		670730	5870	298476
安徽合力股份有限公司	Anhui Heli Co., Ltd.	1087939	875495	384042	863494	177738	242633
大唐淮南田家庵发电厂	Datang Huainan Tianjiaan Power Plant	1080270	1080270		1080270		486122
滁州卷烟厂	Chuzhou Cigarette Plant	1071470	1062534		1073276		635181
安徽淮化集团有限公司	Anhui Huaihua Group Co., Ltd.	1023714	1026480		1004670	63670	342502
安徽省宁国水泥厂	Anhui Ningguo Cement Works	1016650	964041		969025		543996

13—21 续表1 continued

单位：千元 (1000 yuan)

企业名称	Name of Enterprises	产品销售收入 Sales Revenue	工业总产值（当年价）Gross Industrial Output Value (at gurrent prices)	#新产品产值 Output Value of New Products	工业销售产值 Value of Industrial Products Sales	#出口交货值 Delivery Value of Export	工业增加值 Value Added of Ludustry
安徽鑫科新材料股份有限公司	Anhui Xinke New Material Co., Ltd.	988370	1057660		1053750		76014
阜阳卷烟厂	Fuyang Cigarette Plant	946540	924102		946884		566273
安徽长江钢铁有限责任公司	Anhui Changjiang Iron and Steel Co., Ltd.	928656	962520		928656		87668
安徽山鹰纸业股份有限公司	Anhui Shanying Paper Co., Ltd.	900105	861094	368870	855156		173930
合肥海尔空调器有限公司	Hefei Haier Air Conditioner Co., Ltd.	823024	1060993	1060993	823024		299126
大唐淮北发电厂	Datang Huaibei Power Plant	812821	812521		812521		243163
淮北国安电力有限公司	Huaibei Guoan Power Co., Ltd.	802025	802025		802025		473295
马鞍山万能达发电有限责任公司	Manshan Wannengda Power Co., Ltd.	800243	803331		800243		375343
安徽飞彩(集团)有限公司	Anhui Feicai (Group) Co., Ltd.	792829	1693060	930163	1653860		220990
安徽全柴集团有限公司	Anhui Quanchai Group Co., Ltd.	780542	756686	164242	731683	35644	197083
安徽安凯汽车集团有限公司	Anhui Ankai Automobile Group Co., Ltd.	775447	972022	145910	774154		145695
铜陵发电厂	Tongling Power Plant	769190	769190		769190		346136
芜湖发电厂	Wuhu Power Plant	768206	768206		768206		477126
黄山市化工总厂	Huangshan Chemical Works	759941	778418	156772	761243	11502	196404
池州海螺水泥股份有限公司	Chizhou Hailuo Cement Co., Ltd.	756821	738278		738552		429773
铜陵海螺水泥有限公司	Tongling Hailuo Cement Co., Ltd.	712525	686587		681850		404405
芜湖恒鑫铜业集团有限公司	Wuhu Hengxin Copper Group Co., Ltd.	690296	664866		666073		20714
巢湖巢东水泥股份有限公司	Chaohu Chaodong Cement Co., Ltd.	634512	656384		671327		273313
安徽八一化工集团有限公司	Anhui Bayi Chemistry Industry Group Co., Ltd.	633422	600250		600257	105127	139018
安徽天大企业(集团)公司	Anhui Tianda (Group) Company	613951	575793		564918	12764	171506
枞阳县水泥有限公司	Zongyang Cement Co., Ltd.	613193	661459		614793		369715
安徽天康(集团)股份有限公司	Anhui Tiankang (Group) Co., Ltd.	603405	589779		591231		153535
铜陵市华源麻业有限公司	Tongling Huayuan Fibre Co., Ltd.	582788	563936	125373	560370	394540	191738
安徽全力集团	Anhui Quanli Group	577196	647212		635146	9830	161415
淮北印染集团公司	Huaibei Printing and Dyeing Company	566031	556709	78540	558533	535752	206604
国营芜湖机械厂	Wuhu Machinery Plant	545434	541076	183692	547827		148855
安徽荻港海螺水泥股份有限公司	Anhui Digang Hailuo Cement Co., Ltd.	526996	538970		528885		263467
合肥利华洗涤剂有限公司	Hefei Lihua Detergent Co., Ltd.	512800	524568		493596		108965
丰原油脂有限公司	Fengyuan Oil Co., Ltd.	505761	631385		533434		146481
合肥四方化工集团有限责任公司	Hefei Sifang Chemical Industry Group Co., Ltd.	498081	496761	11232	515835	58878	78589
合肥发电厂	Hefei Power Plant	494049	485170		485170		220411
安徽氯碱化工集团有限责任公司	Anhui Chlorin and Alkali Co., Ltd.	494040	478844	33263	490884	48231	84822
安徽口子酒业股份有限公司	Anhui Kouzi Liquor Co., Ltd.	489739	490000		489750		139307
安徽省安庆环新集团有限公司	Anqing Huanxin Group Co., Ltd.	487858	416921	410495	415657	31790	281112
安徽宁国中鼎密封件有限公司	Anhui Ningguo Zhongding Airtight Unit Co., Ltd.	480016	571683	257758	560251	215868	259875
巢湖市富煌轻型建材有限责任公司	Chaohu Fuhuang Light Construction Material Co., Ltd.	472501	520460		497630		151448
国营芜湖造船厂	Wuhu Shipyard	468237	553170		553170	149370	134265
铜陵钢铁股份有限公司	Tongling Iron and Steel Co., Ltd.	444269	439724		440932		109931
安徽铜峰电子(集团)公司	Anhui Tongfeng Electronic (Group) Company	438435	495902		494269		137722
宁国市中化司尔特化肥有限公司	Ningguo Zhonghua Sierte Chemical Fertilizer Co., Ltd.	436655	357882		387715		19943
安徽海螺水泥股份有限公司白马山水泥厂	Anhui Hailuo Cement Co., Ltd. Baimashan Cement Plant	434809	406341		414088		207619
临泉县化工股份有限公司	Linquan Chemical Industry Co., Ltd.	429094	533132		442360		127749

13—21　续表2　continued

单位：千元　(1000 yuan)

企业名称	Name of Enterprises	产品销售收入 Sales Revenue	工业总产值（当年价）Gross Industrial Output Value (at gurrent prices)	#新产品产值 Output Value of New Products	工业销售产值 Value of Industrial Products Sales	#出口交货值 Delivery Value of Export	工业增加值 Value Added of Ludustry
合肥客车制造有限责任公司	Hefei Coach Manufacturing Co., Ltd.	427630	463146	249993	468187	12086	132087
芜湖新兴铸管有限责任公司	Wuhu Xinxing Cast Pipe Co., Ltd.	420647	488950		481140		97411
安徽飞亚纺织发展股份有限公司	Anhui Feiya Textile Development Co., Ltd.	414574	411208	116057	414574	105253	179005
合肥ABB变压器有限公司	Hefei ABB Transformer Co., Ltd.	408087	359973	359973	359973		77842
安徽金种子集团有限公司	Anhui Jin Zhongzi Group Co., Ltd.	406260	661708	139107	653782	750	171253
安徽阜阳华源纺织有限公司	Anhui Fuyang Huayuan Textile Co., Ltd.	401578	517112	7530	503624	71899	137279
安徽佳元工业纤维有限公司	Anhui Jiayuan Industrial Fiber Co., Ltd.	396675	412075		418250		104796
安徽华源发展有限公司	Anhui Huayuan Development Co., Ltd.	396537	341727	74470	331945	36817	76747
安徽省福润肉类加工有限公司	Anhui Furun Meat-packing Co., Ltd.	385645	370592		383237	43148	22093
安徽扬天汽车有限公司	Anhui Yangtian Automobile Co., Ltd.	384113	377030		361640		180451
安徽华光玻璃集团有限公司	Huaguang Glass Group Co., Ltd.	383108	413846		400982	66155	120132
铜陵车辆厂	Tongling Automobile Plant	371127	370073	330953	370201	23280	101546
安徽金禾化工有限责任公司	Anhui Jinhe Chemical Industry Co., Ltd.	370000	375000	5875	375000	6500	98500
合肥统一企业有限公司	Hefei Tongyi Enterprise Co., Ltd.	369128	330993		358436		54291
长源（淮北）焦化有限公司	Changyuan (Huaibei) Charcoal Co., Ltd.	365251	348022		349189		63223
马鞍山发电厂	Maanshan Power Plant	364936	364936		364936		156089
安徽双轮酒业股份有限公司	Anhui Shuanglun Liquor Co., Ltd.	361226	332170	8100	332780		108990
日立家用电器(芜湖）有限公司	Hitachi Household Electrical Appliance (Wuhu) Co., Ltd.	360037	345448	345448	325432	285246	92745
安徽迎驾酒业股份有限公司	Anhui Yingjia Liquor Co., Ltd.	356381	471334		457692		197210
蚌埠市花园植物油厂	Bengbu Huayuan Vegetable Oil Plant	351960	389144		355555		147974
安徽天宝产业控股集团有限公司	Anhui Tianbao Industry Share-holding Group Co., Ltd.	344944	345330		344200	328930	115943
芜湖裕中纺织股份有限公司	Wuhu Yuzhong Textile Co., Ltd.	340598	359509		340600	49550	105683
威灵(芜湖)电机制造有限公司	Weiling (Wuhu) Electrical Machinery Manufacturing Co., Ltd.	329981	523649		508835		131960
中国长江航运集团江东船厂	Changjiang Shipping Group Jiangdong Shipyard	327323	280880	278022	280880	280880	45914
安徽丰大股份有限公司	Anhui Fengda Co., Ltd.	318661	319301		318661		58283
铜陵市亚星焦化厂	Tongling Yaxing Charcoal Plant	315928	300003		321482	5545	98973
池州有色金属(集团)有限公司	Chizhou Nonferrous Metals (Group) Co., Ltd.	313700	345330		335108	135790	87380
安徽省稼仙米业集团有限公司	Anhui Jiaxian Rice Group Co., Ltd.	308950	272125		272125		65995
芜湖精诚铜业有限公司	Wuhu Jingcheng Copper Co., Ltd.	308131	308323		298704		72184
安徽鸿润(集团)股份有限公司	Anhui Hongrun (Group) Co., Ltd.	304645	308560		304645	289878	80565
安徽昊源化工有限责任公司	Anhui Haoyuan Chemical Industry Co., Ltd.	303721	399190		407659		61363
安徽安利合成革有限公司	Anhui Anli Synthetic Leather Co., Ltd.	303035	310539		303035	159112	135371
宿州汇源发电有限责任公司	Suzhou Huiyuan Power Generating Co., Ltd.	302568	337580		337580		161268
安徽省涡阳县化肥厂	Anhui Guoyang Chemical Fertilizer Plant	298625	392729		403026		64641
安徽康达制动器有限公司	Anhui Kangda Automobile Brake Co., Ltd.	296644	321476	149336	314724		81785
安徽省科苑(集团)股份有限公司	Anhui Keyuan (Group) Co., Ltd.	294407	230381	23249	190954	124	78330
合肥车桥有限责任公司	Hefei Cheqiao Co., Ltd.	293022	298045	84134	292318		83275
安徽华皖碳纤维有限公司	Anhui Huawan Carbon Fiber Co., Ltd.	291936	343536	41624	328199	293324	43870
安徽电信器材贸易工业有限责任公司	Anhui Telecommunication Equipment Trade Co., Ltd.	291916	86360		127570		28702
安徽华星电缆集团有限公司	Anhui Huaxing Group Co., Ltd.	288760	268950		263760	16000	64510
安徽开乐汽车股份有限公司	Anhui Kaile Automobile Co., Ltd.	285572	285572	247215	285572		64827
淮北天宏集团实业有限公司	Huaibei Tianhong Group Industry Co., Ltd.	284430	271808		269327		78396

13—21 续表3 continued

单位：千元 (1000 yuan)

企业名称	Name of Enterprises	产品销售收入 Sales Revenue	工业总产值（当年价） Gross Industrial Output Value (at gurrent prices)	#新产品产值 Output Value of New Products	工业销售产值 Value of Industrial Products Sales	#出口交货值 Delivery Value of Export	工业增加值 Value Added of Ludustry
合肥华凌电器有限公司	Hefei Hualing Electrical Appliances Co., Ltd.	283611	459165		462420	416478	230203
安徽绿一粮油集团	Anhui Luyi Grain and Oil Group	280002	281197		275191	62228	76912
淮北第一纺织有限责任公司	Huaibei No.1 Textile Co., Ltd.	276346	278987	37727	268756		93498
安徽东泰纸业有限公司	Anhui Dongtai Paper Co., Ltd.	271976	215520		231590		49939
安徽康佳电子有限公司	Anhui Konka Electronic Co., Ltd.	271971	1088539		914024		234918
宿州福润肉类食品有限公司	Suzhou Furun Meat Co., Ltd.	267733	288318		302538	816	72079
安徽真心食品有限公司	Anhui Zhenxin Food Co., Ltd.	265454	323288	101256	320146	2000	74357
六安华源纺织有限公司	Lu'an Huayuan Textile Co., Ltd.	263463	270617		277121	35951	52451
圣戈班管道系统有限公司	Shenggeban Pipe System Co., Ltd.	252975	216680		256600	12430	16863
安庆南风日化有限责任公司	Anqing Nanfeng Daily Chemical Products	237597	248296		240983		106686
宁国市耐磨材料总厂	Ningguo Wear Resisting Material Mill	236091	258923	16470	250558	22316	98410
安徽华润啤酒有限公司蚌埠分公司	Anhui Huarun Beer Co., Ltd. Bengbu Branch	234778	234941		234778		100846
马鞍山市天成纺织有限责任公司	Maanshan Tiancheng Textile Co., Ltd.	231989	236606	81447	231989		72570
安徽龙津集团有限公司	Anhui Longjin Group Co., Ltd.	231068	259798		253591		94325
安徽奔达汽车股份有限公司	Anhui Benda Automobile Co., Ltd.	229758	214330		210045		54773
蚌埠市皖酒制造集团有限公司	Bengbu Wan Jiu Distillery Co., Ltd.	227136	221157		224480		51593
安徽杭萧钢结构有限公司	Anhui Hangxiao Steel Framework Co., Ltd.	225548	270807		227472		101165
安徽华源生物药业有限公司	Anhui Huayuan Biopharmaceutical Co., Ltd.	223513	210252	30041	221366	56099	32326
芜湖中天印染有限责任公司	Wuhu Zhongtian Printing and Dying Co., Ltd.	221370	242238		222577	103487	22321
蚌埠神风纺织（集团）有限责任公司	Bengbu Shenfeng Textile (Group) Co., Ltd.	221182	233013		238488	19372	54221
蚌埠市宏业肉类联合加工有限责任公司	Bengbu Hongye Meat Processing Co., Ltd.	220251	224377		234664	45981	47986
亚新科零部件(安徽)有限公司	Yaxinke Parts (Anhui) Co., Ltd.	214877	224360	37000	221511	90683	69100
安徽丰原马鞍山生物化学有限公司	Anhui Fengyuan Maanshan Biochemistry Co., Ltd.	213779	199827		212525		68903
安徽应流集团	Anhui Yingliu Group	210607	215949	48178	210607	105255	88670
安徽湖滨机械厂	Anhui Hubin Machinery Plant	209705	201076	52608	197725	32561	38174
安徽省华海特种电缆集团有限公司	Anhui Huahai Special Cable Group Co., Ltd.	208000	180000		178000	1800	62390
蚌埠市经纬轮辋钢有限责任公司	Bengbu Jingwei Rolling Steel Co., Ltd.	206332	172219		159873		36690
安徽华星化工股份有限公司	Anhui Huaxing Chemical Industry Co., Ltd.	205850	204826	68412	205847	30232	46894
安徽新源热电有限公司	Anhui Xinyuan Heat and Power Co., Ltd.	201796	201796		201796		87285
麦科特纺织安徽有限公司	Anhui Maikete Textile Co., Ltd.	197600	187091		195179		23963
安徽华菱电缆集团有限公司	Anhui Hualing Cable Group Co., Ltd.	195200	170100		170200		36770
岳西县天鹅公司	Yuexi Tian'e Company	191195	194472		195090	173257	50777
安徽世林电光源有限公司	Anhui Shilin Electric Light Source Co., Ltd.	189769	176088		174328	165611	58263
安徽华康粮油食品集团	Anhui Huakang Grain and Oil Group	189479	261856		303174		10403
合肥神鹿集团公司	Hefei Shenlu Group Company	189189	167004	47300	143199		82957
中盐东兴盐化股份有限公司	China Salt Dongxing Salt and Chemistry Co., Ltd.	189141	245612		260546	14606	64658
蚌埠滤清器有限责任公司	Bengbu Filter Co., Ltd.	186276	228297	51267	226910	17629	59014
安徽皖南电机股份有限公司	Anhui Wannan Electrical Machinery Co., Ltd.	184945	248735	127182	259048	5782	78119
安徽四创电子股份有限公司	Anhui Sichuang Electricity Co., Ltd.	183242	190899		183295	26269	50360
安徽丰源药业有限公司	Anhui Fengyuan Pharmaceutical Co., Ltd.	179595	170010	58270	162760		76792
六安江淮汽车齿轮制造有限公司	Luan Jianghuai Automobile Gear Manufacturing Co., Ltd.	179329	177563	1160	182440		77072
铜陵三佳电子(集团)有限公司	Tongling Sanjia Electrcity (Group) Co., Ltd.	178663	291547	47714	231391	10929	175943

13—21 续表4 continued

单位：千元 (1000 yuan)

企业名称	Name of Enterprises	产品销售收入 Sales Revenue	工业总产值(当年价) Gross Industrial Output Value (at gurrent prices)	#新产品产值 Output Value of New Products	工业销售产值 Value of Industrial Products Sales	#出口交货值 Delivery Value of Export	工业增加值 Value Added of Ludustry
安徽鑫龙电器有限公司	Anhui Xinlong Electrical Appliances Co., Ltd.	176500	277360		277360		79001
安徽双鹤药业有限责任公司	Anhui Shuanghe Pharmaceutical Co., Ltd.	175734	185434	12498	183856		69323
安徽省凤阳水泥总厂	Anhui Fengyang Cement Plant	175662	186711		178866		63217
中外合资安庆市曙光化工有限公司	Anqing Shuguang Chemical Industry Co., Ltd.	175466	172202		176895		74714
巢湖顺意纺织有限责任公司	Chaohu Shunyi Textile Co., Ltd.	175383	204810		197850		59065
安徽双永装饰材料有限公司	Anhui Shuangyong Decoration Material Co., Ltd.	175000	178000	130000	175000		74640
蓝岭家纺(安徽)有限公司	Lanling Household Textile (Anhui) Co., Ltd.	174174	182210		182210	182210	38265
蚌埠市振冲安利工程机械有限公司	Bengbu Zhenchong Anli Engineering Machinery Co., Ltd.	172215	183898	126731	169742		17152
淮南亿万达集团有限责任公司	Huainan Yiwanda Group Co., Ltd.	170922	189088		184153		75635
安徽省皖北铝业有限责任公司	Anhui Wanbei Aluminium Co., Ltd.	170064	188617		165110		56482
安徽丰原宿州生物化工有限公司	Anhui Fengyuan Suzhou Biochemistry Co., Ltd.	170005	186645		171103		53048
合肥太古可口可乐饮料有限公司	Hefei Taigu Cocacola Beverage Co., Ltd.	168810	171629		151562		21548
安庆汽车钢板弹簧厂	Anqing Automobile Steel pan and Spring Plant	167037	143636	51949	142937		71410
芜湖华龙水泥有限公司	Wuhu Hualong Cement Co., Ltd.	167025	170956		167025		52982
安徽省庆发湖工艺品有限公司	Anhui Qingfahu Handiwork Co., Ltd.	164000	173000		164000	164000	56396
合肥供水集团有限公司	Hefei Water Supply Group Co., Ltd.	162091	162448		162448		101767
桐城玻纤总公司	Tongcheng Glassfibre Company	161200	163400		161700	22890	61770
安庆市玻璃有限责任公司	Anqing Glass Co., Ltd.	160925	160810		162810	20170	44320
桐城市霞珍集团公司	Tongcheng Xiazhen Group Company	159210	161600		159510	124010	42782
芜湖一汽扬子汽车制造有限公司	Wuhu No.1 Automobile Gronp Yangzi Automobile Manufacturing Co., Ltd.	158576	174754		173517		10002
滁州霞客环保色纺有限公司	Chuzhou Xiake Environmental Protection Spin Co., Ltd.	158537	174566		156885		38930
芜湖钢铁厂	Wuhu Iron and Steel Plant	156735	177050		176920		34797
安徽井中集团	Anhui Jingzhong Group	156650	149220		143880		49046
安徽省天润化学工业股份有限公司	Anhui Tianrun Chemical Industry Co., Ltd.	156061	176037		171644	1658	30529
宿州华源纺织有限公司	Suzhou Huayuan Textile Co., Ltd.	152517	294819		290667		113273
淮南市金三角家具有限公司	Huainan Jinsanjiao Furniture Co., Ltd.	151800	156000		151800		46400
金光机械股份有限公司	Jinguang Machinery Co., Ltd.	150168	151817	13627	151795	14256	45439
马鞍山市巨星集团总公司	Maanshan Juxing Group Company	148262	155400	3800	150000		27900
合肥常青纺织有限责任公司	Hefei Changqing Textile Co., Ltd.	146387	156462		146483	28750	32418
安徽吉顺交通工业有限公司	Anhui Jishun Traffic Industry Co., Ltd.	146011	139075		140035		43957
安徽省天天玩玩具(集团)有限公司	Anhui Tiantianwan Toy (Group) Co., Ltd.	141770	168500		168500	107003	39987
安徽天纺工艺制品公司	Anhui Tianfang Handiwork Company	140800	132844		132679	132679	34686
安徽江淮电缆集团有限公司	Anhui Jianghuai Cable Group Co., Ltd.	140331	130570		130570		53075
芜湖威创科技有限公司	Wuhu Weichuang Science and Technology Co., Ltd.	139331	195621		195620		87163
安徽华林人造有限公司	Anhui Huanlin Man Made Co., Ltd.	139257	146943		131574		41673
东至华源纺织有限责任公司	Dongzhi Huayuan Textile Co., Ltd.	138884	150782	47256	150394		35088
蚌埠迎客松酿造有限责任公司	Bengbu Yingkesong Distillery Co., Ltd.	138874	132720	17708	137600		31213
合肥四方磷复肥有限责任公司	Hefei Sifang Phosphorus Fertilizer Co., Ltd.	138643	138129		138644		24192
江淮航空仪表厂	Jianghuai Aviation Instrument and Meter Plant	137151	150710	26970	134540	25780	40071
蚌埠市金黄山凹版印刷有限公司	Bengbu Jinhuangshan Intaglio Printing Co., Ltd.	137109	155037		160418		75891
桐城市龙达集团公司	Tongcheng Longda Group Company	136875	145999		145999		38194
安徽国祯环保科技股份有限公司	Anhui Guozhen Environmental Protection S&T Co., Ltd.	136806	136806		136806		36789

13—21 续表5 continued

单位：千元 (1000 yuan)

企业名称	Name of Enterprises	产品销售收入 Sales Revenue	工业总产值(当年价) Gross Industrial Output Value (at gurrent prices)	#新产品产值 Output Value of New Products	工业销售产值 Value of Industrial Products Sales	#出口交货值 Delivery Value of Export	工业增加值 Value Added of Ludustry
合肥金钟纸业股份有限公司	Hefei Jinzhong Paper Co., Ltd.	136549	137670		136549		38598
安徽省皖北药业股份有限公司	Anhui Wanbei Medicine Co., Ltd.	136290	138309	191	136290	11688	36139
安徽省江淮汽车零部件有限责任公司	Anhui Jianghuai Automobile Parts Co., Ltd.	134060	144890		131290		28996
安徽霍山东风纸业有限公司	Anhui Huoshan Dongfeng Paper Co., Ltd.	133730	131078		133726	11918	47610
巢湖铸造厂有限责任公司	Chaohu Foundry Plant Co., Ltd.	132346	127500	37500	124765		37254
黄山金马股份有限公司	Huangshan Jinma Co., Ltd.	131068	141516	63458	138644	1026	57241
合肥昌河汽车零部件有限责任公司	Hefei Changhe Automobile Parts Co., Ltd.	131067	110007		112692		23789
安徽攀登机械股份有限公司	Anhui Pandeng Machinery Co., Ltd.	130600	130800		130800	13560	44069
安徽省肥东纺织厂	Anhui Feidong Textile Mill	130581	121996		125875		39135
安徽星河化学有限公司	Anhui Xinghe Chemical Industry Co., Ltd.	130168	142105		142105		30740
阜阳轴承股份有限公司	Fuyang Bearing Co., Ltd.	129450	170330	2520	158910	15800	79066
巢湖市金猴渔具集团	Chaohu Jinhou Fishing Tackle Group	129000	145500		129000	65440	40653
石台县鸿凌机电仪表工贸有限公司	Shitai Hongling Mechanical and Electrical Equipment Co., Ltd.	127466	124290		127466	34290	34845
合肥卫生材料厂	Hefei Health Material Mill	125476	94502	75603	95573	41479	17019
华安达工艺产品有限公司	Huaanda Handiwork Co., Ltd.	125130	129000		125130	125130	30983
安徽省东风机械总厂	Anhui Dongfeng Machinery Plant	121221	116430	92610	119630		37162
芜湖瑞江汽车有限公司	Wuhu Ruijiang Automobile Co., Ltd.	120850	104852		110162		24831
安徽华润啤酒有限公司合肥分公司	Anhui Huarun Beer Co., Ltd. Hefei Branch	120734	118567		118508		56129
安徽华能电缆厂	Anhui Huaneng Cable Plant	120724	129842		120724		3390
安徽鸿羽羽绒制品有限公司	Anhui Hongyu Down and Feather Products Co., Ltd.	120441	122858		120441	106937	24737
安徽省明光酒厂	Anhui Mingguang Distillery	120230	120202	3446	122540		21805
安徽海丰精细化工股份有限公司	Anhui Haifeng Fine Chemical Industry Co., Ltd.	119438	110826	447	111231	2071	20511
芜湖邦妮洗涤用品有限责任公司	Wuhu Bangni Detergent Co., Ltd.	118867	158305	308	156809	10884	35078
皖西中天(集团)有限公司	Wanxi Zhongtian (Group) Co., Ltd.	118759	134945		134407		53057
安徽恒大集团公司	Anhui Hengda Group Company	117999	119548		117662		35865
巢湖铁道水泥厂	Chaohu Railway Cement Plant	117430	121000		121450		59580
安徽冶山水泥股份有限公司	Anhui Yeshan Cement Co., Ltd.	117010	129461		117010		33855
合肥燃气集团有限公司	Hefei Gas Group Co., Ltd.	116244	110947		113229		25111
江苏德邦兴华化工有限公司淮南分公司	Jiangsu Debangxinghua Chemical Industry Co., Ltd. Huainan Branch	114519	114884		112860		21573
娃哈哈集团巢湖市有限责任公司	Wahaha Group Chaohu Co., Ltd.	114114	112030		114460		29220
安徽文王酿酒股份有限公司	Anhui Wenwang Distillery Co., Ltd.	112590	108014		112500		41674
宁国双津(集团)实业有限公司	Ningguo Shuangjin (Group) Industry Co., Ltd.	111852	112071		111696		22411
安徽省皖西机械厂	Anhui Wanxi Machinery Plant	111395	112690	34110	112292	12000	35352
安徽杭淮集团	Anhui Hanghuai Group	111229	113249	27580	112158	110603	26096
合肥长源液压件股份有限公司	Hefei Changyuan Hydraulic Appliances Co., Ltd.	111070	120914	10851	111295	4078	44424
安徽华阳纺织集团	Anhui Huayang Textile Group	111013	122299		112015		41733
安徽江南机械股份有限公司	Anhui Jiangnan Machinery Co., Ltd.	110840	115834	43063	111551		49294
滁州华能人造板有限责任公司	Chuzhou Huaneng Man Made Board Co., Ltd.	110736	109817		112929		22296
安徽亚珠集团有限公司	Anhui Yazhu Group Co., Ltd.	109781	119913	71948	118099		42416
安徽电缆股份有限公司	Anhui Cable Co., Ltd.	109337	136300		127700		42250
安徽益益乳业有限公司	Anhui Yiyi Dairy Products Co., Ltd.	109038	100560		95818		19550
安徽省江坝油脂工业有限公司	Anhui Jiangba Oil Industry Co., Ltd.	108557	102800		109144	37600	13967

13—21　续表6　continued

单位：千元　　(1000 yuan)

企业名称	Name of Enterprises	产品销售收入 Sales Revenue	工业总产值(当年价) Gross Industrial Output Value (at gurrent prices)	#新产品产值 Output Value of New Products	工业销售产值 Value of Industrial Products Sales	#出口交货值 Delivery Value of Export	工业增加值 Value Added of Ludustry
安庆吉港白鳍豚水泥有限公司	Anqing Jigang Baiqitun Cement Co., Ltd.	108049	122496		124280		40621
马鞍山金星化工(集团)有限公司	Maanshan Jinxing Chemical Industry (Group) Co., Ltd.	107280	106551		105384	25049	37928
安徽通宝汽车制造有限公司	Anhui Tongbao Automobile Manufacturing Co., Ltd.	106300	128981		124040		33293
马鞍山市黄池食品（集团）公司	Maanshan Huangchi Food (Group) Co., Ltd.	106180	106180	20610	106180		19250
安徽省阜南县化工总厂	Anhui Funan Chemical Works	106114	107842		126660		24728
颍上县鑫泰化工有限责任公司	Yingshang Xintai Chemical Industry Co., Ltd.	105253	105233		107011		28511
桐城市轴瓦厂	Tongcheng Axle Bush Plant	105235	123999	12865	121519	1641	39566
安徽发强玻璃有限责任公司	Anhui Faqiang Glass Co., Ltd.	102955	133669		136133		49599
安徽古井雪地啤酒有限公司	Anhui Gujing Xuedi Beer Co., Ltd.	102858	103520		101887		58957
安徽长江农业装备股份有限公司	Anhui Changjiang Agricultural Equips Co., Ltd.	101136	96037	26895	97853		-5289
安徽魏王白酒集团	Anhui Weiwang Liquor Group	100398	103102		100398		40082
宁国飞达实业有限公司	Ningguo Feida Industry Co., Ltd.	100124	108150		104290	256	22151
合肥锻压机床股份有限公司	Hefei Forging Press Co., Ltd.	100048	104899	72637	102245	2666	26990
华环国际烟草有限公司	Huahuan International Tobacco Co., Ltd.	98894	97808		97796		76469
霍邱金田花油脂有限公司	Huoqiu Jintianhua Oil Co., Ltd.	98780	177919		174361		50088
安徽一隆羽绒有限公司	Anhui Yilong Feather Co., Ltd.	98725	77790	16460	76400	76400	26701
合肥运输机械厂	Hefei Transport Machinery Plant	97180	97272		97180		26342
滁州华威科技有限公司	Chuzhou Huawei Science and Technology Co., Ltd.	96310	106476	12559	105695		26273
安徽新科电器电缆总厂	Anhui Xinke Electric Appliance and Cable Plant	95788	96840		96800	6500	33654
合肥东风化工总厂	Hefei Dongfeng Chemical Works	93439	88405		88163	22632	20297
蚌埠新奥燃气发展有限公司	Bengbu Xinao Gas Co., Ltd.	92625	60425		67680		13530
合肥铝业有限责任公司	Hefei Aluminium Company	90713	93084		90713		6774
芜湖市振云化工有限公司	Wuhu Zhenyun Chemical Industry Co., Ltd.	90536	82671		80919		30437
安徽雪龙化纤有限公司	Anhui Xuelong Chemical Fiber Co., Ltd.	90480	119969		108274		37500
安徽意义环保设备有限公司	Anhui Yiyi Environmental Protection Equipment Co., Ltd.	90090	91934		91934		32774
安徽省裕华纺织有限公司	Anhui Yuhua Textile Co., Ltd.	89788	123421		107343		26093
马鞍山海狮织造有限公司	Maanshan Haishi Towelling Coverlet Co., Ltd.	89241	86990	15879	92298	50333	14338
淮北市热电厂	Huaibei Heat and Power Plant	89165	86614		86614		24187
安徽长安电子(集团)有限公司	Anhui Chang'an Electrcity (Group) Co., Ltd.	88891	93417	25776	92617	3762	19920
宁国市绿源人造板有限责任公司	Ningguo Luyuan Man Made Board Co., Ltd.	88749	87179		88585		34928
安庆市曙光化工有限公司	Anqing Shuguang Chemical Industry Co., Ltd.	88636	83690		82400		19207
合肥海大塑胶有限公司	Hefei Haida Plastics and Rubber Co., Ltd.	88628	88208		88628		13236
青岛啤酒(芜湖)有限公司	Qingdao Beer (Wuhu) Co., Ltd.	88528	89504		88529		24893
宣城市高立人造板有限责任公司	Xuancheng Gaoli Man Made Board Co., Ltd.	87776	88226		87776		23586
潜山县八一纺织器材厂	Qianshan Bayi Textile Equipment Plant	87625	94764		87625		36530
芜湖市三益制药有限公司	Wuhu Sanyi Medicine Co., Ltd.	87180	103960		105350		37383
安徽天都纸业有限公司	Anhui Tiandu Paper Co., Ltd.	86821	84675		85972		26903
合肥炭素有限责任公司	Hefei Charcoal Co., Ltd.	86166	80211		86166		23618
安庆英德利发展总公司	Anqing Yingdeli Development Company	85720	89787		85717	8940	24677
安徽省涡阳县牛羊肉加工厂	Guoyang Beef and Mutton Processing Plant	85507	70277		60432	47300	12866
亳州豫皖纺织有限责任公司	Bozhou Yuwan Textile Co., Ltd.	85466	102748		85464	4616	10877
六安江淮电机有限公司	Lu'an Jianghuai Electric Machinery Co., Ltd.	85213	110404		108508		32450
枞阳县毛巾厂	Zongyang Towel Plant	85022	84910		84890	84890	21050

13—21 续表7 continued

单位：千元 (1000 yuan)

企业名称	Name of Enterprises	产品销售收入 Sales Revenue	工业总产值(当年价) Gross Industrial Output Value (at gurrent prices)	#新产品产值 Output Value of New Products	工业销售产值 Value of Industrial Products Sales	#出口交货值 Delivery Value of Export	工业增加值 Value Added of Ludustry
芜湖天健玻璃有限公司	Wuhu Tianjian Glass Co., Ltd.	84992	88690		88132		38859
安徽信昊纺织有限公司	Anhui Xinhao Textile Co., Ltd.	84778	101276		101354	13119	27949
安徽特酒总厂	Anhui Tejiu Distillery	83782	89286		83282		22648
天长市蓝德仪表有限公司	Tianchang Lande Instrument and Meter Co., Ltd.	83134	98450		83134		29727
砀山县棉花联合加工厂	Dangshan Cotton Processing Factory	83076	79400		83000		26895
安徽安科生物工程股份有限公司	Anhui Anke Bioengineering Co., Ltd.	82976	95392		72976		57894
芜湖舒雅服饰有限责任公司	Wuhu Shuya Dress Co., Ltd.	82615	104816		96666	85046	33588
淮南煤矿机械厂	Huainan Coal Mine Machinery Plant	82120	83330	3682	79600		11666
马鞍山市玉龙金属制品(集团)有限公司	Maanshan Yulong Metal Goods (Group) Co., Ltd.	82010	80994		78168	13150	10464
铜陵市燃气总公司	Tongling Gas Company	81928	78475		78475		11771
蚌埠盛通玻璃有限公司	Bengbu Shengtong Glass Co., Ltd.	80969	80582		79900		20216
安庆一枝梅日化有限公司	Anqing Yizhimei Daily Chemical Goods Co., Ltd.	79801	99402		97500	250	14742
固镇县华生集团	Guzhen Huasheng Group	79130	79000		77600		19100
安徽华泰化学工业有限公司	Anhui Huatai Chemical Industry Co., Ltd.	78106	73453		73960		22224
安徽新华印刷股份有限公司	Anhui Xinhua Printing Co., Ltd.	78097	77220		78764		46102
芜湖市供水总公司	Wuhu Water Supply Company	78015	95756		82371		62439
安徽华能电缆集团有限公司	Anhui Huaneng Cable Group Co., Ltd.	78000	51000		52000	5000	18690
宣城力达能源发展有限责任公司	Xuancheng Lida Energy Development Co., Ltd.	77626	53285		53285		31809
安徽凯立科技股份有限公司	Anhui Kaili Science and Technology Co., Ltd.	77584	86000	23716	85020		50659
合肥安迪健身用品公司	Hefei Andi Health Goods Company	77449	77449		77449	75867	23030
淮南鑫达实业有限责任公司	Huainan Xinda Industry Co., Ltd.	77281	76718		72525		30687
安瑞科（蚌埠）压缩机有限公司	Anruike (Bengbu) Compressor Co., Ltd.	76924	96089	32743	91534		41548
铜陵市水泥责任有限公司	Tongling Cement Co., Ltd.	76872	80354		80772		32785
天长市富华电子有限公司	Tianchang Fuhua Electronics Co., Ltd.	75941	90020		75941	29823	23924
安徽天岛啤酒股份有限公司	Anhui Tiandao Beer Co., Ltd.	75853	70573		75853		24525
合肥皖安机械厂	Hefei Wanan Machinery Plant	74998	78290	14456	76966	4640	22316
蚌埠江淮车轮有限公司	Bengbu Jianghuai Wheel Co., Ltd.	74422	68223	15453	69372		10026
安徽省白湖阀门厂	Anhui Baihu Valve Plant	74323	70375	13505	71765	15554	19608
安徽仁济药业有限公司	Anhui Renji Pharmaceutical Co., Ltd.	73910	75430		76350		24765
合肥华新电工有限公司	Hefei Huaxin Electrotechnics Co., Ltd.	73740	78387	20286	76248	2712	21974
砀山润达纺织(集团)有限公司	Dangshan Runda Textile (Group) Co., Ltd.	73382	92664		84747		26965
科大创新股份有限公司	Keda Chuangxin Co., Ltd.	73255	86317		80960		32456
亳州国祯热电有限责任公司	Bozhou Guozhen Heat and Power Co., Ltd.	72191	77840		71701		28999
安庆杨工集团	Anqing Yanggong Group	72000	72000		72000		28450
淮南市鑫山实业有限责任公司	Huainan Xinshan Industry Co., Ltd.	71943	71019		69830		28408
安徽东南冶炼有限公司	Anhui Dongnan Smeltery Co., Ltd.	71932	55181		48761		13338
天长缸盖有限公司	Tianchang Vat Cover Co., Ltd.	71918	70996		71918		25688
安徽宁昌塑料包装有限公司	Anhui Ningchang Plastic Packaging Co., Ltd.	71909	81450	623	76261		24552
蚌埠卷烟材料厂	Bengbu Cigarette Material Plant	71883	85784		84998		39218
阜阳新启源纺织有限公司	Fuyang Xinqiyuan Textile Co., Ltd.	71787	88881		71896		25263
淮北众城水泥有限责任公司	Huaibei Zhongcheng Cement Co., Ltd.	70391	76365		76832		29505
安徽宏晶新材料股份有限公司	Anhui Hongjing New Material Co., Ltd.	70289	97333		86764		26889
桐城铝业股份有限公司	Tongcheng Aluminium Co., Ltd.	70186	71258		70186		19030

13—21　续表8　continued

单位：千元　　(1000 yuan)

企业名称	Name of Enterprises	产品销售收入 Sales Revenue	工业总产值(当年价) Gross Industrial Output Value (at gurrent prices)	#新产品产值 Output Value of New Products	工业销售产值 Value of Industrial Products Sales	#出口交货值 Delivery Value of Export	工业增加值 Value Added of Ludustry
安徽双阳塑化集团有限公司	Anhui Shuangyang Plastic Group Co., Ltd.	70099	72540		69500		23988
黄山市汽车电器有限公司	Huangshan Automobile Electric Appliances Co., Ltd.	69846	73370	58443	69995	6980	27467
合肥高压开关有限公司	Hefei High Pressure Switch Co., Ltd.	69309	85000		85000		37212
上海海虹巢湖中辰药业有限公司	Shanghai Haihong Chaohu Zhongchen Pharmaceutical Co., Ltd.	69232	68510	3140	68510		24365
安徽省古泉啤酒有限责任公司	Anhui Guquan Beer Co., Ltd.	68555	73293		68555		30900
六安华源制药有限公司	Lu'an Huayuan Pharmaceutical Co., Ltd.	68063	65642	12922	66244	989	10952
宣城森泰化工有限责任公司	Xuancheng Sentai Chemical Industry Co., Ltd.	67634	103122		103296		8579
安徽精方药业股份有限公司	Anhui Jingfang Pharmaceutical Co., Ltd.	67568	66639	31496	66305		30744
安徽圣泉集团滁州酿酒有限公司	Anhui Shengquan Group Chuzhou Distillery Co., Ltd.	67510	89271		65642		46689
合肥金工轴承有限公司	Hefei Jingong Bearing Co., Ltd.	66343	109905	3473	99997	10586	45305
淮南佳盟药业有限公司	Huainan Jiameng Pharmaceutical Co., Ltd.	66209	63293		66569	19267	595
安徽新集煤电(集团)有限公司	Anhui Xinji Coal and Electrcity (Group) Co., Ltd.	65979	70230		63010		28748
合肥神马电缆机械股份有限公司	Hefei Shenma Cable and Machinery Co., Ltd.	65758	73339	17690	71562	5408	8006
安徽新宇纸业有限公司	Anhui Xinyu Paper Co., Ltd.	65373	76110		76487		14643
安徽绩溪丝业有限公司	Anhui Jixi Silk Co., Ltd.	65326	69635		66503	3897	24580
安徽省金太阳啤酒有限责任公司	Anhui Golden Sun Beer Co., Ltd.	65317	66100		65317		20141
合肥汽车锻件有限责任公司	Hefei Automobile Forging Co., Ltd.	64665	69933		68635		19591
安徽省长兴工艺玩具集团有限公司	Anhui Changxing Crafts Toy Co., Ltd.	64644	73765		73765	73765	20455
合肥海毅精密塑业有限公司	Hefei Haiyi Precision Plastic Co., Ltd.	64102	64102	8009	64102		14655
安徽芳草日化股份有限公司	Anhui Fangcao Daily Chemical Goods Co., Ltd.	63979	176874	5557	188559		73435
安徽电子计算机厂	Anhui Computer Plant	63856	15425		16465		5830
南陵东源集团有限公司	Nanling Dongyuan Group Co., Ltd.	63500	65500		65500		17444
安徽迎驾特种容器有限公司	Anhui Yingjia Special Container Co., Ltd.	63475	74924		69012		31158
安徽车桥厂	Anhui Cheqiao Plant	63335	79693		74527		28449
安徽省凤阳散热器有限公司	Fengyang Radiator Co., Ltd.	63114	65010		63263		15476
安徽省雪润肉食品有限公司	Anhui Xuerun Meat Co., Ltd.	62853	70150	7295	70150		22772
飞建化工有限责任公司	Feijian Chemical Industry Co., Ltd.	62515	75250	28990	75670		15272
天长市天泰建材塑业有限公司	Tianchang Tiantai Building Material and Plastics Co., Ltd.	61808	51282		51028		16005
池州黄山岭铅锌矿	Chizhou Huangshanling Plumbous and Zinc Mine	60757	61770		61880	16103	18212
安徽环球药业集团有限责任公司	Anhui Huanqiu Pharmaceutical Group Co., Ltd.	60495	76603	34960	60037		18750
安徽联谊药业股份有限公司	Anhui Lianyi Pharmaceutical Co., Ltd.	60290	71730		68800		10737
铜陵蓝天股份有限公司	Tongling Lantian Co., Ltd.	60179	55722		64287		13068
安徽飞彩黄山链传动有限公司	Anhui Feicai Huangshan Chain Transmission Co., Ltd.	60151	64624	9013	61527	34517	24240
安徽省旌德麻业有限公司	Anhui Jingde Flax Co., Ltd.	60051	70021		65606	6006	18823
芜湖盛力制动有限责任公司	Wuhu Shengli Automobile Brake Co, Ltd.	59998	73050		69850		33987
当涂县棉纺织厂	Dangtu Cotton Mill	59563	55670		58309		16533
安徽迎驾彩印包装有限公司	Anhui Yingjia Color Printing and Packaging Co., Ltd.	59081	65400		57600		23026
太和县安泰化工有限公司	Taihe Antai Chemcial Industry Co., Ltd.	58823	59272		55417		6301
淮北市金冠玻璃有限责任公司	Huaibei Jinguan Glass Co., Ltd.	58774	63130	15179	70384		20993
安徽华星消防设备有限公司	Anhui Huaxing Fire-fighting Equipment Co., Ltd.	58614	76789		68021	308	28811
横店东磁集团公司霍山总厂	Hengdian Dongci Group Company Huoshan Plant	58342	59260		58342	42700	16057
青岛啤酒(马鞍山)有限公司	Qingdao Beer (Maanshan) Co., Ltd.	58329	63034		62346		20093
安徽三联泵业股份有限公司	Anhui Sanlian Pump Co., Ltd.	57930	103920	59580	99420	18620	30327

13—21 续表9 continued

单位：千元 (1000 yuan)

企业名称	Name of Enterprises	产品销售收入 Sales Revenue	工业总产值(当年价) Gross Industrial Output Value (at gurrent prices)	#新产品产值 Output Value of New Products	工业销售产值 Value of Industrial Products Sales	#出口交货值 Delivery Value of Export	工业增加值 Value Added of Ludustry
安徽省琅琊山矿业总公司	Anhui Langyashan Mining Industry Co., Ltd.	57729	65958		65393		30497
芜湖市红花山水泥有限责任公司	Wuhu Hongguashan Cement Co., Ltd.	57123	55900		56490		21420
寿县化工有限公司	Shouxian Chemical Industry Co., Ltd.	56912	52970		50500		16871
凤阳县凤凰水泥厂	Fengyang Fenghuang Cement Plant	56702	64100		58165		26674
芜湖卷烟材料厂	Wuhu Cigarette Material Plant	56542	57362		57048		14806
蚌埠市供水有限公司	Bengbu Water Supply Co., Ltd.	56044	56313		60147		11845
安徽黄山胶囊有限公司	Anhui Huangshan Capsule Co., Ltd.	55594	76000		73490		16319
凤台县九禾化肥有限责任公司	Fengtai Jiuhe Chemical Fertilizer Co., Ltd.	54620	62889		60912		3199
安徽省泾县丝织厂	Jingxian Silk Textile Plant	54568	59975		54568	10443	14181
安徽白帝乳业有限公司	Hefei Baidi Dairy Co., Ltd.	54119	52572		52340		17899
安徽省亚南电缆厂	Anhui Yanan Cable Plant	54017	118700		121600		30762
宁国市莱恩泵业有限责任公司	Ningguo Laien Pump Co., Ltd.	53662	54406		54406	29772	13189
池州九华山啤酒有限公司	Chizhou Jiuhuashan Beer Co., Ltd.	52826	52502		52826		26218
安庆天柱啤酒有限责任公司	Anqing Tianzhu Beer Co., Ltd.	52816	96678		74275		32851
六安滚动轴承有限公司	Lu'an Rolling Bearing Co., Ltd.	52155	56581		57408		18168
安徽合力股份有限公司蚌埠液力机械厂	Anhui Heli Co., Ltd. Bengbu Hydraulic Machinery Plant	51766	55714	9635	52027	1238	18610
芜湖荣事达塑胶有限责任公司	Wuhu Rongshida Plastic Co., Ltd.	51732	55533		51733		28868
安徽省贵池发电厂	Guichi Power Plant	51657	52476		51656		16411
舒城县水泥厂	Shucheng Cement Plant	51472	46184		49472		23737
芜湖起重运输机器厂	Wuhu Jack Up Transportation Machine Factory	51437	60180		69207		20820
蒙城县万佛塔水泥有限公司	Mengcheng Wanfota Cement Co., Ltd.	51375	59021		59004		17558
安徽省江北机械厂	Anhui Jiangbei Machinery Plant	51313	55758		51648		18317
马鞍山天平纺织服装有限公司	Maanshan Tianping Textile Co., Ltd.	51241	73424		71813	71812	7927
安徽宏源电力铁塔制造股份有限公司	Anhui Hongyuan Electric Iron Pagoda Manufacturing Co., Ltd.	51112	56846		54537		22362
淮北相王啤酒有限责任公司	Huaibei Xiangwang Beer Co., Ltd.	51018	47977	1134	50693		16660
安徽寿春水泥股份有限公司	Anhui Shouchun Cement Co., Ltd.	50926	51926		50926		17302
马鞍山十七冶水泥有限责任公司	Maanshan Shiqiye Cement Co., Ltd.	50887	50693		50642		13807
芜湖峨溪水泥有限公司	Wuhu E'xi Cement Co., Ltd.	50403	52402		49302		12586
滁州市富爵集团有限公司	Chuzhou Fujue Group Co., Ltd.	50102	49900		50100	38220	14285
来安县佳枫钢构件有限公司	Laian Jiafeng Steel Component Co., Ltd.	49800	73000		70000		6174
淮南双维纺织有限公司	Huainan Shuangwei Textile Co., Ltd.	49719	53753		52920		9866
大唐陈村水力发电厂	Datang Chencun Hydropower Station	49360	66322		66322		42814
黄山市新光不锈钢制品股份有限公司	Huangshan Xinguang Stainless Steel Products Co., Ltd.	49331	60497	6710	49015		23515
芜湖飞尚矿业发展有限公司	Wuhu Feishang Mining Industry Development Co., Ltd.	49227	49297		49247		15053
安庆市化工总厂	Anqing Chemical Works	49160	64240		51614		16060
滁州热电厂	Chuzhou Heat and Power Plant	49042	51167		50655		11383
安徽沙河王酿酒集团	Anhui Shahewang Distillery Group	48959	112310	4480	110649		38441
安徽源光电器有限公司	Anhui Yuanguang Electric Appliance Co., Ltd.	48821	43628		39259		13361
芜湖新的电器有限公司	Wuhu Xinde Electric Appliance Co., Ltd.	48679	48456		47956		14614
安徽福丰玩具有限公司	Anhui Fufeng Toy Co, Ltd.	48503	51260		48503	48503	20225
界首市化肥厂	Jieshou Chemical Fertilizer Plant	48484	46140		49907		7326
淮北天力橡胶有限责任公司	Huaibei Tianli Rubber Co., Ltd.	48465	77267		57236		40629
涡阳烟叶复烤厂	Guoyang Tobacco Leaf Reflue Curing Factory	47998	47937		47937		24399

13—21　续表10　continued

单位：千元　　(1000 yuan)

企业名称	Name of Enterprises	产品销售收入 Sales Revenue	工业总产值(当年价) Gross Industrial Output Value (at gurrent prices)	#新产品产值 Output Value of New Products	工业销售产值 Value of Industrial Products Sales	#出口交货值 Delivery Value of Export	工业增加值 Value Added of Ludustry
安徽省胜利水泥有限公司	Anhui Shengli Cement Co., Ltd.	47850	45281		45202		16261
安徽天地人集团股份有限公司	Anhui Tiandiren Group Co., Ltd.	47842	54163		48371		25475
合肥小刘瓜子股份有限公司	Hefei Xiaoliu Melon Seed Co., Ltd.	47694	63009		47694	4947	13057
霍邱县富昌矿业有限公司	Huoqiu Fuchang Mining Industry Co., Ltd.	47500	74000		74000		22000
宿州市朱仙庄纺织厂	Suzhou Zhuxianzhuang Textile Mill	46902	69834		68100		29939
含山瓷业股份有限公司	Hanshan Porcelain Co., Ltd.	46838	40468		46838	14386	17563
安庆市月山铜矿	Anqing Yueshan Copper Mine	46736	32038		34216		11370
芜湖永年针织有限公司	Wuhu Yongnian Textile Co., Ltd.	46615	45847		46615	46615	14433
宁国天成电器有限公司	Ningguo Tiancheng Electric Appliance Co., Ltd.	46113	57890		58219		23156
安徽康达医疗用品有限公司	Anhui Kangda Medical Goods Co., Ltd.	46026	44913		46226	46226	11944
安徽省红星机械厂	Anhui Hongxing Machinery Plant	45367	47608	3197	50612	14230	19828
砀山县化工有限公司	Dangshan Chemical Industry Co., Ltd.	45335	39836		40896		11196
安徽合力股份有限公司安庆车桥厂	Anhui Heli Co., Ltd. Anqing Cheqiao Plant	45129	45544	20927	46323		13663
合肥杏花印务股份有限公司	Hefei Xinghua Printing Affair Co., Ltd.	45000	60779		45000		13918
庐江金太阳啤酒有限公司	Lujiang Golden Sun Beer Co., Ltd.	44833	46840		45990		12588
安徽皖宝矿业股份有限公司	Anhui Wanbao Mining Industry Co., Ltd.	44648	39655		40601		13856
黄山市天目药业有限公司	Huangshan Tianmu Medicine Co., Ltd.	44113	50381	10007	47880	7876	16317
安徽强生实业(集团)有限公司	Anhui Qiangsheng Industry (Group) Co., Ltd.	44008	46291		43743	42707	7606
芜湖市红光针织集团	Wuhu Hongguang Textile Group	43992	64101		56932	16840	17936
马鞍山市自来水公司	Maanshan Tap Water Company	43862	46910		46910		23796
安徽省京九丝绸有限责任公司	Anhui Jingjiu Silk Co., Ltd.	43833	57882		52405	9301	22059
池州家用机床股份有限公司	Chizhou Domestic Machine Tool Co., Ltd.	43739	40909	9134	40080	37018	5687
望江县棉纺厂	Wangjiang Cotton Mill	43666	47606		49683		17284
凤阳县金星保温瓶总厂	Fengyang Jinxing Thermos Plant	43631	45874		45172		15741
巢湖市第一塑料厂	Chaohu No.1 Plastics Plant	43509	41270		40570		10625
淮南特种水泥有限责任公司	Huainan Special Cement Co., Ltd.	43446	42866		43613		14639
安丰油脂股份有限公司	Anfeng Oil Co., Ltd.	42650	42650		42650		12795
安徽省宝龙电器有限公司	Anhui Baolong Electric Appliance Co., Ltd.	42082	46519		41531		15348
芜湖恒升机床有限公司	Wuhu Hengsheng Machine Tool Co., Ltd.	41636	41636		41636		15433
中国宣纸集团公司	China Xuan Paper Group Company	41538	47322		48268	32091	19766
安庆变压器有限公司	Anqing Transformer Co., Ltd.	41511	35337		34583		4362
蚌埠鑫民玻璃有限公司	Bengbu Xinmin Glass Co., Ltd.	41472	35275		31185		8266
芜湖大江造船有限公司	Wuhu Dajiang Shipyard Co., Ltd.	41262	57260		57260		16609
肥西县化肥厂	Feixi Chemical Fertilizer Plant	40675	39114		41857		838
芜湖张恒春药业有限公司	Wuhu Zhanghengchun Medicine Co., Ltd.	40347	56281		49439		25539
巢湖市大平工贸(集团)有限责任公司	Chaohu Daping Industry and Trade (Group) Co., Ltd.	40039	47259		40151		12241
合肥三益电机电泵股份有限公司	Hefei Sanyi Electric Machinery and Pump Co., Ltd.	39817	34603	30211	37969		15620
铜陵县水泥总厂	Tongling Cement Plant	39744	44376		44744		13188
合肥柴油机制造有限责任公司	Hefei Diesel Engine Manufacturing Co., Ltd.	39635	42313		43537		17155
安庆市宿松互益纺织有限公司	Anqing Susong Huyi Textile Co., Ltd.	39631	85230		85230		23294
安徽省碧绿春酿酒有限公司	Anhui Biluchun Distillery Co., Ltd.	39542	54209		39682		13553
蚌埠市双环电子有限公司	Bengbu Shuanghuan Electronic Industry Co., Ltd.	39238	43009		41696	4564	23772
宣城市天羽有限责任公司	Xuancheng Tianyu Co., Ltd.	39068	40690		38250	32510	6860

13—21 续表11 continued

单位：千元 (1000 yuan)

企业名称	Name of Enterprises	产品销售收入 Sales Revenue	工业总产值（当年价） Gross Industrial Output Value (at gurrent prices)	#新产品产值 Output Value of New Products	工业销售产值 Value of Industrial Products Sales	#出口交货值 Delivery Value of Export	工业增加值 Value Added of Ludustry
安徽天安集团实业有限公司	Anhui Tian'an Group Industry Co., Ltd.	38921	48382	13355	45598		13228
东齿机械股份有限责任公司	Dongchi Machinery Co., Ltd.	38638	39000		42900		14672
铜陵市供水总公司	Tongling Water Supplying Company	37891	52993		37882		37958
淮南矿业集团工贸发展有限公司	Huainan Mining Group Industrial and Trade Co., Ltd.	37671	23775		24990		2300
安庆船用柴油机厂	Anqing Diesel Engine for Ship Use Plant	37560	51750	5660	51120	11110	12513
国药集团国瑞药业有限公司	Guoyao Group Guorui Pharmaceutical Co., Ltd.	37540	44667	20511	42468		11181
安徽巢东集团有限责任公司	Anhui Chaodong Group Co., Ltd.	37237	40997		40127		16439
淮南市辉隆胶业有限公司	Huainan Huilong Glue Co., Ltd.	37048	37135		35190		9752
安徽武鹰制衣有限公司	Anhui Wuying Garments Workshop Co., Ltd.	36625	35927		36690		10651
芜湖金鼎锅炉有限公司	Wuhu Jinding Boiler Co., Ltd.	36559	72800		66560		37018
安徽华腾染织制衣有限责任公司	Anhui Huateng Dying and Garments Workshop Co., Ltd.	36351	42136		45789		17102
淮南市供水有限公司	Huainan Water Supply Co., Ltd.	36153	40495		40495		20433
蚌埠神舟机械有限公司	Bengbu Shenzhou Machiner Co., Ltd.	36055	62772		62772		12705
芜湖光华集团有限公司	Wuhu Guanghua Group Co., Ltd.	35907	36698		39254	2350	6451
铜陵三安实业公司	Tongling San'an Industry Company	35783	34747		35401		3525
无为县五州特种电缆集团有限公司	Wuwei Wuzhou Special Cable Group Co., Ltd.	35716	33862		34830		7006
安徽省国营建新水泥厂	Anhui Jianxin Cement Plant	35645	28478		28355		9967
芜湖南亚集团有限公司	Wuhu Nanya Group Co., Ltd.	35622	35743		35622		12971
萧县天能煤炭生产经营有限公司	Xiaoxian Tianneng Coal Co., Ltd.	35349	37451		35349		16565
蚌埠第二麻纺织厂	Bengbu No.2 Flax Mill	34904	36023		37989		4213
芜湖仪表厂	Wuhu Instrument and Meter Plant	34744	49590		43510		21324
安庆市煤气公司	Anqing Gas Company	34197	5969		34197		1194
安徽丰原药业股份有限公司马鞍山药厂	Anhui Fengyuan Pharmaceutical Co., Ltd. Maanshan Plant	34094	34711		30524		22519
合肥建筑材料一厂	Hefei No.1 Construction Material Plant	34055	40521		37049		12408
皖东水泥厂	Wandong Cement Plant	33869	26155		31495		15502
芜湖新华印务有限责任公司	Wuhu Xinhua Printing Co., Ltd.	33736	55089		56190		14276
庐江县石山水泥厂	Lujiang Shishan Cement Plant	33580	33750		33750		10157
马鞍山市鼎泰金属制品公司	Maanshan Dingtai Metal Products Company	32328	49045		47925	631	3407
安徽省华信药业股份有限公司	Anhui Huaxin Pharmaceutical Co., Ltd.	32321	35766		32321		14039
安徽省碧泉纸业股份有限公司	Anhui Biquan Paper Co., Ltd.	32300	33424		32300		10481
合肥金环变压器有限责任公司	Hefei Jinhuan Transformer Co., Ltd.	32275	36914	10763	38015		9652
天长市千秋水泥有限公司	Tianchang Qianqiu Cement Co., Ltd.	32061	34868		34868		10153
界首市三宝线业有限责任公司	Jieshou Sanbao Wire Industry Co., Ltd.	31991	36577		35171		9671
安徽黄山电器总厂	Anhui Huangshan Electric Apparatus Factory	31945	53517		53141		1402
安徽东盛制药有限公司	Anhui Dongsheng Pharmaceutical Co., Ltd.	30893	29238	12012	28747	10619	-1269
巢湖石强水泥发展有限公司	Chaohu Shiqiang Cement Co., Ltd.	30880	32380		29520		9843
马鞍山方圆回转支承有限责任公司	Maanshan Fangyuan Co., Ltd.	30720	33648		32964	559	12558
安徽天石水泥有限公司	Anhui Tianshi Cement Co., Ltd.	30408	34600		44183		8650
安庆市造漆厂有限公司	Anqing Paint Factory Co., Ltd.	30214	41400		39630	180	14749
铜陵市大明玛钢有限责任公司	Tongling Daming Ma Steel Factory	30182	22959		23155		6912
安徽天兔毛纺有限责任公司	Anhui Tiantu Wool Spinning Co., Ltd.	30110	52462	1661	36636	8658	27002
上海德胜科技集团安庆制药有限公司	Shanghai Desheng S&T Group Anqing Pharmaceutical Co., Ltd.	30100	30290	160	30100		3496
安徽省活塞厂	Anhui Piston Factory	30000	29195		29429		8082

主要统计指标解释

工业　指从事自然资源的开采，对采掘品和农产品进行加工和再加工的物质生产部门。具体包括：(1)对自然资源的开采，如采矿、晒盐、森林采伐等(但不包括禽兽捕猎和水产捕捞)；(2)对农副产品的加工、再加工，如粮油加工、食品加工、轧花、缫丝、纺织、制革等；(3)对采掘品的加工、再加工，如炼铁、炼钢、化工生产、石油加工、机器制造、木材加工等，以及电力、自来水、煤气的生产和供应等；(4)对工业品的修理、翻新，如机器设备的修理、交通运输工具(包括小卧车)的修理等。

1984 年以前农村的村及村以下办工业归属农业，1984 年以后划归工业。

工业统计调查单位　工业统计调查单位分为两类：独立核算法人工业企业和工业活动单位。

(1)独立核算法人工业企业　是指从事工业生产经营活动的单位。独立核算法人工业企业应同时具备以下条件：①依法成立，有自己的名称、组织机构和场所，能够承担民事责任；②独立拥有和使用资产，承担负债，有权与其他单位签订合同；③独立核算盈亏，并能够编制资产负债表。

(2)工业活动单位　是指在一个场所从事一种或主要从事一种工业生产活动的经济单位。它包括独立核算工业企业按主营业务活动(即工业生产活动)划分的主营业务活动单位和非工业企业所属的工业生产活动单位(即原非独立核算工业生产单位)。工业活动单位，一般应同时具备以下三个条件：①具有一个场所，从事一种或主要从事一种工业活动；②单独组织工业生产、经营或业务活动；③单独核算收入和支出。

本年鉴中涉及的企业登记注册类型：

⑴ 国有及国有控股企业　指国有企业加上国有控股企业。国有企业(即过去的全民所有制工业或国营工业)是指企业全部资产归国家所有，并按《中华人民共和国企业法人登记管理条例》规定登记注册的非公司制的经济组织。包括国有企业、国有独资公司和国有联营企业。1957 年以前的公私合营和私营工业，后均改造为国营工业，1992 年改为国有工业，这部分工业的资料不单独分列时，均包括在国有企业内。国有控股企业是对混合所有制经济的企业进行的“国有控股”分类。它是指这些企业的全部资产中国有资产(股份)相对其他所有者中的任何一个所有者占资(股)最多的企业。该分组反映了国有经济控股情况。

⑵ 集体企业　指企业资产归集体所有，并按《中华人民共和国企业法人登记管理条例》规定登记注册的经济组织。是社会主义公有制经济的组成部分。包括城乡所有使用集体投资举办的企业，以及部分个人通过集资自愿放弃所有权并依法经工商行政管理机关认定为集体所有制的企业。

⑶ 股份有限公司　指根据《中华人民共和国企业法人登记管理条例》规定登记注册，其全部注册资本由等额股份构成并通过发行股票筹集资本，股东以其认购的股份对公司承担有限责任，公司以其全部资产对其债务承担责任的经济组织。

⑷ 港、澳、台商投资企业　指企业注册登记类型中的港、澳、台资合资、合作、独资经营企业和股份有限公司之和。

⑸ 外商投资企业　指企业注册登记类型中的中外合资、合作经营企业、外资企业和外商投资股份有限公司之和。

⑹ 本年鉴中涉及的名为“其他”的企业　均指除国有企业、集体企业、个体经营以外的其他类型工业企业(单位)。包括联营企业、私营企业、股份有限公司，有限责任公司；外商投资企业(中外合资经营、中外合作经营、外资企业)；港、澳、台投资企业(与大陆合资经营、与大陆合作经营、港、澳、台独资企业)及其他企业。

轻工业　指主要提供生活消费品和制作手工工具的工业。按其所使用的原料不同，可分为两大类：(1)以农产品为原料的轻工业，是指直接或间接以农产品为基本原料的轻工业。主要包括食品制造、饮料制造、烟草加工、纺织、缝纫、皮革和毛皮制作、造纸以及印刷等工业；(2)以非农产品为原料的轻工业，是指以工业品为原料的轻工业。主要包括文教体育用品、化学药品制造、合成纤维制造、日用化学制品、日用玻璃制品、日用金属制品、手工工具制造、医疗器械制造、文化和办公用机械制造等工业。

重工业 是指为国民经济各部门提供物质技术基础的主要生产资料的工业。按其生产性质和产品用途，可以分为下列三类：(1)采掘(伐)工业，是指对自然资源的开采，包括石油开采、煤炭开采、金属矿开采、非金属矿开采和木材采伐等工业；(2)原材料工业，指向国民经济各部门提供基本材料、动力和燃料的工业。包括金属冶炼及加工、炼焦及焦炭、化学、化工原料、水泥、人造板以及电力、石油和煤炭加工等工业；(3)加工工业，是指对工业原材料进行再加工制造的工业。包括装备国民经济各部门的机械设备制造工业、金属结构、水泥制品等工业，以及为农业提供的生产资料如化肥、农药等工业。

根据上述划分原则，修理业中以重工业产品为修理作业对象的划为重工业，反之划为轻工业。

工业总产值 是以货币表现的工业企业在一定时期内生产的已出售或可供出售工业产品总量，它反映一定时间内工业生产的总规模和总水平。它包括：在本企业内不再进行加工，经检验、包装入库(规定不需包装的产品除外)的成品价值，对外加工费收入，自制半成品、在产品期末初差额价值。工业总产值采用“工厂法”计算，即以工业企业作为一个整体，按企业工业生产活动的最终成果来计算，企业内部不允许重复计算，不能把企业内部各个车间(分厂)生产的成果相加。但在企业之间、行业之间、地区之间存在着重复计算。

工业增加值 是指工业企业在报告期内以货币表现的工业生产活动的最终成果。

实收资本 指企业实际收到的投资人投入的资本。按投资主体可分为国家资本、集体资本、法人资本、个人资本、港澳台资本和外商资本等。

资产合计 指企业拥有或控制的能以货币计量的经济资源。包括各种财产、债权和其他权利。资产按其流动性划分为流动资产、长期投资、固定资产、无形及递延资产和其他资产。

(1)流动资产 指企业可以在一年内或者超过一年的一个生产周期内变现或耗用的资产合计。包括现金及各种存款、短期投资、应收及预付款项、存货等。

(2)固定资产 指企业固定资产净值、固定资产清理、在建工程、待处理固定资产损失所占用的资金合计。

(3)无形资产 指企业长期使用而没有实物形态的资产。包括专利权、非专利技术、商标权、著作权、土地使用权、商誉等。

负债合计 指企业承担的能以货币计量，将以资产或劳务偿付的债务。负债一般按偿还期长短分为流动负债和长期负债、递延税项等。

(1)流动负债 指企业在一年内或者超过一年的一个营业周期内需要偿还的债务合计，其中包括短期借款、应付及预收款项、应付工资、应交税金和应交利润等。

(2)长期负债 指企业在一年以上或者超过一年的一个营业周期以上需要偿还的债务合计，其中包括长期借款、应付债务、长期应付款项等。

所有者权益 指企业投资人对企业净资产的所有权。企业净资产等于企业全部资产减去全部负债后的余额，其中包括投资者对企业的最初投入，以及资本公积金、盈余公积金和未分配利润，对股份制企业即为股东权益。

固定资产原价 指企业在建造、购置、安装、改建、扩建、技术改造某项固定资产时所支出的全部货币总额。它一般包括买价、包装费、运杂费和安装费等。

固定资产净值 是指固定资产原价减去历年已提折旧额后的净额。

流动资产 是指可以在一年或者超过一年的一个营业周期内变现或者耗用的资产，包括现金及各种存款、短期投资、应收及预付货款、存货等。

产品销售收入 指企业销售产品和提供劳务等主要经营业务取得的业务总额。

产品销售成本 指企业销售产品和提供劳务等主要经营业务的实际成本。

产品销售税金及附加 指企业销售产品和提供工业性劳务等主要经营业务应负担的城市维护建设税、消费税、资源税和教育费附加。

产品销售利润 指企业销售产品和提供工业性劳务等主要经营业务收入扣除其成本、费用、税金后的利润。

利润总额 指企业实现的利润。

应交增值税 指企业在报告期内应交纳的增值税额。

总资产贡献率 反映企业全部资产的获利能力，是企业经营业绩和管理水平的集中体现，是评价和考核企业盈利能力的核心指标。计算公式为：

总资产贡献率(%)＝(利润总额＋税金总额＋利息支出) / 平均资产总额×100%

资产负债率 该指标既反映企业经营风险的大小，也反映企业利用债权人提供的资金从事经营活动的能力。计算公式为：

资产负债率(%)＝负债总额 / 资产总额×100%

工业成本费用利润率 指在一定时期内实现的利润与成本费用之比，是反映工业生产成本及费用投入的经济效益指标，同时也是反映降低成本的经济效益的指标。计算公式为：

工业成本费用利润率(%)＝利润总额 / 成本费用总额×100%

工业增加值率 指在一定时期内工业增加值占同期工业总产值的比重，反映降低中间消耗的经济效益。计算公式为：

工业增加值率(%)＝工业增加值(现价) / 工业总产值(现价)×100%

流动资产周转次数 指在一定时期内流动资产完成的周转次数，反映流动资产的周转速度。计算公式为：

流动资金周转次数＝产品销售收入 / 全部流动资产平均余额

产品销售率 指报告期工业销售产值与同期全部工业总产值之比，是反映工业产品已实现销售的程度，分析工业产销衔接情况，研究工业产品满足社会需求程度的指标。计算公式为：

产品销售率(%)=工业销售产值 / 工业总产值(现价)×100%

全员劳动生产率 指根据产品的价值量指标计算的平均每一个从业人员在单位时间内的产品生产量。是考核企业经济活动的重要指标，是企业生产技术水平、经营管理水平、职工技术熟练程度和劳动积极性的综合表现。目前我国的全员劳动生产率是将工业企业的工业增加值除以同一时期全部从业人员的平均人数来计算的。计算公式为：

全员劳动生产率＝工业增加值 / 全部从业人员平均人数

为了使各年度的全员劳动生产率数字可以比较，1990 年以前各年的全员劳动生产率均按指数换算成 1990 年不变价。

Explanatory Notes for Major Statistical Indicators

Industry refers to the material production sector which is engaged in extraction of natural resources and processing and reprocessing of minerals and agricultural products, including (1) extraction of natural resources, such as mining, salt production, logging (but not including hunting and fishing); (2) processing and reprocessing of farm and sideline produces, such as rice husking, flour milling, wine making, oil pressing, cotton ginning, silk reeling, spinning and weaving, and leather making; (3) manufacture of industrial products, such as steel making, iron smelting, chemicals manufacturing, petroleum processing, machine building, timber processing; water and gas production and electricity generation and supply; (4)repairing of industrial products such as the repairing of machinery and means of transport (including cars).

Prior to 1984, the rural industry run by villages and cooperative organizations under village was classified into agriculture. Since 1984, it has been grouped into industry.

Units of Industrial Statistics and Inquiry They are classified into two categories (1) corporate industrial enterprises with independent accounting system (2) industrial establishments.

a) Corporate industrial enterprises with independent accounting system refer to enterprises engaging in industrial production activities, which meet the following requirements: ①They are established legally, having their own names, organizations, location, able to take civil liability; ②They possess and use their assets independently, assume liabilities, and are entitled to sign contracts with other units; ③They are financially independent and compile their own balance sheets.

b)Industrial establishments refer to economic units which located in one single place and engaged entirely or primarily in one kind of industrial activity, including financially independent industrial enterprises and units engaged in industrial activities under the non industrial enterprises (or financially dependent). Industrial establishments generally meet the following requirements: ①They have each one location and are engaged in one kind of industrial activity each; ②They operate and manage their industrial production activities separately; ③They have accounts of income and expenditures separately.

(1)State-owned and state holding majority shares enterprises refer to state-owned enterprises and the enterprises which state holds majority shares. State-owned enterprises (industry ownership by the whole people or state-run industry) refers to non-corporation economic units, where the entire assets are owned by the state and which have registered in accordance with the Regulation of the People's Republic of China on the Management of Registration of Corporate Enterprises, including the state-owned enterprise, sole state-funded corporation and state-owned joint ownership enterprise. Joint state-private industries and private industries, which existed before 1957, have been transformed into state-run industries. Since 1992, those were named state-owned industries. Statistics on these enterprises has been included in the state-industries since 1957 when separation of data was no longer necessary.

(2)Collective-owned Enterprises refers to industrial enterprises where the means of production are owned collectively, including urban and rural enterprises invested by collectives and some enterprises which were formerly owned privately but have been registered in industrial and commercial administration agency as collective units through raising fund from the public.

(3)Share-holding Corporations Ltd. Refer to economic units registered in accordance with the Regulation of the People's Republic of China on the Management of Registration of Corporate Enterprises, with total registered capitals divided into equal shares and raised throught issuing stocks. Each investor hears limited liability to the corporation depending on the holding of shares, and the corporation bears liability to its debt to the maximum of its total assets.

(4)Enterprises with Funds form Hong Kong, Macao and Taiwan refers to all industrial enterorises registered as the joint-venture, cooperative, sole (exclusive) investment industrial enterprises and limited liability corporations with funds from Hong Kong, Macao and Taiwan.

(5)Foreign Funded Enterprises refers to all industrial enterprises registered as the joint-ventur, cooperative, sole (exclusive) investment industrial enterprises and limited liability corporations with foreign funds.

Light Industry refers to the industry that produces consumer goods and hand tools. It consists of two categories, depending on the materials used:

a)Industries using farm products as raw materials. These are branches of light industry which directly or indirectly use farm products as basic raw materials, including the manufacture of food and beverages, tobacco processing, textile, clothing, fur and leather manufacturing, paper making, printing, etc.

b)Industries using non farm products as raw materials. These are branches of light industry which use manufactured goods as raw materials, including the manufacture of cultural, educational articles and sports goods, chemicals, synthetic fiber, chemical products for daily use, glass products for daily use, metal products for daily use, hand tools, medical apparatus and instruments, and the manufacture of cultural and clerical machinery.

Heavy Industry refers to the industry which produces capital goods, and provides various sectors of the national economy with necessary material and technical basis. It consists of the following three branches according to the purpose of production or the use of products:

a)Mining, quarrying and logging industry refers to the industry that extracts natural resources, including extraction of petroleum, coal, metal and non-metal ores and logging.

b)Raw materials industry refers to the industry that proides various sectors of the national economy with raw materials, fuels and power. It includes smelting and processing of metals, coking and coke chemistry, chemical materials and building materials such as cement, plywood, and power, petroleum refining and coal dressing.

c)Manufacturing industry refers to the industry that processes raw materials. It includes machine building industry which equips sectors of the national economy, industries of metal structure and cement products, industries producing means of agricultural production, such as chemical fertilizers and pesticides. According to the above principle of classification, the repairing trades which are engaged primarily in repairing products of heavy industry are classified into heavy industry while these engaged in repairing products of light industry are classified into light industry.

Gross Industrial Output Value is the total volume of industrial products sold or available for sale in value terms which reflects the total achievements and overall scale of industrial production during a given period. It includes the value of the finished products, which are not to be further processed in the enterprises and have been inspected, packed and put in storage, the value of industrial services rendered to other units, and the changes in the value of the semi-finished products and products in process between the beginning and closing of the period. The gross industrial output value is calculated with factory method. No double calculations are to be made within the same enterprise. However, double counting does occur among different enterprises.

Value-added of Industry refers to the final results of industrial production of the industrial enterprises in money terms during the reference period.

Capital Obtained refers to capital actually received by the enterprise from investors. It can be further classified by investors as state capital, collective capital, corporate capital, individual capital, capital from Hong Kong, Macao and Taiwan and foreign capital.

Total Assets refer to all economic resources, owned or controlled by enterprises, that could be measured in monetary terms, including properties, creditors equity and other economic rights of all forms. Classified by the degree of equitability, total assets include circulating assets, long term investment, fixed assets, intangible assets and deferred assets, and other assets.

a)Circulating assets (working capital) refer to assets which can be cashed in or spent or consumed in an operating cycle of one year or over one year, including cash, all kinds of deposits, short term investment, receivables, advance payment, stock, etc.

b)Fixed assets refer to the net value of fixed assets, clearance of fixed assets, project under construction, fixed assets losses in suspense. These are corporations fund holdings.

c)Intangible assets refer to the assets without material form used by enterprises over a long time, such as patents, non-patent technologies, trade marks, copyright, land use right, business reputation, etc.

Total Liabilities refer to the debts, measured in monetary terms, that enterprises are responsible for repayment in the form of cash, assets or labour. Classified by terms of repayment, liability include liquid liabilities and long-term liabilities.

a)Liquid liabilities (also called quick liabilities or immediate liabilities) refer to enterprises total debt payable within an operating cycle of one year or over one year, including short term loans, payables and advance payments, wages payable, taxes payable and profit payable, etc.

b)Long term liabilities refers to total debt payable within an operating cycle of one year or over one year, including long-term loans, payable liabilities, long-term payables, etc.

Creditors Equity refers to investors ownership of net assets of the enterprise. It is equal to the total assets of the enterprise minus its total liabilities, including the primary input from investors, capital accumulation fund, surplus accumulation fund and undistributed profit. It is the shareholders equity in share-holding companies.

Original Value of Fixed Assets refers to the original value of all fixed assets owned by industrial enterprises, calculated at the cost paid at the time of purchase, installation, reconstruction, expansion, and technical innovation and transformation of the said assets, which includes expenses on purchase, package, transportation, and installation, etc.

Net Value of Fixed Assets is obtained by deducting depreciation over years from the original value of fixed assets.

Working Capital (Circulating Assets) refers to assets which can be cashed in or spent or consumed in an operating cycle of one year or over one year, which includes cash, various deposits, short term investment, and receivable payments, and advance payments, stock, etc.

Sales Revenue of Industrial Products refers to the revenue from the sales of products by industrial enterprises and the revenue from services provided and etc.

Sales Cost of Industrial Products refers to the actual cost of products of industrial enterprises and industrial services provided, etc.

Tax and Extra Charges on Sales of Products refer to the tax on city maintenance and construction, consumption tax, resources tax and extra charges for education, which should be borne by the enterprises in selling products and providing industrial services.

Sales Profit of Products refers to the profit gained by the enterprises by deducting cost, charges and taxes from the business income of the enterprises obtained in selling products and providing industrial services.

Total Profits refer to the profits gained by the enterprises.

Value-added Tax Payable refers to the amount of the value added tax which should be paid by the enterprises in the reporting period.

Ratio of Profits, Taxes and Interests to Average Assets reflects the profit-making capability of all assets of the enterprise and is a key indicator manifesting the performance and management and evaluating the profit-making potential of the enterprise. It is calculated as follows:

Ratio of profits, taxes and interests to average assets (%) = [(Total profits+total Taxes+interest payment) / average assets]×100%

Ratio of Debts to Assets reflect both the operation risk and the capability of the enterprise in making use of the capital from the creditors. It is calculated as follows:

Ratio of debts to assets (%) = (Total debts/total assets)×100%

Ratio of Profits to Total Industrial Costs refers to the ratio of profits realized in a given period to the total costs in the same period, which reflects the economic efficiency of input cost and is calculated as follows:

Ratio of Profits to Total Industrial Cost(%)=(Total Profits/Total Costs)×100%

Value-added Rate of Industry refers to the ratio of value added of industry in a given period to the gross output value in the same period, which reflects the economic efficiency of cutting down the intermediate input and is calculated as follows:

Value-added Rate of Industry(%)= [Value-added of Industry (at current prices)] / [Gross Output Value (at Current Prices)] × 100%

Turnover of Working Capital refers to the number of times of turnover of working capital in a given period of time, which reflects the speed of the turnover of working capital and is calculated as follows:

Turnover of Working Capital(%)=(Sales Revenue of Products) / (Average Balance of Total Working Capital)×100%

Ratio of Sales to Gross Output Value refers to the sales of industrial products to the gross industrial output value during the reference period, and is important in reflecting the linkage between production and sales and the extent of the needs of the society that has been met by the supply of industrial products. It is calculated as follows:

Ratio of Sales to Gross Output Value=Industrial sales/Gross industrial output value (at current prices) ×100%

Overall Labour Productivity of Industrial Enterprises refers to the average output per employed person in industrial enterprises in value terms. At present, the value added and the average number of staff and workers of an industrial enterprises in a given period are used to calculate the overall labour productivity. The formula used is:

Overall Labour Productivity=(Value Added of Industry) / (Average Number of Staff and Workers)

For the purpose of comparison of the overall labour productivity among different years, the data on the overall labour productivity of the years prior to 1990 have been adjusted on the basis of 1990 constant prices.

建 筑 业

第十四篇

Chapter

14

简要说明

一、本篇资料反映我省建筑业概况和发展情况。主要包括建筑业企业生产经营情况，指标有企业个数、从业人员数、建筑业总产值、建筑业增加值、房屋建筑面积、机械设备价值、资本金、资产负债、利润税金、劳动生产率、工程质量优良品率、技术装备率等。此外，还包括农村建筑队主要指标。

二、建筑业企业资料由省统计局固定资产投资处提供。建筑业统计范围从1996年年报起由原城镇及城镇以上各种经济类型的建筑业企业扩大到凡具有建筑业资质等级四级及四级以上的各种经济类型的建筑业企业，资料来源依据国家统计局制定的“建筑业统计报表制度”收集的有关年报资料。农村建筑队主要指标的数据由乡镇企业管理局提供，资料来源依据农业部制定的“乡镇企业统计报表制度”规定收集的有关年报资料。

Brief Introduction

I. Data in this chapter show the general situation and the development of the construction in the province. They cover mainly the situation of production and management of the enterprises of construction, including number of enterprises number of employed persons, gross output value and value added of construction, floor space of the building, value of buildings, machinery and equipment, capital, assets and liabilities, profits and taxes, labor productivity, percentage of high quality projects, per capita machinery, etc. They also cover the main indicators of the rural construction teams.

II. Data on the enterprises of construction in this chapter are provided by the Division of Statistics in Investment in Fixed Assets, Anhui Statistical Bureau. The coverage of construction statistics has been enlarged since 1996 when the annual statistical reports were submitted. The original coverage includes all the construction enterprises of various types of ownership at and above town level. The new coverage includes all the construction enterprises of various types of ownership with qualification criteria at or above Class 4. Data are collected in accordance with the “reporting scheme of construction statistics” stipulated by the National Bureau of Statistics. Data about main indicators of the rural construction teams are provided by the Provincial Administration of Township Enterprises, in accordance with the “Statistical Report System of Township Enterprise

s” stipulated by the Ministry of Agriculture.

14—1 建 筑 业 企 业 概 况

Main Indicators on Construction Enterprises

年 份 Year	总 计 Total	国 有 State-owned	城镇集体 Urban Collective-owned	农村建筑队 Rural Construction Teams
企业单位数（个） Number of Enterprises (unit)				
1980	2138	81	125	1932
1985	3701	111	199	3391
1990	57797	125	213	57459
1995	75321	146	317	74843
1996	56740	249	484	55977
1997	47124	244	447	46376
1998	46431	239	434	45687
1999	46793	257	457	45982
2000	40785	258	439	39945
2001	41187	263	623	40059
2002	38335	245	449	36683
2003	37843	226	365	36130
从业人员（万人） Number of Persons Engaged (10000 persons)				
1980	43.08	21.90	7.60	13.58
1985	70.40	23.60	13.60	33.20
1990	104.92	24.30	11.10	69.52
1995	177.31	24.23	14.20	138.51
1996	194.46	26.08	18.89	148.64
1997	163.50	22.23	17.69	120.63
1998	140.14	21.57	17.63	98.75
1999	133.91	23.57	19.70	87.26
2000	125.62	21.66	18.73	79.84
2001	151.68	25.64	33.42	79.87
2002	153.73	20.69	26.93	67.12
2003	155.77	20.09	23.32	64.59
总 产 值（万元） Gross Output Value (10000 yuan)				
1980	116552	75873	24791	15888
1985	319386	151114	61480	106792
1990	816033	269692	80768	465573
1995	5821071	1078593	309454	4420098
1996	7281005	1111967	441744	5700393
1997	5886110	1103513	444440	4261844
1998	5837630	1136727	485558	4146992
1999	5737744	1372594	586538	3649527
2000	5320294	1349050	658684	3085511
2001	6716291	1613065	1173585	3269293
2002	7070835	1627324	1341518	2786469
2003	9108572	1851883	1021914	2878125

注：1.自1993年开始“从业人员”由“计算劳动生产率平均人数”代替。

2.附营施工单位的生产活动在整个建筑生产活动中所占份额极小，加之资料不全，因而在总计中已略去。

3.根据农业部的“乡镇企业统计报表制度”规定，1978年至1986年农村建筑队中的个体建筑户不作统计。

a) Since 1993, "Persons Engaged" has been replaced by "Average Number of Persons in calculating labor productivity".

b) The production activity of subsidiary construction units is omitted in the total because the portion is very small and the data are incomplete.

c) According to the "Reporting Scheme of Township Enterprises" stipulated by the Ministry of Agriculture, The rural construction teams excluded individuals from 1978 to 1986.

14—2 建筑业企业主要经济指标

Main Economic Indicators on Construction Enterprises

指标		Item		1990	1995	2000	2002	2003
建筑业企业个数	(个)	Number of Construction Enterprises	(unit)	338	478	1571	1696	1713
期末从业人数	(万人)	Staff and Workers (annual average)	(10000 persons)	31.67	38.83	71.41	88.69	91.18
自有固定资产原价	(万元)	Fixed Assets Owned (original value)	(10000 yuan)	215159	507546	1135784	2054586	1937800
自有固定资产净价	(万元)	Fixed Assets Owned (net value)	(10000 yuan)	147220	361527	783712	1476917	1357003
自有机械设备台数	(台)	Number of Machinery and Equipment Owned	(unit)	80862	91742	237822	351576	352540
自有机械设备净价	(万元)	Net Value of Machinery and Equipment Owned	(10000 yuan)	79133	165092	326347	735011	723018
自有机械设备总功率	(万千瓦)	Total Power of Machinery and Equipment Owned	(10000 kw)	133.31	169.97	250.57	370.81	382.15
建筑业总产值	(万元)	Gross Output Value of Construction	(10000 yuan)	350460	1400973	3028240	5282183	6230447
#建筑工程		Construction Projects		300803	1193521	2621894	4556132	5274239
安装工程		Installation Projects		41181	186860	331987	508800	619029
其　　他		Others		8476	20592	74359	217251	337179
建筑业增加值	(万元)	Value Added of Construction	(10000 yuan)	122093	400670	837928	1124393	1297660
#固定资产折旧		Depreciation of Fixed Assets		11012	24803	55430	86171	91595
应付工资		Wages Payable		72363	173855	409707	685039	791996
应付福利费		Welfare Expenses Payable		5516	17285	45175	85364	99464
工程结算税金及附加		Taxes and Extra Charges on Project Settle Accounts		9555	38038	89526	172987	208385
管理费用中的税金		Taxes in Management Expenses			2666	8423	11526	12435
工程结算利润		Profits of Project Settle Accounts		5140	134355	231345	428506	473854
施工面积	(万平方米)	Floor Space of Buildings Under Construction	(10000 sq.m)	1075.30	1985.43	4631.27	6344.31	7363.81
竣工面积	(万平方米)	Floor Space of Buildings Completed	(10000 sq.m)	512.60	853.33	2595.33	3847.63	4023.17
利润总额	(万元)	Total Profits	(10000 yuan)	4153	943	28123	90662	110524
利税总额	(万元)	Total Taxes	(10000 yuan)	13534	61646	126073	275175	331344
劳动生产率	(元/人)	Overall Labor Productivity	(yuan/person)					
按总产值计算		In Terms of Gross Output Value		11066	36080	42406	59555	66357
按增加值计算		In Terms of Value-added		3855	10319	11734	16421	13821
技术装备率	(元/人)	Value of Machines per Laborer	(yuan/person)	2499	4252	4570	8287	7700
动力装备率	(千瓦/人)	Power of Machines per Laborer	(kw/person)	4.21	4.38	3.51	4.18	4.07
房屋建筑面积竣工率	(%)	Ratio of Mloor Space of Buildings Completed	(%)	47.67	42.98	56.04	60.65	54.63
产值利润率	(%)	Ratio of Profit to Gross Output Value	(%)	1.19	0.06	0.93	1.72	1.77
产值利税率	(%)	Ratio of Per-tax Profit to Gross Output Value	(%)	3.86	2.97	4.16	5.21	5.32

14—3 国有经济建筑业企业主要经济指标

Main Economic Indicators on State-owned Construction Enterprises

指标		Item		1990	1995	2000	2002	2003
建筑业企业个数	(个)	Number of Construction Enterprises	(unit)	125	146	258	245	226
期末从业人数	(万人)	Staff and Workers (annual average)	(10000 persons)	21.78	24.23	21.66	20.69	20.09
自有固定资产原价	(万元)	Fixed Assets Owned (oniginal value)	(10000 yuan)	189013	416972	636476	790818	645845
自有固定资产净价	(万元)	Fixed Assets Owned (net value)	(10000 yuan)	128450	291809	403625	528357	420429
自有机械设备台数	(台)	Number of Machinery and Equipment Owned	(unit)	53779	47796	63023	67009	60514
自有机械设备净价	(万元)	Net Value of Machinery and Equipment Owned	(10000 yuan)	70868	129661	160000	234653	202299
自有机械设备总功率	(万千瓦)	Total Power of Machinery and Equipment Owned	(10000 kw)	115.95	137.59	127.93	123.13	115.00
建筑业总产值	(万元)	Gross Output Value of Construction	(10000 yuan)	269692	1078593	1349050	1627324	1851883
#建筑工程		Construction Projects		229658	910192	1199993	1418570	1506935
安装工程		Installation Projects		36250	155217	128402	161378	232665
其　他		Others		3784	13184	20655	47376	112283
建筑业增加值	(万元)	Value Added of Construction	(10000 yuan)	98314	350522	374672	317200	324115
#固定资产折旧		Depreciation of Fixed Assets		9230	20951	34460	30327	26556
应付工资		Wages Payable		57792	157735	155296	186333	202653
应付福利费		Welfare Expenses Payable		4211	15773	20689	24249	25925
工程结算税金及附加		Taxes and Extra Charges on Project Settle Accounts		7162	29677	39416	55678	58299
管理费用中的税金		Taxes in Management Expenses			1682	3070	3751	3751
工程结算利润		Profits of Project Settle Accounts		4834	116337	117387	131101	118036
施工面积	(万平方米)	Floor Space of Buildings Under Construction	(10000 sq.m)	602.70	1053.50	1166.52	1248.41	1491.00
竣工面积	(万平方米)	Floor Space of Buildings Completed	(10000 sq.m)	261.00	409.30	566.55	645.45	672.00
利润总额	(万元)	Total Profits	(10000 yuan)	3761	630	-5159	16889	11677
利税总额	(万元)	Total Taxes	(10000 yuan)	10818	31989	37327	76318	73727
劳动生产率	(元/人)	Overall Labor Productivity	(yuan/person)					
按总产值计算		In Terms of Gross Output Value		12383	44515	62283	78652	86295
按增加值计算		In Terms of Value-added		4514	14466	17298	20922	15103
技术装备率	(元/人)	Value of Machines per Laborer	(yuan/person)	3254	5351	7387	11341	9427
动力装备率	(千瓦/人)	Power of Machines per Laborer	(kw/person)	5.32	5.38	5.91	5.95	5.34
房屋建筑面积竣工率	(%)	Ratio of Mloor Space of Buildings Completed	(%)	43.30	38.90	48.57	51.70	45.10
产值利润率	(%)	Ratio of Profit to Gross Output Value	(%)	1.40	0.10	-0.38	1.04	0.63
产值利税率	(%)	Ratio of Per-tax Profit to Gross Output Value	(%)	4.00	3.00	2.77	4.69	3.98

14—4 集体经济建筑业企业主要经济指标

Main Economic Indicators on Collective Construction Enterprises

指标		Item		1990	1995	2000	2002	2003
建筑业企业个数	(个)	Number of Construction Enterprises	(unit)	213	317	983	545	447
期末从业人数	(万人)	Staff and Workers (annual average)	(10000 persons)	9.89	14.17	37.20	31.98	28.02
自有固定资产原价	(万元)	Fixed Assets Owned (original value)	(10000 yuan)	26146	85112	340764	453367	378219
自有固定资产净价	(万元)	Fixed Assets Owned (net value)	(10000 yuan)	18770	65977	256869	342256	275220
自有机械设备台数	(台)	Number of Machinery and Equipment Owned	(unit)	27083	42308	134122	128211	110312
自有机械设备净价	(万元)	Net Value of Machinery and Equipment Owned	(10000 yuan)	8265	33944	119608	184221	152002
自有机械设备总功率	(万千瓦)	Total Power of Machinery and Equipment Owned	(10000 kw)	17.36	31.10	91.52	101.89	93.00
建筑业总产值	(万元)	Gross Output Value of Construction	(10000 yuan)	80768	309454	1222373	1378030	1246404
#建筑工程		Construction Projects		71145	273710	1029445	1133248	1015951
安装工程		Installation Projects		4931	30815	154211	180394	172464
其　他		Others		4692	4929	38717	64388	57989
建筑业增加值	(万元)	Value Added of Construction	(10000 yuan)	23779	47453	337867	333304	313625
#固定资产折旧		Depreciation of Fixed Assets		1782	3569	14553	16576	14371
应付工资		Wages Payable		14571	15120	184525	218168	211668
应付福利费		Welfare Expenses Payable		1305	1372	17445	26777	27880
工程结算税金及附加		Taxes and Extra Charges on Project Settle Accounts		2393	8035	36180	46634	44932
管理费用中的税金		Taxes in Management Expenses			947	4458	3805	3254
工程结算利润		Profits of Project Settle Accounts		306	17542	84433	101735	88895
施工面积	(万平方米)	Floor Space of Buildings Under Construction	(10000 sq.m)	472.60	905.20	2556.99	2491.27	2262.00
竣工面积	(万平方米)	Floor Space of Buildings Completed	(10000 sq.m)	251.60	430.60	1539.42	1584.60	1300.00
利润总额	(万元)	Total Profits	(10000 yuan)	392	1301	26275	27973	25629
利税总额	(万元)	Total Taxes	(10000 yuan)	2716	10283	66913	78412	73815
劳动生产率	(元/人)	Overall Labor Productivity	(yuan/person)					
按总产值计算		In Terms of Gross Output Value		8167	21839	32859	43094	44578
按增加值计算		In Terms of Value-added		2404	3349	9082	12614	11217
技术装备率	(元/人)	Value of Machines per Laborer	(yuan/person)	836	2395	3215	5761	5436
动力装备率	(千瓦/人)	Power of Machines per Laborer	(kw/person)	1.76	2.19	2.46	3.19	3.33
房屋建筑面积竣工率	(%)	Ratio of Mloor Space of Buildings Completed	(%)	53.20	47.60	60.20	63.61	57.46
产值利润率	(%)	Ratio of Profit to Gross Output Value	(%)	0.50	0.40	2.15	2.03	2.06
产值利税率	(%)	Ratio of Per-tax Profit to Gross Output Value	(%)	3.40	3.30	5.47	5.69	5.92

14—5 建筑业企业技术装备情况

Number and Power of Machinery and Equipment Owned by Construction Enterprises

年份 Year	自有机械设备总台数（台） Number of Machinery and Equipment Owned (unit)	自有机械设备总功率（万千瓦） Total Power of Machinery and Equipment Owned (10000 kw)	#施工机械功率 Power of Construction Machines	自有机械设备净值（万元） Net Value of Machinery and Equipment Owned (10000 yuan)	技术装备率（元/人） Value of Machines per Laborer (yuan/person)	动力装备率（千瓦/人） Power of Machines per Laborer (kw/person)
1990	80862	133.31	96.35	79133	2499	4.21
1991	78437	131.79	92.91	80698	3782	6.40
1992	73553	137.85	101.57	87893	3968	6.30
1993	69193	117.00	85.30	88796	2638	3.50
1996	75644	162.50	125.00	111114	2836	4.10
1995	91742	169.97	139.66	165092	4252	4.38
1996	180950	250.73	198.50	289441	3901	3.38
1997	168510	234.89	183.55	227886	3374	3.48
1998	191244	220.05	172.34	245283	3800	3.41
1999	220975	255.35	200.25	287433	4106	3.65
2000	237822	250.57	197.56	326347	4570	3.51
2001	319755	316.30	272.26	428163	4750	3.51
2002	351576	370.81	312.15	735011	8287	4.18
2003	352540	282.15	310.48	723018	7700	4.07

14—6 国有建筑业企业技术装备情况

Number and Power of Machinery and Equipment of State-owned Construction Enterprises

年份 Year	自有机械设备总台数（台） Number of Machinery and Equipment Owned (unit)	自有机械设备总功率（万千瓦） Total Power of Machinery and Equipment Owned (10000 kw)	#施工机械功率 Power of Construction Machines	自有机械设备净值（万元） Net Value of Machinery and Equipment Owned (10000 yuan)	技术装备率（元/人） Value of Machines per Laborer (yuan/person)	动力装备率（千瓦/人） Power of Machines per Laborer (kw/person)
1990	53779	115.95	84.24	70868	3254	5.32
1991	53823	113.01	79.40	71943	3031	4.80
1992	48058	119.10	88.38	77474	3124	4.80
1993	38201	89.00	65.50	62892	3367	4.80
1996	45245	138.00	107.20	93304	3625	5.40
1995	47796	137.59	113.70	129661	5351	5.38
1996	55421	139.68	113.00	175930	6746	5.36
1997	44059	125.63	95.67	126577	5694	5.65
1998	55220	125.62	95.76	139448	6465	5.82
1999	60984	132.26	102.55	144873	6162	5.63
2000	63023	127.93	94.08	160000	7387	5.91
2001	72763	138.34	108.92	164475	6415	5.40
2002	86991	168.11	100.91	327766	11341	5.95
2003	60514	114.67	89.49	202299	9427	5.34

14—7 建筑业施工企业主要生产指标（2003年）

指 标		Item		合 计 Total
施工企业个数	（个）	Number of Enterprises in Charge of Construction	(unit)	1713
签订的合同额	（万元）	Volume of Signed Contracts	(10000 yuan)	9090217
建筑业总产值	（万元）	Gross Output Value of Construction	(10000 yuan)	6230447
#装饰装修产值		Decoration and Fixing UP		439022
在外省完成产值		In Other Provinces		1502838
#建筑工程产值		Construction Projects		5274239
安装工程产值		Installation Projects		619029
其他产值		Other Output Value		337179
建筑业增加值	（万元）	Value-added of Construction	(10000 yuan)	1297660
#固定资产折旧		Depreciation on Fixed Assers		91595
应付工资		Wages Payable		791996
应付福利		Walfare Costs Payable		99464
工程结算税金及附加		Taxes and Added Taxes of Settle Accounts		208385
竣工产值	（万元）	Output Value of Buildings Completed	(10000 yuan)	4464200
房屋建筑施工面积	（万平方米）	Floor Space of Buildings Under Construction	(10000 sq.m)	7363.81
#本年新开工		Newly Started Projects in this Year		4024.25
投标承包的面积		Floor Space Through Tender for the Construction		5850.78
房屋建筑竣工面积	（万平方米）	Floor Space of Buildings Completed	(10000 sq.m)	4023.17
自有机械设备总台数	（台）	Number of Machinery Owned	(ste)	352540
自有机械设备总功率	（千瓦）	Capacity of Machinery Owned	(kw)	3821523
自有机械设备净值	（万元）	Net Value of Machinery owned	(10000 yuan)	723018
职工平均人数	（万人）	Average Number of Staff and Workers	(10000 persons)	938935
期末从业人员	（万人）	Employed Persons at the Year-End	(10000 persons)	911794
全员劳动生产率	（元/人）	Overall Labor Productivity	(yuan/person)	66356.53
技术装备率	（元/人）	Per Capita Machinery Value	(yuan/person)	7700.41
动力装备率	（千瓦/人）	Per Capita Machines Power	(kw/person)	4.07
房屋建筑面积竣工率	（%）	Rate of Floor Space of Buildings Completed	(%)	54.63

Main Production Indicators on Construction Enterprises (2003)

内资企业 Domestic Funded	#国有 State-owned	#集体 Collective-owned	港澳台商投资经济 Funded by Fntrepreneurs from Hong Kong, Macao and Taiwan	外商投资企业 Foreign Funded	土木工程建筑业 Civil Engineering	房屋工程建筑业 Building	线路管道设备安装业 Pipes, Lines and Equipment Installation	装修装饰业 Building Decoration
1696	226	447	10	6	259	854	45	391
9071012	2802259	1525901	9168	7987	2016262	6207573	135514	213332
6205260	1851883	1246404	14496	8841	1511932	4065374	124026	199681
434160	139760	62379	1739	3123	15576	253212	2838	162394
1495568	569009	145878	5445	1825	302757	1066614	30960	26407
5256460	1506935	1015951	11579	6200	1280022	3673953	75622	126803
613985	232665	172464	2917	277	161889	243485	37194	19970
334815	112283	57989		2364	70021	147936	11210	52908
1292265	324115	313625	2569	1920	287402	849676	27338	52756
91090	26556	14371	315	164	28313	50925	2383	3403
789161	202653	211668	1299	1328	156284	548758	13745	30660
99161	25925	27880	216	58	22265	64400	1855	3707
207431	58299	44932	612	253	48308	137275	4506	7169
4445581	1090656	987756	11562	5397	991786	2995846	79963	146879
7348.46	1490.71	2261.67	4.50	10.85	342.10	6928.38	3.45	
4014.90	797.91	1259.49	1.50	7.85	202.84	3764.65	3.17	
5838.43	1353.04	1701.58	4.50	7.85	312.51	5475.50	3.45	
4011.62	672.34	1299.53	3.00	8.54	131.96	3842.69	1.14	
351161	60514	110312	775	567	53680	248945	4678	25015
3808332	1146702	931280	6788	5803	1233802	2129831	104010	105637
719689	202299	152002	1953	1196	237039	403472	22640	23530
935087	214599	279600	1767	1949	162471	674775	13998	35473
908075	200863	280248	1737	1842	158818	653240	14692	35047
66360.24	86295.04	44578.11	82037	45361.72	93058.58	60247.85	88602.66	56290.98
7696.49	9426.84	5436.41	11053	6136.48	14589.62	5979.36	16173.74	6633.21
4.07	5.34	3.33	4	2.98	7.59	3.16	7.43	2.98
54.59	45.1	57.46	67	78.69	38.57	55.46	33.18	

14—8 各市按登记注册类型分的建筑业企业单位数（2003年）

Number of Construction Enterprises by Registration Status and Region (2003)

单位：个 (unit)

地 区 Region		合 计 Total Enterprises	内资企业 Domestic Funded	#国 有 State-owned	#集 体 Collective-owned	港澳台商投资经济 Funded by Entrepreneurs from Hong Kong, Macao and Taiwan	外商投资企业 Foreign Funded	土木工程建筑业 Civil Engineering	线路管道设备安装业 Pipes, Lines and Equipment Installation	建筑物装修饰业 Building Decoration
总 计	**Total**	**1713**	**1696**	**226**	**447**	**10**	**6**	**259**	**45**	**391**
合肥市	Hefei	389	381	49	71	6	2	37	3	169
淮北市	Huaibei	42	42	11	14			9		10
亳州市	Bozhou	31	31	6	7			6		3
宿州市	Suzhou	66	64	16	37	2		6	1	4
蚌埠市	Bengbu	79	79	22	21			18	2	16
阜阳市	Fuyang	89	88	15	23			20	1	9
淮南市	Huainan	69	69	11	22			9		6
滁州市	Chuzhou	91	91	11	28			10		17
六安市	Luan	115	115	11	47			21	5	14
马鞍山市	Maanshan	73	73	9	19			14	2	11
巢湖市	Chaohu	89	89	9	30			20	6	5
芜湖市	Wuhu	123	122	12	18		1	19	5	36
宣城市	Xuancheng	71	69	4	11		2	14	5	19
铜陵市	Tongling	76	75	7	10		1	15	5	26
池州市	Chizhou	66	65	5	12	1		9	1	17
安庆市	Anqing	189	188	20	65	1		26	8	19
黄山市	Huangshan	55	55	8	12			6	1	10

14—9 各市按经济类型分的建筑施工企业施工产值（2003年）

Output Value of Enterprises in Charge of Construction by Ownership and Region (2003)

单位：万元 (10000 yuan)

地 区 Region		合 计 Total Enterprises	内资企业 Domestic Funded	#国 有 State-owned	#集 体 Collective-owned	港澳台商投资经济 Funded by Entrepreneurs from Hong Kong, Macao and Taiwan	外商投资企业 Foreign Funded	土木工程建筑业 Civil Engineering	线路管道设备安装业 Pipes, Lines and Equipment Installation	建筑物装修饰业 Building Decoration
总 计	**Total**	**6230447**	**6205260**	**1851883**	**1246404**	**14496**	**8841**	**1511932**	**124026**	**199681**
合肥市	Hefei	1964036	1954565	497428	328818	9004	467	273185	8335	122079
淮北市	Huaibei	154467	154467	55782	41440			81198		4174
亳州市	Bozhou	51933	51933	14989	9197			13179		782
宿州市	Suzhou	285340	281629	162089	102089	3711		121740	11166	2776
蚌埠市	Bengbu	345642	345642	86696	41172			171479	24905	5704
阜阳市	Fuyang	174517	172667	48238	31692			43900	1726	3097
淮南市	Huainan	430229	430229	281101	37248			196830		2142
滁州市	Chuzhou	232327	232327	44463	63640			33231		8863
六安市	Luan	412736	412736	77199	141771			88221	21931	5713
马鞍山市	Maanshan	513274	513274	253710	52606			150255	2536	4828
巢湖市	Chaohu	208622	208622	33417	80710			58637	13130	1303
芜湖市	Wuhu	415783	413707	87705	76999		2076	60368	10159	13857
宣城市	Xuancheng	120766	115028	19787	17698		5738	28353	5126	4215
铜陵市	Tongling	157421	156861	33214	14405		560	40594	4214	9721
池州市	Chizhou	101125	101044	9184	18786	81		24981	2600	3478
安庆市	Anqing	518271	516571	87382	164995	1700		107895	14840	4885
黄山市	Huangshan	143958	143958	59499	23138			17886	3358	2064

14—10 各市建筑业企业生产情况（2003年）

Production Indicators on Construction Enterprises by Region (2003)

地区 Region		企业个数（个）Number of Enterprises (unit)	总产值（万元）Total Output Value (10000 yuan)			增加值（万元）Value Added (10000 yuan)
			建筑工程 Construction	安装工程 Installation	其它产值 Other Output Value	
总计	**Total**	**1713**	**5274239**	**619029**	**337179**	**1297660**
合肥市	Hefei	389	1683368	179007	101661	389954
淮北市	Huaibei	42	138179	7025	9263	39923
亳州市	Bozhou	31	43017	4756	4160	12097
宿州市	Suzhou	66	211633	47907	25800	70846
蚌埠市	Bengbu	79	303123	29180	13339	50806
阜阳市	Fuyang	89	166053	7223	1241	36259
淮南市	Huainan	69	307166	106912	16151	82823
滁州市	Chuzhou	91	190732	15580	26015	49747
六安市	Luan	115	375078	28010	9648	94563
马鞍山市	Maanshan	73	410542	70042	32690	108291
巢湖市	Chaohu	89	184482	18040	6100	48149
芜湖市	Wuhu	123	341310	46007	28466	75042
宣城市	Xuancheng	71	106494	8108	6164	24873
铜陵市	Tongling	76	131395	11868	14158	32195
池州市	Chizhou	66	93704	4109	3312	22150
安庆市	Anqing	189	461575	22284	34412	124941
黄山市	Huangshan	55	126388	12971	4599	35001

地区 Region		房屋建筑施工面积（万平方米）Floor Space of Building Under Construction (10000 sq.m)	房屋建筑竣工面积（万平方米）Floor Space of Building Completed (10000 sq.m)	自有机械设备 Machinery and Equipment Owned			期末从业人数（万人）Staff and Workers (annual average) (10000 persons)
				总台数（台）Number (unit)	总功率（万千瓦）Total Power (10000 kw)	净值（万元）Net Value (10000 yuan)	
总计	**Total**	**7364**	**4023**	**352540**	**382.13**	**723018**	**91.18**
合肥市	Hefei	1871	758	78804	84.08	185839	19.10
淮北市	Huaibei	185	86	10822	21.98	31958	3.04
亳州市	Bozhou	82	56	8715	8.10	10244	1.26
宿州市	Suzhou	221	127	20930	33.42	53885	5.96
蚌埠市	Bengbu	400	194	15411	23.96	39766	4.08
阜阳市	Fuyang	285	152	15751	14.47	31139	3.31
淮南市	Huainan	478	181	15318	19.51	28470	4.86
滁州市	Chuzhou	369	238	15338	14.34	26909	3.91
六安市	Luan	547	430	30285	26.92	52566	7.94
马鞍山市	Maanshan	280	153	13438	26.55	38157	6.41
巢湖市	Chaohu	281	184	21165	19.19	35579	5.22
芜湖市	Wuhu	605	367	29435	20.66	40215	5.60
宣城市	Xuancheng	187	107	11103	9.19	16730	2.43
铜陵市	Tongling	200	122	9850	13.08	21406	2.65
池州市	Chizhou	131	89	5758	4.95	13569	2.05
安庆市	Anqing	991	626	41041	34.96	74274	10.72
黄山市	Huangshan	251	153	9376	6.77	22312	2.68

14—11 各市国有建筑业企业生产情况（2003年）

Production of State-owned Construction Enterprises by Region (2003)

地 区 Region		企业个数（个）Number of Enterprises (unit)	总产值（万元）Total Output Value (10000 yuan) 建筑工程 Construction	安装工程 Installation	其它产值 Othwers	增加值（万元）Value Added (10000 yuan)
总 计	**Total**	**226**	**1506935**	**232665**	**112283**	**324115**
合 肥 市	Hefei	49	386043	63370	48015	77842
淮 北 市	Huaibei	11	54391	114	1277	14116
亳 州 市	Bozhou	6	12290	360	2339	3978
宿 州 市	Suzhou	16	126903	23868	11318	35732
蚌 埠 市	Bengbu	22	81457	2848	2391	11441
阜 阳 市	Fuyang	15	46530	1688	20	10497
淮 南 市	Huainan	11	193222	75688	12191	48005
滁 州 市	Chuzhou	11	35781	818	7864	7500
六 安 市	Luan	11	69144	7204	851	13246
马鞍山市	Maanshan	9	202541	38010	13159	45056
巢 湖 市	Chaohu	9	30771	2027	619	5101
芜 湖 市	Wuhu	12	79939	6305	1461	9440
宣 城 市	Xuancheng	4	17750	1725	312	2174
铜 陵 市	Tongling	7	30828	2165	221	6222
池 州 市	Chizhou	5	9184			1254
安 庆 市	Anqing	20	73968	3519	9895	18357
黄 山 市	Huangshan	8	56193	2956	350	14154

地 区 Region		房屋建筑施工面积（万平方米）Floor Space of Building Under Construction (10000 sq.m)	房屋建筑竣工面积（万平方米）Floor Space of Building Completed (10000 sq.m)	自有机械设备 Machinery and Equipment Owned 总台数（台）Number (unit)	总功率（万千瓦）Total Power (10000 kw)	净值（万元）Net Value (10000 yuan)	期末从业人数（万人）Staff and Workers (annual average) (10000 persons)
总 计	**Total**	**1490**	**672**	**60514**	**114.67**	**202299**	**20.09**
合 肥 市	Hefei	460	196	14022	19.72	36199	4.47
淮 北 市	Huaibei	15	7	3565	12.85	19272	0.84
亳 州 市	Bozhou	10	7	2631	2.85	2599	0.28
宿 州 市	Suzhou	68	31	7660	19.73	28434	1.94
蚌 埠 市	Bengbu	73	34	3470	7.33	14177	1.16
阜 阳 市	Fuyang	19	8	2925	4.69	11870	0.66
淮 南 市	Huainan	312	123	4991	8.08	13315	2.05
滁 州 市	Chuzhou	47	26	1339	2.43	6871	0.45
六 安 市	Luan	43	23	2661	4.65	8199	0.87
马鞍山市	Maanshan	83	47	2870	9.60	12454	2.50
巢 湖 市	Chaohu	13	6	1086	2.67	6860	0.46
芜 湖 市	Wuhu	93	36	1577	4.31	6425	0.72
宣 城 市	Xuancheng	4	1	1343	0.79	827	0.24
铜 陵 市	Tongling	16	6	2550	4.93	4008	0.43
池 州 市	Chizhou			156	0.45	3317	0.10
安 庆 市	Anqing	144	61	5141	6.79	14492	1.92
黄 山 市	Huangshan	90	60	2527	2.80	12980	1.00

14—12 建筑业企业主要财务指标（2003年）

Main Financial Indicators on Construction Enterprises (2003)

单位：万元 (10000 yuan)

指 标	Item	合 计 Total Enterprises	内资企业 Domestic Funded	国 有 State-owned	集 体 Collective-owned	其 他 Other
流动资产合计	Circulating Funds	3931378	3895617	1368516	695028	1832073
#存 货	Stock	894359	881484	260373	193652	427459
固定资产合计	Total Fixed Assets	1547303	1541005	451662	339004	750339
固定资产原价合计	Total Original Value of Fixed Assets	1937800	1928913	645845	378219	904849
#生产经营用	Used for Production	1495417	1488563	514056	275605	698902
累计折旧	Total Depreciation Drawn Accumulated	580797	577295	225416	102999	248880
#本年折旧	Depreciation Drawn This Year	91595	91090	26556	14371	50163
资产合计	Total Assets	5910088	5865256	1982431	1100775	2782050
流动负债	Circulating Liability	3315321	3288861	1292284	560020	1436557
长期负债	Long-term Liability	191732	187498	93950	33150	60398
所有者权益合计	Creditors' Equity	2403035	2388897	596197	507605	1285095
实收资本	Total Capital Hold	1983575	1971130	528640	411975	1030515
工程结算收入	Revenue of Project Settlement Accounts	5944426	5920659	1713882	1198517	3008260
工程结算成本	Costs of Project Settlement Accounts	5262187	5241635	1537547	1064690	2639398
工程结算税金及附加	Taxes and Extra Charges on Project Settlement Accounts	208385	207431	58299	44932	104200
工程结算利润	Profits of Project Settlement Accounts	473854	471593	118036	88895	264662
其他业务收入	Other Operational Income	159476	159468	62914	26478	70076
其他业务利润	Other Profit	25448	25445	6346	8078	11021
管理费用	Management Fee	358236	357061	103827	67447	185787
#税 金	Taxes	12435	12402	3751	3254	5397
财务费用	Financial Expenses	2376	2371	583	618	1170
利润总额	Total Profits	110524	109546	11677	25629	72240
本年应付工资总额	Wages Payable This Year	791996	789161	202653	211668	374840
本年应付福利费	Welfare Expenses Payable This Year	99464	99161	25925	27880	45356
劳动生产率（元/人）	Overall Labor Productivity (yuan/person)					
按总产值计算	In Terms of Gross Output Value	66356.53	66360.24	86295.04	44578.11	70470.80
按增加值计算	In terms of Value-added	13820.55	13819.73	15103.29	11216.92	14845.61
产值利润率 (%)	Ratio of Profit to Gross Output Value (%)	1.77	1.77	0.63	2.06	2.33
产值利税率 (%)	Ratio of Pre-tax Profit to Gross Output Value (%)	5.32	5.31	3.98	5.92	5.85

14—12 续表 continued

单位：万元 (10000 yuan)

指　　标	Item	港澳台商投资经济 Funded by Entrepre-neurs from Hong Kong, Macao and Taiwan	外商投资企业 Foreign Funded	土木工程建筑业 Civil Engineering	线路管道设备安装业 Pipes, Lines and Equipment Installation	建筑物装修装饰业 Building Decoration
流动资产合计	Circulating Funds	25085	10176	1013822	94190	163354
#存　货	Stock	11975	881	208959	20540	37546
固定资产合计	Total Fixed Assets	3184	2272	415839	39019	66165
固定资产原价合计	Total Original Value of Fixed Assets	5007	3404	567948	53193	74617
#生产经营用	Used for Production	4171	2207	448052	43921	57402
累计折旧	Total Depreciation Drawn Accumulated	2146	1167	200657	17043	16463
#本年折旧	Depreciation Drawn This Year	315	164	28313	2383	3403
资产合计	Total Assets	29052	14360	1602612	146421	242650
流动负债	Circulating Liability	17216	8382	925279	71026	85724
长期负债	Long-term Liability	4000	234	60313	3153	1982
所有者权益合计	Creditors' Equity	7836	5744	617020	72242	154944
实收资本	Total Capital Hold	7115	5245	542207	57806	127862
工程结算收入	Revenue of Project Settlement Accounts	12639	8415	1428045	127414	199629
工程结算成本	Costs of Project Settlement Accounts	11254	7482	1255657	106571	166792
工程结算税金及附加	Taxes and Extra Charges on Project Settlement Accounts	612	253	48308	4506	7169
工程结算利润	Profits of Project Settlement Accounts	773	680	124080	16337	25668
其他业务收入	Other Operational Income		8	37460	11779	2801
其他业务利润	Other Profit		3	6138	2394	1442
管理费用	Management Fee	559	358	93968	12660	18150
#税　金	Taxes	27	6	2760	380	647
财务费用	Financial Expenses	2	3	603	179	139
利润总额	Total Profits	180	224	26850	5391	7802
本年应付工资总额	Wages Payable This Year	1299	1328	156284	13745	30660
本年应付福利费	Welfare Expenses Payable This Year	216	58	22265	1855	3707
劳动生产率（元/人）	Overall Labor Productivity (yuan/person)					
按总产值计算	In Terms of Gross Output Value	82037.35	45361.72	93058.58	88602.66	56290.98
按增加值计算	In terms of Value-added	14538.77	9851.21	17689.43	19529.93	14872.16
产值利润率 (%)	Ratio of Profit to Gross Output Value (%)	1.24	2.53	1.78	4.35	3.91
产值利税率 (%)	Ratio of Pre-tax Profit to Gross Output Value (%)	5.65	5.46	5.15	8.29	7.82

14—13 各市建筑业企业主要财务指标（2003年）

Main Financial Indicators on Construction Enterprises by Region (2003)

单位：万元 (10000 yuan)

地 区 Region		资本金合计 Total Capital Assets	流动资产合计 Circulating Funds	#存货 Stock	固定资产合计 Total Fixed Assect	固定资产原价合计 Original Value of Fixed Asseds	#生产经营用 Used for Production	累计折旧 Depreciation Drawn Accumulated	#本年 This Year	资产合计 Total Assets	流动负债合计 Liquid Liabilities
总　计	**Total**	**1983575**	**3931378**	**894359**	**1547303**	**1937800**	**1495417**	**580797**	**91595**	**5910088**	**3315321**
合 肥 市	Hefei	536135	1261441	230554	441436	580851	457985	182891	34783	1806450	1097723
淮 北 市	Huaibei	69950	112616	15697	52940	80538	56809	31059	3065	177656	101959
亳 州 市	Bozhou	35353	31806	6556	22030	23292	19817	3652	925	58884	19310
宿 州 市	Suzhou	151292	164572	24072	90174	127209	101468	44485	4990	328247	153071
蚌 埠 市	Bengbu	99524	217698	34618	95071	106688	84555	29452	3844	336049	174445
阜 阳 市	Fuyang	73166	156734	52790	66387	63066	50538	16405	2629	232879	131394
淮 南 市	Huainan	151282	272812	35925	70403	102811	72339	39008	4698	403016	250121
滁 州 市	Chuzhou	70936	134164	61786	60968	66596	47679	16008	2709	205715	111190
六 安 市	Luan	118086	177395	60172	93795	115274	96052	32052	4982	280650	119834
马鞍山市	Maanshan	95938	279526	64539	91272	130360	94375	49482	8225	387320	257149
巢 湖 市	Chaohu	78828	151131	53591	68652	84634	60315	22227	3490	227634	128272
芜 湖 市	Wuhu	119972	245114	53981	71509	89492	69664	23062	3702	345137	194315
宣 城 市	Xuancheng	40872	121711	44111	38736	37678	30763	10166	1496	169529	105076
铜 陵 市	Tongling	82941	151770	13628	54403	64949	56273	14448	2507	225170	136997
池 州 市	Chizhou	43132	76063	17518	27854	34682	22478	7573	1099	107931	53308
安 庆 市	Anqing	163683	290510	103434	159948	177505	129845	44323	6281	472521	220747
黄 山 市	Huangshan	52485	86315	21387	41725	52175	44462	14504	2170	145300	60410

地 区 Region		长期负债合计 Long-term Liabilities	负债合计 Total Liabilities	所有者权益合计 Creditors Equity	工程结算收入 Revenue of Project Settlement Accounts	工程结算成本 Costs of Project Settlement Accounts	工程结算税金附加 Taxes and Extra Charges on Project Settlement Accounts	管理费用 Management Expenses	#税金 Taxes	利润总额 Total Profits	本年应付工资总额 Total Wages Payable This Year
总　计	**Total**	**191732**	**3507053**	**2403035**	**5944426**	**5262187**	**208385**	**358236**	**12435**	**110524**	**791996**
合 肥 市	Hefei	41218	1138941	667509	1922402	1706216	67582	121300	2990	25993	225769
淮 北 市	Huaibei	6805	108764	68892	146092	123935	5244	14099	384	1873	24006
亳 州 市	Bozhou	1054	20364	38520	46333	40293	1625	2775	487	1245	7228
宿 州 市	Suzhou	24049	177120	151127	275700	235395	14327	18567	1291	7047	38186
蚌 埠 市	Bengbu	12729	187174	148875	307534	275221	10062	17483	369	5793	26629
阜 阳 市	Fuyang	7360	138754	94125	156498	139256	5364	7636	421	3673	22259
淮 南 市	Huainan	11027	261148	141868	418978	377655	13811	26884	757	993	53143
滁 州 市	Chuzhou	4729	115919	89796	218171	192916	7508	12388	399	5739	30668
六 安 市	Luan	8121	127955	152695	395848	340683	14601	23370	839	16908	55605
马鞍山市	Maanshan	7820	264969	122351	517771	465239	15196	29575	1064	8821	67446
巢 湖 市	Chaohu	3414	131686	95948	187527	166643	6546	8526	410	5176	31834
芜 湖 市	Wuhu	11604	205919	139218	384223	345255	13100	18610	392	5441	50113
宣 城 市	Xuancheng	2600	107676	61853	106953	94640	4144	5497	291	2265	17553
铜 陵 市	Tongling	2648	139645	85525	148467	131766	4406	11815	294	2145	22458
池 州 市	Chizhou	335	53643	54288	95093	82798	3327	6300	271	2432	13805
安 庆 市	Anqing	41451	262198	210323	482661	424965	16778	26853	1414	11902	81787
黄 山 市	Huangshan	4768	65178	80122	134175	119311	4764	6558	362	3078	23507

14—14 各市国有建筑业企业主要财务指标（2003年）

Main Financial Indicators of State-owned Construction Enterprises by Region (2003)

单位：万元 (10000 yuan)

地 区 Region		资本金合计 Total Capital Assets	流动资产合计 Circulating Funds	#存货 Stock	固定资产合计 Total Fixed Assect	固定资产原价合计 Original Value of Fixed Asseds	#生产经营用 Used for Production	累计折旧 Depreciation Drawn Accumulated	#本年 This Year	资产合计 Total Assets	流动负债合计 Liquid Liabilities
总 计	**Total**	**528640**	**1368516**	**260373**	**451662**	**645845**	**514056**	**225416**	**26556**	**1982431**	**1292284**
合肥市	Hefei	116129	422213	58196	116483	165467	142567	57071	6393	568003	403483
淮北市	Huaibei	30653	40757	4737	28882	44586	29530	16004	1501	72750	44933
亳州市	Bozhou	10617	10004	155	5241	6055	4778	816	253	15952	5315
宿州市	Suzhou	92813	104623	10606	47994	77698	64026	32865	2902	217555	122534
蚌埠市	Bengbu	34316	55929	8484	27367	36221	35278	9738	1427	92093	42664
阜阳市	Fuyang	20007	66969	15131	22744	22687	20569	5153	1158	90544	59888
淮南市	Huainan	39033	170229	18072	33432	53526	36857	22776	2403	220873	162200
滁州市	Chuzhou	13041	24632	13748	10650	14453	9067	4235	401	37506	18147
六安市	Luan	18636	36005	19962	16854	20611	18375	4177	467	53415	27807
马鞍山市	Maanshan	38233	149899	36665	45074	72256	48302	31916	4249	205506	148976
巢湖市	Chaohu	10006	30097	14207	10989	15741	14498	5160	935	41634	26648
芜湖市	Wuhu	19671	68312	10859	14129	21014	19320	7042	628	91250	64114
宣城市	Xuancheng	3523	49022	20870	2521	3944	3117	1660	287	52410	46043
铜陵市	Tongling	20230	37820	3514	10759	15381	13599	5076	632	50061	33192
池州市	Chizhou	7661	11131	1643	6830	8358	7223	1528	125	18135	9225
安庆市	Anqing	35762	63853	12285	36526	44088	25592	11318	1324	103426	51778
黄山市	Huangshan	18309	27021	11239	15187	23759	21358	8881	1471	51318	25337

地 区 Region		长期负债合计 Long-term Liabilities	负债合计 Total Liabilities	所有者权益合计 Creditors Equity	工程结算收入 Revenue of Project Settlement Accounts	工程结算成本 Costs of Project Settlement Accounts	工程结算税金附加 Taxes and Extra Charges on Project Settlement Accounts	管理费用 Management Expenses	#税金 Taxes	利润总额 Total Profits	本年应付工资总额 Total Wages Payable This Year
总 计	**Total**	**93950**	**1386234**	**596197**	**1713882**	**1537547**	**58299**	**103827**	**3751**	**11677**	**202653**
合肥市	Hefei	19862	423345	144658	442393	399046	15497	27334	956	1187	53503
淮北市	Huaibei	2529	47462	25288	51517	42307	1804	6195	196	263	7681
亳州市	Bozhou	4	5319	10633	14937	13056	505	665	285	464	2240
宿州市	Suzhou	15585	138119	79436	149983	130223	7765	8685	350	2338	17906
蚌埠市	Bengbu	9100	51764	40329	62260	54159	2202	6479	100	-157	6752
阜阳市	Fuyang	2249	62137	28407	40766	36724	1371	1610	94	938	6242
淮南市	Huainan	7918	170118	50755	291368	267635	9591	12860	355	574	31463
滁州市	Chuzhou	2132	20279	17227	43410	37019	1370	3219	46	1931	3430
六安市	Luan	2643	30450	22965	67214	58815	2206	5036	264	531	8785
马鞍山市	Maanshan	7383	156359	49147	263702	239580	7232	14776	408	3223	27054
巢湖市	Chaohu	2270	28918	12716	25948	23835	778	1123	61	98	2871
芜湖市	Wuhu	5266	69380	21870	75460	68527	2039	4397	179	-706	5292
宣城市	Xuancheng	680	46723	5687	14690	13409	465	693	9	79	1823
铜陵市	Tongling	1821	35013	15048	33582	29337	1074	3245	73	93	3931
池州市	Chizhou		9225	8910	7812	6313	272	1170	2	102	705
安庆市	Anqing	12259	64037	39389	75222	69479	2232	3906	262	53	13720
黄山市	Huangshan	2249	27586	23732	53618	48083	1896	2434	111	666	9255

14—15 大中型建筑施工企业主要经济指标（2003年）

Main Economic Indicators of Large and Medium Sized Construction Enterprises (2003)

单位：万元 (10000 yuan)

部 门	Sector	施工产值 Output Value of Buildings Under Construction	工程结算收入 Income from Settlement of Project Avenue	利税总额 Total Pre-tax Profit	资金利税率(%) Ratio of Pre-tax Profit to Fund (%)
安徽省水利安装总公司	Anhui Water Conservancy Installation Company	32591	32593	-2152	-6.60
安徽省公路工程公司	Anhui Highway Engineering Company	11739	8679	-582	-4.96
安徽中亚钢结构工程公司	Anhui Zhongya Steel Framework Engineering Company	9833	2992	79	0.80
安徽地矿建设工程有限责任公司	Anhui Dikuang Construction Engineering Co., Ltd.	18395	16424	549	2.98
合肥市市政工程总公司	Hefei Municipal Engineering Company	13481	11769	547	4.06
安徽疏浚股份有限公司	Anhui Dredging Co., Ltd.	22200	22200	725	3.27
蚌埠市市政工程公司	Bengbu Municipal Engineering Company	6933	2676	378	5.45
中国化学工程第三建设公司	China Chemical Engineering No.3 Construction Company	103043	119590	4201	4.08
淮南国能建设工程有限责任公司	Huainan Guoneng Construction Engineering Co., Ltd.	63691	52789	2059	3.23
马鞍山长江地质工程公司	Maanshan Changjiang Geological Engineering Company	5200	5200	185	3.56
中煤特殊工程公司	China Coal Special Engineering Company	24035	23997	646	2.69
淮北矿业(集团)工程建设公司	Huaibei Mining Industry (Group) Construction Company	26720	26720	463	1.73
铜陵市政建设(集团)公司	Tongling Municipal Construction (Group) Company	13145	13145	324	2.46
中煤第三建设（集团）有限责任公司	China Coal No.3 Construction (Group) Co., Ltd.	69224	55087	262	0.38
安徽省宿州市路桥公司	Anhui Suzhou Highway and Bridge Company	36198	36198	2311	6.38
六安市政建设工程总公司	Luan Municipal Construction Engineering Company	6214	6214	208	3.35
安徽岩土工程公司	Anhui Rock and Earth Engineering Company	5687	5723	266	4.68
合肥市公路桥梁工程有限公司	Hefei Highway and Bridge Engineering Co., Ltd.	19217	8973	346	1.80
安徽水利开发股份有限公司	Anhui Water Conservancy Development Co., Ltd.	77800	77800	6451	8.29
马钢集团建设建设有限责任公司	Maanshan Iron and Steel Group Construction Co., Ltd.	62369	60063	1484	2.38
铜陵中都矿山建设公司	Tongling Zhongdu Mining Construction Company	6791	9572	601	8.85
芜湖市双翼建安公司	Wuhu Shuangyi Construction and Installation Company	3180	3180	202	6.35

主要统计指标解释

建筑业统计单位 指从事房屋、构筑物建造和设备安装活动的法人企业。建筑业法人企业应同时具备的条件是：①依法成立，有自己的名称、组织机构和场所，能够承担民事责任；②独立拥有和使用资产，承担负债，有权与其他单位签订合同；③独立核算盈亏，能够编制资产负债表。

建筑业总产值(即自行完成施工产值) 是以货币表现的建筑安装企业在一定时期内生产的建筑业产品的总和。建筑业总产值包括：

⑴建筑工程产值：指列入建筑工程预算内的各种工程价值。

⑵设备安装工程产值：指设备安装工程价值，不包括被安装设备本身价值。

⑶房屋、构筑物修理产值：指房屋、构筑物修理所完成的价值，但不包括被修理房屋、构筑物本身的价值和生产设备的修理价值。

⑷非标准设备制造产值：指加工制造没有定型的、非标准的生产设备的加工费和原材料价值，以及附属加工厂为本企业承建工程制作的非标准设备的价值。

建筑业增加值 指建筑业企业在报告期内以货币表现的建筑业生产经营活动的最终成果。目前建筑业增加值采用分配法（收入法）计算，即从收入的角度出发，根据生产要素在生产过程中应得的收入份额计算。具体计算公式为：

建筑业增加值＝本年提取的固定资产折旧+主营业务应付工资+主营业务应付福利费+管理费用中的劳动待业保险金+管理费用中的税金+工程结算税金及附加+营业利润

房屋建筑施工面积 指在报告期内施工的全部房屋建筑面积，包括本期新开工的房屋面积、上期施工跨入本期继续施工的房屋面积、上期停缓建在本期恢复施工的房屋面积、本期竣工的房屋面积及本期施工后又停缓建的房屋面积。

房屋建筑竣工面积 指在报告期内房屋建筑按照设计要求全部完工，达到了住人和使用条件，经验收鉴定合格，正式移交使用单位的房屋建筑面积。

自有机械设备年末总台数 指归本企业所有，属于本企业固定资产的生产性机械设备年末总台数。包括施工机械、生产设备、运输设备以及其他设备。

自有机械设备年末总功率 指本企业自有施工机械、生产设备、运输设备以及其他设备等列为在册固定资产的生产性机械设备年末总功率，按设定能力或查定能力计算。包括机械本身的动力和为该机械服务的单独动力设备，如电动机等。计算单位用千瓦，动力换算可按1马力＝0.735千瓦折合成千瓦数。电焊机、变压器、锅炉不计算动力。

工程结算收入 指企业承包工程实现的工程价款结算收入，以及向发包单位收取的除工程价款以外的按规定列作营业收入的各种款项，如临时设施费、劳动保险费、施工机械调迁费等以及向发包单位收取的各种索赔款。

工程结算利润 指已结算工程实现的利润，如亏损以“－”号表示。计算公式为：

工程结算利润＝工程结算收入－工程结算成本－工程结算税金及附加

企业总收入 指与企业生产经营直接有关的各项收入，包括工程结算收入和其他业务收入。计算公式为：

企业总收入＝工程结算收入＋其他业务收入

Explanatory Notes for Major Statistical Indicators

Statistical Unit in Construction refers to corporate enterprise engaged in the construction of buildings and structures and in the installation of equipment. A corporate construction enterprise should meet the following 3 requirements: ① being set up in line with relevant legal basis, having its full name, organization and location, and capable of taking civil liabilities; ② independently possessing and using its assets and assuming its liabilities, and entitled to sign contracts with other institutions; and ③ making independent accounts of its profits and losses, and capable of compiling its own balance sheet.

Gross Output Value of Construction (Output Value of Projects Under Construction) refers to total of construction products, expressed in money terms, completed by construction and installation enterprises during a given period of time. It includes:

a) Output value of construction projects, that is the value of projects covered by the project budgets;

b) Output value of installation projects, that is the value of the installation of equipment, (excluding the value of the equipment to be installed);

c) Output value of repair of buildings and structures, that is the value created through the repairs of buildings or structures, but does not include the value of buildings or structures being repaired and the value of the repair of production equipment;

d) Output value of manufactured non-standard equipment, that is the value of non-standard production equipment (including raw materials and manufacturing cost) made for the construction project, and the equipment manufactured by subsidiary workshops.

Value-added of Construction refers to the final result of the activities of production and management of construction in monetary terms in the reference period. At present, the value-added of construction is calculated with the income approach. In other words, it is the sum of income of various production factors in the production process. The formula is as follows:

Value-added of construction = depreciation of fixed assets in the year + wages payable of mainly operated business + welfare expenses payable of mainly operated business + insurance premium for waiting for employment in the administrative expenses + taxes in the administrative expenses + taxes and surcharges on project settlement + business profit.

Floor Space of Buildings Under Construction refers to floor space of buildings under construction during the reference period, including newly started buildings, buildings started earlier and continued during the reference period, and buildings suspended earlier but restarted during the reference period, buildings completed during the reference period, and buildings under construction and then suspended during the reference period.

Floor Space of Buildings Completed refers to the floor space of buildings that are completed in the reference period in accordance with the requirements of the design, up to the standard for putting them into use, and have been checked and accepted by concerned departments as qualified ones.

Total Number of Machinery and Equipment Owned by the End of Year refers to the number of machines and equipment owned by the enterprises, and listed as the fixed assets of the enterprises by the end of the year, including machinery and equipment for construction, production and transportation.

Total Power of Machinery and Equipment Owned by the End of Year refers to the total power of machinery and equipment owned by the enterprises, and listed as the fixed assets of the enterprises by the end of the year, including machinery and equipment for construction, production and transportation. The power of the machinery is calculated on basis of the designed or verified capacity, covering the power of the machinery/equipment and the separate power equipment serving the machinery/equipment (such as electric motors), but excluding welders, transformers and boilers. The unit used for the calculation of power is kilowatt, with horsepower converted to kilowatt by 1 horsepower=0.735 kilowatt.

Income from Settlement of Projects refers to the income received by the construction enterprise from the contracted project through settlement procedures, and other charges to the contractoree as operational costs in addition to the value of the project, such as temporary facility fee, labour insurance premium, moving cost of construction equipment, as well as various types of claims to the contractee.

Profit from Settlement of Projects refers to profit realized through settled projects. It is calculated with the following formula:

Profit from Settlement of Projects=Income from Settlement of Projects-Settled Cost-Settled Taxes and Other Cost

Total Revenue of Enterprises refers to the sum of income from production and operation of enterprises, including income from settlement of projects and other operational income, namely:

Total Revenue of Enterprises=Income from Settlement of Projects + Other Operational Income

交通运输、邮电通信业

第十五篇

Chapter

15

TRANSPORTATION, POSTAL AND TELECOMMUNICATION SERVICES

简要说明

一、交通运输业资料主要包含：铁路、公路、水路、民航四种运输方式的线路里程、运输设备拥有量，各种运输方式完成的货物运输量等。

邮电通信业资料主要包含：全省邮电局(所)及邮路情况，邮电通信主要电路及设备拥有量，主要邮电业务完成情况，邮电通信发展水平等资料。

二、有关交通运输资料分别来源于蚌埠、南京、徐州、杭州铁路分局，合九铁路公司，省交通厅，省民航局，省公安厅及本局有关年报资料。邮电通信业资料来源于省邮电通信管理部门。

三、各部门资料调查范围及统计单位。

1. 铁路资料：包括国家、地方铁路运营情况，资料来源于有关铁路分局和合九铁路公司。

2. 公路、水运、港口资料：公路和水运线路里程为年末通车和通航里程数(不含在建和未正式投入使用的公路和航道)由省交通厅提供。民用和公路车辆拥有量分别由省公安厅和省交通厅提供。

3. 民航运输资料：民航运输统计对象为我省境内从事民用航空运输飞行和通用飞行的东方航空公司合肥分公司。

4. 邮电通信资料：邮电通信包括邮政和电信业务。邮电业务量按业务范围分为国内业务量和国际及港澳业务量(对台业务量统计在港澳中)。

Brief Introduction

I. Data of transport cover mainly the length of the routes of railways, highways, waterways and civil aviation transport, the ownership of the transport equipment, the freight traffic and passenger traffic accomplished by various means of transportation.

Data of post and telecommunications cover mainly the situation of post and telecommunications offices and postal routes, the telephone lines, telegraph lines and the ownership of the telecommunication facilities, the principal postal and telecommunications services rendered, and the level of the development of the postal and telecommunications services, etc.

II. Data on transport come from Bengbu, Nanjing, Xuzhou, Hangzhou Railway Sub-Bureau, Hejiu Railway Company, the Department of Transportation, the Civil Aviation Administration, the Department of Public Security and related annual report of Anhui Statistical Bureau. Data on post and telecommunications come from the provincial administrative department of post and telecommunications.

III. The statistical coverage and statistical units of the various data:

1. Data on railways cover the operation and management of the national and local railways. Data come from the related railway subª²bureaus and Hejiu Railway Company.

2. Data on highways, waterways and ports: The length of highways and waterways refer to the length open to traffic or navigation at the end of the year (not including the mileage of highways and waterways under construction but not officially put into use.) and Data are provided by the Department of Communication. Data on the stock of the highway civilian vehicles are provide by the Department of Public Security.

3. Data on the civil aviation transport: The statistical units of the civil aviation transport include the enterprises registered in Anhui and engaged in the civil aviation transport flights and flights for general purpose, including the enterprises directly under the Civil Aviation Administration of Anhui Province or not under it.

4. Data on post and telecommunications: The post and telecommunications statistics cover postal and telecommunication services. The business volume of post and telecommunications is classified by business area into the domestic volume, the volume between China mainland and Hong Kong and Macao (including Taiwan) and the international volume.

15—1 交通运输业基本情况

Basic Conditions of Transportation

指　　标	Item	1990	1995	2000	2002	2003
运输线路长度（公里）	Length of Transportation Routes (km)					
铁路营业里程	Railways in Operation	1540	1756	2164	2167	2174
公　路	Highways	30126	35178	44493	67547	69560
内　河	Navigable Inland Waterways	6652	6737	7362	7362	8255
民　航	Total Civil Aviation Routes			60553	67370	76920
#国际航线	International Routes			6536	3563	8873
客运量总计（万人）	Total Passenger Traffic (10000 persons)	39530	57881	62033	65723	62742
铁　路	Railways	2342	2537	2994	3057	2873
国　家	National Railways	2342	2537	2808	2886	2705
地　方	Local Railways			186	171	168
公　路	Highways	35706	54153	58026	62087	59544
水　运	Waterways	1470	1098	860	442	196
民用航空	Civil Aviation	12	93	153	137	129
旅客周转量总计（万人公里）	Total Passenger-kilometers (10000 passenger-km)	2526008	3827628	5368953	6172235	6357828
铁　路	Railways	1117543	1498866	2040820	2305536	2244731
国　家	National Railways	1117543	1498866	1945470	2211996	2152301
地　方	Local Railways			95350	93540	92430
公　路	Highways	1340964	2205313	3141134	3711403	3966767
水　运	Waterways	61097	49231	36408	7052	4213
民用航空	Civil Aviation	6404	74218	150591	148244	142117
货运量总计（万吨）	Total Freight Traffic (10000 persons)	44643.0	40462.0	44535.5	51014.8	54762.6
铁　路	Railways	4189.0	5103.0	6473.0	7667.0	8237.0
国　家	National Railways	4189	5103	6026	7214	7772
地　方	Local Railways			447	453	465
公　路	Highways	35427	30236	32740	37164	39918
水　运	Waterways	5027.0	5122.0	5320.0	6181.6	6605.0
民用航空	Civil Aviation	0.1	1.0	2.5	2.2	2.6
货物周转量总计（万吨公里）	Total Freight Ton-kilometers (10000 passenger-km)	6622989	9067545	10777360	12497995	13557784
铁　路	Railways	4339647	5605254	6201382	7484731	8076679
国　家	National Railways	4339647	5605254	6106612	7391148	7988489
地　方	Local Railways			94770	93583	88190
公　路	Highways	1220654	1909684	2747117	2996209	3184297
水　运	Waterways	1062644	1551569	1826251	2014429	2293800
民用航空	Civil Aviation	44	1038	2610	2626	3008
民用汽车拥有量（辆）	Number of Civil Vehicles Owned (unit)	153655	244639	386706	546601	647311
载客汽车辆数（辆）	Number of Buses and Cars (unit)	45680	93088	187940	267283	319195
载客汽车客位（客位）	Number of Seats in Buses and Cars (unit)	913600	1207004	2903900	3155366	
载货汽车辆数（辆）	Number of Trucks (unit)	101549	135548	192348	258598	301701
私人汽车拥有量（辆）	Number of Motor Vehicls Owned by Individuals (unit)	27100	57202	156577	209202	246770
民用运输船舶拥有量（艘）	Number of Civil Transport Vessels (unit)					
机动船	Motor Vessels	31761	30700	21692	21415	26228
驳　船	Barges	5053	4474	3946	3957	3373
私人运输船舶拥有量（艘）	Number of Private-owned Transport Vessels (unit)					
机动船	Motor Vessels		21410	12350	10111	11192
驳　船	Barges		53	445	178	262

15—2 运 输 路 线 长 度

Length of Transportation Routes

单位：公里 (km)

指　　标	Item	1990	1995	2000	2002	2003
铁　路	**Railways**					
正线延展里程（省境内）	Extention Length of the Trunk Lines (within the boundaries of the prsvince)	2091	2620	3199	3254	3278
蚌埠铁路分局	Bengbu Railway Sub-bureau	1379	1795	2031	2040	2041
南京铁路分局	Nangjing Railway Sub-bureau	494	607	624	670	691
徐州铁路分局	Xuzhou Railway Sub-bureau	218	218	218	218	218
杭州铁路分局	Hangzhou Railway Sub-bureau			5	5	5
合九铁路公司	Hejiu Railway Company			321	321	323
营业里程（省境内）	Length of Railways in Operation (within the boundaries of the prsvince)	1540	1756	2163	2167	2174
蚌埠铁路分局	Bengbu Railway Sub-bureau	949	1083	1166	1171	1166
南京铁路分局	Nangjing Railway Sub-bureau	482	564	563	562	572
徐州铁路分局	Xuzhou Railway Sub-bureau	109	109	109	109	109
杭州铁路分局	Hangzhou Railway Sub-bureau			4	4	4
合九铁路公司	Hejiu Railway Company		321	321	321	323
公　路	**Highways**					
公路里程	Total Length of Highways	30126	35178	44493	67547	69560
国道、省道	National and Provincial Routes	9186	9897	10497	10430	10569
县公路	County Routes	12632	12847	17494	23694	23774
乡公路	Village Routes	7967	12176	16226	32401	34170
专用公路	Special Highways	341	258	276	1022	1046
高速公路	Express-way		123	470	866	1070
一级公路	First Class	28	197	264	300	301
二级公路	Second Class	2167	4160	6347	7480	8198
三级公路	Third Class	4626	5277	9050	10310	10214
四级公路	Forth Class	19051	22345	26448	42450	43591
等外公路	Highway Below Class IV	4254	3076	1914	6141	6185
有路面里程	Paved Highways	28652	33893	43377	65169	67206
高级及次高级	High-grade and Next-high-grade	9484	14398	23453	30808	31927
中　级	Middle-grade	13664	14442	16029	29516	30525
低　级	Low-grade	5504	5053	3895	4845	4754
在公路里程中：	Of the Total Length of Highnays:					
晴雨通车里程	Length of Highways Opened to Traffic Despite Rain or Shine	27116	33403	43252	64640	66606
绿化里程	Length of Afforestation Highways	18624	21924	29512	47281	48207
水　运	**Waterways**					
内河航道通航里程	Length of Navigable Inland Waterways	6652	6737	7362	7362	8255
长航（干线）	Main Routes	1125	1125	1751	1751	1751
地方交通	Local Transportation	5527	5612	5611	5611	6504
民　航	**Total Civil Aviation Routes**					
国际航线	International Routes			6536	3563	8873
国内航线	Domestic Routes	14061	34590	54017	63807	68047

15—3 运 输 线 路 质 量

Quality of Transportation Routes

指　　标		Item		1990	1995	2000	2002	2003
铁路营业里程	**（公里）**	**Length of Railways in Operation**	**(km)**	**1540.0**	**1756.0**	**2163.0**	**2167.0**	**2174.0**
#复线里程碑	（公里）	Double-tracking Length	(km)	516.7	823.2	947.0	909.9	904.2
复线里程比重	(%)	Proportion	(%)	34.0	47.0	44.0	42.0	41.6
#自动闭塞里程	（公里）	Automatic Blocking Length	(km)	381.0	601.0	699.0	792.6	888.4
自动闭塞里程比重	(%)	Proportion	(%)	25.0	34.0	32.0	36.6	40.9
公路线路里程	**（公里）**	**Length of Highways**	**(km)**	**30126**	**35178**	**44493**	**67547**	**69560**
#有路面里程	（公里）	Paved Highways	(km)	28652	33893	43377	65169	67206
有路面里程比重	(%)	Proportion	(%)	95.11	96.35	97.49	96.50	96.60
内河航道里程	**（公里）**	**Length of Navigable Inland Waterways**	**(km)**	**6652**	**6737**	**7362**	**7362**	**8255**
#水深一米以上	（公里）	Depths of One Meter and Over	(km)	6365.0	4450.0	3853.5	3853.0	
水深一米以上比重	(%)	Proportion	(%)	65.6	66.0	52.3	52.3	

15—4 旅客、货物运输量、周转量

Passenger and Freight traffic, Passenger-kilometers, Freight-kilometers

指标	Item	1990	1995	2000	2002	2003
客运量总计 （万人）	**Total Passenger Traffic (10000 persons)**	**39530**	**57881**	**62033**	**65723.0**	**62742.0**
铁 路	Railways	2342	2537	2994	3057.3	2873.0
蚌埠铁路分局	Bengbu Railway Sub-bureau	1794	1900	2144	2110.0	2011.0
南京铁路分局	Nangjing Railway Sub-bureau	474	572	590	728.7	650.1
徐州铁路分局	Xuzhou Railway Sub-bureau	73	65	56	46.0	40.7
杭州铁路分局	Hangzhou Railway Sub-bureau			18	1.6	3.2
合九铁路公司	Hejiu Railway Company			186	171.0	168.0
公 路	Highways	35706	54153	58026	62087	59544
水 运	Waterways	1470	1098	860	442	196
民用航空	Civil Aviation	12	93	153	136.8	129.0
旅客周转量总计（万人公里）	**Total Passenger-kilometers (10000 passenger-km)**	**2526008**	**3827628**	**5368953**	**6172235**	**6357828**
铁 路	Railways	1117543	1498866	2040820	2305536	2244731
蚌埠铁路分局	Bengbu Railway Sub-bureau	831262	1093000	1458406	1652788	1615310
南京铁路分局	Nangjing Railway Sub-bureau	99964	162711	232894	291092	283078
徐州铁路分局	Xuzhou Railway Sub-bureau	186317	243155	254170	268117	253913
合九铁路公司	Hejiu Railway Company			95350	93540	92430
公 路	Highways	1340964	2205313	3141134	3711403	3966767
水 运	Waterways	61097	49231	36408	7052	4213
民用航空	Civil Aviation	6404	74218	150591	148244	142117
货运量总计 （万吨）	**Total Freight Traffic (10000 persons)**	**44643**	**40462**	**44535.5**	**51014.8**	**54762.6**
铁 路	Railways	4189	5103	6473	7667.0	8237.0
蚌埠铁路分局	Bengbu Railway Sub-bureau	3293	4100	4955	6063	6564
南京铁路分局	Nangjing Railway Sub-bureau	840	931	976	1091	1157
徐州铁路分局	Xuzhou Railway Sub-bureau	56	72	79	56	47
杭州铁路分局	Hangzhou Railway Sub-bureau			16	5	4.4
合九铁路公司	Hejiu Railway Company			447	453	465
公 路	Highways	35427	30236	32740	37164	39918
水 运	Waterways	5027	5122	5320	6181.6	6605.0
民用航空	Civil Aviation	0.1	1.0	2.5	2.2	2.6
货物周转量总计（万吨公里）	**Total Freight Ton-kilometers (10000 passenger-km)**	**6622989**	**9067545**	**10777360**	**12497995**	**13557784**
铁 路	Railways	4339647	5605254	6201382	7484731	8076679
蚌埠铁路分局	Bengbu Railway Sub-bureau	3165502	3943000	4599656	5663180	6101436
南京铁路分局	Nangjing Railway Sub-bureau	525407	877421	813277	1010496	1036093
徐州铁路分局	Xuzhou Railway Sub-bureau	648738	784833	693679	717472	850960
合九铁路公司	Hejiu Railway Company			94770	93583	88190
公 路	Highways	1220654	1909684	2747117	2996209	3184297
水 运	Waterways	1062644	1551569	1826251	2014429	2293800
民用航空	Civil Aviation	44	1038	2610	2626	3008

15—5 地方营业铁路基本情况

Basic Statistics on Local Railways in Operation

指标	Item	1995	2000	2002	2003
营业里程 （公里）	**Length of Railways in Operation (km)**	**321.40**	**321.40**	**321.40**	**323.10**
正式营业	In Formal Operation	321.40	321.40	321.40	323.10
正式营业里程比重 （%）	Proportion of the Length in Formal Operation (%)	100.00	100.00	100.00	100.00
内燃机牵引线路里程 （公里）	**Length of Diesel Engine Routes (km)**	**321.40**	**321.40**	**321.40**	**323.10**
占营业里程比重 （%）	As Percentage of Railways in Operation (%)	100.00	100.00	100.00	100.00
半自动闭塞里程碑 （公里）	**Semi-automatic Blocking Length (km)**	**98.30**	**321.40**	**321.40**	**323.10**
占营业里程比重 （%）	As Percentage of Railways in Operation (%)	30.58	100.00	100.00	100.00

15—6 内河港口码头吞吐量

Volume of Passenger and Freight Handled in Ports of Inland Rivers

年份 Year	旅客吞吐量（万人） Passenger Handled (10000 persons)	#旅客离港量 Out-port	货物吞吐量（万吨） Cargo Handled (10000 tons)	#集装箱（万标准箱） Container (10000 standard cases)
1990	995.10	992.80	4434.20	
1995	559.90	284.10	4764.90	
2000	164.00	77.00	7114.00	2.40
2001	218.92	110.04	6211.02	4.13
2002	173.66	100.81	8611.71	5.53
2003	207.60	138.22	11284.49	7.47

15—7 主要年份公路线路年底到达数（按技术等级分）

Length of Highway Routes at the Year-end (classified by technical level)

单位：公里 (km)

年份 Year	公路里程总计 Total Length of Highways	等级路 Express-way and Class I to IV Hughway	高速 Express-way	一级 First Class	二级 Second Class	三、四级公路 Third and Forth Class	等外公路 Highway Below Class IV
1985	26988	20246		15	1196	19035	6742
1990	30126	25872		28	2167	23677	4254
1995	35178	32102	123	197	4160	27622	3076
2000	44493	42579	470	264	6347	35498	1914
2001	65807	59797	596	300	7140	51761	6010
2002	67547	61406	866	300	7480	52760	6141
2003	69560	63374	1070	301	8198	53805	6185

15—8 公路线路年底到达数（按技术等级分）（2003年）

Length of Highway Routes at the Year-end (classified by technical level) (2003)

单位：公里 (km)

		公路里程总计 Total Length of Highways	等级公路 Expressway and Class I to IV Highway						等外公路 Highway Below Class IV
			合计 Total	汽车专用公路 Highway Specified for Motor Vehicles					
				高速 Express-way	一级 First Class	二级 Second Class	三级 Third Class	四级 Forth Class	
上年年底到达数	End of Last Year	67547	61406	866	300	7480	10310	42450	6141
国道	National Routes	3103	3103	638	195	1837	271	162	
省道	Provincial Routes	7327	7320	228	105	4312	2072	603	7
县道	County Routes	23694	23041			1102	6583	15356	653
乡道	Village Routes	32401	27117			198	1299	25620	5284
专用公路	Highways for Special Use	1022	825			31	85	709	197
本年新建数	Newly Built in This Year	2050	1947	204		57	63	1623	103
国道	National Routes	143	143	143					
省道	Provincial Routes	61	61	61					
县道	County Routes	75	75			11	12	52	
乡道	Village Routes	1771	1668			46	51	1571	103
专用公路	Highways for Special Use								
本年改建变更数	Changed in This Year	-37	21		1	661	-159	-482	-58
国道	National Routes	-18	-18		1	43	-53	-9	
省道	Provincial Routes	-46	-46			516	-451	-111	
县道	County Routes	5	40			63	328	-351	-35
乡道	Village Routes	-2	21			15	17	-11	-23
专用公路	Highways for Special Use	24	24			24			
本年年底到达数	End of This Year	69560	63374	1070	301	8198	10214	43591	6186
国道	National Routes	3228	3228	781	196	1880	218	153	
省道	Provincial Routes	7342	7335	289	105	4828	1621	492	7
县道	County Routes	23774	23156			1176	6923	15057	618
乡道	Village Routes	34170	28806			259	1367	27180	5364
专用公路	Highways for Special Use	1046	849			55	85	709	197

15—9 各市公路线路年底到达数（按技术等级分）（2003年）

Length of Highway Routes at the Year-end by Region (classified by technical level) (2003)

单位：公里 (km)

地区 Region		公路里程总计 Total Length of Highways	等级公路 Expressway and Class I to IV Highway					等外公路 Highway Below Class IV	有路面里程 Paved Highways	晴雨通车里程 Highways Opened to Traffic Despite Rain or Shine
			高速 Express-way	一级 First Class	二级 Second Class	三级 Third Class	四级 Forth Class			
总计	**Total**	**69560**	**1070**	**301**	**8198**	**10214**	**43591**	**6185**	**67206**	**66606**
合肥市	Hefei	4468		79	555	711	2771	351	4348	4218
淮北市	Huaibei	1384		29	175	249	892	38	1384	1383
亳州市	Bozhou	4949	48	10	484	1203	2222	981	4672	4667
宿州市	Suzhou	6359			605	508	5135	111	6293	6292
蚌埠市	Bengbu	4864			480	308	3261	815	4138	4128
阜阳市	Fuyang	4939	50	18	544	720	3410	198	4919	4783
淮南市	Huainan	1862			261	457	985	160	1802	1779
滁州市	Chuzhou	5349		18	837	980	3503	11	5337	5335
六安市	Luan	9544		86	943	965	6495	1054	8667	8555
马鞍山市	Maanshan	1077	13		111	128	607	219	1032	1032
巢湖市	Chaohu	4795			475	1190	2541	588	4786	4768
芜湖市	Wuhu	2925		10	383	685	1567	281	2877	2809
宣城市	Xuancheng	4487		21	489	585	2983	409	4487	4451
铜陵市	Tongling	647			138	172	312	26	621	622
池州市	Chizhou	3207			489	572	1655	491	3181	3120
安庆市	Anqing	5063			771	252	3748	292	5024	5042
黄山市	Huangshan	2521			329	531	1503	158	2521	2504
省高速总公司	The Provincial Highway Company	1062	903	30	129				1062	1062
合宜高速公路	Heyi Highway	57	57						57	57

15—10 公路密度及通达情况

Density and Reaching Status of Highways

指标	Item	1990	1995	2000	2002	2003
公路密度	**Density of Highway**					
以国土面积计算（公里/百平方公里）	By Area of Territory (km/100 sq.m)	21.61	25.24	31.87	48.80	49.90
以人口数量计算（公里/万人）	By Population (km/10000 persons)	5.32	5.86	7.17	11.60	10.92
公路通达	**Reaching Status of Highways**					
乡镇数量（个）	Number of Townships (unit)	3336	1854	1923	1811	1775
#不通公路	Without Highway Communication	93	8	3	3	3
不通公路乡镇所占比重（%）	Proportion of Townships Without Highway Communication (%)	2.79	0.43	0.20	0.20	0.17
行政村数量（个）	Number of Villages (unit)	31681	30523	29820	29113	28649
#不通公路	Without Highway Communication	7928	5000	4303	967	748
不通公路行政村所占比重（%）	Proportion of Villages Withont Highway Communication (%)	25.02	16.38	14.40	3.30	2.61

15—11 民 用 汽 车 拥 有 量

Number of Civil Motor Vehicles Owned

单位：万辆 (10000 units)

指 标	Item	1990	1995	2000	2002	2003
合 计	**Total**				**283.33**	**330.51**
民用汽车	Civil Motor Vehicles	15.37	24.46	38.67	54.66	64.73
#载客汽车	Buses and Cars	4.57	9.31	18.79	26.73	31.92
载货汽车	Trucks	10.15	13.55	19.23	25.86	30.17
#普通载货汽车	Ordinary Trucks	10.15	13.55	19.02	25.62	29.66
其他汽车	Other Motor Vehicles	0.09	0.33	0.59	2.07	2.64
摩托车	Motorcycles	1.17	16.53	86.81	125.92	159.52
农用运输车	Transport Vehicles for Agricultural Use	1.76	2.04	40.68	98.22	41.62
挂 车	Trailers	0.57	1.41	2.08	2.65	3.31
其他类型车	Other Types of Vehicle	0.25	0.77	1.64	1.84	11.29

15—12 各 市 民 用 汽 车 拥 有 量（2003年）

Number of Civil Motor Vehicles Owned by Region (2003)

单位：辆 (unit)

地 区	Region	民用汽车 Number	#载客汽车 Buses and Cars	载货汽车 Ordinary trucks	摩托车 Motorcycle	挂 车 Trailers	其他类型车 Other Types of Vehicle
总 计	**Total**	**647300**	**319200**	**301700**	**1595200**	**33100**	**112900**
合 肥 市	Hefei	90081	50843	37471	88901	2781	26
淮 北 市	Huaibei	17650	11182	5931	22849	96	
亳 州 市	Bozhou	26669	13219	12387	44687	4033	1
宿 州 市	Suzhou	28295	15466	12016	158632	986	
蚌 埠 市	Bengbu	38883	18847	18707	83779	2312	49
阜 阳 市	Fuyang	60527	25508	31451	101822	8502	1585
淮 南 市	Huainan	34922	17845	16456	25150	2604	
滁 州 市	Chuzhou	46741	22823	22725	86607	1850	79
六 安 市	Luan	81141	33673	44166	192855	6001	8
马鞍山市	Maanshan	24420	14180	9425	78860	894	203
巢 湖 市	Chaohu	24823	12373	11931	70969	200	3
芜 湖 市	Wuhu	38647	22550	15540	41232	218	
宣 城 市	Xuancheng	41278	16250	24565	102586	1906	3
铜 陵 市	Tongling	14126	8097	5754	27240	21	5
池 州 市	Chizhou	12513	6949	5440	43577	86	
安 庆 市	Anqing	39349	20713	17959	299227	407	26
黄 山 市	Huangshan	21868	9019	12165	132778	431	980

15—13 营运汽车拥有量

Number of Vehicles for Business Transportation

年份 Year	汽车总计 (辆) Total Number (unit)	载客汽车 Buses and Cars		载货汽车 Trucks			
		辆数 (辆) Number (unit)	客位 (客位) Number of Seats (seat)	辆数 (辆) Number (unit)	#普通载货汽车 Ordinary Trucks	吨位 (吨) Capacity (ton)	#普通载货汽车 Ordinary Trucks
1995	125127	24417	468558	100710	99257	455623	58488
1996	132050	22696	499415	109354	108335	494931	486217
1997	133892	24387	510658	109505	108385	470600	463795
1998	143320	30178	531760	113142	111871	452406	444967
1999	192038	37486	626612	154552	152804	604041	592497
2000	195800	41083	634782	154717	152711	574050	560603
2001	192013	36201	615772	155812	153956	575769	564915
2002	201802	39304	616976	162498	159789	592239	574650
2003	222540	41631	640087	180909	176780	650592	623009

15—14 各市营运汽车拥有量（2003年）

Number of Vehicles for Business Transportation by Region (2003)

地区 Region		汽车总计 (辆) Total Number (unit)	载客汽车 Buses and Cars		载货汽车 Trucks			
			辆数 (辆) Number (unit)	客位 (客位) Number of Seats (seat)	辆数 (辆) Number (unit)	#普通载货汽车 Ordinary Trucks	吨位 (吨) Capacity (ton)	#普通载货汽车 Ordinary Trucks
总计	**Total**	**222540**	**41631**	**640087**	**180909**	**176780**	**650592**	**623009**
合肥市	Hefei	28546	3185	56766	25361	25067	75362	72764
淮北市	Huaibei	7309	2275	25070	5034	4600	14892	13998
亳州市	Bozhou	14944	3898	39283	11046	10954	38141	37670
宿州市	Suzhou	14506	3415	45671	11091	10918	45894	44351
蚌埠市	Bengbu	13419	3693	33117	9726	9576	38345	37031
阜阳市	Fuyang	25414	4398	66194	21016	19581	92393	82274
淮南市	Huainan	6275	452	11474	5823	5636	18062	16971
滁州市	Chuzhou	12678	1799	32263	10879	10668	39945	38311
六安市	Luan	26037	2824	73930	23213	22982	91973	90587
马鞍山市	Maanshan	6854	507	11178	6347	6220	29183	27663
巢湖市	Chaohu	8556	1440	28259	7116	6944	20437	19425
芜湖市	Wuhu	9188	1226	27116	7962	7559	26535	23820
宣城市	Xuancheng	12692	2935	34986	9757	9757	32480	32480
铜陵市	Tongling	6324	2148	20089	4176	4170	14800	14590
池州市	Chizhou	4435	1790	24760	2645	2587	7601	7321
安庆市	Anqing	15713	3658	74780	12055	11951	36857	36339
黄山市	Huangshan	9650	1988	35151	7662	7610	27692	27414

15—15 国、省道公路交通量（2003年）

Highway Traffic Quantity of National and Provincial Rortes (2003)

指标 Item		国道 National Routes	省道 Provincial Routes
观测里程（公里）	Length of Observation (km)	2481.40	8335.54
年平均日交通量合计（辆/日）	Average Daily Quantity of Traffic in the Year (unit/day)		
机动车	Motor Vehicles	5088.00	3239.00
汽　车	Automobile	4715.00	2876.00
小型货车	Small-sized Trucks	749.00	464.00
中型货车	Middle-sized Trucks	625.00	329.00
大型货车	Large-sized Trucks	587.00	283.00
小型客车	Small-sized Buses	1820.00	1359.00
大型客车	Large-sized Buses	699.00	326.00
拖拉机	Tractors	374.00	364.00
小型拖拉机	Small-sized Tractors	314.00	303.00
大型拖拉机	Large-sized Tractors	60.00	60.00
非机动车折算	Converted Number of Non-motor Vehicles	164.00	155.00
行驶量（万车公里/日）	Driving Quantity (10000 vehicle-km/day)	1383.00	2032.00
适应交通量（辆/日）	Suitable Traffic Quantity (unit/day)	6053.00	4200.00
交通拥挤度	Crowded Degree of Traffic	0.74	0.66

15—16 各市民用运输船舶拥有量（2003年）

Number of Civil Transport Vessels Owned by Region (2003)

地区 Region		总艘数（艘） Total Number (unit)	机动船 Moyor Vessels				驳船 Barges	
			艘数（艘） Number (unit)	净载重量（吨） Dead Weight Tonnage (ton)	载客量（客位） Passenger Capacity (seat)	功率（千瓦） Drawing Power (km)	艘数（艘） Number (unit)	净载重量（吨） Dead Weight Tonnage (ton)
总　计	**Total**	**29601**	**26228**	**7703703**	**20873**	**3068083**	**3375**	**769556**
合肥市	Hefei	463	433	82715	560	35327	30	7675
淮北市	Huaibei	809	782	100287		68765	27	4883
亳州市	Bozhou	1287	1104	266157		106854	183	49000
宿州市	Suzhou	1436	1363	258402		91214	73	8754
蚌埠市	Bengbu	2813	2194	676235		259169	619	119280
阜阳市	Fuyang	3366	2200	406880		99882	1166	279840
淮南市	Huainan	1298	801	136990		67512	497	103714
滁州市	Chuzhou	1150	1074	182215		65394	76	11700
六安市	Luan	2451	2441	653478	3087	315939	10	1060
马鞍山市	Maanshan	1048	1025	423620	860	196369	23	5040
巢湖市	Chaohu	2891	2780	1034393	2320	361028	111	16398
芜湖市	Wuhu	2444	2353	987320	1682	334850	91	23940
宣城市	Xuancheng	2744	2735	845123	293	452264	9	760
铜陵市	Tongling	562	530	175323	300	69495	32	8300
池州市	Chizhou	535	505	128137	160	54139	30	16274
安庆市	Anqing	1593	1288	307745	6174	124178	305	88998
黄山市	Huangshan	260	260	5563	5269	9254		
交通集团	Jiaotong Group	7	7	45800		21600		
芜湖长航公司	Wuhu Changjiang Shipping Company	2444	2353	987320	168	334850	91	23940

15—17 各市私人运输船舶拥有量（2003年）

Number of Private-owned Transport Vessels Owned by Region (2003)

地区 Region		总艘数（艘）Total Number (unit)	机动船 Moyor Vessels				驳船 Barges	
			艘数（艘）Number (unit)	净载重量（吨）Dead Weight Tonnage (ton)	载客量（客位）Passenger Capacity (seat)	功率（千瓦）Drawing Power (km)	艘数（艘）Number (unit)	净载重量（吨）Dead Weight Tonnage (ton)
总计	**Total**	**11192**	**10930**	**3256393**	**12004**	**1392530**	**262**	**56919**
合肥市	Hefei	318	318	51123	50	21618		
淮北市	Huaibei	809	782	100287		68765	27	4883
亳州市	Bozhou							
宿州市	Suzhou							
蚌埠市	Bengbu							
阜阳市	Fuyang	170	102	10570		2452	68	16320
淮南市	Huainan							
滁州市	Chuzhou	287	284	60875		20751	3	490
六安市	Luan	173	173	12436	1848	8024		
马鞍山市	Maanshan	986	986	411310		192576		
巢湖市	Chaohu	2891	2780	1034393	2320	361028	111	16398
芜湖市	Wuhu	782	782	312080		98743		
宣城市	Xuancheng	2688	2688	834288		448083		
铜陵市	Tongling	291	291	96350		38500		
池州市	Chizhou	374	364	74377		30349	10	1426
安庆市	Anqing	1218	1175	252741	5284	97048	43	17402
黄山市	Huangshan	205	205	5563	2502	4593		

15—18 全省机场运输业务量（2003年）

Traffic Capacity of Airports (2003)

指标	Item	运输起降架次（次）Number of Sorties of Taking-off and Landing	旅客（人）Number of Passengers (person)	过站旅客（人）Transit Passengers (person)	货邮合计（吨）Goods and Postal Parcels (ton)	#货物 Goods
总计	**Total**	**11866**	**928950**	**21140**	**17232.3**	**12607.4**
国内航线	Domestic Routes	11624	912643		16845.7	12405.2
港澳航线	Hong Kong and Macao Routes	234	14956		378.0	201.8
国际航线	International Routes	8	1351		8.6	0.4
进港	Arrival	5933	469316		8816.7	6117.2
国内航线	Domestic Routes	5812	461743		8580.4	5986.6
港澳航线	Hong Kong and Macao Routes	117	6878		231.1	130.6
国际航线	International Routes	4	695		5.2	
出港	Departure	5933	459634	21140	8415.6	6490.2
国内航线	Domestic Routes	5812	450900	21140	8265.3	6418.6
港澳航线	Hong Kong and Macao Routes	117	8078		146.9	71.2
国际航线	International Routes	4	656		3.4	0.4

15—19 民航机场吞吐量（2003年）

Volume of Passenger and Freight Handled in Civil Airports (2003)

		旅客吞吐量（人）Passenger Handled (person)	#发运量 Delivered	货物吞吐量（万吨）Cargo Handled (10000 tons)	#发运量 Delivered
合　计	**Total**	**1176494**	**583380**	**1.46**	**0.75**
合肥机场	Hefei Airport	928950	459634	1.33	0.68
黄山机场	Huangshan Airport	238655	119279	0.13	0.07
安庆机场	Anqing Airport	6709	3248		
阜阳机场	Fuyang Airport	2180	1219		

15—20 东航（安徽公司）基本情况

Basic Statistics on Anhui Branch of the Eastern Air Lines, Inc.

指　标		Item		1990	1995	2000	2002	2003
民用航空航线条数	（条）	Number of Civil Aviation Routes	(unit)	22	39	64	58	63
#国内航线		Domestic Routes		22	39	59	54	57
民用航空线里程	（公里）	Length of Civil Aviation Routes	(km)	14061	34590	60553	67370	76920
#国内航线		Domestic Routes		14061	34590	54017	63807	68047
民用航班飞行机场	（个）	Number of Civil Airports	(unit)	2	3	34	32	42
民用飞机架数	（架）	Number of Civil Aircraft	(unit)	17	18	13	9	9
客运量	（万人）	Passenger Traffic	(10000 person)	12	93	153.45	136.83	128.84
旅客周转量	（万人公里）	Passenger-kilometers	(10000 passenger-km)	6404	74218	150447.83	148244.40	142117.06
货（邮）运量	（吨）	Freight Traffic	(ton)	1000	10000	15653.90	22373.50	25722.60
货（邮）周转量	（万吨公里）	Freight Ton-kilometers	(10000 ton-km)	44	1038	1628.29	2626.48	3008.13
总周转量	（万吨公里）	Total Air Traffic Ton-kilometers	(10000 ton-km)	505	6364	15071.24	15889.55	15718.03
#国际航线		International Routes			16	866.63	468.15	49.30
国内航线		Domestic Routes		505	6348	14204.61	15421.40	15668.73

15—21 邮电业务基本情况

Basic Statistics on Postal and Telecommunications Service

指标		Item		1990	1995	2000	2002	2003
邮电业务总量	**(万元)**	**Business Volume of Post and Telecommunications Service**	**(10000 yuan)**	**33698**	**226453**	**1201398**	**1434890**	**1769410**
函件	(万件)	Number of Letters	(10000 pcs)	16495.10	24345.50	19270.14	21276.34	31091.54
包件	(万件)	Number of Parcels	(10000 pcs)	273.30	563.20	355.54	401.33	408.07
特快专递	(万件)	Pieces of Express Mail Services	(10000 pcs)	3.90	130.80	309.64	400.31	426.34
报刊期发数	(万份)	Number of Newspapers and Magazines Circulation	(10000 copies)			929.81	770.05	692.42
集邮业务	(万枚)	Philately Business	(10000 pcs)			27645.00	17417.42	13711.21
长途电话	(万次)	Number of Long-distance Calls	(10000 times)	2243.9	25655.5	107424.7	212598.0	138206.0
长途自动交换机容量	(路端)	Capacity of Long-distance Telephone Exchanges	(circuit)			185549	301785	378235
本地电话年末用户	(户)	Local Telephone Subscribers at Tyar-end	(subscriber)	168757	1240454	4838188	7922144	10036783
城市电话用户	(户)	Number of Urban Telephone Subscribers	(subscriber)	136150	1029614	2729901	3763933	3846270
#住宅电话		Residential Telephone Subscribers					3100858	3301912
农村电话用户	(户)	Number of Subscribers of Paging Service	(subscriber)	32607	210840	2108287	4158211	5174502
#住宅电话		Residential Telephone Subscribers					3983089	5084220
年末无线寻呼用户	(户)	Number of Mobile Telephone Subscribers at Year-end	(subscriber)	2035	469765	2829243	371194	56274
年末移动电话用户	(户)	Number of Rural Telephone Subscribers at Year-end	(subscriber)		59844	2090715	5414808	6978769
邮电局所	(处)	Number of Post Offices	(unit)	2541	2717	3562	3834	3400
邮路及农村投递路线总长度	(公里)	Length of Postal Routes and Rural Delivery Routes	(km)	178575	189502	205887	209649	207718
#汽车邮路		Highway Routes		17894	23123	30061	39853	38871
铁路邮路		Railway Routes		3619	2974	2320	2087	2087
长途光缆线路长度	(公里)	Length of Long-distance Optical Cable Lines	(km)				18064.5	21715.0
局用交换机容量	(万门)	Capacity of Office Telephone Exchanges	(10000 lines)			717.05	958.09	868.62
电话机	(万部)	Number of Telephone Sets	(10000 units)			715.32	1344.15	1731.00
固定电话		Fixed Telephone Sets				506.25	802.67	1034.03
移动电话		Mobile Telephone Sets				209.07	541.48	697.88

15—22 邮 电 业 务 量

Post and Telecommunication Services

年份 Year	邮电业务总量（万元）Business Volume of Post and Telecommunications (10000 yuan)	邮政业务总量 Business Volume of Post	电信业务总量 Business Volume of Telecommunications	函件（万件）Number of Letters (10000 pcs)	报刊期发数（万份）Nuwspapers and Magazines Circulation (10000 copies)	特快专递（万件）Pieces of Express Mail Services (10000 pcs)	集邮业务（万枚）Philately (10000 pcs)	长途电话（万次）Number of Long Distance Telephone Calls (10000 times)	无线寻呼用户（户）Number of Subscribers of Pageing Service (subscribers)
1990	33967.7	13553.7	20414.0	16495.1		3.9		2243.9	2035
1995	226452.8	35946.8	190506.0	24345.5		130.8	11896.6	25655.5	469765
1998	573314.2	55351.4	517962.8	14442.1		156.3	28860.6	43950.9	1476127
1999	821885.9	68415.5	720762.9	16815.3	787.3	211.9	29802.9	48914.3	1716781
2000	1201397.5	80707.6	1120690.0	19270.1	929.8	309.6	27645.2	107424.7	2829243
2001	1224566.5	161812.7	1062753.8	19202.3	791.8	401.3	22967.9	100155.0	1200000
2002	1434890.3	170975.3	1263915.0	21276.0	770.1	400.3	17417.4	212598.0	371194
2003	1769409.7	188056.1	1581353.6	31091.5	692.4	426.3	13711.1	138206.0	56274

年份 Year	移动电话用户（户）Number of Mobile Telephone Subscribers (subscriber)	电子信箱用户（户）Number of Subscribers of E-mail Service (subscriber)	经营性互联网上网用户（户）Number of Subscribers of Business Internet Services (subscriber)	本地电话年末用户（户）Number of Local Telephone Subscribers Year-end (subscriber)	城市电话用户 Number of Urban Telephone Subscribers	#住宅电话 Residencial Telephone Subscribers	乡村电话用户 Rural Telephone Subscribers	#住宅电话 Residencial Telephone Subscribers	公用电话（户）Public Telephone (subscriber)
1990				168757	136150	25904	32607		
1995	59844			1240454	1029614	821158	210840		
1998	583030			2744040	1908910	1626184	835130		
1999	866099	939	35364	3416972	2222475	1844170	1194497	1073310	83311
2000	2090715	688	274053	4838188	2729901	2304420	2108287	1899122	109335
2001	4192371		652947	6388141	3209103	2706110	3179961	3012808	104549
2002	5414808		1026980	7922144	3763933	3100858	4158211	3983089	106494
2003	6978769		1483426	10036783	3846270	3301912	5174502	5084220	303471

15—23 各市邮电业务量（2003年）

Post and Telecommunication Services by Region (2003)

地区 Region	邮政业务总量（万元）Business Volume of Post (10000 yuan)	电信业务总量（万元）Business Volume of Telecommunications (10000 yuan)	函件（万件）Number of Letters (10000 pcs)	特快专递（万件）Pieces of Express Mail Services (10000 pcs)	报刊期发数（万份）Nuwspapers and Magazines Circulation (10000 copies)	集邮业务（万枚）Philately (10000 pcs)	包裹（万件）Number of Percels (10000 pcs)
总计 Total	**188056**	**1581354**	**31092**	**426**	**692**	**13711**	**408**
合肥市 Hefei	30447	218591	5387	90	92	4250	49
淮北市 Huaibei	6417	34690	885	17	29	767	12
亳州市 Bozhou	8295	58431	2075	19	15	40	17
宿州市 Suzhou	8931	69463	1490	17	27	178	16
蚌埠市 Bengbu	11623	77177	2014	30	43	619	21
阜阳市 Fuyang	19295	102602	2985	75	52	727	90
淮南市 Huainan	8622	53848	1158	14	30	1045	8
滁州市 Chuzhou	8388	84610	1290	17	43	483	13
六安市 Luan	9793	75078	2359	14	36	39	22
马鞍山市 Maanshan	8299	46669	1221	12	44	1622	9
巢湖市 Chaohu	9532	63038	1485	15	57	297	14
芜湖市 Wuhu	11453	71378	2060	36	42	699	14
宣城市 Xuancheng	8277	74928	1230	12	42	409	30
铜陵市 Tongling	5224	33485	541	7	12	645	4
池州市 Chizhou	6201	32219	955	6	30	922	9
安庆市 Anqing	19058	106174	2576	31	76	672	59
黄山市 Huangshan	8183	36470	1379	14	22	297	21
其他 Others	18	342503					

地区 Region	移动电话用户（户）Number of Mobile Telephone Subscribers (subscriber)	本地电话年末用户（户）Number of Local Telephone Subscribers Year-end (subscriber)	城市电话用户 Number of Urban Telephone Subscribers	#住宅电话 Residencial Telephone Subscribers	乡村电话用户 Rural Telephone Subscribers	#住宅电话 Residencial Telephone Subscribers	公用电话（部）Public Telephone (unit)
总计 Total	**6978769**	**10036783**	**3846270**	**3301912**	**5174502**	**5084220**	**303471**
合肥市 Hefei	1211891	1200329	635731	484581	368267	361103	92939
淮北市 Huaibei	224099	280249	149422	132816	89600	88853	12278
亳州市 Bozhou	306549	550823	149928	138248	357126	354061	9200
宿州市 Suzhou	357077	650178	186945	154159	422460	417152	11087
蚌埠市 Bengbu	400443	614840	283113	253791	253569	250108	27583
阜阳市 Fuyang	548039	885261	258432	232760	543478	539761	13393
淮南市 Huainan	339130	370257	262091	242762	48252	44283	18406
滁州市 Chuzhou	428157	688496	220677	193047	415692	406738	12452
六安市 Luan	463546	773116	197474	181095	537572	529634	10427
马鞍山市 Maanshan	296580	345824	189982	165248	103432	101104	13226
巢湖市 Chaohu	375779	682784	186163	168265	450909	442953	12093
芜湖市 Wuhu	442034	571761	279841	233344	216225	210229	21636
宣城市 Xuancheng	378306	569943	163026	141937	372019	365850	8854
铜陵市 Tongling	194936	210376	129574	102619	43380	42453	7302
池州市 Chizhou	205264	247002	76232	65537	153804	146906	5310
安庆市 Anqing	597586	1053766	328991	293197	650216	638827	14447
黄山市 Huangshan	209353	341778	148648	118506	148501	144205	12838
其他 Others							

15—24 邮电局所数及邮递线路（年底数）

Postal and telecommunication Services Facilities (year-end)

年份 Year	邮电局所（处）Number of Post and Telecommunications Offices	信筒信箱（处）Number of Post Boxes	邮路总长度（公里）Length of Postal Routes (km)	汽车邮路 Highway Routes	铁路邮路 Railway Routes	农村投递线路（公里）Rural Delivery Routes (km)
1990	2541	6696	36880	17894	3619	141695
1995	2717	6646	53088	23123	2974	136414
1998	3422	6655	52791	24466	2871	137098
1999	4448	5965	60525	30093	3287	142280
2000	3562	6333	63445	30061	2320	142442
2001	3750	6656	67202	33331	2097	136391
2002	3834	7689	72502	39853	2087	137147
2003	3400	8465	70671	38871	2087	137047

15—25 各市邮电局所数及邮递线路（2003年）

Postal and Telecommunication Services Facilities by Region (2003)

地区 Region	邮政局所（处）Number of Post and Telecommunications Offices	电信局所（处）Number of Post and Telecommunications Offices	信筒信箱（处）Number of Post Boxes	邮路总长度（公里）Length of Postal Routes (km)	汽车邮路 Highway Routes	铁路邮路 Railway Routes	农村投递线路（公里）Rural Delivery Routes (km)
总计 Total	**2131**	**1269**	**8465**	**70671**	**38871**	**2087**	**137047**
合肥市 Hefei	172	63	482	4942	4672		8778
淮北市 Huaibei	67	7	133	493	493		3338
亳州市 Bozhou	112	109	233	1129	1062		13927
宿州市 Suzhou	127	115	364	2116	1973		14842
蚌埠市 Bengbu	88	73	216	3765	2607	987	6574
阜阳市 Fuyang	166	108	425	2643	2414		15152
淮南市 Huainan	62	61	70	547	402		3019
滁州市 Chuzhou	206	149	1445	2134	1502		13191
六安市 Luan	197	120	627	2704	2330		12778
马鞍山市 Maanshan	60	31	212	451	393		1347
巢湖市 Chaohu	151	52	211	2579	1687		9003
芜湖市 Wuhu	85	29	226	2176	2176		2588
宣城市 Xuancheng	166	113	2538	2778	2045		7284
铜陵市 Tongling	33	11	81	386	256		756
池州市 Chizhou	83	24	100	1471	1208		2964
安庆市 Anqing	222	141	650	3394	3179		15108
黄山市 Huangshan	134	63	452	2956	1806		6398
其他 Others				34007	8666	1100	

15—26 各市邮电通信电路及长途线路（2003年）

Telecommunication Facilities by Region (2003)

地 区 Region		长途业务电路（2M） Long Distance Lines (line)	省际 Inter-provincial	省内 Within the Province	长途光缆线路长度（公里） Length of Long Distance Optical Cable Lines (km)	数据通信网长途电路（2M） Long Distance Lines of Data Communication Net	本地用中继光缆线路长度（公里） Length of Local Optical Trunk Lines (km)
总 计	**Total**	**10726**	**2436**	**3506**	**21715**	**2058**	**65478**
合肥市	Hefei	3186	1857	1329	1835	448	2114
淮北市	Huaibei	76	4	72	399	44	888
亳州市	Bozhou	68		68	278	48	2768
宿州市	Suzhou	70	24	46	444	34	2715
蚌埠市	Bengbu	186	31	155	444	190	2033
阜阳市	Fuyang	676	179	497	555	144	4065
淮南市	Huainan	125		125	199	43	1767
滁州市	Chuzhou	122	20	102	757	45	2419
六安市	Luan	272	80	192	335	3	2486
马鞍山市	Maanshan	98	26	72	196	36	141
巢湖市	Chaohu	159	31	128	255	39	2326
芜湖市	Wuhu	232	21	210	315	157	2016
宣城市	Xuancheng	140	38	102	420	33	2594
铜陵市	Tongling	69		69	134	31	345
池州市	Chizhou	115	1	114	122		1801
安庆市	Anqing	257	102	155	877	41	6451
黄山市	Huangshan	92	22	70	403	45	2645
其 他	Others	4783			13747	677	25904

15—27 各市邮电通信设备年末拥有量（2003年）

Telecommunication Facilities at Year-end by Region (2003)

地 区 Region		接入网光缆线路长度（公里） Length of Optical Cable Lines of Connected Net (km)	长途电话交换机容量（路端） Capactity of Long-distance Telephone Exchanges (circuit)	本地电话局用交换机容量（门） Capacity of Local Office Telephone Exchanges (line)	接入设备网容量（门） Capacity of Connected Equipment Net (line)	用户交换机容量（门） Capacity of Exchanges Owned by Users (line)
总 计	**Total**	**19364**	**378235**	**8686158**	**2514552**	**360665**
合肥市	Hefei	1377	136346	962768	342797	230628
淮北市	Huaibei	450	6000	241524	71559	7917
亳州市	Bozhou	1103	9083	500685	101162	3840
宿州市	Suzhou	206	17280	638753	112694	3404
蚌埠市	Bengbu	282	15011	538762	150040	17482
阜阳市	Fuyang	92	35220	871201	147364	6602
淮南市	Huainan	54	8804	423952		15696
滁州市	Chuzhou	1101	17310	697740	67328	8012
六安市	Luan	1224	27900	425049	446051	3048
马鞍山市	Maanshan	627	6000	274891	98119	7405
巢湖市	Chaohu	46	12030	634775	175728	13624
芜湖市	Wuhu	417	14400	604800	25982	15986
宣城市	Xuancheng	149	9165	621006	120	1176
铜陵市	Tongling	390	4755	156692	63688	14910
池州市	Chizhou	1047	4929	187412	82486	1882
安庆市	Anqing	2803	33697	613925	556350	812
黄山市	Huangshan	269	7305	292223	73084	8241
其 他	Others	7728	13000			

15—28 邮电通信水平

Level of Postal and Telecommunication Services

指标	Item	1990	1995	2000	2002	2003
全省邮电通信水平	**National Level**					
平均每一邮政局所服务面积（平方公里）	Average Area Served by Every Post Office (sq.km)			63.70	64.10	65.43
平均每一邮政局所服务人员（万人）	Average People Served by Every Post Office (10000 person)			2.78	2.82	3.01
平均每人每年发函件数（件）	Annual Average Number of Letters Mailed per Capita (piece)	2.91	4.00	3.07	4.63	4.85
平均每百人每年订报刊数（份）	Annual Average Number of Newspaper and Magazine Subscribed per 100 Persons (piece)	11.85	15.47	14.81	12.55	10.85
平均每百人拥有电话机部数（含移动）（部）	Number of Telephone Sets Owned per 100 Persons (unit)	0.53	1.73	11.38	21.91	27.40
平均每百人拥有移动电话（部）	Number of Mobile Telephones Owned per 100 Persons (unit)			3.43	8.82	10.87
农村邮电通信水平	**Rural Level**					
设有邮政局、所的乡（镇）比重（%）	Percentage of Townships with Post and Telecommunication Offices (%)	59.90	88.70	87.25	99.90	84.36
通邮路的乡（镇）比重（%）	Percentage of Townships with Postal Routes Communication (%)	100.00	100.00	100.00	100.00	100.00
通邮路的行政村比重（%）	Percentage of Villages with Postal Routes Communication (%)	100.00	99.80	100.00	100.00	100.00
通电话的乡（镇）比重（%）	Percentage of Townships with Telephone Communication (%)		42.27	100.00	100.00	100.00

主要统计指标解释

铁路营业里程 又称营业长度（包括正式营业和临时营业里程），指办理客货运输业务的铁路正线总长度。凡是全线或部分建成双线及以上的线路，以第一线的实际长度计算；复线、站线、段管线、岔线和特殊用途线以及不计算运费的联络线都不计算营业里程。铁路营业里程是反映铁路运输业基础设施发展水平的重要指标，也是计算客货周转量、运输密度和机车车辆运用效率等指标的基础资料。

铁路正线延展里程 指正线第一线、第二线、第三线和其他正线建筑里程之和，不包括站线、段管线、岔线及特殊用途线的延展里程。它是作为计算铁路线上钢轨、枕木及路基砂石需要量的主要依据。

铁路自动、半自动闭塞里程 为保证列车安全运行，在一个区间、同一时间内，一般只允许一列列车运行，这种保证列车在这个区间安全间隔运行的技术方法称为“闭塞”。自动和半自动闭塞里程是指装有列车自动或人工完成闭塞状态的铁路设备里程。自动或半自动闭塞里程占铁路营业里程的比重是反映铁路现代化的重要标志之一。

公路里程 是指凡达到交通部《公路工程技术标准》规定的技术等级公路，并经公路主管部门正式验收交付使用的里程。包括大中城市的郊区公路以及通过城镇街道的里程和桥梁、隧道、渡口的长度，不包括大中城市的街道、厂矿、林区生产用道和农业生产用道的里程。两条或多条公路共同经由同一路段，只计算一次，不得重复计算里程长度。按公路技术等级分：等级公路里程和等外公路里程，等级公路里程可分为高速公路、一级公路、二级公路、三级公路、四级公路里程。

内河航道里程 是指凡能通航机动船、木帆船以及运输排筏(指利用排筏经营运输)，其枯水期水深在0.3米及以上的天然河流、人工河渠、湖泊、水库航道里程。不包括仅供放流木材的河道。湖泊、水库航道里程(库区航道)按固定航线计算。两省以河为界的航道里程，双方均按一半计算，以免重复。

民用航空航线里程 指民用运输班机飞行的航线长度。航线长度指机场之间的距离。航空航线里程以年末到达数为准，因气候关系不能全年通航的航线，按年末情况统计，如果年末能继续通航则计入总长度，否则应扣除不计。计算航线里程可按重复和不重复两种方法，前者是指各航线相加的总和，后者则要扣除各航线之间的重复区段计算。

货(客)运量 指在一定时期内，各种运输工具实际运送的货物(旅客)数量。它是反映运输业为国民经济和人民生活服务的数量指标，也是制定和检查运输生产计划、研究运输发展规模和速度的重要指标。货运按吨计算，客运按人计算。货物不论运输距离长短、货物类别，均按实际重量统计。旅客不论行程远近或票价多少，均按一人一次客运量统计；半价票、小孩票也按一人统计。

货(客)运密度 指在一定时期内某种运输方式在营运线路的某一区段平均每公里线路通过的货物(旅客)运输周转量。计算公式为：

货(客)运密度＝货物(旅客)周转量/营业线路长度

货(客)运密度是反映交通运输线路上货物(旅客)运输量运输繁忙程度的主要指标，是平衡运输线路运输能力和通过能力，规划线路建设及改造、配备技术设备，研究运输网布局的重要依据。

货物(旅客)周转量 指在一定时期内，由各种运输工具运送的货物(旅客)数量与其相应运输距离的乘积之总和。它是反映运输业生产总成果的重要指标，也是编制和检查运输生产计划，计算运输效率、劳动生产率以及核算运输单位成本的主要基础资料。计算货物周转量通常按发出站与到达站之间的最短距离，也就是计费距离计算。计算公式为：

货物(旅客)周转量＝Σ货物(旅客)运输量×运输距离

铁路货车平均静载重 指车辆在静止状态下，平均每车装载的货物重量。计算公式为：

货车平均静载重(吨)＝货物发送吨数/装车数

铁路货运机车日产量 指平均每台运行机车，一天内所生产的总重吨公里数。计算公式为：

货运机车平均日产量(吨公里)＝货运总重吨公里数/货运机车台日数

邮电业务总量（又称通信业务总量） 是以货币形式表现的通信企业为社会提供各类通信服务的总和。是用于观察通信业务发展变化总趋势的综合性总量指标。根据专业性质分为邮政业务总量和电信业务总量。电信业务总量又可细分为本地网通信业务总量、长途通信业务总量、移动通信业务总量、数据通信业务总量、电报业务总量等。按通信范围可分为：国内通信业务总量、国际及港澳台通信业务总量。计算公式为：

邮电业务总量＝Σ（各类通信业务量×不变单价）+出租代维及其他业务收入

＝邮政业务总量+电信业务总量

邮政业务总量＝Σ（各类邮政业务量×不变单价）+邮政出租代维及其他业务收入

电信业务总量＝Σ（各类电信业务量×不变单价）+电信出租代维及其他业务收入

无线寻呼电话用户 无线寻呼是指电话用户通过无线寻呼中心，在规定范围内向携带小型寻呼机的用户发出声音、数字或文字显示信息。在寻呼台办理登记手续携带小型寻呼机的用户，称为无线寻呼用户，计量单位：户。

移动电话用户 指通过移动电话交换机进入移动电话网、占用移动电话号码的电话用户。用户数量以报告期末在移动电话营业部门实际办理登记手续进入移动电话网的户数进行计算，一部移动电话统计为一户。计量单位：户。

电话用户 指接入国家公众固定电话网，并按固定电话业务进行经营管理的电话用户。1997 年以前，电话用户分为市内电话用户和农村电话用户。“市内电话用户”是指接入县城及县以上城市的电话网上的电话用户；“农村电话用户”是指接入县邮电局农话台及县以下农村电话交换点，以县城为中心(除市话用户外)联通县、乡(镇)、行政村、村民小组的用户。从 1997 年起，电话用户数分组调整为以用户所在区域划分为“城市电话用户”和“乡村电话用户”，与过去的按市内电话和农村电话划分方法不同。而电话用户总数、电话机总部数统计范围不变。

住宅电话用户 指安装在居民住宅或农民家里并按照住宅电话用户登记注册和收费的电话用户。包括私人付费、单位付费和按规定免费安装的住宅电话用户。

Explanatory Notes for Major Statistical Indicators

Length of Railways in Operation refers to the total length of the trunk line under passenger and freight transportation (including both full operation and temporary operation). The calculation is based on the actual length of the first line even if this line has a full or partial double track or more tracks, excluding double tracks, station sidings, tracks under the charge of stations, branch lines, special-purpose lines and the non-payable connecting lines. The length of railways in operation is an important indicator to show the development of the infrastructure for the railway transport, and also the essential data to calculate volume of passenger freight transport, traffic density and utilization efficiency of the locomotives and carriages.

Extenuation Length of Trunk Lines refers to the sum of the first, the second, the third lines and other constructed length of the trunk railways, excluding the extenuation length of the station lines, lines under the jurisdiction of depots, sidings and lines for special purpose. It provides important information for the calculation of the needs for rails, sleepers, sand and stone for the construction of railways.

Automatic-blocking and Semi-automatic-blocking Length of Railways Blocking is a spacing technique by which a section of the railway only allows one train to pass at a time, in order to ensure the traffic safety. Automatic (semi-automatic) blocking length of railways refers to railways installed with equipment to perform automatic or manual blocking of trains, the proportion of automatic/semi-automatic blocking length to the total length of railways in operation is an important indicator to show the modernization of railways.

Length of Highways refers to the length of highways which are built in conformity with the grades specified by the <Highway Engineering Standard> formulated by the Ministry of Communications, and have been formally checked and accepted by the departments of highways and put into use. The length of highways includes that of the suburb highways at large and medium-sized cities, highways passing through streets at small cities and towns, and also the length of bridges and ferries. It does not include the length of streets in big and medium-sized cities and highways built for the production purpose at factories, mines, forest areas and agricultural areas. If two or more highways go the same section of the way, the length of the section is only calculated for once and no duplication is allowed. They could be classified by technical level into class highway and substandard highways. Class highway includes express-way and first class, second class, third class and forth class highway.

Length of Navigable Inland Waterways refers to the length of the natural rivers, artificial rivers and canals, lakes, and reservoirs open to navigation that deep in 0.3 meters and above in dry season, which enables the transport by motor vessel, wooden sailing boats and rafts (using rafts to transport), excluding river courses which are only used to float odd logs. If two provinces take river as circle, the length of section is only calculated half to both sides, so as not to repeat.

Length of Civil Aviation Routes refers to the length of all routes for regular civil aviation flights and it is usually the distance between airports. The length is calculated at the end of the year as the standard. The lines that can't open all through the year because of the weather are calculated at the end of the year. If it could continue and open at the end of the year, it should be calculated, otherwise it should be deducted and disregarded. There are usually two ways to calculate the length: duplicated calculation and unduplicated calculation. The former is to put the length of all air routes together, and the later is not to allow the duplication in calculation.

Freight (Passenger) Traffic refers to the volume of freight (passenger) transported with various means. Freight transport is calculated in tons and passenger traffic is calculated in the number of persons. Despite the type of freight and travelling distance, the freight transport is calculated in the actual weight of the goods: and despite the travelling distance and ticket price, the passenger traffic is calculated by the principle that one person can be counted only once in one travel. The passenger who travel with a half price ticket or a child ticket is also calculated as one person. The freight (passenger) traffic provides a quantitative measure to show how the transport industry serves the national economy and people, and is also an important indicator for planning the transport industry and for studying the development scale and speed of the transport industry.

Freight (Passenger) Traffic Density refers to the freight (passenger) traffic volume carried by a particular means of transportation during a given period through one kilometer of a specific section of transportation route. The formula is as follows:

Freight (Passenger) Traffic Density= [Freight Ton-kilometers (Passenger-kilometers)] /(Length of Route in Operation)

Freight (passenger) traffic density reflects the degree of business of freight (passenger) traffic on transportation routes, and therefore provides important information for balancing transport capability, planning construction and upgrading of transport routes and studying the distribution of transport network.

Freight Ton-kilometers (Passenger-kilometers) refer to the sum of the products of the volume of transported cargo (passengers) multiplying by the transport distance, usually using ton-kilometer and passenger-kilometer as units for measurement. Normally, the shortest distance between the departure station and the destination station (i.e., the payable distance) is the basis to calculate the freight ton-kilometers. This is an important indicator to show the total results of the transport industry, to prepare and examine the transport plan and to measure the efficiency, the labour productivity and the unit cost of transport. The formula is as follows:

Freight Ton-kilometers(Passenger-kilometers)=Σ{Freight(Passenger)Traffic×Distance of Transportation}

Measuring unit: ton-kilometer (person-kilometer)

Static Load of Freight Cars refers to the average cargo weight as loaded by each freight car under the static condition. The formula is:

Static Load (ton) of Freight Car = (Tonnage of Goods Dispatched)/ (Number of Freight Cars Loaded)

Average Daily Haul of Freight Locomotives refers to the average total ton-kilometers accomplished by each freight transport locomotive over day and night. The formula is:

Average Daily Haul of Freight Locomotive (ton-kilometer) = (Total Ton (Kilometers of Freight))/ (Daily Number of Freight Transport Locomotive)

Business Volume of Post and Telecommunications (Also called Business Volume of Communications) refers to the total amount of communications services, expressed in currency terms, provided by communications enterprises for the society. It is an comprehensive indicator reflects the total trend of communication service. It could be divided into business volume of post and telecommunication by type and business volume of telecommunication includes business volume of local network, long-distance, mobile communication, digital communication and telegram. It could be divided into domestic, international and business volume of Hong Kong, Macao and Taiwan by the coverage. The formula is as follows:

Business Volume of Post and Telecommunications = Σ(Transaction of Communication Service×Constant Price) + Income from Leasing Maintenance and other Services

= Business Volume of Postal Services + Business Volume of Telecommunication Services

Business Volume of Postal Services =Σ(Transaction of Postal Service×Constant Price) + Income from Leasing, Maintenance and other Services

Business Volume of Telecommunication Services = Σ(Transaction of Telecommunication Service×Constant Price) + Income from Leasing, Maintenance and other Services

Subscribers of Paging Services Paging refers to city telephone through wireless paging center within assigned area, send audio signals, digital signals or character signals to subscribers who carry small-size pagers. Each pager is counted as a subscriber.

Mobile Telephone Subscribers refer to the persons who own mobile telephone number connected with the mobile telephone communication network and have registered in mobile communication enterprises. The number of subscribers is calculated only when the subscribers who have gone through all the register formalities and entered into the mobile telephone network at the end of the report. One mobile telephone is treated as a subscriber.

Telephone Subscribers refer to subscribers that are connected to the public line telephone network provided with telephone services. Before 1997, telephone subscribers were classified as city subscribers and village subscribers. City subscribers referred to those connected to city telephone networks in county towns and cities, while village subscribers referred to those connected to village telephone stations at and below counties. Since 1997, the classification of telephone subscribers was modified on the basis of physical location of the subscribers as "urban telephone subscribers" and "rural telephone subscribers", which is different from the previous classification of categorizing "local telephones" and "rural telephones", while the definition of total subscribers and total number of telephones remain unchanged.

Household Telephone Subscribers refer to telephone sets installed in the dwelling units of residents or peasant families and registered and charged according to house telephone subscribers. They included three types of payment for the service: private payment, unit payment and free installing service.

批发、零售贸易和餐饮业

第十六篇

Chapter

16

WHOLESALE, RETAIL TRADE AND CATERING

简要说明

一、本篇资料反映我省国内市场发展情况和批发零售贸易业、餐饮业商品经营情况。主要内容有批发零售贸易业商品流通，限额以上批发零售贸易企业、餐饮企业财务状况，社会消费品零售总额、国内集市贸易等。

二、本篇资料除城乡集市贸易情况由省工商局提供外，其余部分均是根据国家统计局的批发零售贸易、餐饮业统计报表制度进行搜集和加工整理。

本资料的调查范围：财务状况报表为各种经济类型的限额以上批发、零售贸易法人企业和餐饮业法人企业。社会消费品零售总额报表为有零售业务的各种经济类型的企业、行政事业单位以及农民。以上统计报表从基层起报，自下而上逐级综合上报，主要采取全面调查方法，局部资料有的以抽样调查推断，有的利用工商、税务等部门的有关资料推算。

rief Introduction

I. Data in this chapter show the development of Anhui's domestic market and the sales of the commodities in wholesale and retail sale trade as well as catering trade, including mainly the circulation of commodities in the wholesale and retail sale trades, the financial condition of the wholesale, retail and catering trade enterprises, the total sales of the consumer goods in the whole country and the domestic fair trade, etc.

II. Data in this chapter are collected and processed in accordance with the statistical reporting scheme on wholesale and retail sale trades as well as catering trade, stipulated by the National Bureau of Statistics, except that data on the urban and rural fair trade are provided respectively by the Provincial Administration for Industry and Commerce.

Statistical coverage: Statistics on financial conditions include all corporate enterprises of wholesale, retail and catering trade that are above the designated size. Statistics on retail sales of consumer goods include all enterprises, institutional units and peasants engaged in retail sale business. The method used in data collection is a complete enumeration, under which all units are covered in the survey and data are reported from lower to higher level statistical offices. For local data, sample surveys are used, and in some cases, administrative registers from industrial and commercial administration and taxation administration are used in the estimation.

16—1 国内贸易基本情况

Basic Conditions of Domestic Trade

指　　标	Item	1990	1995	2000	2002	2003
法人机构　（个）	**Number of Corporation Unit　(unit)**					
批发零售贸易业	Engaged in Wholesale and Retail Trades		21644	651	559	631
餐饮业	Engaged in Catering Trade		2670	15	33	55
从业人员　（万人）	**Persons Engaged　(10000 persons)**					
批发零售贸易业	Engaged in Wholesale and Retail Trades	112.9	189.1	13.2	11.9	11.0
餐饮业	Engaged in Catering Trade	18.7	33.8	0.6	1.1	1.5
批发零售贸易业　（亿元）	**Wholesale and Retail Trade　(100 million yuan)**					
商品购进总额	Total Purchases	268.3	1026.3	1901.1	2299.0	2293.6
商品销售总额	Total Saled	256.5	1078.4	1764.0	2080.8	2904.0
商品库存总额	Total Inventory	141.0	226.6	393.8	265.2	253.1
社会消费品零售总额（亿元）	**Total Retail Sales of Consumer Goods　(100 million yuan)**	**226.5**	**586.5**	**1054.3**	**1228.7**	**1331.2**
按销售单位所在地分	By Location of Establishments					
市	City	101.2	283.7	499.0	599.0	666.6
县	County	50.9	131.2	234.5	271.8	285.6
县以下	Under County Level	74.4	171.6	320.8	357.9	379.0
按行业分	By Sector					
批发零售贸易业	Wholesale and Retail Trade	156.6	386.5	666.2	807.4	1143.7
餐饮业	Catering Trade	10.6	36.4	117.0	143.3	159.4
制造业	Manufacturing	22.2	59.8	85.3	86.5	
农业生产者	Farm Producers	30.4	87.3	163.8	162.2	
其　他	Others	6.7	16.5	21.9	29.3	28.1

注：1．2000年及以后法人机构和从业人员为限额以上企业。

2．批发零售贸易业商品购、销、存总额1990年为国合商业口径，1995年为批发零售贸易业口径（不含个体），2000年及以后为包含个体的批发零售贸易业口径。

3．2003年社会消费品零售总额按行业分组取消了“制造业”和“农业生产者”，将其从事的批发零售经营活动统计在批发零售贸易业中。

a) Corporation unit and persons engaged refer to statistics for enterises above designated size after 2000.

b) Total purchases, saled and inventory of wholesale and retail trade refered to statistics for state cooperative trade in 1990 and wholesale and ratail trade (excluding individual) in 1995, while in 2000 those inclued individual trade.

c) In 2003, when the total retail sales of consumer goods was grouped by sector, the "manufacturing" and "farm producers" were cancelled and their wholesale and retail trade activities were counted in "wholesale and retail trade".

16—2 城乡集市贸易情况

Free Markets in Urban and Rural Areas

指　　标	Item	1990	1995	2000	2002	2003
集市数　（个）	**Number of Markets　(unit)**	**4083**	**4218**	**4060**	**3817**	**3730**
城市市场	Urban Areas	688	1033	1121	1126	1185
农村市场	Rural Areas	3395	3185	2939	2691	2545
集市贸易成交额　（亿元）	**Transaction Value　(100 million yuan)**	**99.9**	**411.3**	**967.7**	**1011.9**	**1041.9**
城市市场	Urban Areas	37.3	223.5	560.6	604.7	637.1
农村市场	Rural Areas	62.6	187.8	407.1	407.2	404.8
在成交额中	**Of the Transaction Value:**					
#粮油类	Grain and Oil	8.9	40.9	96.3	95.4	105.5
肉禽蛋类	Meat, Poultry and Eggs	30.9	80.0	159.2	169.9	191.3
水产品类	Aquatic Products	8.0	22.2	47.9	50.4	51.3
蔬菜类	Vegetables	11.1	35.0	78.9	75.3	81.7
干鲜果类	Dried and Fresh Fruits	7.7	24.2	34.8	33.4	34.6
农业生产资料类	Agricultural Means of Production		8.1	19.6	20.6	19.4
大牲畜类	Large Domestic Animals		7.5	9.3	9.5	8.5

16—3 限额以上批发零售贸易、餐饮业基本情况（2003年，按登记注册类型分）

Basic Conditions of Enterprises Above Designated Size in Wholesale and Retail Sale and Catering Trade by Registration (2003)

指标	Item	法人企业（个）Number of Corporation Unit	产业活动单位数（个）Number of Active Unit	从业人数（人）Persons Engaged (person)
总计	**Total**	**686**	**3460**	**124925**
批发业合计	**Wholesale Trade**	**388**	**2112**	**58672**
国有及国有控股	State Controlling Share Hold Enterprises	230	1628	42405
内资企业	**Domestic-funded Enterprises**	**387**	**2111**	**58620**
国有企业	State-owned Enterprises	176	1123	31084
集体企业	Collective-owned Enterprises	37	111	5051
股份合作企业	Cooperative Enterprises	3	5	91
有限责任公司	Limited Liability Corporations	81	282	8450
国有独资公司	State-funded Corporations	4	14	829
其他有限责任公司	Other Limited Liability Corporations	77	268	7621
股份有限公司	Share-holding Corporations Ltd.	51	504	11020
私营企业	Private Enterprises	39	86	2924
私营独资企业	Private-funded Enterprises	2	14	540
私营有限责任公司	Private Limited Liability Corporations	36	71	2363
私营股份有限公司	Private Share-holding Corporation Ltd.	1	1	21
港澳台商投资企业	**Enterprises with Investment from Hong Kong, Macao and Taiwan**	**1**	**1**	**52**
港澳台商独资经营企业	Enterprises with Sole Investment from Hong Kong, Macao and Taiwan	1	1	52
零售业合计	**Retail Trade**	**243**	**1195**	**51698**
国有及国有控股	State Controlling Share Hold Enterprises	107	692	24690
内资企业	**Domestic-funded Enterprises**	**242**	**1192**	**51062**
国有企业	State-owned Enterprises	91	578	16964
集体企业	Collective-owned Enterprises	13	61	1605
股份合作企业	Cooperative Enterprises	7	26	1514
联营企业	Joint Ownership Enterprises	2	2	211
国有联营企业	State Joint Ownership Enterprises	2	2	211
有限责任公司	Limited Liability Corporations	60	239	13017
国有独资公司	State-funded Corporations	5	37	1412
其他有限责任公司	Other Limited Liability Corporations	55	202	11605
股份有限公司	Share-holding Corporations Ltd.	22	125	10810
私营企业	Private Enterprises	47	161	6941
私营独资企业	Private-funded Enterprises	1	1	408
私营责任有限公司	Private Limited Liability Corporations	45	159	6381
私营股份有限公司	Private Share-holding Corporation Ltd.	1	1	152
港澳台商投资企业	**Enterprises with Investment from Hong Kong, Macao and Taiwan**	**1**	**3**	**636**
合资经营企业（港澳或台资）	Joint-venture Enterprises (With Funds from Hong Kong, Macao and Taiwan)	1	3	636
餐饮业合计	**Catering Trade**	**55**	**153**	**14555**
内资企业	**Domestic-funded Enterprises**	**52**	**126**	**12618**
国有企业	State-owned Enterprises	1	13	1489
集体企业	Collective-owned Enterprises	2	8	842
股份合作企业	Cooperative Enterprises	1	13	407
联营企业	Joint Ownership Enterprises		1	64
集体联营企业	Collective Joint Ownership Enterprises		1	64
有限责任公司	Limited Liability Corporations	2	4	788
其他有限责任公司	Other Limited Liability Corporations	2	4	788
股份有限公司	Share-holding Corporations Ltd.		1	146
私营企业	Private Enterprises	46	86	8882
私营独资企业	Private-funded Enterprises	13	19	1795
私营合伙企业	Private Partnership Enterprises	3	4	480
私营有限责任公司	Private Limited Liability Corporations	29	61	6457
私营股份有限公司	Private Share-holding Corporation Ltd.	1	2	150
港澳台商投资企业	**Enterprises with Investment from Hong Kong, Macao and Taiwan**	**2**	**6**	**710**
合资经营企业（港澳或台资）	Joint-venture Enterprises (With Funds from Hong Kong, Macao and Taiwan)	1	4	561
港澳台商独资经营企业	Enterprises with Sole Investment from Hong Kong, Macao and Taiwan	1	2	149
外商投资企业	**Enterprises with Foreign Investment**	**1**	**21**	**1227**
中外合资经营企业	Joint-venture Enterprises		1	217
中外合作经营企业	Cooperation Enterprises	1	10	302
外资企业	Solely Foreign Funded Enterprises		10	708

16—4 限额以上批发零售贸易业商品购、销、存总额（2003年，按注册类型分）

Total Purchases, Sales and Inventory of Enterprises Above Designated Size in Wholesale and Retail Trade by Registration (2003)

单位：万元 (10000 yuan)

指标	Item	购进总额 Total Purchases	销售总额 Total Sales	批发 Wholesale Trade	零售 Retail Trade	年末库存总额 Inventory (year-end)
总计	**Total**	**9507506**	**10240830**	**8257681**	**1983149**	**717681**
批发业合计	**Wholesale Trade**	**8237721**	**8816046**	**8135233**	**680812**	**537915**
国有及国有控股	State Controlling Share Hold Enterprises	6294112	6750925	6322613	428312	392276
内资企业	**Domestic-funded Enterprises**	**8224217**	**8803119**	**8122307**	**680812**	**536105**
国有企业	State-owned Enterprises	2450853	2927628	2757187	170441	241861
集体企业	Collective-owned Enterprises	295522	341709	338817	2892	57462
股份合作企业	Cooperative Enterprises	7334	7375	7374	1	1076
有限责任公司	Limited Liability Corporations	859691	939782	784186	155597	53441
国有独资公司	State-funded Corporations	5790	13233	13233		4405
其他有限责任公司	Other Limited Liability Corporations	853902	926549	770953	155597	49036
股份有限公司	Share-holding Corporations Ltd.	4011438	3986472	3677501	308972	152120
私营企业	Private Enterprises	599379	600153	557242	42910	30145
私营独资企业	Private-funded Enterprises	12247	14415	11639	2775	1064
私营有限责任公司	Private Limited Liability Corporations	585496	578731	538596	40135	29031
私营股份有限公司	Private Share-holding Corporation Ltd.	1635	7007	7007		51
港澳台商投资企业	**Enterprises with Investment from Hong Kong, Macao and Taiwan**	**13504**	**12927**	**12927**		**1810**
港澳台商独资经营企业	Enterprises with Sole Investment from Hong Kong, Macao and Taiwan	13504	12927	12927		1810
零售业合计	**Retail Trade**	**1269785**	**1424785**	**122448**	**1302337**	**179767**
国有及国有控股	State Controlling Share Hold Enterprises	514365	668913	86875	582038	81134
内资企业	**Domestic-funded Enterprises**	**1233747**	**1380941**	**121701**	**1259240**	**176842**
国有企业	State-owned Enterprises	299346	325291	37450	287841	49946
集体企业	Collective-owned Enterprises	48312	18409	818	17592	3449
股份合作企业	Cooperative Enterprises	26554	24734	264	24470	4582
联营企业	Joint Ownership Enterprises	15493	17234		17234	1140
国有联营企业	State Joint Ownership Enterprises	15493	17234		17234	1140
有限责任公司	Limited Liability Corporations	436046	509076	20817	488260	57746
国有独资公司	State-funded Corporations	54862	87064	10770	76294	10417
其他有限责任公司	Other Limited Liability Corporations	381184	422012	10046	411966	47329
股份有限公司	Share-holding Corporations Ltd.	198446	275432	55544	219888	32735
私营企业	Private Enterprises	209549	210765	6809	203956	27245
私营独资企业	Private-funded Enterprises	5687	5344		5344	2698
私营有限责任公司	Private Limited Liability Corporations	202621	204184	6809	197375	24296
私营股份有限公司	Private Share-holding Corporation Ltd.	1241	1237		1237	251
港澳台商投资企业	**Enterprises with Investment from Hong Kong, Macao and Taiwan**	**36038**	**43844**	**747**	**43097**	**2924**
合资经营企业（港澳或台资）	Joint-venture Enterprises (With Funds from Hong Kong, Macao and Taiwan)	36038	43844	747	43097	2924

16—5 限额以上批发零售贸易业商品购、销、存总额（2003年，按行业分）

Total Purchases, Sales and Inventory of Enterprises Above Designated Size in Wholesale and Retail Trade by Sector (2003)

单位：万元 (10000 yuan)

指标	Item	购进总额 Total Purchases	销售总额 Total Sales	批发 Wholesale Trade	零售 Retail Trade	年末库存总额 Inventory (year-end)
总计	**Total**	**9507506**	**10240830**	**8257681**	**1983149**	**717681**
批发业	**Wholesale**	**8237721**	**8816046**	**8135233**	**680812**	**537915**
农畜产品批发	Wholesale of Agricultural and Animal Products	480018	596311	595021	1290	170525
食品、饮料及烟草制品批发	Wholesale of Food, Beverage and Tobaccos	1229490	1556529	1546650	9879	90593
#米、面制品及食用油批发	Wholesale of Rice, Flour Products and Edible Oil	72764	83925	82715	1210	22626
烟草制品批发	Wholesale of Tobacco Products	1066168	1364597	1364167	430	60950
纺织、服装及日用品批发	Wholesale of Textiles, Garments and Daily Articles	444707	445400	445391	9	16542
#服装批发	Wholesale of Garments	162262	164739	164739		1321
文化、体育用品及器材批发	Wholesale of Cultural, Sports Goods and Appliances	149812	142120	137536	4584	23807
医药及医疗器材批发	Wholesale of Medicines and Medical Appliances	947330	989270	679223	310047	83430
矿产品、建材及化工产品批发	Wholesale of Mineral Products, Building Materials and Chemical Products	3647241	3722645	3489407	233238	82500
#煤炭及制品批发	Wholesale of Coal and Related Products	116464	120596	116472	4124	6669
石油及制品批发	Wholesale of Petroleum Related Products	1729037	1795731	1593472	202258	19633
金属及金属矿批发	Wholesale of Metal and Metal Ore	1380743	1394931	1371941	22991	34088
建材批发	Wholesale of Building Materials	68467	64019	64019		3107
化肥批发	Wholesale of Chemical Fertilizer	173317	181017	178709	2308	12269
机械设备、五金交电及电子产品批发	Wholesale of Machinery Equipment, Hardware, Transport and Electronic Products	1265241	1285561	1166095	119466	66376
#汽车、摩托车及零配件批发	Wholesale of Motor Vehicles, Motorcycles and Parts	457316	459055	387208	71847	34808
家用电器批发	Wholesale of Household Electrical Appliance	237157	241501	207922	33579	11360
计算机、软件及辅助设备批发	Wholesale of Computers, Software and Subsidiary Facilities	57021	51564	43118	8446	3459
贸易经纪与代理	Trade Brokers and Agents	8499	9703	9703		
其他批发	Other Wholesale	65382	68508	66208	2300	4141
零售业	**Retail**	**1269785**	**1424785**	**122448**	**1302337**	**179767**
综合零售	Comprehensive Retail	785706	949958	74159	875799	122609
#百货零售	Retail of Consumer Goods	463370	637911	66564	571347	76611
超级市场零售	Retail in Supermarkets	317509	308313	7596	300717	44943
食品、饮料及烟草制品专门零售	Special Retail of Food, Beverage and Tobacco Products	18148	20519	7317	13202	4105
纺织、服装及日用品专门零售	Special Retail of Textiles, Garments and Daily Articles	23821	26663	1024	25639	4162
#服装零售	Retail of Garments	19574	21571		21571	2825
文化、体育用品及器材专门零售	Special Retail of Cultural, Sports Goods and Appliances	101513	97492	10721	86771	20749
#图书零售	Retail of Books	93896	89538	10038	79500	19458
医药及医疗器材专门零售	Special Retail of Medicines and Medical Appliances	46689	53293	8402	44891	6947
#药品零售	Retail of Medicines	46180	52328	8402	43926	6496
汽车、摩托车、燃料及零配件专门零售	Special Retail of Motor Vehicles, Motorcycles, Fuel and Parts	193929	180038	12736	167302	12161
#汽车零售	Retail of Motor Vehicles	183590	169257	5221	164036	11436
机动车燃料零售	Retail of Fuel for Motor Vehicles	7081	6995	5690	1305	117
家用电器及电子产品专门零售	Special Retail of Household Electrical Appliance and Products	92261	89685	4349	85336	8175
#家用电器零售	Retail of Household Electrical Appliance	68047	65551	3308	62243	6574
计算机、软件及辅助设备零售	Retail of Computers, Software and Subsidiary Facilities	7791	7708	822	6886	552
通讯设备零售	Retail of Communication Equipment	16423	16426	219	16207	1050
五金、家具及室内装修材料专门零售	Special Retail of Hardware, Furniture and Decoration Materials	6885	6417	3424	2993	781
无店铺及其他零售	Retail Without Shops and Other Retail	833	720	315	405	78

16—6 限额以上批发零售贸易业主要商品分类销售额（2003年）

Total Sales of Enterprises Above Designated Size in Wholesale and Retail Sale by Category of Main Commodities (2003)

单位：万元 (10000 yuan)

指　标	Item	合　计 Total	批　发 Wholesale	零　售 Retail Sale
总　计	**Total**	**9874016**	**8036072**	**1837944**
食品、饮料、烟酒类	Food, Beverages, Tobacco and Liquor	2112554	1843383	269171
肉禽蛋类	Meat, Poultry and Eggs	52092	22880	29212
其他食品类	Other Food	564600	408490	156110
饮料类	Beverages	50760	22619	28141
烟酒类	Tobacco and Liquor	1445103	1389394	55708
服装鞋帽、针、纺织品类	Garments, Footwear, Hats, Kintwear and Textiles	641704	382515	259189
服装类	Garments	322576	159324	163252
鞋帽类	Footwear and Hats	130735	80359	50376
针、纺织品类	Kintwear and Textiles	188393	142832	45561
化妆品类	Cosmetics	33512	1568	31944
金银珠宝类	Gold, Silver and Jewelry	42241	641	41600
日用品类	Articles for Daily Use	227056	144227	82828
洗涤用品类	Washing Articles	34307	9333	24974
儿童玩具类	Toys	26896	18829	8067
五金、电料类	Hardware and Electrical Materials	28952	22483	6468
体育、娱乐用品类	Sports and Recreation Articles	24873	12762	12111
书报杂志类	Newspapers and Magazines	229645	143330	86315
电子出版物及音像制品类	E-journal and Video Products	5118	2947	2171
家用电器和音像器材类	Household Appliances and Video Appliances	567068	310388	256680
中西药品类	Traditional Chinese and Western Medicines	1019450	669329	350121
西　药	Western Medicines	842838	564635	278203
中草药及中成药	Chinese Herbal Medicine and Proprietary Chinese Medicine	174887	104656	70230
文化、办公用品类	Cultural and Offcial Goods	103357	78103	25254
家具类	Furniture	9937	7323	2613
通讯器材类	Communication Appliances	62975	44290	18685
煤炭及制品类	Coal and Related Product	52567	49446	3122
木材及制品类	Wood and Wooden Product	8134	8134	
石油及制品类	Petroleum and Related Product	1766777	1585598	181179
化工材料类	Raw Chemical Materials	358985	356227	2758
化肥类	Chemical Fertilizer	186810	186810	
金属材料类	Metal Materials	1132587	1130438	2149
建筑及装潢材料类	Building and Decoration Materials	18077	17052	1025
机电产品及设备类	Mechanical and Electrical Products	1052936	873081	179856
农机类	Agricultural Machinery	38491	38491	
汽车类	Automobile	497616	325236	172381
种子饲料类	Seed and Feedstuff	21342	21342	
棉麻类	Cotton, Hemp	148835	148818	17
其他类	Other	205337	182648	22689

16—7 限额以上批发零售贸易业商品销售数量（2003年）

Total Sales Number of Enterprises Above Designated Size in Wholesale and Retail Sale Trade by Commodities (2003)

指 标 Item				合 计 Total	批 发 Wholesale	零 售 Retail Sale	库 存 Inventory
粮 食	（吨）	Grain	(ton)	2575274	2532539	42735	776414
食用植物油	（吨）	Edible Vegetable Oil	(ton)	43291	37155	6136	3682
食 糖	（吨）	Sugar	(ton)	5295	4136	1159	1075
卷 烟	（万支）	Cigarettes	(10000 unit)	10058726	9631998	426728	371802
酒	（吨）	Liquor	(ton)	42101	19182	22919	11479
#白 酒		Liquor		16339	11216	5123	10762
啤 酒		Beer		12279	7707	4572	654
棉 花	（吨）	Cotton	(ton)	106744	106734	10	36579
布	（百米）	Clothes	(100 m)	586181	583375	2806	5244
各种服装	（百件）	Clothing	(100 piece)	1097485	904487	192998	21507
#童 装		Children's Clothing		69756	41908	27848	3900
鞋	（百双）	Shoes	(100 pairs)	643975	510342	133633	20062
照相机	（台）	Camera	(unit)	34868		34868	3911
#数码照相机		Digital Camera		3002		3002	334
彩色电视机	（台）	Color Television Set	(unit)	1045462	681326	364136	39160
组合音响	（台）	Hi-fi Stereo Component System	(unit)	79860	59218	20642	1825
摄像机	（台）	Pickup Camera	(unit)	8009	4280	3729	545
影碟机	（台）	Video Disc Player	(unit)	190698	36113	154585	8168
家用电冰箱	（台）	Household Refrigerator	(unit)	348291	198761	149530	16403
家用洗衣机	（台）	Household Washing Machine	(unit)	447921	287385	160536	21584
房间空调器	（台）	Room Air Conduter	(unit)	578514	324320	254194	22189
微波炉	（台）	Micro-oven	(unit)	207851	107010	100841	25345
微型计算机	（台）	Personal Computer	(unit)	69944	46818	23126	2656
普通电话机	（台）	Telephone	(unit)	57249	1091	56158	5548
移动电话机	（台）	Hand Telephone	(unit)	264241	157230	107011	10674
化学肥料	（吨）	Chemical Fertilizers	(ton)	1686416	1686416		116956
化学农药	（吨）	Chemical Pesticide	(ton)	15563	15563		2297
农用薄膜	（吨）	Farming Pellicle	(ton)	8404	8404		22
煤 炭	（吨）	Coal	(ton)	2155208	2001571	153637	75844
木 材	（立方米）	Wood	(cu.m)	1265	1265		1
汽 油	（吨）	Gasoline	(ton)	1458841	1258205	200636	23731
煤 油	（吨）	Kerosene	(ton)	5418	5399	19	1412
柴 油	（吨）	Diesel Oil	(ton)	3944346	3760228	184118	34664
钢 材	（吨）	Steel Products	(ton)	2574279	2569816	4463	61351
铜	（吨）	Copper	(ton)	434	434		5
铝	（吨）	Aluminum	(ton)				
水 泥	（吨）	Cement	(ton)	97687	97395	292	25132
汽 车	（辆）	Motor Vehicles	(unit)	48148	35450	12698	2141
#轿 车		Car		21355	12435	8920	983
摩托车	（辆）	Motor	(unit)	87071	79474	7597	3738
拖拉机	（台）	Tractors	(unit)	13637	13637		1246

16—8 限额以上批发零售贸易企业主要财务指标情况（2003年，按登记注册类型分）

Main Financial Indicators of Enterprises Above Designated Size in Wholesale and Retail Sale by Registration (2003)

单位：万元 (10000 yuan)

指标	Item	商品销售收入 Sales Revenue	商品销售成本 Cost of Sales	经营费用 Manage-ment Cost	商品销售税金及附加 Sales Tax and Extra Changes	商品销售利润 Total Profits
批发零售贸易企业总计	**Total**	**8646736**	**7844232**	**288414**	**11717**	**430339**
批发企业合计	**Wholesale Trade**	**7442169**	**6804609**	**220222**	**8187**	**360646**
国有及国有控股	State Controlling Share Hold Enterprises	5517405	4985155	174155	6852	307462
内资企业	**Domestic-funded Enterprises**	**7429242**	**6793457**	**219552**	**8187**	**359541**
国有企业	State-owned Enterprises	2598913	2227254	116298	5358	210241
集体企业	Collective-owned Enterprises	327969	305605	6106	168	11788
股份合作企业	Cooperative Enterprises	7269	7011	188		71
有限责任公司	Limited Liability Corporations	880280	827271	30700	699	17211
国有独资公司	State-funded Corporations	12699	10894	1666	24	116
其他有限责任公司	Other Limited Liability Corporations	867580	816378	29034	675	17095
股份有限公司	Share-holding Corporations Ltd.	3077041	2917299	57139	1549	101050
私营企业	Private Enterprises	537770	509017	9122	413	19181
私营独资企业	Private-funded Enterprises	12931	11455	683	12	781
私营有限责任公司	Private Limited Liability Corporations	516641	496161	8439	400	11605
私营股份有限公司	Private Share-holding Corporations Ltd.	8199	1401	1	2	6796
港澳台商投资企业	**Enterprises with Investment from Hong Kong, Macao and Taiwan**	**12927**	**11152**	**670**		**1105**
港澳台商独资经营企业	Enterprises with Sole Investment from Hong Kong, Macao and Taiwan	12927	11152	670		1105
零售企业合计	**Retail Trade**	**1204567**	**1039623**	**68192**	**3530**	**69693**
国有及国有控股	State Controlling Share Hold Enterprises	542486	458228	29518	1822	38694
内资企业	**Domestic-funded Enterprises**	**1170361**	**1009768**	**67463**	**3449**	**66151**
国有企业	State-owned Enterprises	291520	240272	20740	989	18751
集体企业	Collective-owned Enterprises	15650	13526	1221	101	802
股份合作企业	Cooperative Enterprises	21586	18995	1234	77	1280
联营企业	Joint Ownership Enterprises	15626	13880	294	25	531
国有联营企业	State Joint Ownership Enterprises	15626	13880	294	25	531
有限责任公司	Limited Liability Corporations	449668	387874	21191	1418	31594
国有独资公司	State-funded Corporations	73618	64117	1977	200	7053
其他有限责任公司	Other Limited Liability Corporations	376051	323757	19214	1218	24540
股份有限公司	Share-holding Corporations Ltd.	187842	163170	13353	559	7008
私营企业	Private Enterprises	188470	172053	9430	281	6185
私营独资企业	Private-funded Enterprises	5344	4610	638		96
私营有限责任公司	Private Limited Liability Corporations	181889	166433	8668	278	5989
私营股份有限公司	Private Share-holding Corporations Ltd.	1237	1010	123	3	101
港澳台商投资企业	**Enterprises with Investment from Hong Kong, Macao and Taiwan**	**34206**	**29854**	**729**	**81**	**3542**
合资经营企业（港澳或台资）	Joint-venture Enterprises (With Funds from Hong Kong, Macao and Taiwan)	34206	29854	729	81	3542
按零售经营方式分组	**Grouped by the Management Style**					
独立商店	Independent Shops	762182	653184	39277	2392	50998
连锁总店	Chain Home Stores	231623	205732	9387	610	15400
连锁分店	Chain Branch Stores	189302	161193	18447	391	2847
其　他	Others	21459	19513	1081	138	448
按零售业态分组	**Grouped by Status of Retailing**					
百货商店	Department Stores	534426	458475	22647	2053	42769
超级市场	Supermarkets	287376	250986	25175	586	6585
专业（专卖）店	Specialized (monopolized) Shops	348568	303111	17738	729	18031
其　他	Others	34197	27051	2633	162	2308

16—9 限额以上批发零售贸易企业主要财务指标情况（2003年，按行业分）

Main Financial Inventory of Enterprises Above Designated Size in Wholesale and Retail by Sector (2003)

单位：万元 (10000 yuan)

指标	Item	商品销售收入 Sales Revenue	商品销售成本 Cost of Sales	经营费用 Management Cost	商品销售税金及附加 Sales Tax and Extra Changes	商品销售利润 Total Profits
总计	**Total**	**8646736**	**7844232**	**288414**	**11717**	**430339**
批发业	**Wholesale**					
农畜产品批发	Wholesale of Agricultural and Animal Products	571130	534543	27400	300	8561
食品、饮料及烟草制品批发	Wholesale of Food, Beverage and Tobaccos	1393997	1123857	69461	4291	187303
#米、面制品及食用油批发	Wholesale of Rice, Flour Products and Edible Oil	83541	84256	7614	14	-8630
烟草制品批发	Wholesale of Tobacco Products	1211442	954982	55117	3863	189584
纺织、服装及日用品批发	Wholesale of Textiles, Garments and Daily Articles	433448	396447	20887	29	16085
#服装批发	Wholesale of Garments	159848	143937	8788	14	7111
文化、体育用品及器材批发	Wholesale of Cultural, Sports Goods and Appliances	130641	83518	3614	159	5642
医药及医疗器材批发	Wholesale of Medicines and Medical Appliances	874148	840701	14995	687	16977
矿产品、建材及化工产品批发	Wholesale of Mineral Products, Building Materials and Chemical Products	2812217	2655901	55995	2008	98308
#煤炭及制品批发	Wholesale of Coal and Related Products	114319	106138	3540	102	4534
石油及制品批发	Wholesale of Petroleum and Related Products	1515242	1411542	32598	1510	69593
金属及金属矿批发	Wholesale of Metal and Metal Ore	783494	757636	11654	298	13906
建材批发	Wholesale of Building Materials	56377	53843	776	23	1735
化肥批发	Wholesale of Chemical Fertilizer	180793	172273	3343	28	5149
机械设备、五金交电及电子产品批发	Wholesale of Machinery Equipment, Hardware, Transport and Electronic Products	1154845	1099448	27350	708	26746
汽车、摩托车及零配件批发	Wholesale of Motor Vehicles, Motorcycles and Parts	431108	411107	6008	189	13648
家用电器批发	Wholesale of Household Electrical Appliance	188266	177868	7965	120	2303
计算机、软件及辅助设备批发	Wholesale of Computers, Software and Subsidiary Facilities	46220	45006	1203	38	-28
贸易经纪与代理	Trade Brokers and Agents	9927	9703	123		101
其他批发	Other Wholesale	61817	60491	398	6	923
零售业	**Retail**					
综合零售	Comprehensive Retail	777741	669889	46110	2532	47773
百货零售	Retail of Consumer Goods	501506	429663	22229	1957	41156
超级市场零售	Retail in Supermarkets	272573	237016	23676	569	6376
食品、饮料及烟草制品专门零售	Special Retail of Food, Beverage and Tobacco Products	13594	12669	631	129	10
纺织、服装及日用品专门零售	Special Retail of Textiles, Garments and Daily Articles	23785	19043	1674	155	1825
服装零售	Retail of Garments	19687	15761	1076	110	1652
文化、体育用品及器材专门零售	Special Retail of Cultural, Sports Goods and Appliances	87282	58312	10320	289	8939
图书零售	Retail of Books	85658	57291	9993	277	8816
医药及医疗器材专门零售	Special Retail of Medicines and Medical Appliances	51267	44225	3110	77	3379
药品零售	Retail of Medicines	50442	43607	3027	73	3259
汽车、摩托车、燃料及零配件专门零售	Special Retail of Motor Vehicles, Motorcycles, Fuel and Parts	162864	153106	2833	124	6799
汽车零售	Retail of Motor Vehicles	152458	143310	2398	118	6630
机动车燃料零售	Retail of Fuel for Motor Vehicles	7036	6734	270	4	28
家用电器及电子产品专门零售	Special Retail of Household Electrical Appliance and Products	80970	75705	3263	219	838
家用电器零售	Retail of Household Electrical Appliance	58529	54496	2769	77	251
计算机、软件及辅助设备零售	Retail of Computers, Software and Subsidiary Facilities	7078	6826	64	4	175
通讯设备零售	Retail of Communication Equipment	15364	14383	430	139	412
五金、家具及室内装修材料专门零售	Special Retail of Hardware, Furniture and Decoration Materials	6342	5991	179	2	170
无店铺及其他零售	Retail Without Shops and Other Retail	720	684	73	4	-40

16—10 限额以上餐饮企业主要财务指标情况（2003年，按登记注册类型和行业分）

Main Financial Indicators of Enterprises Above Designated Size in Catering Trades by Status of Registration and by Sector (2003)

单位：万元 (10000 yuan)

指标	Item	营业收入 Sales Revenue	营业成本 Cost of Sales	营业费用 Management Cost	营业税金及附加 Sales Tax and Extra Changes	经营利润 Profits
总计	**Total**	**65565**	**39049**	**18096**	**3054**	**5365**
按登记注册类型分	**By Status of Registration**					
国有及国有控股	State Controlling Share Hold Enterpri:	310	167	77	14	52
内资企业	**Domestic-funded Enterprises**	**58615**	**35550**	**14578**	**2799**	**5688**
国有企业	State-owned Enterprises	310	167	77	14	52
集体企业	Collective Enterprises	2728	1667	636	139	286
股份合作企业	Cooperative Enterprises	155	75	84	7	-11
有限责任公司	Limited Liability Corporations	835	677	68	26	63
其他有限责任公司	Other Limited Liability Corporations	835	677	68	26	63
私营企业	Private Enterprises	54588	32965	13713	2613	5298
私营独资企业	Private-funded Enterprises	8788	5510	1513	459	1306
私营合伙企业	Private Partnership Enterprises	2323	1797	389	123	14
私营有限责任公司	Private Limited Liability Corporations	43167	25488	11702	2014	3964
私营股份有限公司	Private Share-holding Corporation Ltd.	310	170	109	17	14
港澳台商投资企业	**Enterprises with Investment from Hong Kong, Macao and Taiwan**	**827**	**594**	**255**	**27**	**-49**
合资经营企业（港或澳、台资）	Joint-venture Enterprises (With Funds from Hong Kong, Macao and Taiwan)	480	336	154	18	-28
港澳台商独资经营企业	Enterprises with Sole Investment from Hong Kong, Macao and Taiwan	347	258	101	10	-22
外商投资企业	**Enterprises with Foreign Investment**	**6123**	**2906**	**3264**	**228**	**-274**
中外合作经营企业	Cooperation Enterprises	6123	2906	3264	228	-274
按国民经济行业分	**By Sector**					
正餐	Dinner	59441	36144	14832	2827	5639
快餐	Fast Food	6123	2906	3264	228	-274

16—11 限额以上批发零售贸易、餐饮业从业人数（2003年，按市分）

Number of Persons Engaged in Enterprises Above Designated Size in Wholesale and Retail Sale, Catering Trade by Region (2003)

单位：人 (person)

地区	Region	合计 Total	批发和零售业 Wholesale Trade and Retail Trade	零售业 Retail Trade	餐饮业 Catering Trade
总计	**Total**	**124925**	**110370**	**51698**	**14555**
合肥市	Hefei	36735	27344	12120	9391
淮北市	Huaibei	3100	3100	1765	
亳州市	Bozhou	5108	5108	1746	
宿州市	Suzhou	5783	5783	3309	
蚌埠市	Bengbu	7884	7884	4143	
阜阳市	Fuyang	10127	9661	4271	466
淮南市	Huainan	5037	5037	3166	
滁州市	Chuzhou	11272	10670	4329	602
六安市	Luan	2927	2927	1412	
马鞍山市	Maanshan	7229	6185	4203	1044
巢湖市	Chaohu	4087	3847	2289	240
芜湖市	Wuhu	7162	5599	2646	1563
宣城市	Xuancheng	3672	3672	1416	
铜陵市	Tongling	3174	2887	1533	287
池州市	Chizhou	2508	2508	716	
安庆市	Anqing	7588	6626	1924	962
黄山市	Huangshan	1532	1532	710	

16—12 限额以上批发零售贸易企业商品购、销、存总额（2003年，按市分）

Total Sales and Inventory of Enterprises Above Designated Size in Wholesale and Retail Sale Trade by Region (2003)

单位：万元 (10000 yuan)

地区	Region	购进总额 Total Purchases	销售总额 Total Sales	批发 Wholesale Trade	零售 Retail Trade	年末库存总额 Inventory (year-end)
总计	**Total**	**9507506**	**10240830**	**8257681**	**1983149**	**717681**
合肥市	Hefei	4949191	5203772	4384227	819545	278082
淮北市	Huaibei	93115	107435	79757	27678	5982
亳州市	Bozhou	158211	164339	139262	25077	13242
宿州市	Suzhou	225146	265237	192106	73131	39219
蚌埠市	Bengbu	210178	261109	198533	62577	18622
阜阳市	Fuyang	884020	963986	721185	242801	88996
淮南市	Huainan	174750	210207	154611	55596	20158
滁州市	Chuzhou	270048	357363	293746	63617	80162
六安市	Luan	130734	142235	110558	31677	14424
马鞍山市	Maanshan	872825	858542	722035	136507	24313
巢湖市	Chaohu	202559	230891	171721	59170	19451
芜湖市	Wuhu	425470	453413	269046	184367	26599
宣城市	Xuancheng	226935	254324	211414	42910	22795
铜陵市	Tongling	157604	168171	124210	43961	12385
池州市	Chizhou	94116	116728	105814	10915	15789
安庆市	Anqing	357605	399202	302487	96715	29287
黄山市	Huangshan	75000	83876	76969	6907	8175

16—13 限额以上批发零售贸易企业主要财务指标情况（2003年，按市分）

Main Financial Indicators of Enterprises Above Designated Size in Wholesale and Retail Trade by Region (2003)

单位：万元 (10000 yuan)

地区	Region	商品销售收入 Sales Revenue	商品销售成本 Cost of Sales	经营费用 Management Cost	商品销售税金及附加 Sales Tax and Extra Changes	商品销售利润 Total Profits
总计	**Total**	**8646736**	**7844232**	**288414**	**11717**	**430339**
合肥市	Hefei	4619802	4262069	119807	4432	193410
淮北市	Huaibei	93087	78289	4865	230	8424
亳州市	Bozhou	155255	136627	7023	208	9315
宿州市	Suzhou	214737	185525	10265	685	17276
蚌埠市	Bengbu	226380	199893	9393	465	16246
阜阳市	Fuyang	833141	778934	22608	813	26988
淮南市	Huainan	164249	141419	8410	494	13088
滁州市	Chuzhou	353791	319002	20496	425	4422
六安市	Luan	140066	108366	6312	391	18453
马鞍山市	Maanshan	279065	252749	12499	388	13380
巢湖市	Chaohu	213189	183209	10747	454	18534
芜湖市	Wuhu	405413	363029	13724	731	24901
宣城市	Xuancheng	226595	201600	9789	425	14187
铜陵市	Tongling	145700	130690	5969	204	8631
池州市	Chizhou	103883	90379	5919	225	6705
安庆市	Anqing	391106	343699	17127	940	27718
黄山市	Huangshan	81277	68753	3461	207	8661

16—14 各市社会消费品零售总额（2003年）

Total Retailsale of Consumer Goods in Major Years by Region (2003)

单位：万元 (10000 yuan)

地 区	Region	社会消费品零售总额 Total Retail Sales of Consumer Goods	市 City	县 County	县以下 Under County Level	批发零售贸易业 Wholesale and Retail Sale Trade	餐饮业 Catering Trade	其他行业 Others
总 计	**Total**	**13312492**	**6666017**	**2856449**	**3790026**	**11436847**	**1593692**	**281953**
合肥市	Hefei	2074332	1784755	111501	178076	1872644	194494	7194
淮北市	Huaibei	408008	308424	56306	43278	351231	37266	19511
亳州市	Bozhou	801620	176096	270146	355378	640029	120372	41219
宿州市	Suzhou	680102	181281	192330	306491	600059	55282	24761
蚌埠市	Bengbu	886858	521843	169592	195423	739059	146784	1015
阜阳市	Fuyang	1166869	406328	390935	369606	966830	164233	35806
淮南市	Huainan	556015	488148	35871	31996	504942	37837	13236
滁州市	Chuzhou	783589	284631	214351	284607	657621	113769	12199
六安市	Luan	890895	163914	271715	455266	794868	96027	
马鞍山市	Maanshan	468632	358861	51420	58351	413287	49140	6205
巢湖市	Chaohu	765858	168479	285770	311609	615891	100710	49257
芜湖市	Wuhu	880026	522513	161611	195902	747067	117857	15102
宣城市	Xuancheng	662293	221611	160624	280058	574170	68534	19589
铜陵市	Tongling	299872	244861	22478	32533	274363	23512	1997
池州市	Chizhou	248366	73233	67148	107985	208676	26615	13075
安庆市	Anqing	1145298	508914	235824	400560	1001257	126399	17642
黄山市	Huangshan	360938	148561	98586	113791	291084	66486	3368

16—15 各市城乡集市贸易情况（2003年）

Free Markets in Urban and Rural Areas by Region (2003)

地 区	Region	集市数（个）Number of Markets (unit)	#农村市场 Rural Areas	集市贸易成交额（亿元）Transaction Value (100 million yuan)	#农村市场 Rural Areas	在成交额中 Of the Transaction Value: 粮油类 Grain and Oil	肉禽蛋类 Meat, Poultry and Eggs	水产品类 Aquatic Products	蔬菜类 Vegetables	农业生产资料类 Agricultural Means of Production
总 计	**Total**	**3730**	**2545**	**1041.9**	**404.8**	**105.5**	**191.3**	**51.3**	**81.7**	**19.4**
合肥市	Hefei	344	204	175.6	24.6	9.8	19.2	3.3	8.3	0.3
淮北市	Huaibei	123	71	42.6	16.6	1.6	3.8	1.2	1.9	
亳州市	Bozhou	249	163	84.7	17.2	10.8	7.2	1.7	2.1	2.6
宿州市	Suzhou	442	393	54.1	41.4	6.3	8.9	2.2	8.1	10.4
蚌埠市	Bengbu	234	184	77.6	25.7	8.8	30.6	6.7	8.8	
阜阳市	Fuyang	467	385	89.5	62.8	24.0	14.6	4.6	4.6	1.2
淮南市	Huainan	195	57	87.8	14.8	7.4	9.8	3.3	6.9	
滁州市	Chuzhou	328	212	28.0	18.7	4.4	8.0	2.0	3.9	0.4
六安市	Luan	287	260	45.6	41.2	9.6	12.2	2.4	4.0	0.1
马鞍山市	Maanshan	101	41	20.3	6.2	1.7	7.3	3.3	3.2	
巢湖市	Chaohu	259	196	42.4	31.9	1.9	14.0	3.6	7.6	0.1
芜湖市	Wuhu	146	61	78.9	18.9	2.6	15.9	4.3	7.0	
宣城市	Xuancheng	151	104	76.8	46.7	7.5	19.6	4.6	4.0	0.4
铜陵市	Tongling	69	8	62.8	1.8	1.4	5.6	2.2	3.1	
池州市	Chizhou	78	54	11.6	7.7	1.0	3.3	0.8	0.8	1.2
安庆市	Anqing	221	134	48.6	21.4	5.1	8.9	3.9	3.1	2.6
黄山市	Huangshan	36	18	15.0	7.2	1.6	2.4	1.2	4.3	0.1

16—16 各县（市）社会消费品零售总额（2003年）

Total Retailsale of Consumer Goods in Major Years by County or Cuty (2003)

单位：万元 (10000 yuan)

县（市）	County or City	社会消费品零售总额 Total Retail Sales of Consumer Goods	市 City	县 County	县以下 Under County Level	批发零售贸易业 Wholesale and Retail Sale Trade	餐饮业 Catering Trade	其他行业 Others
合肥市辖区	Hefei Reigon of City	1784755	1784755			1599388	182399	2968
长丰县	Changfeng	62740		19437	43303	59124	3125	491
肥东县	Feidong	121000		48295	72705	117568	1901	1531
肥西县	Feixi	105837		43769	62068	96564	7069	2204
淮北市辖区	Huaibei Reigon of City	308424	308424			274260	26359	7805
濉溪县	Suixi	99584		56306	43278	76971	10907	11706
亳州市辖区	Bozhou Reigon of City	296257	176096		120161	234731	50160	11366
涡阳县	Guoyang	194238		104532	89706	153766	29047	11425
蒙城县	Mengcheng	179726		96111	83615	137606	31391	10729
利辛县	Lixin	121938		62363	59575	105065	9774	7099
宿州市辖区	Suzhou Reigon of City	276245	181281		94964	265437	8385	2423
砀山县	Dangshan	85746		42143	43603	51515	19147	15084
萧县	Xiaoxian	164522		69556	94966	144797	14445	5280
灵璧县	Lingbi	86636		44346	42290	78789	7256	591
泗县	Sixian	66953		36285	30668	59521	6049	1383
蚌埠市辖区	Bengbu Reigon of City	521843	521843			414936	106907	
怀远县	Huaiyuan	173835		71666	102169	160006	13519	310
五河县	Wuhe	103289		56025	47264	90543	12339	407
固镇县	Guzhen	87891		41901	45990	73574	14019	298
阜阳市辖区	Fuyang Reigon of City	374402	308700		65702	299819	55226	19357
界首市	Jieshou	146988	97628		49360	110986	30970	5032
临泉县	Linquan	172155		70509	101646	155383	16048	724
太和县	Taihe	209152		172425	36727	188896	15785	4471
阜南县	Funan	126680		73437	53243	97729	28325	626
颍上县	Yingshang	137492		74564	62928	114017	17879	5596
淮南市辖区	Huainan Reigon of City	488148	488148			444741	33364	10043
凤台县	Fengtai	67867		35871	31996	60201	4473	3193
滁州市辖区	Chuzhou Reigon of City	179219	149317		29902	159641	17865	1713
天长市	Tianchang	122090	71484		50606	106786	13866	1438
明光市	Mingguang	104985	63830		41155	89315	15286	384
来安县	Laian	92008		48595	43413	76933	14555	520
全椒县	Quanjiao	91305		47007	44298	73565	16010	1730
定远县	Dingyuan	101413		62420	38993	80608	20281	524
凤阳县	Fengyang	92569		56329	36240	70773	15906	5890
六安市辖区	Luan Reigon of City	245664	163914		81750	221454	24210	
寿县	Shouxian	163550		86517	77033	144453	19097	
霍邱县	Huoqiu	184107		50216	133891	169603	14504	
舒城县	Shucheng	118731		41401	77330	109963	8768	

16—16 续表 continued

单位：万元 (10000 yuan)

县（市） County or City	社会消费品零售总额 Total Retail Sales of Consumer Goods	市 City	县 County	县以下 Under County Level	批发零售贸易业 Wholesale and Retail Sale Trade	餐饮业 Catering Trade	其他行业 Others
金寨县 Jinzhai	96562		46003	50559	74975	21587	
霍山县 Huoshan	57388		27953	29435	51514	5874	
叶集区 Yeji District	24893		19625	5268	22906	1987	
马鞍山市辖区 Maanshan Reigon of City	358861	358861			310677	41979	6205
当涂县 Dangtu	109771		51420	58351	102610	7161	
巢湖市辖区 Chaohu Reigon of City	162455	101758		60697	118044	34822	9589
庐江县 Lujiang	147205		77354	69851	123318	17724	6163
无为县 Wuwei	212886		121520	91366	176095	21784	15007
含山县 Hanshan	66107		32261	33846	52598	7464	6045
和县 Hexian	110484		54635	55849	89069	16084	5331
芜湖市辖区 Wuhu Reigon of City	522513	522513			426178	91238	5097
芜湖县 Wuhu	127306		55198	72108	112790	8748	5768
繁昌县 Fanchang	119045		53534	65511	109651	7686	1708
南陵县 Nanling	111162		52879	58283	98448	10185	2529
宣城市辖区 Xuancheng Reigon of City	245966	150498		95468	214144	26948	4874
宁国市 Ningguo	101941	71113		30828	93095	5332	3514
郎溪县 Langxi	59364		28296	31068	47914	5048	6402
广德县 Guangde	108789		45386	63403	89274	15838	3677
泾县 Jingxian	72846		42287	30559	61737	10035	1074
旌德县 Jingde	30024		18803	11221	27393	2583	48
绩溪县 Jixi	43363		25852	17511	40613	2750	
铜陵市辖区 Tongling Reigon of City	244861	244861			225220	18175	1466
铜陵县 Tongling	55011		22478	32533	49143	5337	531
池州市辖区 Chizhou Reigon of City	110224	73233		36991	95558	9458	5208
东至县 Dongzhi	72272		29340	42932	59773	5546	6953
石台县 Shitai	13111		8328	4783	12392	719	
青阳县 Qingyang	52759		29480	23279	40953	10892	914
安庆市辖区 Anqing Reigon of City	436714	436714			379162	54910	2642
桐城市 Tongcheng	146200	72200		74000	135144	10290	766
怀宁县 Huaining	124985		34600	90385	104035	20090	860
枞阳县 Zongyang	100609		35804	64805	86723	10039	3847
潜山县 Qianshan	81900		38417	43483	64405	15571	1924
太湖县 Taihu	60394		23163	37231	52344	5192	2858
宿松县 Susong	82785		45420	37365	79174	3498	113
望江县 Wangjiang	70871		35922	34949	62895	3969	4007
岳西县 Yuexi	40840		22498	18342	37375	2840	625
黄山市辖区 Huangshan Reigon of City	174621	148561		26060	128281	43775	2565
歙县 Shexian	88329		35973	52356	75752	12366	211
休宁县 Xiuning	48917		31839	17078	43267	5650	
黟县 Yixian	15265		9616	5649	13749	1386	130
祁门县 Qimen	33806		21158	12648	30035	3309	462

16—17 亿元商品交易市场情况（2003年）

Market Above 100 million Yuan (2003)

指标	Item	市场个数（个）Number of Markets (unit)	摊位数量（个）Number of Booths (unit)	总成交额（万元）Transaction Value (10000 yuan)
总计	**Total**	**106**	**4134002**	**6457054**
综合市场合计	**Comprehensive Markets**			
工业品综合市场	Markets for Manufactured Goods	14	997147	1719862
农业品综合市场	Markets for Agricultural Goods	43	629652	1614354
其他综合市场	Other Comprehensive Markets	15	433273	418423
专业市场合计	**Specialized markets**			
纺织品服装鞋帽市场	Markets for Textile Products, Garments, Shoes and Hats	3	68300	363890
食品饮料烟酒市场	Markets for Food, Beverage, Tobacco and Liquor	4	184160	611340
药材药品及医疗器材市场	Markets For Medicines and Medical Appliances	1	120000	292000
家具市场	Markets for Furnitures	2	35000	31701
通讯器材类	Markets for Communication Equipment			
小商品市场	Markets for Small Articles	2	50960	258514
机动车市场	Markets for Motor Vehicles	4	61320	223560
金属材料市场	Markets for Metals	1	10050	310000
煤炭市场	Markets for Coal			
木材市场	Markets for Timber	1	1200000	135000
建材装饰材料市场	Markets for Building and Furnishing Materials	4	151500	166060
粮油市场	Markets for Grain and Oil	2	49800	57991
水产品市场	Markets for Aquatic Products			
蔬菜市场	Markets for Vegetables	2	24500	91277
肉食禽蛋市场	Markets for Meat and Poultry Eggs	1	20000	10039
土畜产品市场	Markets for Local and Livestock Products	2	43700	18549
农业生产资料市场	Markets for Agricultural Means of Production	2	9540	86166
其他专业市场	Other Specialized Markets	3	45100	48328

16—18 各市亿元商品交易市场情况（2003年）

Market Above 100 million Yuan by Region (2003)

地区	Region	市场个数（个）Number of Markets (unit)	摊位数量（个）Number of Booths (unit)	总成交额（万元）Transaction Value (10000 yuan)
总计	**Total**	**106**	**4134002**	**6457054**
合肥市	Hefei	18	897584	1599178
淮北市	Huaibei	8	58607	122889
亳州市	Bozhou	3	137570	553185
宿州市	Suzhou	1	20220	1644
蚌埠市	Bengbu	7	91450	204540
阜阳市	Fuyang	15	352600	159782
淮南市	Huainan	4	157009	62256
滁州市	Chuzhou	5	76275	70793
六安市	Luan	5	51860	65353
马鞍山市	Maanshan	4	22400	58674
巢湖市	Chaohu	9	1290592	920134
芜湖市	Wuhu	6	148290	788737
宣城市	Xuancheng	9	209378	328058
铜陵市	Tongling	5	98050	406904
池州市	Chizhou	1	7568	13700
安庆市	Anqing	6	514549	1101227
黄山市	Huangshan			

16—19 限额以上连锁店（公司）商品销售情况（2003年）

Sales of Chain Stores (Companies) Above Designated Size (2003)

指 标	Item	连锁总店数（个）Number of Chain Home Stores	连锁门店数（个）Number of Chain Retail Shops	直营店 Directly-run Shops	加盟店 Alliance Shops	营业面积（平方米）Area of Business (sq.m)	从业人员（人）Number of Employed Persons (person)	销售总额（万元）Total Sales (10000 yuan)	#零售额 Total Retailsale
总 计	**Total**	**34**	**414**	**379**	**35**	**372143**	**14818**	**426640**	**360907**
零售业	**Retail Sale Trades**	**29**	**378**	**343**	**35**	**273549**	**9864**	**396024**	**331975**
按零售业态分	**By Status of Retailing**								
百货商店	Department Stores	1	8	1	7	73000	2250	214917	181156
超级市场	Supermarkets	15	183	182	1	124476	4273	83591	75003
专业店	Specialized Shops	13	187	160	27	76073	3341	97516	75816
专卖店	Monopolized Shops								
其 他	Others								
餐饮业	**Catering Trade**	**5**	**36**	**36**		**98594**	**4954**	**30616**	**28932**
按行业分	**By Sector**								
正 餐	Dinner	4	27	27		94078	4263	24493	22809
快 餐	Fast Food	1	9	9		4516	691	6123	6123

16—20 各市限额以上连锁店（公司）商品销售情况（2003年）

Sales of Chain Stores (Companies) Above Designated Size by Region (2003)

地 区	Region	连锁总店数（个）Number of Chain Home Stores	连锁门店数（个）Number of Chain Retail Shops	直营店 Directly-run Shops	加盟店 Alliance Shops	营业面积（平方米）Area of Business (sq.m)	从业人员（人）Number of Employed Persons (person)	零售额（万元）Total Retailsale (10000 yuan)
总 计	**Total**	**34**	**414**	**379**	**35**	**372143**	**14818**	**360907**
合肥市	Hefei	15	187	170	17	217451	7297	258288
淮北市	Huaibei							
亳州市	Bozhou	2	35	35		24000	848	3121
宿州市	Suzhou							
蚌埠市	Bengbu							
阜阳市	Fuyang	2	38	38		11800	596	9706
淮南市	Huainan							
滁州市	Chuzhou							
六安市	Luan							
马鞍山市	Maanshan	7	76	59	17	88650	4356	50059
巢湖市	Chaohu							
芜湖市	Wuhu	1	3	3		1800	80	1667
宣城市	Xuancheng							
铜陵市	Tongling	2	27	26	1	12142	810	7282
池州市	Chizhou							
安庆市	Anqing	5	48	48		16300	831	30784
黄山市	Huangshan							

16—21 重点批发零售贸易企业主要经济指标
（2003年，按商品销售收入3000万元以上排序）
Main Economic Indicators of Wholesale and Retailsale Enterprises
(2003, Arranged by Sales Revenue of 30 million Yuan and Over)

单位：万元 (10000 yuan)

部门	Sector	商品销售收入 Sales Revenue	利税总额 Profit and Tax	资产负债率(%) Ratio of Libilities to Assets	销售利润率(%) Ratio of Rprofits to Sales Revenue
中石化股份有限公司安徽石油分公司	China Petrochemical Company Anhui Branch	612542	29825	63.05	6.23
安徽省徽商股份有限公司	Anhui Huishang Co.Ltd.	513533	2203	86.81	1.53
安徽华源医药股份有限公司	Anhui Huayuan Pharmaceutical Co.Ltd.	441760	1366	93.25	0.63
安徽省技术进出口股份有限公司	Anhui Technology Import and Export Co.Ltd.	215364	2216	74.13	1.91
安徽省粮油食品进出口(集团)公司	Anhui Grain and Oil Import and Export Company	177109	3207	75.68	2.39
安徽省徽商集团化轻股份有限公司	Anhui Huishang Group Chemical and Light Industry Co., Ltd.	131444	978	93.41	2.02
安徽省轻工业品进出口股份有限公司	Anhui Light Industrial Products Import and Export Company	128826	2235	70.84	4.03
安徽风之星汽车股份有限公司	Anhui Fengzhixing Automobile Co.Ltd.	118462	2562	87.57	2.58
安徽省农业生产资料公司	Anhui Agricultural Means of Product Company	115971	1919	79.56	2.20
南京医药合肥天星有限公司	Nanjing Pharmaceutical Hefei Tianxing Co.Ltd.	114432	1085	88.56	2.36
中国烟草总公司安徽省公司合肥分公司	China Cigarette Company Hefei Branch	111956	20428	86.18	20.20
合肥中建工程机械有限责任公司	Hefei Zhongjian Machinery Co.Ltd.	110251	2798	66.97	3.30
安徽省服装进出口公司股份有限公司	Anhui Clothing Import and Export Co.Ltd.	103042	4820	67.35	5.83
安徽省阜阳市烟草公司	Fuyang Cigarette Company of Anhui Province	99677	5183	44.03	9.96
安徽省新华书店	Anhui Xinhua Bookstore	95933	3035	50.20	4.36
中石化股份有限公司合肥石油分公司	China Petrochemical Company Hefei Branch	89711	1943	64.26	3.21
安徽省烟草公司宣城市公司	Anhui Petroleum Comany Xuancheng Branch	87347	7700	32.78	12.19
中国石化股份有限公司安庆石油分公司	China Petrochemical Company Anqing Branch	85278	583	45.87	2.58
芜湖市烟草公司	Wuhu Cigarette Company	84683	12863	30.43	18.04
安徽省徽商集团新能源股份有限公司	Anhui Huishang Group New Energy Source Co.Ltd.	84034	1045	88.09	4.18
安徽省华安进出口有限公司	Anhui Hua'an Import and Export Co.Ltd.	76865	1188	91.47	2.72
蚌埠市石油公司	Bengbu Petroleum Company	76697	1110	36.69	3.42
马鞍山市大汗物资有限公司	Maanshan Dahan Material Co., Ltd.	70712	300	84.09	3.28
芜湖亚夏实业公司	Wuhu Yaxia Industry Co.Ltd.	70420	523	66.20	0.92
安徽商之都有限责任公司	Anhui Shangzhidu Co., Ltd.	66224	1256	87.86	10.64
宿州石油公司	Suzhou Petroleum Company	61928	1305	45.85	3.91
安徽进出口股份有限公司	Anhui Import and Export Co.Ltd.	60316	714	78.39	2.87
合肥海尔工贸有限公司	Hefei Haier Industrial and Trade Co.Ltd.	60197	76	98.07	1.12
中国石油化工有限公司阜阳分公司	China Petrochemical Co., Ltd. Fuyang Branch	58450	1158	65.97	3.82
合肥鼓楼商厦有限责任公司	Hefei Gulou Mansion Co.Ltd.	57730	2087	59.24	9.88
蚌埠烟草分公司(本级)	Bengbu Cigarette Company	57453	5773	56.55	17.00
铜陵市建筑材料有限责任公司	Tongling Construction Material Co., Ltd.	56377	1406	83.86	3.08
安徽省淮南石油分公司	Anhui Petroleum Company Huainan Branch	54011	1182	83.87	4.80
安徽省五交化公司	Anhui Hardware Company	51450	28	100.83	2.39
安徽省烟草公司亳州市公司	Anhui Cigarette Company Bozhou Branch	50615	1876	56.77	13.83
淮南市烟草公司	Huainan Cigarette Company	45699	5386	27.23	16.97
安徽省畜产发展进出口股份有限公司	Anhui Animal Product Import and Export Co.Ltd.	45375	298	85.29	1.72
安徽亚夏实业股份有限公司	Anhui Yaxia Industry Co.Ltd.	42798	844	63.15	2.80
望江县棉麻公司	Wangjiang Cambric Company	42403	91	73.00	6.44
安徽省烟草公司池州分公司	Anhui Cigaette Company Chizhou Branch	41721	3809	23.93	14.04

16—21 续表1 continued

单位：万元 (10000 yuan)

部门	Sector	商品销售收入 Sales Revenue	利税总额 Profit and Tax	资产负债率(%) Ratio of Libilities to Assets	销售利润率(%) Ratio of Rprofits to Sales Revenue
中石化安徽芜湖石油分公司	Anhui Petroleum Company Wuhu Branch	41562	528	26.26	3.83
安徽省再生资源公司	Anhui Reclaimed Resource Company	41477	157	85.46	1.52
芜湖中油石油有限公司	Wuhu Zhongyou Petroleum Marketing Co., Ltd.	40460	364	39.99	0.98
合肥市百货大楼股份有限公司	Hefei Department Mansion Co., Ltd.	40364	1789	90.15	9.49
安徽省烟草公司黄山分公司	Anhui Cigarette Company Huangshan Branch	39524	4125	27.43	16.74
安徽省滁州市石油集团	Anhui Chuzhou Petroleum Group	39350	-295	107.23	3.53
安徽乐普生百货有限责任公司	Anhui Lepusheng Emporium Co., Ltd.	36144	566	88.55	15.88
安徽省医药股份有限公司	Anhui Medicine Co., Ltd.	35268	169	89.93	4.01
中国石油化工股份有限公司巢湖分公司	China Petrochemical Company Chaohu Branch	34255	581	60.33	3.64
芜湖南京新百大厦有限公司	Wuhu Nanjing Xinbai Mansion Co., Ltd.	34206	184	80.60	10.36
安徽省烟草公司马鞍山市公司	Anhui Cigarette Company Maanshan Branch	33478	3630	58.78	16.24
安徽省五矿发展进出口有限责任公司	Anhui Five Metals Minerals Development Import and Export Co., Ltd.	33296	236	85.44	1.09
中石化安徽马鞍山石油分公司	Anhui Petroleum Company Maanshan Branch	33126	700	61.08	4.68
宿州华夏商社	Suzhou Huaxia Mansion	32971	1103	42.99	7.00
蚌埠市百货大楼股份有限公司	Bengbu Department Mansion Co., Ltd.	32750	-459	94.30	7.35
安徽省烟草公司淮北市公司	Anhui Cigarette Company Huaibei Branch	32524	4062	23.19	16.62
安徽省阜阳商厦股份有限公司	Anhui Fuyang Department Mansion Co., Ltd.	32314	483	74.54	1.08
合肥安联电脑有限公司	Hefei Anlian Computer Co., Ltd.	31255	-270	92.15	0.23
安徽省石油公司淮北分公司	Anhui Petroleum Company Huaibei Branch	30914	745	76.98	4.95
宿州烟草公司	Suzhou Cigarette Company	30554	3227	53.23	14.87
安徽省烟草公司六安市公司	Anhui Cigarette Company Lu'an Branch	28468	3426	48.47	15.42
铜陵市烟草公司	Tongling Cigarette Company	28429	4063	48.09	17.59
合肥金保康药业有限公司	Hefei Jinbaokang Pharmaceutical Co., Ltd.	28401	7	82.25	0.74
黄山市石油公司	Huangshan Petroleum Company	27691	684	39.31	4.83
安徽省烟草公司巢湖市公司	Anhui Cigarette Company Chaohu Branch	27354	2786	52.82	15.67
中石化铜陵市分公司	Chian Petrochemical Co., Ltd. Tongling Branch	26702	-357	108.55	2.75
安徽惠风汽车销售有限责任公司	Anhui Huifeng Automobile Marketing Co., Ltd.	26495	885	77.91	4.68
安徽省丝绸股份有限公司	Anhui Silk Co., Ltd.	26187	19	67.03	2.91
南京医药合肥天润有限公司	Nanjing Pharmaceutical Hefei Tianrun Co., Ltd.	25996	671	87.86	6.85
安徽省石油公司宣城分公司	Anhui Petroleum Company Xuancheng Branch	25729	249	91.76	3.27
阜阳市新特药有限责任公司	Fuyang Special New Medicine Co., Ltd.	24927	30	94.00	1.29
安徽省烟草公司安庆市公司	Anhui Cigarette Company Anqing Branch	24364	3129	39.49	17.53
合肥百大合家福连锁超市有限责任公司	Hefei Department Mansion Hejiafu Chain Supermarket Co., Ltd.	24283	281	82.00	7.79
中国石油化工股份有限公司池州分公司	Chian Petrochemical Co., Ltd. Chizhou Branch	23723	401	61.16	5.03
巢湖金属材料总公司	Chaohu Metal Material Company	23058	96	85.90	2.86
安徽省工艺品贸易进出口有限公司	Anhui Handiwork Import and Export Co., Ltd.	23001	22	88.89	2.26
合肥大步汽车贸易有限公司	Hefei Dabu Automobile Marketing Co., Ltd.	22813	33	96.92	0.47
合肥汇江贸易有限责任公司	Hefei Huijiang Trade Co., Ltd.	22557	-34	93.94	0.14
合肥曼迪新药业有限公司	Hefei Mandi New Pharmaceutical Co., Ltd.	22365	144	64.23	1.90
安徽省皮革塑料工业公司	Anhui Leather and Plastic Industry Company	21881	-243	53.41	1.10
合肥市对外贸易五矿医保公司	Hefei Foreign Trade Five Metals Minerals and Medical Health Articles Company	21499	15	100.76	2.20

16—21 续表2 continued

单位：万元 (10000 yuan)

部门	Sector	商品销售收入 Sales Revenue	利税总额 Profit and Tax	资产负债率(%) Ratio of Libilities to Assets	销售利润率(%) Ratio of Rprofits to Sales Revenue
肥东县烟草公司	Feidong Cigarette Company	21452	2674	46.58	18.28
安徽省烟草公司滁州分公司	Anhui Cigarette Company Chuzhou Branch	21373	1973	35.50	12.50
安徽省烟草公司无为分公司	Anhui Cigarette Company Wuwei Branch	21115	2284	46.37	14.69
宁国市农业生产资料有限公司	Ningguo Agricultural Means of Product Co., Ltd.	20660	1435	59.90	6.52
合肥百盛逍遥广场有限公司	Hefei Beisheng Xiaoyao Square Co.Ltd.	20420	1180	71.19	10.36
合肥丰乐种业股份有限公司	Hefei Fengle Seed Co.Ltd.	20200	1399	46.09	16.70
中石化长江燃料有限公司芜湖分公司	Changjiang Fuel Co.Ltd. Wuhu Branch	19573	645	90.82	4.01
青岛润泰事业有限公司马鞍山分公司	Qingdao Runtai Industry Co., Ltd. Maanshan Branch	19445	-56	101.09	-2.43
肥西县烟草公司	Feixi Cigarette Company	19168	2411	32.06	17.35
安徽省安迈达进出口有限公司	Anhui Anmaida Import and Export Co.Ltd.	18900	236	90.19	2.91
蒙城县东方汽车销售服务有限公司	Mengcheng Dongfang Automobile Marketing and Service Co.Ltd.	18620	-47	91.83	0.30
庐江县烟草公司	Lujiang Cigarette Company	18546	1863	53.34	14.44
马鞍山市医药总公司	Maanshan Medicine Company	18388	72	82.68	5.94
舒城县烟草公司	Shucheng Cigarette Company	17962	2252	22.90	15.70
安徽力源工程机械有限公司	Anhui Liyuan Engineering and Machinery Co.Ltd.	17635	-78	92.66	0.07
芜湖世纪联华发展有限公司	Wuhu Shiji Lianhua Development Co.Ltd.	17568	38	95.08	-5.08
安徽省盐业公司	Anhui Salt Company	17226	1786	76.64	9.36
安徽中油江淮石油有限公司	Anhui Zhongyou Jianghuai Petroleum Co.Ltd.	17122	46	-8.35	1.72
宿州美惠多超市	Suzhou Huimeiduo Supermarket	17000	501	71.30	6.63
合肥速达燃料公司	Hefei Suda Fuel Company	16819	104	15.88	2.05
寿县烟草公司	Shouxian Cigarette Company	16737	1909	32.59	16.14
枞阳烟草公司	Zongyang Cigarette Company	16718	1740	26.72	15.20
霍邱县烟草公司	Huoqiu Cigarette Company	16661	828	47.03	16.13
北京华联综合超市股份有限公司安徽四分公司	Beijing Hualian Supermarket Co.Ltd. Anhui No.4 Branch	16565	760	72.48	4.80
合肥松联通讯器材有限公司	Hefei Songlian Communication Equipment Co., Ltd.	16486	37	96.28	-0.05
安徽省粮油储运公司	Anhui Grain and Oil Storing and Transporting Company	16454	534	40.14	2.50
合肥TCL电器销售有限公司	Hefei TCL Electric Appliances Marketing Co.Ltd.	16339	15	124.58	-0.03
阜阳华联超市有限公司	Fuyang Hualian Supermarket Co.Ltd.	16234	111	69.53	2.18
安徽茶叶进出口有限公司	Anhui Tea Import & Export Company	15967	301	77.33	5.99
安徽安田汽车贸易有限公司	Anhui Antian Automobile Marketing Co.Ltd.	15796	877	45.11	8.04
蚌埠市汉福对外贸易公司	Bengbu Hanfu Foreign Trade Company	15659	-28	119.02	1.87
桐城市烟草公司	Tongcheng Cigarette Company	15510	1687	24.35	16.39
北京华联综合超市股份有限公司安徽一分公司	Beijing Hualian Supermarket Co.Ltd. Anhui No.1 Branch	15507	967	49.14	5.82
一汽蒙城服务站有限公司	No.1 Automobile Company Mengcheng Service Station Co.Ltd.	15477	5	65.24	0.19
芜湖商之都商贸有限责任公司	Wuhu Shangzhidu Commercial and Trade Co.Ltd.	15475	87	69.11	7.79
上海汽车工业供销公司安徽联营公司	Anhui Joint Company of Shanghai Automobile Industry Supply and Marketing Company	15474	52	74.95	2.57
华联商厦有限责任公司	Hualian Mansion Co.Ltd.	15199	163	94.40	6.36
安徽天通汽车贸易有限公司	Anhui Tiantong Automobile Trade Co., Ltd.	14682	1975	38.57	13.78
安徽省棉麻公司	Anhui Cambric Company	14569	203	65.48	3.64
安徽苏宁电器有限公司	Anhui Suning Electric Appliances Co.Ltd.	14296	35	82.08	-1.90
芜湖市二环石油公司	Wuhu Erhuan Petroleum Group	14293	-45	61.53	3.32

16—21 续表3 continued

单位：万元

(10000 yuan)

部门	Sector	商品销售收入 Sales Revenue	利税总额 Profit and Tax	资产负债率(%) Ratio of Libilities to Assets	销售利润率(%) Ratio of Rprofits to Sales Revenue
阜阳市石油有限责任公司	Fuyang Petroleum Co.Ltd.	13888	18	38.18	1.58
安徽省烟草公司长丰县公司	Anhui Cigarette Company Changfeng Branch	13788	1423	10.93	16.38
安徽伟业汽车贸易有限公司	Anhui Weiye Automobile Marketing Co.Ltd.	13694	350	62.35	4.71
阜阳医药采供站有限责任公司	Fuyang Medicine Purchasing and Supplying Station Co., Ltd.	13514	1	121.09	1.21
安徽省和县烟草专卖局	Anhui Hexian Monopoly Bureau of Tobacco	13262	1571	47.74	16.28
商之都有限公司	Shangzhidu Co., Ltd.	13058	76	96.40	11.06
立扬数控设备合肥有限公司	Liyang Numerical Control Device Hefei Co.Ltd.	12927	851	71.10	8.55
长安汽车合肥分公司	Changan Automobile Company Hefei Branch	12623	-61	166.51	-0.14
阜阳国贸商城有限公司	Fuyang Guomao Mansion Co.Ltd.	12584	489	89.49	6.89
淮南市新欣医药有限公司	Huainan Xinxin Pharmaceutical Co.Ltd.	12505	-64	88.77	6.42
中国石油化工股份有限公司亳州分公司	China Petrochemical Co.,Ltd. Bozhou Branch	12413	-1135	97.08	-0.13
马鞍山市中大汽车贸易有限公司	Maanshan Zhongda Automobile Marketing Co.Ltd.	12368	55	63.02	1.75
安徽省服装鞋帽工业(集团)公司	Anhui Clothing Footwear and Cap Industry (Group) Company	12343	37	71.77	2.75
安徽新华书店图书音像发行有限公司	Anhui Xinhua Bookstore Book and Audio video Distribution Company	12312	400	86.21	6.84
合肥市轻工工艺品有限责任公司	Hefei Light Industrial Handiworks Co.Ltd.	12307	6	111.99	1.10
合肥市银山棉麻有限公司	Hefei Yinshan Cambric Co., Ltd.	12240	99	87.36	7.72
安徽省交通物资供应公司	Anhui Transportation Material Supplying Company	12054	67	97.60	3.14
合肥百货大楼集团商业大厦有限责任公司	Hefei Commercial Mansion Co.Ltd.	12054	-3	20.99	6.89
合肥永信信息产业股份有限公司	Hefei Yongxin Information Industry Co., Ltd.	12015	-70	46.14	-0.94
中国烟草总公司安徽省公司宿松县公司	China Cigaette Company Anhui Susong Branch	11943	1214	37.31	15.72
怀宁县烟草公司	Huaining Cigaette Company	11941	1645	29.29	18.15
马鞍山市珍味南北货有限责任公司	Maanshan Zhenwei Sundry Goods Co.Ltd.	11928	-2	95.57	3.45
安徽鸿泰交家电(集团)有限公司	Anhui Hongtai Hardware (Group) Co.Ltd.	11850	27	80.12	2.32
上海市医药股份有限责任公司安庆公司	Shanghai Pharmaceutical Co.Ltd. Anqing Branch	11848	42	87.12	5.50
合肥对外经济技术合作公司	Hefei Foreign Economic and Technology Cooperative Company	11721	94	94.10	3.09
中国烟草总公司定远县公司	China Cigarette Company Dingyuan Branch	11582	737	59.22	14.23
灵璧县烟草公司	Lingbi Cigarette Company	11508	415	41.48	29.90
安徽省机械发展进出口有限公司	Anhui Machinery Development Import and Export Co.Ltd.	11473	170	84.87	3.26
天长市烟草公司	Tianchang Cigarette Company	11285	1214	33.08	16.25
萧县烟草公司	Xiaoxian Cigarette Company	11164	787	42.57	11.43
阜阳市康泰药业有限责任公司	Fuyang Kangtai Pharmaceutical Co., Ltd.	11120	3	96.67	0.50
安庆医药(站)有限公司	Anqing Pharmaceutical (Station) Co.Ltd.	11116	21	74.93	5.78
合肥英普特汽车销售有限公司	Hefei Yingpute Automobile Marketing Co.Ltd.	11095	-21	82.33	0.02
合肥江北机械有限公司	Hefei Jiangbei Machinery Co.Ltd.	11003	5	98.50	1.08
合肥市迪迈药械有限公司	Hefei Dimai Pharmaceuticals and Medical Instruments Company	10989	19	99.50	2.26
安徽阜阳和华百货有限公司	Fuyang Hehua Sundry Goods Co.Ltd.	10847	-119	80.01	5.74
滁州市烟草公司凤阳营销部	Chuzhou Cigarette Company Fengyang Sales Department	10700	386	37.45	12.10
安徽省烟草公司明光市公司	Anhui Cigarette Company Mingguang Branch	10529	701	48.80	11.83
安徽省裕安复合肥原料有限公司	Anhui Yu'an Raw Material of Compound Fertilizer Co., Ltd.	10468	15	78.13	2.11
安徽省土产进出口公司	Anhui Local Product Import and Export Co.Ltd.	10329	-1116	33.10	3.95
安徽古井赛特购物有限责任公司	Anhui Gujing Saite Purchasing Co.Ltd.	10209	338	103.56	10.29

16—21 续表4 continued

单位：万元 (10000 yuan)

部 门	Sector	商品销售收入 Sales Revenue	利税总额 Profit and Tax	资产负债率(%) Ratio of Libilities to Assets	销售利润率(%) Ratio of Rprofits to Sales Revenue
合肥中油石油销售有限公司	Hefei Zhongyou Petroleum Marketing Co.Ltd.	10182	6	68.43	0.92
安庆市国际贸易有限公司	Anqing International Trade Co., Ltd.	9927	-3	86.51	1.02
安庆金华联超市有限责任公司	Anqing Jinhualian Supermarket Co., Ltd.	9788	37	95.85	-0.28
合肥市安远进出口有限责任公司	Hefei Anyuan Import and Export Co.Ltd.	9778	8	84.38	0.93
宣城市医药有限公司	Xuancheng Medicine Co.Ltd.	9774	82	79.24	5.01
庐江县安德利贸易中心	Lujiang Andeli Trade Center	9636	20	88.12	4.02
安徽省纺织品发展进出口有限责任公司	Anhui Fabrics Development Import and Export Co.Ltd.	9391	232	82.57	5.00
安徽复兴汽车有限责任公司	Anhui Fuxing Automobile Co., Ltd.	9371	24	34.85	2.38
中国第一汽车集团贸易公司安徽联合公司	Anhui Joint Company of China No.1 Automobile Group Trade Company	9300	-22	180.46	1.56
安徽合力机械进出口公司	Anhui Heli Machinery Import and Export Co.Ltd.	9224	452	83.88	2.56
安徽烟草公司含山县公司	Anhui Cigarette Company Hanshan Branch	9181	933	56.16	16.10
安徽省农业机械公司	Anhui Agricultural Machinery Company	9170	-290	62.67	-1.08
贵池市粮食购销公司	Guichi Grain Buying and Selling Company	9153	-4705	141.57	-14.02
潜山县烟草公司	Qianshan Cigarette Company	9068	933	36.03	15.31
安徽金通汽车贸易有限公司	Anhui Jintong Automobile Marketing Co., Ltd.	9044	13	86.30	2.24
合肥世纪联华发展有限公司	Hefei Shiji Lianhua Development Co.Ltd.	9000	-179	92.66	-10.43
淮南市潘集区粮油食品总公司	Huainan Panji Distric Grain and Oil Company	8983	-306	93.79	-5.34
安徽亳州涡阳石油公司	Guoyang Petroleum Company of Bozhou, Anhui	8874	345	57.07	4.15
中国化工建设安徽公司	China Chemical Industry Company Anhui Branch	8828	20	77.27	3.53
嘉陵集团销售有限责任公司	Jialing Group Marketing Co.Ltd.	8775	10	93.70	0.47
砀山县烟草公司	Dangshan Cigarette Company	8662	662	32.61	11.92
望江县烟草公司	Wangjiang Cigarette Company	8603	1063	27.19	17.06
芜湖安奇汽车销售服务有限公司	Wuhu Anqi Automobile Sales and Service Co.Ltd.	8442	35	95.40	3.18
安徽江铃汽车销售有限公司	Anhui Jiangling Automobile Marketing Co.Ltd.	8425	-14	73.46	3.30
宿州粮库	Suzhou Grain Store House	8388	26	64.90	-5.92
滁州市南谯区粮食局珠龙中心粮站	Chuzhou Nanqiao District Zhulong Grain Station	8353	-110	126.99	-0.71
全椒县城关粮油购销公司	Quanjiao Chengguan Grain and Oil Buying and Selling Company	8349	-761	137.24	-11.70
豪爵摩托车销售有限公司	Haojue Motorcycle Marketing Co.Ltd.	8333	19	96.18	2.46
安徽省国泰医药有限公司]	Anhui Guotai Pharmaceutical Co.Ltd.	8303	2	101.29	4.98
阜阳市东方汽车贸易有限责任公司	Fuyang Dongfang Automobile Marketing Co., Ltd.	8199	6781	70.91	82.89
马鞍山市锦华百货有限公司	Maanshan Jinhua Deparment Co.Ltd.	8153	14	82.14	2.01
合肥长江石油有限责任公司	Hefei Changjiang Petroleum Co., Ltd.	8012	-41	72.02	2.22
安庆石化庆达石油化工联合开发公司	Anqing Petroleum Company Qingda Petrochemical Joint Development Company	7980	46	42.28	4.39
宁国市再生资源有限公司	Ningguo Reclaimed Resource Co., Ltd.	7924	17	80.94	0.66
蚌埠市龙兴农机公司	Bengbu Longxing Farm Machinery Company	7914	9	92.58	1.56
合肥桐园商贸有限责任公司	Hefei Tongyuan Commercial and Trade Co.Ltd.	7861	23	94.57	-0.33
安徽凯帆化工有限公司	Anhui Kaifan Chemical Industry Co., Ltd.	7808	115	16.40	3.01
安徽省金寨县烟草专卖局	Anhui Jinzhai Monopoly Bureau of Tobacco	7804	743	30.33	16.03
安徽安天机电工程有限公司	Anhui Antian Electromechanical Engineering Co.Ltd.	7791	69	63.52	2.16
天长市市郊粮油集团公司	Tianchang Suburb Grain and Oil Group Company	7695	-301	129.86	-4.01
全椒县烟草公司	Quanjiao Cigarette Company	7694	735	25.60	14.80
安徽猎豹汽车销售有限公司	Anhui Liebao Automobile Marketing Co.Ltd.	7604	-20	46.38	-0.22

16—21 续表5 continued

单位：万元 (10000 yuan)

部门	Sector	商品销售收入 Sales Revenue	利税总额 Profit and Tax	资产负债率(%) Ratio of Libilities to Assets	销售利润率(%) Ratio of Rprofits to Sales Revenue
天长市铜城镇粮油公司	Tianchang Tongcheng Town Grain and Oil Company	7582	-1520	149.01	-30.25
合肥市新华书店	Hefei Xinhua Bookstore	7528	435	28.55	12.70
当涂县银星棉麻(集团)公司	Dangtu Yinxing Cambric (Group) Company	7486		95.51	3.27
蚌埠环球药业集团	Bengbu Huanqiu Pharmaceutical Group	7434	-42	82.46	9.32
来安县水口粮油中心站	Laian Shuikou Grain and Oil Station	7390	-519	122.23	-6.21
巢湖市新力化工有限公司	Chaohu Xinli Chemical Industry Co.Ltd.	7384	23	79.89	1.02
合肥市糖业烟酒有限责任公司	Hefei Sugar Tobacco & Wine Co.Ltd.	7181	18	66.62	4.42
安徽省烟草公司泗县公司	Anhui Cigarette Company Sixian Branch	7169	502	37.75	11.48
太湖县烟草公司	Taihu Cigarette Company	7120	577	36.27	14.41
来安县烟草公司	Laian Cigarette Company	6984	655	26.50	14.64
亳州市农业机械供应公司	Bozhou Farm Machinery Supplying Company	6957	-42	91.22	2.17
安徽教育出版社文教书店	The Cultural and Educational Bookstore of Anhui Educational Publishing House	6935	58	97.29	0.58
全椒县古河粮油购销公司	Quanjiao Guhe Grain and Oil Burying and Selling Company	6928	-241	118.40	-5.00
阜阳众诚药业有限责任公司	Fuyang Zhongcheng Pharmaceutical Company	6865	3	143.44	0.37
惠州TCL电器有限公司阜阳经营部	Huizhou TCL Company Fuyang Branch	6797	33	92.38	0.48
滁州市金达石油有限公司	Chuzhou Jinda Petroleum Co., Ltd.	6730	35	58.40	5.14
定远县粮食局藕塘粮油中心站	Dingyuan Outang Grain and Oil Station	6673	-654	130.16	-1.42
怀远县棉麻公司	Huaiyuan Cambric Company	6629	16	125.53	7.96
来安县城郊中心站	Laian Suburban Station	6590	-290	128.33	-5.34
定远县粮油食品局定城中心站	Dingyuan Grain and Oil Bureau Dingcheng Station	6533	-711	133.05	-5.13
安徽省烟草公司霍山县公司	Anhui Cigarette Company Huoshan Branch	6486	769	27.72	16.82
合肥市纺织进出口公司	Hefei Texile Import and Export Company	6397	25	106.22	1.87
巢湖市粮油储运总公司	Chaohu Grain and Oil Storing and Transporting Company	6392	-585	107.73	-4.31
安徽商之都巢湖商场	Anhui Shangzhidu Chaohu Department Store	6368	228	88.37	9.39
定远县池河粮油中心站	Dingyaun Chihe Grain and Oil Station	6329	-272	129.77	-0.64
安徽商之都亳州商场	Anhui Shangzhidu Bozhou Department Store	6326	34	84.88	6.10
安庆药业有限公司	Anqing Pharmaceutical Company	6302	-34	109.72	3.40
马鞍山市新亚百货大楼	Maanshan Xinya Department Store	6269	-160	103.56	10.22
安徽省兴农土产日杂有限公司	Anhui Xingnong Local Products Co.Ltd.	6256	87	84.48	3.18
安徽省华隆资源再生有限责任公司	Anhui Hualong Reclaimed Resource Co.Ltd.	6250	-507	124.08	2.51
安徽省东南汽车贸易有限公司	Anhui Dongnan Automobile Marketing Co., Ltd.	6236	44	91.46	1.86
定远县粮油食品局张桥粮油中心站	Dingyuan Grain and Oil Bureau Zhangqiao Station	6228	-761	143.45	-2.85
黄山新安农资有限公司	Huangshan Agricultural Means of product Co.Ltd.	6182	25	84.48	3.54
安徽省石油公司东至分公司	Anhui Petroleum Company Dongzhi Branch	6129	266	49.64	4.63
庐江县石油公司	Lujiang Petroleum Company	6044	36	60.27	0.83
安徽丰原铜陵市医药有限公司	Anhui Fengyuan Tongling Pharmaceutical Co., Ltd.	5943	24	81.12	9.94
芜湖市三鼎日用品进出口有限公司	Wuhu Sanding Daily Articles Import and Export Co., Ltd.	5918	-1	77.91	2.42
芜湖市电子进出口公司	Wuhu Electron Import & Export Company	5913	24	87.63	2.66
岳西县烟草公司	Yuexi Cambric Company	5881	452	27.26	15.10
淮北市宏源贸易有限公司	Huaibei Hongyuan Trade Co.Ltd.	5814	13	81.49	2.03
滁州家电有限责任公司	Chuzhou Domestic Electrical Appliance Co.Ltd.	5800	7	89.52	1.71
芜湖经济技术进出口有限公司	Wuhu Economy and Technology Import and Export Co.Ltd.	5760	4	89.47	0.79

16—21 续表6 continued

单位：万元 (10000 yuan)

部门	Sector	商品销售收入 Sales Revenue	利税总额 Profit and Tax	资产负债率(%) Ratio of Libilities to Assets	销售利润率(%) Ratio of Rprofits to Sales Revenue
铜陵市鸿泰家电有限责任公司	Tongling Hongtai Household Electrical Appliance Co., Ltd.	5753	6	72.71	2.03
池州市电力物资有限公司	Chizhou Power Material Co., Ltd.	5718	6	93.76	-2.57
淮南市新华书店	Huainan Xinhua Bookstore	5694	186	56.28	13.66
青阳县粮食购销有限责任公司	Qingyang Grain Buying and Selling Co., Ltd.	5564		177.43	-5.03
定远县粮油食品局吴圩粮油中心站	Dingyuan Wuwei Grain and Oil Station	5522	-859	146.77	-2.43
上海医药黄山分公司	Shanghai Pharmaceutical Company Huangshan Branch	5516	75	87.56	7.67
安徽省安保药业有限公司	Anhui Anbao Pharmaceutical Company	5505	12	78.23	1.16
怀宁县物资集团有限公司	Huaining Material Group Co., Ltd.	5366	288	92.13	2.71
马鞍山市华联商厦	Maanshan Hualian Manison	5357	52	99.16	12.83
滁州市白云商厦	Chuzhou Baiyun Manison	5344	-89	80.87	1.79
全椒县农业生产资料公司	Quanjiao Agricultural Means of product Company	5316		219.96	0.28
安徽省通达燃料有限公司	Anhui Tongda Fuel Co., Ltd.	5302	-37	76.26	3.92
滁州商之都有限责任公司	Chuzhou Shangzhidu Co.Ltd.	5300	-40	44.43	9.22
临泉县棉麻公司	Linquan Cambric Company	5256	13	171.42	2.82
蒙城县石油公司	Mengcheng Petroleum Company	5245	212	24.23	4.38
合肥市曙光商厦	Hefei Shuguang Mansion	5217	-9	67.52	6.51
滁州市南谯区粮食局乌衣中心粮站	Chuzhou Nanqiao District Wuyi Grain Station	5206	-196	126.76	-2.11
安徽省印刷物资公司	Anhui Printing Material Company	5197	-19	50.61	2.49
合肥宗申摩托车销售有限公司	Hefei Zongshen Motorcycle Marketing Co.Ltd.	5159	-29	98.42	0.29
阜阳第一药业有限公司	Fuyang No.1 Pharmaceutical Company	5126	-42	95.84	1.88
安徽昌河汽车销售有限公司	Anhui Changhe Automobile Marketing Co., Ltd.	5100	49	87.45	2.17
安庆市化工轻工有限责任公司	Anqing Chemical and Light Industry Co.Ltd.	5053	-38	103.18	0.52
宣城市宣州区粮食局市区中心粮油管理站	Xuanzhou Distric Urban Grain and Oil Station	5037	-1404	110.00	-12.36
合肥迪信通通信技术有限公司	Hefei Dixintong Communication Technology Co., Ltd.	4964	6	66.71	0.88
安徽银利信息科技有限公司	Anhui Yinli Information Science and Technology Co., Ltd.	4935	5	92.20	3.60
霍邱县石油公司	Huoqiu Petrochemical Company	4913	166	79.09	7.96
安徽省医药贸易有限责任公司	Anhui Pharmaceutical Trade Co.Ltd.	4892	9	93.19	1.85
全椒县二郎粮油购销公司	Quanjiao Erlang Grain and Oil Burying and Selling Company	4863	-215	119.43	-8.19
安徽省棉麻公司安庆分公司	Anhui Cambric Company Anqing Branch	4750	-1106	168.47	0.70
广德县医药药材采购供应公司	Guangde Medicine and Crude Drugs Purchasing and Supplying Company	4743	-43	89.75	2.09
安徽省电通家电有限责任公司	Anhui Diantong Domestic Electrical Appliance Co.Ltd.	4669	-33	84.92	0.33
安徽蜂星生达通信设备有限责任公司	Anhui Fengxingshengda Communication Equipment Co., Ltd.	4605	-126	82.47	-1.19
芜湖药材采购供应站	Wuhu Crude Drugs Purchasing and Supplying Station	4584	-160	111.78	1.95
合肥市燃料总公司	Hefei Fuel Company	4574	17	67.89	13.79
安徽力讯科技发展有限公司	Anhui Lixun Science and Technology Development Co., Ltd.	4574	15	62.77	0.87
宿州新华书店	Suzhou Xinhua Bookstore	4548	196	53.29	8.44
凤阳县总铺中心粮站	Fengyang Zongpu Grain Station	4543	-609	135.79	-5.11
马鞍山市东方红副食品公司	Maanshan Dongfanghong Foodstaffs Company.	4520	19	88.81	5.17
淮南高科技器材公司	Huainan High S&T Instrument Company	4496	-108	114.16	0.94
安徽巢湖华电超市有限责任公司	Chaohu Huadian Supermarket Co.Ltd.	4453	34	7.84	2.35
安徽五星电器有限公司	Anhui Wuxing Electric Appliances Co., Ltd.	4437	20	91.65	-4.47
合肥电信实业有限责任公司	Hefei Telecommunication Industry Co., Ltd.	4404	526	18.56	6.63

16—21 续表7 continued

单位：万元 (10000 yuan)

部门	Sector	商品销售收入 Sales Revenue	利税总额 Profit and Tax	资产负债率(%) Ratio of Libilities to Assets	销售利润率(%) Ratio of Rprofits to Sales Revenue
桐城市医药公司	Tongcheng Pharmaceutical Company	4396	4	77.69	5.94
安庆市化工总厂工贸公司	Anqing Chemical Works Industry Trade Company	4370	-131	107.93	-2.24
合肥民生汽车服务有限公司	Hefei Minsheng Automobile Service Co., Ltd.	4346	1	44.70	8.08
砀山县食品公司	Dangshan Food Company	4327	12	60.85	3.79
合肥光明乳业销售有限公司	Hefei Guangming Dairy Marketing Co.Ltd.	4307	-47	95.14	-1.38
怀宁县粮食局直属粮站	Huaining Grain Station Directly Under the Grain Bureau	4307	-981	117.06	-4.17
阜阳市聚信百货有限公司	Fuyang Juxin Department Co.Ltd.	4286	22	78.42	1.19
合肥粮食购销有限公司	Hefei Grain Buying and Selling Co., Ltd.	4273	2	94.71	0.23
芜湖县生产资料服务公司	Wuhu County Means of Product Service Company	4260	18	84.64	2.11
六安市金安区三十铺粮油中心站	Lu'an Jin'an District Sanshipu Grain and Oil Station	4238	-634	110.29	-4.70
滁州市第一棉麻公司	Chuzhou No.1 Cambric Company	4221	2	109.79	5.38
天长市秦楠粮油集团公司	Tianchang Qinnan Grain and Oil Group Company	4204	-670	124.94	-7.99
怀宁县新安中心粮油管理站	Huaining Xin'an Grain Station	4103	-427	102.20	-1.70
来安县施官粮油中心站	Laian Shiguan Grain and Oil Station	4096	-215	123.34	-6.16
涡阳县食品公司	Guoyang Food Company	4096	10	80.46	1.26
安徽省农业机械公司蚌埠分公司	Anhui Farm Machinery Company Bengbu Branch	4093	-179	59.68	0.33
全椒县马厂粮油购销公司	Quanjiao Machang Grain and Oil Buying and Selling Company	4055		146.25	-10.09
安徽少年儿童图书发行部	Anhui Children's Book Distributor	4047	-56	94.70	-0.19
合肥龙津商贸有限责任公司	Hefei Longjin Trade Co., Ltd.	4012	26	92.44	0.50
霍邱县棉花公司	Huoqiu Cotton Company	4007	-81	·24.00	20.80
阜阳市颍东广播电视服务中心	Fuyang Yingdong Radio and TV Service Center	3992	2	103.02	-1.12
芜湖市新机电设备有限公司	Wuhu Xin Mechanical and Electrical Equipment Co.Ltd.	3982	-14	83.96	0.86
涡阳县棉麻公司	Guoyang Cambric Company	3960	2	99.23	5.18
安徽威特曼医药有限公司	Anhui Weiteman Pharmaceutical Co.Ltd.	3957	-16	97.94	0.06
芜湖石油公司长江经贸公司	Wuhu Petroleum Company Changjiang Petrochemical Company	3924	7	81.49	0.60
巢湖市服装进出口公司	Chaohu Clothing Import and Export Company	3916	5	68.90	0.89
阜阳市颍东食品公司	Fuyang Yingdong District Food Company	3902	13	66.34	1.05
阜阳市新华书店	Fuyang Xinhua Bookstore	3900	242	47.52	6.50
全椒县武岗粮油购销公司	Quanjiao Wugang Grain and Oil Buying and Selling Company	3897	-360	130.21	-13.48
安徽省水利物资供销公司	Anhui Water Conservancy Material Supply and Marketing Company	3893	9	72.31	2.33
合肥第二粮食库	Hefei No.2 Grain Store House	3880	-472	88.47	-7.86
安徽省风度汽车销售服务有限公司	Anhui Fengdu Automobile Marketing and Service Co., Ltd.	3877	-10	16.67	0.59
天长市汊涧粮油集团公司	Tianchang Chajian Grain and Oil Group Company	3848	-966	134.95	-4.21
滁州市商贸超市有限责任公司	Chuzhou Shangmao Supermarket Co., Ltd.	3806	6	95.62	2.52
安徽新华夏汽车销售有限公司	Anhui Xinhuaxia Automobile Marketing Co., Ltd.	3783	-13	42.06	1.60
淮北市淮海商场有限责任公司	Huaibei Huaihai Mansion Co.Ltd.	3768	-277	91.22	3.85
怀宁县高河镇中心粮油管理站	Huaining Gaohe Town Grain and Oil Station	3746	-493	103.25	-2.31
合肥国脉有限公司	Hefei Guomai Co., Ltd.	3736	7	86.95	1.93
定远县粮油食品局永康分公司	Dingyuan Grain and Oil Bureau Yongkang Branch	3716	-784	251.89	-4.25
庐江县百货有限公司	Lujiang Emporium Co.Ltd.	3708	-53	139.55	17.46
合肥市盐业有限责任公司	Hefei Salt Co., Ltd.	3706	408	51.37	20.15
巢湖市医药总公司	Chaohu Pharmaceutical Company	3693	-114	82.32	6.07

16—21 续表8 continued

单位：万元 (10000 yuan)

部门	Sector	商品销售收入 Sales Revenue	利税总额 Profit and Tax	资产负债率(%) Ratio of Libilities to Assets	销售利润率(%) Ratio of Rprofits to Sales Revenue
合肥钢铁集团富海经贸有限责任公司	Hefei Iron and Steel Group Fuhai Trade Co., Ltd.	3691	1	67.58	0.63
六安市新华书店	Lu'an Xinhua Bookstore	3659	289	68.22	7.90
阜阳宏利再生资源有限公司	Fuyang Hongli Reclaimed Resource Co., Ltd.	3628	17	37.30	1.51
安庆盐业有限公司	Anqing Salt Co., Ltd.	3615	154	68.61	15.77
桐城市食品公司	Tongcheng Food Company	3608	244	141.11	3.04
安徽万花商业连琐超市有限责任公司	Anhui Wanhua Chain Supermarket Co.Ltd.	3553	43	51.75	2.34
阜阳驭鹏轮胎公司	Fuyang Yupeng Tire Co.Ltd.	3552	4	65.23	0.72
和县新桥粮食购销有限责任公司	Hexian Xinqiao Grain Buying and Selling Co., Ltd.	3517	150	119.16	-3.41
马鞍山新百购物中心	Maanshan Xinbai Shopping Center	3477	58	56.11	10.50
凤阳县小溪河中心粮站	Fengyang Xiaoxihe Grain Station	3472	-560	142.72	-4.79
安徽华氏医药有限公司	Anhui Huashi Pharmaceutical Co.Ltd.	3443	48	81.86	6.66
淮北市副食品大楼	Huaibei Foodstaffs Mansion	3404	-91	88.31	4.59
安徽省金华泰实业有限公司	Anhui Jinhuatai Industry Co.Ltd.	3395	-34	100.05	9.25
阜阳市颍东区谷丰粮食购销有限公司	Fuyang Yingdong District Grain Buying and Selling Co., Ltd.	3373	-78	106.04	-7.20
铜陵县棉麻公司	Tongling Cambric Company	3366	-24	145.23	7.58
阜南县农资公司	Funan Agricultural Material Company	3356	-3	95.46	0.34
国投药业安徽有限公司	Anhui Guotou Pharmaceutical Company	3345	-102	50.27	9.40
枞阳棉麻公司	Zongyang Cambric Company	3339	8	89.71	18.71
安徽鸿宇包装进出口公司	Anhui Hongyu Wrappings Import and Export Company	3334	20	73.80	0.22
太湖县石油公司	Taihu Petroleum Company	3313	-4	53.34	1.74
安徽省二轻供销公司	Anhui No.2 Light Industry Supply and Marketing Company	3301	-114	33.31	-1.01
安徽省南翔贸易(集团)有限公司	Anhui Nanxiang Trade (Group) Co., Ltd.	3298	8830	41.62	0.10
安徽五交化马鞍山有限责任公司	Anhui Hardware Maanshan Co., Ltd.	3269	-28	110.67	1.64
天长市棉麻总公司	Tianchang Cambric Company	3266	14	67.69	9.96
安徽商之都舒城商场	Anhui Shangzhidu Shucheng Emporium	3233	11	17.12	7.19
太和县新华书店	Taihe Xinhua Bookstore	3228	119	36.70	10.63
定远县粮食局炉桥粮油中心站	Dingyuan Grain and Oil Bureau Luqiao Station	3213	-480	169.57	-8.80
滁州市南谯区粮油食品局沙河中心粮站	Chuzhou Nanqiao District Shahe Grain Station	3194	-231	129.45	-3.08
合肥英特进出口有限责任公司	Hefei Yingte Import and Export Co.Ltd.	3164	9	58.50	1.58
安徽省淮北市新华书店	Huaibei Xinhua Bookstore	3164	95	74.28	8.18
天长金集粮油集团公司	Tianchang Jinji Town Grain and Oil group Company	3141	-232	135.88	-67.34
濉溪县新华书店有限公司	Suixi Xinhua Bookstore Co., Ltd.	3112	98	34.41	10.15
苏果超市马鞍山有限公司	Suguo Supermarket Maanshan Co., Ltd.	3110	-222	52.15	-7.51
上海家得利超市有限公司铜陵分公司	Shanghai Jiadeli Supermarket Co., Ltd. Tongling Branch	3110	-30	115.18	-9.11
阜阳百货大楼(集团)股份有限公司	Fuyang Department Mansion (Group) Co.Ltd.	3097	19	187.81	5.81
天长市五交化公司	Tianchang Hardware Company	3048	-9	38.75	-0.01
安徽瑞泰经济发展有限责任公司	Anhui Ruitai Economy Development Co., Ltd.	3046	-112	73.55	0.42
合肥亚夏大名汽车销售服务有限公司	Hefei Yaxia Daming Automobile Marketing and Service Co., Ltd.	3044	4	55.78	-1.37
上海农工商(马鞍山)超市有限公司	Shanghai Nonggongshang (Maanshan) Supermarket Co., Ltd.	3027	-291	108.38	-11.51
岳西石油有限公司	Yuexi Petroleum Co., Ltd.	3007	-14	93.82	3.73
安徽省亳州新华书店有限公司	Anhui Bozhou Xinhua Bookstore Co., Ltd.	3007	74	10.38	7.45
合肥惠益纸业有限责任公司	Hefei Huiyi Paper Co., Ltd.	3004	2	14.37	0.29

主要统计指标解释

社会消费品零售总额 指国民经济各行业直接售给城乡居民和社会集团的消费品总额。它是反映各行业通过多种商品流通渠道向居民和社会集团供应的生活消费品总量，是研究国内零售市场变动情况、反映经济景气程度的重要指标。

社会消费品零售总额包括：⑴售给城乡居民作为生活用的商品和修建房屋用的建筑材料；⑵售给社会集团的各种办公用品和公用消费品；⑶售给机关、团体、学校、部队、企业、事业单位的职工食堂和旅店(招待所)附设专门供本店旅客食用，不对外营业的食堂的各种食品、燃料；企业、单位和国营农场直接售给本单位职工和职工食堂的自己生产的产品；⑷售给部队干部、战士生活用的粮食、副食品、衣着品、日用品、燃料；⑸售给来华的外国人、华侨、港澳台同胞的消费品；⑹居民自费购买的中、西药品、中药材及医疗用品；⑺报社、出版社直接售给居民和社会集团的报纸、图书、杂志，集邮公司出售的新、旧纪念邮票、特种邮票、首日封、集邮册、集邮工具等；⑻旧货寄售商店自购、自销部分的商品；⑼煤气公司、液化石油气站售给居民和社会集团的煤气灶具和罐装液化石油气；⑽农民售给非农业居民和社会集团的商品。不包括售给国民经济各部门企业、事业单位(包括国有经济的农场)生产经营用的各种原材料、燃料、设备、工具等和售给批发零售贸易业、餐饮业作为转卖用的商品，旧货寄售商店受托寄售卖出的商品，服务业的营业收入，邮局出售邮票的收入，自来水、电力、煤气生产(供应)单位的产品供应收入，也不包括农民之间的商品销售。

批发零售贸易业商品购、销、存总额 指各种登记注册类型的批发、零售贸易业(不包括个体)企业（单位）以本企业（单位）为总体的商品购进、销售、库存总额。

商品购进总额 指从本企业(单位)以外的单位和个人购进(包括从境外直接进口)作为转卖或加工后转卖的商品总额。它反映批发零售贸易业从国内、国外市场上购进商品的总量。商品购进总额包括：⑴从工农业生产者购进的商品；⑵从出版社、报社的出版发行部门购进的图书、杂志和报纸；⑶从各种登记注册类型的批发零售贸易企业(单位)购进的商品；⑷从其他单位购进的商品，如从机关、团体、企业等单位购进的剩余物资，从餐饮业、服务业购进的商品，从海关、市场管理部门购进的缉私和没收的商品，从居民手中收购的废旧商品等；⑸从国(境)外直接进口的商品。不包括企业(单位)为自身经营用和未通过买卖行为而收入的商品以及销售退回、商品升溢等。

商品销售总额 指对本企业(单位)以外的单位和个人出售(包括对境外直接出口)的商品总额。它反映批发零售贸易业在国内市场上销售商品以及出口商品的总量。商品销售总额包括：⑴售给城乡居民和社会集团消费用的商品；⑵售给工业、农业、建筑业、运输邮电业、批发零售贸易业、餐饮业、服务业等作为生产、经营使用的商品；⑶售给批发零售贸易业作为转卖或加工后转卖的商品；⑷对国(境)外直接出口的商品。不包括出售本企业(单位)自用的废旧包装用品；未通过买卖行为付出的商品；经本单位介绍，由买卖双方直接结算，本单位只收取手续费的业务；购货退出的商品以及商品损耗和损失等。

批发零售贸易业库存 指报告期末各种登记注册类型的批发零售贸易企业(单位)已取得所有权的商品。它反映批发零售贸易企业(单位)的商品库存情况和对市场商品供应的保证程度。期末库存包括：⑴存放在批发零售贸易业经营单位(如门市部、批发站、经营处)仓库、货场、货柜和货架中的商品；⑵挑选、整理、包装中的商品；⑶已记入购进而尚未运到本单位的商品，即发货单或银行承兑凭证已到而货未到的部分；⑷寄放他处的商品，如因购货方拒绝承付而暂时存放在购货方的商品和已办完加工成品收回手续而未提回的商品；⑸委托其他单位代销(未作销售或调出)尚未售出的商品；⑹代其他单位购进尚未交付的商品。不包括所有权不属于本单位的商品、拨付除批发零售贸易业以外的其他行业所属独立核算加工厂等加工生产尚未收回成品的商品、代国家物资储备部门保管的商品等。

库存总额采用的计算价格是：农副产品采购单位按购进价计算；批发单位按进货价计算；零售单位按核算价格计算，即按什么价格核算就按什么价格计算。

Explanatory Notes for Major Statistical Indicators

Total Retail Sales of Consumer Goods refer to the sum of retail sales of consumer goods sold by all sectors of the national economy to urban and rural residents and social groups. This indicator is used to show the supply of consumers goods through various channels to households and institutions, and is very important for the study on changes at the domestic retail market, and on economic cycles.

The retail sales of consumer goods include: (1) commodities sold to urban and rural residents for their daily use and building materials sold to them for the construction or repair of houses; (2) office appliances and supplies sold to institutions; (3) food and fuels sold to canteens of institutions, enterprises, schools, military units and to canteens of hotels and hostels that only serve their guests, and commodities produced by enterprises, institutions or state farms and sold directly to their employees or their canteens; (4) grain and non-staple food, clothing, daily articles and fuels sold to military personnel; (5)consumer goods sold to foreigners, overseas Chinese, and Chinese compatriots from Taiwan, Hong Kong and Macao during their stay in the mainland of China; (6) Chinese and western medicines, herbs and medical facilities purchased by residents; (7) newspapers, books and magazines directly sold to residents and social groups by publishers, new and old commemorative stamps, special stamps, first-day covers, stamp albums and other stamp-collection articles sold by stamp companies; (8) consumer goods purchased and then sold by second-hand shops; (9) stoves and other heating facilities and liquefied gas sold by gas companies to households and institutions; and (10) commodities sold by farmers to non-agricultural residents and social groups. Excluded under this heading are: raw materials, fuels, equipment, tools sold to enterprises, institutions and state farms for production purpose; commodities sold to trade establishments for re-selling; commissioned sales at second-hand shops; operational income of urban public utilities; stamps sold at post offices; income of water, power, gas production and supply establishments from the supply of their products; and sales of commodities among farmers.

Purchase, Sales and Stock of Commodities by Wholesale and Retail Trade refer to the purchase, sales and stock of commodities by wholesale and retail establishments of different status of registration (excluding individual sellers).

Total Purchases of Commodities refer to the total value of purchases of commodities by the establishments from other establishments or individuals (including direct import from abroad) for the purpose of re-selling, either with or without further processing of the commodities purchased. This indicator is used to show the total value of purchases of commodities by wholesale and retail establishments from domestic and overseas markets. The total purchases include: (1) agricultural and industrial products purchased from producers; (2) books, magazines and newspapers purchased from distribution departments of the publishers; (3) commodities purchased from wholesale and retail establishments of different status of registration; (4) commodities purchased from other units, such as surplus materials purchased from government agencies, enterprises or institutions, commodities purchased from catering and service establishments, confiscated goods purchased from customs authorities or market management agencies, second-hand goods and wastes purchased from residents; and (5) commodities directly imported from abroad. Excluded are commodities purchased by establishments (units) for use in their own business operation, commodities obtained without buying or selling procedures, rejected commodities, etc.

Total Sales of Commodities refer to value of commodities sold by the establishments to other establishments and individuals (including direct export). This indicator is used to show the total value of sales of commodities at domestic markets and export. The total sales include: (1) commodities sold to urban and rural residents and social groups for their consumption; (2) commodities sold to establishments in industry, agriculture, construction, transportation, post and telecommunications, wholesale and retail trades, catering trade and public utility for their production and operation; (3) commodities sold to wholesale and retail establishments for re selling, with or without further processing; and(4)commodities for direct export to other countries. Excluded are selling of waste packaging materials used by the establishments (units) themselves, commodities transferred without buying or selling procedures, commission income from brokerage in transactions whose settlement is directly handled by buyers and sellers, rejected commodities in the purchase, loss in commodities, etc.

Commodity Stock of Wholesale and Retail Enterprises refers to total commodities possessed by wholesale and retail enterprises (units) of various types of registration status at the end of the reference period, which reflects the commodity stock level of various wholesale and retail enterprises and the potential for market supply. It includes: (1) commodities located in storage, garages, counters, and shelves of operating units (such as sale stores, wholesale centers, and operating offices) of wholesale and retail enterprises; (2) commodities in the process of selecting, sorting, and packing; (3)commodities not arrived but recorded as purchase in the account, i.e. commodities not arrived but pay ment receipts for the commodities from the sellers or the banks arrived; (4) commodities deposited in other places rather than places mentioned above, for instance: commodities in the hold of purchasers temporarily due to the refusal of payment and commodities not taken back after going through the formalities; (5) commodities entrusted to other units to sell but not sold yet; (6) commodities purchased for other units but not delivered yet. Commodities not included as stock are those not owned by the enterprises (units), those allocated to financially independent factories rather than wholesale and retail enterprises for processing but not taken back yet, and finally those put in stock by wholesale and retail enterprises on behalf of the state material reserves units.

For the calculation of the value of commodities stock, the value is calculated at purchasing prices in agricultural goods purchasing units and wholesale units, and at the accounting prices in retail units.

对外经济贸易和旅游业

第十七篇

Chapter

17

FOREIGN TRADE AND TOURISM

简要说明

一、我省进出口贸易的规模、进出口商品结构、贸易伙伴国的进出口总额以及三资企业的进出口变化情况，根据合肥海关资料加工整理。

二、利用外资资料。来源于省商务厅，是根据国家商务部和国家统计局共同制订的《利用外资统计制度》加工、整理而成。

三、外商投资企业注册登记情况。资料来源于省工商行政管理局，是根据国家工商行政管理局制订的《工商行政管理系统统计报表制度》进行统计、加工、整理而得。凡以工商行政管理机关核准注册，在我省的中外合资经营企业、中外合作经营企业、外商独资企业、中外股份公司、在华从事经营活动的外国及港澳台地区企业及外国公司在我省境内设立的分支机构均列入统计范围。

四、对外承包工程和劳务合作的发展状况。资料来源于省商务厅，是根据国家商务部与国家统计局共同制订的《对外承包工程和劳务合作统计制度》通过全面调查方法进行加工、整理而得。

五、旅游业发展情况。入境国际旅游者(外国人、华侨、港澳同胞和台湾同胞)人数、不同经济类型的涉外饭店数量及规模情况的资料来源于省旅游局。

六、全省及各市国内旅游资料，是安徽省统计局、安徽省旅游局根据国家旅游局的抽样调查方案和工作要求，组织调查取得。

Brief Introduction

I. Data on scale of import and export, commodity structure, total volume of import and export to trade partner and change in import and export of joint, cooperative or exclusively foreign-funded ventures are collected in accordance with the data provided by the Hefei Customs.

II. Data on overall situation of the utilization of foreign capital in Anhui come from the Provincial Department of Commerce and are tabulated in accordance with the "Statistical Scheme on the Utilization of Foreign Capital" designed by the Ministry of Commerce and Economic Cooperation and the National Bureau of Statistics.

III. Data on the registration of the foreign-funded enterprises in various regions come from the Provincial Administration for Industry and Commerce and are tabulated in accordance with the "Statistical Reporting Scheme in the Administrative System of Administration for Industry and Commerce" stipulated by the State Administration for Industry and Commerce. The statistical coverage includes all the Sino-foreign joint ventures, Sino-foreign cooperative enterprises, ventures exclusively with foreign investment, Sino-foreign shareholding companies, foreign enterprises and enterprises of Hong Kong, Macao and Taiwan engaged in commercial activities and the branch offices of the foreign companies, which have been approved by and registered at the Administration for Industry and Commerce to set up in boundary of Anhui Province.

IV. Data on development of the contracted projects, labor services cooperation and design and consultation service with foreign countries come from the Provincial Department of Commerce and are collected with the method of complete enumeration and are tabulated in accordance with the "Statistical Reporting Scheme on the Contracted Projects and Labor Services Cooperation with Foreign Countries" jointly stipulated by the Ministry of Commerce and Economic Cooperation and the National Bureau of Statistics.

V. Development of tourism: Data on total number of international tourists received (foreigners, overseas Chinese, Chinese compatriots from Hong Kong, Macao and Taiwan), number of tourist hotel in various types and their scale come from the Provincial Tourism Administration.

VI. Data on domestic tourism in the province and all cities are collected by the Provincial Statistical Bureau and the Provincial Tourism Administration in accordance with the sample survey scheme stipulated by the State Tourism Administration.

17—1 对外经济贸易和国际旅游

Foreign Economic Trade and International Tourism

指 标	Item	1990	1995	2000	2002	2003
进出口总额 （万美元）	**Total Imports and Exports (USD 10000)**		**200739**	**334689**	**418125**	**594291**
出口总额	Total Exports		139358	217206	245341	306424
进口总额	Total Imports		61381	117483	172784	287867
进出口差额	Balance		+77977	+99723	+72557	+18557
对外签订利用外资（合同）项目 （个）	**Number of Projects for Utilization of Foreign Capital in the Signed Agreements & Contracts (unit)**	**70**	**757**	**250**	**365**	**431**
#对外借款	Foreign Loans	10	4	3	27	
外商直接投资	Foreign Direct Investments	53	753	247	338	431
对外签订利用外资（合同）金额 （万美元）	**Total Amount of Foreign Capital to Be Utilized in the Signed Agreements & Contracts (USD 10000)**	**8721**	**133856**	**75154**	**137623**	**102367**
对外借款	Forign Loans	6667	13216	8800	36283	
外商直接投资	Foreign Direct Investments	1920	120640	63602	88708	102367
外商其他投资	Other Foreign Investments	134		2752	12632	
实际利用外资金额 （万美元）	**Total Amount of Foreign Capital Actually Used (USD 10000)**	**5027**	**76749**	**41521**	**74090**	**109454**
对外借款	Forign Loans	3673	28493	6922	23935	19791
外商直接投资	Foreign Direct Investments	961	48256	31847	37523	39051
外商其他投资	Other Foreign Investments	393		2752	12632	50612
外商投资企业基本情况	**Registered Foreign-funded Enterprises**					
年底登记户数 （户）	Number of Registered Enterprises (unit)		2949	2216	1914	2034
投资总额 （万美元）	Total Investment (USD 10000)		610297	914400	962205	1164391
注册资本 （万美元）	Registered Capital (USD 10000)		422852	586788	595707	696332
#外 方	Capital from Foreign Partners		232027	341328	369376	420508
对外承包工程和劳务合作合同金额 （万美元）	**Contracted Value of Contracted Projects and Lobor Cooperation (USD 10000)**	**3042**	**1689**	**17609**	**20767**	**20779**
#对外承包工程	Contracted Projects	2312	866	11768	15546	14799
对外劳务合作	Labor Cooperation	730	745	5350	4959	4832
入境旅游人数	**Total Number of International Tourists Inbound (person)**	**114504**	**142855**	**318430**	**459051**	**280819**
外国人	Foreigners	32669	74626	167850	238845	163974
港澳和台湾同胞	Compatriots from Hong Kong, Macao and Taiwan	81835	68229	150580	220206	116845
旅游外汇收入总额（万美元）	**Total Foreign Exchange Income from Tourism (USD 10000)**	**620**	**4436**	**11296**	**16022**	**11268**
旅游星级宾馆个数 （个）	**Number of Tourist Hotel of Star Class (unit)**	**50**	**60**	**163**	**285**	**316**

17—2 海关出口商品分类金额

Value of Exports by Category of Commodities (Customs Statistics)

单位：万美元 (USD 10000)

指　　标	Item	2000	2001	2002	2003
总　额	**Total**	**217206**	**228226**	**245341**	**306424**
初级产品	Primary Goods	28988	27715	27808	35224
食品及主要供食用的活动物	Food and Live Animals Used Chiefiy for Food	18098	16331	17787	20298
饮料及烟类	Beverages and Tobacco	29	17	55	97
非食品原料	Non-edibla Raw Materials	10246	10396	9199	14001
矿物燃料、润滑油及有关原料	Mineral Fuels, Lubricants and Related Materials	596	955	753	789
动、植物油脂及腊	Animal and Vegetable Oils, Fats and Wax	19	16	14	39
工业制成品	Manufactured Goods	188218	200511	217533	271200
化学品及有关产品	Chemicals and Related Products	22855	24518	28242	36411
轻纺产品、橡胶制品、矿冶产品及其制品	Light and Textile Industrial Products, Rubber Products, Minerals Metallurgical Products	72552	71034	75824	84178
机械及运输设备	Machinery and Transport Equipment	25386	35420	40241	64876
杂项制品	Miscellaneous Products	67425	69535	73036	85268
未分类的商品	Goods not Classified		4	190	467

17—3 海关进口商品分类金额

Value of Imports by Category of Commodities (Customs Statistics)

单位：万美元 (USD 10000)

指　　标	Item	2000	2001	2002	2003
总　额	**Total**	**117483**	**133771**	**172784**	**287867**
初级产品	Primary Goods	45718	50209	50989	89993
食品及主要供食用的活动物	Food and Live Animals Used Chiefiy for Food	941	1641	2080	1912
饮料及烟类	Beverages and Tobacco		1	3	112
非食品原料	Non-edibla Raw Materials	43747	47146	47620	84587
矿物燃料、润滑油及有关原料	Mineral Fuels, Lubricants and Related Materials	577	1196	1153	3246
动、植物油脂及腊	Animal and Vegetable Oils, Fats and Wax	453	225	133	136
工业制成品	Manufactured Goods	71765	83562	121795	197874
化学品及有关产品	Chemicals and Related Products	12448	12407	13139	16334
轻纺产品、橡胶制品、矿冶产品及其制品	Light and Textile Industrial Products, Rubber Products, Minerals Metallurgical Products	14791	20537	29929	42840
机械及运输设备	Machinery and Transport Equipment	41439	45674	73979	132342
杂项制品	Miscellaneous Products	3087	4944	4748	6277
未分类的商品	Goods not Classified				81

17—4 海关进出口商品分类金额

Value of Imports and Exports by Category of Commodities (Customs Statistics)

单位：万美元 (USD 10000)

品名	Item	2002 出口 Exports	2002 进口 Imports	2003 出口 Exports	2003 进口 Imports
总值	**Total**	**245341**	**172784**	**306424**	**287867**
初级产品	**Primary Goods**	**27808**	**50989**	**35224**	**89993**
食品及活动物	Food and Live Animals	17787	2080	20298	1912
活动物	Live Animals	84	14	79	1
肉及肉制品	Meat and Reated Products	1712	37	2147	215
乳品及蛋品	Dairy Products and Eggs		129		626
鱼、甲壳及软体类动物及其制品	Fish, Shellfish and Molluscs and Related Products	292	13	643	2
谷物及其制品	Cereals and Related Products	4753	264	3930	5
蔬菜及水果	Vegetables and Fruits	7513	194	8144	94
糖、糖制品及蜂蜜	Sugar, Sugar Products and Honey	910	98	2061	62
咖啡、茶、可可、调味料及其制品	Coffee, Tea, Coco, Spices and Related Products	1509	68	2382	83
饲料（不包括未碾磨谷物）	Feed (excluding ungrinded cereal)	114	1241	43	805
杂项食品	Miscellaneous Food	900	22	869	19
饮料及烟类	Beverages and Tobacco	55	3	97	112
饮　料	Beverages	55	3	97	112
非食用原料（燃料除外）	Inedible Material (excluding fuel)	9199	47620	14001	84587
生皮及生毛皮	Raw Hides and Raw Furs		68		97
油籽及含油果实	Oil Seeds and Fruits Containing Oil	3706	1437	4714	983
生橡胶（包括合成橡胶及再生橡胶）	Raw Rubber (including synthetic rubber and reclaimed rubber)	7	3674	21	5249
软木及木材	Cork and Timber	487	119	655	79
纸浆及废纸	Paper Pulp and Waste Paper	2	2994	13	7104
纺织纤维（羊毛条除外）及其原料	Textile Fibers (excluding wool taps) and Related Waste Material	1460	1620	1688	3865
天然肥料及矿物（煤、石油及宝石除外）	Natural Fertilizer and Mineral (excluding coal, petroleum and precious stone)	1063	1287	1105	1331
金属矿砂及金属废料	Metal Ore and Netal Waste Material	12	36312	2276	65677
其他动、植物原料	Other Animal and Plant Material	2462	112	3529	202
矿物燃料、润滑油及有关原料	Mineral Fuel, Lubrication Oil and Related Raw Material	753	1153	789	3246
煤、焦炭及煤砖	Coal, Coke and Briquet	455		556	931
石油、石油产品及有关原料	Petroleum, Petroleum Products and Related Material	299	1153	233	2315
天然气及人造气	Natural Gas and Man-made Gas				
电　流	Electricity				
动植物油、脂及蜡	Animal Fat, Vegetable Oil and Wax	14	133	39	136
动物油、脂	Animal Fat				7
植物油、脂	Vegetable Oil	8	9	38	23
已加工的动植物油、脂及动植物蜡	Processed Animal Fat, Vegetable Oil and Wax	6	124	1	106
工业制品	**Industrial Products**	**217533**	**121795**	**271200**	**197874**
化学成品及有关产品	Chemical Products and Related Products	28242	13139	36411	16334
有机化学品	Organic Chemical Products	18038	3040	22254	2689
无机化学品	Inorganic Chemical Products	2302	282	2368	308

17—4 续表 continued

单位：万美元 (USD 10000)

品 名	Item	2002 出口 Exports	2002 进口 Imports	2003 出口 Exports	2003 进口 Imports
染料、鞣料及着色料	Dyestuff, Tanning Material and Coloring Material	972	273	1057	596
医药品	Medical and Pharmaceutical Products	4013	134	4735	30
精油、香料及盥洗、光洁制品	Essential Oil, Perfume, Sanitary and Surface Finishing Articles	1029	93	747	204
制成废料	Produced Wasted Mrticles	88		2141	
初级形状的塑料	Primary Shaped Plastics	771	7240	1151	8965
非初级形状的塑料	Non-primary Shaped Plastics	257	317	666	915
其他化学原料及产品	Other Chemical Material and Products	772	1760	1292	2627
按原料分类的制成品	Products by Raw Material	75824	29929	84178	42840
皮革、皮革制品及已鞣毛皮	Leather and Its Products and Tan Hide	424	99	433	68
橡胶制品	Rubber Products	9486	841	10747	1323
软木及木制品（家具除外）	Cork and Wooden Products (excluding furniture)	1431	5	2406	9
纸及纸板、纸浆、纸及纸板制品	Paper, Paperboard, Paper Pulp and Paper Products	2074	1776	3020	1825
纺纱、织物、制成品及有关产品	Spinning, Fabric and Related Products	35341	5093	39528	4330
非金属矿物制品	Nonmetal Mineral Products	3197	1773	4193	984
钢 铁	Iron and Steel	6639	15708	7650	28669
有色金属	Nonferrous Metal	9414	2437	6054	2402
金属制品	Metal Products	7818	2197	10147	3230
机械及运输设备	Machinery and Transportation Equipment	40241	73979	64876	132342
动力机械及设备	Dynamic Machinery and Equipment	1755	7594	2548	15671
特种工业专用机械	Special Industrial Machinery	1420	27111	2518	39057
金工机械	Metalworking	1095	8465	1185	22279
通用工业机械设备及零件	General Industrial Machinery Equipment and Accessories	7700	15029	14635	25590
办公用机械及自动数据处理设备	Office Machinery and Automatic Data Processing Equipment	1661	1440	2073	870
电信和声音的录制及重放装置设备	Telecommunication, Sound Recording and Playing Equipment	4195	495	4430	867
电力机械、器具及其电气零件	Electric Machinery, Implements and Spare Parts	13835	4200	22266	8662
陆路车辆（包括气垫式）	Land Route Vehicles (including hover-motor)	6104	9643	12626	19317
其他运输设备	Other Transportation Equipment	2476	2	2595	29
杂项制品	Miscellaneous Manufactured Articles	73036	4748	85268	6277
活动房屋、卫生水道、供热及照明装置	Prefabricated House, Sanitation, Water Pipe, Heating and Lighting Installation	999	20	1312	79
家具及其零件、褥垫及类似填充制品	Furniture and Accessories, Mattress, Bedding Articles	6829	128	8482	357
旅行用品、手提包及类似品	Box and Bag, Travel Goods	5190		4724	
服装及衣着附件	Garments, Clothing Accessories	32431	116	38402	109
鞋 靴	Footwear	10385	43	12182	19
专业、科学及控制用仪器装置	Professional, Scientific and Dominating Instrument	1481	3860	1793	4933
摄影器材、光学物品及钟表	Photographic Equipment, Optical Goods, Clocks and Watches	130	78	139	23
杂项制品	Miscellaneous Manufactured Articles	15591	503	18234	757
未分类的商品	Goods Not Classified	190		467	81

17—5 安徽省同各国（地区）进出口总额

Anhui's Foreign Trade With Related Countries and Territories

单位：万美元 (USD 10000)

国别（地区）	Country (territory)	2002 进出口总额 Total	2002 出口总额 Exports	2002 进口总额 Imports	2003 进出口总额 Total	2003 出口总额 Exports	2003 进口总额 Imports
合计	**Total**	**418125**	**245341**	**172784**	**594291**	**306424**	**287867**
亚洲	**Asia**	**180812**	**103679**	**77133**	**250159**	**126220**	**123939**
香港	Hong Kong	11767	10939	828	17679	16285	1394
澳门	Macao	105	105		155	155	
台湾	Taiwan	15334	5551	9783	19874	6062	13812
文莱	Brunei	25	25		49	49	
印度尼西亚	Indonesia	9595	3623	5972	7862	3550	4312
马来西亚	Malaysia	5880	3190	2690	8421	3846	4575
菲律宾	The Philippines	2062	1967	95	1871	1834	37
新加坡	Singapore	4635	3378	1257	6752	4194	2558
泰国	Thailand	3888	2099	1789	4096	2086	2010
越南	Viet Nam	2631	2078	553	3397	3214	183
缅甸	Myanmar	187	183	4	460	430	30
阿富汗	Afghanistan	133	133		65	65	
巴林	Bahrain	192	192				
孟加拉国	Bangladesh	2111	2000	111	2795	2739	56
柬埔寨	Cambodia	699	689	10	612	612	
塞浦路斯	Cyprus	244	244		475	475	
朝鲜	Democratic People's Republic of Korea	177	177		335	299	36
印度	India	6432	3547	2885	13316	5323	7993
伊朗	Iran	2774	1371	1403	2736	2236	500
伊拉克	Iraq	1133	1133		1	1	
以色列	Israel	1672	1415	257	2095	1939	156
日本	Japan	60461	26073	34388	89997	31141	58856
约旦	Jordan	1002	1002		1087	1087	
科威特	Kuwait	518	518		614	614	
黎巴嫩	Lebanon	1274	1236	38	1512	1493	19
马尔代夫	Maldives	6	6		5	5	
蒙古	Mongolia	338	332	6	1219	851	368
尼泊尔	Nepal	72	72		95	95	
阿曼	Oman	145	145		21	21	
巴基斯坦	Pakistan	1575	1575		1968	1905	63
巴勒斯坦	Palestine	8	8		4	4	
卡塔尔	Qatar	290	215	75	159	107	52
沙特阿拉伯	Saudi Arabia	3552	3441	111	3704	3556	148
韩国	Republic of Korea	26984	12175	14809	38507	12597	25910
斯里兰卡	Sri Lanka	581	578	3	818	815	3
叙利亚	Syria	1193	1193		1765	1765	
土耳其	Turkey	1863	1842	21	2890	2249	641
阿联酋	United Arab Emirates	8169	8134	35	9979	9975	4
也门共和国	Arab Republic of Yemen	1078	1078		1263	1263	
亚洲其他国家	Other Asia Countries	27	17	10	1506	1283	223
非洲	**Africa**	**24893**	**22504**	**2389**	**33637**	**30926**	**2711**
阿尔及利亚	Algeria	2112	2112		2839	2839	
安哥拉	Angola	373	373		640	640	
贝宁	Benin	434	434		657	657	
博茨瓦那	Botswana	56	56		71	71	
布隆迪	Burundi	4	4		1	1	
喀麦隆	Cameroon	120	120		198	198	
加那利群岛	Canary Islands	131	131		154	154	

17—5 续表1 continued

单位：万美元 (USD 10000)

国 别（地区）	Country (territory)	2002 进出口总额 Total	2002 出口总额 Exports	2002 进口总额 Imports	2003 进出口总额 Total	2003 出口总额 Exports	2003 进口总额 Imports
佛得角	Cape Verde	4	4		4	4	
中 非	Central Africa						
科摩罗	Comoros				1	1	
刚 果	The Congo	84	84		300	295	5
吉布提	Djibouti	279	279		336	336	
埃 及	Egypt	2208	2192	16	2497	2458	39
赤道几内亚	Equatorial Guinea						
埃塞俄比亚	Ethiopia	249	249		338	317	21
加 蓬	Gabon	23	21	2	27	27	
冈比亚	Gambia	88	88		83	83	
加 纳	Ghana	1318	1290	28	2284	2284	
几内亚	Guinea	69	69		74	74	
几内亚比绍	Guinea-bissau	61	61				
科科迪瓦	Cote D'ivoire	3834	3826	8	3519	3516	3
肯尼亚	Kenya	813	813		1062	1062	
利比里亚	Liberia	85	85		81	81	
利比亚	Libya	963	940	23	3247	3247	
马达加斯加	Madagascar	193	193		333	331	2
马拉维	Malawi	31	31		34	34	
马 里	Mali	8	8		7	7	
毛里塔尼亚	Mauritania	164	164		285	285	
毛里求斯	Mauritius	186	173	13	251	251	
摩洛哥	Morocco	1124	1124		1136	1115	21
莫桑比克	Mozambique	378	378		180	180	
纳米比亚	Namibia	95	43	52	163	98	65
尼日尔	Niger				35	35	
尼日利亚	Nigeria	2810	2807	3	3784	3784	
留尼汪	Reunion	13	13		39	39	
卢旺达	Rwanda	1	1		2	2	
塞内加尔	Senegal	230	230		200	200	
塞拉利昂	Sierra Leone	171	171		134	134	
南 非	South Africa	4338	2123	2215	6248	4084	2164
苏 丹	Sudan	461	432	29	804	416	388
坦桑尼亚	Tanzania	595	595		528	525	3
多 哥	Togo	166	166		219	219	
突尼斯	Tunisia	235	235		246	246	
乌干达	Uganda	139	139		204	204	
布基纳法索	Burkina Faso	20	20		180	180	
扎伊尔	Zaire	60	60		70	70	
赞比亚	Zambia	24	24		51	51	
津巴布韦	Zimbabwe	107	107		73	73	
斯威士兰	Swaziland				1	1	
莱索托	Lesotho	18	18				
非洲其他国家	Other African Countries	18	18		17	17	
欧 洲	**Europe**	**100525**	**51525**	**49000**	**153902**	**69778**	**84124**
比利时	Belgium	5141	3833	1308	8300	4760	3540
丹 麦	Denmark	1470	748	722	3411	1268	2143
英 国	United Kingdom	5852	5106	746	11690	6499	5191
德 国	Germany	32933	7313	25620	47998	10078	37920

17—5 续表2 continued

单位：万美元 (USD 10000)

国 别（地区）	Country (territory)	2002 进出口总额 Total	2002 出口总额 Exports	2002 进口总额 Imports	2003 进出口总额 Total	2003 出口总额 Exports	2003 进口总额 Imports
法 国	France	5801	3617	2184	6906	4239	2667
爱尔兰	Ireland	205	177	28	584	448	136
意大利	Italy	9553	7391	2162	18093	9830	8263
卢森堡	Luxembourg	470	1	469	593		593
荷 兰	Netherlands	4747	4029	718	7195	6276	919
希 腊	Greece	1663	1661	2	2552	2529	23
葡萄牙	Portugal	735	732	3	853	846	7
西班牙	Spain	4799	4195	604	5935	5502	433
奥地利	Austria	4274	431	3843	4580	879	3701
芬 兰	Finland	1403	722	681	1699	955	744
瑞 典	Sweden	2069	1267	802	2996	1600	1396
冰 岛	Iceland	11	11		13	13	
挪 威	Norway	469	449	20	707	664	43
瑞 士	Switzerland	1500	474	1026	2303	488	1815
阿尔巴尼亚	Albania	7	7		24	24	
安道尔	Andorra						
保加利亚	Bulgariy	367	348	19	291	291	
匈牙利	Hungary	345	345		649	645	4
马耳他	Malta	107	107		67	61	6
摩纳哥	Monaco	1	1		6	6	
波 兰	Poland	2093	2073	20	3521	2906	615
罗马尼亚	Romania	1282	498	784	1692	685	1007
爱沙尼亚	Estonia	78	78		167	167	
拉脱维亚	Latvia	281	281		148	148	
立陶宛	Lithuania	162	161	1	560	557	3
格鲁吉亚	Georgia	33		33	71	10	61
亚美尼亚	Armenia				131	7	124
阿塞拜疆	Azerbaijan	6	6				
白俄罗斯	Byelorussia				1	1	
哈萨克	Kazakhstan	791	102	689			
吉尔吉斯	Kirghiz						
俄罗斯	Russia	8620	3439	5181	14999	4954	10045
塔吉克	Tadzhikstan						
土库曼	Turkmenistan	45	45				
乌克兰	Ukraine	1703	598	1105	3089	1058	2031
乌兹别克	Uzbekistan	332	332				
南斯拉夫	Yugoslavia	144	144		167	167	
斯洛文尼亚	Slovenia	317	219	98	286	283	3
克罗地亚	Croatia	127	127		209	209	
捷克共和国	Czech	482	350	132	762	577	185
斯洛伐克	Slovak	68	68		591	85	506
前南马其顿	Macedonia	19	19		43	43	
波 黑	Bosnia	20	20		20	20	
欧洲其他国家	Other Europe Countries						
拉丁美洲	**Latin America**	**37062**	**13985**	**23077**	**52344**	**15171**	**37173**
安提瓜	Antigua	4	4		7	7	
阿根廷	Argentina	825	431	394	1313	1014	299
阿鲁巴岛	Aruba Island				2	2	
巴哈马	The Bahamas	11	11		20	20	
巴巴多斯	Barbados	45	45		45	45	

17—5 续表3 continued

单位：万美元 (USD 10000)

国别（地区）	Country (territory)	2002 进出口总额 Total	2002 出口总额 Exports	2002 进口总额 Imports	2003 进出口总额 Total	2003 出口总额 Exports	2003 进口总额 Imports
伯利兹	Belize	3	3		14	14	
玻利维亚	Bolivia	7	7		5	5	
巴 西	Brazil	7543	1788	5755	13702	2020	11682
开曼群岛	Cayman Islands				2	2	
智 利	Chile	15078	2761	12317	21580	2586	18994
哥伦比亚	Colombia	414	414		433	433	
多米尼克	Commonwealth of Dominica	78	78		111	111	
哥斯达黎加	Costa Rica	191	191		211	211	
古 巴	Cuba	527	527		133	133	
库腊索岛	Curacao	37	37		35	35	
多米尼加	Dominican	206	206		189	189	
厄瓜多尔	Ecuador	302	285	17	352	352	
格林纳达	Grenada	2	2		1	1	
瓜德罗普	Guaderopu	1	1		2	2	
危地马拉	Guatemala	158	158		263	263	
圭亚那	Guyana	34	34		23	23	
海 地	Haiti	48	48		81	81	
洪都拉斯	Honduras	105	105		97	97	
牙买加	Jamaica	221	221		267	267	
马提尼克	Matinik	5	5		7	7	
墨西哥	Mexico	2167	2023	144	2334	2132	202
尼加拉瓜	Nicaragua	182	182		54	54	
巴拿马	Panama	2371	2354	17	2445	2371	74
巴拉圭	Paraguay	180	180		384	384	
秘 鲁	Peru	4978	680	4298	4999	1028	3971
波多黎各	Puerto Rico	101	101		182	179	3
圣马丁岛	Sant Martin Island						
萨尔瓦多	El Salvador	172	172		130	130	
苏里南	Surinam	41	41		51	51	
特立一巴哥	Trinidad and Tobago	267	267		308	308	
乌拉圭	Uruguay	238	184	54	228	224	4
委内瑞拉	Venezuela	514	435	79	2322	378	1944
拉美其他国家	Other Latin American Countries	6	4	2	12	12	
北美洲	**North America**	**61246**	**49317**	**11929**	**79331**	**58549**	**20782**
加拿大	Canada	6524	3455	3069	9657	4753	4904
美 国	United States	54721	45861	8860	69673	53795	15878
百慕大	Bermuda Is.	1	1		1	1	
北美洲其他国家	Other North America Countries						
大洋洲	**Oceanic**	**13587**	**4331**	**9256**	**24918**	**5780**	**19138**
澳大利亚	Australia	12749	3523	9226	21584	4917	16667
库克群岛	Cook Islands						
斐 济	Fiji	39	39		71	71	
新喀里多尼	New Karidoni	10	10		8	8	
瓦努阿图	Vanuatu	7	7		4	4	
新西兰	New Zealand	681	651	30	974	656	318
巴布亚新几	Papua New Guinea	84	84		2265	112	2153
社会群岛	Society Islands	8	8		3	3	
所罗门群岛	Solomon Is.	6	6				
萨摩亚	Samoa				1	1	
基里巴斯	Kiribati				1	1	
大洋洲其他国家	Other Oceanic Countries	3	3		7	7	

17—6 安徽省主要商品出口数量和金额

Volume and Value of Main Export Commodifies of Anhui Province

单位：万美元 (USD 10000)

品名		Item		2002		2003	
				数量 Volume	金额 Value	数量 Volume	金额 Value
总值		**Total**			**245341**		**306424**
活猪（种猪除外）	（头）	Live Hogs (excluding stud hogs)	(head)	4862	62	4920	60
鲜、冻猪肉	（吨）	Fresh and Frozen Pork	(ton)	6724	821	7874	980
冻鸡	（吨）	Frozen Chicken	(ton)	6036	678		
水海产品	（吨）	Aquatic Products	(ton)	495	214		186
冻鱼、冻鱼片		Frozen Fish and Frozen Slices of Fish		223	94		
谷物及谷物粉	（吨）	Cereal and Cereal Flour	(ton)	320918	4709	264911	3910
大米		Rice		317670	4643		
蔬菜	（吨）	Vegetable	(ton)	39053	3449		3448
鲜蔬菜		Fresh Vegetable		9883	503		
干的食用菌类		Dried Edible Funguses		2	3		
干豆	（吨）	Dried Beans	(ton)	15871	505		
鲜、干水果及坚果	（吨）	Fresh and Dried Fruits and Nuts	(ton)	3971	328		
鲜苹果		Apples		68	2		
栗子		Chestnut		2571	282		
白果		Gingko Nuts					
松子仁		Pine Nut Kernels		2	2		
食用油籽	（吨）	Edible Oil Seeds	(ton)	58542	3418	72860	5214
大豆		Soybean		1690	60		
花生、花生仁		Peanut		16897	811		
食用植物油（包括棕榈油）	（吨）	Edible Vegetable Oil	(ton)	48	8	221	36
烘焙花生	（吨）	Roasted Peanuts	(ton)	6052	353		
天然蜂蜜	（吨）	Natural Honey	(ton)	8466	822	8378	982
茶叶	（吨）	Tea	(ton)	12114	1289	16490	2066
辣椒干	（吨）	Dried Chilies	(ton)	40	4	359	44
猪肉罐头	（吨）	Canned Pork	(ton)	582	79	459	61
蘑菇罐头	（吨）	Canned Mushroom	(ton)	5309	382		
啤酒	（升）	Beer	(liter)	39		336	
植物榨油后的剩余物	（吨）	Surplus Material of Plants After Pressing Oil	(ton)	72	1		
猪鬃	（吨）	Bristle	(ton)	73	54	55	39
肠衣	（吨）	Casings	(ton)	418	140	824	370
填实用羽毛、羽绒	（吨）	Feathers and Dawn for Stuffing	(ton)	2990	1793	3360	2371
药材	（吨）	Crude Drugs	(ton)	2299	376	982	200
原木	（立方）	Logs	(cu.m)	115	3		
锯木	（立方米）	Wood Sawn	(cu.m)	10086	392		425
生丝	（吨）	Raw Silk	(ton)	6	15	3	4
兔毛	（吨）	Rabbit Hair	(ton)	74	98		
黍土及其他耐火矿物	（吨）	Glutinous Earth and Other Fire-resistant Mineral	(ton)	304337	462	779071	700
天然石墨		Natural Graphite		33	1		
氟石	（吨）	Fluorite	(ton)				
滑石	（吨）	Talcum	(ton)				
氧化铝	（吨）	Aluminum Oxide	(ton)	13	1	118	9
焦炭、半焦炭	（吨）	Cokeand Semi-coke	(ton)	70210	455	41513	556
成品油	（吨）	Petroleum Products Refined	(ton)	20	1		
电流	（千瓦）	Electric Current	(kw)				
氧化锌及过氧化锌	（吨）	Zinc Oxide and Zinc Peroxide	(ton)	376	25	98	8
合成有机染料	（吨）	Synthetic Organic Dyestuffs	(ton)	424	170	473	174
锌钡白（立德粉）	（吨）	Lithopone	(ton)	115	4	64	2
医药品	（吨）	Medical and Pharmaceutical Products	(ton)	4596	4121		4735
抗菌素（制剂除外）		Antibiotic (excluding pharmaceutical preparations)		598	1379		
中式成药		Medicaments of Chinese Type		327	151		
医用敷料		Pharmaceutical Goods		1079	332		

17—6 续表1 continued

单位：万美元 (USD 10000)

品名	Item	2002 数量 Volume	2002 金额 Value	2003 数量 Volume	2003 金额 Value
美容化妆品及护肤品 （吨）	Cosmetics and Skin Moisturizer (ton)	12	25	9	13
口腔及牙齿清洁剂 （吨）	Sanitation Agent to Oral Cavity and Teeth (ton)	135	17		
洗衣粉 （吨）	Detergent (ton)	6708	288		
初级形状的聚氯乙烯 （吨）	Primary Shaped Polyvinyl Chloride (ton)	128	7	198	9
轮　胎 （条）	Rubber Tires (unit)	3786440	7974	4071334	9372
家用或装饰用木制品 （吨）	Wooden Products for Domestic Use or Decoration (ton)	1099	251	1883	389
纸及纸板（未切成形的） （吨）	Paper and Paperboard in Rolls (ton)	7643	1138		1000
纺织纱线、织物及制品	Spinning, Fabric and Related Products		35154		39139
棉纱线	Cotton Yarn	2040	501		
亚麻及苎麻纱线	Flax or Ramie Yarn	907	361		
含合成短纤85%及以上	Containing 85% of Synthetic Short-staple Fiber and Over	67	16		
合成短纤与棉混纺纱线	Mixed Yarn of Synthetic Short-staple Fiber and Cotton	188	28		
人造短纤线（缝纫线除外）	Artificial Short-staple Thread (excluding sewing thread)	12	5		
丝　绸 （米）	Silk (m)	4755418	775		
丝　绸	Grey Silk	4518480	718		
其他丝绸	Other Silk	236938	57		
毛纺机织物 （米）	Wool Spinning Woven Fabrics (m)	167813	49		
棉机织物 （米）	Cotton Woven Fabrics (m)	78883688	7334		
棉坯布	Cotton Grey Cloth	11342098	580		
棉与化纤混纺坯布	Mixed Grey Cloth of Cotton and Chemical Fiber	353437	13		
其他棉机织物	Other Cotton Woven Fabrics	67188153	6741		
亚麻及苎麻机织物 （米）	Flax and Ramie Woven Fabrics (m)	7482167	1161		
合成短纤与棉混纺机织物 （米）	Mixed Woven Fabrics of Synthetic Short-staple and Cotton(m)	27836973	1229		
聚酯短纤与棉混纺坯布	Mixed Grey Cloth of Polyester Short-staple and Cotton	10589285	383		
其他合成短纤与棉混纺	Other Mixed Cloth of Synthetic Short-staple and Cotton	17247688	846		
人造纤维短纤机织物 （米）	Woven Fabrics of Artificial Synthetic Short-staple Fiber (m)	761588	42		
地　毯 （平方）	Carpets (sq.m)	3329652	3204		
棉浴巾 （条）	Cotton Bath Towels (unit)	24188683	2096		
针织或钩编的台布、盘垫 （件）	Knitted or Crocheted Table Cloth and Tray Cushion (unit)	3279259	281		
塑料编织袋（周转袋除外） （条）	Bags of PP or PE Strip (unit)	19158445	272		
水　泥 （吨）	Cement (ton)	7817	46	12762	68
花岗岩石材及制品 （吨）	Granite and Related Products (ton)	439	7	170	1
平板玻璃 （平方）	Plate Glass (sq.m)	991630	265		239
玻璃制品	Glass Products		1819		2540
家用陶瓷制品 （吨）	Porcelain and Pottery Ware for Household Use (ton)	11204	526	12620	603
装饰用陶瓷制品 （吨）	Porcelain and Pottery Ware for Decoration (ton)	58	7	44	4
珍珠、宝石及半宝石 （千克）	Pearl, Jewel and Semi-jewel (kg)		8		1
生铁及镜铁 （吨）	Pig Iron and Spiegeleise (ton)				
钢　铁 （吨）	Rolled Steel (ton)	268951	6611		8401
钢材棒材	Stick	68404	1427		
角钢及型钢	Angle Steel and Section Steel	172597	3810		
钢铁板材	Plate	8838	186		
钢铁线材	Wire	4649	230		
钢铁管配件	Fittings of Steel and Iron Pipe	2741	167		
未锻造的铜及铜材 （吨）	Unwrought Copper and Rolled Copper (ton)	46194	7388	23470	4119
未锻造的铜（包括铜合金）	Unwrought Copper and Its Alloys	44386	6888		
铜　材	Rolled Aluminum	1807	500		
未锻造的铝及铝材 （吨）	Unwrought Aluminum and Rolled Aluminum (ton)	242	68	80	27
铝　材	Rolled Aluminum	242	68		
未锻造的锌及锌合金 （吨）	Unwrought Zinc and Its Alloys (ton)	719	49		
钢铁或铜制标准紧固件 （吨）	Nails, Bolts, Etc Made by Steel or Copper (ton)	1758	238	2431	241
不锈钢厨具、餐具等家用器具 （吨）	Stainless Steel Kitchen Utensils and Table Ware for Domestic Use (ton)	271	102		
餐桌、厨房及其他家用搪瓷器 （吨）	Enamelware Used for Dining Table, Kitchen and So On (ton)	8802	1012	540	161

17—6 续表2 continued

单位：万美元 (USD 10000)

品名	Item	2002 数量 Volume	2002 金额 Value	2003 数量 Volume	2003 金额 Value
手用或机用工具 （吨）	Hand Tools and Tools for Machines (ton)	4079	575		607
锁 （吨）	Locks (ton)	1133	226	1932	350
电　扇 （吨）	Fans (unit)	813934	410	1404785	809
纺织机械	Textile Machinery		281		216
普通缝纫机 （台）	Ordinary Sewing Machine (unit)	11645	20	7027	11
工业用缝纫机 （台）	Industrial Sewing Machine (unit)	1282	15	762	12
金属加工机床 （台）	Machine Tools (unit)	21858	564		670
车　床	Lather	6129	276		
铣　床	Miller	672	43		
电子计算器（包括具有计算功能的袖珍数据记） （台）	Electronic Calculator (including mini calculator with the function of calculation) (unit)	65258	4	216510	13
自动数据处理设备及其部件 （台）	Automatic Data Processing Equipment and Accessories (unit)	407956	161		195
数字式自动数据处理设备 （台）	Digital Automatic Data Processing Equipment (unit)	6	1		
输入或输出部件 （台）	Input or Output Assembly (unit)	276466	49		
显示器	Sereen Devices	2			
键盘、鼠标器	Keyboard and Mouse	252160	48		
自动数据处理设备的零件 （吨）	Spare Parts of Automatic Data Processing Equipment (ton)	6190	1104		1438
轴　承 （套）	Bearings (set)	2292030	154	1767719	108
电动机及发电机 （台）	Electric Motors and Generators (unit)	511151	337	574028	518
变压器 （个）	Transformers (unit)	701688	84	300273	52
静止式变流器 （个）	Static Converters (unit)	2113376	102		256
原电池 （万个）	Primary Cells and Batteries (10000 units)	23536.4	646		463
蓄电池 （个）	Electric Accumulators (unit)	56299	92	130113	188
手电筒 （个）	Electric (unit)	4203037	90	2716126	76
有线电话机（包括无绳电话机） （台）	Line Telephone Sets (including wireless telephone) (unit)	20540	6		33
杨声器 （个）	Loudspeakers (unit)	1703927	147	2122339	156
激光唱机 （台）	Laser Phonograph (unit)			350	1
录、放像机 （台）	Video Recorder (unit)	137729	404		1
录音机及收录（放）音组合机 （台）	Radio, Recorder and Component Sets (unit)	132597	120		46
收音机 （台）	Radio (unit)	418640	47	694509	19
电视机（包括整套散件） （台）	TV Sets (including parts of completer set) (unit)	564922	1938		1074
彩色电视机（包括整套散件）	Color TV Sets (including parts of completer set)	150740	1166		
黑白电视机（包括整套散件）	Black and White TV Sets (including parts of completer set)	414182	772		
录放音、像机及唱机的零附件 （吨）	Spare Parts of Recorder, Video and Phonograph (ton)	69	40		6
电视、收音机及无线电讯设备的零附件 （吨）	Spare Parts of TV, Radio and Telecommunication Equipment (ton)	2686	1252		2805
电容器 （吨）	Electric Capacitors (ton)	191	189	147	115
印刷电路 （吨）	Printed Circuit (ton)	431	22	1467568	26
通断及保护电路装置	Protection Fixtures of Circuit		388		477
二级管及类似半导体器件 （个）	Diode and Similar Parts of Semi-conductor Devices (unit)	57175792	119	42336963	58
集成电路及微电子组件 （个）	Integrated Circuit and Microelectronics Devices (unit)	222438	22		
电线和电缆 （吨）	Electric Wire, Cable (ton)	2603	847	3812	1176
汽车和汽车底盘 （辆）	Motor Vehicles and Chassis (unit)	1950	1374		5299
汽车零件	Parts of Motor Vehicles		634		1273
摩托车 （辆）	Motorcycles (unti)	12192	367	33042	253
自行车 （辆）	Bicycles (unit)	1330372	2058	1908207	3039
摩托车及自行车的零件	Parts of Motorcycles and Bicycles		1479		967
船　舶 （艘）	Vessels (unit)	13	1872		1895
照相机 （架）	Cameras (unit)				
医疗仪器及器械	Medical Instruments and Appliances		564		525
手　表 （只）	Wrist Watches (unit)	121100	5	49164	1
机械手表	Mechanical Watches				
电动手表	Electric Watches	121100	5		
日用钟 （只）	Clocks (unit)	221821	22	356100	37
家　具	Furniture		917		1094

17—6 续表3 continued

单位：万美元 (USD 10000)

品名		Item		2002 数量 Volume	2002 金额 Value	2003 数量 Volume	2003 金额 Value
床垫、寝具及类似品		Mattress, Bedding Articles			5912		2941
灯具、照明装置及类似品		Lamp, Lighting Apparatus			1275		2281
旅行用品及箱包		Box and Bag, Travel Goods			5116		4708
服装及衣着附件		Garments, Clothing Accessories			32802		37522
织物制服装		Textile Garment			26029		
非针织或钩编织物制服装		Garments (excluding knitwear and crochet)			17348		
针织或钩编的服装		Garments, Knitted or Crocheted			8681		
皮革服装	(件)	Leather Garment	(unit)	2522339	4422		
裘皮服装	(吨)	Fur Garment	(ton)	1	3		
皮革手套	(双)	Leather Gloves	(pair)	1093282	62		
织物制手套	(双)	Lextile Gloves	(pair)	21193162	460		
织物制袜子	(双)	Textile Hose	(pair)	15811885	91		
手帕	(条)	Handkerchief	(unit)	2361399	31		
帽类	(个)	Headwear	(unit)	38742490	581		
鞋类		Footwear			10385		12182
鞋	(双)	Shoes	(pair)		10262		
外底及鞋面均以橡胶或塑料制的鞋	(双)	Both Sole and Vamp Being Made of Rubber or Plastics	(pair)	30738123	4552		
皮面鞋	(双)	With Leather Vamp	(pair)	6532897	2384		
橡胶或塑料底纺织材料为面的鞋	(双)	With Rubber or Plastic Sole and Textile Vamp	(pair)	33844772	3105		
鞋靴零件、护腿及类似品	(吨)	Spare Parts of Shoes, Shin Pad and Similar Goods	(ton)		123		
塑料制品	(吨)	Plastic Articles	(ton)	17585	2209	17679	2429
玩具		Toys			4538		5767
游戏机	(台)	Game-machine	(unit)	27440	14	6564	3
圣诞用品		Christmas Articles			267		250
足球、篮球、排球	(个)	Football, Basketballs and Volleyballs	(unit)	1883481	174	2969864	355
铅笔	(吨)	Pencils	(ton)	2780	477	2886	514
艺术珍藏品及古董		Works of Art, Collection Pieces and Antiques			3		8
伞	(把)	Umbrellas	(unit)	804985	236	1300788	355
竹编结品	(吨)	Bamboo Products	(ton)	1895	342	1663	308
藤编结品	(吨)	Rattan Products	(ton)	444	85	331	65
草编结品	(吨)	Straw Products	(ton)	327	58	70	18
柳编结品	(吨)	Wickerwork	(ton)	4989	1137	5375	1238
鬃刷	(吨)	Bristle Brushes	(ton)	6235943	84	6473112	85
人造花	(吨)	Artificial Flowers	(ton)	1135	69	1557	109
热水瓶	(个)	Vacuum Flasks	(unit)	2624183	273	2843210	314
机电产品		Mechanical and Electrical Products			53320		82000
#金属制品		Metal Products			8602		
机械及设备		Machinery and Equipment			16863		
电器及电子产品		Electric Appliances and Electric Products			14086		
运输工具		Conveyance			8761		
仪器仪表		Instrument			1658		
其他		Others			3349		
高新技术产品		New High Technical Products			10230		53000
#生物技术		Biological Technique			580		
生命科学技术		Life Scientific Technique			4481		
光电技术		Photoelectric Technique			33		
计算机与通信技术		Computer and Communication Technique			4029		
电子技术		Electronic Technique			391		
计算机集成制造技术		Integrated Manufacture technique			667		
材料技术		Material Technique			13		
航空航天技术		Aerospace Technique			10		
其他技术		Other Technique			27		

17—7 对外签订利用外资协议（合同）额

Utilization of Foreign Capital Through Signed Contracts (Agreements)

单位：万美元 (USD 10000)

指标	Item	1990	1995	2000	2002	2003
总额	**Total**	**8721**	**133856**	**75154**	**137623**	**102367**
对外借款	**Foreign Loans**	**6667**	**13216**	**8800**	**36283**	
#外国政府贷款	Government Loans	3822	600	5000	19083	
国际金融组织贷款	Loans from International Financial organizations	2455	5076	3800	17200	
外国银行商业贷款	Commercial Loans of Foreign Banks					
出口信贷	Export Credit	390	7540			
外商直接投资	**Foreign Direct Investments**	**1920**	**120640**	**63602**	**88708**	**102367**
#合资经营	Joint Ventures Enterprises	1689	77780	5974	20921	38503
合作经营	Cooperative Operation Enterprises	5	4047	20784	7874	9210
合作开发	Cooperative Development					
独资经营	Foreign Own Investment Enterprises	226	38813	36844	59707	54654
外商其他投资	**Other Foreign Investment**	**134**		**2752**	**12632**	
#补偿贸易	Compensation Trade	134				
加工装配	Processing Assembly			2752	12632	

17—8 实际利用外资额

Foreign Capital Actually Used

单位：万美元 (USD 10000)

指标	Item	1990	1995	2000	2002	2003
总额	**Total**	**5027**	**76749**	**41521**	**74090**	**109454**
对外借款	**Foreign Loans**	**3673**	**28493**	**6922**	**23935**	**19791**
#外国政府贷款	Government Loans	446	10647			
国际金融组织贷款	Loans from International Financial organizations	2837	11073			
外国银行商业贷款	Commercial Loans of Foreign Banks	390	6773			
出口信贷	Export Credit					
外商直接投资	**Foreign Direct Investments**	**961**	**48256**	**31847**	**37523**	**39051**
#合资经营	Joint Ventures Enterprises	937	31112	11921	15737	17878
合作经营	Cooperative Operation Enterprises	7	1619	6965	1593	646
合作开发	Cooperative Development					
独资经营	Foreign Own Investment Enterprises	17	15525	12961	20001	20527
外商其他投资	**Other Foreign Investment**	**393**		**2752**	**12632**	**50612**
#补偿贸易	Compensation Trade	383				
加工装配	Processing Assembly	10		2752	12632	50612

17—9 主要年份对外承包工程和劳务合作

Contracted Projects and Labor Services Cooperation With Foreign Countries in Major Years

年 份 Year	签订合同的国家（地区）数（个） Number of Countries or Territories With Contracts Signed	合 同 数（份） Number of Contracts	合 同 金 额（万美元） Contracted Value (USD 10000)	完成营业额（万美元） Value of Businness Fulfilled (USD 10000)
总 计 Total				
1990	7	16	3042	634
1995	38	93	1689	3621
1996		84	3419	3319
1997		129	7185	7004
1998		134	6864	4926
1999		73	8550	9920
2000		126	17609	10344
2001		189	23010	13019
2002		297	20767	11036
2003		183	20779	16208
#对外承包工程 Contracted Projects				
1990	4	6	2312	507
1995	6	9	866	3180
1996		18	1647	2231
1997		18	4787	5336
1998		27	2436	2800
1999		23	6309	7114
2000		44	11768	7308
2001		33	18343	7433
2002		98	15546	6651
2003		69	14799	12081
对外劳务合作 Labour Cooperation				
1990	6	10	730	127
1995	14	78	745	299
1996		55	1240	814
1997		93	1835	1416
1998		97	4347	1852
1999		42	2116	2654
2000		69	5350	2922
2001		120	3022	3495
2002		192	4959	3491
2003		96	4832	3624
实际咨询 Design Consultation				
1995	5	6	78	142
1996		11	532	274
1997		18	563	252
1998		10	81	274
1999		8	125	152
2000		13	491	114
2001		3	212	156
2002		7	262	894
2003		18	1148	503

注：1.签订合同的国家（地区）是指表中所列年份同我省签订有承包工程和劳务合作的国家、地区数。

a) Countries or territories with contracts signed refers to the countries or territories having contracted projects and labor cooperation with Anhui province.

17—10 外商投资企业年末企业数、投资总额及注册资本（2003年）

Number, Investment and Registered Capital of Foreign-funded Enterprises (2003)

项 目	Item	企业数（个）Number of Registered Enterprises (unit)	投资总额（万美元）Total Investment (USD 10000)	注册资本（万美元）Registered Capital (USD 10000)	#外方 Capital Invested by Foreign Partner
总 计	**Total**	**2034**	**1164391**	**696332**	**420508**
#中外合资	Joint Ventures Enterprises	1156	639119	333289	161570
中外合作	Cooperative Operation Enterprises	117	126938	61079	36083
外资企业	Foreign Investment Share Enterprises	754	289340	192971	192971

17—11 外国和港澳台地区直接投资（按行业）（2003年）

Direct Investment of Foreign Countries, Hong Kong, Macao and Taiwen by Sector (2003)

指 标	Item	新签协议 Newly Signed Agreement		实际投资合计（万美元）Total Actual Investment (USD 10000)	#现金 Cash	期末实有企业数（个）Number of Enterprises at the End of the Period (unit)	#本期新增企业 Newly Increased In this Penriod	从业人员（人）Employed Persons (person)
		合同数（个）Number of Contracts (unit)	投资额（万美元）Investment (USD 10000)					
总 计	**Total**	**431**	**102367**	**39051**	**39051**	**2034**	**380**	**215882**
按投资方式分	**Grouped by Type of Investment**							
#合资企业	Joint Ventures Enterprises	195	38503	17878	17878	1156	177	111056
合作企业	Cooperative Operation Enterprises	29	9210	646	646	117	19	8202
外资企业	Foreign Investment Enterprises	207	54654	20527	20527	754	184	43400
按国民经济待业分	**Grouped by Sector**							
农林牧渔业	Farming, Forestry, Animal Husbandry and Fishery	25	6437	687	687	57	19	542
采掘业	Mining and Quarrying	9	2083	322	322	26	7	1228
制造业	Manufacturing	275	55576	24958	24958	1349	234	190452
电力、煤气及水的生产和供应业	Production and Supply of Electric Power, Gas and Water	7	10566	2741	2741	36	15	5762
								2193
建筑业	Construction	9	1463	150	150	58	10	1661
交通运输、仓储及邮政业	Transportation, Storage and Postal Services	5	1556	1226	1226	23	5	
信息传输、计算机服务和软件业	Information Circulation, Computer Service and Software							
批发和零售业	Wholesale and Retail Trade					8		2022
住宿和餐饮业	Accommodation and Catering Trade	13	1186	1665	1665	81	18	7318
金融业	Finance							
房地产业	Real Estate Trade	43	14580	4979	4979	223	35	2508
租赁和商务服务业	Leasing and Commercial Services							
科学研究、技术服务和地质勘查业	Scientific Research, Technical Services and Geological Prospecting	4	1171	17	17	23	10	
水利、环境和公共设施管理业	Water Conservancy, Environmental and Public Facilities Management							310
居民服务和其他服务业	Resident Services and Other Services	38	7618	2265	2265	131	22	1356
教 育	Education					3	1	
卫生、社会保障和社会福利业	Health Care, Social Protection and Social Welfare					4		12
文化、体育和娱乐业	Culture, Sports and Entertainment	1	15	15	15	4	1	518
公共管理和社会组织	Public Management and Social Organizations							
国际组织	International Organizations							
其他行业	Other	2	116	26	26	8	3	

17—12 外国和港澳台地区直接投资（按国别和地区）（2003年）

Direct Investment of Foreign Countries and Hong Kong, Macao and Taiwen by Countries and Regions (2003)

指标	Item	新签协议 Newly Signed Agreement		实际投资合计（万美元） Total Actual Investment (USD 10000)	#现金 Cash	期末实有企业数（个） Number of Enterprises at the End of the Period (unit)	#本期新增企业 Newly Increased In this Penriod
		合同数（个） Number of Contracts (unit)	投资额（万美元） Investment (USD 10000)				
合　计	**Total**	**431**	**102367**	**39051**	**39051**	**2034**	**380**
亚　洲	Asia	277	61403	24226	24226	1429	245
#香　港	Hong Kong	153	42477	16502	16502	743	133
澳　门	Macao	3	262	190	190	16	2
台　湾	Taiwan	56	5478	2359	2359	315	47
日　本	Japan	21	1705	1195	1195	152	19
马来西亚	Malaysia	4	278	53	53	18	3
菲律宾	Philippines	1	717	180	180	9	
新加坡	Singapore	12	2722	1426	1426	83	13
韩　国	Republic of Korea	17	6790	2102	2102	54	15
泰　国	Thailand	3	82	82	82	20	6
非　洲	Africa	2	325	45	45	6	2
欧　洲	Europe	36	13503	5848	5848	160	34
#比利时	Belgium					1	
英　国	United Kingdom	3	8778	820	820	34	7
德　国	Federal Republic of Germany	3	395	1174	1174	21	2
法　国	France	6	1923	1916	1916	13	3
意大利	Italy	6	1966	672	672	20	5
荷　兰	Netherlands	3	-1444	412	412	13	4
葡萄牙	Portugal					1	
西班牙	Spain	6	1293	164	164	15	4
瑞　士	Switzerland	1	259	220	220	4	1
拉丁美洲	Latin America	25	8293	4342	4342	6	2
北美洲	North America	82	17401	3977	3977	367	81
#加拿大	Canada	15	5805	1076	1076	42	10
美　国	United States	67	11494	2863	2863	279	55
大洋洲	Oceanic	17	1442	613	613	66	16
#澳大利亚	Australia	13	1131	463	463	50	14
新西兰	New Zealand	2	228	126	126	6	2

17—13 “三 资”企 业 经 营 情 况（2003年）

Operation of Joint, Cooperative or Exclusively Foreign Funded Enterprises (2003)

单位：万元 (10000 yuan)

指　　标	Item	销售收入 Revenue	资产总计 Total Assets	负债合计 Total Liabilities	应交税金及附加 Tax and Extra Charges	利润总额 Total Profits
总　　计	**Total**	**6821358**	**9927146**	**5365511**	**427066**	**650428**
按投资方式分	**Grouped by Type of Investment**					
合资企业	Joint Ventures Enterprises	3002110	4391631	2733672	186342	194675
合作企业	Cooperative Operation Enterprises	230412	581389	289270	19987	42374
外资企业	Foreign Investment Enterprises	1463692	1910603	1055159	75095	106566
外商投资股份制企业	Foreign Investment Share Enterprises	2125144	3043523	1287410	145642	306813
按国民经济行业分	**Grouped by Sector**					
农林牧渔业	Farming, Forestry, Animal Husbandry and Fishery	10279	11880	5800	2	-692
采掘业	Mining and Quarrying	12862	24210	10799	966	1453
制造业	Manufacturing	6082658	7710543	4015589	360633	556455
电力、煤气及水的生产和供应业	Production and Supply of Electric Power, Gas and Water	476863	1158493	690231	49455	87906
建筑业	Construction	21625	44125	30960	623	-774
交通运输、仓储及邮政业	Transportation, Storage and Postal Services	46593	225481	81389	4303	17826
信息传输、计算机服务和软件业	Information Circulation, Computer Service and Software					
批发和零售业	Wholesale and Retail Trade	46597	54501	39769	923	837
住宿和餐饮业	Accommodation and Catering Trade	30189	103938	68236	1388	-4126
金融业	Finance					
房地产业	Real Estate Trade	76151	520315	385936	8116	-7570
租赁和商务服务业	Leasing and Commercial Services					
科学研究、技术服务和地质勘查业	Scientific Research, Technical Services and Geological Prospecting	1139	5102	5691	43	-856
水利、环境和公共设施管理业	Water Conservancy, Environmental and Public Facilities Management					
居民服务和其他服务业	Resident Services and Other Services	13861	42617	19117	576	226
教　育	Education					
卫生、社会保障和社会福利业	Health Care, Social Protection and Social Welfare	5	155	5	1	-2
文化、体育和娱乐业	Culture, Sports and Entertainment	2536	25786	11989	36	-255
公共管理和社会组织	Public Management and Social Organizations					
国际组织	International Organizations					

17—14 各市商品进出口总额

Import and Export Commodities by Region

单位：万美元 (USD 10000)

地区	Region	2002 进出口总额 Total	2002 出口总额 Exports	2002 进口总额 Imports	2003 进出口总额 Total	2003 出口总额 Exports	2003 进口总额 Imports	同比增长% Increased by %
总计	**Total**	**418125**	**245341**	**172784**	**594291**	**306424**	**287867**	**42.1**
合肥市	Hefei	229863	150246	79617	301823	181869	119954	31.3
淮北市	Huaibei	3416	2885	531	4608	3846	762	34.9
亳州市	Bozhou	1289	1267	22	1532	1412	120	18.9
宿州市	Suzhou	3000	2771	229	2292	2030	262	-23.6
蚌埠市	Bengbu	15744	12627	3117	20650	16635	4015	31.2
阜阳市	Fuyang	5052	3868	1184	6965	5444	1521	37.9
淮南市	Huainan	2794	1740	1054	5424	2576	2848	94.1
滁州市	Chuzhou	11085	7909	3176	16585	11659	4926	49.6
六安市	Luan	6687	6230	457	9097	8430	667	36.0
马鞍山市	Maanshan	37355	9308	28047	79793	12010	67783	113.6
巢湖市	Chaohu	3842	3443	399	5756	5337	419	49.8
芜湖市	Wuhu	27728	10199	17529	45567	14901	30666	64.3
宣城市	Xuancheng	8519	6171	2348	12414	8726	3688	45.7
铜陵市	Tongling	42216	11694	30522	54694	9958	44736	29.6
池州市	Chizhou	2985	2656	329	5637	4798	839	88.8
安庆市	Anqing	12964	9954	3010	15950	12621	3329	23.0
黄山市	Huangshan	3586	2373	1213	5504	4172	1332	53.5

17—15 各市外商直接投资

Foreihn Direct Investment by Region

地区	Region	项目（个） Number of Projects (unit) 2002	2003	同比增长% Increased by	合同外资额（万美元） Contract Value (USD 10000) 2002	2003	实际利用外资额（万美元） Used Value (USD 10000) 2002	2003	同比增长% Increased by
总计	**Total**	**338**	**431**	**25.5**	**88708**	**102367**	**37523**	**39051**	**4.1**
合肥市	Hefei	73	102	39.7	22460	25436	6468	9602	48.5
淮北市	Huaibei	10	16	60.0	2096	5342	1666	1768	6.1
亳州市	Bozhou	10	7	-30.0	3072	1410	312	1634	423.7
宿州市	Suzhou	8	12	50.0	1902	1235	1167	1146	-1.8
蚌埠市	Bengbu	20	18	-10.0	7351	3577	4815	3119	-35.2
阜阳市	Fuyang	10	22	120.0	545	14723	153	34	-77.8
淮南市	Huainan	8	9	12.5	3937	5279	3443	3187	-7.4
滁州市	Chuzhou	28	27	-3.6	3253	3186	1765	1366	-22.4
六安市	Luan	6	13	116.7	1359	2464	928	534	-42.5
马鞍山市	Maanshan	11	27	145.5	2948	8832	2848	3000	5.3
巢湖市	Chaohu	13	30	130.8	1212	4743	1659	2387	43.9
芜湖市	Wuhu	72	68	-5.6	26035	11680	6262	4413	-29.5
宣城市	Xuancheng	16	25	56.3	3868	5467	1608	2814	75.0
铜陵市	Tongling	6	9	50.0	148	2062	1560	433	-72.2
池州市	Chizhou	12	13	8.3	678	1361	609	964	58.3
安庆市	Anqing	15	18	20.0	1922	4245	1458	1337	-8.3
黄山市	Huangshan	20	15	-25.0	5922	1325	802	1313	63.7

17—16 旅游事业发展情况

Development of Tourism

指　标		Item		1990	1995	2000	2002	2003
旅行社总数	（个）	Total Number of Travel Agencies	(unit)		142	332	421	491
国际旅行社		International Travel Agencies			29	35	35	35
国内旅行社		Domestic Travel Agencies			113	297	386	456
旅行社职工人数	（人）	Number of Staff and Workers of Travel Agencies	(person)		2389	3848	5899	6567
国际旅行社		International Travel Agencies			677	873	1223	1312
国内旅行社		Domestic Travel Agencies			1712	2975	4676	5255
星级宾馆总数	（个）	Number of Hotels With Star Class	(unit)		60	163	285	316
入境旅游人数	（人）	Total Number of International Tourists Inbound	(person)	114504	142855	318430	459051	280819
外国人		Foreigners		32669	74626	167850	238845	163974
港澳和台湾同胞		Compatriots from Hong Kong, Macao and Taiwan		81835	68229	150580	220206	116845
国内居民出境总人数	（人）	Total Number of Domestic Resident Outbound	(person)			5140	18331	28364
国内旅游人数	（万人次）	Total Number of Domestic Tourists	(10000 persons)	1015	1782	2974	3884	3338
旅游收入		Income of Tourism						
国际旅游收入	（万美元）	Earnings from International Tourism	(USD 10000)	620.00	4435.90	11296.45	16022.46	11268.29
国内旅游收入	（亿元）	Earnings from Domestic Tourism	(100 million yuan)	1.85	8.38	150.48	202.92	187.11

17—17 旅游部门基本情况

Basic Statement of Tourism Deparments

指　标		Item		1990	1995	2000	2002	2003
旅游管理机构	（个）	Number of Tourism Administrative Setups	(unit)	10	42	91	105	108
职工人数	（人）	Number of Staff and Workers	(person)	9294	28547	50881	53017	53621
旅游星级宾馆	（个）	Tourist Hotels With Star Class	(unit)		60	163	285	316
#五星级		Five Star Class					3	4
四星级		Four Star Class				6	17	20
三星级		Three Star Class			10	52	83	92
二星级		Two Star Class			42	90	170	186
一星级		One Star Class			8	15	12	14
旅游涉外或星级宾馆		Tourist Hotels Concerning Foreign Affairs or With Star Class						
客　房	（间）	Number of Rooms	(unit)	5943	11818	22824	25430	26537
床　位	（张）	Number of Beds	(unit)	14912	27415	48318	51670	53920
客房出租率	（%）	Room Occupancy	(%)	54.70	52.27	50.98	54.70	53.23
经营情况		Business Status						
营业收入	（亿元）	Business Income	(100 million yuan)		11.39	38.83	29.56	27.50
外汇收入	（万美元）	Foreign Exchange Income	(USD 10000)	620.00	4435.90	11296.45	16022.46	11268.29
利润总额	（万元）	Total Profits	(10000 yuan)		6281.60	-2125.56	12101.82	-20356.16

注：1. 2000年前的客房、床位、客房出租率为涉外饭店情况，2001年以后为星级宾馆情况。

2. 外汇收入包括旅游商品出口创汇收入。

a) Number of rooms, beds and room occupancy refered to hotels concerning foreign affairs before 2000 and they refered to hotels with star class after 2001.

b) Foreign exchange income includes export income of traveling commodities.

17—18 各市旅游星级饭店（宾馆）住宿设施情况（2003年）

Accommodation Facilities of Hotels Concerning Foreign Affairs by Region (2003)

地 区	Region	饭店（宾馆）（个） Number of Hotels (unit)	五星级 Five Star Class	四星级 Four Star Class	三星级 Three Star Class	二星级 Two Star Class	一星级 One Star Class	客房（间） Number of Rooms (unit)	床位（张） Number of Beds (unit)	客房出租率（%） Room Occupancy (%)
总 计	**Total**	**316**	**4**	**20**	**92**	**186**	**14**	**26537**	**53920**	**53.23**
合 肥 市	Hefei	40	3	5	15	17		5087	9841	
淮 北 市	Huaibei	7			2	5		822	1694	
亳 州 市	Bozhou	8			3	5		806	1587	
宿 州 市	Suzhou	7			4	3		483	915	
蚌 埠 市	Bengbu	13			4	9		1182	2486	
阜 阳 市	Fuyang	14			4	10		967	1903	
淮 南 市	Huainan	14		1	5	8		754	1408	
滁 州 市	Chuzhou	19		1	3	15		1381	2817	
六 安 市	Luan	9			2	7		764	1623	
马鞍山市	Maanshan	11		1	1	8	1	972	2021	
巢 湖 市	Chaohu	11			6	5		615	1298	
芜 湖 市	Wuhu	21		2	5	11	3	1647	3211	
宣 城 市	Xuancheng	24			8	12	4	1550	3182	
铜 陵 市	Tongling	14			3	7	4	983	2151	
池 州 市	Chizhou	12			7	5		912	2032	
安 庆 市	Anqing	37		1	5	30	1	2534	5237	
黄 山 市	Huangshan	55	1	9	15	29	1	5078	10514	

注：本表星级宾馆（酒店）指2003年底止已得到国家旅游局或省旅游局批准的，不包括已报未批部分。

a) The star class of hotel in this table refer to be approved by the National Tourism Administration or Anhui Tourism Administration up to the Year-end of 2003 excluding those hed been reported but unapproved.

17—19 国际旅游外汇收入及构成

Foreign Exchange Earnings and It's Composition

指 标	Iten	2001 数额（美元） Value (USD)	2001 比重（%） Percentage (%)	2002 数额（美元） Value (USD)	2002 比重（%） Percentage (%)	2003 数额（美元） Value (USD)	2003 比重（%） Percentage (%)
总 计	**Total**	**10567.80**	**100.00**	**12381.96**	**100.00**	**8340.69**	**100.00**
长途交通	Long Distance Transportation	3085.80	29.20	2464.01	19.90	2047.64	24.55
#民 航	Air	1785.96	16.90	2018.26	16.30	1384.55	16.60
铁 路	Railway	105.68	1.00	297.17	2.40	141.79	1.70
汽 车	Highway	264.19	2.50	148.58	1.20	154.30	1.85
轮 船	Waterway	929.97	8.80				
游 览	Visiting	380.44	3.60	879.12	7.10	446.23	5.35
住 宿	Accommodation	1268.13	12.00	1770.62	14.30	1096.80	13.15
餐 饮	Cater	1077.91	10.20	1238.20	10.00	842.41	10.10
商品销售	Commodity Sale	2483.43	23.50	3231.69	26.10	2068.49	24.80
娱 乐	Entertainment	591.80	5.60	730.54	5.90	479.59	5.75
邮电通讯	Postal and Communication	486.12	4.60	520.04	4.20	366.99	4.40
市内交通	Local Transportation	200.79	1.90	284.79	2.30	175.15	2.10
其他服务	Other Service	993.38	9.40	1262.96	10.20	817.39	9.80

17—20 接待外国人旅游人数（按国别分）

Number of Foreign Tourists by Country

单位：人　　(person)

指　标　Item	1990	1995	2000	2002	2003
总　计　Total	**32669**	**74626**	**167850**	**238845**	**163974**
#日　本　Japan	21005	18725	47272	54194	36327
韩　国　Republic of Korea		5578	21659	27961	27125
新加坡　Singapore	1160	12589	16568	19051	13056
美　国　United States	1700	7060	18456	36970	15940
英　国　United Kingdom	535	964	3111	5822	4073
法　国　France	497	1692	5836	7696	3867
德　国　Federal Republic Of Germany	617	2115	4699	10411	10097
俄罗斯　Russia	261	195	832	2324	1503

17—21 国内旅游情况人数结构（按年龄、身份和职业分）（2003年）

Number of Domestic Tourists by Age, Identity and Occupation (2003)

单位：%　　(%)

年　份 Year	按身份分组 By Identity			按职业分组 By Occupation									
	人数合计（人）Total (person)	城镇居民 Urban Residents	非城镇居民 Unurban Residents	公务员 Public Servicers	企管人员 Business Managerial Staff	军人 Soliders	工人 Workers	服务销售人员 Sale-Ssmen	农民 Peasants	专业人员 Professional Staff	离退休人员 Retirees	学生 Students	其他 Others
合　计　Total	**10876**	**91.0**	**9.0**	**16.1**	**24.7**	**1.8**	**11.3**	**16.8**	**3.7**	**10.6**	**3.7**	**4.7**	**6.6**
65岁以上　65 and Over	203	91.1	8.9	4.9	3.9	4.4	5.4	0.5	7.9	6.4	62.6		4.0
45—64岁　45—64	2489	90.6	9.4	17.0	28.2	2.5	9.0	12.7	6.4	8.8	10.7		4.7
25—44岁　25—44	6785	92.8	7.2	17.7	26.6	1.4	12.7	19.1	2.9	12.2	0.1	0.5	6.8
15—24岁　15—24	1383	82.5	17.5	8.6	12.2	2.2	10.2	15.4	2.3	6.3		33.0	9.8
14岁以下　14 and Under	16	100.0										100.0	

Main Economic Indicators of Domestic Tourism

年 份 Year	人 数 (万人次) Total Number (10000 person-times)	总收入 (万元) Total Income (10000 yuan)	一日游 One-day Tour 人 数 (万人次) Total Number (10000 person-times)	一日游 One-day Tour 收 入 (万元) Income (10000 yuan)	过夜旅游 Overnight Tour 人 数 (万人次) Total Number (10000 person-times)	过夜旅游 Overnight Tour 收 入 (万元) Income (10000 yuan)
1997	2145	919982	302	24944	1843	895038
1998	2377	1130444	458	32084	1919	1098360
1999	2666	1343983	482	46043	2184	1297940
2000	2974	1504750	630	50361	2344	1454389
2001	3364	1749100	578	80100	2786	1669000
2002	3884	2029176	764	122387	3120	1906789
2003	3338	1871134	319	136631	3019	1734503

17—23 各市国内旅游主要经济指标（2003年）

Main Economic Indicators of Domestic Tourism by Region (2003)

地 区	Region	人 数 (人次) Total Number (person-times)	总收入 (万元) Total Income (10000 yuan)	一日游 One-day Tour 人 数 (人次) Total Number (person-times)	一日游 One-day Tour 收 入 (万元) Income (10000 yuan)	过夜旅游 Overnight Tour 人 数 (人次) Total Number (person-times)	过夜旅游 Overnight Tour 收 入 (万元) Income (10000 yuan)
总 计	**Total**	**33378444**	**1871134**	**3191631**	**136631**	**30186813**	**1734503**
合肥市	Hefei	4764092	306464	238559	26361	4525533	280104
淮北市	Huaibei	843650	35569	31145	274	812505	35295
亳州市	Bozhou	852845	35906	32701	922	820144	34984
宿州市	Suzhou	898470	43741	25450	221	873020	43520
蚌埠市	Bengbu	1550541	48528	219122	3791	1331419	44737
阜阳市	Fuyang	1714198	92962	108740	2164	1605458	90801
淮南市	Huainan	1049938	62768	122700	1018	927238	61749
滁州市	Chuzhou	1521710	62426	44741	331	1476969	62095
六安市	Luan	1667733	68578	96782	1974	1570951	66603
马鞍山市	Maanshan	1388029	71922	235069	4983	1152960	66939
巢湖市	Chaohu	1402175	52995	168327	2070	1233848	50925
芜湖市	Wuhu	2364392	149988	247028	9313	2117364	140675
宣城市	Xuancheng	1522769	54101	118963	1320	1403806	52781
铜陵市	Tongling	592861	24223	91648	2942	501213	21281
池州市	Chizhou	2036380	129944	162630	9140	1873750	120804
安庆市	Anqing	4567646	269384	1088680	59877	3478966	209506
黄山市	Huangshan	4641015	361632	159346	9927	4481669	351705

17—24 国内旅游人均花费（2003年）

Per Catita Costs of Domestic Tourism (2003)

单位：元 (yuan)

年份 Year		平均每人花费 Per Capita Exoenditure	交通费 Local Transportation	住宿费 Accommod-ation	餐饮费 Cater	购物费 Commodity Sale	平均逗留天数（天） Average Number of Days (day)
总花费	Total Expenditure	553.98	47.12	138.87	107.76	90.33	1.76
一日游	One-day Tour	339.01	29.97	76.30	68.09	54.23	1.00
过夜花费	Overnight Tour	604.62	51.17	153.61	117.10	98.81	1.99
#宾馆饭店	Living in Hotel	614.23	51.44	161.80	119.61	95.86	1.94
#住亲友家	Living in Relative's or Friend's Home	375.03	45.45	1.37	62.81	128.58	2.75

17—25 各市国内旅游人均花费（2003年）

Per Catita Costs of Domestic Tourism by Region (2003)

单位：元 (yuan)

地区 Region		平均每人花费 Per Capita Exoenditure	交通费 Local Transportation	住宿费 Accommod-ation	餐饮费 Cater	购物费 Commodity Sale	平均逗留天数（天） Average Number of Days (day)
总计	**Total**	**553.98**	**47.12**	**138.87**	**107.76**	**90.33**	**1.76**
合肥市	Hefei	594.98	43.69	180.85	91.58	171.44	2.43
淮北市	Huaibei	371.61	17.14	106.15	87.44	79.19	1.88
亳州市	Bozhou	400.38	34.32	91.56	81.27	98.12	1.73
宿州市	Suzhou	417.99	46.52	119.82	110.81	98.56	1.55
蚌埠市	Bengbu	284.46	45.39	87.21	63.73	60.47	1.79
阜阳市	Fuyang	433.67	52.79	80.96	86.78	59.67	1.64
淮南市	Huainan	554.62	19.46	180.10	137.91	116.00	1.75
滁州市	Chuzhou	302.74	25.69	74.42	80.49	30.10	1.41
六安市	Luan	398.66	16.62	96.15	81.99	68.43	1.97
马鞍山市	Maanshan	553.39	57.11	165.41	146.54	85.79	1.81
巢湖市	Chaohu	343.42	31.74	97.56	67.49	45.34	1.25
芜湖市	Wuhu	622.57	78.66	109.85	103.37	164.91	1.70
宣城市	Xuancheng	324.25	23.98	87.17	70.78	34.54	1.35
铜陵市	Tongling	433.36	48.72	136.47	114.34	63.20	2.03
池州市	Chizhou	653.97	32.21	139.12	108.15	100.02	1.70
安庆市	Anqing	613.71	40.00	106.48	160.52	166.27	1.65
黄山市	Huangshan	784.11	67.65	198.72	132.19	88.50	1.84

17—26 国家级黄山风景区旅游事业发展情况

Development of Tourism of Huang Shan Scenic at National Level

指　　标		Item		1990	1995	2000	2002	2003
接待人数	（人次）	Tourists Received	(person-time)	669770	831058	1172871	1354834	1038350
接待海外游客		Overseas Tourists		42261	41562	73485	92375	20695
国内游客		Domestic Tourists		627509	789496	1099386	1262459	1017665
营业收入	（万元）	Business Income	(10000 yuan)	4962.3	18382.3	47881.0	56315.0	36121.0
#游览设施		Touring Facilities		1811.1	10140.0	18040.0	14965.0	18103.0
住宿设施		Loodging Facilities		1397.2	5248.4	9655.0	8943.0	7211.0
娱乐设施		Entertainment Facilities		246.3	93.4			
餐饮设施		Catering Facilities		982.8	2523.9	4004.0	4073.0	4276.0
商业设施		Commercial Facilities		524.9	376.6	182.0	214.0	240.0
外汇收入	（万美元）	Foreign Exchange Earnings	(USD 10000)	286.73	1042.90	2450.00	3004.00	700.00
利润总额	（万元）	Total Profits	(10000 yuan)	1107.8	6111.1	8317.0	4162.0	-3560.0
#管委会所属企事业利润总额		Total Profits of Enterprises or Institntion Under the Board of Management		1107.8	6111.1	8317.0	4162.0	-3560.0
涉外宾馆（酒店）住宿设施		Lodging Facilities of Tourist Hotels						
宾馆（酒店）	（个）	Number of Hotels	(unit)	7	11	15	17	17
#四星级		Four Star Class					4	4
三星级		Three Star Class			4	5	5	5
二星级		Two Star Class			2	1	2	2
客　房	（间）	Number of Rooms	(unit)	1630	1420	1781	1913	1432
床　位	（张）	Number of Beds	(unit)	5050	4050	5775	4300	4186
客房出租率	(%)	Room Occupancy	(%)	51.25	48.64	42.30	50.00	53.00
旅游车辆	（辆）	Number of Touring Vehicles	(unit)	45	64	191	209	210
#大型车辆		Large-sized Vehicles		19	19	25	16	16
中型车辆		Middle-sized Vehicles		16	30	50	30	30
小型车辆		Small-sized Vehicles		10	15	62	118	119

17—27 国家级九华山风景区旅游事业发展情况

Development of Tourism of Jiu Hua Shan Scenic at National Level

指标		Item		1990	1995	2000	2002	2003
接待人数	（人次）	Tourists Received	(person-time)	265000	438000	443900	543126	436969
接待海外游客		Overseas Tourists		6264	10019	13569	12797	4696
国内游客		Domestic Tourists		258736	427981	430331	530329	432273
营业收入	（万元）	Business Income	(10000 yuan)	1500	10940	12000	20157	18080
#游览设施		Touring Facilities		201	1130	3579	5667	5083
住宿设施		Loodging Facilities		298	2990	2493	3910	3507
娱乐设施		Entertainment Facilities		150	350	293	317	284
餐饮设施		Catering Facilities		550	4010	2860	6038	5416
商业设施		Commercial Facilities		301	2460	2775	4225	3790
外汇收入	（万美元）	Foreign Exchange Earnings	(USD 10000)	70	1047	334	260	63
利润总额	（万元）	Total Profits	(10000 yuan)	116	288	227	339	304
#管委会所属企事业利润总额		Total Profits of Enterprises or Institntion Under the Board of Management		78	192	216	207	186
涉外宾馆（酒店）住宿设施		Lodging Facilities of Tourist Hotels						
宾馆（酒店）	（个）	Number of Hotels	(unit)	2	3	3	5	6
#四星级		Four Star Class						
三星级		Three Star Class				1	3	4
二星级		Two Star Class		2	2	2	2	2
客　房	（间）	Number of Rooms	(unit)	110	216	299	428	448
床　位	（张）	Number of Beds	(unit)	280	545	625	833	880
客房出租率	（%）	Room Occupancy	(%)	53	59	45	61	46
旅游车辆	（辆）	Number of Touring Vehicles	(unit)	57	78	59	71	77
#大型车辆		Large-sized Vehicles		12	19	19	20	13
中型车辆		Middle-sized Vehicles		28	37	30	34	59
小型车辆		Small-sized Vehicles		17	22	10	17	5

主要统计指标解释

进出口总额　指实际进出我国国境的货物总金额。包括对外贸易实际进出口货物，来料加工装配进出口货物，国家间、联合国及国际组织无偿援助物资和赠送品，华侨、港澳台同胞和外籍华人捐赠品，租赁期满归承租人所有的租赁货物，进料加工进出口货物，边境地方贸易及边境地区小额贸易进出口货物(边民互市贸易除外)，中外合资企业、中外合作经营企业、外商独资经营企业进出口货物和公用物品，到、离岸价格在规定限额以上的进出口货样和广告品(无商业价值、无使用价值和免费提供出口的除外)，从保税仓库提取在中国境内销售的进口货物，以及其他进出口货物。进出口总额用以观察一个国家在对外贸易方面的总规模。我国规定出口货物按离岸价格统计，进口货物按到岸价格统计。

商品经营单位所在地进、出口额　指所在地海关注册登记的有进出口经营权的企业实际进、出口额。

商品目的地进口额和商品货源地出口额　目的地进口额是指进口货物的消费、使用或最终抵运地的实际进口额；货源地出口额是指出口货物的产地或原始发货地的实际出口额。

利用外资　指我国各级政府、部门、企业和其他经济组织通过对外借款、吸收外商直接投资以及用其他方式筹措的境外现汇、设备、技术等。

对外借款　是我国利用外资的重要部分。指通过对外正式签订借款协议，从境外筹措的资金，包括外国政府贷款、国际金融组织贷款、外国银行商业贷款、出口信贷以及对外发行债券等。1996年及以前还包括对外发行股票。

外商直接投资　指外国企业和经济组织或个人(包括华侨、港澳台胞以及我国在境外注册的企业)按我国有关政策、法规，用现汇、实物、技术等在我国境内开办外商独资企业、与我国境内的企业或经济组织共同举办中外合资经营企业、合作经营企业或合作开发资源的投资(包括外商投资收益的再投资)，以及经政府有关部门批准的项目投资总额内企业从境外借入的资金。

外商其他投资　指除对外借款和外商直接投资以外的各种利用外资的形式。包括企业在境内外股票市场公开发行的以外币计价的股票(目前主要是在香港证券市场发行的H股和在境内证券市场发行的B股)发行价总额，国际租赁进口设备的应付款，补偿贸易中外商提供的进口设备、技术、物料的价款，加工装配贸易中外商提供的进口设备、物料的价款。

对外承包工程　指各对外承包公司以招标议标承包方式承揽的下列业务：⑴承包国外工程建设项目，⑵承包我国对外经援项目，⑶承包我国驻外机构的工程建设项目，⑷承包我国境内利用外资进行建设的工程项目，⑸与外国承包公司合营或联合承包工程项目时我国公司分包部分，⑹对外承包兼营的房屋开发业务。对外承包工程的营业额是以货币表现的本期内完成的对外承包工程的工作量，包括以前年度签订的合同和本年度新签订的合同在报告期内完成的工作量。

对外劳务合作　指以收取工资的形式向业主或承包商提供技术和劳动服务的活动。我国对外承包公司在境外开办的合营企业，中国公司同时又提供劳务的，其劳务部分也纳入劳务合作统计。劳务合作营业额按报告期内向雇主提交的结算数(包括工资、加班费和奖金等)统计。

对外设计咨询　指以服务成果向业主收费的技术服务项目。包括承担地形地貌测绘，地质资源勘探与普查，建设区域规划，提供设计文件、图纸、生产工艺技术资料和工程技术经济咨询，工程项目的可行性考察、研究和评估，进行技术指导和培训人员等；也包括承担国(境)内利用外资进行建设的工程项目的上述规定的设计咨询项目的收取外币部分。

旅游者人数　包括入境国际旅游者人数、出境居民人数和国内旅游者人数。

⑴入境国际旅游者人数：指来中国参观、访问、旅行、探亲、访友、休养、考察、参加会议和从事经济、科技、文化、教育、宗教等活动的外国人、华侨、港澳同胞和台湾同胞的人数。不包括外国在我国的常驻机构，如使领馆、通讯社、企业办事处的工作人员；来我国常住的外国专家、留学生以及在岸逗留不过夜人员。

⑵出境居民人数：指大陆居民因公务活动或私人事务短期出境的人数。公务活动出境居民人数包括在国际交通工具上的中国服务员工，因私出境居民人数不包括在国际交通工具上的中国服务员工。

⑶国内旅游者人数：指我国大陆居民和在我国常住 1 年以上的外国人、华侨、港澳台同胞离开常住地在境内其他地方的旅游设施内至少停留一夜，最长不超过6个月的人数。

国际旅游(外汇)收入　指入境旅游的外国人、华侨、港澳同胞和台湾同胞在中国大陆旅游过程中发生的一切旅游支出，对于国家来说就是国际旅游(外汇)收入。

国际旅行社　指经营对外招徕并接待外国人、华侨、港澳同胞和台湾同胞来中国、归国或回内地旅游业务的旅行社。

国内旅行社　指负责经营招徕、组团、接待国内旅客的旅游业务，以及不对外招徕，负责经营接待国际旅行社或其它涉外部门组织的外国人、华侨、港澳同胞和台湾同胞来中国、归国或回内地的旅游业务的旅行社。

涉外饭店　指经有关部门批准，允许接待外国人、华侨、港澳同胞和台湾同胞的饭店。

Explanatory Notes for Major Statistical Indicators

Total Imports and Exports at Customs refer to the value of commodities imported into and exported from the boundary of China. They include the actual imports and exports through foreign trade, imported and exported goods under the processing and assembling trades and materials, supplies and gifts as aid given gratis between governments and by the United Nations and other international organizations, and contributions donated by overseas Chinese, compatriots in Hong Kong and Macao and Chinese with foreign citizenship, leasing commodities owned by tenant at the expiration of leasing period, the imported and exported commodities processed with imported materials, commodities trading in border areas (excluding mutual exchange goods), the imported and exported commodities and articles for public use of the Sino-foreign joint ventures, cooperative enterprises and ventures exclusively with foreign own investment. Also included are import or export of samples and advertising goods for whose CIF or FOB value are beyond the permitted ceiling (excluding goods of no trading or use value and free commodities for export), imported goods sold in China from bonded warehouses and other imported or exported goods. The indicator of the total imports and exports at customs can be used to observe the total size of external trade in a country. In accordance with the stipulation of the Chinese government, imports are calculated at CIF, while exports are calculated at FOB.

Import Export Value by Location of China's Foreign Trade Managing Units refers to actual value of imports and exports carried out by corporations which have been registered by the local customhouse and are vested with right to run import export business.

Import Value of Commodities by the Places of their Destination and Export Value of Commodities by the Places of their Origin in China The former indicator refers to the value of import commodities of the places of their consumption, utilization or the places of their final destination. The latter indicator refers to the value of export commodities of the places of their origin or the places of the commodities dispatched.

Utilization of Foreign Capital refers to remittance, equipment and technology financed from abroad, by loans, foreign direct investment and other forms undertaken by the Chinese governments at all levels, by various departments, enterprises and other economic units.

Foreign Borrowings an important part of China's utilization of foreign capital, it refer to funds borrowed from abroad through formal signing of borrowing agreements with foreign institutions, including loans of foreign governments, loans of international financial institutions, commercial loans of foreign banks, export credit, and funds raised by Chinese bonds (and shares before 1996) issued abroad.

Direct Investment by Foreign Entrepreneurs refers to the investments inside China by foreign enterprises and economic organizations or individuals (including overseas Chinese, compatriots from Hong Kong and Macao, and Chinese enterprises registered abroad), following the relevant policies and laws of China, for the establishment of ventures exclusively with foreign own investment, Sino-foreign joint ventures and cooperative enterprises or for co-operative exploration of resources with enterprises or economic organizations in China. It includes the re investment of the foreign entrepreneurs with the profits gained from the investment and the funds that enterprises borrow from abroad in the total investment of projects which are approved by the relevant department of the government.

Other Investment by Foreign Entrepreneurs refers to all forms of utilization of foreign capitals other than foreign borrowings and foreign direct investment. It includes the total value of stock shares in foreign currencies issued by enterprises at domestic or foreign stock exchanges (now mainly consisting of H shares issued at Hong Kong Security Market and B shares issued at domestic security markets), rent payable for the imported equipment through international leasing arrangement, cost of imported equipment, technology and materials provided by foreign counterparts in compensation trade and processing and assembly trade.

Contracted Projects with Foreign Countries refer to projects undertaken by Chinese contractors (project contracting companies) through bidding process. They include: (1)overseas civil engineering construction projects financed by foreign investors; (2)overseas projects financed by the Chinese government through its foreign aid programs; (3)construction projects of Chinese diplomatic missions, trade offices and other institutions stationed abroad; (4)construction projects in China financed by foreign investment; (5)sub-contracted projects to be taken by Chinese contractors through a joint umbrella project with foreign contractor(s); (6)housing development projects. The business income from international contracted projects is the work volume of contracted projects completed during the reference period, expressed in monetary terms, including completed work on projects signed in previous years.

Service Cooperation with Foreign Countries refers to the activities of providing technology and labour services to employers or contractors in the forms of receiving salaries and wages. Labour services providing by contractual joint ventures of Chihe statistics of service co operation with foreign countries. The business income of labour service co operation is the income in the form of wages and salaries, overtime pay, bonuses and other remuneration received from the employers during the reference period.

Overseas Design and Consultation Service refers to projects with charges for technical services from overseas operators. It includes geographic and topographic mapping, geological resource prospecting and survey, planning of construction areas, provision of design documents, blueprints, materials on production process and techniques, as well as engineering, technical and economic consultation, and feasibility study, research and evaluation of projects. Also included under this category are the above-mentioned services of foreign-financed projects in China that are paid in foreign currencies.

Number of Tourists include international tourists entering into China, Chinese residents going abroad and domestic tourists.

a)International tourists refer to foreigners, overseas Chinese, Chinese compatriots from Hong Kong, Macao and Taiwan coming to China for sightseeing, visits, tours, family reunions, vacations, study tours, conferences and other activities of a business, scientific and technological, cultural, educational and religious nature. It does not include representatives and employees of resident institutions of foreign countries in China such as embassies, consulates, news agencies and offices of foreign companies and organizations, nor does it include long-term foreign experts or students residing in China, or persons in transition without spending a night in China.

b)Chinese residents going abroad refer to Chinese residents going abroad for short terms for either public business or private purposes. Chinese employees working on international transport carriers are included in those going abroad for public business purpose, not in those for private purpose.

c)Domestic tourists refer to residents of the mainland of China who stay for one night at least but no more than 6 months at tourist facilities in other places than their permanent residence within the territory of the mainland China, including foreigners, overseas Chinese and Chinese compatriots from Hong Kong, Macao and Taiwan who have resided in China for over one year.

Foreign Exchange Earnings from International Tourism refer to the total expenditures of foreigners, overseas Chinese, Chinese compatriots from Hong Kong, Macao and Taiwan during their stay in the mainland of China, which are earnings of foreign exchange from international tourism from the point of view from China.

International Travel Agencies refer to travel agencies engaged in the promotion, solicitation, organization and reception of tours to the mainland of China by foreigners, overseas Chinese, Chinese compatriots from Hong Kong, Macao and Taiwan.

Domestic Travel Agencies refer to travel agencies engaged in the promotion, solicitation, organization and reception of domestic tourists, and in the reception of foreigners, overseas Chinese, Chinese compatriots from Hong Kong, Macao and Taiwan organized by international travel agencies or other departments concerned, without their own promotion and solicitation programmes.

Tourist Hotels refer to hotels that are able, with the approval of departments concerned, to accommodate foreigners, overseas Chinese, Chinese compatriots from Hong Kong, Macao and Taiwan.

教育、科技、文化

第十八篇

Chapter

18

EDUCATION, SCIENCE AND CULTURE

简要说明

一、本篇反映我省的教育文化事业的发展情况和科学技术活动基本情况。

二、教育部分包括高等教育、中等教育、初等教育、幼儿教育、特殊教育和各种类型的各级成人教育等，主要指标有各级各类学校的校数、在校学生数、招生数、毕业生数、教职工数、教师数等。

教育统计资料主要由省教委提供，技工学校的资料来源于劳动厅。

三、文化部分主要包括艺术、图书馆、群众文化、文物、广播、电视、新闻出版等文化事业的机构、人员及业务活动情况。资料主要来自省文化厅、省广播电影电视局、省新闻出版社。

四、科学技术部分主要包括了我省科技活动的规模、构成、布局和发展状况的资料，收录了全省有关部门年度的科技统计数据。

反映科技机构、大中型工业企业和高等学校三大科技活动主体单位的机构数、人员数和经费收支等情况，根据省科委、省教委、省国防工办、省统计局科技统计综合年报汇总。

专利申请受理量和批准量由省专利局提供。

Brief Introduction

I. Data in this chapter show the development of Anhui's education and culture as well as the basic conditions of the activities of science and technology.

II. Data on education cover the situations on higher education, secondary education, primary education, kindergartens and special education and all kinds of adult education etc. The main indicators cover the number of schools of various levels and categories, students enrolled, new students enrolled, graduates, staff and workers and number of teachers etc.

The statistical data on education are mainly provided by the Provincial Commission of Education. In addition, data on the technical training schools are provided by the Department of Labor and Social Security.

III. Data on culture cover mainly the situations on institutions, personnel and business activities of arts, libraries, mass culture, cultural relics, broadcasting, films, televisions, news and publication etc. By the Provincial Department of Culture. By the Provincial Administration of Broadcasting, film and Television. By the Provincial Press and Publication House.

IV. Data on science and technology cover mainly the scale, composition, distribution and development of the scientific and technological activities, including the statistical data of the departments concerned under the provincial government on science and technology in.

The table on the basic conditions of the scientific and technological activities show in a summary way the number of institutions and personnel in scientific and technological institutions, large and medium-sized industrial enterprises and universities and colleges, the three main bodies engaged in the scientific and technological activities as well as their income and expenditure. Data are collected and tabulated in accordance with the annual reporting scheme on science and technology statistics of the Provincial Commission of Science, Provincial Commission of Education, Provincial Office of Science, Technology and Industry for National Defence and the provincial Statistical Bureau.

Data on the number of patent applications examined and certified are provided by Anhui Patent Office.

18—1 教育事业基本情况

Basic Statistics on Education

指标	Item	1990	1995	2000	2002	2003
学校数 (所)	**Number of Schools (unit)**					
普通高等学校	Regular Institutions of Higher Education	37	35	42	62	73
普通中等学校	Secondary Schools	5069	5059	4621	4588	4590
#中等专业学校	Specialized Secondary Schools	135	152	138	108	103
中等技术学校	Technical Secondary Schools	90	111	104	89	81
中等师范学校	Teacher Secondary Schools	45	41	34	19	22
普通中学	Regular Secondary Schools	4375	4170	3767	3819	3820
高　中	Senior Secondary Schools	619	617	674	726	741
初　中	Junior Secondary Schools	3756	3553	3093	3093	3079
职业中学	Vocational Secondary Schools	559	737	716	661	667
小　学	Primary Schools	35054	29343	24281	22718	22328
幼儿园	Kindergartens	1763	2243	3932	2429	2512
特殊教育	Special Schools	15	44	70	67	71
专任教师 (万人)	**Number of Full-time Teachers (10000 persons)**					
普通高等学校	Regular Institutions of Higher Education	1.17	1.16	1.51	2.11	2.47
普通中等学校	Secondary Schools	14.58	16.53	18.63	20.00	20.59
#中等专业学校	Specialized Secondary Schools	0.78	0.85	0.88	0.67	0.60
中等技术学校	Technical Secondary Schools	0.53	0.63	0.68	0.54	0.46
中等师范学校	Teacher Secondary Schools	0.25	0.22	0.21	0.13	0.14
普通中学	Regular Secondary Schools	12.71	14.03	15.81	17.35	17.95
高　中	Senior Secondary Schools	2.05	2.04	2.92	3.72	4.10
初　中	Junior Secondary Schools	10.66	11.98	12.90	13.63	13.85
职业中学	Vocational Secondary Schools	1.09	1.65	1.94	1.98	2.04
小　学	Primary Schools	27.09	26.73	27.37	27.20	26.65
幼儿园	Kindergartens	1.76	2.21	2.65	1.40	1.42
特殊教育	Special Schools	0.03	0.06	0.09	0.10	0.10
招生数 (万人)	**New Student Enrollment (10000 persons)**					
普通高等学校	Regular Institutions of Higher Education	1.98	2.94	7.62	12.25	14.24
普通中等学校	Secondary Schools	86.07	124.11	150.27	171.43	179.08
#中等专业学校	Specialized Secondary Schools	2.67	4.41	4.92	3.89	4.79
中等技术学校	Technical Secondary Schools	1.84	3.52	4.41	3.10	3.99
中等师范学校	Teacher Secondary Schools	0.82	0.90	0.51	0.78	0.80
普通中学	Regular Secondary Schools	77.13	105.23	129.75	146.26	151.47
高　中	Senior Secondary Schools	9.45	11.44	21.96	30.34	34.49
初　中	Junior Secondary Schools	67.68	93.78	107.78	115.92	116.98
职业中学	Vocational Secondary Schools	6.27	14.47	15.59	21.28	22.82
小　学	Primary Schools	98.51	119.94	116.60	127.26	106.40
幼儿园	Kindergartens			84.29	65.36	54.24
特殊教育	Special Schools	0.04	0.40	0.22	0.32	0.26
在校学生 (万人)	**Student Enrollment (10000 persons)**					
普通高等学校	Regular Institutions of Higher Education	6.24	8.80	18.24	33.01	41.01
普通中等学校	Secondary Schools	243.17	328.76	422.79	464.32	497.09
#中等专业学校	Specialized Secondary Schools	8.22	12.08	19.19	12.58	12.25
中等技术学校	Technical Secondary Schools	5.67	9.50	16.60	10.72	10.21
中等师范学校	Teacher Secondary Schools	2.55	2.59	2.59	1.87	2.03
普通中学	Regular Secondary Schools	218.18	281.53	358.32	401.08	428.31
高　中	Senior Secondary Schools	27.45	28.94	54.14	77.17	89.99
初　中	Junior Secondary Schools	190.73	252.58	304.18	323.91	338.32
职业中学	Vocational Secondary Schools	16.77	35.14	45.28	50.65	56.53
小　学	Primary Schools	633.22	606.88	644.24	687.48	661.22
幼儿园	Kindergartens	49.61	103.48	116.19	81.83	71.51
特殊教育	Special Schools	0.18	1.54	1.83	1.90	1.88
毕业生数 (万人)	**Graduates (10000 persons)**					
普通高等学校	Regular Institutions of Higher Education	2.15	2.90	2.59	4.43	6.58
普通中等学校	Secondary Schools	69.81	81.48	123.18	128.88	135.60
#中等专业学校	Specialized Secondary Schools	2.38	3.20	6.04	6.61	4.61
中等技术学校	Technical Secondary Schools	1.52	2.39	4.37	5.94	4.17
中等师范学校	Teacher Secondary Schools	0.86	0.81	1.68	0.68	0.45
普通中学	Regular Secondary Schools	62.75	71.26	102.31	109.50	117.19
高　中	Senior Secondary Schools	8.82	7.37	13.15	17.00	20.96
初　中	Junior Secondary Schools	53.93	63.89	89.16	92.50	96.23
职业中学	Vocational Secondary Schools	4.68	7.02	14.83	12.76	13.80
小　学	Primary Schools	102.99	103.24	121.20	127.75	127.10
幼儿园	Kindergartens				58.56	50.04
特殊教育	Special Schools	0.02	0.07	0.20	0.19	0.20

18—2 研 究 生 数

Number of Postgraduates

单位：人 (person)

年 份 Year	研究生数 Number of Postgraduates		
	在学人数 Student Enrollment	招生数 New Student Enrollment	毕业生数 Graduates
1985	1604	1009	384
1990	1950	598	779
1995	2828	1051	588
1999	4495	1877	1168
2000	5357	2341	1041
2001	7104	3016	1068
2002	9840	4207	1737
2003	13535	5883	2149

18—3 高等学校分科在校学生数

Student Enrollment in Institutions of Higher Education by Field of Study

单位：人 (person)

项 目	Item	2002			2003		
		合计 Total	本科 Regular College Course	专科 Specialized Dubject (Three Years)	合计 Total	本科 Regular College Course	专科 Specialized Dubject (Three Years)
合 计	**Total**	**330112**	**173045**	**157067**	**410117**	**209916**	**200201**
哲 学	Philosophy	347	347		347	347	
经济学	Economics	14093	7317	6776	17974	9258	8716
法 学	Law	18670	8618	10052	22136	10374	11762
教育学	Education	24957	5471	19486	26915	6586	20329
文 学	Literature	46415	20850	25565	58612	27239	31373
历史学	History	3110	2510	600	3157	2589	568
理 学	Science	41257	28588	12669	49586	35142	14444
工 学	Engineering	98143	53440	44703	122672	62838	59834
农 学	Agriculture	7786	5232	2554	9358	6254	3104
医 学	Medicine	30672	21879	8793	38579	24870	13709
管理学	Management	44662	18793	25869	60781	24419	36362

18—4 高等学校分科招生数

New Student Enrollment in Institutions of Higher Education by Field of Study

单位：人 (person)

项 目	Item	2002			2003		
		合计 Total	本科 Regular College Course	专科 Specialized Dubject (Three Years)	合计 Total	本科 Regular College Course	专科 Specialized Dubject (Three Years)
合 计	**Total**	**122480**	**53455**	**69025**	**142361**	**60886**	**81475**
哲 学	Philosophy	133	133		80	80	
经济学	Economics	6015	2474	3541	6180	2880	3300
法 学	Law	7080	2589	4491	6767	2990	3777
教育学	Education	8849	1831	7018	8242	1825	6417
文 学	Literature	18055	7090	10965	20963	8194	12769
历史学	History	890	699	191	761	533	228
理 学	Science	14733	9705	5028	16280	10785	5495
工 学	Engineering	36358	16029	20329	44141	18176	25965
农 学	Agriculture	2082	1309	773	3021	1958	1063
医 学	Medicine	9319	5366	3953	12262	5390	6872
管理学	Management	18966	6230	12736	23664	8075	15589

18—5 高等学校分科毕业生数

Graduates of Institutions of Higher Education by Field of Study

单位：人 (person)

项 目	Item	2002			2003		
		合 计 Total	本 科 Regular College Course	专 科 Specialized Dubject (Three Years)	合 计 Total	本 科 Regular College Course	专 科 Specialized Dubject (Three Years)
合 计	**Total**	**44318**	**20063**	**24255**	**65830**	**28318**	**37512**
哲 学	Philosophy	50	50		80	80	
经济学	Economics	1899	1021	878	2253	1207	1046
法 学	Law	2593	1033	1560	3638	1366	2272
教育学	Education	2895	822	2073	6930	897	6033
文 学	Literature	6443	1839	4604	9750	3281	6469
历史学	History	624	412	212	726	511	215
理 学	Science	6803	3102	3701	8175	4140	4035
工 学	Engineering	13494	6876	6618	19473	9623	9850
农 学	Agriculture	1021	786	235	1479	953	526
医 学	Medicine	2716	1977	739	4616	2663	1953
管理学	Management	5780	2145	3635	8710	3597	5113

18—6 高等学校分科专任教师数（2003年）

Number of Full-time Teachers by Field of Study in Regular Higher Educational Institutions (2003)

单位：人 (person)

项 目	Item	合 计 Total	正高级 With Chief Senior Title	副高级 With Deputy Senior Title	中 级 With Middle-rank Title	初 级 With Junior Title	无职称 Without Title
合 计	**Total**	**24744**	**1728**	**6813**	**7815**	**6213**	**2175**
哲 学	Philosophy	888	48	273	322	189	56
经济学	Economics	1531	82	386	460	422	181
法 学	Law	774	33	166	286	230	59
教育学	Education	2133	47	556	772	596	162
文 学	Literature	4924	183	1098	1598	1454	591
历史学	History	335	25	109	122	57	22
理 学	Science	4503	483	1466	1246	970	338
工 学	Engineering	5933	510	1691	1846	1425	461
农 学	Agriculture	689	57	241	259	95	37
医 学	Medicine	1902	167	510	557	511	157
管理学	Management	1132	93	317	347	264	111

18—7 中等专业学校分科学生数（2003年）

Number of Students by Field of Study in Specialized Secondary Schools (2003)

单位：人 (person)

项 目	Item	毕业生数 Graduates	招生数 New Student Enrollment	在校学生数 Student Enrollment
合 计	**Total**	**46134**	**47872**	**122450**
农林类	Agriculture and Forestry	832	232	925
资源与环境类	Resource and Environment	906	337	836
能源类	Energy	88		
土木水利工程类	Civil Engineering and Irrigation	1975	1579	4187
加工制造类	Processing and manufacturing	7097	11183	21290
交通运输类	Transportation	410	357	769
信息技术类	Information Technology	9811	10891	29784
医药卫生类	Health	8026	7252	22421
商贸与旅游类	Trade and Travel	3186	3440	9750
财经类	Ecnomics and Finance	3343	1256	3271
文化艺术与体育类	Culture, Art and Physical	3934	3662	9911
社会公共事物类	Social Public Affairs	2245	257	993
师范类	Teacher Training	4241	6979	16883
其 他	Others	40	447	1430

18—8 中等专业学校分科专任教师数（2003年）

Full-time Teachers in Specialized Secondary Schools by Field of Study (2003)

单位：人 (person)

项 目	Item	合 计 Total	正高级 With Chief Senior Title	副高级 With Deputy Senior Title	中 级 With Middle-rank Title	初 级 With Junior Title	无职称 Without Title
总 计	**Total**	**5983**	**106**	**1532**	**2224**	**1683**	**438**
文化基础课	Basic Courses Teachers	2618	35	654	993	719	217
专业课:小 计	Specialized Courses Teachers	3163	70	851	1158	880	204
农林类	Agriculture and Forestry	161		57	65	39	
资源与环境类	Resource and Environment	14	1	8	5		
能源类	Energy	34		13	16	5	
土木水利工程类	Civil Engineering and Irrigation	179	6	47	87	32	7
加工制造类	Processing and manufacturing	368	6	120	137	92	13
交通运输类	Transportation	22		3	10	6	3
信息技术类	Information Technology	355	26	97	85	115	32
医药卫生类	Health	562	5	196	191	152	18
商贸与旅游类	Trade and Travel	196	4	48	81	52	11
财经类	Ecnomics and Finance	274	12	68	102	87	5
文化艺术与体育类	Culture, Art and Physical	508	7	91	192	148	70
社会公共事业类	Social Public Affairs	37		6	23	7	1
师范类	Teacher Training	417	3	89	149	137	39
其 他	Others	36		8	15	8	5
实习指导课	Practical Training Teachers	202	1	27	73	84	17

18—9 技工学校数和学生数

Number of Technical Schools, Students, Staff and Teachers

年份 Year	学校数 (所) Schools (unit)	在校学生数 (人) Student Enrollment (person)	毕业生数 (人) Graduates (person)	招生数 (人) New Student Enrollment (person)	教职工数 (人) Staff and Teachers (person)
1990	116	44255	15087	17221	7053
1995	130	91661	28998	33435	8687
2000	114	42628	24532	13583	6359
2001	107	37282	16177	13895	5539
2002	97	39002	12547	16964	4692
2003	95	56431	13322	27411	4705

18—10 初中毕业生和小学毕业生升学率及小学学龄儿童入学率

Percentage of Graduates of Junior Secondary Schools and Primary Schools Entering Higher Level Schools, Percentage of School-Age Children Enrolled

年份 Year	初中毕业升学率 Percentage of Graduates of Junior Secondary Schools Entering Senior Secondary Schools Entering Senior			小学毕业生升学率 Percentage of Graduates of Primary Schools Entering Junior Secondary Schools			小学学龄儿童入学率 Percentage of School-age Children Enrolled		
	初中毕业生数 (万人) Graduates of Junior Secondary Schools (10000 persons)	高级中等学校招生数 (万人) Students Entering Senior Secondary Schools (10000 persons)	升学率 (%) Percentage of Graduates of Junior Secondary Schools Entering Senior Secondary Schools	小学毕业生数 (万人) Graduates of Primary Schools (10000 persons)	初级中等学校招生数 (万人) Students Entering Junior Secondary Schools (10000 persons)	升学率 (%) Percentage of Graduates of Junior Schools Entering Junior Secondary Schools	学龄儿童数 (万人) School-age Children (10000 person)	已入学学龄儿童数 (万人) School-age Children Enrolled in Schools (10000 persons)	入学率 (%) Enrollment Ratio
1990	56.00	14.88	26.57	102.99	70.54	68.49	475.14	446.50	93.97
1995	67.36	21.26	31.56	103.24	101.95	98.76	554.98	553.28	99.70
2000	97.60	32.66	33.46	121.20	118.22	97.55	620.02	617.94	99.67
2001	99.14	36.42	36.74	122.93	123.03	100.08	656.80	647.28	98.55
2002	100.54	45.32	45.07	127.75	127.57	99.86	645.06	637.33	98.80
2003	104.82	52.24	49.83	127.10	127.91	100.64	618.91	613.31	99.09

18—11 平均每万人口在校学生数和大中小学学生构成

Student Enrollment per 100 Population and Composition of Students Enrolled

年份 Year	各级学生在校学生数占全省人口% Students as Percentage of Total Population	平均每万人口中（人） Number of Students per 10000 Population (person)			大中小学学生占学生总数（%） Students of Different Level as Percentage of Total Students (%)		
		大学生 University and College Students	中学生 Secondary School Students	小学生 Primary School Students	大学生 University and College Students	中学生 Secondary School Students	小学生 Primary School Students
1990	15.67	11.03	385.40	1118.56	0.70	24.60	71.40
1995	15.93	14.67	469.22	1011.47	0.92	29.46	63.51
1996	16.43	14.77	491.05	1029.35	0.90	29.89	62.66
1997	16.90	15.72	507.83	1052.57	0.93	30.04	62.27
1998	17.13	17.06	524.07	1054.22	1.00	30.59	61.54
1999	17.23	21.43	547.61	1034.35	1.24	31.79	60.04
2000	17.38	29.05	574.05	1032.11	1.67	32.83	59.03
2001	18.16	42.14	622.54	1155.78	2.42	37.59	60.20
2002	17.72	52.17	633.81	1086.41	2.94	35.76	61.30
2003	17.75	64.39	672.49	1038.18	3.63	37.89	58.49

注：中学生数中不包括中等专业学校在校学生数。

a) The number of secondary school students excludes the students of specialized secondary schools.

18—12 各级学校教师负担学生数

Student-teacher Ratio by Level of School

单位：人 (person)

年份 Year	高等学校 Institutions of Higher Education		中等学校 Secondary Schools		小学 Primary Schools	
	教师数 Number of Teachers	平均每个教师负担学生数 Student-teacher Ratio	教师数 Number of Teachers	平均每个教师负担学生数 Student-teacher Ratio	教师数 Number of Teachers	平均每个教师负担学生数 Student-teacher Ratio
1990	11691	5.34	145809	16.64	270876	23.38
1995	11566	7.61	165255	19.89	267271	22.71
1996	11499	7.78	170683	20.57	269859	23.09
1997	11592	8.28	174119	21.23	274667	23.41
1998	11573	9.07	177999	21.68	275393	23.55
1999	12375	10.75	182670	22.28	276616	23.21
2000	15065	12.11	186323	22.69	273745	23.53
2001	17914	14.08	193963	22.27	276103	25.06
2002	21131	15.62	199966	23.22	272010	25.27
2003	24744	16.57	205907	24.14	266458	24.82

18—13 各级学校女学生和女教师数

Number of Female Students and Teachers by Level of School

单位：万人 (10000 persons)

指标	Item	1990	1995	2000	2002	2003
女学生数	**Number of Female Students**	**370.87**	**423.59**	**504.95**	**550.21**	**557.13**
高等学校	Institutions of Higher Education	1.52	2.17	5.96	12.21	15.90
中等专业学校	Specialized Secondary Schools	3.03	5.05	10.94	7.32	7.46
普通中学	Regular Secondary Schools	75.31	116.23	161.20	181.94	195.52
职业中学	Vocational Secondary Schools	5.74	15.20	20.37	23.07	25.90
小　学	Primary Schools	285.27	284.94	306.48	325.67	312.35
女学生占学生总数的百分比	**Percentage of Female Students to Total Students**	**42.04**	**44.85**	**46.45**	**46.44**	**46.45**
高等学校	Institutions of Higher Education	24.40	24.63	32.67	36.99	38.76
中等专业学校	Specialized Secondary Schools	36.91	41.80	56.99	58.15	60.92
普通中学	Regular Secondary Schools	34.52	41.28	44.99	45.36	45.65
职业中学	Vocational Secondary Schools	35.29	43.26	44.98	45.55	45.82
小　学	Primary Schools	45.05	46.05	47.57	47.37	47.24
女教师数	**Number of Female Teachers**	**12.06**	**13.16**	**15.36**	**16.93**	**17.17**
高等学校	Institutions of Higher Education	0.27	0.30	0.48	0.82	0.87
中等专业学校	Specialized Secondary Schools	0.25	0.29	0.31	0.25	0.22
普通中学	Regular Secondary Schools	2.74	3.14	4.05	4.72	5.02
职业中学	Vocational Secondary Schools	0.20	0.32	0.45	0.50	0.52
小　学	Primary Schools	8.60	9.10	10.06	10.64	10.52
女教师占教师总数的百分比	**Percentage of Female Teachers to Total Teachers**	**28.30**	**29.63**	**32.33**	**34.16**	**34.53**
高等学校	Institutions of Higher Education	23.12	26.00	32.05	34.37	35.21
中等专业学校	Specialized Secondary Schools	31.56	34.65	32.05	37.47	37.21
普通中学	Regular Secondary Schools	21.03	22.38	35.17	27.24	27.99
职业中学	Vocational Secondary Schools	18.40	19.61	23.29	25.11	25.72
小　学	Primary Schools	31.77	34.06	36.76	39.13	34.49

18—14 各级各类成人学校基本情况（2003年）

Student Enrollment in Adult Schools by Level and Type (2003)

单位：人 (person)

指 标	Item	学校数（所）Schools (unit)	毕业生数 Graduates	招生数 New Student Enrollment	在校学生数 Student Enrollment	教职工人数 Teachers and Staff	#专任教师 Full-time Teachers
总 计	**Total**	**5582**	**1820942**	**65159**	**1665930**	**18048**	**8211**
成人高等教育	**Adult's Higher Education**	**11**	**53120**	**54544**	**167910**	**3997**	**2234**
成人高等学校	**Adult Education Schools**	**11**	**8732**	**7261**	**21688**	**3997**	**2234**
广播电视大学	Radio and TV Universities	1	800	264	1030	1525	773
职工、农民高等学院	Schools of Higher Education for Staff, Workers and Peasants	4	1388	1116	3940	423	323
管理干部学院	Colleges for Management Cadres	2	1000	441	1654	681	310
教育学院	Pedagogical Colleges	4	5544	5440	15064	1368	828
独立函授学院	Independent Correspondence Colleges						
普通高等学校办函授部或夜大学、成人脱产班	**Correspondence Department, Evening University or Classes for Adults Who Temporarily Released from Their Work**		**44388**	**47283**	**146222**		
成人中等专业学校	**Specialized Secondary Schools for Adults**	**114**	**11398**	**10615**	**26348**	**3158**	**1606**
成人中小学校	**Secondary and Primary Schools for Adults**	**1497**	**149527**		**169209**	**3779**	**2516**
成人中学	Secondary Schools for Adults	5	497		11375	93	68
职工中学	Secondary Schools for Staff and Workers	4	255		1012	86	61
农民中学	Secondary Schools for Peasants	1	242		10363	7	7
成人初等学校	Primary Schools for Adults	1492	149030		157834	3686	2448
职工初等学校	Primary Schools for Staff and Workers						
农民初等学校	Primary Schools for peasents	1492	149030		157834	3686	2448
#扫盲班	Literacy Courses	1239	136206		143234	3517	2304
成人技术培训学校	**Technical Training Schools for Adults**	**3960**	**1606897**		**1302463**	**7114**	**1855**
职工技术培训学校	Technical Training Schools for Staff and Workers	7	2597		969	174	127
农民技术培训学校	Technical Training Schools for Peasants	3844	1574308		1269463	6505	1494
其他培训机构（含社会培训机构）	Other Training Organs (Incliding Social Training Organs)	109	29992		32031	435	234

18—15 各市中等专业学校情况（2003年）

Number of Specialized Secondary Schools by Region and Type (2003)

地　区　Region		学 校 数 (所) Number of Schools (unit)	毕 业 生 数 (人) Number of Graduates (person)	招 生 数 (人) New Student Enrollment (person)	在校学生数 (人) Student Enrollment (person)
总　计	**Total**	**103**	**46134**	**47872**	**122450**
合 肥 市	Hefei	31	16735	14456	41163
淮 北 市	Huaibei	4	954	1700	4055
亳 州 市	Bozhou	2	721	1131	2556
宿 州 市	Suzhou	6	2201	3874	9442
蚌 埠 市	Bengbu	7	2971	2733	7214
阜 阳 市	Fuyang	13	4794	3066	8693
淮 南 市	Huainan	5	3597	2886	6368
滁 州 市	Chuzhou	3	1133	2040	4634
六 安 市	Luan	3	2655	2384	6637
马鞍山市	Maanshan	5	622	1858	3749
巢 湖 市	Chaohu	2	1695	901	3525
芜 湖 市	Wuhu	4	1773	2981	7111
宣 城 市	Xuancheng	1	461	830	2159
铜 陵 市	Tongling	1	831	513	1247
池 州 市	Chizhou	2	1097	579	1564
安 庆 市	Anqing	10	2957	5000	9875
黄 山 市	Huangshan	4	937	940	2458

18—16 各市特殊教育情况（2003年）

Basic Statistics on Special Education by Region (2003)

单位：人 (person)

地　区　Region		学 校 数 (所) Number of Schools (unit)	毕业生数 Number of Graduates	招 生 数 New Student Enrollment	在校学生数 Student Enrollment	教职工数 Number of Staff and Teachers	#专任教师 Full-time Teachers
总　计	**Total**	**71**	**2032**	**2582**	**18849**	**1295**	**973**
合 肥 市	Hefei	6	168	194	1689	111	96
淮 北 市	Huaibei	1	27	58	496	39	27
亳 州 市	Bozhou	3	93	157	875	111	72
宿 州 市	Suzhou	7	250	186	1645	256	172
蚌 埠 市	Bengbu	4	61	86	624	69	56
阜 阳 市	Fuyang	6	244	296	1522	84	58
淮 南 市	Huainan	1	8	22	220	43	31
滁 州 市	Chuzhou	4	192	257	1520	61	55
六 安 市	Luan	7	216	181	1645	108	85
马鞍山市	Maanshan	2	52	77	561	71	57
巢 湖 市	Chaohu	3	164	223	1806	30	30
芜 湖 市	Wuhu	3	63	102	607	80	55
宣 城 市	Xuancheng	5	180	288	1770	61	47
铜 陵 市	Tongling	1	27	58	359	28	27
池 州 市	Chizhou	3	67	111	970	37	25
安 庆 市	Anqing	9	163	215	1840	94	71
黄 山 市	Huangshan	6	57	71	700	12	9

18—17　各市普通中学分城乡学校数和在校学生数（2003年）

Number of Regular Secondary Schools and Student Enrollment by Urban and Rural Areas and by Region (2003)

地区 Region	学校数（所）Number of Regular Secondary Schools (unit)							
	合计		城市		县镇		农村	
	Total	#高中 Senior Secondary Schools	Urban Areas	#高中 Senior Secondary Schools	Counties and Towns	#高中 Senior Secondary Schools	Rural Areas	#高中 Senior Secondary Schools
总计 Total	**3820**	**741**	**552**	**245**	**857**	**307**	**2411**	**189**
合肥市 Hefei	264	85	99	42	22	17	143	26
淮北市 Huaibei	136	28	69	22	9	3	58	3
亳州市 Bozhou	260	31	12	4	92	23	156	4
宿州市 Suzhou	410	53	16	9	44	18	350	26
蚌埠市 Bengbu	188	37	47	17	39	16	102	4
阜阳市 Fuyang	420	62	45	20	49	19	326	23
淮南市 Huainan	127	38	66	27	5	4	56	7
滁州市 Chuzhou	296	63	23	15	31	21	242	27
六安市 Luan	343	62	18	6	107	38	218	18
马鞍山市 Maanshan	67	19	23	12	6	3	38	4
巢湖市 Chaohu	234	57	17	11	101	42	116	4
芜湖市 Wuhu	127	30	29	13	60	15	38	2
宣城市 Xuancheng	200	34	21	10	64	20	115	4
铜陵市 Tongling	50	14	28	12	8	2	14	
池州市 Chizhou	115	18	8	5	36	10	71	3
安庆市 Anqing	453	92	25	17	130	41	298	34
黄山市 Huangshan	130	18	6	3	54	15	70	

地区 Region	在校学生数（人）Student Enrollment (person)							
	合计		城市		县镇		农村	
	Total	#高中 Senior Secondary Schools	Urban Areas	#高中 Senior Secondary Schools	Counties and Towns	#高中 Senior Secondary Schools	Rural Areas	#高中 Senior Secondary Schools
总计 Total	**4283100**	**899943**	**699296**	**259075**	**1311915**	**472320**	**2271889**	**168548**
合肥市 Hefei	326587	79715	106838	33776	46826	24180	172923	21759
淮北市 Huaibei	157437	36794	66537	20471	16889	8323	74011	8000
亳州市 Bozhou	328350	49822	30729	13775	160168	35194	137453	853
宿州市 Suzhou	489748	88638	35531	17711	89842	40097	364375	30830
蚌埠市 Bengbu	258351	42936	52025	13887	90033	24011	116293	5038
阜阳市 Fuyang	512914	84096	65848	30999	102206	44470	344860	8627
淮南市 Huainan	149073	28122	74819	21202	10096	4542	64158	2378
滁州市 Chuzhou	326649	62100	40163	15477	60560	29681	225926	16942
六安市 Luan	411281	96117	25246	11066	179195	63980	206840	21071
马鞍山市 Maanshan	81399	17479	31569	9635	8875	5159	40955	2685
巢湖市 Chaohu	296037	64424	18670	8291	161347	53004	116020	3129
芜湖市 Wuhu	133840	31909	36392	13203	66235	16952	31213	1754
宣城市 Xuancheng	179667	38081	29122	12648	71379	21938	79166	3495
铜陵市 Tongling	43947	12836	27279	9667	7689	3169	8979	
池州市 Chizhou	89386	28129	12582	7373	44173	17942	32631	2814
安庆市 Anqing	418362	122166	38815	18080	147791	64913	231756	39173
黄山市 Huangshan	80072	16579	7131	1814	48611	14765	24330	

18—18 各市普通中学分城乡招生数和毕业生数（2003年）

Number of New Student Enrollment and Graduates of Regular Secondary Schools by Urban and Rural Areas and by Region (2003)

单位：人 (person)

地区 Region		招生数 New Student Enrollment							
		合计 Total	#高中 Senior Secondary Schools	城市 Urban Areas	#高中 Senior Secondary Schools	县镇 Counties and Towns	#高中 Senior Secondary Schools	农村 Rural Areas	#高中 Senior Secondary Schools
总计	**Total**	**1514709**	**344862**	**246652**	**98150**	**472100**	**183658**	**795957**	**63054**
合肥市	Hefei	109563	29284	37193	12552	16492	8941	55878	7791
淮北市	Huaibei	55176	13294	22961	6775	6295	3255	25920	3264
亳州市	Bozhou	124891	20785	12417	5680	62374	14839	50100	266
宿州市	Suzhou	174023	32858	12613	6932	33290	15509	128120	10417
蚌埠市	Bengbu	91507	16268	17798	5162	31888	9197	41821	1909
阜阳市	Fuyang	197190	33286	24762	12048	39547	18072	132881	3166
淮南市	Huainan	49839	10612	26281	7808	2489	1949	21069	855
滁州市	Chuzhou	116666	24353	14528	6195	21879	11263	80259	6895
六安市	Luan	144167	38307	8512	4215	65220	25655	70435	8437
马鞍山市	Maanshan	28525	7107	10902	3794	3539	2195	14084	1118
巢湖市	Chaohu	103645	24397	6843	3152	57379	20057	39423	1188
芜湖市	Wuhu	46656	11821	12230	4836	23620	6429	10806	556
宣城市	Xuancheng	57589	15275	10479	5158	23357	8622	23753	1495
铜陵市	Tongling	15499	4893	9435	3610	2843	1283	3221	
池州市	Chizhou	30740	10163	4343	2630	15365	6468	11032	1065
安庆市	Anqing	141752	45592	13144	6945	49689	24015	78919	14632
黄山市	Huangshan	27281	6567	2211	658	16834	5909	8236	

地区 Region		毕业生数 Number of Graduates							
		合计 Total	#高中 Senior Secondary Schools	城市 Urban Areas	#高中 Senior Secondary Schools	县镇 Counties and Towns	#高中 Senior Secondary Schools	农村 Rural Areas	#高中 Senior Secondary Schools
总计	**Total**	**1171890**	**209603**	**186557**	**60902**	**351222**	**108306**	**634111**	**40395**
合肥市	Hefei	91135	19414	28852	8210	11719	5291	50564	5913
淮北市	Huaibei	43959	8173	18283	4967	4348	1676	21328	1530
亳州市	Bozhou	82769	11642	7383	3427	39555	8046	35831	169
宿州市	Suzhou	128000	20853	9268	4010	22139	9442	96593	7401
蚌埠市	Bengbu	66659	9965	15418	3304	21286	5738	29955	923
阜阳市	Fuyang	120328	20106	16708	7769	22936	9156	80684	3181
淮南市	Huainan	41959	7114	21367	5325	3437	1179	17155	610
滁州市	Chuzhou	82064	13699	9371	3207	14495	6521	58198	3971
六安市	Luan	117322	22522	6050	2369	51844	15765	59428	4388
马鞍山市	Maanshan	21103	3875	8408	2305	1954	989	10741	581
巢湖市	Chaohu	83573	15487	4878	2017	43227	12502	35468	968
芜湖市	Wuhu	40640	7474	10480	3186	19194	3806	10966	482
宣城市	Xuancheng	49825	8461	7345	2993	18548	4592	23932	876
铜陵市	Tongling	12487	2831	7038	2049	2282	782	3167	
池州市	Chizhou	29687	6348	2954	1447	14083	4350	12650	551
安庆市	Anqing	135807	28101	10854	4092	46178	15158	78775	8851
黄山市	Huangshan	24573	3538	1900	225	13997	3313	8676	

18—19 各市小学分城乡学校数和在校学生数（2003年）

Basic Statistics on Primary Schools by Urban and Rural Areas and by Region (2003)

地 区	Region	学校数（所）Number of Primary Schools (unit)	城市 Urban Areas	县镇 Counties and Towns	农村 Rural Areas	在校学生数（人）Student Enrollment (person)	城市 Urban Areas	县镇 Counties and Towns	农村 Rural Areas
总 计	**Total**	**22328**	**1038**	**1370**	**19920**	**6612171**	**715465**	**794029**	**5102677**
合肥市	Hefei	1340	194	44	1102	404124	129078	29974	245072
淮北市	Huaibei	634	145	21	468	236384	83249	14297	138838
亳州市	Bozhou	2059	52	94	1913	655664	30710	82923	542031
宿州市	Suzhou	2157	20	107	2030	704941	24924	60800	619217
蚌埠市	Bengbu	1061	117	53	891	363719	60091	43340	260288
阜阳市	Fuyang	3272	67	79	3126	1173021	58008	65660	1049353
淮南市	Huainan	474	67	6	401	218140	68503	8157	141480
滁州市	Chuzhou	1516	50	39	1427	432168	36221	41570	354377
六安市	Luan	2752	31	163	2558	574716	21135	94602	458979
马鞍山市	Maanshan	264	38	3	223	108260	36545	4262	67453
巢湖市	Chaohu	1380	21	107	1252	412387	15144	81970	315273
芜湖市	Wuhu	396	45	57	294	181659	34002	42641	105016
宣城市	Xuancheng	855	30	67	758	190396	20402	38894	131100
铜陵市	Tongling	137	49	21	67	59217	30666	9591	18960
池州市	Chizhou	544	9	49	486	143508	10402	25163	107943
安庆市	Anqing	2635	77	388	2170	627915	45301	118821	463793
黄山市	Huangshan	852	26	72	754	125952	11084	31364	83504

地 区	Region	毕业生数（人）Number of Graduates (person)	城市 Urban Areas	县镇 Counties and Towns	农村 Rural Areas	招生数（人）New Student Enrollment (person)	城市 Urban Areas	县镇 Counties and Towns	农村 Rural Areas
总 计	**Total**	**1271012**	**132722**	**151303**	**986987**	**1063988**	**109816**	**120568**	**833604**
合肥市	Hefei	81323	22447	6264	52612	73233	20968	5390	46875
淮北市	Huaibei	41895	15209	2612	24074	38768	12100	2217	24451
亳州市	Bozhou	131499	7216	18769	105514	112464	5382	14275	92807
宿州市	Suzhou	141642	4717	12370	124555	108596	4017	9260	95319
蚌埠市	Bengbu	75354	12750	9092	53512	68755	8427	7578	52750
阜阳市	Fuyang	221543	10057	13062	198424	200472	8059	11221	181192
淮南市	Huainan	38255	14471		23784	32615	10114	1136	21365
滁州市	Chuzhou	92845	7470	8219	77156	71413	6198	7058	58157
六安市	Luan	124922	3838	19462	101622	90416	3334	14629	72453
马鞍山市	Maanshan	21498	6162	897	14439	14837	5714	644	8479
巢湖市	Chaohu	79793	2618	16411	60764	66013	2256	12783	50974
芜湖市	Wuhu	35000	6627	8996	19377	22912	4983	5089	12840
宣城市	Xuancheng	42145	3432	7531	31182	29542	3079	5417	21046
铜陵市	Tongling	10566	5456	1606	3504	8974	5166	1369	2439
池州市	Chizhou	20264	1685	3828	14751	20317	1633	3838	14846
安庆市	Anqing	91267	6868	16228	68171	90100	6839	14842	68419
黄山市	Huangshan	21201	1699	5956	13546	14561	1547	3822	9192

18—20 各市职业中学基本情况（2003年）

Basic Statistics on Vocational Secondary Schools by Region (2003)

单位：人 (person)

地区	Region	学校数（所） Number of Schools (unit)	毕业生数 Number of Graduates	招生数 New Student Enrollment	在校学生数 Student Enrollment	教职工数 Number of Staff and Teachers	#专任教师 Full-time Teachers
总计	**Total**	**667**	**138003**	**228245**	**565282**	**24864**	**20395**
合肥市	Hefei	52	9748	20958	51456	2197	1382
淮北市	Huaibei	16	2787	5703	14101	673	550
亳州市	Bozhou	98	22476	34186	85988	3677	3169
宿州市	Suzhou	31	6115	10526	25463	1377	1050
蚌埠市	Bengbu	22	6541	8631	18323	836	690
阜阳市	Fuyang	196	32869	59908	150648	5859	5221
淮南市	Huainan	12	1526	2791	6290	285	190
滁州市	Chuzhou	22	2697	6911	15538	779	598
六安市	Luan	100	29889	38672	104482	4095	3604
马鞍山市	Maanshan	8	662	1040	3217	62	49
巢湖市	Chaohu	21	1543	4827	10844	695	545
芜湖市	Wuhu	12	2586	4833	9795	527	375
宣城市	Xuancheng	18	4713	7420	17640	795	664
铜陵市	Tongling	2	942	1652	3708	151	114
池州市	Chizhou	10	3136	3359	8690	564	471
安庆市	Anqing	32	6559	11616	28158	1630	1247
黄山市	Huangshan	15	3214	5212	10941	662	476

18—21 各市幼儿园基本情况（2003年）

Basic Statistics on Kindergartens by Region (2003)

地区	Region	园数（所） Number of Kindergartens (unit)	幼儿数（人） Student Enrollment (person)	教职工数（人） Number of Staff and Terchers (person)	#教师 Student Enrollment
总计	**Total**	**2512**	**715064**	**19528**	**14162**
合肥市	Hefei	116	42014	875	678
淮北市	Huaibei	71	33760	1001	808
亳州市	Bozhou	153	46011	1348	1083
宿州市	Suzhou	161	55606	1057	814
蚌埠市	Bengbu	87	45176	1201	824
阜阳市	Fuyang	280	92213	2413	1936
淮南市	Huainan	58	23823	980	752
滁州市	Chuzhou	215	68302	1362	983
六安市	Luan	373	61235	1347	990
马鞍山市	Maanshan	131	21789	1166	673
巢湖市	Chaohu	105	49270	827	595
芜湖市	Wuhu	236	31082	1829	1172
宣城市	Xuancheng	242	40527	1375	1013
铜陵市	Tongling	57	11112	757	442
池州市	Chizhou	79	19206	477	355
安庆市	Anqing	100	53261	898	614
黄山市	Huangshan	48	20677	615	430

18—22 各级各类学校教育经费情况表（2003年）

Basic Statistics on Educational Funds in Various Schools (2003)

单位：千元 (1000 yuan)

指 标	Item	合 计 Total	预算内事业性教育经费拨款 Budgetary Government Appropriation for Education	教育附加拨款 Extra Appropriation for Education	事业收入 Cause Income	捐、集资收入 Income From Fund-raising and Donation	其他收入 Other Income	基建拨款 Appropriation for Capital Construction
总 计	**Total**	**17614180**	**10485017**	**457301**	**5596271**	**241763**	**442891**	**326958**
高等学校	Institutions of Higher Education	4446747	1997099	7998	2170641	7619	142150	96368
普通高等学校	Regular Institutions of Higher Education	4298009	1953534	7628	2071952	7619	139081	96368
成人高等学校	Institutions of Higher Education for Adults	148738	43565	370	98689		3069	
中等专业学校	Specialized Secondary Schools	537126	215309	18923	279508	1512	20951	300
中等技术学校	Technical Schools	324769	134742	10838	168281	13	10471	300
中等师范学校	Teachers' Schools	152930	56473	7425	81962	588	5992	
成人中专学校	Specialized Secondary Schools for Aults	59427	24094	660	29265	911	4488	
技工学校	Technical Schools	1508	702		805		1	
中 学	Secondary Schools	5624235	3058986	245637	1901876	157976	140684	100901
普通中学	Regular Secondary Schools	5623038	3057996	245622	1901686	157976	140682	100901
#高级中学	Senior Secondary Schools	1237343	422631	61564	633185	58674	29176	27043
完全中学	Complete Secondary Schools	1706996	750544	87349	737696	59862	52110	13211
初级中学	Junior Secondary Schools	2678699	1884821	96709	530805	39440	59396	60647
#农 村	Rural Areas	2059078	1529168	23228	399471	23828	29470	48449
成人中学	Secondary Schools for Adults	1197	990	15	190		2	
职业中学	Vocational Schools	598090	352023	26449	195119	1619	15764	4553
小 学	Primary Schools	5681334	4478642	112169	817297	65218	78950	116999
普通小学	Regular Primary Schools	5681021	4478329	112169	817297	65218	78950	116999
#农 村	Rural Areas	4485875	3651586	47857	601978	44642	36090	95773
成人小学	Primary Schools for Adults	313	313					
特殊教育学校	Schools for Special Education	42612	28681	6638	3598	923	927	1525
幼 儿 园	Kindergartens	191505	113665	3708	65872	2031	5576	555
其 他	Others	491023	239910	35779	161555	4865	37888	5757

18—23 全省科技活动基本情况

Basic Statistices on Scientific and Technological Activities

指　　标	Item	1995	2000	2002	2003
科技活动	**Scientific and Technological Activities**				
科技机构数　（个）	Number of Scientific Technological Research Institutions (unit)	882	984	874	757
#大中型工业企业	Large and Medium Industrial Enterprises	483	261	266	271
科技活动人员　（人）	Number of Persons Engaged in Scientific and Rechnological Activities (person)	67727	97169	88240	86017
#科学家、工程师	Scientists and Engineers	38364	55671	58029	56655
科技经费筹集额　（万元）	Funding for Scientific and Technological Activities (10000 yuan)	153400	490061	775064	1063156
#政府资金	Government Fund	29478	138825	236608	231180
企业资金	Enterprise Fund	81295	254430	422977	517989
科技经费内部支出　（万元）	Expenditures for Scientific and Technological Activities (10000 yuan)	133648	426934	655528	834709
#劳务费	Labor Expenses			125590	141115
固定资产购建费	Purchases and Fixed Assets			275713	299132
#研究发展经费内部支出	Inside Expenditures for R&D Activities	27421	200215	256977	324219
技术成果和国家奖励	**Achievements in Scientific and Technological Research and National Prizes Won**				
重大科学技术成果　（项）	Number of Major Achievements in Science and Technology (item)	556	511	406	436
国家发明奖　（项）	Number of National Invention Prizes Awarded (item)				1
国家科学技术进步奖　（项）	Number of National Scientific and Technological Progress Prizes Awarded (item)	1	1	3	2
获国家自然科学奖　（项）	Number of National Natural Sciences Prize Awarded (item)				1
技术市场成交额　（万元）	**Transaction Value in Technical Market (10000 yuan)**		**61011**	**75422**	**87959**
专　　利	**Patent**				
专利申请受理量　（件）	Total Patent Applications Examined (unit)	1026	1877	2311	2686
发　　明	Creation and Inventions	152	301	366	532
实用新型	Utility Models	734	1080	1287	1526
外观设计	Designs	140	496	658	628
专利申请授权量　（件）	Total Patent Applications Authorized (unit)	574	1482	1419	1609
发　　明	Creation and Inventions	18	104	99	137
实用新型	Utility Models	469	894	813	968
外观设计	Designs	87	484	507	504

18—24 县以上政府部门属研究与开发机构及科技信息与文献机构数、人员数

State-owned Research and Development Institutions and Information and Literature Institutions at and Above County Level and Persons Emgaged

年 份 Year	合 计 Total		自然科学技术领域 Field of Natural Sciences and Humanities			社会、人文科学技术领域 Field of Social Sciences and Humanities			科技信息和文献机构 Scientific-technical Information and Literature Institutions		
	机 构（个） Institutions (unit)	从业人员（人） Employees (person)	机 构（个） Institutions (unit)	从业人员（人） Employees (person)	科技活动人 员 S&T Personnel	机 构（个） Institutions (unit)	从业人员（人） Employees (person)	科技活动人 员 S&T Personnel	机 构（个） Institutions (unit)	从业人员（人） Employees (person)	科技活动人 员 S&T Personnel
1990	206	19397	178	18652	7917	9	351	241	19	394	260
1995	196	12881	167	12127	5874	10	383	290	19	371	251
1996	195	12435	165	11674	5009	11	391	236	19	370	222
1997	193	12035	164	11276	5539	10	398	258	19	361	233
1998	198	16824	169	16042	6632	10	418	286	19	364	216
1999	190	16694	161	15917	6760	10	411	280	19	366	233
2000	167	7373	139	6690	4523	10	369	289	18	314	229
2001	155	8332	129	7587	5662	9	399	360	17	346	308
2002	159	10885	133	10163	6391	9	378	332	17	344	319
2003	143	6942	117	6241	4431	9	367	320	17	334	311

18—25 县级以上政府部门属研究与开发机构及科技信息与文献机构科技经费筹集和支出总额

Total Funds and Total Expenditures of State-owned Research and Development Institutions and Information and Literature Institutiona at and Above County Level

单位：万元 (10000 yuan)

年 份 Year	合 计 Total		自然科学技术领域 Field of Natural Sciences and Humanities				社会、人文科学技术领域 Field of Social Sciences and Humanities				科技信息和文献机构 Scientific-technical Information and Literature Institutions			
	经费筹集总 额 Funds	经费支出总 额 Expenditures	经费筹集总 额 Funds	政 府拨 款 Covernment Appropriations	经费支出总 额 Expenditures	基本建设支 出 For Capital Construction	经费筹集总 额 Funds	政 府拨 款 Covernment Appropriations	经费支出总 额 Expenditures	基本建设支 出 For Capital Construction	经费筹集总 额 Funds	政 府拨 款 Covernment Appropriations	经费支出总 额 Expenditures	基本建设支 出 For Capital Construction
1990	31439	28487	30089	12907	27093	5280	1044	1032	1082	105	306	234	312	112
1995	49598	47068	48239	12430	45784	10253	776	566	727	347	583	424	557	300
1996	56086	51581	54512	13605	50102	10791	837	572	771	403	737	548	708	334
1997	64262	60273	61955	15370	57829	12351	1338	1027	1521	772	969	693	923	404
1998	111692	98263	108670	29516	95936	17439	1227	808	1326	562	1795	1479	1001	489
1999	113140	111998	109934	50583	109065	22418	1839	1210	1712	618	1367	877	1221	591
2000	101388	51908	98004	26988	48804		1871	1231	1741		1513	955	1363	
2001	50266	46677	46047	31672	43276		2504	1625	1838		1715	960	1563	
2002	76202	68005	71147	45701	63008		2865	1479	2651		2190	1026	2346	
2003	71092	66656	65797	42707	62308		3069	1809	2424		2226	1181	1924	

18—26 自然科学和技术领域经费收入（2003年）

Receipts in the Field of Natural Science and Technology (2003)

指标	Item	科技经费筹集额（千元） Funding for Scientific and Technological Activities (1000 yuan)	政府资金 Government Funds	技术性收入 Technical Income	试制产品收入 Trial Production Income	银行贷款 Bank Loans	其他收入 Other Income	生产经营收入（千元） Production Income (1000 yuan)
总计	**Total**	**601263**	**427066**	**84193**	**7305**	**14164**	**68535**	**56708**
按隶属关系分	**Group by Administrative Relationship**							
省级部门属	Under the Provincial Departments	227553	112723	67025	3095	8769	35941	22893
地市级部门属	Under the Prefectural Departments	99432	67622	7453	4113	5395	14849	22932
国务院部门属	Under the Departments of the State Council	274278	246721	9715	97		17745	10883
中国科学院	Under the Chinese Academy of Science	252424	227572	7193	97		17562	10484
按学科领域分	**Group by Branch of Science**							
自然科学	Natural Science	258256	231373	9152			17731	10524
农业科学	Agriculture	98040	75054	5545	1404	4899	11138	3278
医学科学	Medicine	18954	8906	8437		40	1571	891
工程科学与技术	Engineering and Technology	222238	109977	60522	5402	9225	37112	42015
社会、人文科学	Social Sciences and Humanities	3775	1756	537	499		983	

18—27 自然科学和技术领域经费支出（2003年）

Expenditures in the Field of Natural Science and Technology (2003)

单位：千元 (1000 yuan)

指标	Item	科技经费支出 Expenditures for Scientific and Technological Activities	人员费用 Personnel Expenditure	社会保障支出 Expenditure for Social Ensurance	科研业务费 Expenditure for Scientific Research	公务费 Office Business Cost	资产购建支出 Expenditure on Assets	购置科研仪器设备 Buying Instruments for Scientific Research	生产经营支出 Expenditure of Production
总计	**Total**	**566559**	**212684**	**40084**	**115216**	**45597**	**164342**	**99223**	**49952**
按隶属关系分	**Group by Administrative Relationship**								
省级部门属	Under the Provincial Departments	213683	87526	11153	44010	24227	42122	21339	8506
地市级部门属	Under the Prefectural Departments	93166	46464	8553	8023	4904	30071	23423	29890
国务院部门属	Under the Departments of the State Council	259710	78694	20378	63183	16466	92149	54461	11556
中国科学院	Under the Chinese Academy of Science	238317	69875	19968	54983	12992	91396	54026	10929
按学科领域分	**Group by Branch of Science**								
自然科学	Natural Science	245083	72760	19220	61544	14879	86599	48750	10633
农业科学	Agriculture	94097	53276	8420	14805	8484	12986	7870	2348
医学科学	Medicine	19358	10046	547	4525	2235	2338	1274	382
工程科学与技术	Engineering and Technology	204392	75467	11777	33111	19662	61707	41299	36589
社会、人文科学	Social Sciences and Humanities	3629	1135	120	1231	337	712	30	

18—28 研究与试验发展（R&D）经费内部支出情况（2003年）

Basic Statistics on Intramural R&D Expenditure (2003)

单位：万元 (10000 yuan)

项　目	Item	R&D经费内部支出 Expenditure for R&D	#经常性支出按活动类型分 By Activities			按支出用途分 By Expenditure	
			基础研究 Fundamental Research	应用研究 Applied Rescarch	试验发展 Experimental	#人员劳务费 Labor Expenses	#设备购置费 Expenditure for Equipment
全　省	**Total**	**324219**	**47495**	**38316**	**206492**	**61593**	**93470**
按数据来源分组	**Grouped by the Source of Data**						
科技部门	Scientific and Technological Departments	28604	7902	10372	4884	8912	6659
科研机构	Institutions of Scientific Research	26293	7402	9284	4370	7548	6415
转制企业	Enterprises With Changed System	2176	500	1023	445	1316	217
综合技术服务机构	Comprehensive Technical Service Institutions	135		65	69	48	27
教育部门	Educational Departments	77908	24838	20668	9924	12190	31992
理工农医院校	Institutes of Science, Engineering, Agriculture and Medicine	73464	24284	20379	9410	10833	31158
人文社科院校	Intitutes of Social Science and Humanities	4444	554	289	514	1357	834
大中型工业企业	Large and Medium-scale Industrial Enterprises	127298		1381	124456	23417	43826
软件开发单位	Software Developing Units	3280			3252	2089	802
其　他	Others	87129	14755	5895	63976	14985	10191
#企　业	Enterprises	16561	16	112	16218	3377	6265
#小型工业企业	Small-scale Industrial Enterprises	13340			13162	2138	5363
按执行部门分组	**Grouped by Performing Departments**						
科技机构	Scientific and Technological Institutions	93089	22107	14513	48998	17651	9506
高等院校	Institutes of Higher Education	77908	24838	20668	9924	12190	31992
企　业	Enterprises	149315	516	2516	144371	30199	51110
#工业企业	Industrial Enterprises	142525	500	2404	137773	26581	49406
其　他	Others	3907	34	619	3199	1553	862
按隶属关系分组	**Grouped by Administrative Relationship**						
中　央	Central	163588	43192	24571	73824	27172	35818
地　方	Local	160631	4302	13744	132667	34421	57653
按资金来源分组	**Grouped by Source of Funds**						
政府资金	Government Funds	117525					
企业资金	Enterprises Funds	133321					
国外资金	Foreign Funds	2651					
其他资金	Other Funds	70721					

18—29 软件开发单位活动情况

Basic Statistics on Scientific and Technological Activities of Software Development Units

指标		Item		2002
单位基本情况		**Basic Conditions of the Units**		
从业人员数	（人）	Average Number of Annual Employed Persons	(person)	1486
专业技术人员	（人）	Professional and Technical Personnel	(person)	1093
工程技术人员		Engineering and Technical Personnel		875
全年营业收入	（万元）	Annual Business Income	(10000 yuan)	20359
利润总额	（万元）	Total Profits	(10000 yuan)	-416
科技活动情况		**Scientific and Technological Activities**		
科技活动人员合计	（人）	Number of Persons Engaged in Scientific and Technological Activities	(person)	1076
#科学家和工程师		Scientists and Engineers		1076
合计中：全时人员		Of the Total: Full-time		870
合计中：研究与试验发展人员	（人年）	Of the Total: Research and Experimental Development Personnel	(man-year)	368
科技活动经费筹集总额	（万元）	Funds for Scientific and Technological Activities	(10000 yuan)	8572
政府资金		Government Fund		572
企业资金		Enterprise Funds		3915
事业单位资金		Facility Units Funds		9
金融机构贷款		Loan from Financial Institutions		852
国外资金		Foreign Funds		3167
其他资金		Other Funds		57
科技活动经费内部支出	（万元）	Intramural Expenditure for Scientific and Technological Activities	(10000 yuan)	5979
人员劳务费		Labor Expenses		3030
合计中：研究与试验发展经费支出		Of the Total: Expenditure for Research and Experimental Development		3280
按活动类型分组		Grouped by Type of Activity		
基础研究		Expenditure for Fundamental Research		
应用研究		Expenditure for Applied Research		
试验发展		Expenditure for Experimental Development		3280
科技活动经费外部支出	（万元）	External Expenditure for Scientific and Technological Activities	(10000 yuan)	943
全部科技项目（课题）数	（项）	Number of S&T Projects (issues)	(unit)	87
科技项目（课题）参加人员合计	（人）	Number of Persons Participated in S&T Projects (issues)	(person)	763
#科学家和工程师		Scientists and Engineers		674
科技项目（课题）经费内部支出	（万元）	Internal Expenditure for S&T Projects (issues)	(10000 yuan)	3611
#研究与试验发展项目经费		R&D Projects		1965
科技活动成果情况		**Basic Statistics on Achievements in Scientific and Technological Activities**		
专利申请数	（件）	Total Patent Applications	(unit)	5
#发明专利申请数		Creation and Invention Patent Applications		4
拥有发明专利数	（件）	Total Creation and Invention Patent Owned	(unit)	16
软件销售额	（千元）	Total Sales of Software	(1000 yuan)	4134
#出　口		Export		22

18—30 大中型工业企业科技活动基本情况

Basic Statistics on Science and Technology Activities of Large and Medium-sized Industrial Enterprises

指标	Item	1990	1995	2000	2002	2003
科技活动机构数 (个)	Number of Enterprises Having Institutions for Technical Development (unit)	236	483	261	266	271
科技活动人员总计 (人)	Number of Personnel Engaged in technical Development in Enterprises (person)	13262	30217	54294	43647	40700
#科学家和工程师	Scientists and Engineers	5076	10252	26123	26089	23200
科技活动经费筹集额 (万元)	Funds of Technical Development (10000 yuan)	24649	75954	220607	389932	665984
#企业自筹	Funds Self-raised by Enterprises	13796	49504	172194	318153	422987
科技活动经费支出额 (万元)	Expenditures for Technical Development (10000 yuan)	22087	64353	200945	380444	479083
#开发新产品用款	Expenditure for New Product Development	10567	30480	84477	119432	162624
研究与试验发展经费 (万元)	Funds of R&D Activities (10000 yuan)			79882	107457	127298
科技活动经费内部支出占产品销售收入的比重 (%)	Technical Development Funds as percentage of Sales Revenue (%)	0.86	0.80	1.79	2.62	5.58
科技活动项目数 (项)	Number of projects for Technical Development (item)		2795	3402	3689	3894
#新产品项目	Projects for New product Development		1833	1871	2098	2366

18—31 高等学校科技活动情况

Basic Statistics on Higher Education for Scientific and Technological Activities

指标	Item	2003
科技活动人员 (人)	S&T Personnel (person)	14582
#科学家和工程师	Scientists and Engineers	14358
研究与发展人员全时当量 (人年)	Full-time Equivalent of R&D Personnel (man.year)	6365
#科学家和工程师	Scientists and Engineers	5844
#基础研究	Fundamental Research	2249
应用研究	Applied Research	3134
实验发展	Experimental Development	982
科技经费筹集额 (万元)	Sources of Funds for S&T (10000 yuan)	128792
#政府资金	Government Funds	86730
银行贷款	Bank Loans	3415
科技经费内部支出额 (万元)	Intramural Expenditure for S&T (10000 yuan)	112667
#劳务费	Labor Expenses	15550
固定资产购置费	Expenses on Fixed Assets	43655
#研究与发展经费支出	R&D Expenditure	77908

注：高等学校科技活动情况数据从2003年起用科技综合年报数据。

a) The data of scientific and technological activities of higher educational schools were gathered from the comprehensive annual report of science and technology from the year 2003.

18—32 科协系统科技活动情况（2003年）

Basic Statistics on Scientific and Technological Activities of Associations for Science and Technology (2003)

项目		Item		科协合计 Total Number of Associations for Science & Technology	省科协 provincial Associations	省级学会 Provincial-level Learned Societies
机构数	**（个）**	**Number of Associations or Learned Societies**	**(unit)**	**117**	**1**	**150**
直属单位		Enterprises and Non-profit Organizatons Attached to Associations or Learned Societies		48	7	
人员数	**（人）**	**Personnel**	**(person)**	**1114**	**168**	
机关		Associations		698	31	
直属单位		Enterprises and Non-profit Organizatons Attached to Associations or Learned Societies		416	137	
学会理事		Mttachers of Boards of Directors				
#高级职称		Members With Senior Titles				
学术活动		**Academic Activities**				
国内学术会议		Domestic Academic Meetings				
次数	（次）	Number	(times)	265	4	·223
参加人数	（人次）	Number of Participants	(person-timw)	48442	1556	21838
交流论文数	（篇）	Number of Papers Presented	(unit)		1119	6204
国际学术会议		International Meetings Held in China				
次数	（次）	Number	(times)			10
参加人数	（人次）	Number of Participants	(person-timw)			1110
交流论文数	（篇）	Number of Papers Presented	(unit)			104
国际民间科技交流		International Folk Exchange of S&T				
接待来访科技团组	（个）	International Group on S&T Received Home	(unit)		1	25
接待总人数	（人次）	Person Received	(person-time)		25	186
外派科技团组	（个）	Number of Study Tours Sent Aboard	(unit)		4	19
外派总人数	（人次）	Total People Sent Aboard	(person-time)		30	109
#访问考察		Number of People Sent for Study Tours			27	101
外派研修生		Number of Trainees Sent Abroad				
科技培训		**Training Program**				
院校培训人数	（人次）	Number of Persons Trained in Universities and Colleges	(person-time)	1683	1683	
科普活动		**Activities for Popular Science**				
讲座次数	（次）	Number of Lectures	(times)	1218		
听讲座人数	（人次）	Number of Participants	(person-time)	599169		
展览次数	（次）	Number of Exhibitions	(times)	918		
参观展览人数	（人次）	Number of Participants	(person-time)	1939566		
青少年科技竞赛次数	（次）	Number of Teenagers Participating in Science and Technology Competitions	(time)			27
咨询活动		**Consultative Activities**				
完成合同	（项）	Number of Consultative Contracts Completed	(item)	6986	4732	172
决策咨询	（项）	Number of Consultation for Decision-making	(item)			
合同实现金额	（万元）	Revenue from Fulfillment of Consultative Contracts	(10000 yuan)	14472.4	8600.0	242.5
出版		**Publications**				
科技期刊总额	（种）	Number of Academic Journals	(kind)		1	46
论文集种数	（种）	Number of Collections of Articles	(kind)			62
论文集发行量	（册）	Number of Copies Distributed	(copies)			26605
科技报纸种数	（种）	Number of Scientific & Technological Newspapers	(kind)		1	3

18—33 省级以上开发区主要经济指标

Main Economic Indicators of Development Areas above the Provincial Level

指标	Item	2002	2003
全区经营收入（万元）	Business Income (10000 yuan)	8680842	11257483
工业总产值（当年价格）（万元）	Gross Industrial Output Value (10000 yuan)	6462533	8782850
#外资企业	Solely Foreign-funded Enterprises	1273995	2814829
出口总额（万美元）	Total Export (USD 10000)	44281	72837
#外资企业	Solely Foreign-funded Enterprises	20869	35074
进口总额（万美元）	Total Import (USD 10000)	43896	79523
#外资企业	Solely Foreign-funded Enterprises	29860	57915
税收总额（万元）	Total Tax (10000 yuan)	438266	530708
#外资企业	Solely Foreign-funded Enterprises	87362	135930
内资企业	Domestic Funded Enterprises	350904	394778
财政收入（万元）	Financial Revenue (10000 yuan)	390719	516349
#土地收入	Revenue From Land	91872	211266
全区从业人员（人）	Number of Employed Personnel in Development Areas (person)	327783	450925
#外资企业	Solely Foreign-funded Enterprises	57116	73296
固定资产投资总额（万元）	Investment in Fixed Assets (10000 yuan)	1269710	2282539
#基础设施投资	In Infrastructure Projects	280164	583381
批准进区外商投资企业（个）	Number of Foreign Funded Enterprises Approved into Development Areas (unit)	153	144
#已建成投产企业	Enterprises Already Set up and Gone into Operation	59	73
外商投资项目投资总额（万美元）	Total Investment of Foreign Funded Projects (USD 10000)	87175	86608
#合同外资金额	Foreign Capital Through Contracts	52415	52336
实际利用外资金额（万美元）	Foreign Investment Actually Used (USD 10000)	26151	45789
批准进区内资企业（个）	Number of Domestic Funded Enterprises Approved into Development Areas (unit)	947	1454
#已建成投产企业	Enterprises Already Set up and Gone into Operation	780	1076
内资企业注册资本（万元）	Registered Capital of Domestic Funded Enterprises (10000 yuan)	436597	1830679
#实有内资企业注册资本	Registered Capital of Domestic Funded Enterprises Actually Owned	325463	625898

18—34 各省级开发区主要经济指标（2003年）

Main Economic Indicators of Enterprises in Development Areas (2003)

指标	Item	合肥高新技术产业开发区 Hefei New High Technology Industry Devlopment District	合肥经济技术开发区 Hefei Economy and Technology Development District	合肥新站综合开发试验区 Hefei New Raiway Comprehensive Development District	芜湖经济技术开发区 Wuhu Economy and Technology Development District
全区企业经营收入（万元）	Business Income (10000 yuan)	2113986.0	2030000.0	836425.0	2500000.0
工业总产值（万元）	Gross Industrial Output Value (10000 yuan)	2052100.0	2010000.0	69910.0	2183000.0
财政收入（万元）	Financial Revenue (10000 yuan)	42000.0	109384.0	34000.0	151000.0
税收总额（万元）	Total Tax (10000 yuan)	221800.0	73243.0	12301.0	120000.0
固定资产投资总额（万元）	Investment in Fixed Assets (10000 yuan)	182000.0	361000.0	192346.0	376000.0
#基础设施投资额	In Infrastructure Projets	78000.0	33000.0	45856.0	80000.0
开发区土地面积（平方公里）	Land Area of Development Areas (sq.km)	0.5	5.0	6.1	7.7
#建成土地面积	Developed Land Area	0.5	2.5	1.0	5.3
开发区建筑面积（平方米）	Floor Space of Started Building Under Construction (sq.m)	1570000.0	1930000.0	1545000.0	714000.0
#竣工建筑面积	Floor Space of Buildings Completed	970000.0	1780000.0	759000.0	516000.0
出口总额（万美元）	Total Export (USD 10000)	14101.0	16400.0	1948.0	6108.0
进口总额（万美元）	Total Import (USD 10000)	4000.0	36500.0		23409.0
批准进区外商投资企业（个）	Number of Foreign Funded Enterprises Approved into Development Areas (unit)	16.0	24.0	10.0	21.0
外商投资项目投资总额（万美元）	Total Investment of Foreign Funded Projects (USD 10000)	5723.0	13926.0	6437.0	11277.0
#合同外资金额	Foreign Capital Through Contracts	5186.0	4307.0	6437.0	5298.0
实际使用外商金额（万美元）	Foreign Investment Actually Used (USD 10000)	1920.0	9989.0	3951.0	12894.0
批准进区内资企业（个）	Number of Domestic Funded Enterprises Approved into Development Areas (unit)	422.0	83.0	217.0	88.0
内资企业注册资本（万元）	Registered Capital of Domestic Funded Enterprises (10000 yuan)	244366.0	79344.0	30305.0	113000.0
#实有企业注册资本	Actually Owned Registered Capital of Domestic Funded Enterprises	244366.0	79344.0	30305.0	113000.0

指标	Item	蚌埠高新技术产业开发区 Bengbu New High Technology Industry Devlopment District	铜陵经济技术开发区 Tongling Economy and Technology Development District	安庆经济技术开发区 Anqing Economy and Technology Development District	滁州经济技术开发区 Chuzhou Economy and Technology Development District
全区企业经营收入（万元）	Business Income (10000 yuan)	569872.1	294799.0	800000.0	217000.0
工业总产值（万元）	Gross Industrial Output Value (10000 yuan)	404824.4	202690.0	225000.0	125000.0
财政收入（万元）	Financial Revenue (10000 yuan)	20400.0	15477.0	14319.0	5800.0
税收总额（万元）	Total Tax (10000 yuan)	8900.0	7077.0	12185.0	4350.0
固定资产投资总额（万元）	Investment in Fixed Assets (10000 yuan)	204611.5	165000.0	102019.0	27000.0
#基础设施投资额	In Infrastructure Projets	32140.0	80000.0	30000.0	10200.0
开发区土地面积（平方公里）	Land Area of Development Areas (sq.km)	4.8	3.5	12.4	11.0
#建成土地面积	Developed Land Area	0.6	3.0	10.4	10.0
开发区建筑面积（平方米）	Floor Space of Started Building Under Construction (sq.m)	287000.0	100000.0	967440.0	81000.0
#竣工建筑面积	Floor Space of Buildings Completed	186000.0	40000.0	720000.0	66000.0
出口总额（万美元）	Total Export (USD 10000)	19679.2	1827.0	1240.0	1200.0
进口总额（万美元）	Total Import (USD 10000)	460.0	1500.0	748.0	1000.0
批准进区外商投资企业（个）	Number of Foreign Funded Enterprises Approved into Development Areas (unit)	4.0	3.0	5.0	1.0
外商投资项目投资总额（万美元）	Total Investment of Foreign Funded Projects (USD 10000)	418.0	5995.0	1037.0	600.0
#合同外资金额	Foreign Capital Through Contracts	212.0	1711.0	305.0	600.0
实际使用外商金额（万美元）	Foreign Investment Actually Used (USD 10000)	3004.0	1015.0	1952.0	750.0
批准进区内资企业（个）	Number of Domestic Funded Enterprises Approved into Development Areas (unit)	87.0	33.0	20.0	12.0
内资企业注册资本（万元）	Registered Capital of Domestic Funded Enterprises (10000 yuan)	10191.0	12000.0	4425.0	5300.0
#实有企业注册资本	Actually Owned Registered Capital of Domestic Funded Enterprises	10191.0	12000.0	4425.0	5300.0

18—35 合肥国家高新技术产业开发区企业经营状况（2003年）

Enterprises Business of Hefei National Development Zone for New and High-level Technology Industries (2003)

经济类型 Ownership	企业数（家）Enterprises (unit)	总产值（万元）Gross Output Vaue (10000 yuan)	总收入（万元）Total Revenue (10000 yuan)	#技术性收入 Technical Revenue	利税总额（万元）Total Pre-tax Profit (10000 yuan)	#利润 Profit	出口创汇（万美元）Foreign Exchange Earned Througn Export (USD 10000)	年末职工人数（人）Number of Staff and Norkers at Year-end (person)	全员劳动生产率（万元/人）Overall Labor Productivity (10000 yuan /person)
总计 Total	**198**	**2070075**	**2113986**	**13735**	**343139**	**128381**	**14919**	**45433**	**45.56**
#三资企业 Joint, Cooperative or Exclusi-vely Foreign-funded Ventures	42	427824	403442	1773	35956	13203	4743	10637	40.22
国有经济 State-owned	16	1152181	1177643	3004	279644	105008	7301	19006	60.62
集体经济 Collective-owned	4	12335	16549	850	2525	1778	156	504	24.47
私营企业 Private	68	34024	32322	1258	3301	450		1443	23.57
联营经济 Jointly-operated	29	49488	39109		3724	2034	71	2142	23.10
股份制经济 Share Holding	32	251514	260030	6850	9628	2010	1092	10192	21.61
中外合资 Sino-foreign Joint Venture	22	303954	299621	468	16140	-493	4409	8207	38.25
中外合作 Sino-foreign Cooperative Venture	11	59497	58066		11258	9021	101	1389	42.83
港澳台侨与大陆合资 China-Hong Kong/macao/ Taiwan Joint Venture	7	63103	44147		8659	4846	79	931	67.77
港澳台侨独资企业 H.K/Macao/Taiwan Funded	2	1270	1608		-101	-171	154	110	11.54
其他经济 Others	7	142709	184891	1305	8361	3898	1556	1509	94.57

18—36 合肥国家高新技术产业开发区产品概况（2003年）

Products of Hefei National Development Zone for New and High-level Technology Industries (2003)

单位：万元 (10000 yuan)

技术领域	Field of Technology	产品数（种）Quantity of Products (kind)	产值 Output Value	年销售收入 Annual Sales Revenue	出口额 Volume of Export
总计	**Total**	**156**	**1692410**	**1653943**	**7723**
电子与信息	Electronics and Information Industry	89	261311	256697	998
生物医药技术	Biology and Medicine	32	233761	221458	287
新材料	New Materials	4	169124	163841	403
光机电一体化	Photoelectric, Mechanical and Electrical products	16	878529	865239	4673
新能源高效节能	New Energy Sources and Energy Saving Devices	1	3120	2932	
环境保护	Environmental Protection	1	13680	11540	
航空航天技术	Aviation Technology	2	25829	23651	1362
核应用技术	Nuclear Application Technology	2	7192	8663	
其他高技术	Other High-level Technology	6	85846	84568	
非高技术	Unhigh-level Technology	3	14018	15354	

18—37 省级监督抽查产品质量情况

Results of Sampling Check on Product Quality Under Provincial Supervision

年 份 Year	抽查企业（个） Number of Enterprises Selected (unit)	无不合格品企业数（个） Number of Enterprises Without Products Unqualified	抽查产品 Products Selected in Sampling		合格产品（种） Number of Products Qualified (kind)	样品合格率（%） Rate of Sample Products Qualified (%)
			（类） Number of Types	（种） Number of Kinds		
1995	714	427	47	1083	716	66.10
1999	985	818	57	1346	818	60.80
2000	34063	94204	12	102		
2001	9283	7144	12	99		78.99
2002	12733	9866	12	97	11927	78.96
2003	11652	8929	12	97		78.43

注：2000年的34063、94204均为产品品种数。

a) Data "34062、94204" of 2000 are number of Kinds of Products.

18—38 "星火"计划项目情况

Basic Statistics on "Spark Plan"

单位：项 (item)

年 份 Year	国家级 Country Level		省级 Province Level		地县级 Prefectures and County Level	
	立项 Programs	验收 Checked and Accepted	立项 Programs	验收 Checked and Accepted	立项 Programs	验收 Checked and Accepted
1996	24		40	4	102	46
1997	41		48	4	202	67
1998	34	4	92	6	193	98
1999	32	6	70	8	203	121
2000	25	6	30	9	320	180
2001	19	7	85	12	373	72
2002	42	21	74	35	413	283
2003	32					

18—39 技术市场成交情况

Business of Technological Markets

项 目	Item	成交项目（项）Transaction Projects (item)		成交金额（万元）Transaction Value (10000 yuan)	
		2002	2003	2002	2003
总 计	**Total**	**3599**	**4082**	**75423**	**87959**
按卖方分	**By Selling Party**				
工业企业	Industrial Enterprises	155	193	4236	12477
科研机构	Institutions of Scientific Research	2288	2322	34187	35192
技术贸易机构	Institutions of Technological Trade	709	1121	30115	35751
大中专院校	Universities, Colleges and Specialized Secondary Schools	434	444	6394	4509
个人及合伙	Individuals and Partnership	3		56	
其 他	Others	10	2	434	30
按买方分	**By Buying Party**				
工业企业	Industrial Enterprises	2823	3188	63733	71576
科研机构	Institutions of Scientific Research	349	388	3581	3493
技术贸易机构	Institutions of Technological Trade	48	53	618	735
大中专院校	Universities, Colleges and Specialized Secondary Schools				
个人及合伙	Individuals and Partnership	13	18	476	517
其 他	Others	144	157	1677	5193
各级管理部门	Administrative Departments at All Levels	222	278	5338	6445

18—40 产品、商品质量监督检查情况（2003年）

Results of Sampling Check on The Quality of Products and Commodities Under State Supervision (2003)

项　　目	Item	产品质量 Product Quality			商品质量 Commodity Quality	
		监督检验企业数（个） Number of Enterprises Supervised & Checked (unit)	有不合格产品企业所占比例（%） Proportion of Enterprises With Products Unqualified (%)	批次合格率（%） Rate of Batch-time Qualified (%)	检查商业企业数（个） Number of Commercial Enterprises (unit)	批次合格率（%） Rate of Batch-time Qualified (%)
总　　计	**Total**	**11652**	**23.41**	**78.43**	**12061**	**62.04**
农用产品	**Agricultural Products**	**797**	**31.87**	**68.83**	**2942**	**57.81**
拖拉机	Tractors	4	25.00	75.00	3	100.00
农用化肥	Chemical Fertilizers	505	31.83	69.79	2043	58.76
化学农药	Chemical Pesticides	82	25.61	66.95	523	53.69
饲　料	Forages	120	35.00	66.90	113	66.92
农用薄膜	Agricultural Films	9	22.22	81.82		
种　子	Seeds	4	25.00	80.00	40	73.47
加工食品和饮料	**Food and Beverage**	**5629**	**28.12**	**73.88**	**3611**	**68.54**
食用植物油	Edible Vegetable Oil	1084	28.23	71.77	173	74.18
糕点糖果	Cake	921	28.23	73.99	329	71.22
乳制品	Dairy Products	76	32.89	72.16	160	80.09
罐　头	Canned Food	25	12.00	89.66	6	33.33
白　酒	White Spirit	679	27.10	76.44	977	64.18
啤　酒	Beer	30	3.33	97.98	145	77.16
冷冻饮料	Frozen Beverage	22	31.82	73.08	113	76.11
家用电器	**Household Electric Appliances**	**37**	**29.73**	**71.05**	**669**	**63.57**
收录机、音响设备	Radio and Casset Players, Hi-fi Stereo Component Systems	4	100.00		15	38.89
电视机、录像机	TV Sets, Video Recorders					
洗衣机	Washing Machines	1		100.00	24	42.31
电风扇	Electric Fans	1		100.00	62	61.64
电话机	Telephone Sets				67	80.39
冰箱、冷藏冷冻箱	Refrigerators, Freezers	6	33.33	66.67	10	89.47
电热器具	Electric Heating Appliances	16	25.00	75.00	81	66.30
厨房电器具	Electric Cooking Utensils	3	33.33	66.67	88	84.04
抽油烟机	Smoke Absorbers				24	40.00
轻工产品	**Light Industrial Products**	**637**	**27.16**	**75.10**	**883**	**63.89**
纸	Paper	32	28.13	73.53	18	70.59
纸制品	Paper Products	75	20.00	83.15	26	86.67
玩　具	Toys				20	47.22
家　具	Furniture	77	48.05	51.90	68	35.05
铝制品压力锅	Pressure Cooker Made of Aluminum				11	100.00
眼镜（架、片）	Spectacles (glass & frame)	285	24.21	77.78	114	73.03
灯泡灯管	Electric Bulbs & Fluorescence Tubes	1		100.00	93	25.00
镇流器	Ballast	2		100.00	15	80.00
燃气灶具	Cooking Utensils of Gas				39	29.41
纺织、鞋类产品	**Textile and Shoes**	**79**	**20.25**	**79.27**	**506**	**60.25**
布（印染、色织、坯布）	Cloth	3		100.00	2	100.00
毛织品	Wool Fabrics					
丝麻织品	Silk & Fabrics				4	80.00
针织品	Knit Goods	3		100.00	20	66.67
鞋	Shoes				144	63.59
化工产品	**Chemical Products**	**237**	**18.99**	**82.22**	**308**	**61.82**
涂料、油漆	Paint	130	17.69	82.76	235	58.37
化学试剂	Chemical Reagent	4		100.00	18	100.00

18—40 续表 continued

项目	Item	产品质量 Product Quality 监督检验企业数(个) Number of Enterprises Supervised & Checked (unit)	有不合格产品企业所占比例(%) Proportion of Enterprises With Products Unqualified (%)	批次合格率(%) Rate of Batch-time Qualified (%)	商品质量 Commodity Quality 检查商业企业数(个) Number of Commercial Enterprises (unit)	批次合格率(%) Rate of Batch-time Qualified (%)
建材产品	**Buliding Raw Materials**	**3174**	**13.80**	**88.11**	**1039**	**58.67**
水　泥	Cement	797	4.77	96.85	287	67.83
水泥预制构件	Cement Prefabricated Components	868	14.75	85.51		
砖　瓦	Bricks & Tiles	1128	12.32	87.82	33	72.73
油毡油纸	Asphalt Felts & Oilpaper	6		100.00	2	100.00
平板玻璃	Plate Glass					
水暖管件	Waterpipe	27	29.63	80.43	57	32.47
机械、电器产品	**Mechanical and Electrical Products**	**348**	**9.48**	**91.16**	**909**	**48.30**
轴　承	Bearings					
阀门、泵	Valves	11		100.00	67	31.88
电　线	Electric Wire	162	7.41	93.51	165	60.99
低压电器元件	Low-voltage Electric Elements	3	33.32	66.67	156	44.51
电动工具	Electric Tools	9	33.33	66.67	58	46.55
消防器材	Fire-fighting Equipment & Materials	8		100.00		
电动机柴油机	Motors & Diesel Engines	4		100.00	22	45.45
冶金产品及金属制品	**Metallurgical and Metal Products**	**152**	**31.58**	**70.00**		
线　材	Wire Rod	33	33.33	69.44	186	47.93
型　材	Section Steel	25	28.00	75.00	127	46.81
其他产品	**Others**	**53**	**22.64**	**80.00**	**68**	**73.91**

18—41 三种专利申请受理、授权量

Three Types of Patent Applications Examined and Authorized

单位：项 (item)

指标	Item	2000	2001	2002	2003
申请受理量合计	**Total Applications Examined**	**1877**	**2050**	**2311**	**2686**
发　明	Creations and Inventions	301	299	366	532
实用新型	Utility Models	1080	1217	1287	1526
外观设计	Designs	496	534	658	628
在三种专利申请中	**Of the Three Tyree Types of Patent Application**				
个　人	Individual	1423	1502	1647	
大专院校	Universities and Colleges	72	112	87	
科研单位	Research Institutions	75	35	37	
工矿企业	Industrial and Mineral Enterprises	300	393	504	
机关团体	Government Agencies and Organizations	7	8	36	
申请授权量合计	**Total Applications Authorized**	**1482**	**1278**	**1419**	**1609**
发　明	Creations and Inventions	104	71	99	137
实用新型	Utility Models	894	826	813	968
外观设计	Designs	484	381	507	504
在三种专利申请中	**Of the Three Tyree Types of Patent Application**				
个　人	Individual	1085	941	969	
大专院校	Universities and Colleges	30	63	64	
科研单位	Research Institutions	58	51	37	
工矿企业	Industrial and Mineral Enterprises	302	244	343	
机关团体	Government Agencies and Organizations	7	9	6	

18—42 文化艺术和文物事业机构、人员情况（2003年）

Number of Institutions and Personnel in Culture, Art and Cultural Relies (2003)

机构类别	Catetory of Institution	机构数（个）Number of Institutions (unit)	从业人员（人）Number of Persons Engaged (person)
文化事业单位	**Culture**	**2120**	**13474**
艺术事业	Art Institutions	184	6271
艺术表演团体	Art Performance Troupes	93	4478
话剧、儿童剧、滑稽剧团	Drama, Children, Plays and Comedy Troupes	3	167
歌剧、舞剧、歌舞剧团	Opera, Ballet and Dance Troupes	2	264
歌舞团、轻音乐团	Song and Dance Troupe, Light Muscic Troupe	8	604
文工团、文宣队、乌兰牧骑	Cultural and Performance Troupes and Ulanmuchi (equestrain art troupes)	1	21
戏曲剧团	Local Opera Troupes	74	3059
#京剧	Beiking Opera Troupes	7	374
曲艺、杂技、木偶、皮影团	Recitation and Ballad Troupes, Acrobatics and Circus Troupes, Puppet Show Troupes and Shadow Play Troupes	5	363
艺术表演场所	Art Centers	91	1793
剧场、影剧院	Theaters and Music Halls	90	1771
书场、曲艺场	Storytelling Places, Recitation and Ballad Places	1	22
图书馆事业	Libraries	84	1245
群众文化事业	Mass Culture	1767	5006
群众艺术馆	Mass Art Centers	14	303
文化馆	Cultural Centers	100	1278
文化站	Cultural Stations	1653	3425
#乡文化站	Township Cultural Stations	1591	3323
艺术教育事业	Culture and Education	7	474
其他文化事业	Other Cultural Units	78	478
艺术创作机构	Art Creation Institutions	46	250
艺术研究机构	Art Research Institutions	7	70
文化艺术经纪与代理业	Brokers and Agents for Cultureal and Arts Activities	8	27
其他	Others	17	131
文物事业合计	**Cultural Relics**	**141**	**1398**
文物保护管理机构	Agency of Historical Relics Preservation	91	572
文物科研机构	Scientific and Research Historical Relics Agency	2	46
其他文物机构	Other Historical Relics Agency	1	9
博物馆	Museums	40	679
综合性博物馆	Comprehensive Museum	22	491
历史类博物馆	Historical Museum	13	156
其他类博物馆	Other Museum	5	32
文物商店	Cultural Relics Agencies	7	92

18—43 艺术表演团体演出情况（2003年）

Basic Statistics on Performance of Art Troupes (2003)

种类 Item		演出场数（场） Number of Performances (shows)	#到农村演出 Shows in Rural Areas	国内演出观众人数（千人次） Number of Audience While Perfoming at Home (1000 person-times)
总计	**Total**	**14862**	**3420**	**10189**
国有剧团	Troupes Sponsored by State-owned Units	5862	1720	5211
集体经营剧团	Troupes Sponsored by Collective Units	9000	1700	4978
按剧种分	**Art Troupes**			
话剧、儿童剧、滑稽剧团	Drama, Children, Plays and Comedy Troupes	238	25	217
歌剧、舞剧、歌舞剧团	Opera, Ballet and Dance Troupes	535	17	205
歌舞团、轻音乐团	Song and Dance Troupe, Light Muscic Troupe	412	36	783
文工团、文宣队、乌兰牧骑	Cultural and Performance Troupes and Ulanmuchi (equestrian art troupes)	130	130	11
戏曲剧团	Local Opera Troupes	5447	2800	5774
#京剧	Beiking Opera Troupes	249	33	178
曲艺、杂技、木偶、皮影团	Recitation and Ballad Troupes, Acrobatics and Circus Troupes, Puppet Show Troupes and Shadow Play Troupes	8100	412	3199

18—44 群众艺术馆、文化馆站业务活动及经费情况（2003年）

Basic Statistics on Activities and Expenditures of Mass Art Centers and Cultural Centers (2003)

项目 Item				总计 Total	群众艺术馆 Mass Art Centers	文化馆 Cultural Centers	文化站 Cultural Stations
单位数	（个）	Number of Units	(unit)	1767	14	100	1653
举办单位	（个）	Number of Exhibitions	(unit)	3400	51	515	2834
组织文艺活动	（次）	Art Performances and Story-telling Sessions	(times)	6123	295	1465	4363
举办训练班		Training Coirses					
班次	（次）	Number of Classes	(times)	2145	258	476	1411
结业人次	（人次）	Number of Persons Completing Courses	(person-times)	108000	7000	20000	81000
群众艺术馆、文化馆负责指导单位		Units Responsible for Guiding Mass Art Centers and Cultural Centers					
农村集体镇文化中心	（个）	Cultural Centers in County Towns	(unit)	626	37	589	0
文化俱乐部、室	（个）	Cultural Clubs	(unit)	1029	5	1024	0
文化户	（户）	Households Specializing in Cultural Activities	(household)	1778	51	1727	0
群众业余演出团、队	（个）	Part-time Art Groups	(unit)	1032	23	1009	0
总支出	（万元）	Total Expenditures	(10000 yuan)	7042	1205	2834	3003
#业务费		Professional Expenditures		466	86	217	163
修缮费		Maintenance Expenses		96	13	45	38

18—45 公共图书馆业务活动及经费情况（2003年）

Facilities, Services and Expenditures of Public Libraries (2003)

项 目		Item		总 计 Total	省级公共图书馆 Public Libraries at Provincial Level	地市级公共图书馆 Public Libraries at Prefectural Level	县级公共图书馆 Public Libraries at County Level
公共图书馆	（个）	Number of Public Libraries	(unit)	84	1	13	70
总藏量	（千册）	Total Collections	(1000 wolumes)	8072	2402	2508	3162
#古 籍		Ancient Works		677	411	167	98
图 书		Books		5939	1491	1865	2583
报 刊		Newspapers and Periodicals		1391	495	437	459
书架总长度	（千米）	Total Length of Bookshelves	(1000 m)	255	60	127	68
发放借书证数	（千个）	Number of Library Cards Distributed	(1000 units)	138	13	53	72
图书流通情况		Circulation of Books					
总流通人次	（千人次）	Total Number of Circulation	(1000 person-times)	5406	208	1383	3815
书刊外借册次	（千册次）	Number of Books Borrowed by the Readers	(1000 volume-times)	3987	211	1350	2426
为读者服务举办各种活动		Service Activities Provided for Readers					
次 数	（次）	Number of Activities	(times)	501	23	131	347
参加人数	（千人次）	Number of Readers Involved	(1000 person-times)	242	55	55	132
总支出	（万元）	Total Expenditures	(10000 yuan)	5656	2506	1676	1474
#事业费支出		Expenditure for Operating Expenses		5315	2506	1393	1416
#藏量购置费		Purchase Expenses		572	212	271	89
本年新购藏量	（千册）	Number of Books Purchased During the Year	(1000 volumes)	199	64	77	58
公用房屋建筑面积	（千平方米）	Floor Space of Public Buildings	(1000 sq.m)	135	37	52	46
#书 库		Stack Rooms		27	9	8	10
阅览室		Reading Rooms		28	11	8	9
阅览室坐席数	（千个）	Seating Capacity of Reading Rooms	(1000 seats)	10	2	3	5

18—46 博物馆、文物机构业务活动及经费情况（2003年）

Facilities, Services and Expenditures of Museums and Cultural Relic Agencies (2003)

项 目		Item		文物保护管理机构 protection and Management Agencies	文物科研机构 Scientific and Research Historical Relics Preservation	其 他文物机构 Other Agencies	博物馆 Museums
藏 品	（件）	Number of Units	(unit)	86168	1657		376190
#一级品		Number of Exhibitions	(unit)	399	3		876
业务活动		Art Performances and Story-telling Sessions	(times)				
陈列展览	（个）	Training Coirses		85			147
参观人数	（千人次）	Number of Classes	(times)	604			1038
事业支出	（万元）	Number of Persons Completing Courses	(person-times)	1271	299	39	1833
#业务费		Units Responsible for Guiding Mass Art		253	261	6	381
#考古发掘费		Centers and Cultural Centers		46	261		1
修缮费		Cultural Centers in County Towns	(unit)	262		4	149
增加值	（万元）	Cultural Clubs	(unit)	832	278	18	995

18—47 广播、电视事业发展情况

Basic Statistics on Broadcasting and Television Stations

指标		Item		1995	2000	2002	2003
职工人数	(人)	Number of Staff and Workers	(person)	15783	15655	17002	16114
广播电台	(座)	Number of Broadcasting Stations	(set)	69	15	15	15
广播发射台及转播台	(座)	Number of Broadcast Transmission Stations and Relaying Stations	(set)	23	23	23	23
广播发射机功率	(千瓦)	Broadcast Power of Transmitters	(kw)	475	472	527	547
县有线广播站	(座)	Number of Wire Broadcast Stations in Counties and Cities	(set)	27	50	50	50
广播人口覆盖率	(%)	Listener Rating	(%)	82.5	94.8	95.4	95.5
电视台	(座)	Number of Television Stations	(set)	45	17	17	17
电视发射台及转播台	(座)	Television Transmission Stations and Relaying Stations	(set)	816	350	230	231
电视发射机功率	(千瓦)	Power of Trandmitters	(kw)	251.00	320.14	335.59	338.43
电视人口覆盖率	(%)	Viewer Rating	(%)	79.00	93.82	94.85	94.96

18—48 广播、电视覆盖率

Listeners and Viewers Rate

指标	Item	覆盖人口（万人） Covered Population (10000 persons)		覆盖率（%） Covering Ratio (%)	
		2002	2003	2002	2003
广　播	**Broadcasting**	**6034.23**	**6082.60**	**95.40**	**95.50**
中央台第一套节目	Program I of China National Broadcasting	5703.07	5809.55	90.16	91.22
省台第一套节目	Program I of Provincial Broadcasting	5693.15	5690.05	90.01	89.34
地市台第一套节目	Program I of Prefectural (city) Broadcasting	3803.95	3907.31	60.14	61.35
县级台节目	Programs of County Broadcasting	4360.32	4456.41	68.94	67.97
电　视	**Television**	**5999.42**	**6047.72**	**94.85**	**94.96**
专转中央电视台第一套节目	Relaying Program I of CCTV	5633.48	5738.09	89.06	90.09
省电视台第一套节目	Program I of Provincial Television	5668.89	5741.48	89.62	90.30
地市级电视台节目	Programs of Prefectural (city) Television	3568.97	3920.58	56.42	61.56
县级电视台节目	Programs of County Television	3839.63	3963.81	60.70	62.24

18—49 广播、电视节目制作时间

Basic Statistics on Broadcasting and Television

单位：小时 (hour)

指标	Item	1990	1995	2000	2002	2003
广播节目制作	**Production of Broadcasting**	**15878**	**91384**	**122582**	**133256**	**160622**
#新　闻	News Programs	3360	14911	16955	16665	19198
专　题	Special Subject Programs	2038	19367	24304	35542	38429
教　育	Educational programs	1178	3811	3325	3886	4601
文　艺	Programs of Entertainment	5574	33121	47048	47775	63152
服务性	Service Programs	3726	20172	30950	29388	35242
电视节目制作	**Production of TV Programs**	**2428**	**13719**	**24833**	**44215**	**40809**
#新　闻	News Programs	912	2948	5715	9710	10661
专　题	Special Subject Programs	379	1966	4196	7701	6928
教　育	Educational programs		271	346	994	1086
文　艺	Programs of Entertainment	342	4140	4205	8734	7240
服务性	Service Programs	794	4392	10371	17076	14894

18—50 广播、电视宣传基本情况（2003）

Basic Statistics on Broadcasting and Television (2003)

项目	Item	节目套数（套）Number of Programs (set)	平均每日（周）播出时间 Broadcasting Hours per Day/Week (hour)	自办节目时间（小时）Self-produced Programs (hour)	新闻节目 News Programs	专题节目 Special Subject Programs	教育节目 Educational Programs	文艺节目 Entertainment Programs	服务性节目 Service Programs
无线广播合计	**All Radio Broadcasting Stations**	**82**	**867**	**671**	**84**	**163**	**31**	**252**	**141**
安徽台	Anhui Broadcasting Station	4	81	80	5	25	2	34	14
地方台	Local Station	78	786	591	79	138	29	218	127
电视播映合计	**All Television Stations**	**94**	**7155**	**5273**	**340**	**332**	**117**	**3499**	**985**
安徽电视台	Anhui Television Station	5	658	650	35	89	12	409	105
地方台	Local Television Station	89	6497	4623	305	243	105	3090	880

18—51 图书、杂志和报纸出版数量

Number of Books, Magazines and Newspaper Published

年份 Year	图书 Books Published				杂志 Magazines Publised				报纸 Newspapers Publised			
	种类（种）Number of Publications (kind)	#新出版 New Publications	总印数（万册）Printed Copies (10000 copies)	总印张数（万印张）Printed Sheets (10000 sheets)	种类（种）Number of Publications (kind)	每期平均印数（万册）Average Printed Copies Per Issue (10000 copies)	总印数（万册）Printed Copies (10000 copies)	总印张数（万印张）Printed Sheets (10000 sheets)	种类（种）Number of Publications (kind)	每期平均印数（万册）Average Printed Copies Per Issue (10000 copies)	总印数（万册）Printed Copies (10000 copies)	总印张数（万印张）Printed Sheets (10000 sheets)
1980	211	204	12026	49007	40		1118	3550	13	178	22956	21329
1985	788	702	20708	67570	88	284	2375	9342	52	422	43826	31309
1990	1514	1107	22117	75645	79	215	1825	4735	38	239	32258	22527
1995	1926	1069	27555	109340	123	347	3197	8076	52	361	47569	49024
1996	1773	944	28131	118058	126	412	4104	10284	62	383	50825	51930
1997	1970	928	31427	127303	137	393	4172	11471	60	399	51688	54480
1998	2106	1031	36936	144643	138	421	4411	11112	56	390	53906	68712
1999	2321	1121	34952	141926	147	421	4685	13075	62	406	62682	90871
2000	2125	1002	30992	156767	150	621	7736	19538	84	416	76083	114736
2001	2984	1029	28540	125807	160	596	7276	18042	90	404	74768	123464
2002	2976	1396	27822	140010	183	500	6161	16696	101	389	70819	144237
2003	3489	1698	27423	153904	186	478	6013	16953	101	400	80566	221686

主要统计指标解释

普通高等学校 指按照国家规定的设置标准和审批程序批准举办，通过国家统一招生考试，招收高中毕业生为主要培养对象，实施高等教育的全日制大学、独立设置的学院和高等专科学校、短期职业大学。

成人高等学校 指按照国家有关规定审批，招收通过全国成人高教统一招生考试的具有高中毕业或同等学历的在职从业人员，利用脱产、半脱产、业余或函授等多种形式对其实施高等学历教育，培养高等教育专科或本科毕业水平的专门人才，修业年限、课程设置和总学时数均按高等学历教育要求付诸实施的学校。包括广播电视大学、职工高等学校、农民高等学校、管理干部学院、教育学院、独立设置的函授学院等。

小学学龄儿童入学率 指调查范围内已入小学学习的学龄儿童占校内外学龄儿童总数(包括弱智儿童，不包括盲聋哑儿童)的比重。计算公式为：

小学学龄儿童入学率＝已入学的小学学龄儿童数/校内外小学学龄儿童总数×100%

独立研究与开发机构 指有明确的任务和研究方向，有一定学术水平的业务骨干和一定数量的研究人员，具有研究、开发、开展学术工作的基本条件，主要进行科学研究与技术开发活动，并且在行政上有独立的组织形式，财务上独立核算盈亏，有权与其他单位签订合同，在银行有单独户头的单位。包括国务院各部门、中国科学院、中国社会科学院和各省、自治区、直辖市以及地(市)以上〔含地(市)〕各部门所属的国有科学研究与技术开发机构。

独立研究与开发机构职工 指在独立研究与开发机构工作，并由其支付工资的人员。包括长期职工、临时职工和招聘人员，不包括编制以外的离休、退休人员和停薪留职人员。

研究与发展经费支出 指用于研究与发展课题活动(基础研究、应用研究、实验发展)的全部实际支出，包括用于研究与发展课题活动的直接支出和间接用于研究与发展活动的支出(如研究院、所管理费，维持研究院、所正常运转的必需费用和与研究发展有关的基本建设支出)。

科学家和工程师 指具有大学本科及以上学历和不具备上述学历但有高、中级职称的人员。

其他科技人员 指大专、中专毕业和具有初级职称的从事科技活动人员。

专业技术人员 指已取得科学技术职称，或大学、中专的理、工、农、医科系毕业，以及国民经济各部门从工作实践中提拔，从事理、工、农、医等自然科学技术的研究、教学、生产的专业人员和在机关、企业、事业中从事科学技术业务管理工作的专业人员。

工程技术人员 指在国民经济各行业中从事工程技术工作的自然科学技术专业人员，包括高级工程师、工程师、助理工程师、技术员和未评定职称的技术人员。

农业技术人员 指在国民经济各行业中从事农业技术工作的自然科学技术专业人员，包括高级农艺师、农艺师、助理农艺师、技术员和未评定职称的技术人员。

卫生技术人员 指在国民经济各行业中从事卫生医务工作的自然科学技术专业人员，包括正副主任医师、主治医师、医师、医(护)士和未评定职称的技术人员。

科学研究人员 指在国民经济各行业中从事科学技术活动的自然科学技术专业人员，包括正副研究员、助理研究员、研究实习员、技术员和未评定职称的技术人员。

自然科学教学人员 指在国民经济各行业中从事自然科学技术教学活动的专业人员，包括正副教授、讲师、助教、教师和在中学从事自然科学技术教学活动的人员。

发明 是专利法及其实施细则所称的发明，指对有关产品、方法或其改进所提出的新的技术方案。

实用新型 是专利法及其实施细则所称的实用新型，指对产品的形状、构造或者其结合所提出的适于实用的新的技术方案。

外观设计 是专利法及其实施细则所称的外观设计，指对产品的形状、图案、色彩或者其结合所作出的富有美感并适于工业上应用的新设计。

文化事业机构 指从事专业文化工作和为专业文化工作服务的独立建制的单位。不包括这些单位另外举办独立核算的其他机构和各部门的业余文化组织。

艺术表演团体 指从事戏曲、音乐、舞蹈、杂技等专业艺术表演，有独立帐户的单位，不包括半工半艺、半农半艺和民间职业剧团。

电影放映单位 指具有放映机器设备、固定或不固定的放映场所与专职或兼职的放映技术人员，经有关部门登记批准，经常为一定的观众对象放映电影的机构。包括经批准对外开放进行营业，并与电影发行放映管理机构分帐的专用放映单位和军委系统租片单位。

艺术表演观众人数(人次) 指售票、包场演出或民族地区免费演出的艺术表演观众人次数，不包括彩排审查和内部观摩演出的观看人次数。

图书纯销售 指向读者直接销售的图书以及直接向国外出口的图书。

书刊排字 指用手工排字和激光排版生产的、可供印刷的排字产量。

书刊印刷 指铅印和胶印印书。

胶印印刷 指用胶印机完成的单色或多色印刷产品。

零件印刷 指单张小件印品。

Explanatory Notes for Major Statistical Indicators

Regular Institutions of Higher Learning refer to educational establishments set up according to the government evaluation and approval procedures, enrolling graduates from senior secondary schools and providing higher education courses and training for senior professionals. They include full-time universities, colleges, high professional schools and short-term professional universities.

Institutions of Higher Learning for Adults refer to educational establishments, set up in line with relevant rules approved by the government, enrolling staff and workers with senior secondary school or equivalent education, and providing higher education courses in many forms of full time, part time, spare time, or correspondence for adults. Professionals thus trained receive a qualification equivalent to graduates studying regular courses at regular universities, colleges and professional colleges. Institutions of higher learning for adults include Radio and TV universities, schools of high education for staff and workers and peasants, colleges for management cadres, pedagogical colleges, independent correspondence colleges.

Enrollment Rate of Primary School age Children refers to the proportion of school age children enrolled at schools to the total number of school age children both in and outside schools (including retarded children, but excluding blind, deaf and mute children). The formula is:

Enrollment Rate of Primary School age Children=(Total Primary School age Children at Schools)/(Total Primary School age Children Both at and Outside Schools)×100%

Independent Research and Development Institutions refer to the state owned institutions which have direct mission and research purpose, a certain number of core member with higher research level and a certain number of research personnel, necessary conditions for R & D activities and engaging in scientific research and technological development. The institutions also have their own independent organization and finance, authority to sign contracts with other units, with their own accounts in banks. Independent research and development institutions include the institutions attached to central government agencies, Chinese Academy of Sciences. Chinese Academy of Social Sciences and the institutions attached to local governments.

Personnel of Independent Research and Development Institutions refers to the persons working in and receiving payment from research and development institutions. It includes regular full-time and temporary staff and workers and employees working on contracts, but excludes retirees and persons leaving their work without payment but still retaining their posts, who are not on the employee list.

Total Expenditure on Research and Development refers to all actual expenditure made for R&D (basic research, applied research and experimental development) in reference period. It includes direct expenditure on R&D and indirect expenditure on R&D (including management and necessary administrative expenses of research institutes, investment in capital construction relating to R & D).

Scientists and Engineers refer to persons who have completed university or higher education or obtained titles of senior and middle level professional positions.

Other Technical Personnel refers to persons involved in science and technology with secondary specialized education or three-year college education and persons with junior professional titles.

Natural Scientific and Technical Personnel refers to those professionals holding scientific and technical titles or taking such positions, or being graduated from departments of science, engineering, agriculture and medicine, and/or having been promoted in practice in different sectors of the national economy and working on research, teaching and production technique in the scientific and technological fields such as science, engineering, agriculture and medicine, etc. and the professionals doing administrative work related to science and technology in government agencies, enterprises and institutions.

Engineering Professionals refer to the persons who are engaged in engineering science and technology in different sectors of the national economy, including senior engineers, engineers, assistant engineers, technicians and technical personnel without professional titles.

Agricultural Professionals refer to the persons who are working on the science of agriculture in different sectors of the national economy, including senior agronomists, agronomists, assistant argonomists, technicians and technical personnel without professional titles.

Public Health Professionals refer to the persons who are engaged in medical and health work in different sectors of the national economy, including director doctors and their deputies, doctors in charge, doctors, paramedics, nurses and technical personnel without professional titles.

Scientific Research Personnel refers to those personnel engaged in scientific and technical activities in different sectors of the national economy, including research fellows and their deputies, assistant research fellows, research trainees, technicians and technical personnel without professional titles.

Teaching Personnel of Natural Sciences refers to those professionals engaged in the teaching of natural science and technology in different sectors of the national economy, including professors, associate professors, lecturers, teaching assistants, teachers and teaching personnel in science and technology in middle schools.

Inventions refer to the inventions as specified by the patent law and its detailed rules and regulations for implementation. They refer to the new technical proposals to the products or methods or their modifications.

Utility Models refer to the utility models as specified by the patent law and its detailed rules and regulations for implementation. They refer to the practical and new technical proposals on the shape and structure of the product or the combination of both.

Designs refer to the designs as specified by the patent law and its detailed rules and regulation for implementation. They refer to the aesthetics and industry applicable new designs for the shape, pattern and color of the product, or their combinations.

Cultural Institutions refer to units which have their own organizational system and independent accounting system and specialize in or serve cultural development. They exclude other establishments run by these cultural institutions and amateur cultural groups established by various departments.

Art Troupe refers to the troupe which is engaged in drama, opera, music, dance, acrobatics or other art performance, opens independent accounts with banks and has self-supporting accounting system; excluding the troupes which are engaged partly in industrial or agricultural activities, partly in art performance and the professional troupes organized by the people.

Film Projection Units refer to units with film projection equipment, full or part time projectionists, permanent or non permanent places, approved by related administrative departments to show films regularly for certain groups of audience, including those film projection units which have been approved to give commercial shows and run business with independent accounting system as well as those filmrenting units of the military system.

Number of Spectators at Art Performance refers to the number of attendants at commercial shows, completely booked shows or free shows given in minority national areas, and does not include the number of spectators at rehearsals for examination and internal shows for study.

Net Sales of Books refers to books sold directly to readers and directly exported.

Typesetting of Books refers to the volume of work (characters) of manual or laser typesetting ready for printing.

Printing of Books refers to printing of books by stereotype or offset printing method.

Offset Printing refers to mono or multi color materials printed by offset press.

Small Piece Printing refers to printing of single-sheet products in small quantity.

体育、卫生、社会福利和其他

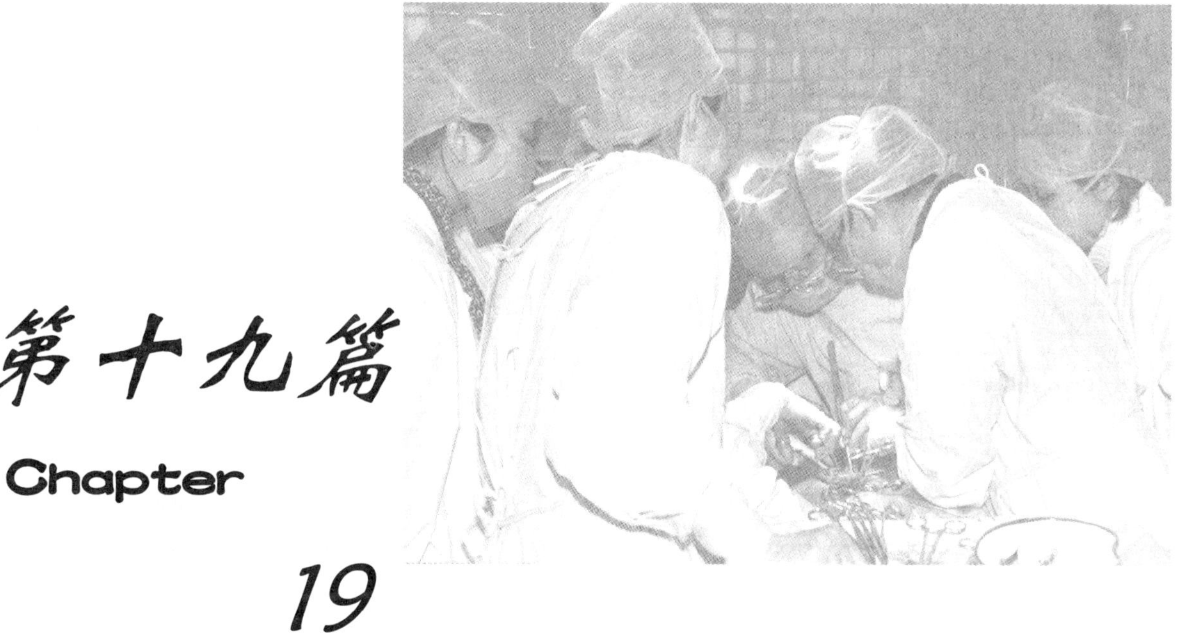

第十九篇

Chapter 19

SPORTS, PUBLIC HEALTH, SOCIAL WELFARE AND OTHERS

简要说明

一、本篇主要反映我省体育、卫生、社会福利及其他事业发展情况。

体育：包括群众体育和竞技体育，主要内容有体育系统职工、运动员、教练员和裁判员等人数，体育场地数等。

卫生：主要内容为卫生机构、人员、床位数，医院诊疗人次及入院人数。

社会福利：主要包括社会福利事业的机构人员、社会福利救济、婚姻状况等情况。

其他：主要包括历届省人大、政协基本情况、司法情况、交通事故、火灾事故情况等。

二、上述资料分别由省体委、卫生厅、民政厅、公安厅等部门提供，是根据有关部门制定的统计报表制度进行统计、汇总整理而成的。这些统计报表制度包括体育事业统计报表制度，卫生事业统计报表制度，民政事业统计报表制度，公安统计报表制度等，一般都是逐级汇总上报。

三、环境保护统计资料由省环保局提供。统计资料是依据国家环保局制定的环境统计报表制度，由各地、市的环境统计年报汇总整理而成。主要包括“三废”排放与处理，反映各工业行业有关“三废”排放与处理的情况。

Brief Introduction

I. Data in this chapter show the development of sports, public health, social welfare and other undertakings.

Sports: Data cover mass sports (sports for all) and athletics sports, including mainly the number of staff and workers in sports departments, number of athletes, coaches and referees, number of stadiums and gymnasiums etc.

Public health: Data include mainly the number of institutions, personnel, hospital beds, number of patients treated and in[a2]patients.

Social welfare: Data include mainly the number of institutions and personnel, social welfare relief, and marital status etc.

Others: Data cover mainly the number of deputies of the Provincial People's Political Consultative Conferences over the sessions, the judicial conditions, basic statistics on traffic accidents and fires.

II. The above[a2]mentioned data are provide by the Provincial Commission of Sports, Department of Public Health, Department of Civil Affairs and the Department of Public Security, etc. Data are collected and tabulated in accordance with the statistical reporting schemes stipulated by the departments concerned, including the statistical reporting schemes on sports, public health, civil administration, organization of trade unions and public security. Data are generally reported to the higher authorities level by level.

III. Data on environmental protection are provided by the Provincial Environment Protection Bureau. Data are collected and tabulated by the prefectures and cities in accordance with the annual environmental protection reporting scheme stipulated by the State Environment Protection Administration. Data include mainly the discharge and treatment of waste water, waste gas and solid wastes, which show various indicators abot the discharge and treatment of waste water, waste gas and solid wastes in various regions and various industrial sectors.

19—1 体育活动基本情况

Basic Statement of Sports

指 标	Item	1990	1995	2000	2002	2003
《国家体育锻炼标准》达标人数 (人)	Number of Persons Who Have Come up to the State Physical Training Standards (person)	1759967	4332084	6933057	8156607	9084766
举办运动会次数 (次)	Number of Games Held (times)	848	514	373	145	111
举办全民健身活动次数 (次)	Times of Activities That the Whole Nation in Health Conducted (times)				1417	1412
参加全民健身活动人数 (人)	People Partcipating the Activities That the Whole Nation in Health (person)				1421230	1285971
等级运动员 (人)	Number of Athletes in Grades (person)	469	436	1345	1053	976
运动健将	Internation-al Master of Sports					28
一级运动员	First Grade Sportsman	92	39	139	77	57
二级运动员	Second Grade Sportsman	85	96	428	976	891
三级运动员	Third Grade Sportsman	138	272	398		
少年运动员	Juvenile Athletes	154	29	380		
等级裁判员人数 (人)	Number of Referees in Grades (person)	798	1091	1288	1002	875
国际、国家级裁判员	Interna-tional National Referees					19
一级裁判员	First Grade Referees	110	101	173	266	156
二级裁判员	Second Grade Referees	355	274	247	736	700
三级裁判员	Third Grade Referees	333	716	868		
在国内外比赛中获奖牌数 (枚)	Number of Medals Won in the Matches Both Inside and Outside the Country (unit)	107	74	92	95.5	120
金 牌	Gold Medals	49	28	25	27.5	48
银 牌	Silver Medals	38	21	31	27	30
铜 牌	Bronze Medals	20	25	36	41	42

注：由于2002年国家体育总局对全国体育事业综合统计年报进行了改革，原县以上体委举办运动会次数改为举办综合性运动会次数，增加了对全民健身活动情况的统计；等级运动员和裁判员发展人数只统计一级和二级。

a) Due to the reform in the statistical reporting schemes on sports in 2002 made by the State Sports Administration, the original "number of sports meets held by sports commissions at and above county level" has changed into "number of games held". Activities that the whole nation in health have been added. And athletes and referees in grades are only counted in first and second grade.

19—2 全省体育场地数（2003年）

Number of Stadiums and Gymnasiums (2003)

单位：个 (unit)

指 标	Item	总 计 Total	体委系统 Physical Culture and Sports Commis-sions	工矿系统 Industry and Mining	农业系统 Organiza-tions Affiliated With Agricnlture	学校系统 Schools	其他系统 Others
总 计	**Total**	**14140**	**470**	**1087**	**451**	**11336**	**796**
#体育场	Stadiums	36	20	1		15	
体育馆	Gymnasiums	49	37	8		3	1
游泳跳水馆	Swimming and Diving Centers	1	1				
室内外游泳池	Indoor and Outdoor Swimming Pools	93	51	15	2	15	10
有固定看台的灯光球场	Illuminated Fields With Fixed Seating	118	53	55	2	3	5
运动场	Playground	148	40	7		100	1
小运动场	Small Playground	1709	13	28	8	1646	14
篮、排球场	Basketball and Volleyball ground	11364	67	833	434	9422	608

19—3 体委系统职工人数（2003）

Number of Staff and Workers in Sports Commissions (2003)

单位：人 (person)

人员分类	Category of Personnel	合计 Total	#优秀运动队 Excellent Sports Teams	体育运动学校 Physical Education and Sports Schools	业余学校 Sparetime Sports Schools	公共体育场馆 Public Stadiums and Cymnasiums	机关人员 Office Workers
总计	**Total**	**3251**	**846**	**356**	**737**	**79**	**881**
公务员	Public Servants	675					675
运动员	Athletes	410	410				
专职教练员	Full-time Coaches	686	129	98	453		
专职文化教师	Full-time Teachers	147		102	33		
科技人员	Scientific and Technical Personnel	24	1	1	5		
医务人员	Medical Personnel	15	1	5	2		
管理人员	Administrative Personnel	826	253	100	133	65	81
其他	Others	468	52	50	111	14	125

19—4 等级运动员、等级裁判员人数（2003年）

Number of Athletes and Referees in Grades by Type of Sports (2003)

单位：人 (person)

运动项目	Item	等级运动员 Number of Athletes in Grades	运动健将 International Master of Sports	一级 First Grade Sportsman	二级 Second Grade Sportsman	等级裁判员 Number of Referees in Grades	国际、国家级 International National Referees	一级 First Grade Referees	二级 Second Grade Referees
总计	**Total**	**976**	**28**	**57**	**891**	**875**	**19**	**156**	**700**
#田径	Track and Field	144	3	8	133	273	3	51	219
游泳	Swimming	37	2	2	33	16			16
跳水	Diving	2	2			1	1		
体操	Gymnastics					6	1	5	
蹦床	Spring Bed								
举重	Weightlifting	9	1	2	6	4		3	1
拳击	Boxing	14		3	11	4			4
国际式摔跤	Wrestling	59	2	2	55	6		3	3
跆拳道	Kickboxing	38	2		36	21	1	4	16
柔道	Judo	25		1	24	4		4	
击剑	Fencing	19		7	12	2		2	
赛艇	Rowing	1	1			1	1		
皮划艇	Canoeing	3			3				
射击	Shooting	12	5		7				
足球	Football	50		10	40	55		17	38
篮球	Basketball	81			81	264		14	250
排球	Volleyball	18			18	27			27
乒乓球	Table Tennis	81		1	80	59		6	53
网球	Tennis	15			15	3		1	2
手球	Handball	129	4	19	106	7			7
技巧	Acrobatic Gymnastics	14			14				
武术	Wu Shu	205	2		203	57		8	49
国际象棋	International Chess	2	1		1	2		1	1
中国象棋	Chinese Chess	1			1	5	4	1	
围棋	Weiqi	1			1	4	2	2	
无线电测向	Radio Orientation Surveying	1	1						
其他	Others	15	2	2	11	54	6	34	14

19—5 卫 生 机 构 数

Number of Health Institutions

单位：个 (unit)

年 份 Year	总 计 Total	医院卫生院 Hospitals	#县及县以上医院 At and Above County Level	疗养院、所 Sanatoriums	门诊部、所 Clinics	专科防治所、站 Specialized Prevention & Treatment Centers or Stations	疾病预防控制中心（防疫站） Disease Prevention and Contolling Center (Anti-epidemic Clinics)	妇幼保健院（所、站） Maternity and Child Care Centers	药品检验所、站 Medicines and Chemical Reagent Test Labs	医学科学研究机构 Research Institutes of Medical Science	其他卫生机构 Other Institutions
1990	7336	3128	346	11	3659	66	126	110	61	10	165
1995	6593	3243	466	10	2772	68	132	109	67	15	177
1996	6261	3276	476	11	2411	66	134	111	66	15	171
1997	7911	3203	478	11	4104	67	162	108	69	15	172
1998	7515	2992	482	11	3914	67	164	108	69	15	175
1999	6778	2972	486	11	3204	66	164	107	69	15	170
2000	6705	2953	482	11	3156	63	166	110	67	15	164
2001	7038	2952	499	11	3490	62	167	110	65	15	166
2002	8851	2853	637	9	5497	68	137	119		16	152
2003	9201	2765	292	9	5776	64	133	117		13	324

注：2002年门诊部、所项包括县（区）诊所、医务室、卫生所、社区卫生服务站等5347个。

a) Clinics in 2002 included 5347 county or distric dispensaries clinics, health centers and community health service stations.

19—6 卫 生 机 构 人 员 数

Number of Persons Engaged in Health Institutions

单位：人 (person)

年 份 Year	专业卫生技术人员 Medical Technical Personnel	医 生 Doctors	中 医 Doctors of Traditional Chinese Medicine	西医师 Doctors of Western Medicine	西医士 Paramedics of Western Medicine	护师、护士 Senior and Junior Nurses	每万人口卫生技术人员数 Number of Medical Technical Personnel per 10000 Population
1990	135698	58580	10767	37170	10643	31566	23.97
1995	150619	66714	10423	42851	13440	36308	25.05
1996	152486	67009	10374	42532	14103	37301	25.12
1997	152205	66802	9709	43252	13841	38404	24.84
1998	153716	67571	9467	43500	14604	39366	24.86
1999	152988	68951	9404	44728	14819	40056	24.53
2000	153808	69943	9204	45530	15209	41226	24.64
2001	155457	71610	9181	47278	15151	42315	24.58
2002	146148	59527				40014	22.95
2003	153802	62574				42557	23.99

注：因卫生统计制度变化，2002年医生为执业医生数，护师、护士为注册护士数。

a) Due to change of health statistical system, the number of doctors was executive doctors and that of senior and junior nurses was registered nurses.

19—7 卫生机构、床位、人员数（2003年）

Number of Health Units, Beds and Staff (2003)

指 标	Item	机构数（个）Health Institutions (unit)	床位数（张）Beds (unit)	人员数（人）Persons Engaged (person)	#卫生技术人员 Medical technical Personnel
总 计	**Total**	**9201**	**119777**	**187053**	**153802**
医 院	Hospitals	618	74434	102280	80884
市	City	410	51014	69035	54121
县	County	208	23420	33245	26763
综合医院	Comprehensive Hospitals	461	59851	83663	65993
县医院	County Hospitals	71	14840	21639	17176
其他医院	Other Hospitals	390	45011	62024	48817
中医医院	Hospitals of Traditional Chinese Medicine	89	8448	12822	10587
专科医院	Specialized Hospitals	66	6095	5760	4275
口腔医院	Stomatological Hospitals	5	25	233	183
眼科医院	Ophthalmology Hospitals	8	155	192	138
心血管病医院	Cardiovascular Disease Hospitals	1	75	86	74
儿童医院	Children's Hospitals	1	200	372	308
精神病医院	Mental Hospitals	16	2949	2320	1649
传染病医院	Infection Hospitals	6	1222	1096	795
皮肤病医院	Dermatological Hospitals	1	20	25	23
结核病医院	Tubercle Hospitals	1	80	69	51
麻风病医院	Leprosy Hospitals	5	205	40	26
骨科医院	Orthopaedic Hospitals	4	285	283	240
康复医院	Rehabilitation Hospitals	5	450	498	361
美容医院	Beauty Hospitals	1	20	31	24
其他专科医院	Other Specialized Hospitals	12	409	515	403
护理院	Nursing Hospitals	2	40	35	29
疗养院	Sanatoriums	9	1444	893	518
社区卫生服务中心	Community Health Service Center	5	100	111	97
卫生院	Commune Hospitals	2147	38100	52484	45132
门诊部	Outpatient Departments	125	446	1178	1018
急救中心（站）	First-aid Center (station)	3		98	34
采供血机构	Blood Collecting and Supply Organizations	33	16	838	597
妇幼保健院（所、站）	Maternity and Child Care Centers (stations)	117	1941	4815	3900
专科疾病防治院（所、站）	Specialized Disease Prevention and Treatment Canters (stations)	64	2417	3426	2515
疾病预防控制中心（防疫站）	Disease Prevention and Controlling Center (anti-epidemic clinics)	133	164	6490	5189
卫生监督所	Health Supervision Centers	13		487	378
卫生监督检验（监测、检测）	Health Supervision and Inspection (observation and survey, check)	6		147	114
医学科学研究机构	Research Institutes of Medical Science	13	130	280	153
医学在职培训机构	Medical On-the-job Training Organizations	6		42	29
健康教育所（站、中心）	Health Education Offices (stations or centers)	6		30	13
其他卫生机构	Other Health Institutions	42	585	610	387
县（区）诊所、医务室、卫生所、社区卫生服务站	County or District Dispensaries, Clinics, Health Centers and Community Health Service Stations	5861		12844	12844
私 营	privately Owned	4037		611!	6111

19—8 卫生机构各类人员数（2003年）

Persons Engaged in Health Care Institutions by Type of Occupation (2003)

单位：人 (person)

指标	Item	合计 Total	按设置主办单位分 Groupod by Managing Organization 政府办 Set Up by Government	企业办 Set Up by Enterprises	其他 Others	按经济类型分 Grouped by Economic Type 国有 State-owned	集体 Collective-owned	联营 Joint Owned	私营 Private Owned	其他 Others
总计	**Total**	**187053**	**148234**	**23450**	**15369**	**128241**	**49470**	**262**	**6786**	**2294**
卫生技术人员	Medical Technical Personnel	153802	120830	18959	14013	102210	42781	226	6652	1933
其他技术人员	Other Technical Personnel	7957	6716	881	360	5585	2241	14	48	69
管理人员	Managerial Personnel	11134	8923	1701	510	8497	2425	14	54	144
工勤人员	Logistics Workers	14160	11765	1909	486	11949	2023	8	32	148
卫生技术人员	**Medical Technical Personnel**									
执业医师	Executive Doctors	49099	38935	6372	3792	37164	9976	29	1365	565
执业助理医师	Executive Assistant Doctors	13475	10882	1259	1334	5880	6724	15	652	204
注册护士	Registered Nurses	42557	32885	7013	2659	34746	6459	33	702	617
药剂人员	Pharmaceutics Personnel	11398	9218	1365	815	7502	3495	12	257	132
检验人员	Laboratory Personnel	8496	7156	886	454	5966	2334	4	90	102
其他	Others	28777	21754	2064	4959	10952	13793	133	3586	313

19—9 医院、卫生院诊疗人次及入院人数（2003年）

Number of Hospital Patients (2003)

医院类别	Type of Hospital	诊疗人次（人次） Total Number of Patients Treated (person-times)	#门、急诊 Out-patients and Emergency Patients	入院人数（人） Hospital Admissions (person)	每百诊次的入院人数（人） Hospital Amissions per 100 Patient-times (person)	每百门、急诊入院人数（人） Hospital Admissions per 100 Out-patient Times and Emergency Patient-times (person)
总计	**Total**	**147278287**	**66716966**	**2785285**	**1.89**	**4.17**
医院	Hospitals	34731922	32588481	1415611	4.08	4.34
疗养院	Sanatoriums					
社区卫生服务中心	Community Health Service Centers	86649	58491	2830	3.27	4.84
卫生院	Commune Hospitals	109904557	31674633	1304297	1.19	4.12
门诊部	Clinics	739324	709389	4819	0.65	0.68
妇幼保健院（所、站）	Maternity and Child Care Centers (stations)	1592447	1475645	49885	3.13	3.38
专科疾病防治院（所、站）	Speclalized Disease Prevention and Treatment Centers (stations)	223388	210327	7843	3.51	3.73

19—10　县及县以上医院病床使用情况（2003年）

Utilization of Hospital Bads at and Above County Level (2003)

医院类别 Type of Hospital	病床周转次数（次） Turnover of Beds (times)	病床工作日（日） Number of Days per Bed in Use in a Year (days)	病床使用率（%） Utilization Rate of Beds (%)	出院者平均住院日（日） Average Hospitalization Period (days)
总　计　Total	**26.40**	**202.70**	**55.54**	**7.19**
医　院　Hospitals	21.05	226.96	62.18	10.15
疗养院　Sanatoriums				
社区卫生服务中心　Community Health Service Centers	28.30	154.53	42.34	5.46
卫生院　Commune Hospitals	37.71	153.69	42.11	3.75
门诊部　Clinics	51.52	132.93	36.42	2.24
妇幼保健院（所、站）　Maternity and Child Care Centers (stations)	28.03	179.35	49.14	5.85
专科疾病防治院（所、站）　Speclalized Disease Prevention and Treatment Centers (stations)	6.16	253.00	69.32	39.14

19—11　各市卫生机构、床位数（2003年）

Number of Health Institutions, Bads and Persons Engaged by Region (2003)

地　区 Region	机构合计（个） Health Institutions (unit)	医院、卫生院 Hospital	卫生防疫站 Sanitation and Antiepidemic Agencies	妇幼保健所、站 Maternity and Child Care Centers	门诊部 Outpatient Departments	床位合计（张） Beds Total (unit)	#医院、卫生院 Hospital
总　计　Total	**9201**	**2765**	**133**	**117**	**125**	**119777**	**112534**
合 肥 市　Hefei	640	226	10	10	9	13252	12622
淮 北 市　Huaibei	233	111	5	5	2	7300	6673
亳 州 市　Bozhou	302	144	6	4	6	5040	4952
宿 州 市　Suzhou	564	135	6	6		7003	6886
蚌 埠 市　Bengbu	412	115	8	9	19	8573	8165
阜 阳 市　Fuyang	829	214	9	9	9	10569	10374
淮 南 市　Huainan	332	114	9	9	7	8302	7344
滁 州 市　Chuzhou	492	290	8	8	10	8007	7734
六 安 市　Luan	740	218	9	10	1	8796	8544
马鞍山市　Maanshan	266	47	6	5	3	2983	2767
巢 湖 市　Chaohu	503	211	5	5	3	7728	6441
芜 湖 市　Wuhu	564	126	10	9	8	6611	6328
宣 城 市　Xuancheng	731	188	14	8	40	5544	5061
铜 陵 市　Tongling	151	40	6	2		2959	2710
池 州 市　Chizhou	789	92	5	2		2804	2662
安 庆 市　Anqing	882	332	9	9	5	10460	9734
黄 山 市　Huangshan	771	162	8	7	3	3846	3537

注：不包括县（区）诊所、医务室、卫生所、社区卫生服务站。

a) Health institutions in this table exclude county or district dispensaries, clinics, health centers and community health service stations.

19—12 各市卫生机构人员数（2003年）

Number of Persons Engaged in Health Institutions by Region (2003)

单位：人 (person)

地区	Region	人员合计 Total	#卫生技术人员 Medical technical Personnel	#医生 Doctors	#执业医师 Physician	#注册护士 Senior and Junior Nurses
总计	**Total**	**187053**	**153802**	**62574**	**49099**	**42557**
合肥市	Hefei	21263	16892	7179	6188	5639
淮北市	Huaibei	11322	9146	3623	2750	3054
亳州市	Bozhou	8478	7050	2407	1845	1194
宿州市	Suzhou	12642	10703	3596	2480	2270
蚌埠市	Bengbu	13189	10533	3903	3152	3483
阜阳市	Fuyang	17251	14736	5696	4512	2576
淮南市	Huainan	11771	9450	3737	3134	3214
滁州市	Chuzhou	10584	8851	4068	3055	2104
六安市	Luan	13730	11309	5162	3742	2456
马鞍山市	Maanshan	6431	5299	2232	1861	1976
巢湖市	Chaohu	10976	8655	3453	2435	2417
芜湖市	Wuhu	10161	8228	3601	3093	2720
宣城市	Xuancheng	8330	7181	3219	2229	1807
铜陵市	Tongling	4589	3692	1548	1347	1390
池州市	Chizhou	4696	4124	1726	1367	1039
安庆市	Anqing	15636	12853	5321	4237	3704
黄山市	Huangshan	6004	5100	2103	1672	1514

注：不包括县（区）诊所、医务室、卫生所、社区卫生服务站。

a) Health institutions in this table exclude county or district dispensaries, clinics, health centers and community health service stations.

19—13 各市县（区）村卫生室基本情况（2003年）

Rural Medical Spots by Region (2003)

地区	Region	合计（个） Total (unit)	按设置、主办单位办 Grouped by Setting Up and Managing Organizations					合计（人） Total (person)	乡村医生 Rural Doctors	卫生员 Health Workers
			村办 Set Up by Village	乡卫生院设点 Spot of Township Commune Hospital	联合办 Joint Set Up	私人办 Private Set Up	其他 Others			
总计	**Total**	**20984**	**11865**	**248**	**1483**	**5727**	**1661**	**43662**	**39658**	**4004**
合肥市	Hefei	1136	151	180	17	783	5	2257	2085	172
淮北市	Huaibei	370	325	12	9	23	1	1116	1066	50
亳州市	Bozhou	2024	1769	18	235		2	5219	4513	706
宿州市	Suzhou	2457	879		308	1263	7	4648	4268	380
蚌埠市	Bengbu	1206	511	9	95	568	23	2525	2158	367
阜阳市	Fuyang	2021	1379	7	331	265	39	5418	4378	1040
淮南市	Huainan	553	246		27	48	232	1334	1293	41
滁州市	Chuzhou	1280	856		252	35	137	3182	2767	415
六安市	Luan	2160	1758		8	249	145	4647	4601	46
马鞍山市	Maanshan	282	40	13		226	3	345	339	6
巢湖市	Chaohu	1400	335		112	949	4	1992	1702	290
芜湖市	Wuhu	857	856				1	1218	1197	21
宣城市	Xuancheng	1063	674	2	16	286	85	1952	1656	296
铜陵市	Tongling	257	257					309	283	26
池州市	Chizhou	708	277			431		1151	1145	6
安庆市	Anqing	2777	1476	5	11	308	977	5892	5756	136
黄山市	Huangshan	433	76	2	62	293		457	451	6

19—14 历届全省人民代表大会人数

Numner of Deputies to All the Previous People's Congress of Anhui Province

单位：人 (person)

			代表总数 Total Number of All Deputies	#女代表 Female Deputies	占代表总数(%) As Percentage to Total	少数民族代表 Depeputies from National Minorities	占代表总数(%) As Percentage to Total
一届	First Congress	(1954)	448	69	15.40	8	1.79
二届	Second Congress	(1958)	496	68	13.71	9	1.81
三届	Third Congress	(1964)	497	96	19.32	9	1.81
五届	Fifth Congress	(1978)	998	196	19.64	28	2.81
六届	Sixth Congress	(1983)	813	167	20.54	34	4.18
七届	Seventh Congress	(1988)	729	157	21.54	28	3.84
八届	Eighth Congress	(1993)	729	164	22.50	27	3.70
九届	Ninth Congress	(1998)	728	195	26.79	35	4.71
十届	Tenth Congress	(2003)	732	204	27.90	33	4.50

19—15 历届政治协商会议的委员人数

Number of Deputies to All the Previous People's Political Consultative Conferences of Anhui Province

单位：人 (person)

			代表总数 Total Number of All Deputies	#中国共产党代表 Deputies from the Communist Party of China	占代表总数(%) As Percentage to Total	少数民族代表 Depeputies from National Minorities	占代表总数(%) As Percentage to Total
一届	First Congress	(1954)	171	53	30.99	6	3.51
二届	Second Congress	(1958)	308	88	28.57	8	2.60
三届	Third Congress	(1964)	372	108	29.03	18	4.84
四届	Fourth Congress	(1978)	506	297	58.70	21	4.15
五届	Fifth Congress	(1983)	724	231	31.91	30	4.14
六届	Sixth Congress	(1988)	694	234	33.72	40	5.76
七届	Seventh Congress	(1993)	705	245	34.75	40	5.67
八届	Eighth Congress	(1998)	730	273	37.40	37	5.07
九届	Ninth Congress	(2003)	740	278	37.57	37	5.00

19—16 工会组织情况

Basic Statistics on Trade Unions

年 份 Year	工会基层组织数（个） Number of Grassroots Unions (unit)	全省已建工会组织的基层单位的职工与会员人数（人） Membership and Number of Staff and Workers in Grassroots Unions (person)				工会专职工作人员人数（人） Number of Full-time Personnel of Unions (person)
		职工人数 Number of Staff and Workers	#女职工 Female	会员人数 Membership	#女职工 Female	
1990	20961	3386225	1208966	3052457	1078502	21500
1995	17956	3615203	1373288	3141831	1164309	20775
2000	31912	3536165	1334967	3192764	1194474	
2001	39798	4264532		3931488		
2002	34478	4558211	1618267	4248670	1487238	19589
2003	33917	4552542	1595279	4252424	1461979	16239

19—17 妇女参政议政状况

Basic Conditions on Women's Participating in the Administration and Discussion of State Affairs

单位：人 (person)

		1995	2000	2002	2003
省人大代表数	Number of Deputies to the Provincial People's Congress	729	745	732	733
#女性	Female	164	194	204	204
省政协委员数	Number of Deputies to the Provincial People's Political Consultative Conferences	736	738	740	743
#女性	Female	127	142	144	144
省级国家机关各部门负责人数	Number of Leading Cadres in All Departments of the Provincial Government Organs	250	361	409	419
#女性	Female	17	40	72	49
省级党政班子负责人数	Number of Leading Cadres in the Provincial Party and Government Offices	17	16	19	19
#女性	Female	1	1	1	1
地级党政班子负责人数	Number of Leading Cadres in the Prefectural Party and Government Offices	267	286	297	295
#女性	Female	19	25	26	19
县级党政班子负责人数	Number of Leading Cadres in the County Party and Government Offices	1533	1762	1760	1777
#女性	Female	116	172	182	205
中共党员人数（万人）	Number of the ChineseCommunist Party Members (10000 persons)	230.6	259.4	269.0	275.0
#女性	Female	30.5	37.4	39.0	41.0
干部人数（万人）	Number of Cadres (10000 persons)	100.4	122.1	117.7	115.8
#女性	Female	26.2	35.5	35.6	35.8
企业职工代表大会代表人数（万人）	Number of Deputies to the Congress of Staff and Workers in Enterprises (10000 person)	35.8	40.3	42.7	26.6
#女性	Female	11.1	12.9	11.8	7.9

19—18 妇女儿童教育培训情况

Basic Conditions on Women and Children's Education and Training

		1995	2000	2002	2003
国有企事业单位各类专业技术人员数（万人）	Number of Professional and Technical Personnel in State-owned Enterprises and Institutions (10000 persons)	68.1	85.5	83.3	82.1
#女性	Female	20.0	27.4	27.8	28.3
脱盲人口数（万人）	Number of People Casting Off Illiteracy (10000 persons)	68.5	20.4	8.4	13.6
#女性	Female	51.3	14.0		8.1
小学学龄儿童入学率（%）	Percentage of School-age Children Enrolled (%)	99.7	99.7	98.8	99.1
女性	Female	99.5	99.7	98.8	99.2
男性	Male	99.9	99.7	98.8	99.0
小学学生辍学率（%）	Percentage of Primary School Students Quitting Their Studies (%)	1.6	0.4	0.5	0.8
女性	Female	1.4	0.4	0.4	0.8
男性	Male	1.8	0.4	0.6	0.8
普通初中学生辍学率（%）	Percentage of Junior Secondary School Students Quitting Their Studies (%)	2.0	2.0	2.4	2.0
女性	Female	1.0	1.8	2.4	2.0
男性	Male	2.6	2.2	2.4	2.0

19—19 妇女卫生保健状况

Basic Conditions on Women Hygiene

			1995	2000	2002	2003
使用合格碘盐的住户比例 (%)	Percentage of Household Using Qualified Iodine Salt	(%)	77.0	98.4	98.1	99.3
农村改水受益人口普及率 (%)	Percentage of People Benifited from Remade Water in Rural Area	(%)	85.0	98.5	96.5	97.6
农村享有卫生厕所的人口覆盖率 (%)	Coverage Rate of people Who Enjoy Sanitary Toilet	(%)	10.8	40.1	49.5	50.9
妇幼保健机构病床数 (张)	Number of Sickbeds in Maternity and Child Care Organs	(unit)	1679	2121	1961	1941
妇幼保健机构医生数 (人)	Number of Doctors in Maternity and Chold Care Organs	(person)	1950	1933	1872	1934
孕产妇系统管理率 (%)	Percentage of Pregnant and Lying-in Women Under System Management	(%)		74.8	73.0	74.1
住院分娩率 (%)	Percentage of Childbirths in Hospital	(%)	68.7	73.9	84.0	84.5
孕产妇死亡率 (1/10万)	Death Rate of Pregnant and Lying-in Women	(1/100 thousand)	64.3	48.4	44.3	51.3
非住院分娩消毒接生率 (%)	Percentage of Practising Midwifery With New Methods Out of Hospital	(%)		96.1	98.0	98.3
已婚育龄妇女避孕率 (%)	Contraception Rate of Married Women in Their Childbearing Age	(%)	90.3	91.9	89.0	92.2
节育手术并发症发病率 (‰)	Morbidity of Complications of Birth Control Operation	(‰)	0.9	0.9	0.5	0.1
人工流产率 (%)	Percentage of Induced Abortion	(%)	2.7	0.7	0.4	0.4
婚前医学检查率 (%)	Percentage of Medical Exaninations Before Marriage	(%)	30.0	21.3	57.0	49.1

19—20 儿童卫生保健状况

Basic Conditions on Children Hygiene

			1990	2000	2002	2003
婴儿死亡率 (‰)	Death Rate of Infants	(‰)	47.80	29.00	26.88	28.55
5岁以下儿童死亡率 (‰)	Death Rate of Children Below Five	(‰)	67.60	34.70	33.58	31.85
住院分娩出生缺陷发生率 (‰)	Percentge of Childbirth Defects in Hospital	(‰)	10.70	10.20	10.89	8.62
四苗全程免疫接种率 (%)	Rate of Inoculating With the "Four Vaccines" in the Whole Course	(%)		97.90	96.19	95.59
#卡介苗接种率	Rate of Inoculating With BCC Vaccine		95.80	99.70	99.80	98.69
脊灰疫苗接种率	Rate of Inoculating With Polio Vaccine		91.80	98.90	98.83	99.04
百白破三联制剂接种率	Rate of Inoculating With Joint Vaccine of Pertussis, Diphtheria and Tetanus		89.70	98.30	98.34	99.05
麻疹疫苗接种率	Rate of Inoculating With Measles Vaccine		90.40	98.60	98.05	98.75
乙肝疫苗接种率 (%)	Rate of Inoculating With Hepatitis B Vaccine	(%)		86.30	97.14	95.61
7岁以下儿童保健管理率 (%)	Percentage of Children Below Seven Under Health Management	(%)	13.00	71.80	73.00	75.38
新生儿访视率 (%)	Investigation Rate to Newborn	(%)		81.40	79.54	81.69
新生儿破伤风发病率 (1/万)	Morbidity of Tetanus of Newbon	(1/10000)	5.60	0.20	0.04	0.04
新生儿破伤风发病率高于1‰的县数 (个)	Number of Counties Where the Morbidity of Tetanus of Newborn is Over 1‰	(unit)	6			

19—21 妇联组织及工作情况

Basic Statistics of Women's Associations

项 目		Item		2001	2002	2003
妇联组织数	(个、所)	Number of Women's Associations	(unit)	31999	36554	34480
妇女儿童活动中心	(个)	Number of Activity Centers for Women and Children	(unit)	34	39	39
妇联兴办各类家长学校	(个)	Number of Householders' Schools Set Up by Women's Associations	(unit)	22268	17732	16415
家长人数	(万人)	Number of Householders	(10000 persons)		323.51	207.89
妇联自办托幼园所	(所)	Number of Nurseries and Kindergartens Set Up by Women's Associations	(unit)	63	75	64
入托儿童数	(人)	Number of Children Enrolled	(person)	13722	11945	10811
资助女童入学或返校数	(人)	Number of Sponsored Female Children Beginning or Returning to School	(person)	8423	23696	8900
社会捐助总额	(万元)	Total Social Donation	(10000 yuan)	233.0	272.0	273.5
妇联陪审员人数	(人)	Number of Juriors in Women's Associations	(person)	295	454	366
妇联维权干部中取得律师资格证书的人数	(人)	Number of Upholding Right Cadres in Women's Associations Got Lawyer Credentials	(person)	8	9	9
来信件数	(件)	Number of Incoming Letters	(unit)	1632		970
来访人数	(人)	Number of Coming Visiters	(person)	9169	14110	11978
双学双比活动		Status of "Double-study and Double-emulation"				
接受技术培训人数	(万人)	Number of Technique Trainees	(10000 persons)	69.23	142.13	67.03
获绿色证书人数	(人)	Number of Persons got Green Certificates	(person)	44230	32808	6641
女农民技术员人数	(人)	Number of Female Peasant Technicians	(person)	27575	19860	3414
妇代会主任是农民技术员数	(人)	Number of Female Peasant Technicians on Women's Conference	(person)	14003	11605	9977
建立各类农业科技指导合作性组织		All Kinds of Agricultural S&T Guidance and Cooperative Association				
农村妇女科技指导中心	(个、所)	Number of Rural Women's S&T Guidance Centres	(unit)	175	172	235
农村妇女专业技术协会	(个、所)	Number of Rural Women's Associations of Professional Technique	(unit)	594	634	471
专业合作社会	(个、所)	Professional Cooperative	(unit)	126	83	118
妇联自(联)办农业基地		Agricultural Base (jointly) Organized by the Women's Federation		1633.3		2358.0
三八绿色工程		March Eighth Green Project				
基地个数	(个)	Number of Bases	(unit)	1093	848	642
基地亩数	(亩)	Area of Bases	(mu)	95155.7	95695.0	133762.3
巾帼扶贫		Woman's Anti-poverty				
脱贫户数	(户)	Number of Households Shaking Off Poverty	(household)	54779	59922	34224
扶贫项目数	(个)	Number of Anti-poverty Projects	(unit)	340	296	923
农村妇女学校数	(所)	Number of Rural Woman Schools	(unit)	513	600	1110
失业妇女再就业		Unemployed Female Reemployees				
妇联培训失业妇女人数	(人)	Unemployed Women Trained by the Women's Federation	(person)	25655	28448	27499
建立培训基地或学校数	(个、所)	Number of Training Bases or Schools	(unit)	35	103	204
帮助失业妇女就业人数	(人)	Number of Unemployed Female Reemployees	(person)	22150	23933	20497
巾帼创业带头人数	(人)	Number of Undertaking Pace-setters of Woman	(person)	663	1052	713
获职业资格证书人数	(人)	Number of People Obtained dntials of the Job	(person)	4620	1828	1575
社区妇女工作		Women's Work of Community				
妇联建立及管理的巾帼社区服务实体数	(个、所)	Number of Serving Entities of Community Set Up and Organized by the Women's Federation	(unit)	414	495	1318
中华巾帼志愿者数	(人)	Number of Chinese Woman Volunteers	(person)	11355	60247	14166
受表彰情况		Basic Statistics on Commendation				
"双学双比"女能手数	(人)	Female Deft Hands of "Double-study and Double-emulation"	(person)	7929	50	
科技致富带头人数	(人)	Pacs-setters of Getting Rich by S&T	(person)	1349		
评选巾帼建功标兵数	(人)	Women Pacesetters in Performing Meritorious Services	(person)	2258	1593	925
巾帼文明示范岗数	(个、所)	Number of Woman's Civilization Demonstration Posts	(unit)	1445	1032	772
三八红旗手	(人)	March 8th Red Banner Winners	(person)	144	4212	7292
三八红旗集体	(个)	March 8th Red Banner Groups	(unit)	18	659	860
五好文明家庭	(户)	"Five Good" Civilized Families	(household)	284733	260217	236406
十星级家庭	(户)	Ten Star Class Families	(household)	28971	121308	205200

19—22 残疾人事业基本情况

Basic Information of People With Disabilities

指标	Item	2001	2002	2003
康　复	**Rehabilitation**			
白内障复明手术	Sight-restoring Cataract Surgery			
白内障复明手术（万例）	Sight-restoring Cataract Surgeries (10000 cases)	2.4	2.5	2.7
人工晶体植入率（%）	Artificial Intra-ocular Lens Implantation Rate (%)			
低视力配用助视器（人）	Vision-aids Provided for Individuals With Low-vision (person)	1362	1382	3605
聋儿康复	Rehabilitation of Children With Hearing Disability			
年收训聋儿（人）	Hearing and Speech Training (person)	841	818	944
聋儿入普幼普小率（%）	Enrollment Rate of Trained Children to Ordinary Kindergartens and Primary Schools (%)	25.3	26.0	
培训家长（人）	Parents Trained (person)	842	785	1032
精神病防治康复	Prevention and Treatment of Psychiatric Diseases			
开展精神病防治康复工作市县数（个）	Counties Carried on the Works of Prevention and Treatment of Psychiatric Diseases (unit)	10	10	12
综合防治康复精神病人数（万人）	Prevention and Treatment Provided for Patients With Severe Psychiatric Diseases (10000 persons)	2.8	4.6	4.9
监护率（%）	Guardianship Rate (%)	96.5	93.8	92.0
显好率（%）	Significant Improvement Rate (%)	68.6	66.7	72.9
社会参与率（%）	Social Involvement Rate (%)	60.9	57.9	62.6
肇事率（%）	Violent Events Rate (%)	0.028	0.067	0.030
康复训练与服务（人）	Rehabilitation Training and Service (person)	2107	2084	4619
肢体残疾康复训练数	Function Training Provided to Persons With Physical Disability			
智残儿童康复训练数	Rehabilitation Training Provided to Children With Intellectual Disability			
脑瘫儿童康复训练数	Rehabilitation Training Provided to Children With Cerebral Palsy			
麻风畸残康复	Rehabilitation of People With Leprosy			
矫治手术（例）	Orthopaedic Surgeries (case)	35	56	47
发放辅助用具（件）	Assistant Devices Provided (unit)	51	97	520
康复训练（人）	Rehabilitation Training (person)	49	90	325
教　育	**Education**			
未入学适龄残疾儿童少年（万人）	School-age Disabled Children Without Schooling (10000 persons)	1.6	2.0	1.9
职业教育与培训	Vocational Education and Training			
机构数（个）	Facilities (unit)	14	16	93
教育与培训人数（人）	Number of Educated and Trained (person)	975	684	11513
就　业	**Employment**			
城镇残疾人就业状况	Employment of Urban Handicappeds			
当年安排就业员（人）	Persons Employed in the Year (person)	9761	10714	5420
#按比例就业	Employed by Quota Scheme	1352	1378	744
集中就业	Employed at Welfare Enterprises	2475	3791	1868
个体就业	Self-employed	5934	5545	2808
未安排就业（人）	Unemployed (person)	67418	76652	72631
农村残疾人就业状况	Employment of Rural Handicapped			
就　业（万人）	Employed (10000 persons)	83.2	89.9	85.3
未就业（万人）	Unemployed (10000 persons)	17.7	18.3	20.1
残疾人就业服务机构（个）	Employment Placement Service Facilities for Disabled Jobseekers (unit)	102	99	104
省	Provinces	1	1	1
市（含县级市）	Cities (inc. cities at county level)	21	21	21
县	County	44	46	50
市辖区	Districts Under the Jurisdiction of Cities	36	31	32
盲人按摩	**Massage by Persons With Visual Disability**			
保健按摩员培训（人）	Massage Therapists Training (person)			
医疗按摩员培训（人）	Keep-fit Massager Training (person)	144	140	224
扶　贫	**Poverty Alleviation**			
扶贫开发解决温饱（万人）	Rural Handicappeds Overcomed Poverty by Government's Poverty Reduction Program (10000 persons)	7.4	4.1	4.4
尚未解决温饱贫困残疾人（万人）	Rural Handicappeds Remained in Poverty (10000 persons)	77.8	67.8	65.4
#可扶持贫困残疾人	Rural Handicappeds Remained in Poverty Can Be Supported	48.7	39.7	42.0
残联组织建设	**Organization Building of Disabled Persons' Federation**			
残疾人工作者数（人）	Workers for Handicappeds (person)	2897	3162	2995

19—23 婚姻登记和离婚情况

Number of Marriage and Divorces

指标 Item				1990	1995	2000	2002	2003
内地居民登记结婚	（对）	Registered Marriages	(couple)	465834	609626	491959	452158	423142
初婚	（人）	First Marriages	(person)	910948	1202392	956554	874214	814760
再婚	（人）	Remarriages	(person)	20720	16860	27358	30102	31524
离婚	（对）	Divorces	(couple)	23325	29877	42723	52999	43465
离婚率	（‰）	Divorce Rate	(‰)	0.84	1.00	1.37	1.66	1.36

19—24 各市婚姻登记和离婚情况（2003年）

Number of Marriage and Divorces by Region (2003)

地区	Region	内地居民登记结婚（对）Registered Marriages (couple)	初婚（人）First Marriages (person)	再婚（人）Remarriages (person)	登记离婚数（对）Quantity of Registered Divorcing (couple	离婚率（‰）Divorce Rate (‰)
总计	**Total**	**423142**	**814760**	**31524**	**17345**	**0.54**
合肥市	Hefei	38087	71090	5084	2318	1.02
淮北市	Huaibei	16126	31547	705	646	0.64
亳州市	Bozhou	28830	56520	1140	726	0.27
宿州市	Suzhou	32151	61991	2311	651	0.22
蚌埠市	Bengbu	23373	44703	2043	1628	0.95
阜阳市	Fuyang	50640	98498	2782	580	0.13
淮南市	Huainan	13909	26025	1793	665	0.63
滁州市	Chuzhou	26881	52485	1277	1174	0.54
六安市	Luan	46646	91044	2248	1132	0.34
马鞍山市	Maanshan	9973	17918	2028	1246	2.02
巢湖市	Chaohu	33661	66032	1290	827	0.37
芜湖市	Wuhu	16789	31704	1874	1345	1.21
宣城市	Xuancheng	19018	35887	2149	1383	1.01
铜陵市	Tongling	5790	10859	721	511	1.45
池州市	Chizhou	11054	21474	634	374	0.48
安庆市	Anqing	40366	78323	2409	1490	0.49
黄山市	Huangshan	9848	18660	1036	649	0.88

注：本表数据由民政厅提供，离婚人数不包括法院的调解和判决离婚数。

a) Data in this table are provided by provincial department of civil affairs. The number of divorces excludes those mediated and iudged by courts.

19—25 律师、公证、调解工作基本情况

Basic Statistics on Lawyers, Notarization and Mediation

指　　标		Item		1990	1995	2000	2002	2003
律师工作		**Lawyers**						
律师事务所	(个)	Number of Law Offices	(unit)	119	265	326	373	388
律　　师	(人)	Lawyers	(person)	1090	3284	3073	3760	3724
#专职律师		Full-time Lawyers		850	2012	1972	2487	3327
兼职律师		Part-time Lawyers		240	1272	1101	1273	347
公职律师		Government Lawyers						50
聘请担任常年法律顾问的单位	(处)	Number of Units With Permanent Legal Advisors	(unit)	4458	12390	8713	8733	9258
民事诉讼代理	(件)	Agent of Civil Cases	(case)	12013	14301	29106	31544	17425
经济诉讼代理	(件)	Agent of Economic Cases	(case)			13298	11181	11180
刑事诉讼辩护及代理	(件)	Defence and Agent of Criminal Cases	(case)	10118	10420	16549	15689	14631
行政诉讼代理	(件)	Agent of Administrative Action	(case)			1957	2657	2953
非诉讼法律事务	(件)	Number of Non-litigious legal Affairs	(case)	1451	18850	12477	12718	15016
涉外及港澳台法律事务	(件)	Number of Foreign-related, Hong Kong, Macao and Taiwan legal Affairs	(case)			272	97	17007
解答法律询问	(件)	Number of Legal Advisory Services	(case)	107045	120808	32165	164897	108032
代写法律事务文书	(件)	Number of Legal Documents Written on Behalf of Clients	(case)		44111	40189	45295	62020
公证工作		**Notarization**						
公证处	(个)	Number of Notary Offices	(unit)	87	104	113	111	109
公证人员	(人)	Notarial personnel	(person)	472	533	590	451	646
#公证员		Notaries				396	401	409
公证员助理		Assistant Notaries					50	84
办理公证文书	(件)	Number of Notarized Documents	(unit)	174855	560614	336817	210424	221674
涉外及港澳台公证文书	(件)	Number of Foreign-related, Hong Kong, Macao and Taiwan Notarized Documents	(case)				27014	23230
人民调解工作		**Number of People's Mediation**						
专职司法助理员	(人)	Number of Full-time Judicial Assistants	(person)	2142	2311	2564	2158	2415
人民调解委员会	(个)	Number of people's Mediation Committees	(unit)	37050	36988	38180	36487	36502
调解人员	(人)	Number of Mediators	(person)	218217	337279	282420	244636	229439
调解民间纠纷	(件)	Number of Civil Disputes Mediated	(case)	443067	350946	288952	247217	242317

19—26 劳动争议仲裁委员会受理及处理案件情况（2003年）

Labour Disputes Accepted and Handled by Labour Dispute Arbitration Committees (2003)

单位：件 (case)

案件类别	Category of Cases	合计 Total	国有企业 State-owned Enterprises	城镇集体企业 Urban Collective-owned Enterprises	外商投资及港澳台投资企业 Foreign Funded and Hong Kong, Macao & Taiwan Chinese Funded Enterprises
上期未结案件数	**Number of Cases Left Over from Last Period**	**174**	**67**	**34**	**4**
案件受理情况	**Cases Accepted**				
案件数	Number of Cases	2575	1068	470	36
劳动者当事人数（人）	Number of Persons Involves (person)	11187	6817	1639	204
#集体争议案件数	Number of Collective Disputes	251	132	63	2
集体争议劳动者当事人数	Number of Persons Involved in Collective Disputes	8172	5469	1105	166
案件处理情况	**Case Settled**				
结案件数	Number of Cases Settled	2519	1063	453	40
处理方式	**Manners of Settlement**				
仲裁调解	By Mediation	770	365	117	24
仲裁裁决	By Arbitration Lawsuit	1203	463	231	9
其他方式	Others	546	235	105	7
处理结果	**Result of Settlement**				
用人单位胜诉	Won by Units	287	130	47	6
劳动者胜诉	Lawsuit Won by Laborers	1255	469	243	4
双方部分胜诉	Lawsuit Partly Won by Both Parties	977	464	163	30
本期未结案数	**Number of Cases Dissettled**	**230**	**72**	**51**	
案外调解争议数	**Number of Cases Settled by Other Forms**	**512**	**210**	**78**	**29**

案件类别	Category of Cases	私营企业 Private Enterprises	联营及股份制企业 Joint Owned and Share-holding Enterprises	个体工商户 Individual Economy	机关社团事业单位 State Organs and Institutions	其他 Others
上期未结案件数	**Number of Cases Left Over from Last Period**	**4**	**20**		**14**	
案件受理情况	**Cases Accepted**					
案件数	Number of Cases	291	173	35	150	120
劳动者当事人数（人）	Number of Persons Involves (person)	550	303	35	316	248
#集体争议案件数	Number of Collective Disputes	13	6		12	2
集体争议劳动者当事人数	Number of Persons Involved in Collective Disputes	230	82		161	128
案件处理情况	**Case Settled**					
结案件数	Number of Cases Settled	265	173	35	136	110
处理方式	**Manners of Settlement**					
仲裁调解	By Mediation	121	52	8	24	8
仲裁裁决	By Arbitration Lawsuit	83	102	14	61	88
其他方式	Others	61	19	13	51	14
处理结果	**Result of Settlement**					
用人单位胜诉	Won by Units	25	12	7	21	16
劳动者胜诉	Lawsuit Won by Laborers	127	104	19	77	30
双方部分胜诉	Lawsuit Partly Won by Both Parties	113	57	9	38	64
本期未结案数	**Number of Cases Dissettled**	**30**	**20**		**28**	**10**
案外调解争议数	**Number of Cases Settled by Other Forms**	**81**	**32**	**12**	**12**	**4**

19—27 公安机关立案的刑事案件情况

Criminal Cases Registered in Public Security Organs

案件类别	Category of Cases	立案（起） Number of cases Registered (case)		构成（%） Vomposition (%)	
		2002	2003	2002	2003
总计	**Total**	**150175**	**147278**		
杀人	Homicide	764	627	0.51	0.43
伤害	Injury	4533	4459	3.02	3.03
抢劫	Robbery	8531	7922	5.68	5.38
强奸	Rape	1476	1417	0.98	0.96
拐卖人口	Kidnapping and Selling People	192	87	0.13	0.06
盗窃	Larceny	105782	106879	70.44	72.57
诈骗	Fraud	6079	6388	4.05	4.34
走私	Smuggling				
伪造、变造货币，持有使用伪造货币	Forging and Fabricating Bills or Using Forged Bills	271	118	0.18	0.08
其他	Others	22547	19381	15.01	13.16

19—28 公安机关受理、查处治安案件情况

Offense Caese Against Public order Handled by Public Security Organs

单位：起 (case)

案件类别	Category of Cases	2002		2003	
		受理 Number of Cases Accepted to be Treated	查处 Number of Cases Investigated and Treated	受理 Number of Cases Accepted to be Treated	查处 Number of Cases Investigated and Treated
总计	**Total**	**312970**	**273271**	**276552**	**235590**
扰乱工作、公共秩序	Disturbing Work or Public Orfer	4557	4156	3441	3269
结伙斗殴、寻衅滋事	Gang Fighting or Picking Quarrels and Making Troubles	5218	4190	4359	3625
侮辱妇女及其他流氓活动	Acting Indecently Towards Women	832	756	590	509
阻碍国家工作人员执行职务	Obstructing the Government Workers to Perform Their Duty	2480	2191	2224	2098
违反枪支管理规定	Violating Regulations on Management of Firearms	573	570	303	298
违反爆炸品管理规定	Violating Regulations on Management of Explosives	4152	3995	3500	3374
殴打他人	Beating Other Body	47545	32542	42026	28789
偷窃财物	Robbing Other People of Their Valuables	24952	12179	22792	10605
骗取、抢夺、敲榨勒索财物	Defrauding, Snatching or Extorting and Racketeering Valuables	3786	2162	3304	1839
哄抢公私财物	Making Stirs and Then Robbing Public or Private Valuables	224	186	179	163
故意损坏公私财物	Intentionally Damaging Public or Private Valuables	5535	3671	5616	3670
伪造倒卖票券、证件	Forging and Fraudulently Selling Bills or Certificates	94	85	101	87
利用迷信扰乱秩序或骗财	Disturbing Public Order or Defrauding People of Their Valuables by Making Use of Their Superstition	320	294	306	288
卖淫、嫖娼	Prostitution or Going Whoring	4430	4343	3648	3638
赌博	Gambling	13685	13451	14933	14885
违反户口、居民身份证管理	Violating Regulations on Management of Residence or Identity Cards	142720	142135	99860	99503
其他	Others	51867	46365	69370	58950

19—29 检察机关直接立案侦查案件情况（2003年）

Cases Under Direct Investigation by Procurator's Offices (2003)

案件类别	Category of Cases	受案（起） Cases Accepted (case)	立案合计 Total Number of Cases Registered 件 (case)	人 (person)	大案（件） Large Cases (case)	要案（人） Key Cases (person)	结案合计 Total Number of Cases Sett;ed 件 (case)	人 (person)
总计	**Total**	**2517**	**1527**	**1664**	**32**	**57**	**1411**	**1529**
贪污贿赂案件小计	**Sub-total of Cases on Corruption and Bribery**	**2034**	**1319**	**1430**		**53**	**1228**	**1329**
贪污	Corruption	1157	659	731		12	614	681
贿赂	Bribery	469	344	359		33	299	308
挪用公款	Misappropriation of Public Funds	375	303	323		5	300	321
集体私分	Collectve Illegal Possession of Public Funds	32	12	15		3	13	16
巨额财产来源不明	Unstated Source of Large Properties	1	1	1			1	1
其他	Others			1			1	2
渎职案件小计	**Sub-total of Cases on Abuse and Dereliction of Duty**	**483**	**208**	**234**	**32**	**4**	**183**	**200**
滥用职权	Abuse of Power	141	74	86	12	2	62	73
玩忽职守	Dereliction of Duty	125	62	67	12		61	64
徇私舞弊	Fraudulent Practice	136	45	47	7		40	41
其他	Others	81	27	34	1	2	20	22

19—30 检察机关处理申诉案件情况（2003年）

Appeals Handled by Procurator's Pffices (2003)

单位：件 (case)

案件类别	Category of Cases	受理 Cases Accepted	立案复查 Cases Registered of Reinvestigation	结案 Cases Settled	改变原决定 Original Decision Changed
总计	**Total**	**4396**	**536**	**529**	**41**
不服刑事拘留	Appeals Against Criminal Detention	38			
不服不立案	Appeals Against Rejection of The Case	475			
不服逮捕	Appeals Against Arrest	83			
不服不批准	Appeals Against Rejection of Arrest	69	40	35	2
不服不起诉	Appeals Against Rejection of Prosecute	288	203	197	16
不服撤案	Appeals Against Withdrawal of the Case	23	15	18	
不服原免于起诉	Appeals Against Original Exemption of Lawsuit	7	7	9	1
不服刑事判决	Appeals Against Judgment of Criminal Case	638	148	141	3
不服劳教	Appeals Against Judgment of Reeducation Through Labor	4			
其他	Others	2771	123	129	19

19—31 人民法院行政一审案件收结案情况（2003年）

First Trial Administrative Cases Accepted and Settled by Courts (2003)

单位：件 (case)

项目 Item	收案 Cases Accepted	结案 Cases Settled	维持 Affirmation of Original Judgement	撤消 Cancellation	驳回 Reject	撤诉 Withdrwal	其他 Other	结案中单独提起行政赔偿 Of the Cases Settled: Set Administrative Compensation Alome
总计 Total	**5390**	**5286**	**731**	**443**	**426**	**1972**	**1714**	**183**
土地 Land	939	929	148	105	64	267	345	13
公安 Public Security	529	525	145	59	39	154	128	18
城建 City Construction	1070	1032	181	98	61	370	322	25
交通运输 Traffic and Transportation	105	103	15	6	5	52	25	7
工商 Industry and Commerce	117	118	21	8	10	50	29	4
环保 Environmental Protection	19	17	7	2	0	5	3	0
林业 Forest	54	50	11	12	4	14	9	0
税务 Tax	90	94	2	1	6	8	77	2
卫生 Health	56	57	9	7	1	13	27	2
其他 Others	2411	2361	192	145	236	1039	749	112

19—32 人民法院刑事一审案件收结案情况（2003年）

First Trial Criminal Cases Accepted and Settled by Courts (2003)

单位：件 (case)

案件类别 Category of Cases		收案 Cases Accepted	结案 Cases Settled
总计	**Total**	**17865**	**17967**
危害公共安全罪	Offences Against Public Security	2200	2214
破坏社会主义市场经济秩序罪	Offences Against Socialist Economic Order	492	496
侵犯公民人身权利民主权利罪	Offences Against Citizens' Personal and Democratic Rights	6628	6710
侵犯财产罪	Offences Against Properties	5897	5907
妨碍社会管理秩序罪	Offences Against Social Management of order	1748	1758
危害国防利益罪	Offences Against National Defense	2	2
贪污贿赂罪	Offences on Corruption and Bribery	846	827
渎职罪	Offences on Dereliction of Duty	51	51
其他	Others	1	2
合计中含自诉案件	Private Prosecution of Total	1780	1839

19—33 人民法院合同纠纷一审案件收结案情况（2003年）

First Trial Cases of Contract Disputes Accepted and Settled by Courts (2003)

单位：件 (case)

项目	Item	收案 Cases Accepted	结案 Cases Settled	调解 Mediation	判决 Hudgement	驳回 Reject	撤诉 Withdrwal	其他 Other
总计	**Total**	**69562**	**69835**	**16462**	**31657**	**803**	**18966**	**1947**
买卖合同	Buying and Selling Contracts	14159	14166	3532	6678	129	3557	270
房地产开发经营合同	Real Estate Developing and Managing Contracts	2046	2050	315	992	69	635	39
供用电水气热力合同	Electricity, Water and Gas Suoolying and Using Contracts	286	288	68	110	4	105	1
借款合同	Loan Contracts	32329	32415	8831	15338	159	7209	878
建设工程合同	Construction Project Contracts	1966	2018	457	987	45	450	79
租赁合同	Leasing Contracts	2336	2358	403	981	33	859	82
承揽合同	Contractor	970	981	176	498	14	277	16
运输合同	Transportation Contracts	483	490	109	271	18	86	6
经营合同	Operating Contracts	1618	1502	194	994	23	266	25
农村承包合同	Rural Contracts	1074	1032	287	400	17	317	11
电信合同	Telecommunication Contracts	2334	2284	369	168	1	1696	50
服务合同	Service Conteracts	1208	1233	313	460	20	423	17
劳动争议	Labour Contention	1882	2123	271	1284	209	335	24
劳务合同	Labour Contracts	827	831	192	424	14	185	16
知识产权	Intellectual property Right	10	9		6	1	2	
其他	Others	6034	6055	945	2066	47	2564	433

19—34 人民法院婚姻家庭、继承、权属、侵权纠纷及其他民事一审案件收结案情况（2003年）

First Trial Civil Cases of Marriage and Family, Inheritance, Right and Infringement Disputes and Other Civil Cases Accepted and Settled by Courts (2003)

单位：件 (case)

项目	Item	收案 Cases Accepted	结案 Cases Settled	调解 Mediation	判决 Hudgement	驳回 Reject	撤诉 Withdrwal	其他 Other
总计	**Total**	**73975**	**75108**	**22181**	**30252**	**650**	**14538**	**7487**
婚姻家庭	Marriage and Family	46254	47128	18171	18733	165	9699	360
继承	Inheritance	360	392	84	188	5	111	4
所有权及与所有权相关权利纠纷	Ownership and Related Right Disputes	6630	6668	1123	3318	179	1907	141
票据、证券权益纠纷	Rights and Interests Disputes of Bills and Securities	31	33	5	19		8	1
股东权纠纷	Shareholder Right Disputes	54	66	7	42	3	14	
不正当竞争纠纷	Illegitimate Competition Disputes	29	31	6	14	2	8	1
人身权纠纷	Personal Right Disputes	9619	9904	2094	5668	95	1878	169
特殊侵权纠纷	Special Infringement Disputes	348	338	62	167	8	90	11
不当得利	irrational Interests	261	266	36	133	5	84	8
无因管理	No Cause management	3	3		1		2	
适用特别程序案件	Cases Suitable for Special Procedure	8620	8521	244	1152	125	264	6736
知识产权	Intellectual Property Right	73	77	9	38	3	19	8
其他	Others	1693	1681	340	779	60	454	48

19—35 交通和火灾事故发生情况

Basic Statistics on Traffic Accidents and Fires

指　标	Item	1990	1995	2000	2002	2003
交通事故发生数（起）	Number of Traffic Accidents (unit)	7399	4137	25809	28114	21791
一次死亡三人以上事故	Accidents With More Than Three Deaths One Time	21	51	57	81	87
重　大	Serious	1741	2097	3669	4221	3772
一　般	Ordinary	5637	1989	22083	23812	17932
交通事故损失（万元）	Losses of Traffic Accidents (10000 yuan)	949	1698	7970	9474	8561
一次死亡三人以上事故	Accidents With More Than Three Deaths One Time	40	197	304	440	345
重　大	Serious	119.6	683	1589	1941	1750
一　般	Ordinary	789.4	818	6077	7093	6448
火灾事故发生数（起）	Number of Fires (unit)	1334	2012	6099	8795	7287
特　大	Extraordinarily Serious	3	5	2	2	
重　大	Serious	34	72	8	7	8
一　般	Ordinary	1297	1935	6089	8786	7279
火灾事故损失（万元）	Losses of Fires (10000 yuan)	1217.0	2946.0	5704.0	6459.7	3440.3
特　大	Extraordinarily Serious	220.0	312.0	2373.0	3592.1	
重　大	Serious	403.0	1167.0	358.0	271.2	414.2
一　般	Ordinary	594.0	1467.0	2973.0	2596.4	3026.1

19—36 交通事故情况（2003年）

Basic Statistics on Traffic Accidents (2003)

指　标	Region	发生数（起） Number of Araffic Accidents (case)	死亡人数（人） Number of Deaths (person)	受伤人数（人） Number of Injuries (person)	损失折款（万元） Losses Coverted Into Cash (10000 yuan)
总　计	**Total**	**21791**	**4155**	**18571**	**8561**
#一次死亡三人以上事故	Accidents With More Than Three Deaths One Time	87	340	303	345
重大事故	Serious	3772	3815	2295	1750
机动车	Motor-driven Vehicles	16393	3274	15141	6604
#汽　车	Automobiles	12607	2284	10884	5974
摩托车	Motorcycles	2036	472	2479	214
拖拉机	Tractors	485	154	438	153
农业运输车	Transport Vehicles for Agricultural Use	1265	364	1340	263
非机动车	Nin-motor-driven Vehicles	862	357	637	158
#自行车	Bicycles	183	63	161	11
行人乘车人	Pedestrians and Passengers	679	294	476	147
其　它	Others	3857	230	2317	1652

注：机动车其中数的受伤人数及损失折款有重复计算。

a) Thers is repeated calculation in the number of injured persons and losses coverted into cash of motor-driven vehicles.

19—37 火灾事故发生情况（2003年）

Basic Statistics on Fires (2003)

项目 Item		合计 Total	按事故发生程度分 By Serious Degree of Fires		
			特大 Extraordinarily Serious	重大 Serious	一般 Ordinary
发生（起）Fires	(case)	7287		8	7279
死亡（人）Deaths	(person)	71		3	68
受伤（人）Injuries	(person)	106			106
损失折款（万元）Losses Converted Into Cash	(10000 yuan)	3440.30		414.20	3026.10
平均每起事故损失（元）Average Loss Per Fire	(yuan)	4721.09		517806.00	4157.19

19—38 灾害情况（2003年）

Statistics on Disasters (2003)

项目 Item	自然灾害直接经济损失（亿元）Direct Losses of Natural Disasters (100 million yuan)		农作物灾害（万公顷）Area of Crop Disaster (10000 hectare)			成灾人口（万人）Population Affected (10000 persons)
		农业经济损失 Agricultural Losses	受灾面积 Areas Covered	成灾面积 Areas Affected	绝收面积 Areas of Total Crop Failure	
总计 Total	**254.67**	**180.72**	**481.63**	**400.55**	**118.18**	**3677.39**
旱灾 Drought	23.82	22.93	72.90	57.82	14.72	599.64
洪涝灾 Floods	203.23	134.03	286.38	246.10	89.91	2393.67
其他 Others	27.62	23.76	122.35	96.63	13.55	684.08

19—39 救灾情况

Statistics on Disaster Relief

单位：万元 (10000 yuan)

项目 Item	财政资金投入 Investment of Financial Fund		救灾物资投入（折款）Investment of Relief to Disaster Areas		接受捐赠下拨 Appropriation to Lower Levels From Donation	
	2002	2003	2002	2003	2002	2003
总计 Total	**12515**	**58203**	**1249**	**13302.65**	**815**	**6315.14**
中央 Cantral Government	8200	50300				
省级 Provincial-level	2800	5400	130	4029.64		2426.80
地市 Prefectural-level	264	760	310	8080.08	193	1454.50
县级 County-level	1251	1743	809	1192.93	622	2433.84

19—40 各市交通事故情况（2003年）

Basic Statistics on Traffic Accidents by Region (2003)

地 区 Region		合 计 Total				#城 区 Urban Areas		
		发生数（起）Number of Traffic Accidents (case)	死亡人数（人）Number of Deaths (person)	受伤人数（人）Number of Injuries (person)	损失折款（万元）Losses Coverted Into Cash (10000 yuan)	发生数（起）Number of Traffic Accidents (case)	死亡人数（人）Number of Deaths (person)	受伤人数（人）Number of Injuries (person)
总 计	**Total**	**21791**	**4155**	**18571**	**8561.0**	**7431**	**744**	**4850**
合肥市	Hefei	2686	443	1841	1445.1	1716	156	1011
淮北市	Huaibei	708	105	611	238.7	465	27	315
亳州市	Bozhou	1001	244	936	345.1	277	32	212
宿州市	Suzhou	746	231	790	202.9	103	28	89
蚌埠市	Bengbu	1485	221	1225	654.2	747	63	436
阜阳市	Fuyang	1980	345	1648	430.3	854	28	578
淮南市	Huainan	926	120	637	292.3	641	70	391
滁州市	Chuzhou	1761	392	1278	1074.0	238	27	153
六安市	Luan	1660	380	1585	479.4	318	36	240
马鞍山市	Maanshan	1163	125	854	430.1	476	40	311
巢湖市	Chaohu	1632	249	1735	714.0	274	31	292
芜湖市	Wuhu	651	274	440	317.5	331	81	137
宣城市	Xuancheng	1332	244	1620	571.9	162	15	168
铜陵市	Tongling	448	57	158	148.8	235	37	38
池州市	Chizhou	705	133	357	215.9	94	5	38
安庆市	Anqing	1598	457	1726	577.5	212	50	242
黄山市	Huangshan	1309	135	1130	423.2	288	18	199

注：总计中包含高速公路事故情况。

a) The data of "Total" include the accidents on express highway.

19—41 各市火灾事故情况（2003年）

Basic Statistics on Fires by Region (2003)

地 区 Region		发生数（起）Number of Fires (case)	死亡人数（人）Number of Deaths (person)	受伤人数（人）Number of Injuries (person)	直接经济损失（万元）Direct Losses (10000 yuan)	人口火灾发生率（1/10万人）Average Number of Fires Per 100 Thousand People
总 计	**Total**	**7287**	**71**	**106**	**3440.3**	**11.4**
合肥市	Hefei	1103	8	9	329.5	24.6
淮北市	Huaibei	341	5	7	93.3	16.9
亳州市	Bozhou	521	4	8	324.6	9.7
宿州市	Suzhou	261	4	6	185.0	4.4
蚌埠市	Bengbu	651	5	12	160.8	19.0
阜阳市	Fuyang	585	5	7	118.2	6.5
淮南市	Huainan	458	5	6	92.1	21.8
滁州市	Chuzhou	548	6	12	412.9	12.7
六安市	Luan	413	3	7	161.3	6.2
马鞍山市	Maanshan	390	2	4	65.2	31.9
巢湖市	Chaohu	268	3	2	157.5	5.9
芜湖市	Wuhu	438	2	2	214.4	19.8
宣城市	Xuancheng	200	4	4	227.9	7.3
铜陵市	Tongling	116	1	3	168.3	16.5
池州市	Chizhou	149	4	8	90.9	9.6
安庆市	Anqing	599	6	7	526.1	9.9
黄山市	Huangshan	246	4	2	112.1	16.7

19—42 社会福利事业、企业单位和工作人员数

Number of Social Welfare Institutions and Enterprises and Persons Engaged

项目 Item		机构（个） Number of Institutions or Enterprises (unit)		工作人员（人） Number of persons Engaged (person)	
		2002	2003	2002	2003
总计	**Total**	**3298**	**3481**	**30484**	**32740**
收养性福利事业单位	Adopting Social Welfare Institutions	2013	2087	8118	9300
国家办	Run by Governments	107	116	2245	2274
集体和民办	Run by Collective Units and Privates	1906	1971	5873	7026
社会福利企业	Social Welfare Enterprises	658	672	15595	16416
国有	State-owned	35	42	1525	1519
集体和其他	Collective-owned and Others	623	630	14070	14897
优抚事业单位	Administration Agencies for Martyrs	130	131	1786	1765
救助类单位	Rescue Agencies	35	37	569	558
殡葬事业单位	Funeral and Interment Institutions	124	124	2265	2313
募捐单位	Cllecting Purse Units	48	48	165	165
社区服务单位	Community Service Institutions	290	382	1986	2223

19—43 社会福利事业单位基本情况（2003年）

Basic Statistics on Social Welfare Institutions (2003)

项目 Item		单位数（个） Number of Homes (unit)	工作人员（人） Number of Staff and Workers (person)	床位（张） Number of Beds (unit)	年末收养人数（人） Number of Persons Housed (person)
总计	**Total**	**2255**	**11623**	**62184**	**44233**
收养性福利事业单位	Adopting Social Welfare Institutions	2087	9300	57325	44233
国家办	Run by Governments	116	2274	8344	6790
集体办和民办	Run by Collective Units and Privates	1971	7026	48981	37443
#优抚休、疗养院	Convalescent Homes	2	460	500	445
光荣院	Homes for Disabled Veterans	42	342	1049	699
社会福利院	Social Welfare Homes	57	780	4130	3119
儿童福利院	Baby Welfare Homes	14	686	2616	2483
城镇老年性福利机构	Urban Elderly Welfare Units	631	2147	16040	12311
农村老年性福利机构	Rural Elderly Welfare Units	1334	4830	32686	24957
优抚安置单位	Units for Arranging the Family Members of Matryrs and Disabled Veterans	131	1765	3401	
救助类单位	Rescue Agencies	37	558	1458	

19—44 社会福利救济主要费用情况

Basic Statsitics on Social Welfare Relief Funds

单位：万元 (10000 yuan)

指 标	Item	1990	1995	2000	2002	2003
总 计	**Total**	**20692.3**	**41792.4**	**81751.9**	**126774.6**	**139421.9**
国家支出	Government Funds	8497.5	13482.9	34226.4	87820.0	118812.5
集体供给	Collective Funds	12194.8	28309.5	47525.5	38954.6	20609.4
优抚对象补助金额	Funds for Family Members of Martyrs and Disabled Veterans	10115.3	19759.0	39372.4	43216.1	46208.9
国家支出	Government Funds	6947.2	9915.0	21314.6	26802.2	29156.8
集体供给	Collective Funds	3468.1	9844.0	18057.8	16413.9	17052.1
困难户得救济金额	Funds for Poor Households	1380.2	1386.4	9539.6	51618.9	77474.2
国家支出	Government Funds	203.2	370.7	8404.2	51618.9	77474.2
集体供给	Collective Funds	1177.0	1015.7	1135.5		
社会散居孤老残幼供养金额	Funds for Orphans, Disabled, Elderly and Young Persons in Society	7054.9	15028.5	25044.1	23231.1	6308.0
国家支出	Government Funds	610.5	1553.1	1385.3	4406.3	6308.0
集体供给	Collective Funds	6444.4	13475.4	23658.8	18824.8	
城乡各种福利院支出	Funds for Urban and Rural Welfare Homes of All Types	1841.9	5618.5	7795.8	8708.5	9430.8
光荣院	Homes for the Disabled Veterans	149.3	357.3	659.1	894.9	950.8
国家支出	Government Funds	149.3	347.0	659.1	894.9	940.6
集体供给	Collective Funds		10.3			10.2
城乡社会福利院	Social Welfare Homes	1692.6	5261.2	7136.7	7813.6	8480.0
国家支出	Government Funds	587.3	1297.1	2463.2	4097.7	4932.9
集体供给	Collective Funds	1105.3	3964.1	4673.5	3715.9	3547.1

19—45 享受补助、救济人员情况

Persons Receiving Subsidies or Relief Funds

单位：人 (person)

指 标	Item	2000	2002	2003
城乡居民最低生活保障人数	**Number of Persons Receiving Lowest Cost-of-living in urban Area and Rural Area**	**229433**	**1141964**	**1149280**
城镇居民最低生活保障人数	Number of Persons Receiving Lowest Cost-of-living in Urban Area	126460	1035738	1042827
农村居民最低生活保障人数	Number of Persons Receiving Lowest Cost-of-living in Rural Area	102973	106226	106453
传统救济情况	**Traditional Relief**			
农村定期救济户数	Number of Households Receiving Periodic Relief in Rural Areas			409003
#困难户	Households in Urgent Need			122267
#五保户	Households Enjoying the Five Guarantees			235519

19—46 城乡居民最低生活和社会保障网络基本情况

Basic Statistics on People Receiving Lowest Cost-of-living and Social Security Network in Urban and Rural Area

年 份 Year	城镇社区服务设施数(个) Number of Urban Welfare Facilities (unit)	#社区服务单位个数 Number of Community Service	城镇便民、利民服务网点(个) Number of Urban Service Points for Civilian (unit)	农村社会保障网络数(个) Rural Social Security Network (unit)	城乡居民最低生活保障 People Receiving Lowest Cost-of-living in Urban and Rural Area: 城镇低保人数(万人) Number of Persons Receiving Lowest Cost-of-living in Urban Area (10000 person)	保障金额(万元) Amount of Money (10000 yuan)	农村低保人数(万人) Number of Persons Receiving Lowest Cost-of-living in Rural Area (10000 person)	保障金额(万元) Amount of Money (10000 yuan)
1995	7661		13094	381				
1999	7535	1813	17261	637	6.76	2857.1	9.97	1554.1
2000	7868	1728	17334	660	12.64	12054.2	10.30	1802.4
2001	10006	1465	27503	1485	72.27	16382.1	9.05	1918.7
2002	8731	290	26828	1040	103.57	48484.1	10.62	1267.6
2003	8870	382	23713	1086	104.28	60966.7	10.65	1747.0

19—47 各市城乡居民最低生活保障和社会保障网络基本情况（2003年）

Basic Statistics on People Receiving Lowest Cost-of-living and Social Security Network in Urban and Rural Area by Region (2003)

地 区 Region		城镇社区服务设施数(个) Number of Urban Welfare Facilities (unit)	#社区服务单位个数 Number of Community Service	城镇便民、利民服务网点(个) Number of Urban Service Points for Civilian (unit)	农村社会保障网络数(个) Rural Social Security Network (unit)	城乡居民最低生活保障 People Receiving Lowest Cost-of-living in Urban and Rural Area: 城镇低保人数(人) Number of Persons Receiving Lowest Cost-of-living in Urban Area (person)	保障金额(万元) Amount of Money (10000 yuan)	农村低保人数(人) Number of Persons Receiving Lowest Cost-of-living in Rural Area (person)	保障金额(万元) Amount of Money (10000 yuan)
总 计	**Total**	**8870**	**382**	**23713**	**1086**	**1042827**	**60966.7**	**106453**	**1747.0**
合肥市	Hefei	556	31	5582	51	100812	5814.1	1339	17.6
淮北市	Huaibei	748	36	2452	33	62538	3125.3	260	2.0
亳州市	Bozhou	52	6	63	53	30680	1630.2		
宿州市	Suzhou	304	37	178	61	74866	3364.3	4122	150.0
蚌埠市	Bengbu	369	23	1561	70	93062	5217.5	2364	36.2
阜阳市	Fuyang	168	11	497	141	85277	5092.4	22296	29.9
淮南市	Huainan	56	3	1175	36	104412	6011.5	712	18.2
滁州市	Chuzhou	605	18	1962	13	67218	4623.3	824	6.5
六安市	Luan	524	34	1454	141	75927	3465.2	8214	224.0
马鞍山市	Maanshan	953	11	457	31	26673	1983.2	2099	66.5
巢湖市	Chaohu	416	31	2143	21	62930	3560.0	18019	514.9
芜湖市	Wuhu	1755	17	3963	12	48576	2679.9	11346	159.7
宣城市	Xuancheng	677	8	248	262	35464	2502.4	17032	223.0
铜陵市	Tongling	179	3	35	1	50125	4338.8	2483	74.4
池州市	Chizhou	62	2	134	52	24062	1682.2	692	31.4
安庆市	Anqing	1210	96	1437	58	77222	4407.1	10935	126.3
黄山市	Huangshan	236	15	372	50	22983	1469.3	3716	66.4

19—48 企业参加基本养老保险基金收支（2003年）

Income and Expenditure of Old-age Pension and Insurance System Enforced by Enterprises (2003)

项 目 Item		总 计 Total	国有企业 State-owned Enterprises	集体企业 Collective-owned Enterprises	外商投资企业 Foreign Funded Enterprises	其他企业 Other Enterprises
参保职工 （人） Staff and Workers Participated	(person)	3303036	1908282	559632	59955	335489
离退休退职人员 （人） Retired and Resigned Personnel	(person)	1080152	771207	246936	3449	58560
单位缴纳基数总额 （万元） Total	(10000 yuan)	2017291	1426948	263666	50478	134155
基金收入 （万元） Income of Funds	(10000 yuan)	849698				
单位缴纳 Paid by Units		440777				
个人缴纳 Paid by Individnals		169711				
其 他 Others		239210				
基金支出 （万元） Expenditure of Funds	(10000 yuan)	799424				

19—49 企业单位离休、退休、退职人员保险福利费

Social Insurance and Welfare Funds for Retired and Resigned Persons in Enterprises Units

单位：万元 (10000 yuan)

项 目 Item		1990	1995	2000	2002	2003
总 计	**Total**	**123349**	**428422**	**914322**	**1163653**	**710736.5**
离 休 金	Pensions for Retired Veterans	11116	38991	73875	97503	43742.9
退 休 金	Pensions for Retired Persons	68920	283286	679021	908923	594148.0
退职生活费	Resignation Allowances for Living Expenses	1420	4354	8588	8633	7273.5
医疗卫生费	Expenses for Medical Care	18423	59477	122104	118349	47522.1
丧葬抚恤救济费	Funeral Expenses and Pensions for Family of the Deceased	3045	8654			
交通费补助	Transportation Subsidies	911	4216	30734	30245	
冬季取暖补贴	Subsidies for Heating in Winter		1651			
其 他	Others	19514	27793			18050.0

19—50 离休、退休、退职人员人数（2003年）

Number of Retired and Resigned Persons (2003)

单位：人　　(person)

项　目	Item	合　计 Total	#女 性 Female	离休人员 Retired Veterans	退休人员 Retired Persons	领取定期生活费的退职人员 Resigned Persons With Regular Allowance for Living Expenses
总　计	**Total**	**1405468**	**518461**	**53171**	**1329070**	**23227**
企　业	Enterprises	1050363	406378	24765	1005830	19768
#地　方	Local					
内资企业	Domestic-funded	1047734	405010	24699	1003309	19726
国　有	State-owned	684520	239998	19725	656586	8209
集　体	Collective-owned	256057	122317	2924	243263	9870
其　他	Other	107157	42695	2050	103460	1647
港澳台投资企业	With Investment From H.K/Macao/Taiwan	921	414	33	887	1
外商投资企业	Foreign-funded	1708	954	33	1634	41
事　业	Institutions	247471	85385	12743	232038	2690
#地　方	Local					
机　关	Organs	107634	26698	15663	91202	769
#地　方	Local					

19—51 离休、退休、退职人员保险福利费（2003年）

Social Insurance and Welfare Funds for Retired and Resigned Persons （2003）

单位：万元　　(10000 yuan)

项　目	Item	合　计 Total	离休金 Pensions for Retired Veterans	退休金 Pensions for Retired Persons	退职生活费 Resignation Allowances for Living Expenses	医疗卫生费 Expenses For Medical Care	其　他 Other
总　计	**Total**	**1184264.3**	**95492.6**	**973076.4**	**9358.8**	**78722.1**	**27614.5**
企　业	Enterprises	710736.5	43742.9	594148.0	7273.5	47522.1	18050.0
#地　方	Local						
内资企业	Domestic-funded	708649.0	43597.2	592447.1	7246.3	47366.3	17992.1
国　有	State-owned	497462.3	35012.7	407229.3	3694.0	37133.5	14392.8
集　体	Collective-owned	130181.2	4371.0	115745.3	3108.9	5286.8	1669.3
其　他	Other	81005.5	4213.5	69472.6	443.5	4946.0	1930.0
港澳台投资企业	With Investment From H.K/Macao/Taiwan	618.7	65.3	443.9	0.3	109.2	
外商投资企业	Foreign-funded	1468.8	80.4	1257.0	26.9	46.6	57.9
事　业	Institutions	321569.1	23970.0	271952.3	1654.3	17652.5	6340.0
#地　方	Local						
机　关	Organs	151958.7	27779.7	106976.1	430.9	13547.5	3224.5
#地　方	Local						

19—52 基本养老保险情况

Comditions of Basic Endowment Insurance

年份 Year	参保职工（人）Active Contributors (person) 年末数 Number at the year-end	#企业 Enterprises	离休、退休退职人员年末人数（人）Retirees at the Year-end (person)	基金收支情况（万元）Revenue and Expenses (10000 yuan) 基金收入 Revenue	基金支出 Expenses	累计可用结余基金 Total Usable Balance
1995	2099011	2099011	442875	131000	99000	105938
2000	3119157	3091751	903164	431000	526700	148000
2001	3242376	3217038	955122	468500	566000	148000
2002	3295412	3268039	1027929	725628	695937	168181
2003	3430677	3303036	1135507	873533	832462	228055

19—53 各市基本养老保险情况（2003年）

Comditions of Basic Endowment Insurance by Region (2003)

地区	Region	参保职工（人）Active Contributors (person) 年末数 Number at the year-end	#企业 Enterprises	离休、退休退职人员年末人数（人）Retirees at the Year-end (person)	基金收支情况（万元）Revenue and Expenses (10000 yuan) 基金收入 Revenue	基金支出 Expenses	累计可用结余基金 Total Usable Balance
总计	**Total**	**3430677**	**3303036**	**1135507**	**873533**	**832462**	**228055**
合肥市	Hefei	420838	398898	140498	125020	123162	32158
淮北市	Huaibei	169150	169150	33720	25606	19539	24703
亳州市	Bozhou	57489	56072	13151	11503	8333	11548
宿州市	Suzhou	108092	108092	30762	20795	18876	10106
蚌埠市	Bengbu	235120	235120	85107	56005	54565	10047
阜阳市	Fuyang	165100	137459	35021	28976	25577	16036
淮南市	Huainan	187109	187109	70302	38922	37454	9511
滁州市	Chuzhou	178286	178286	45116	29855	24352	17435
六安市	Luan	160600	160600	44198	27534	25363	10190
马鞍山市	Maanshan	200431	200431	80963	65307	61189	21369
巢湖市	Chaohu	149534	149534	46830	22106	23176	2798
芜湖市	Wuhu	231257	231257	85277	50149	51656	-14443
宣城市	Xuancheng	135491	135491	29627	18948	17390	9468
铜陵市	Tongling	116071	116071	31373	18553	18563	7760
池州市	Chizhou	59007	59007	13383	10552	8773	7945
安庆市	Anqing	266049	238762	77984	53433	50949	8192
黄山市	Huangshan	82441	82441	23793	17254	14725	8264
其他	Others	508612	459256	248402	253015	248820	34968

19—54 各市失业保险基本情况（2003年）

Basic Conditions of Unemloyment Insurance by Region (2003)

地 区 Region	本年参保人数（万人） Contributors This Year (10000 persons)					
	合计 Total	企业 Enterprises	国有企业 State-owned Enterprises	集体企业 Collected-owned Enterprises	外商投资企业 Forgign Funded Enterprises	其他企业 Other Enterprises
总 计 Total	**380.81**	**290.61**	**188.82**	**59.64**	**5.39**	**36.75**
合肥市 Hefei	47.55	40.11	25.24	5.78	2.83	6.26
淮北市 Huaibei	27.91	24.72	18.28	5.01	0.25	1.18
亳州市 Bozhou	14.80	8.45	5.81	1.52		1.12
宿州市 Suzhou	20.50	13.00	9.43	3.05		0.51
蚌埠市 Bengbu	27.21	21.66	12.68	5.09		3.89
阜阳市 Fuyang	23.49	14.46	12.19	1.80	0.20	0.27
淮南市 Huainan	34.40	31.15	25.19	5.37	0.10	0.48
滁州市 Chuzhou	22.91	16.40	9.51	3.93	0.53	2.43
六安市 Luan	22.20	15.11	9.90	4.28		0.92
马鞍山市 Maanshan	21.26	19.04	7.59	4.17	0.15	7.13
巢湖市 Chaohu	18.60	12.27	6.09	3.10	0.01	3.06
芜湖市 Wuhu	23.52	19.65	12.74	3.59	0.71	2.61
宣城市 Xuancheng	13.12	8.54	3.84	1.81		2.89
铜陵市 Tongling	14.81	13.37	8.91	2.76	0.43	1.27
池州市 Chizhou	7.40	4.93	3.01	0.87		1.05
安庆市 Anqing	30.90	21.17	14.95	5.72	0.06	0.44
黄山市 Huangshan	10.23	6.58	3.48	1.79	0.10	1.22

地 区 Region	事业单位 Institutions	其他单位（人） Others (person)	本年领取失业保险金人月数（人） Beneficiaries of Unemployment Insurance per Month (person)	领取失业保险金人数（人） Beneficiaries of Unemployment Insurance this year (person)	#下岗转失业人数 Laid-off Workers	#当年再就业人数 Re-employed This Year
总 计 Total	**89.54**	**6650**	**2435921**	**342301**	**22593**	**5922**
合肥市 Hefei	7.44	1	410789	57690	1230	1186
淮北市 Huaibei	3.19		117169	16018	4144	92
亳州市 Bozhou	6.35		9878	6076	291	208
宿州市 Suzhou	7.51		54738	6281	811	61
蚌埠市 Bengbu	5.55		141662	18164	389	393
阜阳市 Fuyang	9.03		24270	10899		17
淮南市 Huainan	3.24		86434	10416	81	
滁州市 Chuzhou	6.29	2092	126190	12052	484	9
六安市 Luan	7.09		120827	21816		60
马鞍山市 Maanshan	2.22		166308	21638	1031	587
巢湖市 Chaohu	6.33		76943	9461	725	
芜湖市 Wuhu	3.86		446242	57117	5616	133
宣城市 Xuancheng	4.58		120292	16248	232	42
铜陵市 Tongling	1.44		193906	24149	1798	1364
池州市 Chizhou	2.47		94013	13097	773	1336
安庆市 Anqing	9.62	1200	189273	22873	2024	419
黄山市 Huangshan	3.31	3357	56987	18306	2964	15

19—55 环保系统机构、人员数

Environmental Protection Agencies and Persons Engaged

年份 Year	机构总数 (个) Number of Agencies (unit)	人员总数 (人) Total Number of Staff & Workers (person)	#科技人员 Scientific and Technical Personnel	#监测人员 Monitoring Personnel	#监理人员 Supervising and Administrative Personnel
1990		1849	1350		
1995	240	2376	1687	1220	179
2000	361	4104	1934	1442	957
2001	387	4371		1517	1122
2002	388	4388	1971	1517	1122
2003	379	4769	2027	1544	1435

19—56 环境污染与破坏事故

Pollution Accidents

年份 Year	破坏污染与破坏事故次数 (次) Number of Pollution Accidents (times)	按事故类别分 (次) Pollution Accidents by Type (times)					污染直接经济损失 (万元) Losses Coverted into Cash (10000 yuan)	污染事故赔、罚款总额 (万元) Amount of Reparations and Fines (10000 yuan)
		水污染 Water Pollution	大气污染 Air Pollution	固体废物污染 Solid Wastes Pollution	噪声与振动危害 Noise and Vibration Pollution	其他 Others		
1997	101	45	29	6	18	3	123.7	102.3
1998	51	29	20		2		62.2	52.0
1999	51	39	10	2			1049.0	62.5
2000	66	43	23				802.0	170.3
2001	53	40	11	1		1	263.7	41.6
2002	58	28	21	2	7		252.9	55.1
2003	68	39	24	1	4		158.0	57.1

19—57 生活污染物排放

Discharge of Pollutants from Daily Life

年份 Year	生活污水排放量 (万吨) Volume of Waste Water Discharged From Daily Life (10000 tons)	生活污水中化学需氧量排放量 (吨) Absorption of Oxygen by Waste Water From Daily Life (ton)	生活二氧化硫排放量 (吨) Emission of Sulfur Dioxide From Daily Life (ton)	生活烟尘排放量 (吨) Emission of Dust From Daily Life (ton)
1997	69802	269434		
1998	71688	283923	44474	32516
1999	71389	277300	45545	34860
2000	80189	275104	44639	37166
2001	72564	284273	47588	37982
2002	78171	285012	47487	36105
2003	77735	289184	49500	35075

19—58 环境综合整治

Environmental Improvement

指标	Item	1990	1995	2000	2002	2003
环境质量	**Environment Quality**					
大气总悬浮微粒日平均值（毫克/立方米）	The Average Daily Indicators of Airbome Dust (mg/cu.m)	0.295	0.225	0.215	0.206	0.105
二氧化硫日平均值（毫克/立方米）	The Average Daily Indicators of Sulfur Dioxide (mg/cu.m)	0.035	0.028	0.023	0.012	0.017
二氧化氮日平均值（毫克/立方米）	The Average Daily Indicators of Nitrogen Dioxide (mg/cu.m)	0.033	0.032	0.036	0.025	0.028
饮用水源水质达标率（%）	Up-to-satndard Rate of Drinking Water Quality (%)		94.4	99.6	97.0	98.3
城市地面水质达标率（%）	Up-to-standard Rate of Urban Surface Water Quality (%)			84.4		
区域环境噪声平均值（分贝）	The Average Indicator of Urban Noise (decibel)		56.8	55.6	55.1	54.6
交通干线噪声平均值（分贝）	The Average Indicator of Traffic Main Line Noise (decibel)		70.8	68.6	69.3	69.1
污染控制	**Pollution Control**					
烟尘控制区覆盖率（%）	The Coverage Rate of Soot Control (%)		80.2	94.4	80.01	69.86
环境噪声达标区覆盖率（%）	Rate of Reach Standard of Noise Control (%)		22.3	51.1	42.61	38.99
工业废水排发达标率（%）	Up-to-satndard Rate of Industrial Waste Water Discharge (%)	36.2	46.8	84.6	75.74	95.88
汽车尾气达标率（%）	Up-to-satndard Rate of Automobile Exhaust Discharge (%)		77.9	83.9		
工业固体废物综合利用率（%）	Rate of Comprehensive Utilization of Solid Industrial Waste (%)	35.3	55.4	71.6	76.13	77.76
危险废物处置率（%）	Rate of Treatment of Hazardous Waste (%)			2.2	21.90	27.76
环境建设	**Environment Improvement**					
设市城市污水厂集中处理率（%）	Rate of Concentrating Treatment of Sewage in the City (%)		27.0	38.8	11.33	
设市城市燃气普及率（%）	Rate of Gas Utilization in the City (%)	26.8	55.6	77.5	62.43	62.32
设市建成区绿化覆盖率（%）	Creen Coverage Rate in Constructed Areas (%)	24.1	26.8	27.1	25.63	26.67
自然保护区覆盖率（%）	Coverage Rate of nature Preservation Areas (%)	0.8	1.8	3.5	4.14	4.14
环境处理	**Environment Treatment**					
城市环境保护投资指数	Indexes of Investment in City Environment Protection					
“三同时”合格执行率（%）	Up-to-satndard Rate of the "Three-sirmultaneous" Implementation (%)	77.0	75.0	98.3	100.0	77.8

注：“三同时”是指防治污染设施必须与主体工程同时设计、同时施工、同时投产。

a) The "Three-simultaneous" means that pollution prevention measures shall be adopted simultaneously with construction, production and designing.

19—59 县及县以上工业企业“三废”排放及治理

Discharge and Treatment of Waste Water, Waste Gas and Solid Wastes by Industry Enterprises at and Above County Level

指 标	Item	1990	1995	2000	2002	2003
废 水	**Waste Water**					
工业废水排放总量 (万吨)	Total Volume of Industrial Waste Water Discharged (10000 tons)	98620	87006	63106	64577	63524
工业废水排放达标量 (万吨)	Volume of Industrial Waste Water up to the Standards for Discharge (10000 tons)	35662	40745	53355	61827	60907
工业废水排放达标率 (%)	Percentage of Industrial Waste Water up to the Standards for Discharge (%)	36.20	46.80	84.60	95.74	95.88
工业废水处理量 (万吨)	Total Volume of Industrial Waste Water Treated (10000 tons)	32312	83142	133507		
工业废水处理率 (%)	Percentage of Industrial Waste Water Treated (%)	41.1	72.3	94.1		
工业废水处理排放达标量 (万元)	Volume of Treated Industrial Waste Water up to the Standards for Discharge (10000 tons)	15551	14947	29638	57825	
废 气	**Waste Gas**					
工业废气排放总量 (亿标立方米)	Total Volume of Industrial Waste Gas Emission (100 million cu.m)	2328	3559	3945	5119	5383
工业二氧化硫排放量 (万吨)	Volume of Sulphur Dioxide Emission (10000 tons)	38.0	35.0	35.0	34.9	40.54
烟尘排放量 (万吨)	Volume of Soot Emission (10000 tons)	31.0	26.0	24.0	20.7	22.45
工业粉尘排放量 (万吨)	Volume of Industrial Dust Emission (10000 tons)	29.0	22.0	29.0	24.1	24.47
固体废物	**Solid Wastes**					
工业固体废物产生量 (万吨)	Volume of Industrial Solid Wastes Produced (10000 tons)	2552	2749	2815	3414	3522
工业固体废物综合利用量 (万吨)	Volume of Industrial Solid Wastes Utilized (10000 tons)	901	1522	2014	2607	2799
工业固体废物综合利用率 (%)	Percentage of Industrial Solid Wastes Utilized (%)	35.3	55.4	71.6	76.1	77.76
工业固体废物贮存量 (万吨)	Volume of Industrial Solid Wastes Accumulated (10000 tons)	108	600	489	410	409
工业固体废物处置量 (万吨)	Volume of Industrial Solid Wastes Treated (10000 tons)	1449	829	949	407	487
工业固体废物排放量 (万吨)	Volume of Industrial Solid Wastes Discharged (10000 tons)	116.0	10.0	2.0	0.2	0.07
工业固体废物历年贮存占地面积 (万平方米)	Areas Occupied by Industrial Solid Wastes Accumulated (10000 sq.m)	1772	2539	2230		
“三废”综合利用产品产值 (万元)	Output Value of Products Made from Waste Gas, Waste Water and Solid Wastes (10000 yuan)	19401	51373	74921	98622	123441
“三废”综合利用产品利润 (万元)	Profits Obtained from Use of Waste Gas, Waste Water and Solid Wastes (10000 yuan)	3978	12066	14553		
污染治理	**Pollution Treatment**					
当年安排污染治理项目数 (个)	Number of Projects for Pollution Treatment in the Year (unit)	1044	722	861	224	219
污染治理项目本年完成投资额 (万元)	Actual Investment in Implentation of the Project for Pollution Treatment in the Year (10000 yuan)	12021	44948	56470	44217	58087
#治理废水	Treatment of Waste Water	6638	25724	26389	9913	16320
治理废气	Treatment of Waste Gas	3404	11599	25621	23715	32355
治理固体废物	Treatment of Solid Wastes	436	3535	2165	1457	3520
治理噪声	Noise Abatement	233	698	375	271	359
治理其他	Others	1311	3391	1920	8860	5531
排污收费及使用	**Fee for Discharging Waste and Fines for Pollution**					
排污费交纳单位 (个)	Number of Units Charged (unit)	2508	3932		21020	17706
排污费征收额 (万元)	Amount of Pollution Charges (10000 yuan)	5512	10752	13215	13163	15953
排污费支出额 (万元)	Outlays of Pollution Levy Charges (10000 yuan)	3296	8377	14159	13886	13566

19—60 重点调查工业分行业废水排放及处理（2003年）

Discharge and Treatment of Waste Water by Key Investigated Sector of Industry (2003)

行业	Sector	汇总工业企业个数（个）Number of Industrial Enterprises (unit)	工业废水排放总量（万吨）Total Volume of Industrial Waste Water Discharged (10000 tons)	#工业废水排放达标量 Volume of Industrial Waste Water up to the Discharge Standards	废水治理设施数（套）Number of Facilities for Treatment of Waste Water (set)
总计	**Total**	**1669**	**59096.32**	**57054.05**	**1450**
煤炭开采和洗选业	Coal Mining and Dressing	66	1776.09	1757.01	105
黑色金属矿采选业	Ferrous Metals Mining and Dressing	15	700.42	699.17	11
有色金属矿采选业	Nonferrous Metals Mining and Dressing	32	710.75	682.06	32
非金属矿采选业	Nonmetal Minerals Mining and Dressing	14	484.50	482.85	17
其他采矿业	Other Metals Mining and Dressing	2	364.00	364.00	17
农副食品加工业	Agricultural and Non-staple Food Processing Industry	95	607.60	569.15	73
食品制造业	Food Manufacturing	52	1714.46	1610.02	35
饮料制造业	Beverage Manufacturing	72	1707.45	1609.22	90
烟草制品业	Tobacco Processing	6	342.39	281.92	3
纺织业	Textile Industry	119	1872.50	1850.98	82
纺织服装、鞋、帽制造业	Textile Dress, Footwear and Headgear	4	30.68	30.68	3
皮革毛皮羽毛绒及其制品业	Leather, Furs, Down and Related Products	26	102.55	102.55	27
木材加工及竹藤棕草制品业	Timber Processing, Bamboo, Cane, Palm Fiber and Straw Products	13	46.90	42.16	7
造纸及纸制品业	Papermaking and Paper Products	143	5398.72	5311.62	141
印刷业记录媒介的复制	Printing and Record Medium Reproduction	5	17.74	17.74	1
文教体育用品制造业	Cultural, Educational and Sports Goods	3	66.37	66.37	1
石油加工、炼焦及核燃料加工业	Petroleum Processing, Coking and Nuclear Fuel Processing	4	2226.45	2226.45	14
化学原料及制品制造业	Raw Chemical Materials and Chemical Products	210	11825.46	11504.34	313
医药制造业	Medical and Pharmaceutical Products	53	876.20	733.75	32
化学纤维制造业	Chemical Fiber	1	1.32	1.32	
橡胶制品业	Rubber Products	20	129.12	128.78	11
塑料制品业	Plastic Products	9	12.77	12.77	5
非金属矿物制品业	Nonmetal Minera Products	334	1749.61	1699.24	59
#水泥制造业	Cement Manufacturing	54	189.81	189.52	8
黑色金属冶炼及压延加工业	Smelting and Pressing of Ferrous Metals	29	14590.31	14464.35	52
有色金属冶炼及压延加工业	Smelting and Pressing of Nonferrous Metals	27	1453.99	790.64	27
金属制品业	Metal Products	59	242.65	208.07	23
通用设备制造业	Equipments in Current Use	73	397.00	397.00	33
专用设备制造业	Equipment in Special Use	25	395.28	323.52	23
交通运输设备制造业	Transport Equipment	34	427.22	426.35	38
电气机械及器材制造业	Electric Equipment and Machinery	12	26.02	26.02	6
通信设备、计算机及其他电子设备制造业	Telecommunication Equipment, Computer and Related Electronic Equipment	21	864.62	784.86	28
仪器仪表及文化办公用机械	Instruments, Meters, Cultural and Office	19	604.61	603.82	19
工艺品及其他制造业	Handiwork and Other Manufacturing	4	4.71	1.25	4
电力燃气及水生产和供应业	Production and Supply of Electric Power, Steam and Hot Water	27	6918.39	6842.24	87
#火力发电业	Thermal Power	16	2634.22	2634.22	58
燃气生产和供应业	Production and Supply of Gas	2	78.68	73.08	2
水的生产和供应业	Production and Supply of Tap Water	3	18.13	18.13	1
其他行业	Other Industries	36	310.69	310.59	28

19—61 重点调查工业分行业废气排放及处理（2003年）

行 业	Sector	汇总工业企业个数（个）Number of Industrial Enterprises (unit)
总 计	**Total**	**1669**
煤炭开采和洗选业	Coal Mining and Dressing	66
黑色金属矿采选业	Ferrous Metals Mining and Dressing	15
有色金属矿采选业	Nonferrous Metals Mining and Dressing	32
非金属矿采选业	Nonmetal Minerals Mining and Dressing	14
其他采矿业	Other Metals Mining and Dressing	2
农副食品加工业	Agricultural and Non-staple Food Processing Industry	95
食品制造业	Food Manufacturing	52
饮料制造业	Beverage Manufacturing	72
烟草加工业	Tobacco Processing	6
纺织业	Textile Industry	119
纺织服装、鞋、帽制造业	Textile Dress, Footwear and Headgear	4
皮革毛皮羽毛绒及其制品业	Leather, Furs, Down and Related Products	26
木材加工及竹藤棕草制品业	Timber Processing, Bamboo, Cane, Palm Fiber and Straw Products	13
造纸及纸制品业	Papermaking and Paper Products	143
印刷业记录媒介的复制	Printing and Record Medium Reproduction	5
文教体育用品制造业	Cultural, Educational and Sports Goods	3
石油加工、炼焦及核燃料加工业	Petroleum Processing, Coking and Nuclear Fuel Processing	4
化学原料及制品制造业	Raw Chemical Materials and Chemical Products	210
医药制造业	Medical and Pharmaceutical Products	53
化学纤维制造业	Chemical Fiber	1
橡胶制品业	Rubber Products	20
塑料制品业	Plastic Products	9
非金属矿物制品业	Nonmetal Minera Products	334
#水泥制造业	Cement Manufacturing	54
黑色金属冶炼及压延加工业	Smelting and Pressing of Ferrous Metals	29
有色金属冶炼及压延加工业	Smelting and Pressing of Nonferrous Metals	27
金属制品业	Metal Products	59
通用设备制造业	Equipments in Current Use	73
专用设备制造业	Equipments in Special Use	25
交通运输设备制造业	Transport Equipment	34
电气机械及器材制造业	Electric Equipment and Machinery	12
通信设备、计算机及其他电子设备加工业	Telecommunication Equipments, Computer and Related Electronic Equipments	21
仪器仪表及文化办公用机械	Instruments, Meters, Cultural and Office	19
工艺品及其他制造业	Handiwork and Other Manufacturing	4
电力燃气及水生产和供应业	Production and Supply of Electric Power, Steam and Hot Water	27
#火力发电业	Thermal Power	16
燃气生产和供应业	Production and Supply of Gas	2
水的生产和供应业	Production and Supply of Tap Water	3
其他行业	Other Industries	36

Emission and Treatment of Waste Gas by Key Investigated Sector of Industry (2003)

工业废气治理设施数（套）Umner of Facilities for Treatment of Waste Gas (set)	工业废气排放总量（万标立方米）Total Volume of Industrial Waste Gas Emission (10000 cu.m)	燃料燃烧过程中废气排放量 Volume of Waste Gas in the Process of Fuel Burning	生产工艺过程中废气排放量 Volume of Waste Gas from the Process of Production	工业二氧化硫排放量（吨）Volume of Sulphur Dioxide Emission (ton)	工业二氧化硫去除量（吨）Volume of Sulphur Sioxide Removed (ton)	工业烟尘排放量（吨）Volume of Industrial Soot Emission (ton)	工业烟尘去除量（吨）Volume of Industrial Soot Removed (ton)	工业粉尘排放量（吨）Volume of Industrial Dust Emission (ton)	工业粉尘去除量（吨）Volume of Industrial Dust Romoved (ton)
3275	**53834290**	**32814972**	**21019318**	**390284.24**	**572693.26**	**208512.90**	**4529595.85**	**425302.40**	**1891396.02**
198	240160	233957	6203	1859.18	105.49	1125.24	16273.80	4200.00	13685.84
4	1685	1685		32.86		31.75	13.65		
13	20865	17397	3468	347.79		114.00	559.18		
88	523856	139133	384723	9030.00	550.92	2459.27	1828.40	16598.36	8590.26
1	285	285		4.80		2.45	21.68		
96	110401	104422	5979	1463.26	42.62	3115.88	2438.99	331.85	1031.75
47	60019	59919	100	916.97	49.41	887.24	1177.73		
98	477867	477867		2819.66	589.34	1736.09	10745.34	293.70	33.30
7	117549	78679	38870	250.04	73.14	321.28	350.88	33.07	300.00
162	226249	216249	10000	3479.55	265.11	3443.91	9100.03	9.25	94.02
	1244	1244		18.75		7.52	8.64	0.04	4.00
21	7731	6231	1500	75.95		45.03	169.48	2.60	26.00
29	77259	74401	2858	1128.48	97.09	737.70	2513.68	2185.90	216.62
150	416176	413610	2566	4133.36	390.32	2907.58	17889.26	211.00	70.00
3	3047	3047		35.46		20.26	182.25		
1	1645	1645		42.15		65.18			
8	554494	192481	362013	1249.66	18782.96	168.39	165.20	196.30	9.50
385	4008028	1733094	2274934	21345.60	21255.16	12694.24	105987.00	3469.89	8200.88
55	145020	142020	3000	1604.57	259.78	678.56	4775.66		
46	212816	212536	280	1089.82	179.06	1081.80	1874.99		
16	36352	36352		407.16	58.16	217.49	1730.87	30.05	41.00
1264	13778266	3016766	10761500	50878.74	14852.67	58572.50	128562.37	375898.64	1222849.75
286	2274597	368066	1906531	7365.68	5352.15	5223.35	8054.15	109946.50	169364.42
117	8606067	2438615	6167452	34877.29	8763.38	4023.75	11332.79	16266.95	575016.69
51	761314	149683	611631	28784.89	493880.04	26414.88	16037.74	263.25	0.36
26	31357	30442	915	429.91	1.68	781.51	794.05	0.13	3.67
81	74132	63068	11064	802.73	33.74	700.80	1330.10	733.61	162.95
28	58652	56938	1714	279.24	447.58	774.16	479.49	2106.05	712.40
72	117506	79840	37666	558.94	53.10	182.82	709.91	58.54	117.31
13	4044	4040	4	72.38		472.00	350.10		
38	552605	492166	60439	4283.74	1006.98	3754.36	37147.89	2197.29	59659.57
27	738343	496343	242000	3449.86	820.00	1494.45	14269.72	52.59	520.16
6	306	306		4.84		1.63	18.77		
94	21706341	21706341		213537.33	9660.98	79160.63	4138546.45	160.00	50.00
50	10251408	10251408		89143.25	4631.05	45689.02	2525071.00		
2	38260	9821	28439	64.63	272.72	88.08	51.69		
2	74088	74088		526.85	131.71	74.09	666.79		
26	50261	50261		397.83	70.14	156.41	1491.33	3.33	

19—62 重点调查工业分行业固体废物产生及处理利用（2003年）

行业	Sector	汇总工业企业个数（个）Number of Industrial Enterprises (unit)
总计	**Total**	**1669**
煤炭开采和洗选业	Coal Mining and Dressing	66
黑色金属矿采选业	Ferrous Metals Mining and Dressing	15
有色金属矿采选业	Nonferrous Metals Mining and Dressing	32
非金属矿采选业	Nonmetal Minerals Mining and Dressing	14
其他采矿业	Other Metals Mining and Dressing	2
农副食品加工业	Agricultural and Non-staple Food Processing Industry	95
食品制造业	Food Manufacturing	52
饮料制造业	Beverage Manufacturing	72
烟草加工业	Tobacco Processing	6
纺织业	Textile Industry	119
纺织服装、鞋、帽制造业	Textile Dress, Footwear and Headgear	4
皮革毛皮羽毛绒及其制品业	Leather, Furs, Down and Related Products	26
木材加工及竹藤棕草制品业	Timber Processing, Bamboo, Cane, Palm Fiber and Straw Products	13
造纸及纸制品业	Papermaking and Paper Products	143
印刷业记录媒介的复制	Printing and Record Medium Reproduction	5
文教体育用品制造业	Cultural, Educational and Sports Goods	3
石油加工、炼焦及核燃料加工业	Petroleum Processing, Coking and Nuclear Fuel Processing	4
化学原料及制品制造业	Raw Chemical Materials and Chemical Products	210
医药制造业	Medical and Pharmaceutical Products	53
化学纤维制造业	Chemical Fiber	1
橡胶制品业	Rubber Products	20
塑料制品业	Plastic Products	9
非金属矿物制品业	Nonmetal Minera Products	334
#水泥制造业	Cement Manufacturing	54
黑色金属冶炼及压延加工业	Smelting and Pressing of Ferrous Metals	29
有色金属冶炼及压延加工业	Smelting and Pressing of Nonferrous Metals	27
金属制品业	Metal Products	59
通用设备制造业	Equipments in Current Use	73
专用设备制造业	Equipments in Special Use	25
交通运输设备制造业	Transport Equipment	34
电气机械及器材制造业	Electric Equipment and Machinery	12
通信设备、计算机及其他电子设备加工业	Telecommunication Equipments, Computer and Related Electronic Equipments	21
仪器仪表及文化办公用机械	Instruments, Meters, Cultural and Office	19
工艺品及其他制造业	Handiwork and Other Manufacturing	4
电力燃气及水生产和供应业	Production and Supply of Electric Power, Steam and Hot Water	27
#火力发电业	Thermal Power	16
燃气生产和供应业	Production and Supply of Gas	2
水的生产和供应业	Production and Supply of Tap Water	3
其他行业	Other Industries	36

Production, Treatment and Utilization of Industrial Solid Wastes by Key Investigated Sector of Industry (2003)

工业固体废物产生量（吨） Volume of Industrial Solid Wastes Produced (ton)	#危险废物产生量 Dangerous Wastes	工业固体废物综合利用量（吨） Volum of Industrial Solid Wastes Utilized in a Comprehensive Way (ton)	工业固体废物贮存量（吨） Volume of Industrial Solid Wastes Accumulated (ton)	工业固体废物处置量（吨） Volume of Industrial Solid Wastes Treated (ton)	工业固体废物排放量（吨） Volume of Industrial Solid Wastes Discharged (ton)
34223849.01	**85663.13**	**27219329.12**	**3987542.74**	**4752902.35**	**587.80**
8021553.00		7552889.00	878148.00	92020.00	
4654683.00		1540032.00	431800.00	2682851.00	
3059985.40	8000.00	1641015.50	1404671.90	1078000.00	
172021.00		167521.00	3500.00	1000.00	
100.00		100.00			
67465.70		65465.70	2000.00		
280626.05		236747.05	40090.00	3789.00	
270764.10		270764.10			
10200.00		10200.00			
74059.95		72847.95	140.00	1072.00	
1299.00		1299.00			
1992.48		1992.48			
21047.53		21047.53			
144890.22	12000.00	132985.22	5.00	12000.00	
1881.00		1881.00			
790.00		790.00			
10139.00	2778.00	7381.00		2758.00	
3111725.61	3860.80	2357901.81	93200.80	710364.00	259.00
61164.89	29.00	60662.89	216.00	286.00	
41522.00		41515.00	7.00		
10984.00		10984.00			
1085150.16		1071057.66	13957.00	37.50	98.00
188078.50		186000.50	2000.00		78.00
3532557.80	960.00	3370497.80	2000.00	160060.00	
838666.18	49474.00	789146.18	48020.00	1500.00	
11634.80		11634.80			
41257.29	6.59	41250.70	6.59		
368967.00	2858.00	366389.00	6.00	2572.00	
42011.00	4062.00	37911.00	115.00	4000.00	
740.30	7.30	733.00	7.30		
160094.04	1488.71	159548.53	0.96	544.55	
190939.20	40.30	190903.20		36.00	
80.00		80.00			
7888397.59		6939755.40	1069651.19		183.00
3068227.59		2702964.40	486272.19		183.00
3496.00		3496.00			
20946.14		20946.14			
20017.58	98.43	19957.48		12.30	47.80

19—63 各市自然保护和环境污染与破坏事故情况（2003年）

Statistics on Nature Protection and Pollution Accidents by Region (2003)

地　区	Region	保护区面积（公顷） Ares of Nature Preserves (hectare)	珍稀濒危动物繁殖场（个） Number of Farms to Breed Rare and Dying out Animals (unit)	生态示范区建设试点地区和单位（个） Number of Experimental Units and Region of Demonstration Zone of Ecology (unit)	已批准国家级生态示范区（个） Number of Sanctioned the National-level Ecological Demonstration Zone (unit)	破坏污染与破坏事故次数（次） Number of Pollution Accidents (times)	按事故类别分（次） Pollution Accidents by Type (times)		污染直接经济损失（万元） Losses Coverted into Cash (10000 yuan)	污染事故赔、罚款总额（万元） Amount of Reparations and Fines (10000 yuan)
							水污染 Water Pollution	大气污染 Air Pollution		
总　计	**Total**	**522854**	**6**	**34**	**30**	**68**	**39**	**24**	**158.0**	**57.1**
合肥市	Hefei					2	2		0.4	0.4
淮北市	Huaibei			1	1					
亳州市	Bozhou	38	3	1	1	2	2		50.0	
宿州市	Suzhou	16047		2	1	1	1		3.0	3.0
蚌埠市	Bengbu	4200		2	1					
阜阳市	Fuyang	14600		3	3					
淮南市	Huainan									
滁州市	Chuzhou	3600		1	1	1	1		1.0	1.3
六安市	Luan	165114		3	3	1			0.3	0.7
马鞍山市	Maanshan	10667		1	1	19	17	2	65.3	
巢湖市	Chaohu			2	2	27	10	13	7.0	17.0
芜湖市	Wuhu			3	3					
宣城市	Xuancheng	42232	1	5	5	4	2	2	1.5	1.2
铜陵市	Tongling	19800	1			6		6	17.7	17.7
池州市	Chizhou	74446		1	1					
安庆市	Anqing	137823		5	4	5	4	1	11.8	15.8
黄山市	Huangshan	34287	1	4	3					

19—64 各市重点调查工业废水排放及处理（2003年）

Discharge and Treatment of Key Investigated Industrial Waste Water by Region (2003)

地　区	Region	汇总工业企业个数（个） Number of Industrial Enterprises (unit)	工业废水排放总量（吨） Total Volume of Industrial Waste Water Discharged (ton)	#工业废水排放达标量 Volume of Industrial Waste Water up to the Discharge Standards	废水治理设施数（套） Number of Facilities for Treat-ment of Waste Water (set)
总　计	**Total**	**1669**	**590963247**	**570540467**	**1450**
合肥市	Hefei	181	60173518	59237228	191
淮北市	Huaibei	74	23982308	23695558	71
亳州市	Bozhou	46	10475573	10462573	62
宿州市	Suzhou	56	12153810	12019810	60
蚌埠市	Bengbu	101	40692513	37098578	63
阜阳市	Fuyang	53	17291227	17291227	92
淮南市	Huainan	104	75049420	72941370	115
滁州市	Chuzhou	136	17030011	15691385	62
六安市	Luan	124	39548636	38858636	90
马鞍山市	Maanshan	92	130523176	129344326	75
巢湖市	Chaohu	86	15868812	14995018	73
芜湖市	Wuhu	91	40598294	40582974	94
宣城市	Xuancheng	145	14743139	13829583	85
铜陵市	Tongling	76	46452013	38397484	84
池州市	Chizhou	42	5418431	5414431	39
安庆市	Anqing	163	36671277	36551277	124
黄山市	Huangshan	99	4291089	4129009	70

19—65 各市重点调查工业废气排放及处理（2003年）

Emission and Treatment of Key Investigated Industrial Waste Gas by Region (2003)

地 区	Region	汇总工业企业个数（个）Number of Industrial Enterprises (unit)	工业废气治理设施数（套）Number of Facilities for treat-ment of Waste Gas (set)	工业废气排放总量（万标立方米）Total Volume of Industrial Waste Gas Emission (10000 cu.m)	燃料燃烧过程中废气排放量 Volume of Waste Gas in the Process of Fuel Burning	生产工艺过程中废气排放量 Volume of Waste Gas from the Process of Production	工业二氧化硫排放量（吨）Volume of Sulphur Dioxide Emission (ton)
总 计	**Total**	**1669**	**3275**	**53834290**	**32814972**	**21019318**	**390284.24**
合肥市	Hefei	181	471	4712051	3825154	886897	26211.25
淮北市	Huaibei	74	262	5139418	4137996	1001422	41669.83
亳州市	Bozhou	46	77	710953	566835	144118	4063.40
宿州市	Suzhou	56	74	530578	530533	45	6599.64
蚌埠市	Bengbu	101	80	1057784	1028699	29085	14451.98
阜阳市	Fuyang	53	98	935729	657210	278519	6177.05
淮南市	Huainan	104	248	9246660	8508401	738259	103357.10
滁州市	Chuzhou	136	92	1378052	599784	778268	9507.63
六安市	Luan	124	332	984084	621084	363000	10330.11
马鞍山市	Maanshan	92	137	10508175	4629257	5878918	47716.24
巢湖市	Chaohu	86	259	2791392	1002784	1788608	17897.20
芜湖市	Wuhu	91	156	6639320	2280832	4358488	18939.66
宣城市	Xuancheng	145	360	2186956	831709	1355247	11705.75
铜陵市	Tongling	76	230	3903589	1867239	2036350	41757.03
池州市	Chizhou	42	101	362439	177289	185150	9193.43
安庆市	Anqing	163	209	2632896	1440161	1192735	18436.61
黄山市	Huangshan	99	89	114214	110005	4209	2270.34

地 区	Region	工业二氧化硫去除量（吨）Volume of Sulphur Sioxide Removed (ton)	工业烟尘排放量（吨）Volume of Industrial Soot Emission (ton)	工业烟尘去除量（吨）Volume of Industrial Soot Removed (ton)	工业粉尘排放量（吨）Volume of Industrial Dust Emission (ton)	工业粉尘去除量（吨）Volume of Industrial Dust Romoved (ton)
总 计	**Total**	**572693.26**	**208512.90**	**4529595.85**	**425302.40**	**1891396.02**
合肥市	Hefei	1487.20	10553.14	748425.64	1968.19	10608.77
淮北市	Huaibei	7667.19	25128.38	973668.35	31391.21	66455.73
亳州市	Bozhou	437.16	1387.27	15016.35	672.72	59823.85
宿州市	Suzhou	986.00	8967.52	81066.08	3170.00	2115.00
蚌埠市	Bengbu	2106.73	10556.23	71308.88	16108.10	9651.06
阜阳市	Fuyang	3514.76	3221.94	26758.33	38.41	
淮南市	Huainan	7033.00	27669.68	980554.65	24081.11	23576.48
滁州市	Chuzhou	1589.58	13987.93	39719.09	36339.12	43192.20
六安市	Luan	151.88	6824.13	19821.72	13284.97	106009.96
马鞍山市	Maanshan	7466.36	9656.48	459453.96	14432.30	547485.20
巢湖市	Chaohu	1793.53	13822.01	91183.47	33750.36	100253.64
芜湖市	Wuhu	1241.05	8140.75	264353.74	68086.48	382756.18
宣城市	Xuancheng	11808.19	7194.75	14098.83	64430.20	400807.29
铜陵市	Tongling	491860.14	9369.82	472079.41	26435.03	81925.85
池州市	Chizhou	16570.44	33669.97	13357.60	19477.67	21175.60
安庆市	Anqing	16980.06	16145.28	255543.06	67304.68	34980.56
黄山市	Huangshan		2217.63	3186.69	4331.84	578.66

19—66 各市重点调查工业固体废物产生及处理利用（2003年）

Discharge, Treatment and Utilization of Key Investigated Industrial Solid Wastes by Region (2003)

地 区 Region		汇总工业企业个数 (个) Number of Industrial Enterprises (unit)	工业固体废物产生量 (万吨) Volume of Industrial Solid Wastes Produced (10000 tons)	#危险废物产生量 (吨) Dangerous Wastes (ton)	工业固体废物综合利用量 (万吨) Volume of Industrial Solid Wastes Utilized in a Comprehensive Way (10000 ton)
总 计	**Total**	**1669**	**3422.38**	**85663.13**	**2721.93**
合肥市	Hefei	181	161.37	5315.70	161.23
淮北市	Huaibei	74	484.06	115.00	487.00
亳州市	Bozhou	46	151.75	47.83	151.75
宿州市	Suzhou	56	84.95		84.95
蚌埠市	Bengbu	101	42.80	2572.00	31.62
阜阳市	Fuyang	53	63.43		63.43
淮南市	Huainan	104	679.69	12507.00	581.90
滁州市	Chuzhou	136	54.79	571.00	50.63
六安市	Luan	124	23.97	30.00	21.67
马鞍山市	Maanshan	92	835.92	960.00	512.40
巢湖市	Chaohu	86	52.40	50.60	45.17
芜湖市	Wuhu	91	125.29	3262.00	118.89
宣城市	Xuancheng	145	43.95		32.20
铜陵市	Tongling	76	505.05	1474.00	315.80
池州市	Chizhou	42	57.08	56000.00	19.25
安庆市	Anqing	163	50.51	2758.00	39.51
黄山市	Huangshan	99	5.37		4.54

地 区 Region		工业固体废物贮存量 (吨) Volume of Industrial Solid Wastes Accumulated (ton)	工业固体废物处置量 (吨) Volume of Industrial Solid Wastes Treated (ton)	工业固体废物排放量 (吨) Volume of Industrial Solid Wastes Discharged (ton)	"三废"综合利用产品产值 (万元) Output Value of Products Made from Comprehensive Utilization of Waste Cas, Waste Water & Solid Wastes (10000 yuan)
总 计	**Total**	**3987542.74**	**4752902.35**	**587.80**	**123441.9**
合肥市	Hefei	64341.65	4012.55	78.00	6998.2
淮北市	Huaibei	472145.00			12713.8
亳州市	Bozhou		0.03	47.80	5048.3
宿州市	Suzhou				1542.0
蚌埠市	Bengbu	109284.00	2572.00		15747.7
阜阳市	Fuyang				3526.4
淮南市	Huainan	965450.00	12507.00		6852.6
滁州市	Chuzhou	40000.00	1568.00		6644.0
六安市	Luan		23000.00		1461.8
马鞍山市	Maanshan	442465.00	2846952.50		4990.5
巢湖市	Chaohu	72300.00	12.27		9294.4
芜湖市	Wuhu	62020.00	1720.00	259.00	12606.7
宣城市	Xuancheng	20396.00	97020.00	20.00	2381.1
铜陵市	Tongling	1253740.90	1752412.00		23337.8
池州市	Chizhou	378340.00			2999.4
安庆市	Anqing	107060.19	2758.00	183.00	6984.8
黄山市	Huangshan		8368.00		312.4

19—67　各市工业污染治理项目及投资（2003年）

Investment in Anti-industrial Pollution Projects by Region (2003)

地　区　Region		汇总工业企业个数（个）Number of Industrial Enterprises (unit)	施工项目数（个）Projects Under Construction (unit)				
				治理废水 Treatment of Waste Water	治理废气 Treatment of Waste Gas	治理固体废物 Treatment of Solid Wastes	治理噪声 Treatment of Noise Pollution	治理其他 Treatment of Other Pollution

地　区	Region	汇总工业企业个数（个）Number of Industrial Enterprises (unit)	施工项目数（个）Projects Under Construction (unit)	治理废水 Treatment of Waste Water	治理废气 Treatment of Waste Gas	治理固体废物 Treatment of Solid Wastes	治理噪声 Treatment of Noise Pollution	治理其他 Treatment of Other Pollution
总　计	**Total**	**147**	**219**	**79**	**87**	**11**	**23**	**19**
合肥市	Hefei	15	17	6	7		3	1
淮北市	Huaibei	17	19	6	8	2	2	1
亳州市	Bozhou	5	7	5		1		1
宿州市	Suzhou	2	2		1			1
蚌埠市	Bengbu	4	5	2	1		1	1
阜阳市	Fuyang							
淮南市	Huainan	6	12	4	6	2		
滁州市	Chuzhou	8	14	7	2		2	3
六安市	Luan	7	7	2	5			
马鞍山市	Maanshan	16	43	17	12	2	6	6
巢湖市	Chaohu	3	3	2	1			
芜湖市	Wuhu	17	24	8	15	1		
宣城市	Xuancheng	1	1	1				
铜陵市	Tongling	24	34	7	17	2	4	4
池州市	Chizhou	3	3	2	1			
安庆市	Anqing	16	25	8	10	1	5	1
黄山市	Huangshan	3	3	2	1			

地　区	Region	污染治理项目本年完成投资（万元）Investment Completed in Anti-pollution Projects (10000 yuan)	治理废水 Treatment of Waste Water	治理废气 Treatment of Waste Gas	治理固体废物 Treatment of Solid Wastes	治理噪声 Treatment of Noise Pollution	治理其他 Treatment of Other Pollution	本年竣工项目数（个）Number of Projects Completed (unit)
总　计	**Total**	**58087.0**	**16320.2**	**32355.7**	**3520.5**	**359.5**	**5531.1**	**189**
合肥市	Hefei	18847.8	28.5	15898.0		21.3	2900.0	13
淮北市	Huaibei	3087.4	660.8	66.5	2213.5	58.0	88.6	16
亳州市	Bozhou	2031.0	1325.0		700.0		6.0	4
宿州市	Suzhou	1973.0		26.0			1947.0	2
蚌埠市	Bengbu	1879.0	1719.0	10.0		20.0	130.0	5
阜阳市	Fuyang							
淮南市	Huainan	2423.0	1010.0	1013.0	400.0			12
滁州市	Chuzhou	876.5	719.1	19.8		10.9	126.7	12
六安市	Luan	161.9	41.0	120.9				4
马鞍山市	Maanshan	9475.5	6679.2	2477.4	100.0	96.9	122.0	39
巢湖市	Chaohu							1
芜湖市	Wuhu	2746.0	664.6	2041.4	40.0			20
宣城市	Xuancheng	6.0	6.0					1
铜陵市	Tongling	5008.6	703.0	3984.9	63.0	76.9	180.8	31
池州市	Chizhou	700.0	300.0	400.0				3
安庆市	Anqing	8810.3	2404.0	6296.8	4.0	75.5	30.0	25
黄山市	Huangshan	61.0	60.0	1.0				1

主要统计指标解释

等级运动员人数 指经考核正式批准授予等级运动员称号的人数。运动员等级分为国际级运动健将、运动健将、一级运动员、二级运动员、三级运动员、少年级运动员。

等级裁判员人数 指经考核正式批准授予等级裁判员称号的人数。裁判员等级分为国际裁判、国家级裁判、一级裁判、二级裁判、三级裁判。

体育场 指有400米跑道(中心含足球场)，有固定道牙，跑道6条以上，并有固定看台的室外田径场地。体育场按看台容纳观众人数分为：甲级25000人以上，乙级15000-25000人，丙级5000-15000人，丁级5000人以下。

体育馆 指有固定看台，可供篮球、排球、羽毛球、乒乓球、体操等项目训练比赛活动用的室内运动场地。体育馆按看台容纳观众人数分为：甲级6000人以上，乙级4000-6000人，丙级2000-4000人，丁级2000人以下。

医院 指设有固定床位，能收容病人住院并能为病人提供医疗、护理服务的医疗机构，包括县及县以上医院、农村乡卫生院和其他医院三部分。医院按所属性质不同分为卫生部门、工业及其他部门和集体经济单位三类。县及县以上医院按业务性质不同分为综合医院和专科医院。

卫生技术人员 指卫生事业机构支付工资的全部职工中现任职务为卫生技术工作的专业人员，包括中医师、西医师、中西医结合高级医师、护师、中药师、西药师、检验师、其他技师、中医士、西医士、护士、助产士、中药剂士、西药剂士、检验士、其他技士、其他中医、护理员、中药剂员、西药剂员、检验员和其他初级卫生技术人员。

医生 指经卫生部门审查合格，从事医疗工作的专业人员。分为中医医生和西医医生。包括卫生技术人员中的中医师、西医师、中西医结合高级医师、中医士、西医士和其他中医。

社会福利事业单位 指集中收养社会孤老、残、幼的机构，包括由民政部门管理的社会福利院、儿童福利院、精神病人福利院和城镇集体举办的福利院及农村集体举办的敬老院。

社会福利事业单位收养人数 包括民政部门管理和城镇、农村集体举办的社会福利事业单位中收养的老人、少年儿童、缺乏生活自理能力的残疾人员和精神病人。

社会福利企业单位 指以安置城镇有一定劳动能力的盲、聋、哑和肢体残疾人员就业为目的，享受国家减免税待遇的国有或集体企业。包括福利工厂、福利商业和服务业、假肢厂和安置农场等单位。

农村五保户 指农村中既无劳动能力，又无经济来源的老、弱、孤、残的农民，其生活由集体供养，实行保吃、保穿、保住、保医、保葬(孤儿保教)，简称“五保”。享受五保待遇的家庭叫五保户。

双扶户 包括被扶持的优抚户和贫困户。主要是对具有一定劳动能力且生活困难的两户给予一定的救济金以扶持其通过生产自救达到脱贫的目的。

律师 指受聘参加法律顾问处工作，担任法律顾问、刑(民)事代理人、刑事辩护人，办理非诉讼事件、解答法律询问，代写法律事务文书等主要从事律师业务的专职法律工作者和兼职律师。

公证人员 指在国家公证机关依法办理公证事务的司法人员，包括公证员、助理公证员和在公证处工作的其他人员。

办理公证文书 指公证处在一定时期内办结的公证文书件数。公证文书按司法部规定或批准的格式制作，包括国内公证和涉外公证两部分。国内公证分为经济合同公证和民事法律关系公证两大类。

调解人员 指在人民调解委员会担负调解民间一般民事纠纷和轻微违法行为引起纠纷的工作人员，包括调解委员会的委员和调解小组的调解员。

调解民间纠纷 指调解委员会依照法律规定，根据自愿原则，用说服教育的方法调解民间发生的有关民事权利和义务的争执，促成当事双方达到协议和谅解，解决纠纷。包括婚姻家庭纠纷，财产权益纠纷等，不包括法院受理调解的民事案件数。

受理劳动争议案件数 指劳动争议仲裁委员会根据国家有关规定，对劳动争议当事人的申请予以审查，符合受理条件而正式立案、准备处理的劳动争议案件数。

立案　指检察机关对犯罪线索进行初步调查后，认为存在职务犯罪事实并需要追究刑事责任时，依法决定作为刑事案件进行侦查的诉讼活动，是追究犯罪的开始。

大案　贪污贿赂犯罪案件指贪污、贿赂数额在 5 万元以上，挪用公款案在 10 万元以上，其他案件在 50 万元以上。渎职犯罪大案一般为直接经济损失 5 万元以上，死亡 1 人以上或者重伤 3 人以上的案件；或虽然没有造成经济损失和伤亡，但犯罪情节恶劣或造成严重后果的案件。

要案　指县、处级以上干部的犯罪案件。

决定逮捕　指检察机关对直接受理、自行侦查的案件，认为需要逮捕犯罪嫌疑人时，依据法律作出的逮捕决定。

批准逮捕　指检察机关对公安机关、国家安全机关、监狱管理机关提出逮捕的犯罪嫌疑人进行审查，根据事实，依法作出逮捕决定。

决定起诉　指检察机关对公安机关、国家安全机关、监狱管理机关和检察机关内设机构反贪污贿赂部门移送起诉的刑事犯罪嫌疑人进行审查，根据事实，依法向人民法院提起公诉。

离休、退休、退职人员　指正式办理了离休、退休、退职手续，并享受相应的离休、退休、退职待遇的人员。

保险福利费用　指企业、事业、机关单位在工资以外实际支付给职工和离休、退休、退职人员个人以及用于集体的劳动保险和福利费用。

(1)职工保险福利费用包括：

①医疗卫生费：指实行公费医疗企业的职工及其供养的直系亲属的医疗费、医务经费、职工因工负伤就医路费以及住院伙食补助费等；卫生部门开支的事业及机关单位职工的公费医疗经费；未参加公费医疗的企业、事业和机关单位职工的医药费。

②文体宣传费：指企业、事业和机关单位实际支付的文体宣传费，不包括学习费。

③集体福利事业补贴费：指对职工浴室、理发室、洗衣房、哺乳室、托儿所等集体福利设施各项支出与收入相抵后的差额补助费。

④集体福利设施费：指按照国家规定开支的集体福利设施费用，如职工食堂炊事用具的购置费、修理费、职工宿舍的修缮费用。不包括由企业、事业、机关单位自筹经费开支的职工福利设施的基本建设费用。

⑤其他：指上述费用以外，单位支付给职工的保险福利费。

(2)离休、退休、退职人员保险福利费用包括：

①离休金：指发给离休人员的工资和按 1982 年国务院发布的“关于老干部离职休养制度的几项规定”，发给符合规定的离休干部相当于 1-2 个月标准工资的生活补贴及 1988 年增发的生活补贴费。

②退休金：指按照国家有关规定发给退休人员的退休费及 1988 年增发的生活补贴费。

③退职生活费：指按照 1978 年国务院《关于工人退休、退职的暂行办法》规定，定期发给退职人员的生活费及 1988 年增发的生活补贴费。

④其他：指上述费用以外，单位支付给离休、退休、退职人员的保险福利费。

工业废水排放量　指经过企业厂区所有排放口排到企业外部的工业废水量。包括生产废水、外排的直接冷却水、超标排放的矿井地下水和与工业废水混排的厂区生活污水，不包括外排的间接冷却水(清污不分流的间接冷却水应计算在内)。

工业废水排放达标量　指各项指标都达到国家或地方排放标准的外排工业废水量，包括未经处理外排达标和经过处理后外排达标两部分。

工业废水处理量　指报告期内各种水治理设施实际处理的工业废水量，包括处理后外排和处理后回用的工业废水量和虽经处理但未达到国家或地方排放标准的废水量。如车间和厂排放口均有治理设施，并对同一废水分级处理时，不应重复计算工业废水处理量。

工业废气排放量　指企业厂区内燃料燃烧和生产工艺过程中产生的各种排入空气的含有污染物的气体总量，按标准状态〔273K，101325Pa〕计算。

工业二氧化硫排放量　指企业在燃料燃烧和生产工艺过程中排入大气的二氧化硫数量。

烟尘排放量　指企业厂区内燃料燃烧产生的烟气中夹带的颗粒物数量。

工业粉尘排放量 指企业在生产工艺过程中排放的颗粒物重量，如钢铁企业的耐火材料粉尘、焦化企业的筛焦系统粉尘、烧结机的粉尘、石灰窑的粉尘、建材企业的水泥粉尘等。不包括电厂排入大气的烟尘。

工业固体废物产生量 指企业在生产过程中产生的固体状、半固体状和高浓度液体状废弃物的总量，包括危险废物、冶炼废渣、粉煤灰、炉渣、煤矸石、尾矿、放射性废物和其他废物等；不包括矿山开采的剥离废石和掘进废石(煤矸石和呈酸性或碱性的废石除外)。酸性或碱性废石指采掘的废石其流经水、雨淋水的 pH 值小于 4 或 pH 值大于 10.5 者。

危险废物 指列入国家危险废物名录或根据国家规定的危险废物鉴别标准和鉴别方法认定的，具有爆炸性、易燃性、易氧化性、毒性、腐蚀性、易传染疾病等危险特性之一的废物。

工业固体废物综合利用量 指通过回收、加工、循环、交换等方式，从固体废物中提取或者使其转化为可以利用的资源、能源和其他原材料的固体废物量(包括当年利用往年的工业固体废物累计贮存量)，如用作农业肥料、生产建筑材料、筑路等。综合利用量由原产生固体废物的单位统计。

工业固体废物贮存量 指以综合利用或处置为目的，将固体废物暂时贮存或堆存在专设的贮存设施或专设的集中堆存场所内的数量。专设的固体废物贮存场所或贮存设施必须有防扩散、防流失、防渗漏、防止污染大气、水体的措施。

工业固体废物处置量 指将固体废物焚烧或者最终置于符合环境保护规定要求的场所，并不再回取的工业固体废物量(包括当年处置往年的工业固体废物累计贮存量)。处置方法有填埋(其中危险废物应安全填埋)、焚烧、专业贮存场(库)封场处理、深层灌注、回填矿井等。

工业固体废物排放量 指将所产生的固体废物排到固体废物污染防治设施、场所以外的数量，不包括矿山开采的剥离废石和掘进废石(煤矸石和呈酸性或碱性的废石除外)。

“三废”综合利用产品产值 指利用“三废”(废液、废气、废渣)作为主要原料生产的产品价值(现行价)；已经销售或准备销售的应计算产品价值，留作生产自用的不应计算产品价值。

“三废”综合利用产品利润 指利用“三废”(废液、废气、废渣)生产的产品，销售后所得到的利润。

环境污染与破坏事故 指由于违反环境保护法规的经济、社会活动与行为，以及意外因素的影响或不可抗拒的自然灾害等原因，致使环境受到污染，国家重点保护的野生动植物、自然保护区受到破坏，人体健康受到危害，社会经济和人民财产受到损失，造成不良社会影响的突发性事件。

Explanatory Notes for Major Statistical Indicators

Number of Athletes in Grades refers to the number of athletes who have been given titles through examination. The titles of athletes include international masters of sports, masters of sports, first-grade, second-grade and third-grade sportsmen and young athletes.

Number of Referees in Grades refers to the number of referees who have been given titles after examination. They are classified as international referees, national referees and referees of the first, second and third grades.

Stadiums refer to stadiums for track and field events with six lane 400-meter tracks around soccer fields, permanent track marks and permanent bleachers. Stadiums are classified according to seating capacity. They include: Class A stadiums seating 25000 people each. Class B stadiums seating 15000 to 25000 people each. Class C stadiums seating 5000 to 15000 people each, and Class D stadiums seating fewer than 5000 people.

Gymnasiums refer to indoor sports grounds with permanent seats in which basketball, volleyball. badminton, table tennis and gymnastics competitions can be held. Gymnasiums are classified according to seating capacity. They include Class A gymnasiums seating over 6000 people. Class B gymnasiums seating 4000 to 6000 people. Class C gymnasiums seating 2000 to 4000 people, and Class D gymnasiums seating fewer than 2000 people.

Hospitals refer to medical institutions with permanent hospital beds, which are able to take in patients and provide them with medical and nursing services. Hospitals are classified into three categories: hospitals at or above the county level, hospitals of rural townships, and other hospitals. According to their ownership, hospitals can be classified into three categories: hospitals under the public health departments, hospitals under industrial and other departments and collective-owned hospitals. Hospitals at or above county level are divided into comprehensive and specialized hospitals.

Medical Technical Personnel refers to all medical staff and workers employed by medical institutions, including doctors of Chinese and Western medicine, senior doctors who integrate traditional Chinese therapeutics with Western therapeutics in practice, senior nurses, pharmacists of Chinese and Western medicine, laboratory specialists, other specialists, paramedics of Chinese and Western medicine, nurses, midwives, druggists in Chinese and Western medicine, laboratory technicians, other technicians, other practitioners of Chinese medicine, nursing attendants, pharmacological workers of Chinese and Western medicine, laboratory workers, and other primary medical personnel.

Doctors refer to qualified professional medical workers approved to practice by public health departments. They are classified into doctors of Chinese medicine, doctors of Western medicine, senior doctors who integrate traditional Chinese therapeutics with Western therapeutics in practice, paramedics of Chinese medicine and Western medicine, and other specialists of Chinese medicine.

Social Welfare Institutions refer to institutions taking care of old people without children, handicapped people and orphans. They include social welfare institutions run by civil affairs departments, children welfare institutions, social welfare institutions for mental patients, and collective-owned old peoples homes in rural areas.

Number of People Taken in by Social Welfare Institutions refers to the number of old people, children, totally dependent handicapped people and mental patients taken in by social welfare institutions run by civil affairs departments and those run by collective units in urban and rural areas.

Social Welfare Enterprises are collective owned enterprises which employ the blind, deaf-mute, and other handicapped people who are able to work in cities and towns and enjoy exemption from state taxes, including welfare plants, welfare commercial services, artificial limb plants and farms, etc.

Rural Households with Livelihood Guaranteed in Five Aspects refer to the households in which there are old people without child, orphans and handicapped people who are unable to work and without financial resources in rural areas. They are taken care of by the collective units and their food, clothing, housing, medical care, funeral expenses (or schooling for orphans) are guaranteed to be provided for.

Households in the Poor Household Support Program refer to the households of martyrs and disabled servicemen, and poor households, who are able to work but in poor conditions, receiving government or collective relief funds. In this way, the households can get to work and make themselves break away from poverty.

Lawyers are legal workers who are employed full time by legal counseling firms to act as legal advisers, agents in criminal or civil lawsuits, or defenders in criminal lawsuits, or to handle non-litigious legal affairs, to advise on matters of law or to write legal papers for others. Both full-time and part time lawyers are included.

Notary Personnel refers to judicial workers of the state notary offices handling notarization work according to law. They include notaries, assistant notaries, and other people working for notary offices.

Notarized Documents refer to the documents settled by notary offices in a year. The notary documents are drawn up in accordance with the regulations of the Ministry of Justice, including domestic documents and foreign-related documents. Domestic documents are divided into two major categories, documents on economic contracts and documents on civil legal relations.

Mediators refer to workers on peoples mediation committees responsible for mediating in civil disputes and cases of slight infraction of the law. They include members of the mediation committees and mediators of mediation groups.

Mediation of Civil Disputes refers to mediation committeeswork in mediating in civil disputes concerning civil rights and duties through persuasion and education in accordance with the provisions of law on a voluntary basis, so as to solve disputes by helping the parties involved come to an agreement and understanding. These disputes include divorce cases and disputes over property ownership, but exclude the civil cases to be handled by the court.

Number of Labour Dispute Cases Accepted refers to the number of cases of labour dispute submitted that, after being reviewed by the labour dispute arbitration committees in line with the relevant state regulations, are accepted and registered for treatment.

Acceptance of Case refers to the decision made by the procurators office to confirm the act of crime after initial investigation and to start legal proceedings of the case as criminal case.

Large Case In case of corruption and bribery, it refers to the case involves a bribery of over 50000 yuan, or a misappropriation of over 100000, or other cases involving 500000 yuan. In case of offence on dereliction of duty, it refers to the case that causes an economic loss of over 50000, loss of one life, or severe injury of 3 persons; or a case that displays extremely disgusting behavior of the offender or results in grave aftermath.

Key Case refers to a case committed by government officials with a ranking of division director or county administrator.

Decision on Arrest refers to decision made by procurators office, in accordance with laws, to arrest the suspect(s) in the cases that are accepted and to be investigated by procurators office.

Approval for Arrest refers to the decision made by procurators office, in accordance with laws and relevant facts, to approve the arrest of the suspect(s) that is proposed by the public security departments, state security departments or authority of prisons.

Decision on Prosecution refers to the decision made by procurators office, in accordance with laws and relevant facts, to institute proceedings to the peoples court against the suspect(s) of criminal cases handed over by the public security departments, state security departments or authority of prisons, or by the anti-corruption departments within the procurators office.

Retired or Resigned Personnel refers to the persons who have formally gone through the formalities for their retirement or quitting work and enjoy the corresponding treatments.

Insurance and Welfare Funds refers to labour insurance and welfare fund paid by enterprises, organizations and institutions to their staff and workers as well as retired and resigned persons in addition to their wages and salaries.

(1) Insurance and Welfare Funds for Staff and Workers include:

a)Medical Care Allowance: It refers to the cost of medical care of staff and workers and their dependent family members who are covered by the medicare system of enterprises, travelling expenses of injured employees to hospital and their per diem subsidies during hospitalization, cost of medical care of employees who are covered by the medicare system of institutions and organizations, as well as cost of medicine of employees of enterprises and institutions who are not covered by the medicare system.

b)Expenses for Recreational, Sports and Publicity Activities: They refer to actual payment made by enterprises and institutions in recreational, sports and publicity activities, excluding training cost.

c)Subsidies to Collective Welfare Undertakings: They refer to subsidies to the operation of welfare undertakings that can not fully cover their cost, such as public bath rooms, barbershops, laundries, nurseries and kindergartens.

d)Expenses for Collective Welfare Facilities: They refer to expenses for collective welfare facilities that are spent in line with state regulations, such as the purchase and repair of cooking utensils for canteens, and repair of living quarters of staff and workers, but excluding the expenses for welfare projects that are constructed with self-raised funds.

e)Others: They refer to their insurance and welfare funds paid to staff and workers.

(2)Insurance and Welfare Funds for Retired and Resigned Staff and Workers:

a)Pensions for retired veteran cadres: They refer to pensions, other subsidies, and additional allowances paid to retired in line with relevant government documents.

b)Pensions for Retirement: They refer to living allowance, other subsidies and additional allowances paid to retired staff and workers in line with the relevant government documents.

c)Resignation Allowances for Living Expenses: They refer to living allowance, and additional allowances subsidies paid to resigned staff and workers in line with relevant government instructions.

d)Others: They refer to other expenses, including moving and settlement allowance, allowance for difficult families, book and newspaper allowance, subsidy for non staple foods, housing subsidy, water and electricity subsidy, special allowance for staff and workers of national minorities, travelling cost for senior retired staff, etc.

Volume of Industrial Waste Water Discharged refers to the volume of industrial waste water discharged, through all outlets, to the outside of industrial enterprises, including waste water produced, direct-cooling water, underground water from mines that does not meet the standard of discharge, and the domestic sewage mixed up with industrial waste water when discharged, but excluding discharged indirect-cooling water.

Volume of Waste Water up to the Standard for Discharge refers to the volume of discharged industrial waste water that, with or without treatment, has come up to the national or local standards for discharge.

Volume of Treated Industrial Waste Water refers to the volume of industrial waste water after being treated and purified through various water treatment facilities in the reference period, including the volume discharged or recovered after being treated. The volume of waste water that fails to meet the national or local standards after treatment is also included. If there are treatment facilities both at the outlets of workshops and at the outlets of the factory, and the same volume of waste water has been treated twice, duplication should be avoided in the calculation of the volume of treated industrial waste water.

Volume of Waste Industrial Gas Emission refers to waste gas emitted from burning of fuels and from production process in the area of the factory, and is measured by 10000 standard cubic meters each year under normal condition.

Volume of Industrial Sulphur Dioxide Discharged refers to the volume of sulphur dioxide discharged to the air in the process of fuel burning or in the production process.

Volume of Industrial Soot Discharged refers to the volume of solid soot in the smoke discharged in the process of fuel burning in the area of the factory.

Industrial Dust Discharged refers to the total weight of solid dust discharged by industrial enterprises in the production process, such as dust of refractory materials from iron plants, dust from coke-screening system or from sintering machines of coking plants, dust from lime kilns, cement dust from building material enterprises, etc., but excluding smoke and dust discharged by power plants.

Volume of Industrial Solid Wastes Produced refers to the total volume of solid, semi-solid or high concentration liquid residue produced by industrial enterprises in their production process, including dangerous wastes, residues from melting, slag, powdered coal ash, gangue, chemical residues, tailings, radioactive residues and other residues, but excluding stripped or dug stones in mining (except gangue and acid or alkali stones which are stones washed or soaked by water with a pH value smaller than 4 or larger than 10.5).

Dangerous Wastes refers to the wastes which are listed by the government as the dangerous wastes or the wastes which are explosive, inflammable, oxidizable, poisonous, corrosive or liable to cause infectious diseases or have other dangerous characteristics specified in accordance with the standards or methods stipulated by the government for identifying the dangerous wastes.

Volume of Industrial Solid Wastes Utilized in a Comprehensive Way refers to the volume of solid wastes from which useful materials can be extracted or which can be changed to be utilizable resources, energy or other materials, including the volume of industrial solid wastes stored up in the previous years and utilized in the current year, such as the solid wastes utilized as fertilizers, building materials, for making roads or for other purpose. Statistical data on utilization of industrial solid wastes are collected by solid wastes producing units.

Volume of Industrial Stored up Solid Wastes refers to the volume of industrial solid wastes temporarily stored up or piled with special facilities or piled in the special sites for the purpose of utilization or treatment in future. The special facilities or special sites for storing up solid wastes should have the measures against spreading or being washed away to other places, permeating the soil or causing air pollution or water contamination.

Volume of Industrial Solid Wastes Treated refers to solid wastes disposed of in a non-recoverable place that meet the requirement of environmental protection, such as burying (The dangerous wastes should be buried safely), burning, piling in designated sites, pouring water into the deep strata, filling of old mines, etc. (including treatment of solid wastes piled up in the previous years).

Volume of Industrial Solid Wastes Discharged refers to the volume of industrial solid wastes produced and discharged at the places outside the special facilities or special sites for preventing against pollution, excluding stripped or dug stones in mining (except gangue and acid or alkali waste stones).

Output Value of Products Made from Utilization of Waste Gas, Waste Water and Industrial Solid Wastes refers to the value of products (calculated at current prices) made by industrial enterprises using recovered waste water, waste gas or solid wastes as main raw materials. Only the value of the products which have been sold or are ready to be sold should be included. The value of the products which will be used in the production of the enterprises should not be included.

Profit Obtained from Utilization of Waste Gas, Waste Water and Industrial Solid Wastes refers to profit obtained from selling or own-consumption of products made by industrial enterprises using recovered waste water, waste gas or solid wastes as main raw materials.

Accidents of Environment Pollution and Destruction refer to sudden accidents, due to economic and social behavior or activities in contrast with environment protection legislation, unexpected factors or irresistible natural disasters, that cause the pollution of environment, the destruction of natural protection zones, wild plants and animals, the danger to the health of people, and the loss in the property of the society and people.

重点企业、集团、企业景气调查

第二十篇

Chapter

20

KEY ENTERPRISES、ENTERPRISE GROUP AND BUSINESS SURVEY OF ENTERPRISES

简要说明

一、根据国家统计局《关于印发〈建立现代企业制度跟踪监测统计制度〉的通知》(国统字［1997］362 号)和国家统计局、国家计委、国家经贸委、国家体改委《关于印发〈企业集团统计报表制度〉的通知》(国统字［1997］391 号)以及国家统计局《关于印发〈企业景气调查制度〉的通知》(国统字 381 号)文件精神，安徽省企业调查队决定对全省重点企业建立现代企业制度企业、企业集团、1000 户重点景气调查企业进行定期统计调查。

二、本资料由安徽省企业调查队提供。

Brief Introduction

I. According to the "Notice about Setting up the Statistical System of Observation and Survey of Modern Enterprise System" (NBS [1997] No.362 stipulated by National Bureau of Statistics (NBS), the "Notice of Reporting System of Enterprise Group" (NBS [1997] No.391) stipulated by NBS, State Planning Commission, National Economic and Commercial Commission and National Committee of System Reform and the "Notice of the System of Enterprise Business Survey" (NBS No.381), the Enterprise Survey Organization of Anhui decided to conduct regular survey on key enterprises of modern enterprise system, enterprise group and 100 key enterprises received business survey.

II. The data are provided by the Enterprise Survey Organization of Anhui.

20—1 重点企业主要经济指标（2003年）

Main Indicators of Key Enterprises (2003)

单位：万元

(10000 yuan)

指 标	Item	单位数（个）Number of Enterprises (unit)	主营业务收入 Main Business Income	出口销售总额 Export Sales	主营业务成本 Main Business Cost	主营业务税金及附加 Main Business Tax and Extra Charges
总 计	**Total**	**193**	**16136690**	**840181**	**12909698**	**506065**
#国家重点联系企业	National Key Contact Enterprises	12	3091362	103224	2209858	115431
按控股情况分	**Grouped by the Status of Holding Shares**					
国有绝对控股	The State Absolutely Holding the Majority of Shares	116	11277082	516664	9055660	445909
国有相对控股	The State Relatively Holding the Majority of Shares	16	1849242	115732	1329580	27917
集体绝对控股	The Collective Absolutely Holding the Majority of Shares	3	120361	4291	114284	71
集体相对控股	The Collective Relatively Holding the Majority of Shares					
其 他	Others	58	2890005	203494	2410174	32168
按企业规模分	**Grouped by the Scale of Enterprises**					
大 型	Large-sized	55	11570792	563109	9188542	336722
中 型	Middle-sized	119	4512340	277008	3681925	168155
小 型	Small-sized	10	48969	48	36378	1179
其 他	Others	9	4589	16	2853	9
按主营行业分	**Grouped by Main Sector**					
农、林、牧、渔业	Farming, Forestry, Animal Husbandry and Fishery					
采 掘 业	Mining and Quarrying	7	1436395	18500	1020184	19336
制 造 业	Manufacturing	155	13194093	712818	10612521	476231
#饮料制造业	Beverage Manufacturing	18	363395	107	278319	47497
烟草加工业	Tobacco Processing	3	606254	295	235443	245724
纺 织 业	Textile Industry	15	423172	101102	370658	1788
石油加工及炼焦业	Petroleum Processing and Coking	2	1772633	7256	1623045	92007
化学原料及制品制造业	Raw Chemical Materials and Chemical Products	19	644323	56086	547772	2648
电气机械及器材制造业	Electric Equipment and Machinery	11	834693	37056	679918	1342
电气水的生产和供应业	Electric Power, Gas and Water Production and Supply	8	449331		348329	2127
建 筑 业	Construction	2	84926		73926	2636
运输邮电业	Transportation, Postal & Telecommunication	2	61553		26009	3083
批发零售贸易、餐饮业	Wholesale & Retail Trade and Catering Services	9	876279	108847	805758	1731
金融保险业	Finance and Insurance					
房地产业	Real Estate Trade					
其 他	Others	10	34113	16	22971	921
按登记注册类型分	**Grouped by the Type of Registration**					
国有企业	State-owned Enterprises	14	2606073	33729	2099893	342059
国有独资公司	State-solely-owned Companies	26	1232306	53264	925671	17292
其他有限责任公司	Limited Liability Companies	65	3951210	217939	3315867	49644
股份有限公司	Company Limited With Share Holding	64	6431259	399351	5061040	82602
中外合资企业	Chinese-foreign Joint Ventures	10	498493	36494	368065	819
港澳台合资企业	Chinese-H.K/Macao/Taiwan Joint Ventures	7	534230	15873	439161	3330
其 他	Others	7	883119	83531	700001	10319

20—1 续表1 continued

单位：万元 (10000 yuan)

指 标	Item	其他业务收入 Other Business Income	营业外收入 Extra Income of Business	存货跌价损失和营业管理财务费用 Loss of Dropping in Price of Stock and Financial Expenses	投资收益 Profits of Investment
总 计	**Total**	**477436**	**27858**	**1744806**	**258911**
#国家重点联系企业	National Key Contact Enterprises	151570	9108	379836	40079
按控股情况分	**Grouped by the Status of Holding Shares**				
国有绝对控股	The State Absolutely Holding the Majority of Shares	316592	25760	1220722	240773
国有相对控股	The State Relatively Holding the Majority of Shares	27843	-1728	247179	12538
集体绝对控股	The Collective Absolutely Holding the Majority of Shares	248	49	5646	2239
集体相对控股	The Collective Relatively Holding the Majority of Shares				
其 他	Others	132753	3777	271259	3361
按企业规模分	**Grouped by the Scale of Enterprises**				
大 型	Large-sized	428042	19465	1252859	175076
中 型	Middle-sized	46397	8196	431086	18656
小 型	Small-sized	1682	-2519	14788	99
其 他	Others	1315	2716	46073	65080
按主营行业分	**Grouped by Main Sector**				
农、林、牧、渔业	Farming, Forestry, Animal Husbandry and Fishery				
采 掘 业	Mining and Quarrying	160716	8727	317726	164667
制 造 业	Manufacturing	307036	18171	1278744	13353
#饮料制造业	Beverage Manufacturing	1052	907	85874	1441
烟草加工业	Tobacco Processing	248	924	69609	-2456
纺 织 业	Textile Industry	6362	1317	33576	835
石油加工及炼焦业	Petroleum Processing and Coking	92386	1352	79277	701
化学原料及制品制造业	Raw Chemical Materials and Chemical Products	4992	417	78975	1133
电气机械及器材制造业	Electric Equipment and Machinery	29152	614	106988	1123
电气水的生产和供应业	Electric Power, Gas and Water Production and Supply	545	149	21819	4741
建 筑 业	Construction	1893	5	4212	7
运输邮电业	Transportation, Postal & Telecommunication	1337		7928	10169
批发零售贸易、餐饮业	Wholesale & Retail Trade and Catering Services	4300	804	57781	830
金融保险业	Finance and Insurance				
房地产业	Real Estate Trade				
其 他	Others	1609	2	56596	65144
按登记注册类型分	**Grouped by the Type of Registration**				
国有企业	State-owned Enterprises	93262	2456	177250	-1645
国有独资公司	State-solely-owned Companies	49695	9335	233751	181744
其他有限责任公司	Limited Liability Companies	149248	9027	532807	56949
股份有限公司	Company Limited With Share Holding	50958	4985	590248	21289
中外合资企业	Chinese-foreign Joint Ventures	18360	537	107927	-610
港澳台合资企业	Chinese-H.K/Macao/Taiwan Joint Ventures	4550	249	27562	8
其 他	Others	111363	1269	75261	1176

20—1 续表2 continued

单位：万元 (10000 yuan)

指 标	Item	利润总额 Total Profits	应缴增值税 Payable Added Value Tax	资产总计 Total Assets	固定资产净值 Net Value of Fixed Assets
总 计	**Total**	**1361066**	**779518**	**26074790**	**10026683**
#国家重点联系企业	National Key Contact Enterprises	409123	258649	7165042	3364564
按控股情况分	**Grouped by the Status of Holding Shares**				
国有绝对控股	The State Absolutely Holding the Majority of Shares	876664	582998	19659415	7535272
国有相对控股	The State Relatively Holding the Majority of Shares	270753	110538	3548393	1769798
集体绝对控股	The Collective Absolutely Holding the Majority of Shares	2867	88	180494	10864
集体相对控股	The Collective Relatively Holding the Majority of Shares				
其 他	Others	210782	85894	2686488	710749
按企业规模分	**Grouped by the Scale of Enterprises**				
大 型	Large-sized	992861	605680	19065489	7783370
中 型	Middle-sized	300505	172775	5353560	1985723
小 型	Small-sized	-5450	769	180871	89938
其 他	Others	73150	294	1474870	167652
按主营行业分	**Grouped by Main Sector**				
农、林、牧、渔业	Farming, Forestry, Animal Husbandry and Fishery				
采掘业	Mining and Quarrying	217909	127227	4941414	2204752
制造业	Manufacturing	935296	597694	17357875	6565350
#饮料制造业	Beverage Manufacturing	12112	24962	961732	229069
烟草加工业	Tobacco Processing	33680	65373	535038	113183
纺织业	Textile Industry	17697	17212	592841	237348
石油加工及炼焦业	Petroleum Processing and Coking	-19883	77623	969557	742696
化学原料及制品制造业	Raw Chemical Materials and Chemical Products	21650	19618	933569	402997
电气机械及器材制造业	Electric Equipment and Machinery	47338	30386	708619	160188
电气水的生产和供应业	Electric Power, Gas and Water Production and Supply	81978	48420	977368	555077
建筑业	Construction	4183	115	149719	42093
运输邮电业	Transportation, Postal & Telecommunication	35597		523662	308761
批发零售贸易、餐饮业	Wholesale & Retail Trade and Catering Services	17338	5768	559540	134339
金融保险业	Finance and Insurance				
房地产业	Real Estate Trade				
其 他	Others	68765	294	1565212	216311
按登记注册类型分	**Grouped by the Type of Registration**				
国有企业	State-owned Enterprises	23385	156462	1937120	1029924
国有独资公司	State-solely-owned Companies	202230	82166	5053473	1557213
其他有限责任公司	Limited Liability Companies	179011	127672	6575569	2181959
股份有限公司	Company Limited With Share Holding	763056	331168	10418488	4575173
中外合资企业	Chinese-foreign Joint Ventures	23370	23477	604331	147909
港澳台合资企业	Chinese-H.K/Macao/Taiwan Joint Ventures	62635	35323	570820	285433
其 他	Others	107379	23250	914989	249072

20—1 续表3 continued

单位：万元 (10000 yuan)

指标	Item	累计对外投资 Total Investment Abroad	本年对外投资 Investment to Out of the Confines of the Homeland	流动资产年均余额 Average Annual Balance of Circulating Funds	负债合计 Total Liabilities	流动负债 Circulating liabilities
总　计	**Total**	**2744220**	**592292**	**9082476**	**14032547**	**10072307**
#国家重点联系企业	National Key Contact Enterprises	826652	138715	1953280	3603312	2072059
按控股情况分	**Grouped by the Status of Holding Shares**					
国有绝对控股	The State Absolutely Holding the Majority of Shares	2369026	455433	6702344	10538543	7292240
国有相对控股	The State Relatively Holding the Majority of Shares	166898	39902	891809	1803960	1326016
集体绝对控股	The Collective Absolutely Holding the Majority of Shares	91279	705	63749	75136	67538
集体相对控股	The Collective Relatively Holding the Majority of Shares					
其　他	Others	117017	96252	1424574	1614908	1386513
按企业规模分	**Grouped by the Scale of Enterprises**					
大　型	Large-sized	1645790	353071	6329196	10562013	7224076
中　型	Middle-sized	370615	125553	2345528	2762597	2254850
小　型	Small-sized	14177	97	60792	62465	45132
其　他	Others	713638	113571	346960	645472	548249
按主营行业分	**Grouped by Main Sector**					
农、林、牧、渔业	Farming, Forestry, Animal Husbandry and Fishery					
采掘业	Mining and Quarrying	1350553	247801	1061508	2428936	1319413
制造业	Manufacturing	385463	179795	6993649	9956136	7510875
#饮料制造业	Beverage Manufacturing	9640	6252	615154	535537	453269
烟草加工业	Tobacco Processing	3530	3530	321253	242148	241748
纺织业	Textile Industry	29686	378	256302	369523	277461
石油加工及炼焦业	Petroleum Processing and Coking	7493		241334	637894	413981
化学原料及制品制造业	Raw Chemical Materials and Chemical Products	24933	14460	306092	586094	360320
电气机械及器材制造业	Electric Equipment and Machinery	27185	5	448424	422522	404563
电气水的生产和供应业	Electric Power, Gas and Water Production and Supply	100733	7554	194223	448399	175757
建筑业	Construction	14547	13633	56861	70932	70482
运输邮电业	Transportation, Postal & Telecommunication	119900	25920	77463	93393	93393
批发零售贸易、餐饮业	Wholesale & Retail Trade and Catering Services	48557	4018	325176	368383	336155
金融保险业	Finance and Insurance					
房地产业	Real Estate Trade					
其　他	Others	724467	113571	373596	666368	566232
按登记注册类型分	**Grouped by the Type of Registration**					
国有企业	State-owned Enterprises	11253	3530	761583	1197653	918165
国有独资公司	State-solely-owned Companies	1600556	248249	1327392	2495115	1553071
其他有限责任公司	Limited Liability Companies	544740	140669	2528533	4121064	3063689
股份有限公司	Company Limited With Share Holding	542913	171697	3412598	4985913	3563264
中外合资企业	Chinese-foreign Joint Ventures	14870		376259	354802	333570
港澳台合资企业	Chinese-H.K/Macao/Taiwan Joint Ventures	30		228790	319466	202039
其　他	Others	29858	28147	447321	558534	438509

20—1 续表4 continued

单位：万元 (10000 yuan)

指 标	Item	所有者权益 Creditors' Equity	股本 Capital Stock	固定资产投资完成额 Investment in Fixed Assets	研究开发费用 R&D Expenses	从业人员年末人数（人） Number of Employed Persons (Year-end) (person)
总 计	**Total**	**12041713**	**6247339**	**2485654**	**205777**	**597417**
#国家重点联系企业	National Key Contact Enterprises	3561730	1989648	897849	38390	211196
按控股情况分	**Grouped by the Status of Holding Shares**					
国有绝对控股	The State Absolutely Holding the Majority of Shares	9120872	5043846	1754878	138799	487411
国有相对控股	The State Relatively Holding the Majority of Shares	1743903	597506	592777	30631	42086
集体绝对控股	The Collective Absolutely Holding the Majority of Shares	105358	87943	6930	156	665
集体相对控股	The Collective Relatively Holding the Majority of Shares					
其 他	Others	1071580	518044	131069	36191	67255
按企业规模分	**Grouped by the Scale of Enterprises**					
大 型	Large-sized	8503476	4414038	1957722	151692	478653
中 型	Middle-sized	2590963	1474615	523952	51188	110678
小 型	Small-sized	117876	42387	847	1433	5460
其 他	Others	829398	316299	3133	1464	2626
按主营行业分	**Grouped by Main Sector**					
农、林、牧、渔业	Farming, Forestry, Animal Husbandry and Fishery					
采 掘 业	Mining and Quarrying	2512478	1850847	404014	33449	210240
制 造 业	Manufacturing	7401739	3410626	1856938	162434	358498
#饮料制造业	Beverage Manufacturing	426195	173405	25695	6513	26241
烟草加工业	Tobacco Processing	292890	142913	57399	1373	4986
纺 织 业	Textile Industry	223318	130030	54626	6118	41690
石油加工及炼焦业	Petroleum Processing and Coking	331663	253411	34092	921	13259
化学原料及制品制造业	Raw Chemical Materials and Chemical Products	347475	260309	40235	4350	25727
电气机械及器材制造业	Electric Equipment and Machinery	286097	226396	34283	6742	13481
电气水的生产和供应业	Electric Power, Gas and Water Production and Supply	528969	371070	12025	545	9582
建 筑 业	Construction	78787	13307	5455	1290	2472
运输邮电业	Transportation, Postal & Telecommunication	430269	177721	197363	6400	2354
批发零售贸易、餐饮业	Wholesale & Retail Trade and Catering Services	191157	77179	6726	195	9044
金融保险业	Finance and Insurance					
房地产业	Real Estate Trade					
其 他	Others	898314	346589	3133	1464	5227
按登记注册类型分	**Grouped by the Type of Registration**					
国有企业	State-owned Enterprises	739467	561003	114549	6345	31031
国有独资公司	State-solely-owned Companies	2558358	1515665	288030	26891	134744
其他有限责任公司	Limited Liability Companies	2454505	1664748	551829	80240	215499
股份有限公司	Company Limited With Share Holding	5432045	1998869	1450858	68744	185373
中外合资企业	Chinese-foreign Joint Ventures	249529	165171	23838	2875	9733
港澳台合资企业	Chinese-H.K/Macao/Taiwan Joint Ventures	251354	174396	12608	1552	9906
其 他	Others	356455	167487	43942	19130	11131

20—1 续表5 continued

单位：万元 (10000 yuan)

指 标	Item	在岗职工（人）Staff and Workers at their Posts (person)	其他从业人员人数（人）Other Wmployed Persons (person)	从业人员劳动报酬 Remuneration Payment to Employed Persons	在岗职工劳动报酬 Remuneration Payment to Staff and Workers at their Posts	其他从业人员劳动报酬 Remuneration Payment to Other Employed Persons
总 计	**Total**	**585354**	**12063**	**828194**	**819691**	**8503**
#国家重点联系企业	National Key Contact Enterprises	211159	37	347050	346954	96
按控股情况分	**Grouped by the Status of Holding Shares**					
国有绝对控股	The State Absolutely Holding the Majority of Shares	480790	6621	697362	693131	4231
国有相对控股	The State Relatively Holding the Majority of Shares	37730	4356	57471	54673	2798
集体绝对控股	The Collective Absolutely Holding the Majority of Shares	665		581	581	
集体相对控股	The Collective Relatively Holding the Majority of Shares					
其 他	Others	66169	1086	72780	71306	1474
按企业规模分	**Grouped by the Scale of Enterprises**					
大 型	Large-sized	470238	8415	687324	682002	5322
中 型	Middle-sized	107217	3461	128783	125690	3093
小 型	Small-sized	5273	187	7463	7375	88
其 他	Others	2626		4624	4624	
按主营行业分	**Grouped by Main Sector**					
农、林、牧、渔业	Farming, Forestry, Animal Husbandry and Fishery					
采 掘 业	Mining and Quarrying	207206	3034	312869	311359	1510
制 造 业	Manufacturing	349806	8692	471847	465186	6661
#饮料制造业	Beverage Manufacturing	24981	1260	20095	19460	635
烟草加工业	Tobacco Processing	4986		17120	17120	
纺 织 业	Textile Industry	41499	191	33438	33331	107
石油加工及炼焦业	Petroleum Processing and Coking	12869	390	30270	30026	244
化学原料及制品制造业	Raw Chemical Materials and Chemical Products	25535	192	29596	29469	127
电气机械及器材制造业	Electric Equipment and Machinery	13419	62	18512	18447	65
电气水的生产和供应业	Electric Power, Gas and Water Production and Supply	9462	120	17541	17469	72
建 筑 业	Construction	2468	4	3071	3069	2
运输邮电业	Transportation, Postal & Telecommunication	2354		3790	3790	
批发零售贸易、餐饮业	Wholesale & Retail Trade and Catering Services	8831	213	9420	9162	258
金融保险业	Finance and Insurance					
房地产业	Real Estate Trade					
其 他	Others	5227		9656	9656	
按登记注册类型分	**Grouped by the Type of Registration**					
国有企业	State-owned Enterprises	30516	515	63983	63647	336
国有独资公司	State-solely-owned Companies	131562	3182	192908	191372	1536
其他有限责任公司	Limited Liability Companies	213763	1736	254143	253118	1025
股份有限公司	Company Limited With Share Holding	179134	6239	272567	267969	4598
中外合资企业	Chinese-foreign Joint Ventures	9669	64	15612	15521	91
港澳台合资企业	Chinese-H.K/Macao/Taiwan Joint Ventures	9906		9590	9590	
其 他	Others	10804	327	19391	18474	917

20—2 企业集团主要经济指标（2003年）

Main Indicators of Enterprises Group (2003)

单位：万元 (10000 yuan)

指标	Item	单位数（个）Number of Enterprises (unit)	主营业务收入 Main Business Income	出口销售总额 Export Sales	主营业务成本 Main Business Cost	主营业务税金及附加 Main Business Tax and Extra Charges
总计	**Total**	**107**	**14541757**	**930097**	**12149578**	**155387**
按审批部门分	**Grouped by Approving Departments**					
国务院	The State Council	1	1261396	3900	988678	4999
国务院主管部门	Relevant Departments Under the State Council	3	1871859	70775	1493577	16335
省级人民政府	The People's Government at Provincial Level	30	5684982	525811	4649731	55524
省级政府主管部门	Provincial Departments Responsible for the Work	33	1964118	244770	1561335	11589
其他	Others	40	3759402	84841	3456257	66940
按母公司控股情况分	**Grouped by the Status of Holding Shares of Maternal Companies**					
国有绝对控股	The State Absolutely Holding the Majority of Shares	58	12887192	877728	10808715	139883
国有相对控股	The State Relatively Holding the Majority of Shares	2	70521	3179	45288	865
集体绝对控股	The Collective Absolutely Holding the Majority of Shares	6	469476	9326	371800	946
集体相对控股	The Collective Relatively Holding the Majority of Shares	1	27081	306	17117	2076
其他	Others	40	1087487	39558	906658	11617
按集团主营行业分	**Grouped by Main Sector of the Group**					
农、林、牧、渔业	Farming, Forestry, Animal Husbandry and Fishery	2	127999	8661	102568	1155
采掘业	Mining and Quarrying	4	1193693	17039	838695	16979
制造业	Manufacturing	75	9305210	576181	7559669	112084
电气水的生产和供应业	Electric Power, Gas and Water Production and Supply	3	1853502		1753691	8186
建筑业	Construction	8	274369	70	234183	8164
运输邮电业	Transportation, Postal & Telecommunication	1	5578		4588	142
批发零售贸易、餐饮业	Wholesale & Retail Trade and Catering Services	9	1729539	328146	1625157	2344
金融保险业	Finance and Insurance					
房地产业	Real Estate Trade	4	51681		30939	6332
其他	Others	1	186		88	1
按母公司登记注册类型分	**Grouped by the Type of Registration of Maternal Companies**					
国有企业	State-owned Enterprises	6	2006500	77133	1822308	50255
国有独资公司	State-solely-owned Companies	34	8468385	444573	7020014	80694
其他有限责任公司	Limited Liability Companies	45	3244306	254111	2590498	19011
股份有限公司	Company Limited With Share Holding	13	591162	151854	522987	4624
中外合资企业	Chinese-foreign Joint Ventures	1	2021		1601	8
港澳台合资企业	Chinese-H.K/Macao/Taiwan Joint Ventures					
其他	Others	8	229383	2426	192170	795
按是否建立母子公司体制分	**Grouped by Having Set up Maternal and Subsidiary Company System or Not**					
已建立	Already	99	12749794	801271	10415759	148274
未建立	Not Yet	8	1791963	128826	1733819	7113

20—2 续表1 continued

单位：万元 (10000 yuan)

指标	Item	其他业务收入 Other Business Income	营业外收入 Extra Income of Business	存货跌价损失和营业管理财务费用 Loss of Dropping in Price of Stock and Financial Expenses	投资收益 Profits of Investment	利润总额 Total Profits
总计	**Total**	**296123**	**30683**	**1457648**	**13735**	**826652**
按审批部门分	**Grouped by Approving Departments**					
国务院	The State Council	1831	445	103149	914	176806
国务院主管部门	Relevant Departments Under the State Council	146323	4451	291954	-12093	25305
省级人民政府	The People's Government at Provincial Level	37089	14408	569746	9149	447919
省级政府主管部门	Provincial Departments Responsible for the Work	41483	5612	278388	7814	110680
其他	Others	69397	5767	214411	7951	65942
按母公司控股情况分	**Grouped by the Status of Holding Shares of Maternal Companies**					
国有绝对控股	The State Absolutely Holding the Majority of Shares	278925	26931	1245510	988	718323
国有相对控股	The State Relatively Holding the Majority of Shares	745	35	12629	60	12099
集体绝对控股	The Collective Absolutely Holding the Majority of Shares	6713	719	68969	1768	20353
集体相对控股	The Collective Relatively Holding the Majority of Shares		18	5060	15	2861
其他	Others	9740	2980	125480	10904	73016
按集团主营行业分	**Grouped by Main Sector of the Group**					
农、林、牧、渔业	Farming, Forestry, Animal Husbandry and Fishery	6410	1548	28728	68	-2119
采掘业	Mining and Quarrying	159699	5045	274098	-11396	21279
制造业	Manufacturing	101718	18378	986598	10591	697276
电气水的生产和供应业	Electric Power, Gas and Water Production and Supply	8141	3071	43647	2774	64832
建筑业	Construction	11781	1579	23340	-68	698
运输邮电业	Transportation, Postal & Telecommunication	220		911	80	153
批发零售贸易、餐饮业	Wholesale & Retail Trade and Catering Services	7994	807	93567	2901	22284
金融保险业	Finance and Insurance					
房地产业	Real Estate Trade	160	255	6686	8784	22199
其他	Others			73	1	50
按母公司登记注册类型分	**Grouped by the Type of Registration of Maternal Companies**					
国有企业	State-owned Enterprises	55733	1834	123430	2402	7302
国有独资公司	State-solely-owned Companies	199775	22676	900744	-4792	476381
其他有限责任公司	Limited Liability Companies	31176	5091	351592	14497	313463
股份有限公司	Company Limited With Share Holding	7716	750	54700	1666	15886
中外合资企业	Chinese-foreign Joint Ventures			345		75
港澳台合资企业	Chinese-H.K/Macao/Taiwan Joint Ventures					
其他	Others	1723	332	26837	-38	13545
按是否建立母子公司体制分	**Grouped by Having Set up Maternal and Subsidiary Company System or Not**					
已建立	Already	288599	27610	1408198	15372	810471
未建立	Not Yet	7524	3073	49450	-1637	16181

20—2 续表2 continued

单位：万元 (10000 yuan)

指标	Item	应缴增值税 Payable Added Value Tax	资产总计 Total Assets	固定资产净值 Net Value of Fixed Assets	累计对外投资 Total Investment Abroad	本年对外投资 Investment to Out of the Confines of the Homeland
总计	**Total**	**615809**	**22539750**	**9198710**	**1254538**	**244576**
按审批部门分	**Grouped by Approving Departments**					
国务院	The State Council	63770	1688686	889607	21509	4688
国务院主管部门	Relevant Departments Under the State Council	112842	3853615	1970057	124949	3512
省级人民政府	The People's Government at Provincial Level	219681	8684397	3234138	561453	79595
省级政府主管部门	Provincial Departments Responsible for the Work	79029	3779726	1353803	237289	102854
其他	Others	140487	4533326	1751105	309338	53927
按母公司控股情况分	**Grouped by the Status of Holding Shares of Maternal Companies**					
国有绝对控股	The State Absolutely Holding the Majority of Shares	560395	20688780	8703373	1090007	140936
国有相对控股	The State Relatively Holding the Majority of Shares	4708	110679	37469	982	982
集体绝对控股	The Collective Absolutely Holding the Majority of Shares	21352	576264	159382	5374	750
集体相对控股	The Collective Relatively Holding the Majority of Shares	1296	24842	9068	498	450
其他	Others	28058	1139185	289418	157677	101458
按集团主营行业分	**Grouped by Main Sector of the Group**					
农、林、牧、渔业	Farming, Forestry, Animal Husbandry and Fishery	4461	309436	100500	5481	4733
采掘业	Mining and Quarrying	111346	3079773	1889107	108306	1917
制造业	Manufacturing	409765	13836893	5574566	493082	161274
电气水的生产和供应业	Electric Power, Gas and Water Production and Supply	79867	3781585	1398244	545665	27775
建筑业	Construction	611	524006	89271	6095	782
运输邮电业	Transportation, Postal & Telecommunication		12664	6454	1000	
批发零售贸易、餐饮业	Wholesale & Retail Trade and Catering Services	8993	844315	119123	40954	12622
金融保险业	Finance and Insurance					
房地产业	Real Estate Trade	766	146394	20495	52474	35447
其他	Others		4684	950	1481	26
按母公司登记注册类型分	**Grouped by the Type of Registration of Maternal Companies**					
国有企业	State-owned Enterprises	64347	2146391	901106	39481	1791
国有独资公司	State-solely-owned Companies	417850	14810153	6365591	937025	93679
其他有限责任公司	Limited Liability Companies	117760	4843813	1743961	250619	132639
股份有限公司	Company Limited With Share Holding	6346	479062	90062	23640	16055
中外合资企业	Chinese-foreign Joint Ventures	65	7154	2612		
港澳台合资企业	Chinese-H.K/Macao/Taiwan Joint Ventures					
其他	Others	9441	253177	95378	3773	412
按是否建立母子公司体制分	**Grouped by Having Set up Maternal and Subsidiary Company System or Not**					
已建立	Already	540823	19739733	8200020	1056457	242300
未建立	Not Yet	74986	2800017	998690	198081	2276

20—2 续表3 continued

单位：万元 (10000 yuan)

指 标	Item	流动资产年均余额 Average Annual Balance of Circulating Funds	负债合计 Total Liabilities	流动负债 Circulating liabilities	所有者权益 Creditors' Equity	股本 Capital Stock
总 计	**Total**	**8004694**	**13237571**	**8837743**	**9302179**	**4350626**
按审批部门分	**Grouped by Approving Departments**					
国务院	The State Council	407943	983690	611703	704996	80000
国务院主管部门	Relevant Departments Under the State Council	1154268	2574351	1294436	1279264	1040065
省级人民政府	The People's Government at Provincial Level	3412278	4580458	3595145	4103939	1741013
省级政府主管部门	Provincial Departments Responsible for the Work	1461936	2188377	1793545	1591349	740429
其 他	Others	1568269	2910695	1542914	1622631	749119
按母公司控股情况分	**Grouped by the Status of Holding Shares of Maternal Companies**					
国有绝对控股	The State Absolutely Holding the Majority of Shares	7148082	12215684	7953159	8473096	3886534
国有相对控股	The State Relatively Holding the Majority of Shares	65307	39286	35816	71393	14195
集体绝对控股	The Collective Absolutely Holding the Majority of Shares	270079	289767	278465	286497	210160
集体相对控股	The Collective Relatively Holding the Majority of Shares	13965	11340	8347	13502	9736
其 他	Others	507261	681494	561956	457691	230001
按集团主营行业分	**Grouped by Main Sector of the Group**					
农、林、牧、渔业	Farming, Forestry, Animal Husbandry and Fishery	180256	233377	198092	76059	64522
采掘业	Mining and Quarrying	813143	1907417	909145	1172356	1012272
制造业	Manufacturing	5076727	7935014	5978483	5901879	2166039
电气水的生产和供应业	Electric Power, Gas and Water Production and Supply	971582	2058350	758473	1723235	862219
建筑业	Construction	301638	371614	346752	152392	149207
运输邮电业	Transportation, Postal & Telecommunication	1938	6981	2659	5683	1388
批发零售贸易、餐饮业	Wholesale & Retail Trade and Catering Services	606142	650850	589911	193465	68418
金融保险业	Finance and Insurance					
房地产业	Real Estate Trade	51800	73445	53705	72949	24920
其 他	Others	1468	523	523	4161	1641
按母公司登记注册类型分	**Grouped by the Type of Registration of Maternal Companies**					
国有企业	State-owned Enterprises	775179	1508303	985603	638088	336002
国有独资公司	State-solely-owned Companies	5093227	8413227	5262257	6396926	3232800
其他有限责任公司	Limited Liability Companies	1751435	2872454	2209820	1971359	662284
股份有限公司	Company Limited With Share Holding	259268	312615	267408	166447	69706
中外合资企业	Chinese-foreign Joint Ventures	5195	2642	1142	4512	4231
港澳台合资企业	Chinese-H.K/Macao/Taiwan Joint Ventures					
其 他	Others	120390	128330	111513	124847	45603
按是否建立母子公司体制分	**Grouped by Having Set up Maternal and Subsidiary Company System or Not**					
已建立	Already	7118869	11420338	8115133	8319395	3931514
未建立	Not Yet	885825	1817233	722610	982784	419112

20—2 续表4 continued

单位：万元 (10000 yuan)

指　　标	Item	固定资产投资完成额 Investment in Fixed Assets	研究开发费用 R&D Expenses	从业人员年末人数（人） Number of Employed Persons (Year-end) (person)	在岗职工（人） Staff and Workers at their Posts (person)	其他从业人员人数（人） Other Wmployed Persons (person)
总　计	**Total**	**2028268**	**125672**	**649536**	**631776**	**17760**
按审批部门分	**Grouped by Approving Departments**					
国 务 院	The State Council	315018	328	14279	14162	117
国务院主管部门	Relevant Departments Under the State Council	385835	36175	192960	192651	309
省级人民政府	The People's Government at Provincial Level	768161	36191	226265	223554	2711
省级政府主管部门	Provincial Departments Responsible for the Work	302947	34956	116025	106140	9885
其　他	Others	256307	18022	100007	95269	4738
按母公司控股情况分	**Grouped by the Status of Holding Shares of Maternal Companies**					
国有绝对控股	The State Absolutely Holding the Majority of Shares	1950994	99133	580095	565118	14977
国有相对控股	The State Relatively Holding the Majority of Shares	10296	678	3286	3181	105
集体绝对控股	The Collective Absolutely Holding the Majority of Shares	20784	17434	12053	11583	470
集体相对控股	The Collective Relatively Holding the Majority of Shares	976	338	1031	1031	
其　他	Others	45218	8089	53071	50863	2208
按集团主营行业分	**Grouped by Main Sector of the Group**					
农、林、牧、渔业	Farming, Forestry, Animal Husbandry and Fishery	25832	968	64826	64486	340
采 掘 业	Mining and Quarrying	358478	33034	202241	199244	2997
制 造 业	Manufacturing	1425331	83105	305305	294961	10344
电气水的生产和供应业	Electric Power, Gas and Water Production and Supply	191142	7002	33409	29833	3576
建 筑 业	Construction	4741	1469	27878	27641	237
运输邮电业	Transportation, Postal & Telecommunication			844	844	
批发零售贸易、餐饮业	Wholesale & Retail Trade and Catering Services	18639		12854	12643	211
金融保险业	Finance and Insurance					
房地产业	Real Estate Trade	4105		2138	2083	55
其　他	Others		94	41	41	
按母公司登记注册类型分	**Grouped by the Type of Registration of Maternal Companies**					
国有企业	State-owned Enterprises	108096	4201	54251	52825	1426
国有独资公司	State-solely-owned Companies	1390507	78660	464797	457446	7351
其他有限责任公司	Limited Liability Companies	493823	38031	105511	96808	8703
股份有限公司	Company Limited With Share Holding	15352	1688	16724	16556	168
中外合资企业	Chinese-foreign Joint Ventures			157	154	3
港澳台合资企业	Chinese-H.K/Macao/Taiwan Joint Ventures					
其　他	Others	20490	3092	8096	7987	109
按是否建立母子公司体制分	**Grouped by Having Set up Maternal and Subsidiary Company System or Not**					
已 建 立	Already	1842904	118554	616643	602415	14228
未 建 立	Not Yet	185364	7118	32893	29361	3532

20—2 续表5 continued

单位：万元 (10000 yuan)

指标	Item	研究开发人员（人） R&D Personnel (person)	从业人员劳动报酬 Remuneration Payment to Employed Persons	在岗职工劳动报酬 Remuneration Payment to Staff and Workers at their Posts	其他从业人员劳动报酬 Remuneration Payment to Other Employed Persons	研究开发人员劳动报酬 Remuneration Payment to R&D Persons
总计	**Total**	**18214**	**886559**	**873874**	**12685**	**40599**
按审批部门分	**Grouped by Approving Departments**					
国务院	The State Council	98	17521	17424	97	274
国务院主管部门	Relevant Departments Under the State Council	3181	276863	276699	164	5671
省级人民政府	The People's Government at Provincial Level	9157	303943	301982	1961	24435
省级政府主管部门	Provincial Departments Responsible for the Work	3599	126702	119641	7061	5454
其他	Others	2179	161530	158128	3402	4765
按母公司控股情况分	**Grouped by the Status of Holding Shares of Maternal Companies**					
国有绝对控股	The State Absolutely Holding the Majority of Shares	15880	815272	804515	10757	36290
国有相对控股	The State Relatively Holding the Majority of Shares	175	3640	3551	89	263
集体绝对控股	The Collective Absolutely Holding the Majority of Shares	1023	18342	17995	347	2192
集体相对控股	The Collective Relatively Holding the Majority of Shares	14	903	903		30
其他	Others	1122	48402	46910	1492	1824
按集团主营行业分	**Grouped by Main Sector of the Group**					
农、林、牧、渔业	Farming, Forestry, Animal Husbandry and Fishery	271	44376	44079	297	366
采掘业	Mining and Quarrying	1975	292893	291479	1414	3668
制造业	Manufacturing	15130	412948	404892	8056	34250
电气水的生产和供应业	Electric Power, Gas and Water Production and Supply	698	90002	87508	2494	2037
建筑业	Construction	115	29389	29117	272	242
运输邮电业	Transportation, Postal & Telecommunication		931	931		
批发零售贸易、餐饮业	Wholesale & Retail Trade and Catering Services		14393	14283	110	
金融保险业	Finance and Insurance					
房地产业	Real Estate Trade		1563	1521	42	
其他	Others	25	64	64		36
按母公司登记注册类型分	**Grouped by the Type of Registration of Maternal Companies**					
国有企业	State-owned Enterprises	1732	71023	69945	1078	3211
国有独资公司	State-solely-owned Companies	12186	686708	682113	4595	30284
其他有限责任公司	Limited Liability Companies	3579	102492	95726	6766	5696
股份有限公司	Company Limited With Share Holding	276	15056	14889	167	355
中外合资企业	Chinese-foreign Joint Ventures		79	74	5	
港澳台合资企业	Chinese-H.K/Macao/Taiwan Joint Ventures					
其他	Others	441	11201	11127	74	1053
按是否建立母子公司体制分	**Grouped by Having Set up Maternal and Subsidiary Company System or Not**					
已建立	Already	17513	803824	793560	10264	38538
未建立	Not Yet	701	82735	80314	2421	2061

20—3 全省企业景气指数（2003年）

Business Indices of Enterprises in Anhui Province (2003)

指标	Item	一季度 The First Quarter	二季度 The Second Quarter	三季度 The Third Quarter	四季度 The Fourth Quarter
总体状况	**Total**	**125.0**	**109.7**	**124.7**	**132.4**
按行业门类分	**By Sector**				
工业	Industry	128.4	121.4	130.1	136.9
建筑业	Construction	87.5	107.5	110.5	122.5
交通运输、仓储和邮政业	Transportation, Storage, Postal & Telecommunication	128.0	69.4	109.2	120.6
批发和零售业	Wholesale & Retail Trade	132.5	106.7	123.4	126.2
房地产业	Real Estate Trade	138.7	131.5	139.5	141.9
社会服务业	Social Service	134.6	72.2	122.2	124.1
信息传输、计算机服务和软件业	Information Transmission, Computer Services and Software	152.0	135.7	131.7	156.0
住宿和餐饮业	Lodging and Catering	107.1	32.9	101.2	124.4
按企业注册类型分	**By Type of Registration**				
国有企业	State-owned Enterprises	112.8	90.1	112.7	122.6
集体企业	Collective-owned Enterprises	100.9	97.3	102.5	115.9
股份合作企业	Share Holding Cooperative Enterprises	119.1	79.0	101.0	110.5
联营企业	Joint Owned Enterprises	100.0			200.0
有限责任公司	Limited Liability Companies	130.5	114.8	130.2	133.4
股份有限公司	Company Limited With Share Holding	155.5	137.9	153.4	158.7
私营企业	Private Owned Enterprises	140.6	71.9	121.9	134.4
其他内资企业	Other Domestic Funded Enterprises	133.3	133.3	150.0	150.0
外商及港、澳、台投资企业	Foreign Funded Enterprises and Enterprises Funded by Entrepreneurs from H.K./Macao/Taiwan	146.9	137.2	147.1	150.0
按企业规模分	**By Scale of Enterprises**				
大型及以上	Large-sized and Over	149.3	141.8	161.3	167.1
中型	Middle-sized	125.1	104.4	117.1	126.8
小型	Small-sized	112.2	88.4	110.1	116.9
特殊分类	**Specially Classified**				
重点企业	Key Enterprises	151.0	136.3	142.3	149.3
高新技术企业	New High Technology Enterprises	154.5	145.5	148.5	154.6
乡镇企业	Township Enterprises	146.5	127.7	136.3	141.7
上市公司	Listed Companies	167.5	163.7	173.7	177.1
国有控股企业	State Controlling Share Hold Enterprises	124.9	107.0	123.6	130.8

20—4 全省企业家信心指数（2003年）

Faith Indices of Enterprises in Anhui Province (2003)

指 标	Item	一季度 The First Quarter	二季度 The Second Quarter	三季度 The Third Quarter	四季度 The Fourth Quarter
总体状况	**Total**	**129.3**	**117.5**	**125.1**	**134.6**
按行业门类分	**By Sector**				
工　业	Industry	134.3	124.7	131.0	140.0
建筑业	Construction	102.2	110.3	104.1	116.1
交通运输、仓储和邮政业	Transportation, Storage, Postal & Telecommunication	119.3	80.6	105.1	125.6
批发和零售业	Wholesale & Retail Trade	130.3	120.0	119.1	121.7
房地产业	Real Estate Trade	132.9	144.0	138.8	149.4
社会服务业	Social Service	134.6	88.9	129.6	125.9
信息传输、计算机服务和软件业	Information Transmission, Computer Services and Software	164.0	155.7	172.0	178.6
住宿和餐饮业	Lodging and Catering	123.5	69.5	112.4	135.9
按企业注册类型分	**By Type of Registration**				
国有企业	State-owned Enterprises	122.2	113.6	118.3	133.0
集体企业	Collective-owned Enterprises	116.9	103.6	106.8	124.4
股份合作企业	Share Holding Cooperative Enterprises	109.5	79.0	94.7	89.5
联营企业	Joint Owned Enterprises	200.0			100.0
有限责任公司	Limited Liability Companies	128.7	113.1	126.0	133.7
股份有限公司	Company Limited With Share Holding	151.7	138.1	153.9	159.9
私营企业	Private Owned Enterprises	146.9	106.3	131.3	140.6
其他内资企业	Other Domestic Funded Enterprises	116.7	166.7	116.7	166.7
外商及港、澳、台投资企业	Foreign Funded Enterprises and Enterprises Funded by Entrepreneurs from H.K./Macao/Taiwan	153.1	141.3	151.2	141.6
按企业规模分	**By Scale of Enterprises**				
大型及以上	Large-sized and Over	152.6	140.4	155.7	168.5
中　型	Middle-sized	126.4	114.7	119.1	128.1
小　型	Small-sized	119.8	103.6	115.9	124.8
特殊分类	**Specially Classified**				
重点企业	Key Enterprises	141.3	135.9	142.1	154.5
高新技术企业	New High Technology Enterprises	156.6	150.9	150.6	156.8
乡镇企业	Township Enterprises	145.6	135.6	144.4	147.8
上市公司	Listed Companies	161.2	145.5	168.3	173.0
国有控股企业	State Controlling Share Hold Enterprises	128.8	117.6	125.4	135.3

主要统计指标解释

所属公司、企业 指企业集团的母公司、全资子公司、绝对控股子公司、相对控股子公司，不包括参股企业、协作企业和子公司的二级公司。但如果企业集团的子公司是一个纯粹管理型的公司，那么该子公司的二级控股子公司也应作为企业集团所属公司、企业进行统计。上述企业集团的各类子公司中应包括在中国境内和境外的子公司。

所属公司、企业营业收入 指企业集团所属各公司、企业在年度内从事生产经营活动所取得的营业收入，包括主营业务收入和其他业务收入。

主营业务收入 指企业(集团)从事某种主要生产、经营活动所取得的营业收入。本项指标在各行业会计制度中的名称叫法不同，但一律按各行业会计制度或报表定义的口径进行填报，其中农业企业是指“主管业务收入”；工业企业是指“产品销售收入”；交通运输企业指“主管业务收入”；建筑企业指“工程结算收入”；批发零售贸易企业指“商品销售收入”；房地产企业指“房地产经营收入”；其他企业指“经营(营业)收入”。本项指标应按企业集团各成员企业相加汇总的数据填报。

控股情况 指按所有制性质和控股状况划分的企业情况，包括：

国有绝对控股 指国有资本占全部资本份额的51%及以上；

国有相对控股 指国有资本占全部资本份额的51%以下，但实际掌握企业的控制权；

集体绝对控股 指集体资本占全部资本份额的51%及以上；

集体相对控股 指集体资本占全部资本份额的51%以下，但实际掌握企业的控制权；

其他 指国有绝对控股、国有相对控股、集体绝对控股、集体相对控股以外的控股情况。

经营组织形式 指企业的财产组织形式，分为已按《公司法》改制的有限责任公司、股份有限公司、国有独资公司和尚未按《公司法》改制的国有企业以及其他组织形式的企业。

国家重点联系企业 指520户国家重点企业。

国家试点企业集团母公司 指国务院批准成立的国家试点企业集团的母公司(核心企业)。

企业家信心指数 也称“宏观经济景气指数”。是根据企业家对企业外部市场经济环境与宏观政策的认识、看法、判断与预期(通常为对“乐观”、“一般”、“不乐观”的选择)而编制的指数，用以综合反映企业家对宏观经济环境的感受与信心。

企业景气指数 也称“企业综合生产经营景气指数”。是根据企业家对本企业综合生产经营情况的判断与预期(通常为对“好”、“一般”、“不佳”的选择)而编制的指数，用以综合反映企业的生产经营状况。

景气指数用纯正数表示，数值范围为0～200之间。100为景气指数的临界值；当景气指数大于100时，表明经济状况趋于上升或改善，处于景气状况；当景气指数小于100时，表明经济状况趋于下降或恶化，处于不景气状态。

景气指数表示形式自2000年起进行了调整，调整方法为：将原景气指数加100。如1999年四季度企业家信心指数为-14.9，用新方法即为85.1。

统计范围：

重点企业 一是国家重点企业(包括520户国家重点企业和重组为集团公司的原512户国家重点企业)；二是中央企业工作委员会管理的企业；三是省级50户重要骨干工业企业、20户省外投资重要骨干工业企业和10户省重要骨干商贸企业；四是国务院确定的建立现代企业制度原百户试点企业；五是省政府及主管部门确定的建立现代企业制度原试点企业；六是国家试点企业集团的母公司(即核心企业)；七是境内外上市公司；八是21家省级重点企业集团的母公司。

企业集团 一是由国务院批准的国家试点企业集团；二是由国务院主管部门批准的企业集团；三是由省、自治区、直辖市人民政府批准的企业集团；四是主营业务收入和资产总计均在5亿元以上的其他各类企业集团；五是经工商行政管理部门登记注册的各类企业集团；六是21家省级重点企业集团。企业集团内部的统计范围包括企业集团的母公司、在中国境内和境外的全资子公司、绝对控股子公司和相对控股子公司，不包括参股企业、协作企业和子公司下属的公司。

企业景气调查 是适应社会主义市场经济发展的新形势，借鉴市场经济国家的经验而建立的一项统计调查制度。它是通过对部分企业家进行定期问卷调查，搜集企业家对企业经营状况及宏观经济形势的判断和预期资料，据以编制企业景气指数的一种统计调查方法。

Explanatory Notes for Major Statistical Indicators

Companies and Enterprises under the Group refer to maternal company, whole funded subsidiary company, subsidiary companies absolutely or relatively holding the majority of shares, excluding share-holding enterprises, cooperative enterprises and second-level companies under the subsidiary companies. But if the function type of the subsidiary company is sole administration, then the second-level companies under the subsidiary companies should be included. The above-mentioned subsidiary companies include those both inside and outside the borders of China.

Income of Companies and Enterprises under the Group refer to business income of the companies and enterprises under the group during the year, including main business income and other business income.

Main Business Income refer to the income of enterprises (group) from main production or operation activities. The names of this indicator are different in various sectors, but always be filled in according to the accounting system of every sector. Of which, in agricultural enterprises, it is called "responsible business income"; in industrial enterprises: "sales revenue"; transportation: "responsible business income"; construction: "project settlement income"; wholesale and retail sale trade: "sales revenue"; real estate "real estate business income" and in other enterprises: "receipts from business". This amount should be the sum of every enterprise of the group.

Status of Controlling Shares refer to the enterprises grouped by ownership and status of controlling shares.

State Absolutely Controlling Shares: means that state capital makes up 51% or over of the total capital.

State Relatively Controlling Shares: means that state capital makes up less than 51% of the total capital but keeps the enterprise under control.

Collective Absolutely Controlling Shares: means that collective capital makes up 51% or over of the total capital.

Collective Relatively Controlling Shares: means that collective capital makes up less than 51% of the total capital but keeps the enterprise under control.

Others: refers to other controlling shares except above-mentioned status.

Management and Organization Form means the organization form of property, devided into those reorganized enterprises according to "Enterprise Law" (such as limited liability companies, companies limited with share holding, state sole funded companies) and sate-owned and other types of enterprises that have not reorganized according to "Enterprise Law".

National-key-contact Enterprises refers to 520 national key enterprises.

Parent Company of National Pilot Enterprise Group refers to maternal company (key enterprise) of national pilot enterprise approved by the State Council.

Faith Index of Entrepreneur also called "macro business index". It is usually drawn up according to the entrepreneurs' judgement and anticipation to the external market economic environment and macro policy (including "optimistic", "ordinary", "not optimistic"), so as to reflect the entrepreneurs' feeling and faith about macro economy.

Business Index of Enterprise also called "comprehensive production and management index of enterprise". It is usually drawn up according to the entrepreneurs' judgement and anticipation to the operation status of enterprise, so as to reflect the status of production and operation of enterprises.

This index is always positive and between 0 and 200. 100 is the critical value. If the index is more than 100, it reflects that the economic situation is improving, and if the index is less than 100, it reflects that the economic situation is worsening.

This index has been adjusted since 2000, namely that plus 100 to original index. For instance, the Faith Index of Entrepreneur of the fourth season in 1999 was -14.9, the index becomes 85.1 adopting the new method.

Statistical Coverage

Key Enterprises 1. The national key enterprises (including 520 national key enterprises and 512 original national key enterprises that are recombinated to group companies); 2. Enterprises managed by the Central Enterprise Committee; 3. 50 important backbone industrial enterprises at the provincial level, 20 important backbone industrial enterprises invested by other provinces and 10 provincial important backbone commercial and trade enterprises; 4. One hundred original pilot enterprises of modern enterprise system which the State Council defined; 5. Original pilot enterprises of modern enterprise system which provincial government and responsible institutions defined; 6. The parent company of national experimental enterprise group (namely the key enterprises); 7. Local and overseas listed companies; 8. Parent companies of 21 key enterprise groups at provincial grade.

Enterprise Group 1. National experimental enterprise group approved by the State Council; 2. Enterprise group approved by departments under the State Council being responsible for the work; 3. Enterprise group approved by the Government of Province, autonomous region or municipality directly under the central government; 4. Other types of enterprise group with both business income and capital over 500 million yuan; 5. Enterprise groups registered by administrative department of industry and commerce; 6. 21 key enterprise groups at the provincial level. The internal statistics of enterprise group cover maternal company of the group, whole funded subsidiary company both inside and outside the borders of China, subsidiary companies absolutely or relatively holding the majority of shares. The share-holding enterprises, cooperative enterprises and second-level companies under the subsidiary companies are excluded.

Business Survey of Enterprise is a survey system set up adapted to the new situation of socialist market economy and drawing on the experience of the countries with market economy. The business indices of enterprise are drawn up through giving out regular questionaire to some entrepreneurs and collecting their judgement and anticipation to the operation status of enterprise and macro economical situation.

省级和县级主要经济指标及位次

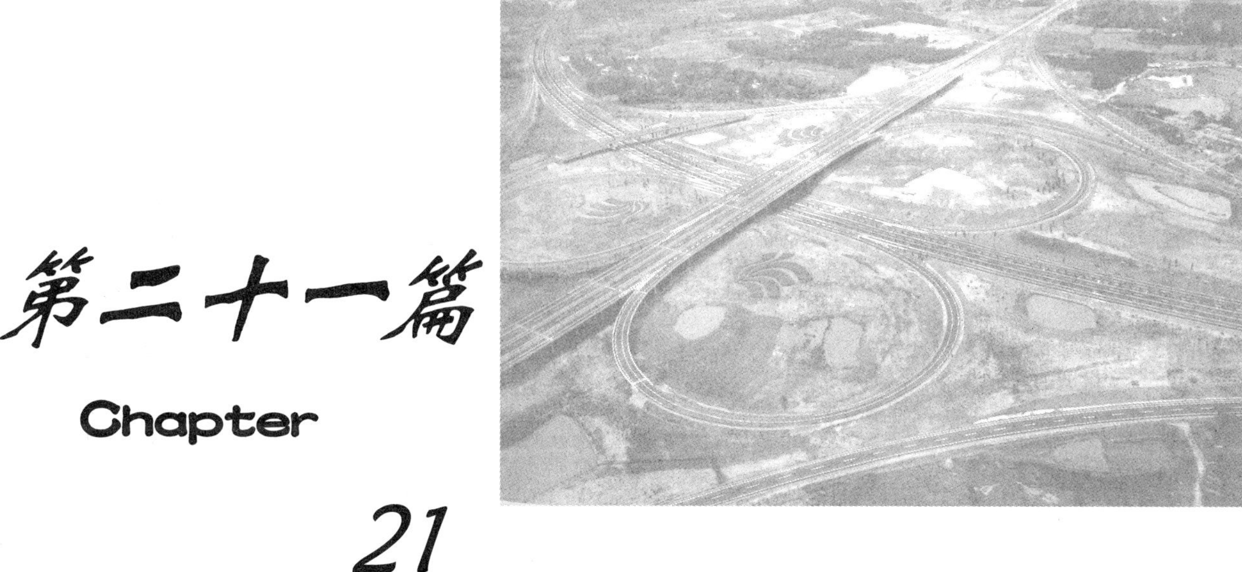

第二十一篇

Chapter

21

MAIN ECONOMIC INDICATORS AND THEIR ORDERS OF PRECEDENCE OF PROVINCE AND COUNTY

简要说明

一、本篇包括全国分省(市)主要年份经济指标及位次和本省县级主要经济指标及位次。

二、各县资料均来自本年鉴各篇。

三、人均指标依据年平均人数计算。

Brief Introduction

I. This chapter includes main economic indicators and their orders of precedence of provinces and counties of Anhui in major years.

II. Data of counties are extracted from the concerned data in other chapters in this yearbook.

III. Per capita indicators are calculated in accordance with annual average population.

21—1 全国分省（市）主要年份生产总值及位次

Gross Domestic Product and Their Orders of Precedence in Major Years by Province or City

本表按当年价格计算。单位：亿元 (Data in value terms in this table are calculated at current prices. 100 million yuan)

省（市） Province or City	1990	位次 Order of Precedence	1995	位次 Order of Precedence	2000	位次 Order of Precedence	2002	位次 Order of Precedence	2003	位次 Order of Precedence
全国 National Total	**18548**		**58261**		**88189.6**		**102397.9**		**116694.00**	
北京 Beijing	500.82	15	1394.89	16	2478.76	15	3130.0	15	3611.94	15
天津 Tianjin	310.95	23	920.11	22	1639.36	22	2022.6	21	2386.94	22
河北 Hebei	896.33	8	2849.52	7	5088.96	6	6076.6	6	7095.39	5
山西 Shanxi	429.27	18	1092.48	20	1643.81	21	2001.8	22	2445.58	20
内蒙古 Inner Mongolia	319.31	22	681.92	24	1401.01	24	1724.8	24	2092.86	24
辽宁 Liaoning	1061.91	5	2793.37	8	4669.06	7	5458.2	7	6002.54	8
吉林 Jilin	425.28	20	1129.20	19	1821.19	19	2243.0	18	2521.78	18
黑龙江 Heilongjiang	715.23	12	2014.53	13	3253.00	13	3901.5	13	4433.12	13
上海 Shanghai	756.45	10	2462.57	9	4551.15	8	5408.8	8	6250.81	7
江苏 Jiangsu	1416.50	3	5155.25	2	8582.73	2	10636.3	2	12451.75	2
浙江 Zhejiang	897.99	7	3524.79	5	6036.34	4	7670.0	4	9200.00	4
安徽 Anhui	**658.02**	**13**	**2003.58**	**14**	**3038.24**	**14**	**3553.6**	**14**	**3972.38**	**14**
福建 Fujian	523.30	14	2160.52	12	3920.07	11	4682.0	11	5241.73	11
江西 Jiangxi	428.62	19	1205.11	18	2003.07	17	2450.0	16	2830.00	16
山东 Shandong	1511.19	1	5002.34	3	8542.44	3	10550.0	3	12370.00	3
河南 Henan	934.65	6	3002.74	6	5137.66	5	6163.2	5	7025.93	6
湖北 Hubei	824.38	9	2391.42	10	4276.32	9	4975.6	9	5395.91	10
湖南 Hunan	744.44	11	2195.70	11	3691.88	12	4340.9	12	4633.73	12
广东 Guangdong	1471.84	2	5381.72	1	9662.23	1	11674.4	1	13449.93	1
广西 Guangxi	449.06	17	1606.15	15	2050.14	16	2434.8	17	2733.21	17
海南 Hainan	102.49	27	364.17	27	518.48	28	602.7	28	677.54	28
重庆 Chongqing					1589.34	23	1971.1	23	2250.11	23
四川 Sichuan	1186.22	4	3534.00	4	4010.25	10	4875.1	10	5456.32	9
贵州 Guizhou	260.14	25	630.07	25	993.53	26	1180.0	26	1344.31	26
云南 Yunnan	451.67	16	1206.68	17	1955.09	18	2231.9	19	2458.80	19
西藏 Tibet					117.46	31				
陕西 Shaanxi	374.05	21	1000.03	21	1660.92	20	2036.0	20	2398.58	21
甘肃 Gansu	242.80	26	553.35	26	983.36	27	1161.0	27	1301.06	27
青海 Qinghai	69.94	28	165.31	29	263.59	30	341.0	29	390.16	29
宁夏 Ningxia	64.84	29	169.75	28	265.57	29	329.7	30	384.92	30
新疆 Xinjiang	274.01	24	834.57	23	1364.36	25	1598.3	25	1849.82	25

注：2003年数据均为初步核算数。

a) The data of the national total and in all the provinces in 2003 are all preliminary. The data in Anhui aren't adjusted according to the annual report considering the comparativity to other provinces.

21—2 全国分省（市）主要年份生产总值第一产业及位次

Gross Domestic Product of Precedence and Their Orders of Precedence by Province or City

本表按当年价格计算。单位：亿元 (Data in value terms in this table are calculated at current prices. 100 million yuan)

省（市）	Province or City	1990	位次 Order of Precedence	1995	位次 Order of Precedence	2000	位次 Order of Precedence	2002	位次 Order of Precedence	2003	位次 Order of Precedence
全　国	**National Total**	**5017**		**11993**		**14212.0**		**14883.3**		**17247.00**	
北　京	Beijing	43.88	25	81.44	25	89.97	26	95.5	26	95.30	26
天　津	Tianjin	27.32	27	63.21	26	73.54	28	83.9	28	89.70	28
河　北	Hebei	227.89	9	631.34	7	824.55	6	950.2	6	1064.33	5
山　西	Shanxi	80.81	22	168.69	22	179.86	25	195.0	25	213.28	25
内蒙古	Inner Mongolia	112.57	18	208.53	21	350.80	18	372.0	18	421.86	18
辽　宁	Liaoning	168.57	13	292.17	17	503.44	13	588.0	13	622.47	13
吉　林	Jilin	124.99	17	303.99	16	398.73	16	456.1	16	488.80	17
黑龙江	Heilongjiang	160.34	15	388.15	13	357.00	17	447.0	17	513.12	15
上　海	Shanghai	32.60	26	61.67	27	83.20	27	88.2	27	92.98	27
江　苏	Jiangsu	355.17	4	848.35	4	1031.17	3	1122.6	3	1106.78	4
浙　江	Zhejiang	225.04	10	559.80	10	664.16	9	680.0	10	722.00	10
安　徽	**Anhui**	**246.17**	**8**	**581.24**	**9**	**732.19**	**8**	**749.8**	**8**	**763.81**	**9**
福　建	Fujian	148.03	16	479.42	12	640.57	11	663.0	11	705.49	11
江　西	Jiangxi	175.96	11	374.64	14	485.14	14	536.0	14	560.00	14
山　东	Shandong	425.29	1	1010.13	1	1268.57	1	1390.0	1	1505.00	1
河　南	Henan	325.77	5	762.99	5	1161.58	2	1282.0	2	1237.00	2
湖　北	Hubei	289.45	6	619.38	8	662.30	10	707.0	9	792.55	8
湖　南	Hunan	279.09	7	685.30	6	784.92	7	847.3	7	885.87	7
广　东	Guangdong	384.59	3	868.99	3	1000.06	4	1023.9	5	1051.60	6
广　西	Guangxi	175.61	12	488.97	11	538.69	12	591.4	12	628.18	12
海　南	Hainan	46.02	24	130.86	23	196.56	23	229.2	23	257.12	23
重　庆	Chongqing					283.00	20	315.8	19	343.07	20
四　川	Sichuan	417.71	2	976.96	2	945.58	5	1027.6	4	1128.60	3
贵　州	Guizhou	100.10	20	227.06	20	270.99	22	280.5	22	294.53	22
云　南	Yunnan	168.13	14	305.27	15	436.26	15	469.9	15	498.95	16
西　藏	Tibet					36.32	31				
陕　西	Shaanxi	105.56	19	227.25	19	279.12	21	303.8	21	320.03	21
甘　肃	Gansu	64.06	23	110.53	24	193.36	24	214.0	24	240.00	24
青　海	Qinghai	17.67	28	38.85	28	38.53	30	44.9	30	47.00	30
宁　夏	Ningxia	16.84	29	35.39	29	45.95	29	52.9	29	55.50	29
新　疆	Xinjiang	94.61	21	250.17	18	288.18	19	305.0	20	388.00	19

21—3 全国分省（市）主要年份生产总值第二产业及位次

Gross Domestic Product of Secondary Industry and Their Orders of Precedence in Major Years by Province or City

本表按当年价格计算。单位：亿元 (Data in value terms in this table are calculated at current prices. 100 million yuan)

省（市）	Province or City	1990	位次 Order of Precedence	1995	位次 Order of Precedence	2000	位次 Order of Precedence	2002	位次 Order of Precedence	2003	位次 Order of Precedence
全国	**National Total**	**7717**		**28173**		**45487.8**		**52981.9**		**61778.00**	
北京	Beijing	262.39	12	615.17	15	943.51	15	1114.4	15	1298.47	16
天津	Tianjin	179.51	17	501.22	19	820.17	18	978.8	17	1212.34	18
河北	Hebei	387.52	8	1322.77	9	2559.96	5	3033.9	5	3675.38	5
山西	Shanxi	210.17	15	545.13	17	827.59	17	1050.8	16	1400.12	15
内蒙古	Inner Mongolia	102.43	23	261.79	24	556.28	25	729.9	24	947.89	24
辽宁	Liaoning	540.84	3	1390.00	8	2344.40	7	2611.8	7	2852.60	8
吉林	Jilin	182.15	16	479.46	20	800.28	19	964.6	18	1140.78	19
黑龙江	Heilongjiang	362.68	9	1054.77	10	1868.55	10	2188.5	10	2532.45	10
上海	Shanghai	482.68	5	1409.85	7	2163.68	8	2564.7	8	3130.72	7
江苏	Jiangsu	492.59	4	2715.26	2	4435.89	2	5546.6	2	6782.25	2
浙江	Zhejiang	408.18	7	1834.47	4	3183.47	4	3925.0	4	4830.00	4
安徽	**Anhui**	**251.48**	**13**	**938.72**	**12**	**1296.31**	**14**	**1529.0**	**14**	**1780.60**	**14**
福建	Fujian	174.47	18	910.56	13	1711.16	11	2159.9	11	2495.63	11
江西	Jiangxi	133.56	21	451.12	21	700.76	22	938.2	20	1227.00	17
山东	Shandong	635.98	1	2372.67	3	4244.40	3	5309.0	3	6590.00	3
河南	Henan	331.85	10	1420.25	6	2413.78	6	2953.3	6	3550.47	6
湖北	Hubei	313.39	11	1030.70	11	2123.70	9	2446.1	9	2580.58	9
湖南	Hunan	249.88	14	815.82	14	1461.86	13	1737.2	13	1793.71	13
广东	Guangdong	587.04	2	2786.05	1	4868.75	1	5856.9	1	7048.05	1
广西	Guangxi	118.45	22	605.12	16	748.00	20	847.6	22	1005.92	22
海南	Hainan	20.12	29	78.64	27	102.45	30	122.8	30	150.93	30
重庆	Chongqing					657.51	23	826.5	23	975.95	23
四川	Sichuan	428.56	6	1486.63	5	1700.49	12	1982.4	12	2266.06	12
贵州	Guizhou	92.83	25	234.10	26	387.85	27	474.5	27	571.91	27
云南	Yunnan	157.80	19	536.63	18	843.24	16	956.0	19	1067.76	21
西藏	Tibet					27.21	31				
陕西	Shaanxi	157.15	20	405.53	22	731.90	21	925.8	21	1133.56	20
甘肃	Gansu	98.33	24	258.51	25	439.88	26	530.2	26	607.62	26
青海	Qinghai	26.89	27	65.46	29	114.00	29	152.6	28	184.26	29
宁夏	Ningxia	25.34	28	74.14	28	120.04	28	150.8	29	191.72	28
新疆	Xinjiang	83.50	26	302.56	23	586.84	24	672.1	25	795.51	25

21—4 全国分省（市）主要年份生产总值第三产业及位次

Gross Domestic Product of Precedence Industry and Their Orders of Precedence in Main Years by Province or City

本表按当年价格计算。单位：亿元 (Data in value terms in this table are calculated at current prices. 100 million yuan)

省（市） Province or City	1990	位次 Order of Precedence	1995	位次 Order of Precedence	2000	位次 Order of Precedence	2002	位次 Order of Precedence	2003	位次 Order of Precedence
全国 National Total	**5814**		**18094**		**29703.8**		**34532.8**		**37669.00**	
北京 Beijing	194.55	13	698.28	12	1445.28	11	1920.1	9	2218.17	9
天津 Tianjin	104.10	23	335.68	22	745.65	18	960.0	18	1084.90	17
河北 Hebei	280.00	6	895.41	8	1704.45	7	2092.6	7	2355.68	7
山西 Shanxi	138.39	17	378.66	18	636.36	22	756.0	23	832.18	23
内蒙古 Inner Mongolia	104.31	22	211.60	24	493.93	24	623.0	24	723.11	24
辽宁 Liaoning	353.33	4	1011.22	6	1821.22	6	2258.4	6	2527.47	6
吉林 Jilin	118.14	20	345.75	21	622.18	23	822.3	20	892.20	21
黑龙江 Heilongjiang	192.21	14	571.61	14	1027.45	14	1266.0	15	1387.55	15
上海 Shanghai	241.17	9	991.04	7	2304.27	4	2755.8	5	3027.11	5
江苏 Jiangsu	368.74	3	1591.64	3	3115.67	2	3967.2	2	4562.72	2
浙江 Zhejiang	264.77	8	1130.52	4	2188.71	5	3065.0	4	3648.00	4
安徽 Anhui	**160.37**	**15**	**483.62**	**16**	**1009.73**	**15**	**1274.7**	**14**	**1427.97**	**14**
福建 Fujian	200.80	12	770.54	10	1568.34	8	1859.0	11	2040.61	11
江西 Jiangxi	119.10	19	379.35	17	817.17	16	975.8	17	1043.00	18
山东 Shandong	449.92	2	1619.54	2	3029.47	3	3851.0	3	4275.00	3
河南 Henan	277.03	7	819.50	9	1562.30	9	1927.8	8	2238.46	8
湖北 Hubei	221.54	10	741.34	11	1490.32	10	1822.6	12	2022.78	12
湖南 Hunan	215.37	11	694.58	13	1445.10	12	1756.5	13	1954.15	13
广东 Guangdong	500.21	1	1726.28	1	3793.42	1	4793.6	1	5350.28	1
广西 Guangxi	155.00	16	512.06	15	763.45	17	995.7	16	1099.11	16
海南 Hainan	36.35	27	154.67	27	219.47	28	250.7	28	269.49	28
重庆 Chongqing					648.83	21	828.9	19	931.09	20
四川 Sichuan	339.96	5	1070.41	5	1364.18	13	1865.1	10	2061.66	10
贵州 Guizhou	67.21	26	168.91	26	334.69	27	425.0	26	477.87	26
云南 Yunnan	125.74	18	364.78	20	675.59	19	806.0	22	892.09	22
西藏 Tibet					53.93	31				
陕西 Shaanxi	111.34	21	367.25	19	649.90	20	806.4	21	944.99	19
甘肃 Gansu	80.41	25	184.31	25	350.12	26	416.9	27	453.44	27
青海 Qinghai	25.38	28	61.00	28	111.06	29	143.6	29	158.90	29
宁夏 Ningxia	22.66	29	60.22	29	99.58	30	126.0	30	137.70	30
新疆 Xinjiang	95.89	24	281.84	23	489.34	25	621.2	25	666.31	25

21—5 全国分省（市）主要年份固定资产投资及位次

Investment in Fixed Assets and Their Orders of Precedence in Main Years by Province or City

单位：亿元

(100 million yuan)

省（市） Province or City	1990	位次 Order of Prece-dence	1995	位次 Order of Prece-dence	2000	位次 Order of Prece-dence	2002	位次 Order of Prece-dence	2003	位次 Order of Prece-dence
全国 National Total	**4516.97**		**20019.26**		**24243**		**32941.76**		**42643.42**	
北京 Beijing	196.53	9	864.85	9	1186	6	1681.58	6	1986.19	6
天津 Tianjin	88.65	19	396.55	17	526	17	703.71	18	923.64	21
河北 Hebei	183.70	10	907.75	6	1048	7	1161.57	10	1619.28	9
山西 Shanxi	121.58	14	270.64	23	457	22	675.97	21	931.73	20
内蒙古 Inner Mongolia	65.58	24	251.32	24	347	24	618.21	22	1052.36	15
辽宁 Liaoning	228.76	6	865.49	8	1028	8	1315.86	8	1664.89	8
吉林 Jilin	93.22	18	320.29	20	485	20	693.42	20	849.42	22
黑龙江 Heilongjiang	164.02	11	517.62	14	741	13	906.55	14	1014.60	16
上海 Shanghai	359.76	2	1597.89	3	1679	2	1970.15	5	2213.23	5
江苏 Jiangsu	262.57	5	1764.76	2	1645	3	2320.04	2	3664.76	2
浙江 Zhejiang	262.99	4	1482.62	4	1445	5	2296.55	3	3057.10	4
安徽 Anhui	**125.32**	**13**	**476.10**	**15**	**576**	**15**	**791.99**	**15**	**1178.52**	**13**
福建 Fujian	112.98	16	683.02	12	810	12	964.46	12	1182.02	12
江西 Jiangxi	71.63	22	282.54	22	322	25	611.55	24	975.40	18
山东 Shandong	338.53	3	1308.62	5	1564	4	2288.68	4	3564.79	3
河南 Henan	208.16	8	783.14	11	885	11	1116.08	11	1553.95	10
湖北 Hubei	142.81	12	785.09	10	988	10	1259.47	9	1460.77	11
湖南 Hunan	121.24	15	523.00	13	634	14	906.83	13	1160.24	14
广东 Guangdong	417.11	1	2315.83	1	2536	1	3022.88	1	3835.22	1
广西 Guangxi	68.84	23	403.15	16	398	23	542.16	25	717.50	25
海南 Hainan	43.33	27	182.08	25	150	28	188.41	29	237.82	29
重庆 Chongqing					459	21	735.91	17	970.19	19
四川 Sichuan	224.96	7	901.42	7	1016	9	1408.09	7	1788.57	7
贵州 Guizhou	45.96	26	161.79	26	288	27	527.62	26	653.59	26
云南 Yunnan	83.18	21	390.45	18	504	19	612.79	23	775.64	24
西藏 Tibet	9.59	30	35.13	30	49	31	109.42		134.75	31
陕西 Shaanxi	101.11	17	310.18	21	529	16	750.60	16	1007.65	17
甘肃 Gansu	57.00	25	145.76	27	322	26	448.87	27	536.18	27
青海 Qinghai	21.40	28	53.11	29	132	29	205.21	28	225.02	30
宁夏 Ningxia	20.66	29	62.17	28	124	30	173.14	30	245.89	28
新疆 Xinjiang	88.21	20	331.97	19	520	18	700.26	19	833.21	23

21—6 全国分省（市）主要年份农林牧渔业总产值及位次

Gross Output Value of Farming, Forestry, Animal Husbandry, and Fishery and Their Orders of Precedence in Main Years by Province or City

本表按当年价格计算。单位：亿元 (Data in value terms in this table are calculated at current prices. 100 million yuan)

省（市） Province or City	1990	位次 Order of Precedence	1995	位次 Order of Precedence	2000	位次 Order of Precedence	2002	位次 Order of Precedence	2003	位次 Order of Precedence
全国 National Total	**7662.1**		**20340.90**		**24777**		**27395.0**		**29691.83**	
北京 Beijing	70.2	24	164.47	26	195	27	235.5	26	246.76	27
天津 Tianjin	54.9	27	133.25	27	156	28	181.0	28	213.88	28
河北 Hebei	357.6	9	1147.83	6	1549	5	1729.1	5	1956.87	3
山西 Shanxi	124.8	22	299.68	22	302	25	349.5	25	403.59	23
内蒙古 Inner Mongolia	156.9	19	373.59	20	518	18	383.2	22	666.38	19
辽宁 Liaoning	273.8	11	761.80	12	967	12	1128.7	11	1214.98	10
吉林 Jilin	189.1	17	490.28	16	598	17	724.8	17	792.14	17
黑龙江 Heilongjiang	245.4	14	670.03	14	625	16	777.0	15	903.27	14
上海 Shanghai	68.2	26	182.47	25	216	26	233.8	27	247.29	26
江苏 Jiangsu	580.5	4	1686.78	2	1874	3	2105.5	3	1952.20	4
浙江 Zhejiang	336.8	10	891.71	10	1040	10	1154.5	10	1184.04	11
安徽 Anhui	**370.9**	**8**	**980.26**	**9**	**1220**	**7**	**1305.6**	**8**	**1305.36**	**9**
福建 Fujian	228.7	15	765.38	11	1029	11	1085.2	12	1151.16	12
江西 Jiangxi	255.2	12	631.71	15	760	14	825.0	14	841.63	15
山东 Shandong	647.5	1	1857.48	1	2294	1	2526.1	1	2902.45	1
河南 Henan	502.0	5	1304.25	5	1981	2	2182.0	2	2193.09	2
湖北 Hubei	402.2	6	988.53	8	1126	9	1203.3	9	1342.09	8
湖南 Hunan	397.4	7	1046.97	7	1219	8	1320.7	7	1452.96	7
广东 Guangdong	600.7	3	1445.48	4	1632	4	1767.9	4	1908.66	5
广西 Guangxi	252.2	13	743.50	13	827	13	916.8	13	1030.89	13
海南 Hainan	68.7	25	202.10	24	309	24	360.2	23	379.98	25
重庆 Chongqing					413	21	459.8	20	488.57	21
四川 Sichuan	637.1	2	1520.26	3	1370	6	1561.1	6	1784.49	6
贵州 Guizhou	145.5	20	344.85	21	412	22	431.2	21	466.72	22
云南 Yunnan	211.7	16	474.46	17	680	15	736.6	16	799.33	16
西藏 Tibet	17.2	30	35.90	30					58.63	31
陕西 Shaanxi	170.0	18	381.65	19	472	20	510.4	19	534.96	20
甘肃 Gansu	103.1	23	289.37	23	323	23	356.7	24	400.80	24
青海 Qinghai	24.5	29	55.10	29	58	30	64.8	30	76.95	30
宁夏 Ningxia	24.7	28	56.55	28	78	29	92.2	29	103.39	29
新疆 Xinjiang	144.7	21	415.19	18	487	19	525.0	18	688.32	18

21—7 全国分省（市）主要年份工业总产值及位次

Gross Industrial Output Value and Their Orders of Precedence in Main Years by Province or City

本表按当年价格计算。单位：亿元 (Data in value terms in this table are calculated at current prices. 100 million yuan)

省（市）	Province or City	1998	位次 Order of Precedence	1999	位次 Order of Precedence	2000	位次 Order of Precedence	2002	位次 Order of Precedence	2003	位次 Order of Precedence
全国	**National Total**	**67737.14**		**72707.04**		**85673.66**		**110776.48**		**142271.22**	
北京	Beijing	1816.48	13	1999.97	12	2565.38	12	3173.48	12	3810.36	12
天津	Tianjin	2062.69	10	2261.49	10	2606.38	11	3323.12	11	4049.61	10
河北	Hebei	2719.10	9	2994.58	8	3426.05	8	4294.68	8	5708.76	7
山西	Shanxi	1106.72	18	1096.83	18	1216.86	18	1717.88	18	2439.30	18
内蒙古	Inner Mongolia	574.63	26	640.68	25	748.97	26	994.75	25	1355.70	24
辽宁	Liaoning	3147.86	6	3390.14	6	4249.46	6	4888.02	6	6122.96	6
吉林	Jilin	1225.47	17	1366.92	17	1679.91	15	2171.17	15	2662.27	15
黑龙江	Heilongjiang	1739.73	14	1854.57	14	2460.88	13	2487.63	14	2909.98	14
上海	Shanghai	5191.43	4	5452.91	4	6204.52	5	7740.56	5	10342.82	5
江苏	Jiangsu	8053.03	2	8915.04	2	10452.87	2	13865.86	2	18036.74	2
浙江	Zhejiang	4702.43	5	5191.56	5	6603.65	4	9779.04	4	12864.23	4
安徽	**Anhui**	**1480.76**	**15**	**1533.90**	**15**	**1661.44**	**16**	**2123.61**	**16**	**2610.03**	**17**
福建	Fujian	2037.52	11	2210.28	11	2616.12	10	3676.37	9	4953.74	9
江西	Jiangxi	819.79	22	854.65	23	932.21	23	1188.80	22	1472.33	22
山东	Shandong	6398.39	3	6944.52	3	8311.53	3	11497.53	3	15379.54	3
河南	Henan	3036.30	7	3109.18	7	3494.96	7	4303.66	7	5365.65	8
湖北	Hubei	2733.06	8	2834.35	9	3064.43	9	3589.26	10	4030.11	11
湖南	Hunan	1287.43	16	1414.12	16	1627.94	17	2099.40	17	2611.45	16
广东	Guangdong	9738.56	1	10538.17	1	12480.93	1	16378.60	1	21513.46	1
广西	Guangxi	928.67	20	911.00	21	1003.24	21	1180.55	23	1436.43	23
海南	Hainan	187.60	28	188.67	29	202.87	29	263.82	29	333.46	29
重庆	Chongqing	766.79	23	858.55	22	962.32	22	1228.37	21	1588.00	20
四川	Sichuan	1918.37	12	1895.82	13	2076.96	14	2737.35	13	3387.43	13
贵州	Guizhou	507.91	27	551.93	27	631.64	27	797.90	27	977.64	27
云南	Yunnan	1017.29	19	988.53	20	1063.36	20	1320.62	20	1557.17	21
西藏	Tibet	12.83	31	14.98	31	16.43	31	19.48	31	21.39	31
陕西	Shaanxi	926.58	21	1035.88	19	1184.58	19	1505.45	19	1879.26	19
甘肃	Gansu	661.56	24	667.53	24	840.58	25	1035.52	24	1147.52	25
青海	Qinghai	148.18	30	160.77	30	196.08	30	207.59	30	247.90	30
宁夏	Ningxia	183.20	29	197.66	28	239.11	28	268.62	28	352.81	28
新疆	Xinjiang	606.78	25	631.84	26	852.01	24	917.03	26	1113.14	26

21—8 全国分省（市）主要年份工业增加值及位次

Value-added of Industry and Their Orders of Precedence in Main Years by Province or City

本表按当年价格计算。单位：亿元 (Data in value terms in this table are calculated at current prices. 100 million yuan)

省（市）	Province or City	1998	位次 Order of Precedence	1999	位次 Order of Precedence	2000	位次 Order of Precedence	2002	位次 Order of Precedence	2003	位次 Order of Precedence
全国	**National Total**	**19421.93**		**21564.74**		**25394.80**		**32994.75**		**41990.23**	
北京	Beijing	524.98	13	584.48	13	722.65	12	840.43	14	1012.53	14
天津	Tianjin	451.29	15	490.09	16	630.09	14	843.38	13	1074.78	13
河北	Hebei	889.07	8	946.62	7	1132.66	8	1413.48	6	1801.75	6
山西	Shanxi	399.22	18	400.65	19	428.71	19	632.99	19	908.71	15
内蒙古	Inner Mongolia	222.62	24	235.73	25	279.54	24	375.82	21	516.72	21
辽宁	Liaoning	858.03	9	935.84	8	1194.03	7	1377.73	8	1715.92	8
吉林	Jilin	355.30	19	412.22	18	496.19	18	669.28	17	814.83	18
黑龙江	Heilongjiang	777.31	10	933.80	9	1213.05	6	1262.04	9	1363.10	11
上海	Shanghai	1333.19	4	1541.71	4	1687.18	4	2131.94	5	2832.88	5
江苏	Jiangsu	1916.92	2	2234.58	2	2604.37	2	3546.72	2	4670.58	3
浙江	Zhejiang	1098.37	5	1267.75	5	1560.11	5	2403.85	4	3097.62	4
安徽	**Anhui**	**444.96**	**16**	**494.51**	**14**	**507.38**	**17**	**690.64**	**16**	**881.47**	**17**
福建	Fujian	601.54	11	665.02	10	797.12	11	1177.59	10	1448.50	9
江西	Jiangxi	232.77	23	248.97	23	269.73	25	362.68	24	446.78	24
山东	Shandong	1888.36	3	2098.80	3	2549.35	3	3500.54	3	4701.10	2
河南	Henan	970.17	6	993.62	6	1116.39	9	1387.86	7	1740.11	7
湖北	Hubei	898.24	7	646.42	11	1011.77	10	1170.48	11	1364.76	10
湖南	Hunan	436.31	17	461.82	17	528.06	16	706.58	15	888.56	16
广东	Guangdong	2444.05	1	2788.16	1	3423.86	1	4361.14	1	5718.14	1
广西	Guangxi	276.70	21	281.80	21	323.88	22	370.44	23	446.48	25
海南	Hainan	48.67	30	54.63	30	63.25	30	82.12	28	96.31	29
重庆	Chongqing	209.75	25	239.47	24	283.73	23	360.12	25	447.63	23
四川	Sichuan	593.01	12	634.31	12	662.44	13	977.45	12	1165.69	12
贵州	Guizhou	181.80	27	196.04	27	216.99	27	271.09	27	346.49	27
云南	Yunnan	517.51	14	491.12	15	531.47	15	659.05	18	745.97	19
西藏	Tibet	7.05	31	8.42	31	9.25	31	10.49	31	12.39	31
陕西	Shaanxi	286.16	20	345.95	20	411.17	20	533.67	20	674.35	20
甘肃	Gansu	207.86	26	225.57	26	244.73	26	340.60	26	388.10	26
青海	Qinghai	51.05	29	58.32	29	63.34	29	80.16	30	95.23	30
宁夏	Ningxia	57.68	28	61.60	28	73.68	28	80.56	29	109.41	28
新疆	Xinjiang	241.99	22	256.72	22	356.62	21	373.67	22	463.36	22

21—9 全国分省（市）主要年份社会消费品零售总额及位次

Total Retail Sales of Consumer Goods and Their Orders of Precedence in Main Years by Province or City

本表按当年价格计算。单位：亿元 (Data in value terms in this table are calculated at current prices. 100 million yuan)

省（市）	Province or City	1990	位次 Order of Precedence	1995	位次 Order of Precedence	2000	位次 Order of Precedence	2002	位次 Order of Precedence	2003	位次 Order of Precedence
全国	**National Total**	**7250.00**		**20620.00**		**34152.6**		**40911.0**		**45842.0**	
北京	Beijing	307.66	12	826.98	12	1443.3	11	1744.8	11	1916.7	10
天津	Tianjin	139.88	23	375.64	20	736.6	18	941.4	18	922.3	19
河北	Hebei	380.83	8	852.06	10	1613.9	9	1968.3	9	1841.6	11
山西	Shanxi	158.04	20	375.95	19	629.1	21	755.4	21	729.3	23
内蒙古	Inner Mongolia	146.21	21	295.02	23	484.0	24	606.0	24	676.8	24
辽宁	Liaoning	421.10	5	1122.00	6	1847.6	5	2258.4	5	2330.8	7
吉林	Jilin	225.46	16	481.54	17	810.9	17	1008.1	17	1110.3	16
黑龙江	Heilongjiang	341.02	11	682.72	13	1094.0	14	1320.0	14	1376.5	14
上海	Shanghai	353.11	10	970.04	7	1722.3	8	2035.2	8	2220.6	8
江苏	Jiangsu	515.43	3	1650.00	2	2604.1	2	3215.8	2	3566.5	3
浙江	Zhejiang	408.94	6	1395.70	4	2298.8	4	2877.5	4	3157.1	4
安徽	**Anhui**	**226.53**	**15**	**586.52**	**15**	**1054.3**	**15**	**1228.7**	**15**	**1331.2**	**15**
福建	Fujian	231.97	14	670.37	14	1372.8	12	1663.3	13	1735.7	13
江西	Jiangxi	181.75	18	410.86	18	704.9	19	832.7	19	923.2	18
山东	Shandong	460.13	4	1442.67	3	2545.9	3	3181.9	3	3670.1	2
河南	Henan	397.43	7	906.67	9	1786.7	7	2189.8	7	2426.4	5
湖北	Hubei	375.11	9	931.80	8	1789.4	6	2198.4	6	2358.7	6
湖南	Hunan	294.92	13	837.40	11	1364.7	13	1678.9	12	1816.3	12
广东	Guangdong	732.25	1	2304.10	1	4071.9	1	5013.6	1	5587.2	1
广西	Guangxi	206.45	17	535.50	16	859.2	16	1025.5	16	944.0	17
海南	Hainan	37.19	27	109.20	27	172.5	28	204.4	28	190.4	28
重庆	Chongqing					643.4	20	763.1	20	835.5	20
四川	Sichuan	545.34	2	1300.51	5	1523.7	10	1850.1	10	2091.1	9
贵州	Guizhou	85.90	26	197.60	26	343.7	27	416.2	27	458.8	26
云南	Yunnan	145.59	22	369.55	21	583.2	23	711.3	23	782.5	22
西藏	Tibet					42.9	31	53.2	31	58.3	31
陕西	Shaanxi	159.67	19	369.46	22	607.6	22	728.2	22	795.2	21
甘肃	Gansu	109.58	24	229.91	25	362.7	26	433.5	26	474.6	25
青海	Qinghai	30.69	28	57.83	28	82.1	30	101.0	30	102.7	30
宁夏	Ningxia	25.30	29	57.19	29	90.2	29	108.8	29	116.5	29
新疆	Xinjiang	104.30	25	253.65	24	374.5	25	442.9	25	421.2	27

21—10 全省分县（市）主要经济指标及位次（2003年）

Main Economic Indicators and Their Orders of Precedence of All Counties (2003)

县（市） County (City)		生产总值（亿元）Gross Demestic Product (100 million yuan)		人均生产总值（元）Per Capita Gross Demestic Product (yuan)		财政收入（万元）Government Revenue (10000 yuan)		人均财政收入（元）Per Capita Government Revenue (yuan)		财政支出（万元）Government Expenditure (10000 yuan)	
		指标 Amount	位次 Order of Precedence	指标 Amount	位次 Order of Precedence	指标 Amount	位次 Order of Precedence	指标 Amount	位次 Order of Precedence	指标 Amount	位次 Order of Precedence
长丰县	Changfeng	25.41	42	2600	54	14472	19	148.08	36	37415	8
肥东县	Feidong	43.87	5	4095	31	20777	2	194.06	23	37985	6
肥西县	Feixi	36.13	16	3750	37	19647	3	203.90	20	40350	3
濉溪县	Suixi	36.27	15	3014	48	16538	12	137.44	39	35485	13
涡阳县	Guoyang	40.24	7	2911	50	17385	10	125.78	45	35181	16
蒙城县	Mengcheng	39.21	9	3310	44	15259	18	128.82	42	31809	21
利辛县	Lixin	28.99	32	2074	58	11922	29	85.28	59	35398	15
砀山县	Dangshan	29.42	29	3236	45	7998	48	87.99	57	28209	32
萧县	Xiaoxian	35.93	17	2775	52	13023	24	100.59	54	32718	20
灵璧县	Lingbi	39.32	8	3448	38	11313	32	99.18	55	28637	29
泗县	Sixian	28.93	33	3403	39	9321	39	109.66	48	24838	37
怀远县	Huaiyuan	43.25	6	3315	43	13767	21	105.54	52	33903	18
五河县	Wuhe	27.85	36	3966	33	8961	42	127.60	44	21743	46
固镇县	Guzhen	28.33	35	4400	26	8274	46	128.49	43	22932	45
界首市	Jieshou	28.85	34	3902	34	7951	49	107.53	51	21190	49
临泉县	Linquan	35.32	18	1851	60	13792	20	72.27	60	39864	4
太和县	Taihe	37.23	14	2416	56	16816	11	109.14	50	38135	5
阜南县	Funan	27.68	37	1864	59	12732	25	85.74	58	34174	17
颍上县	Yingshang	25.84	41	1712	61	9699	38	64.26	61	36511	12
凤台县	Fengtai	38.11	12	6654	4	18729	6	269.22	8	36738	10
天长市	Tianchang	47.60	2	7726	2	16125	16	261.71	9	29010	28
明光市	Mingguang	39.05	10	6120	11	11027	34	172.77	27	28428	31
来安县	Laian	29.95	28	6175	10	9151	41	188.68	26	21562	48
全椒县	Quanjiao	34.28	21	7554	3	8809	44	194.13	22	24335	40
定远县	Dingyuan	38.29	11	4222	29	12193	28	134.45	41	28590	30
凤阳县	Fengyang	34.75	20	4859	22	11878	31	166.08	28	30430	24
寿县	Shouxian	31.66	26	2469	55	13480	22	105.14	53	36912	9
霍邱县	Huoqiu	34.10	22	2291	57	15426	17	93.97	56	43944	2
舒城县	Shucheng	30.53	27	3086	46	16201	15	163.80	30	37643	7
金寨县	Jinzhai	19.61	50	3056	47	7021	51	109.64	49	29435	25

21—10 续表1 continued

县（市） County (City)		生产总值（亿元）Gross Demestic Product (100 million yuan)		人均生产总值（元）Per Capita Gross Demestic Product (yuan)		财政收入（万元）Government Revenue (10000 yuan)		人均财政收入（元）Per Capita Government Revenue (yuan)		财政支出（万元）Government Expenditure (10000 yuan)	
		指标 Amount	位次 Order of Precedence	指标 Amount	位次 Order of Precedence	指标 Amount	位次 Order of Precedence	指标 Amount	位次 Order of Precedence	指标 Amount	位次 Order of Precedence
霍山县	Huoshan	21.57	48	5896	13	11086	33	303.06	5	27523	34
当涂县	Dangtu	35.29	19	5269	17	18428	7	275.18	7	33760	19
庐江县	Lujiang	33.67	23	2831	51	17511	9	147.25	38	36642	11
无为县	Wuwei	52.59	1	3776	35	21610	1	155.15	33	48975	1
含山县	Hanshan	22.92	44	5205	18	9790	37	222.34	17	19584	52
和县	Hexian	26.14	40	4016	32	12294	27	188.83	25	24190	41
芜湖县	Wuhu	26.34	39	4883	21	16340	13	302.89	6	27564	33
繁昌县	Fanchang	29.02	31	6278	8	16277	14	352.20	4	25520	35
南陵县	Nanling	22.36	46	4099	30	12366	26	226.71	15	23759	42
宁国市	Ningguo	46.54	4	12266	1	18896	4	498.00	1	30676	23
郎溪县	Langxi	15.32	53	4567	24	4949	57	147.55	37	14771	57
广德县	Guangde	32.94	24	6449	5	10888	35	213.19	18	24815	38
泾县	Jingxian	22.23	47	6195	9	6956	52	193.89	24	20164	50
旌德县	Jingde	7.56	59	4976	20	3403	60	205.65	19	11476	59
绩溪县	Jixi	11.43	58	6349	6	4277	58	258.11	11	13374	58
铜陵县	Tongling	16.21	52	5077	19	8041	47	251.89	12	19084	53
东至县	Dongzhi	22.76	45	4276	27	8778	45	164.90	29	24632	39
石台县	Shitai	3.05	61	2767	53	1678	61	152.02	35	10454	60
青阳县	Qingyang	11.82	56	4466	25	5637	56	201.05	21	16843	54
桐城市	Tongcheng	47.10	3	6062	12	18836	5	242.43	13	35479	14
怀宁县	Huaining	37.85	13	4811	23	17522	8	222.73	16	31566	22
枞阳县	Zongyang	31.98	25	3343	40	13136	23	137.32	40	29199	27
潜山县	Qianshan	24.23	43	4230	28	9284	40	162.07	31	22977	44
太湖县	Taihu	21.18	49	3765	36	8902	43	158.39	32	23156	43
宿松县	Susong	26.55	38	3323	42	10016	36	125.37	46	25067	36
望江县	Wangjiang	17.90	51	2978	49	6896	54	114.76	47	19772	51
岳西县	Yuexi	13.30	55	3329	41	6087	55	152.16	34	21700	47
歙县	Shexian	29.08	30	5830	14	11902	30	238.58	14	29338	26
休宁县	Xiuning	15.21	54	5556	15	7096	50	259.27	10	16618	55
黟县	Yixian	5.15	60	5311	16	3663	59	377.70	2	9834	61
祁门县	Qimen	11.75	57	6311	7	6948	53	373.18	3	16308	56

21—10 续表2 continued

县（市） County (City)		职工平均工资（元） Average Wage of Staff and Workers (yuan)		规模以上工业增加值（万元） Gross Industrial Output Value at and Above Township Level (10000 yuan)		人均工业增加值（元） Per Capita Gross Industrial Output Value (yuan)		农林牧渔业总产值（万元） Gross Output Value of Farming, Forestry, Animal Husbandry and Fishery (10000 yuan)	
		指标 Amount	位次 Order of Precedence	指标 Amount	位次 Order of Precedence	指标 Amount	位次 Order of Precedence	指标 Amount	位次 Order of Precedence
长丰县	Changfeng	9415	20	24101	30	246.60	42	199350	21
肥东县	Feidong	10070	10	93962	3	877.63	9	248187	14
肥西县	Feixi	9309	24	11556	54	119.93	58	191680	23
濉溪县	Suixi	8047	40	28529	24	237.09	44	227277	16
涡阳县	Guoyang	7400	49	41232	11	298.32	38	313544	6
蒙城县	Mengcheng	7217	53	25476	29	215.08	48	350762	3
利辛县	Lixin	7427	48	7207	59	51.55	61	270132	9
砀山县	Dangshan	7542	44	16726	43	184.01	51	218026	17
萧县	Xiaoxian	7453	46	21410	35	165.38	54	260738	11
灵璧县	Lingbi	7093	59	14813	48	129.87	56	373851	1
泗县	Sixian	7173	56	16024	45	188.52	50	291357	7
怀远县	Huaiyuan	7088	60	16602	44	127.27	57	261115	10
五河县	Wuhe	6923	61	12138	53	172.84	53	207876	19
固镇县	Guzhen	7593	43	22162	34	344.15	35	217469	18
界首市	Jieshou	7227	52	27029	26	365.53	32	146147	35
临泉县	Linquan	8667	30	26651	27	139.66	55	339060	5
太和县	Taihe	8514	33	36075	15	234.13	45	259497	12
阜南县	Funan	7844	41	9472	56	63.78	59	255304	13
颍上县	Yingshang	7105	58	8845	57	58.60	60	199154	22
凤台县	Fengtai	11247	3	70540	6	1013.98	6	139049	36
天长市	Tianchang	8446	34	100988	2	1639.03	3	183156	24
明光市	Mingguang	7210	54	23220	31	363.81	33	167451	30
来安县	Laian	7431	47	47424	10	977.83	8	123475	44
全椒县	Quanjiao	7205	55	37950	13	836.33	10	130470	40
定远县	Dingyuan	7140	57	19659	37	216.77	47	206346	20
凤阳县	Fengyang	7692	42	26155	28	365.70	31	164567	32
寿县	Shouxian	7481	45	40309	12	314.39	37	244360	15
霍邱县	Huoqiu	8444	35	34876	17	212.45	49	341675	4
舒城县	Shucheng	7335	50	37827	14	382.45	29	129260	42
金寨县	Jinzhai	8053	39	18414	40	287.56	39	131461	38

21—10 续表3 continued

县（市） County (City)		职工平均工资（元） Average Wage of Staff and Workers (yuan)		规模以上工业增加值（万元） Gross Industrial Output Value at and Above Township Level (10000 yuan)		人均工业增加值（元） Per Capita Gross Industrial Output Value (yuan)		农林牧渔业总产值（万元） Gross Output Value of Farming, Forestry, Animal Husbandry and Fishery (10000 yuan)	
		指标 Amount	位次 Order of Precedence	指标 Amount	位次 Order of Precedence	指标 Amount	位次 Order of Precedence	指标 Amount	位次 Order of Precedence
霍山县	Huoshan	9853	12	61052	8	1668.98	2	58431	55
当涂县	Dangtu	11453	2	33766	18	504.22	25	171824	29
庐江县	Lujiang	8848	29	28464	25	239.35	43	270438	8
无为县	Wuwei	9016	27	80758	4	579.80	16	359473	2
含山县	Hanshan	10724	5	22890	32	519.86	23	131153	39
和县	Hexian	9643	14	32873	19	504.91	24	180543	27
芜湖县	Wuhu	9908	11	19001	39	352.22	34	154001	33
繁昌县	Fanchang	9435	19	67017	7	1450.11	4	108950	47
南陵县	Nanling	8313	36	20798	36	381.29	30	148597	34
宁国市	Ningguo	11132	4	136393	1	3594.60	1	118305	45
郎溪县	Langxi	9327	23	17876	41	532.97	22	80850	49
广德县	Guangde	9850	13	30283	21	592.95	14	111286	46
泾县	Jingxian	10425	7	29044	23	809.58	11	75472	52
旌德县	Jingde	9350	21	11469	55	693.11	13	41762	58
绩溪县	Jixi	9576	16	22883	33	1380.97	5	52891	56
铜陵县	Tongling	9239	25	15028	47	470.76	27	63144	54
东至县	Dongzhi	8530	32	17508	42	328.89	36	127544	43
石台县	Shitai	8538	31	6005	60	544.02	20	15336	61
青阳县	Qingyang	11700	1	7678	58	273.85	40	48882	57
桐城市	Tongcheng	9479	18	77712	5	1000.19	7	164932	31
怀宁县	Huaining	10514	6	35528	16	451.61	28	181443	26
枞阳县	Zongyang	9225	26	53124	9	555.35	18	176979	28
潜山县	Qianshan	7316	51	32034	20	559.22	17	89662	48
太湖县	Taihu	9495	17	12784	52	227.47	46	132584	37
宿松县	Susong	8261	37	14386	51	180.07	52	181867	25
望江县	Wangjiang	8971	28	15748	46	262.07	41	129288	41
岳西县	Yuexi	8166	38	19444	38	486.05	26	73687	53
歙县	Shexian	10149	9	29272	22	586.76	15	78582	50
休宁县	Xiuning	9338	22	14594	50	533.23	21	77405	51
黟县	Yixian	10284	8	5380	61	554.74	19	25336	60
祁门县	Qimen	9621	15	14784	49	794.06	12	37391	59

21—10 续表4 continued

县（市）	County (City)	人均农林牧渔业总产值（元）Per Capita Gross Outpnt Value of Farming, Forestry, Animal Husbandry and Fishery (yuan)		农民人均纯收入（元）Annual per Capita Net Income of Rural Residents (yuan)		社会消费品零售总额（万元）Total Retail Sale of Consumer Goods (10000 yuan)		人均社会消费品零售总额（元）Per Capita Total Retail Sale of Consumer Goods (yuan)	
		指标 Amount	位次 Order of Prece-dence	指标 Amount	位次 Order of Prece-dence	指标 Amount	位次 Order of Prece-dence	指标 Amount	位次 Order of Prece-dence
长丰县	Changfeng	2039.73	39	1644.79	46	62740	49	641.95	61
肥东县	Feidong	2318.14	26	2314.32	20	121000	19	1130.18	44
肥西县	Feixi	1989.34	44	2309.77	21	105837	26	1098.42	47
濉溪县	Suixi	1888.82	49	2194.61	28	99584	32	827.61	58
涡阳县	Guoyang	2268.56	32	2227.39	25	194238	3	1405.35	32
蒙城县	Mengcheng	2961.30	8	2208.00	27	179726	5	1517.33	27
利辛县	Lixin	1932.27	47	1415.06	56	121938	18	872.23	56
砀山县	Dangshan	2398.66	22	1400.36	57	85746	40	943.35	53
萧县	Xiaoxian	2014.04	40	1543.25	52	164522	8	1270.83	39
灵璧县	Lingbi	3277.61	3	1644.68	47	86636	39	759.55	60
泗县	Sixian	3427.72	1	1650.20	45	66953	47	787.68	59
怀远县	Huaiyuan	2001.76	42	2003.01	37	173835	6	1332.65	36
五河县	Wuhe	2960.05	9	2058.41	33	103289	28	1470.78	30
固镇县	Guzhen	3377.03	2	2024.64	35	87891	38	1364.84	33
界首市	Jieshou	1976.44	46	2171.13	29	146988	11	1987.81	9
临泉县	Linquan	1776.77	52	1396.98	58	172155	7	902.14	55
太和县	Taihe	1684.15	55	2166.04	30	209152	2	1357.41	35
阜南县	Funan	1719.22	54	1305.50	60	126680	15	853.06	57
颍上县	Yingshang	1319.51	60	1358.69	59	137492	13	910.96	54
凤台县	Fengtai	1998.77	43	2031.90	34	67867	46	975.56	52
天长市	Tianchang	2972.61	7	2702.49	9	122090	17	1981.51	10
明光市	Mingguang	2623.62	15	1720.00	40	104985	27	1644.91	21
来安县	Laian	2545.92	19	2112.85	32	92008	35	1897.10	11
全椒县	Quanjiao	2875.26	10	2120.43	31	91305	36	2012.15	8
定远县	Dingyuan	2275.28	30	1615.23	49	101413	30	1118.23	46
凤阳县	Fengyang	2301.00	28	1710.00	41	92569	34	1294.31	37
寿县	Shouxian	1905.90	48	1688.26	42	163550	9	1275.62	38
霍邱县	Huoqiu	2081.31	37	1606.54	50	184107	4	1121.49	45
舒城县	Shucheng	1306.88	61	1836.02	39	118731	21	1200.43	41
金寨县	Jinzhai	2052.94	38	1652.03	44	96562	33	1507.94	28

21—10 续表5 continued

县（市） County (City)		人均农林牧渔业总产值（元）Per Capita Gross Outpnt Value of Farming, Forestry, Animal Husbandry and Fishery (yuan)		农民人均纯收入（元）Annual per Capita Net Income of Rural Residents (yuan)		社会消费品零售总额（万元）Total Retail Sale of Consumer Goods (10000 yuan)		人均社会消费品零售总额（元）Per Capita Total Retail Sale of Consumer Goods (yuan)	
		指标 Amount	位次 Order of Prece-dence	指标 Amount	位次 Order of Prece-dence	指标 Amount	位次 Order of Prece-dence	指标 Amount	位次 Order of Prece-dence
霍山县	Huoshan	1597.33	56	1870.61	38	57388	52	1568.82	25
当涂县	Dangtu	2565.80	18	2964.01	1	109771	24	1639.18	22
庐江县	Lujiang	2274.07	31	2262.78	24	147205	10	1237.82	40
无为县	Wuwei	2580.81	17	2356.00	18	212886	1	1528.40	26
含山县	Hanshan	2978.64	6	2680.71	10	66107	48	1501.37	29
和县	Hexian	2773.05	13	2664.45	12	110484	23	1696.98	20
芜湖县	Wuhu	2854.70	11	2935.71	2	127306	14	2359.86	4
繁昌县	Fanchang	2357.45	25	2819.66	6	119045	20	2575.89	3
南陵县	Nanling	2724.26	14	2916.88	3	111162	22	2037.96	6
宁国市	Ningguo	3117.90	5	2823.32	5	101941	29	2686.63	1
郎溪县	Langxi	2410.54	21	1618.24	48	59364	51	1769.94	18
广德县	Guangde	2179.02	33	2737.19	8	108789	25	2130.13	5
泾县	Jingxian	2103.73	36	2225.10	26	72846	43	2030.53	7
旌德县	Jingde	2523.81	20	2359.15	17	30024	59	1814.45	15
绩溪县	Jixi	3191.93	4	2611.07	13	43363	56	2616.92	2
铜陵县	Tongling	1978.02	45	2665.15	11	55011	53	1723.25	19
东至县	Dongzhi	2395.96	23	2314.60	19	72272	44	1357.65	34
石台县	Shitai	1389.36	59	1211.12	61	13111	61	1187.79	42
青阳县	Qingyang	1743.44	53	2299.47	22	52759	54	1881.72	12
桐城市	Tongcheng	2122.74	35	2839.69	4	146200	12	1881.66	13
怀宁县	Huaining	2306.38	27	2809.84	7	124985	16	1588.72	23
枞阳县	Zongyang	1850.11	50	1686.00	43	100609	31	1051.75	49
潜山县	Qianshan	1565.23	58	1520.03	53	81900	42	1429.73	31
太湖县	Taihu	2359.09	24	1457.95	55	60394	50	1074.60	48
宿松县	Susong	2276.45	29	1582.29	51	82785	41	1036.23	50
望江县	Wangjiang	2151.53	34	2010.08	36	70871	45	1179.39	43
岳西县	Yuexi	1841.98	51	1520.00	54	40840	57	1020.89	51
歙县	Shexian	1575.17	57	2470.29	15	88329	37	1770.55	17
休宁县	Xiuning	2828.17	12	2512.35	14	48917	55	1787.29	16
黟县	Yixian	2612.43	16	2469.96	16	15265	60	1574.00	24
祁门县	Qimen	2008.30	41	2275.02	23	33806	58	1815.75	14

附　录

Appendix

简要说明

一、贫困县监测情况由省农村贫困监测办公室提供。贫困概念是指绝对贫困，又叫生存贫困。指在一定的社会方式和生活方式下，个人家庭所得不能维持基本生存要求状况。确定贫困线的基本方法是食物份额法。

二、企业简介由企业提供。

Brief Introduction

I. Data on observation and survey of counties are provided by the Rural Poverty Observation and Survey Office of Anhui Province. Poverty means absolute poverty or living poverty. It means that the income of the persons in the family can't meet the basic living demand in certain social and living style. The basic method to determine the poverty line is food-share method.

II. The brief introductions of enterprises are provided by the enterprises.

附录1—1　全省农村贫困监测调查情况（2003年）

Observation and Survey of Poverty in Rural Areas (2003)

		贫困人口（万人） Poor Population (10000 persons)	贫困发生率（%） Proportion of Poor Population to the Total (%)
总　计	**Total**	**178.67**	**3.49**
扶贫开发重点县	Key Counties of Poverty-relief and Development	126.92	5.72
国家扶贫开发重点县	National Key Counties of Poverty-relief and Development	102.31	6.00
省扶贫开发重点县	Prvincial Key Counties of Poverty-relief and Development	24.61	4.78
非扶贫开发重点县	Non-key-counties of Poverty-relief and Development	51.75	1.78

附录1—2　各市农村贫困监测调查情况（2003年）

Observation and Survey of Poverty in Rural Areas by Region (2003)

地　　区	Region	贫 困 人 口（万人） Poor Population (10000 persons)	贫困发生率（%） Proportion of Poor Population to the Total (%)
总　计	**Total**	**178.67**	**3.49**
合 肥 市	Hefei	7.41	2.48
淮 北 市	Huaibei	1.30	1.10
亳 州 市	Bozhou	12.17	2.55
宿 州 市	Suzhou	22.96	4.67
蚌 埠 市	Bengbu	4.77	1.84
阜 阳 市	Fuyang	34.79	4.36
淮 南 市	Huainan	3.86	3.42
滁 州 市	Chuzhou	11.61	3.42
六 安 市	Luan	32.81	5.45
马鞍山市	Maanshan	0.40	0.70
巢 湖 市	Chaohu	11.20	3.06
芜 湖 市	Wuhu	0.47	0.34
宣 城 市	Xuancheng	5.39	2.25
铜 陵 市	Tongling	0.19	0.65
池 州 市	Chizhou	4.10	3.06
安 庆 市	Anqing	21.32	4.33
黄 山 市	Huangshan	3.93	3.26

附录1—3 农村扶贫开发重点县监测调查情况（2003年）

Observation and Survey of Poor County (2003)

地　　区	Region	贫困人口 （万人） Poor Population (10000 persons)	贫困发生率 （%） Proportion of Poor Population to the Total (%)
总　　计	**Total**	**126.92**	**5.72**
国家扶贫开发重点县	**At National Level**	**102.31**	**6.00**
长丰县	Changfeng	4.06	4.42
利辛县	Lixin	8.60	6.66
临泉县	Lingquan	9.67	5.43
阜南县	Funan	9.50	6.89
颍上县	Yingshang	8.89	6.49
金安区	Jinan District	3.79	5.67
裕安区	Yuan District	4.67	5.68
寿　县	Shouxian	6.89	5.82
霍邱县	Huoqiu	6.50	4.68
舒城县	Shucheng	4.62	5.13
金寨县	Jinzhai	3.77	6.85
霍山县	Huoshan	2.20	6.85
无为县	Wuwei	6.79	6.11
泾　县	Jingxian	1.80	5.88
石台县	Shitai	2.20	22.10
枞阳县	Zongyang	3.70	4.20
潜山县	Qianshan	2.95	5.53
太湖县	Taihu	4.70	9.19
宿松县	Susong	3.40	4.90
岳西县	Yuexi	3.61	9.86
省扶贫开发重点县	**At Provincial Level**	**24.61**	**4.78**
桥区	Yongqiao District	5.26	4.18
灵璧县	Lingbi	4.90	4.99
泗　县	Sixian	5.30	6.96
潘集区	Panji District	1.90	5.43
凤台县	Fangtai	1.56	3.17
郎溪县	Langxi	1.97	6.73
绩溪县	Jixi	0.57	3.75
歙　县	Shexian	1.34	2.96
休宁县	Xiuning	1.10	4.41
祁门县	Qimen	0.70	4.72

附录1—4　山区、库区县农村贫困监测调查情况（2003年）

Observation and Survey of Counties in Mountain Area and Reservoir Area (2003)

地　区	Region	贫困人口（万人） Poor Population (10000 persons)	贫困发生率（%） Proportion of Poor Population to the Total (%)
总　计	**Total**	**46.77**	**4.38**
库区县合计	**Total of Counties in Reservior Area**	**19.07**	**6.52**
六安市	**Luan**		
金安区	Jinan District	3.79	5.67
裕安区	Yuan District	4.67	5.68
舒城县	Shucheng *	4.62	5.13
金寨县	Jinzhai *	3.77	6.85
霍山县	Huoshan *	2.20	6.85
宣城市	**Xuancheng**		
宣州区	Xuanzhou District	0.45	0.62
广德县	Guangde	0.15	0.32
泾　县	Jingxian	1.80	5.88
旌德县	Jingde	0.22	1.70
绩溪县	Jixi	0.57	3.75
池州市	**Chizhou**		
贵池区	Reigon Guichi	0.80	1.53
东至县	Dongzhi	0.52	1.08
石台县	Shitai *	2.20	22.10
青阳县	Qingyang	0.58	2.46
安庆市	**Anqing**		
桐城市	Tongcheng	1.60	2.37
潜山县	Qianshan	2.95	5.53
太湖县	Taihu *	4.70	9.19
宿松县	Susong	3.40	4.90
岳西县	Yuexi	3.61	9.86
黄山市	**Huangshan**		
黄山区	Huangshan District *	0.24	1.83
徽州区	Huizhou Distric	0.19	2.57
歙　县	Shexian *	1.34	2.96
休宁县	Xiunin	1.10	4.41
黟　县	Yixian	0.31	3.88
祁门县	Qimen	0.70	4.72

注："*"号为库区县。

a) "*" Means the county (district) in reservoir area.

附录1—5　全省分县（市）农村贫困人口监测调查结果（2003年）

Monitor and Census of Rural Poor Population by County or City (2003)

地　　区	Region	贫困人口（万人） Poor Population (10000 persons)	贫困发生率（%） Proportion of Poor Population to the Total (%)
全省合计	**Total**	**178.67**	**3.49**
长丰县	Changfeng	4.06	4.42
肥东县	Feidong	2.08	2.15
肥西县	Feixi	1.05	1.25
杜集区	Duji District	0.26	2.26
相山区	Xiangshan District	0.10	2.08
烈山区	Lieshan District	0.09	3.60
濉溪县	Suixi	0.80	0.84
谯城区	Qiaocheng District	1.00	0.84
涡阳县	Guoyang	1.40	1.13
蒙城县	Mengcheng	1.17	1.11
利辛县	Lixin	8.60	6.66
桥区	Yongqiao District	5.26	4.18
砀山区	Dangshan	3.00	3.66
萧县	Xiaoxian	4.50	4.10
灵璧县	Lingbi	4.90	4.99
泗县	Sixian	5.30	6.96
蚌埠郊区	Suburban District of Bengbu	0.23	0.95
怀远县	Huaiyuan	1.30	1.12
五河县	Wuhe	1.63	2.60
固镇县	Guzhen	1.61	2.81
颍州区	Yingzhou District	0.70	1.71
颍东区	Yingdong District	3.61	7.51
颍泉区	Yingquan District	0.75	1.39
临泉县	Linquan	9.67	5.43
太和县	Taihe	1.00	0.70
阜南县	Funan	9.50	6.89
颍上县	Yingshang	8.89	6.49
界首市	Jieshou	0.67	1.11
大通区	Datong District	0.03	0.45
潘集区	Panji District	1.90	5.43
凤台县	Fengtai	1.56	3.17
琅琊区	Langya District	0.09	1.73
南谯区	Nanqiao District	0.40	1.69
来安县	Laian	0.58	1.51
全椒县	Quanjiao	0.80	2.41
定远县	Dingyuan	5.90	7.70
凤阳县	Fengyang	2.11	3.37
天长市	Tianchang	0.53	1.03
明光市	Mingguang	1.20	2.34

附录1—5　续表　continued

地　　区　Region		贫困人口（万人）Poor Population (10000 persons)	贫困发生率（%）Proportion of Poor Population to the Total (%)
金安区	Jinan District	3.79	5.67
裕安区	Yuan District	4.67	5.68
寿　县	Shouxian	6.89	5.82
霍邱县	Huoqiu	6.50	4.68
舒城县	Shucheng	4.62	5.13
金寨县	Jinzhai	3.77	6.85
霍山县	Huoshan	2.20	6.85
叶集区	Yeji District	0.37	2.82
当涂县	Dangtu	0.40	0.70
居巢区	Juchao District	1.10	1.76
庐江县	Lujiang	1.50	1.44
无为县	Wuwei	6.79	6.11
含山县	Henshan	1.05	2.87
和　县	Hexian	0.76	1.46
芜湖县	Wuhu	0.15	0.31
繁昌县	Fanchang	0.24	0.58
南陵县	Nanling	0.09	0.18
宣州区	Xuanzhou District	0.45	0.62
郎溪县	Langxi	1.97	6.73
广德县	Guangde	0.15	0.32
泾　县	Jingxian	1.80	5.88
旌德县	Jingde	0.22	1.70
绩溪县	Jixi	0.57	3.75
铜陵县	Tongling	0.19	0.65
贵池区	Guichi District	0.80	1.53
东至县	Dongzhi	0.52	1.08
石台县	Shitai	2.20	22.10
青阳县	Qingyang	0.58	2.46
怀宁县	Huaining	0.80	1.12
枞阳县	Zongyang	3.70	4.20
潜山县	Qianshan	2.95	5.53
太湖县	Taihu	4.70	9.19
宿松县	Susong	3.40	4.90
望江县	Wangjiang	0.56	1.03
岳西县	Yuexi	3.61	9.86
桐城市	Tongcheng	1.60	2.37
黄山区	Huangshan District	0.24	1.83
徽州区	Huizhou District	0.19	2.57
歙　县	Shexian	1.34	2.96
休宁县	Xiuning	1.10	4.41
黟　县	Yixian	0.31	3.88
祁门县	Qimen	0.20	4.72

安 徽 省 保 监 局

2003 年，安徽保监局以“三个代表”重要思想为指导，紧紧围绕发展主题，寓监管与发展之中，寓监管与服务之中，各项工作抓的紧，抓的实，促进了全省保险业的持续快速增长。2003 年安徽省保险业发展实现了历史性跨越，体现了以下六个特点:

一、保费收入突破百亿元。全年保费收入 103.85 亿元，同比增长 50.96%，高于全省 GDP 增幅 42 个百分点，增幅居全国各省市第一位。其中，人身险持续高速发展，实现保费收入 83.36 亿，增幅高达 65.8%;财产险则保持平稳发展势头，实现保费收入 20.49 亿元，同比增长 10.65%。

二、保险业社会保障水平进一步提高。2003 年，全省保险密度和保险深度分别为 161.3 元/人和 2.68%，比 2002 年提高了 54 元/人和 0.75 个百分点。保险的社会覆盖面进一步扩大。据统计，全省共有 22000 个企业，50 万户家庭、60 万台机动车辆、1626 万人向保险公司投保了各种财产和人身保险，保险的社会覆盖面达 25%，比去年提高了 10 个百分点。

三、保险的经济补偿和社会管理职能得到充分发挥。全省共支付各类赔款和给付 20.97 亿元。特别是在夏天淮河特大洪涝灾害发生后，安徽保险业站在政治和全局的高度，履行保险职能，共向 1024 家企业，793 辆机动车、1430 户家庭支付水灾赔款，赔款总额 4 亿元，有力地支持了灾区企业和人民恢复生产和安定生活。

四、保险业改革取得突破性进展。2003 年是安徽省保险业的改革年。车险条款费率管理制度改革取得了初步成效；国有保险公司体制改革获得实质性突破，中国人民保险公司安徽分公司和中国人寿保险公司安徽分公司的股份制改造先后完成，航意险改革顺利进行，实现了电脑连网出单。

五、县域保险业发展初具规模。为了解决三农问题，安徽省政府提出了发展县域经济的要求，安徽保监局鼓励各保险公司积极响应，努力探索县域保险市场发展的新思路，挖掘新的行业增长点，为地方经济建设提供优质保险服务。针对中国人寿安徽省分公司提出的“县域公司发展战略”，安徽保监局在政策上给大力支持。2003 年中国人寿安徽分公司各县域公司实现保费收入 25 亿元，占该公司总保费的将近一半，占全省总保费的 25%，县域公司发展战略取得了显著成效。

六、市场运行平稳。2003 年安徽保监局抓住车险改革、寿险新产品等可能产生风险的重要环节，采取切实有效措施，力保车险市场和寿险市场的平稳发展。经过努力，我省保险市场运行平稳，没有发生一起保户集体退保或上访事件。

2003 年，安徽保险业迈向了一个新台阶，保险业充分体现了“促进改革、保障经济、稳定社会、造福人民”的职能。2004 年又将成为安徽保险业的新起点，让我们共同期待保险业更加辉煌的明天。

安 徽 康 复 医 院

安徽康复医院、省立医院分院，县级建制，全民事业单位。坐落于合肥环湖东路107号，占地面积65.21万平方米，始建于一九八五年，一九九四年开诊，一九九六年四月交由安徽省立医院管理，增挂省立医院分院牌子，核定床位150张，编制100人。

一、 **人员、科室、床位：**医院现有各类工作人员256名，在编人员100人，聘用人员156名。科室设置：内科，普外科、骨科、肿瘤科、妇科；医技科室：检验科、药械科、放射科、特检科、手术室、供应科、口腔科、康复科。

二、 **医疗业务开展情况：**年收住患者6655人次，体检880人次，各类手术1620多台，肿瘤介入治疗110例，胃镜、纤支镜检查、微波治疗500例，B超引导下肺、肝脏穿刺210例，开展妇科无痛人流216例，药品收入比58%，床位使用率71.9%。

三、 **医院建设：**省委、省政府、卫生厅已批准在我院现有基础上，组建国有股份制安徽省肿瘤医院。欢迎海内外有识之士前来院投资发展。

四、 **精神文明建设：**坚持创建“诚信医院”。落实医疗机构综合目标管理，规范卫生服务标准，加强职业道德教育，面对社区服务，开展卫生支农，向六安市中店乡捐赠物品2.86万元，设备物资99件，义诊活动3次，诊断患者891人次，健康咨询920人次。救灾防病，组织业务骨干四批13人奔赴灾区，负责12个诊疗点，共诊患者5080多人次，发放2万多元药品，向合肥市特困职工捐款1.1万元，捐衣物452件。

五、 **抗癌俱乐部：**安徽省仅此一家，成立于一九九九年五月，现有会员126人，安徽医学会肿瘤分会和安徽康复医院、省立医院分院共同主办，成立三年来，每月一次肿瘤防治知识讲座，每年组织一次体检、一次旅游、一次抗癌经验交流会并邀请新闻单位参加，每年评选的八名抗癌之星在迎春联欢会上接受大家的祝福，深受合肥地区广大肿瘤患者关注。

医院被授予合肥市文明单位、合肥市卫生先进单位、多次获综合治理、创建文明城市、计划生育先进单位。

安徽省机械工业协会

安徽省机械工业协会认真贯彻“三个代表”重要思想，坚持四个服务和一个建设，促进了行业发展。一是为政府和主管部门服务，做好行业统计、监测预测、规划论证、课题调研。积极完成上级交办的各项任务；二是为行业振兴服务，组织展览；三是为企业尤其是代管单位服务，做好改制脱钩和日常管理；四是为代管和专业协会服务，帮助理顺关系，规范运作。2003年全省机械工业完成产值、销售收入分别增长30%，实现利税增长20%；重点产品如汽车达26.26万辆，居全国第五位；叉车15000台，连续13年全国第一；挖掘机、液压机等名列全国同行业前列。

2000年以来，协会获得多项荣誉称号：

（1）2000年获省经贸委授予的“公民道德建设知识竞赛”奖。

（2）2002年获省安全生产委员会“安徽省安康杯竞赛组织工作先进单位”。

（3）2000年——2003年，省劳动竞赛委员会授予“安徽省组织劳动竞赛先进单位”。

（4）2003年获安徽省直精神文明建设委员会“三优文明机关”。

（5）2002年被中国机联合会评为统计年报和产销存快报优秀单位。

（6）2003年获中国机械联合会统计工作先进集体、年报报送先进单位。

（7）2003 年获中国机械工业联合会、中国机冶建材工会授予“全国机械工业职工技术改进创新优秀组织单位”。

（8）2004年获省经贸委授予的全省工业经济运行工作先进集体称号（2003年度）。

（9）2004年被中国机械联合会评为全国机械行业先进协会。

协会地址：合肥市庐江路70号　邮编：230001　电话：0551—2646614　2679142

安徽辉隆农资集团

安徽省辉隆农资集团是安徽省供销社直属企业——省农资公司改革改制成立的全省最大的农资商贸流通企业集团，拥有一级子公司12个，注册资本10078万元。集团核心企业安徽辉隆农资集团有限公司2001年被省经贸委评为全省10户重要骨干商贸企业之一，连续多年被评为AAA级信用单位。

辉隆集团主营化肥、农药、农膜等农业生产资料，兼营农副产品、化工原料、钢材、水泥等，拥有自营进出口权，同国内70多个大中型化肥生产企业有战略合作伙伴关系，与20多个国家有贸易往来。2003年，集团销售化肥90多万吨，实现商品销售12.24亿元，进出口贸易额1800多万美元。

辉隆集团秉承“服务三农，奉献社会”的企业宗旨，积极实施“立足全省、辐射周边、面向全国、走向世界”的发展战略，坚持“以人为本、以农为要、以络织网、以贸促工、以道兴业、以德治企”的发展方针，不断调整经营结构，全力打造“辉隆”品牌。已在全省建立直销处、连锁总店和特许加盟300多个，经营业务和服务网络覆盖全省大江南北。集团正向现代化、多元化、国际化方向迈进。

地址：合肥市庐江路123号　邮编：230061　电话：0551—2634360　传真：0551—2655720

网址：http：//www.ahamp.com

安徽省国泰医药有限公司

安徽省国泰医药有限公司是一家集批发、零售连锁、物品配送及中草药种植与加工为一体的综合类医药企业。二00三年四月顺利通过了国家GSP认证，并获省委、省政府授予的“优秀民营企业”和“AAA信用企业”、“消费者信得过单位”和“购药放心店”等多项殊荣。2003年还获得国家商务部批准的中西药品、中药材、医疗器械的自营进出口权，为即将开拓海外医药市场打下了坚实的基础。

为适应市场竞争和行业发展的需要，国泰医药公司2001年在芜湖建立了占地3000多亩符合国家中药材生产质量标准（GAP）的种植基地，2002年在交通便利的黄金地段合肥市金寨路13号投资新建了占地1.6公顷医药物流配送中心、华东地区特大型仓储式医药批发超市和药品平价超市。国泰医药公司的优势：

一、经营范围广，与业内众多知名企业实现了强强联手；

二、拥有合肥市占地面积最大的仓储式批发超市和物流配送中心；

三、拥有稳固的销售网络和健全的专业销售队伍；

四、具备现代化的营销体系和规范的GSP管理体系；

五、拥有快捷的配送方式和5000平方米以上的大型停车场。

国泰医药公司对客户的承诺：

一、质量承诺：实施GSP管理，保证药品质量

二、服务承诺：热情周到、高效快捷、给您一个满意；电传、电话订货，提供配送服务；市内免费配送（12小时内）。

公司地址：合肥市金寨路13号，邮编：230022　董事长：马鹤　总经理：杜兴敏

电话：0551—3641788、3641958；传真：0551—3641568；网址：http://www.chinagtp.com

用特色的企业文化促企业稳步成长
——安徽天宇公司实践“三个代表”记实

安徽天宇工程机械有限公司成立于1995年，公司董事长杜爱龙先生。总部设在合肥市合裕路1491号。是小松（中国）投资有限公司、小松山推工程机械有限公司、山推工程机械有限公司等国内外多家著名工程机械的代理商，是专门从事工程机械销售、维修、租赁和售后服务的专业性公司。2003年取得了骄人的业绩，所代理的小松挖掘机连续四年在安徽市场占有率雄居同行业的榜首。这些成绩的取得和安徽天宇公司全面落实“三个代表”是分不开的。

一、坚持党的政治核心作用是企业发展的重要保证。我们的经营理念：“服务源于真诚、满意来自天宇”，我们相信会做的越来越好，以此来回报党和国家对安徽天宇的关怀与厚爱。

二、围绕经济建设这个中心抓住机遇是企业发展的关键环节。紧紧抓住发展这个执政兴国的第一要务，经济建设为中心，抓住机遇，加快发展。从国内外引进各种工程机械来支援各地的经济建设。

三、坚持党的群众路线是企业发展的坚实基础。不断加大人才培养和使用力度，使一大批优秀青年人才挑起了企业经营、服务的重担，有的已经走上了领导岗位，并为公司的发展做出了重大贡献。

合肥市儿童福利医院

合肥市儿童福利院始建于1949年，占地2.66公顷，现属一个机构四块牌子（儿童福利院、社会福利院、残疾儿童康复中心、老年公寓）拥有床位640张，有医护、康训、特教，是安徽省规模最大的一所福利收养机构。是合肥市乃至全省精神文明建设和对外开放的重要窗口单位。荣获省一级福利院、全省民政系统文明窗口单位，市文明单位、市花园单位等称号。我院先后接待了联合国卫生官员及美国、加拿大等12个国家和组织4000多人次参观考察。

我院以“养育、治疗、教育、康复和就业”为中心工作，全心全意为孤残儿童服务。供养与教育并行，治疗与康复同举，使孤残儿童恢复智能、体能、生活自理能力和劳动能力。许多大龄残疾孩子都学会了一技之长，有的工作在医务、护理、行政等岗位上，有的自谋职业开商店、做生意、有的还在大学、中专继续深造学习。

积极开展国际合作项目，引进资金、拓宽“养、治、教、康”。我院与美国“半边天”基金会开展的“祖母抚爱”和“小姐妹学前教育”合作项目。孤残儿童成长以及经济上给予很大帮助。近两年，全院共接受国内外慈善组织以及友好人士捐款捐物及合作项目款达100多万元，

大胆尝试双亲家庭式养育，是合肥市儿童福利院在探索道路上又一创新举措。我们在2001年，成立了由10户家庭、60名孩子组成的——“阳光村”。

老年公寓经过四年的运行，现入住已达120名，床位占用数125张，床位利用率达80%，全年纯收入25万元，取得了良好的社会效益和经济效益。

我们将再接再厉，不断进取，积极探索儿童福利事业发展的新思路、新举措，为社会福利事业的整体发展，做出新的贡献。

合肥市无线电管理办公室

2003年，安徽省合肥市无线电管理办公室合肥管理处在党的十六大精神和“三个代表”重要思想指导下，坚持加强管理、保护资源、保障安全、健康发展的方针，认真做好无线电站审批、频率指配、行政执法、干扰查处、以及保护民航无线电专用频率专项整顿等各项工作，当好“空中警察”，为合肥市经济建设做出了重要贡献。

2003年是《中华人民共和国无线电管理条例》颁布十周年，十年来，我国无线电事业的发展取得了辉煌的成就，无线电通信技术已广泛运用于社会生活的各个领域；移动通信、卫星通信、集群通信、扩频通信等各种无线通信新技术、新产品、新业务层出不穷。2003年，省无委办合肥管理处共审批办理调频广播站、GPS数据通信、微波站、卫星地球站、超短波电台等无线电台站256个，核发无线电台执照780个；同时积极加强无线电监测、检测和违章查处工作，运用最新配备的无线电监测车和其它先进的无线电设备，成功解决了群发短信诈骗干扰合肥联通公司GSM基站、有线电视信号泄漏干扰民航导航通信、擅自使用无线电设备干扰市测绘设计研究院无线通信等多起干扰投诉、另对未经批准违章设台的6个单位进行了依法查处，确保了合肥地区上空无线电信号畅通无阻，维护了无线电管理条例的尊严。

中国太平洋人寿保险合肥分公司

中国太平洋人寿保险股份有限公司是经中国保监会批准成立的经营各类人寿保险业务的全国性股份制商业保险公司，由中国太平洋保险（集团）股份有限公司投资控股，总部设在上海。公司以“一流的服务质量、一流的工作效率、一流的公司信誉”为宗旨，以效益为中心，以市场为导向，以客户为基础，坚持稳健经营，追求永续发展，不断提高公司的偿债能力，竭诚为广大客户提供完善周到的服务，为中国改革与发展提供风险保障，回馈社会对公司的支持和依赖。

太平洋寿险合肥分公司始终坚持“稳健经营、以效益为中心”的经营指导思想，坚持依法规范经营，笃实“诚信经营、诚信服务”的理念。相继推出了“太平盛世”系列、“老来福”、“红利来”、“万能寿险”、“SARS特种保险”等深受广大客户欢迎的寿险产品，扩大了公司的知名度。2003 年，在集团公司的经营方针的指导下，取得了业务、效益同步增长的良好业绩，全年总保费收入同比增长 156.2%，连续 3 年保持了业绩增长 100%以上。

在业务不断发展的同时，公司不断强化内控体系建设，实行了全面预算管理和核保核赔集中管理，强化营销员标准化团队建设，构建了营销队伍整体管理、培训体系，实行了营销员新业务 100%回访。努力打造“学习型公司”、“学习型团队”、并推出了柜面“一站式服务”、“首问负责制”等客房服务措施，提高了公司美誉度，展示了太保人“诚信服务、回馈社会”的文化理念。

太平洋寿险合肥分公司将与您携手并肩，共创美好未来。

地址：合肥市阜阳北路 1 号

电话：0551—5619905　　传真：0551—5619907

网址：http://www.cpic.com.cn

上海食品（集团）公司申滁肉类联合加工厂

上海食品（集团）公司申滁肉类联合加工厂是上海市食品集团公司在皖东地区独资的新型企业，与皖东最大的旅游胜地“琅琊山”相距 2 公里，离省会合肥 100 公里，距江苏省省会南京约 50 公里。

申滁肉联厂占地面积 5.8 万平方米，生产性建筑面积 3.2 万平方米，设绿源食品厂、冷冻分厂、加工分厂三个分厂。现拥有固定资产 2500 万元，集肉类、蔬菜、冷冻食品生产加工为一体的专业化、规模化的现代化中型企业。“上食”牌肉类产品主要销往上海各大超市、卖场、肉类批发企业以及周边城市，质量可靠，深受客商及用户的好评。绿源食品年产速冻蔬菜 5000 吨以上，产品销往日本、韩国、澳大利亚等国家，以外销出口为主，深受外商的信赖。

近年来，企业不断加强成本管理，积极开拓市场，并着重加强两个基地建设，稳步提高产品的市场占有率，绿源厂原有速冻蔬菜的销售渠道由委托外商出口逐步向自营出口转变。申滁肉类联合加工厂和绿源食品厂是上海市食品（集团）公司肉类产品、速冻蔬菜、保鲜菜生产加工基地。

地址：安徽省滁州市丰乐北路 14 号　　邮编：239000

电话：0550—3044416

安徽省人事考试中心

安徽省人事考试中心，隶属于安徽省人事厅。主要承担全省专业技术资格、执业（职业）资格、职称外语、计算机应用能力考试、全省国家公务员录用考试，机关、事业单位工人技术等级考试以及社会化考试服务等工作任务。

自1995年成立以来，中心在厅党组的坚强领导下，团结奋进，自强不息，不断规范考务组织管理，进一步严明考试纪律，加强机构和队伍建设，积极拓展业务领域，夯实人事考试事业发展基础，使全省的人事考试工作稳步进入制度化、规范化和科学化的发展轨道，受到了社会的广泛关注和好评。

中心主任：李晓莉

中心值班电话：0551——2862409

地址：合肥市芜湖路325号建工大厦四楼

安徽省残疾人联合会

2003年，我省各级残联紧紧围绕“加快发展，富民强省”的工作大局，以完成残疾人事业“十五”计划纲要为目标，以加强基层残疾人工作、改善残疾人基本生活为重点，使残疾人得到了实惠，残疾建设得到了加强，残疾人事业有了新的发展。

省残联“四代会”成功召开。省委书记王太华、省长王金山等11位在肥省委常委出席大会，省委副书记王昭耀、省政府副省长蒋作君分别代表省委、省政府作了重要讲话。选举产生了新一届省残联领导机构和出席中国残联第四次代表大会的代表。

“视觉第一中国行动”卓有成效。中国残联及时组派了国家医疗队为灾区贫困白内障患者免费实施复明手术。国家医疗队一行32人，施行白内障复明手术4145例，残疾人从中受益1200多万元，创下了“视觉第一中国行动”项目。在全国省区一次手术人数最多、工作任务最重、复明效果最好、受益群众最广的历史新高。

两级“残运会”战绩骄人。举办了省第三届残运会，17个市组团参赛，总人数为754人，其中2人2次打破省残运会纪录。在六届全国残运会上，全体运动员和教练员发扬顽强拼搏、不畏强手的精神，取得了8金8银9铜，并打破3项全国纪录的喜人成绩，金牌总数比五届全运会提升7个位次，奖牌总数提升10个位次，是我省在历届全国残运会中的最好成绩。

自身建设切实加强。17个市级残联统一升格为正县级。省残联机关根据“三定”方案进行了机构改革，优化了职能配置，理顺了工作关系，提高了工作效率，锻炼了干部队伍。

维权力度不断加大。启动“法律援助维权行动”，实行了律师接待日制度。省人大内司委、省政协社会法制委将执法检查和调研列入2004年的工作计划；省高院、高检、公安厅、司法厅等对残疾当事人提供了法律援助。省残联增设了维权处，强化了维权职能。

中国大唐集团公司
安徽分公司

中国大唐集团公司是在原国家电力公司部分发电企业基础上组建的特大型电力企业集团，是中央直接管理的国有独资公司，依法经营国家投资形成并由集团公司拥有的全部国有资产。大唐集团公司于2002年12月成立，注册资本金人民币120亿元，截至2003年底，公司资产总额1119亿元，净资产198亿元，在役可控装机容量2901万千瓦，在建可控装机容量1260.5万千瓦。所属成员单位分布在北京、天津、河北、山西、内蒙古、吉林、黑龙江、安徽、河南、湖南、陕西、甘肃、宁夏、广西、广东、福建、云南、江苏、浙江、山东、重庆等21个省（自治区、直辖市）。

大唐集团公司目前在皖可控装机容量为423.65万千瓦，权益容量266.5万千瓦，可控资产为121.69亿元。2004年元月集团公司为进一步加强在皖发电企业管理，整合资源实现更大发展，成立中国大唐集团公司安徽分公司，分公司在皖主要成员有：淮南洛河发电厂、淮北发电厂和陈村水电站三家内部核算单位；安徽电力股份有限公司(田家庵电厂)和淮南洛能发电有限责任公司两家控股单位；马鞍山万能达发电公司(40)和合肥联合发电公司（27.5）两家参股单位以及大唐电力燃料公司华东分公司。

安徽分公司将根据集团公司党组的部署，转变观念、找准定位，发挥好桥梁和纽带作用，加强与各部门、网省电力公司和社会各界的沟通，抓住当前国民经济发展特别是华东地区电力需求较快增长的有利时机，发挥好在规模、地域等方面的优势，加快发展，为安徽省经济发展和人民生活水平提高做出新的更大的贡献！

安徽露仙调味食品有限公司

地址：安徽省巢湖市白茆镇
电话：0565—6789093　传真：0565—6789075
网址：　http：//www.eluxian.com
公司驻日本办事处
地址：日本福冈市
　电话：0081—92—6624381　传真：0081—92—662438

鸣谢：

安徽省医疗器械管理站
合肥市鸿鸣商贸有限责任公司
滁州市第二建筑安装有限公司

中国统计出版社最新资料书简目

中国统计年鉴—2004
中国统计摘要—2004
2004 中国发展报告
中国城市统计年鉴—2003
中国农村统计年鉴—2004
中国劳动统计年鉴—2004
中国人口统计年鉴—2004
中国工业经济统计年鉴—2004
中国市场统计年鉴—2004
2003 中国城市发展报告
中国建筑业统计年鉴—2003
中国价格及城镇居民家庭收支调查统计年鉴—2004
国际统计年鉴—2003
中国对外经济贸易统计年鉴—2004
中国基本单位统计年鉴—2004
中国民政统计年鉴—2004
中国高技术产业统计年鉴—2004
中国房地产行业名录
北京统计年鉴—2004
天津统计年鉴—2004
河北经济年鉴—2004
山西统计年鉴—2004
内蒙古统计年鉴—2004
辽宁统计年鉴—2004
吉林统计年鉴—2004
黑龙江统计年鉴—2004
上海统计年鉴—2004
江苏统计年鉴—2004
浙江统计年鉴—2004
安徽统计年鉴—2004
福建统计年鉴—2004
江西统计年鉴—2004
山东统计年鉴—2004
河南统计年鉴—2004
湖北统计年鉴—2004
湖南统计年鉴—2004
广东统计年鉴—2004
广西统计年鉴—2004
海南统计年鉴—2004
重庆统计年鉴—2004
四川统计年鉴—2004
贵州统计年鉴—2004
云南统计年鉴—2004
西藏统计年鉴—2004
陕西统计年鉴—2004
甘肃年鉴—2004
青海统计年鉴—2004
宁夏统计年鉴—2004
新疆统计年鉴—2004
新疆生产建设兵团统计年鉴—2004
石家庄统计年鉴—2004
唐山统计年鉴—2004
邯郸统计年鉴—2004
呼和浩特经济统计年鉴—2004
鄂尔多斯市统计年鉴—2004
包头统计年鉴—2004
赤峰统计年鉴—2004
沈阳年鉴—2004
大连统计年鉴—2004
鞍山统计年鉴—2004
长春统计年鉴—2004
吉林市社会经济统计年鉴—2004
四平统计年鉴—2004
延吉统计年鉴—2004
哈尔滨统计年鉴—2004
齐齐哈尔经济统计年鉴—2004
牡丹江统计年鉴—2004
大庆统计年鉴—2004
黑龙江垦区统计年鉴—2004
上海浦东新区统计年鉴—2004
南京统计年鉴—2004
苏州统计年鉴—2004
无锡统计年鉴—2004
常州统计年鉴—2004
徐州统计年鉴—2004
南通统计年鉴—2004
盐城统计年鉴—2004
镇江统计年鉴—2004
杭州统计年鉴—2004
宁波统计年鉴—2004
绍兴统计年鉴—2004
台州统计年鉴—2004
舟山统计年鉴—2004
温州统计年鉴—2004
金华统计年鉴—2004
嘉兴统计年鉴—2004
丽水统计年鉴—2004
福州年鉴—2004
厦门经济特区年鉴—2004
福州经济技术开发区年鉴—2004
南昌经济社会统计年鉴—2004
九江经济统计年鉴—2004
济南统计年鉴—2004
青岛统计年鉴—2004
潍坊统计年鉴—2004
郑州统计年鉴—2004
洛阳统计年鉴—2004
三门峡统计年鉴—2004
平顶山统计年鉴—2004
南阳经济统计年鉴—2004
武汉统计年鉴—2004
宜昌统计年鉴—2004
十堰统计年鉴—2004
荆州统计年鉴—2004
广州统计年鉴—2004
东莞统计年鉴—2004
惠州统计年鉴—2004
深圳统计年鉴—2004
南宁统计年鉴—2004
桂林经济社会统计年鉴—2004
柳州经济统计年鉴—2004
米宾统计年鉴—2004
河池地区经济社会统计年鉴—2004
海口统计年鉴—2004
成都统计年鉴—2004
贵阳统计年鉴—2004
昆明统计年鉴—2004
西安统计年鉴—2004
兰州年鉴—2004
西宁统计年鉴—2004
银川统计年鉴—2004
乌鲁木齐统计年鉴—2004
巴音郭楞统计年鉴—2004
吐鲁番统计年鉴—2004

编辑部电话：（010）63262276　63266600—30607
欲购以上图书请与中国统计出版社发行部联系。 电话：（010）63459084　同楫行书店电话：68585978
通讯地址：北京市西城区三里河月坛南街 75 号　邮政编码：100826

安徽统计资料发行站最新书目

《安徽省基本单位普查资料大全》

《安徽省第一次基本单位普查资料汇编》

《安徽省国民经济核算历史资料》(1952～2002)

《中国城市年鉴—2003》

《国民经济行业分类注释》

《中国统计年鉴—2004》(含光盘)

《安徽统计年鉴—2004》(含光盘)

《合肥市统计年鉴—2004》

《淮北市统计年鉴—2004》

《亳州市统计年鉴—2004》

《宿州市统计年鉴—2004》

《蚌埠市统计年鉴—2004》

《阜阳市统计年鉴—2004》

《淮南市统计年鉴—2004》

《滁州市统计年鉴—2004》

《六安市统计年鉴—2004》

《马鞍山市统计年鉴—2004》

《巢湖市统计年鉴—2004》

《芜湖市统计年鉴—2004》

《宣城市统计年鉴—2004》

《铜陵市统计年鉴—2004》

《池州市统计年鉴—2004》

《安庆市统计年鉴—2004》

《黄山市统计年鉴—2004》

《全国各省市统计年鉴—2004》